訓點語彙集成

第一巻　あ〜い

築島　裕編

汲古書院

自序

本書は、編者が從來、訓點研究の資料として使用して來た、訓點本の和訓語彙を集成したものである。この分野を專攻しようと志した時以來、故時枝誠記先生、中田祝夫先生の御指導、御誘掖を賜り、又、正倉院聖語藏、高山寺、石山寺、東大寺、醍醐寺、東寺、大東急記念文庫等を始めとする、多くの社寺、圖書館、個人の各位から、長年に亘り、貴重な文獻の拜觀をお許し頂いた。格段の御厚意に對して、衷心より感謝の意を捧げ奉る。そして、數十年間に亘り、訪書旅行の勞を共にして、一方ならぬ御盡力を頂いた小林芳規博士の御懇情に對しても、滿腔の謝意を呈するものである。

顧みれば、編者がこの道に志した端緒は、大矢透博士の『假名遣及假名字體沿革史料』の索引を編することを、先輩大野晉博士から慫慂されたことであつた。戰時中、學業半ばにして軍隊に入り、生死の豫測もつかなかつたとき、空襲の混亂の中で、拙い索引を保管して下さり、辛うじて復員して、大學に入學した後も、國語學の後輩として指導して頂いた。中田祝夫先生には、學生時代以來、御講義を拜聽したり、御著作の公刊前の原稿を拜見させて頂いたり、京都の古寺の訓點本閲覽に同道を許されたりして、親しく訓點研究の實際を御指導頂いた。中田先生を介して、小林芳規博士と相弟子の關係となつたのも、編者には大きな幸せであつた。又、夙くから文化財保護委員會（現文化廳）の田山信郎先生、是澤恭三先生、近藤喜博先生、山本信吉氏を始めとする各位からは、公私ともに御教導を頂き、貴重な典籍を拜見する多くの機會を賜つた。

小林芳規博士とは、數十年に亘つて、訪書旅行の回を重ね、訓點資料の調査資料は、お互に交換し合つて轉寫をしたりした。暫く前から、これら共同で蒐集した訓點本の抄錄資料について、訓點語彙を編纂する話が起り、色々相談を重ねた結果、小林博士が平安時代前半期（西暦一〇〇〇年まで）、編者が平安時代後半期（西暦一〇〇一年以後）を擔當することとなり、夫々獨自の方針で編纂することで協議が纏まつた。

編者には、それまでに、學生時代以來、五十音順に配列して集錄してゐた訓點の語彙集があつたが、その後は、專ら平安時代後半期の主要な訓點本に的を絞つて、語彙の增加に努めた。その間、自分でカードに書拔き、五十音順に配列し、それを淨書することを實行した。この段階で他の人々と分業をすると、どうしても種々の面で不統一が生じ、それを統一するのに、慮外の勞力を要することを懼れたからである。

これらは自分の研究の材料とするための作業のつもりで、公開する所存などは全く無かつたのであるが、數年前に至つて、汲古書院の編集長大江英夫氏から出版を勸められ、最初は、採算の採れないこのやうな刊行は、出版社に迷惑をかけるに過ぎないと思つて辭退したのだが、氏の誠意に滿ちた要請に屈して、從來の經緯、特に小林博士との分擔の件などを說明し、それらに關する諒承を得たので、出版の決意を固めた次第であつた。

その後は、諸事を擲つて原稿の整備に專念したが、とにかく數十年に及ぶ間の積み重ねであり、前後諸般の不備、不統一が著しく、數種の文獻については、思ひ切つて最初から索引を作り直すことも行つた。又、別途に、單發的に作成して、全體的な集錄索引には收めてゐないものが數編あり、それらは改めて入力の上、全體集錄索引に追加することにした。全體集錄索引、及び追加分の入力統合の作業は、コンピューター會社のエニウエイ社の協力を得て、汲古書院において遂行された。このために關係のソフトの作成に年餘の時間が費された。これらの段階で、集錄した訓點本のノートだけはありながら、未だ語彙を採錄してゐないものも厖大な量に上り、その全部を採錄することは、殘された時間の中では到底不可能であることが判明した。小生の擔當である西暦一〇〇一年から初めて、年代を追つて一〇七〇年までに到つた段階で、遂に時間切れとなつてしまつた。他方、古いノートの中には、內容の不備その他の理由で、削除した分も相當數に上つた。

校正の段階で、訓點解讀の誤謬、語句の抄出の不適切、その他修正すべき事柄が續出した。これらは、最後の段階まで、許される限り訂正に努力したが、非力のため、思はぬ過失も數多く殘されてゐることと思ふ。その間、筆者の面倒な希望を終始快く受入れられた大江氏には、感謝の詞も無いほどである。それにしても、內容の不備は未だに尠くないことを虞れてゐる。

尙、編者の全體集錄索引の中には、以前からの經緯で、小林博士の擔當である平安時代前半期（西暦一〇〇〇年まで）の期間に入る文獻が若干含まれてゐる。これらは、何れも以前から編者において作成してあつたものであり、これを機械的に削除することは、却つて混亂を生ずる虞があるため、小林博士と合議の上、敢へて本集成に收めることとした。小林博士は、右記の期間について、別途の構想による索引を作成される豫定の由であるので、それによつて本集成が補正されることを切に期待してゐる。

訓點語彙集成は、夙くから訓點資料研究者の中で、文獻毎に作成され、單行本や雜誌などに公刊されたものも多數に上るが、複數の訓點資料の語彙を集合して纏めて配列する試みは、未だ實現した例を聞いてゐない。現實問題としては、掲出する語句の單位の基準、形容動詞などの扱ひ方、品詞の判定、助詞や助動詞の附訓の範圍の統一等々、問題が山積してゐる。更に、複數の資料を集録する場合、資料の名稱を如何に示すかといふ大問題がある。數百種以上の資料を扱ふには、略稱にも限度があり、この點に最も苦心したが、資料の年代の提示が最も緊要であることを考慮した結果、加點年代を西暦の數字四桁で現し、更に四桁を追加して、加點年代の不明・推定分まで區別して現し、合計八桁の數字で、10790003 又は 11505110 のやうに文獻名を示すことを工夫した。種々の難點も含むが、一つの提案として各位の批判を仰ぎたいと思ふ。

編者が集録した訓點資料の數は、大略四千點に及ぶが、今回集録したのはその二割弱の六百點餘に過ぎない。但し、訓點資料は、一點の中の和訓が數例に止まるものが大部分を占め、數百例以上の和訓を含むものは、全體の一割にも滿たないと思はれる。編者は、これら稠密な和訓を含む文獻を、出來る限り集中的に取り上げた心算であり、項目數は總計約二十萬餘に及んだが、『往生要集』『醫心方』『大日經疏』など、多數の語彙を含む訓點資料について、そのすべての語彙の採録を果し得なかつた文獻が尠くない。又、一〇〇一年以後のものの中でも、既に大部な公刊物として刊行されてゐるもので、編者が獨自に索引を編纂してゐないもの、例へば石山寺藏本法華義疏長保點、龍光院藏妙法蓮華經、高山寺藏本論語・古往來などの類は、すべて割愛に從つた。

この索引の編纂に當つては、原文に見られる誤讀の注記、掲出語の基準の統一などにつき、極力努力した所存であるが、尙不備な點が多く殘されてゐることを虞れてゐる。各位の批正を俟つ次第である。この拙い語彙集成が、斯學の研究者各位のために少しでも參考となる所があれば、編者の喜び、これに過ぎるものは無い。

編纂、校正の過程で、多くの方々の御協力を仰いだ。詳しくは別に記すが、各位の御厚志、御援助に、衷心から感謝の意を表したい。

最後に、この犧牲的な出版を許諾された、汲古書院の前社長坂本健彦氏、現社長石坂叡志氏、編輯、印刷、校正の段階において盡力された、大江英夫氏を始めとする多くの方々の御好意に對して、重ねて深く御禮を申し上げたい。

平成十八年十月十二日

築島　裕　識

訓點語彙集成　第一巻　目次

訓點語彙總觀

Ⅰ 資料論

一 國語の歴史の潮流

日本語の起源については、未だに定説がないが、紀元三世紀ごろには既にその祖先に當る言語が存在したと見られてゐる。又、朝鮮半島を經由して、漢字漢文が傳來したのは、五世紀の初め頃かとされてゐる。本邦で記された文獻で現在まで傳存してゐる最古の遺文は、五世紀中頃のものとされてゐるが、それらは凡て漢字だけで書かれてゐる。八世紀奈良時代に入ると、古事記、日本書紀、萬葉集、懷風藻など多數の文獻が作られたが、すべて漢字のみで記されてゐた。唯、その中で、人名地名などの固有名詞、歌謠、並びに漢字の語句について特に必要とされた部分には、漢字を表音式に用ゐた眞假名（萬葉假名）が使用されることがあつた。當時の國語の音韻、文法、語彙等を具體的に知る資料としては、眞假名で表記された部分に限られてゐた。それは、何れも韻文か、又は單語の類で、散文の資料は殆ど皆無であつた。散文の資料が假名書きで書き始められるやうになつたのは、やつと奈良時代の末頃になつてからであつた。

平安時代の初頭から、漢文の訓讀（訓讀自體は奈良時代以前からあつたものと思はれるが）について、その讀み方を表記するために、句切點、返點に加へて、和訓を假名で表記する方法が創案され、それが次第に發達して、平安初期九世紀には、漢文の全文を讀み下し出來るほどの詳細な訓點が記入されるやうになつた。この中で、我々は、當時の國語の音韻、文法、語彙などについて、體系的な知識を得ることが出來るやうになつた。この時期に至つて初めて音便が發生した事實や、奈良時代の語法が平安時代の語法に移り變る經過の實態などが知られ、奈良時代と平安時代との間に歴史的に大きな變動があつたことを、實證的に知ることが出來、國語史の記述は、新しい局面で展開されることになつた。

二　平安時代語研究の足跡

平安時代の國語の研究は、古く『古今和歌集』『源氏物語』等を古典として規範視し、尊重することから始つた。その流は、夙く院政期に興り、中世、近世を通じて長く明治時代にまで及んだ。近代言語學の導入によつて、國語の通時的研究、共時的研究が起つたのは明治末期以降であり、先づ、假名遣・假名字體の歴史解明の實證資料として、古訓點資料が取上げられ、大矢透博士の大著『假名遣及假名字體沿革史料』（明治四十二年）が公刊された。平安時代語の共時論的研究には、山田孝雄博士の『平安朝文法史』（大正二年）が現れたが、その資料は主に『古今和歌集』『源氏物語』などの和歌、和文の類であり、中世以降規範となつた「文語」であつた。しかしその「文語」の中に、平安時代の和歌、和文には現れない語彙語法が多數存在することに着眼された山田博士は『漢文の訓讀によりて傳へられたる語法』（昭和十年）を著された。唯、この書の主な資料は、江戸時代の漢籍の版本の訓點であり、古代の訓讀用語が後世まで多分に遺存したことは明にされたが、實證的には、平安時代の古訓點資料の直接研究による後日の研究に俟たざるを得なかつた。

一方、昭和初期から春日政治博士等によつて開拓された訓點資料の研究は、大著『西大寺本金光明最勝王經古點の國語學的研究』（昭和十九年）が著され、古訓點研究の基礎を確立した。その後、大坪併治博士の多くの精緻な研究が學界に提供され（後に『訓點語の研究』昭和三十四年他）、又中田祝夫博士のヲコト點の體系論を中心とした劃期的な訓點研究『古點本の國語學的研究　總論篇』（昭和二十九年）があった。これらの研究は、多く通時的研究に焦點を當てたものであつて、國語史の歴史的展開の實態を解明した業績は多大であり、平安時代の共時的研究の面についても、上記の山田博士の業績を補ふ所が多かつたが、取上げられた訓點資料の包含する資料の性格、それらの有機的な相互の關聯、大局的な綜合的觀點については、次の段階に期待しなければならなかつた。

これら通時的研究を主眼とした研究に並んで、平安時代語の共時的研究の新機軸は、吉澤義則博士の『國語史の研究』（昭和五年）の示唆的な論述に始まり、遠藤嘉基博士の『訓點資料と訓點語の研究』（昭和二十七年）において始めて試みられたと言つてよからう。この書では、幾つかの語彙等について、平安時代の和文と訓點資料とを比較し、その間に表現の相違のあることを指摘し、女性語と男性語との差違と規定された。その後、筆者は、『源氏物語』と『興福寺本大慈恩寺三藏法師傳古點』との語彙全體を比較して、同樣の概念を表すのに、異なつた語彙を用ゐた例が多數存在することを指摘し、具體的な事例を擧げて、性別よりも寧ろ文體表現の對立と捉へた。その具體的な語例の比較は後述する如くである。本論については、資料として取り上げた『源氏物語』が『興福寺本大慈恩寺三藏法師傳古點』よりも約百年程早い時期に成立した作品であり、その時間的逕庭が、共時的記述として問題を孕むと見る批判[1]もあつたが、他に比較の基本とすべき、より適切な資料が具體的に得られないなどの事情もあり、この比較研究の結果は、その後の國語文體史の研究に引用されることが屢々生じた。

その後、平安時代の訓點の研究は大幅に進展し、次々に新しい事實が明にされたが、その中で、一つの大きな問題は、漢文の訓點の言語が、漢文の飜譯語の一面であり、日常一般の國語とは、種々の面で相違があること、特に、平安中期以後の平假名の發達に伴ひ平假名で表記された文章が隆盛に赴いたが、それら和歌和文の言語と比較して、兩者の間に大きな差違があることが指摘されるやうになつた。平安時代の和歌の言語は、和歌特有の體系、形式を持つてをり、日記や物語などの和文の言語も、洗練された美意識に基づいた表現であつて、日常語を基盤としながらも、決して生の言語そのままを反映したものではなかつた。一方、漢文訓讀の言語は、漢學者、學僧などの講義、研究などに用ゐられたものであり、講師や師匠の口述の準備のための記入や、弟子や受講者が講義の聞書を行つて記錄した言語であつたため、他の一面では、實際の發音に忠實に表記される性格もあつた。音便などが訓點資料に多く見られるのは、多分この點に原因があるものと思はれる。

訓點語彙は、かやうな環境の中で使用された訓讀の用語の一群であり、和歌和文のそれとは、種々の面で相違する語彙である。中世以來、平安時代の國語としては、一途に和歌和文の用語に關心が拂はれてゐた。それは、和歌和文が、永い時代に亘つて、作歌、作文の規範、準據としての位置を傳承して來た結果であり、國語史上の重要性は言ふに及ばないが、國語の歷史的研究の立場から見る時、訓讀の言語は、それら國文學史上の文獻の言語と並んで、文化史上看過出來ない、重要な位置を占めてゐると考へざるを得ない。

漢文の訓讀の言語の究明の爲には、漢文本文の傳承の實態、字音の性格の檢討などと並んで、訓點に使用された語彙の總合的觀察が必要である。この面での研究は、文獻ごとの個別的な檢討については、優れた先學の業績が多く公表されてゐるが、訓點語彙全體を總觀的に記述した論述は、從來あまり行はれなかつた。筆者は、從來蒐集した訓點語彙を見渡して氣附いた若干の點について、今後の是正補訂を期待しつつ、以下、小見の一端を述べることとしたい。

三　訓點語彙の年代的分類

國語史の資料としての訓點資料の最大の長所は、その書寫された年代の明確であることである。幸に平安時代の訓點資料は、平安時代初期（九世紀）から院政期（十二世紀）までに限つても、優に三千點を超える文獻が知られてをり、その內の半數以上に、何等かの形で、書寫、加點、傳承などに關する年代が記載されてゐる。

平安時代の訓點資料は、時代的には、平安時代初期・中期（九・十世紀）と平安時代後期・院政期（十一・十二世紀）との二つに大別することが出來る。前者、特に平安時代初期には、奈良時代の要素が濃厚に殘存してをり（『東大寺諷誦文稿』などはその尤なるものとされるが、一般の訓點資料とは若干性格を異にする）、しかもその上代的要素は後世に傳承されて行かなかつたといふ性格を持つ。これに對して後者は、鎌倉時代以降（十三世紀以降）まで、基本的にその内容の性格を傳存し、江戸時代の訓點にまで及んでゐる。換言すれば、鎌倉時代以降においては、訓點の語彙や語法が新に作成されたり、又、變容されたりすることは、原則的には存在しなかつた。但し、普遍的音韻變化は敏感に各時代の樣相を反映し、文法體系の歴史的變化の影響も、往々にして蒙ることがある。しかし、それも中世以降の一般的口語文獻のやうな狀態ではなく、部分的なものに過ぎない。例へば希望の助動詞「たし」は鎌倉時代以降に發達したものであるが、訓點語彙には現在に至るまで全く用ゐられない。山田孝雄博士が、『漢文の訓讀によりて傳へられたる語法』において、主として江戸時代の漢文の版本の訓點によつて述べられた内容が、その多くが平安時代の訓點資料の例にも適用され得るのは、この故である。（「がへんぜず」など、若干平安時代とは異なる部分があることは避けられないが。）

四　訓點資料の語彙の數量的性格

思ふに訓點資料は、漢文の飜譯による言語であり、その用語である訓點語彙を、文學作品である『源氏物語』の語彙と單純に比較することは、聊か平面的に偏した嫌ひがある。又、その言語の相違點を强調する餘りに、その共通する性格を輕視することは誡むべきであり、更に又、『源氏物語』といふ文學作品の言語の特殊性についての配慮を十分に認識する必要がある。

平安時代の語彙を檢討するに當つては、先づ、當時の國語の語彙全體がどのやうな構成を具へてゐたかについて廣く考察すべきである。このことは前著でも聊か觸れたことがあり、『源氏物語』の語彙の異なり語數約一五〇〇〇語の中で、漢語語彙が約一〇%であるのに對し、『大慈恩寺三藏法師傳古點』では、異なり語數が一一六九九語ある中で、漢語語彙が一〇〇三七語で、八五・八%を占めてゐることなどに言及したことはあるが、その漢語語彙の數の計量が果して妥當であるか、『大慈恩寺三藏法師傳古點』（承德點・永久點等の合計、以下同）の和語の異なり語數が一六六二語ある中で、『源氏物語』に見えない語彙が七〇九語（四二・七%）あることをいひながら『源氏物語』と共通する語彙が九五三語（五七・三%）あることについての配慮が乏しかつた。又、語彙の使用回數については、『大慈恩寺三藏法師傳古點』では和語の自立語が二七四一三回であるのに對して、『源氏物語』の和語は約二八〇〇〇〇回であることを比較した中で、檢討すべき問題が多く殘されたままであつた。

所で、平安時代に使用された語彙を、網羅的に集成した文獻として、直ちに想起されるのは、當時製作された幾つかの辭書である。その中には、和訓を含むものが若干ある。夙くは『新撰字鏡』があり、成立年代は平安時代中期初、十世紀初頭とされてゐるが、約三七〇〇の和訓を載せ、内容は古くは奈良時代から平安時代初期の語彙を多分に遺存してゐると考へられるものであり、訓點資料には見えないものも多い。次いで源順の撰述した『和名類聚抄』がある。成立は承平年間（九三一〜九三八）で、構成は、「天部」「地部」等、三十二部（二十卷本）の部立を持つ類書であり、約三三五〇語の和訓が收錄されてをり、諸般の分野に亘つての和訓語彙が見られるが、遺憾ながら體言の類が大部分を占め、用言の類が乏しい。しかし、平安時代中期の語彙の一面についての總觀であり、『源氏物語』など、平安假名文學の最盛期と餘り時期を隔ててゐないこともあり、又上記のやうに、訓點の型式内容が固定し始めた時期とも近く、訓點資料と共通するものが多いのは、必ずしも偶然の結果ではないと判斷される。

「基礎語彙」なる概念がある。平安時代にも一般に最も多く使用された語彙があつた筈である。『源氏物語』では、「ひと」は約三三〇〇例、「はな」は約二〇〇例、「あり」は約五〇〇〇例、「す」は約二五〇〇例の用例がある（何れも單用例のみ）。『興福寺本大慈恩寺三藏法師傳古點』では、「ひと」は二一九例、「はな」は三二例、「あり」は一一七四例、「す」(漢語に附いた例は除く)は五二三例が數へられる。兩者共に概數であるから、大雜把な推測に過ぎないが、全體の使用回數が約一〇對一であり、これらの基本的語彙の使用回數は約六對一になつてゐる。このやうな基本的語彙は、恐らく平安時代の多くの文獻に共通の現象で、文體の相違とはあまり關係無く用ゐられたものと推測される。

以上は、單に數量的な處理の一端であるが、表現の對象の異質性、表現の態度の相違、などについては、節を改めて述べることとしたい。

五　漢文訓讀の社會的背景

訓點語彙は訓點資料の中に使用された和訓語彙の謂であるが、訓點語彙を論ずるに當つては、先づそれが加點された漢文の本文の性格を檢討しなければならない。

漢文は本來、古代中國において成立し、古代中國語を表記するために發達した文章であつて、周易、毛詩、尙書、論語、史記、漢書、文選などの「漢籍」の類が中心をなしてゐるのであり、日本に傳來した時期も、少くとも五世紀まで遡ると見られる。又、紀元前一世紀以後に、印度や西域から中國に佛敎が傳來し、その經典の類が漢文に飜譯されて、「漢譯佛典」と稱せられたが、佛敎の傳來に伴つて、本邦にも古くから將來された。それら漢文を解讀するに際して、日本では、もとの漢文の形を改變することなく、一字ごとに漢字を解讀し、その解讀の順序が國語と前後する場合には、返點などを添記して訓讀の順序を明示し、更に、漢字に對應する國語を、その本文の傍に添書することが工夫され、「訓點記入」といふ形式に發達した。この訓點の起源については、從來から種々の學說が行はれてゐるが、現在までに古訓點が記入された文獻で、年代の確認された資料に基づいて言ひ得ることは、奈良時代八世紀の末以降に始められ、漢文の欄外や行間などに、句切點、返點、更に萬葉假名を使用して、字音や和訓を記入したといふ事實であり、これが現在の學界で通説として最も廣く行はれてゐる説である。小見では、これらの訓點記入は、最初奈良地方の古い佛教の諸宗派の寺院、特に東大寺あたりを中心として始められ、華嚴宗を中心として、三論宗、法相宗など、南都（奈良）の諸宗に廣まり、下つて平安時代初期九世紀の中頃になると、南都の古宗ばかりでなく、新興の天台宗の比叡山延暦寺にも傳へられてをり、九世紀末には、更に天台宗の他寺にも廣まつてゐたと見られる。

かやうにして、訓點記入は、先づ佛教關係の典籍から始められたと考へられるのであり、平安時代初期九世紀には、中國本來の「漢籍」の類には、訓點が存在したといふ確かな徵證は、未だ發見されてゐない。「漢籍」の訓點記入が始まつたのは、現存の確實な資料によると、平安時代中期十世紀の初頭以降のことであるらしい。尙、中國の漢文それ自體が長い歷史の中で、文體の變遷があり、當時本邦に傳來してゐた漢籍の中には、古く先秦時代の漢文から、唐時代の俗語を含んだ文體など、種々の異なつた性格の文體があつたやうであるし、又、「佛典」の漢文には、印度の言語から飜譯された譯文が多かつたから、中國本來の漢文とは違つた語彙や語法があつたと見られるが、古代の日本人が、種々の漢文に接して、初めてそれらを訓讀する際に、これらの文體の歷史的變遷や、文體の相違などを意識的に區別して、夫々異なつた方式の訓讀をした形跡は認められず、すべての漢文の時代的相違などを顧慮せず、一律に解して、訓讀した時點における國語の語彙、語法を使用して、漢字漢文を訓讀することが原則であつたと考へられる。換言すれば、原漢文の成立の時期、性格の相違などによつて、同じ漢字を異なつた和訓で讀むとか、特殊な語法を使用するとかするやうな現象は存しなかつたと思はれる。平安時代中期以降になると、宗派や學問の系統などによつて、その傳承の樣態に種々の相違が生じ、それに伴つて、訓讀の語彙や語法にも樣々な相違、對立などが發生して行くが、これは原文の漢字漢文の性格の複雜性とは別の次元の問題である。

古代の漢文文獻で、訓點を記入したものを「訓點本」「點本」などと呼び、研究資料として取扱ふ場合には「訓點資料」と稱する。その中に見出される用語を「漢文訓讀語」「訓讀語」又は「訓點語」と言ひ、それらの語彙を「訓點語彙」と稱してゐる。

日本語は、八世紀奈良時代から九世紀平安時代にかけて、大きな歴史的變化を經驗した。音韻體系、文法體系、そして語彙の世界でも、際立つた變化が生じた。この變化は、訓點資料にも明確に反映し、九世紀平安時代初頭の訓點語彙には、奈良時代の國語の性格が強く殘存してゐるのに對して、平安時代後半十一世紀以後の、平安時代の言語の性格を強く持つた訓點語彙とは、大きく相違してゐることが確認される。平安時代中期十世紀には訓點資料の現存するものが比較的乏しいため、不明な點を含む面もあるが、平安時代前半期と平安時代後半期とで、大きな對立關係が存在してゐることは、疑ふ餘地が無い。

更に考慮すべきことは、漢文の訓讀といふ作業が、古代において、高度の學術研究の一環であり、深遠な內容について、困難な學習を經た上で、漸くにして達成し得たものであるといふ事實である。このやうな作業に從事した人物の數は、必ずしも多くはなかつたであらうが、現在においてさへも困難な古代漢文の解讀を、古代の日本人の學徒は、漢文の注釋書や辭書などによつて實行し、或いは師匠からその解讀の實際を教授されて學習するといふ非常な困難を克服して、その結果を訓點の形で記錄したのである。その用語は、一種の飜譯語であり、學者語であつて、原文の漢文に添つて讀むために漢字に制約された特異な表現や、漢文の語序を轉倒して讀む爲に生じた、本來の國語には無かつた新しい形式の表現を含んだ言語であり、この點で、漢文訓讀の用語は、平常の、特別の意識を伴はない話し言葉とは、本質的に性格を異にすると言はなければならない。

漢文訓讀そのものが始められた時期は、訓點記入が開始された時期とは區別して考へるべきである。漢文訓讀自體は、少くとも八世紀奈良時代には既に存在してゐたと推測される。「イハク」などのク語法、「ヨミス」などのミ語法、「ナンスレゾ」等の已然形の用法、「豈」「況」の訓として用ゐられた「アニ」「イハムヤ」などの副詞、その他、奈良時代の國語の要素が、平安時代以後、和歌や和文の用語には姿を消してしまつたのに、訓讀の語彙の中だけに殘つて、後世まで頻りに使用されてゐるのは、奈良時代の漢文訓讀の名殘を傳へる現象であらう。但し、これらの事例があるからといつて、漢文訓讀の言葉が、奈良時代の國語を全面的に後世まで傳へてゐるといふことは出來ない。後世まで殘存した奈良時代語の要素は、部分的なものに止まつてゐることは、認めなければならない。

六　漢籍の訓讀と佛典の訓讀

漢文の書籍は、普通「漢籍」と「佛書」（佛典）との二つに大きく分けられる。

「漢籍」は中國で撰述された書籍であるが、その中には、儒教關係、思想關係、歷史關係の書、文藝關係の書などが含まれる。古くから既に多數の漢籍が本邦に傳來してゐたことは、平安時代初期の『日本國見在書目錄』等によつても明白な事實であり、日本においても、漢文によつて、歷史關係の書、文藝關係の書などが創作されたが、何れも中國の歷史書や文藝書などを模倣して製作したものが多く、內容、形式共に、それらから大きな影響を蒙つてゐる。これら「漢籍」の類については、それらの注釋書の類は、日本では殆ど作られなかつた。これに對して、佛典關係では、既に奈良時代に多數の佛書が傳來してをり、それらに基づいて多くの撰述書が現れた。その中には、中國で製作、乃至は漢譯された佛典についての注釋書はもとより、日本の學僧が自らの研學による成果としての、日本獨特の研究成果である佛書も多く含まれてゐる。この事實は、漢文の訓點の面でも、根本的な相違を生み出した基となつてゐる。

漢籍では、古くから訓讀が行はれてをり、その和訓が存在してゐた書があつたことは、平安中期撰の『和名類聚抄』などに「文選師說」「遊仙窟師說」などが引用されてゐることからも明かである。しかしこのやうな「師說」は、恐らく語句單位の訓法であつて、文章全體に對して「訓點」を記入するといふ形が、平安初期以前に既に成立してゐたかどうかは疑はしい。漢籍の古寫本は相當數が現存するけれども、訓點を記入した確實な文獻は未だ發見されてゐない。恐らく、平安時代初期には、「和訓」

として傳へられたものはあつても、漢文全體に「訓點」を記入した形を取るには至らなかつたと推定される。

漢籍に訓點を加へた現存最古の遺品は、宇多天皇（寛平法皇）（八六七～九三一）の宸筆と傳へられる『周易抄』であり、そのヲコト點は、天台宗延暦寺の流を承けたものと認められる。(2) 十世紀以降には『毛詩』『古文尚書』『漢書楊雄傳』など、漢籍の古訓點本の現存するものが現れる。

一方、佛教の世界では、奈良時代末期から平安時代初期にかけて、善珠（七二三～七九七）、明一（七二八～七九八）、信行（奈良時代末期）、平備（平安時代前期）、明詮（七八九～八六八）などの碩學の僧侶が輩出し、南都の佛教教學は、一大飛躍を遂げた。これらの學匠たちの研學の成果は明一の『金光明最勝王經注釋』など多數の著述にも窺はれるが、他方、善珠の『成唯識論述記序釋』や、信行の『大般若經音義』などの中に見られる和訓がある。これらは、佛書中の語句を如何に訓讀すべきかを示してゐる。『圖書寮本類聚名義抄』に「珠云」として引用された和訓は善珠の訓說であるが、その中に「懇到、珠云祢毛古呂尓（平上平濁平上）」（一二三九1）とあり、この「ネモゴロニ」といふ語は、平安時代には「ネムゴロニ」の形に轉じたものであるから、明かに奈良時代の語形を殘してゐるといへる。又、明詮の訓點は、興福寺法相宗に傳へられ、『成唯識論』の訓點が眞興（九三五～一〇〇四）や蓮範（九九八～一〇三九存）によつて移點されてゐるが、その中には、助詞「イ」など、平安時代には一般に用ゐられなかつた古代語の語彙語法が發見される。平安時代中期に天台宗の源信（九四二～一〇一七）が撰した『因明論疏四相違略註釋』の中の訓點の內には、引用された本文の部分だけが明詮の古い訓點を遺存してゐることが指摘されてゐるが、(3) この事實は、明詮の訓點が、平安時代後半期以後までも重視尊重されてゐたことを示してゐる。『成唯識論』の訓點は、眞興の移點したものが、脈々として現代にまで傳承されてゐる。當然、平安時代の訓點の中でも、これらの語彙は奈良時代語の遺存として、一般の訓點語彙とは一線を畫してゐたと思はれる。これは、明詮の學問的水準が卓越してをり、後人の追隨を許さない程であつたためであらう。

平安時代初期には、弘法大師空海が唐から眞言宗を將來したが、その弟子によつてその研究が行はれた。承平十三年（八四六）

に實惠（七八六〜八四七）が高野山で『大日經疏』の講義を行つたが、それに關する奥書が『大日經疏』の幾つかの古寫本などに傳へられてゐる。その記事を記した訓點本の中には助詞「イ」その他の古代語的要素が若干見出される。これは承平十三年當時に使用された訓讀の語彙が殘存してゐるためかと推測される。『大日經疏』については、眞言宗、天台宗に亘り、實惠の說以外にも多くの訓說が新たに行はれ、平安時代初期の訓法だけに依存する必要が無くなつたからではなからうか。

上に述べたやうに、『和名類聚抄』には漢籍の「師說」が若干引用されてゐるが、佛書についての「師說」の類の引用は殆ど見えない。少し下つて、十一世紀の末頃に成立した『圖書寮本類聚名義抄』になると、「毛詩」「論語」「文選」その他の和訓が大量に引用されてゐるが、これに對して、佛書についての和訓は、前述の「善珠」の他、「眞」（眞興）など、二三のものがあるに過ぎない。これは、平安時代後半期の時點で、「漢籍」ではその訓點が、本文に準じて典據あるものとして重視されるやうになつてゐたのに對し、「佛書」には、そのやうな風潮が未だ存在してゐなかつた事實を反映するのであらう。換言すれば、『圖書寮本類聚名義抄』が成立した十一世紀末頃までに、「漢籍」では、その和訓の本文への定着が大體終つてゐたのに對し、「佛書」では、後代に對して規範となるべき訓點が新たに加へられることが續いてゐたことを示すのであらう。

又、「漢籍」では、音義や注釋書の類が全く撰述されなかつたのに對して、「佛書」では、奈良時代以降、歷代に亘つて多くの音義が製作された。例へば、『大般若經』についての音義は、信行以來、藤原公任の『大般若經字抄』（長元五年［一〇三二］成立）、重譽撰とされる『大般若經音義』（保延年間一一三五〜一一三九頃成立）などがあるが、時代と共に注釋文や和訓が增加して行った。これは或る時代の訓法が、固定した形のままではなく、變改の手を加へられつゝ、後世に傳へられて行つたことを反映するものと思はれる。

小林芳規博士は『平安鎌倉時代に於ける漢籍訓讀の國語史的研究』の中で、『白氏文集』の古點において、大江、藤原、菅原の三博士家で夫々に訓法が相違することを實證し、それが既に平安時代天永四年（一一一三）の訓點（神田本）に反映され、複數の和訓が併記されてゐることを明にされた[4]。これらの博士家の家學が固定して成立した時期は、凡そ平安時代十世紀以降のことと見られてゐるが[5]、平安時代には博士家が夫々漢籍を管轄してゐながら、博士家相互の間に、交流があつたことを推測させるものである。

漢籍の一部で注目すべきは、醫書の一類である。唐の蘇敬が勅によつて撰した『新修本草』に基づいたとされる『本草和名』は、醫博士深根輔仁が勅を奉じて撰し、延喜十八年（九一八）に成立した本であるが、この書には始めて「和名」なる用語が用ゐられ、萬葉假名による和訓が併記された。この和訓は、承平年間（九三一～九三八）成立の『和名類聚抄』に引用されたばかりでなく、永觀二年（九八四）撰の『醫心方』にも傳承され、『醫心方』の古點本の中にも、傍訓として多數使用されてゐる。この種類の語彙は、内容上、醫學に關係ある人體の各部の名稱、疾病の名稱、藥用に供せられる植物、動物、鑛物などの名稱など、他の一般の書には見難い、珍奇な和訓語彙の例を豐富に提供する。幸に『醫心方』には、平安時代の訓點資料が現存し、古代の國語語彙の寶庫となつてゐる。

七　『日本書紀』の訓讀とその特徴

奈良時代から平安時代初期にかけて、『日本書紀』の撰述とそれに續く公的な講書事業が行はれたが、これは日本の學術史上、注目すべき事柄であつた。『日本書紀』の撰述は、中國の『史記』などの歴史書を模倣して製作したもので、原則として正規の漢文で綴られた史書で、多分に對外的な意識の表現であつたとされてゐる。しかしその本文の讀み方は、當初は、或る場合には漢字音で中國語として音讀し、或る場合には國語として訓讀したと推測される。「少女、此云烏等咩」のやうな注文が、本文の中に隨所に注記されてゐて、「少女」は漢字音で「セウヂヨ」と讀み、「此云烏等咩」を「ココ（日本）ニハ、ヲトメトイフ」と讀んだことは、本文を字音で讀んでゐたことを前提として初めて理解される。(6) 又、撰述された養老四年（七二〇）の翌年から、既に公式の「講莚」が行はれた記事が傳へられ、更に「養老説」と稱する和訓が、後世の訓點の中に、幾つか傳へられてゐる。その後、弘仁、承和、元慶、延喜、承平、康保など、前後七回に亘つて講莚が行はれ、その際に「日本紀私記」が作られ、「日本紀竟宴和歌」が詠まれた。『日本書紀』訓讀の最大の特徴は、全文が殆ど和訓だけで讀まれてゐることであつて、一般の漢文の訓讀には、多くの字音語が和訓と共に併用されてゐるのと比べて、根本的に相違する點である。『古事記』の場合は、本來の和語の傳承を基本とし、漢字を連ねて記した日本化した漢文で綴られたものであるから、これを全部和語で讀み下すことは、無理ではないはずである。但し、奈良時代の國語の散文資料が殆ど殘つてゐない現状では、古事記の讀み下し作業は至難の業である。しかし、『日本書紀』の場合には、古事記とは全く狀況が異なり、本來、正式の漢文で綴られた書を、後人が懸命に和風に訓讀したといふのが眞相であらう。全文に亘つて、强引とも思はれる程の和訓が頻りに使用されてゐるのは、その結果と見るべきであらう。その中には、既に奈良時代に使用し始められた和訓もあり、それの片鱗が和名類聚抄などに引用された『日本紀私記』の中に殘存し、又、その一部分が、平安時代中期以降の『日本書紀』の古訓點に傳へられてゐると見られる。平安時代以後の『日本書紀』の古點本には、平安時代語の要素も多分に含まれてゐるが、「望」を「オセル」、「委」を「ユダヌ」と訓ずるやうな、他の訓點資料には見られない和訓が多數存在するが『日本書紀』の訓だけに殘された上代の國語の殘照と見る可能性は尠くない。

尙、日本書紀の特異な古訓は、日本書紀以外には『古語拾遺』など一部の文獻に見られるに過ぎないが、何れも日本古代に關する記錄といふ共通性があり、古くからこの類の文獻の獨特の訓法として行はれてゐたものであらう。それが中世以降、卜部家などを中心に『日本書紀』などの訓法として、後世まで傳承されたものと思はれる。

因に、『日本書紀』に先立つて著された『古事記』は、漢文で記された本邦の歷史書であるが、上に述べたやうに、その漢文には和風な要素が含まれ、口誦による古語的な要素を持つが、歌謠や和語の訓注や語句などだけが確實な國語資料として得られるに過ぎない。この書は、『日本書紀』と異なり、平安時代にはあまり取上げられなかつたらしく、その訓法も現在傳はるものは、卜部家の神道學が興隆した鎌倉時代以後のもので、平安時代以前の訓例を窺ふ資料としては大きな手掛りは得られない。

本邦の公的撰述の史書としては、この他に『續日本紀』以下の「六國史」があり、何れも、純粹の漢文で記されてゐて、この點は『日本書紀』と同樣であるが、これらの史書には『日本書紀』のやうな特異な訓法は傳へられてゐない。又、『續日本紀』以下の「六國史」には、古寫本の傳存するものが少く、古點本も殆ど現存しない。『續日本紀』以下の成立した平安時代初期以降には、唐などとの公的な國際的交流が途絶え、對外的緊張が失はれて、强ひて日本の歷史を對外的に顯示する必要が無くなつた爲かと思はれる。『續日本紀』以下の「六國史」には、『日本書紀』と異なり、漢文本文の語句について、その和訓の注記が無い。又、『日本書紀』についての硏究である『釋日本紀』のやうな硏究が行はれた形跡も無い。又、後世に殘された寫本や刊本の訓讀は、一般の漢文としてのもののみであり、古い訓點も傳へられてゐない。因に、奈良時代に編纂された漢詩集『懷風藻』や平安時代の『凌雲集』『文華秀麗集』『經國集』などの漢詩文集の類が、右と同樣に古訓點本が殘されてゐないことも、併せて考慮すべきであらう。

日本書紀の古訓は、古くから上代語そのものと意識されてゐた場合が多い。それは、極く最近の「古語辭典」の類にも引繼がれて來た。近時は、その古訓がどの古點本のものであるかを注記するものも現れたが、それでも未だに古點本の古訓を上代語そのものと認識する潛在的意識が拂拭されてゐるとは言ひ難いやうに感ぜられる。

確かに、古く『和名類聚抄』に「日本紀私記」等として引用されたものや、『日本書紀』の古訓點本の古訓の中には、日本書紀の本文中の和訓の注文と同一の語句を傍訓として記載してゐるものなど、上代の語句を傳へるものも少くない。しかし、それによつて、本文中の總ての古訓が奈良時代の語そのものと斷ずることは、論理の飛躍である。現に、平安時代の古訓點本の中の和訓には、奈良時代ではなく、明に平安時代の語形を示してゐるものが多く見られ、更に鎌倉時代以後になれば、明確に平安時代の和訓とも異なる語句が追加併用され、その傾向は、室町時代から近世の刊本に至るまで繼續して行つたのである。平安時代、鎌倉時代等、各時代の古點本の和訓は、一次的には、その加點された時代の國語資料として取扱はるべきであり、更にそれが上代の語形をどの程度踏襲してゐるのか、乃至は後世の言語要素がどの程度存するかといふ點に注目し、それが如何なる原因、動機によつて生じたかを檢討すべきであらう。この點を强調された石塚晴通氏の說(7)に全面的に同調すべきものと考へる。

唯、從來、日本書紀の和訓が古風を帶びたものであることが廣く感じ取られてゐたことについても、それなりの理由があつたことは否定出來ない。その最大の原因は、同じ漢文でありながら、他の一般の漢文の訓點とは明に異なつた、異樣な古訓が多數使用され、殆ど漢語が使はれず、强引な程までに和訓ばかりで讀み通すといつた方針があり、或る意味で、古代の記事の內容に相應しい雰圍氣を保持してゐた事も明である。

『日本書紀』の古訓が異樣であることの原因は、未だ明でない。單純に奈良時代の訓法が遺存したものとするのは、根據が薄弱である。例へば、助詞の「イ」を全く用ゐないことは、平安時代初期の訓法を全面的に傳へてゐないことの一つの徵證である。又、この文獻だけが訓讀の段階で特異視された理由も必ずしも分明でない。平安時代中期以降、「漢籍」類と同じく博士家の所管であつたのに、『日本書紀』の和訓の語彙の體系は、漢籍一般のそれと全く相違してゐる。

日本書紀古訓としての最も古い記錄は、平安時代中期承平年間（九三一～九三八）に源順が撰述した『和名類聚抄』の中『日本紀私記』『日本紀師說』『日本私記』として引用されたものであるが、「乳母、日本紀師說女乃於止」（一6ウ）、「日本紀私記云、失意古々路萬止比」（三23ウ）のやうに、漢字の語句單位で和語を注記したもので、一續きの漢文の訓點を記した例は見られない。又、『日本紀私記』として傳來する本もあるが、最古の寫本は應永年間書寫の御巫本であり、これも本文中から抄出した漢字、語句に對して注文を附記したものである。又、前田本仁德紀の院政期點本には、「養老記ｌ」のやうな注文を記したものがある（38─

6上欄外）。これらは養老五年（七二一）以降に行はれた講莚の際の訓法の記録を傳へた可能性があり、多分平安時代中期以降に、これ等に基づいて漢文全體に訓點が加へられるに至つたと考へられる。「令踐祚」を「アマツヒツキシラセマツラム」（岩崎本推古紀平安中期點6）のやうに、語句單位での和訓が多いのは、『日本書紀』古訓の一つの特色であるが、「私記」の語句單位の和訓を訓點に轉用した結果と見て良いのではなからうか。

『日本書紀』だけに見出される古訓の語彙が相當數存在する。「キシ」「コニキシ」「フレ」などのやうな古代朝鮮語と思はれるものもあるが、「アツユ」（遘疾彌留ヤマヒシアツシレテ／アツエ・前田本雄略紀院政期點110-7）、「ユダヌ」（付ユタニ給／ユタネタマフニ皇太子に・前田本雄略紀院政期點109-8）、「ミツナシ」（僕不才ミツナシ・圖書寮本顯宗紀久永治點8オ）、「オセル」（望瞻オセリ之て愕然カシコマリオツ・岩崎本推古紀平安中期點421）など、多くの語彙がある。これらの中には、奈良時代に用ゐられたが、何等かの理由で一般には使はれなくなつた語彙が含まれてゐるであらう。「悲兮カナシキカモ惜兮ヲシキカモ」（前田本仁徳紀院政期點14-4）のやうに、助詞の「かも」が見えるのは、明に上代語の殘存で、平安時代中期以後は專ら「かな」に轉じたことはいふまでもない。

『日本書紀』の古訓について、更に考慮すべきことは、古寫本の和訓に加へられた聲點の性格である。前田本、圖書寮本、鴨脚本、日本紀私記における、聲點の初見は平安時代中期であり、奈良時代から存したとは考へられない。更に又、これらの聲點は何れも「・」形の單點であつて、清音と濁音とを區別した例は、日本書紀の古訓點の中には未だ例を見ない。これは「・」と「:」とで清濁を區別する方式よりも古い段階と見られ、他にも仁和寺藏本の『醫心方』巻第一末尾の萬葉假名和訓の聲點などに同類の例がある。

八　佛典の訓點資料

佛典の中には、法華經や大日經のやうな經論類、大日經疏などのやうな論疏類、儀軌の類などの別があるが、この内、「漢譯佛典」の典型的なものは、法華經などの經典類に見られる。この類には、『金光明最勝王經』や『妙法蓮華經』のやうに説話的な内容を含むものがあり、それらの中には、變化に富んだ和訓が使はれることが比較的多い。論疏類の一部や、儀軌の類などには、諸作法についての具體的な規定を述べたものが多く、これらの類は、定り切つた特定の和訓が共通的に現れることが多い。又、論疏類の內、『成實論』や『成唯識論』のやうな教理、理論を主とした文獻には、漢語が多く用ゐられてゐるため、和訓の類は附訓そのものが必ずしも多くない。しかし、注目すべき語彙が屢々使用されてゐることも注意される。

平安時代初期九世紀の訓點資料は約百數十種が知られてゐるが、すべて佛典のみに限られてゐる。その中、『觀彌勒上生兜率天經贊古點』、『金剛波若經集驗記古點』、『金光明最勝王經古點』（西大寺藏本）、『東大寺諷誦文稿』、『大唐三藏玄奘法師表啓古點』、『地藏十輪經古點』、『説無垢稱經古點』など數點には豐富な和訓がある。これらの中には、奈良時代語彙の特徴が殘されてゐるものも多く、國語史の資料として重要なものが多い。特に『金剛波若經集驗記古點』は説話の集錄であり、他に例の稀な和訓を多く含んでゐる。平安時代初期の他の訓點資料は、以上の諸書に比べれば、和訓の附訓の割合は比較的少い。又、『大唐三藏玄奘法師表啓古點』や『地藏十輪經古點』『説無垢稱經古點』の序文などは、四六駢儷體の文があり、難解な字句が多いために、複雜な訓點が加へられてゐる。これらの內、『金剛般若經集驗記古點』『金光明最勝王經古點』『大唐三藏玄奘法師表啓古點』は、平安時代後半期の訓點資料が現存し、『金剛般若經集驗記』には輪王寺天海藏本の天永四年（一一一三）點、『金光明最勝王經』には西大寺本に加點された永長二年（一〇九七）點、『大慈恩寺三藏法師傳』には興福寺本の承德三年（一〇九九）點他、法隆寺本の大治元年（一一二六）點などがある。これら相互の訓點を比較することが出來るが、諸本何れも、平安時代初期の訓點の語彙や語法が、平安時代後半期以降に傳承されて行つた例は、殆ど見ることが出來ない。

經論の類では、平安時代初期の資料そのものも遺存するし、平安時代後半期以降のものにも、平安時代初期の訓點が部分的に殘存するものがあり、その歴史的變遷の跡を辿ることも或る程度は可能である。『法華經』や『成唯識論』などの法相宗の明詮の訓點の傳存などは、その例である。明詮の訓點は、『成唯識論』などでは、殆ど全體的に後世まで傳承されてゐるのに、『法華經』などでは部分的に平安時代末まで傳へられたに止まつた。『成唯識論』の場合は、その內容が難解で、先師を超える學識を備へた學僧が少かつたためであらうか。これに對して『法華經』は、法相宗以外に天台宗などでも盛に讀まれ、又訓詁の學が發達したが、天台宗では、その訓法が固定することなく後世に及んだためであらうか、尙考へたい。

この他、佛教關係の文獻の內、所謂「史傳部」に屬する『大唐西域記』『南海寄歸內法傳』『大慈恩寺三藏法師傳』などの書は、外國の旅行記を含み、諸國の風土の記錄や、說話的要素などの內容が多いため、和訓の語彙も豐富である場合が多い。又『大慈恩寺三藏法師傳』や『不空三藏表制集』などは、天子等との間に取交された四六駢儷體の漢文が含まれてをり、豐富な文飾があるために、その和訓の語彙も幅が廣い。又『大般若波羅蜜多經』などの卷首に添へられてゐる序文も四六駢儷體の文章で、潤色の多い字句を使用し、詳細な訓點を有する場合が多い。

又、僧侶の傳記類もこれと近い說話的性格が濃厚であり、『三教指歸』『文鏡祕府論』『遍照發揮性靈集』なども、祖師弘法大師撰述といふこともあつて、特に眞言宗などに廣く行はれた。その他『不空三藏表制集』『本朝文粹』なども、これに近い要素が強く、平安時代後半期になると、僧侶が願文や表白などの製作に力を注ぐやうになり、そのための參考としての需要も多くなつて行つたものと考へられてゐる。

訓點資料の內容には、加點者の學識が如實に反映してゐる。立本寺藏本『妙法蓮華經』の寬治點は興福寺僧の經朝、興福寺藏本『大慈恩寺三藏法師傳』の承德點は興福寺僧の濟賢、高山寺藏本の『大日經疏』の康和點は高野山僧の快與、法隆寺藏本『大唐西域記』の大治點は法隆寺僧の覺印で、經朝は維摩會の講師を經驗した、當代屈指の學僧であり、何れも誤脱の尠い、端正な訓點資料であつて、國語資料としても、信賴度の高いものである。これに對して、西南院藏本の『和泉往來』文治點や、楊守敬本『將門記』平安時代後期點などは、亂雜な加點で誤脱が多く、その正確な本文や訓點を推定するのに困難を感ずることが多い。この點、國語資料としての信賴度は低いと見ざるを得ない。但し、他方、訓點が稠密であること、他の文獻に見えない語彙が多いこと、一般の文獻では加點の稀な漢字への加點が多いこと、などの利點をも無視することが出來ない。一般の文獻では加點の稀な漢字への加點が多いことといへば、東大寺圖書館藏本の『法華文句』の平安時代後期點なども特異な資料として珍重すべきであらう。

九　『妙法蓮華經』と『大般若波羅蜜多經』

歷代に亘つて、佛教の經典の中で最も多く讀まれた經典は、『妙法蓮華經』と『大般若波羅蜜多經』とであらう。この二書には、奈良時代以降の多くの古寫本があり、平安時代以降は、その加點本も多數に上り、更にそれらの研究の成果である注釋書、音義の類も、他書を凌ぐ量の遺品が遺されてゐる。

『妙法蓮華經』の訓點資料については、小林芳規博士の論考[8]がある。最古のものには平安時代初期の京都博物館藏本（守屋コレクション）（0850502l）がある。第一群點の白點で、和訓は必ずしも多くない。立本寺藏本『妙法蓮華經』（10870001）は、興福寺法相宗の僧經朝の訓點で、白點（寛治元年［一〇八七］・喜多院點、珣照點）を本點とし、それに朱點（寛治二年・喜多院點、傳明詮點）と墨點（寛治二年頃・壽慶上人點）の三種類の訓點を併せて加點してゐる。奥書によれば、法相宗明詮の導本から和訓を移したといふ。朱點の傳明詮點は、多分、白點と異なる部分だけを抄出して併記したものらしく、中に「相扠」に「コフシ宇知」（巻第五）、「彼」に「加乃」（巻第七）、「睞」に「久呂万奈己乃」（巻第八）のやうに眞假名を交へた訓があつて、明詮の時期の表記を窺はせるが、一方、片假名の部分もあり、明詮の時代にも片假名は既に發生してはゐたものの、寛治の移點の際に、意識的、無意識的にもとの眞假名を片假名に書き直した部分もあつたであらう。何れにせよ、平安時代初期の訓法を窺ふための貴重な資料として、注目される。立本寺藏本については門前正彦氏の業績があり、又、天理圖書館藏本『妙法蓮華經』は、この寛治の白點・朱點を移點したものらしく、廣濱文雄氏の論がある。(9) 又、談山神社藏本の『妙法蓮華經』院政期點は、奥書が無いが、寛治の白點を移點したものかと思はれる。

問題は、この法華經の明詮の訓點が、後世に傳へられなかつたことである。確かに、院政期の寫經である天理圖書館藏本のやうにその轉寫本と見られる古鈔本の法華經には、この明詮の訓點が轉寫されてゐる遺例もあるが、談山神社本は院政期寫本であるのに、奥書も明詮の訓點の轉寫も無く、その後の時代には傳承された形跡が全く見當らない。明詮の訓說の中、因明唯識の場合は、極めて抽象的な概念を中心とした難解な内容であり、明詮の獨擅場であつたのであらう。これに對して、『法華經』については、法相宗ばかりでなく、天台宗や眞言宗などでも、京都博物館藏本・五島美術館藏本（藤南家經）・仁和寺藏本などの古訓點本が作られ、又、種々の訓法が創案された模樣であり、これには「應和の宗論」に象徴されるやうな、宗義上の對立などもあつたためかも知れないが、とにかく『法華經』の訓讀は法相宗の專有でなかつたことは明であり、更に法相宗の中にも、明詮以外の訓法が併存したことも否定出來ない事實である。

『妙法蓮華經』と切離せないのは『法華經音義』の存在である。(10) 古く奈良時代末頃に、法相宗信行の音義があつたらしいが、逸文のみで、全貌は定かでない。しかし、恐らく同人の『大般若經音義』と同類の、漢文注中心で萬葉假名の和訓が加へられてゐた可能性を含むかと想像される。法相宗では、平安時代以後、『法華經音義』はあまり發達せず、僅かに中算の『妙法蓮華經釋文』三卷が傳はるに過ぎないが、本文には和訓が見えない。但し、その上卷の部分に見える朱點の訓點（喜多院點）の和訓は、『圖書寮本類聚名義抄』に「眞云」として引用された和訓と一致し、(11)本文も「中云」として多數引用されてゐるから、この本が法相宗内で流布してゐたことは疑問の餘地が無い。そして、同時にこの本の本文の漢文の部分と、その訓點との兩者が、共に典據として扱はれてゐたことも注目すべきであり、『圖書寮本類聚名義抄』の中に引用されてゐる和訓の中に、その典據となつた文獻の名稱を「侖（論語）」「巽（文選）」のやうに注記してゐるのは、この辭書の編者（恐らく法相宗の學僧）が訓點の典據を示してをり、又、その大部分が漢籍の類や辭書音義の類であつたことを示してゐる。佛典の例が稀であることは、漢籍の訓點が、この辭書の成立したと見られる永保元年（一〇八一）以降の程遠くない時期において、既に典據となるにふさはしい地位を確立してゐたことを示すのであり、それに對して、佛典の訓點にこの種の例が僅少であることは、佛書の訓點が一定の形で定着してゐなかつたことを示すのであらう。

平安時代後半期以後には、眞言宗、天台宗でも『妙法蓮華經』の訓詁學が發達したらしいが、本文の訓點資料にも、若干の例が知られてゐる。高野山龍光院藏本（10580004）は、學僧明算（一〇二一〜一一〇六）の加點本で、眞言宗系統の重要な資料である。(12)五島美術館藏本（藤南家經）（10705004）は院政初期の西墓點本で、天台宗寺門派の訓點である。平安時代後半期以後に輩出する『法華經音義』は、殆どが天台宗系統のものである。『法華經單字』（保延二年寫・11360001）と『法華經音』（明覺［一〇五六〜一一二二存］の撰かといふ）とは、その現存最古のものであるが、後者には字音のみで、和訓は存しない。前者には和訓・音注兩者があり、和訓は保延二年の筆であるが、音注は若干書寫の時期が下るらしい。和訓は異色のあるもので、『妙法蓮華經』で訓まれた以外の和訓を多く含んでゐる。室町時代初期には東京大學國語研究室本のやうに、『法華經音』に和訓を加へたものも現れるが、(13)南北朝時代の、心空の『倭點法華經』や『法華經音訓』（13860001）などは、却つて和訓の數が減少してゐる。時代は下るが、江戸時代後期に至つて、天台宗僧宗淵による『法華經山家本裏書』（18500001）は、後世の轉化を含むものではあるが、法華經の和訓の訓詁學的研究として注目される業績である。

『大般若波羅蜜多經』六百巻は、『妙法蓮華經』と並んで、古來最も多く流布した經典であるが、字音で讀まれた機會が多かつたためか、その訓讀本は意外に乏しい。高知縣安藝郡安田町の安田八幡宮藏本の内に、康和四年の訓點（白點・喜多院點）（11020006）があるのが最古の資料で、他には經の一部を抜粋した、東寺金剛藏本『大般若經三十二相八十種好』の院政初期點（喜多院點）（11005013）などが存するに止まるであらう。他に寫本・刊本は厖大な量に上るが、大多數は無點本か字音點本である。唯、その訓讀は若干は行はれたと見え、上述の法相宗信行の『大般若經音義』の古寫本の石山寺藏本（平安時代初期書寫）と來迎院如來藏本（院政期書寫）とが残存する。撰述の時期は奈良・平安時代の交で、漢文注の後に萬葉假名の和訓注が附加されてゐる。又、平安時代中期長元五年に、藤原公任の撰した『大般若經字抄』(14)（10320001）には、簡略な和訓が見られ、その後、これに基づいて増補したと見られる『大般若經音義』(15)（眞言宗僧重譽撰かとされる）には、最古の寫本無窮會藏本、藥師寺藏本、天理圖書館藏本等に、相當數の和訓が掲載されてゐる(16)（12005022・12860001・12860002）。又、『大般若經』巻第一の冒頭には、唐の玄宗皇帝の筆に成る序がある。四六駢儷體で、東京大學國語研究室藏本建長六年點（12540005）には詳密な訓點がある。

十　史傳・説話・四六駢儷體の訓點資料

『大唐西域記』『南海寄歸内法傳』『大慈恩寺三藏法師傳』などの類は、平安時代の寫本・訓點本が多く殘され、殆ど大部分の文獻に、豐富な訓點、和訓が加點されてゐる。『大唐西域記』は玄奘の西域印度への求法の旅行記で、最古の訓點本は興聖寺藏本の巻第一の平安初期點である（08505042）が、和訓は多くない。これと一具の巻第十二の平安中期點(17)（09505020）は、和訓が豐富で、貴重な資料である。同じ興聖寺藏本の巻第二〜五・九の訓點（11670005）にも和訓があるが、その數は、さほど多くない。

法隆寺藏本、及び故神田喜一郎氏藏本の大治點（11260012）も、法隆寺僧覺印の加點本で、その一部分を影印等で見た限りでは、最高級の好資料と思はれるが、未だ全卷を閲覧する機會に惠まれず、今後に期待したい。石山寺藏本は長寛二年の加點本で、夙く大矢透博士の紹介があり(18)、多數の和訓が存することが知られてゐたが、先年、中田祝夫博士の影印・譯讀が公刊された。中田祝夫博士は、長寛元年加點の識語のある、卷第一・三・四・五・七の五卷のみを取り上げられたが(19)、識語のない卷第二・六・八の三卷も、筆跡は異なるけれども、語彙の性格、加點の年代は、上記五卷に準じて扱つて差支無いと判斷した（11630001）。醍醐寺藏本の卷第十一・十二の二卷は、鎌倉時代初期に入るが、建保二年の加點本で（12140012）、石山寺本と關係があるらしく、和訓語彙も豐富である。先年、筆者により影印・飜字・譯讀が公刊された(20)。

『大慈恩寺三藏法師傳』十卷は唐の慧立の本・彦悰の箋で、興福寺藏本十卷が、これも夙く大矢透博士によつて知られてゐるが、先年、全卷の影印・譯讀、並に總索引を刊行した(21)。延久元年頃の朱點（喜多院點・卷第一）（10705001）、承徳三年の墨點（假名點・卷第七～十）（10990002）、これと恐らく同筆の朱點（喜多院點・卷第七～十）（10990002）、永久四年墨點（假名點・卷第一～六）（11160007）及び嘉應二年墨點（假名點・卷第一～二）（11700006）の數種の加點があるが、中心は承徳點と永久點である。本語彙集成には、總索引ではなく、全語形を表記した和訓のみを掲載した。『大慈恩寺三藏法師傳』には、この他、法隆寺僧覺印加點の法隆寺本がある（11260001）。現在卷第一（法隆寺藏本）・三（國會圖書館藏本）・七（内藤湖南氏舊藏、現法隆寺藏本）・九（同上）の四卷が知られてゐる。この内、卷第三は筆者が影印・譯讀を公刊した(22)。卷第一の卷頭の部分、卷第三・七・九の全卷について、和訓を收錄した。『大慈恩寺三藏法師傳』は、この他に天理圖書館藏本（卷第一前半、高山寺舊藏本）（院政初期書寫加點）、興聖寺藏本十卷の天承二年加點本（11320008）、京都大學人文科學研究所藏本（松本文三郎氏舊藏）承元四年點十帖（卷子本改裝）などが知られてゐる。

『南海寄歸内法傳』は唐の義淨の求法旅行記で、石山寺舊藏本があり（10165001）、卷第二と卷第四（殘卷）とは以前から影印本があつたが、大坪併治博士は天理圖書館藏本の巻第一・二と京都國立博物館藏本の訓點（朱點・寶幢院點）について、影印・譯讀を公刊された。筆者は、石山寺の校倉聖教の中の『菩薩戒經』の長和五年點（朱點・寶幢院點）（10160001）と全く同一の筆跡であることを發見し、[23]又、巻第三の斷簡があることを知つた。この本には、他に古寫本の傳本が少いが、法隆寺藏本の中に四巻の大治三年の加點本がある（11280014）。この訓點は石山寺本と殆ど同じで、石山寺本に缺けてゐる巻第三・四を具へ、奇異な語彙を含めて特異な資料を提供してゐる。[24]

『辨正論』八巻は唐の法琳の撰である。保安四年（一一二三）點四巻の内、巻第一・四が法隆寺に藏されてをり（『昭和資材帳7法隆寺の至寶寫經版經版本』一九九七年三月、五五頁）、巻第二は大東急記念文庫藏本、巻第三は築島裕藏本で、法隆寺僧の緻密な訓點（朱點・喜多院點）がある（11230001）。

『往生要集』三巻は源信の撰で、聖德寺藏本、最明寺藏本、靑蓮院藏本、大原三千院藏本などがある。何れも訓點が多いが、特に聖德寺本の巻中は長德二年（九九六）の朱點（第五群點）と墨點（假名點）とが貴重である。最明寺藏本は三巻を完備した最古の寫本で、特に巻上は地獄の責苦などの記述があり、訓點語彙の語種も分量も多い（11005080）。靑蓮院藏本も三巻を具備し、承安元年（一一七一）の訓點（墨點・假名點）がある。この他、聖德寺藏本巻上の院政期古點も看過出來ない重要な資料である。

弘法大師空海の撰述に成る『三教指歸』『祕藏寶鑰』『祕密曼荼羅十住心論』『遍照發揮性靈集』などは、內容は佛教に關するが、文體は四六駢儷體などが多く用ゐられ、詳しい訓點を附した寫本が多い。『三教指歸』は、その內の「假名乞兒論」の平安時代初期の空海自筆本が傳來してをり、文中に割注で萬葉假名の和訓が記されてゐる。高山寺藏本は有注本で、巻中の一帖のみであるが、平安時代後期の豐富な朱點（假名點）がある[25]（11005025）。大谷大學藏本の『三教指歸注集』四帖は、有注本で、長承二・三年の訓點があり、多數の訓點語彙を提供してゐる[26]（11340007）。天理圖書館藏本一帖は巻上中下の三巻を具備し、久壽二年（一一五五）の墨點（古紀傳點）がある（11550009）。稠密な訓點で、屈指の訓點資料である。『十住心論』には高山寺藏本九帖（巻第七缺）天永二年（一一一一）點（朱墨點、圓堂點）他三本がある。(27)これら空海の著書の訓點資料については、月本雅幸氏の論(28)があり、濟暹（一〇二五～一一一五）あたりから始められた新しい訓點であり、平安時代後半期以降の訓法を傳へ、古い時代のものは見られないとされてゐる。

『大日經疏』二十巻は唐の一行の記で、『大日經』の注釋であり、智儼・溫古の再治とされる『大日經義釋』と並んで廣く讀まれた。古寫本が多く現存し、加點本も數多い。東京大學國語研究室所藏の十九帖本（巻第一缺）の治安四年（10240002）他點、東寺觀智院藏本の六帖本の平安後期點（10505069）、仁和寺藏本二十帖の寛治七年・嘉保元年點（10930009）（寛意の弟子の加點、ヲコト點は圓堂點(29)）、東京國立博物館及び東京大學史料編纂所藏本十四帖本の康和四年點（11020007）（寶幢院點）、高山寺所藏の十九帖本の康和五年點（中院僧正點）（11030006）、東京大學國語研究室所藏十四帖本の永久二年點本（圓堂點）（11140007）、東寺金剛藏の七帖本の保安元年點（11200015）（圓堂點）、醍醐寺所藏二十帖本の大治五年點（11300014）（淨光房點(30)）、築島裕及び北海道大學所藏の三帖本（保延四年加點・寶幢院點）（11380001）、輪王寺天海藏の二十帖本（仁平元年加點・寶幢院點）（11510005）、醍醐寺所藏の十七帖本（元暦二年加點・圓堂點）（11850004）などがある。これらの訓點資料は何れも豐富な和訓を有し、訓點資料全體の中でも大きな比重を有する。加點者の範圍も廣大で、眞言宗、天台宗の廣い範圍に亘つてゐる。『大日經義釋』は天台宗、『大日經疏』は眞言宗と使ひ分けられてゐたとするのは、ずつと後世のことであり、平安時代には兩宗に亘つて廣く讀まれてゐたことは、上記の例から見ても疑ない所である。東京大學國語研究室本のやうに、表紙には「大日經義釋」と記しながら、内容は「大日經疏」である例もある。永久二年點本と保安二年點本のやうに、相互に緊密な共通點を持つ例もあり、助詞「イ」など、平安時代末まで傳承があつたことは疑無い。

『金剛般若經集驗記』三巻は唐の孟獻忠の撰した佛教靈驗譚の説話集である。古寫本に石山寺本があり、平安時代初期の訓點が著名である。(31)日光輪王寺天海藏本一帖は、天永四年の朱點（圓堂點）があり、天台宗僧藥源の加點でありながら、眞言宗所用の圓堂點が加點されてゐる。石山寺本とは訓法の關聯は見られず、恐らく別途の系統の訓説であらうが、夫々に貴重な語彙が多數存することは注目される。

佛教の説話類としては、この他に、龍門文庫藏本（高山寺舊藏）の久安三年書寫『日本感靈錄』の訓注（11470002）、天理圖書館藏本の『日本往生極樂記』應德三年點（10860002）、東大寺圖書館藏本の『新修往生傳』の保元三年點（11580001）などがあり、豐富な訓點語彙を提供する資料である。

十一　漢籍訓點資料の訓點語彙

漢籍の訓點資料は、現存するのは何れも平安時代中期（十世紀初頭）以降の文獻ばかりで、平安時代初期と中期以後との歴史的變遷の跡を體系的に比較することは困難である。僅かに、『和名類聚抄』に引用された「師説」の類によつて、部分的に比較することが出來るが、その限りでは、平安時代中期以前の訓説が、それ以後に傳へられてゐる若干の例を見出すことが出來る。唯、加點者は何れも博士家の系統の人物であり、僧侶が加點したと見られる漢籍の例は鎌倉時代以降になつて始めて出現する。

十世紀初頭の『周易抄』（上述）、『漢書楊雄傳』天曆二年（九四八）點（古紀傳點）、『古文尚書』（第五群點）、『毛詩』（第五群點）などが現存最古の漢籍訓點本で、複製本は出版されたものもあるが、詳細な譯文の類は未だに公刊されてゐないものがある。『古文尚書』『毛詩』は多分明經道關係の加點かと思はれる。

『文選』の古點本としては、天理圖書館藏本の『五臣注文選』（三條家舊藏本）の平安後期の訓點が最古であらう。これに續いて、東山御文庫藏本の『文選』の康和元年（一〇九九）點、承安二年（一一七二）點がある。又京都國立博物館藏本（神田喜一郎舊藏）『文集（白氏文集）』には天永四年點（古紀傳點）（11130001）があり、[32] 毛利報公會藏本『史記呂后本紀』、東北大學藏本『史記孝文本紀』、大東急記念文庫藏本『史記孝景本紀』の三卷は僚卷で、延久五年の訓點（古紀傳點）（10730001）がある。この他、實踐女子大學藏本[33]（11270012）がある。東洋文庫藏『春秋經傳集解』は保延五年の訓點（經傳）（11390001）がある。これらは何れも博士家の傳來で、豐富な古訓を提供する。鎌倉時代に入ると猿投神社藏本『古文孝經』、宮内廳書陵部藏本『群書治要』、同藏『春秋經傳集解』など多くあるが、省略に從ふ。唯、『遊仙窟』は醍醐寺藏本の康永元年點（13440001）、眞福寺藏の文和二年點（13530001）などは、特異な和訓と訓法を傳へ、多く古風を存した注目すべき資料である。金剛寺本は表紙とも三十二紙を存する斷簡であるが、有注本であり、元亨元年（一三二一）の奥書を持ち、現存最古の書寫加點本であつて、ヲコト點は古紀傳點のやうであり、その詳細については今後の檢討が期待される[34]。

『日本書紀』の訓點は何れも平安時代中期（十世紀後半）以降の文獻で、何れも博士家系統のものである（前述）。

『醫心方』二十八卷は東京國立博物館藏本、卷第二十二の一卷は御茶の水圖書館成簣堂文庫藏本（11450001）で僚卷である。仁和寺藏本の五卷（11505004）はもと丹波家傳來で、高山寺を經由して仁和寺に入つたとされる[35]。金剛寺本は卷十三の一帖であるが、鎌倉初期の墨書の假名點がある[36]。仁和寺藏本『黃帝内經太素』仁安二年點（11670001）があるが、大矢透博士が『假名遣及假名字體沿革史料』で紹介されて以後、殆どその訓點の取上げられた例を知らない。近時その影印本が刊行された。『醫心方』などとの關係が今後の調査の課題となろう。

この他、天理圖書館藏本（東寺觀智院舊藏）『世俗諺文』の鎌倉時代中期點（12505019）は、有職故實の出典などを集錄し、幅廣い訓點語彙が得られる[37]。

十二　『日本靈異記』の和訓

『日本靈異記』は藥師寺僧景戒の撰した佛教說話集で、その成立は弘仁年間（八一〇～八二四）と推定されてゐる。古寫本には、平安時代の興福寺藏本、來迎院如來藏本、鎌倉時代の前田育德會藏本、眞福寺藏本などが現存してゐる。これらの大部分は、昭和以後、影印本などによつて一般に公開されるやうになつたが、夙く古寫本の轉寫本などにより、狩谷棭齋の『日本靈異記攷證』『校本日本靈異記』などが著された。日本靈異記の本文は和習を含む漢文であるが、訓注、傍訓などに多くの和訓が記されてゐる。それを巡つての研究は、近くは遠藤嘉基博士、小泉道氏等の勞作が多いが、その和訓は古寫本によつて異同が多く、それらの比較や歷史的位置づけなどは、日本靈異記の和訓を國語史の資料として取上げるに當つて、重要な問題であり、尙、檢討すべき餘地が殘されてゐる。『日本靈異記』の和訓には、本文の中又は各緣（條）の末尾に記された訓注と、本文に記入された傍訓とがある。旣に、複數の和訓索引が公にされてゐるが、今回改めて各古寫本ごとに訓注や傍訓の和訓索引を作成した。卽ち、興福寺藏本（08105007）、前田育德會藏本（08105008）、眞福寺本（08105009）についてはその訓注を、如來藏本（11505521）、前田育德會藏本（12360003）については、その傍訓を收錄した。又、『校本日本靈異記』の訓注索引（08100015）も併せて作成した。

これらの諸本の和訓を比較して見ると、その性格は一樣でなく、成立年代も差があると見られる。その內、興福寺本は平安時代中期寫とされ、その訓注の假名は眞假名、草假名を用ゐ、上代假名遣の「コ」の甲乙二類の區別も保たれてゐるらしく、日本靈異記の本文の成立した弘仁年間（八一〇～八二四）の形を傳へてゐる可能性があると考へられる。又、鎌倉時代の書寫とされる眞福寺本では、同一の和訓を表記するのに、「赫然於無日天利シ天……赫然ヲモホテリシテ」（下四訓注）のやうに、萬葉假名書の例と片假名書の例とが併存してゐる例があるが、これは、古い萬葉假名書の例を、後に片假名書に改めたが、その際に舊訓を削除せず、新舊兩訓が遺された例と認められるのではないかと思はれる。遠藤博士のやうに、訓注は漢文の訓點を轉寫したものとされる論[38]もあり、その可能性も否定出來ないが、一方、佛經の巻末に文中の字句の音義を注記した例が、奈良時代から多く見られるから、その體裁を模範にして、かやうな訓釋の表記形式が成立した可能性も考へられるのではあるまいか。何れにせよ、萬葉假名はもとより、片假名の訓注であつても、その語句成立の時代は、平安時代初期まで遡る場合もあるかと推量される。

Ⅱ　語　性　論

一　訓點語彙特有の語構成

訓點語彙の「體系」を樹立することは、非常に困難である。品詞や意味による分類も一往は考へられるが、音韻論や文法論のやうな體系的構成は望むべくもない。ここでは、幾つかの問題點を擧げて、それについて述べることとしたい。先づ、語構成の面で、訓點語彙の中で、名詞、動詞などに見られる特徴的な語彙を取上げ、更に音便を含む音節を持つ語彙、ク語法など、上代の語彙語法の殘存などについて觸れようと思ふ。

①訓點語彙特有の名詞の語構成——動詞の連用形の名詞化した形

「おもひ」「なげき」など、動詞の連用形の名詞化した語彙は、古くから一般に廣く用ゐられたが、訓點資料の中には、これと同類の語彙でありながら、和文などには見られない獨特のものが多く存する。例へば、「イタハリ」（无シレ勞イタハリ・三教指歸久壽點 39オ7）、「イタミ」（念ヒレ傷イタミヲ・三教指歸久壽點 36ウ2）、「イツハリ」（欺イツハリ也・三教指歸注集長承點中 14ウ6）、「イヒ」（斯ノ之謂イヒカ・三教指歸注集長承點上末 43ウ5）、「ウツクシミ」（少（シ）レ慈ウツクシミ・三教指歸注集長承點下 63オ5）、「ウルホヒ」（眞言の霑ウルヲキ・蘇磨呼童子經承暦點上 29ウ)、「オソリ」(無クして㆑畏オソリ・法華經寛治點一 494)、「オソレ」(何(に)況(や)天魔鬼神等(の)怖オソレヲ耶・大日經疏長治點六 528)、「オモヒ」(應カナ(ヘハ)㆑念オモヒニ・東大寺諷誦文稿平安初期點 253)、「キキ」(聽キ、滿てり㆓寶刹に㆒・最明寺本往生要集平安後期點上 48ウ7)、「コノミ」(從ふ㆓人の好コノミに㆒・最明寺本往生要集平安後期點上 54オ3)、「サトリ」(有ルモノ㆑智サトリ・大日經疏康和四年點一四 18)、「サマタゲ」(自然ニ爲タリ㆓物ノ妨サマタケ㆒也・將門記承德點 23ウ)、「セメ」(被て㆑譴セメを・西域記平安中期點 318)、「ソシリ」(致サム㆑譏ソシリヲ・三教指歸久壽點 35ウ4)、「ソナヘ」(大王の饍ソナヘニ・法華經寛治點三 137)、「ナヤミ」(外ノ難ナヤミヲ・三教指歸久壽點 26オ5)、「ネガヒ」(非シト㆑冀ネカヒニ・法華文句平安後期點 19オ4)、「ヘダテ」(有アリ㆑隔ヘタテ・最明寺本往生要集平安後期點上 16ウ2)、「ミチビキ」(爲て鄕クニの導ミチヒキと・神代紀下嘉禎點 5ウ5) などはその一例である。又、受身の「ル」の連用形を伴つた「トラハレ」「イハレ」などの語もあつた(會(ひ)ヌ㆑逮トラハレに・史記孝文本紀 25—5。釋(く)㆓箕子カ囚トラハレヲ㆒・三教指歸注集長承點下 21オ1など)。「イハレ」の古點本の例は見出してゐないが、名義抄に「無謂イハレ」(法上 49)の例があり、恐らく訓點資料の例であらう。漢字「聞」「隔」「囚」を「キクコトヲ」「ヘダツルコトアリ」「トラハルコトニ」のやうに訓ずることも可能ではあるが、「キクコト」「ヘダテアリ」「トラハレニ」と簡潔に訓じたために、この種の語彙が生じた例と思はれる。これらの語彙の中には、平安時代の和文に見えるものもあるが、上記の例の多くは訓讀特有のものであり、後世まで傳つて、現在でも一般に使用されてゐることは注目に値しよう。

②訓點語彙特有の動詞の語構成——複合動詞

漢文では、漢字自體には、形態上、名詞・動詞・形容詞等の區別が無い。訓讀に當つては、文脈の場合によつて、「則」は名詞として「ノリ」とも、動詞として「ノリトル」とも讀まれる。訓讀の際、普通は國語の名詞などで讀まれる漢字を、動詞として讀む場合が多く、その爲に幾種類かの方策が案出された。その中で多いのは、名詞にそれを對象とする動作を現す動詞を加へた、「アカヅク」(弊ヤレ垢アカツキ・用明紀永治點 9ウ)、「アセアユ」(汗アセアユ・冥報記長治點 44オ)、「アセヅク」(汚(汗)アセツイタマフ・

高僧傳康和點236。液アセック・名義抄法上19）、「カタドル」（象カタトル・文鏡祕府論保延點北5ウ）、「カタヌグ」（袒カタヌキ・石山寺本金剛波若經集驗記平安初期點4-6。袒カタヌク（平平上平濁）・圖書寮本名義抄333-6）、「シリゾク」（辟シリソク・菩薩善戒經平安初期點）、「クサギル」「クサトル」（藝クサキル除クサトル・大日經疏康和四年點一42）、「ユビサス」（指ユヒサス（平平濁平上）・名義抄佛下本39）、「ムチウツ」（策ムチウツ・南海傳大治點四4。鞭ムチウテ・大日經疏嘉保點一八25ウ）、「ワキハサム」（斜ナ、メに陜ワキハサムて・南海傳長和頃點一245-8）などの例である。夫々「汗」「指」などの漢字を動詞として訓じて生じた語彙であるが、「カタドル」「ムチウツ」など、現在も一般に廣く使はれてゐる語彙も多い。すべて平安時代には訓點資料のみに見える語であつた。

異なる二語の動詞を重ねて作つた複合動詞の中にも、訓點資料特有の語彙が少くない。「ウチケツ」（撲ウチケチ・慈恩傳承德點七336）、「サシマネク」（麾サシマネキ・西域記平安中期點一二407）、「トビノボル」（頡トヒノホリ頏トヒクタル・慈恩傳承德點七344）、「ヒキヰル」（將ヒキヰテ・阿吒薄倶元帥大將成佛陀羅尼經修行儀軌嘉保點一8。率ヒキヰル・春秋經傳集解保延點8ウ）、「フミニジル」（蹂フミニシル・新修往生傳保元點95）、「モチヰル」（用モチヰること・四分律行事鈔平安初期點。用モチヰ・南海傳平安後期頃點一241-4）、「モテアソブ」（可レ翫モテアソフ・極樂遊意長承點一4）など。これらの類にも、現在まで廣く使はれてゐる語彙が多い。訓點語彙には例は多くないが、「ウチカク」（搭ウチカクる・南海傳長和頃點二17ウ6）の「ウチ」のやうに接頭語と見られるものもある。本來は漢字一字の訓として和語二語が用ゐられたのが、一語の複合和語として定着するに至つたものである。これらの中には、「意オモミル（平去平上）」（「オモヒミル」の撥音便形、圖書寮本名義抄二三八1）のやうに、アクセントの型が二語のもとのままの型を保つてゐるものもある（「オモヒ」は「平平上」、「ミル」は「平上」で「モヒ」は「平上」であるが上昇型で撥音化した「モ」（mom）は「去」と表記されてゐる）。

③訓點語彙特有の動詞の語構成――サ變動詞

訓點語彙だけに見える語彙の中には、種々の語や語句にサ變動詞「ス」を附して、動詞としたものがある。この際「ス」は體

言又は體言相當格を承けるのであるが、

（A）名詞を承けるもの

（B）動詞の連用形を承けるもの

（C）形容詞の連用形を承けるもの

（D）體言によつては助詞「ト」を介して「—トス」の形を採るもの

（E）體言が状態性の意味を持つ場合に助詞「ニ」を介して「—ニス」の形を採るもの

（F）その他の助詞とサ變動詞「ス」が複合したもの

（G）形容詞語幹に「ミ」を附して體言性を加へ、「—ミス」の形となつたもの

などがある。この内、（G）は訓點語彙のみに現れる特有の語形であり、（B）（C）（E）（G）などの場合には訓點語彙特有の音便を起すものが多く存する。

（A）名詞＋サ變動詞「ス」

「アシタス」（毋ナカレレ晨アシタスルコト・世俗諺文鎌倉中期點 27ウ）、「カリス」（田カリシ・辨正論保安點二 340）、「クツバミス」（轡クツハミシ・慈恩傳永久點五 30）、「クミス」（與クミシ・彌勒上生經贊平安初期朱點 153–9）、「ツミス」（坐ツミシ・史記孝文本紀延久點 11–1）、「ヌキアシス」（躡ヌキアシス・世俗諺文鎌倉中期點 15オ）、「ヒデリス」（赫熱ヒテリするときには・南海傳長和頃點二 17ウ3）、「マクラス」（枕マクラセリ・法華文句平安後期點 2オ4）、「マロネス」（假寐カヒトマロネス・慈恩傳承徳朱點七 277）、「モダス」（默モタシテ・法華經寛治點四 122）（「モダアリ」の方が古形であつたらしい）、「モノガタリス」（不セスレ語モノカタリ・日本往生極樂記 23オ4）、「ヤマヒス」（發病ヤマヒシて・前田本仁徳紀院政期點 26–6）、「ヨハヒス」（齒ヨハヒシナム・三教指歸注集長承點二 30オ2）、「ヨハフス（ヨハヒスの音便形）」（齒ヨハフスルニ（平平平平〇〇）・文鏡祕府論保延點南 19ウ）、「ヱス」（所はレ畫ヱスる・蘇悉地羯羅經康平點 1–10ウ）など。

（B）動詞連用形＋サ變動詞「ス」

動詞「ホル」の連用形「ホリ」に「ス」の附いた形「ホリス」（汝今も修行し欲リすラク・金光明最勝王經平安初期點三 43–20。心に欲ホリス・前田本雄略紀院政期點 93–4）がある。但しこの語は平安時代後半期には、多くは促音便を起して「ホス」「ホンス」「ホツス」等と表記される（王化(の)[之]近キを先(に)して遠(き)を後(にせ)むことを欲セリ[也]〈欲王化之先近後遠也〉・白氏文集天永點三 1ウ。不善を爲マク欲ス〈欲爲不善〉・史記孝文本紀延久點 9–5。欲ホツス・法華經單字 12オ2）。中には「欲」の字に字音の符號を加へて「欲(音)本反　する所に任セマク耳〈任所欲耳〉」（西域記平安中期點一二 399）とした例や、入聲（又は入聲輕か）の聲點を加へた例がある（聞か(む)と欲(入)すとマウス〈欲聞〉・大日經疏永久點一六 10。取ら(む)と欲(入)す〈欲取〉・大日經疏仁平點三 205）。これらは促音節を字音の入聲韻尾と誤解したものであらう。

動詞連用形＋サ變動詞「ス」類には、他にも次のやうな例が見える。「カカゲス」（挑カ、ケセリ・慈恩傳承德朱點一〇 151）、「サスラヘス」（荏苒サスラヘス・慈恩傳永久點一 361）など。

（C）形容詞連用形「―ク」＋サ變動詞「ス」

ウ音便を起して「―ウス」となる場合も多い。「イヤシウス」（鄙イヤシウシテ二宣遊ヲ於八駿ニ一・慈恩傳承德點九 474）、「クハシウス」（深微クハシウス・周易抄寛平頃點）、「タダシクス」（直タ、シクス二其の言を一・西域記平安中期點538）、「ヒトシクス」（與ヒトシクシ二日天と一・大日經疏保安點五 258。齊ヒトシウシてレ聲を・白氏文集天永點三 22ウ）、「ヨクス」（令ヨクシレ色を・蘇磨呼童子經承曆點上 14ウ）など。

（D）名詞・語句＋助詞「ト」＋サ變動詞「ス」

「コトトス」（事コト、シテレ禪ヲ・法華文句平安後期點 4オ7。彼れ然も事コトとす・蘇磨呼童子經承曆點上 19ウ）、「ソノトス」（苑ソノトシ二十洲を一而て・西域記長寛點一 24）、「ヌキトス」（非す三常音之所に二緯ヌキトスル一・文鏡祕府論保延點南 50ウ）、「マクラトス」（枕マクラトシテレ弓ヲ・將門記平安後期點 14–5）など。「ナナムドス」「ナ∨ムナムドス」「ナムナムドス」（年垂ナ、ムトス「ナンナムトス」二七百に一・南海傳長和頃點一 235–6。年垂ナ∨ナムトス二六百に一・慈恩傳大治點九 113。管見ノ所ロレ及フ、且ナム〳〵トス二…六百卅一章ニ一・世俗諺文鎌倉中期點 6ウ）は「ナリナムトス」の撥音便形である。

（E）名詞・副助詞＋助詞「ニ」＋サ變動詞「ス」

「ニス」が撥音便を起こして「ンズ」「ズ（ン無表記）」となつた例も多い。「タメニス」（爲メニス二先考九評ヘィ事ノ一・新修往生傳保元點 112。所二以爲タメスル一レ王（の）・史記秦本紀天養點 4）、「ツバヒラカニス」（審ツハヒラカニセヨ二冷暖之適を一・醫心方院政期點一 14オ2。未タ／スレ委ツハヒラカセ（三教指歸久壽點 37オ7）、「ツブサニス」（具ツフサニスト二於此に一・文鏡祕府論保延點・南 46ウ）、「ナイガシロニス」（蔑ナイカシロニシレ聞キヲ・文鏡祕府論保延點天 23オ）、「トモニス」（將トモニシレ齒ハト・三教指歸久壽點 7ウ7。共トモンスル二一切衆生ニ一・最明寺本往生要集院政期點中 21オ7）、「ヒトツニス」（可レ隻ヒトツニス・三教指歸注集長承點上末 35オ6）、「マクラニス」（枕マクラニスト・香藥鈔永萬點）、「モハラニ（ン）ス」（注モハラニスレ仰（く）ことを・法華義疏長保點 310–8。專モハランセン王之寵を・群書治要建長點八 367）。「ホシ（キ）ママニス」（肆ホシマ、ニシテレ情を・大日經疏永保點二 520。无在ホシキマ、ニセヨ・大日經疏永久點一六 14）は副助詞「ママ」の次に附いた例である。

（F）助詞「テ」＋サ變動詞「ス」

「オイテス」（可シレ在オイテス二此レカ中（ニ）一・南海傳平安後期墨點一 243–8）の例がある。

（G）形容詞語幹＋接尾語「ミ」＋サ變動詞「ス」

奈良時代には「山越しの風を時じみ（時自見）寢る夜落ちず家なる妹をかけて偲ひつ」（萬葉集一・六）、「見持たる行少なみ（少美）」（續紀六詔）などのやうに、韻文にも散文にも頻りに用ゐられたが、平安時代には、和歌で「瀬を早み岩にせかるる瀧川のわれても末に會はむとぞ思ふ」（詞花・戀上）のやうに用ゐられた他には、和文の散文には全く見られない。訓點資料には、附屬句の句末にあつて確定條件句を作る語法として、平安初期には「暇として食を求むヘキを無み（無暇求食）」（最勝王經平安初期點一〇 189–14）のやうな例があり、平安時代中期以後にも、稀には「眼を痛イタミ耳を痛(み)」（眼痛耳痛）（不空羂索神呪心經寛德點 6 ウ7）のやうな例はあるが、一般には衰滅した。唯、「ミ」にサ變動詞「ス」が附いて、「—ミス」の形を持つた動詞が發達した。この語法は上代にも見えず、平安時代の和歌和文にも全く見られない、訓點獨特の語彙であるが、形容詞の連用形「—ク」に「ス」の附いた「—クス」と、意味上は殆ど異同のないもので、「み」の本來の語義は存するものの、形式化してゐることは否めない。

所で、「—ミス」の形は總ての形容詞に附くのではなく、幾つかの語に限定されてをり、「無」「嘉」などの漢字を動詞として訓ずる際に生じたものである。「サミス」（狹サミシ・漢書楊雄傳天暦點 29ウ5）、「ナミス」（欲(す)二箇(ひて)レ兵を襲ナミセムトレ之を・慈恩傳天治點三 372）、「ヨミス」（嘉ヨミス・史記孝文本紀延久點 37–4）など、夫々形容詞「サシ」「ナシ」「ヨシ」の語幹「サ」「ナ」「ヨ」に「ミ」「ス」の附いた形であるが、語幹が一音節の場合には撥音便を起すことは少く、時に「ヨムズ」のやうな例はあるが（彼是ヨムスレは則我は非アシムす・岩崎本推古紀平安中期點 134）、「ナムズ」「サムズ」のやうな例は見當らない。尚、「无ナ(去)ミ(平)ス」（觀智院本名義抄・佛下末一六）、「嘉ヨ(去)ミ(平)シ」（慈恩傳大治點九 247）のやうに、第一音節が去聲となつてゐるのは、第一音節が去聲である場合の、本來の形容詞のアクセントが崩れずにそのまま生きてゐたことを示してゐる。

これに對して、語幹が二音節以上の場合は、「アシムズ」（非アシムす・岩崎本推古紀平安中期點 134）、「アマムズ」（甘アマムして二此(の)心を一・守護國界主陀羅尼經平安初期點七。不すレ甘アマムせ・最明寺本往生要集平安後期點上 34ウ2、院政期點は「アマセ」と「ム」を表記しない「不スレ甘アマセ」）、「イヤシムズ」（鄙イヤシムし・辨正論保安點三 132）、「ウトムズ」（疎ウトムス・史記呂后本紀延久點 1オ9）、「オモムズ」（重オモムスヘシトイフハ・前田本繼體紀院政期點 123–5）、「カロムズ」（輕カロムス・世俗諺文鎌倉中期點 50オ）、「ヤスムズ」（撥音無表記で「ヤスズ」とも）（綏ヤスムシ・古文尚書平安中期點。不すレ安ヤスセ二其の居を一・弘贊法華傳保安點 6）のやうに、撥音便を起して

「ムズ」の形となることが多い。平安初期には音便を起さない場合が多く、春日政治博士は金光明最勝王經平安初期點に「オモミス」「カロミス」「ヤスミス」などの例のあることを指摘されてゐる（輕みし㆑財を重みして㆑法を・三 56–11。皆得て㆑安みすること㆑心に・三 56–15）が、平安時代後半期には例が少く、「フカミス」（其愛深フカミセリ矣・前田本繼體紀院政期點 137–8）などは、例外的に古い形を傳へたものかとも思はれる。

④名詞＋動詞を作る接尾語「ナフ」

「ウベナフ」（可オナフ事又ウヘナフ・天理本金剛波若經集驗記平安初期點 33–2）、「ウラナフ」（占ウラナヒ・文鏡祕府論保延點北 31ウ）、「ツミナフ」（科ツミナフ（平平上平）・南海傳長和頃點二 6ウ2）、「トモナフ」（科トモナヘリ・將門記承德點 15オ）等の例がある。

⑤形容詞未然形の推量法「―ケム」

「―ケ」は上代の形容詞の未然形で、それに推量の助動詞「ム」の附いた形である。訓點資料には「ナカラム」「ヨカラム」「ベカラム」など、「―カラム」と並んで「―ケム」の形が屢々用ゐられた。但しこの語法も、「―ミス」の場合と同様に、すべての形容詞ではなく、限られた一定の語彙だけに見える用法であつた。具體的には「アヤフケム」（其れ危アヤフケムトイフ矣・三教指歸注集長承點下 55ウ4）、「トホケム」（速トホケム・大日經疏保安點 5–23）、「ナケム」（無ナケム㆑所㆑堪（ふ）る㆑用に・蘇悉地羯羅經承保點二 482）、「ヨケム」（善ヨケム・西域記長寛點 4–281）、「ベケム」（可カルヘケムヤ㆑同（シ）・大般涅槃經平安後期點五 18）、「ヤスケム」（心安ケム・史記呂后本紀延久點 3ウ9）などが用ゐられた。これらの内、後世まで傳へられたのは主に「ベケム」（可）の一語で、「アニ（豈）」「イヅクンゾ（寧）」などの結びとして「ベケムヤ」が用ゐられたが、他の「―ケム」の形は衰へた。

⑥形容詞の所謂カリ活用の用法

命令形として「無クアレ」が「ナカレ」の形で「無」「莫」「勿」などの漢字の訓として、否定命令の意に用ゐられた（勿ナカレ㆑斷タツこと・不空羂索神呪心經寛德點 290。無ナカレ㆓思慮（する）こと㆒・醫心方院政期點二二 3–12。去ること㆑莫ナカレ・文鏡祕府論保延點天

20ｳ。毋ナカレ㆑送ルこと㆑喪モを・史記呂后本紀延久點 9ｵ1。亡ナカレ㆑忝ハツカシムルこと・古文孝經仁治點 12–13)。これも訓點資料に專用された語法の一つに數へられる。因に、カリ活用の未然形・連用形は訓點資料でも用ゐられるが、終止形・已然形の例は未だ管見に入らない。連體形の例は極く稀であるが、次の三例を見出した。「石(は)多(か)ルカ故(に)賤イヤシフル所(なり)[也]」（石多故所賤也・三教指歸院政初期點中 26ｳ2)。若シ財サイ業ニ豐ユタカナルハ、諸ノ苦ヲ增スルコト、龍ノ首(カウヘ)多カルカ、酸サン毒ヲ益マスカ如シ（若豐財業增加諸苦增如龍多首益酸毒・最明寺本往生要集院政期墨點上 39ｳ5)。當(ニ)…獲(ル)所必(ス)多カル(コトヲ)念(フ)當(シ)（當…念所獲必多）（大日經疏康和二年點二 27ｳ)。」

⑥名詞＋副詞を作る接尾語「ヅカラ」

一般に廣く用ゐられた「オノヅカラ」「テヅカラ」「ミヅカラ」等の他に、「メヅカラ（目）」（目メツカラ・大日經疏長治點二 15）などの語彙がある。又、尊敬語として、「ミミヅカラ」（親ミ、ツカラ（上上上平平）・圖書寮本允恭紀永治點 13ｵ)、「オホミテヅカラ」（自オホミテツカラ・東大寺諷誦文稿平安初期點 170）などの形もあつた。

二　訓點語彙における上代語の殘存

漢文の訓讀の中に上代の語彙語法が殘存することについては、夙く山田孝雄博士が『漢文の訓讀によりて傳へられたる語法』（昭一〇・五）の中に多數の項目を擧げて論ぜられてゐる。その中の若干のものにつき、平安時代の訓點資料の用例を示す。

【ク語法】

「ク」語法は上代に頻用された語法の一部分が、平安時代以後まで訓點に殘存したものである。上代には、本來は廣く動詞・形容詞の體言化の機能を有して、種々の用法を備へてゐたが、平安時代の和歌では、古今和歌集を例に見ると、「高砂の松も昔の友ならなくに」（雑上九〇九）のやうに、「ならなくに」の形が用ゐられることが多く、他には「老いらくの」（雑上八九五）、「みまくのほしき」（雑上九一二）、「あしけくもなし」（雑體一〇五二）などが用ゐられる程度で、一般に和文の散文では、「いはく」などの例が稀に見られるに過ぎない。漢文の訓點では、次のやうに上代の用法の一部が殘存し、平安時代も半を過ぎると、時に擴大解釋されて、奈良時代には見られない、平安時代獨特の語形も生れるに至つた。

平安時代の訓點で使用された「ク語法」の範疇としては、

（A）引用文の導入の徵證指示

（B）强意による文の終結（「ノミ」を加えて「クノミ」「ラクノミ」の形）

との二種類に集約される。

（A）の場合については、既に先學の指摘もあり、小見も披露したことがあるが、若干追加して述べる。平安初期には、奈良時代と變らず體言的語句として、主格の要素が强かつたが、その後、それを承ける述格の表現が弱くなつて、次に續く語句を修飾する機能に重點が移り、遂には主格の性格を失つて、副詞同様になるに至つた。具體的には、「く」「らく」が、「いふ」「みる」「よし」などの動詞・形容詞の連體形に -aku が附き、直前の母音と結合變化して「いはく」「みらく」「よけく」といふ體言格の形が生じたが、本來の機能が次第に忘れられ、「く」「らく」が用言に附屬した接尾語と意識されるやうになつて、「イフラク」（謂イフラク二左右に一・史記呂后本紀延久點 7オ9）、「カタルラク」（語カタルラク二五百ノ釋シアクに一・法華文句平安後期點 7ウ1）のやうに、四段活用に「ラク」の附いた例が增大したこと、そして一方では、本來は引用文の末尾を「…トイフ」などで結ぶ語法であつたが、「イフ」などを省略して「ト」で結んだり、更に「トイフ」など全部を廢して、主語格の「…ク」に對する述語格の表現を縮約、省略するに至つた。この段階で「―ク」は形式的に引用文の導入の標識としての機能が强くなつて、本來「―ク」が體言的性格であるとの意識が薄れてしまつたのであらう。その語例には、イハク、イハマク、イヘラク、オモハク、オモヘラク、ゴトクアラク、ザラク、スラク、カタラク、セマク、タマハク、ツゲラク、ノタマハク、トカク、トハク、トハマク、ナサク、ノタマハク、ベカラク、ミマク、ヲシフラク、など多數あり、多くの動詞、助動詞に柔軟に適用された。

尚、「―ク」が願望や疑念等を現す副詞のやうに用ゐられる際には、「ウタガフラクハ」（疑フラクハ正聲之已失セムコトヲ・文鏡祕府論保延點西 2ウ）、「ネガハクハ」（庶ネカハクハ…悟サトレ二夷險之殊徑ケイを一矣・不空羂索神呪心經寛德點 21）、「ニクムラクハ」（惡ニクムラクハ・三教指歸注集長承點・上末 21ウ4）、「ノゾマクハ」（重(ネ)テ望ノソマクハ・三教指歸久壽點 22オ6）のやうに「ハ」を伴つて「クハ」の形を取り、文末に命令表現、禁止表現などを伴ふ陳述副詞となつたことが多い。引用文を導く際に平安初期には、「ク語法」を用ゐず、「願フ、…」のやうな倒置法が用ゐられ、動詞の終止形を文頭に置いて訓じた「世尊願フ、我が未來に彼の彌勒と作ラむとマヲスニ」（世尊願我未來作彼彌勒）（彌勒上生經贊平安初期朱點 9–5）などの例が多かつたが、その後、この語法は衰へて、僅かに「請フ、…」の例が殘つただけで、「請フ、齋戒(ヲ)得テ禱《イノ》リ祀《マツ》ラム」（請得齋戒禱祀）（三教指歸院政初期點 11オ6）などの例を見るだけである。[40]

又、「オソラクハ」（恐ヲソラクハ若(し)忘漏シナム・護摩蜜記長元點 5オ5。恐オソラクハ呪力(の)功未た/(して)はレ成せ爲に二他の初の一所れむレ損せ耳のみ・不動使者陀羅尼祕密法康平點一 5）については、動詞「オソル」の活用が平安時代に四段・上二段・下二段の三種があり、それとの關係を重ねて考慮すべき問題がある。[41]

（B）は文末の「クノミ」の「ク」の本來の體言的性格が薄れて、「ノミ」が助詞として「耳」「而已」の訓として定着し、本來副助詞であつた「ノミ」が强意の終助詞のやうに轉化したことである。[42] この場合も（A）と同じく、四段活用等に「ラク」の附いた例が現れるやうになつた。「シルラク」（知シルラクノミ・大日經疏永久點一四 39。知シルラク佛の意を耳・大日經疏大治點一四 19）、「タルラク」（足タルラク二自シ勝ニ一耳・三教指歸院政初期點 21ウ5）、「アヤマレルラク」（誤マレルラク耳・大日經疏大治點二 9、但しこの例は擦消して「アヤマレル」と傍記してゐる）などがその例である。

以上のやうに、訓點語彙の「―ク」は、體言的性格を持つた接尾語のやうな機能を有し、平安時代の和歌における「…ならなくに」の「く」と本質的に通ずる面はあるが、和歌には訓點における上記のやうな用法は無いこと、又、訓點には和歌の「―くに」の形のやうに條件句を作る使用例が無いこと、などの相違があつて、「く」の形は偶〻同じであつても、相互に異なる用法であり、强ひていへば、文末の强調表現といふ點で、上記の（B）に近い面は見られるにしても、相互に通じ合ふ性格のものではない。

【ユ・ラユの殘存】

受身・可能を現す「ユ・ラユ」が訓點に見えることは、前記山田孝雄博士の著書の「いはゆる」の項で觸れられてをり、奈良朝時代初期か若しくはそれ以前の時代の語であつたとされてゐる。奈良時代に既に「ル・ラル」が發生してゐるたが、訓點資料では平安初期に若干の「ユ・ラユ」の例があることは、既に指摘されてゐる。しかし平安中期以後になると「所有」「所謂」の訓として「アラユル」「イハユル」の二語だけが生き殘り、それ以外には全く用例を見なくなつた。平安初期には「アラエム」「アラルル」「アラレム」などの例も報告されてゐるが、これも平安後半期以後には「國土に有(ラ)所〈エ〉ム一切衆生に」（國土所有一切衆生）（大般涅槃經平安後期點二四 19）、「有ラ所〈エ〉ムモノヲ持(チ)來(リ)て」（所有持來）（蘇悉地羯羅經承保元年點中 558）など稀にしか用ゐられなくなつたやうである。

平安後期以後の「アラユル」「イハユル」の例は、次のやうに多く見られるが、中で「所ユルレ爲イハ異生」（彌勒儀軌下永承點 5）や「所ユルレ謂深と者」（大日經疏永久點一五 24）などの訓では「所」が「ユル」に對應してゐる意識が認められるものの、「所ルレ謂(イハ)ユ法性常住(ニシテ)」（慈恩傳承德點七 33）や「所謂イハユル國ノ人民ノ疾疫〈ヤク□ン（存疑）〉」（不動儀軌萬壽點 241）などでは、「所」と「ユル」との對應も不確かであり、「謂」「爲」一字だけを「イハユル」と訓じた、「十善數ト者イフハ、謂イハユル信、進、念、定、惠、喜キ、猗、捨、學、戒」（法華文句平安後期點 34オ4）や「數珠有其多種、爲イハユル緣活兒子、蓮子…金銀鐵貝ハイソ」（蘇磨呼童子經承曆點上 12オ）などの例を見ると、この時期には一語としての「イハユル」が意識されて、「ユル」だけの本來の意味は、必ずしも明確ではなかつたやうにも感ぜられる。平安初期に存した「…ニアラユル」のやうに「ニ」を伴ふ用法が少なくなつたのもその反映であり、又、「所有」を「アラユルトコロ」と訓じた「豐珍(ホウ)(の)[之]肴(サカナ)、淸香(の)[之]酒、地上ニ有(ア)ラユル所ニ非(す)（豐珍之肴淸香之酒非地上所有）」（三教指歸平安後期點 4ウ3）や「有ユル所ノ諸佛ノ語(ミコト)」（所有諸佛語）（金剛頂大教王經保延點二 28）のやうな例、又、母音交替によつて「イハイル」の形が生じたりした（所イハレ謂イル四ト者イフハ、岸キシノ樹、風燭トホシミ、浪舟、落ヲチル花是也・和泉往來文治點 87。所謂イハイル白米、黑米、糯モチ、粳ウルシネ・同 205）ことも、同樣の傾向の發現と思はれる。

【已然形の條件法】

前記山田孝雄博士の著書の中の「なんすれぞ」の項で、已然形に接續助詞を加へずに條件法を現す上代語の語法の殘存として取上げられ、「胡爲」「何爲」などの訓として「なんすれぞ」と讀まれてゐることを述べられてゐる。平安時代の訓點資料では、「ナニスレソ」が撥音便で「ナズレソ」となつた形が見える。「何爲ナスレソ」（南海傳長和頃點一 266-8）、「何用ナスレソ」（大般涅槃經平安後期點一二 3）などの例がある。この場合「ソ」は淸音であつたらしく、助詞「ゾ」が淸音「ソ」であつた上代の發音の殘存と見られる。高山寺本名義抄の「何」の訓に「イカニソ（上平上上）」（5ウ3）、觀智院本名義抄の「害」の訓に「ナスンソ（去上濁平上）」のやうに「ソ」と單點によつて淸音を示した例が見える。「ナニスレゾ」の形は未だ見出してゐないが、「ニ」の前に撥音が介入した「ナンニスレソ」の例がある（淨行既に同し、何爲ナンニスレソ見レ拒フセカルト・西域記長寛點八 254）。尙、これと並んで「ナニスレカ」の形があり、これも撥音便で「ナズレカ」となつた。「何爲ナスレカ至(リ)テレ斯ニ而更ニ捨(テム)也」（慈恩傳永久點五 19）の例があり、名義抄（僧下七九）に「曷爲」を「ナスレカ（去上濁○○）」と訓じてゐる。

【副詞「あに」「けだし」「むしろ」等】

上代語の副詞で、漢文訓讀に殘つた語彙として、山田博士は「あに」「けだし」「むしろ」などを擧げられたが、平安時代の訓點資料の確實な假名附訓例を次に示す。「アニ」は「ニ」の前に撥音が介入して「アムニ」の形を取ることがあつた。

豈ニ自(つから)受用スルノミナラムヤ[而已]（豈自受用而已）（大日經康和四年點二〇 126）

豈ニ將門等之身ヲ殺害(セ)不ラム（豈不殺害將門等之身）（將門記平安後期點 17-5）

縱ヒ永ク半國ヲ領(セ)ムニ、豈ムニ運(ニ)非(ス)トイハムカ謂(ヒ)テムヤ（「運(ニ)非(ス)ト謂(ヒ)テムヤ／イハムカ」の誤點か）[也]（縱永領半國豈謂非運）（同 52-1）

豈ニ是レ今日始(め)テ大乘に入テ亦タ寂滅ノ道場ナルニ非スヤ（豈是今日始入題大乘亦非寂滅道場）（法華文句平安後期點 38オ7）

蓋氣太之（根本說一切有部毗奈耶平安初期點）

蓋シ口(を)連シ(て)頂ニ出ス須シ（蓋須連口出頂）（南海傳長和頃墨點一 243-7）

蓋シ如來(の)密意(なり)（蓋如來密意）（大日經疏長治點四 634）

寧ロ蚤ク自(つから)財セム／セマシヤ（寧蚤自財）（史記呂后本紀延久點 7オ6）

寧ロ得可キコト有ラムヤ不ヤ（寧有可得不）（法華文句平安後期點 6オ2）

無乃太タ怪しカラム乎（無乃太怪乎）（辨正論保安點二 294）

これらは、何れも現在に到るまで、訓讀、和漢混淆文などを通じて、生命を保つてゐる語彙であるが、平安時代には訓讀以外には殆ど姿を現さない語であつた。

【「―ケシ」型形容詞の形容動詞化】

「イササケシ」と「イササカ」、「ツバヒラケシ」と「ツバヒラカ」、「スムヤケシ」と「スミヤカナリ」のやうに、「―ケシ」の語尾を持つ形容詞と同じ語素を持つ「―カナリ」の形容動詞とが併存する場合には、前者が古く、後者が新しい傾向がある。

「イササケシ」は『土左日記』に「いさゝけわざ」（正月四日）があり、訓點資料では「小イサ、ケキ事」（岩崎本推古紀平安中期點

155）を始め、日本書紀の古訓に、後まで例が見られる。「イササカ」の訓點資料の古例には、「小イサヽカナル才カト」（岩崎本推古紀平安中期點 306）、「微イサヽか屈め㆑頸」（甘露軍荼利明王念誦法寛弘點 63）、「聊イサヽカに爲に㆓童蒙モくの㆒鈔セウ㆓錄六反（す）斯の記を㆒」（悉曇字母釋義治暦點 14ウ）等がある。「ツバヒラケシ」は「委曲㆓合ツ波比良計苦㆒」（類従本靈異記中 5）や「曲ツハヒラケク」（金剛般若經讃述嘉祥點）など平安初期點に見え、平安時代後半期以後は、日本書紀古訓（永治點）などにだけ殘つてゐる。「ツバヒラカ」の確實な例は「曲ツハヒラカニ」（西域記平安中期點 566）が古く、以後頻用された。「スムヤケシ」と「スミヤカナリ」も同類で、上代には「スムヤケシ」であつた（須牟也氣久はやかへりませ・萬葉集一五 3748）が、訓點資料では平安初期に既に多くは「スミヤカナリ」が現れた（速スミヤかに・金光明最勝王經平安初期點三 45–22）。唯、訓點資料では稀に「スミヤケシ」の形もあつた。「遽スミヤケキヤ」（西域記平安中期點 277）など。

三　否定表現に伴つて生じた訓點語彙

「不能」「不得」「不敢」「不價」「不暇」「不勝」「未曾」「不肯」などのやうに、否定の字を伴つた漢文の訓讀に當つて、訓讀獨自の語彙、語句が生まれた。「（ニ・コト）アタハズ」「（コト）アタハズ」「（コト）エズ」「アヘテ…ズ」などの例である。その用例の一端を示す。「（ニ・コト）アタハズ」（不ス㆑能アタハ㆓賣アカラ目スルニ㆒・和泉往來文治點 91）。「（コト）エズ」（使メムト㆑不サラ㆑得エ㆑安ヤスムスルコト・法華文句平安後期點一 19ウ2）。「アヘテ…ズ」（不㆑敢アヘテ㆓親近セ㆒・不動儀軌萬壽點 20。不す㆓肯アヘテ買は㆒・大般涅槃經平安後期點一二 4）。「（ニ）アタヒセズ」（不ス㆓貳價アタヒセ㆒・三教指歸院政初期點 6オ5）。「（ニ）イトマアラズ」（不アラス㆑暇イトマ㆓相アヒ看ミルニ㆒・法華文句平安後期點 3オ6）。「アゲテ…ズ」（不㆑可（から）㆓勝アケて數（ふ）㆒・大日經義釋治安點二一 9ウ1。不㆑可（から）㆓勝アケて記ス㆒・大日經疏康和五年點二一 6ウ）。「カツテ…ズ」（如（く）㆔…都カツテ无㆓（きか）起滅㆒・大日經疏長治點二一 597）。「（イマダ）ムカシニモ…ズ」（未（た）㆔嘗ムカシにも二動搖(せ)一・大日經疏永久點一四 24)。「カツテ」は「又先世に已に曾カツテ／ムカシ二親近(せし)か善知識に一故に」(大日經義釋延久點三 39) のやうに、肯定文の中でも用ゐられたが、多くは否定語と共に使用された。「ムカシヨリ…ズ」(不ス二曾ムカシヨリ爲メニレ人ノ說トカ一・法華文句平安後期點 18オ4)。又、「不肯」を「(動詞連用形＋) カヘニス」と訓じ (不三肯カヘニス著ツキ二肩に一・南海傳長和頃點二 18ウ2。不す三肯カヘニ二惠施(し)一・大般涅槃經平安後期點五 1。諸(の)魔王、不ニスレ肯カヘ二順伏シ一・法華經寛治墨點五 314。不肯聽ユルシマウノホラセカヘニス・前田本雄略紀院政期點 79–1)、音便で「カヘス」とも表記した (不レ肯カヘスレ告ツケ・醫心方天養點二一 27ウ9) のは、平安時代の常であつて、「ガヘンゼズ」の例は中世以降の變形である (十娘見(て)レ詩を並に不すレ肯カヘンセ・遊仙窟康永點 6ゥ)。(43)

四　訓點語彙に見られる音韻的特徴——音便に關する特質

音便は奈良時代には一般に未だ現れず、平安時代初期九世紀になつてから一般化したとされてゐる。しかしそれらの例は殆どが訓點資料に見えるもので、當時の和歌などには全く見られない。そして、和歌には、平安時代中期以後になつても、依然として音便は用ゐられず、その傳統は長く後世まで引繼がれた。平安時代初期の散文資料は、訓點資料以外には一等資料が稀であり、訓點資料以外の音便の例は尠いが、『有年中文』に「奈世无尓加」とあるのは「ナニセムニカ」の撥音便の例であらう。しかし、現存する例が僅かであるから、それだけで當時の和文散文の音便の全貌を窺ふことは容易でない。『土左日記』には撥音便と見られる例があるが僅かばかりである。『源氏物語』にはイ音便、ウ音便、撥音便の例は多く見られるが、用法が限られてをり、促音便は原則的に存しない。撥音便も「あり」「なり」が「べし」「めり」に續く場合などに限られてゐる。これに對して、訓點語彙には、種々の音便が極めて多く、用法も多岐にわたる。この點では、訓點語彙は、發音の面では、實際に近い狀態を反映してゐるとも推測し得よう。この意味では和歌和文よりも「口語的」と見てよいのかも知れない。

①イ音便の音節を含む語彙

先づ、イ音便は「キ」「ギ」「シ」が子音の脱落によつて「イ」になつた例に限られ、この現象は、平安時代には、和文、訓點資料に共通して見られるが、訓點資料では、「ヒイテ」などイ列音に續くイ音便の「イ」を表記せずに「ヒテ」（相(ひ)牽ヒテ鬪諍して・大般涅槃經平安後期點二〇 3。引ヒテ・法華文句平安後期點 38オ6）のやうに表記する場合があつた。「ハジイテ」を「ハジテ」と記した（短聲彈ハシテレ舌を上聲に呼フ・悉曇章抄中抄康平點 156）のもこの類であらう。又、「ヒキサグ」（提ヒキサケてレ衡を範のり(とり)たりレ物を・玄奘表啓平安初期點 34。掣ヒキサケテ二異方一・大日經疏寛治點一七 56オ）に對して「ヒサグ」（提ヒサケテレ綱ツナを擧アクルときにはレ目を・大日經疏寛治點一四 6オ）の例があるが、恐らく「ヒイサグ」の「イ」を無表記としたものであらう。「ヒッサグ」のように促音便となつたのは、恐らく室町時代以後の現象と思はれる。

「オチイル」（陷）を「オチル」と記した例がある。上二段活用「オツ」を上一段活用に轉じた夙い例と見たのは、明に誤解であつて、「チイ」を「チ」と表記した形である。訓點資料では「オチイル」「オチル」兩形が頻りに現れる。「陷オチイレル坑」（慈恩傳永久點四 247）、「投オチリて」（大智度論天安點九〇）、「陷オチラムことを」（古文尚書平安中期點 12）、「陷ヲチル」（大般若經字抄 9ウ2）など例が多い。「飲□ミレヨ」（南海傳長和頃點一 255–1）も「ノミイレヨ」の「イ」の無表記の例と思はれる。

「サイギル」は「サキキル」のイ音便形であらう。(43) 殘念ながら「サキキル」の例は未だ見出されないが、「サイギル」の例は訓點資料に頻出し、「遮サイキて二此雨を一」（大般涅槃經平安後期點一二）、「出遮サイキる二行路に一」（高僧傳康和點 127）、その他冥報記長治點、文鏡祕府論保延點などに例が多い。

前述のやうに、平安時代には「キ」「ギ」「シ」の子音の k, g, s が脱落して、「イ」になつた例は、動詞の連用形語尾の場合が多かつたが、動詞以外にも「オホキ」（大）が「オホイ」（夏の啓、以て光オホイナリ・史記孝文本紀延久點 4–2。拔ヌケテ、二淼々トヒロクオホイナル之海ノ底一・三教指歸久壽點 54ウ2）、「ムギコ」（麺）が「ムイゴ」（麺ムイコ・蘇悉地羯羅經天仁點一 724）に、「ワキワキシ」

が「ワイワイシ」（諦サヤカに了ワイ〱シ（くし）て易（く）アラシムル（なり）レ解（り）・法華經玄賛平安中期點三 184–8）となつたやうな例がある。

②ウ音便の音節を含む語彙

和文には、形容詞の連用形に屢〻用ゐられ、中止法などにも多用されたが、訓點語彙では中止法には單獨では用ゐず、「ウルハシウシテ」「オナジウシテ」（混沌オナシウシテ（平平上濁〇〇〇）選（文選）・圖書寮本名義抄 25–7）のやうに「シテ」を伴ふのが常であり、又、上述のやうに「クハシウス」のやうに動詞「—ス」を伴ふ場合に用ゐることが屢〻あつた。その他、單語の中で「フフム」（含フ、ミレ潤ウルホヒ・法華經寛治點三 54）が「フウム」（含布有牟（平平上）・金光明最勝王經音義 5オ3。噞フウメテ・大日經疏保安點五 120、但しこの例は下二段活用）、「カガフル」（蒙訓加何布流・新譯華嚴經音義私記上 59–1）が「カウブル」（蒙カウフリ・漢書楊雄傳天暦點 31オ5）、「マラヒト」（亭子マラヒトヤ・天理本金剛般若經集驗記平安初期點 37–7）が「マラウド」（客マラウトナリ・白氏文集天永點四 15ウ。客マラウト・法華經單字 46オ1）「マラド」（掌客マラトノツカサ・岩崎本推古紀平安中期點 207）のやうに「フ」「ガ」その他種々の音節が音轉して、ウ表記又は無表記とされるものがあつた。但しこれらの「ウ」表記の音節の音價が、常に u であつたとは限らず、m のやうな音であつた場合も考へられる。

③撥音便の音節を含む語彙

撥音便の中、ナ行四段、ナ行變格、バ行四段、マ行四段動詞の連用形に起るものが、訓點資料では頻繁に用ゐられたが、和文では用ゐないのが原則であつた。例外的に「夕殿にほたるとんで」（源氏物語・幻一四一八 9）、「てき（手切）る〱つ（摘）んだるな（菜）を」（土左日記）の類があるが、前者は白氏文集長恨歌（和漢朗詠集下にも引用）の「夕殿螢飛思悄然」を薫が詠じた訓讀の一節であり、後者は俗謠の一節らしいもので、何れも特別の表現効果を狙つて用ゐられたものばかりである。和文では「あんなり」「あんべし」「なんめり」のやうに、ラ行四段、ラ行變格動詞が、助動詞「なり」「めり」などに續いて行く場合のみに限られてゐた。又、mi, bi から變化したものは m、ni, ri の母音 i が脱落したものは n のやうに、音韻上の區別があり、m と n とが混同したのは平安時代末以降の現象である。m は「ム」又は「ウ」と表記されることが多かつたが、n は多くは無表記であり、「ン」表記は字音には見られるが、和訓には比較的少く、漸く多くなつたのは平安時代末期からである。

ri が n の前に在るとき、n に轉ずる例としては、「イトンノ」（五イトンノ使者・大日經疏長治點五 620）、「ノコンノ」（遺ノコンノ旬・和泉往來文治點 242）、「ヒトンノ」（一ヒトンの死人の具足（せる）相皃の者を・不動使者陀羅尼祕密經康平點 33）、「フタンノ」（二フタノ／りの使・大日經疏康和四年點一六 5）、「ナリナム」が「ナムナム」「ナンナム」（不ナム、、二成ラ・成唯識論寛仁點一二 7ウ8。淨くナンナム・不動使者陀羅尼祕密法康平點 28）、「ナリヌ」が「ナンヌ」「ナヌ」（不すナンヌ復增長セ・大日經疏永保點二一 35。爲ナヌ二一佛の國土と一・法華經寛治點四 234）のやうな例で、撥音は無表記で「フタノ」「ノコノ」「ナナム」「ナヌ」などの形を採る場合も多い。

又、ni, ri が s, t の前に在るとき、n に轉ずるものがある。この際には恐らく s, t は z, d に轉じたと思はれる。「カヘニス」が「カヘンズ」（不肯）（上述）、「モハラニス」が「モハラズ」（使シムレ得エ三專モハラスルことを二征伐を一・史記殷本紀建暦點 218）、「ヨリドコロ」が「ヨンドコロ」（無二憑據ヨトコロ一・南海傳長和頃點一 232–3）などがその例である。又、「クムガ」（陸クムカ（上上濁）・圖書寮本名義抄 205–6）と並んで「クガ」（陸久何（上上）・金光明最勝王經音義 4オ4。就ツクレ陸クカニ・和泉往來文治點 71）の例があるが、「ガ」の前に撥音があつた可能性がある。又、mo の o が脱落して m となつた場合があり、和文で「こともなし」に對する訓點語彙に「コトムナシ」（言いふ二好コトムナク能く除と病を一・大般涅槃經平安後期點二一 18）があり、「良い」の意に用ゐられる。「ヤヤモスレバ」（動夜々母須礼波・前田本靈異記下 26 訓注）が「ヤヤムズレバ」「ヤヤズレバ」（動ヤ、ムスレハ・將門記承德點 14ウ。動ヤ、スレハ・西域記長寛點八 577）となつたのも、同類である。更に mu の m が脱落して、u となつた場合もあつたらしい。「ヒムガシ」が「ヒウガシ」（東ヒウカシニ・灌頂私要抄寛德點 34）の例がある。

m は一般に「ム」と表記されることが多いが、「オモヒミル」（惟於毛比美波・成唯識論述記序釋）に對して「オモムミル」（惟オモムミルに・金剛般若經集驗記天永點 53ウ）と並んで「オモミル」（良に以オモミレハ・南海傳長和頃點一 236-3）、「オモヒハカル」（慮念比波（か）利・阿毗達磨雜集論平安初期點一四）に對して「オモムバカル」（慮オモムハカル・文鏡祕府論保延點北 11オ）、更にこれと並んで「オモバカル」（惟オモハカルニ・大日經義釋延久點八 40）や「オモウバカル」（智者億度オモウハカリ・大日經義釋治安點三 67）のやうに無表記、又は「ウ」表記の場合もあつた。

尙、鼻音や濁音の前に撥音節が入ることがあつた。「シカムマク」（布シカムマク之を耳のみ・大日經疏保延點一六 66-5）、「ヘンダテリ」（隔ヘンタテリ・最明寺本往生要集院政期墨點・上 44ウ2）などはその例である。

④促音便の音節を含む語彙

促音便は、ti, ri, ru, Fu などの音節が、-t, -s などの子音の前に來た時に、促音節となる現象であり、平安時代初期以降に現れた現象と考へられてゐる。

平安時代の和歌の中には、促音を含む語は全く見られず、散文の和文にも、促音便は原則として現れないが、當時の日常語には一般に存在し、和文等においては意識的に促音表記を避けて、促音化しない、本來の語形で表記したものかと思はれる。「をしき（折敷）」「くすし（藥師）」「かへさ（歸）」は「をりしき」「くすりし」「かへるさ」の促音便形かと見られるが、これらは例外的で、タ行四段、ラ行四段、ラ行變格活用動詞の連用形「たちて」「なりて」「ありて」などが「て」「たり」などに續く場合に「たつて」「なつて」「あつて」のやうな表記例は、全く見出されない。これに對して、訓點語彙では、上記のやうな動詞の連用形の場合を始め、それ以外の語彙の中でも、頻に用ゐられた。「タチテ」「ナリテ」「アリテ」が「タッテ」「ナッテ」「アッテ」などに轉ずる例であるが、多くの場合は、促音の表記を省略して「タテ」「ナテ」「アテ」のやうに記するのが普通であつた。「タフトブ」「ノリトル」から轉じた「タトブ」（可シレ遵タトフ・慈恩傳永久點四 289）、「ノトル」（揆ノトリテレ地を・慈恩傳大治點七 66）等も同類である。古來、國語音の音韻體系の中に無かつた音韻で、表記するのに困惑したからであらう。「ム」や「ン」で記した、「ブチウムテ」（策フチウムテ・金剛般若經集験記天永點74ウ）、「ノ∧トル」（規ノ∧トリテ・慈恩傳大治點九428）のやうな例が稀に見えるが、表記不安定の時期の一面を表すのであらう。平安時代後半期になると、「ウルタフ」が「ウッタフ」（訴ウッタヘ求む・高僧傳康和點565）、「ノリトル」（範のり（とり）たり物に・玄奘表啓平安初期點34。則ノリトル・三教指歸注集長承點・下15ウ1）が「ノットル」のやうに「ツ」で表記する例が現れる（則ノットリ（テ）・慈恩傳承德朱點七63）、これも當初は例外的であつて、「ツ」表記が一般化したのは中世以降である。尚、かやうに表記は一定してゐなくても、促音の存在は意識されてゐたやうで、「ノトル」「ウタフ」に「入聲輕・上・平」のやうに「ウ」に入聲輕の聲點を施した例がある（訴ウタフ（入輕・上・平）詩（毛詩）・圖書寮本名義抄75-5。愬ウタフ（入輕・上・平）詩（毛詩）・圖書寮本名義抄275-6。諍訟下ウタフル事（入輕・平・平・上・平）記・圖書寮本名義抄92-5）。又、「モハラ」に對して「モムハラ」と記した例があるが、これはFaの前に促音が添加された例であらう（純モムハラ・法華經單字20ウ2）。「モトモ」（尤）を「モントモ」と記した例がある（尤モントモ・大日經疏長治點八76）。一般に「モトモ」の表記であつたが、時には旣に後世のやうに促音が介入したことがあつたのかも知れない。

五　訓點語彙に見られる音韻的特徴——母音・子音の交替

訓點語彙の中での特異な現象として、母音・子音の交替が頻繁に發生することがある。その事例は以下に述べるが、和歌はもとより、和文にも殆ど見られないやうな異樣な感じを受けるほどの「音節交替語形」が多用され、訓點資料の言語の異質的感覺を增幅してゐることは確かである。これらの中で、「オホヨソ」と「オホヨス」、「マノアタリ」と「マナアタリ」のやうに、時代を問はず、いはば一般に音韻交替が見られるものと、「サヒヅル」と「サヘヅル」、「ミダリガハシ」と「ミダレガハシ」、「ツバヒラカ」と「ツマヒラカ」のやうに、或る時期を境として通時的に語形が變るものとがある。後者の場合は、その語形によつて加點時期を推定し得ることもあり、歴史的變化の目安となるものである。

通時的に、卽ち時期によつて語形が變化する例は、訓點語彙以外の文獻に就いても併せて觀察すべきであるが、ここでは訓點資料の例を中心に述べる。

「イメ」（夢）は奈良時代に一般に用ゐられた語で、平安時代に入ると「ユメ」に轉じた。百法顯幽抄延喜頃點に「夢」を「ユメミ(す)」（620）、「不夢」を「ユメミ(せ)不」（620）と訓じた例が知られてゐる。(44)「ウツクシム(ブ)」は「ウツクシ」の派生語で、「慈愛」の意であるが、訓點資料では岩崎本皇極紀平安中期點（211）に「恩澤」を「ミウツクシビ」と訓じた例が古く、西域記長寛點（七70）に「不仁」を「ウツクシヒコトアラス」と訓じた所がある。しかし遺告康平六年點に「有慈イツクシミ」（21）とあるのを始めとし、三教指歸久壽點では「莫隱恤慈」の「慈」を「イツクシミ」（9ｵ7）と訓じ、前田本色葉字類抄に「慈」を「イツクシ」と訓じた例が見える他、これ以後「イツクシム」と訓じた訓點資料が多く見え、鎌倉時代には混同してゐたと見られる。(45)「サヒヅル」は萬葉集に見え、新譯華嚴經音義（47‐7）の「邊呪語」の和訓に「佐比豆利」とあつて、奈良時代末までは行はれてゐたが、平安時代に入ると、新撰字鏡（二17ｳ）では「喝」に「佐へ豆利止奈无」の訓があり、白氏文集天永點にも「囀」を「サへツレトモ」（三9ｵ）と讀む他、訓點資料は何れも「サへヅル」である。「ツキエ」（机）は法華義疏平安初期點に「ツ支江」とあるが、平安中期以後は和名抄に「机、和名都久惠」（16‐5ｵ）とあり、訓點でも稀には「机ツキエ」（春秋經傳集解弘安點4）のやうな例もあるが、一般に平安中期以後の例はすべて「ツクエ（ヱ・へ）」であつた（机ツクヘ之ノ上・日本往生極樂記應德點6ｵ6）。「ミダリガハシ」の最古の例は平安初期の訓點「濫みたリカハシク叨ムサフりて二殊の禮を一」（玄奘表啓平安初期點92）で、新しくは鎌倉時代中期の「不レ濫ミタリカハシカラ」（群書治要建長點五380）などまで見えるが、『校本日本靈異記』の訓注（中一）や『源氏物語』などの本文の疑はしい例を別にすれば、訓點資料の「不安ミタレカ(ハ)シク示スヘカ(ラ)」（大日經疏保安點七110）や「縷ミタレカハシク」（大日經疏元曆點三10）が最古の例のやうである。鎌倉時代以後には新舊兩形が併用された。「アナヅル」は平安時代の和文にも多く見られる語であるが、「あなどる」の最古例は新撰字鏡に「傲」を「阿奈止留」（一 31オ）他二例あるのを例外とすれば、平安時代末まで訓點資料にも例を見ず、「アナドル」の例は「狎ナレ侮アナツ／トリ」（三教指歸久壽點 4ウ7）が最古例で、他は何れも鎌倉時代に下るらしい。又、「オダヒカ」（想（ふ）に淸悆オタヒカニカ・岩崎本推古紀平安中期點 237）が「オダヤカ」に轉じたのも同じ頃で、その初見は「穩ヲタヤカナリ」（日本高僧傳要文抄建長點 47–12）である。

以下、母音交替と子音交替とに分けて述べる。

①母音交替

母音交替にも、訓點語彙一般に見られる例がある一方で、玄奘表啓平安初期點のやうに、或る文獻のみに特定の母音の交替例が現れるものがある。「アユム」に對する「アヨム」（可陟アヨ（ム）ヘシ・玄奘表啓平安初期點 45）、「オソルラクハ」に對する「オソロラクハ」（懼オソロラクは・同 92）、「カガフル」に對する「カガホル」（蒙か（か）ホ（り）て・同 103）、「トキ」に對する「ツキ」（時ツキを・同 22）など。或いは個人的な變形の可能性があるかも知れない。

又、前後の音節の母音同化と見られる現象がある。「イコノフ」（息イコノフ・大日經義釋延久點一三 73）に對する「イキノフ」（息イキノフ二山中に一・大日經義釋長久點一三 19）、「キツネ」に對する「クツネ」（狐クツネ（上平平）・文鏡祕府論保延點北 35オ）、「スコシキ」に對する「ソコシキ」（小ソコシキ・大般涅槃經平安後期點一五 1）、「スコブル」に對する「ソコブル」（頗ソコフル・大日經疏仁平點六 205）、「タヅサフ」に對する「タダサフ」（携タ、サヘテ・大般涅槃經平安後期點二〇 3）、「モヌケ」に對する「モノケ」（蛻モノケ・新修往生傳保元點 105）などはその例である。「マボル」に對する「マバル」は語源上の問題もあるが、一往この類に併記する（廻ラシ眺マハリ・西域記平安中期點 503。眈タムとトマハリ（〇平濁上）・三教指歸久壽點 53ウ4）。

この他、o と u との交替と見られる例が多い。「オホヨソ」に對する「オホヨス」（諸オホヨス・大日經疏寛治點六 33ウ）、「スナハチ」に對する「ソナハチ」（便ソナハチ・梵網經平安中期點）、「スルド」に對する「ソロド」（尖ソロトニシテ・蘇悉地羯羅供養法永久點

64。尖ソロト・倶舍論音義 8オ)、「タノシム」に對する「タヌシム」(可し二以て娯タヌシマセツ一・高僧傳康和點 454。樂タヌシムテ・史記秦本紀天養點3)、「ムサボル」に對する「ムサブル」(貪ムサフテ・大日經疏長治點二 117。懊ムサフル・法華經單字 63オ2)、「ムクユ」に對する「モクユ」(報モクユ(ル)こと・大日經義釋治安點二 22ウ4)、「モハラ」に對する「ムハラ」(專ムハラ反　にしレ念を・金光明最勝王經平安初期點三 44-2)などの例を見る。

②子音交替

【バ行音とマ行音との交替】

バ行の子音 b とマ行の子音 m との交替については、既に多くの研究があるが、一元的に調音位置の近似による交替と見るだけでは、尚、問題が殘るやうに思はれる。この事象には、通時性の事例と共時性の事例とが併存するのではないかと考へる。卽ち、例へば「シマラ(ク)」の系列の語彙は、奈良時代から平安時代初期にかけて存在する(暫之麻良・新譯華嚴經音義私記上 25-4。少間シマラク・天理本金剛波若經集驗記平安初期點 35-8)が、平安時代初期以後には一律に「シバラク」の系列の語彙に轉ずる(具(欄外)「旦也」シハラク・金光明最勝王經平安初期點六 114-15。嘗シハラク・南海傳長和頃點一 270-2)。「ツバヒラカ」(詳)は平安初期から訓點資料に例があり(委ツハヒ(ラカ)・四分律行事鈔平安初期點)、鎌倉時代中期に及ぶが(詳ツハヒラカにす・古文孝經仁治點 5-23)、この頃から「ツマヒラカ」が現れた(詳ツマヒラカに・古文孝經仁治點 10-6。曲ツマヒラカニ・弘決外典抄弘安點一 39オ6)。觀智院本類聚名義抄に「曲ツマヒラカニ」(僧下 90)の「マ」に平濁の聲點があること、「折ツマヒラカニ」(佛下本 72)の「マ」の右傍に朱書で「ハ(平濁の聲點あり)」の添書があるのなどは、「バ」から「マ」への變化の過渡期の狀態を示すものではなからうか。

これらに對して、バ行音とマ行音とが同時代の訓點資料の中で併存して現れる現象がある。「コバム」(拒コハメル・西域記長寛點三 119)と「コバブ」(不すレ拒コハ、・大毗盧遮那經疏治安點二 23オ1)、「ソネブ」(忌ソネフヲハ・法華義疏長保點 437-18。嫌ソネヒ・大般涅槃經平安後期點六 1)と「ソネム」(嫌曾袮見・興福寺本靈異記訓注上 5。嫌ソネミ・四分律行事鈔平安初期點)、「ツツシム」(肅ツ、シミテ・慈恩傳承德點九 337）と「ツツシブ」（虔ツ、シヒて・金光明最勝王經平安後期點九 1）などは、バ行四段動詞とマ行四段動詞とが併用された例である。「アヤマチ」（愆アヤマチ・蘇悉地羯羅經寛弘點二 708）と「アヤバチ」（愆アヤハチ・大般若經字抄 17オ4）、「ソバムギ」（蕎麥曽波牟岐・和名抄一七 4オ）と「ソマムギ」（蕎麥ソマムキ・功德天法保延點 27）、「ソノカミ」（憶在ソノカミ・白氏文集天永點三 8ウ）と「ソノカビ」（當時ソノカヒに・金剛般若經集驗記天永點 66ウ）、「チナミニ」（因チナミに・南海寄歸傳長和頃點一 259–8）と「チナビニ」（因チナヒニ・四種相違新纂私記寛弘點。因チナヒに大日經疏寛治點五 2オ）などは、平安時代を通じて兩形が併用されてゐる。但し、これらの中には、「ソノカビ」「ソマムギ」「ツツシブ」のやうに、用例の僅少な語彙も多い。これらの中には、辭書類に登録されることも少く、一時的、個人的な形も含まれてゐるかも知れない。

【マ行音とナ行音との交替】

第一音節のmとnとの交替については、夙く春日政治博士の論があり[46]、奈良時代から、「ミラ」（かみら〈賀美良〉古事記。細辛美良乃禰久佐・和名抄二〇 4ウ）と「ニラ」（韮ニラ／コミラ・醫心方天養點二一 7ウ1）、「ミナ」（蜷）（河貝子美奈・和名抄一九 12オ）と「ニナ」（蜷尓奈・享和本新撰字鏡 69ウ）のやうに、兩形の併存する例があつたが、平安時代以降の訓點資料にも「ミホヒ」（和澤ミホヒ・成實論天長點一三）と「ニホヒ」（薫）、「ニル」（看ニルコト・阿吒薄倶元帥大將上佛陀羅尼經修行法儀軌嘉保點二）と「ミル」（見）、「キミ」（君）と「キニ」（我れ於仁者キニに深く生す二欲心を一・大日經疏寛治點一八 5オ）、「フミ」（踏）と「フニ」（不レ應三踐フニ蹈フム一・蘇悉地羯羅經承德點一 272）のやうな例が見える。一例のみのものが多いから、奈良時代の「ミラ」と「ニラ」のやうに一般的であつたのか、或いは、個人的乃至は一時的の訛形であつたか、又は書き誤りであつたか、傳受の際などの聞き誤りであつたか、原因がはつきりしない面もあるが、訓點資料の口述性と關りがある現象の可能性も少くないかと思はれる。

【語頭の濁音】

訓點資料では「バフ」（奪）、「バラ」（棘）（棘ハラ・大日經義釋治安點二一 1ウ。刺ハラを・大般涅槃經二五 46）のやうな附訓が折々見られる。しかし、「ムバフ」、「ムバラ」又は「ウバフ」（奪）、「ウバラ」の語頭を表記しなかつた可能性もあるから、嚴密には確實な用例と認められない。しかし、音義や辭書に記載されてゐれば、語頭を無表記とすることは考へ難いから、その語彙の存在が確認される。『法華經單字』では「劫ハフ」（4オ1）、「奪ハフ」（66オ2）のやうに「ハフ」の訓が、『觀智院本類聚名義抄』では「簒」に「ハフ」の訓がある上に「平濁・上」の聲點があり（僧上78）、「バフ」の語の存在が確められる。

語頭に濁音を持つ語には他に「ダク」「ドコ」が擧げられてゐる。(47)「だく」は上代には「むだく」の形が見え、萬葉集に「安蘇のまそむらかきむだき（武太伎）」（一四・三四〇四）、新譯華嚴經音義私記に「抱取也、牟太久」（下 166―3）の例があり、平安初期點本にも成實論天長點の「抱ムタカム」の例が指摘されてゐる。平安初期以後には「うだく」が現れ、興福寺本日本靈異記の「抱其熱之銅柱而立」の「抱」の訓注に「于太加之□（メか）」（上卅）、大乘掌珍論承和點に「懷于太支大ルモノ乃如支」とある(48)のを始め多くの例が見えるが、平安中期以來、土左日記に「こ（子）をいだきつゝ」（二月九日）とある他、「懷イタケリ」（史記呂后本紀延久點 7ウ5）、「不レ懷イタカ」（大日經義釋延久點三 27）など「イダク」が壓倒的に多くなる。他方「ダク」の形が見え始め、「懷タク」（不空羂索神呪心經寛德點 5）、「無レ懷タクこと」（蘇悉地羯羅經承保點一 162）、「懷タカム疑慮を乎」（大日經疏保安點四 108）」など數例を見るが、『法華經單字』『名義抄』などの音義辭書類には例を見ない。「ドコ」については將門記承德點の「何トコニカ往ユキ」（27ウ）他、『梁塵祕抄』『光言句義釋聽集記』などの例が擧げられるが、音義辭書類の和訓例も見えず、訓點資料の中の例については、尚、博捜を俟ちたい。

【後世と清濁が異なる語彙】

後世と清濁が異なる語彙には、「ソバタツ」（跂ソハタツ（平平濁上平）集・圖書寮本名義抄 103―6）、「ツクノフ」（償ツクノフ（平平上平）・名義抄佛上 21）、「ハダケ」（疥）（疥癩ハタケ（平平濁平）・名義抄法下 117）、「フセク」（距フセク（平平上）・圖書寮本名義抄 112―1）、「ホソ」（臍ホソ（上上）・名義抄佛中 128）、「ホドハシル」（踊ホトハシル（上上濁上上平）・圖書寮本名義抄111―1）、「ヨキル」（過ヨキル（上上平）・名義抄佛上 57）などがある。又、「イツクシ」（嚴イツクシ（平平平上）・高山寺本名義抄 68オ）と「イヅクシ」（於イツクシ（平平濁〇〇）・觀智院本名義抄佛下本 66）、「ホトホト」（殆）（汔ホト、、（平平平平）易（周易）・圖書寮本名義抄 63-3）と「ホトホド」（殆ホト〳〵（平平上平濁）・觀智院本名義抄法下 131）、「スサマジ」（冷スサマシ（平平平上濁）・觀智院本名義抄法上 46）と「スサマシ」（冷スサマシ（平平平上）・鎭國守國神社本名義抄Ⅱ 24ウ）のやうに、平安時代當時に淸音と濁音とが兩立してゐたかと思はれる例もある。

六　訓點語彙の語法的特徴

古くは形容動詞であったものが、後に形容詞に轉じた語彙がある。早く轉じたのは「ヒサ」と「ヒサシ」で、萬葉集に「ひさに」の例がある他、「良久夜々比左尓安利天」（新譯華嚴經音義私記下 164-5）や「久如伊久比左々安利天可」（新譯華嚴經音義私記下154-3）などの「イクヒササ」などの例から「ひさ」の獨立性を論ぜられた大坪併治博士の論[49]は動かないと思はれる（「久如イクヒサ／（サ）・大般若經字抄 31ウ2」「幾何イクヒサ、ミ（シ）テカ・西域記長寬點三 173」）。「淹ヒサクシテ」（西域記長寬點四 72）は誤脱でなければ院政期末まで化石的に殘存した例と見られる。この類の轉成の時期は語により樣々で、「ユルナリ」（縱ユルニすることを・大日經疏寬治點一二 46オ。縱ユルナリ・法華經單字 19オ2）は、平安時代から「ユルシ」と併存したらしい（縱ユルキカ故に・法華文句平安後期點 65オ4。緩ユルウ（シ）て・白氏文集天永點三 10オ）。「ヒキナリ」（座ヒキナル人・大般涅槃經平安後期點一四 1。牢ヒキ・法華經單字 61ウ1）が「ヒキシ」に轉じたのも鎌倉時代末以後のやうである（峃（高）（キ）モ下ヒキ、モ・遊仙窟康永點26ウ。高キモ下ヒキ、モ・遊仙窟文和點38-2）。「マロナリ」（圓マロにして・南海傳長和頃點一 234-4。圓マロニ・蘇磨呼童子經承曆點下 8オ）に對する「マロシ」は『宇津保物語』に見えるが、時期的に疑はしく、「マロシ」は中世中期以後の新しい形のやうであつて、徒然草、饅頭屋本節用集などに見えてゐる。「スルドナリ」（尖スルトなる・南海傳長和頃點一 245-4。尖スルトなるコト・大日經義釋延久點一〇 60）から「するどい」に變じたのは更に遲く、近世以後に下るらしい。何れにせよ、後世の形容詞が平安時代の訓點資料で形容動詞であつた例が意外に多いことは、注目される。

他の文獻に見えない訓點語彙の中の動詞の活用についても、既に言及されたことも多いが、二三補足して述べる(50)。

「オソル」には後世の下二段活用の他に、古く上二段活用があり、更に四段活用のあつたことも明になつた。この内、四段活用はその存在期間が短く、平安時代後半期に限られてゐたらしい。ク語法には「オソルラクハ」「オソロラクハ」「オソラクハ」の三語があり、前二者は上二段活用又は下二段活用であるが、後者は四段活用で、四段活用の時期に發生した形が後まで傳へられたのではないかと推測される（ク語法の項參照）。「オソル」の下二段活用の例は古くは少く、「恐㆑怖(る)るヒトハ（彌勒上生經贊平安初期朱點 153-7）」「不㆑畏オソレ」（金剛般若經集驗記天永點 49ォ）などの例を見るに過ぎないが、平安時代末頃から漸く盛になり始めたのではないかと思はれる。四段活用の例は平安後期から現れ、「恐オソラは」（不空羂索神呪心經寛德點 266）、「畏オソルカ彼を故」（大日經義釋延久點一三 74）、「怕オソルコト」（底哩三昧耶不動尊威怒王使者念誦經大治點 4）、「怕オソテ」（行歷抄建久點 9ォ8）など、平安時代末頃まで若干の例が見える。何れにせよ、平安時代の訓點語彙の中心が下二段活用であつたことは間違ひない。

「ウヅム」は平安時代には一般に四段活用であつた。「坑ウツミ」（天理本金剛波若經集驗記平安初期點 29-10）、「湮ウツミて而」（玄奘表啓 35）、「封カタメ埋ウツムシトコロ」（岩崎本推古紀平安中期點 329）など例が多い。下二段活用の例は平安時代中頃に「埋ウツメ」（金光明最勝王經音義 9ォ6 書入）があるが、鎌倉時代の「塡(ム)ルニ㆑河」（弘決外典抄弘安點二 15ォ1）などもその例になるかも知れない。

「イタダク」は四段活用と並んで下二段活用があつた。「戴イタヽケヨ㆓長ノ聲(コ)ヱを㆒」（不動儀軌萬壽點 158）、「戴イタヽケテ㆓香爐㆒」（阿吒薄倶元帥大將上佛陀羅尼經修行法儀軌嘉保點二）、「首カウヘニ戴イタヽケムコト㆓髮髻㆒猶如㆓冠形㆒」（大日經疏長治點四 452）、「賔オイテ㆓諸眷に㆒使㆓婦人を(し)て戴イタヽケて以て過キ㆒㆑朝を」（春秋經傳集解保延點 6ォ1）のやうな例が多かつた。

「カカハル」の下二段活用も訓點語彙の特徴的活用であらう。四段活用と併用されたらしく、同じ頃兩形が見える。「不㆑關カ、ハレ」（南海傳長和頃點一 270-8）、「不スレ拘カ、ハレ」（西域記長寛點二 61）等は下二段活用、「被てレ拘(カ)カハラ」（大般涅槃經平安後期點三三 9）、「不レ拘カ、ハラ」（文鏡祕府論保延點西 7ウ）は四段活用の例である。

「ココロム」（試）は本來「心見る」の意味の複合動詞で、上一段活用のはずであるが、平安時代後半から四段活用乃至は上二段活用が生じたらしい。「由(るか)ニ節(して)レ含(食)を自試コ、ロム(に)一故」（大日經疏延久點二 24）の例は多少疑義もあるが、一往四段活用の例と見ておく。大日經疏康和五年點には「試コ、ロムルニ渉(る)事を一時に」（二 37オ）の例がある。鎌倉期の無窮会本・天理本大般若經音義では、「訓」「試」の字に「コ、ロム」の訓を注してゐる。

「ノゾム」（望）には四段活用の他に上二段活用があつた。「於ノソムルにレ種に」（成唯識論寛仁點八 9オ1）、「望ノソムレはニ初の種子を一」（大日經義釋治安點二 9オ4）、「臨ノソメテレ身に」（蘇悉地羯羅供養法永久點 17）などの例が多い。

これらの内の古い活用は、一般に中世以後には傳へられず、近世の訓點には行はれなかつたものが多い。

形容詞の活用の内、後世シク活用になつた「キビシ」「イチジルシ」「カマビスシ」がク活用であつたことは、既に論ぜられてゐるので省略する。(51)

七　字音語の和訓化

『和名類聚抄』には「石楠草、俗云佐久奈無佐」（二〇 29ウ）、「枸杞、俗音久古」（二〇 24ウ）、「芭蕉、和名發勢乎波」（二〇 2ウ）のやうに、字音語に「俗云」「和名」などと冠して、その讀みを記した例が多い。これらは、漢字の字音を假名で記したものと見られなくもないが、正式の字音としては扱つてをらず、廣義の和訓とも解せられるものである。訓點資料で、本來「博士」の字音讀みの語「ハカセ」を和訓として「巫」（東大寺諷誦文稿 259）、「師」（前田本敏達紀院政期點 173-1）、「儒」（法華文句平安初期點・

將門記平安中期點 55-9）などの漢字に附したこと、又、「灶」を「トウシミ」（大般若經字抄 13ゥ2）と訓じた例などは、原の漢字から全く離れ、字音語の概念が失はれて、和語化した例である。更に、「疥癬」「癬瘡」を「ゼニガサ（錢瘡）」（疥癬セニカサ・彌勒經贊院政期點。癬瘡千加佐・醫心方天養點一七 7ォ5）、「扃」を「サウシマチ」（曹司待・多聞天王別行法大治點 7-11）、「痔」を「ヂヤム」（三教指歸注集長承點・上本 45ゥ4）、「僧還俗法師カヘリ」（前田本敏達紀院政期點 182-5）などのやうな、字音、和訓を並べ用ゐた、所謂「重箱讀み」の類も存する。尚、「笙」を「俗云象乃布江」（和名抄四 13ォ）のやうに、字音と和訓とを重ねて讀む、所謂「文選讀み」もこれと關聯ある現象だが、舊稿に讓つてここでは割愛することにする。(52)

Ⅲ　訓點語彙と和文語彙との關聯

一　訓點語彙と和文語彙との表現對象の相違

『源氏物語』などの假名文學、特に女性の作者によつて作られた文學作品は、表現上に技巧を驅使したものであり、その中に使用する語彙は、意圖的に選擇され、忌避されたものが多かつたに違ひない。例へば、人體・病氣・武具・刑具などに關する單語は、非常に例が少いが、この現象などは、その顯著な反映といふことが出來る。

例へば、人體に關する單語には、「肺臟」のことを「ふくふくし」、膀胱を「ゆばりぶくろ」といつた。又、足の裏を「あなうら」、齒莖を「はじし」、唾を「つはき」、など、又、病氣、病症の名前も、蟲齒を「むしかめば」、嘔吐を「たまひ」、皹を「あかがり」、膿を「うみしる」などといつた。又、刑罰に關する語や武器の名稱などで、牢獄を「ひとや」、鞭を「しもと」などの語彙があつた。この種の語彙を最も多く收錄してゐるものには、古く『新撰字鏡』、『和名類聚抄』などの辭書があり、平安時代末には『類聚名義抄』、『色葉字類抄』その他の音義辭書の類があるが、平安時代初期以降の訓點資料の中にも、これらの用例が多く見出される。それは、『蘇磨呼童子經』、『大毗盧遮那經疏』、『往生要集』などの佛典の訓點に特に多くの例が發見される。又、人體、病症などの用例は、『醫心方』の訓點に見られる場合が多い。佛典では、人間の種々の苦惱や惡事などの記錄、特に『往生要集』などは、種々の佛典から地獄の責苦の具體的な描寫が多く記されてをり、又、『醫心方』は、病症とその治療法を網羅的に記した「醫學全書」であり、又、記載された藥物には、種々の植物、動物、乃至は鑛物の一部までも言及されてゐるものが多い。因に、『醫心方』卷第一の末尾には、『本草和名』の記事が略記されてゐる。その中に和訓も含まれてゐるが、半井本、仁和寺本は院政期の寫本で、部分的ながら、『本草和名』最古の寫本として貴重である。仁和寺本には朱書の聲點が附記されてゐる項目が多い。名義抄などと共通する語彙もあるが、最古の聲調資料としても見逃せない文獻である。

『本草和名』『和名抄』『醫心方』『黃帝内經太素』など、醫學關係の書には、植物、動物、人體、病氣、などの語彙が多い。その和訓には、一般に使用されたものもあるが、これらの書だけに用ゐられたものも多くあつたかと思はれる。又、武器や刑具などの和訓は、中國の史書などの他、『往生要集』などに多く見られる。

更に又、上記の單語の中でも「のみと」（撥音便で「のむど」「のんど」「のど」と轉じた）「あかがり」（後世「あかぎれ」に轉じた）、「たて」「ほこ」などは、上代奈良時代の記紀、萬葉集などの文獻にも出てゐる語彙である。この點から見ても、これらの單語の中には、古く奈良時代から平安時代を經て後世まで脈々と續いてゐたものが多數を占めてゐたことを知るのであり、國語史上では、途中で一時斷絕したのではない。

これらの言葉が『源氏物語』に見えないのは、當時一般に使はれなくなつたのではない。これらの中には、一般の人々の日常生活の中で廣く使用されたものもあつたであらうが、他方、極く一部の專門的な人々の間だけに用ゐられた語彙も少なくなかつたと思はれる。又、漢字、漢語の訓讀のために、新規に作成した和訓も多かつたことも推測される。

所で、これらの單語は『源氏物語』を始めとする、多くの平安時代の假名文學作品には殆ど使はれてゐない。しかし、當時の國語の中に存在したけれども、『源氏物語』のやうな文學作品としては、取り上げる對象としてふさはしくない事物であつたり、又、表現の面で憚られたものも少くなかつたであらう。『源氏物語』に先立つ『宇津保物語』には、僅かではあるが、この種の語彙が散見する。これは、この物語が、和文の散文の發展途上の未成熟なもので、表現の洗練性が不十分であつたことが原因であらう。『源氏物語』以後の假名文學作品が、等しなみにこれらの語彙を用ゐてゐないのは、恐らく『源氏物語』を規範として、意識的にこの種の語彙を忌避して使用しなかつた結果であらう。

又、和歌については、物語類とは更に異なつた言語範疇が、古今集以來、次第に形成されてをり、『曾丹集』など、一部の私家集にはそれから逸脱した要素があるとはいへ、大局的に見れば、和歌の使用語彙の範圍は、物語類などよりも、更に限定されてゐたと見るべきであり、訓點語彙からは、最も遠く離れた語彙集團であつた。

上記の語彙の中で、「のむど（↓のど）」「つはき（↓つばき）」、「あしがし（↓あしかせ）」「たて」「ほこ」などは、一部發音が變化してゐるものもあるが、現代でも用ゐられる單語が多く含まれてゐる。

[肺臟] 肺〈和名布久不久之〉（和名抄三 11ウ）。肺〈フク、、シ〉（佛頂尊勝心破地獄法康平點一〇）
[腎臟] 腎〈和名無良止〉（和名抄三 12オ）。腎〈ムラト〉（大般若經字抄 4ウ3。最明寺本往生要集院政期點 上29オ3）
[脾臟] 脾〈和名與古之〉（和名抄三11ウ）。髀〈ヨコシ〉（三教指歸注集上本 12ウ7）
[大腸] 大小腸〈波良汙太〉（新譯華嚴經音義私記上 80–4）。大腸〈和名波良和太〉（和名抄三 12オ）。腸〈ハラワタ〉（白氏文集天永點四 16ウ。大腸〈フトワタ〉最明寺本往生要集平安後期點上 29オ4）
[小腸] 小腸〈和名保曾和太〉（和名抄三 12オ）。小腸〈ホソワタ〉（醫心方天養點二一 24オ8。最明寺本往生要集院政期點上 29オ5）
[胃] 胃〈和名久曾布久呂〉（箋注本和名抄二 37オ）。胃〈クソフクロ〉（三教指歸注集長承點上末 22ウ1。最明寺本往生要集平安後期點上

28オ7)。胃〈モノハミ〉(最明寺本往生要集上平安後期點 29オ6)

[膀胱] 膀胱〈和名由波利不久呂〉(和名抄三 12ウ)。旁光〈ユハリフクロ〉(醫心方天養點二二 6–20)

[足の裏] 蹠〈和名阿奈宇良〉(和名抄三 15オ)。趺〈アナウラ〉(法華經傳記大治點五 1)

[齒莖] 齗〈和名波之々〉(和名抄三 6オ)。齗〈ハシ、〉(南海傳長和頃點一 253–5)

[唾] 唾〈和名豆波岐〉(和名抄三 6ウ)。唾〈ツワキ〉(南海傳平安後期點一 241–8)

[喉] 咽〈倭云能美等〉(新譯華嚴經音義私記上 81–1)。咽喉〈和名乃無止〉(和名抄三 6オ)。咽〈ノムト〉(不空羂索神呪心經寛德點 70)

[蟲齒] 齲齒〈無之加女波〉(和名抄三 20オ)。齲〈ムシカメハ〉(醫心方天養點二 3オ9)

[嘔吐] 歐(嘔)吐〈和名太萬比〉(和名抄三 19オ)。反吐〈タマヒイタス〉(岩崎本皇極紀平安中期點 311)

[皹] 安加加利(神樂歌・早歌)。皹〈和名阿加々利〉(和名抄三 28オ)。皴裂〈アカ、リ〉(南海傳大治點三 106)

[膿] 膿〈和名宇美之留〉(和名抄三 28ウ)。膿〈ウミシル〉(金光明最勝王經平安初期點一〇 190–10)。膿〈宇美志流〉(金光明最勝王經音義 7オ2)

[商人] 商人〈和名阿岐比止〉(和名抄二 9ウ)。商客〈アキヒト〉(前田本雄略紀院政期點 98–7)

[漁師] 漁子〈和名伊乎止利〉(和名抄二 9ウ)。葷腥〈イヲトリ〉(日本往生極樂記應德點 48オ4)

[牢獄] 囹圄〈ヒトヤ〉(類從本日本靈異記中 22)。囹ヒトヤ(上上上)(三教指歸久壽點 38オ4)。獄〈和名比度夜〉(和名抄一三 18オ)

[鞭] 楚(しもと)(萬葉集五・八九二)。笞〈和名之毛度〉(和名抄一三 16ウ)。楉〈シ母止〉(類從本日本靈異記訓註下 9)

[手枷] 杻〈和名天加之〉(和名抄一三 17オ)。桎梏〈足カシ手カシ〉(法華文句平安初期點)。械〈テカシ〉(法華經單字 64オ2)

[足枷] 械〈阿之加之〉(和名抄一三 17ウ)。枷〈アシカシ〉(石山寺本金剛波若經集驗記平安初期點 14–9)

[兜] 冑〈和名加布度〉(和名抄一三 12ウ)。甲〈可夫刀〉(新譯華嚴經音義私記上 50–4)

［楯］楯〈和名太天〉（和名抄一三 13オ）。美多弖（萬葉集二〇・四三七三）。矛楯〈ホコタテ〉（西域記長寛點三 365）

［弓］阿豆佐由美（古事記五一）。射〈ユミ〉（大智度論天安點七六）。弓〈和名由美〉（和名抄一三 13オ）。

［矢］箭（や）（萬葉集二・一九九）。輻〈ヤ〉（大智度論天安點一）。笑〈和名夜〉（和名抄一三 14オ）。

［太刀］多知（古事記上）。大刀〈和名太知〉（和名抄一三 14ウ）。大刀〈タチ〉（吽迦陀野儀軌保安點一 56）

［鉾］桙（萬葉集一六・三八三一）。矟〈ホコ〉（金光明最勝王經平安初期點五 139–20）。戟〈和名保古〉（和名抄一三 15オ）

［鎧］冑〈与呂比〉（新譯華嚴經音義私記上 44–2）。鎧〈和名與路比〉（和名抄一三 12ウ）。

［刀］刀子〈漢語抄云刀子賀太奈〉（和名抄一五 13ウ）。刀〈カタナ〉（法華經單字 55オ2）。

以上の内、「しもと」は『枕草子』に、「あきひと」は『源氏物語』に見える。又、これらの語彙の中で、平安時代末以降の和漢混淆文の中で、『方丈記』に見えるものは一語も無く、『徒然草』に見えるものは「あきびと」「弓」「太刀」「矛」「刀」のみであるが、『平家物語』（延慶本）では「アナウラ」（上 173–13）、「ノド」（上 31–4）、「ヒトヤ」（上 275–9）、「シモト」（上 127–8）、「鞭」（上 127–8）、「兜」（下 39–4）、「ヨロヒ」（下 35–5）、「カタナ」（上 37–6）など共通語彙が多いが、これは『平家物語』の内容に戰鬪關係の記事が多いことによることはいふまでもない。

又、上記の單語の中でも「のみと（→のむど）」「あかがり」、「たて」「ほこ」などは、上代奈良時代の萬葉集などの文獻にも出てゐる。この點から見ても、これらの單語の中には、古く奈良時代から平安時代を經て後世まで脈々と續いてゐた單語が多數を占めてゐるのであり、これらの言葉が『源氏物語』に見えないのは、當時一般に使はれなくなつてゐた言葉ではなく、逆に『源氏物語』の方が、平安時代の言葉の中でも、或る意味で限られた範圍のものであつたと考へられる。

右は、限られた意味の範圍の單語について、和文と訓讀語とに相違があることを述べたが、更に一般的な單語についても、兩者の間に相違對立の現象があつた。(53) 上代奈良時代の「萬葉集」などには、「來(きた)る」のやうな動詞や「あに(豈)」「はなはだ」「しかれども」のやうな副詞・接續詞などがある。これらの言葉は、平安時代にも、訓點資料の中には頻りに使はれてゐるのに、同じ平安時代でも『源氏物語』には殆ど出て來ないといふことが明にされてゐる。更に調査すると、これらと同じやうな意味の言葉を、『源氏物語』では、訓點資料とは全く別の單語で表現してゐたことが知られる。例へば「きたる」の代りに「く」、「あに」の代りに「まさに・などか」、「はなはだ」の代りに「いみじく・いと・いたく」など、「しかれども」の代りに「されど・さはあれど」などの語彙が使はれてゐた。

二　訓點語彙と和文語彙との對立

右の「きたる」「あに」などの語彙は、奈良時代と訓點資料とに共通して使はれてゐたものであるが、これに對して、奈良時代にはまだ現れず、平安時代になつてから始めて登場した言葉が多數ある。それ等の中にも、同樣の意味を表すのに、訓點資料と假名文學との間で對立關係にある言葉が澤山あつた。訓點資料では盛に使はれてゐた副詞の「ひそかに」「すみやかに」「あるいは」、動詞の「まじはる」などが、『源氏物語』などの假名文學では殆ど用ゐられず、その代りに「みそかに」「とく」「あるは」「まじらふ」などを使つてゐたことが知られてゐる。

上述のやうに『源氏物語』などに用ゐられてゐた、「まさに」「いみじく」「されど」や、「みそかに」「とく」「まじらふ」「あるは」などの語彙は、現代語では餘り使はれなくなつてをり、却つて訓點資料の「ひそかに」「すみやかに」「あるいは」「まじはる」の方が、現代語の中に生きてゐる。又、上代語の「きたる」「あに」「はなはだ」「しかれども」なども、現代に用ゐられてゐるが、これらの語彙は、平安時代には『源氏物語』などの假名文學作品の中ではなく、訓點資料の中で生き延びて後世に傳つたものと考へなければならない。

三　訓點語彙の敬語體系

敬語の體系は、和文と訓讀文とで大きく對立してゐる。最大の特徴は、訓讀文では、所謂「丁寧語」が殆ど用ゐられないことである。訓點資料の中での「はべり」の例が報告されてはゐるが[54]、全體を通して見れば、極く例外的であつて、平安初期の訓點資料に僅かに見られるに過ぎない。平安中期以後の訓點には、一般に使用されなかつたと見るべきである。この點は和歌と同類であるが、和歌では、和歌本體には存しないものの、詞書の中には「丁寧語」が用ゐられてゐて、それらが一體となつて和歌集が成立してゐるのと大きな相違がある。

所謂「尊敬語」と「謙讓語」の體系についても、訓點語彙は和文と比べると簡潔であり、又、時代的な變遷が少い。和文では、平安初期、平安中期、平安後期と、次第に構造が複雜化して行つたが、このやうな歴史的變遷は訓點資料の中では見られない。「たまふ」は、一貫して用ゐられたが、「す・さす」と複合した補助動詞「せたまふ・させたまふ」は訓點語彙には遂に現れなかつた。又、和文で平安時代中期以後に出現した動詞「おはします」、補助動詞「おはします」「させおはします」も、訓點語彙には原則として殆ど用ゐられなかつた。

一方、「たまふ」の動作の主體は、佛書の場合には、佛、菩薩については、殆ど例外無しにすべて用ゐられたが、日本書紀や史記などの訓點の中では、天皇は勿論、中國の皇帝に對しても使用されたことがある。「王、卿(を)召(さむと)令(ノタマ)フ（王令召卿）」（天理本金剛波若經集驗記平安初期點 33–1）、「帝（唐、太宗）、其ノ工(タク)ミ不ルコトヲ哂(ワラ)ヒタマヒテ（帝哂其不工）」（慈恩傳承德點七 11

0)。しかし、中國の皇帝の場合は、敬語を使用しない場合もあり、一定してゐない。後世の漢文訓讀では、中國の皇帝に對して敬語を使用することは無いが、平安時代の訓讀では當時の敬語體系を漢土の社會體系にも適用したのであらう。

論語の博士家の讀みでは、孔子に對し「ノタマハク」、乃至はその音便形である「ノタウバク」「ノタバク」を用ゐた。大日經義釋演密鈔長承點では「論語に云(く)、子の曰ノタウハク、故きを溫(ね)て[而]新(し)きを知(る)を、以て師と爲可(す)(し)(論語云子曰溫故而知新可以爲師)」と訓じてをり、又、圖書寮本名義抄には「謂」の訓に「ノタウハク(上平平上濁上)(ウ(平))」は「タハ」の右傍に併記)論(論語)」(九〇5)とあり、平安時代の訓例が知られるが、中世の博士家の訓點本でも右のやうな訓法が傳へられてをり、「子イハク」などの敬語の無い形は後世の訓法である。

訓點語彙の敬語體系は、平安時代の和文に比べて非常に簡略である。尊敬語についても、和文に見られる「御覽ぜらる」「のたまはす」「おほせらる」等の、所謂「最高敬語」の類は存在しない。尊敬語の接頭語も「ミ」が中心で、「ミアシ」「ミウヘ」「ミオモヒ」「ミオヤ」「ミコヱ」「ミタメ」「ミテ」「ミテヅカラ」「ミマヘ」「ミミヅカラ」「ミモト」「ミカホ」などの例があるに止まる。尊敬語の動詞には「ノタマフ」「ミソコナハス」「ミソナハス」「ミタマフ」、謙譲語の動詞には、「マウス」「マウヅ」「マキル」「マカル」「タテマツル」が用ゐられた。「おほん」及びそれから轉じた「オン」は訓點資料では使はれなかつた。(55)

四　訓點語彙の中の和文語彙

平安時代の和文語のみに見られる特有の語彙で、一般の訓點資料に見えない語彙の類があるが、その多くは平安時代中期以降から生じたもののやうである。(56)「イト」「タハヤスシ」「フタグ」「ミソカニ」などはその例であつて、訓點では「ハナハダ」「タヤスシ」「フサグ」「ヒソカニ」などが用ゐられた。唯、例外的にこれら和文語が訓點に用ゐられたことがある。「イト」(太イト長(ナ)カク・蘇悉地羯羅經康平點一 7）、「オボツカナシ」（怳然ホノカにして／オホツカナシ・西域記建保點一二 450）、「クチヲシ」（謂オモヘハレ之コレヲ口惜(ク)チヲシ・楊守敬本將門記平安後期點 15-4）、「タハヤスシ」（輙タハヤスク・金剛頂瑜伽經康平點 16）、「フタグ」（抹フタキ二其眼を一・金剛頂瑜伽經康平點 14。蔽フタキレ目ミメヲオホヒ・前田本雄略紀院政期點 78-7）、「ミソカニ」（偸ミソカニ聞レ之・來迎院本日本靈異記院政期點中 13）、「ユカシ」（節候漸ク暖アタ、カにして不審ユカシ、信後使也如何・慈恩傳大治點七 331）、「ワタリ」（訓點では普通はホトリを用ゐる）（此ノ處ワタリに有リト二神仙の窟宅イハヤ一・遊仙窟康永點 2オ）、「ワロシ・ヲカシ」（劣ワロシ・法華經單字 36オ1。逈オカシ歟・同 53オ3）などは、その一例である。これらは平安時代中期以後にこの和訓が始められたと見るのが自然であらう。特に尊敬語動詞「オハシマス」（今上、東宮にオハシマシ、トキ・慈恩傳大治點七 298）や、尊敬の接尾語「ル」の「ユルサレヨ」（天恩、玄奘葬事了(り)て還(る)までに聽サレヨ〔天恩聽玄奘葬事了還〕・慈恩傳大治點九 355）、可能の接尾語「ル」の「ネブラレズ」（不レ睡ネフラレ・遊仙窟康永點 3ウ）などは、語法史上から見てもその確實性が高いと思はれる。

又、助動詞「マホシ」は大日經疏永久二年點に二例見え（知(る)こと得(エ)マ欲(ホ)シ〔欲得知〕・一五 13。必(す)作(さ)ま欲(ホ)シクは、便(ち)之を作(す)可(し)〔必欲作便可作之〕一八 36）、助動詞「ムズ」は、菩薩戒經長和點（勤(み)て加へムスレトモ二功用を一 75）、大日經疏永保點（至(り)て二日の將に夕クレナムスルニ一・五 301）、三教指歸注集長承點（死ナムスルハ則同ス・上末 38ウ7）、西域記長寛點（非(す)二欲獨リ有タモタムスルニ一・八 76）、最明寺本往生要集院政期點（人將ニ死セムスル時キニハ・上 30ウ2）、唐大和上東征傳院政期點（覺三知(シ)向(ヒ)ナムスと二日本國ニ一・28ウ）などに見える。これらの助動詞が、平安時代中期以降の成立であることは、文法史上説かれる通りであり、訓點資料の中にこれらの語彙が見えるのは、その訓點が平安中期以後に成立したことを示してゐる。但し、以上の内「ワロシ・ヲカシ」の例を擧げた法華經單字は、音義ではあるが、經典の本文の和訓には用ゐたと思はれない語彙を含んでゐる疑が大きい[57]から、一般の訓點資料と同列に論ずることは躊躇される。又、この種の和訓が、同じ書でも傳承の系統が異なれば使用されなかつたことがあり、例へば「ユカシ」（不審）が、上述のやうに法隆寺本大治點には見えるが、同じ場所を輿福寺本では「イフカシ」と讀んでゐることなどは、その一例である。

この他、形容詞の「カシカマシ」（諠カシカマシ・無窮會本大般若經音義 1–1。5–1 等）も和文系の單語で、普通は「カマビスシ」を用ゐた。又、形容詞カリ系の活用に最明寺本往生要集の院政期墨點には、「正念ニシテ貪欲无カレハ、餘(の)煩惱(も)亦盡キヌ（正念无貪欲餘煩惱亦盡）」（上 42ウ4）、「財有(レ)トモ欲多カルヲハ、是レヲ貪(ト)名ク（有財多欲是名貪）」（上 39ウ4）の「ナカレバ」「オホカル」とあるのも、訓點資料としては異例であり、「ナケレバ」「オホキ」が一般の形であつた。

又、助動詞の「ケム」も稀に使はれた。「豈(ニ)知シリケムヤ（豈知）」（白氏文集天永點四 5ウ）。「誰(ソ)昔シ遺シテ斯ノ事ヲ行ハシメケム（誰昔遺行斯事）」（南海傳大治點一 146）。係助詞の「コソ」は平安後半期以降はあまり用ゐられなかつたが、特に强調する場合など、條件表現などで現れることがあつた。「汝に於てコソ失有れ（於汝有失）」（成唯識論寛仁點一 7ウ5）、「外キ人には見(エ)不、見エは笑ヒモコソスレ［イ．笑(フ)應シ］（外人不見見應笑）」（白氏文集天永點三 9ウ）、「神我イ交用すとコソイヘ（神我交用）」（因明論疏四相違略注釋天永點一 69）などの例を見る。大部分は已然形で結ぶ原則に從つてゐるが、「佛の言(は)く、是は諸佛(の)［之］主ニコソアリケリとなり（佛言是諸佛之主）」（大日經疏保安點九 117）のやうに稀に「コソ」の係結を誤用した例がある。大日經疏永久點にも同じ箇所の誤用があり、傳承された訓法かとも思はれるが、時代的にも夙い用例とならう。因に同疏大治點では「是は諸佛の［之］主にコソアリケレ」と古い語法の形を存してゐる。接尾語の「タチ」（上宮の王ミコ等タチ・岩崎本皇極紀平安中期點 156。王等タチ・慈恩傳大治點九 469）、助詞の「ツツ」（受ウケツヽ・法華經寛治點一 419。復重也來りツ、諸量す・慈恩傳大治點七 227）なども、和文系の語であつた。

一方、和文系の語でも、「まじらふ」「まさに（陳述副詞）」「ごらんず」「やうなり」などは全く訓點資料には發見出來ない。特に「ごらんず」「やうなり」などのやうに、字音を含むものは訓點の和訓には一般に入りにくい傾向があつたのであらう。

五　假名文學作品の中の訓點語彙

『古今集假名序』『土左日記』『源氏物語』に用ゐられた訓點語彙については、舊著で觸れた所であるが、その後知り得た『宇津保物語』『榮花物語』の訓點語彙を追加する。『宇津保物語』は『古今集假名序』『土左日記』などと並んで、假名文學の初期の作品として、恐らく漢文にゆかりのある男性の作品である。『宇津保物語』には、冒頭の俊蔭の巻に格別に訓點語彙が多いが、これは傳奇的說話の要素が、他の巻と違つて格別に强いのが原因と理解出來る。それ以外の巻にも「あるいは」「いはむや」「すみやかに」「そもそも」「はなはだ」「ひそかに」のやうな訓點特有の語彙が作品全體に亘つて多く見られる。これは、この文獻が平假名の和文による作品の内でも初期の成立で、漢文の影響から未だ完全に脱出することが出來ず、洗練された表現にほど遠かつたためと思はれる。

訓點語彙が『宇津保物語』の本文の中に混融してゐるのに對して、『榮花物語』は『源氏物語』を承けて、女性の作家による表現であり、『源氏物語』と同じく、本文の中に埋沒しない形で、「玉のうてな」その他の巻の部分に『往生要集』その他の佛典の引用が集中して多いことなど、訓讀文の要素が假名文の要素と節度のある區分を保持してゐる。それでも一般の和文の中に「いはく」「すみやかに」などの語彙や「佛の安祥とよそほしくあゆませ給にしたがひて」(鳥の舞巻)のやうな「文選讀」などの訓法を取り入れてゐるのは、和漢混淆文的な傾向の萠しとも見られよう。

總じて、平安時代の和文作品全體を見渡すのに、文中に取入れられた訓點特有の語彙の中でも、「ごとし(ごと)」「いはむや」などは比較的例が多いが、「あに(豈)」「いづくんぞ」「あらゆる」「いはゆる」「けだし」等は例が稀である。訓點語彙の中でも、和文に取入れられ易いものと取入れられにくいものとがあつたことを感じさせる。

「發心和歌集」（群書類從四四五）は村上天皇第十皇女選子内親王の撰で、卷頭に寛弘九年（一〇一二）の漢文の序があり、五十四首の釋教歌を含んでゐる。各歌ごとに漢文の題詞があり、法華經二十八品、無量義經、普賢經などの佛典の漢文の句を記し、發想全體が佛教を基盤にしてゐることによつて、表現の語彙に關しても、一般の和歌集とは格段の相違があることは當然である。その中に、

ゐひのうちにかけしころものたまくもむかしのともにあひてこそしれ
いさぎよきひとのみちにもいりぬればむろのちりにもけがれざりけれ
まれらなるのりをきゝつるみちしあればうきをかぎりとおもひぬるかな
ひとめにてたのみかけつるうきゝにはのりはつるべきこゝちやはする

の「たまく」「いさぎよき」「まれら」「うきゝ」などは、平安時代の和歌には勿論、和文にも殆ど用ゐられない語彙である。「うきゝ」は「査ウキ（ヽ）」（沙門勝道歴山瑩玄珠碑平安初期點 25）、「査ウキ、ニ」（金剛般若經集驗記天永點 22オ）、「浮ウキ木キニ」（最明寺本往生要集院政期點上 66ウ7）、「槎ウキ、」（世俗諺文鎌倉中期點 5オ）などの訓讀に用ゐられた和訓であり、又、「たまく」は源氏物語に一例、朝顔卷に光源氏の詞として見える（一般には「たまさかに」が用ゐられた）。これらは、何れも訓點特有の語彙と認められる。この歌集の和歌には、「むす（無數）のほとけ」「むろ（無漏）のちり」「おほくのこふ（劫）」のやうな漢語が見られるのも、當時の和歌としては異色の現象と思はれる。

しかし、勅撰集の中にも、『後拾遺和歌集』卷第二十の中の「釋教」や『金葉和歌集』卷第十の「雜下」の中を始め、『千載和歌集』『新古今和歌集』『新勅撰和歌集』などの中に「釋教歌」の部立の卷があり、佛教に關した和歌が相當數詠まれてゐるにも拘らず、その中の語彙語法には、上記のやうな訓點語彙は極く稀に見えるのみであり（「いさぎよき」『金葉和歌集』六六八に一例）、作者も大部分が男性である（女性作者としては『新古今和歌集』に式子内親王、赤染衛門、相模、伊勢大輔。『新勅撰和歌集』選子内親王一

首などがあるに止る)。これらの釋教歌の語彙は、殆どが和歌の範疇から逸脱してゐないことと比較すると、發心和歌集の中に、上述のやうな性格の語彙が存在したことには、又別途の意味があると見るべきであらう。

平假名書の「物語」に伍して、『三寶繪詞』が存在し、若年の女性貴族に讀まれたことは、訓點語彙がこれらの女性達にとつて、日記や物語などの表現には用ゐないにしても、理解の範圍の中にはあつた言語であることを示してゐると思はれるが、『發心和歌集』の存在は、更に進んで、彼女等の「表現」語彙の中にも、或る程度の領域を占めてゐたことを推定させる。清少納言や紫式部は、恐らくこの事實を體得してゐて、『枕草子』や『源氏物語』の中では、漢文の訓讀文の忠實な引用の形だけに限定し、漢文の訓讀の語彙を他の部分から峻別して、一方では和文の純粹性を確保し、他方では漢文訓讀の獨自性を際立たせることに成功したと見ることが出來るであらう。

[注]

(1) 小林芳規「訓讀史料として觀た「興福寺本 大慈恩寺三藏法師傳古點の國語學的研究　譯文篇」」(『國語學』六五、昭四一・六)

(2) 中田祝夫『古點本の國語學的研究　總論篇』(昭二九・五) 四四二頁。

(3) 月本雅幸「因明論疏の古訓點について」(『築島裕博士古稀記念 國語學論集』平七・一〇)

(4) 小林芳規「神田本白氏文集の訓の類別」(『國語と國文學』四〇ノ一、昭四二・一)
小林芳規『平安鎌倉時代に於ける漢籍訓讀の國語史的研究』(昭四二・三)

(5) 桃　裕行『上代學制の研究』(昭和二二・五) 二四四頁以下。

(6) 金澤庄三郎「朝鮮の字音」(『國語學』二一、昭三六・六)
築島　裕『平安時代の漢文訓讀語につきての研究』(昭三八・三) 四一一頁。

(7) 石塚晴通「北野本日本書紀の訓點」(『築島裕博士古稀記念 國語學論集』平七・一〇)

(8) 小林芳規「訓讀法の變遷—平安時代の妙法蓮華經の古點本を例として—」(『漢文教育の理論と指導』昭四七・一二)
(9) 門前正彦「立本寺藏本妙法蓮華經古點」(『訓點語と訓點資料』別卷第四、昭四三・一二)
(10) 廣濱文雄「聖語藏經卷調查報告」(『訓點語と訓點資料』第一輯、昭二九・四)
(11) 築島　裕「法華經音義について」(『山田孝雄追憶 本邦辭書史論叢』昭四二・一二)
(12) 築島　裕「訓讀史上の圖書寮本類聚名義抄」(『國語學』三七、昭三四・六)
(13) 大坪併治「龍光院本妙法蓮華經の訓點について」(『島根大學論集(人文科學)』一五・一六、昭四〇・四一、『訓點資料の研究』(昭四三) 所收)
(14) 築島　裕「法華經單字の和訓について」(『北大國語學講座二十周年記念 辭書・音義』昭六三・三)
(15) 築島　裕「東京大學國語研究室藏法華經音義(明覺三藏流)解說」(『國語研究室』七、昭四三・五)
(16) 渡邊　修「石山寺藏本大般若經字抄と圖書寮藏本類聚名義抄とについて」(『國語學』一三・一四合併號、昭二八・一〇)
(17) 吉田金彥「圖書寮本類聚名義抄出典攷(中)」(『訓點語と訓點資料』三、昭二九・一二)
(18) 築島　裕『大般若經音義の研究　本文篇・索引篇』(昭五二・八、昭五八・一二)
(19) 曾田文雄「興聖寺本大唐西域記卷第十二の朱點」(『訓點語と訓點資料』一一、昭三四・三)
曾田文雄「興聖寺本大唐西域記卷第十二併解讀文」(『訓點語と訓點資料』一四・一五、昭三五・一〇、昭三六・一)
(18) 大矢　透『假名遣及假名字體沿革史料』(明四二・三) 二六面。
(19) 中田祝夫『古點本の國語學的研究　譯文篇』(昭三三・三)
(20) 築島　裕「醍醐寺寶藏大唐西域記卷第十一・十二建保點・同索引」(『醍醐寺文化財研究所紀要』第一一・一二・一四、平三・三、平四・三、平六・一二)
(21) 大矢　透『假名遣及假名字體沿革史料』(明四二・三) 一九面。
築島　裕『興福寺本大慈恩寺三藏法師傳古點の國語學的研究　譯文篇・索引篇・研究篇』(昭四〇・三、昭四一・三、昭四二・三)
(22) 築島　裕「上野圖書館藏大慈恩寺三藏法師傳卷三古點」(『人文科學科紀要〈東京大學教養學部〉』一六、昭三三・一一)

(23) 築島　裕「南海寄歸内法傳古點解説」（『天理圖書館善本叢書　漢籍之部五』、昭五五・一二）
(24) 築島　裕「南海寄歸傳の訓法の傳承について」（『東京大學國語研究室創設百周年記念國語研究論集』、平一〇・二）
(25) 菅原範夫・松本光隆「三教指歸卷中」（『高山寺古訓點資料第四』、平一五・八）
(26) 佐藤義寛『大谷大學圖書館藏三教指歸注集』の研究』（平四・一〇）
(27) 近藤泰弘・小助川貞次・山本眞吾『祕密曼荼羅十住心論』（『高山寺古訓點資料第四』、平一五・八）
(28) 月本雅幸「空海撰述書の古訓點について—その性格と研究の構想—」（『訓點語と訓點資料』七二、昭六二・三）
(29) 築島　裕「仁和寺藏本大毗盧遮那經疏寛治嘉保點について」（『訓點語と訓點資料』八八、平四・三）
花野憲道「仁和寺藏『大毗盧遮那成佛經疏』卷第一　寛治七年點　影印編一・二・釋文編一」（『訓點語と訓點資料』一〇六・一一〇・一一一、平一三・三、平一五・三、平一五・九）
(30) 築島　裕「醍醐寺藏本大毗盧遮那經疏大治點について」（『醍醐寺文化財研究所紀要』一九、平一四・一二）
(31) 橋本進吉「石山寺藏　古鈔本金剛般若經集驗記　解説」（『古典保存會影印本』昭一三・一）
(32) 太田次男・小林芳規『神田本白氏文集の研究』（昭五七・二）
(33) 築島　裕・石川洋子「山岸文庫本史記孝景本紀」（『實踐女子大學文藝資料研究　別冊年報一・二』、平二、四）
(34) 東野治之『金剛寺本遊仙窟』（平一二・二）
(35) 石上英一「『大日本史料』醫心方撰進條の編纂」（『醫心方研究發表會發表要旨集』昭六〇・一〇）
(36) 東野治之「河内金剛寺新出の鎌倉時代書寫『醫心方』卷第十三について」（『醫心方の研究』平六・五）
(37) 山根對助・リラの會「觀智院本『世俗諺文』の研究　本文篇」（『北海學園大學學園論集』三五、昭五四・一二）
(38) 遠藤嘉基『日本靈異記訓釋攷』（昭五七・五）
(39) 築島　裕『平安時代の漢文訓讀語につきての研究』（昭三八・三）
(40) 春日政治『西大寺本金光明最勝王經古點の國語學的研究　研究篇』（昭一七・一二）一三三・一四七頁。
大坪併治『平安時代における訓點語の文法』（昭五六・八）二三五頁。

(41) 築島　裕「「おそる」「おそらく」小考—平安時代の漢文訓讀語と現代語との關聯—」(『日本學士院紀要』五四ノ一、平一一・一〇)
(42) 小林芳規「「らくのみ」「まくのみ」源流考」(『文學論藻』八、昭三二・一〇)
(43) 築島　裕「上野圖書館藏大慈恩寺三藏法師傳巻三古點」(『人文科學科紀要〈東京大學教養學部〉』一六、昭三三・一一)
築島　裕『平安時代の漢文訓讀語につきての研究』六〇二頁。
(44) 稻垣瑞穗「東大寺圖書館所藏百法顯幽抄古點」(『訓點語と訓點資料』五八、昭五一・一〇)。但し「ユミメル」「ユメミ(ズ)」と訓じた可能性も高い。
(45) 築島　裕「訓點語彙の歷史的變遷の一側面—「アナヅル」「ミダレガハシ」「ウツクシム」「ノムド」など—」(『文學・語學』一五四、平九・三)
(46) 春日政治『古訓點の研究』(昭三一・六、著作集昭五九・二)一四九頁。
(47) 中田祝夫『古點本の國語學的研究　總論篇』七五一頁。
春日政治『古訓點の研究』一三・一〇〇頁。
(48) 春日政治『古訓點の研究』一三頁。
中田祝夫『古點本の國語學的研究　總論篇』一〇二〇頁。
(49) 大坪併治「石山寺本大般涅槃經の訓點(下)」(『島根大學論集(人文科學)』七、昭三二・三)
(50) 春日政治『古訓點の研究』一三頁。
中田祝夫『古點本の國語學的研究　總論篇』一〇二〇頁。
(51) 春日政治『西大寺本金光明最勝王經古點の國語學的研究　研究篇』一四五頁。
(52) 築島　裕「文選讀」考(『國語と國文學』二八ノ一一、昭二六・一一)(『平安時代の漢文訓讀語につきての研究』所收)
(53) 築島　裕『平安時代の漢文訓讀語につきての研究』(昭三八・三)四六四頁。
(54) 大坪併治『古訓點の研究』(昭三六・三)三〇二・四〇五頁。
(55) 築島　裕「「おほん」か「おん」か」(『むらさき』一八、昭五六・四)
(56) 築島　裕「平安時代の訓點資料に見える「和文特有語」について」(『文化言語學—その提言と建設—』、平四・一一)

（57）築島　裕「法華經單字の和訓について」（『北大國語學講座二十周年記念　辭書・音義』昭六三・三）

（58）築島　裕『平安時代の漢文訓讀語につきての研究』七七一頁。

ヲコト點概要

ヲコト點は、漢文訓讀に際して、原漢文に施された訓點の一環として、句讀點、返點、漢字や假名による字音、字義、和訓等の傍注と並んで、漢文の讀法を記するのに用ゐられた符號である。書記の體裁としては、胡粉による「白書」、朱による「朱書」、墨による「墨書」、角筆による「角書」などがあり、漢字の字面の四隅、內部、四方の邊、その周邊等に、「・」「｜」「―」「／」「。」「：」「＼」「㇄」「└」「┘」「＋」「丶」「‥」「リ」「∴」「⊥」「七」などの符號を記載して、漢字の訓法を示したものである。その形と位置とによって種々の讀みを示すが、最も多く用ゐられたのは、テ・ニ・ハ・ヲ・ト・ノ・モ・カなどの音節で、助詞の類が多いが、コト・モノ・トキ・アリ・イフ・トイフハなどの名詞や動詞や連語などを示すものもあり、時には和訓の一部や字音を示したこともある。その配置の形式は多樣であり、時代や使用者の學派によって異なり、現在までに百數十種類のヲコト點が發見されてゐる。

その起源については、中國の「破點」に在るとされ、その手法が本邦に移入されたものといはれる。(1) 本邦における訓點創始の時期は明確でないが、春日政治博士は、平安時代極初期の頃、八世紀の終り頃で、最初は眞假名のみの訓點記入が行はれた句讀點だけの段階があり、それに續いて假名の表記が加へられ、更にその後の段階において、ヲコト點が創案使用されたのであらうとされてゐる。(2) 近時は、これらとは別途に、朝鮮半島から傳來したかとする說も提出されてゐるが、未だ一般には確認されてゐない。

ヲコト點の最古の確實な例は、東大寺圖書館藏本や正倉院聖語藏本などの點本に多く、それらは何れも、ヲコト點が奈良の古い宗派で起つたことを裏附けてゐるやうに思はれる。ヲコト點は平安時代、特にその後半期十一世紀・十二世紀頃に最盛期を迎へ、鎌倉時代以後には一般に衰退したが、南北朝時代までは或る程度使用され、一部では江戸時代にまで行はれ、更に明治時代まで用ゐられた例がある。

漢字を正方形に見立てたものを「坪」「壺」と呼び、壺にヲコト點の符號を記入して圖示したものを「點圖」、複數の點圖を集錄したものを「點圖集」といふ。個別的な點圖は平安時代から例が見え、點圖集の形を備へたものは鎌倉時代の寫本が最も古いが、その成立時期は平安後期一一〇〇年頃かと推定される。江戸時代には多數の寫本があり、版本も二三存するが、種類が多く、それらは幾つかの系統に分類される。

ヲコト點の研究は江戸時代にも存したが、平安時代の古寫本の歷史的研究は、大正時代に吉澤義則博士が初めて着目し[3]、大矢透[4]、春日政治兩博士[5]を經て後、中田祝夫博士が古點本を博捜してヲコト點を八種に分類し、その相互關係を歷史的に系統づけて、初めてその體系論を開陳した[6]。その後、築島裕は、新發見の資料を補强して新説を述べ、大部分のヲコト點について、系列と學派が明らかにされた[7]。又、曾田文雄氏は、ヲコト點の內部構成に關して、重要な提言をされた。

中田祝夫博士は、平安時代以降の訓點資料を博捜して、初めてヲコト點の體系論を開陳された。凡てのヲコト點を八群に分類して、第一群點・第二群點・第三群點・第四群點・第五群點・第六群點・第七群點・第八群點と命名し、この他に若干の特殊點が存在するとされた。そして、この內、第七群點と第八群點とは作爲的に作り出されたらしいが、その他はすべて相互の關聯があるとし、もとは一つの起源から派生したものとして、「ヲコト點一元論」を提唱された。中田博士に至つてヲコト點は初めてその全貌が解明されたと言ふことが出來る。博士は尙、第一群點・第二群點・第三群點・第四群點は平安初期九世紀に既に行はれたが、第五群點・第六群點・第七群點・第八群點は、平安中期以後に至つて現れたものと推定し、世に行はれてゐる種々の

「點圖集」を綜合的に考察して、その中に、二十六種類のヲコト點が收錄されてをり、第一群點から第八群點までの何れかに屬すると論ぜられた。又、その內の約十點が平安時代の古點本に實際に使用されてゐることを實證された。そして、「喜多院點」は法相宗、「寶幢院點」は天台宗比叡山延暦寺に使用されたといふやうに、ヲコト點が學派ごとに使ひ分けられてゐたことをも明證された。又、ヲコト點の種類によつて特有の假名字體が用ゐられたことは、夙に春日政治博士が、「ス」の異體字「ｌ」が圓堂點に多く見られることを指摘されたが、[8] 中田祝夫博士は更に「キ」の異體字「ㄙ」が西墓點に專用の假名であることなどを發見された。[9]

築島は、これらの說に基づいて調査を進め、「點圖集」に收錄されてゐるヲコト點十餘種を發見し、學派によるヲコト點の使用範圍を更に解明し、ヲコト點全體の體系について、若干の新說を開陳した。以下、その大要について略說する。

一 特殊點

中田祝夫博士の命名された「特殊點」は、ヲコト點の中でも、最も早い時期に現れ、平安時代初期の、最古の訓點資料の中で使用された類であるが、その中には共通の要素が乏しく、謂はば第一群點の出現以前の萌芽的狀況として把握されてゐたと思はれる。大筋としては、妥當な判斷と思はれるが、少し詳細に考察すると、その中に第一圖のやうな共通性を持つた一類が存在することが見出される。卽ち、漢字の右邊の上隅・中央・下隅に星點「テ」「ニ」「ハ」が並んでゐるものである。この體裁は、やがて成立する「第三群點」(第二圖)、更に次いで現れる「第四群點」(第三圖)の前驅をなすもので、「特殊點」の中でも比較的後期のものと見て、これを「特殊點乙類」と命名した。[10] 聖語藏『大方廣佛華嚴經』古點、石山寺藏本『四分律』古點、同藏『大方廣佛華嚴經』古點などがこれに含まれる。そして、それ以外の「特殊點」を一括して「特殊點甲類」とした。新藥師寺藏本『妙法蓮華經』古點、聖語藏『願經四分律』古點、『東大寺諷誦文稿』古點などがこれに屬し、最も古いヲコト點の一類と認められる。「特殊點甲類」も「特殊點乙類」も、共に平安時代初期の前半（九世紀前半）のものが多く、この種のヲコト點は、その形のまゝで平安中期以降に繼承された例が見られないが、同類のものは平安時代中期以後にも、極く稀には使用された模様である。但し、その詳細な事情は分明でない。天台宗の一流派に用ゐられた可能性もあるやうだが、尚、今後の檢討に委ねられてゐる。

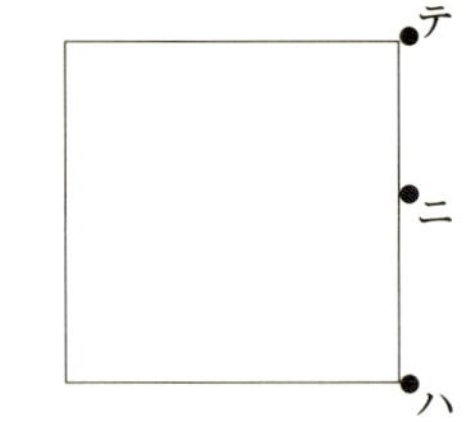

〔第一圖　特殊點乙類〕

〔第二圖　第三群點〕

〔第三圖　第四群點〕

〔聲點基本概念圖〕

二　第一群點

中田博士は、現存の訓點資料に基づいて、平安時代初期九世紀の段階で、第一群點・第二群點・第三群點・第四群點の順に成立し（第四圖〜第七圖）、平安中期十世紀以後、第五群點・第六群點・第七群點・第八群點（第八圖〜第十一圖）の順に出現したと推論された。

「第一群點」（第四圖）は、漢字の四隅の星點（「・」の符號。漢字の字畫に重ねてではなく、字畫の外側に外接する）が、左下から左上、右上、右下と右廻りに「テ」「ヲ」「ニ」「ハ」といふ共通點を有するヲコト點が多數あり、それ以外の符號は種々異同があるが、それらを總稱して「第一群點」と呼稱するのである。具體的には、年紀のあるものでは、大矢透博士が初めて紹介された、正倉院聖語藏・東大寺圖書館藏本の『成實論』天長五年（八二八）點、諸家分藏の『金光明最勝王經注釋』（飯室切）古點、中田博士の發見された根津美術館所藏の『大乘掌珍論』承和元年（八三四）點などの一類を始めとして、川瀬一馬博士の發見された

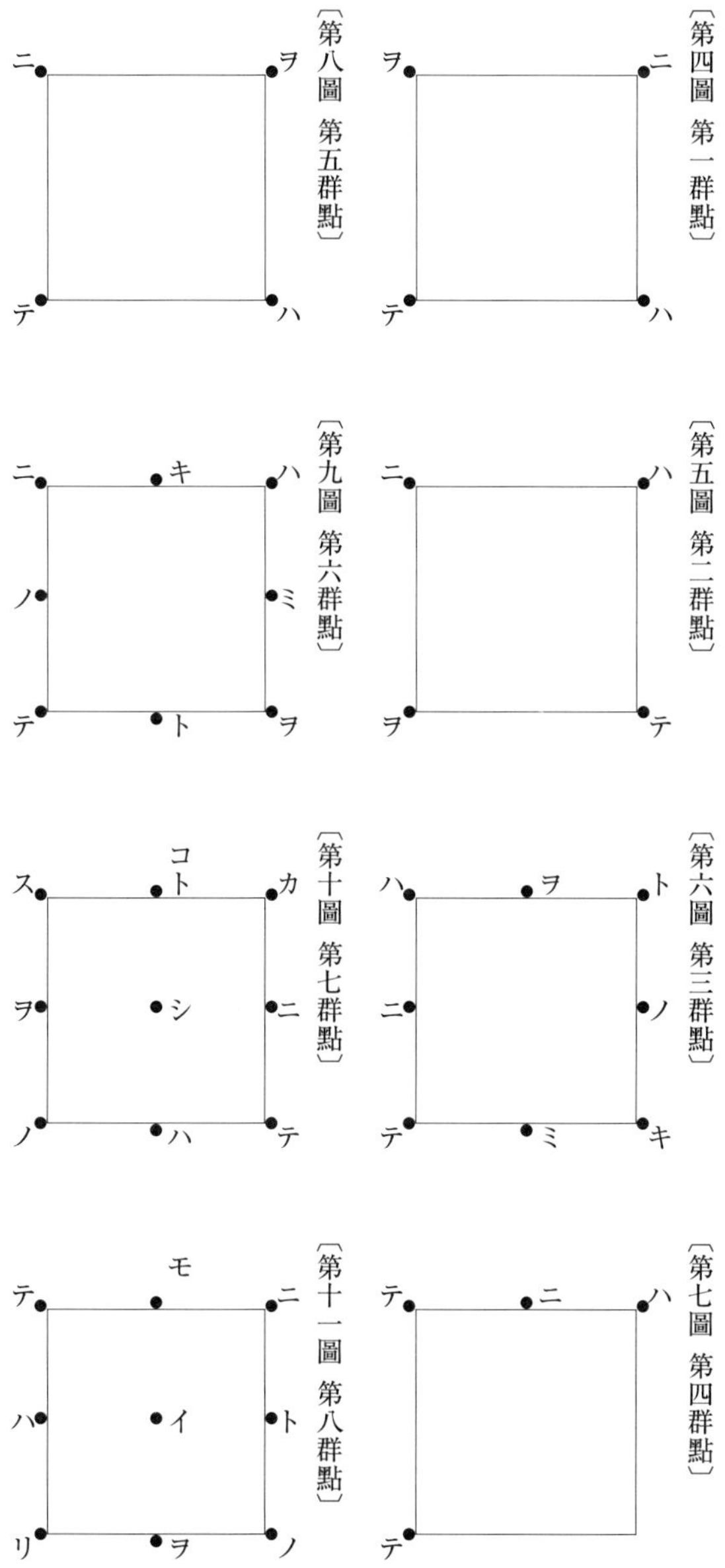

〔聲點基本概念圖〕

大東急記念文庫藏本の『大乘廣百論釋論』承和八年點（八四一）などがある。この他、箕面學園藏本の『妙法蓮華經方便品』古點なども、凡そこの時期の點本である。これらの内、『成實論』天長點、『大乘掌珍論』承和點、『金光明最勝王經注釋』（飯室切）古點、『妙法蓮華經方便品』古點などは、星點ばかりでなく、線點の類に至るまで、互に一致する點が多く、更に所用の假名字體にまで共通するものがあり、恐らく近い宗派の中で使用されてゐたヲコト點かと推測されてゐる。[11]第一群點に屬する加點本には、この他に石山寺藏本の『辨中邊論』古點があり、成實論天長點よりも遡るかと推定される。ここで注意すべきは、この種のヲコト點は、平安時代中期以後には全く繼承されなかつたことで、天長承和前後の時期に、相互に近い關係の學僧の間だけで行はれたと考へられる。この他、第一群點の點本には『大智度論』天安二年（八五八）點がある。全百卷から成り、本來、石山寺藏本であるが、現在は一部分が寺外にある。卷により都合數種類の古點があるが、天安點は七十八卷に加點されてゐる。[12]

所で、右の諸本は、何れも佛教の南都古宗で行はれた典籍で、東大寺、藥師寺など奈良地方で加點されたものと思はれる。平安時代初期には、天台宗は南都の古宗との間に確執があつたとされてゐるが、教學については交流があつたやうで、九世紀末貞觀のころには天台宗延暦寺比叡山にも傳つてゐたらしく、そこで加點された天理圖書館等藏本の『華嚴經』元慶三年（八七九）點には第一群點が使用されてゐる。

この後は、平安中期以後にも、第一群點には幾つかの種類のヲコト點があり、平安中期十世紀の初頭ころの加點である、東大寺圖書館藏本『百法顯幽抄』などを始めとして、多くは天台宗の中に廣まつたらしく、吉水藏本の『大毗盧遮那經』康平七年（一〇六四）點を始め、十一世紀末頃まで、天台宗山門派延暦寺系統で行はれた模樣である。

以上は、何れも點圖集に無い「第一群點」のヲコト點であるが、點圖集所載のヲコト點の中では、「西墓點」（第十二圖）と「仁都波迦點」（第十三圖）との二種類のヲコト點が、固定した形態を有し、十世紀初頭以降、南北朝時代まで多く用ゐられた。西墓點は、右邊の上中下の星點「ニ」「シ」「ハ」と、上邊の中央の星點「カ」とを連呼したことによる呼稱で、その最古の例は、

『蘇悉地羯羅經』延喜九年（九〇九）點である。その後『金剛頂瑜伽蓮華部心念誦儀軌』永延元年（九八七）點の、園城寺三井寺の文慶（九六六～一〇四六）、成尋（一〇一一～一〇八一）などの加點例を始め、天台宗寺門派の園城寺三井寺を中心として行はれた。「仁都波迦點」は右邊の上中下の星點「ニ」「ト」「ハ」と、上邊の中央の星點「カ」とを連呼したことによる呼稱で、延喜頃（九〇一～九二三）から用ゐられ初めたらしいが、年號のあるものでは『大毗盧遮那經』長保二年（一〇〇〇）點などが最も古い。次いで東寺金剛藏『金剛頂義訣』永承三年（一〇四八）は、長宴（一〇一六～一〇八一）が、その師である天台宗山門派延暦寺の谷阿闍梨皇慶（九七七～一〇四九）の本から移點したといふ奥書を有し、この後、皇慶の多くの後資が「仁都波迦點」の點本を殘してゐる。この後、「仁都波迦點」はこの流派の中で、多く行はれたらしい。それらの中で、夙いものには東寺金剛藏『聖無動尊大威怒王念誦儀軌』萬壽二年（一〇二五）點、吉水藏『大毗盧遮那經』寛治三年（一〇八九）點などがある。後者は、角點、朱點などの古點による、志全（生沒年未詳）と智淵（九三一存～九三八頃）の點を明靖（七八九～八六八）が承け、皇慶、安慶（一〇四五存～一〇八八存）と傳へて、良祐（一〇七四～一一一六存）が移點した本であり、代々の傳承を知り得る貴重な資料である。「仁都波迦點」の點本は特に吉水藏に多いが、その他の寺院の經藏にも少くない。

〔第十二圖　西墓點〕

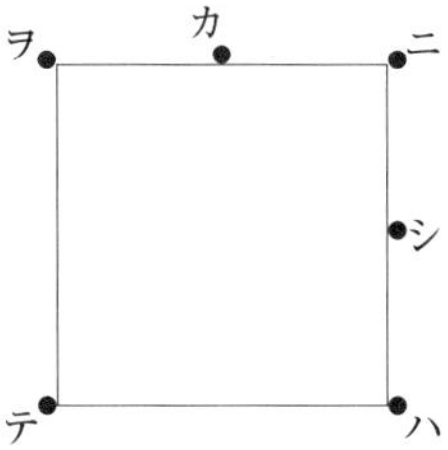

〔第十三圖　仁都波迦點〕

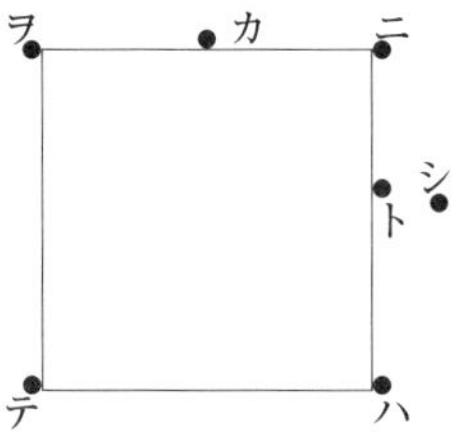

〔聲點壺圖〕

十一世紀以降になると、「西墓點」「仁都波迦點」以外の第一群點の資料は稀になり、數點を數へるに止まる。多くは密教關係の内容で、吉水藏、曼殊院など、專ら天台宗の聖教を傳へた經藏、乃至は天台宗の聖教を傳存する石山寺や高山寺に傳はつたものが大部分であつて、その他の事情を考へ併せても、これら第一群點に屬する諸種のヲコト點は、多分上記の山門派比叡山延暦寺の中で行はれた可能性が高く、皇慶以外の法統など、あまり勢力の振はない流派の中で用ゐられるに止まり、廣くは行はれなかつたものと思はれる。山門派の點本では、十二世紀以降は寶幢院點（第七群點）が壓倒的に多數を占めるに至つた。

第一群點に屬するヲコト點としては、右以外に「甲點圖」「水尾點」「妙法院點」などが點圖集に見える。「甲點圖」は中田博士の命名で、點圖集では「不知名」と記されてゐるものであり、誤寫と思しき部分が多い。この「甲點圖」に近い星點を持つものとして、石山寺深密藏『金剛頂瑜伽發阿耨多羅三藐三菩提心論』長保年間（九九九〜一〇〇四）頃の白點と、高山寺藏本『造泥塔證文』平安後期點がある。『造泥塔證文』古點は、四隅の星點「ハ」「ヲ」「ニ」「カ」など一致する符號が多く、「甲點圖」乃至はそれに近いヲコト點と判斷される。『金剛頂瑜伽發阿耨多羅三藐三菩提心論』古點は、四隅の星點は左下「ハ」・左上「ヲ」が一致するのみであるが、他の合致點から勘案して「甲點圖」に近いヲコト點と考へられ、同書には更に長保頃の叡山點も加點されてゐるから、この點でも「甲點圖」が天台宗比叡山系である可能性は高いと見られる。

「水尾點」は未だ加點例を見ないヲコト點である。四邊の四隅の星點が「テ」「ヲ」「コ」「ハ」とあり、中田博士は右上の「コ」を「ニ」の誤寫と認めて、第一群點に收められた。「水尾點」には「圓堂僧正用之」と注記があり、「圓堂僧正」は仁和寺圓堂院に住した成典（九五八〜一〇四四）であるが、博士はこれを根據のないものとし、第一群點の一種として、『成實論天長點』など平安初期の特徴を傳へるヲコト點と推測された。後、曾田文雄氏は、このヲコト點の第二壺から第五壺に至る四壺の「｜」「—」「／」などの符號が、左下隅から右廻りに「カミナツキシクレフルメリウネヒヤマチヨヘムコトモエソイタラセヌヰケサスホ」といふ一音節の連續となつてをり、圓堂點と全く同一であることを發見された(13)。「圓堂點」と「水尾點」とは、上記の他にも、左邊中央の星點「トキ」が一致すること、星點「コト」が「圓堂點」では上邊中央、「水尾點」では右邊中央に配せられてゐること、壺の內部に符號が無いこと、複星點が無いことなど共通點が多い。「ヲ」「コ」の星點は問題であるが、「圓堂點」が仁和寺中心に發達したことを考へ併せると、「水尾點」も或いは仁和寺系統で用ゐられた可能性もあるのではないかとも推察される。

「妙法院點」は四邊の星點が「西墓點」「仁都波迦點」と全く同一であり、第一群點に屬することは疑ひ無いが、これも未だに加點本の實例に接しない。中田博士は疑を存しつつも第一群點と系統的に關係あるかと述べられてゐる。

以上述べた第一群點點本の内、稠密な加點や豐富な和訓などを有し、國語資料として注目すべきものには、東大寺圖書館藏本『百法顯幽抄』の延喜頃（九〇一～九二三）加點本が夙に著名であり、全文の解讀文も公開されてゐる。[14] 又、吉水藏・慶應義塾大學圖書館藏『大毗盧遮那經』康平七年（一〇六四）點などがある。

「西墓點」點本の主要資料は次の如くである。西墓點本そのものの點數は非常に多いが、多數の和訓を有するものは、案外多くない。大東急記念文庫藏『金剛頂蓮華部心念誦儀軌』永延元年（九八七）文慶加點本、東京大學國語研究室藏『大毗盧遮那經義釋』（大毗盧遮那經疏）治安四年（一〇二四）加點本、石山寺藏『阿吒薄俱元帥大將上佛陀羅尼經修行儀軌』嘉保二年（一〇九五）加點本、東大寺圖書館藏『法華經傳記』大治五年頃（一一三〇）加點本などが數へられる程度である。又、「仁都波迦點」點本の主要資料には、西大寺藏『大毗盧遮那經』長保二年（一〇〇〇）加點本、東寺金剛藏『聖無動尊大威怒王念誦儀軌』萬壽二年（一〇二五）加點本[15]などが擧げられる。この他に吉水藏本には優れた「仁都波迦點」點本が多いと思はれるが、訓點の調査されたものは極く一部に止まつてゐる。

三　第二群點

次に、漢字の四隅の星點が、左下から左上、右上、右下と右廻りに「ヲ」「ニ」「ハ」「テ」とあるヲコト點が多數あり、それ以外の符號は種々異同があるが、それらを總稱して中田博士は「第二群點」と呼稱された（第五圖）。この類の代表的な古點本には、正倉院聖語藏の『阿毗達磨雜集論』古點、西大寺藏本の『金光明最勝王經』古點などがある。前者には春日政治博士・小林芳規博士の論があり、第二群點本最古のものと見られる。後者には春日政治博士の劃期的な業績がある(16)。

第二群點には上記の他、平安時代初期の點本として、箕面學園藏本『觀彌勒上生兜率天經贊』古點（白點）、知恩院藏本『大乘顯識經』古點、西福寺藏本『大般涅槃經』古點、石山寺藏本『瑜伽師地論』古點、石山寺藏本『阿毗達磨倶舍論』古點、聖語藏『辯中邊論』古點などがあるが、何れも四隅の星點「テヲニハ」が共通するに止まり、それ以外の符號は個別に相違してゐて同一のもの、乃至はそれに近いものは見當らない。唯、中央の上・中・下に星點「カ」「イ」「ノ」が配せられてゐるものが多く、特に「イ」が重要な位置に在るのは、このヲコト點が平安時代初期に頻用された助詞「イ」の表記のために活用されたことを暗示するものではないかと思はれる。又、それらの文獻の内容からも、恐らく南都の學派、特に法相宗あたりを中心に行はれたものかと推定される。

又、第二群點の中で加點の年紀が明示されてゐるのは、最古のものは知恩院藏本の『成唯識論述記』の延長六年（九二八）點本であり、明確な年紀の順を追ふ限りでいへば、第一群點の『成實論』天長五年（八二八）點よりも遲れるけれども、上述の『阿毗達磨雜集論』古點は、所用の假名に眞假名の要素が多く見られ、ヲコト點の構造も素朴であつて、恐らく第一群點の最古と思はれる石山寺藏本『辨中邊論』古點よりも遡るのではないかと推測される。又、星點の配置が、第一群點は第四圖、第二群點は第五圖の如くであつて、中田博士は「第一群點を左方に九〇度廻轉して第二群點が生じた」とされたのであるが、「左方に廻轉する」ケースよりも「右方に廻轉する」といふケースの方が、他の例も多くて自然であり、現に中田博士も第三群點から第四群點が生じた場合は「右方に廻轉する」といふケースで説明されてゐる（後述の「ヲコト點」「テニヲハ」という呼稱も何れも「右方廻轉」の例である）。これらを勘案して、筆者は「第二群點を右方に九〇度廻轉して第一群點が生じた」と考へ、第二群點が第一群點よりも古いのではないかと提言した。

平安時代後半期に入ると、第二群點の點本は、「喜多院點」（第十四圖）以外には、殆ど姿を沒してしまふ。辛うじて石山寺藏本『三昧耶戒』（長保頃加點・一〇〇〇年頃・校倉聖教二七69）、東寺金剛藏本『不動尊儀軌』（寛弘九年［一〇一二］書寫奥書・當時加點・附圖02–4參照）、同藏本『甘露軍荼利明王念誦法』（不動尊儀軌と同筆）などが知られるに過ぎない。これらは何れも眞言系列の書で（『三昧耶戒』は空海の撰書）、これら三者には共通して中央の星點「イ」が見られない。助詞「イ」は、平安時代中期以後に發達した眞言宗系統の點本には、一部を除いて一般には用ゐられなかつた助詞である。更に注目されるのは、『不動尊儀軌』古點と『甘露軍荼利明王念誦法』古點とは、星點は素より、線點など細部の符號に至るまで、全く同一のヲコト點が使用されてをり、しかもその星點以外の符號は、圓堂點と全く同一であるといふ事實である。これは、圓堂點が第五群點に屬する、後出のヲコト點でありながら、第二群點と何等かの關聯を持つてゐたことを暗示する現象であり、更に言へば、この文獻が密教關係のもので、圓堂點は眞言宗の所用點であるから、法相宗と眞言宗との親近性の表現と見得るのではないかと推測する。

第二群點について看過出來ないのは、明詮（七八九～八六八）加點の問題である。夙く中田博士は、『妙法蓮華經』寛治點に明詮點として朱點で移點された訓點を見ると、假名點に眞假名を多く含み、ヲコト點が後世「喜多院點」として傳へられたものと全く同一であることにより、喜多院點は明詮所用のヲコト點であつたと推定された(17)。喜多院點は、第二群點に屬するヲコト點であり、明詮の自筆本こそ傳來してゐないけれども、その訓説・訓點を傳承した事例が他にも尠からず存することは、これも中田博士の指摘された通りである。明詮は、元興寺の平安時代初期の著名な法相宗の學僧であり、その訓説は後世まで長く傳承された。その所用のヲコト點が傳へられた可能性は大きい。一般に、平安時代初期のヲコト點で後世にそのままの形で傳へられた例は他に見出されないが、明詮だけを例外として扱ふことは、決して不自然ではないと考へられる。喜多院點は、平安中期以後、多數の訓點本に使用されてをり、法相宗を中心に廣く行はれてゐたヲコト點であるが、平安時代後期以後には、後述のやうに、眞言

〔第十四圖　喜多院點〕

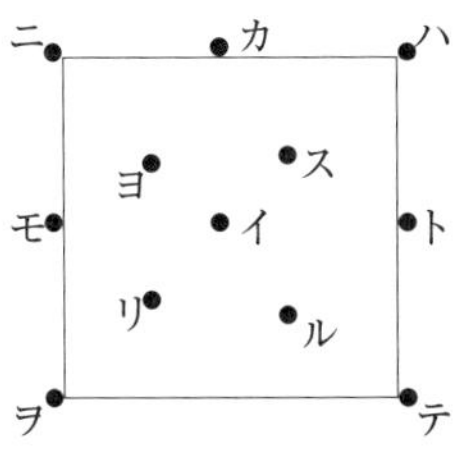

〔聲點壺圖〕

宗の密教經典や儀軌中にも用ゐられた例が少くないから、喜多院點の訓點がすべて明詮の點を傳へたものとは言へないが、『妙法蓮華經』寛治點については、巻第一の奥書に「以朱處々所移點者是明詮僧都導本也」と明記されてゐる（他巻にも同類の奥書あり）から、疑問を挿む餘地は無い。（尤も、假名字體だけについて言へば、その一部には、明詮よりも後の時代の形が混用されてゐる可能性は否定出來ない。）

院政期になると、眞言宗の僧實範（?～一一四四）は、興福寺で修學し、奈良の東方十餘キロの中川（なかのかは）に成身院を開いて中川流の開祖となつたが、彼はヲコト點に喜多院點を使用した。實範の自筆加點本としては、東寺金剛藏の『金剛頂蓮華部心念誦儀軌』があり、朱點の喜多院點が加點されてゐる。實範が法相宗興福寺で研學した影響によつて喜多院點を使用したことは、中田博士の既に述べられたことであり、又、右の書の巻末に「依二是誠證一、後輩勿レ改」といふ實範の記があり、實範が中川流の祖師としての權威を誇示してゐるやうに感ぜられるが、この件に關しては松本光隆博士の論考がある。[18] その流には、眞言僧で喜多院點を用ゐるものがあつた。高野山月上院の玄證（一一四六存～一二二二存）などはその一人であり、十二世紀後半になると、高野山の僧侶の中にも喜多院點を用ゐた例が多いことは、現存する訓點資料から見て明である。

喜多院點は主として元興寺、興福寺、法隆寺など、法相宗關係の寺院の學僧に用ゐられたから、中田祝夫博士は、このヲコト點が使用されてゐる本が法相宗關係のものであることを推定出來るとされたことは、大綱として認められるが、平安時代末には眞言宗關係の書も間々あることは上述の通りである。

第二群點については、「忍辱山點」の問題がある。中田祝夫博士が初めて言及され、禪瑜本點圖集にのみ見られるもので、禪瑜が後から附加したものではないかといふこと、忍辱山圓成寺は眞言宗の寛遍（一一〇〇～一一六六）の創始であること、などを論ぜられた。その點圖を見るに、大略は喜多院點に一致し、唯、符號の一部に異同がある（右下「―」を「シテ」、右中「＼」を「ソ」など）が、筆者は、恐らく喜多院點のヲコト點を誤寫したものと考へ（右下「―」は「セル」、右中「＼」は「ク」など）、結局

「點圖集」所收の第二群點は「喜多院點」一種類のみであると判斷した。

この事實は、平安中期以後の法相宗の教學が、主に平安初期の明詮などの學説を傳承し、新規に學派を立てることが無かつたことを反映するのであらう。これは、第一群點が、十世紀初頭以降に「西墓點」と「仁都波迦點」との二種類の固定的なヲコト點を生み、更に十一世紀末期まで、十種類以上の第一群點が行はれたことと、大きな對蹠的現象である。第一群點の諸點が天台宗の中で多く使用されたのは、種々の學派が叢立し、教學が發展したことを現し、第二群點が殆ど「喜多院點」に集約されたのは、法相宗が守舊の傳承を重視したといふ學風を示すといふ解釋が成立つのではなからうか。

第二群點乃至「喜多院點」が使用されたのは、平安時代以降、政治的、經濟的に强力であつた興福寺と、その末寺的存在であつた法隆寺などが中心であり、殊に法隆寺は「法隆學文寺」と呼ばれただけあつて、多數の學僧が輩出した。「法隆寺一切經」や天治元年（一一二四）書寫の『新撰字鏡』などは、現在でも著名な存在であるが、それと同時に當時の法隆寺で生れた精緻な訓點資料が多く殘され、國語資料として有益なものも格段に多い。

「喜多院點」點本の内、特に注目に値するものを次に掲げる。

西大寺藏『不空羂索神呪心經』寛德二年（一〇四五）點本、立本寺藏『妙法蓮華經』寛治元年（一〇八七）他興福寺僧經朝加點本、興福寺藏『大慈恩寺三藏法師傳』承德三年（一〇九九）興福寺僧濟賢加點本、興福寺藏『高僧傳』康和二年（一一〇〇）加點本、前田育德會藏『冥報記』長治二年（一一〇五）加點本、東京大學國語研究室藏『大日經義釋（大毗盧遮那經疏）』長治二年（一一〇五）加點本、法隆寺・大東急記念文庫・築島裕藏『辨正論』保安四年（一一二三）法隆寺僧靜因・覺印等加點本、法隆寺藏『大慈恩寺三藏法師傳』大治元年（一一二四）法隆寺僧覺印加點本、法隆寺・神田喜一郎氏藏『大唐西域記』大治元年（一一二四）法隆寺僧林幸加點本、大東急記念文庫藏『因明入正理論疏』仁平四年（一一五四）興福寺僧藏俊加點本、眞福寺寶生院藏『大毗盧遮那經疏』保元二年（一一五七）加點本。

四　第三群點

第三群點は、左邊下隅から右廻りに左中・左上の星點が「テ」「ニ」「ハ」とあるヲコト點の總稱で、夙く平安時代初期から用ゐられたが、年號のあるものとしては、大東急記念文庫藏『百論』一卷の天安二年（八五八）が最も古く、東大寺圖書館・聖語藏『地藏十輪經』八卷の元慶七年（八八三）點がこれに續く。

石山寺及び天理圖書館藏『金剛波若經集驗記平安初期點』二卷は、恐らく現存最古の第三群點點本であり、その和訓には、「ウツハリシニス」（佯死）、「サキマクリ」（前）、「ノトヨフコヱ」（細々聲）、「マラヒトヤ」（亭子）など、他に見えない古代の語彙を多く含む、重要な訓點資料である。表面には朱點（特殊點甲類）と白點（第三群點）とがあり、紙背の朱書の和訓は、表面の和訓を轉寫したものらしい。紙背に加點した例は、他に東大寺圖書館藏『法華義疏』平安初期點、興福寺藏『大慈恩寺三藏法師傳』承德點、高山寺藏『莊子』鎌倉初期點などもあるが、訓點の記載方式としては稀にしか見えないものである。又、知恩院藏『大唐三藏玄奘法師表啓』一卷の古點は、僅か百數十行の短い資料であるが、『地藏十輪經』八卷と並んで、平安初期點本の中でも屈指の好資料である。

年號のある第三群點は、この後、五島美術館藏『實相般若波羅蜜經』一卷の承平五年（九三五）點、小川雅人氏藏『大乘掌珍論』天曆九年（九五五）點などがあるが[19]、十世紀半以降は例が稀で、十一世紀には、高野山龍光院藏『妙法蓮華經』や高山寺藏『破壇法』などがあるに過ぎない。

第三群點の中で、最も廣く、又後世まで行はれたヲコト點は「東大寺點」である。點圖集に收錄されたものには、この他に「中院僧正點」と「東南院點」との二種がある。

「東大寺點」は第三群點の代表的ヲコト點で、「テニハ點」とも呼ばれ、その最古の例は、大坪併治博士によつて、石山寺藏『大智度論』の第二次點の元慶元年（八七七）點とされて來た。しかし九世紀のヲコト點で、後世まで傳承されたものは、上述の明詮の喜多院點以外には、絶えて例が見られない。しかも明詮の場合は、その説の傳承に關して、格別な事情があることは上述の通りである。『大智度論』卷第五十の奧書の「元慶元年」は「天慶元年」（九三八）と讀むことが出來ると考へ、大坪博士も諒解されたという經緯がある。それにしても、この奧書は、東大寺點の明記された加點年代としては、現存最古である。石山寺藏『大智度論』の第一次點は第一群點で、天安二年（八五八）山階寺（興福寺）大詮大德所講の奧書があり、この東大寺點も興福寺で加點された可能性が大きい。これに次ぐものは石山寺藏『十二天儀軌』『中論』など平安中期點があり、石山寺藏『普供養法』の正暦二年（九九一）頃點、同じく石山寺藏『成唯識論』十帖の寛仁四年（一〇二〇）點がある。『成唯識論』の訓點は東大寺の五師平能（九五二〜一〇三五）の訓說を記したもので、夙に大矢博士が『假名遣及假名字體沿革史料』に載錄されてゐるが、相當の分量の和訓を含む、詳密な訓點資料である。これらから推測すると、東大寺點は十世紀の半ころから、南都の諸寺院の中で定着したヲコト點となつてゐたと見られる。東大寺圖書館藏『大般涅槃經』四十卷（「勸覺寺傳法」の識語あり）や、春日和男博士藏（石山寺舊藏）『金光明最勝王經』十卷、東大寺圖書館藏『因明論疏四相違略注釋』天永四年（一一一三）點三帖なども、恐らくこの系列に屬するものであらう。しかし一方、上述の『十二天儀軌』『普供養法』など、十世紀から既に密教關係の訓點資料にも東大寺點が見えるが、東大寺の中にも東南院といふ眞言宗の塔頭があり、眞言宗

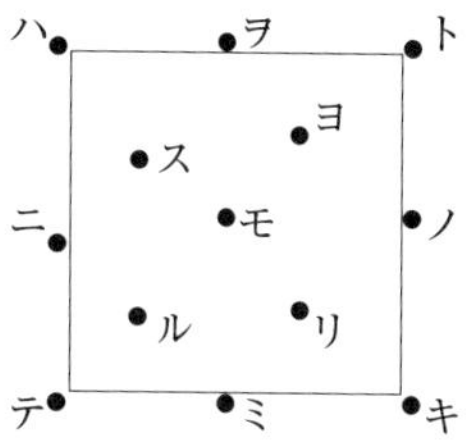

〔第十五圖　東大寺點〕

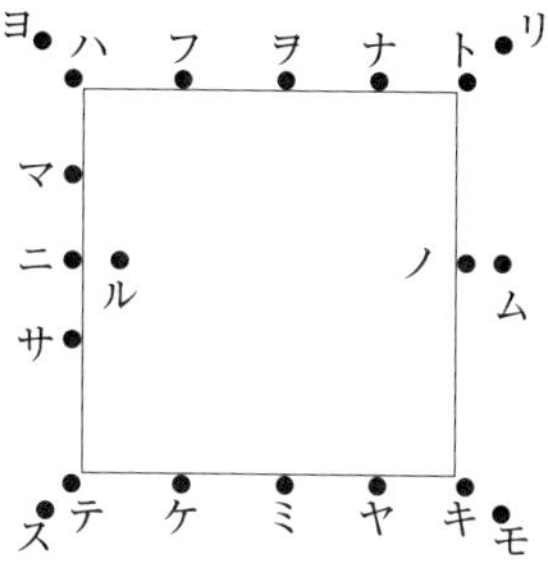

〔第十六圖　中院僧正點〕

〔聲點壺圖〕

の寺院との交流も存在したと思はれる。多分そのやうな事情から、眞言宗の禪林寺、醍醐寺、石山寺、高野山、勸修寺など、特に小野流關係の寺院との緣が深くなつて行き、「東大寺點」も傳播したかと思はれる。高山寺藏『法華經遊意』承保四年（一〇七七）點や仁和寺藏『蘇磨呼童子請問經』承暦三年（一〇七九）點などは醍醐寺關係の點本である。又、高山寺藏本『大毗盧遮那成佛經疏』永保二年（一〇八二）點、石山寺藏『大毗盧遮那經義釋』康和五年（一一〇三）點などは高野山の點本の代表的存在である。「東大寺點」の別稱に「三論宗點」とあるのも、點圖集の東大寺點の項に「東南院、東大寺三論宗醍醐寺同用之」「東南院僧正用之」などの注記があるのも、これらの消息を傳へるものであらう。

「東大寺點」の訓點資料は極めて多い。院政期以後には、仁和寺、石山寺、醍醐寺、高野山など、廣く眞言宗關係の中で行はれたが、特に注目すべき重要な資料は、上記の數點の他、高山寺藏『法華經義疏』五帖の保元二年（一一五七）證圓點、石山寺藏『蘇磨呼童子請問經』二卷の平治元年（一一五九）朗寵點、石山寺藏『大唐西域記』八帖の長寛二年（一一六二）點などがある。就中、『大唐西域記』の内、卷第一・三・四・五・七の五卷は石山寺朗澄（朗寵の改名、一一三二〜一二〇九）の加點ではないかと推定される。卷第二・六・八の三卷も、上記の諸卷と筆は異なり、識語を缺くが、恐らく同時期に分擔して加點した別人の筆であらうかと推測する。この點本に見られる訓法は、他に例を見ない獨自の性格を持つてゐる。[20] 漢文の記事内容自體が、西域印度の旅行記として、他に類の尠い獨特のものである上に、稠密多彩な訓點であつて、訓點資料に例の稀な和訓を多數含み、奇異な語彙も少からず存する。その訓點の傳承の經緯は未だ詳でないが、平安時代後半期の國語を基礎としながらも、部分的に上代語の語彙を遺存してゐる節も看取される。醍醐寺藏『大唐西域記』卷第十一・十二の二卷の建保二年（一二一四）深賢點は、石山寺の座主の本を寫したといひ、内容上からも、石山寺藏本八帖と深い關係があるやうに感ぜられるものである。[21] 尙、石山寺の朗澄は、この他にも多くの東大寺點本を石山寺經藏に殘し、又、勸修寺の僧範杲（一一五五存〜一一七〇存）は、多量の東大寺點本を高山寺經藏に殘してゐる。

「中院僧正點」の創始は詳でないが、最古の例は桂泰藏氏藏『成唯識論』巻第五の安和元年（九六八）の眞興加點であらう。大東急記念文庫藏の『成唯識論』巻第三も、安和元年の興福寺眞興の奥書があり、この僚巻ではないかと推測される。南法華寺藏『仁王護國般若波羅蜜經』の永祚二年（九九〇）點がこれに續くが、これ以後は何れも眞言宗關係の聖教である。高野山龍光院藏『大毗盧遮那經』の天喜六年（一〇五八）の明算點と、同藏『妙法蓮華經』の同じ明算の點が古く、[22]高山寺藏『大毗盧遮那經疏』十九帖の康和四年（一一〇二）點などが續く。[23]「中院僧正點」の名稱は、高野山檢校で、中院流の祖となつた明算に因むものであらう。明算は僧正には補任されてゐないが、「中院御房」と呼ばれ、中院流の祖となつた學僧である。ヲコト點の名稱には、時に不正確な面があり、混同したのであらう。「中院僧正點」の點本は、院政期まで中院流の中で行はれた。その後も若干の資料があるが、鎌倉時代以後には減少した。

「東南院點」の「東南院」は、多分東大寺東南院を指すのであらう。現在までに行圓寺藏本の『金剛峯樓閣一切瑜伽瑜祇經』一帖の十一世紀後半頃の點本が、發見された唯一の遺品で、田村隆照師の御好意で閲覽し得たものである。實際に東大寺東南院で行はれた可能性も大きいが、同院第九代の覺樹（一〇八一～一一三九）は第五群點（池上阿闍梨點か）を使用してをり、この頃には東大寺では東大寺點が多く行はれてゐて、この東南院點は極く一部の人だけに細々と使はれていたのではないかと思はれる。符號の形などは東大寺點と非常に類似してゐる。

五　第四群點

第四群點は上邊左隅から右廻りに上中・右上の星點が「テ」「ニ」「ハ」とあるヲコト點の總稱で、第三群點を九十度右に廻轉して成つたとされる。このヲコト點も、夙く平安時代初期から用ゐられたヲコト點で、その最古の例は高山寺・山田嘉造氏舊藏・

箕面學園藏『觀彌勒上生兜率天經贊卷下』の朱點であり、和訓の假名にコの甲乙の區別があるから、加點時期は八三〇年頃まで遡ると推定される。第四群點本には、平安時代前半の九・十世紀のものが若干あるが、年號のあるものは、未だに發見されず、最古の年號は十一世紀の『藥師念誦次第』の長元三年（一〇三〇）まで下る。しかも保延四年（一一三八）加點の高山寺藏『大日經持誦不同』を最後として、その後は絶えて例を見ない。『觀彌勒上生兜率天經贊』の朱點は第一次の加點で、白點が第二次の加點で第二群點であり、經の内容からしても、恐らく南都の加點本であらう。第四群點は、平安中期十世紀頃までは多分南都で、それ以後は天台宗山門派延暦寺系統にも行はれるやうになつたのではないか。しかし、識語を持つた點本が少いことは、それが行はれた學派の勢力が弱かつたことを暗示してゐる。斯くして、第四群點は、院政期には殆ど姿を消し、八つの群の中では、最も影の薄いヲコト點群であつた。

『觀彌勒上生兜率天經贊』の訓點は極めて詳細綿密で、平安初期の訓點資料の中でも有數の好資料である。第四群點の點本には、これ以外に詳細な訓點を持つものは、興聖寺藏の『大唐西域記』卷第十二の平安中期點がある程度で、その他は多くは訓點の乏しいものである。この現象も上に述べた事情と無關係ではないと思はれる。

第四群點に屬するヲコト點で、點圖集に掲載されてゐるものとして、中田博士は「天仁波流點」「廣隆寺點」を擧げられた。この内、「廣隆寺點」については、第五群點に類似した要素も見られるので、その項に讓る。「天仁波流點」は、中田博士は一種類のヲコト點として扱はれたが、實際の古點本には二種類があり、「天仁波流點」と記されたものと、「天爾波留點」と記されたものとに別れる。共に上邊の左・中・右に「テ」「ニ」「ハ」と並び、右邊の中央に「ル」が續くことは同じだが、それ以外の星點、線點は明に異なつてをり、現在までに前者は三點、後者は九點の古點本を見出してゐる。前者「天仁波流點」には遠藤嘉基博士藏本『菩提場莊嚴陀羅尼經』平安中期點、石山寺藏本『求聞持私記』平安中期點があり、吉水藏本『金剛頂賢劫十六尊廿天儀軌』承德三年（一〇九九）點が年號を記載した最古の例である。後者、「天爾波留點（別流）」の點本には東寺金剛藏『守護國界

主陀羅尼經』平安中期點、高山寺『眞言法華釋』天喜三年（一〇五五）頃點、吉水藏『成唯識論』寛治二年（一〇八八）點、『大毗盧遮那經旨歸』の仁平二年（一一五二）などがある。

六　第五群點

第五群點は、中田祝夫博士の卓説の如く、第一群點の星點の内、左上隅の星點「ヲ」と右上隅の聲點の「ニ」とを交替させて、左上の「ニ」と右上の「ヲ」の形として作られたものであり、左下隅から右廻りに四隅の星點が「テニヲハ」となる形となつた。その成立時期は、九世紀の末頃であるが、その後非常に發達して、廣汎な範圍に、しかも長く後世まで行はれ、ヲコト點の典型と見られるやうになつた。その出自は恐らく天台宗山門派延暦寺系統の中であり、先づ當時天台宗であつた仁和寺に傳はり、仁和寺が眞言宗に轉じ、廣澤流の中心としてその教學が隆昌の一途を辿るにつれて、「圓堂點」「淨光房點」などが生み出され、更に高野山にも擴大した。一方、俗家である博士家の流にも傳播して、この段階で初めて、博士家の管轄下にあつた漢籍にまでヲコト點が使用されるに至つた。平安時代初期九世紀には、漢籍についても、多分訓讀は行はれてゐたと思はれ、漢文に和訓の記入が存したとされる事例が提示されてゐるが、ヲコト點を加點した實例は見られない。漢籍の加點本の現存最古の例は、十世紀前半の『古文尙書』『毛詩』、十世紀後半の『日本書紀』などであるが、何れも第五群點に屬するヲコト點を用ゐてゐる。勸學會などで、天台宗比叡山の學僧と大學の學徒との交流があつたと傳へられてゐるが、このやうな機會に、ヲコト點も叡山から傳へられたものかと推測される。因に、大學には、明經道、文章道、明法道、書道、算道、音道の六科があつたが、この内、上記の點本は、何れも明經道關係の典籍であり、ヲコト點は最初は明經道に傳はつたかと想像される。『日本書紀』は史書であり、常識的には、文章道の管轄かと思はれるが、元慶二年（八七八）度の『日本書紀』の講莚では、宇多天皇に『周易』を進講し、明經に列したとされる助教善淵愛成が講師を務めてをり、延喜四年（九〇四）度以後の日本書紀の講莚は文章道の人が關係してゐるが、明經道と關係のある時期もあつたらしい。[24]『日本書紀』の最古の訓點本である平安中期加點の岩崎本以降、ヲコト點は一樣に「古紀傳點」の類であり、それは延喜度以降の講莚關係者と何等かの關りがあつたのかも知れない。尙、漢籍關係の點本については、後述の別項でも觸れることとする。

一方、仁和寺では、宇多天皇が寛平法皇（八六七～九三一）として、弘法大師空海以來の眞言宗の相承の中心を占めた。寛平法皇の自筆と認められてゐる『周易抄』（寛平九年（八九八）等の紙背文書あり）では、ヲコト點に「乙點圖」が用ゐられてをり、その法流を承けた石山寺の寛空（八八四～九七二）、その弟子池上僧都寛忠（九〇六～九七七）以下も「乙點圖」を用ゐたらしく、その後石山寺に傳承されて、十一世紀の初めころまで使用された模樣で、十數點の「乙點圖」點本が殘されてゐる。[25]

〔第十七圖　乙點圖〕

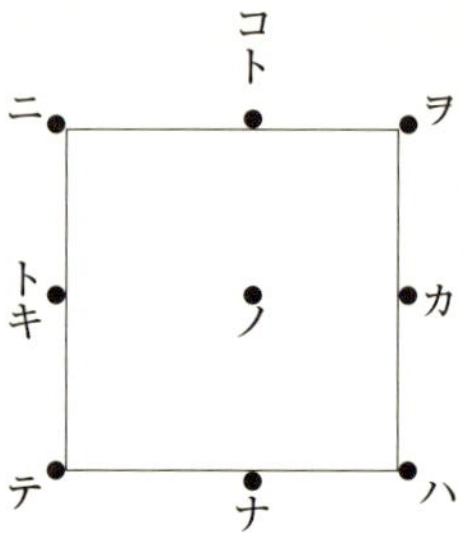

〔第十八圖　圓堂點〕

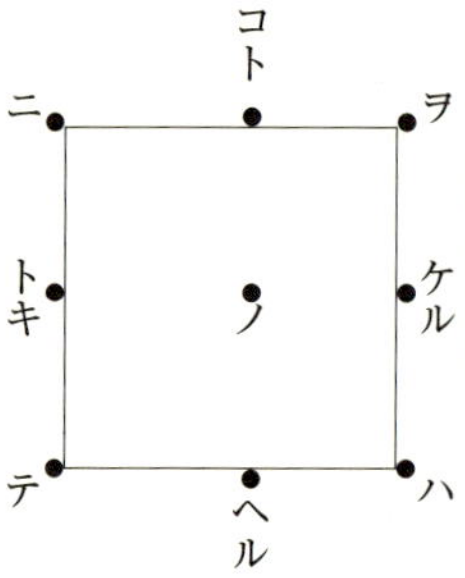

〔第十九圖　淨光房點〕

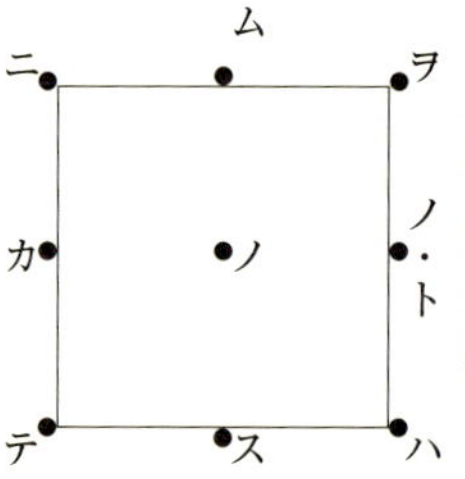

〔聲點壺圖〕

その後、「乙點圖」を基にして「圓堂點」が作られたとされる。三保忠夫氏の說であるが、[26]恐らく妥當な推論と思はれる。四邊の星點の內では、右邊中央の「カ」が「ケル」に、下邊中央の「ナ」が「ヘル」に交替しただけである。線點も「｜」「一」

「／」「┘」などの單純なもので、符號の數も多くない。曾田文雄氏は、「圓堂點」の第二壺から第五壺に至る四壺の「｜」「—」「／」などの符號を、左下隅から右廻りに續けて讀むと、前述のやうに「カミナツキシクレフルメリウネヒヤマチヨヘムコトモエソイタラセヌヰケサスホ」といふ一音節の連續となることを發見され、その前半は和歌の體をなしてをり、『寛平御時后宮歌合』の「神無月時雨降るらし佐保山のまさきのかづら色まさりゆく」に近く、その他類似の和歌を提示された。[27] この事實は、このヲコト點が自然發生的でなく、意圖的に作爲された要素を含んでゐることを示すものとして、極めて重要な指摘である。圓堂點はこの他にも、「リ」を持つた壺の符號に「ケリ・ヨリ・メリ・ヘリ・セリ・レリ・タリ・ナリ」のやうに殆ど「｜リ」の形を宛ててゐることなどもあり、一種の體系性を含んだもので、平安時代後半期の諸種のヲコト點に屢々見られる特徴の一面を示してゐる。圓堂點の最古例は、淸水寺藏本『縛日羅駄都私記』永延三年（九八九）の興福寺眞興加點本があるが、その後は高野山學園藏本『金剛頂大教王經』長元六年（一〇三三）の仁和寺濟延加點本など、仁和寺中心で行はれてゐたらしい。更に、點圖集の「圓堂點」の最後の壺に「觀音院僧都被ㇾ加點」といふ注記があるが、この「觀音院僧都」は恐らく仁和寺の寛意を指すものと考へられる。この最後の壺は、「ナルガ」「スルコト」「スル」などを表すために、複星點「：」九箇を用ゐた符號である。圓堂點の本體には、複星點は用ゐられてをらず、「觀音院僧都被ㇾ加點」といふ注を附された壺にのみ複星點が見出され、院政期以降の圓堂點には、現にこの複星點が多く使用されてゐる。複星點は眞言宗關係のヲコト點では殆ど見られず、天台宗で多く用ゐられてゐた傾向があるが、圓堂點の場合も、「スルコト」「スル」などの符號が無いのを追加して、眞言宗としては聊か異例とも見える符號を導入し、より便利なヲコト點にしようとの意圖によるものと思はれる。觀音院僧都寛意（一〇五四～一一〇一）は仁和寺性信の許で出家したが、後、高野山に灌頂院を創め、遍照光院に隱棲して、觀音院流を樹立した。その關係の點本が仁和寺に多く現存してゐる。『大毗盧遮那經疏』寛治・嘉保點などは、その代表的な點本である。

以下、圓堂點本の內、加點が稠密で、語彙、語法など、國語資料として特に留意すべき文獻を掲げるが、『大日經』關係や弘法大師空海の著述が多いことは、このヲコト點が眞言宗で多用されたことを反映してゐる。

高野山學園藏『蘇悉地羯羅經』三卷の承保元年（一〇七四）點は第六次の白點であるが、詳しい訓點がある。仁和寺藏『大毘盧遮那經』七卷の寛治七年（一〇九七）點本、同じ仁和寺の『大毘盧遮那經疏』二十帖は、寛治七年から嘉保二年（一〇九三～一〇九五）にかけて、觀音院僧都寛意の訓説を記載したものである。(28) 國立國會圖書館藏の『大毘盧遮那經』六卷の嘉承三年（一一〇八）點は第四次點で、詳密な點がある。高山寺藏の『祕密曼荼羅十住心論』九帖の天永二年（一一一一）點も好資料である。日光天海藏の『金剛般若經集驗記』一帖の天永四年（一一一三）點は、天台宗の僧藥源が移點したもので、圓堂點のヲコト點を使用し、その點圖を注記してゐる。東京大學國語研究室藏の『大毘盧遮那經疏』十六帖の永久二年（一一一四）點には多くの和訓の附訓がある。東寺金剛藏の『大日經疏』保安元年（一一二〇）點は詳密な加點本であり、永久四年（一一一六）の書寫奥書だけが知られてゐたが、月本雅幸氏により、卷第十の袋裝の裏表紙の內側から保安元年（一一二〇）の移點奥書が發見された。宮內廳書陵部の『文鏡祕府論』六帖は高山寺舊藏本で、保延四年（一一三八）の訓點は本書の最古の加點本である。大谷大學藏の『三教指歸注集』四帖は、長承三年（一一三四）嚴寛（一〇七〇～一一三四存）の書寫本で、圓堂點は疎であるが、假名點が豐富な好資料である。佐藤義寛『三教指歸注集の研究』（平四）がある。高山寺藏の『文鏡祕府論』六帖は長寛三年（一一六五）頃の訓點資料として有益である。

「淨光房點」は「池上律師點」六壺に二壺を加へて八壺としたもので、同一のヲコト點であるとされた中田博士説に從ふべきである。併せて、賴尊（一〇二五～一〇九一）の自筆加點本『金剛頂瑜伽護摩儀軌』（長元五年一〇三二傳受・天喜二年一〇五四移點）が神護寺に存する旨の、同博士の指摘があつたが、近時も、石塚晴通氏の確認があつた。(29)「淨光房點」は鎌倉時代初期ころまで用ゐられ、その後は衰亡したらしい。淨光房點の點本には、あまり纏まつたものはないが、醍醐寺藏の『大毘盧遮那經疏』二十卷は大治五年（一一三〇）の加點で、平安初期の實惠（七八六～八四七）の訓説を傳へる、重要な資料である。(30)

「遍照寺點」は吉水藏『十二天法』天暦十年（九五六）點、馬淵和夫博士藏『梵字悉曇字母釋義』一帖の承保三年（一〇七六）點本、『金剛界持念次第』元亨元年（一三二一）點の三點が知られてゐる。『十二天法』天暦點には、奥書に「天台僧康壽本」とあり、『梵字悉曇字母釋義』には「靑蓮藏」の記があつて、天台宗の吉水藏舊藏本であることが知られる。『金剛界持念次第』は傳來の事情が明確でなく、時代も懸け離れてゐるので、一往差し置いて考へると、前二者は共に天台宗の點本で、多分寺門派ではなく山門派のものであり、その中の弱小の學派で行はれたものと見るのが妥當であらう。

「廣隆寺點」は中田博士が第四群點の一に攝せられたヲコト點である。上邊の星點が、左・中央・右に「テ」「ニ」「ヲ」、續いて左邊の中央に「ハ」と配せられてあるものである。上邊の星點が、左・中央・右に「テ」「ニ」「ハ」とあるものに準じて第四群點とされたものと考へられる。このヲコト點を使用した古點本は、現在までに『大集虛空藏菩薩所問經』六卷（高山寺藏）（全八卷の內）だけが知られてゐる。長治元年・二年（一一〇四・一一〇五）掃部頭丹波雅康の奉供養奥書と嘉承元年（一一〇六）大法師重暹の奥書とがあるのみで、丹波雅康は丹波康頼から五代目の末裔であるが、重暹の閱歷は未詳であり、このヲコト點の系列も判然としない。「廣隆寺」は、『仁和寺諸院家記』（顯證本）には仁和寺の院家の一として天承元年（一一三一）以降の記事があり、長治嘉承のころには仁和寺と緣があつた可能性がある。丹波家と仁和寺との交流については未だ具體的な資料を得ないが、仁和寺には、丹波康頼所撰の『醫心方』（永觀二年［九八四］撰）の古寫本を藏すること、丹波雅康の從兄弟である丹波重基及びその子憲基の加點本『黃帝內經太素』の仁安二年（一一六七）點を傳藏すること、星點が「テ」「ニ」「ヲ」「ハ」の順に配せられてゐること等に着目すると、「廣隆寺點」は第五群點との關聯も考へられる。更に右邊の中央・下邊の右・中・左に「ト」「ノ」「キ」「ミ」の順に星點が配置されてゐるのは、第三群點との類似性を思はせる面があり、廣隆寺中興の祖道昌（七九八〜八七五）が三論の學匠であつたことも想起される。複星點の壼が一壼あることは、天台宗のヲコト點の要素も看取されるが、『大集虛空藏菩薩所問經』の古點には用例が見えず、現在の所は結論に至らないが、仁和寺系列の稀少のヲコト點ではないかと推測される。

「池上阿闍梨點」には、不明確なものを含めて十數點の訓點資料があり、十一世紀初頭から存した形迹もあるが、少くとも三種類の異形があるらしい。その中で醍醐寺藏の『大聖観自在菩薩心眞言瑜伽觀行儀軌』の永保二年（一〇八二）點は、無動寺の奥書があり、多分何れも延暦寺の系列で、十一世紀以降に行はれたもののやうである。高山寺藏の『大毗盧遮那廣大成就儀軌』には奥書は無いが院政期の「池上阿闍梨點」があり、奥書に「イケカミノサリノ第三點」とあるが、この點の中の第三種といふ意味であらうか。又、東寺金剛藏の『觀自在大悲成就瑜伽蓮華部念誦法門』一巻の永保三年（一〇八三）點本のやうに、「池上阿闍梨點」の星點と「寶幢院點」の線點とを組合せたヲコト點を使つたものがある。奥書に雙嚴師匠の御本で移點したとあるが、雙嚴師匠は池上阿闍梨皇慶の弟子頼昭（一〇五三存～一一〇〇存）であり、天台宗山門派のヲコト點であることは明瞭である。東寺金剛藏『持世陀羅尼別行功能法』長承四年（一一三五）點、醍醐寺藏『不空羂索神呪王經』仁平三年（一一五三）の二點は、これと全く同一のヲコト點が使用されてゐる。但し、この「池上阿闍梨點」も細々と用ゐられて、十二世紀末頃までに、その命脈を終へたものであらう。

「香隆寺點」については中田祝夫博士の論があり、これと類似のヲコト點を有する若干の點本を擧げられたが、何れも確實でないものであつた。その後、石山寺藏本『大聖歡喜天法』一巻の長保前後（一〇〇〇年頃）加點本（小林芳規博士發見）、叡山文庫藏本『大毗盧遮那成佛經疏』十二帖の十一世紀前半頃加點が見出され、更にその後、青蓮院吉水藏『瑜伽經』に、平安後期の朱點の寶幢院點と墨點の香隆寺點が相次いで加點されてゐる例が發見され、「香隆寺點」の點本は三點となつた。『大毗盧遮那成佛經疏』の識語「山門東塔南谷　淨教房」や、『瑜伽經』に天台宗延暦寺所用の寶幢院點に次いで香隆寺點の加點が在ることなどを勘案すると、「香隆寺點」は天台宗延暦寺の流の點と推定して大過無いであらう。恐らく十一世紀初頭から數十年間使用された短命なヲコト點と思はれる。

「智證大師點」は古點本に使用例が未だ發見されないヲコト點である。「三井寺所用也」といふ注が見えるが、中田博士はこのヲコト點を第五群點の一に屬せしめ、天台宗の後資に傳承されたであらうと推定された上で、名稱は假託のものに過ぎないとし、天台宗の中で傳承されて行く内に、後人が最初の施點者を忘失して、第五代天台座主の智證大師圓珍（八一四〜八九一）を呼稱したに過ぎないと斷定された。

七　第六群點

第六群點は左下隅から右廻りに四隅の星點が「テ」「ニ」「ハ」「ヲ」となる形のものの總稱である。中田祝夫博士は、第五群點の「ハ」と「ヲ」とを入れ替へて作られたと推定された。第六群點を使用した點本は、十世紀半頃から二三の例が見えるが、石山寺藏本『天台法華宗義集』に寛和二年（九八六）の年紀が見えるものが唯一年代を示してゐる。點圖集所載のヲコト點には、「禪林寺點」と「叡山々本」（「叡山々本點」とあり、點圖の名稱は特に掲げてゐないが、多分「叡山之本」「叡山之本點」の誤寫であらう）とがある。吉澤博士・中田博士は「叡山點」と呼稱された。

禪林寺は、齊衡二年（八五五）弘法大師空海の弟子眞紹僧都（七九七〜八七三）の創建に係り、次いで宗叡（八〇九〜八八四）が第二世となり、禪林寺僧正と號した。宗叡は若くして比叡山に登り、載鎭、義眞、圓珍等について學んだ僧で、後に眞言宗の實慧、眞紹に從つて禪林寺に入つたが、禪林寺は比叡山と緣が深く、康保元年（九六四）には勸學會を催して叡山の僧と大學寮の學生とが交流した記錄もある。「禪林寺點」が比叡山の系列の點である可能性は高い。この「禪林寺點」と「叡山點」との二種のヲコト點は、使用された例が多くない。又、それ以外に第六群點に屬するヲコト點を加點した文獻は數點を數へるに過ぎない。「禪林寺點」の加點本は今の所、石山寺所藏の次の三本が知られてゐる。第一は『法華義疏』平安中期の白點で、長保四年（一〇〇二）點の前に加點されたものである。第二は『大毗盧遮那成佛經』の十一世紀初頭の加點で、長曆四年（一〇四〇）に禪林寺第六世深寛僧都(一〇〇三〜一〇五七)が東大寺點を加點した、その前の點である。第三は『金剛頂瑜伽護摩儀軌』の長保頃の加點(小林芳規博士發見)である。「禪林寺點」には奥書を持つた資料が無いので、確言は出來ないが、『法華義疏』の南都藥師寺での長保點の前に加點されてゐること、『大毗盧遮那經疏』『金剛頂瑜伽護摩儀軌』に加點されてゐることなどから見ると、南都で起り、眞言宗に傳はつたが、十世紀から十一世紀にかけての短い期間だけに行われた、弱小のヲコト點であつたと推測される。尙、禪林寺第六世深寛僧都の加點本が存するが、『金剛頂蓮華部心念誦儀軌』の寛仁四年(一〇二〇)點や『大毗盧遮那經供養次第法』の長曆四年(一〇四〇)點には東大寺點が用ゐられてゐるから、この頃は既に「禪林寺點」は行はれてゐなかつたのであらう。又、吉水藏『菩提心義』巻第一・五の二巻は平安時代後期(院政期)の寫本で、禪林寺慈達房の書寫奥書があるが、巻第一には安然の序があり、叡山所用の寶幢院點が加點されてゐて、叡山系統の書であることは明白である。院政期にも禪林寺では天台の教學が行はれてゐたやうだが、ヲコト點は、當時盛行した「寶幢院點」が加へられてをり、「禪林寺點」乃至は第六群點が行はれた形跡は窺はれない。

十世紀の中頃から「叡山點」が現れる。年紀を記した古い例には、天曆四年(九四五)、永延三年(九八九)、寛弘七年(一〇一〇)の三點があるが、何れも場所や使用者の名稱が記されてゐない。場所、使用者の名稱が記された最古の例は、吉水藏『大毗盧遮那經成就儀軌』で、長和三年(一〇一四)に「飯室律師」から明快が傳受した旨の奥書がある。「飯室律師」は未勘であるが、長和三年に律師であつた人の中で、明快の師とされてゐる人に慶命(九六五〜一〇三八)がある。明快(九八七又は九八五〜一〇七二)は慶命から圓仁の流を承けたとされるから、或いはこの流に「叡山點」が行はれてゐたのかも知れない。その他の「叡山點」の點本は全部年號の無いものである。恐らく數十年間行はれただけで消滅した、ヲコト點の一類であらう。この點、第四群點の他の諸種のヲコト點(何れも叡山のものであつた。)と時代も近似してゐる。

八　第七群點

第七群點は「寶幢院點」の一種のみである。中田博士は、この他に「三寶寺點」[31]又は「三寶寺岳點」を第七群點の一種とされたが、このヲコト點は星點や一部の線點が「寶幢院點」と一致し、恐らく「寶幢院點」の誤寫であらう。『諸家點圖』（群書類從卷四九五）などに見え、「（醍醐）發菩提心寺用之」の注記があるが、中田博士の述べられた通り、天台宗系統のヲコト點であることは疑無い。

「寶幢院點」の最古の例は、十一世紀の初頭から現れる。吉水藏の『大毗盧遮那經』六卷（卷第二缺）は、白書（寶幢院點）とその後の朱書（仁都波迦點）との訓點があるが、長保二年（一〇〇〇）の朱書奧書があり、これが朱書（仁都波迦點）に對應するものと見れば、白書の寶幢院點は長保二年より前の加點と推定されることになり、「寶幢院點」は十世紀末には存したことになる。石山寺藏本『本命元神供次第』は年號は無いが、寛弘五年（一〇〇八）の記事があり、この頃の寶幢院點が加點されてゐるので、寛弘頃には寶幢院點は存在したかと推測される。加點年代の明なものとしては、吉水藏の『北斗儀軌』一卷が最古で、長和二年（一〇一三）の睿超（一〇一二頃の人）の奧書があり、長和二年加點の朱書の寶幢院點と、永久二年（一一一四）の墨點とがある。朱點のヲコト點は寶幢院點で、睿超の加點と推定され、墨點は良實が、師の三昧阿闍梨（良祐・一〇七四〜一一一六存）から奉受した假名點である。睿超はこの後、寶幢院點の點本を多數殘してゐる。「寶幢院點」の使用された範圍は比叡山延曆寺系統で、仁都波迦點と併用されたが、やがて「寶幢院點」が獨占的に用ゐられるやうになつた。時期的には、第四群點、第六群點に屬する多くのヲコト點が衰退したのと、正に交替して現れたものと判斷される。

「寶幢院點」の加點本には、國語資料として注目すべきものが非常に多い。その內、特に重要なものについて述べると、先づ天理圖書館・京都國立博物館藏の『南海寄歸内法傳』三卷の長和五年（一〇一六）頃點がある。年號は無いが、石山寺藏の『菩薩戒經』の長和五年點と同人の加點であり、時期が略々推定出來る。異色に富んだ語彙が極めて豊富である。(32) 高野山親王院藏『大毗盧遮那經』七卷の長元六年（一〇三三）點、西大寺藏『護摩蜜記』一帖の長元八年頃（一〇三五）點、(33) 大東急記念文庫藏『大日經義釋』十一帖の延久六年（一〇七四）・承保二年（一〇七五）點、(34) 東京國立博物館・東京大學史料編纂所藏『大毗盧遮那經疏』十三帖の康和四年頃（一一〇二）點、日光天海藏『大毗盧遮那經疏』二十帖の仁平元年（一一五一）・仁平三年（一一五三）點等、何れも詳密な訓點本である。

〔第二十圖　寶幢院點〕

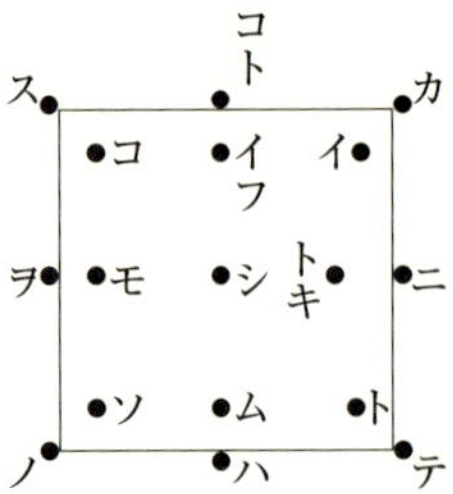

〔第二十一圖　順暁和尚點〕

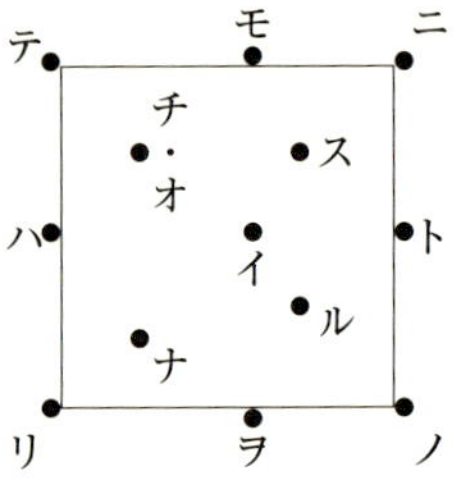

〔聲點壺圖〕

九　第八群點

第八群點に屬するヲコト點は、「順暁和尚點」の一種のみである。石山寺の淳祐（八九〇〜九五三）の所用で、石山寺の經藏に集中して現存する。しかしこの點も最古の例は『蘇悉地羯羅供養法』の延長三年（九二五）で、大部分は一〇〇〇年頃までであり、十一世紀以降には、僅に『北斗七星護摩祕要儀軌』天喜五年（一〇五七）點、『北斗護摩儀軌』應保二年（一一六二）頃點（後述）などがあるのみである。石山寺では、十二世紀には東大寺點が用ゐられ、朗澄（一一三八〜一二〇八）などが教學の中心となつてをり、ヲコト點は東大寺點が用ゐられた。それは朗澄の師淳觀（一一四一存〜一一五〇存）などからの傳承であらう。

淳祐の加點本として傳來したものには、『妙法蓮華經玄贊』卷第三・六の二卷がある。石山寺經藏に傳へられたものだが、卷第六は中田祝夫博士の藏に歸してゐる。全文に詳細な加點があつて、淳祐の加點は平安中期（九五〇年頃）であるが、それより前に別の古點（第三群點）があるらしいことが報告されてゐる。その訓讀文が中田祝夫『古點本の國語學的研究　譯文篇』と、築島裕・小林芳規『妙法蓮華經玄贊卷第三』（石山寺資料叢書聖教篇第一、平一一・三）とに公刊されてゐる。順曉和尙點の點本は、この他數點が知られてゐるが、何れも十世紀の頃のもので、例外的に最も新しい年號を持つものとして、『北斗護摩儀軌』の應保二年（一一六二）頃點本がある。この奥書の中でいふ「内供御房眞筆」とは、淳祐の自筆本を指し、そのヲコト點まで忠實に轉寫した、特別の場合であらう。この時期に石山寺では、一般に東大寺點が用ゐられてゐたことは、前述の通りである。以上の如くであるから、第八群點の出現は、第七群點の出現よりも早いと判斷される。

中田祝夫博士は第七群點と第八群點とは、第六群點までの諸點と異なり、群點相互の關係が無く、獨自に案出されたもので、同時に、部外者に對する祕密性も存したとされる。しかし、星點の音節も、重要な部分は、第六群點までのものと多くは共通するし、全くの獨立的創作とは必ずしも斷言出來ない。又、祕密性についても、當時は傳授を承けた弟子など、特定の師弟關係にあるもの以外には、安易に閲讀されることはあまり無かつたと想像されるから、祕密的性格と言へば、「順曉和尙點」や「寶幢院點」に限らず、訓點一般に行はれてゐた現象と考へられ、又、「寶幢院點」の使用者が、「仁都波迦點」の使用者と共通してゐたといふ事實も考へ併せれば、「祕密性」をこの二類のヲコト點だけに限定して特徴づけることは妥當ではないと考へられる。

十　俗　點（漢籍點本）

平安時代中期以後、漢籍の古點本が出現する。その最古の文獻は上述の宇多天皇の宸翰『周易抄』一卷で、ヲコト點には第五群點の一種である「乙點圖」が用ゐられてゐるが、これに續く漢籍の平安時代の點本は、多くは「古紀傳點」（中田博士の所謂

「丙點圖」）を用ゐ、「經傳」（明經點）が若干現存するのが現状である。傳存する當時の漢籍の點數は僅少で、その大部分は國寶に指定されてゐるが、多くは加點者の家系なども判明してゐるばかりでなく、訓點も詳密で、國語資料として重視すべきものである。これら「乙點圖」「古紀傳點」「經傳」のヲコト點は例外なく第五群點である。

當時、紀傳道の文章博士の家には、菅原家、藤原家、大江家など、明經道の明經博士の家には淸原家、中原家などがあつたが、その内、平安時代の古點本を現在まで殘してゐるのは、紀傳道の藤原家、大江家などと、明經道の淸原家であり、その他の家のものは中世以後のものしか傳へられてゐない。

「古紀傳點」の中には、文獻によつて符號の一部に若干の相違があるが、このやうな事實は、「圓堂點」「淨光房點」「池上阿闍梨點」「寶幢院點」などにも見られる共通の現象で、强ひて別の種類とするには當らないと思はれる。この「古紀傳點」の點本は、殆ど總ての文獻が、詳密な訓點を具備し、國語資料としても重要なものが多い。博士家の中では、比較的早い時期から、精密な訓點を加へ、家每の獨自の訓法が定着し、それを代々傳承して行く風潮が確立し、更に、他の家との訓說の交流も行はれたといふ狀態があり、その結果として入念な點本が殘されたのではないかと思はれる。『圖書寮本類聚名義抄』の和訓に、『論語』や『文選』の訓としての注記が記錄されてゐるのも、その一面を現したものと考へられる。

上野淳一氏藏『漢書楊雄傳』の天曆二年（九四八）點は、朱點・墨點・角點・白點などによる、詳細な和訓の加點があり、「古紀傳點」の他に獨自の「第五群點」をも併用してゐる。和訓ばかりでなく、漢文の字注なども多く、注文の面からも特に貴重な資料とされてをり(35)、現存最古の藤原家の點本である。京都國立博物館藏本『日本書紀』（東洋文庫舊藏・岩崎本）の推古紀・皇極紀の二卷は、十世紀後半頃の朱點（第五群點）があり、それを踏襲した院政期の墨點（假名點）がある。『日本書紀』現存最古の加點本で、多分、明經道關係の手に成るものと思はれる。詳密な訓點で、古體の傳存も多いらしく、語彙資料としても屈指の文獻である。室町時代の一條兼良の加點もあるが、これは多分中世以降の卜部家などの訓點として、分離して扱ふべきである。

『史記呂后本紀・孝文本紀・孝景本紀』の三卷は、毛利報公會（呂后本紀）・東北大學（孝文本紀）・大東急記念文庫（孝景本紀）に分藏されてゐるが、延久五年（一〇七三）大江佐國の加點本で、大江家の點本として現存最古のものであり、訓點も稠密である。實踐女子大學藏（山岸德平氏舊藏）『史記孝景本紀』一卷は、大治二年頃（一一二七）の訓點があり、併せて注目すべき資料である。

東山御文庫藏の『文選』卷第十九の一卷は、一具二十五卷の中の最古の寫本で、康和元年頃（一〇九九）の訓點は『文選』の點本としても最古の文獻である。同藏『文選』卷第二は院政初期（一一〇〇頃）の加點本であり、同藏『文選』卷第十七の保延二年（一一三六）加點本、卷第二十の承安二年（一一七二）と併せ、豐富な和訓が見られる。

京都國立博物館藏（神田喜一郎氏舊藏）『文集』卷第三・四（新樂府）の二卷は、天永四年（一一一三）藤原茂明の加點で、詳細な訓點である。大江家、菅原家の別訓をも併記してをり、(36) 平安時代文學への『白氏文集』の影響を考察する際にも、看過出來ない重要資料である。

前田育德會藏『日本書紀』四卷は院政前半期（一一三〇頃）の加點があり、奥書は無いが、全卷に亘り非常に詳密な和訓が見られ、多くの聲點が附されてゐる。中に「養老私記」の引用などもあり、『日本書紀』では岩崎本に次いで注目すべき古點本である。宮內廳書陵部藏『日本書紀』五帖は卷第廿三に永治二年（一一四二）の奥書があり、これを「大江匡衡」の筆と見れば、卷により若干時期が下ると見られる部分もあるが、多くは當時の書寫加點本である。訓點は前田本と酷似するが、前田本の方が加點は古く、誤點も尠いやうである。

東京國立博物館・お茶の水圖書館藏（その內の卷第二十二のみ）の『醫心方』三十一卷（內、平安時代寫本二十七卷）は、主に天養二年（一一四五）の加點で、本文は永觀二年（九八四）に丹波康賴（九一二〜九九五）が撰述した醫學百科全書である。江戶時代萬延元年（一八六〇）に模刻本が完成し、模刻本にはヲコト點は省略されてゐたが、近時全文の影印本が刊行された。(37) 內容上、他書には見えない珍しい語彙が極めて多數加點されてゐる。『本草和名』の和訓との關係もある。ヲコト點は「古紀傳點」「經傳」

が用ゐられており、當時の本草書の管轄について注目される資料である[38]。
東洋文庫藏『史記秦本紀』一卷は高山寺舊藏本で、天養二年（一一四五）の奥書があるが、天養以後の後筆が混在してゐるらしい。しかし、和訓が多く良き訓點資料である。同藏『史記夏本紀』一卷の鎌倉時代初期點も高山寺舊藏本で、併せて注目すべき資料である。北野天滿宮藏『日本書紀』二十八帖の內、卷第廿二以下九帖は鎌倉時代初期加點で、特に卷第廿五以下は最古の訓點本として貴重である[39]。

「經傳」は「明經點」ともいはれ、明經道の淸原家を中心に行はれたヲコト點であつたらしい。東洋文庫藏『春秋經傳集解』の保延五年（一一三九）點本は、淸原賴業の自筆加點本で、明經家の中で、現存最古の年號を持つ點本であり、同時に、ヲコト點「經傳」の現存最古例でもある。語彙にも顧慮すべきものが尠くない。この他、東京國立博物館藏『醫心方』（半井本）天養二年（一一四五）にも用ゐられてをり、中世以降になると、『古文孝經』『論語』『群書治要』『春秋經傳集解』など、多くの「經傳」點本が殘されてゐる。

「紀傳」については、未だ調査が十分でないが、東山御文庫藏の『文選』十四卷の正慶五年（一三三六）點が最古の資料ではないかと思はれる。但し、中世以降は「經傳」と並んで「點圖集」などにも屢々見え、一般世間からはヲコト點の代表のやうに見られて來たが、多分、「古紀傳點」を基にして、「經傳」との對抗上、符號を整備して作られたものではないかと推測される。尙、今後の檢討が期待される。

十一　假名點本

訓點資料の中には、假名の加點だけでヲコト點を用ゐないものがある。これらを「假名點本」と呼ぶことがある。「假名點本」

は、訓點の創始された平安時代極初期に、ヲコト點の未だ考案されない段階における訓點資料が若干あるが、その中では和訓の量は微々たるものであつた。唯、それらの中で、神護寺藏本の『沙門勝道歴山瑩玄珠碑』一卷は、弘法大師空海の撰した一文で、『遍照發揮性靈集』卷第二にも收められてをり、文選讀みを含む平安時代初期の貴重な語彙を殘してゐる。

「假名點本」の内、漢字音のみを注記した「字音點本」は、夙く聖語藏『央掘魔羅經』二卷のやうに平安極初期から見えるものがあり、その後、平安中期の寫本で、東京國立博物館藏の『蒙求』一卷は、漢字音のみを注記したもので、平安中期と長承三年（一一三四）との加點がある。漢音系の古點本として、體系を窺ひ知る程の多量の例を提供する資料として、漢字音の歴史的研究に必須の本である。(40) 聖語藏にも鎌倉時代初期の加點本がある。(41)

慈光寺その他に所藏される『大般若波羅蜜多經』約百六十卷は、平安後期の字音點本であり、異樣な假名字體を使用した、呉音系の字音資料として著名である。(42)『大般若波羅蜜多經』は、奈良時代以降、多くの寫經があり、多くは訓點を附しないものであるが、訓點を附した本の大部分は呉音系の字音點本である。『大般若經音義』は幾種類か編纂され、何れも字音と和訓とを併記してゐるが、多分、經典を讀む際に直接參照したのは字音の注の方であつて、和訓はその漢字の意味を知るための補助的な注に過ぎなかつたのではなからうか。

「假名點本」のもう一つの一類に、本邦で製作された典籍で、その内九條本『延喜式』（東山御文庫藏本）二十八卷の中の平安後期（永承〔一〇四六〜一〇五三〕頃）點がある。中で特に卷第八の祝詞は、宣命體の本文に加へられた獨自の語彙語法を示してをり、その他の卷にも、他に例の稀な和訓を注してゐるものが多い。『將門記』一卷には、酒井宇吉氏藏の平安後期點本、眞福寺寶生院藏の承德三年（一〇九九）點本がある。互に訓法は相違するが、眞假名の訓注を含み、豐富な和訓を具へてゐる。天理圖書館藏『日本極樂往生記』一帖も假名點本で、應德三年（一〇八六）の朱點本である。

平安後期十一世紀頃から、一般の典籍にも假名點本が漸く多くなる。佛教界一般にその現象が見られるが、天台宗には殊にその傾向が顯著のやうに見受けられる。假名點本の中で、特に稠密な訓點を持つのは、興福寺藏本の『大慈恩寺三藏法師傳』十卷であらう。卷第一（卷首一三六行を除く）から卷第六までの六卷は永久四年（一一一六）、卷第七から卷第十までの四卷は承德三年（一〇九九）の加點で、共に墨點の假名點であり、承德三年點は興福寺僧濟賢の筆に成る。卷第七以下には更に朱點（ヲコト點は喜多院點）で異訓を併記してあり、全卷稠密な加點である。この時期以後には、南都でも假名點本が次第に多く現れ、東大寺圖書館藏の『極樂遊意』長承四年（一一三四）點、興聖寺藏の『大慈恩寺三藏法師傳』十卷の天承二年（一一三二）點、『大唐西域記卷第二・三・四・五・九』五帖の仁安二年（一一六七）頃點など、豐富な和訓を有する訓點資料が多くなる。唐招提寺藏『戒律傳來記』一卷は、保安五年（一一二四）の白點本で、一見假名點本であるが、熟視すると、もと喜多院點のヲコト點がある上から、更に假名點を加點したものである。眞言宗關係でも醍醐寺藏『祕藏寶鑰』一帖の天永三年（一一一二）點、東京大學國語研究室藏『祕藏寶鑰』一帖の仁安二年（一一六七）點、高野山西南院藏『和泉往來』一卷の文治二年（一一八六）點などは、豐富な和訓資料を提供する文獻である。

假名點本には奧書など識語を缺くものが比較的多く、高山寺藏『古往來』一卷の院政期點(43)、東寺金剛藏及び東大寺圖書館藏『唐大和上東征傳』各一卷、東京大學國文學研究室藏『玉造小町子盛衰記』一卷などは、多くの國語資料を提供してくれる。

十二　ヲコト點とその使用流派

以上のやうに、平安時代には、第一群點から第八群點までのヲコト點が併せ行はれたが、その內、固定した形で多く使用されたのは

喜多院點　法相宗（興福寺・法隆寺など）・眞言宗（中川流・高野山など）

西墓點　天台宗（寺門派、園城寺）
東大寺點　南都古宗（東大寺など）・眞言宗（小野流、醍醐寺、勸修寺、石山寺など）
仁都波迦點　天台宗（山門派、延暦寺）
圓堂點　眞言宗（廣澤流、仁和寺）
中院僧正點　眞言宗（中院流、高野山）
寶幢院點　天台宗（山門派、延暦寺など）
淨光房點　眞言宗（廣澤流、仁和寺）
古紀傳點　俗　家（藤原家・大江家・中原家など）
經　傳　俗　家（清原家など）

の十種類ほどであり、それに次いで比較的使用例の多いのが

乙點圖　眞言宗（石山寺など）
順曉和尚點　眞言宗（石山寺）
叡山點　天台宗（山門派、延暦寺）
天爾波留點（別流）　天台宗（山門派、延暦寺）
池上阿闍梨點　天台宗（山門派、延暦寺）

など、そして、

香隆寺點・天仁波流點・遍照寺點・甲點圖　天台宗（山門派、延暦寺）
禪林寺點　南都・眞言宗

ヲコト點系統略圖

（築島　裕作成）

○……は傳承系統未詳　○═══は傳承系統證明可能
○──→は相互關係推定　○……は相互關係未詳　○……？は衰亡時期未詳
○**西墓點** など太字は頻用點　○遍照寺點 など並字は稍頻用點又は稀用點
○（妙法院點）など括弧附並字は用例未發見點

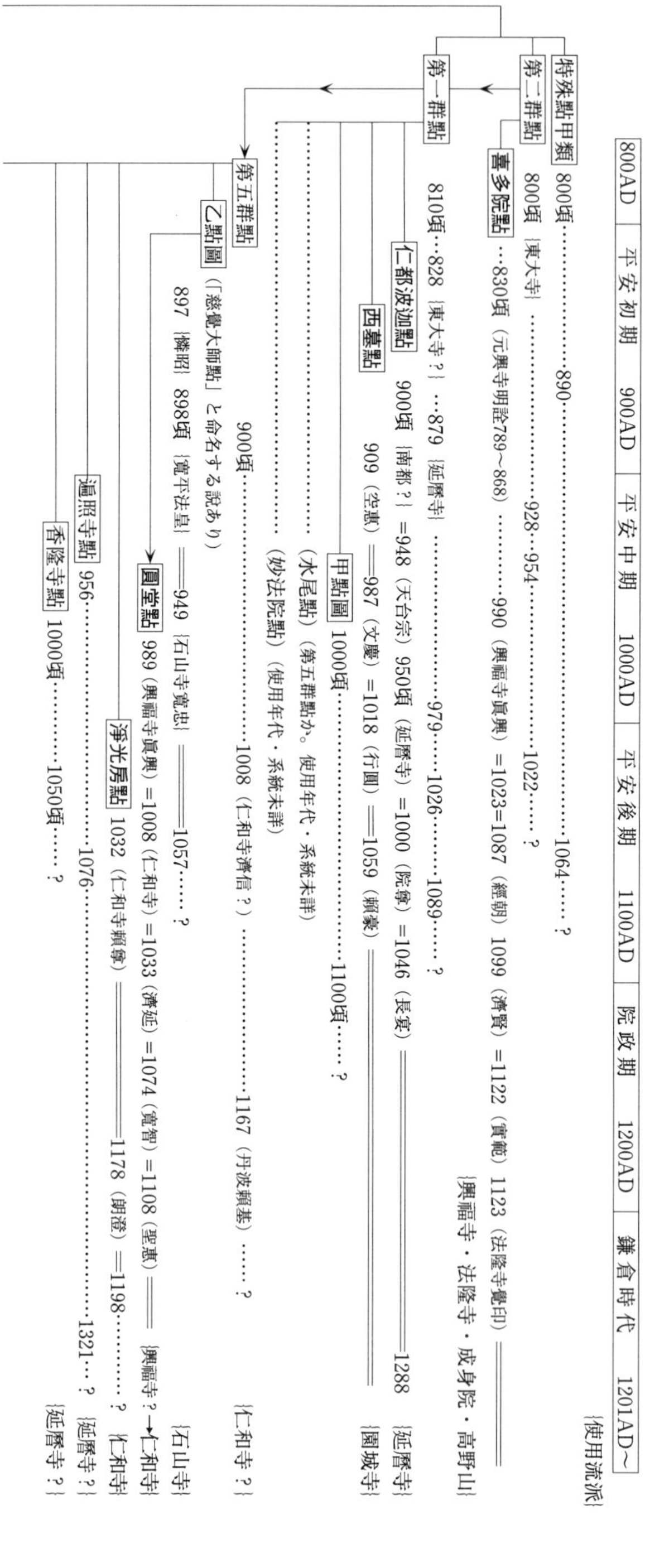

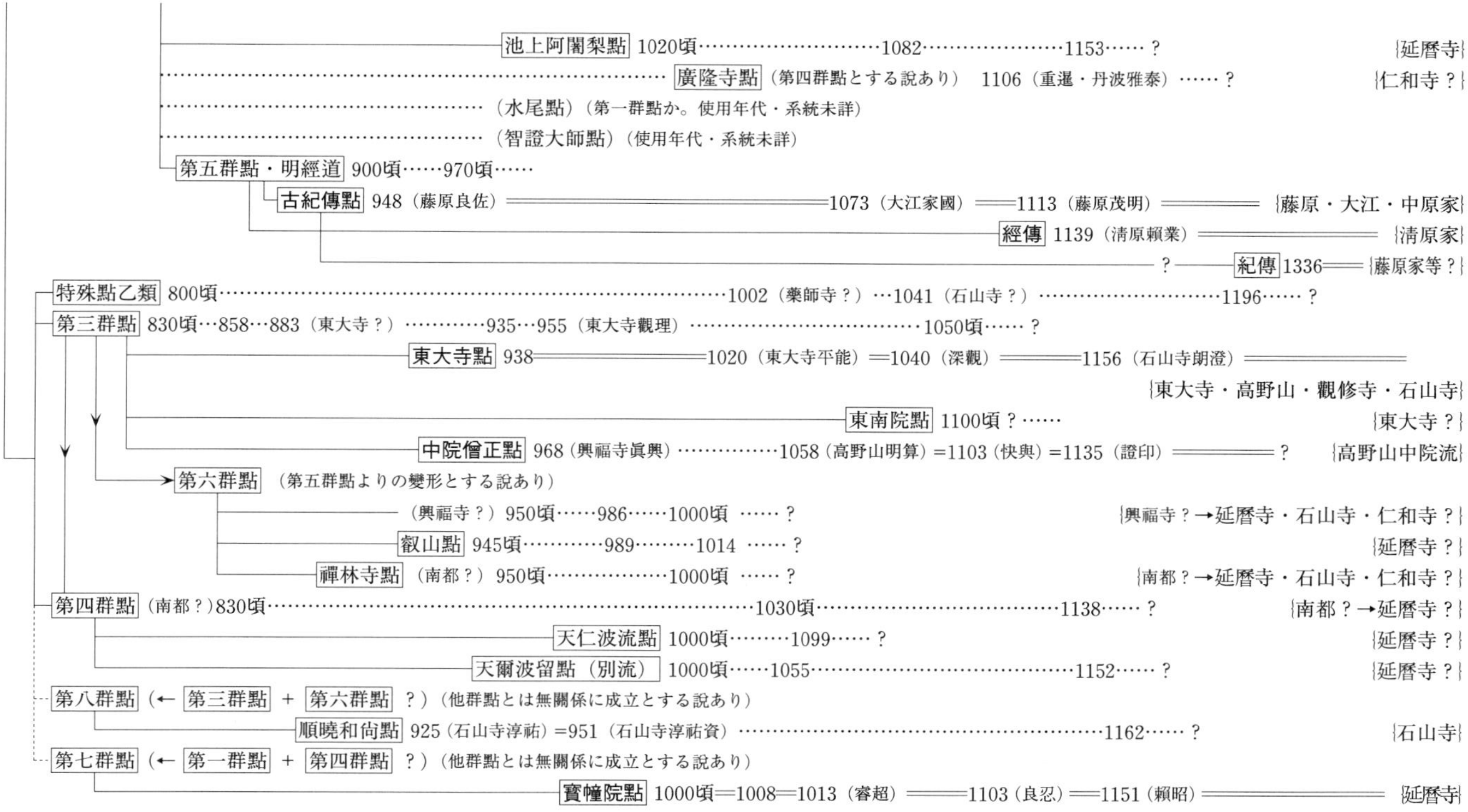
池上阿闍梨點 1020頃……1082……1153……？ {延暦寺}
廣隆寺點（第四群點とする説あり） 1106（重暹・丹波雅泰）……？ {仁和寺？}
（水尾點）（第一群點か。使用年代・系統未詳）
（智證大師點）（使用年代・系統未詳）
第五群點・明經道 900頃……970頃……
古紀傳點 948（藤原良佐）＝1073（大江家國）＝1113（藤原茂明）＝ {藤原・大江・中原家}
經傳 1139（清原頼業）＝ {清原家}
？―紀傳 1336＝ {藤原家等？}
特殊點乙類 800頃……1002（藥師寺？）…1041（石山寺？）……1196……？
第三群點 830頃…858…883（東大寺？）……935…955（東大寺觀理）……1050頃……？
東大寺點 938＝1020（東大寺平能）＝1040（深觀）＝1156（石山寺朗澄）＝
{東大寺・高野山・觀修寺・石山寺}
東南院點 1100頃？…… {東大寺？}
中院僧正點 968（興福寺眞興）……1058（高野山明算）＝1103（快與）＝1135（證印）＝？ {高野山中院流}
第六群點（第五群點よりの變形とする説あり）
（興福寺？）950頃……986……1000頃 ……？ {興福寺？→延暦寺・石山寺・仁和寺？}
叡山點 945頃……989……1014 ……？ {延暦寺？}
禪林寺點（南都？）950頃……1000頃 ……？ {南都？→延暦寺・石山寺・仁和寺？}
第四群點（南都？）830頃……1030頃……1138……？ {南都？→延暦寺？}
天仁波流點 1000頃……1099……？ {延暦寺？}
天爾波留點（別流） 1000頃……1055……1152……？ {延暦寺？}
第八群點（←第三群點＋第六群點？）（他群點とは無關係に成立とする説あり）
順曉和尚點 925（石山寺淳祐）＝951（石山寺淳祐資）……1162……？ {石山寺}
第七群點（←第一群點＋第四群點？）（他群點とは無關係に成立とする説あり）
寶幢院點 1000頃＝1008＝1013（睿超）＝1103（良忍）＝1151（頼昭）＝ {延暦寺}

廣隆寺點・東南院點　　眞言宗東大寺などか

水尾點・智證大師點・妙法院點　　加點本未發見のため不明

などは、一部の教派で少數使用されたものかと推測される。この他「點圖集」所載の「紀傳」は、鎌倉時代中期以後に成立し、俗家の紀傳道の家で用ゐられたらしいが、詳細については、未勘である。

[注]

(1) 石塚晴通「訓點語概説　總論」(『訓點語辭典』平一三・八)
(2) 春日政治『片假名の研究』(國語科學講座、昭九・七)
(3) 吉澤義則『國語國文の研究』(昭二・四)、『國語説鈴』(昭六・九)に關係論文收錄。
(4) 大矢　透『願經四分律古點』(大一一・八)
(5) 春日政治『古訓點の研究』(昭三一・著作集昭五九・二)に關係論文收錄。
(6) 中田祝夫『古點本の國語學的研究　總論篇』(昭二九・五)
(7) 築島　裕『平安時代訓點本論考　研究篇』(平八・五)
(8) 春日政治『片假名の研究』五一頁。
(9) 中田祝夫『古點本の國語學的研究　總論篇』五八三頁。
(10) 築島　裕『平安時代訓點本論考　研究篇』三二九頁。
(11) 春日政治「成實論天長點續貂」(『古訓點の研究』所收六三頁)
(12) 大坪併治「石山寺藏大智度論加點經緯考」(『國語・國文』一一ノ一、昭一六・一)
(13) 曾田文雄「點圖の有機的性格—圓堂點を中心に—」(『國語國文』二六ノ二、昭三五・二)
(14) 稻垣瑞穗「東大寺圖書館所藏 百法顯幽抄古點」(『訓點語と訓點資料』五八、昭五一・一〇)

(15) 月本雅幸「東寺藏不動儀軌萬壽二年點」(『訓點語と訓點資料』六五、昭五五・一一)
(16) 春日政治「聖語藏本唐寫阿毗達磨雜集論の古點について」(『古訓點の研究』一八八頁)
小林芳規「正倉院聖語藏華嚴經探玄記と大乘阿毗達磨雜集論古點について」(『正倉院年報』七、昭和六〇・三)
春日政治『西大寺本金光明最勝王經古點の國語學的研究』(昭和一七・一二)
(17) 中田祝夫『古點本の國語學的研究 總論篇』六五七頁。
(18) 中田祝夫『古點本の國語學的研究 總論篇』三一八頁。
松本光隆「平安時代における金剛頂蓮華部心念誦儀軌の訓讀について」(『小林芳規博士退官記念國語學論集』平四)
(19) 春日政治「小川本大乘掌珍論天曆點」(『古訓點の研究』所收、二〇九頁)
(20) 築島 裕『平安時代の漢文訓讀につきての研究』(昭三八・三)一八二頁。
(21) 築島 裕「醍醐寺寶藏大唐西域記卷第十一・十二建保點」(『醍醐寺文化財研究所研究紀要』一一・一二・一四、平三・三、平四・三、平六・一二)
(22) 大坪併治『訓點資料の研究』(昭四三・六)
(23) 築島 裕「高山寺藏大毗盧遮那經疏卷第二・三康和五年點釋文」(『訓點語と訓點資料』八四・九一・一〇三・一〇四・一〇五、平二・六、平五・三、平一一・七、平一二・三、平一二・九)
(24) 太田晶二郎「上代に於ける日本書紀講究」(『本邦史學史論叢上卷』昭一四・五)
(25) 小林芳規「乙點圖所用の訓點資料について」(『中田祝夫博士功績記念國語學論集』昭五四・二)
尚、中田博士は「乙點圖」と『周易抄』以下のヲコト點との關聯については特に觸れられてゐない。
(26) 三保忠夫「乙點圖から圓堂點へ」(『國文學攷』六九、昭五〇・一〇)
(27) 曾田文雄「點圖の有機的性格—圓堂點を中心に—」(『國語國文』二九ノ二・昭三五・二)
(28) 築島 裕『平安時代訓點本論考 研究篇』七八四頁。
(29) 中田祝夫『古點本の國語學的研究 總論篇』四三〇頁。

(30) 石塚晴通・大槻　信「勸修寺藏金剛頂大教王經賴尊永承點」（『訓點語と訓點資料』一一一、平一五・九）
(31) 築島　裕「醍醐寺藏本大毘盧遮那經疏大治點について」（『醍醐寺文化財研究所研究紀要』一九、平成一四・一二）
(32) 中田祝夫『古點本の國語學的研究　總論篇』四八六頁。
(33) 築島　裕「南海寄歸内法傳古點解說」（『天理圖書館善本叢書　漢籍之部五』、昭五五・一一）
(34) 小林芳規「西大寺藏護摩密記長元八年點の訓讀文」（『訓點語と訓點資料』一、昭二九・四）
(35) 松本健二「大東急記念文庫本大日經義釋卷第十三併解讀文（一～四）」（『訓點語と訓點資料』一六～二八、昭三六・四～三九・四）
(36) 大坪併治「漢書楊雄傳天曆點解讀文」（『岡山大學法文學部學術紀要』三六、昭五〇・一一）
(37) 小林芳規「神田本白氏文集の訓の類別」（『國語と國文學』四〇ノ一、昭四二・一）（『平安鎌倉時代に於ける漢籍訓讀の國語史的研究』所收）
(38) 『國寶半井家本醫心方』（平三・一）
(39) 松本光隆「書陵部藏醫心方の訓法―助字の訓法を中心として―」（『鎌倉時代語研究』二、昭五四・三）
(40) 鎌倉時代初期加點の九帖には、室町時代頃の加點も重ねて存し、その他の卷には室町時代頃の加點のみが存する。
(41) 沼本克明『日本漢字音の歷史的研究―體系と表記をめぐって―』（平九・一二）には漢音資料について克明な研究がある。
(42) 有坂秀世「正倉院御藏舊鈔本蒙求の漢音」（『橋本博士還曆記念國語學論集』昭一九・一〇）
(43) 松尾　拾「慈光寺藏大般若經の字音點について」（『國語學』三、昭二四・一〇）
(43) 高山寺典籍文書綜合調查團『高山寺本古往來表白集』（昭四七）

［附記］この「概要」は拙著『平安時代訓點本論考　研究篇』（平成八年五月）を基にして、その趣旨を抄錄したものであるが、敍述の構成、順序を全面的に改變し、又、その後の知見若干を加へて舊稿を改訂した。

主要訓點資料　假名字體表　ヲコト點圖　奥書集

凡　例

一、この一覽は『訓點語彙集成』の參考に資する目的で、次の四種を集錄したものである。

①「點圖集」の諸本には收められてゐないヲコト點を使用した、主要な訓點資料につき、その所用の「假名字體表」と「ヲコト點圖」(01-1〜05-6)

②「點圖集」の諸本に收められてゐるすべての「ヲコト點圖」(1〜26)

③②のヲコト點を使用した主要な訓點資料の「假名字體表」(1-1〜25-1)

④①と③との主要な訓點資料の名稱とその奥書(00-1〜51-5)

一、②の「ヲコト點圖」は、「佛家點」と「俗家點」とに分ち、又(イ)(ロ)(ハ)(ニ)の四種に分類して、末尾に(ホ)ヲコト點を用ゐない假名のみの點本を添へた。

(イ)古點本に頻用されたもの(1〜8・24〜26)

(ロ)さほど頻繁には用ゐられなかつたもの(9〜13)

(ハ)稀に用ゐられたもの(14〜20)

(ニ)古點本に未だ發見されないもの(21〜23)

(ホ)ヲコト點を用ゐない假名のみの點本(51)

一、①と③との「假名字體表」には、主として和訓語彙の用例の多い、乃至は注意すべき假名字體などの內容を含む訓點本を、重點的に選擇した。

一、同一の文獻に二種類以上の訓點が加へられてゐる場合には、その旨を注記した。

一、全體に亘り、直接原本について調査した結果を示すことを原則としたが、中に、影印本・寫眞によつたものがある。又、他の研究者の公表されたものによつた場合があるが、その際はその旨を注記した。

一、「ヲコト點圖」の中の符號の内、「(へ)」「(オモフ)」のやうに「( )」を加へたものは、古訓點本に未だ用例を見出さないもの、「○ラル」「○セシム」のやうに「○」を加へたものは、「點圖集」には見えないが、古訓點本に用ゐられた例のあることを示す。又、「△」を加へたものは、「點圖集」の延慶本に朱書で記してあることを示す。

一、「ヲコト點圖」の備考欄に「東大寺本」「正平本」などと記したのは、これら「點圖集」の諸本を參照したことを示す。但し、その部分の異文を一々掲げることは省略した。

一、④の訓點資料の奥書集は、ヲコト點の成立、發展に重要な關係のある古點本、和訓語彙を多く有する古點本を選び、その奥書を抜粋して記した。

一、④の訓點資料の奥書集には、ヲコト點史上重要なものを選んだため、「假名字體表」には掲載しなかつたものも若干含まれてゐる。

一、①②③は拙著『平安時代訓點本論考 ヲコト點圖假名字體表』及び『平安時代訓點本論考 研究篇』に收錄したものの一部を抄出し、その後の所見による集成・補遺・參考文獻等を加へたものである。尙、「備考」欄の内、中田祝夫『古點本の國語學的研究 總論篇』、小林芳規『平安鎌倉時代に於ける漢籍訓讀の國語史的研究』及び拙著二冊については、關係言及された記述が多いため、個別の引用は省略した場合が多い。

一、本解説は、「訓點語彙」と「ヲコト點」とを取上げたに止まり、訓點資料の假名字體の解説には殆ど言及しなかつたが、假名字體の加點年代、加點者の流派などによる歴史的變遷、流派別の異體字の使用狀態などについては、①③の「假名字體表」によつて、適宜參照されたい。

【點圖集に記載なきもの】（00～05）

［特殊點甲類］
00—1東大寺諷誦文稿
00—2蘇悉地羯羅供養法

［第一群點］
01—1成實論
01—2大智度論
01—3百法顯幽抄
01—4大毗盧遮那成佛經

［第二群點］
02—1大乘阿毗達磨雜集論
02—2金光明最勝王經
02—3觀彌勒上生兜率天經贊（白點）
02—4不動尊儀軌
02—5甘露軍荼利明王念誦法
02—6大毗盧遮那成佛經

［第三群點］
03—1金剛波若經集驗記
03—2大唐三藏玄奘法師表啓
03—3七喩三平等十无上義
03—4大乘大集地藏十輪經
03—5法華義疏

［第四群點］
04—1觀彌勒上生兜率天經贊（朱點）
04—2説无垢稱經
04—3大唐西域記
04—4大日經持誦不同

［第五群點］
05—1古文尚書
05—2毛　詩
05—3往生要集
05—4日本書紀
05—5法華文句
05—6黃帝内經太素

【點圖集に記載あるもの】（1～26）

◎佛　家　點

○頻用點〈古點本に出現の時代順〉
1喜多院點（第二群點）
2西墓點（第一群點）
3東大寺點（第三群點）
4仁都波迦點（第一群點）
5圓堂點（第五群點）
6中院僧正點（第三群點）
7寶幢院點（第七群點）
8淨光房點（第五群點）

○稍稀用點〈古點本に出現の時代順〉
9［乙點圖］（第五群點）
10順曉和尚點（第八群點）
11叡山點（第六群點）
12天爾波留點（別流）（第四群點）
13池上阿闍梨點（第五群點）

○稀用點〈古點本に出現の時代順〉
14香隆寺點（第五群點）
15天仁波流點（第四群點）
16遍照寺點（第五群點）
17［甲點圖］（第一群點か）
18禪林寺點（第六群點）
19廣隆寺點（第四群點か・第五群點か）
20東南院點（第三群點）

○古點本に未發見の點
21水尾點（第一群點か・第五群點か）
22智證大師點（第五群點）
23妙法院點（第一群點）

◎俗　家　點
24［古紀傳點］（第五群點）
25經　傳（第五群點）
26紀　傳（第五群點）

【附載】（ヲコト點を使用せざるもの・51）
51［假名點本］

00－1	
(08305004)	
題標	藏所
東大寺諷誦文稿　一巻	佐藤達次郎氏舊藏
	次巻
加點年代	書寫年代	幀裝
同右	平安時代初期	巻子本
加點者	書寫者	ヲコト點
		特殊點甲類　朱・墨

備考

○假名ハ墨書
○戰災燒失
○中田祝夫「東大寺諷誦文稿の國語學的研究」(昭44・6)
○築島裕「東大寺諷誦文稿總索引」(平13・3)

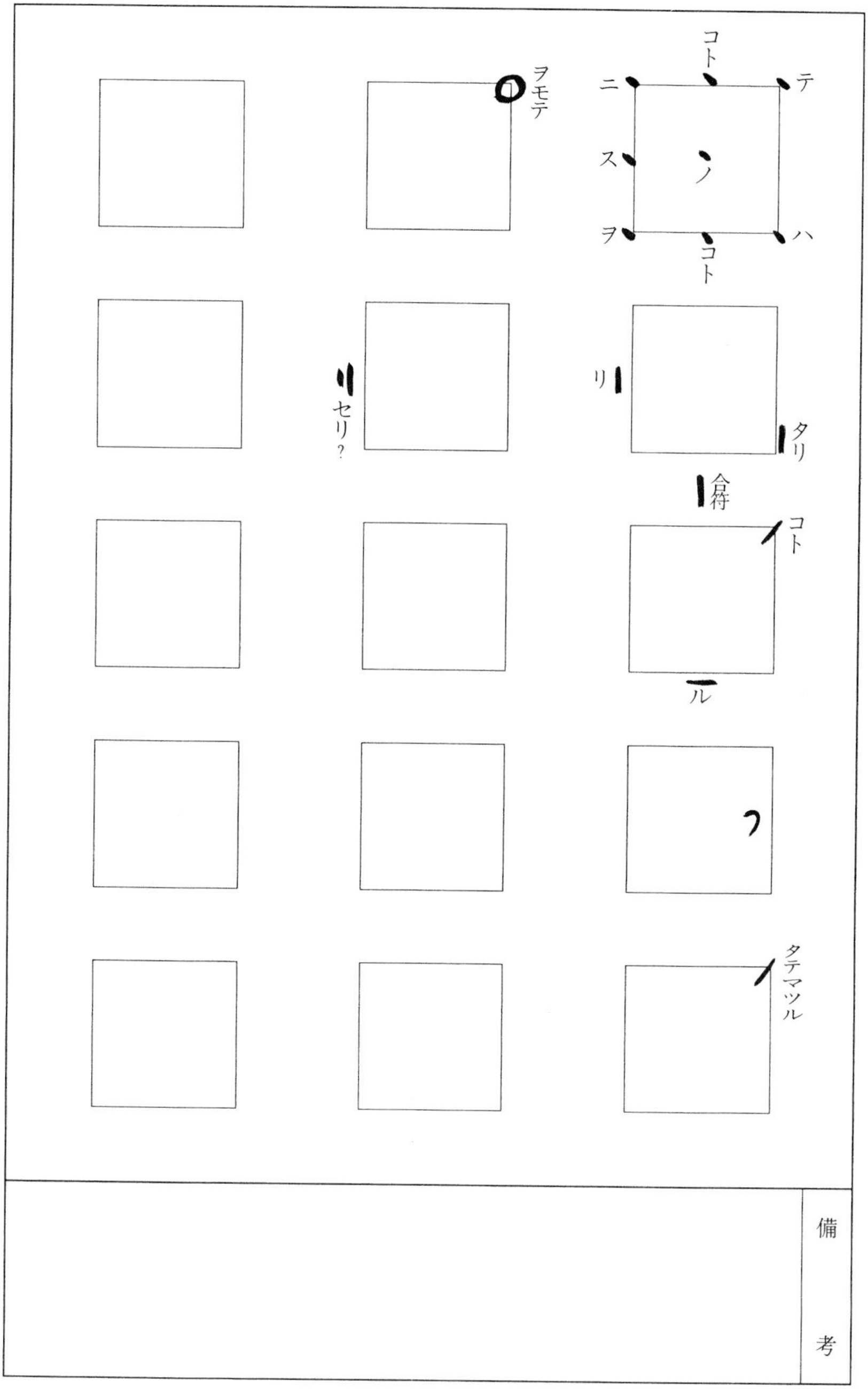
ヲモテ
コト
ニ
テ
ス
ノ
ヲ
コト
ハ
セリ?
リ
タリ
合符
コト
ル
タテマツル
備考

00－2

(10640001)

項目	内容
題標	蘇悉地羯羅供養法　二帖
藏所	大東急記念文庫（巻第一）・高山寺（巻第二）
裝幀	粘葉裝
書寫年代	康平七年（一〇六四）
加點年代	同右
ヲコト點	特殊點甲類　朱
書寫者	
加點者	

備考

○巻第一八高山寺舊藏本

○築島裕「蘇悉地羯羅供養法康平點について」（かゞみ一五、昭46・3）

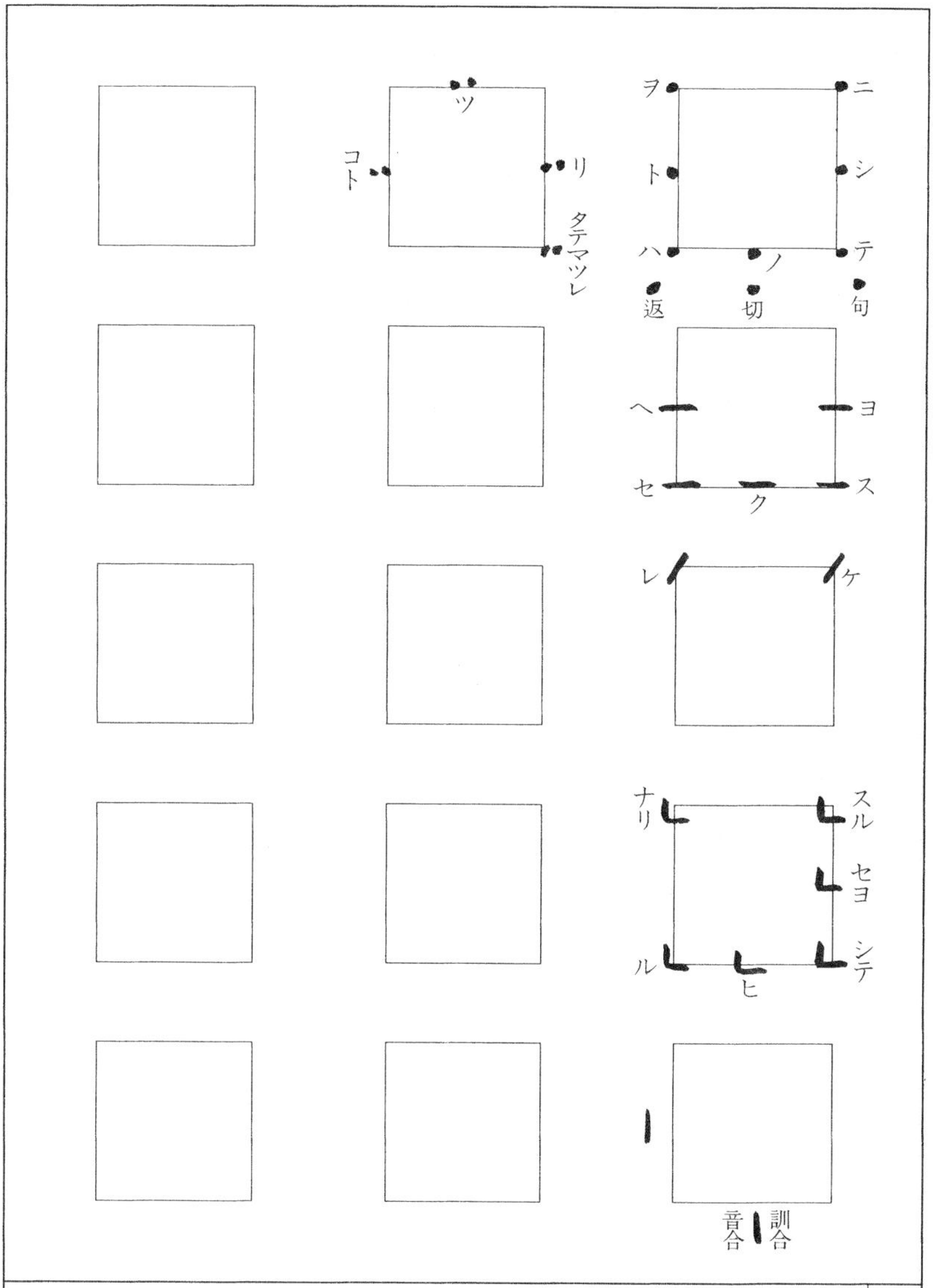

備考

01－1	
(08280001)	
所藏	聖語藏(卷第十一・十三・十四・十六・十八・廿二・廿三) 東大寺圖書館(卷第十二・十五・十七・廿一)
標題	成實論　十一卷
裝幀	卷子本
書寫年代	平安時代初期
加點年代	天長五年(八二八)
ヲコト點	第一群點　白
書寫者	
加點者	

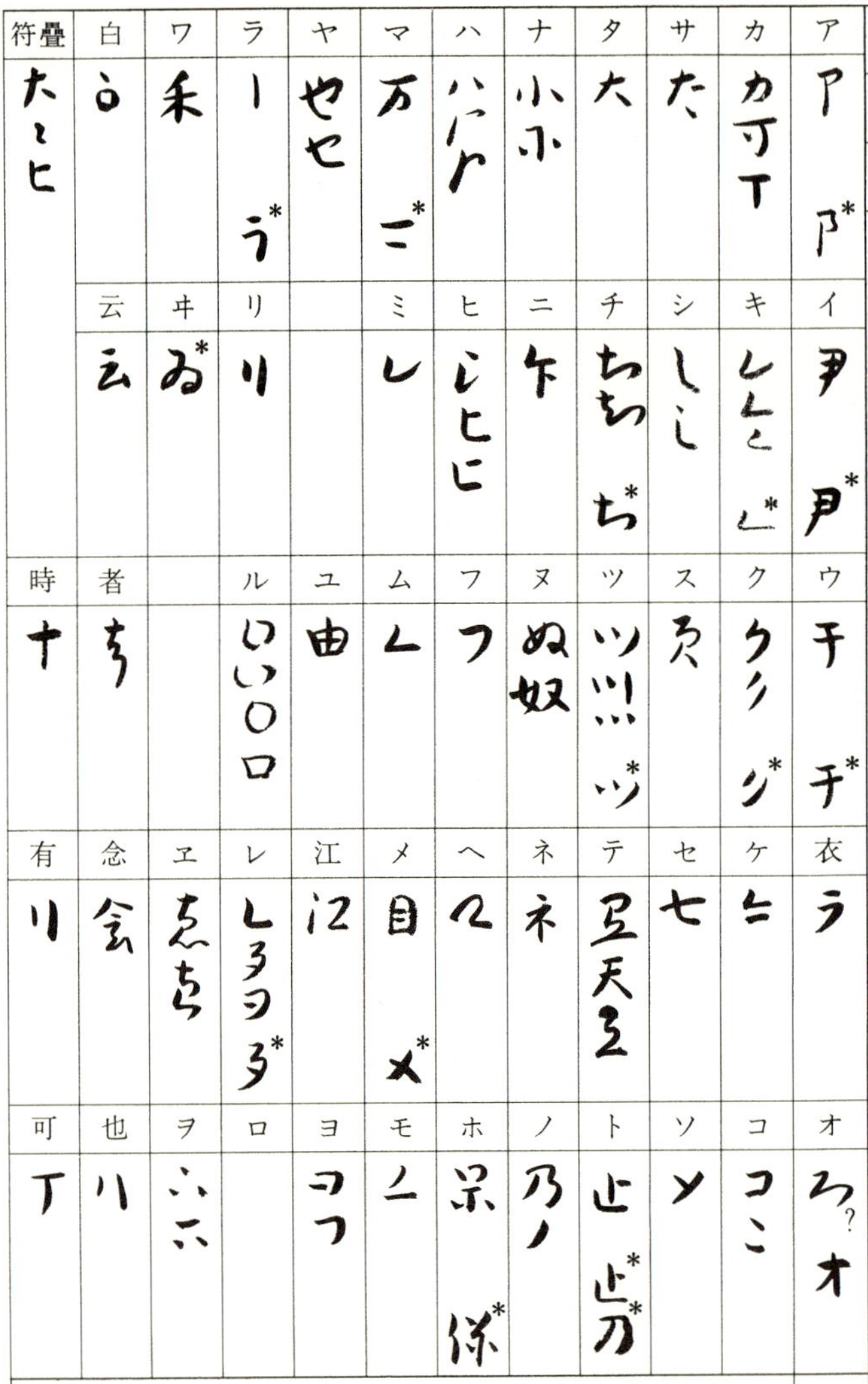

備考

○大矢透「成實論天長點」(大11・3)

○春日政治「成實論天長點續貂」(古訓點の研究、昭31・6)

○大坪併治「成實論天長點續貂」(國語・國文二・二、昭8・1)

○稻垣瑞穗「東大寺圖書館藏本成實論天長點(上・下)」(訓點語と訓點資料二・三、昭29・8、29・12)

○鈴木一男(奈良學藝大學紀要四・一、五・一、六・一、一〇・二、書陵部紀要六・八、南都佛教三・一八、昭32・5、41・6、訓點語と訓點資料八、昭32・9)

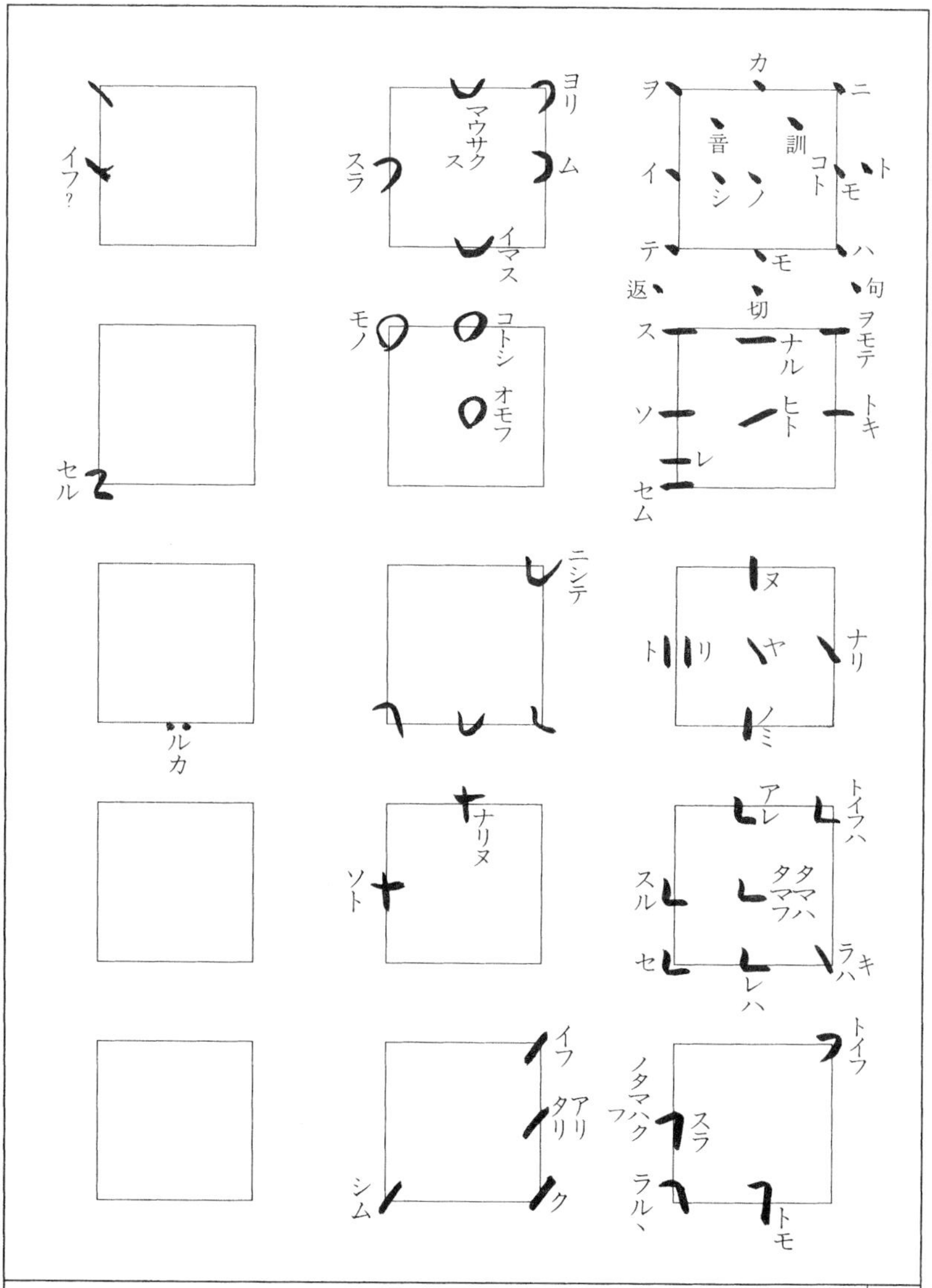
カ
ヲ
ニ
音
訓
コト
ト
イ
シ
ノ
モ
テ
モ
ハ
返
切
句
ス
ナル
ヲモテ
ソ
ヒト
トキ
レ
セム
ヨリ
マウサク
ス
スラ
ム
イマス
モノ
コトシ
オモフ
イフ?
セル
ニシテ
ヌ
ト
リ
ヤ
ナリ
ミ
ルカ
ナリヌ
ソト
アレ
トイフハ
スル
タマフ
タマハ
セ
ラキハ
レハ
イフ
アリ
タリ
シム
ク
トイフ
ノタマハクフ
スラ
ラル、
トモ

備考

01－2	
(08580002)	
題標	大智度論　百一巻（巻第三十三ハ二部アリ）
藏所	石山寺他
巻次	巻第一～廿八・卅二・四十一・五十・五十六・六十・七十九・八十三・八十六・一百（以上石山寺現藏）
装幀	巻子本
書寫年代	天平六年（七三四）
加點年代	天安二年（八五八）
ヲコト點	第一群點　白
書寫者	既多寺僧
加點者	山階寺大詮資

備考

○第一次點ナリ、百一巻ノ内、第一次點ハ七十八巻ニ加點ス、別ニ第二次點～第六次點アリ

○大坪併治「石山寺藏大智度論加點經緯考」（國語・國文二・二、昭16・1）

○同「石山寺本大智度論古點の國語學的研究上」（平17・7）

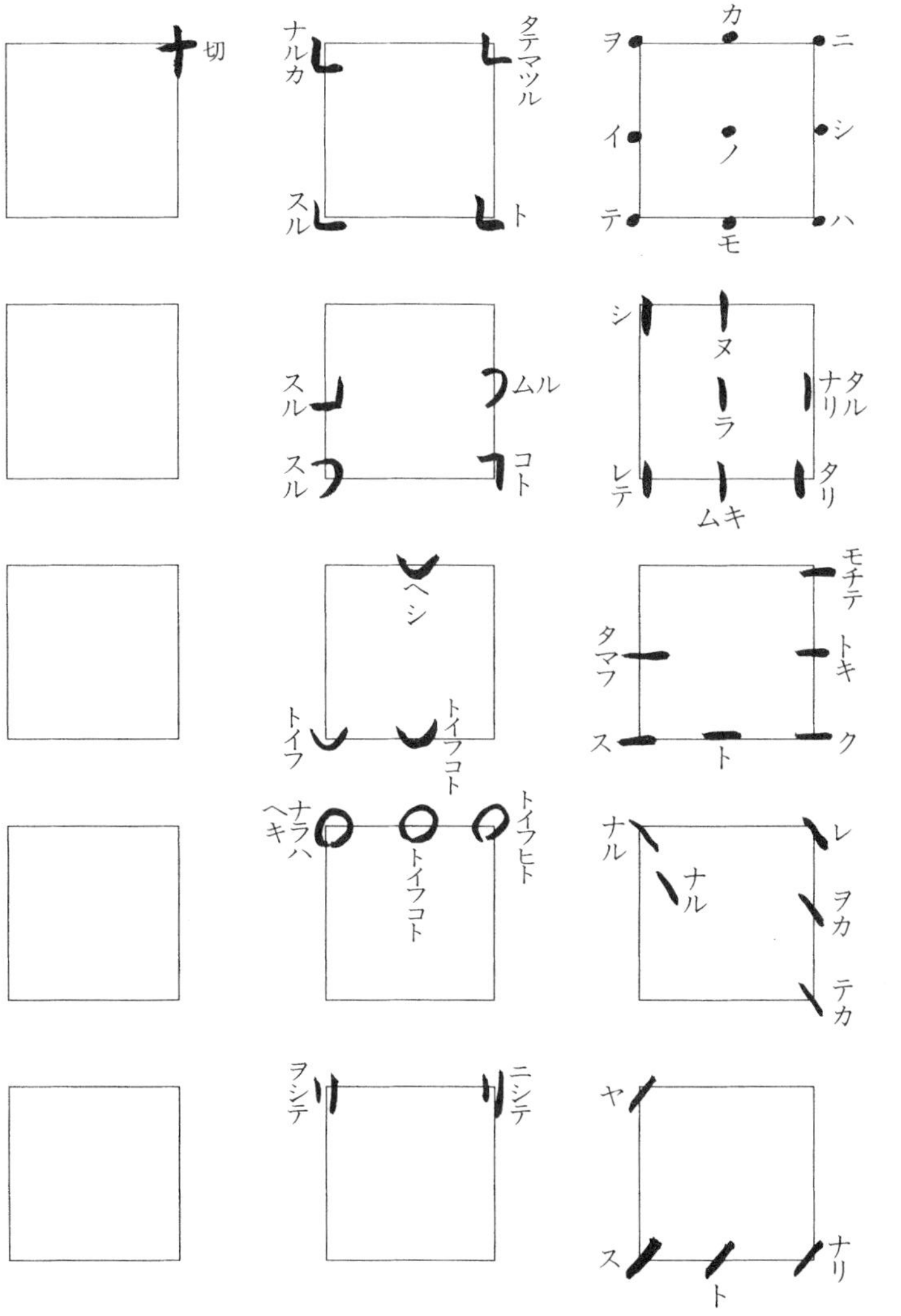
カ
ヲ
ニ
イ
ノ
シ
テ
モ
ハ
タテマツル
ナルカ
スル
ト
シ
ヌ
タル
ナリ
ラ
レテ
ムキ
タリ
ムル
スル
スル
コト
ヘシ
モチテ
タマフ
トキ
ス
ト
ク
トイフ
トイフコト
ナラハ
ヘキ
トイフコト
トイフヒト
ナル
レ
ナル
ヲカ
テカ
ヲシテ
ニシテ
ヤ
ス
ト
ナリ
切

備考

01－3	
(09005007)	
藏所	東大寺圖書館
題標	百法顯幽抄　一卷
次卷	卷第一末
幀裝	卷子本
書寫年代	唐會昌三年(八四三)カ
加點年代	延喜(九〇一－九二三)頃
ヲコト點	第一群點　褐
書寫者	惟正
加點者	令秀カ

符疊	ン	ワ	ラ	ヤ	マ	ハ	ナ	タ	サ	カ	ア
タ〱タ〱		ロ	丨	し	万	ヲ	ヤ	タ	ナ	ワ	冂
	ㄖ	ヰ	リ		ミ	ヒ	ニ	チ	シ	キ	イ
			リ ソ		ソ	ヒ	ケ	ス	し	人	丁
有	給		ル	ユ	ム	フ	ヌ	ツ	ス	ク	ウ
			ル	巾	ム 乙	フ	ヌ	川	て	久	于
事	奉	ヱ	レ	江	メ	ヘ	ネ	テ	セ	ケ	衣
		寸	州		女	へ	子	ス 上	士	丫 个	
時	テシ	ヲ	ロ	ヨ	モ	ホ	ノ	ト	ソ	コ	オ
		ソ 乎	呂	与	毛	ア	乃	止	乂	し 士	[illegible]

備考

○稲垣瑞穗「東大寺圖書館藏百法顯幽抄の古點について」(訓點語と訓點資料七、昭31・8)

○同「東大寺圖書館藏百法顯幽抄卷第一末古點試讀」(武庫川女子大學紀要七、八、昭35・3、36・1)

○同「東大寺圖書館藏百法顯幽抄古點」(訓點語と訓點資料五六、昭51・10)

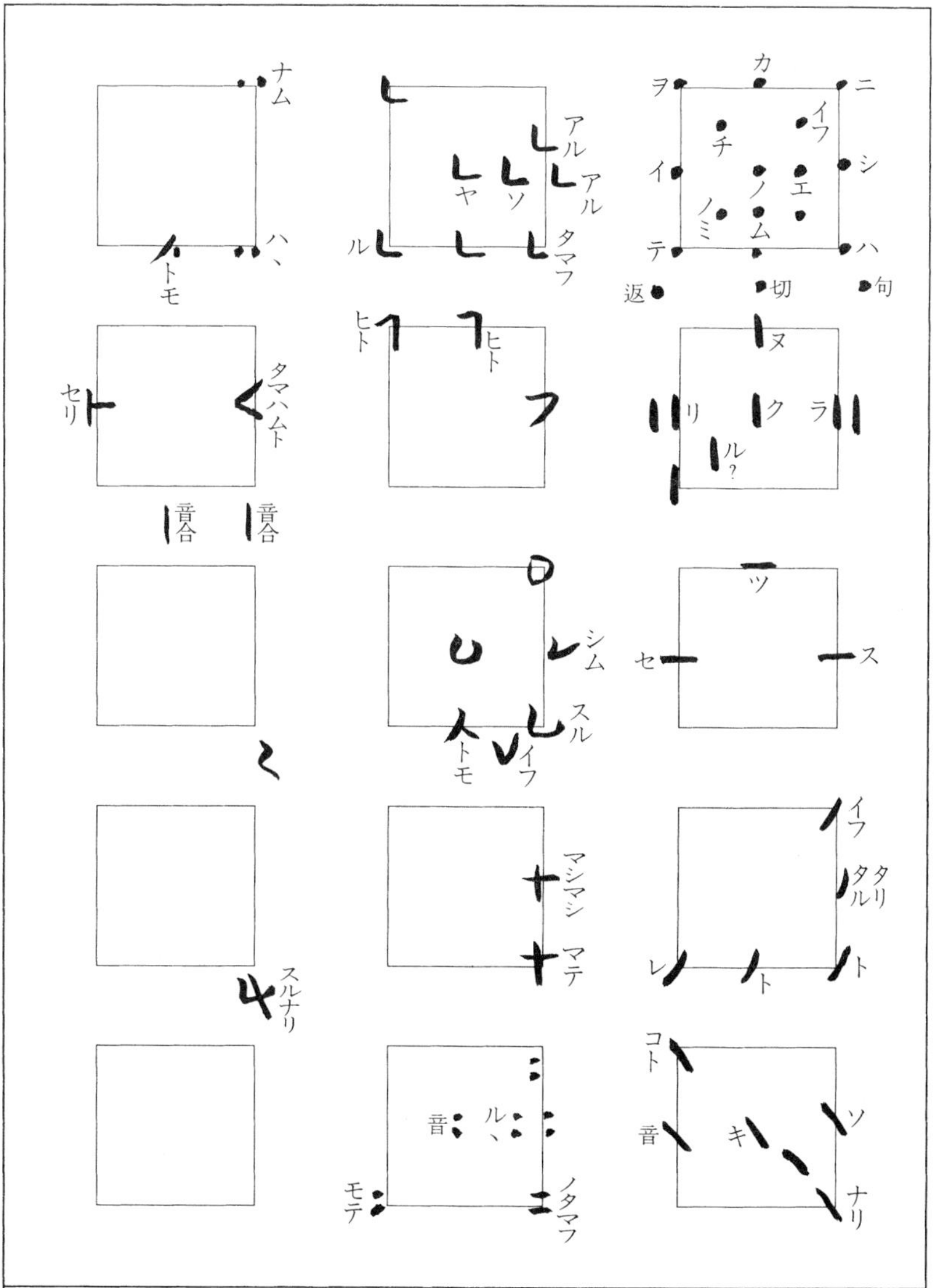
ナム
ハ、
トモ
アル
アル
ヤ
ソ
ル
タマフ
カ
ヲ
ニ
イフ
チ
イ
シ
ノ
エ
ノミ
ム
テ
ハ
返
切
句
セリ
タマハムト
ヒト
ヒト
ヌ
リ
ク
ラ
ル?
音合
音合
ツ
シム
セ
ス
スル
トモ
イフ
スルナリ
マシマシ
マテ
イフ
タリ
タル
レ
ト
ト
音
ル、
モテ
ノタマフ
コト
音
キ
ソ
ナリ

備考

01－4	
(10640005)	
題標	大毗盧遮那成佛經　六帖
所藏	慶應義塾圖書館・吉水藏
卷次	卷第一（慶應義塾圖書館藏）・三〜七（吉水藏）
裝幀	粘葉装
書寫年代	平安時代後期
加點年代	康平七年（一〇六四）
ヲコト點	第一群點　朱・墨
書寫者	
加點者	

符疊	ン	ワ	ラ	ヤ	マ	ハ	ナ	タ	サ	カ	ア
ス・イ て		い	ラ	ヤ	ニ	ハ	ナ 七	タ ク	さ	カ	ア
	kwa	ヰ	リ		ミ	ヒ	ニ	チ	シ	キ	イ
	火	井	リ		三	ヒ	二	千	し し	＼	イ
云	t		ル	ユ	ム	フ	ヌ	ツ	ス	ク	ウ
云	ム		ル	上	ム	フ	ヌ	⋯	ス ト	ク	于 テ
事	奉	ヱ	レ		メ	ヘ	ネ	テ	セ	ケ	エ
		ヱ	レ		メ	ヘ ヘ	子	て て	せ	十 介	エ
時	テシ	ヲ	ロ	ヨ	モ	ホ	ノ	ト	ソ	コ	オ
		シ	い	ヨ 一	モ モ て	ア 中	ノ	ト ト	ソ	コ こ	

備考

○上段朱點、下段墨點
○公助傳領奥書アリ
○鎌倉時代墨點アリ

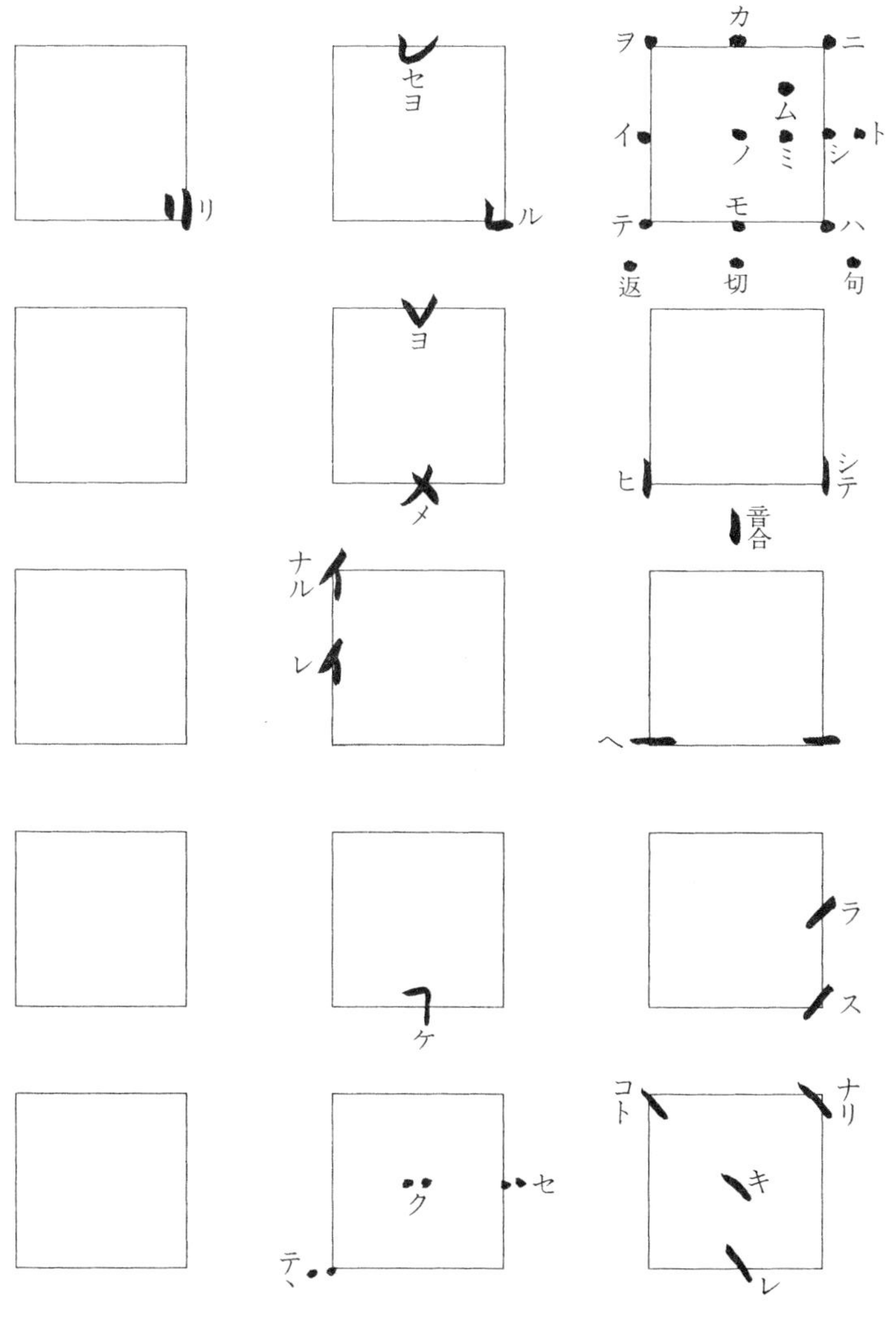

備考

02－1	(08005022)
題標	大乘阿毗達磨雜集論　四卷
藏所	聖語藏
卷次	卷第十一・十二・十四・十五
裝幀	卷子本
書寫年代	唐時代
加點年代	平安時代極初期
ヲコト點	第二群點
書寫者	
加點者	
	白

ア	カ	サ	タ	ナ	ハ	マ	ヤ	ラ	ワ	ン	符疊
阿	可 カ 可	佐 左	多 タ 太*	奈 那	波	万	や	良 良	和		〻く　保曾本〻〻〻
イ	キ	シ	チ	ニ	ヒ	ミ		リ	ヰ	云	
伊 伊 尹 こ	木 寸 支 義	之 志 四 士	智 知 地* 知 千	尓 ケ 二	比 比	美 未		利 リ 理	為	云	
ウ	ク	ス	ツ	ヌ	フ	ム	ユ	ル		物	有
于 有	久 九 ク	須 受* 次	川	奴	布 不	无 牟 六 厶		流 留 類		勿	有
衣	ケ	セ	テ	ネ	ヘ	メ	江	レ	ヱ	人	事
ラ	氣 家 ㇵ 價*	世 七	弖 手	祢	倍 ヘ	目 米		し		人	事
オ	コ	ソ	ト	ノ	ホ	モ	ヨ	ロ	ヲ	耳	時
於	(甲) 古* 呉* 其* (乙) 己 去	曾 ソ 十	止 と 土*	乃	保	毛 毛	夜 与	呂 呂	乎 雄	耳	時

備考

○＊ハ濁音假名

○春日政治「聖語藏本唐寫阿毗達磨雜集論の古點について」(古訓點の研究、昭31・6)

○廣濱文雄「聖語藏經卷調査報告」(訓點語と訓點資料一、昭29・4)

○鈴木一男「聖語藏御本唐寫大乘阿毗達磨雜集論調査報告 その二」(同二)(昭29・8)

○小林芳規「正倉院聖語藏華嚴經探玄記古點と大乘阿毗達磨雜集論古點について」(正倉院年報七、昭60・3)

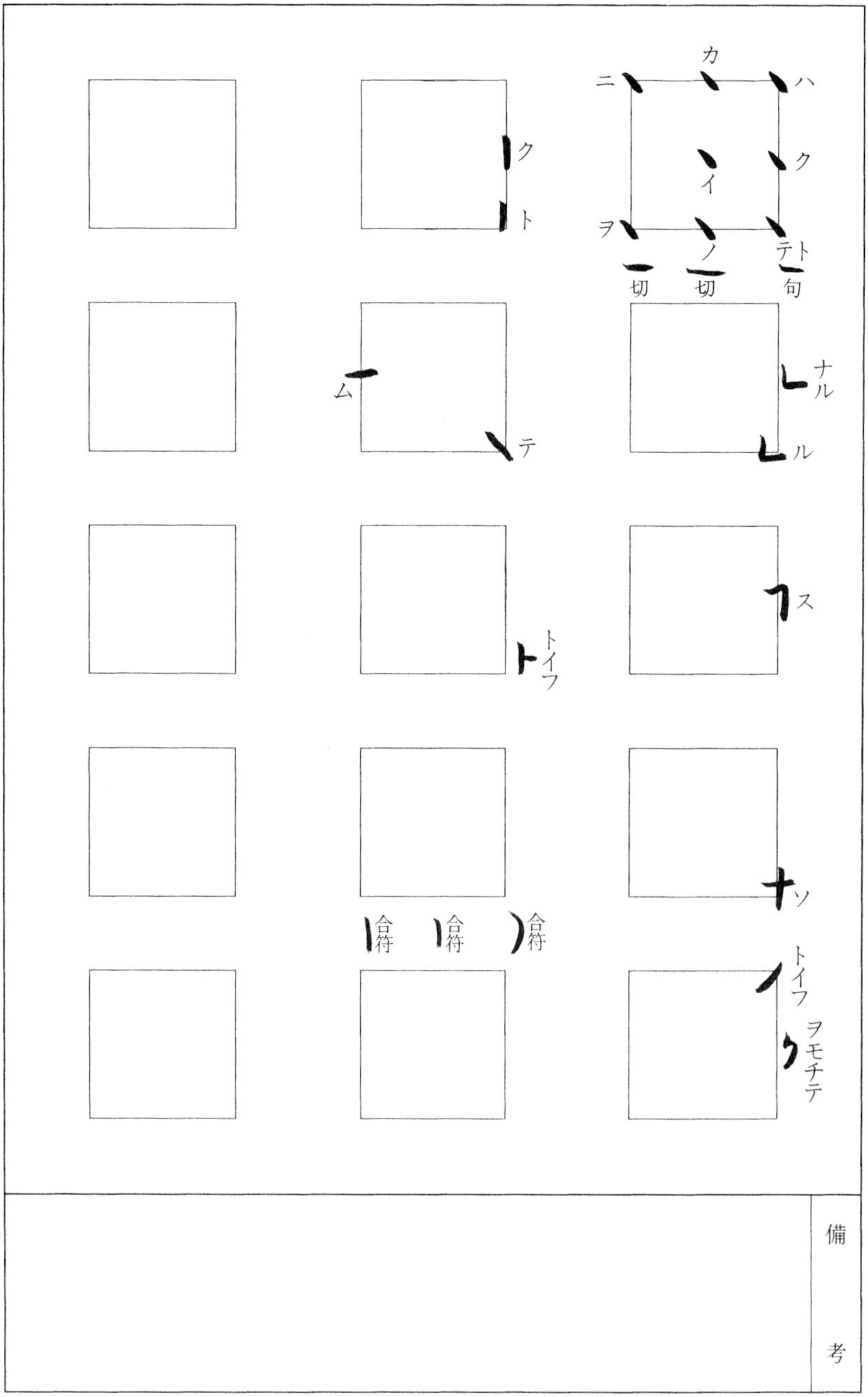
カ
ニ
ハ
ク
ク
イ
ト
ヲ
ノ
テト
切
切
句
ム
テ
ナル
ル
トイフ
ス
ソ
合符
合符
合符
トイフ
ヲモチテ
備考

02－2	
(08305001)	
題標	金光明最勝王經　十卷
藏所	西大寺
次巻	巻第一〜十
幀裝	巻子本
書寫年代	天平寶字六年(七六二)
加點年代	平安時代初期
ヲコト點	第二群點
書寫者	百濟豐蟲
加點者	
白	

ア	カ	サ	タ	ナ	ハ	マ	ヤ	ラ	ワ	云	符疊
ア	可	左	太	示	八	万	ヤ	ラ	禾い	云	
イ	キ	シ	チ	ニ	ヒ	ミ		リ	ヰ	念	
尹	ヤ	し	ち 失	尓	ヒ	末		丨	為	念	
ウ	ク	ス	ツ	ヌ	フ	ム	ユ	ル		給	有
于	ク	須	川	く	フ	ム	由	ル		下	ナ
衣	ケ	セ	テ	ネ	ヘ	メ	江	レ	ヱ	奉	事
ラ	介	せ	天	祢 祢	て	乂	江	レ	恵 恵	上	事
オ	コ	ソ	ト	ノ	ホ	モ	ヨ	ロ	ヲ	如	時
お	古(甲) 己(乙)	ソ	止	乃	呆	モ	ト	呂	シ	如	寸

又	以	令	所	人
又	ク	令	所	人
申	物	フイト	フマタノ	可
申	牛	一	命	可

備考

○本點ナリ、別點、第三次點アリ

○春日政治「西大寺本金光明最勝王經古點の國語學的研究」(昭17・12)

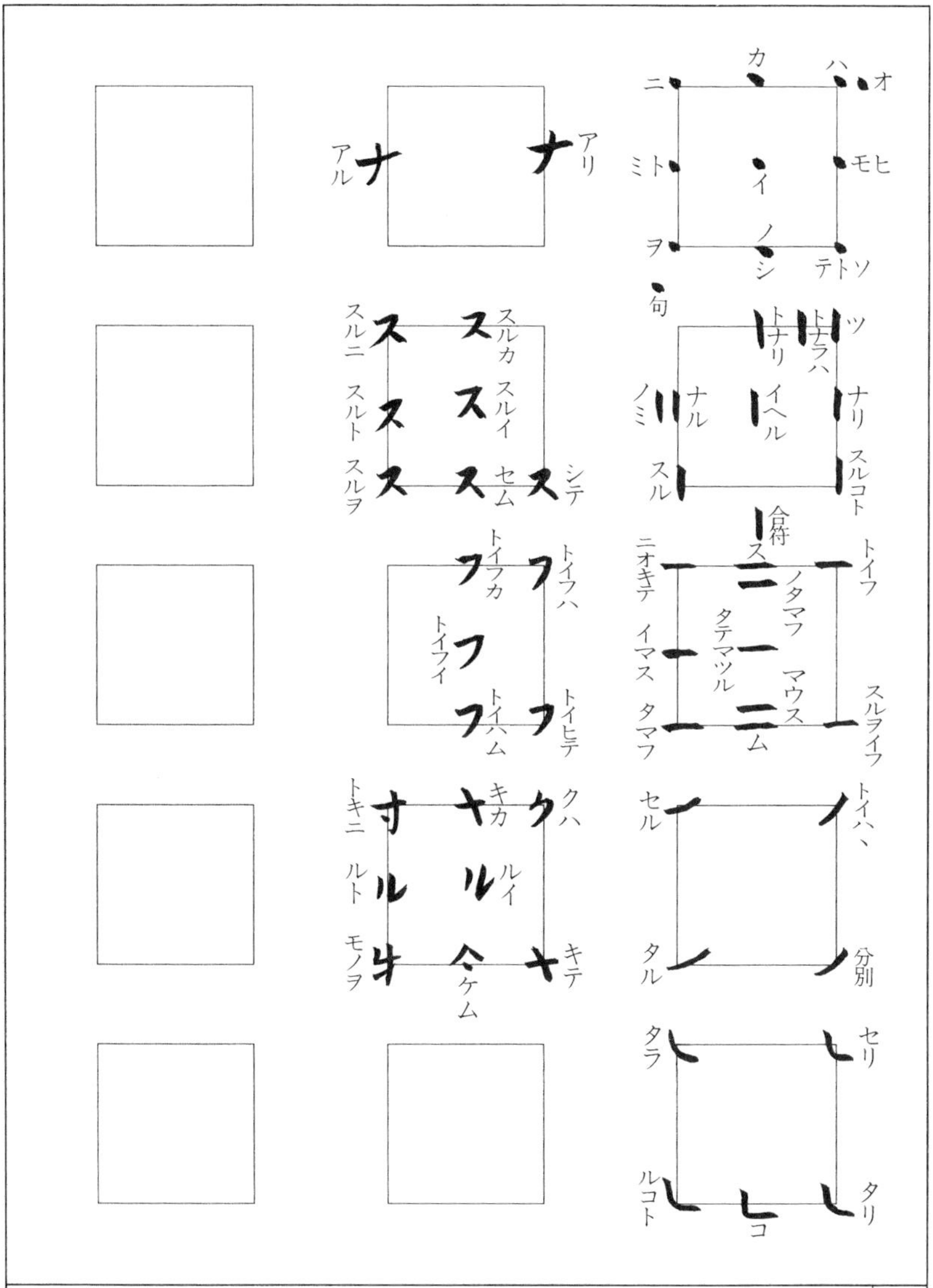
カ
ハ
オ
ニ
ミト
イ
モヒ
ヲ
ノ
シ
テトソ
句
アル
アリ
スルニ
スルカ
スルト
スルイ
スルヲ
セム
シテ
トナリ
トナラハ
ツ
ノミ
ナル
イヘル
ナリ
スル
スルコト
合符
ス
ニオキテ
ノタマフ
トイフ
タテマツル
イマス
マウス
タマフ
ム
スルヲイフ
トイフカ
トイフハ
トイフイ
トイハム
トイヒテ
トキニ
キカ
クハ
ルト
ルイ
モノヲ
ケム
キテ
セル
トイハ、
タル
分別
タラ
セリ
ルコト
コ
タリ

備考	

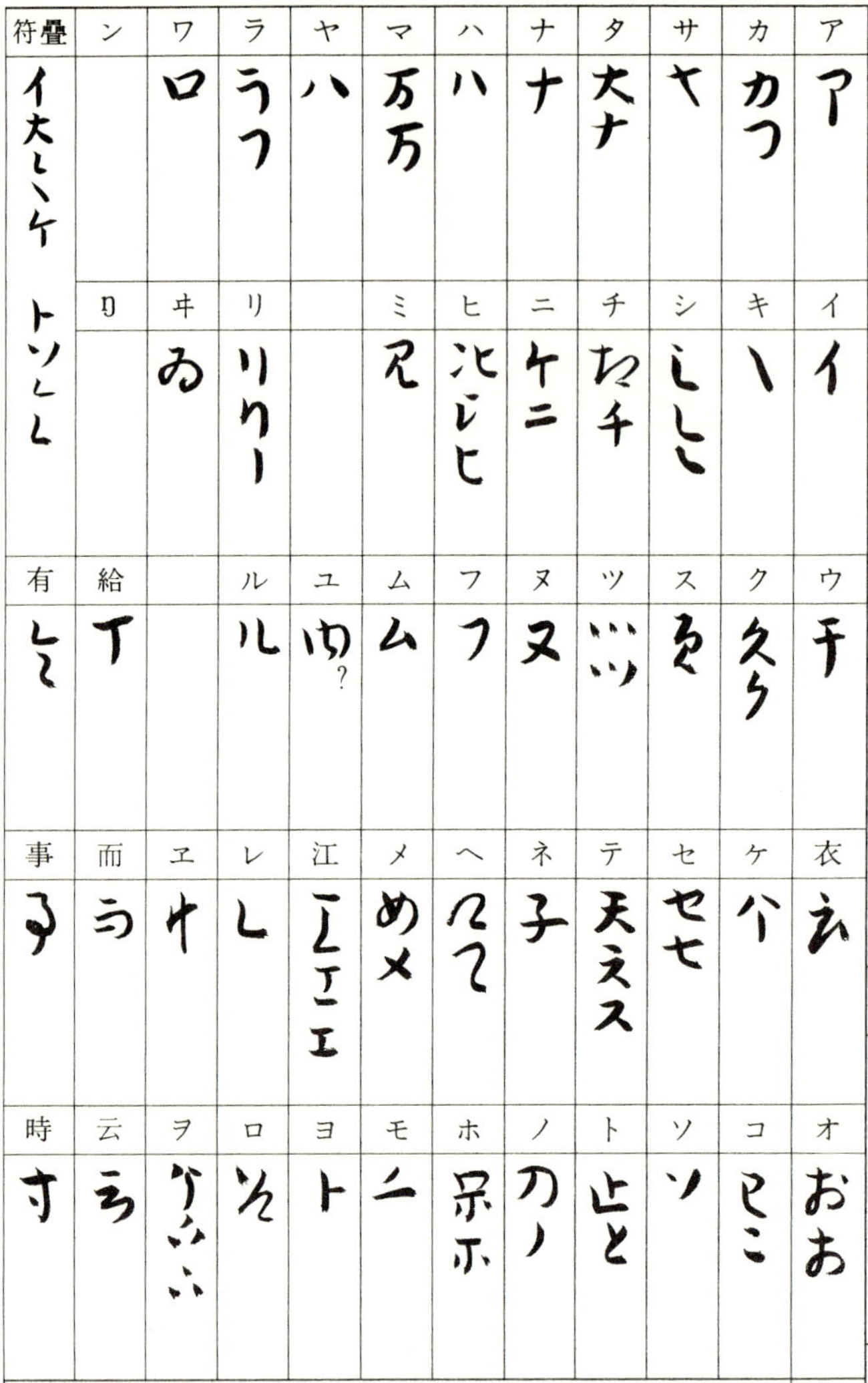

02−3	
(08505020)	
題標	觀彌勒上生兜率天經贊　一巻
藏所	箕面學園
巻次	巻下
裝幀	巻子本
書寫年代	平安時代初期
加點年代	同右
ヲコト點	第二群點　白
書寫者	
加點者	

備考

○第二次點ナリ、第一次點「04-1」參照

○高山寺・山田嘉造氏舊藏

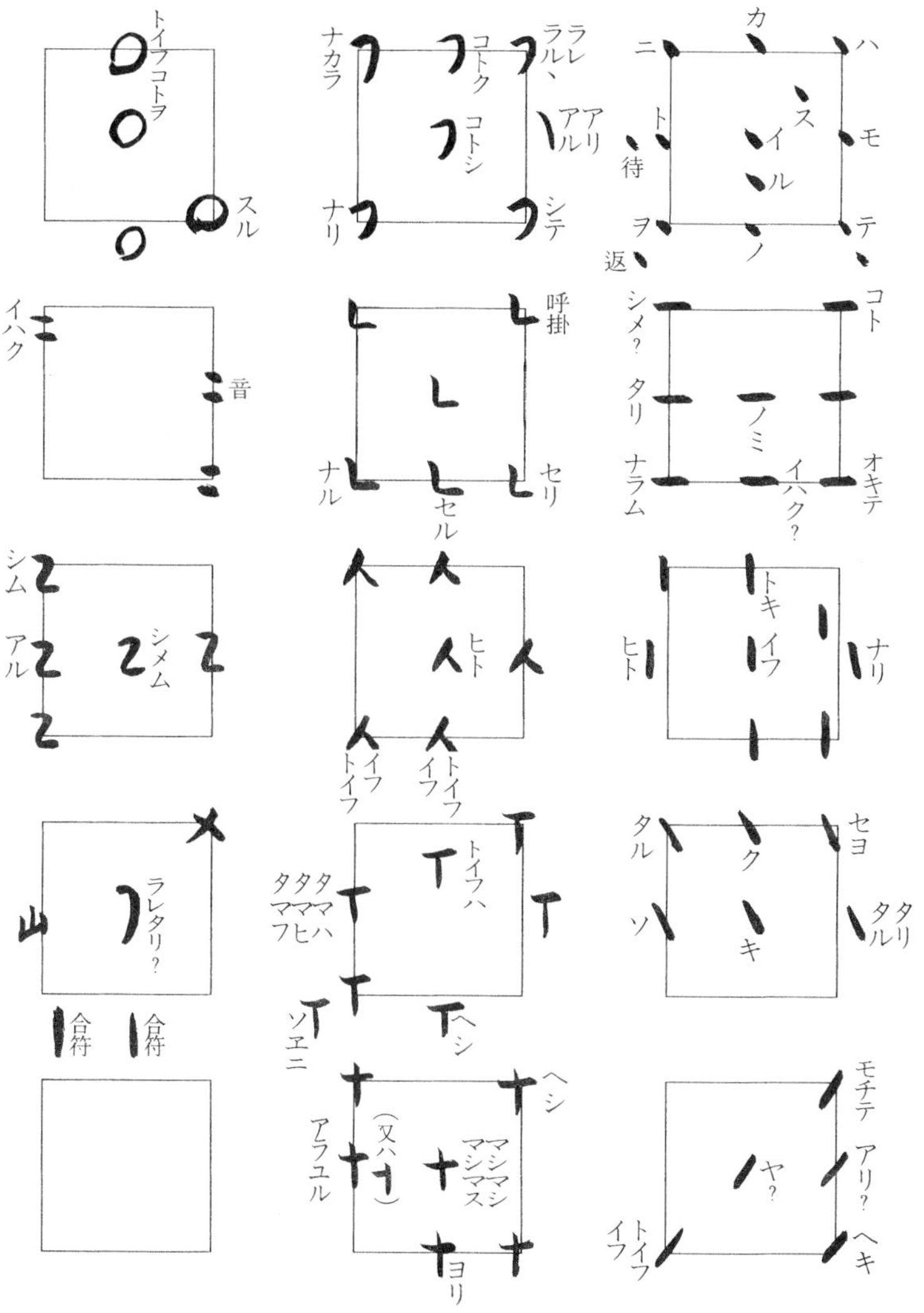

ハ
カ
ニ
ス
ト
イ
モ
待
ル
ヲ
ノ
テ
返
ラレ
ラル、
コトク
ナカラ
アリ
アル
コトシ
シテ
ナリ
トイフコトヲ
スル
コト
シメ?
タリ
ノミ
ナラム
イハク?
オキテ
呼掛
ナル
セリ
セル
イハク
音
トキ
ヒト
イフ
ナリ
ヒト
イフ
トイフ
トイフ
イフ
シム
アル
シメム
セヨ
タル
ク
ソ
キ
タリ
タル
トイフハ
タタタ
マママ
フヒハ
ソヱニ
ヘシ
ラレタリ?
合符
合符
モチテ
ヤ?
アリ?
トイフ
イフ
ヘキ
ヘシ
(又ハ)
アラユル
マシマシ
マシマス
ヨリ

備考

02－6	
(10220001)	
題標	大毗盧遮那成佛經　六卷
藏所	國立國會圖書館
次卷	卷第一・三～七
裝幀	卷子本
書寫年代	奈良時代
加點年代	治安二年(一〇二二)
ヲコト點	第二群點　白
書寫者	
加點者	平救資

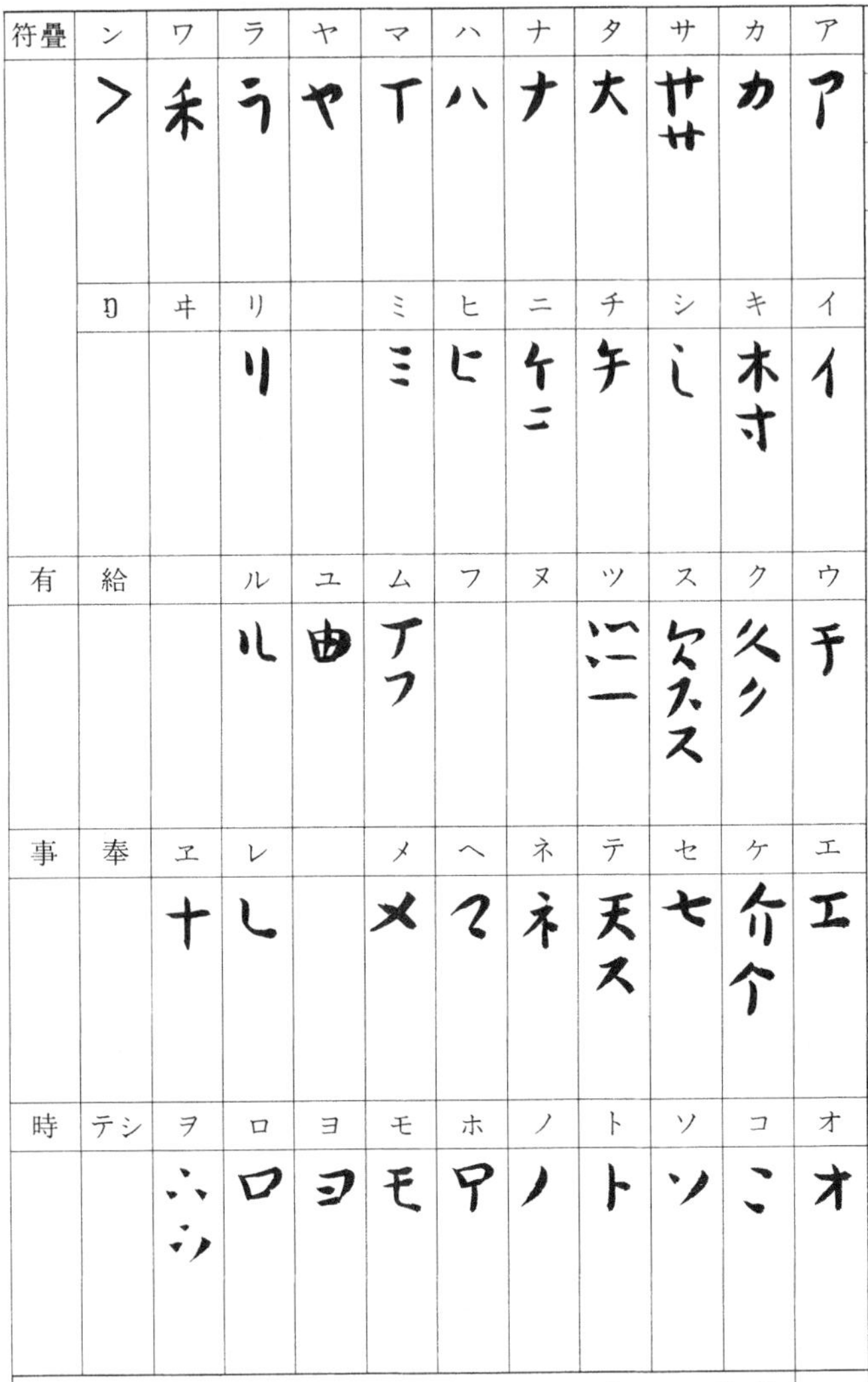

備考

○第三次點ナリ
○築島裕「平安初期の言語生活」(國語と國文學四五・三、昭45・3)
○高山寺舊藏本

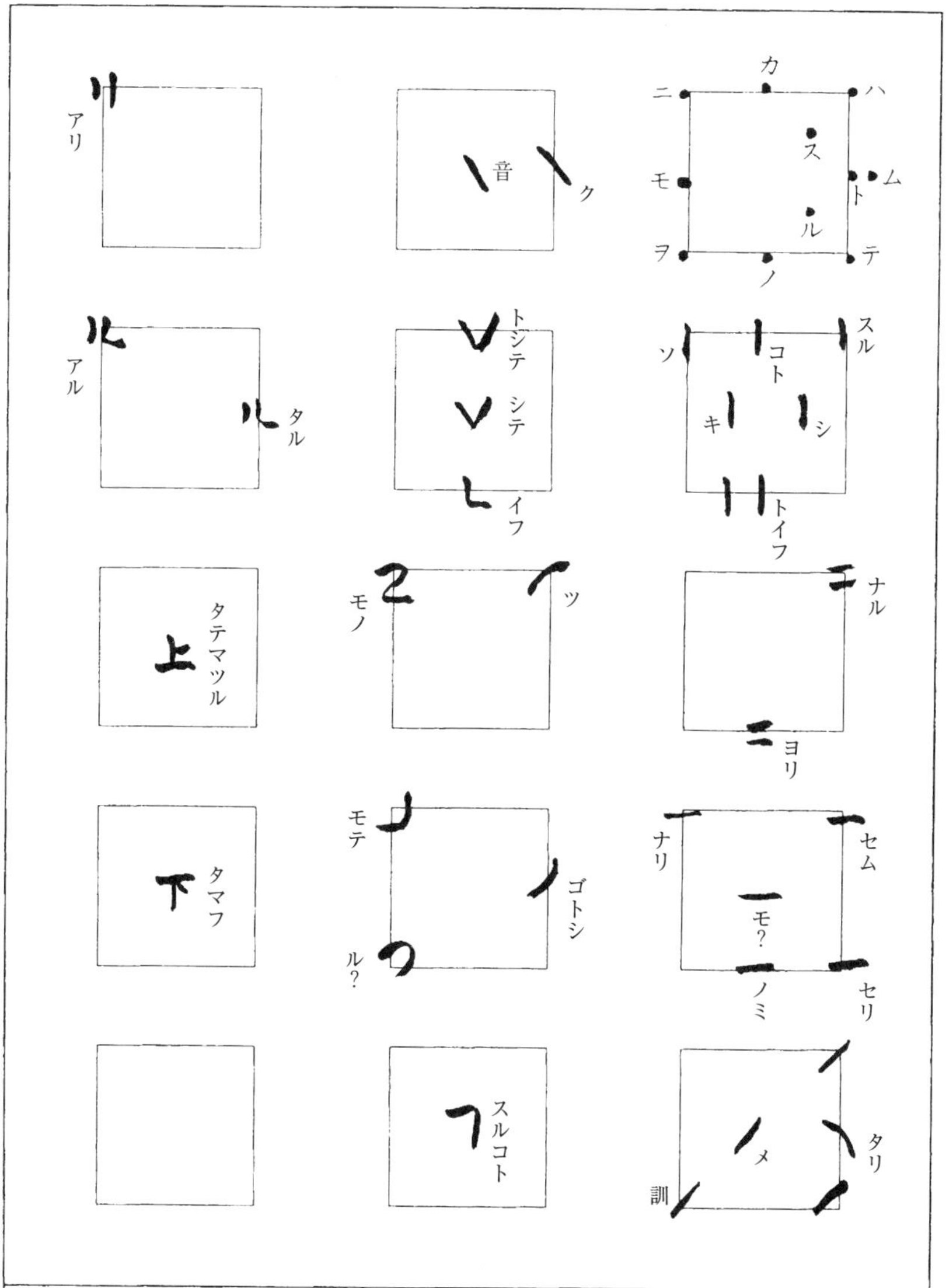

備考

○喜多院點ニ近ケレドモ少異アリ

03－1	
(08505007)	
藏所	石山寺・天理圖書館
標題	金剛波若經集驗記　二卷
次卷	卷上中下
裝幀	卷子本
書寫年代	平安時代初期
加點年代	同右
ヲコト點	第三群點　白・朱
書寫者	
加點者	

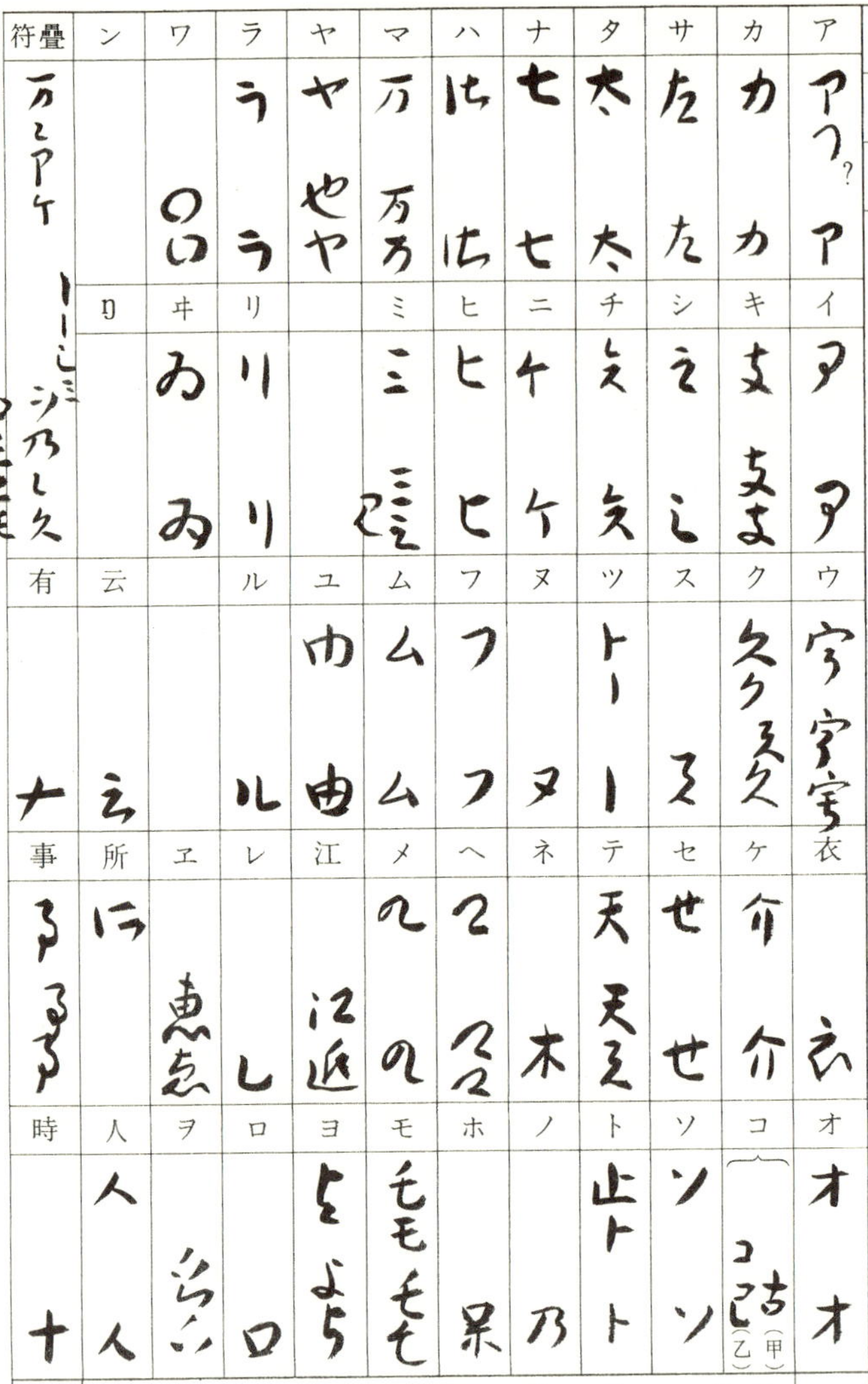

備考

○上段白點、下段朱點

○第二次點ナリ、第三次點（石山寺藏本ニノミ存ス）ヲ下段ニ併載ス

○「金剛波若經集驗記訓點抄」（國文學論攷八、昭13・7）

○中田祝夫「金剛波若集驗記本文の白點調查」（訓點語と訓點資料三四、昭49・5）

○中田ゼミナール「金剛波若經集驗記古訓考證稿」（私家版、昭50・4）

○天理圖書館藏本ハ石山寺・黑板勝美氏舊藏

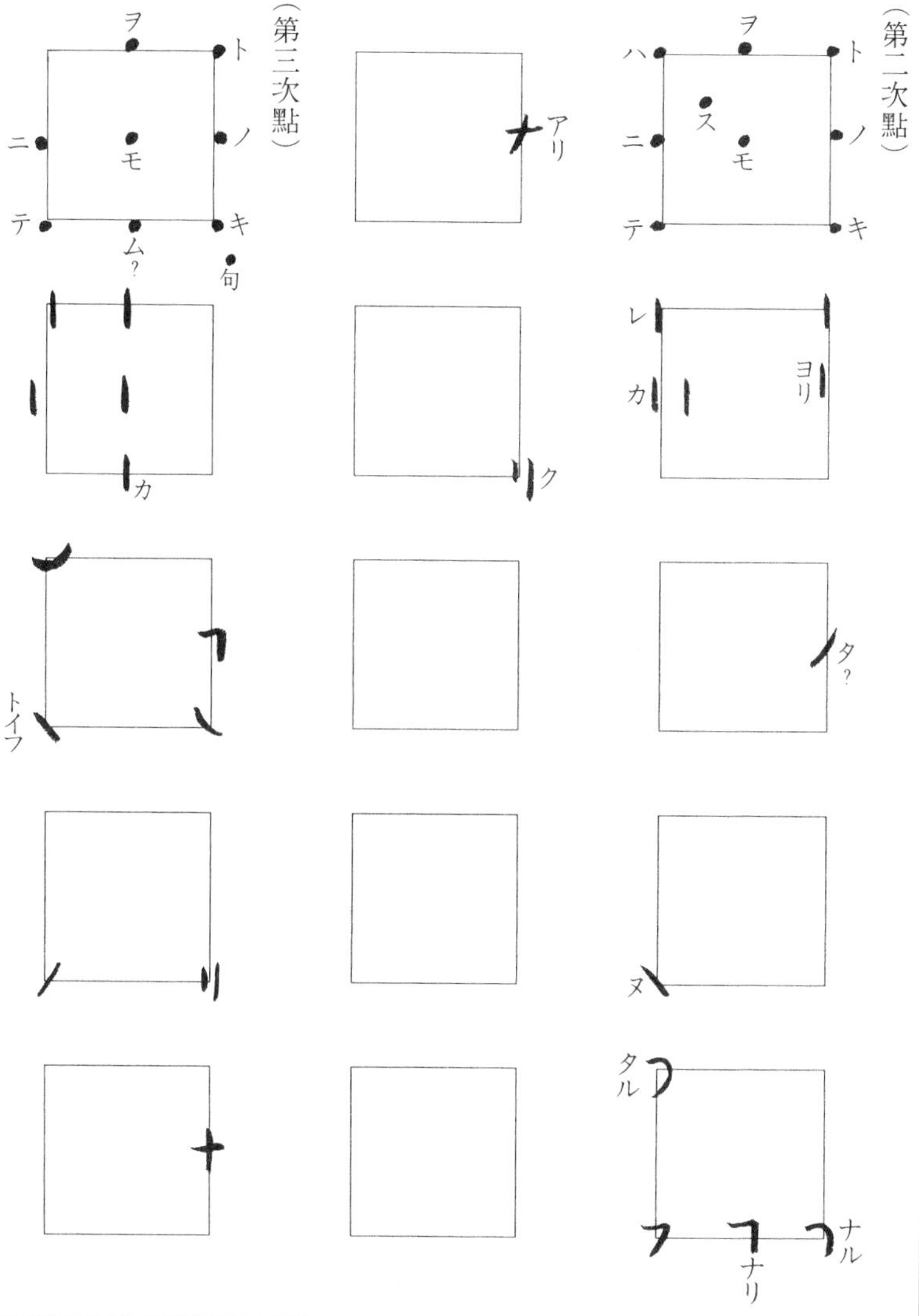

備考

03－2	
(08505014)	
藏所	知恩院
題標	大唐三藏玄奘法師表啓　一卷
次卷	
帳裝	卷子本
書寫年代	奈良時代
加點年代	平安時代初期
ヲコト點	第三群點　朱
書寫者	
加點者	

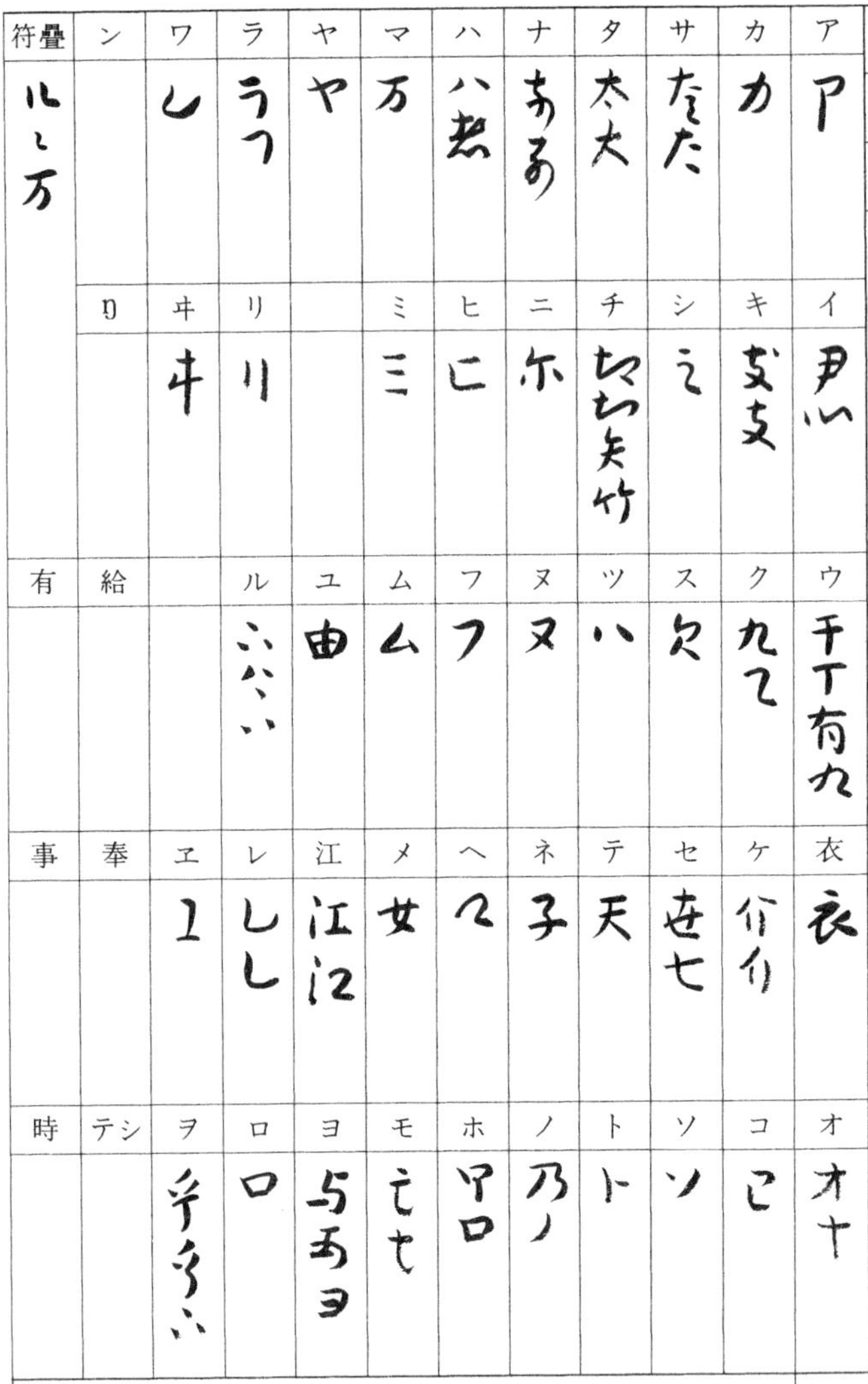

備考

○築島裕「知恩院藏大唐三藏玄奘法師表啓古點」（訓點語と訓點資料四、昭30・5）

○遠藤嘉基「知恩院藏大唐三藏玄奘法師表啓古點について」（國語國文二四・一一、昭30・11）

○山田忠雄「知恩院藏本大唐三藏玄奘法師表啓古點の研究」（國語學二九、昭32・6）

○中田祝夫「東大寺諷誦文稿の國語學的研究」（昭44・6）

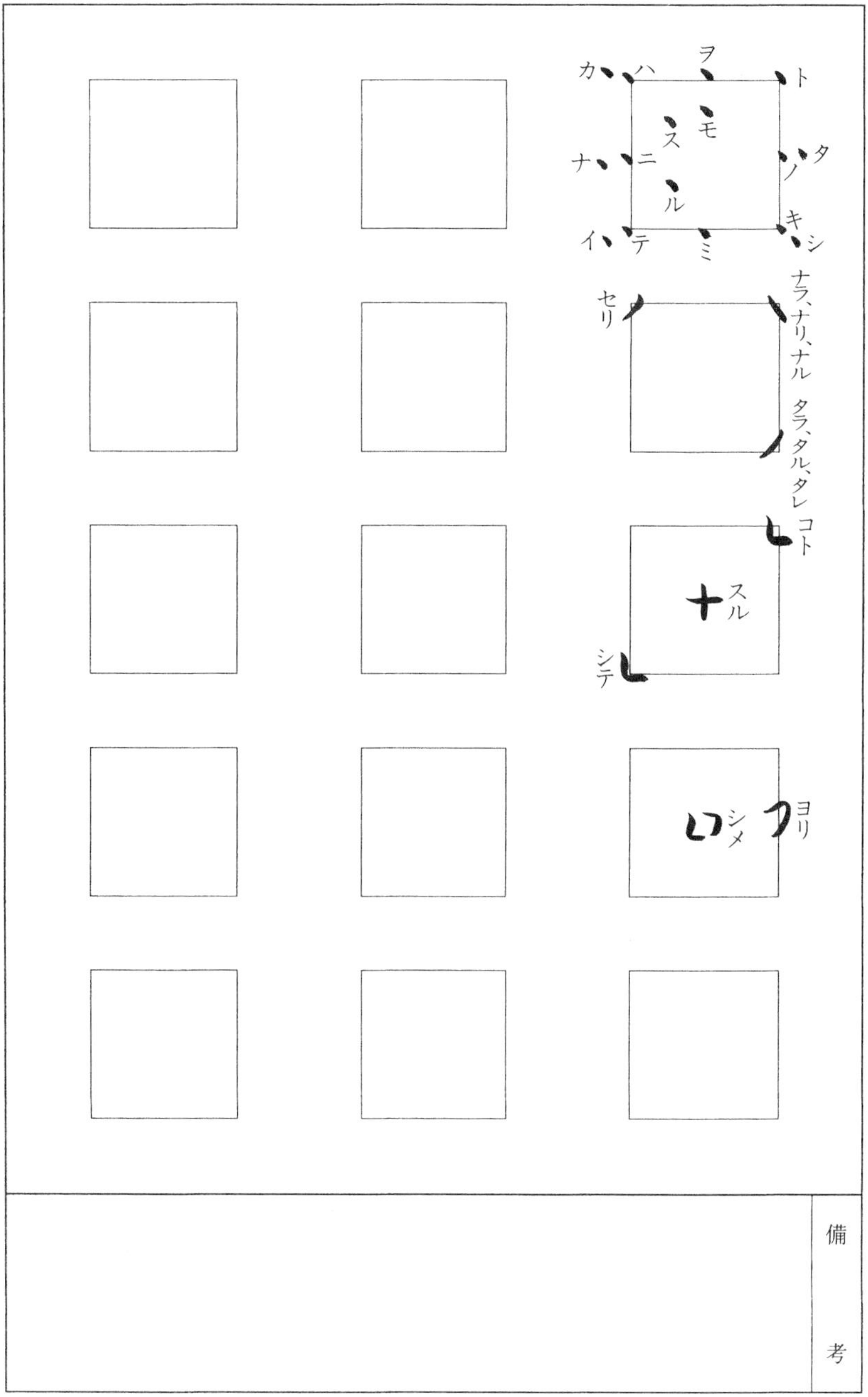
ヲ
カ
ハ
ト
モ
ス
ナ
ニ
タ
ノ
ル
キ
シ
イ
テ
ミ
セリ
ナラ、ナリ、ナル
タラ、タル、タレ
コト
スル
シテ
ヨリ
シメ
備考

03－3	
(08705002)	
題標	七喩三平等十无上義　一巻
藏所	東大寺圖書館
次巻	
幀装	巻子本
書寫年代	平安時代初期
加點年代	同右
ヲコト點	第三群點　朱
書寫者	
加點者	

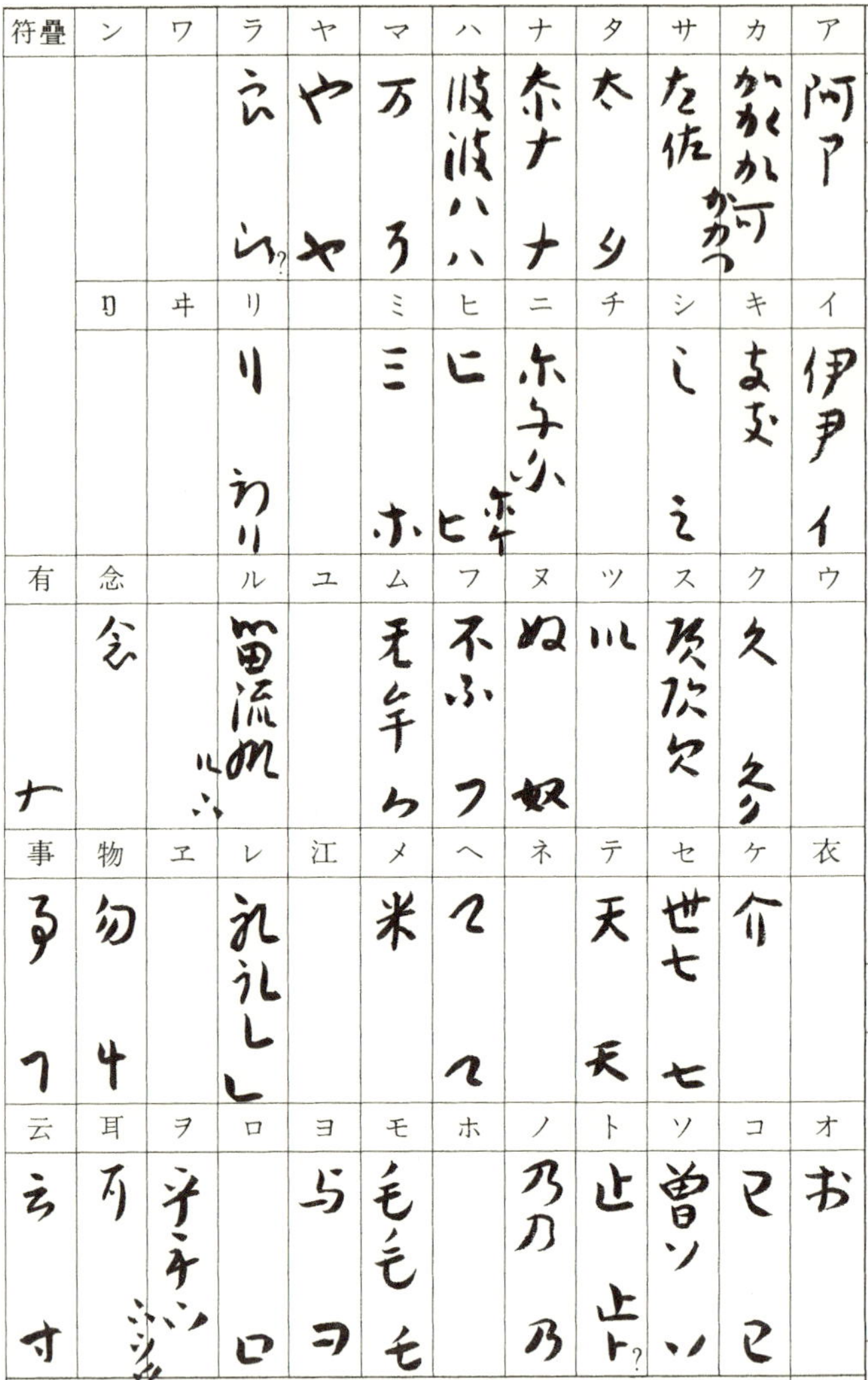

備考

○上段ハ本文（宣命書）ノ假名部分（墨點）、下段ハ朱書ノ訓點

○紙背ニ「法華論義草」アリ

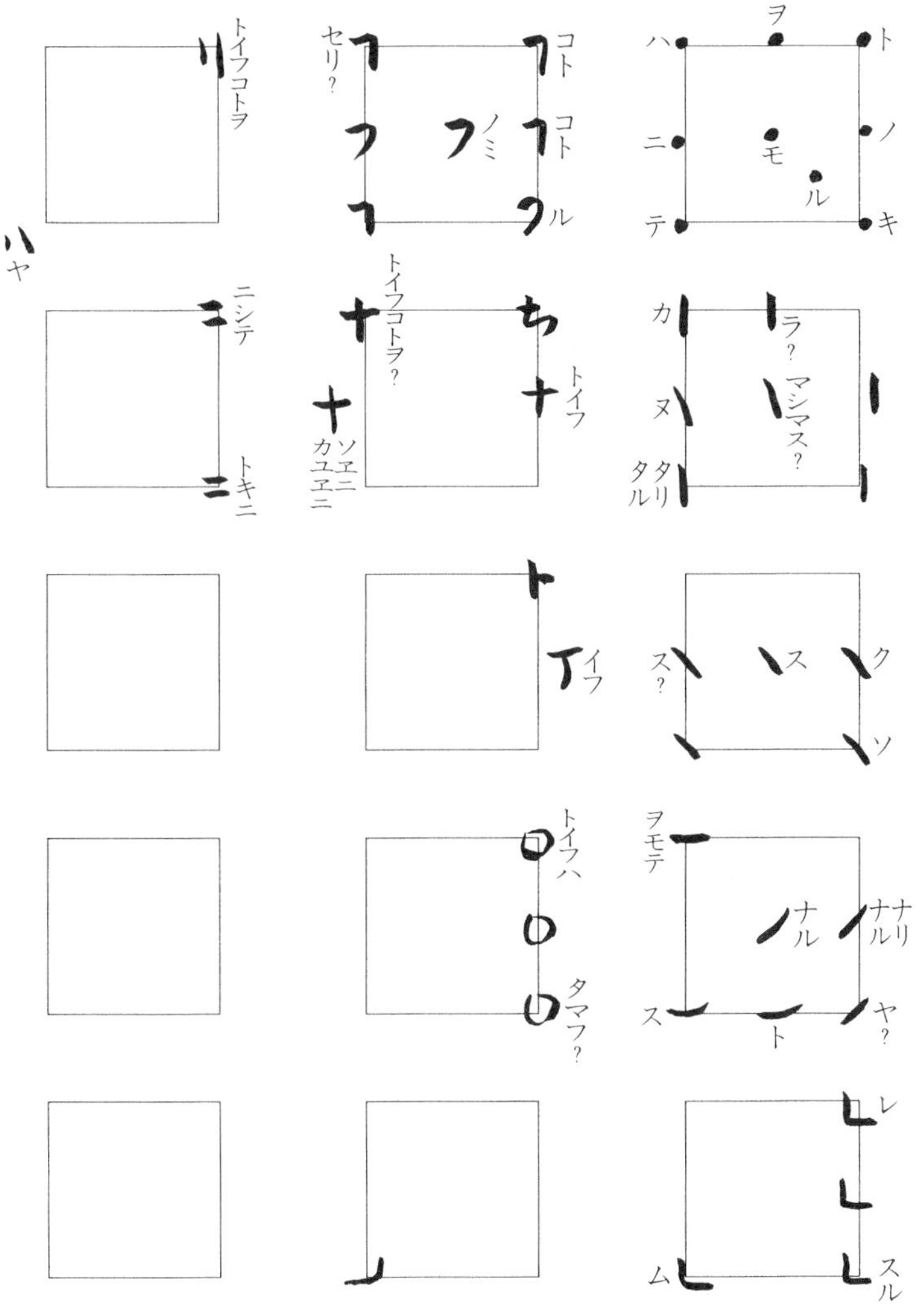
ヲ
ハ
ト
ノ
ニ
モ
ル
テ
キ
コト
セリ？
ノミ
ル
トイフコトヲ
ハヤ
カ
ラ？
マシマス？
ヌ
タリ
タル
トイフコトヲ？
トイフ
ソエニ
カユヱニ
ニシテ
トキニ
ス？
ス
ク
ソ
イフ
ヲモテ
トイフハ
ナル
ナリ
ナル
タマフ？
ス
ト
ヤ？
レ
ム
スル

備考

	03－4
	(08830001)
題標	大乘大集地藏十輪經　八卷
藏所	東大寺圖書館（卷第一・二・四・八・九・十）聖語藏（卷第五・七）
裝幀	卷子本
書寫年代	平安時代初期
加點年代	元慶七年（八八三）
ヲコト點	第三群點　白
書寫者	
加點者	

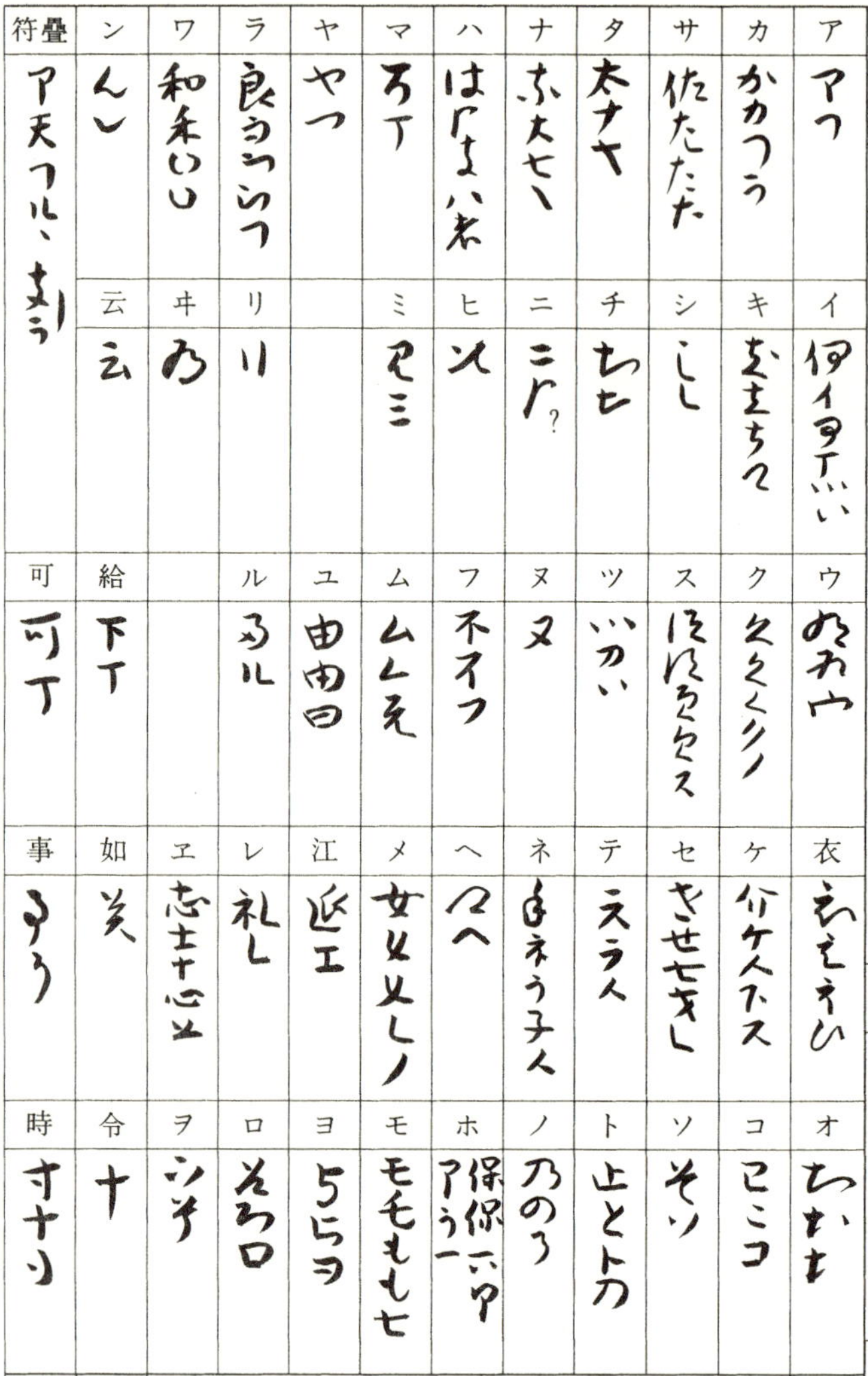

備考

○大矢透「地藏十輪經元慶點」（大9・12）

○池田（大坪）併治「地藏十輪經元慶點拾遺」（國語・國文七・六、昭12・6）

○中田祝夫「古點本の國語學的研究譯文篇」（昭33・3）

○同「東大寺諷誦文稿の國語學的研究」（昭44・6）

○同「正倉院本地藏十輪經卷五・七元慶點」（昭55）

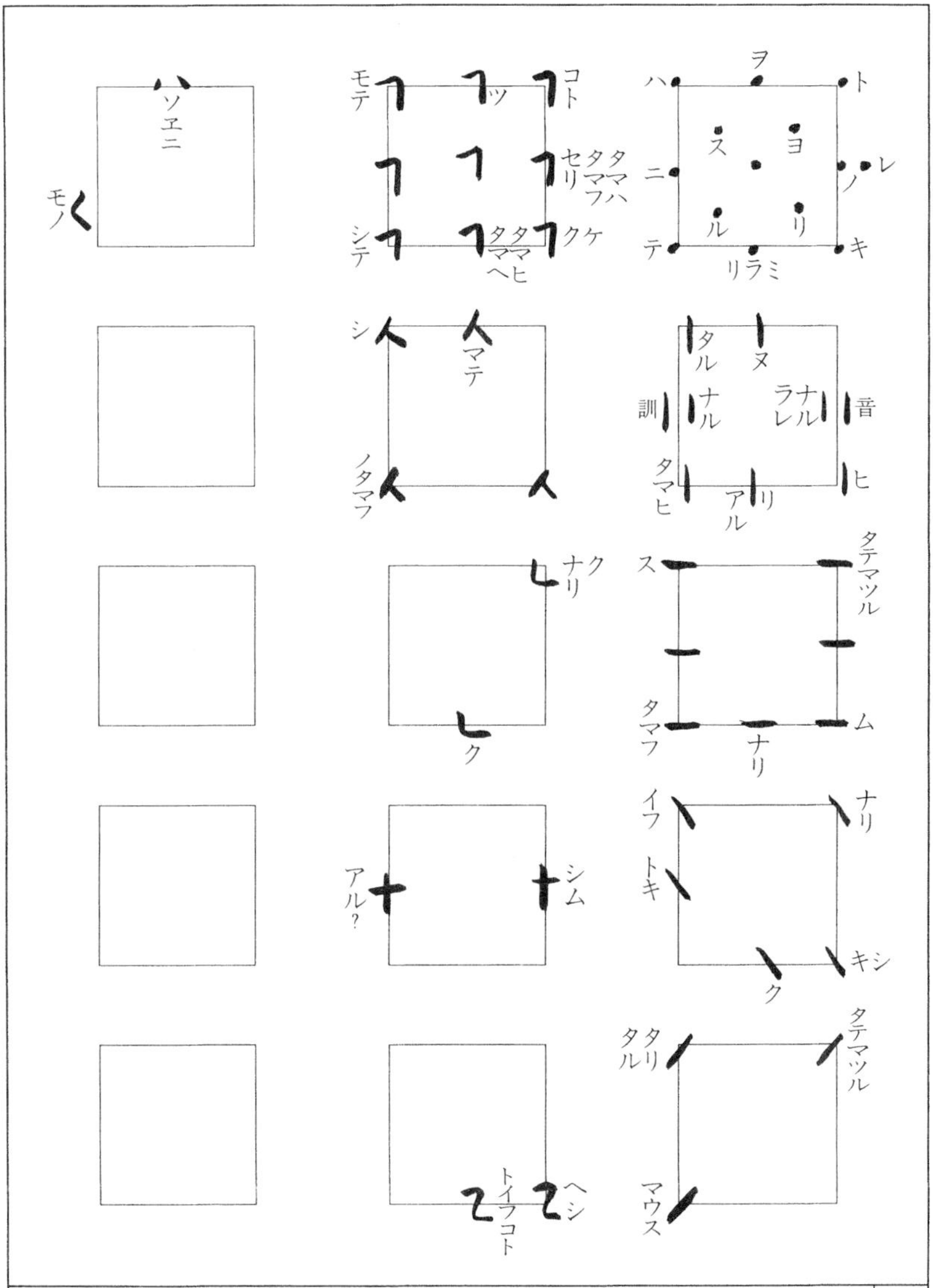
ヲ
ハ
ト
ス
ヨ
ニ
レ
ノ
ル
リ
テ
キ
リラミ
モテ
ツ
コト
セリ
タマフ
タマハ
シテ
タマヘ
タマヒ
クケ
ソエニ
モノ
タル
ヌ
訓
ナル
ラレ
ナル
音
タマヒ
アル
リ
ヒ
シ
マテ
ノタマフ
ス
タテマツル
タマフ
ナリ
ム
ナク
ナリ
ク
イフ
ナリ
トキ
ク
キシ
アル?
シム
タリ
タル
タテマツル
マウス
トイフコト
ヘシ

	備考

03－5	
(10020001)	
題標	法華義疏　五卷
藏所	石山寺
次卷	卷第一・二・四・五・十一
幀裝	卷子本
書寫年代	平安時代初中期
加點年代	長保四年(一〇〇二)
ヲコト點	第三群點ノ變形　朱
書寫者	
加點者	注算

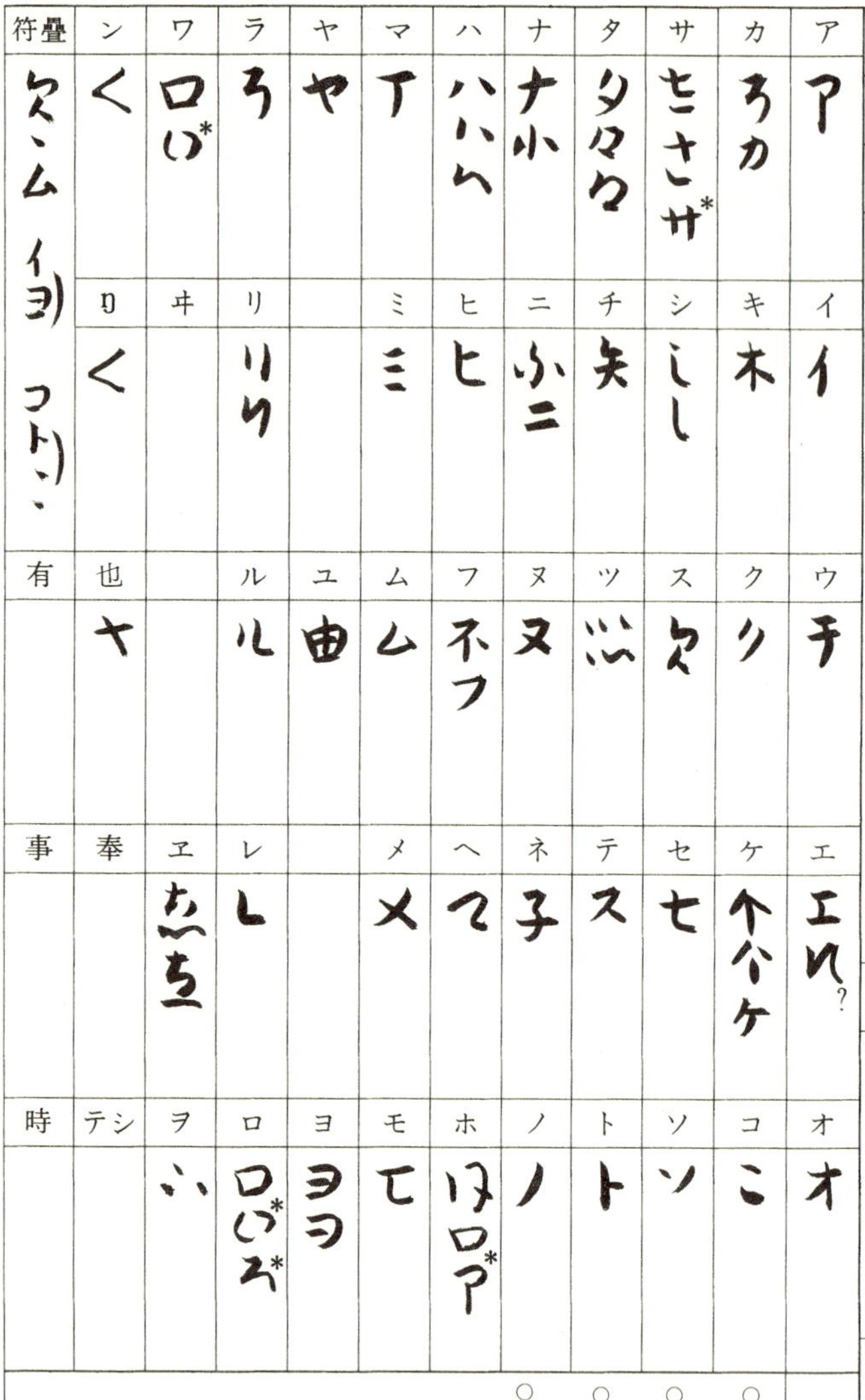

備考

○第二次點ナリ、第一次點ニ白點アリ

○＊ハ大坪併治氏説ニ據ルモノ

○中田祝夫「古點本の國語學的研究譯文篇」(昭33・3)

○稻垣瑞穗「石山寺本法華義疏長保四年點譯文追考—序品初(上)」(靜岡女子短大研究紀要二七、昭55・3)

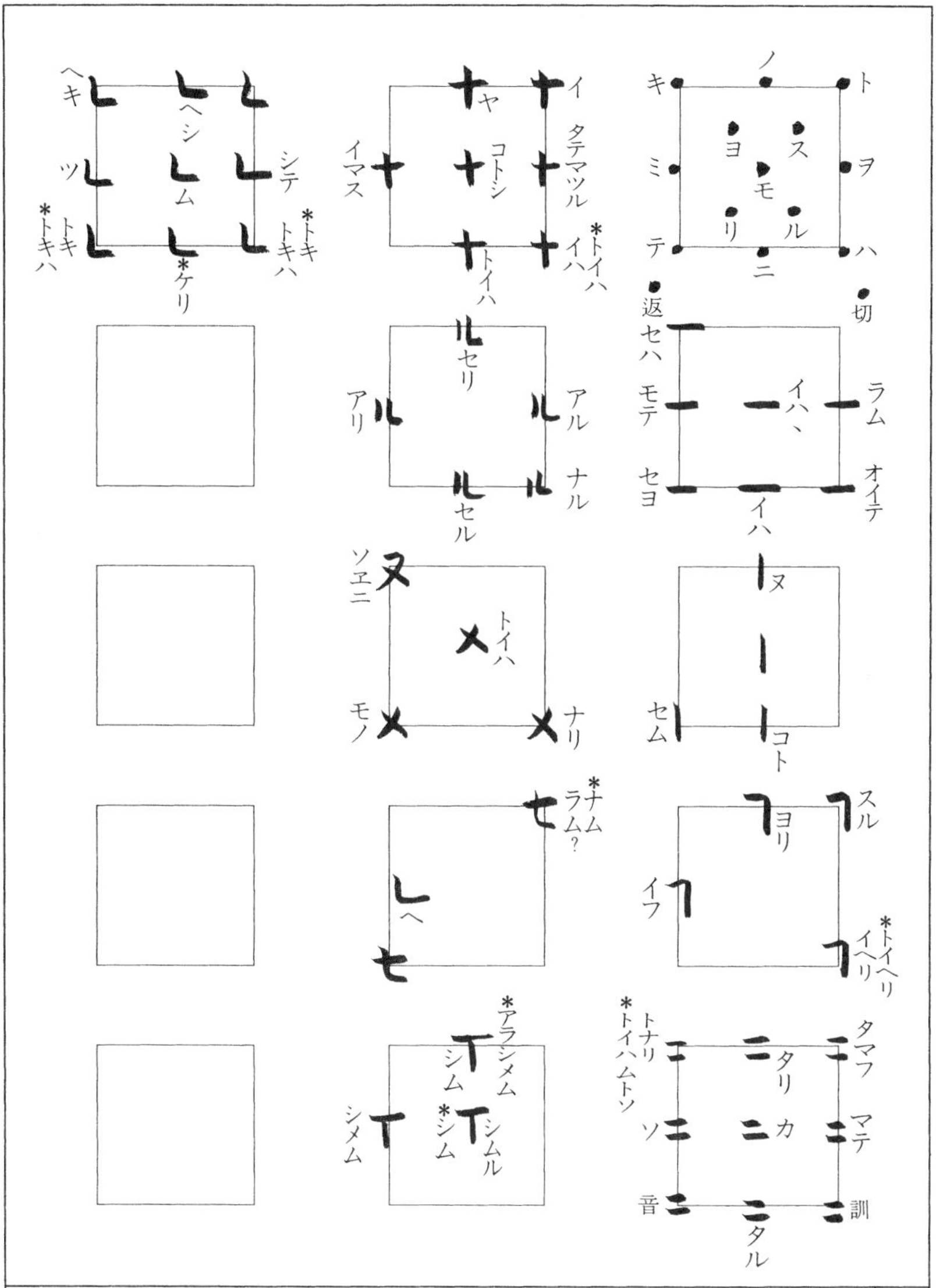
ノ
キ
ト
ヨ
ス
ミ
ヲ
モ
リ
ル
テ
ハ
ニ
返
切
セハ
ラム
モテ
イハ、
セヨ
オイテ
イハ
ヌ
セム
コト
ヨリ
スル
イフ
＊トイヘリ
イヘリ
＊トイハムトソ
トナリ
タマフ
タリ
ソ
カ
マテ
音
訓
タル
イ
ヤ
イマス
コトシ
タテマツル
＊トイハ
イハ
トイハ
セリ
アリ
アル
ナル
セル
ソエニ
トイハ
モノ
ナリ
＊ナム
ラム?
ヘ
＊アラシメム
シム
シメム
＊シム
シムル
ヘキ
ヘシ
シテ
ツ
ム
＊トキ
トキハ
トキ
＊トキハ
＊ケリ

備考

○＊ハ大坪氏説

04－1	
(08305011)	
題標	觀彌勒上生兜率天經贊　一卷
藏所	箕面學園
卷次	卷下
裝幀	卷子本
書寫年代	平安時代初期
加點年代	同右
ヲコト點	第四群點　朱
書寫者	
加點者	

ア	カ	サ	タ	ナ	ハ	マ	ヤ	ラ	ワ	ン	符疊
ア	イ	たナ	太大田	ナ七	は	万丁	丶	ラう	禾禾いO	ハ丶	イ丶万リ　トノこ丶
イ	キ	シ	チ	ニ	ヒ	ミ		リ	ヰ	ŋ	
尹	支丶	う	千	ニ	ヒレレ	三末		リ	井	丁	
ウ	ク	ス	ツ	ヌ	フ	ム	ユ	ル		給	人
宇宇乎乎	久	シ	ツ	ヌメ	ヲネアフナ	ム		流流流		ハ丶	人
衣	ケ	セ	テ	ネ	ヘ	メ	江	レ	ヱ	奉	申
ラ	介も	七ヒ	弖土天乂人	子艮	ろてへ	ニ	兄え	しし	恵	キ?	申
オ	コ	ソ	ト	ノ	ホ	モ	ヨ	ロ	ヲ	如	?ニヱソ
ヒ丶	古子(甲)　己こ(乙)	曽ノ	刀とト	乃乃ノ	呆呆呆	もモ	ト	呂	乎乎乎	如	丶ニ

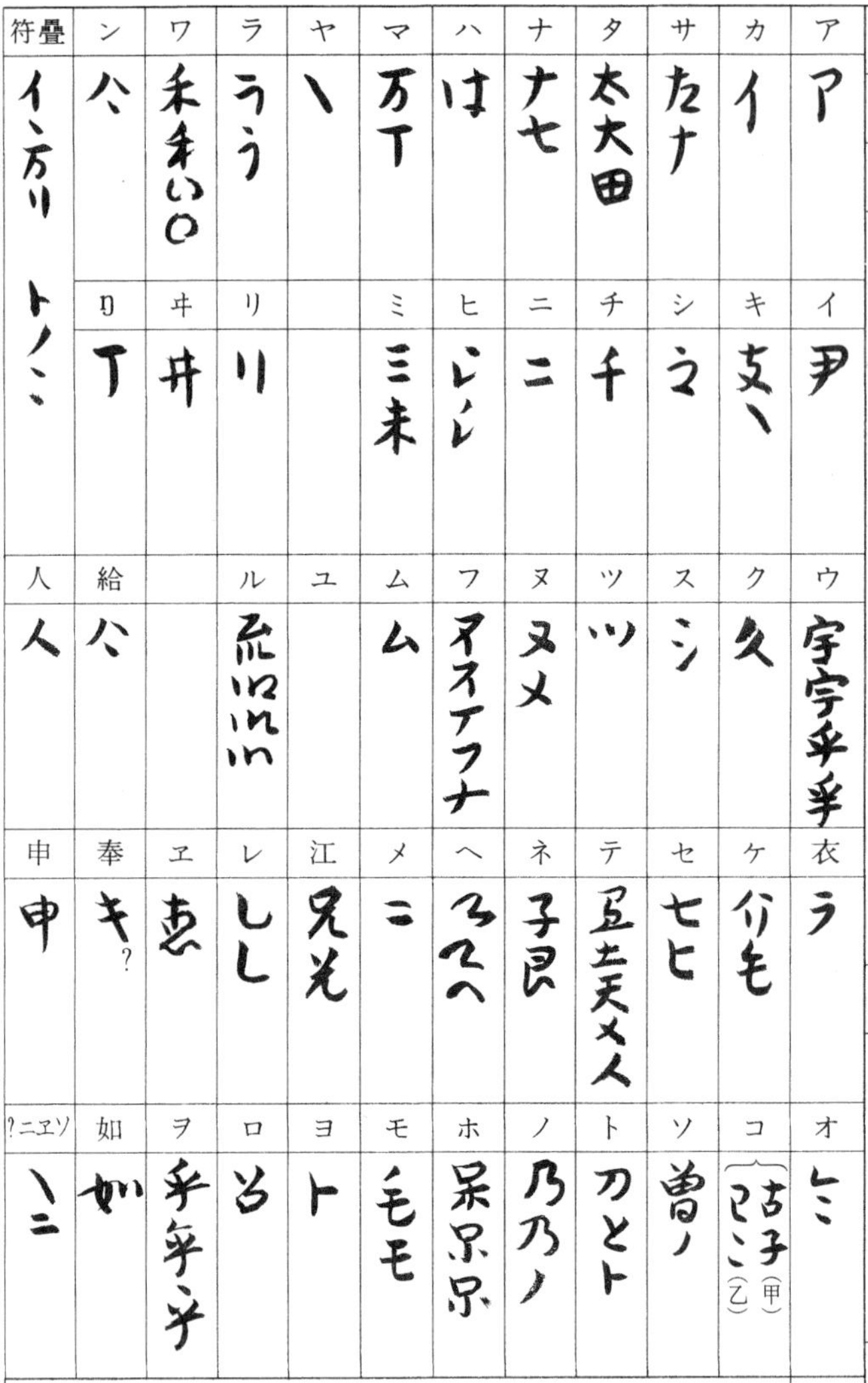

備考

○第一次點ナリ、第二次點「02-3」參照

○中田祝夫・築島裕「高山寺藏本彌勒上生經贊古點に關する調査報告」(國語學二、昭28・1)

○高山寺・山田嘉造氏舊藏

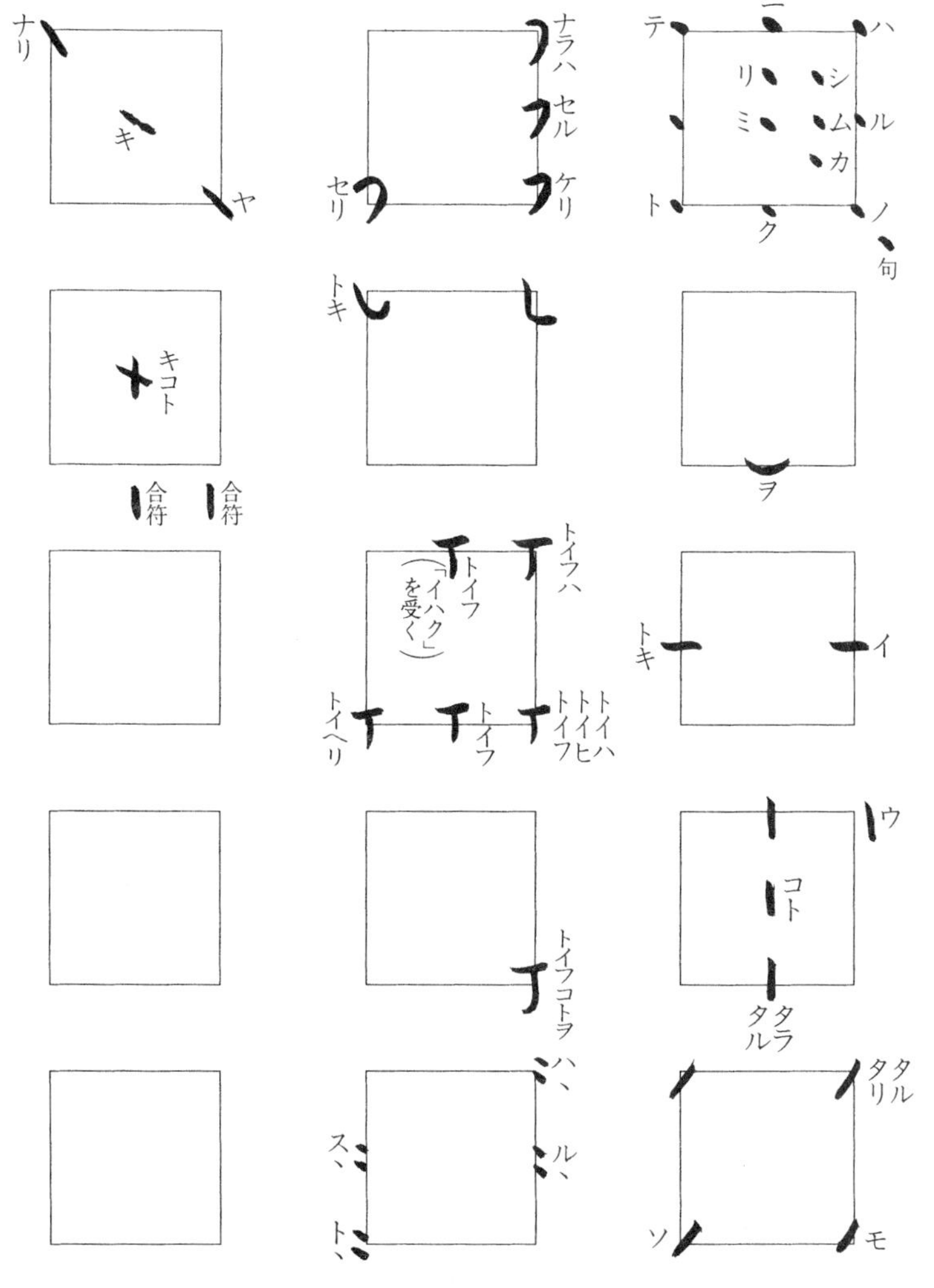
ナリ
キ
ヤ
ナラハ
セル
ケリ
セリ
ニ
テ
ハ
リ
シ
ミ
ム
ル
カ
ト
ク
ノ
句
キコト
合符
合符
トキ
ヲ
トイフ
トイフハ
「イハク」（を受く）
トキ
イ
トイヘリ
トイフ
トイハ
トイヒ
トイフ
ウ
コト
トイフコトヲ
タラ
タル
ハ、
ル、
ス、
ト、
タル
タリ
ソ
モ

備考

04－3	
(09505020)	
題標	大唐西域記
藏所	興聖寺
次巻	巻第十二
	一帖
幀装	折本装（巻子本改装）
書寫年代	承和十一年（八四四）頃
加點年代	平安時代中期
ヲコト點	第四群點　朱・墨
書寫者	
加點者	

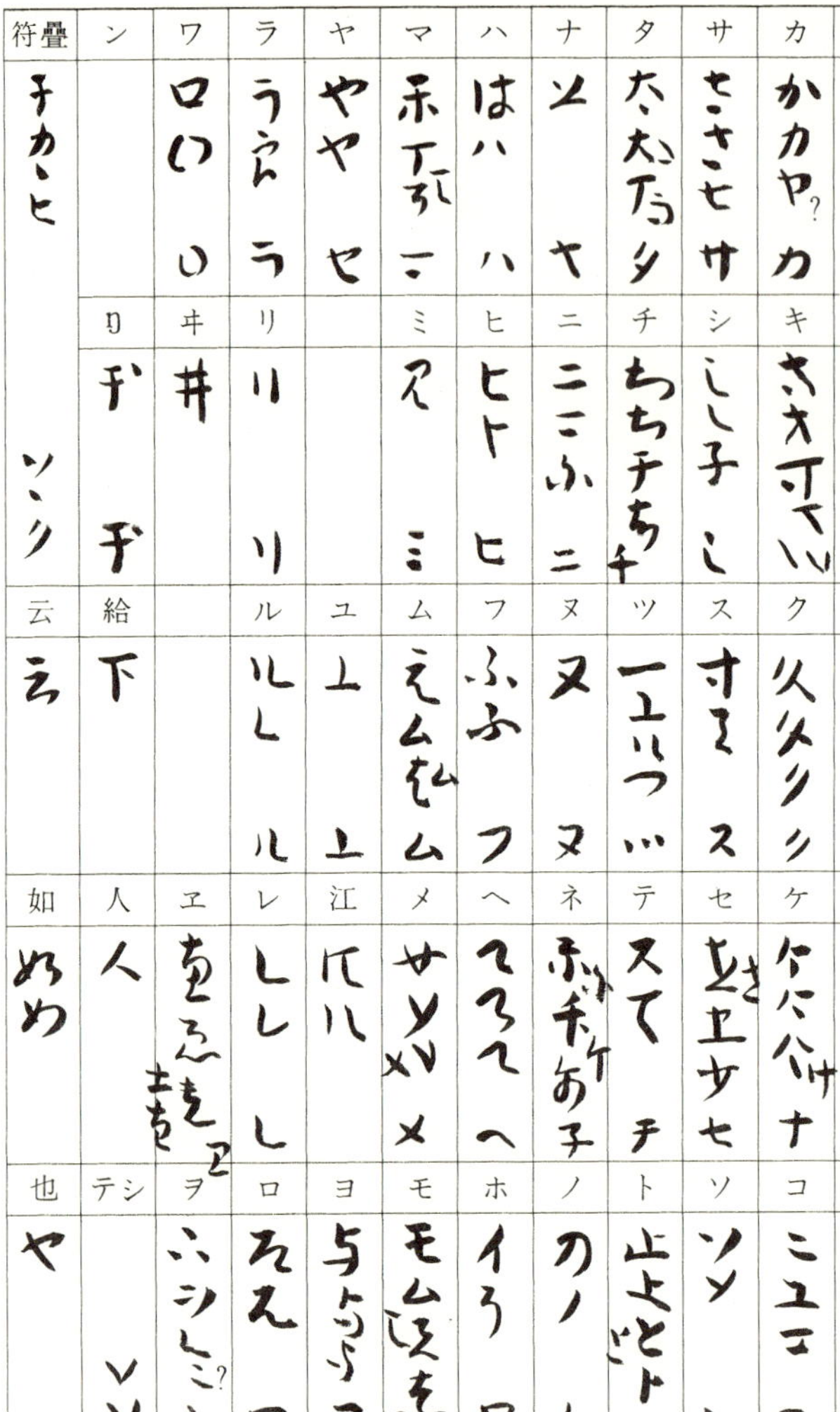

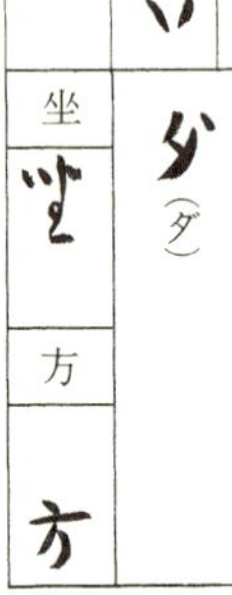

備考

○上段朱點、下段墨點（平安時代後期）

○吉田金彦「訓點拾遺五題」（訓點語と訓點資料一一、昭34・3）

○曾田文雄「興聖寺本大唐西域記巻十二の朱點」（同右）

○同「興聖寺本大唐西域記巻十二併解讀文」（同一四、昭35・10）

○同「興聖寺本大唐西域記巻十二併解讀文―「贊」以下の部」（同一五、昭36・1）

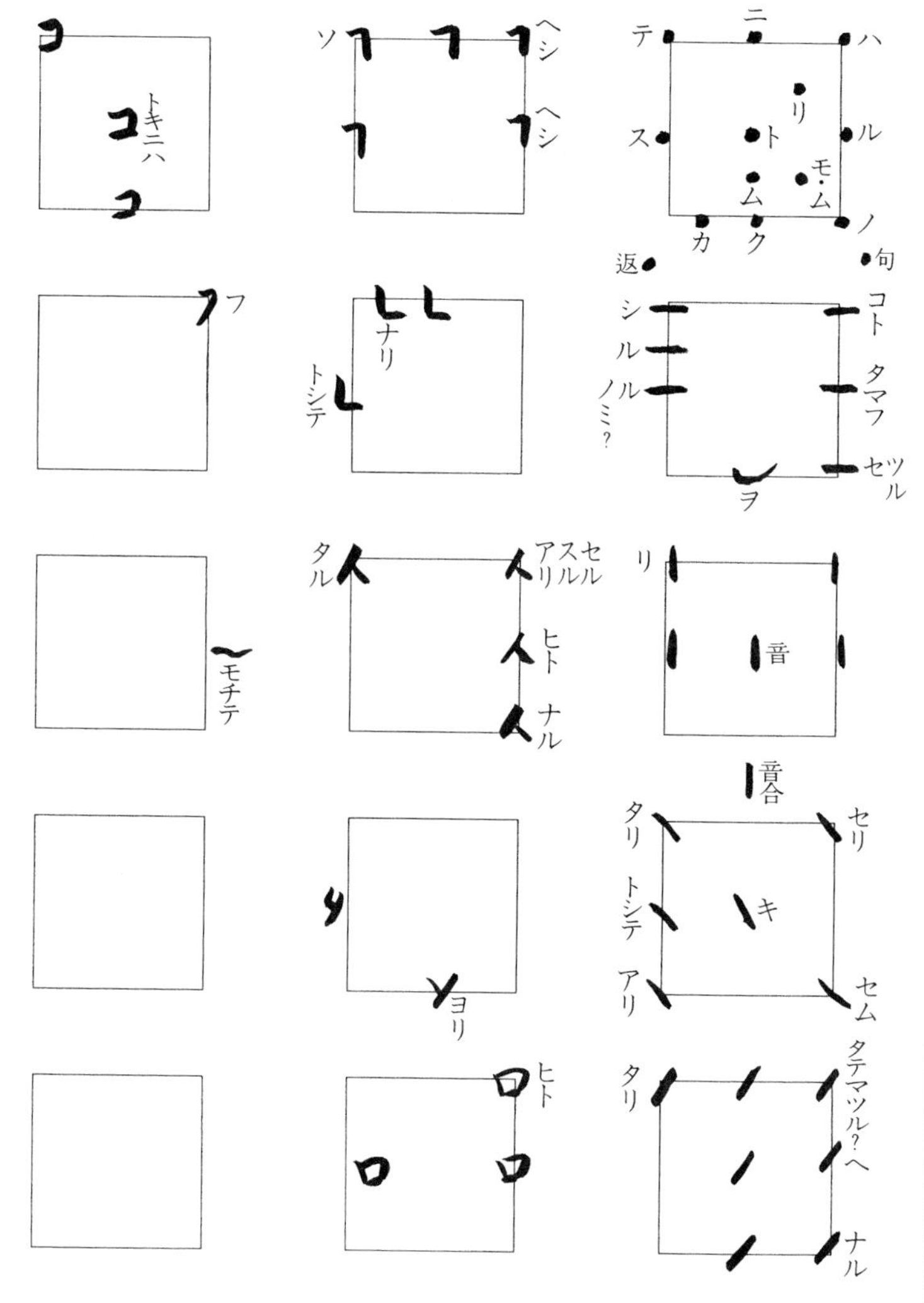
テ
ニ
ハ
リ
ス
ト
ル
モ・ム
ム
カ
ク
ノ
返
句
シ
シル
ノルミ?
コト
タマフ
セツル
ヲ
ソ
ヘシ
ヘシ
ナリ
トシテ
フ
トキニハ
タル
アリ
スル
セル
ヒト
ナル
モチテ
リ
音
音合
タリ
セリ
トシテ
キ
アリ
セム
ヨリ
ヒト
タリ
タテマツル?
ヘ
ナル

備考

04－4	
(11380012)	
題標	大日經持誦不同　七帖
藏所	高山寺
次卷	卷第一～七
幀裝	粘葉裝
書寫年代	院政期
加點年代	保延四年(一一三八)
ヲコト點	第四群點　朱・墨
書寫者	
加點者	文忠

符疊	ン	ワ	ラ	ヤ	マ	ハ	ナ	タ	サ	カ	ア
ミ丶ニ コトリク		い	フ ラ		〒 〒	ハ丶 ハ	ナ ナ	タ	ナ サ サ	カ カ	ア ア
	り	ヰ	リ		ミ	ヒ	ニ	チ	シ	キ	イ
			リ リ		ミ	ヒ ヒ	ニ	チ	し丶 し	さ 丶	イ イ
有	給		ル	ユ	ム	フ	ヌ	ツ	ス	ク	ウ
			ル ル		ム ム				〒 六 仌 ス ス	ク ク	
云	奉	ヱ	レ		メ	ヘ	ネ	テ	セ	ケ	エ
ム			レ		メ	ヘ	子	天 チ 人	七	个	
時	テシ	ヲ	ロ	ヨ	モ	ホ	ノ	ト	ソ	コ	オ
卄寸		シ	 ロ	ヨ	モ モ	ア ル	ノ	ト	ソ	コ コ	オ

備考

○上段朱點、下段墨點

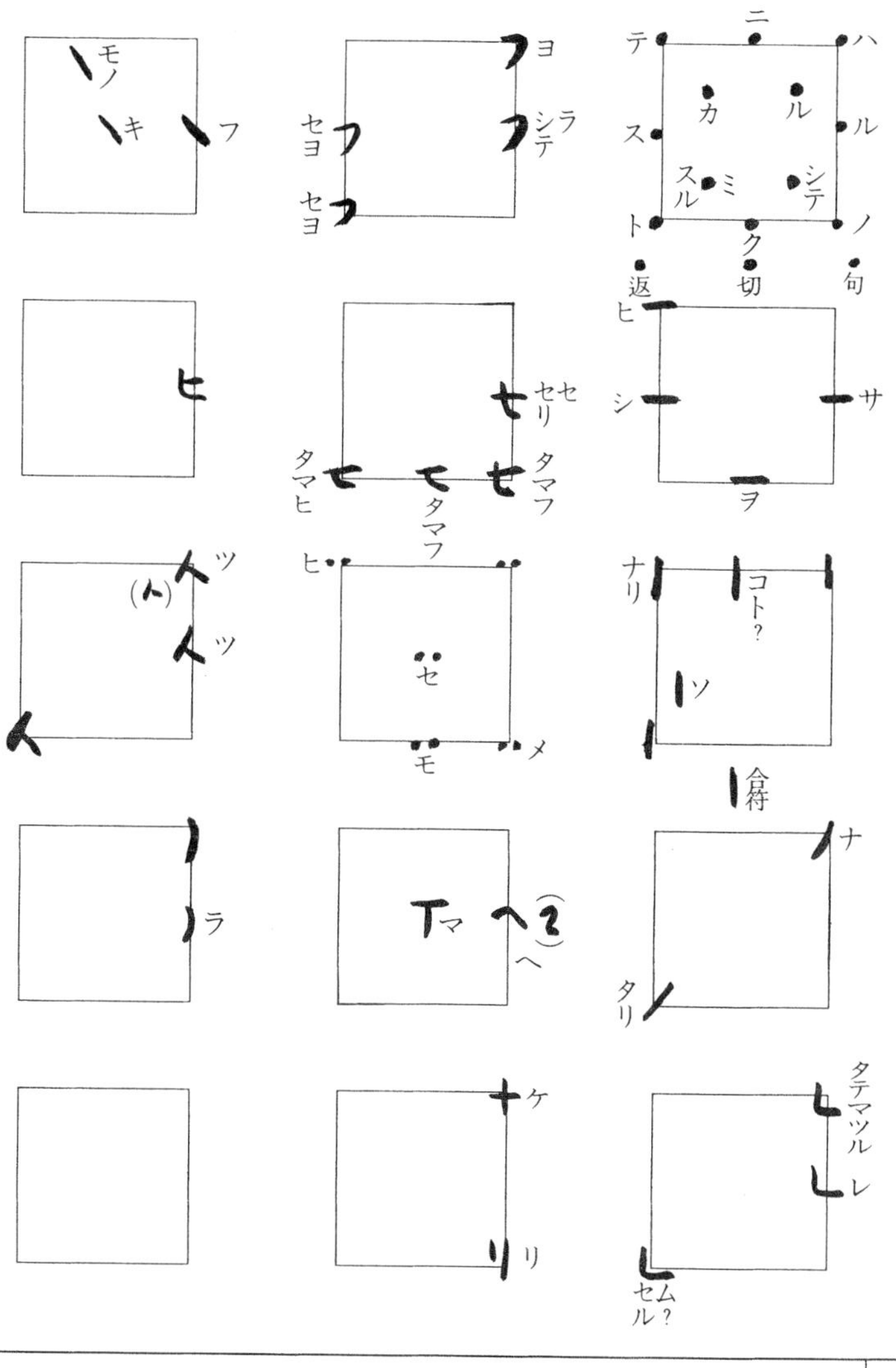
モノ
キ
フ
ヨ
ラ
シテ
セヨ
セヨ
テ
ニ
ハ
カ
ル
ス
ル
スル
ミ
シテ
ト
ク
ノ
返
切
句
ヒ
ヒ
セ
セリ
シ
サ
タマヒ
タマフ
タマフ
ヲ
ツ
ツ
ヒ
ナリ
コト?
ゼ
ソ
モ
メ
合符
ラ
マ
ヘ
ナ
タリ
ケ
リ
タテマツル
レ
セムル?

	備考

05－1	(09505003)
題標	古文尚書　八巻
藏所	東山御文庫・東洋文庫・東京國立博物館
卷次	
裝幀	
書寫年代	
加點年代	
ヲコト點	第五群點　朱・墨・角
書寫者	
加點者	

ア	カ	サ	タ	ナ	ハ	マ	ヤ	ラ	ワ	ン	符疊
あアつ	かうカ	ささ	た太タ	东七	はハ	末ア八	や	良うら	和禾		
イ	キ	シ	チ	ニ	ヒ	ミ		リ	ヰ	ŋ	
以い	支きさ	こしし	ち千	尓小	比匕	み乙三		わり	為		
ウ	ク	ス	ツ	ヌ	フ	ム	ユ	ル		給	有
宇宀于	久く	須久	川	ぬ	ふ不フ	む厶	由	ろル十			
衣	ケ	セ	テ	ネ	ヘ	メ	江	レ	ヱ	奉	事
衣衣	介个	せ	天	祢ネ	へ	女め	江工	礼し	恵		
オ	コ	ソ	ト	ノ	ホ	モ	ヨ	ロ	ヲ	テシ	時
お	己こ	そソ	止止とト	乃乃	保ほほ呆	毛モ	よ	ろ呂	乎シ		

備考

○吉澤義則「岩崎文庫所藏尚書及び日本書紀古鈔本に加へられたる乎古止點に就きて」（史林、大8・7、國語國文の研究一九三頁）

○石塚晴通「岩崎本古文尚書・毛詩の訓點」（東洋文庫書報一五、昭59・3）

○三所所藏本ニ就キ小林氏論著（漢籍訓讀研究）ニ掲ゲラレタル朱點・墨點・角點ヲ綜合シテ示セリ

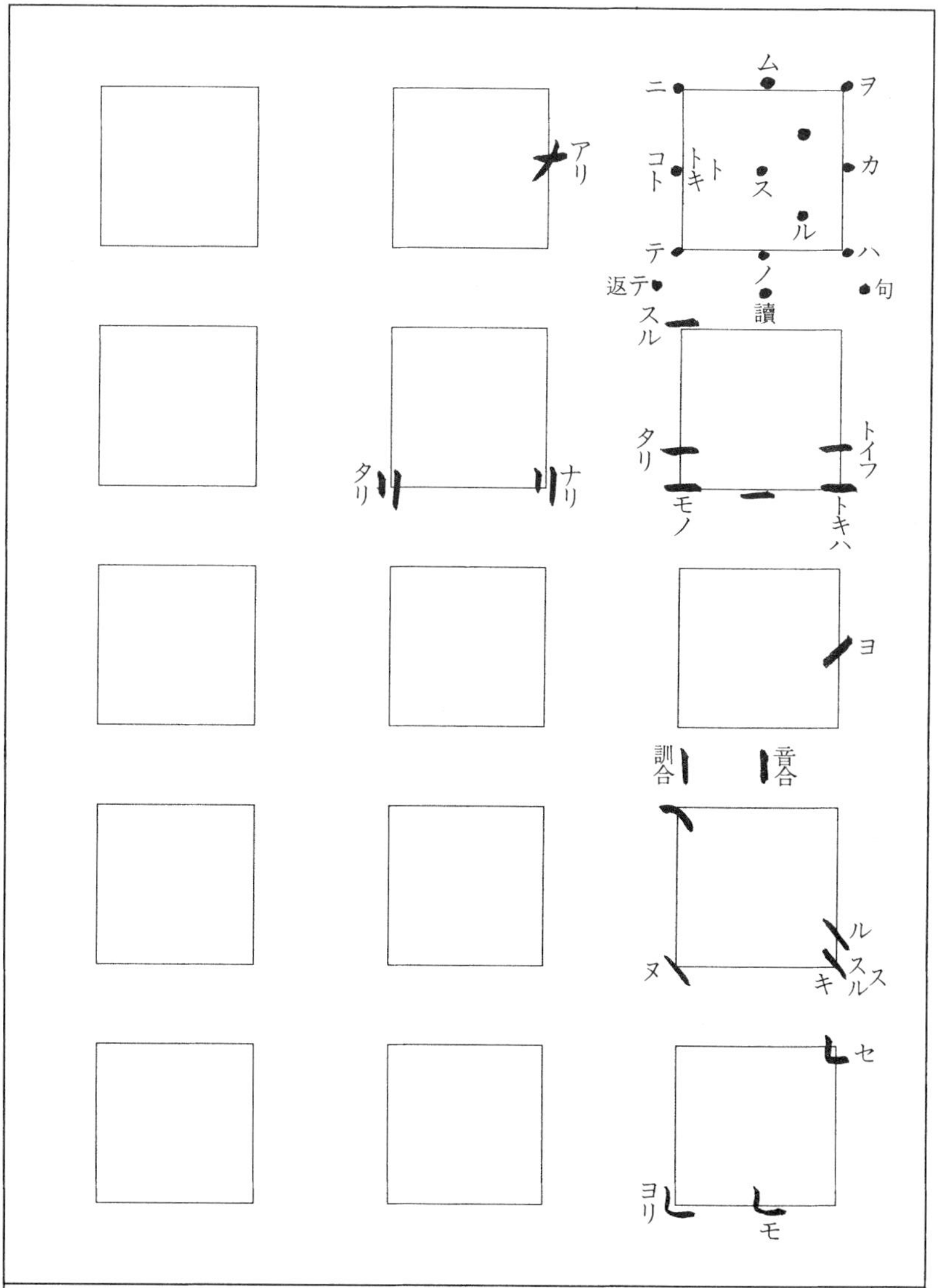

備考

○朱點・墨點第一種・墨點第二種ヲ綜合セリ

○石塚氏論文ニ據ル

05－2	
(09505013)	
題標	毛詩　一巻
藏所	東洋文庫
次巻	
加點年代	平安時代中期
書寫年代	唐時代
裝幀	巻子本
加點者	
書寫者	
ヲコト點	第五群點　朱・墨・角
備考	○上段朱點及墨點（○印）、下段角點 ○＊ハ小林芳規氏論考ニノミ存スルモノ、但シ朱點・墨點・角點ノ區別ハ示サズ ○石塚晴通「岩崎本古文尚書・毛詩の訓點」（東洋文庫書報一五、昭59・3）

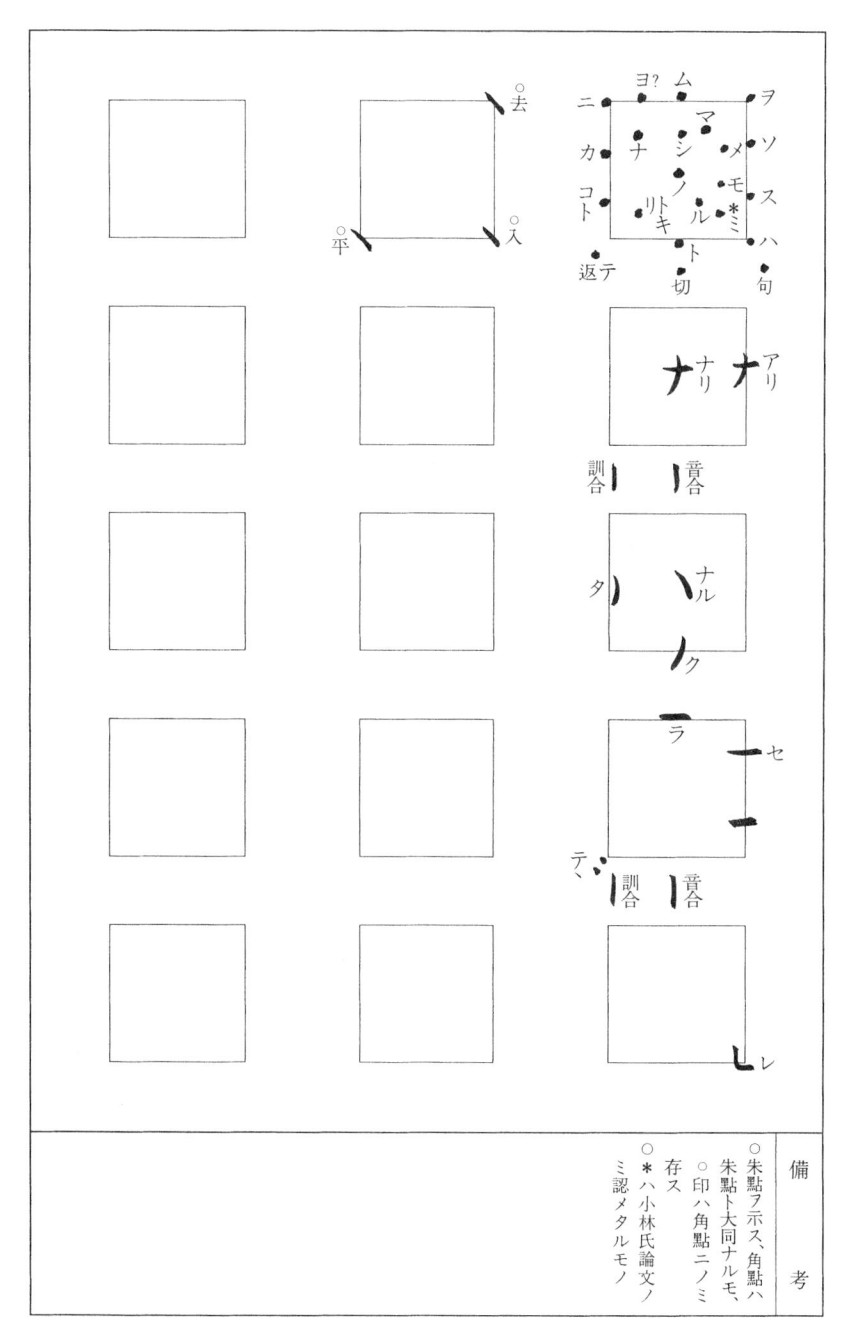

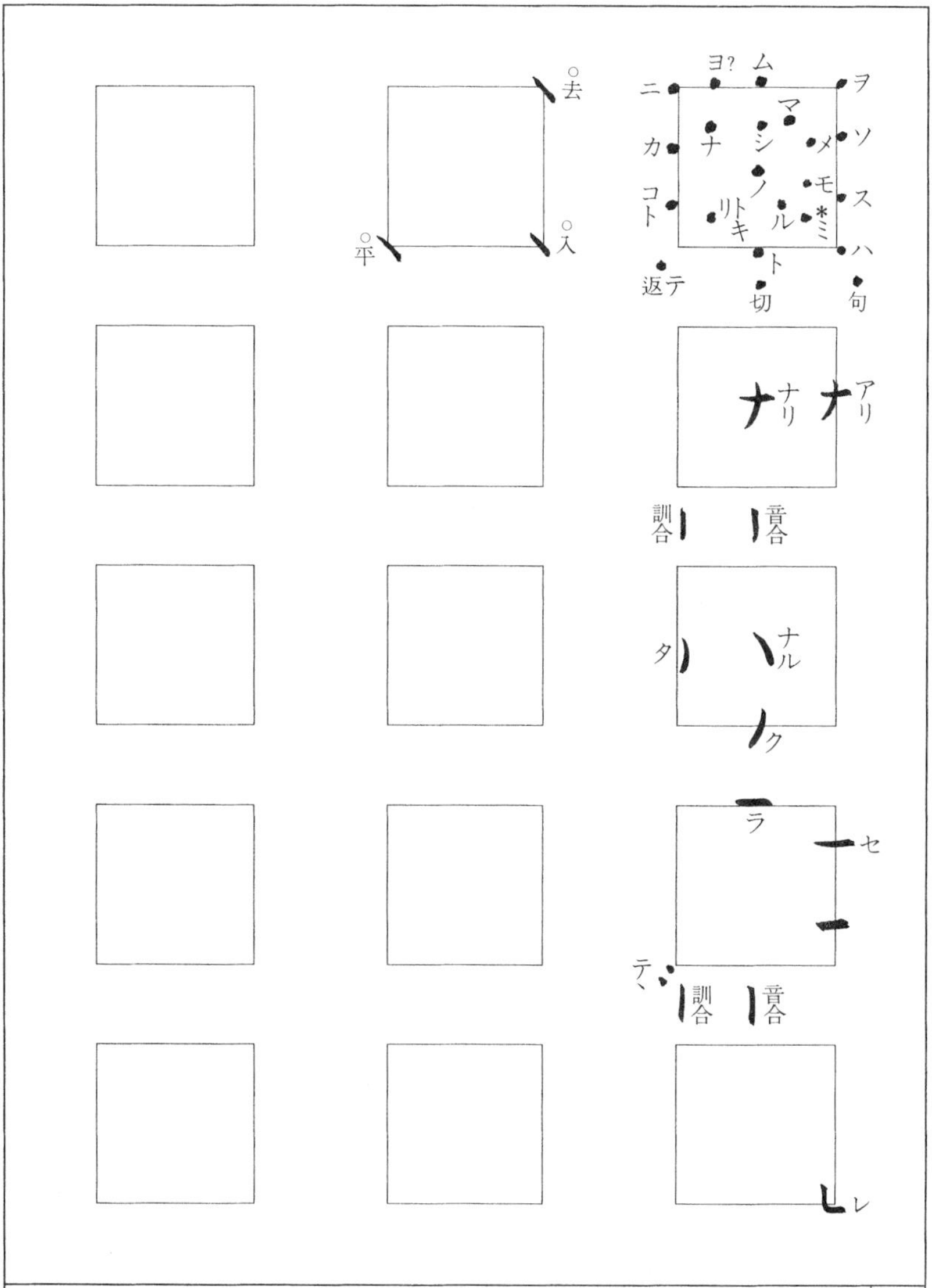

備考

○朱點ヲ示ス、角點ハ朱點ト大同ナルモ、○印ハ角點ニノミ存ス

○＊ハ小林氏論文ノミ認メタルモノ

05−3	
(09960001)	
題標	往生要集　一巻
藏所	聖德寺
次巻	巻中
帳装	粘葉装
書寫年代	長德二年(九九六)
加點年代	長德二年頃
ヲコト點	第五群點　朱・墨
書寫者	長胤
加點者	

ア	カ	サ	タ	ナ	ハ	マ	ヤ	ラ	ワ	ン	符疊
ア ア	カ カ	サさ七 サ	タ タ	＼ナ ナ	ハ ハ	〒 〒	ヤ セ	ラ ラ	口 口	ㄩ	ヤ、ムスレハ
イ	キ	シ	チ	ニ	ヒ	ミ		リ	ヰ	ŋ	
イ イ	ヤㄙ ＼	しミ＼ し	ム チ	ニ ニ	ヒヒ ヒ	ミア ミ		リ リ	井		
ウ	ク	ス	ツ	ヌ	フ	ム	ユ	ル		給	有
宀千 千	ク ク	ト ス	川示 川	ヌ ヌ	フ フ	无ム ム	ユユ ユ	ル ル			
衣	ケ	セ	テ	ネ	ヘ	メ	江	レ	ヱ	奉	事
エ	个下	せ七 七	テ てチ	子丅尓子	へへ へ	メ メ		レ レ	土		
オ	コ	ソ	ト	ノ	ホ	モ	ヨ	ロ	ヲ	テシ	時
て? オ	ニ コ	ソ ソ	トト ト	ノ ノ	ホ 早呆	モ モ	ヨ ヨ	ロ	ミ ツ		

備考

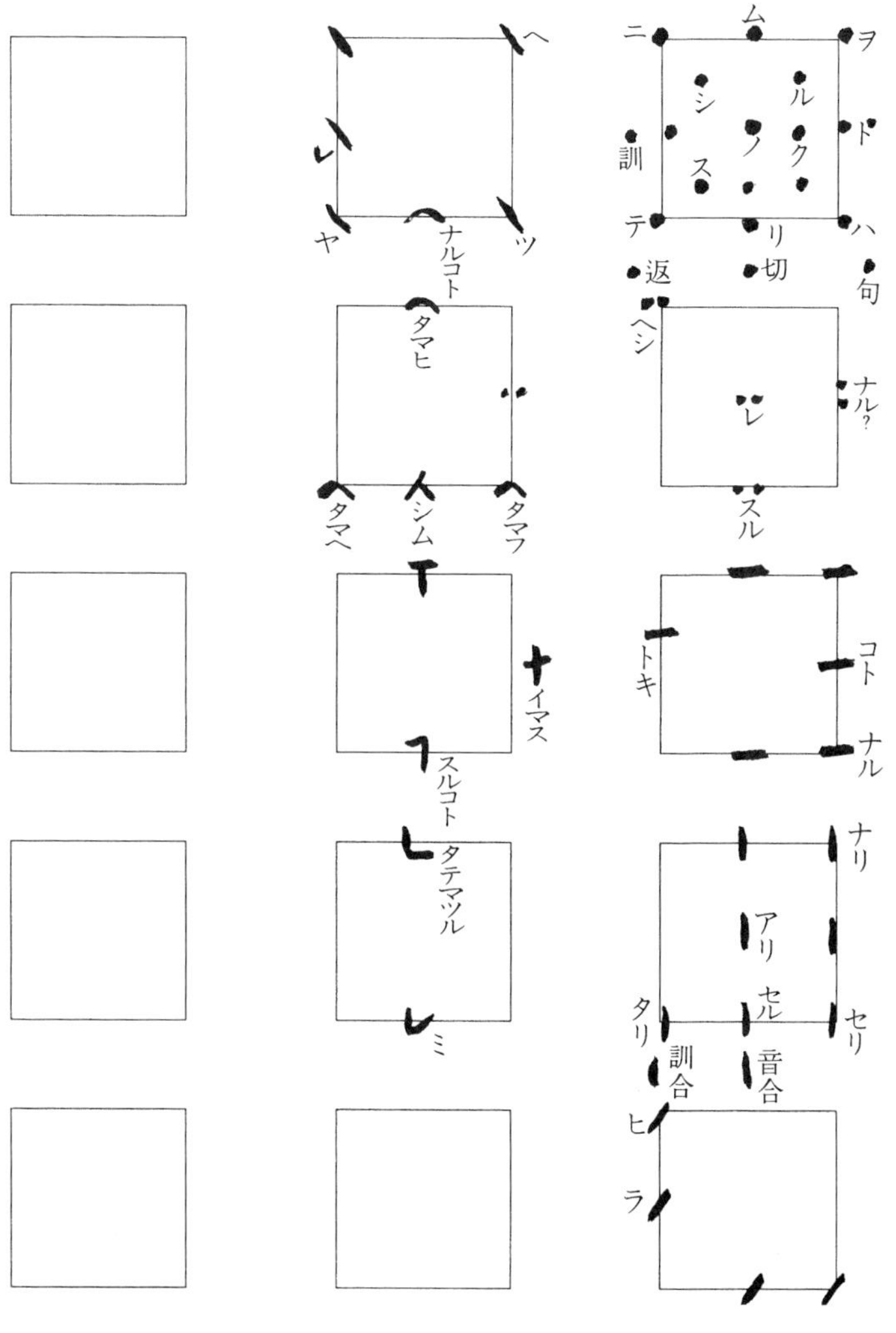
ム
ニ
ヲ
ル
シ
ド
ノ
ク
訓
ス
テ
リ
ハ
返
切
句
ヘシ
レ
ナル?
スル
トキ
コト
ナル
ナリ
アリ
セル
タリ
セリ
訓合
音合
ヒ
ラ
ヘ
ヤ
ナルコト
ツ
タマヒ
タマヘ
シム
タマフ
イマス
スルコト
タテマツル
ミ

備考

05－4	
(10005008)	
所藏	京都國立博物館
標題	日本書紀　二卷
卷次	推古紀(卷第廿二) 皇極紀(卷第廿四)
裝幀	卷子本
書寫年代	平安時代初期
加點年代	平安時代中期
ヲコト點	第五群點　朱・墨
書寫者	
加點者	

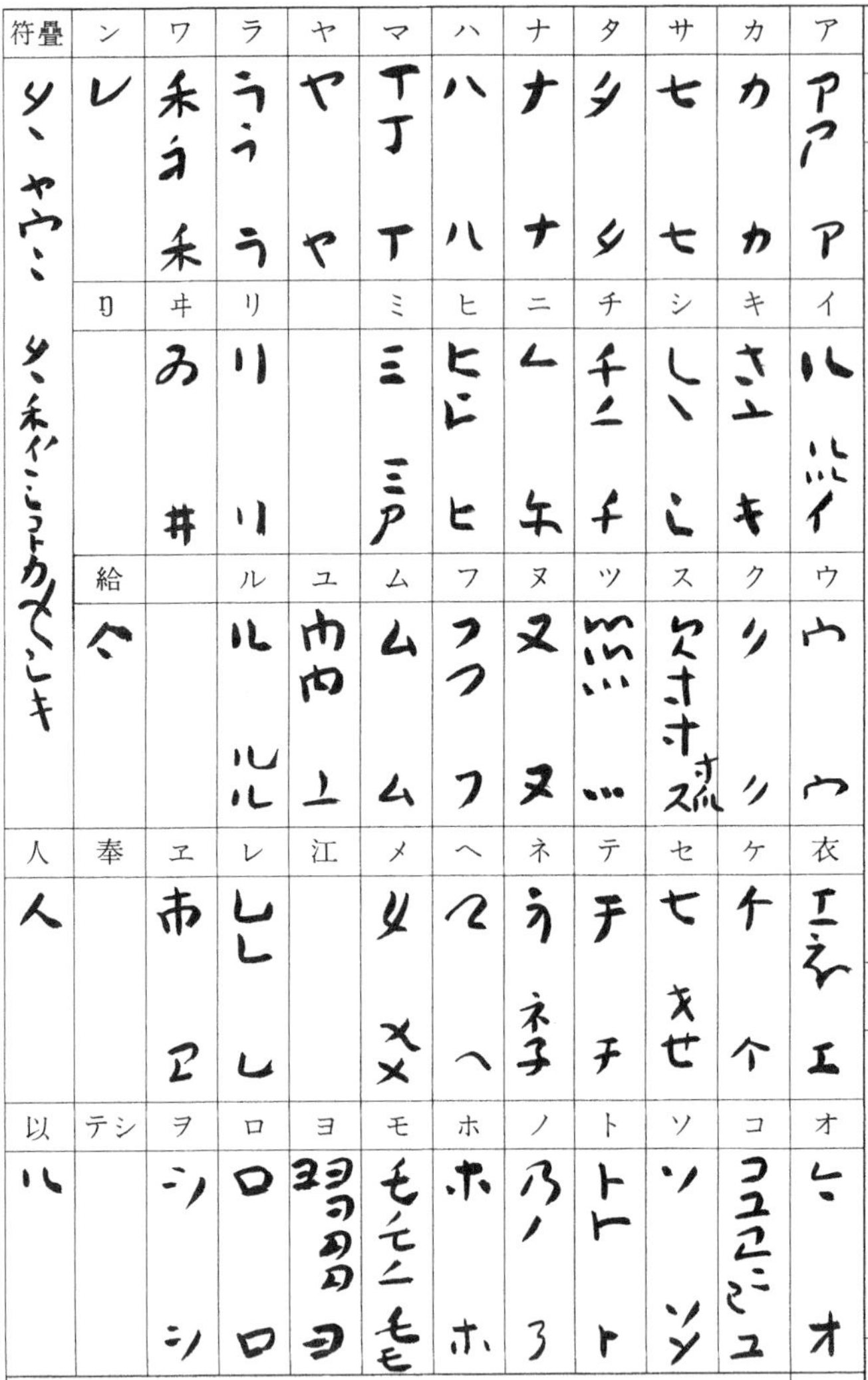

備考

○上段朱點(第一次點)、下段墨點(第三次點、院政期(11005115)

○築島裕・石塚晴通「東洋文庫藏岩崎本日本書紀」(昭53・11)

○東洋文庫岩崎文庫舊藏

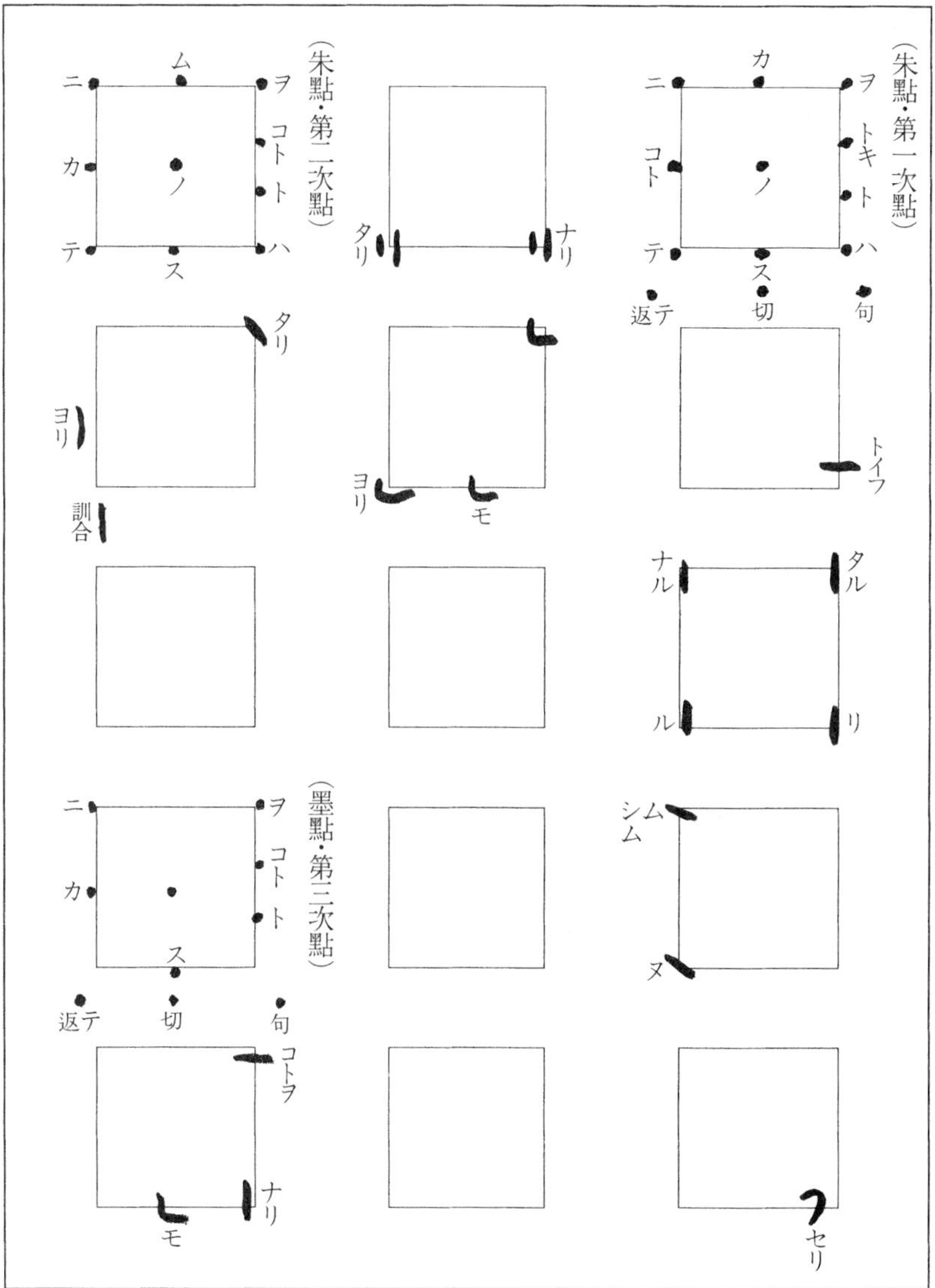

（朱點・第一次點）
カ
ニ
ヲ
トキ
コト
ノ
ト
テ
ハ
ス
返テ
切
句
トイフ
ナル
タル
ル
リ
シム
シム
ヌ
セリ
ナリ
タリ
ヨリ
モ
（朱點・第二次點）
ム
コト
ト
タリ
訓合
（墨點・第三次點）
コトヲ

備考

05－5	
(10505024)	
題標	藏所
法華文句	東大寺圖書館
	次巻
	巻第二
一帖	
加點年代	書寫年代	幀裝
長保(九九九―一〇〇四)頃	平安時代中期	粘葉裝
加點者	書寫者	ヲコト點
		第五群點
		墨

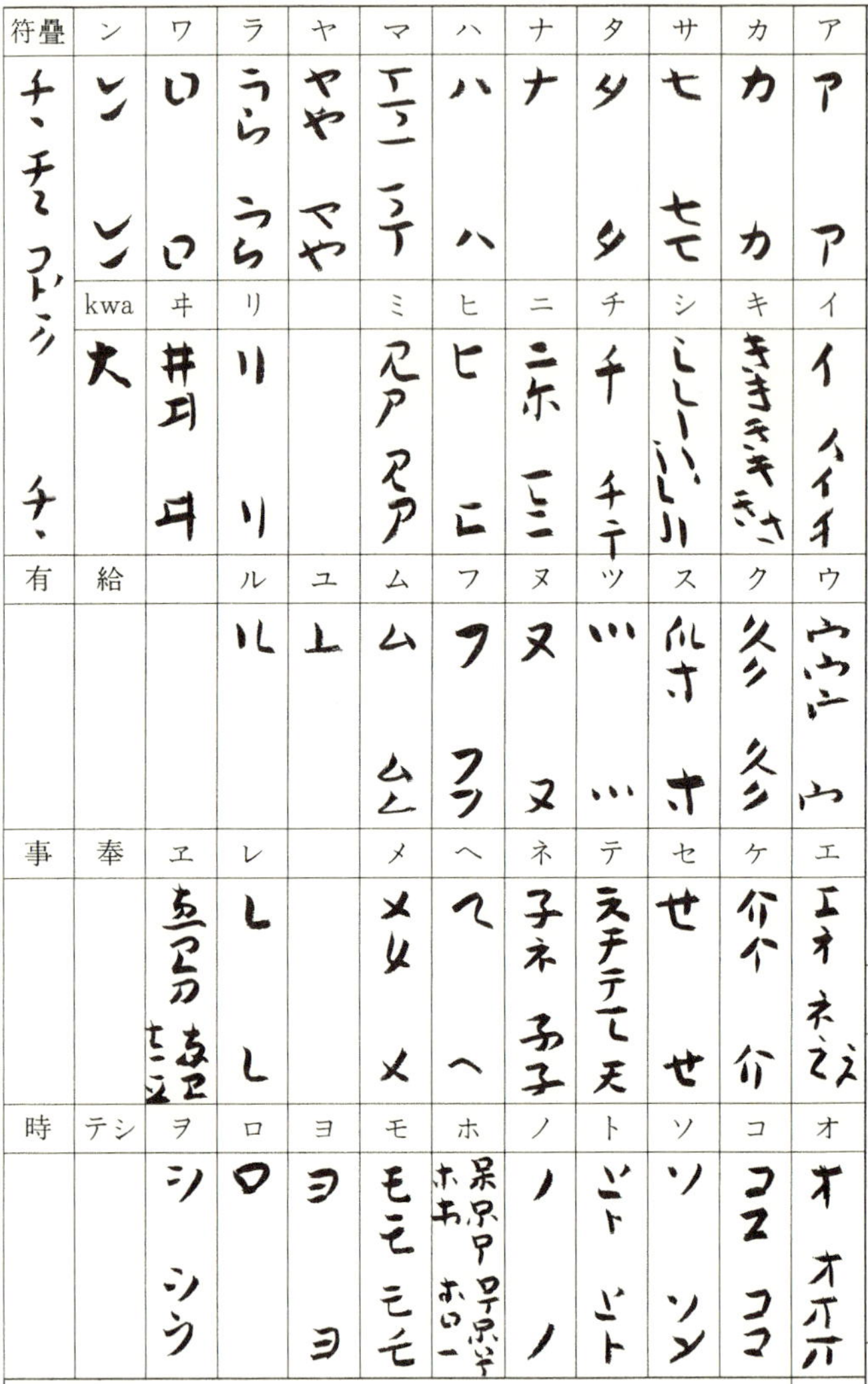

備考

○上段第一次點、下段第二次點

○西崎亨「東大寺圖書館藏本「法華文句」古點の國語學的研究本文篇・研究篇」(平4・2、10・12)

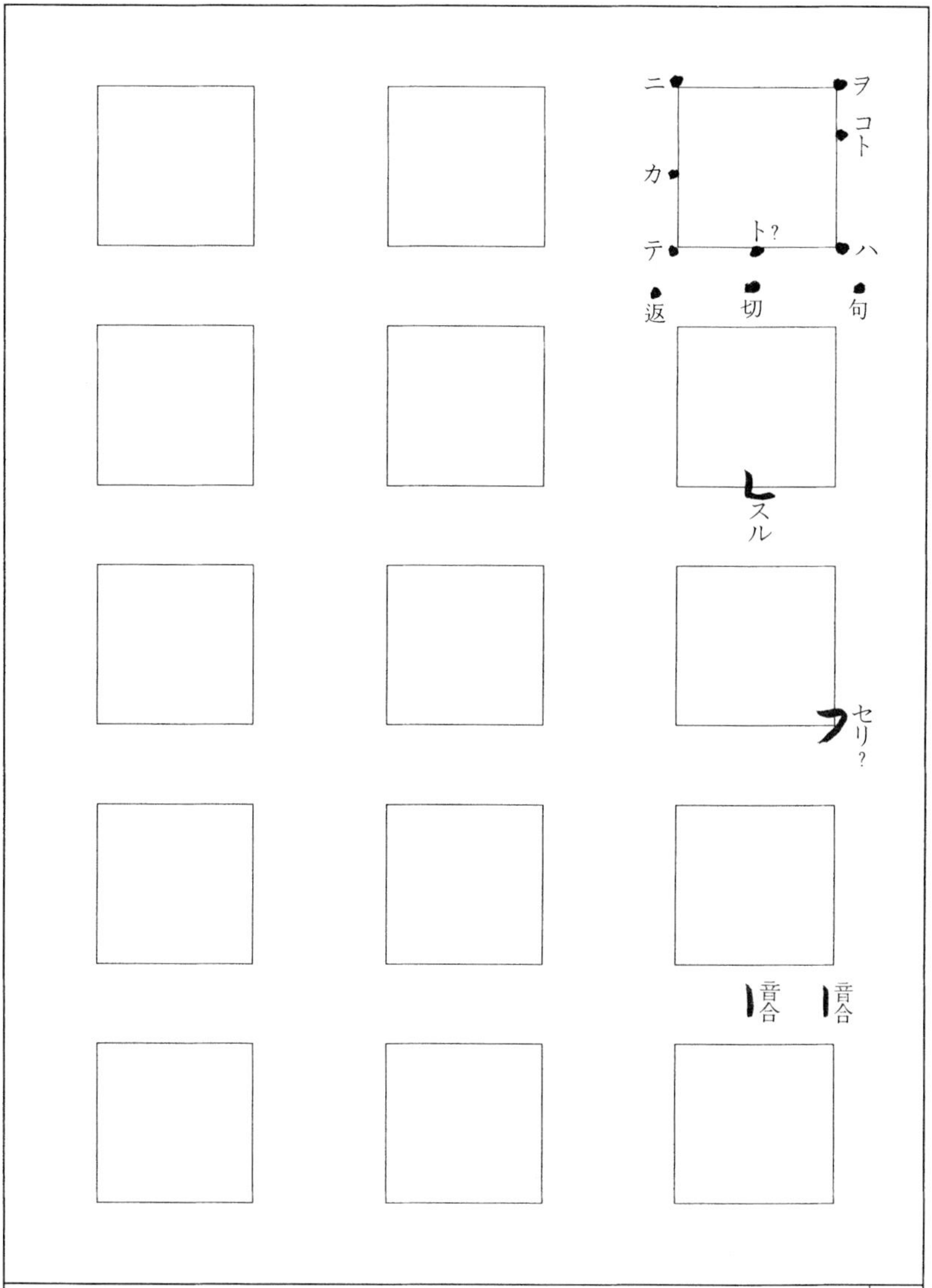

備考

05－6	
(11670001)	
藏所	仁和寺
題標	黄帝内經太素　二十三卷
欠卷	卷第二・三・五・六・八～十七・十九・二十二～二十六・二十八～三十
裝幀	卷子本
書寫年代	仁安二年(一一六七)
加點年代	同右
ヲコト點	第五群點　墨・朱
書寫者	丹波賴基
加點者	
備考	○上段墨點、下段朱點 ○他ニ僚卷三卷アリ(卷第廿一・廿七ノ二卷ハ杏雨書屋藏) ○石原明「内經の眞本、國寶「黄帝内經太素」に關する書誌學的考察」(漢方の臨床三・五、昭31・10) ○篠原孝市「『黄帝内經太素』解題」(東洋醫學善本叢書八、昭56・10)

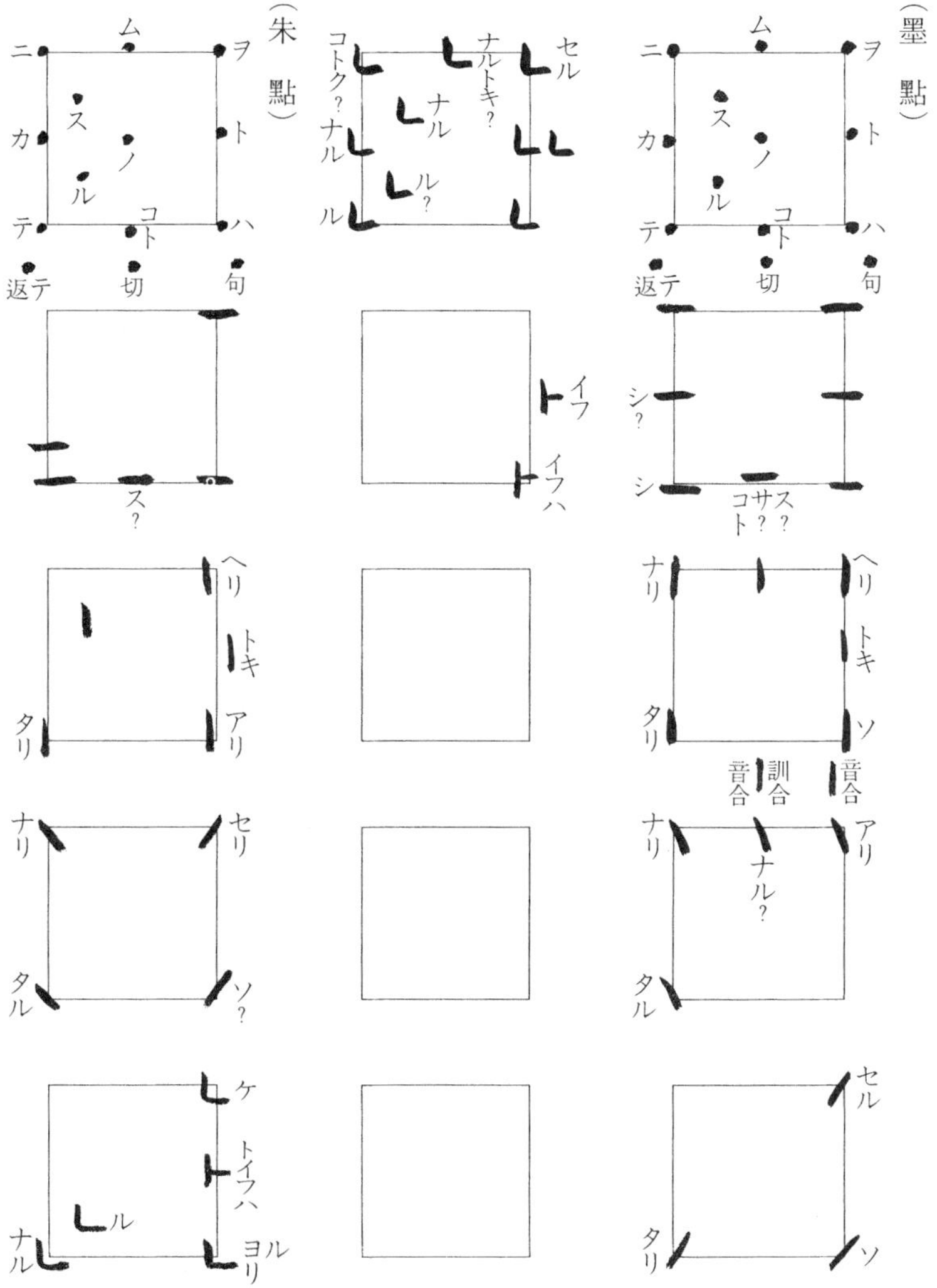
（墨點）
（朱點）
ヲ
ム
ニ
ト
ス
ノ
カ
ル
ハ
コト
テ
句
切
返テ
セル
ナルトキ？
コトク？
ナル
ル？
イフ
イフハ
シ？
シ
スサ？
コト
ヘリ
ナリ
トキ
タリ
ソ
アリ
訓合
音合
セリ
ナル？
タル
ソ？
ケ
トイフハ
ヨル
ヨリ

備考

1

喜多院點

興福寺所用（用之）
興福寺法相宗

稱異：唯識論之點、相宗點、相宗星點圖、忍辱山點

中田博士分類・第二群點

佛家點・頻用點

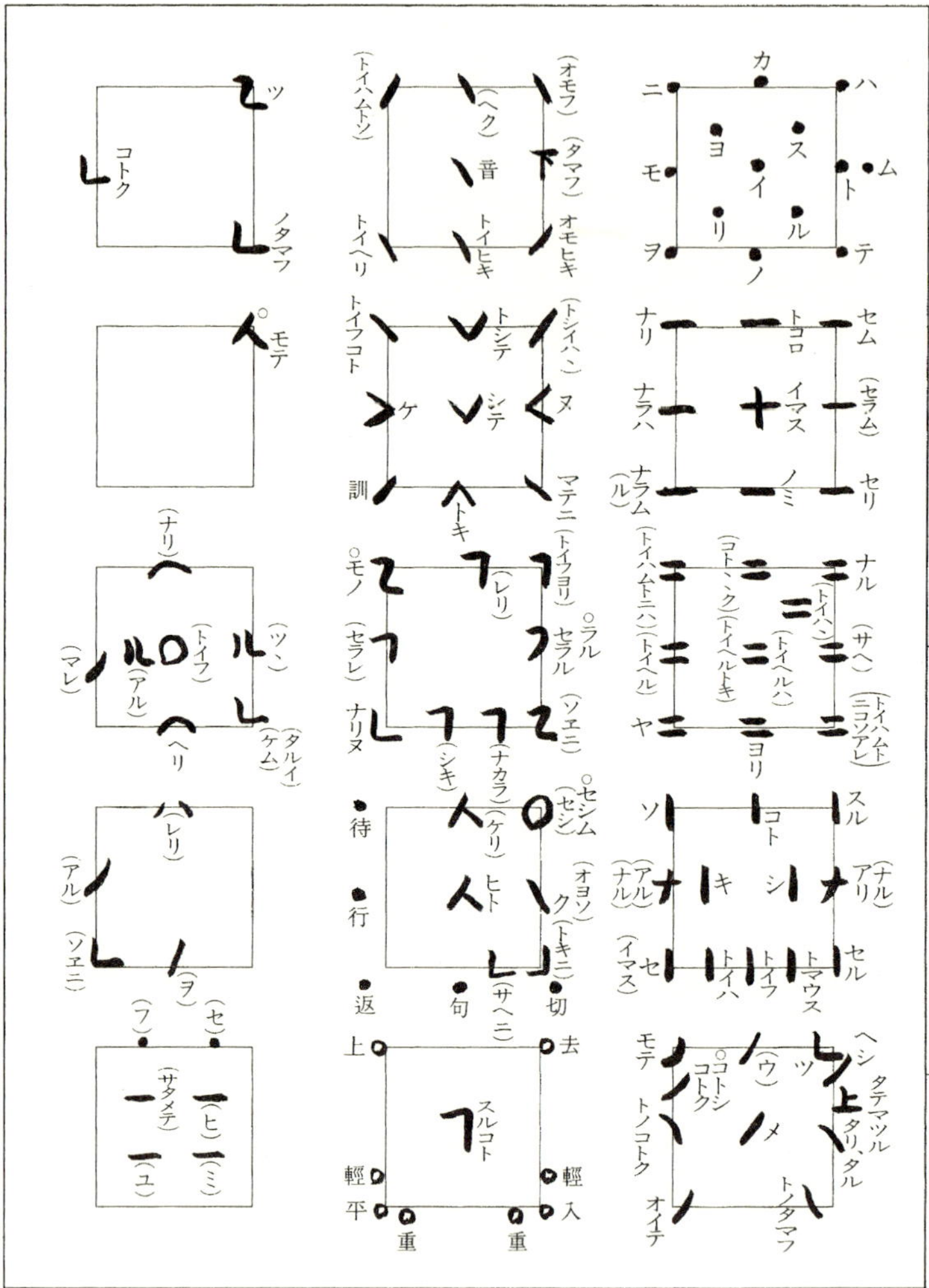

備考

○顯證本
○東大寺本
○正平本

2

西墓點

園城寺所用（用之）

異稱	仁之波加點、尒志波迦點、園城寺點
中田博士分類・第一群點	佛家點・頻用點

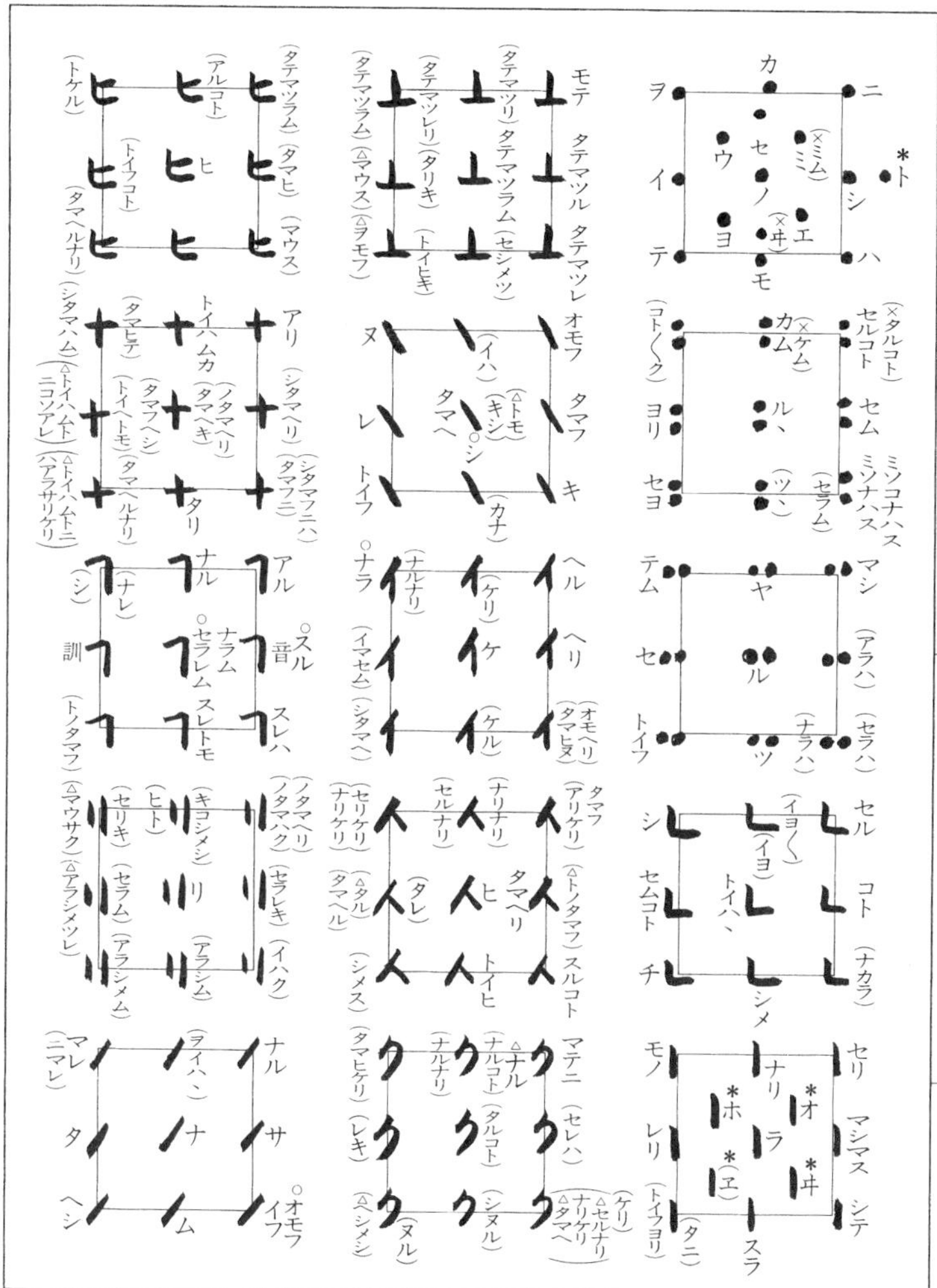

備考

○＊ト—延應本星點墨書

○＊オ・ヰ・ホ・ヱ—延應本缺

○×—文安本ニアリ　此他文安本ノミニ見ユル符號多クアレドモ古點本ニ符合セザルモノ多キニヨリ省略ス

○東大寺本

○正平本

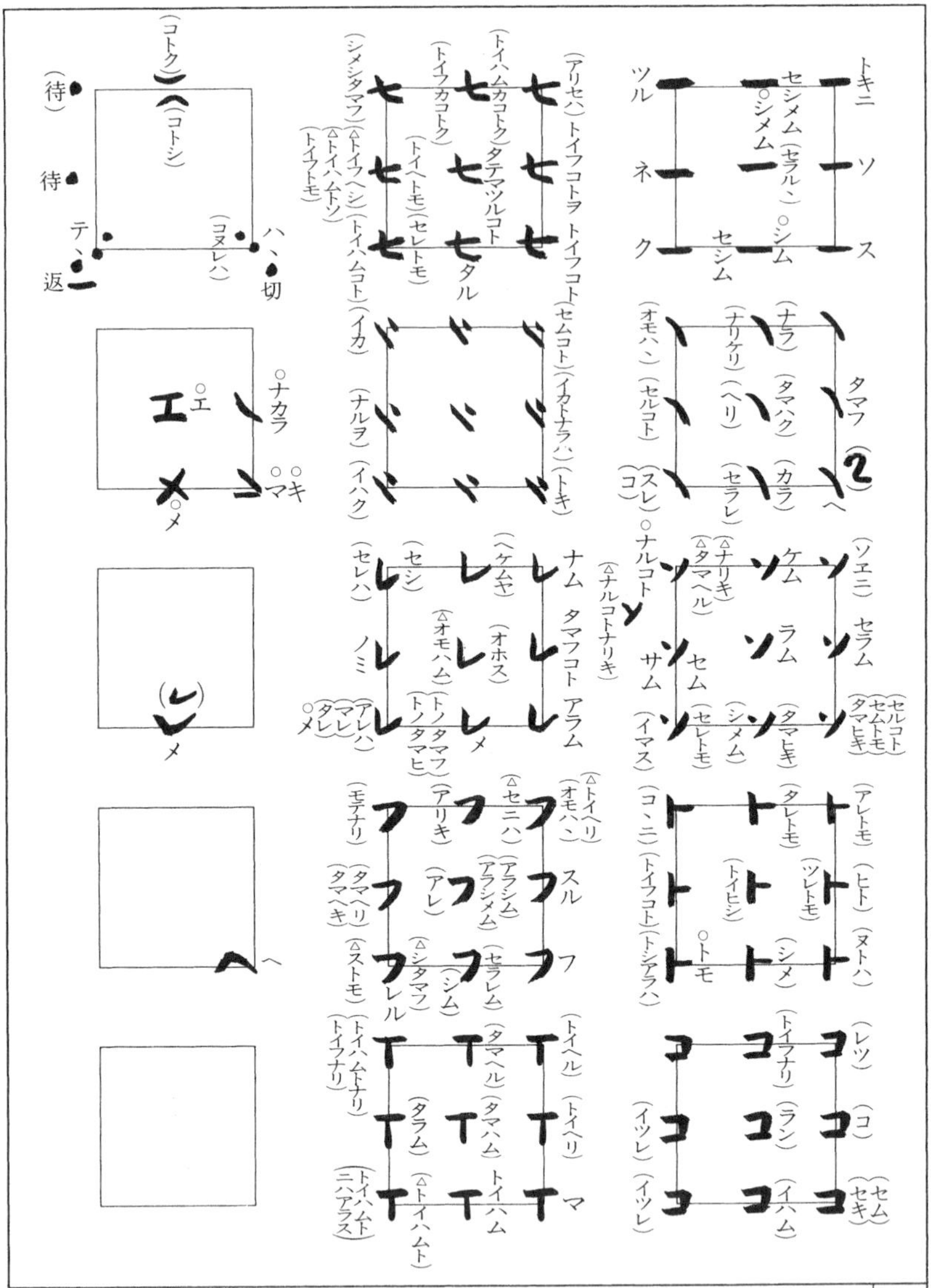

備考	
	○上ヨリ第五壺「△トイハムト」見セ消チ

3

東大寺點

三論宗用之

異稱	テニハ點、三論宗點、東南院（東大寺三論宗醍醐寺同用之云）、東大寺（東南院僧正用之）、東大寺三論宗點

中田博士分類・第三群點

佛家點・頻用點

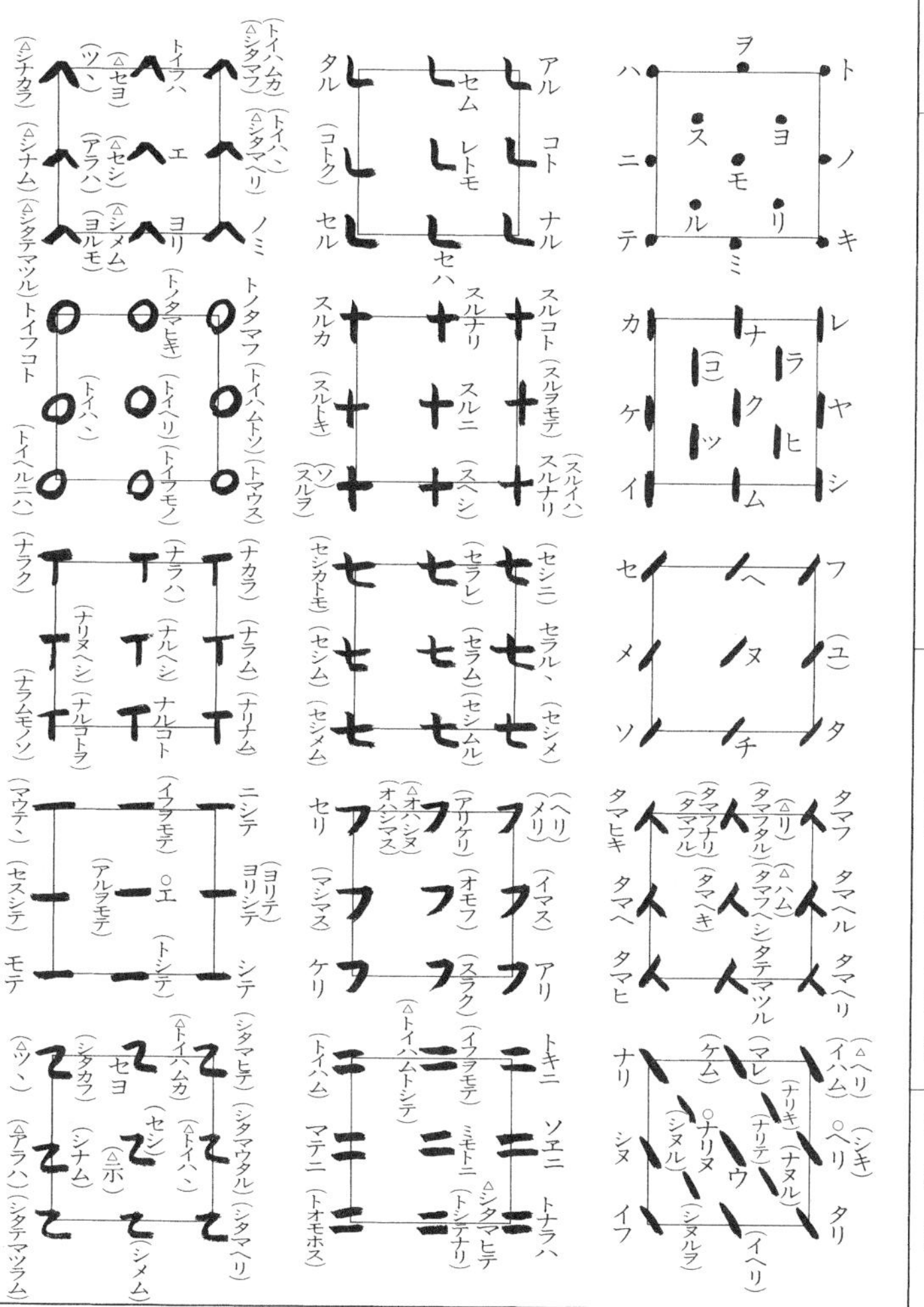

備考	○△ハ延應本朱書（以下同斷） ○東大寺本 ○正平本

備考

○※コノ一壺延應本朱書

○*懸ノ誤カ

4

仁都波迦點

異稱　仁都婆迦點

中田博士分類・第一群點

佛家點・頻用點

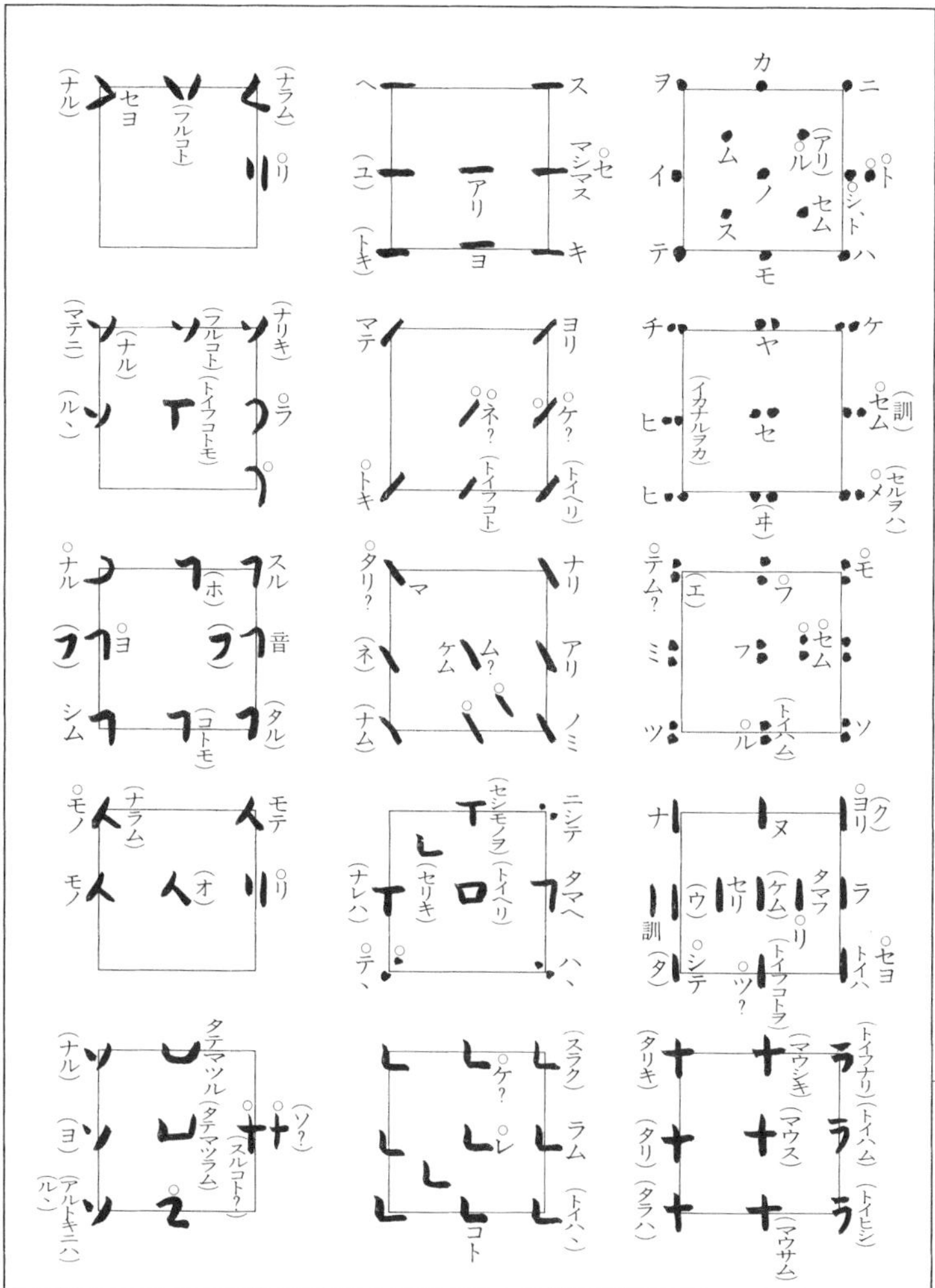

備考

○第一壺ノ「ト」ノ星點ノ位置ハ古クハ右邊中央ノ外側ニ在リ、後ニ右邊中央ニ移動セリ

○東大寺本

5

圓堂點

仁和寺所用〔用之〕〔也〕

稱異	心覺アサリ點、傳法院點、大日經疏點
中田博士分類・第五群點	佛家點・頻用點

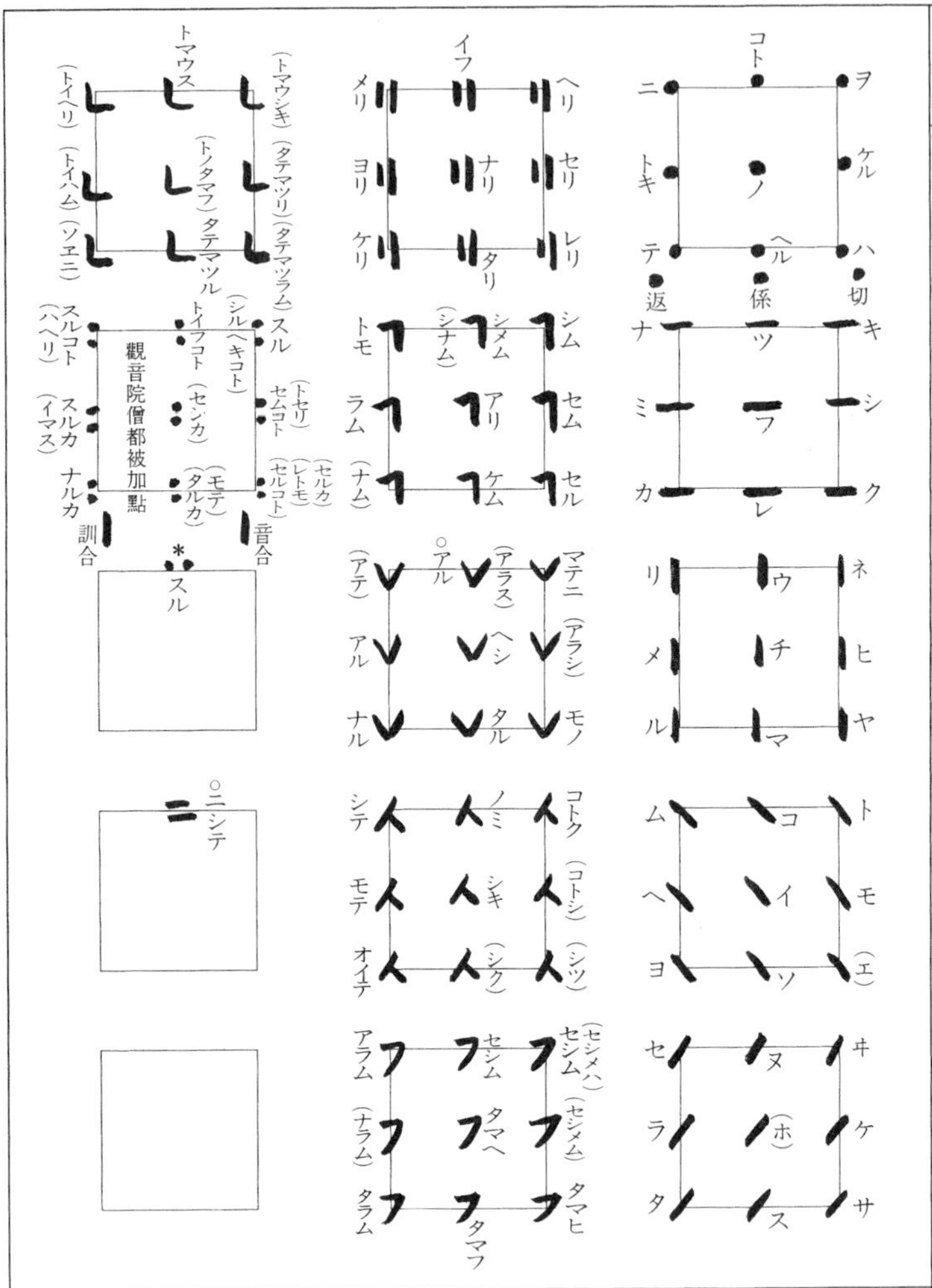

備考

○顯證本
○東大寺本
○正平本

○＊延應本星點墨書

6

中院僧正點

高野所用（也）

稱異	勸修寺觀眞君、高野山點、勸修寺點、通點、中院

中田博士分類・第三群點

佛家點・頻用點

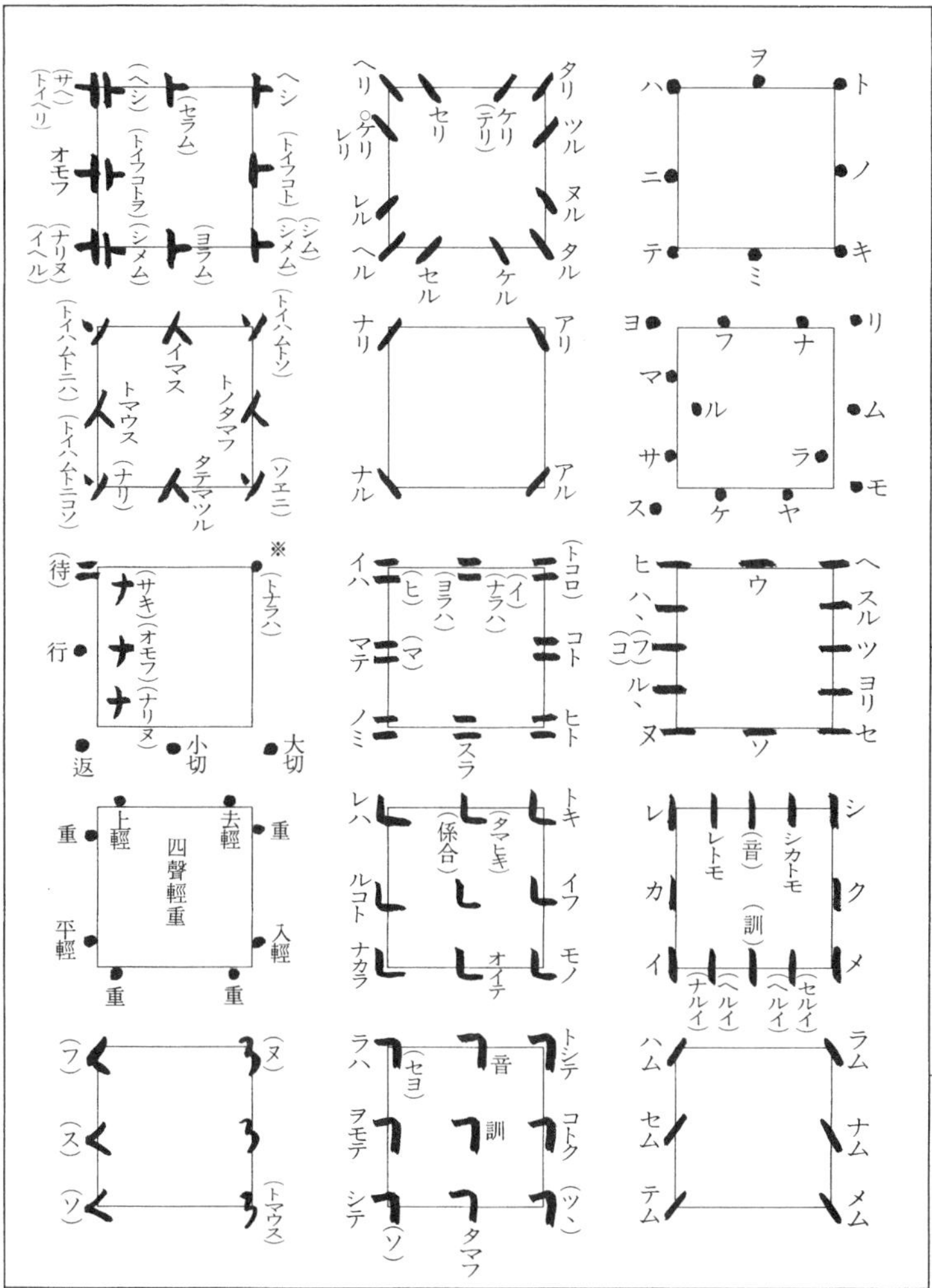

備考

○延應本「勸修寺觀眞君」トシテ重出セリ、但シ誤脱多シ
○顯證本
○東大寺本
○正平本
○※以下二壺（「トナラハ」四字ヲ除ク）延應本朱書

7

寶幢院點

延暦寺所用
比叡山所用也

稱異	寶幢點、三寶岳寺點

中田博士分類・第七群點

佛家點・頻用點

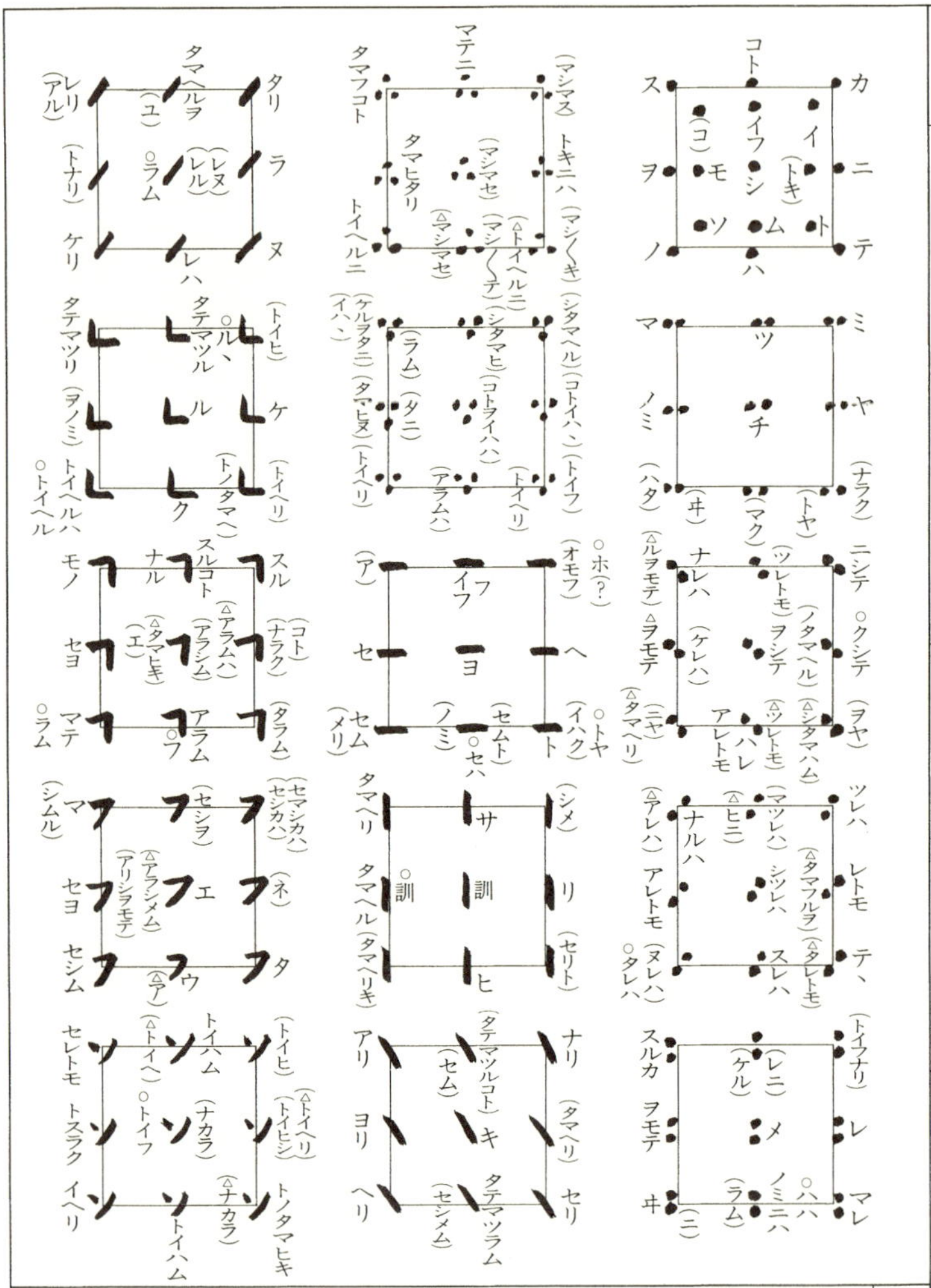

備考

○△ハ延應本朱書、上ヨリ第三壺「△シタマハム」ノ「タマハム」見セ消チ

○文安本異訓極メテ多シ、古點本ニ符合セザルモノ多キニヨリ省略ス

○東大寺本

○正平本

○上ヨリ第三壺「△アラムハ」「△タマヒキ」及第五壺「△トイヘリ」見セ消チ

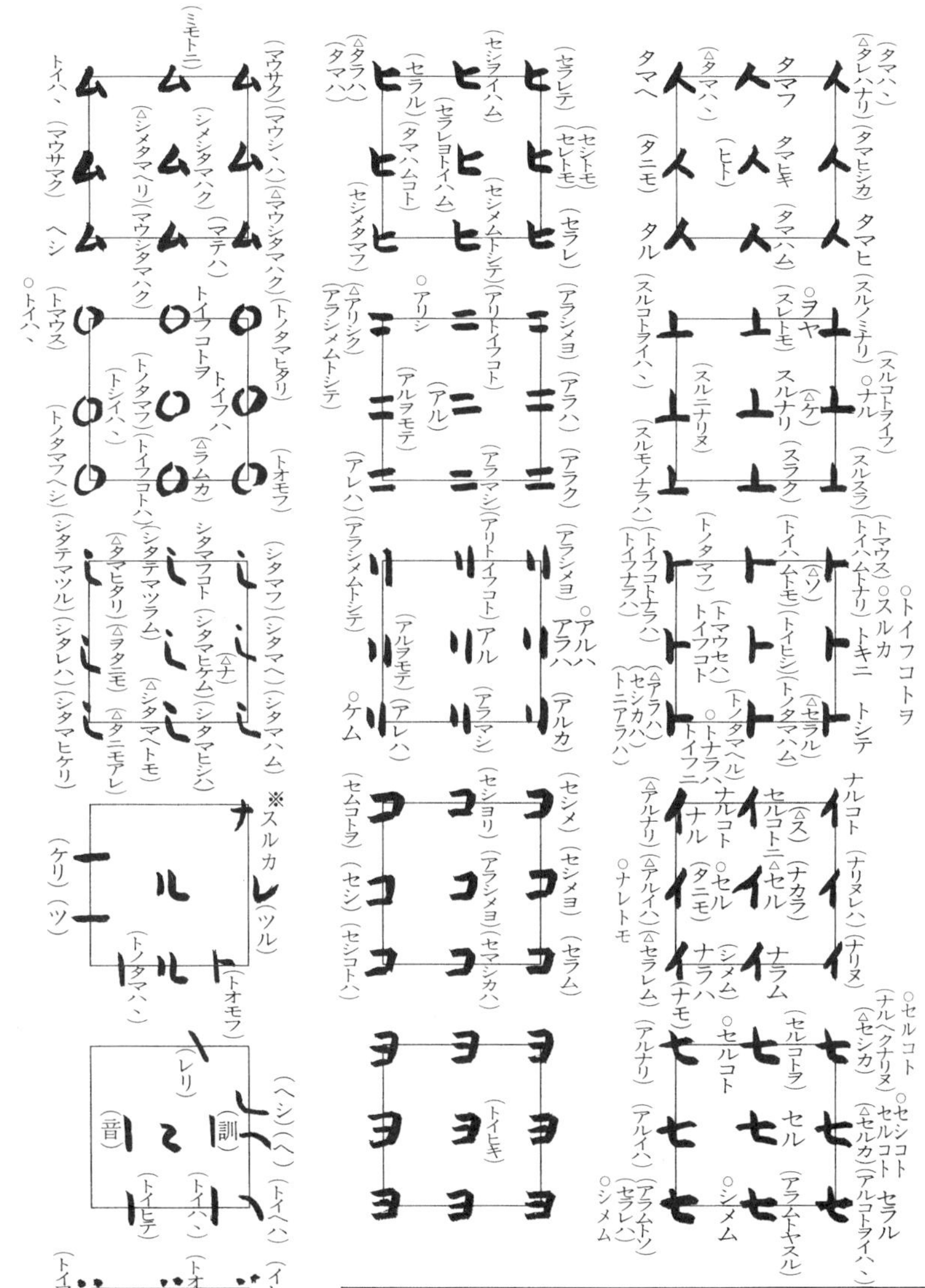

備考

○第一壺「△タレハナリ」「△タマハ、」見セ消チ

○※以下ノ壺ハ延應本ニナシ

8

淨光房點

稱異　淨光坊點、池上律師點

中田博士分類・第五群點

佛家點・頻用點

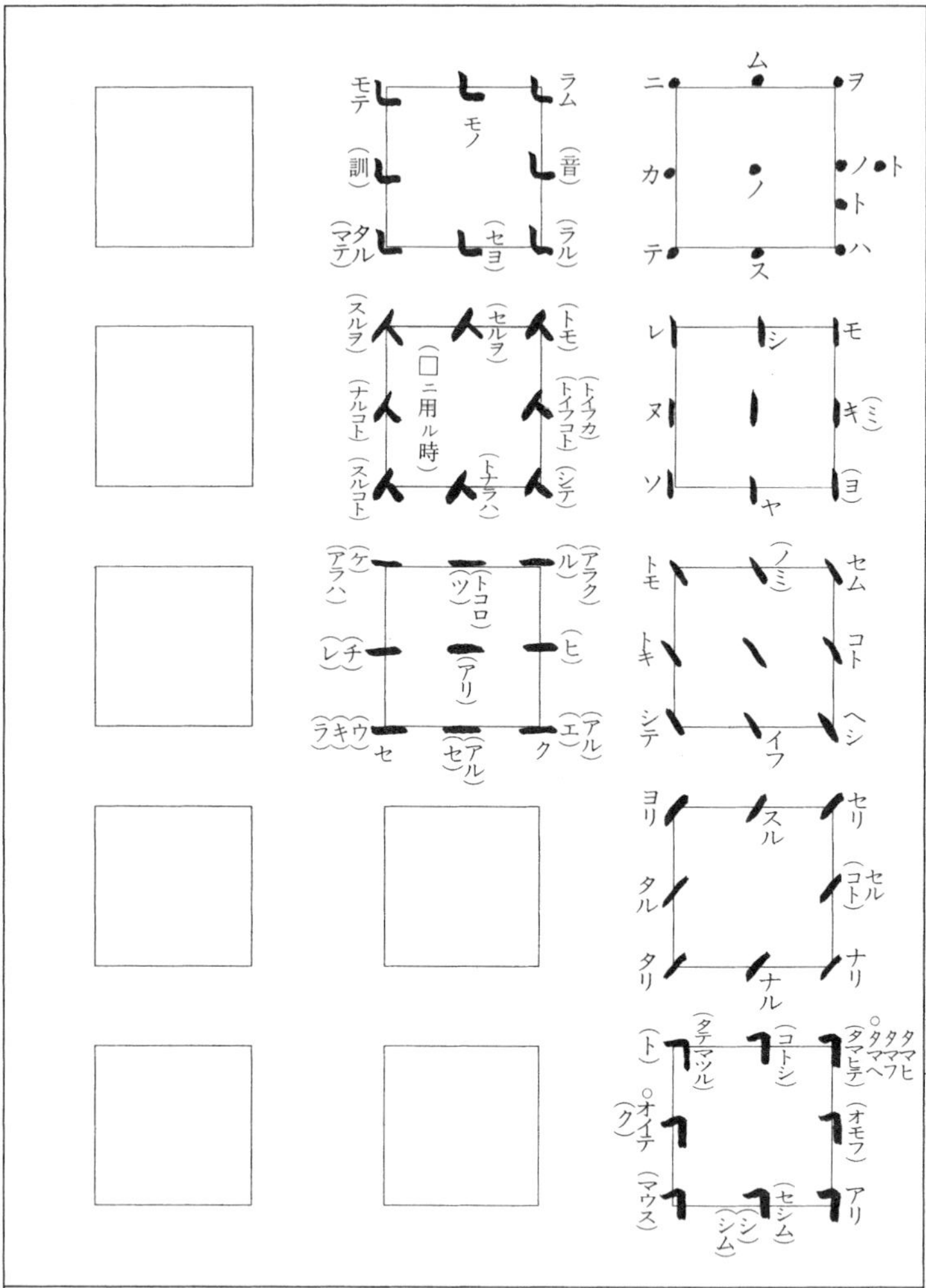

備考

○「池上律師點」ト同一點（但シ末尾ニ壺ヲ缺ク）ナルコト中田祝夫博士ノ說ニ據ル

○第一壺「ノ」ノ星點ノ位置ハ古クハ右邊中央又ハ中央ニ在リシコトアルモノノ如シ

○顯證本

○正平本

9

〔乙點圖〕

異稱　不知名

中田博士分類・第五群點

佛家點・稍稀用點

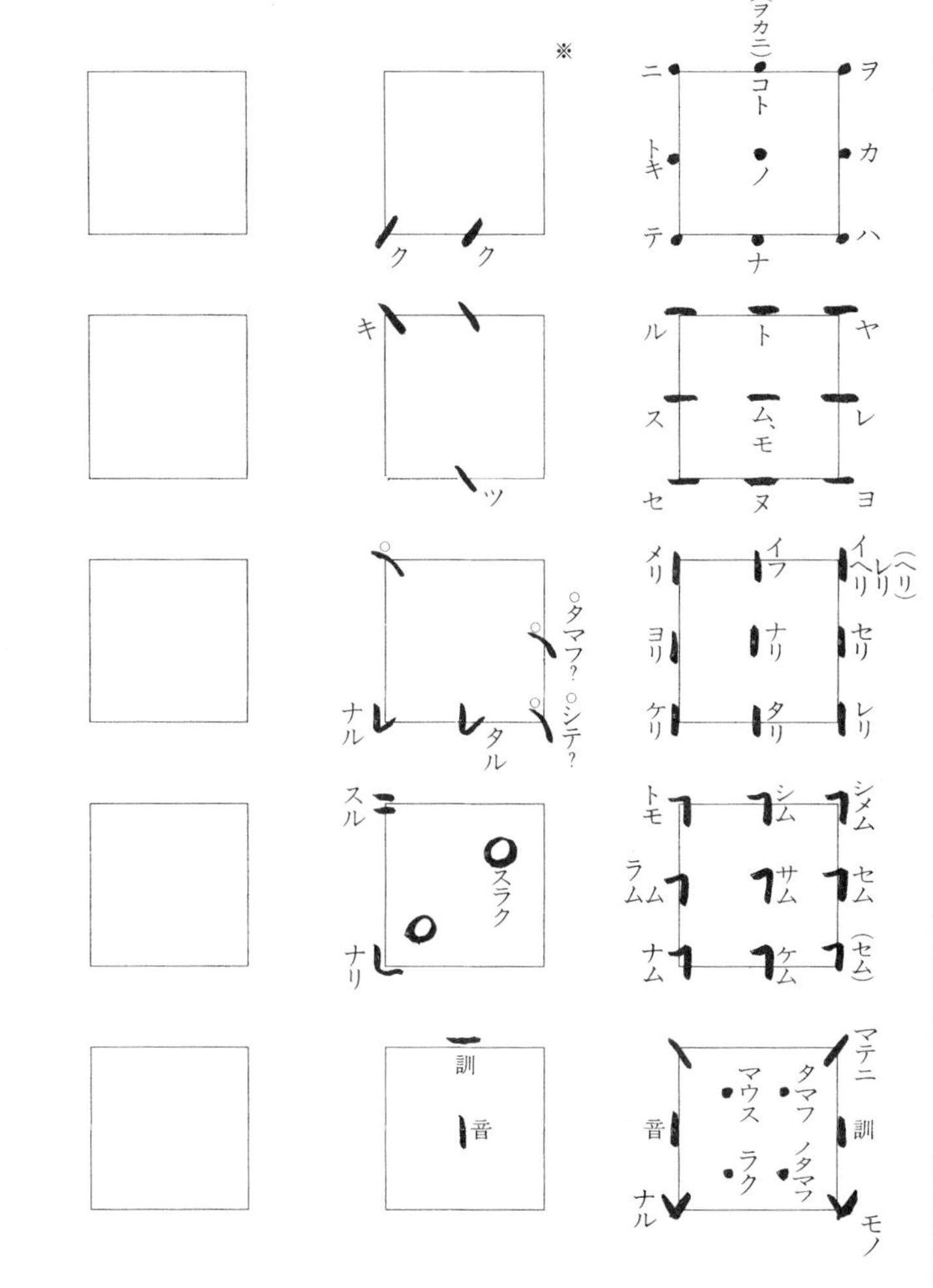

備考

○「乙點圖」ハ中田祝夫博士ノ命名ニ據ル

○小林芳規博士ハ「慈覺大師點」ト命名セリ

○顯證本

○※以下ノ符號ハ古點本ニノミ見ユルモノナリ

10

順曉和尚點

異稱	順曉律師點、順曉點
中田博士分類・第八群點	佛家點・稍稀用點

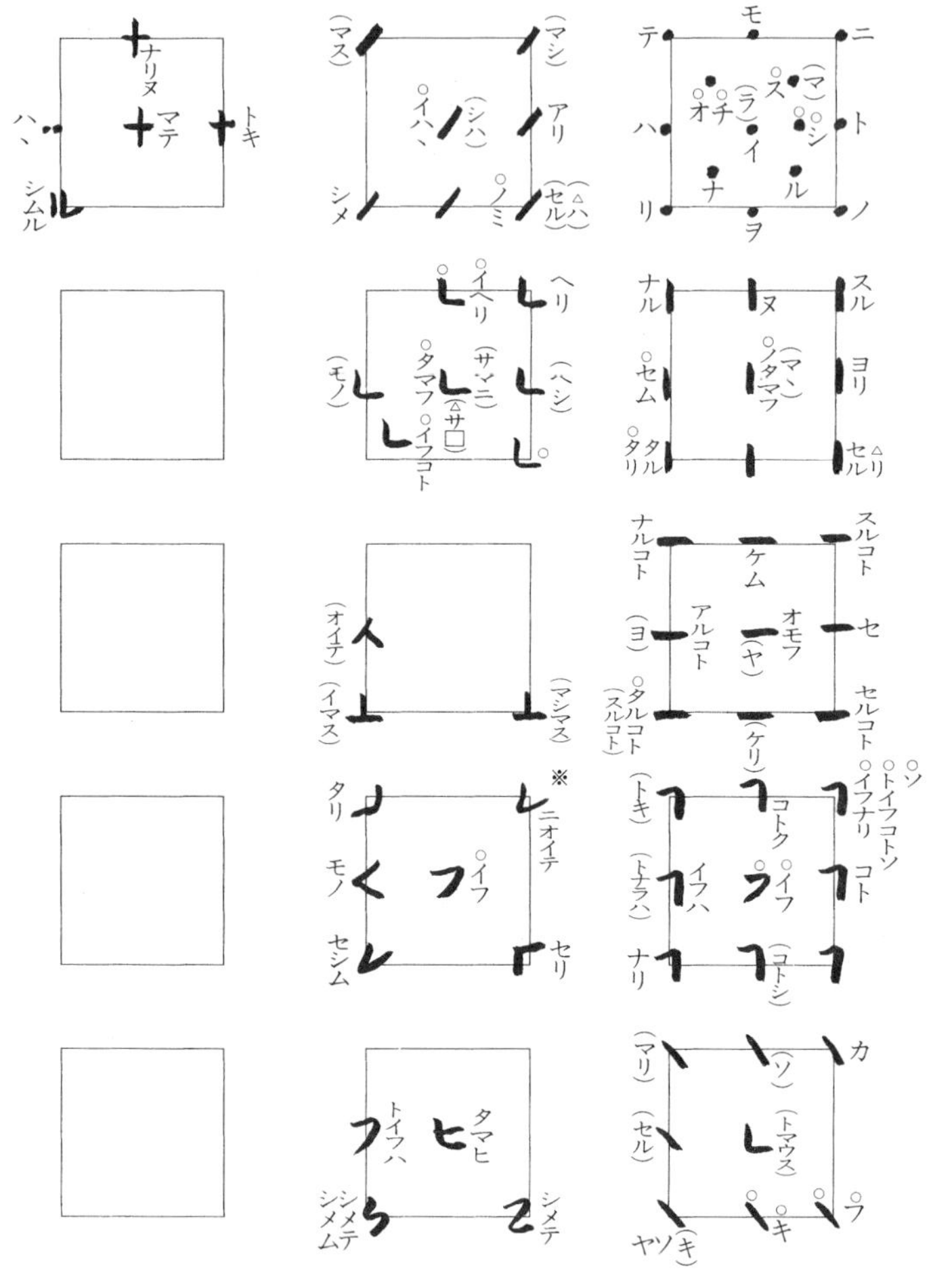

備考

○正平本

○※以下ノ壺ハ、古點本ニノミ見ユルモノナリ

11

〔叡山點〕

異稱　叡山〻本、叡山〻本點

中田博士分類・第六群點

佛家點・稍稀用點

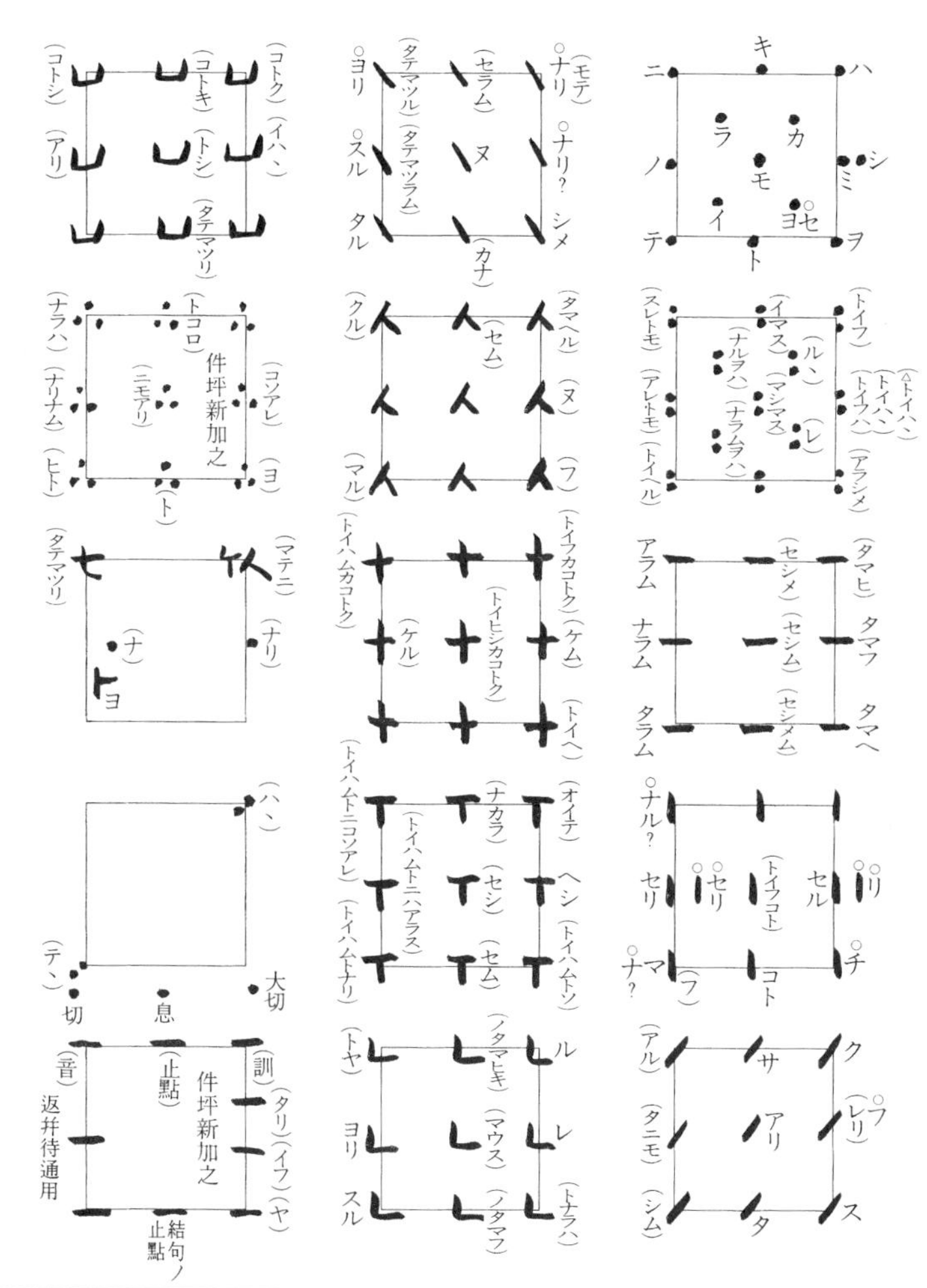

備考

○「叡山點」ハ吉澤義則博士ノ命名ニ據ル

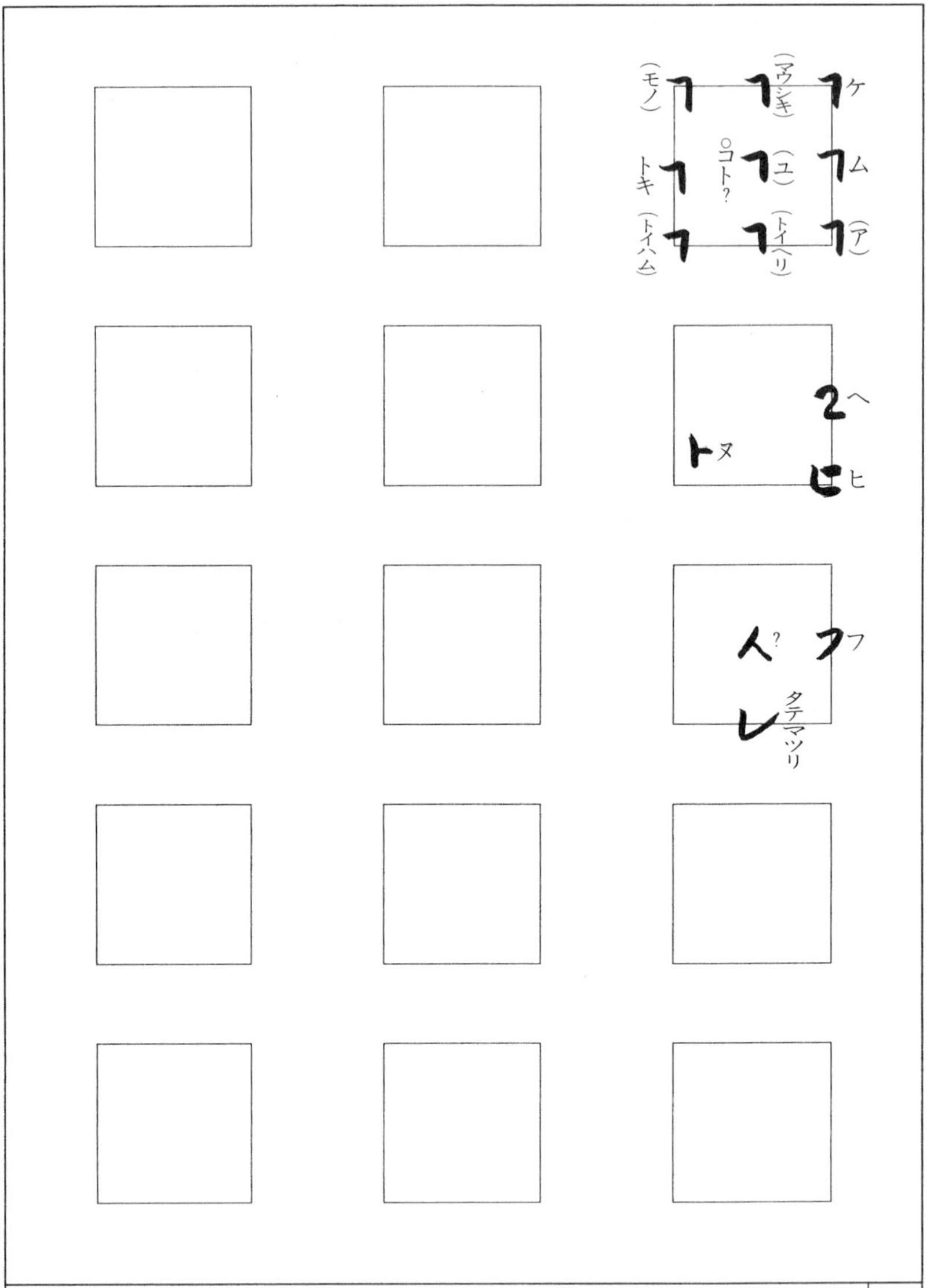

備考

12

天爾波留點（別流）

中田博士分類・第四群點

佛家點・稍稀用點

稱異

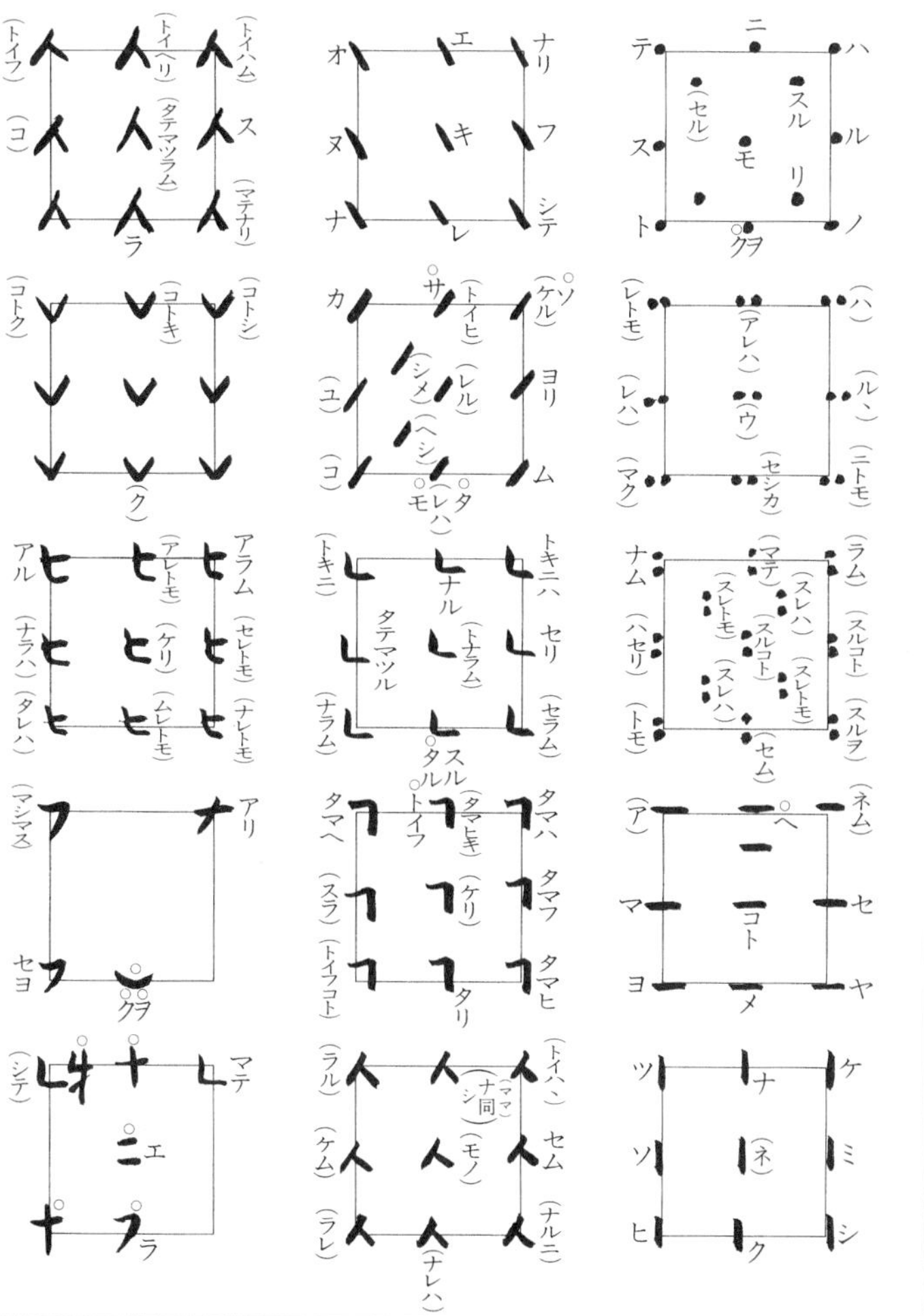

備考

○文安本所載ノ點圖ナリ

○「天仁波流點」トハ別流ナリ

○文安本ハ第一壺内ニ「開處鶴籠」、第二壺内ニ「花錦林中」ノ文字ヲ記セリ

13

池上阿闍梨點

稱異　池上阿闍梨

中田博士分類・第五群點

佛家點・稍稀用點

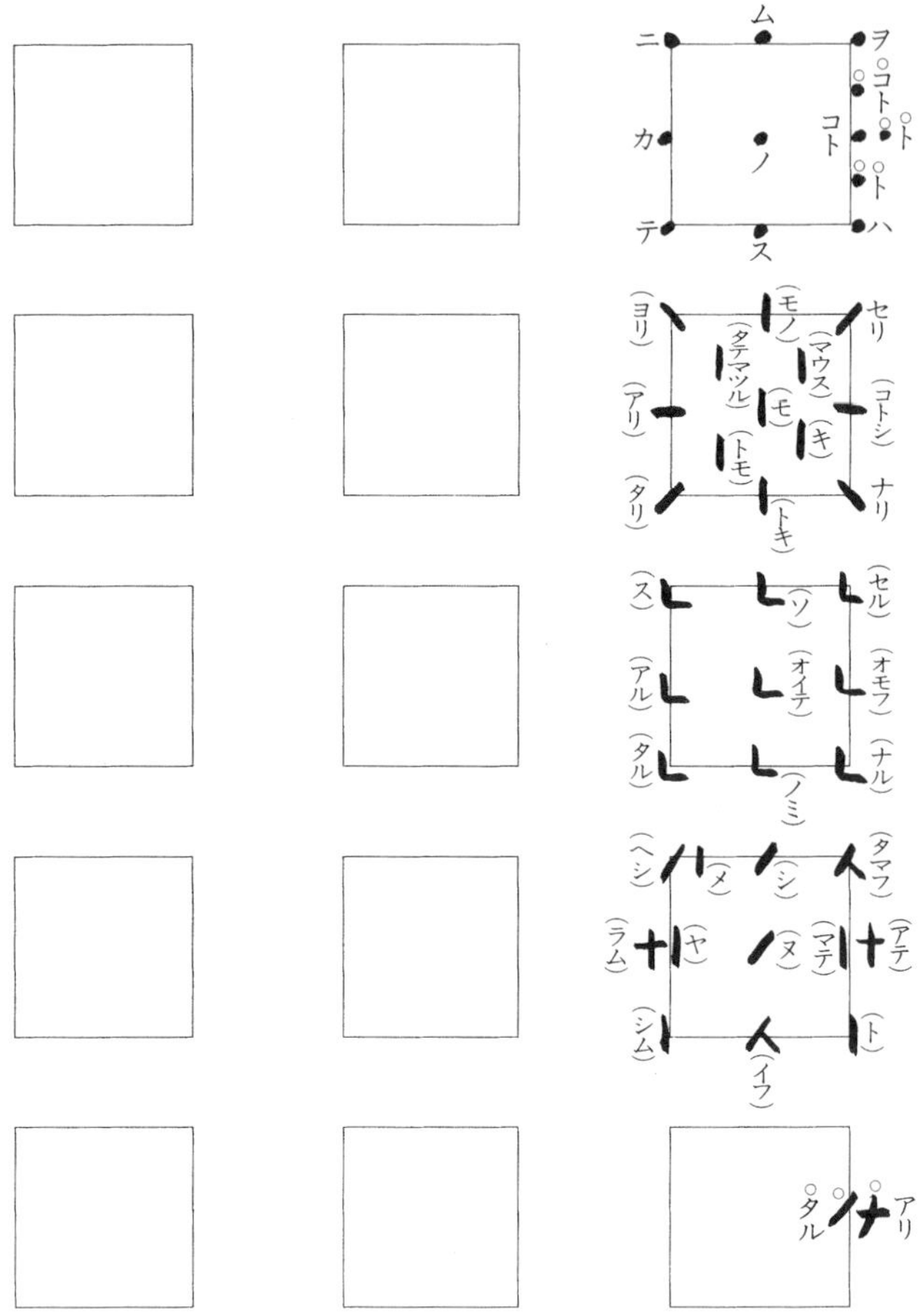

備考

○諸本ニヨリ星點若干異同アリ

○顯證本

14

香隆寺點

異稱	
中田博士分類・第五群點	
佛家點・稀用點	

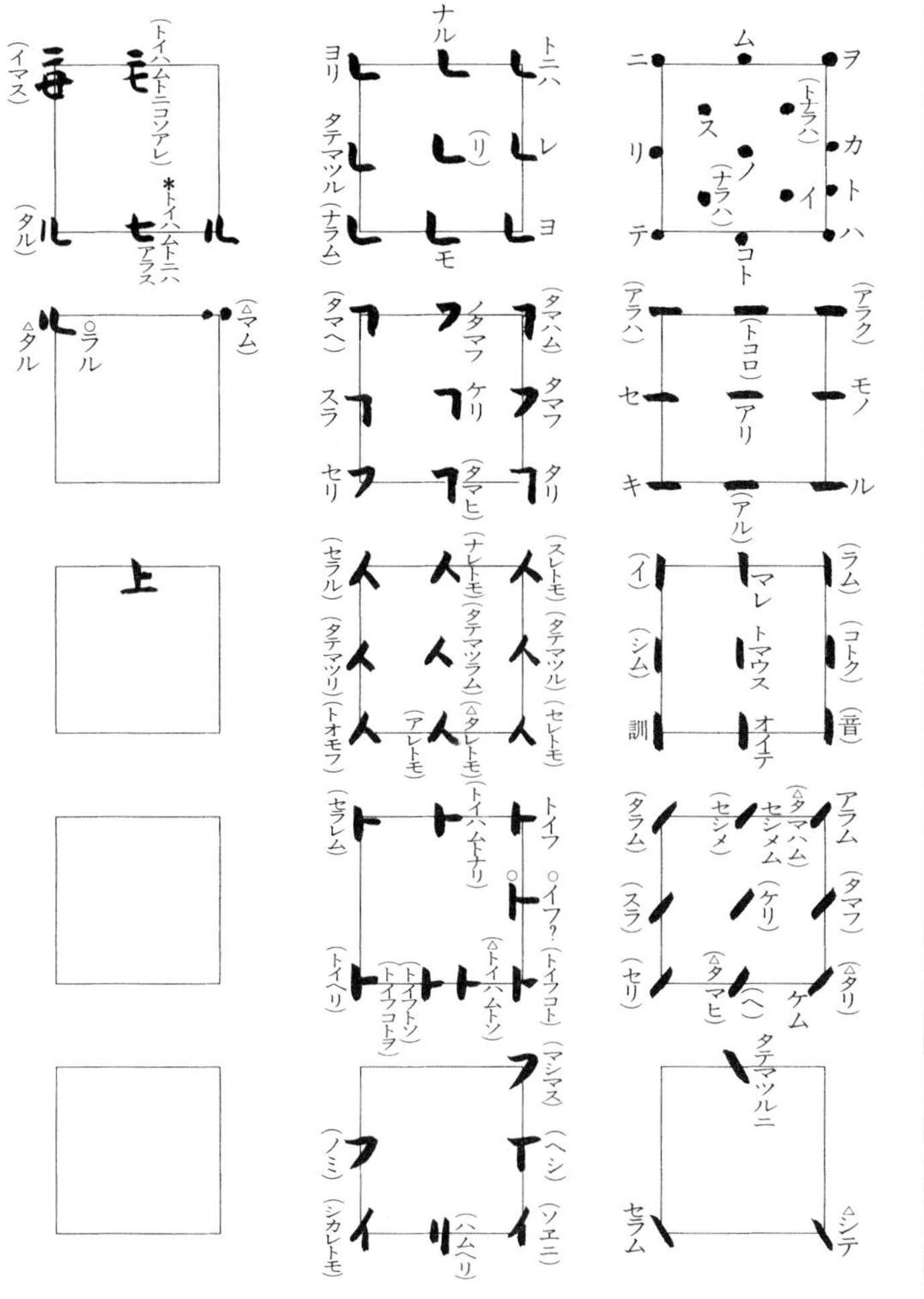

備考

○顯證本
○正平本
○*延應本符號墨書

15

天仁波流點

稱異	
テニハル	

中田博士分類・第四群點

佛家點・稀用點

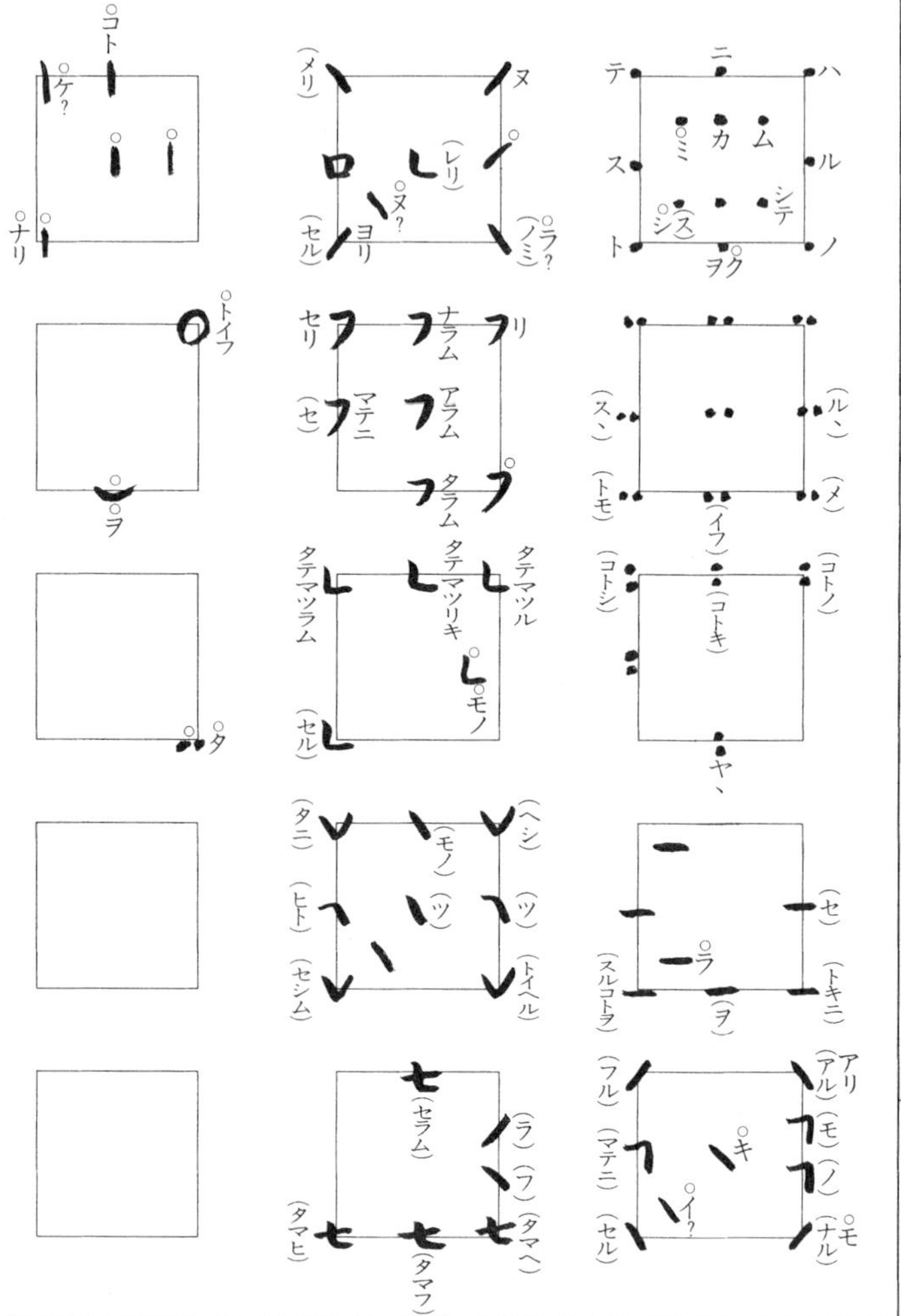

備考

○文安本系諸本所載ノ「天爾波留點」トハ別流ナリ
○顯證本

16

遍照寺點

稱異

中田博士分類・第五群點

佛家點・稀用點

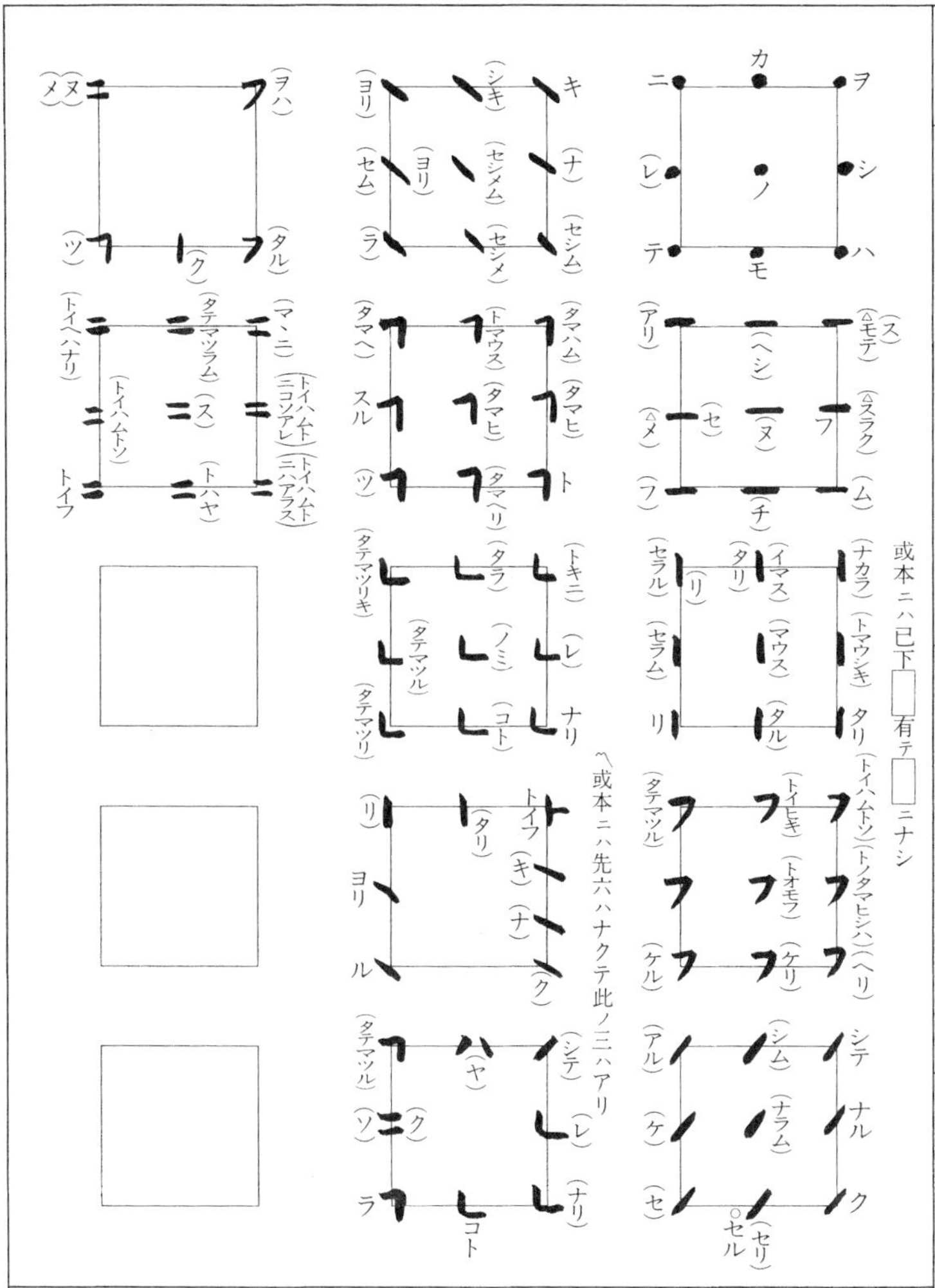

備考

○顯證本
○正平本

17

〔甲點圖〕

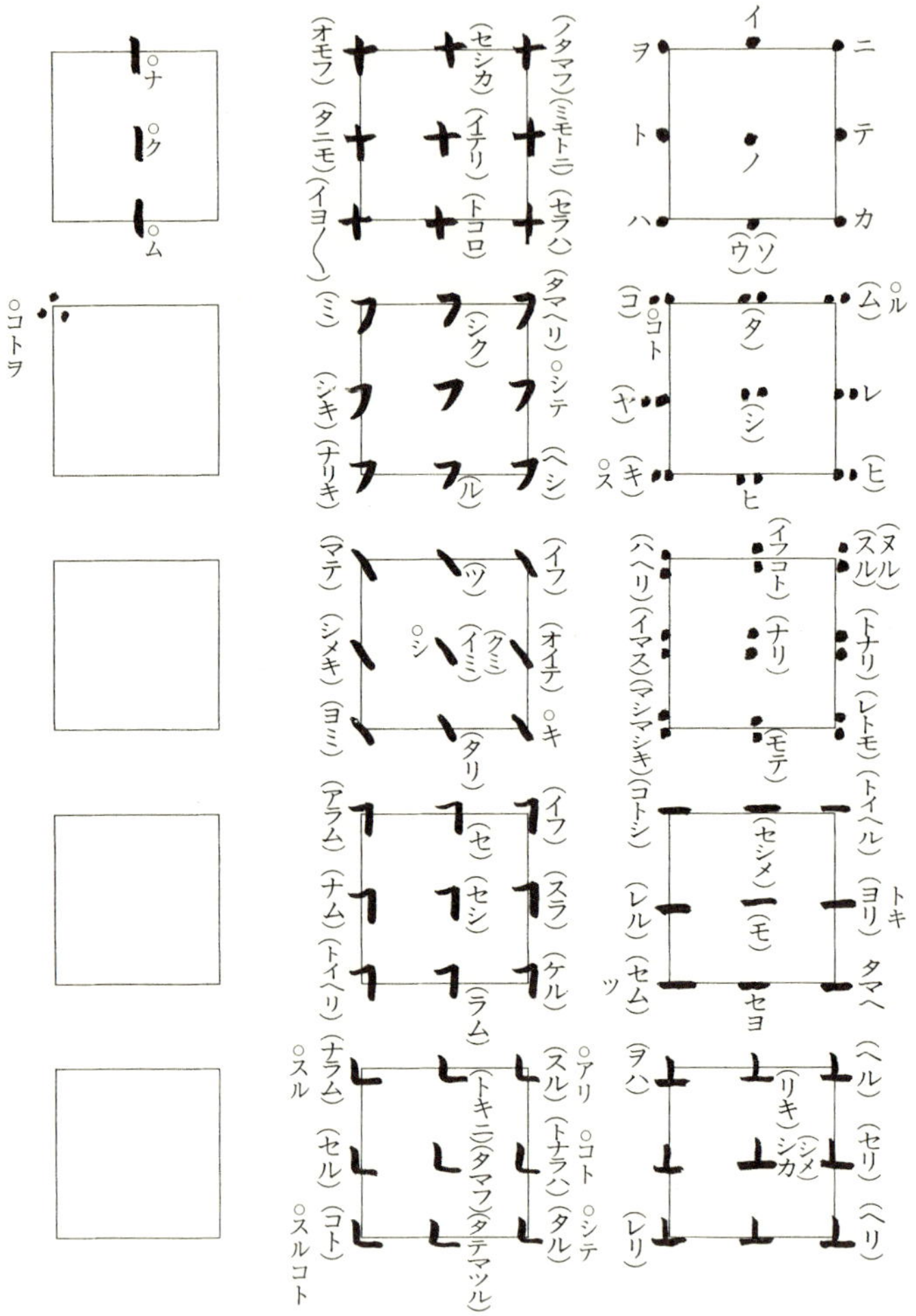

異稱：不知名

中田博士分類・第一群點

佛家點・稀用點

備考

○「甲點圖」ハ中田祝夫博士ノ命名ニ據ル

○顯證本

○第一群點ト認ムルコト尚勘フベシ

18 禪林寺點

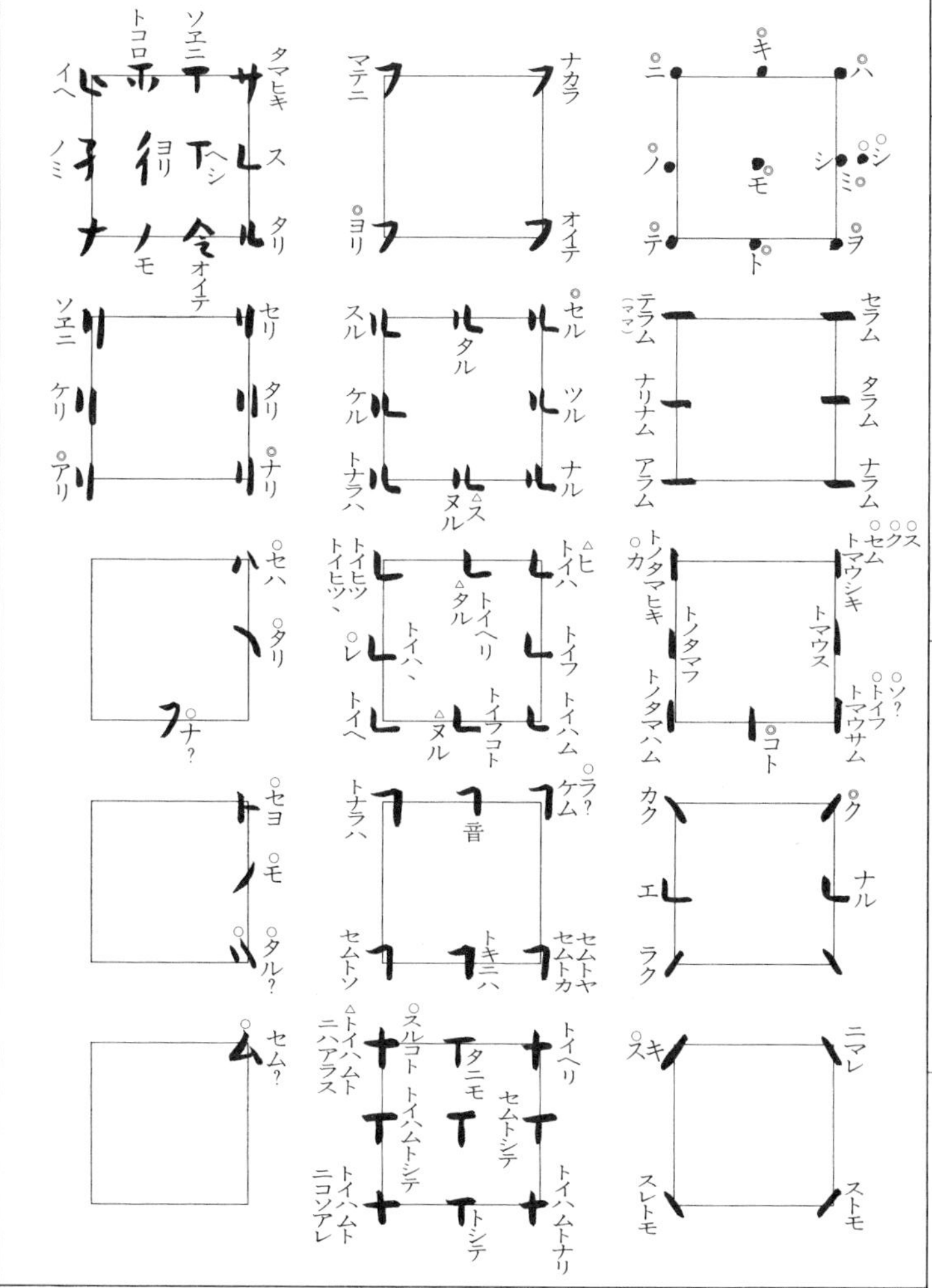

稱異

中田博士分類・第六群點

佛家點・稀用點

備考

○實在ノ點本例僅少ナルニヨリ、姑ク點圖集ノ儘ヲ掲ゲテ括弧ヲ附セズ
○◎ヲ加ヘタルハ古點本ノ例ヲ確認セルモノナリ
○顯證本
○正平本

19

廣隆寺點

異稱　廣隆寺

中田博士分類・第四群點

佛家點・稀用點

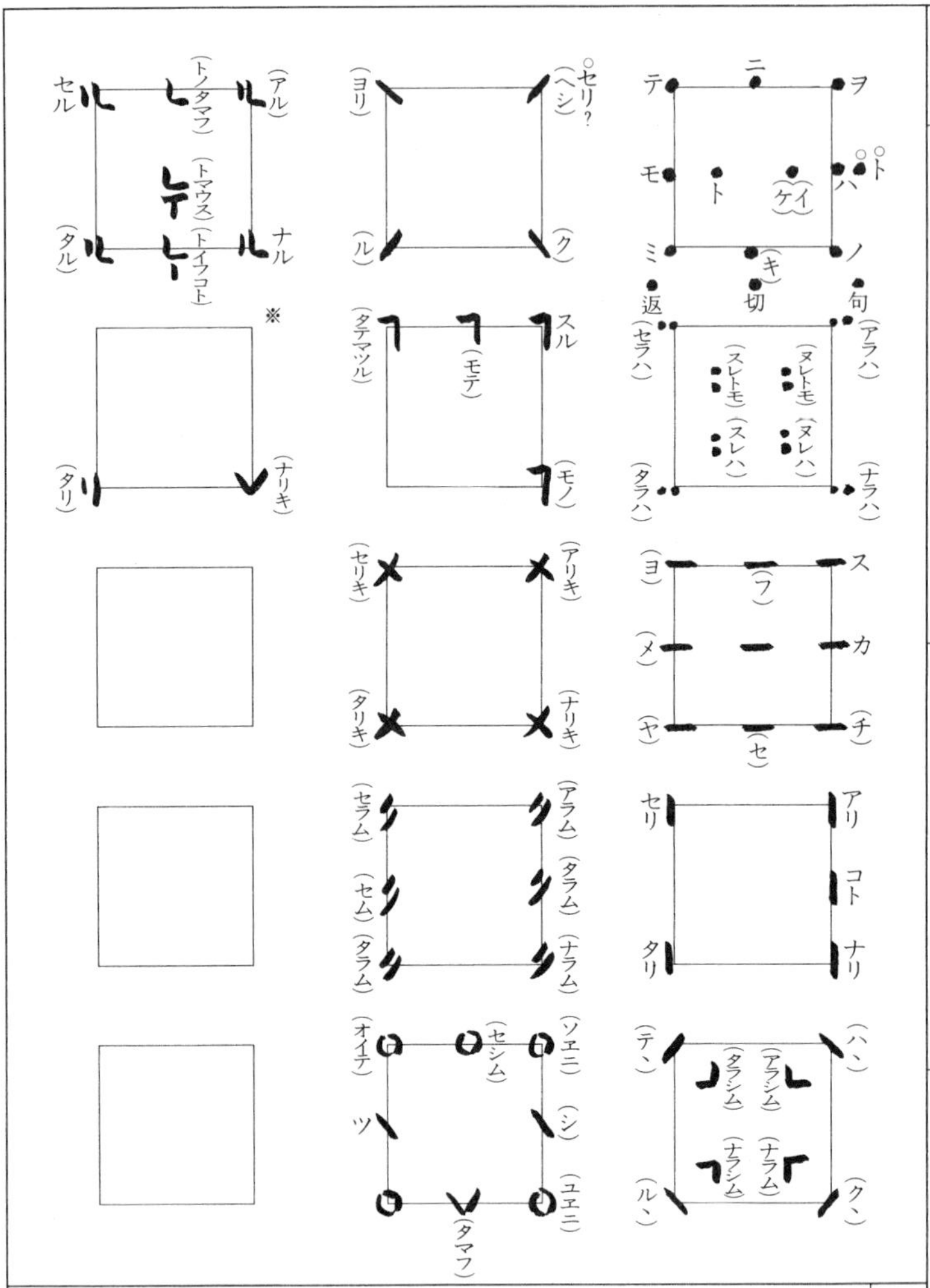

備考

○或イハ第五群點ノ變形カ
○顯證本
○※コノ壺、一本ニ據リ補フ

20

東南院點

異稱	東大寺東南院、東大寺東南院點
中田博士分類・第三群點	
佛家點・稀用點	

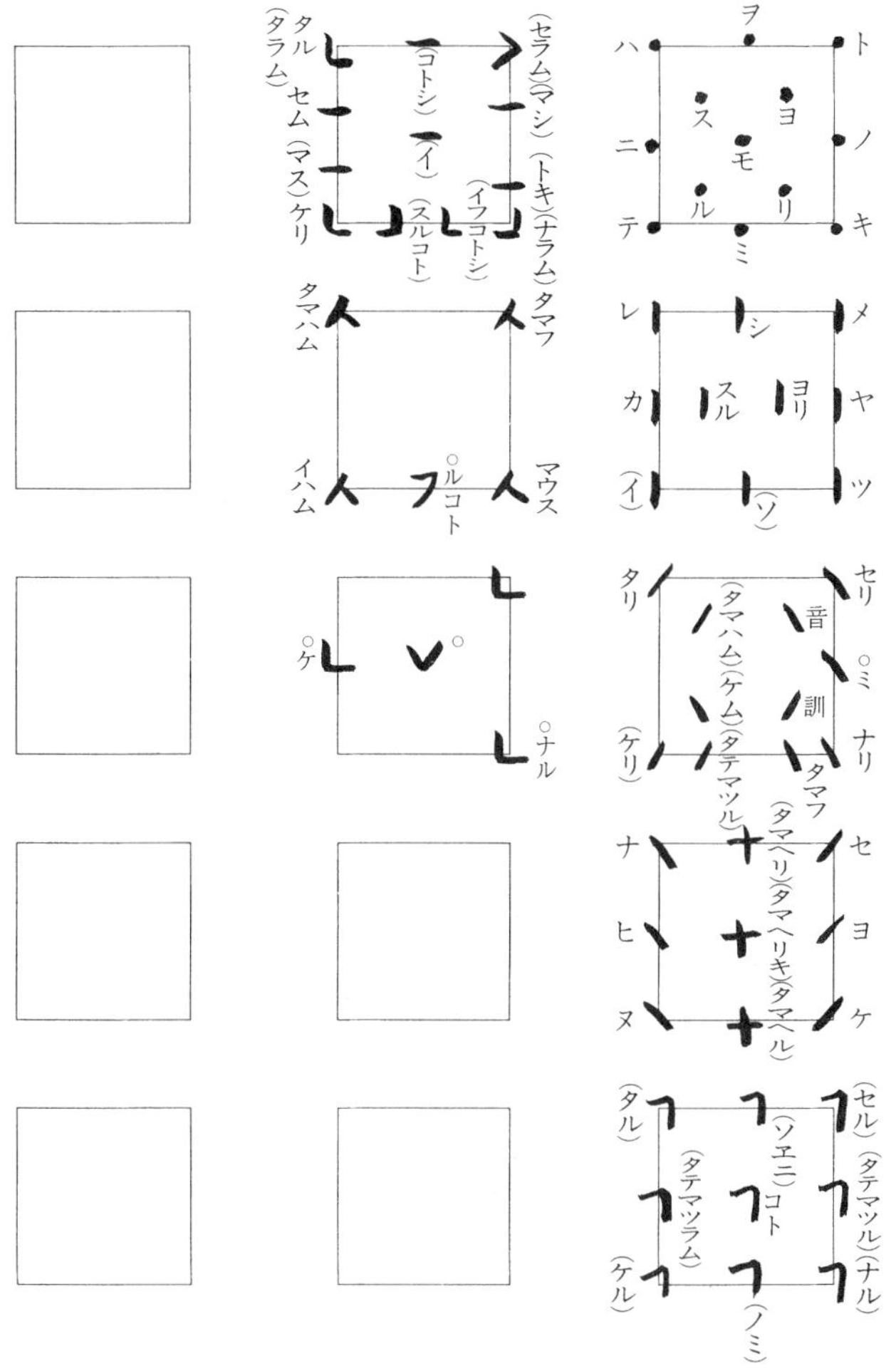

備考

○東大寺本

21

水尾點

圓堂僧正用也

中田博士分類・第一群點

佛家點・古點本に未發見の點

稱異

備考

○或イハ第五群點カ
○訓法括弧省略セリ
○第一壼*「コ」ハ或イハ「ニ」ノ誤カ
○顯證本
○東大寺本
○正平本

○※以下正平本ニアリ

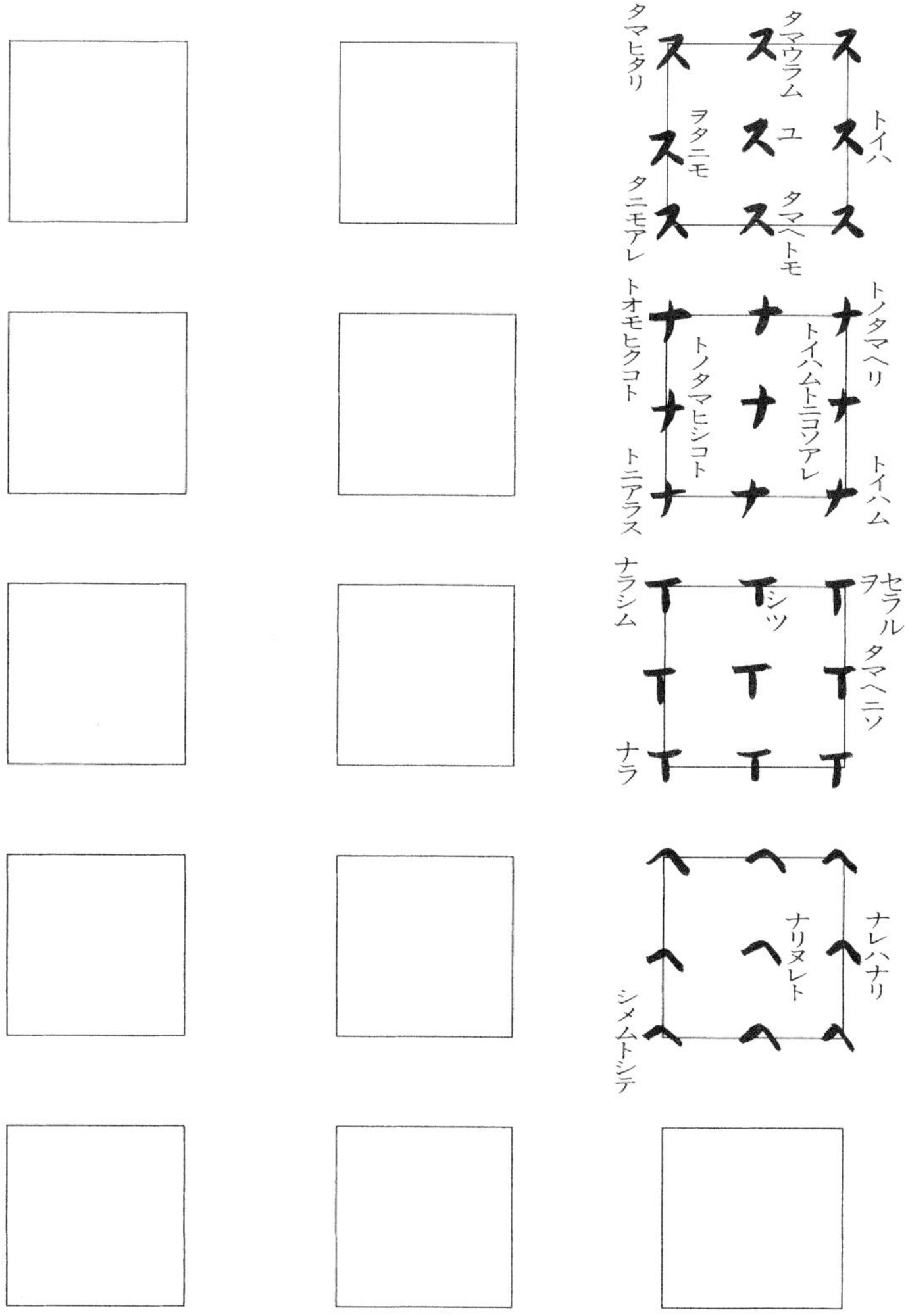
タマヒタリ
タマウラム
トイハ
ヲタニモ
ユ
タニモアレ
タマヘトモ
トオモヒクコト
トノタマヘリ
トノタマヒシコト
トイハムトニコソアレ
トニアラス
トイハム
ナラシム
シツ
ヲセラル
タマヘニソ
ナラ
ナレハナリ
ナリヌレト
シメムトシテ

備考

22

智證大師點

三井寺所用也

稱異

中田博士分類・第五群點

佛家點・古點本に未發見の點

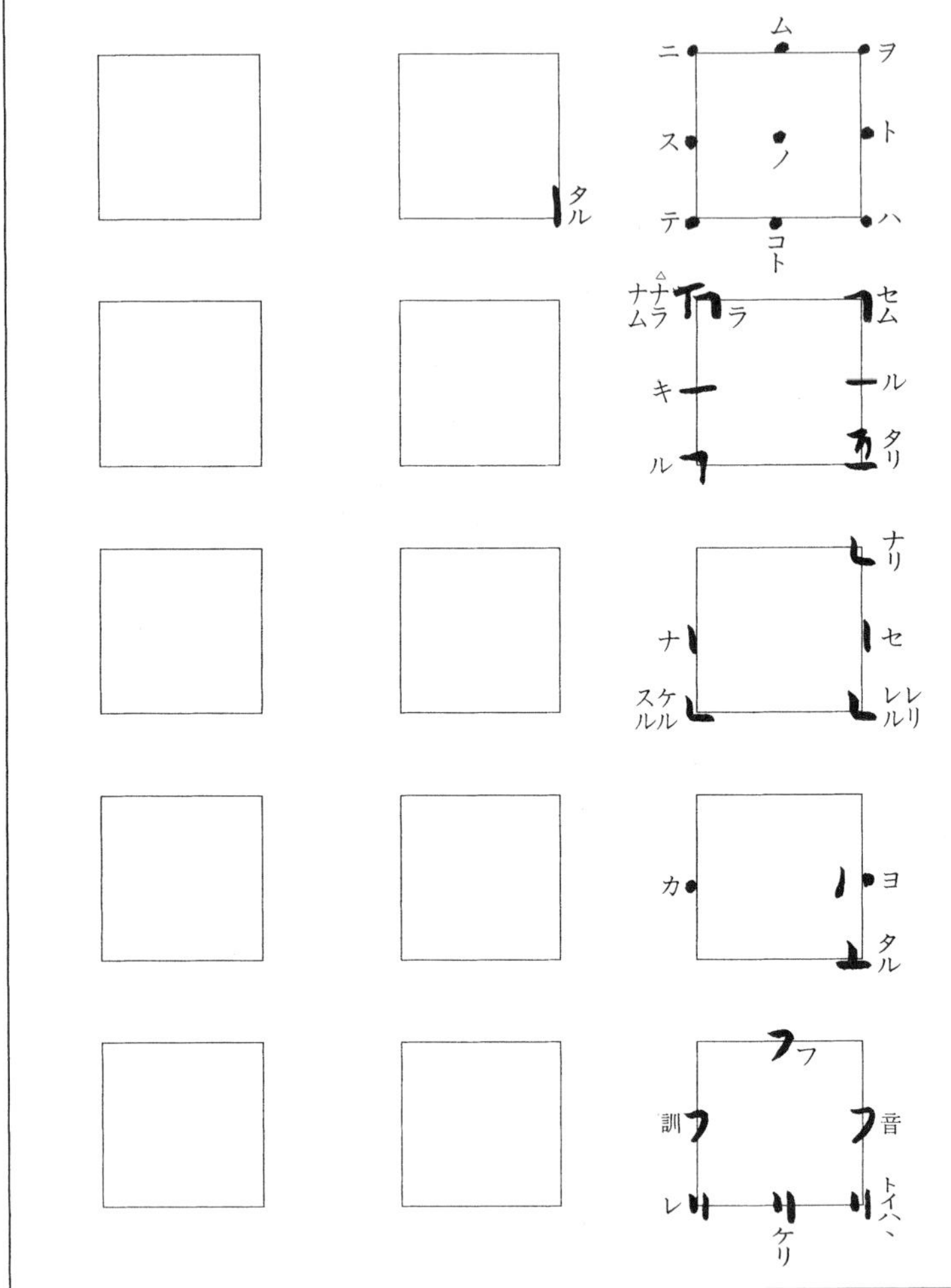

備考

○訓法括弧省略セリ

23

妙法院點

異稱

中田博士分類・第一群點

佛家點・古點本に未發見の點

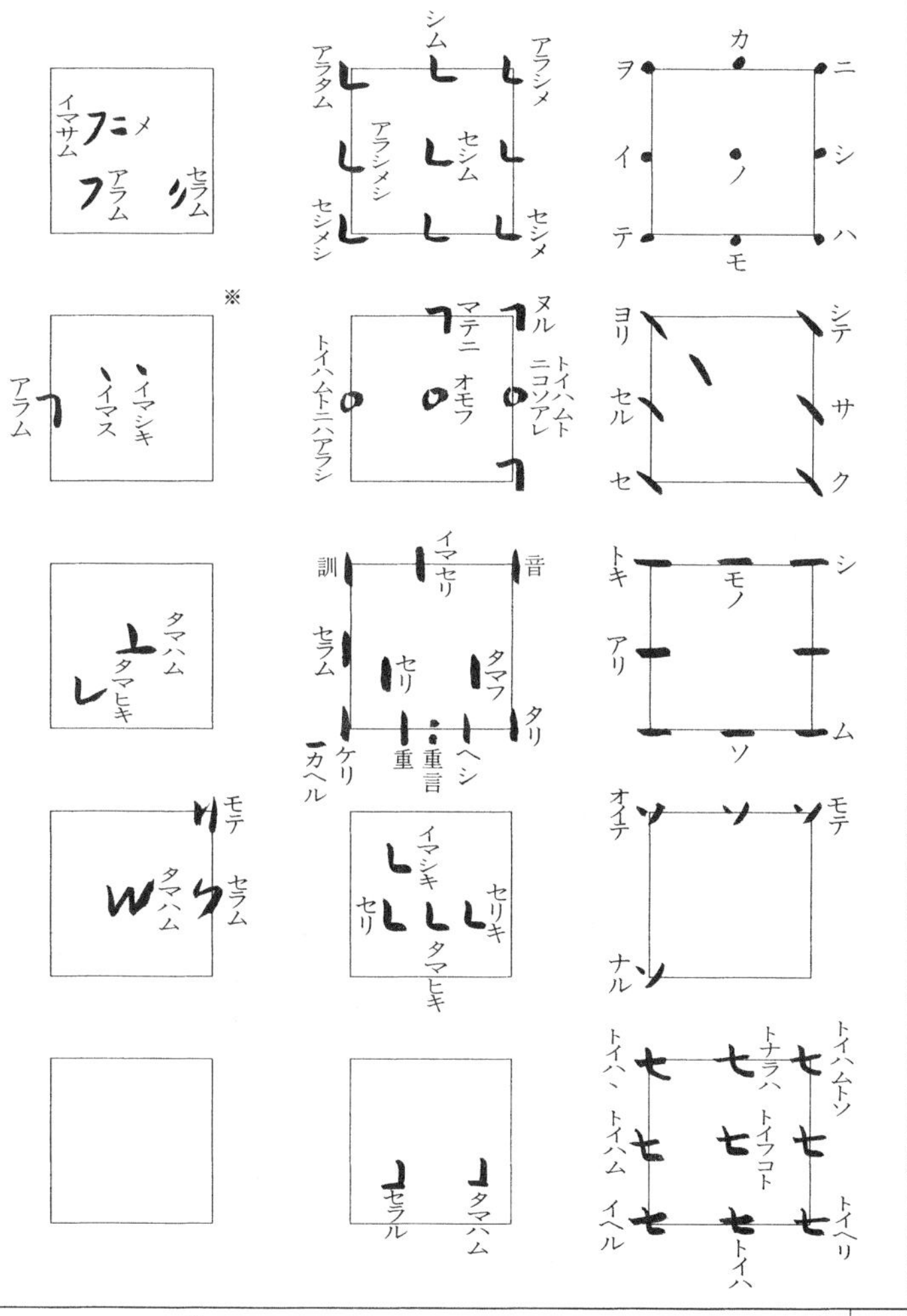

備考

○訓法括弧省略セリ

○※以下ノ壺一本ニ據リ補フ

24

〔古紀傳點〕

稱異	俗家點、俗點又様、俗點、〔丙點圖〕

中田博士分類・第五群點

俗家點・頻用點

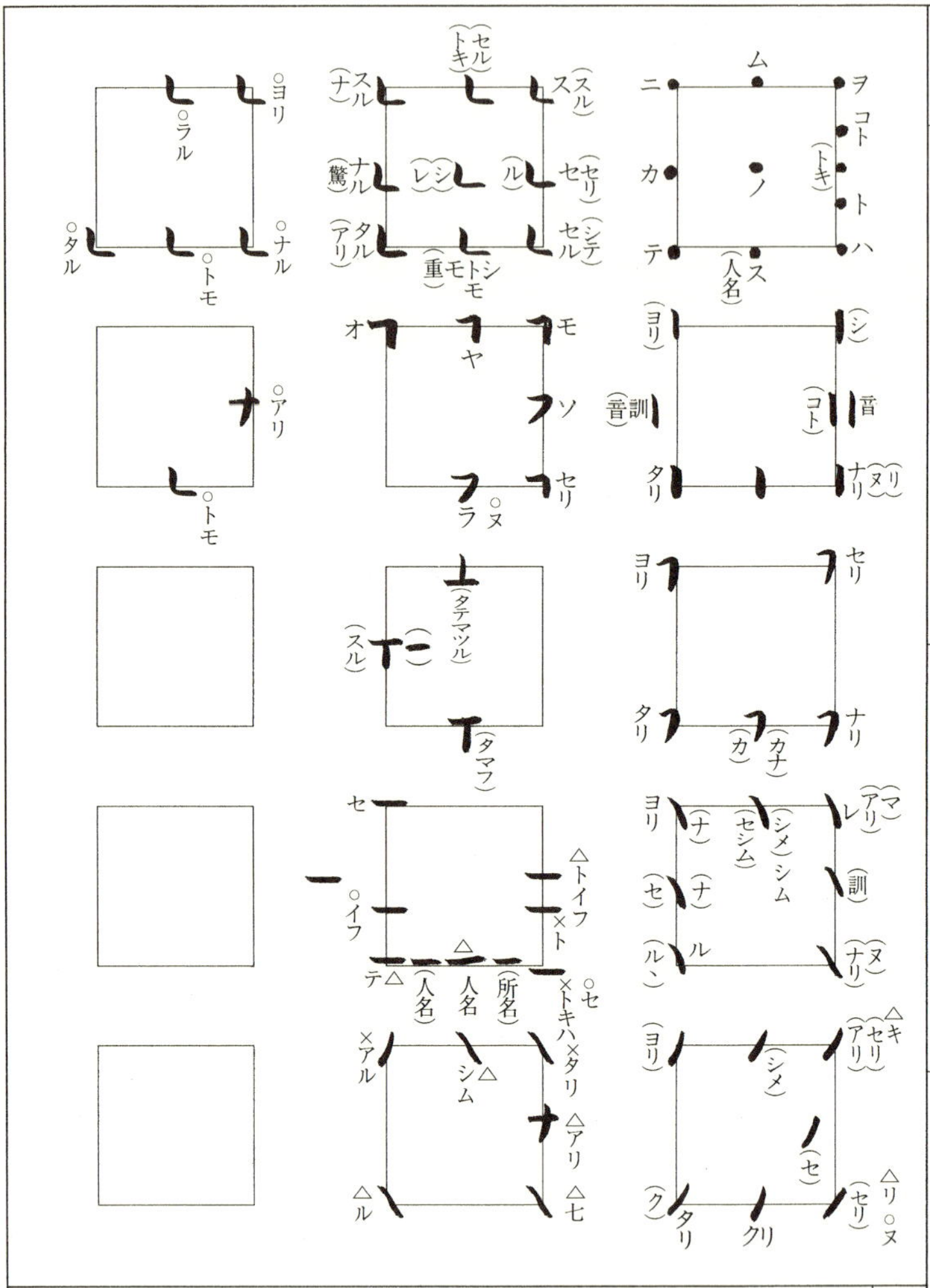

備考
○延應本系諸本符號壺順錯亂セリ、今之ヲ訂セルモ訛謬混雜セル點アルベシ ○延應本「俗點又様」ヲ併セタリ ○古點本ノ符號ノ形態竝ニ訓法必ズシモ文獻ニヨリ一致セザル點尠カラズ ○「丙點圖」ハ中田祝夫博士ノ命名ニ據ル ○「古紀傳點」ハ築島裕ノ命名ニ據ル ○東大寺本

25

經傳

稱異	俗點、俗家點、經、菅家點、參河清隆點、明經點
中田博士分類・第五群點	俗家點・頻用點

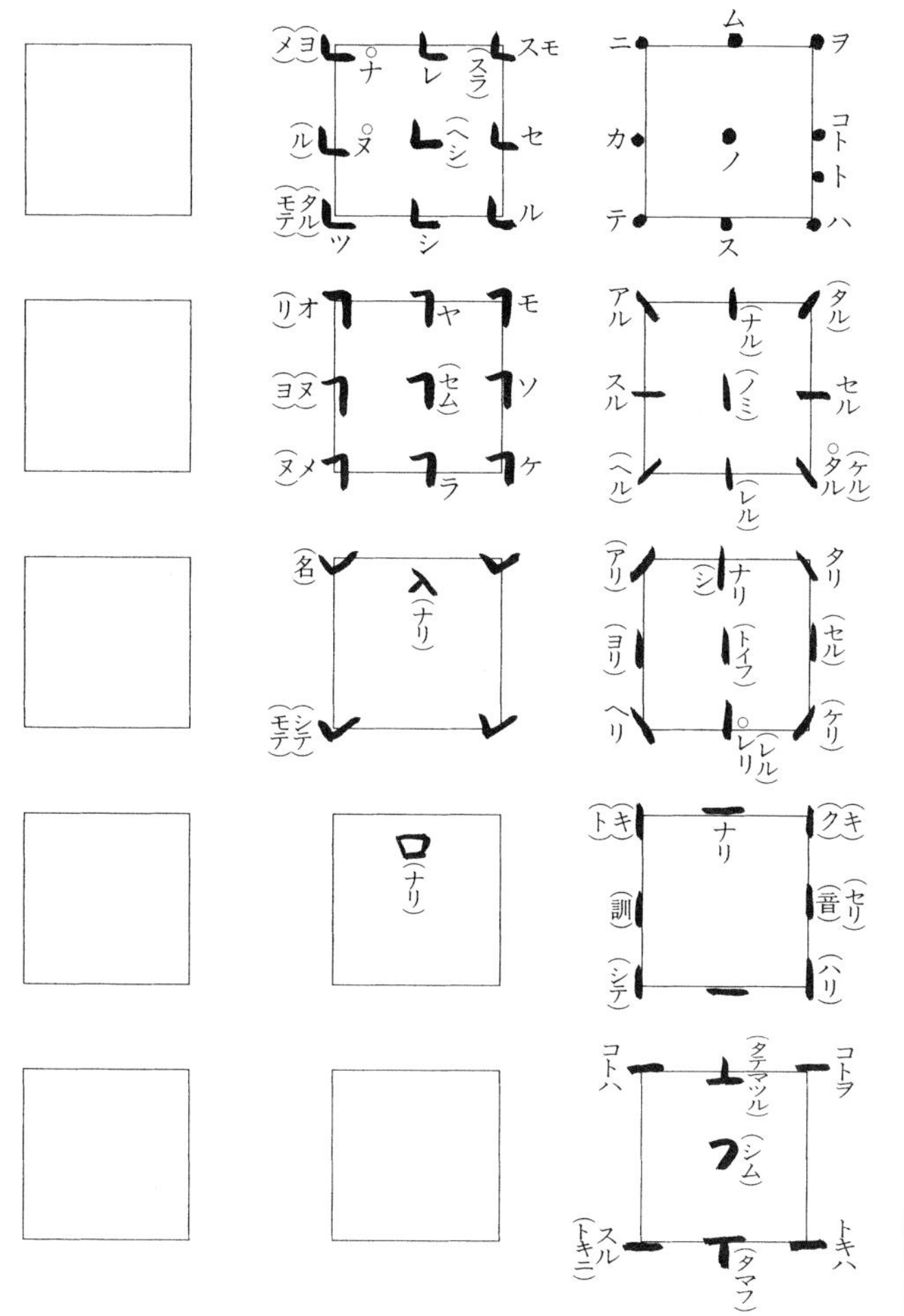

備考

○延應本
○文安本
○顯證本
○東大寺本
○正平本

26

紀傳

異稱　紀、紀典之事、紀點、紀傳點

中田博士分類・第五群點

俗家點

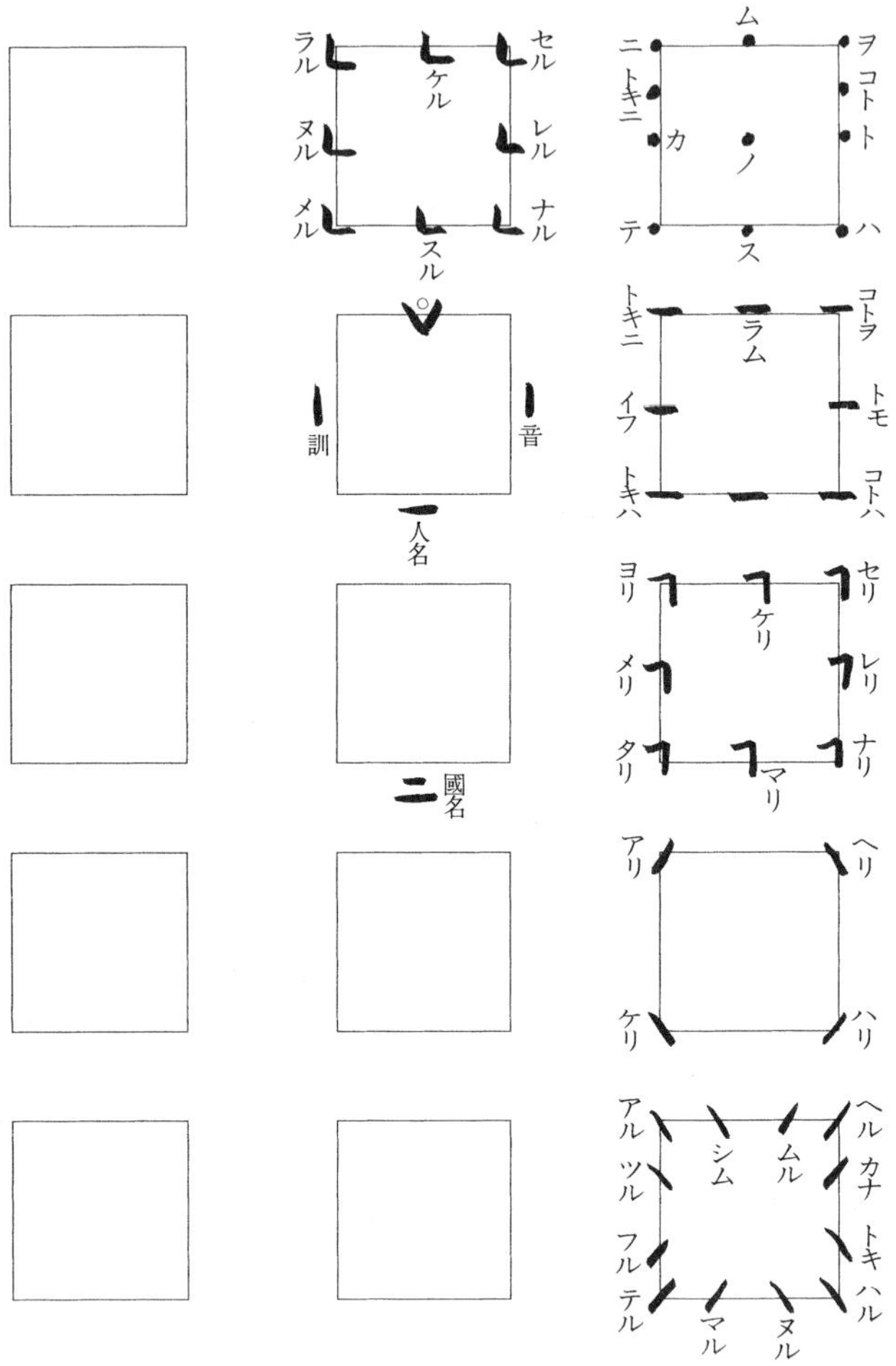

備考

○文安本ニ據ル
○東大寺本
○加點本調査未ダ盡サザルニヨリ點圖集所載ノママヲ記セリ

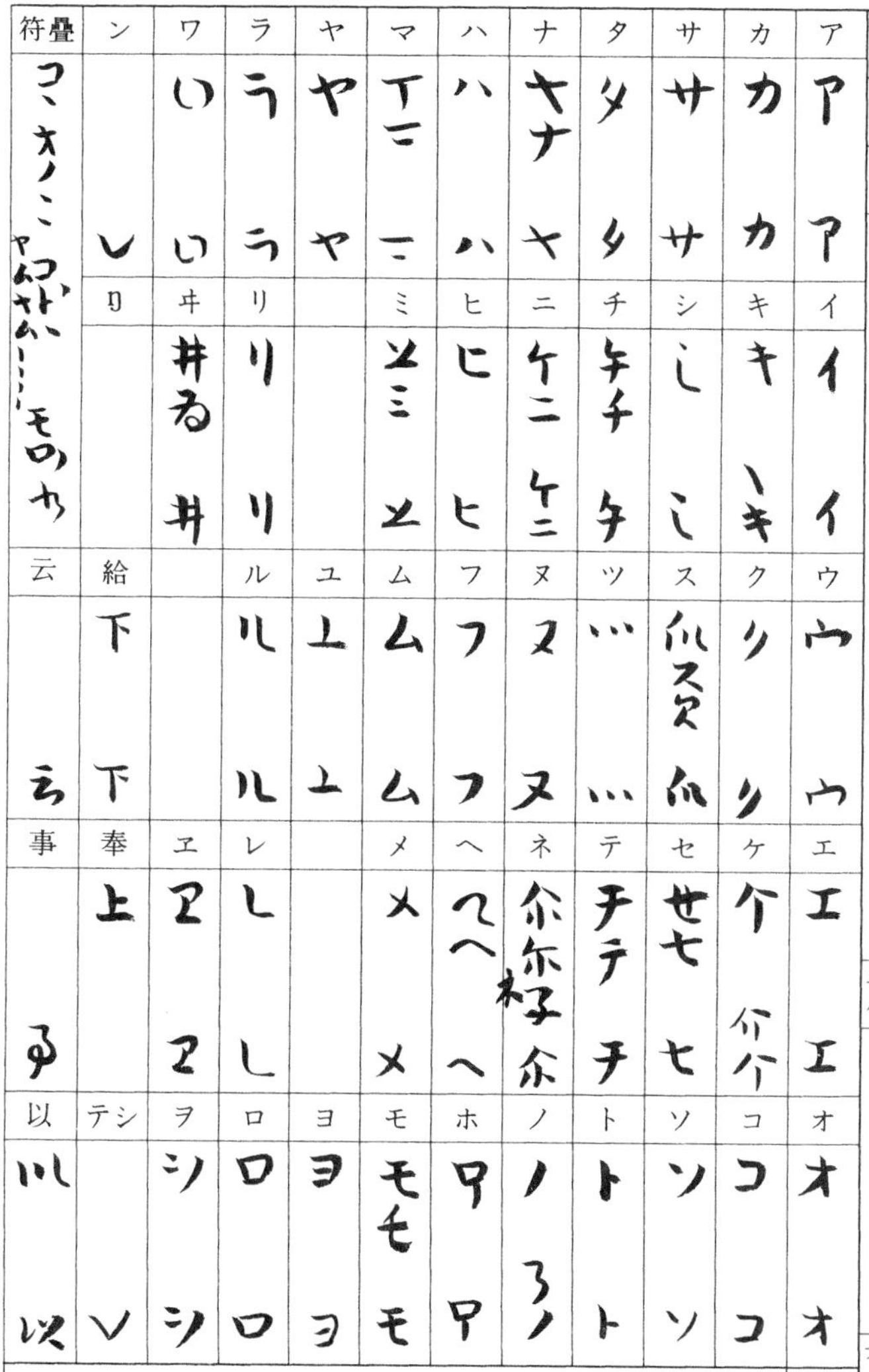

1－1	
（10870001）	
藏所	立本寺
題標	妙法蓮華經　六卷
次卷	卷第一・三～五・七・八
裝幀	卷子本
書寫年代	平安時代後期
加點年代	寛治元年（一〇八七）
ヲコト點	喜多院點　白・墨
書寫者	
加點者	經朝

備考

○上段白點（珣照君點）、下段墨點（壽慶聖人點）

○他ニ朱點（明詮點）アリ

○門前正彥「立本寺藏妙法蓮華經古點」（訓點語と訓點資料別刊第四、昭43・12）

1－2	
(10450001)	
題標	不空羂索神呪心經　一卷
藏所	西大寺
次卷	
幀裝	卷子本
書寫年代	奈良時代
加點年代	寛德二年(一〇四五)
ヲコト點	喜多院點　白・朱・墨
書寫者	
加點者	

ア	カ	サ	タ	ナ	ハ	マ	ヤ	ラ	ワ	ン	符疊
ア / ア	カ / カ	サ / サセ	大ナメタ / 大	大七 / ナ	八八 / ハ	三T	ヤ / セ	ウ / ラ	い / い	レレ / ノ	ゝハヽ　ヒゝう
イ	キ	シ	チ	ニ	ヒ	ミ		リ	ヰ	ŋ	
イ / イ	さ	し / し	千升? / 千	ニ	ヒ	ミ之		リ / リ	井 / 井		
ウ	ク	ス	ツ	ヌ	フ	ム	ユ	ル		給	有
宇于モ / 宀	ク / ク	久 / 久	丷 / 丷	ヌス	フ	ム / ム	上 / 上	ル / ル		下	
エ	ケ	セ	テ	ネ	ヘ	メ		レ	ヱ	奉	事
エ	个 / 个	せ / せ	チ / チ	示尓子 / 子	へ / へ	メ / メ		レ / レ	ヱ	上	了
オ	コ	ソ	ト	ノ	ホ	モ	ヨ	ロ	ヲ	テシ	時
オ才	ユ	ソ / ソ	ト / ト	ノ	呆呆	モ / モ	ヨ / ヨ	ロ	シソ / ソ		

備考
○上段白點、下段朱點、墨點ハ省略
○小林芳規「西大寺本不空羂索神呪心經寛德點の研究—釋文と索引—」(國語學三三、昭33・6)

し゛(ジ、白)　チ゛(デ、朱)

1－3	
(10990002)	
題標	大慈恩寺三藏法師傳　四卷
藏所	興福寺
次卷	卷第七～十
裝幀	卷子本
書寫年代	延久三年(一〇七一)頃
加點年代	承德三年(一〇九九)
ヲコト點	喜多院點
假名點	朱墨
書寫者	
加點者	濟賢

備考

○全十卷一具ノ內ナリ

○第三次點(墨點、假名、承德三年濟賢、上段ニ配ス)及第四次點(朱點、喜多院點、第三次點ト同筆、下段ニ配ス)ナリ

○第五次點ハ假名點ナリ、「51-3」參照

○築島裕『興福寺本大慈恩寺三藏法師傳古點の國語學的研究 譯文篇・索引篇・研究篇』(昭40・3、41・3、42・3)

1－4	
(11000003)	
題標	高僧傳　一卷
藏所	興福寺
次卷	卷第十三
帧裝	卷子本
書寫年代	平安時代後期
加點年代	康和二年（一一〇〇）
ヲコト點	喜多院點　朱・墨
書寫者	
加點者	

	ア	カ	サ	タ	ナ	ハ	マ	ヤ	ラ	ワ	ン	符疊
上段	ア	カ	サ	タ	ナ	八	丅	セ	ラ	い	レ	スタル、　タ丅、、
下段				タ	ナ				ラ			
	イ	キ	シ	チ	ニ	ヒ	ミ		リ	ヰ	リ	
上段	イ	＼	し	千	二	ヒ	三		リ	井		
下段	イ	＼					三		リ			
	ウ	ク	ス	ツ	ヌ	フ	ム	ユ	ル		給	方
上段	ウ	ク	ス	州	ヌ	フ	ム	丄	ル		下	方
下段	ウ	ク	ス			フ			ル			
	エ	ケ	セ	テ	ネ	ヘ	メ		レ	ヱ	奉	事
上段	エ	个	七	チ	子		メ		L	ヱヨ		
下段										ヱ		
	オ	コ	ソ	ト	ノ	ホ	モ	ヨ	ロ	ヲ	テシ	時
上段	オ	コ	ソ	ト	ノ	尸	モ	ヨ	ロ	シ	V	
下段										シ		

備考

○上段朱點、下段墨點

2－2	
(09870001)	
題標	金剛頂蓮華部心念誦儀軌　一帖
藏所	大東急記念文庫
次卷	
幀裝	粘葉裝
年代書寫	平安時代中期
年代加點	永延元年(九八七)
ヲコト點	西墓點　朱
者書寫	
者加點	文慶

ア	カ	サ	タ	ナ	ハ	マ	ヤ	ラ	ワ	ン	符疊
ア	カ	サ	太 大 夕	ナ メ	ハ	丁	ヤ	フ		レ ン	
イ	キ	シ	チ	ニ	ヒ	ミ		リ	ヰ	ŋ	
イ	コ キ	し	失 矢	ニ	ヒ	ミ					
ウ	ク	ス	ツ	ヌ	フ	ム	ユ	ル		給	有
于	ク	欠	･･･			ム	由 上	ル			
エ	ケ	セ	テ	ネ	ヘ	メ		レ	ヱ	奉	事
エ	十	せ セ	チ テ		ヘ	メ		し			
オ	コ	ソ	ト	ノ	ホ	モ	ヨ	ロ	ヲ	テシ	時
オ	こ	ソ ソ	ト	ノ	呆 平 子	モ	ち	ロ			

備考

○第一次點ナリ、第二次點アリ

○築島裕「大東急記念文庫藏金剛界儀軌の古點について」(かゞみ二、昭41・2)

2－3	
(10240002)	
藏所	東京大學國語研究室
題標	大毗盧遮那成佛經疏（大日經義釋）　十九帖
卷次	卷第二～二十
裝幀	粘葉裝
書寫年代	平安時代後期
加點年代	治安四年（一〇二四）　長元七年（一〇三四）
ヲコト點	西墓點　朱・橙
書寫者	
加點者	經念（？）

符疊 ン ワ ラ ヤ マ ハ ナ タ サ カ ア
ŋ ヰ リ ミ ヒ ニ チ シ キ イ
kwa 給 ル ユ ム フ ヌ ツ ス ク ウ
kwi 奉 ヱ レ メ ヘ ネ テ セ ケ エ
kwe テシ ヲ ロ ヨ モ ホ ノ ト ソ コ オ

備考

○第一次點（朱）及第二次點（橙）ヲ示ス、第二次點ハ第一次點ノ補完ニシテ同筆ナリ、仍テ兩者ヲ纏メ揭ゲタリ、第三次點第四・五次點アリ

○築島裕「東大國語研究室所藏訓點資料書目（その四）」（國語研究室五、昭41・12）

3－3	
(10200001)	
題標	成唯識論　十帖
藏所	石山寺
次巻	巻第一〜十
幀裝	折本裝（巻子本改裝）
書寫年代	天平二十年（七四八）
加點年代	寛仁四年（一〇二〇）
ヲコト點	東大寺點　白
書寫者	惠勝
加點者	平能資

ア	カ	サ	タ	ナ	ハ	マ	ヤ	ラ	ワ	ン	符疊
ア	カ	七 七	タ	ナ	ハ	万 丅	ヤ	う	い	ム	イハ、 ナム〻
イ	キ	シ	チ	ニ	ヒ	ミ		リ	ヰ	り	
イ	さ	し	チ	ニ	ヒ	ミ 乄		リ	井		
ウ	ク	ス	ツ	ヌ	フ	ム	ユ	ル		給	有
宀	ク	寸	川 川 川 川	ヌ	フ	ム	ユ ユ	川 ル ル			
エ	ケ	セ	テ	ネ	ヘ	メ		レ	ヱ	奉	事
エ	个 个	セ	テ	ネ	ヘ ヘ ヘ	メ		レ			
オ	コ	ソ	ト	ノ	ホ	モ	ヨ	ロ	ヲ	耳	時
オ 十?	こ コ こ	ソ	ト	ノ 乃	呆 早	モ	ヨ	ロ	シ、 ミ	ろ	寸

備考

○巻第十ニ別點アリ

○奥書僧名ヲ「沿革史料」ハ「平堪」、「古點本研究」ハ「平性」、「石山寺目録」ハ「平□（能カ）」トセリ

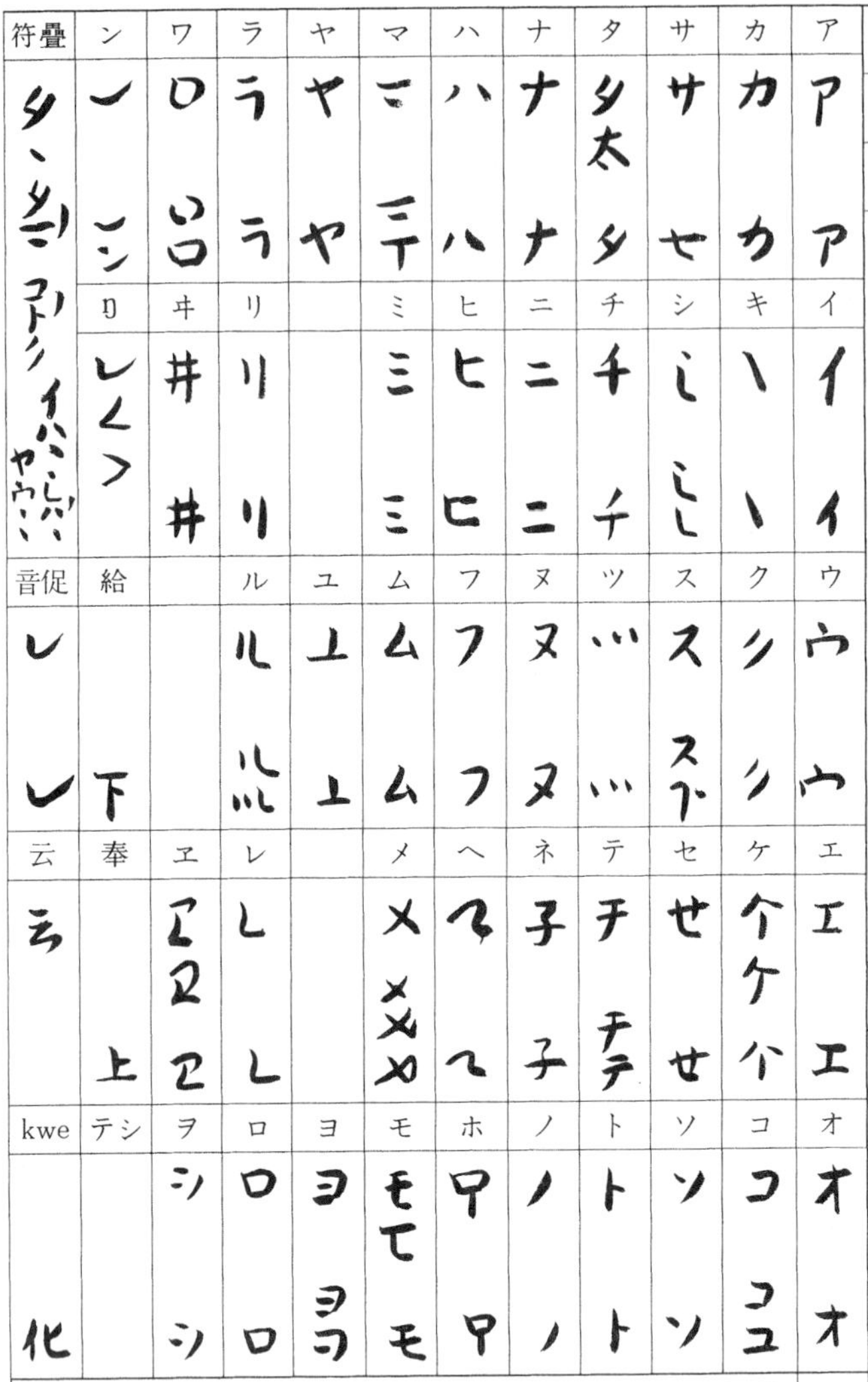

3－6	
(10820003)	
題標	大毗盧遮那成佛經疏　九巻
藏所	高山寺
次巻	巻第二～十
帳装	巻子本
書寫年代	平安時代後期
加點年代	永保二年(一〇八二)(朱・褐)　長治元年(一一〇四)(墨)
ヲコト點	東大寺點　朱・褐・墨
書寫者	
加點者	行證カ
備考	○上段朱點及褐點、下段墨點 ○「高山寺古訓點資料第三」(高山寺資料叢書第十五冊、昭61・2)

3－9	
（11590002）	
題標	蘇磨呼童子請問經　二卷
藏所	石山寺
次卷	卷上下
帖裝	卷子本
書寫年代	院政期
加點年代	平治元年（一一五九）（朱） 治承四年（一一八〇）（墨）
ヲコト點	東大寺點　朱・墨
書寫者	
加點者	朗寵（朗澄）（朱） 範賢（墨）
備考	○上段朱點、下段墨點

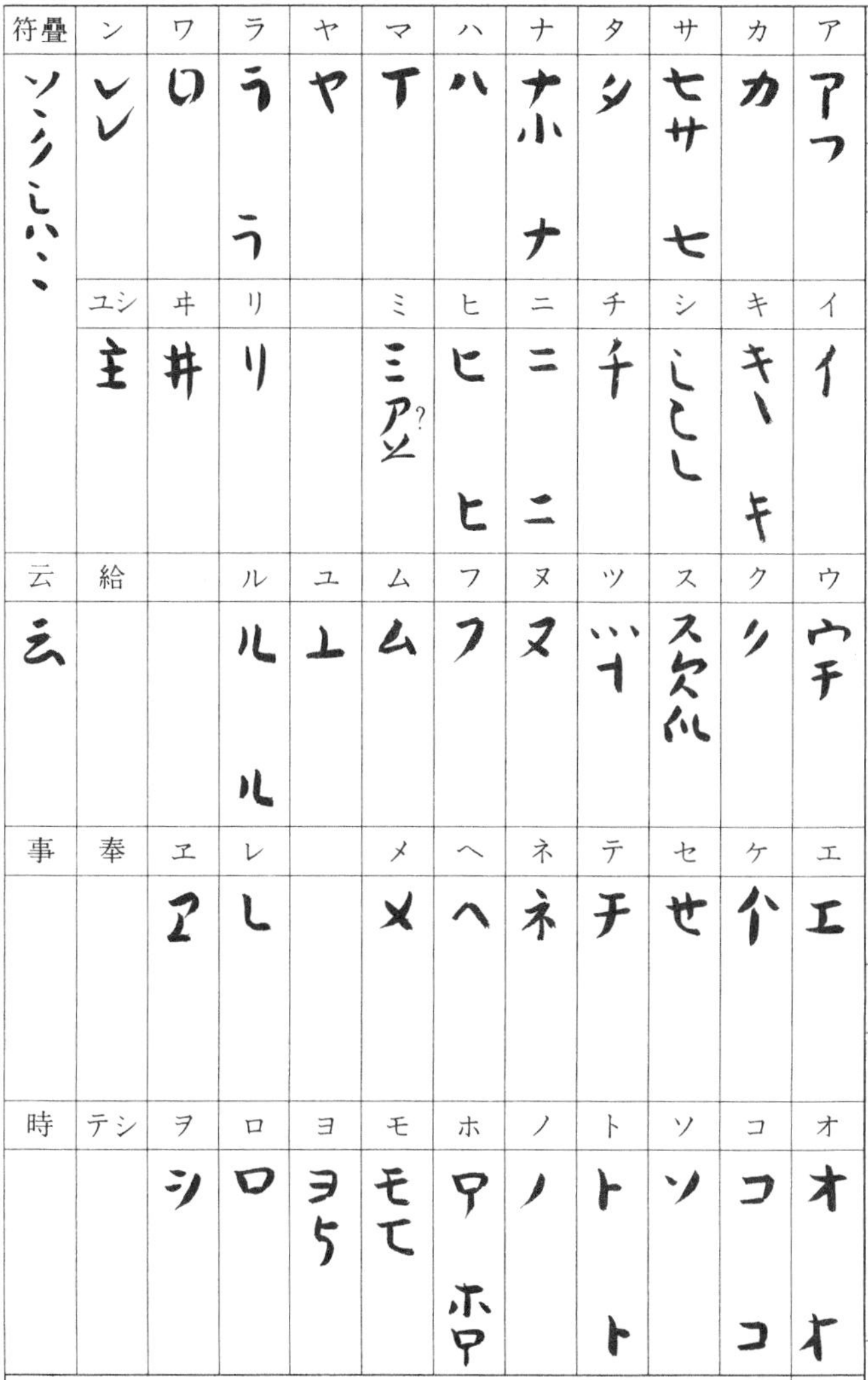

3－10	
(11630001)	
題標	大唐西域記　八帖
藏所	石山寺
次巻	巻第一～八
幀裝	折本裝（巻子本改裝）
書寫年代	院政期
加點年代	長寛元年（一一六三）
ヲコト點	東大寺點　朱・墨
書寫者	朗澄カ
加點者	同右

ア	カ	サ	タ	ナ	ハ	マ	ヤ	ラ	ワ	ン	符疊
ア	カ	サ セ	タ	大 ナ	ハ	丁 ニ	ヤ	ラ つ	禾 い ロ	レ	〻ハ丶 〻ハ丶丶 タヲ 丁チ〻
イ	キ	シ	チ	ニ	ヒ	ミ		リ	ヰ	ŋ	
イ	キ丶	し	チ	ニ	ヒ	三 ア		り	井		
ウ	ク	ス	ツ	ヌ	フ	ム	ユ	ル		給	曰
宀	ク	爪 寸 ス	川 川 ツ	ヌ	フ	ム	ユ	ル		下	曰
エ	ケ	セ	テ	ネ	ヘ	メ		レ	ヱ	奉	事
エ	介	せ	テ	子 ネ 才	へ	メ		レ	己	上	亊 亊
オ	コ	ソ	ト	ノ	ホ	モ	ヨ	ロ	ヲ	云	時
オ	コ こ	ソ	ト	乃 ノ	ホ 呆	モ	ヨ 与	ロ	シ	云	时

白	者	如	也
白	者	如	也
	可	所	人
	可	所	人

備考

○朱點・墨點ヲ併セタリ
○巻第二・六・八ノ三帖ニハ年紀無ケレドモ他五巻ト同時期ノ他筆訓點アリ、内容ハコレト同性格ノ訓點ナルベシ
○中田祝夫「古點本の國語學的研究譯文篇」（昭33・3）
○月本雅幸「大唐西域記の古訓法について」（國語と國文學57・12、昭55・12）

4－1

(10000001)

題標	大毗盧遮那成佛經　七卷
藏所	西大寺
次卷	卷第一～七
幀裝	卷子本
書寫年代	天平神護二年（七六六）
加點年代	長保二年（一〇〇〇）
ヲコト點	仁都波迦點　白
書寫者	
加點者	

ア	カ	サ	タ	ナ	ハ	マ	ヤ	ラ	ワ	ン	符疊
ア	カ	サ	夕 大 大? 夕*	ナ ナ*	ハ ハ ハ*	マ	セ?	ラ フ フ フ*	ロ		ト、爪、
イ	**キ**	**シ**	**チ**	**ニ**	**ヒ**	**ミ**		**リ**	**ヰ**	**ŋ**	
イ イ*	木 木*	し し し*	チ ち 地 地	ニ	ヒ	ミ		リ リ*	井		
ウ	**ク**	**ス**	**ツ**	**ヌ**	**フ**	**ム**	**ユ**	**ル**		**以**	**如**
ウ	ク ク*	ス	ツ ツ*	ヌ	フ フ フ*	ム ム*	ユ	ル ル*		い	如
エ	**ケ**	**セ**	**テ**	**ネ**	**ヘ**	**メ**		**レ**	**ヱ**	**坐**	**事**
エ	介 个 け	セ	天 テ て	子	へ て て て*	女 女		レ	ヱ	十?	
オ	**コ**	**ソ**	**ト**	**ノ**	**ホ**	**モ**	**ヨ**	**ロ**	**ヲ**	**令**	**時**
オ オ ナ オ*	コ	ソ	ト ト*	ノ	呆 呆*	モ モ モ?	ヨ	ロ	ヲ ヲ*	令	

備考

○第一次點ナリ、＊ハ別點（第二次點）ニシテ同ジ頃ノ加點（白點、仁都波迦點）ナリ

○他ニ第三次點アリ

呆（ボ）　バ*（バ）

4－2	
（10250001）	
題標	最勝立印聖無動尊大威怒王念誦儀軌（不動儀軌）一巻
藏所	東寺金剛藏
次巻	
幀裝	巻子本
書寫年代	萬壽二年（一〇二五）
加點年代	同右
ヲコト點	仁都波迦點　墨
書寫者	延尊
加點者	同右

ア	カ	サ	タ	ナ	ハ	マ	ヤ	ラ	ワ	ン	符疊
ア	カ	サ	タ 駄*	ナ	ハ	T	ヤ	つ	ロ ロ	レ	
イ	**キ**	**シ**	**チ**	**ニ**	**ヒ**	**ミ**		**リ**	**ヰ**	**t**	
イ	さ	し	千	ニ	ヒ	三		リ	井	ン	
ウ	**ク**	**ス**	**ツ**	**ヌ**	**フ**	**ム**	**ユ**	**ル**		**ヤシ**	**有**
宀 于	ク 九	寸	ヽヽヽ	ヌ	フ	ム	上	ル		者	
エ	**ケ**	**セ**	**テ**	**ネ**	**ヘ**	**メ**		**レ**	**ヱ**	**ユシ**	**事**
エ	个 下	せ	チ	尓	へ て	メ メ		レ	ヱ	主	
オ	**コ**	**ソ**	**ト**	**ノ**	**ホ**	**モ**	**ヨ**	**ロ**	**ヲ**	**テシ**	**時**
オ 十	コ 五*	ソ	ト	ノ	尸	モ	ヨ	ロ	シ		

備考

○*ハ濁音假名
○建永二年（一二〇七）校合奥書アリ
○月本雅幸「東寺藏不動儀軌萬壽二年點」（訓點語と訓點資料六五、昭55・11）

4－4	
（10890008）	
題標	大毗盧遮那成佛經　七帖
藏所	吉水藏
次巻	巻第一～七
幀装	粘葉装
書寫年代	平安時代後期
加點年代	寛治三年（一〇八九）
ヲコト點	仁都波迦點　朱・青・墨
書寫者	良祐
加點者	良祐
備考	○上段朱點、中段青點、下段墨點

ア	カ	サ	タ	ナ	ハ	マ	ヤ	ラ	ワ	ン	符疊
ア ア ア	カ カ カ	サ セ サ サ	タ タ タ	ナ ナ ナ	ハ ハ ハ	丅 丅	ヤ ヤ ヤ	ラ ラ ラ	ロ		いこしメ タ、
イ	キ	シ	チ	ニ	ヒ	ミ		リ	井	ŋ	
イ イ イ	ヽ キ ヽ	し し	チ チ	ニ ニ	ヒ ヒ	ミ		リ リ			
ウ	ク	ス	ツ	ヌ	フ	ム	ユ	ル		給	
ウ ウ	ク ク ク	フ フ フ	ヽヽヽ ヽヽヽ ヽヽヽ	ヌ ヌ	フ フ	ム ム		ル ル ル		下	丅チ、、
エ	ケ	セ	テ	ネ	ヘ	メ		レ	ヱ	奉	
エ エ	个 个 个	セ セ	テ テ テ	ネ	ヘ ヘ ヘ	メ メ		レ レ レ			
オ	コ	ソ	ト	ノ	ホ	モ	ヨ	ロ	ヲ	テシ	時
オ オ オ	コ コ コ		ト ト ト	ノ ノ ノ	ホ ホ ホ	モ モ	ヨ ヨ ヨ	ロ	シ シ シ		

5－3	
(10930009)	
藏所	仁和寺
標題	大毗盧遮那成佛經疏　二十帖
巻次	巻第一～二十
装幀	粘葉装
書寫年代	平安時代後期
加點年代	寛治七年－嘉保二年（一〇九三－五）
ヲコト點	圓堂點　朱
書寫者	
加點者	

ア	カ	サ	タ	ナ	ハ	マ	ヤ	ラ	ワ	ン	符疊
ア	カ	サ	タ	ナ	ハ	丅	ヤ	ラ		ン	゛、
イ	キ	シ	チ	ニ	ヒ	ミ		リ	ヰ	ŋ	
イ	ヽ さ	し	チ	ニ	ヒ	ミ		リ	井		
ウ	ク	ス	ツ	ヌ	フ	ム	ユ	ル		給	云
宀	ク	｜ ス	ツ	ヌ	フ	ム	ユ	ル			云
エ	ケ	セ	テ	ネ	ヘ	メ		レ	ヱ	奉	人
	个	セ	テ	子	ヘ	メ		レ			人
オ	コ	ソ	ト	ノ	ホ	モ	ヨ	ロ	ヲ	テシ	時
	コ	ソ	ト	ノ	呆 呆	モ	ヨ	ロ	シ		时

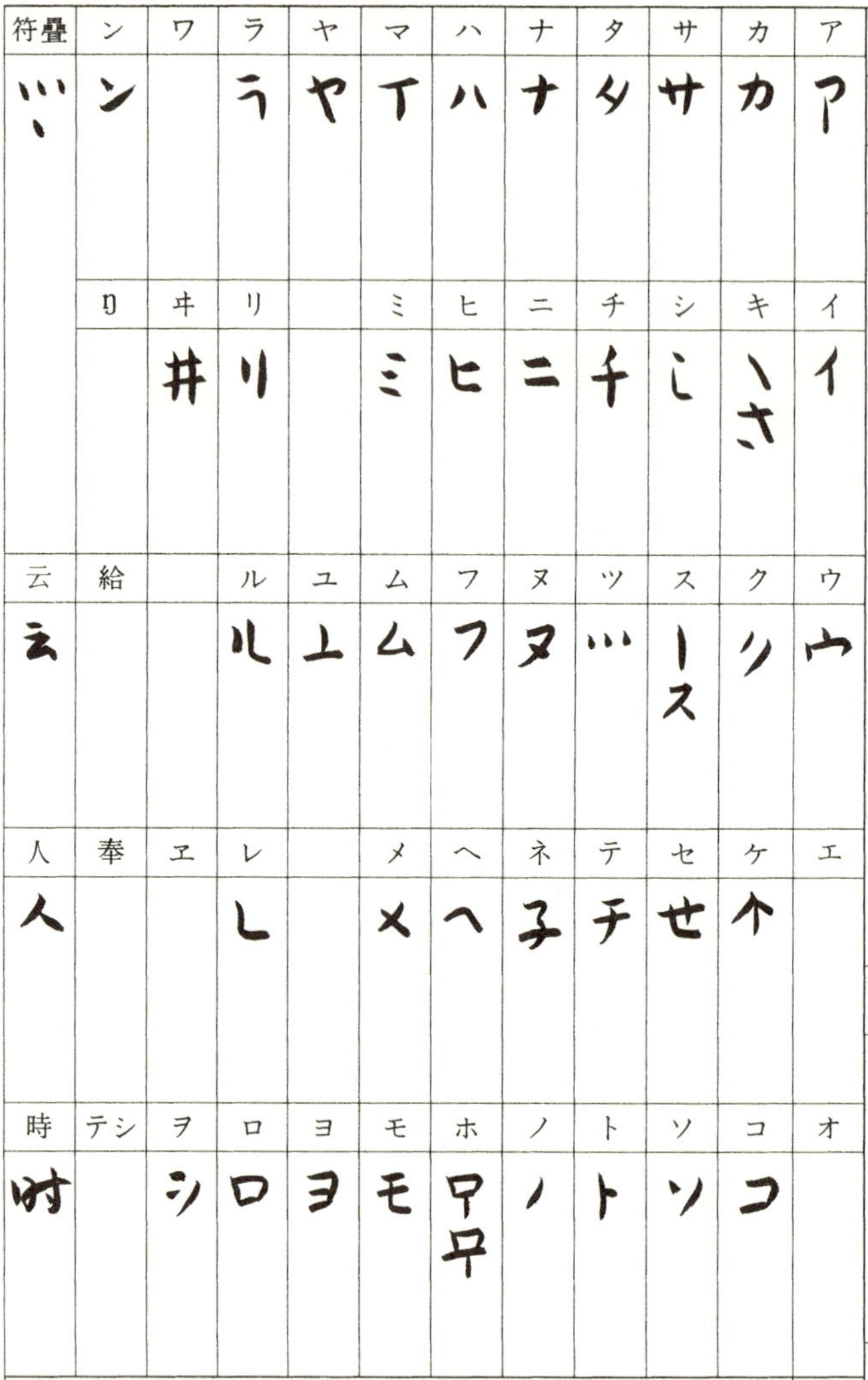

備考

○寛永六年（一六二九）顯證傳持識語アリ

○花野憲道「仁和寺藏『大毗盧遮那成佛經疏』巻第一寛治七年點影印篇　釈文篇」（訓點語と訓點資料一〇六・一一〇・一一一、平13・3～15・9）

○築島裕「仁和寺藏本大毗盧遮那經疏寛治嘉保點について」（訓點語と訓點資料八八、平4・3）

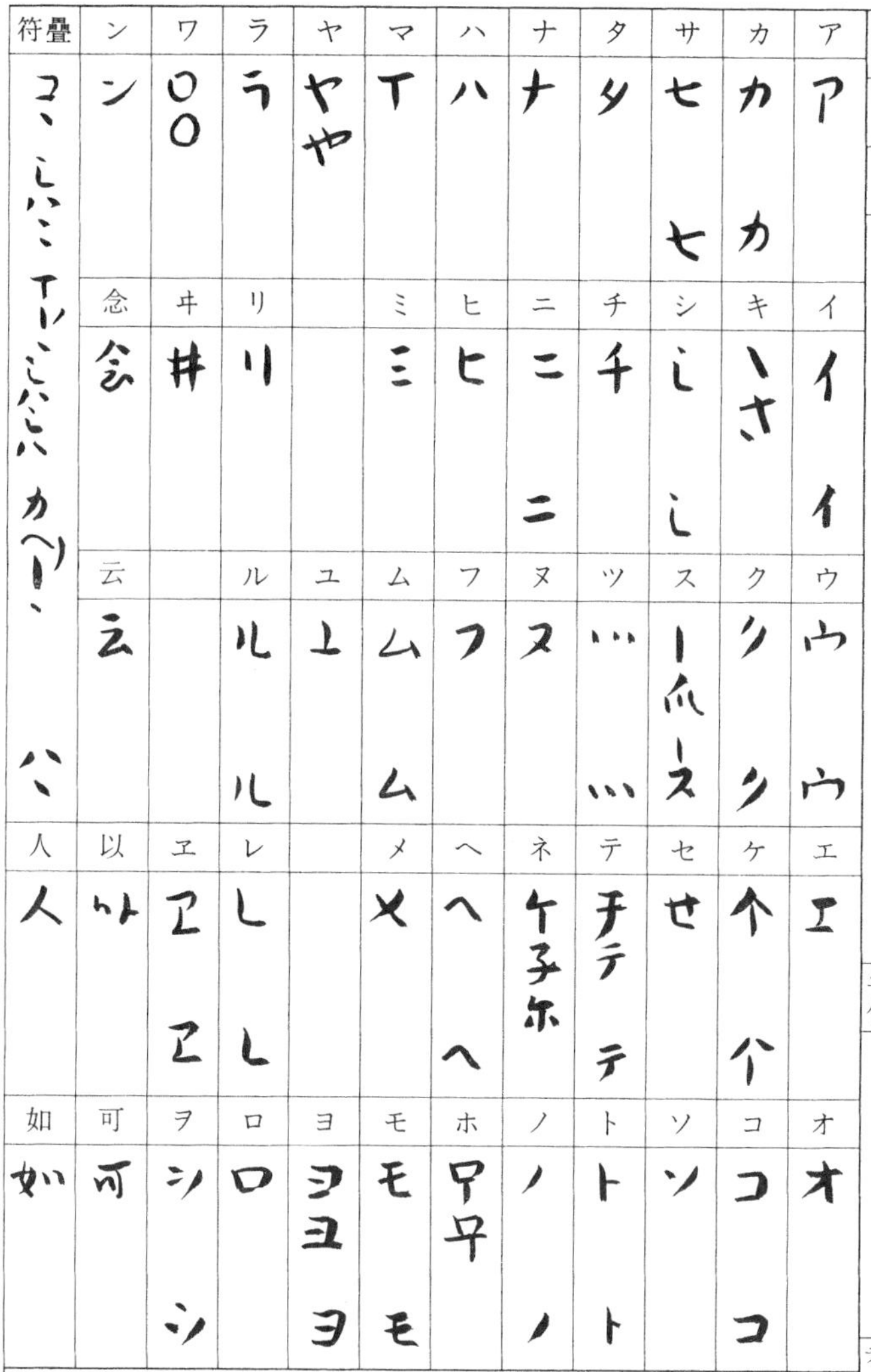

	5－7
	(11140007)
藏所	東京大學國語研究室
題標	大毗盧遮那成佛經疏　十六帖
次巻	巻第四～十八・二十
幀裝	粘葉裝
書寫年代	院政期
加點年代	永久二年(一一一四)
ヲコト點	圓堂點　朱・墨
書寫者	
加點者	俊惠

備考

○上段朱點、下段墨點

○築島裕「東大國語研究室所藏訓點資料書目(その五)」(國語研究室六、昭42・10)

5－8

（11200015）

題標	藏所
大毗盧遮那成佛經疏　七帖	東寺金剛藏
	次巻：巻第四～十

加點年代	書寫年代	幀裝
同右頃	保安元年（一一二〇）	粘葉裝

加點者	書寫者	ヲコト點
	嚴圓	圓堂點　朱・墨

符疊	ン	ワ	ラ	ヤ	マ	ハ	ナ	タ	サ	カ	ア
カヽニリ コヽニこヽ〳〵	レ ン レ	ロ ロ	ラ ラ	ヤ ヤ	ニ ニ	ハ ハ	ナ ナ	タ タ	サ サ	カ カ	ア ア
	ŋ	井	リ		ミ	ヒ	ニ	チ	シ	キ	イ
		 井	リ リ		ミ ミ	ヒ ヒ	ニ ニ	千 千	し し	丶 丶	イ イ
kwe	給		ル	ユ	ム	フ	ヌ	ツ	ス	ク	ウ
化			ル ル	ユ ユ	ム ム	フ フ	ヌ ヌ	⋯ ⋯	ス 人 ス	ク ク	宀 宀
事	奉	ヱ	レ		メ	ヘ	ネ	テ	セ	ケ	エ
		ヱ ヱ	レ レ		メ メ	ヘ ヘ	 子	チ チ	せ せ	个 个	エ エ
時	テシ	ヲ	ロ	ヨ	モ	ホ	ノ	ト	ソ	コ	オ
		シ シ	 ロ	ヨ ヨ	モ モ	卩 卩	ノ ノ	ト ト	ソ ソ	コ コ	オ オ

備考

○上段朱點、下段墨點

ナレ

ヌル（ナンヌル）

5－10

（11380002）

藏所	題標
宮内廳書陵部	文鏡祕府論　六帖

次巻
天地東南西北

幀裝	書寫年代	加點年代
粘葉裝	院政期	保延四年（一一三八）

ヲコト點	書寫者	加點者
圓堂點　朱・墨	淨玄カ	淨玄又ハ行印カ

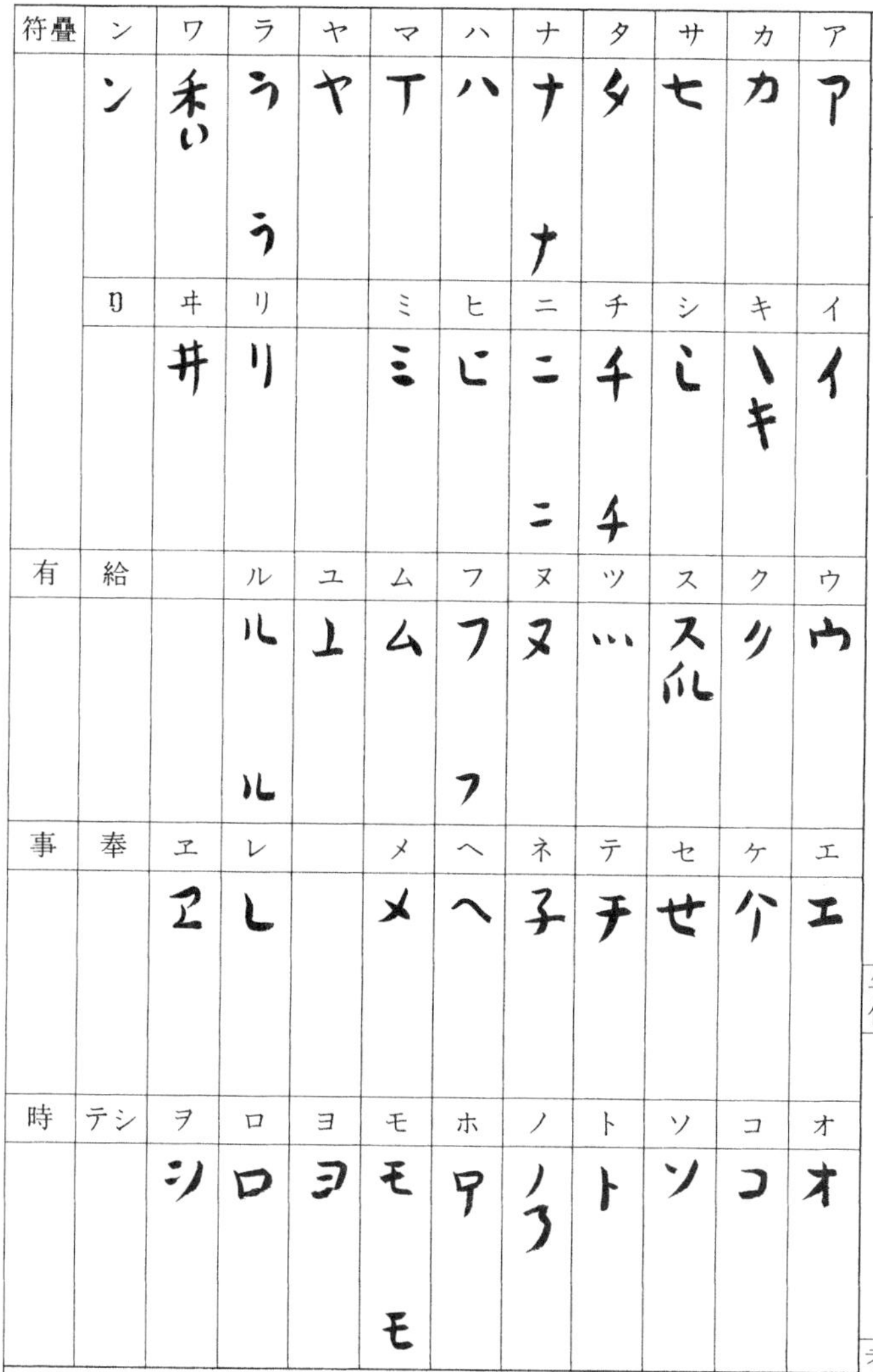

備考

○上段朱點、下段墨點

○墨點ハ院政末期カ（ヲコト點ハ古紀傳點ヲ使用セリ）（月本雅幸氏教示）

○星加宗一「國語學上より見たる東方文化叢書本文鏡祕府論」（國語と國文學一〇・七・八、昭8・7・8）

○柏谷嘉弘「圖書寮本文鏡祕府論字音點」（訓點語と訓點資料三〇、昭40・8）

○月本雅幸「宮内廳書陵部藏文鏡祕府論について—原本の調査報告並びに訓點に關する若干の考察—」（國文白百合一八　昭62・3）

6－3	(11030006)
題標	大毗盧遮那成佛經疏　十九帖
藏所	高山寺
次巻	巻第二～二十
幀裝	粘葉裝
書寫年代	康和五年(一一〇三)
加點年代	康和五年(一一〇三)(朱) 天永四年(一一一三)(墨)
ヲコト點	中院僧正點　朱・墨
書寫者	快与(譽)
加點者	同右

符畳	ン	ワ	ラ	ヤ	マ	ハ	ナ	タ	サ	カ	ア
イハ、 しハ゛	ユ レシユ	ひ い	ラ ラ	ヤ ヤ	丅 丅	ハ ハ	ナ ナ	大 夕大	サ サ	カ カ	ア ア
	ŋ	ヰ	リ		ミ	ヒ	ニ	チ	シ	キ	イ
	レ	コ	リ リ		ソ ソ	ヒ ヒ	ニ ニ	千 千	し し し	さ 丶さ	イ イ イ
心	t		ル	ユ	ム	フ	ヌ	ツ	ス	ク	ウ
心	つ		ル ル	ユ ユ	ム ム	フ フ	ヌ	川 川	ス久 ス久	ク ク	于 宇
如	奉	ヱ	レ		メ	ヘ	ネ	テ	セ	ケ	エ
如		ヱ	レ レ		メ	ヘ ヘ	尓 尓 ネ	テ テ	セ 世セ	个 个	エ エ
時	テシ	ヲ	ロ	ヨ	モ	ホ	ノ	ト	ソ	コ	オ
	∨	シ シ	ロ ロ	ヨ ヨ	モ モ	小	ノ ノ	ト ト	ソ ソ ソ	コ コ コ	オ

備考

○上段朱(康和)點、下段墨(天永)點

○築島裕「高山寺藏大毗盧遮那經疏巻第二・三康和五年釋文」(訓點語と訓點資料四・九一・一〇三・一〇四・一〇五、平2・6、5・3、11・9、12・3、12・9)

7－3

(10165001)

題標	藏所
南海寄歸內法傳　三卷一葉	天理圖書館（卷第一・二）・白鶴美術館（卷第三〈斷簡〉）・京都國立博物館（卷第四〈首尾缺〉）

裝幀	書寫年代	加點年代
卷子本（卷第一・二・四）法帖貼込（卷第三）	奈良時代	長和五年（一〇一六）頃

ヲコト點	書寫者	加點者
寶幢院點　朱		成禪

ア	カ	サ	タ	ナ	ハ	マ	ヤ	ラ	ワ	ン	符疊
ア	カ	さ七ヤ	タ	七丶	ハ	万丁ニ	ヤセ	ラ	ワ	ニ	カ丶ミム
イ	キ	シ	チ	ニ	ヒ	ミ		リ	井	ŋ	
イ	さヤ丶丶	し	チ人	ニ	ヒ	ミ		リ	キ井	レ	
ウ	ク	ス	ツ	ヌ	フ	ム	ユ	ル		給	人
テテ	ク	丨ス	丶丶丶	ヌ	フ	ム	上	ル			人
エ	ケ	セ	テ	ネ	ヘ	メ		レ	ヱ	奉	事
エ	介十	一七	チ	ネラ子	て	メ		し	ヱ士		
オ	コ	ソ	ト	ノ	ホ	モ	ヨ	ロ	ヲ	テシ	時
オオ	コ	ソソ	ト	ノ	口口ア丶丶	モ	ヨ	アロ	シノ丶丶		

備考

○第二次點ナリ、第一次點、第三次點アリ

○曾田文雄「假名字體の傳授」（國語國文二五・二、昭31・2）

○大坪併治「訓點資料の研究」（昭43・6）

○築島裕「南海寄歸內法傳古點解說」（天理圖書館善本叢書漢籍之部五、昭55・11）

○築島裕「南海寄歸傳の訓說の傳流について」（東京大學國語研究室創設百周年記念國語研究論集、平10・2）

○石山寺舊藏

7－8	(11510005)
藏所	輪王寺
標題	大毗盧遮那成佛經疏　二十帖
次卷	卷第一～二十
幀裝	粘葉裝
書寫年代	大治二・三年(一一二七・八)
加點年代	仁平元・三年(一一五一・三)
ヲコト點	寶幢院點　朱・墨
書寫者	保覺
加點者	良□・圓□

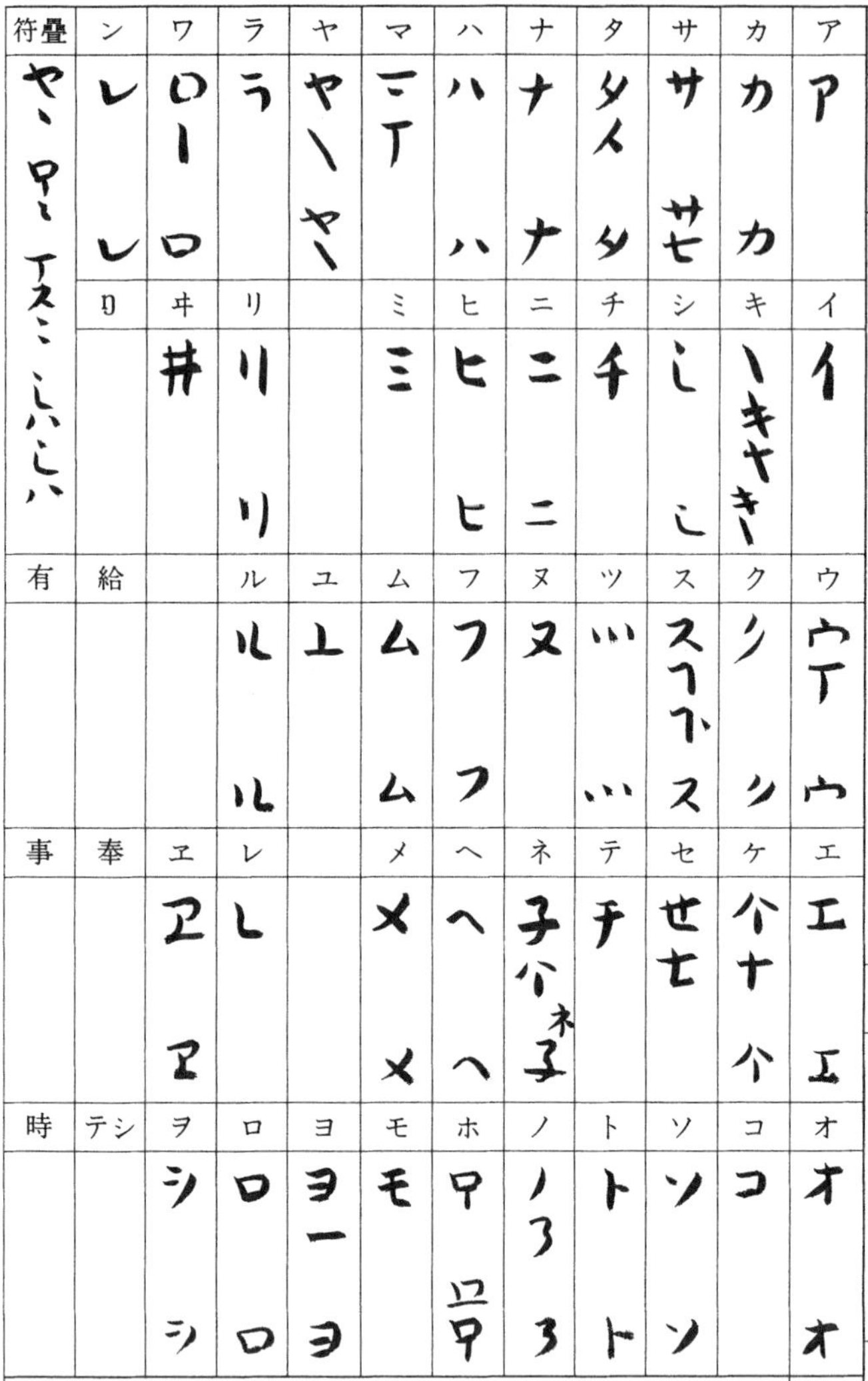

備考
○上段朱點、下段墨點

9－1	
(08960001)	
題標	蘇悉地羯羅經略疏　二卷
藏所	京都大學
次卷	卷第二・七
幀裝	卷子本
書寫年代	平安時代初中期
加點年代	寛平八年(八九六)(移點カ)　天暦五年(九五一)
ヲコト點	乙點圖　朱
書寫者	
加點者	

符疊	ン	ワ	ラ	ヤ	マ	ハ	ナ	タ	サ	カ	ア
ソ、		○	ら ら	し	ラ	ハ	ナ	タ	セ	カ	ア
	ŋ	ヰ	リ		ミ	ヒ	ニ	チ	シ	キ	イ
		井	リ		ア	ヒ ヒ	ニ	チ	し	木	イ
有	給		ル	ユ	ム	フ	ヌ	ツ	ス	ク	ウ
			ル	上	ム	フ	ヌ	ツ	寸	ク ク	于
事	奉	ヱ	レ	江	メ	ヘ	ネ	テ	セ	ケ	衣
		十	レ	エ	メ	ヘ	ネ	て 乇	せ	个	
時	テシ	ヲ	ロ	ヨ	モ	ホ	ノ	ト	ソ	コ	オ
		ッ	ろ そ	ヨ ヨ	く し	ホ	ノ	ト	ソ ソ	こ こ	オ オ

備考

○小林芳規氏・三保忠夫氏ノ調査ヲ併セタリ

○「(9)7(九五二)」ト本來一具ニシテ天暦五年ノ移點ノ可能性アリ

○石山寺舊藏

10－2	(09505015)
藏所	石山寺（巻第三）・中田祝夫氏（巻第六）
題標	妙法蓮華經玄贊　二巻
幀裝	巻子本
書寫年代	平安時代初期
加點年代	天曆（九四七－九五七）頃
ヲコト點	順曉和尚點　白
書寫者	
加點者	淳祐

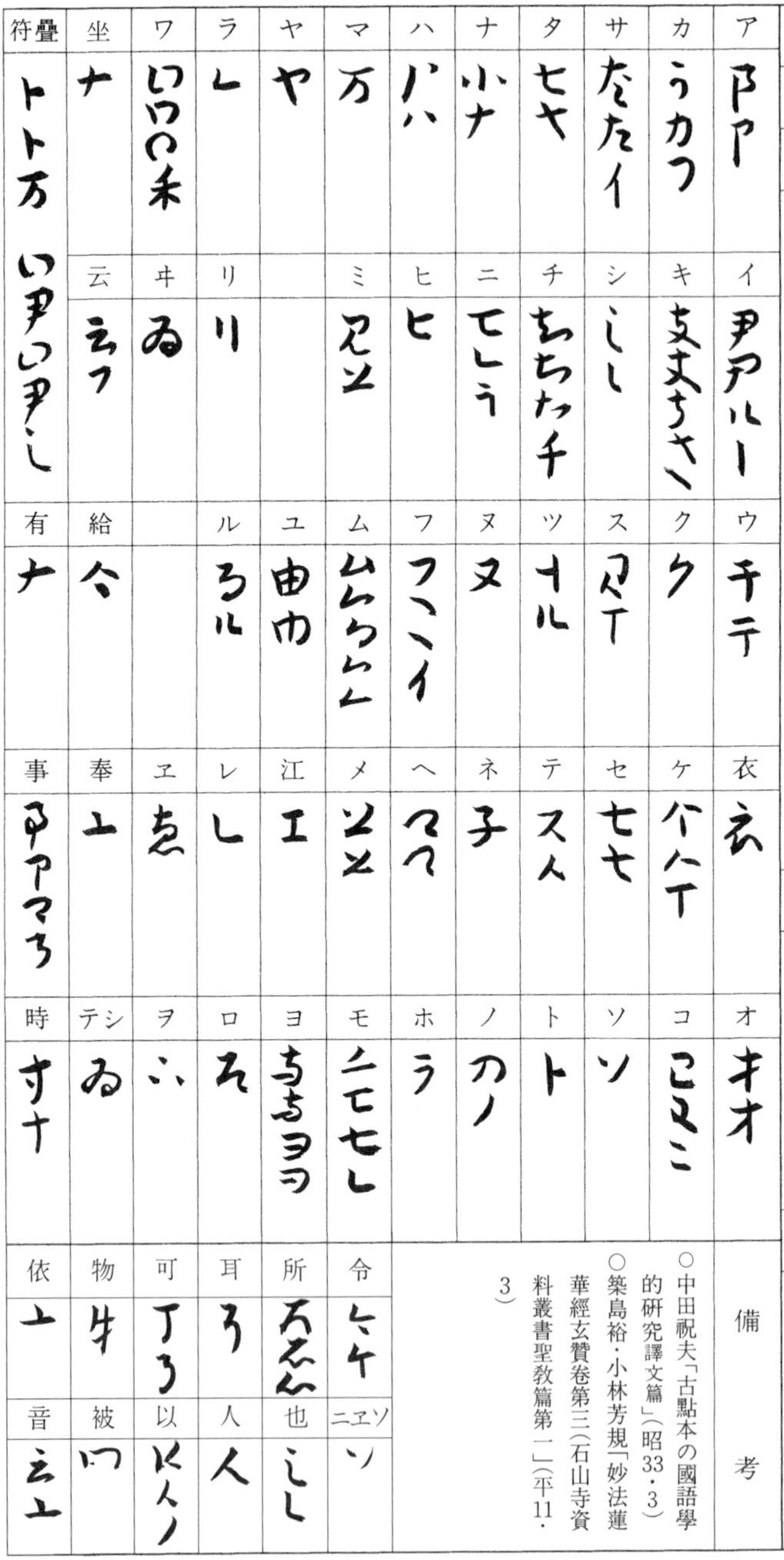

備考

○中田祝夫「古點本の國語學的研究譯文篇」（昭33・3）
○築島裕・小林芳規「妙法蓮華經玄贊巻第三（石山寺資料叢書聖教篇第一」（平11・3）

19－1	
（11060005）	
題標	大集虚空藏菩薩所問經　六巻
藏所	高山寺
次巻	巻第二～七
幀装	巻子本
書寫年代	院政初期
加點年代	嘉承元年（一一〇六）
ヲコト點	廣隆寺點　墨・朱
書寫者	
加點者	重暹

ア	カ	サ	タ	ナ	ハ	マ	ヤ	ラ	ワ	ン	符疊
ア ア	カ カ	七 サ	タ タ タ	ナ ナ	ハ ハ	ニ ニ	ヤ ヤ	う う	い い	レ	ハヽカラ
イ	キ	シ	チ	ニ	ヒ	ミ		リ	ヰ	t	
イ イ	ヽ ヽ	し し	チ チ	ニ ニ	ヒ ヒ	ミ		リ リ		レ	コトニク コトヽク
ウ	ク	ス	ツ	ヌ	フ	ム	ユ	ル		給	kwi
宇 宀	ク ク?	ス 爪 人? ス	⺍ ⺍	ヌ	フ フ	ム ム	ユ ユ	ル ル		玉	鬼
エ	ケ	セ	テ	ネ	ヘ	メ		レ	ヱ	奉	音
エ エ	十	セ 七 セ	チ チ	子	ヘ ヘ	メ 乂 メ		し し		上	六
オ	コ	ソ	ト	ノ	ホ	モ	ヨ	ロ	ヲ	テシ	時
オ	コ コ	ソ	ト ト	ノ ノ	早 早	モ モ?	ヨ ヨ	ロ ロ	シ シ		

備考

○上段墨點、下段朱點
○巻第一八東京大學圖書館舊藏（本邦古寫經〈大6・12〉所收）、大正大震災焼失

20－1	
(11005095)	
藏所	行圓寺
題標	金剛峯樓閣一切瑜伽瑜祇經　一帖
次巻	
裝幀	粘葉裝
書寫年代	平安時代後期
加點年代	平安時代後期
ヲコト點	東南院點　朱・墨
書寫者	未詳
加點者	未詳
備考	○上段朱點(平安後期)、下段墨點(建長四年頃) ○小林芳規博士及筆者ノ調査ニ據ル

ア	カ	サ	タ	ナ	ハ	マ	ヤ	ラ	ワ	ン	符疊
イ	キ	シ	チ	ニ	ヒ	ミ		リ	ヰ	ŋ	
ウ	ク	ス	ツ	ヌ	フ	ム	ユ	ル		給	以
エ	ケ	セ	テ	ネ	ヘ	メ		レ	ヱ	如	事
オ	コ	ソ	ト	ノ	ホ	モ	ヨ	ロ	ヲ	テシ	時

24－1	
(09480002)	
題標	漢書楊雄傳　一卷
藏所	上野淳一氏
次卷	
幀裝	卷子本
書寫年代	唐時代
加點年代	天暦二年（九四八）
ヲコト點	古紀傳點　朱・墨
書寫者	
加點者	藤原良佐

ア	カ	サ	タ	ナ	ハ	マ	ヤ	ラ	ワ	ン	符疊
ア ア	カ か	サ サ	タ タ	七 七大小	八 八	丅 丅	ややつ ヤ	良らうヨ らヨ	禾和 禾口		
イ	キ	シ	チ	ニ	ヒ	ミ	リ	ヰ	ŋ		
いイ い	さ きさ	し し	チ チ		ヒ ヒ	ミ尺 ミ	リ リ				
ウ	ク	ス	ツ	ヌ	フ	ム	ユ	ル		給	有
宀 宀	久 久ク	寸 寸	川 川		不ふ 不ふ	ムえん ムん	つ 由	る口ル ロル 田			
衣	ケ	セ	テ	ネ	ヘ	メ	江	レ	ヱ	奉	事
	介 介个	せ	天 天て	ネ ネ	へ へ	乄 乄	エ	し し			
オ	コ	ソ	ト	ノ	ホ	モ	ヨ	ロ	ヲ	テシ	時
おち仒オ お仒	こ こ	ソ ソ	ト ト	乃 乃せ	呆イ 呆イ	毛 毛	ち ち				

備考

○上段朱點（第一・六次點）、下段墨點（第七・八次點）

○他ニ墨點（第二次點、擦消）、角點（第三次點、第五群點）、白點（第四次點、第五群點）、黄點（第五次點、假名點）アリ。

○大坪併治「漢書楊雄傳天暦點解讀文」（岡山大學法文學部紀要三六、昭50・11）

○松本光隆「漢書楊雄傳天暦二年點における訓讀の方法」（國語學一二六、昭57・3）

○石塚晴通・小助川貞次「上野本漢書楊雄傳の問題點」（訓點語學會研究發表會、昭60・5）

○小助川貞次「上野本漢書楊雄傳における典據の問題について」（訓點語と訓點資料・記念特輯、平一〇・三）

○竹添進一郎氏・武居功氏舊藏

24－2	
(10730001)	
題標	史記　呂后本紀　孝文本紀　孝景本紀　三卷
所藏	防府毛利報公會・東北大學・大東急記念文庫
卷次	
幀裝	卷子本
書寫年代	延久五年(一〇七三)
加點年代	同右
ヲコト點	古紀傳點　朱・墨
書寫者	大江家國
加點者	同右

ア	カ	サ	タ	ナ	ハ	マ	ヤ	ラ	ワ	ン	疊符
アあ	カ	セた	タ	ナ	ハ	丁了	やや	うら	い	レ	アヽタヽヒヽモヽホヽトヽ
イ	キ	シ	チ	ニ	ヒ	ミ		リ	ヰ	ŋ	
イり	キヤ	ししし	チ	ニ	ヒひ	アみ		りり	井キゐ		
ウ	ク	ス	ツ	ヌ	フ	ム	ユ	ル		給	云
宀宀	クく	何何	川川つ	ヌ	フふ	ムむ	ユ	ルる			云
エ	ケ	セ	テ	ネ	ヘ	メ		レ	ヱ	奉	事
エえ	个ケ	丈せ	天テ	尓ネ	へ	メめ		し	ヱ		
オ	コ	ソ	ト	ノ	ホ	モ	ヨ	ロ	ヲ	テシ	時
オおお	コこ已	ソ	ト	ろノ	ホ	モモも	よヨ	ロろ	シ		

備考

○朱點・墨點ヲ併セタリ

○他ニ康和三年(一一〇一)校合傳受(大江家行)、建久七年(一一九六)ノ奥書アリ

○山田孝雄「(古典保存會影本)解說」(昭10・11)

○藤枝德三「舊鈔本史記孝景本紀第十一に用ひられたる訓點に就いて」(國語・國文六・四、昭11・4)

○武内義雄「(貴重古典籍刊行會影本)解說」(昭29・6)

24－4	
(11130001)	
藏所	京都國立博物館
題標	文集　二卷
次巻	巻第三・四
幀裝	巻子本
書寫年代	嘉承二年(一一〇七)
加點年代	天永四年(一一一三)
ヲコト點	古紀傳點　朱・墨・角
書寫者	藤原知明(茂明)
加點者	藤原茂明

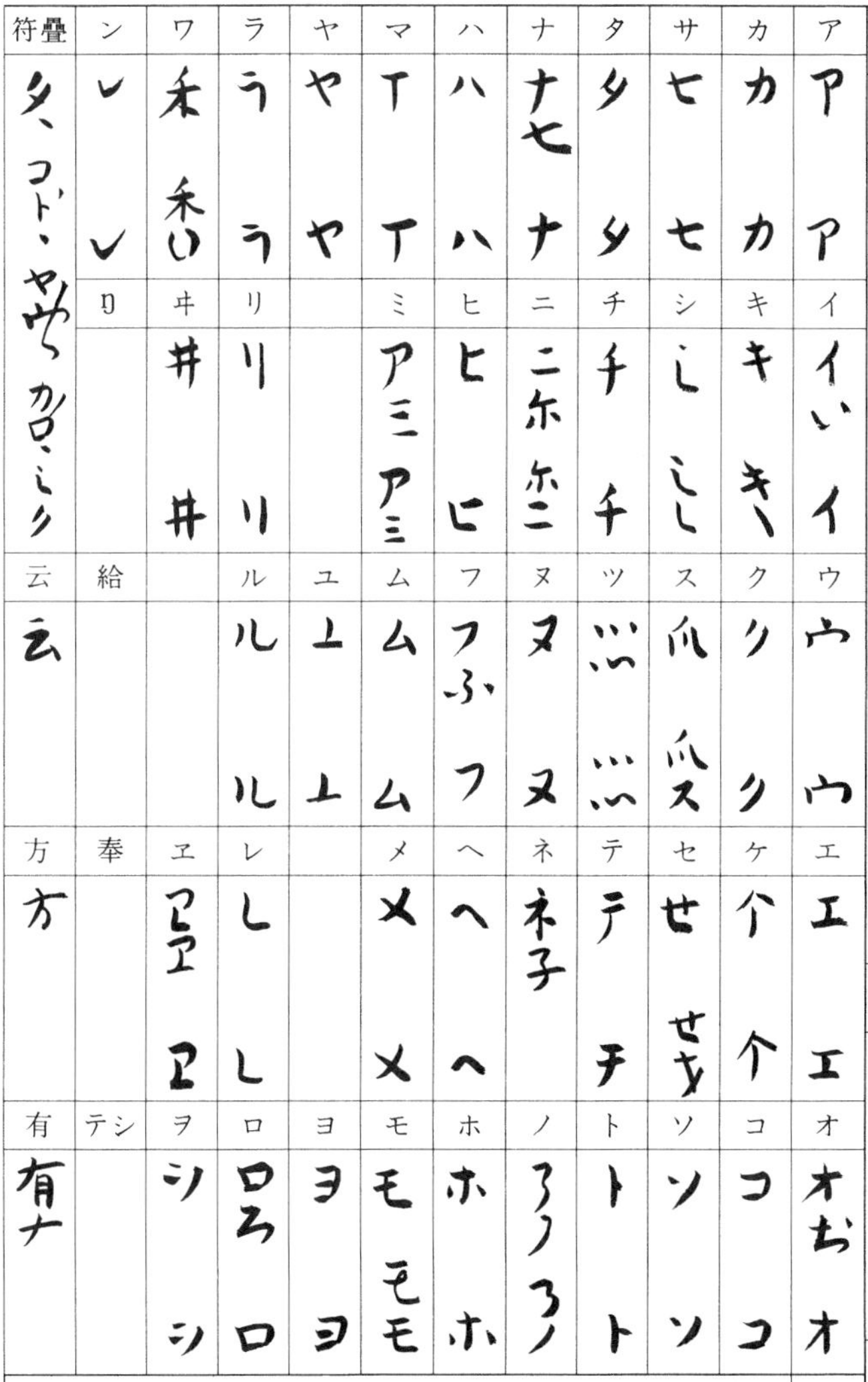

備考

○上段墨點、下段角點

○橋本進吉「(古典保存會影本)解說」(昭2・9、昭4・9)

○小林芳規「神田本白氏文集の訓の類別」(國語と國文學四〇・一、昭38・1)

○小松茂美「平安期傳來の白氏文集と三蹟の研究」(昭40・10)

○太田次男・小林芳規「神田本白氏文集の研究」(昭57・2)

○神田喜一郎氏舊藏

24－7	
(11420003)	
藏所	宮内廳書陵部
題標	日本書紀　五帖
次巻	巻第十二～十七・廿一～廿四
幀装	折本装（巻子本改装）
書寫年代	院政期
加點年代	永治二年（一一四二）
ヲコト點	古紀傳點　朱・墨
書寫者	
加點者	大江匡衡（祖點者カ）

ア	カ	サ	タ	ナ	ハ	マ	ヤ	ラ	ワ	ン	符疊
ア	カ	セ サ	タ	ナ	ハ	T 二	ヤ	う	い ワ 禾		イ T 丶 チ
イ	**キ**	**シ**	**チ**	**ニ**	**ヒ**	**ミ**		**リ**	**ヰ**	**ŋ**	
イ	キ 丶 さ	し	チ	二 尓	ヒ	三 ア		リ	井		
ウ	**ク**	**ス**	**ツ**	**ヌ**	**フ**	**ム**	**ユ**	**ル**		**給**	**有**
宀	ク	爪 ス	巛	ヌ	フ	ム	上	ル			
エ	**ケ**	**セ**	**テ**	**ネ**	**ヘ**	**メ**		**レ**	**ヱ**	**奉**	**事**
工	ケ	せ 世 セ	チ	子 子 ネ	ヘ	メ		レ	工 ち		
オ	**コ**	**ソ**	**ト**	**ノ**	**ホ**	**モ**	**ヨ**	**ロ**	**ヲ**	**テシ**	**時**
オ	コ	ソ フ ソ	ト	ノ	木 呆	モ 毛	ヨ	ロ	シ		

備考

○假名ハ墨書、ヲコト點ハ朱書ナリ

○石塚晴通「圖書寮本日本書紀本文篇」（昭55・3）、「同索引篇」（昭56・2）、「同研究篇」（昭59・2）

24－8

(11450001)

項目	内容
標題	醫心方　二十七卷
所藏	東京國立博物館・お茶の水圖書館
卷次	卷第一～三・五～廿一・廿三～廿七・廿九・卅(卷第廿二ノミお茶の水圖書館藏)
裝幀	卷子本
書寫年代	院政期
加點年代	天養二年(一一四五)
ヲコト點	古紀傳點・經傳(併用)　朱
書寫者	
加點者	藤原中光

備考

○他ニ鎌倉時代寫本一卷、江戸時代寫本二卷一冊アリ

○第一次點(朱點)ナリ、藤原行盛點、丹波重基點ヲ祖點トス、第二次點(朱點)ハ便宜併セタリ、

○他ニ第三次點アリ

○松本光隆「平安鎌倉時代における醫書の訓點について」(國文學攷八七、昭55・9)

○同「書陵部藏醫心方・成簣堂文庫藏醫心方における付訓の基盤」(鎌倉時代語研究三、昭55・3)

○築島裕「半井本医心方の訓點について」(「醫心方の研究」平6・5)

○半井家舊藏

24－10	
(11505075)	
題標	日本書紀　四卷
藏所	前田育德會
次卷	卷第十一・十四・十七・廿
裝幀	卷子本
書寫年代	院政期
加點年代	同右
ヲコト點	古紀傳點　朱・墨
書寫者	
加點者	

ア	カ	サ	タ	ナ	ハ	マ	ヤ	ラ	ワ	ン	符疊
ア	カ	七 サ	夕	ナ	八	丁	ヤ	ラ	禾 い	レ シ	ヒ ヽ さ ゝ し ゝ く
イ	**キ**	**シ**	**チ**	**ニ**	**ヒ**	**ミ**		**リ**	**ヰ**	**ヿ**	
イ	キ き	し	千	二 尓	ヒ	三 ア		リ	井		
ウ	**ク**	**ス**	**ツ**	**ヌ**	**フ**	**ム**	**ユ**	**ル**		**給**	**申**
宀 于	ク	八 寸	丷	ヌ	フ	ム	上 由	ル			申
エ	**ケ**	**セ**	**テ**	**ネ**	**ヘ**	**メ**		**レ**	**ヱ**	**奉**	**人**
エ	个	せ	チ	子 子 禾尓	ヘ	メ		レ	ち		人
オ	**コ**	**ソ**	**ト**	**ノ**	**ホ**	**モ**	**ヨ**	**ロ**	**ヲ**	**テシ**	**時**
オ	コ	ソ	ト	ノ	ホ	モ	ヨ	ロ	シ		

備考

○朱點・墨點ヲ併セタリ

○石塚晴通「前田本日本書紀院政期點(研究篇)」(北海道大學文學部紀要二六・二、昭53・3)

○月本雅幸「尊經閣文庫所藏『日本書紀』の訓點」(尊經閣善本影印集成26日本書紀、平14・4)

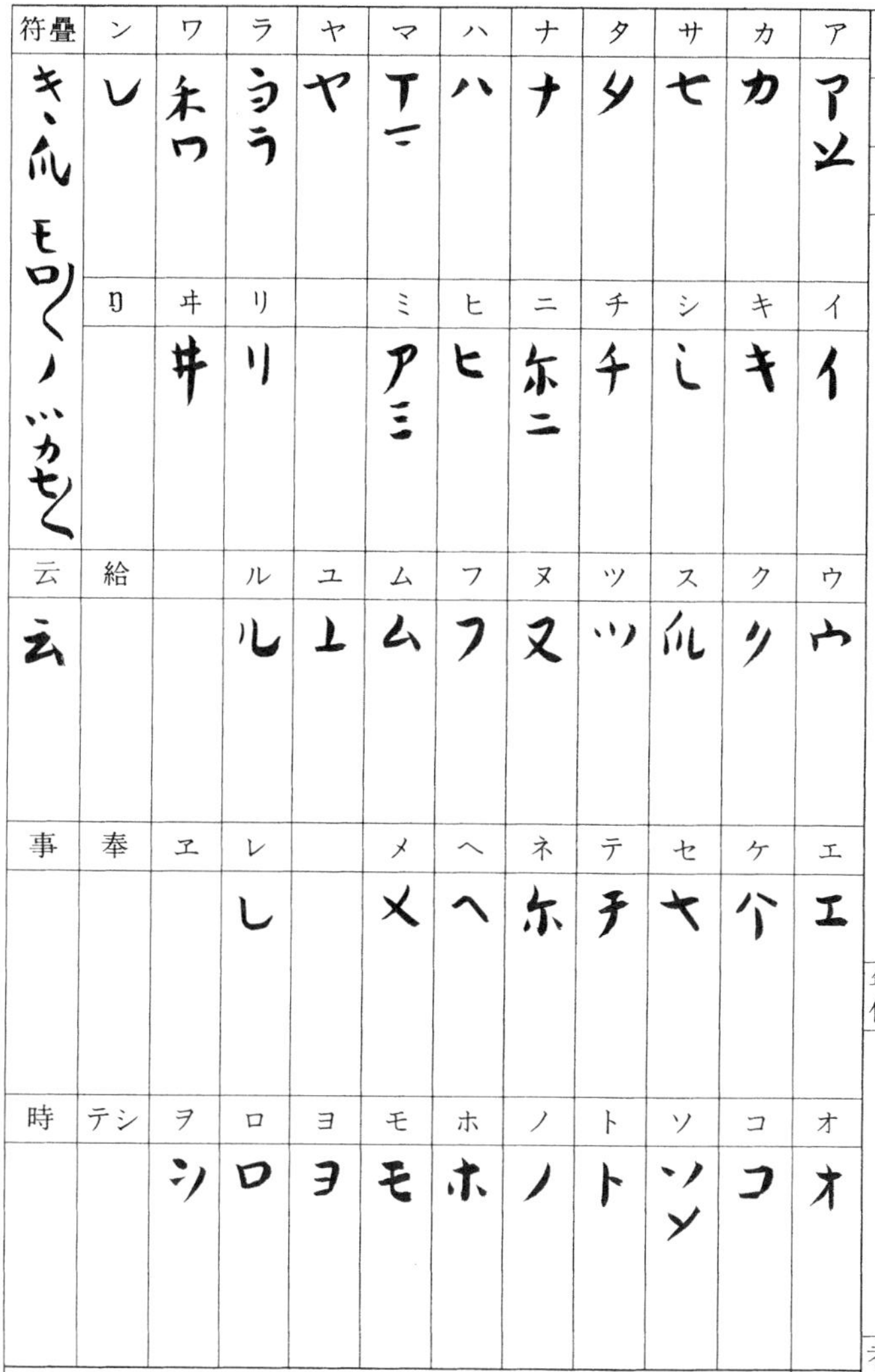

24－12	
(12005134)	
藏所	北野天滿宮
題標	日本書紀 九帖
次巻	巻第廿二〜卅
裝幀	粘葉裝
書寫年代	鎌倉初期
加點年代	同右
ヲコト點	古紀傳點 朱・墨
書寫者	
加點者	

ア	カ	サ	タ	ナ	ハ	マ	ヤ	ラ	ワ	ン	符疊
イ	キ	シ	チ	ニ	ヒ	ミ		リ	ヰ	ŋ	
ウ	ク	ス	ツ	ヌ	フ	ム	ユ	ル		給	云
エ	ケ	セ	テ	ネ	ヘ	メ		レ	ヱ	奉	事
オ	コ	ソ	ト	ノ	ホ	モ	ヨ	ロ	ヲ	テシ	時

備考

○朱點・墨點ノ區別未ダ確認セズ

○一具二十八帖（巻第二一・十四缺）ノ內、標記九帖ニ鎌倉初期加點アリ、

○石塚晴通「北野本日本書紀の訓點」（築島裕博士古稀記念國語學論集、平7・10）

25－1

(11390003)

題標	春秋經傳集解　一卷
藏所	東洋文庫
卷次	卷第十
裝幀	卷子本
書寫年代	平安時代中期
加點年代	保延五年（一一三九）
ヲコト點	經傳　朱・墨
書寫者	
加點者	清原頼業

ア	カ	サ	タ	ナ	ハ	マ	ヤ	ラ	ワ	ン	符疊
ア	カ	セ	タ タ	ナ	ハ	T	ヤ	ラ	和	ん	〱
イ	**キ**	**シ**	**チ**	**ニ**	**ヒ**	**ミ**		**リ**	**ヰ**	**ŋ**	
イ	キ キ	し	チ	尓 ニ	ヒ ヒ	ア ミ		り	井		
ウ	**ク**	**ス**	**ツ**	**ヌ**	**フ**	**ム**	**ユ**	**ル**		**給**	**云**
ウ	ク	爪	ツ ツ	又	フ ふ	ム	ユ	ル			云
エ	**ケ**	**セ**	**テ**	**ネ**	**ヘ**	**メ**		**レ**	**ヱ**	**奉**	**事**
エ	ケ	せ さ ネ	テ	ネ	ヘ	メ		レ	ち		了
オ	**コ**	**ソ**	**ト**	**ノ**	**ホ**	**モ**	**ヨ**	**ロ**	**ヲ**	**テシ**	**時**
オ お	コ こ	ソ	ト	乃 ノ	ホ	モ	与	ロ	シ		

備考

○朱點・墨點ノ區別未ダ確認セズ

○應安二年（一三六九）感得識語アリ

○山田孝雄「（古典保存會影本）解說」（昭7・9）

51－1	(08005005)
題標	沙門勝道歴山瑩玄珠碑　一巻
藏所	神護寺
次巻	
加點年代	同右
書寫年代	平安時代極初期
幀裝	巻子本
加點者	
書寫者	
ヲコト點	ナシ
	朱

符疊	ン	ワ	ラ	ヤ	マ	ハ	ナ	タ	サ	カ	ア
かゝ		和	良 良	八		は	东	ㄅ 夕 太?	た	か う	安
	ㄌ	ヰ	リ		ミ	ヒ	ニ	チ	シ	キ	イ
			り		见 三	比 比	尓 小		之	き 木?	い
有	給		ル	ユ	ム	フ	ヌ	ツ	ス	ク	ウ
			る	由 由	无?	不 フ	ぬ	川 川	寸	久	于?
事	奉	ヱ	レ	江	メ	ヘ	ネ	テ	セ	ケ	衣
			礼		女			て て		介	
時	テシ	ヲ	ロ	ヨ	モ	ホ	ノ	ト	ソ	コ	オ
		乎		与 よ		保	乃	止		己(乙)	お

備考

51－2
(10990001)

題標	藏所
將門記　一巻	眞福寺寶生院
	次巻

加點年代	書寫年代	幀裝
同右	承德三年（一〇九九）	巻子本

加點者	書寫者	ヲコト點
		ナシ　墨

ア	カ	サ	タ	ナ	ハ	マ	ヤ	ラ	ワ	ン	符疊
ア	カ	サ	大	ナ	ハ		ヤ	う			
イ	キ	シ	チ	ニ	ヒ	ミ		リ	井	㋷	
イ			チ	ニ	ヒ	ミ		リ	井	レ	
ウ	ク	ス	ツ	ヌ	フ	ム	ユ	ル		給	以
	ク			ヌ	フ	ム		ル			
エ	ケ	セ	テ	ネ	ヘ	メ		レ	ヱ	奉	事
エ		セ	テ	子	ヘ			レ			
オ	コ	ソ	ト	ノ	ホ	モ	ヨ	ロ	ヲ	テシ	如
オ	コ	ソ	ト	ノ		モ	ヨ	ロ			

ガ（ガ）

備考
○墨點ニ數種アリ、姑ク一括シテ掲グ
○山田孝雄「（古典保存會影本）解說」（大12・8）
○中田祝夫「眞福寺本「將門記」について」（勉誠社文庫131、昭60・6）

51－3	
(11160007)	
題標	大慈恩寺三藏法師傳　六卷
藏所	興福寺
次卷	卷第一（後半）～六
帖裝	卷子本
書寫年代	延久三年（一〇七一）
加點年代	永久四年（一一一六）
ヲコト點	ナシ
書寫者	
加點者	
	墨

符疊	ン	ワ	ラ	ヤ	マ	ハ	ナ	タ	サ	カ	ア
スヽ ム ワトヽ トヾ	レ	い	ラ	ヤ ヤ	丁	ハ	ナ ナ	タ 大	サ ヤ	カ	ア
	也	井	リ		ミ	ヒ	ニ	チ	シ	キ	イ
	セ	井	リ		ミ	ヒ	ニ	チ チ	し し し	＼ キ 木 ニ	イ
以	給		ル	ユ	ム	フ	ヌ	ツ	ス	ク	ウ
ル	下		ル	上	ム	フ	ヌ	ツ ツ	ス ス	ク ク	宀 于
事	奉	ヱ	レ		メ	ヘ	ネ	テ	セ	ケ	エ
フ	上	卫 卫	レ		メ	ヘ ヘ	子 子 尓 ネ	チ テ ス 下	セ セ	个	エ エ
云	テシ	ヲ	ロ	ヨ	モ	ホ	ノ	ト	ソ	コ	オ
云	∨ ∨	シ ラ 〵	ロ	ヨ	モ モ	ワ ロ イ	ノ	ト ト	ソ	コ	オ

備考

○全十卷一具ノ内ナリ
○第三・四次點「1－3」參照

51−5 (10505017)	
所藏	慈光寺・國立國會圖書館・東京國立博物館・五島美術館・大東急記念文庫・天理圖書館他
標題	大般若波羅蜜多經　約百六十卷
裝幀	卷子本
書寫年代	貞觀十三年（八七一）
加點年代	平安時代後期
ヲコト點	ナシ
書寫者	安倍小水麿
加點者	未詳
	墨

符疊	ン	ワ	ラ	ヤ	マ	ハ	ナ	タ	サ	カ	ア
	レ	ノ	ラ	し	匚	ミ	し	ア	丨	カ	ハ
	ŋ	ヰ	リ		ミ	ヒ	ニ	チ	シ	キ	イ
		ロ	ホ		メ	ヒ	尓	乍	亽	ル	示
t	給		ル	ユ	ム	フ	ヌ	ツ	ス	ク	ウ
ヒ			上 し	エ	夕	フ		一	ス	＼	二
事	奉	ヱ	レ		メ	ヘ	ネ	テ	セ	ケ	エ
		于	リ		メ	小		丁	七	十	イ
時	テシ	ヲ	ロ	ヨ	モ	ホ	ノ	ト	ソ	コ	オ
		十	ソ	大	乚	ト	ム	寸	〃	コ	人

備考

○慈光寺ニ百五十二卷ヲ藏ス

○松尾拾「慈光寺藏大般若經の字音點について」（國語學三、昭24・10）

○本點ノ假名字體ハ、本來ノ「ス」（示）ヲ「イ」、「ケ」（亽）ヲ「シ」、「ホ」（小）ヲ「ヘ」ノ如ク、意圖的ニ入レ替ヘタルモノナリ。

主要訓點資料　奥書集

［特殊點甲類］

00-1　東大寺諷誦文稿　一巻　佐藤達次郎舊藏（08305004）

00-2　蘇悉地羯羅供養法　二帖　高山寺・大東急記念文庫（10640001）

（卷下奥書）（墨書）康平七年（一〇六四）壬五月十日申時於南泉房書了

（朱書）「同年九月奉讀了」

［第一群點］

01-1　成實論　十一巻　聖語藏・東大寺圖書館（08280001）

（卷第十四白書奥書）天長五年（八二八）七月一日一往聽了

01-2　大智度論　百一巻　石山寺他（08580002）

（卷第五十見返白書識語）「天安二年（八五八）山階寺傳大詮大德所講／天安二年山階寺傳書／興福寺□□□□（思下）」

01-3　百法顯幽抄　一巻　東大寺圖書館（09005007）

（奥書）「巨唐會昌三年十月廿一日上都資聖寺寫畢　惟正記

／貞觀十四年（八七二）二月廿五日聽聞畢　比丘令秀／／傳法師　前入唐求法　惟正大和尚」

（別筆）「傳受比丘喜靜謹記」（以上本奥書）

01-4　大毗盧遮那成佛經　六帖　吉水藏・慶應義塾大學圖書館（10640005）
（卷第七朱書奥書）「康平七年（一〇六四）壬五月八日於駿州福士郡點了／天台沙門僧平快之本也」

［第二群點］

02-1　大乘阿毗達磨雜集論　四卷　聖語藏（08005022）
02-2　金光明最勝王經　十卷　西大寺（08305001）
02-3　觀彌勒上生兜率點經贊卷下　一卷　箕面學園（08505020）
02-4　不動尊儀軌　一帖　東寺金剛藏（10120001）
（朱書奥書）「寛弘九年（一〇一二）三月一日書了」
02-5　甘露軍荼利明王念誦法　一帖　東寺金剛藏（不動尊儀軌と同筆・同點）（10120002）
02-6　大毗盧遮那成佛經　六卷　國立國會圖書館（10220001）
（卷第七白書奥書）「始自（「以」ニ重書）治安二年（一〇二二）四月四日同十二日傳讀了　講師平救／入寺聽衆八人　傳讀所
宮御室（下略）」

［第三群點］

03-1　金剛波若經集驗記　二卷　石山寺・天理圖書館（08505007）
03-2　大唐三藏玄奘法師表啓　一卷　知恩院（08505014）
03-3　七喩三平等十无上義　一卷　東大寺圖書館（08705002）
03-4　大乘大集地藏十輪經　八卷　東大寺圖書館・聖語藏（08830001）
（卷第一白書奥書）「元慶七年（八八三）九月三日丙寅日交進既了」

03―5　法華義疏　五卷　石山寺（10020001）
（卷第四奥書）長保四（一〇〇二）年九月六日於藥師寺傳教院圓堂點了／沙門注算了聽衆廿余口也／講師専寺鏡超五師

［第四群點］

04―1　觀彌勒上生兜率天經贊卷下　一卷　箕面學園（08305011）
04―2　說无垢稱經　六帖　石山寺（08505006）
04―3　大唐西域記卷第十二　一帖　興聖寺（09505020）
04―4　大日經持誦不同　七帖　高山寺（11380012）
（卷第七奥書）（朱書）「保延四年（一一三八）三月七日寶幢院西谷北尾成勝房西南ニシテ戒香房ニシテ校點了／天台末流覺者文忠／生年廿一　爲往生極樂也」／（別筆墨書）「傳持僧玄證」

［第五群點］

05―1　古文尚書　八卷　東山御文庫・東洋文庫・東京國立博物館（09505003）
05―2　毛　詩　一卷　東洋文庫（09505013）
05―3　往生要集卷中　一帖　聖德寺　長德二年（09960001）
（奥書）長德二年七月廿六日寫了　長胤
05―4　日本書紀卷第廿二・廿四　二卷　京都國立博物館（10005008）
05―5　法華文句卷第二　一帖　東大寺圖書館（10505024）
（墨書奥書）（擦消）「奉受(?)門八(?)法華文句一部／爲興隆法門也／天台宗僧堯圓
05―6　黃帝內經太素　二十三卷　仁和寺（11670001）

（卷第三奥書）仁安二年丁亥（一一六七）正月十三日以□(同カ)本書寫之／丹波賴基之／同十四日□□移點了

本云／仁平元年二月十二日□(以カ)同本書寫移點校合了／憲基

［1喜多院點］（第二群點）

1―1　妙法蓮華經　六卷　立本寺（10870001）

（卷第一奥書）（白書）「寛治元年歳次丁卯（一〇八七）五月九日於興福寺上階馬道以西第六大房／移點了　本經赤穂珣照君點本也／末學沙門經朝之」

（朱書）「以朱處々移點寫是明詮僧都點導本也」

1―2　不空羂索神呪心經　一卷　西大寺（10450001）

（白書奥書）「寛德二年（一〇四五）五月廿八日於南圓堂點畢」

1―3　大慈恩寺三藏法師傳卷第七～十　四卷　興福寺（10990002）

（卷第九奥書）承德三年（一〇九九）五月廿四日於興福寺勝福院移點畢

（卷第十奥書）承德三年六月五日點了　僧濟賢

1―4　高僧傳卷第十三　一卷　興福寺（11000003）

（朱書奥書）「康和二年（一一〇〇）・八[×三]月十六日奉讀了／講師智賢大法師　聽衆大法師□

1―5　冥報記　一帖　前田育德會（11050002）

（奥書）長治二年（一一〇五）八月十五日書了爲令法久住往生極樂也／□□之

1―6　大毘盧遮那經疏　十九帖（卷第一缺）東京大學國語研究室（11050006）（第二次點。第一次點は治安四年（一〇二四）西墓點。）

（卷第二十奥書）長治二年（一一〇五）自四月一日至七月廿二日奉讀交已了／於小田原迎接房　僧隆賀

1―7　辨正論卷第一～四　四卷　法隆寺・大東急記念文庫・築島裕（11230001）

（卷第二奥書）保安四年（一一二三）癸卯四月中法隆寺一切經內暹尊大法師筆作也

（朱書）「同月僧靜因移點比校了」

1―8　大慈恩寺三藏法師傳卷第一・三・七・九　四卷　法隆寺（11260001）

（卷第一奥書）大治元年（一一二六）丙午二月七日　癸卯書了法隆寺僧覺印之

（朱書）「同年三月十二日戊寅移點已了權別當僧都御房之三本移點御本也」

1―9　因明入正理論疏卷上中　二帖　大東急記念文庫（11540002）

（卷上奥書）依　長者殿仰以明詮點爲本／重以愚案點三卷疏此卷始自／仁□（平）四年（一一五四）正月十六日至于二月十□（四？）／日

移點了　釋氏藏俊

1―10　大毗盧遮那經疏　十九卷（卷第二缺）眞福寺寶生院（11570004）

（卷第一奥書）丁丑之年（保元二年・一一五七）於高野山以或證本校合已訖本記云自承和十三―四―廿五、始講廿八―了（以

下略、6―2奥書參照）

［2西墓點］（第一群點）

2―1　蘇悉地羯羅經卷上　一卷　京都大學（09090001）

（白書奥書）「延喜九年（九〇九）八月廿二三兩日讀了　空惠記」

2―2　金剛頂蓮華部心念誦儀軌　一帖　大東急記念文庫（09870001・10040001・10700002）

（奥書）永延元年（九八七）七月廿一日廿三日二箇日之間奉受入道三宮／志偏在出離生死頓證菩提耳於天台山百光房奉受之

／沙門文慶臈八年廿一／（別筆二）「已上前受」

（別筆一）長保六年（一〇〇四）三月十八九廿廿一并四个日之間受學三井大阿闍／梨已了志同前耳／老僧文慶
年卅八臈廿五 墨點是也／（別筆三）「已上後受」
（朱書）「長元七年（一〇三四）八月廿五日奉隨法印御房稟受畢／重奉隨入道三宮稟受畢／又重奉隨唐房阿闍梨稟受畢／成
尋」

2-3　大毗盧遮那經疏（大日經義釋）　十九帖　東京大學國語研究室（10240002）
（卷第七奥書）治安四季（一〇二四）四月八日聽了　僧經念本(?)(?)
（卷第十一奥書）長元七年（一〇三四）甲戌十月十九日點了　（草名）

2-4　阿吒薄倶元帥大將上佛陀羅尼經修行儀軌卷上中下　三卷　石山寺（10950003）
（卷上奥書）嘉保二年（一〇九五）五月廿二日書了
（朱書）「以他兩本引合點了　慶雅」

2-5　法華經傳記卷第一〜十　五帖　東大寺圖書館（11300001）
（卷第三・四奥書）大治五年（一一三〇）四月十二日一交了　僧（草名）

2-6　蘇磨呼童子請問經　二帖　高山寺（11370009）
（卷下奥書）保延三年（一一三七）五月廿八日
（朱書）「同年九月十七日移點了但溫泉／房本也」

「3東大寺點」（第三群點）

3-1　大智度論　九帖　石山寺他（09380007）（第二次點）
（卷第五十八白書端書）「以上卅三卷天慶元年（九三八）□□□□大德□□」

3―2 普供養法（金剛界九會密記と同筆合卷） 一卷 石山寺（09910001）

（奥書）正暦二年（九九一）辛卯正月醍僧高信寫／願以此善同等聖者普供四恩共早成佛

3―3 成唯識論 十帖 石山寺（10200001）

（卷第一白書奥書）「寛仁四年（一〇二〇）七月十四日於東大寺東北院北坊（?）／讀了僧（草名）／師五師平能」

3―4 大般涅槃經 四十卷 東大寺圖書館（10505019）

（卷第六内題下白書端書）「勸覺寺傳法□」

3―5 蘇磨呼童子請問經 二帖 仁和寺（10790001）

（卷下朱書奥書）「承歷（ママ）三年（一〇七九）三月一日於大谷阿闍梨御房奉受了」

3―6 大毗盧遮那經疏 九帖 高山寺（10820003）

（卷第十朱書奥書）「永保元年（一〇八一）自始［×八］七月廿六日至于八月廿一日上袟十卷傳受了／但壺坂中房南面也／永保二年五月廿八日未時許移點了 高野山南別處也／願以此善功德力 自他共生安養界／開敷自心八葉蓮 歸入阿字本不生云々（?）」

3―7 大毗盧遮那經義釋 十二卷 石山寺（11030007）

（卷第三本奥書）康咊五年（一一〇三）初秋十七日於金剛峯寺／奉受畢 （梵字 kiṃ）

3―8 因明論疏四相違略註釋 三帖 東大寺圖書館藏（11130003）

（卷上奥書）天永四年（一一一三）三月廿六日午時許於東大寺書了

（朱書）「同年四月七日移點了 僧定俊之」

3―9 蘇磨呼童子請問經 二卷 石山寺（11590002）

（卷上朱書奥書）「平治元年（一一五九）九月十六「日」（右傍墨書）於勸修寺西明院以證本兩度比校移點了／末學沙門朗寵」

3-10　大唐西域記卷第一〜八　八帖　石山寺（11630001）

（卷第一朱書奥書）「長寛元年（一一六三）八月十六日移點了」

3-11　大唐西域記卷第十一・十二　二卷　醍醐寺（12140002）

（卷第十二奥書）建保二季（一二一四）十一月晦日書了　深賢／校了

（朱書）「借請彼山座主僧都書點也」

（別筆）「此書本石山經藏本也文字并／點謬在之歟追可交之」

［4仁都波迦點］（第一群點）

4-1　大毗盧遮那成佛經　七卷　西大寺（10000001）

（卷第七白書奥書）「長保二年（一〇〇〇）五月二日朝坐已了」

4-2　最勝立印聖無動尊大威怒王念誦儀軌（不動義軌）　一帖　東寺金剛藏（10250001）

（墨書奥書）萬壽二年三月七日書寫已／奉以陀无房本是已僧延尊之本

4-3　金剛頂義訣　一帖　東寺金剛藏（10480001）

（奥書）永承三年（一〇四八）壬正月中旬以谷御本移點之　同廿三日奉／「（擦消）請□□廿□□奉受了」長宴

4-4　大毗盧遮那經　七帖　吉水藏（10890008）

（卷第七朱書奥書）寛治三年（一〇八九）三月廿三日點了／此卷師本紺黑點ハ朱也　師本朱點ハ／以紺青寫之師本以墨寫之／

本曰　寛德二年五月二日奉讀之安慶云々

（表紙）「良祐」

［5圓堂點］（第五群點）

5—1　蘇悉地羯羅經　三卷　高野山學園（10080002・10230002・10740003・11080011）

（卷上奧書）（朱書一）「以治安三年（一〇二三）四月十二日點了　求法沙門□□」（喜多院點）

（朱書二）「天仁元年（一一〇八）九月四日於華藏院律師傳受之／沙門聖惠」（圓堂點）

（卷下奧書）（朱書）「寬弘五年（一〇〇八）四月十八日讀了南御室御傳法」（第五群點）

（白書）「承保元年（一〇七四）十一月廿八日於高野山中院明算／山籠奉受了　寬智」（圓堂點）

5—2　大毗盧遮那經　七卷　仁和寺（10930001）

（卷第七奧書）寬治三年七月廿三日於南勝房書之了

（朱書）「寬治七―（一〇九三）七月三日一點了」

5—3　大毗盧遮那經疏　二十帖　仁和寺（10930009）

（卷第一朱書奧書）「寬治七年（一〇九三）十月三日於高野奧院東菴室觀音院大僧都奉受了」

（卷第二十朱書奧書）「嘉保二年（一〇九五）二月廿日於金剛峯寺奧院東菴室觀音院／大僧都奉受了」

5—4　大毗盧遮那經　六卷（卷第二缺）　國立國會圖書館（11080007）

（卷第七朱書奧書）「嘉承三年（一一〇八）五月卅日於華藏院律師傳受了／沙門聖惠」

5—5　祕密曼荼羅十住心論　九帖（卷第七缺）　高山寺（11110001）

（卷第一奧書）天永二年（一一一一）五月七□長物房東端テシ／酉時許書了

（朱書）「同月十三日午時移點了／同月十四『辰時』（右傍補入）一校了」

5—6　金剛般若經集驗記上中下　一帖　日光天海藏（11130005）

（奧書）天仁四年（ママ）（一一一一）五月六日巳時於大原來迎院／廊書寫了　藥源等

（朱書）「『康和五年十一月一』（以上朱消）天永四年（一一一三）六月二日午時點了

5―7　大毘盧遮那經疏卷第四～十八・廿　十六帖（卷第一～三・十九缺）　東京大學國語研究室（11140007）

（卷第廿朱書奥書）「永久二年（一一一四）四月廿二日未時許奉受了／俊惠之本／同學　教法房　越中君　越前、」

5―8　大毘盧遮那經疏卷第四～十　七帖　東寺金剛藏（11200015）

（卷第五墨書奥書）永久四年六月十七日於仁和寺轉輪院書了　僧嚴圓／傳受了

（卷第八墨書奥書）永久肆秊仲冬上旬白月第八日於彌勒寺奥谷奉書了（下略）

（卷第十裏表紙袋裝裏面奥書）保安元年五月五日點了

5―9　三教指歸注集上本・上末・中・下　四帖　大谷大學（11340007）

（卷下奥書）長承三年（一一三四）六月七日於彌勒寺谷房書寫畢／金剛佛子嚴覺行年六十五

5―10　文鏡祕府論　六帖　宮內廳書陵部（11380002）

（南卷奥書）保延四年戊午（一一三八）四月二日移點了

（地卷奥書）二交了　（別筆一）「願主僧淨玄之本」（別筆二）「傳持僧行印之本」

5―11　文鏡祕府論　六帖　高山寺（11650012）

（地卷奥書）長寛三年（一一六五）三月十六日書了

〔6中院僧正點〕

〔中院僧正點〕（第四群點）

6―1　成唯識論卷第五　一卷　桂泰藏氏（09680002）

（奥書）模寫明詮僧都之道本安和元年（九六八）十月十六日點此卷了興福寺僧眞興

6—2　妙法蓮華經　七卷（卷第三缺）　龍光院（10580004）

（卷第一白書奥書）願以此緣　不經三祇　一念之間　速證佛位　釋子明算

6—3　大毗盧遮那經疏　十九帖（卷第一缺）　高山寺（11030006）

（卷第十六奥書）康和五年癸未（一一〇三）五月十九日丁未□（酉カ）午尅書寫畢三密修行僧快與之／（朱書）「六月十九日移點了」

［7寶幢院點］（第七群點）

7—1　大毗盧遮那經　六卷　吉水藏（10000002）

（卷第七朱書奥書）「始自長保二年（一〇〇〇）八月廿七日至九月三日了之」

7—2　北斗儀軌　一卷　吉水藏（10130001）

（奥書）長和二年癸丑（一〇一三）四月八日己巳於長尾山書之睿超

（墨書別筆）「永久二年九月十四日奉受三昧阿闍梨了／良實／如師本點了墨點是也／朱點古也於叶師本之所者不寫□（也カ）／自□所以墨寫也」

7—3　南海寄歸内法傳　三卷　天理圖書館（卷第一・二）・京都國立博物館（卷第四）　長和五年頃（一〇一六）・他に卷第三斷簡あり。（10165001）

（參考）『菩薩戒經』（10160001）（『南海寄歸内法傳』と同筆加點）奥書

（奥書）長和五秊（一〇一六）十月十三日於大和國興福寺傳讀既了　僧成禪／于時師朝匠穀斷

（紙背墨書）「求法沙門僧成禪之本」「天台山東塔院求法沙門僧成禪之□（本）」

7—4　大毗盧遮那經　七卷　高野山親王院（10330001）

（卷第七朱書奥書）「長元六年（一〇三三）十月廿三日大和國於多武峯妙樂寺／隨延殷阿闍梨奉讀此經　求法沙門堯圓」

7—5 護摩蜜記　一帖　西大寺　長元八年頃（10350001）
（朱書奥書）「長元八年（一〇三五）四月十二日書了」

7—6 大日經義釋　十一帖（卷第一・二・十二缺）大東急記念文庫（10740001）
（卷第四朱書奥書）「延久六ー（一〇七四）七月二日於法界寺／移點了
（卷第十四奥書）承保二年（一〇七五）壬四月廿九日於法界寺奉讀了

7—7 大毗盧遮那經疏　十四帖（卷第三・六・九・十二・十四・十九缺）東京國立博物館・東京大學史料編纂所（11020007）
（卷第二十朱書奥書）「自始康和四季（一一〇二）四月六日至五月廿三日書寫轉讀共了／丹後國普甲山別所之寂光之御室ニシテ
睿尊」

7—8 大毗盧遮那成佛經疏　二十帖　日光天海藏（11510005）
（卷第六朱書奥書）「本云天喜元年（一〇五三）九月廿九日於大原談了　比丘賴昭　雙嚴院本」（以上本奥書）／仁平元年（一
一五一）三月十三日點了　良□」

[8淨光房點]（第五群點）

8—1 金剛頂瑜伽護摩儀軌　一卷　神護寺（10320002）
（朱書奥書）「長元五年（一〇三二）七月廿八日奉從木寺入寺受學了　而以天喜二ー（一〇五四）五ー廿五日／又以他書移點
了　頗加用意而已　賴尊」／（朱書追筆）「以大師御筆本交點了　賴尊」

8—2 大毗盧遮那經疏　二十卷　醍醐寺（11300014）
（卷第一朱書奥書）自承和十三年（八四六）四月廿五日始講廿八日了／聽衆／眞雅大德　眞紹、、　惠詮、、　眞無、、
源仁、、　宗叡、、　惠等、、　安寛、、　／惠峯、、　眞勇、、　慶基、、　春複、、／右候仁和寺之御室祕本之奥

以角所被書文也件本外題大師御筆也仍以件本交之了　永尋／（別筆）「醍醐無量壽院」

（巻第二十朱書奥書）大治五年（一一三〇）五月廿三日甲子於金剛峯寺眞言堂／從于解脱房阿闍梨傳受了／佛子覺延

［9乙點圖］（第五群點）

9－1　蘇悉地羯羅經略疏巻第二・七　二巻　京都大學（08960001）

（巻第二朱書本奥書）「寛年（平の誤か）八年（八九六）歳次丙辰夏三月（ママ）謹依　傳法阿闍梨仰與／基安禪師始尋首尾今日功畢然大師草創下筆以後／雖累多年未有講受之者始於今日而傳受之後代／學者宜悉之耳六月廿一日捻持院僧憐昭記」

9－2　金剛頂瑜伽修習毗盧遮那三摩地法　一巻　筑波大學（09490001）

（奥書）（朱書）「天暦三年（九四九）六月十日授仁覺禪解（?）補（?）算等師了」

（別筆一）「延長八年（九三〇）五月廿八日圓堂三僧寛空大德請之」

［10順曉和尚點］（第八群點）

10－1　蘇悉地羯羅供養法　二巻　石山寺・薫聖教（09250001）

（巻上白書奥書）「延長三年（九二五）潤十二月廿四日點了／祐」

（巻下白書奥書）「延長三年潤十二月廿五日點了」（淳祐筆）

10－2　妙法蓮華經玄賛　二巻　石山寺・中田祝夫氏（09505015）

10－3　北斗護摩儀軌　一帖　石山寺（11620009）

（奥書）應保二年（一一六二）五月一日於石山寺以内供御房眞筆／爲證本書寫了

［11叡山點］（第六群點）

11－1　大聖妙吉祥菩薩接除災教令法輪　一帖　石山寺（09500001）

(白書奧書)「天曆四年(九五〇)六月廿六始誦之大師卽傳受之」/禪林

11―2　大日經廣大成就儀軌　一帖　東寺金剛藏(09890001)

(朱書奧書)「永延三年(九八九)己巳三月十八日讀點已了/僧(草名・仁孝カ)本」

11―3　金剛頂蓮華部心念誦儀軌　一帖　曼珠院(10100002)

(奧書)寛弘七年(一〇一〇)從六月十八日同廿二日點已了

11―4　大毗盧遮那經成就儀軌卷上下　二卷　吉水藏(10140001)

(卷上朱書奧書)「始自長和三年(一〇一四)八月十八日奉從飯室律師受法」

(卷下朱書奧書)「始自長和三年八月十八日至于廿日三箇日之間奉讀畢/傳授師　飯室律師御房　僧明快年卅臈十七受之」

[12天爾波留點](別流)(第四群點)

12―1　眞言法華釋　一帖　高山寺(10550002)

(奧書)天喜三年(一〇五五)三月六日書了/妙樂寺寫之僧公昭本

12―2　成唯識論卷第六　一卷　吉水藏(10880014)

(奧書)寛治二年(一〇八八)戊辰四月廿五日辛丑於金剛房書寫既畢

[13池上阿闍梨點](第五群點)

13―1　大聖觀自在菩薩心眞言瑜伽觀行儀軌　一帖　醍醐寺(10820006)

(奧書)永保二年(一〇八二)五月十七八日於無動寺辻房/爲令法久住書寫已了/隆斅

(朱書)「同年同月廿二日奉受已了」

[14香隆寺點](第五群點)

14—1　大毗盧遮那成佛經疏卷第四・五・十一〜二十　十二帖　叡山文庫（10505015）
（巻第四表紙識語）「山門東塔南谷　淨教房」
［15天仁波流點］（第四群點）
15—1　金剛界賢號十六尊廿天儀軌　一帖　吉水藏（10990014）
（朱書奥書）「承德三年三月廿五日移點了　仁源」
［16遍照寺點］（第五群點）
16—1　十二天法　一帖　吉水藏（09560001）
（奥書）天曆十年（九五六）五月廿九日於法性寺寫／之了爲令法久住利益自他故耳／天台僧康壽本
16—2　梵字悉曇字母釋義　一帖　馬淵和夫氏（10760007）
（奥書）承保三年（一〇七六）正月廿八日巳時書畢
16—3　金剛界持念次第　四帖　國立國會圖書館（13210003）
（奥書）元亨元年（一三二一）三月廿二日書寫已了／（擦消）「□□」
［17甲點圖］（第一群點か）
17—1　金剛頂瑜伽阿耨多羅三藐三菩提心論　一帖　石山寺（10005047）
17—2　造泥塔證文　一帖　高山寺（10505133）
［18禪林寺點］（第六群點）
18—1　法華義疏　八巻　石山寺（10020001）（長保四年點の前點）
［19廣隆寺點］（第四群點又は第五群點か）

19―1　大集虛空藏菩薩所問經　六卷　高山寺（11060005）

（卷第二奥書）長治元年（一一〇四）五月十三日奉供養／掃部頭丹波雅康

（別筆）「嘉承元年（一一〇六）丙戌五月十二日／□自聖持經御口（?）請了大法師重暹」

[20東南院點]（第三群點）

20―1　金剛峯樓閣一切瑜伽瑜祇經　一帖　行圓寺（11005095）

[24古紀傳點]（第五群點）

24―1　漢書楊雄傳　一卷　上野淳一氏（09480002）

（奥書）天曆二年（九四八）五月廿一日點了　藤原良佐

24―2　史記呂后本紀・孝文本紀・孝景本紀　三卷　毛利報公會・東北大學・大東急記念文庫（10730001）

（呂后本紀奥書）延五（延久五年・一〇七三）正廿四辰書了

（追筆一）「同年同月廿九日點合了」／（追筆二）「延五（擦消）「四」（右傍補入「四」）一受訓了／學生大江家國」

24―3　文選卷第十九　一卷　東山御文庫（10990005）

（奥書）康和元年（一〇九九）九月廿日巳剋書了

24―4　文集卷第三・四　二卷　京都國立博物館（神田喜一郎氏舊藏）（11130001）

（卷第四奥書）天永四年（一一一三）三月廿八日點了／藤原茂明

24―5　史記孝景本紀卷第十一　一卷　實踐女子大學（山岸德平氏舊藏）（11270012）

（奥書）太（大）治二年（一一二七）九月二日申時書寫了

24―6　文選卷第十七　一卷　東山御文庫（11360007）

（奥書）保延二年（一一三六）正月廿三日午時許讀了

24-7 日本書紀巻第十二～十七・廿一～廿四　五帖　宮内廳書陵部（11420003）

（巻第廿三奥書）永治二年（一一四二）三月廿七日以彈正弼大江朝臣（匡衡）

24-8 醫心方巻第一～三・五～廿一・廿三～廿七・廿九・三十　二十七巻　東京國立博物館／巻第廿二　一巻　成簣堂文庫

（11450001）

（巻第八見返貼紙）天養二年（一一四五）二月以宇治入道太相國本移點／移點少内記藤原中光比校助教清原定安／移點比校之間所
見及之不審直講中原師長／醫博士丹波知康重成等相共合醫家本畢／文殿所加之勘物師長以墨書之令朱合點

24-9 史記秦本紀　一巻　東洋文庫（11450006）

（奥書）天養二年（一一四五）八月八日書寫就之(?)／八月十二日移點了

24-10 日本書紀巻第十一・十四・十七・廿　四巻　前田育德會（11505075）

24-11 文選巻第二十　一巻　東山御文庫　（11720001）

（奥書）承安二年（一一七二）壬辰閏十二月廿一日以菅給料家本寫點了安紀宗元 生年十八

24-12 日本書紀　二十八帖（内巻第二・十四缺、巻第廿二以下九巻は鎌倉時代初期加點）　九帖　北野天滿宮　鎌倉初期（12005134）

［25經　傳］（第五群點）

25-1 春秋經傳集解巻第十　一巻　東洋文庫　保延五年（11390003）

（奥書）保延五年（一一三九）五月十八日受庭／訓了　賴業／點了　賴業

［26紀　傳］（第五群點）

26-1 文選　十四巻　東山御文庫　正慶五年（13360001）

（奥書）正慶五年（一三三六）二月十四日書寫了　散位藤原師英／翌朝寫朱墨兩點斟(勘)物了

【附載】［51假名點本］

51-1 沙門勝道歷山瑩玄珠碑　一卷　神護寺　平安極初期（08005005）

51-2 將門記　一卷　眞福寺寶生院　承德三年（10990001）

（奥書）承德三年（一〇九九）正月廿九日於大智房酉時許書了／（別筆）「同年二月十日未時讀了」

51-3 大慈恩寺三藏法師傳卷第一～六　六卷　興福寺（11190002）

（卷第一奥書）永久四年（一一一六）二月六日移點畢

（卷第六奥書）永久四年二月廿一日移點畢

51-4 和泉往來　一卷　西南院（11860003）

（奥書）文治貳年四五月書寫了／金王丸本也

（追筆カ）「新別所申時許書寫了」「同所點了」

51-5 大毗盧遮那成佛經　百五十二卷　慈光寺（他に寺外に僚卷あり）（10505017）

（卷第四百五十二書寫奥書）（上略）貞觀十三年歲次辛卯三月三日檀主前上／野國大目從六傳下安倍朝臣小水麻呂

「訓點語彙集成」凡　例

一、この『訓點語彙集成』は、平安時代の訓點資料の中で、原則として西暦一〇〇一年以降のものについて、その和訓を集成したものである。西暦一〇〇〇年以前については、先年來の約束として、小林芳規氏が編纂される豫定であるが、築島において準備の整つた一〇〇一年以降のものについて、刊行を開始する次第である。但し、一〇〇〇年以前についても、既に築島が集錄してゐた分については、混亂を虞れ、小林氏の承諾を得て、敢へて削除することをしなかつた。從つて、小林氏の擔當の部分が完成した曉には、それと重複する部分のあることが豫想される。

一、下限については、一往、一二〇〇年までを中心としたが、例外として、鎌倉時代以降の訓點資料も若干收錄した。その理由は、その中に『大唐西域記建保點』『遊仙窟康永點』等の重要な訓點資料、及び、『大般若經音義』『法華經音義』の音義類などの、平安時代以來の訓讀を濃密に傳承してゐるものが含まれてゐることによる。それらは、一四〇〇年を下限とした。更に、室町時代以後のものも少數含むが、これは、本集成が大矢透『假名遣及假名字體沿革史料』の索引を母胎として編纂を始めたといふ經緯を殘したいといふ希望によるものである。更に江戸時代に撰述刊行された宗淵の『法華經山家本裏書』を收錄したが、それは法華經の訓讀の歴史上の參考として有用な文獻と判斷したことによる。

一、原本の漢字は、原則として康熙字典の字體に準據した。なお、一部に「今昔文字鏡フォント」を使用させていただいた。

一、漢字の異體字は、なるべく正字體に置き換へた。その主なものは、後揭の一覽表を參照されたい。

一、但し、右の例外として、音義類などの場合、揭出字として、異體字を併記し、正體字・異體字の兩方の字體に對して同一の和訓を附した場合がある。例へば、「辝」「辞」「辭」「辤」は、一般の文獻については「辭」に統合したが、大般若經音義などでは異體字である「辝」「辞」「辤」に「コトハ」の和訓が夫々に附せられてゐるので、「辭」の他に「辝」「辞」「辤」を掲出字として別に立てた如くである。

一、漢字二字以上の熟語については、「嗚呼ア」のやうに傍線を加へることを原則としたが、和訓に對應する漢字が不明確の場合などには、傍線を加へなかつた場合もある。

一、原本に使用された假名の古體の字體は、現行の字體に改めた。但し、平安時代中期以前の文獻で、「コ」の假名に甲類・乙類の使分けのあるものについては、甲類を「古」、乙類を「己」で區別し、ア行とヤ行との區別のあるものは、ア行のエを「衣」、ヤ行のエを「江」で區別して表記した。又、「ヿ」(コト)、「寸」(トキ)、「白」(マウス)、「上」(タテマツル)のやうな、假名に準ずる漢字は、原則として、片假名に改めて表記したが、時に、その原形を殘した場合がある。又、片假名に改めた場合には、印刷の都合上、傍に括弧を加へることは省略した。

一、萬葉假名で表記された和訓の内、「尓」「万」「与」「礼」などの假名字體は、原則として新字體で記した。

一、nなどを表す符號「∧」を使用した。

一、和訓の一部を補讀した場合は、補讀の部分を全く記さないか、又は( )の中に片假名又は平假名で記した。その片假名か平假名かは、敢へて統一しなかつた。

一、[補讀]の中で、漢字を示さずに、唯、和訓のみを記したものは、本文が萬葉假名文、又は假名交り文で記されてゐるものから抄出した和語であることを示す。

一、ヲコト點は、現行の平假名で記した。「こと」「もの」「する」のやうに、二音節以上の場合にも、傍に括弧を加へることは、前項と同樣の理由によつて省略した。

一、聲點は、省略した場合が多いが、記載する際には、漢字の聲點、假名の聲點共に、印刷の都合上、原則として「○」「△」などの形態は示さず、（平）（平輕）（上）（去）（入輕）（入）のやうに表記した。又、濁點は（平濁）（上濁）のやうに記した。假名の濁點の多くは、漢字の聲點と同じ位置にあつて、複聲點の形を具へてゐるが、『法華經山家本裏書』など、原本通り「アグ」のやうな形で記した場合がある。

一、語彙・語句に聲點が附せられてゐて、その語構成部分が掲出語として立てられてゐる場合には、〔參考〕としてその和訓の全部を掲げた。

一、二字以上の熟語又は漢字連續の場合に加へられた合符（音合符・訓合符など）は、必ずしも載錄せず、省略した場合が多い。

一、原本の假名の位置が、漢字の右傍の場合は、假名を小字右寄せに、左傍の場合は假名を小字左寄せに記すことを一往の原則としたが、これに必ずしも從はず、左傍の場合も小字右寄せに記したことが多い。

一、該當の和訓に附隨する前後の語句は、必要最低限に止めたが、その基準は必ずしも統一してゐない。

一、原本の漢字・漢語に、複數の和訓が附記されてゐる場合は、掲出の和訓のみを記載した場合と、掲出の和訓を含んで、他の和訓も併記した場合とがある。

一、原本に「不有（スアラ）」とある場合には、「不ス有アラ」のやうに記した。但し、讀下し文から採錄した場合には「有アラ不ス」のやうに記した場合がある（10790001・10820003・11230003・11630001・12140002・12410003等）。この場合は、「和訓載錄文獻一覽表」の掲出文獻の記事の中に「讀下し文の語序による」と注記した。

一、「當」「將」などの「再讀字」は、原文の體裁通りに「當マサニ生ム ヘシ」「將マサニ發ヲコサント ス」のやうに表記した。但し、讀下し文によつて掲げた場合には、「當に折クタケヌ［當］し」「將ニ廻リ照サムト［將］スルニ」のやうに［　］で括って示し、（再讀）の注記は特に加へなかつた。

一、「焉」「矣」などの「不讀字」には何の符號をも加へなかつた。

一、明に誤と判斷される漢字は、その漢字の下に（　）に包んで正しいと認めた漢字を小字で示し、正しいと認めた漢字の掲出字の下に収めた。例へば「擊サ、ク」は「擎サ、ク」の誤と認め、「擎」の掲出語の下に「擊（擎）サ、ク」と記した。

一、明に誤と判斷される和訓は、その和訓の下に（　）に包んで正しいと認めた和訓を小字で示し、正しいと認めた和訓の掲出語の下に収めた。

一、誤かと判斷される漢字・和訓で、正しいと認められる漢字・和訓を想定することが困難な場合は、その漢字・和訓を掲出し、（存疑）又は（〇〇の誤か）などと注記した。

一、所謂「形容動詞」はその語幹を掲出語とした。

一、同音語の配列の順序は、原則として「名詞」「副詞」「形容動詞」「動詞」「助動詞」「助詞」「語構成要素」とした。

一、固有名詞は、普通名詞の次に配し、（地名）（人名）等の注記を加へた。神名は（人名）と記した。

一、同音語の動詞の配列の順序は、「四段」「下二段」「上二段」「上一段」「カ變」「サ變」とした。

一、「イヒ（謂）」「ウツクシミ（慈）」のやうな動詞の連用形から轉成した名詞は、「イフ」「ウツクシム」などの項目には収めず、獨立の掲出語とした。

一、「イハク」「オモヘラク」など、所謂「ク語法」の形は、「イフ」「オモフ」などの動詞の項目には収めず、獨立の掲出語とした。

一、「ゴトケム」「ヨケム」などの形容詞の未然形に「ム」のついた形、「ナカレ」などの命令形は、「ゴトシ」「ヨシ」「ナシ」などの項目には収めず、獨立の掲出語とした。

一、助動詞「ザリ」は助動詞「ズ」の項目には収めず、獨立の掲出語とした。

一、「クハシクス」「ナイガシロニス」などの「ス」の附いた動詞は、「クハシ」「ナイガシロ」の項目には収めず、獨立の掲出語とした。

一、本集成に和訓を収録した訓點資料は、原本の影印本、又はその解讀文が、既に公刊されてゐるものを優先し、又、多數の和訓が稠密に含まれてゐる文獻を務めて選擇した。又、一〇〇一年以後の、夙い時期のものは鋭意取り上げた。但し、與へられた時間の中で、一〇七〇年までの分は、編者が收錄した訓點資料を全部網羅したが、それ以降のものは、遺憾ながら次の機會に譲らざるを得なかった。

一、一〇〇一年以後の訓點資料の內、

〇法華義疏長保點（中田祝夫『古點本の國語學的研究譯文篇』所收）
〇妙法蓮華經明算點（大坪併治『訓點資料の研究』所收）
〇高山寺本表白集院政期點（小林芳規他『高山寺本古往來表白集』所收）
〇群書治要建長等點（小林芳規他『群書治要經部語彙索引』）
〇高山寺本論語古點（高山寺典籍文書綜合調查團『高山寺訓點資料第一』）
〇高山寺本史記周本紀（高山寺典籍文書綜合調查團『高山寺訓點資料第一』）

については、既に他の編者による索引に譲り、原則として本書では收錄しなかつた。その他の文獻の場合、他の方々の勞作による索引と重複する文獻も多いが、築島の作成した索引を收錄した。中には、それらの索引類から教示を得た場合が尠くない。深く感謝の意を表する。

一、本集成は、次に掲げる訓點資料の中からその和訓を收錄した。その中には、

①原本から直接に採集したもの

②寫眞複製本（影印本）から採集したもの
③活字化された論文から採集したもの
④その他

がある。①については、特に注記しない。②以下については、依據した寫眞複製本（影印本）又は論文等の名稱、並にその所在の表示の方式を「和訓載錄文獻一覽」の中に、注記した。

一、①については、中田祝夫博士、小林芳規博士との調査の際に、編者と相互に交換した調書の分が含まれてゐる。又、調査の際に、協力して下さつた方々も多い。兩博士並びにそれらの方々に對して、深い感謝の意を表する。これらの調書については、原本の全文を轉記移點したものについては、原本の行數、丁數等を注記したが、一部を抄錄したものについては、編者のノートに假に加へた行數を記した。この際は、前後の文脈が明でないものが多いことを遺憾に思ふが、大正新脩大藏經を始め、諸書の索引、その他によつて、或る程度は前後の文脈を求めて頂きたい。最初は、前後の語句、文章を併記する計畫であつたが、時間の餘裕の無いままに、該當の語彙だけを示すに止まつたことをお斷りしたい。

一、出典は八桁の數字で示し（その詳細は「和訓載錄文獻一覽」の凡例を參照）、「|」の次に所在を示した。所在を示す①②等のマル數字は卷數を示す。

一、同一の本文に複數の訓點が加點されてゐる場合、その加點年代が著しく隔つてゐる場合には、加點の種類ごとに、別々の文獻番號を與へたが、その加點年代が著しく隔つてゐない場合は、原則として最古の年代による文獻番號を一種類のみ與へ、別點は「　」、『　』などに包んで併記した。その處理については、「和訓載錄文獻一覽」の中で、各文獻ごとに注記した。

一、和訓の同音語は、それが加點された漢字の、諸橋轍次『大漢和辭典』の順序に配列し、漢字を〔　〕に括つて掲出字とし、それに右辭典の漢字番號を附記した。そして、同一の掲出漢字に對する和訓の用例は、訓點資料の文獻番號・卷數・丁數・行數の順序に配列した。この配列の作業は、專ら大江英夫氏の勞に依るものであり、その段階で、漢字の異體字の處理その他についても、多大の協力を頂いた。

一、原稿の淨書、語彙の轉寫、貼込などについては、左記の諸氏の協力を得たが、第一段階の語彙の採集、配列、第一次の淨書については、以下の例外を除き、すべて築島自身が行つた。

（1）10820003 大毘盧遮那經疏の内、卷第四～十の七卷については、「高山寺資料叢書」の「高山寺古訓點資料第三」の索引を參照引用した。但し、編者の見解によつて、加筆した場合がある。

（2）10010001 から 10705004 大毘盧遮那經疏まで、及び若干の追加の分の中には、語彙の採録は築島が行つたが、配列は大江英夫氏の手によつて、エニウエイ社と構築したコンピューターシステムで行つた。

一、原稿の轉記コンピューター操作等の作業については、石川力、石川洋子、小倉正一、長田幸子、木ノ内美保、後藤剛、志田靜子、坂詰力治、築島裕子、德永良次、土井光祐、原裕、森口俊光の諸氏、並びに 10820003 大毘盧遮那經疏卷第四～十の部分を擔當された白藤禮幸、沼本克明、沖森卓也、月本雅幸、近藤泰弘の諸氏の勞を仰いだ。各位に感謝の意を表する。

一、編輯、漢字索引の作成、校正、その他の部面につき、永年に亘つて、格段の御盡力を願つた、汲古書院編集長大江英夫氏、又、コンピューターシステムのソフト開發と入力とにつき盡力された、エニウエイ社の各位に深甚の謝意を表する。

安→安　逺→違　為→爲　毉→醫　允→允　滛→淫　囙→因　咽→咽　隠→隱　隕→隕　藴→薀　欝→鬱　亦→亦　伇→役　烟→烟

沿→沿　捐→捐　兖→兗　衍→衍　怨→怨　猒→厭　扵→於　汙→汚　住→住　恩→恩　温→溫　寡→寡　裏→裏　凡→瓦　戒→戒

海→海　壊→壞　害→害　槩→概　隔→隔　簡→簡　舘→館　斡→幹　臥→臥　廻→廻　谿→谿　壑→壑　曷→曷　渇→渇　葛→葛

褐→褐　羯→羯　獦→獦　罕→罕　乹→乾　開→關　覌→觀　竒→奇　寄→寄　伎→伎　規→規　弃→棄　軌→軌　噐→器　皈・帰→歸

虧→虧　冝→宜　疑→疑　祇→祇　戯→戲　逆→逆　休→休　朽→朽　虗→虛　叫→叫　况→況　矜→矜　恐→恐　頸→頸

吉→吉　京→京　亨→亨　強→強　竸→競　槗→橋　郷→鄕　局→局　筯→筋　訓→訓　羣→群　髻→髻　莖→莖　偈→偈　掲→揭

勁→勁　頚→頸　荊→荊　醢→醢　稽→稽　卿→卿　迳→逕　経→經　劇→劇　血→血　决→決　缺→缺　潔→潔　減→減　挍→校

尅→剋　虎→虎　互→互　娯→娛　恒→恆　構→構　講→講　溝→溝　購→購　號→號　膕→膕　弘→弘　坑→坑　髙→高　剛→剛

拘→拘　哭→哭　昏→昬　婚→婚　作→作　差→差　坐→坐　災→災　最→最　齋→齋　殺→殺　雜→雜　颯→颯　參→參　慘→慘

竿・筭→算　纂→纂　攴→支　剌→刺　旨→旨　指→指　師→師　簁→簁　嗣→嗣　茲→茲　厠→厠　尓→爾　辞・辭→辭

犱→執
悉→悉
脥→膝
煑→煮
遮→遮
虵→蛇
𢏎→弱
宷→寂
糬→釋
洦→洒
咒→呪
儒→儒
濡→濡
脩→脩
就→就
戢→戢
臰→臭
酧→酬

充→充
従→從
叔→叔
熟→熟
庶→庶
所→所
處→處
召→召
笑→笑
招→招
捷→捷
楫→楫
昇→昇
将→將
鄣→障
睫→睫
菽→菽
丈→丈

状→狀
浄→淨
嘗→嘗
場→場
色→色
餝→飾
振→振
疹→疹
寝→寢
湏→須
垂→垂
雖→雖
随→隨
數→數
栖→栖
整・慭
→整
勢→勢

舩→船
刹→刹
節→節
攝→攝
絶→絶
煎→煎
遷→遷
践→踐
賎→賤
銭→錢
曽→曾
疏→疏
鼠→鼠
蘓→蘇
匝→匝
桒→桑
聡→聰
衰・㐬

→喪
曺→曹
⺀→足
属→屬
卛→率
壮→壯
荘→莊
象→象
促→促
損→損
対→對
苐→第
臺→臺
秩→秩
腸→腸
聴→聽
低→低
胝→胝

遅→庭
敵→敵
鐵→鐵
殄→殄
兎・兔・
菟→菟
啚→圖
荅→答
等→等
㝵→得
篤→篤
尼→尼
廿→廿
湼→涅
卄→湼槃
埶→熱
悩・惚
→惱

輩→輩
發→發
罸→罰
斑→斑
範→範
臂→臂
譬→譬
美→美
備→備
微→微
謬→謬
憑→憑
賓→賓
苻→符
復→復
仏→佛
摽→標
閇→閉

並→竝
邉→邊
辦→辦
廾→
菩薩
卉→
菩提
夘→卯
皃→
皃・貌
本→本
凢→凡
曼→曼
慢→慢
蔓→蔓
漫→漫
蔓→蔓
猕→獮

密→密
蜜→蜜
覔→覓
明→明
冥→冥
面→面
網→網
猛→猛
亦→亦
臾→臾
祐→祐
融→融
与→與
欤→歟
妖→妖
葉→葉
揺→搖
遥→遙

腰→腰
窰→窯
蝿→蠅
沃→沃
畄→留
旅→旅
慮→慮
盧→盧
凉→涼
諒→諒
綾→綾
隣→隣
隷→隸
老→老
臈→臘
或→或

○異體字を原文のまま記載した例

醫＝毉　岳＝嶽　棄＝弃　蹔＝暫　脩＝修

○原文の略字を正字に改めた例

六→音　乂→反　戈→或

「訓點語彙集成」和訓載錄文獻一覽

凡例

一、本一覽は、「訓點語彙集成」に和訓を集録した文獻（主として訓點を記入した「訓點資料」）を、略々その加點された年代の順に配列したものである。

一、「訓點語彙集成」には、「訓點資料」の他、『日本靈異記』の訓注、『大般若經音義』など音義類の和訓をも收録したが、この場合は、その撰述された年代（推定されるものを含む）の場所に配列した。

一、本一覽は、①文獻番號（說明は後述）②文獻の題名 ③卷數 ④加點年代 ⑤所藏者（函架番號）⑥訓點の種類（白點・朱點・墨點・角點など）及び［⑦ヲコト點の種類］を列記した。

一、本書に收録した文獻には、すべて「文獻番號」を附與し、用例の所在を示すに當つては、文獻の名稱を使用せず、この「文獻番號」によつて示した。同一の掲出語の中では、和訓の加へられた漢字ごとに纏め、同一の漢字に對する和訓は、その漢字の諸橋轍次『大漢和辭典』所載の順に從ひ、その和訓の現れる「文獻番號」の順序に配列した。

一、本書の「文獻番號」は、次の原則によつて定めた。

(1)アラビア數字の八桁とし、「10730001」のやうな形とした。

(2)前半部分の四桁「1073～」は天永四年（西暦一〇七三年）の加點本であることを示す。

(3)後半部分の四桁「～0001」は、編者の知見に入つた順序を示す。

(4)加點等の記事が不明確の場合は、傳受等の年代とした。
(5)同一の文獻に一種類だけの訓點が加點されてゐる場合は、「文獻番號」は一種類とした。
(6)加點・傳受等の年代が不明確の場合でも、書寫年代が明確で、しかもそれが加點年代と程近いと認められた場合は、書寫の年代とした。
(7)同一の文獻に複數の訓點が加點されてゐる場合、——例へば奈良時代の書寫本に、平安時代の訓點を加點した場合、平安時代初期の書寫本に平安時代中期以降の訓點を加點した場合など、書寫年代と加點年代とが凡そ百年以上隔つてゐる場合で、相互に無關係に加點されたと認められる場合——は、原則として、夫々に別の番號を附與した。
(8)主要な加點（本點）があつて、それと同筆、乃至は追筆による加點などで、本點を補完乃至は異訓を併記したと認められる場合は、原則として、別途に番號を附與せず、「　」・『　』などの符號で括つて本點と區別した。この場合、第二次點以降の加點時期が本點と同時期のものは、特に注記せず、又、別に年代が記載されてゐるものは、その年代を一覽表の中に記すに止めた。その際は「朱點［東大寺點］＋墨點［假名點］」のやうに、＋印を用ゐて示した
(9)加點年代の記載の無い場合は（本奥書のみが存する場合をも含む）、大凡、三十年乃至五十年の範圍で、前半部分を四桁で、「0850～」「1150～」「1170～」のやうに推定した加點年代を記し、後半部分の四桁で「～5001」のやうに、編者の知見に入つた順序で5001番以下の番號を附與した。尚、後日、その推定年代を修正すべき場合があつたものについては、出來る限り番號を變更したが、混亂を避けるため、初の番號のままで敢へて變更しなかつた場合がある。又、必要に應じて注記を加へた場合がある。

一、典籍の裝幀の記述は、原則として現裝に從つた。卷子本を折本裝に改裝したものは、「帖」と記した。
一、所藏者に對する敬稱は原則として省略した。

一、引用した文献の發行年月は、原則として最初の發表論文、乃至は初版本のものを記したが、後に收められた論文集等を記した場合もある。
一、卷數、所藏者、函架番號等の不明のものは、省略に從つた。
一、特に重點的に多數の和訓を載錄した文獻については、08105007の如く文獻番號をゴチック體で示した。
一、○印は、收錄語彙の底本（特に注記なきものは原本）等を、＊印は、參考事項・參考資料等を示す。
一、同一の文獻に複數の種類の訓點がある場合で、和訓を載錄しなかつた訓點については、×印を附した場合がある。

07370001　太政官符　一通　天平九年　正倉院　眞假名和訓

○『新訂増補國史大系・類聚符宣抄』頁數・行數。

＊春日政治『片假名の研究』（昭9・7）一二頁

07370002　但馬國正税帳　天平九年　正倉院　眞假名和訓

○『大日本古文書（正倉院文書）二』（明34・12）頁數・行數。

＊春日政治『片假名の研究』（昭9・7）一二頁

07905001　華嚴經音義卷上下（新譯華嚴經音義私記）　二卷　奈良後期　小川雅人　眞假名和訓

○『古辭書音義集成1』（昭53・5）　卷數・頁數・行數。

07905002　大般若經音義卷中　一卷　奈良末期撰　石山寺重書14　眞假名和訓

○『古辭書音義集成3』（昭53・9）　頁數・行數。

＊古典保存會影印本。

07905003　一切經音義（新華嚴經音義・大治本）　一卷　奈良末期撰　眞假名和訓

○『古辭書音義集成7』（昭55・11）卷數・丁數・表裏・行數。

07905004　大般若經音義　一卷　奈良末期撰　來迎院如來藏　眞假名和訓

○『古辭書音義集成3』（昭53・9）　頁數・行數。

07975001　成唯識論述記序釋　一卷　善珠（七二四〜七九七）撰　眞假名和訓

○大正新脩大藏經卷第六十五卷No.2260による。

08005002　一字頂輪王儀軌音義　一卷　平安極初期撰　高山寺　第四部185-138

○『高山寺古辭書資料第一』（高山寺資料叢書・昭52・3）承元二年寫本　丁數・表裏・行數。鎌倉初期寫本（丙本）にて補充す。丁數・表裏・行數。

08005003　聾瞽指歸　二卷　平安極初期　金剛峯寺　眞假名和訓

○『弘法大師眞蹟集成　縮印版』（昭50・6）頁數。

08005004　四分律音義　一卷　平安極初期　宮内廳書陵部　眞假名和訓

○宮内廳圖書寮刊行影印本（昭23）による。

08005005　沙門勝道歷山瑩玄珠碑　一卷　平安極初期　神護

寺　朱點［假名點］
○弘法大師眞蹟全集影印本。行數。
＊大矢透『假名遣及假名字體沿革史料』（明42・3）第一面。
08005006　根本説一切有部毗奈耶卷第卅二〜卅六　五卷
根本説一切有部苾芻尼毗奈耶卷第九・十　二卷
平安極初期　聖語藏　白點［假名點］
○春日政治『片假名の研究』（昭和9・7）一五頁。
08005008　持人菩薩經　四卷　平安極初期　聖語藏　白點
［假名點］
○春日政治『片假名の研究』（昭9・7）一六頁。
08005010　羅摩伽經卷第三　一卷　平安極初期　聖語藏　白
點［特殊點甲類］
○春日政治『片假名の研究』（昭9・7）一八頁。
○築島裕原本調査。
08005011　大方廣佛華嚴經卷第二・五・七・八・九・十・十
七　七卷　平安極初期　聖語藏　白點［假名點］
○春日政治『片假名の研究』（昭9・7）一七頁。
08005011　大方廣佛華嚴經　十九卷　延暦頃　聖語藏　白點
［特殊點乙類］
○春日政治『片假名の研究』（昭9・7）一八頁。
08005022　大乘阿毗達磨雜集論卷第十一・十二・十四・十五
四卷　聖語藏　白點［第二群點］
○春日政治『古訓點の研究』（昭31・6）
○小林芳規「正倉院聖語藏華嚴經探玄記と大乘阿毗達磨雜
集論古點について」（『正倉院年報』七、昭60・3）
＊廣濱文雄「聖語藏經卷調査報告」（『訓點語と訓點資料』一、
昭29・4）
＊鈴木一男「聖語藏御本唐寫大乘阿毗達磨雜集論調査報告
その一」（『訓點語と訓點資料』二、昭29・8）
08105001　菩薩善戒經　七卷（卷第二・三缺）　弘仁頃　聖
語藏　白點［第一群點］
○春日政治『古訓點の研究』（昭31・6）卷數・頁數。
08105005　願經四分律卷第三十四・三十六・三十七・三十八・
四十二・四十四・四十六　七卷　弘仁頃　聖語藏　白點
［特殊點甲類］
○大矢透『願經四分律古點』（大11・8）索引には卷數不記

載。

08105023　願經四分律卷第四十九　一卷　弘仁頃　斯道文庫　白點［特殊點甲類］

○春日政治『古訓點の研究』（昭31・6）卷數（「㊾」と記す）・紙數。

＊08105005と08105023とは僚卷なるべきも、特に二種の番號を附與せり、尚、この他に、聖語藏（卷第二・七・八・十六・十七・二十三・二十七・二十八・三十一・三十六・三十七・三十八・四十二・五十九）・小川雅人藏（卷第四十・四十二）・岩淵匡藏（卷第四十二）等あり、不載錄（ヲコト點多種）。

＊大坪併治「小川本願經四分律古點」（『訓點語と訓點料』九、昭33・1）

＊同「岩淵本願經四分律古點」（『訓點語の研究』昭36・3）

＊鈴木一男「聖語藏願經四分律卷四十六破僧揵度古點」（『初期點本論攷』昭54・4）

08105007　日本國現報善惡靈異記卷上　一卷　興福寺　弘仁頃撰　眞假名訓注和訓

○佐伯良顯影印本（昭9・3）卷數・緣數。

＊遠藤嘉基『日本靈異記訓釋攷』（昭57・5）

08105008　日本國現報善惡靈異記卷下　一帖　弘仁頃撰　前田育德會　眞假名・片假名訓注和訓

○尊經閣叢刊影印本（昭6）卷數・緣數（卷首～廿三緣は文中割注、廿四緣～卷末は緣末注）。文中の傍訓は12360003に載錄す。

08105009　日本國現報善惡靈異記卷中下　二卷　弘仁頃撰　眞福寺　眞假名・片假名訓注和訓

○小泉道「校注眞福寺本日本靈異記」（『訓點語と訓點資料』二二［別卷第二］、昭31・6）卷數・緣數。上記の本文に基き築島裕の作成せる索引による。

08105015　日本國現報善惡靈異記卷上・中・下　一冊　弘仁頃撰　眞假名・片假名訓注和訓

○狩谷棭齋『日本國現報善惡靈異記』（群書類従本・文化十三年跋、日本古典全集・大14・11）卷數・緣數。

上記の本文に基き築島裕の作成せる索引による。

08280001　成實論　十一卷　天長五年　聖語藏（卷第十一・

十三・十四・十六・十八・二十二・二十三）・東大寺圖書館（卷第十二・十五・十七・二十一）　白點［第一群點］
○大矢透『成實論天長點』（大11・4）卷數。

08280002　成實論　十一卷　天長五年　聖語藏（卷第十一・十三・十四・十六・十八・二十二・二十三）・東大寺圖書館（卷第十二・十五・十七・二十一）　08280001と同書。
○春日政治『古訓點の研究』（昭31・6）五八頁。
＊稻垣瑞穗「東大寺圖書館藏本成實論天長點上・下」（『訓點語と訓點資料』二・三、昭29・8、昭29・12）
＊鈴木一男「聖語藏御本成實論卷十三・十八・十六・十四天長五年點譯文稿」（『奈良學藝大學紀要』四ノ一・五ノ一・五ノ三・一〇ノ二、昭29・11・昭30・12・昭31・3・昭37・3）
＊鈴木一男「成實論卷十一・二十二天長五年點釋文稿（『書陵部紀要』六・八、昭31・3、昭32・8）
＊鈴木一男「東大寺圖書館藏成實論卷十五・二十三天長點」（『南都佛教』三・十八、昭32・5、41・6）
＊鈴木一男「東大寺圖書館藏卷二十一天長五年點」（『訓點語と訓點資料』八、昭32・9）

08305001　金光明最勝王經　十卷　西大寺　平安初期（第二次點）　白點［第二群點］　「　」內は別點。
○白點［假名點］（第一次點）・朱點［喜多院點］（第三次點）（10970001）あり。
○春日政治『西大寺本金光明最勝王經古點の國語學的研究　本文篇』（昭17・12）卷數・譯文の頁數・行數。
○索引は編者作成、原文の漢字順による。訓法・表記の一部に編者の見解によるものあり。
＊大矢透『假名遣及假名字體沿革史料』第五面。

08305003　金光明最勝王經註釋（飯室切）　もと卷二・四・六　三卷　平安初期　藤田美術館・根津美術館・世界救世教・京都國立博物館・長尾美術館　平安初期　白點［第一群點］
○倉田實影印本・春日政治『古訓點の研究』（昭31・6）四三頁。

08305004　東大寺諷誦文稿　一卷　佐藤達次郎舊藏（戰災燒失）　片假名交り文・朱點［特殊點甲類］
○佐藤達次郎影印本。行數（中田博士著書と一部差違あり）。

『　』内は墨消。「テ」「ニ」「ノ」「ハ」「ヲ」等を含め全語彙を載録。

＊中田祝夫『東大寺諷誦文稿の國語學的研究』（昭44・6）

＊築島　裕『東大寺諷誦文稿總索引』（平13・3）

08305005　法華文句　一卷　高嶺秀夫舊藏（關東大震災燒失）平安初期　白點・朱點・緒點［第四群點］

○大矢透『假名遣及假名字體沿革史料』第二面。

＊東京大學國語研究室に影寫本あり。

08305011　觀彌勒上生兜率天經贊卷下　一卷　平安初期（第一次點）　箕面學園（高山寺・山田嘉造舊藏）　朱點［第四群點］＋白點（第二次點・平安初期・08500020）。

○編者作成の譯文・頁數・行數。讀下し文の順に表記。

［譯文と大正新脩大藏經本との頁數・段數・行數對照表］

譯文 3-1→大正新脩大藏經 286 中 8°　譯 11-1→藏 286 下 6°　譯 31-1→藏 287 下 19°　譯 51-1→藏 288 下 17°　譯 71-1→藏 289 下 28°　譯 91-1→藏 291 上 16°　譯 111-1→藏 292 上 14°　譯 131-1→藏 293 上 26°　譯 151-1→藏 294 上 13°　譯 171-1→藏 295 上 16°

＊中田祝夫・築島裕「高山寺藏本觀彌勒上生經贊古點に關する調査報告」（『國語學』一一、昭28・1）

08340001　大乘掌珍論卷上　一卷　承和元年（第一次點）根津美術館　白點［第一群點］

＊嘉祥二年（第二次點）白點［第一群點］（08480001）あり。

○中田祝夫『古點本の國語學的研究　總論篇』（昭29・5）七一三頁。

08505005　金光明最勝王經註釋卷第五・八・九　三卷　平安初期　聖語藏（卷第八）・東大寺圖書館（卷第五・九）白點［第四群點］

○春日政治『古訓點の研究』（昭31・6）一一九頁。

08505007　金剛波若經集驗記卷上中下　二卷　平安初期　石山寺（卷上）一切經附 187・天理圖書館（黑板勝美舊藏）（卷上中下）朱點［特殊點甲類］＋白點［第三群點］＋朱點［第三群點］（以上表面）＋朱點［假名點］（以上紙背）

○古典保存會影印本・頁數・行數。石山寺本は「①」、天理圖書館本は「②」と記す。

＊大矢透『假名遣及假名字體沿革史料』第四面。

＊「金剛波若經集驗記訓點抄」（『國文學論攷』八、昭13・7）
＊中田祝夫「金剛波若經集驗記本文の白點調査」（『訓點語と訓點資料』三四、昭49・5）
＊中田教授國語學ゼミナール學生『金剛波若經集驗記古考證稿』（昭50・4）

08505008　四分律行事鈔卷上　一卷　平安初期　松田福一郎　白點［第四群點］（二種）＋朱點［假名點］＋白點［東大寺點］
○中田祝夫『古點本の國語學的研究　總論篇』八四一頁。

08505013　大乘顯識經卷上下　二卷　平安初期　知恩院　（上卷無點）白點［第二群點］

08505014　大唐三藏玄奘法師表啓　一卷　平安初期　知恩院　朱點［第三群點］
○行數。編者の舊稿を修正。
＊大矢透『假名遣及假名字體沿革史料』第三面。
＊築島裕「知恩院藏大唐三藏玄奘法師表啓古點」（『訓點語と訓點資料』四、昭30・5）
＊遠藤嘉基「知恩院藏大唐三藏玄奘法師表啓古點について」（『國語國文』二四ノ一一、昭和30・11）
＊山田忠雄「知恩院藏本大唐三藏玄奘法師表啓古點の研究」（『國語學』二九、昭32・6）
＊中田祝夫『東大寺諷誦文稿の國語學的研究』（昭44・6）（「知恩院藏本大唐三藏玄奘法師表啓古點影印・釋文」を含む）

08505018　中觀論卷第三　一卷　平安初期　聖語藏　白點［第一群點］
○春日政治『古訓點の研究』一〇五頁。

08505019　妙法蓮華經玄贊卷第二　一卷　平安初期　知恩院　白點（［喜多院點］三種あり、區別せず）
＊一具卷第二・七・十の三卷の內。別に卷第三の一卷ありて、大治三年朱點（11280021）あり。

08505020　觀彌勒上生兜率天經贊卷下　一卷　平安初期（第二次點）箕面學園（高山寺・山田嘉造氏舊藏）白點［第二群點］
○編者作成の譯文・頁數・行數。讀下し文の順に表記。
［譯文と大正新脩大藏經本との頁數・段數・行數對照表］
譯文 2-1→大正新脩大藏經 286 中 5。譯 11-1→藏 288 上

17°　譯 21-1→藏 290 中 24°　譯 31-1→藏 292 下 20°　譯 41-1→藏 295 中 2°　譯 45-1→藏 296 上 23°。

○第一次點・平安初期（第一群點）（08305011）參照。

08505031　大方廣佛華嚴經　律宗戒學院　平安初期

08510001　金剛般若經讃述　卷上　一卷　嘉祥四年　聖語藏　白點［特殊點甲類］

○春日政治『古訓點の研究』二二五頁。

08580002　大智度論　百一卷　天安二年（第一次點）　石山寺（四十帖・一卷・一切經 36-1～40・附 1-12）　他諸所　白點［第一次點］（百卷の内七十八卷）（石山寺藏本及び他若干本は折本裝に改裝）

＊第二次點（三十三卷）に天慶元年點（09380007）、第三次點（十四卷）・第四次點（卷三十四）・第五次點（卷第三十五）・第六次點（卷第四十一）に平安初期點（08705006）あり。

○大矢透『假名遣及假名字體沿革史料』第六面。

○大坪併治「石山寺藏大智度論加點經緯考」（『國語・國文』一の一・昭16・1）

○大坪併治『石山寺本大智度論古點の國語學的研究上』（平17・7）により補訂。卷數（但し『假名遣及假名字體沿革史料』より所收の分には卷數不明のため不記載のものあり）。

08705001　金光明經文句卷中下　二帖（卷子本改裝）　平安初期　知恩院　白點［第三群點］

○卷中は「②」、卷下は「③」と記す。

08705006　大智度論　計十七卷　平安初期　白點（第三次點［第四群點］・第四次點［特殊點甲類］・第五次點［順曉和尚點か］・第六次點［未詳］）　石山寺他

＊加點の辨別は大坪併治博士說による。

○第一次點・天安二年（08505002）の項參照。

08830001　大乘大集地藏十輪經卷第一・二・四・五・七・八・九・十　八卷　元慶七年　東大寺圖書館（卷第一・二・四・八・九・十）・聖語藏（卷第五・七）　白點［第三群點］

○大矢　透『地藏十輪經元慶點』（大9）

＊中田祝夫『古點本の國語學的研究　譯文篇』（昭33・3）（卷第一・二・四・八・九・十）

＊中田祝夫『東大寺諷誦文稿の國語學的研究』（昭44・6）

（卷第五・七）。（「正倉院聖語藏本大乘大集地藏十輪經（卷五・七）元慶七年訓點影印・譯文」を含む。昭54この部分のみ單刊）

○大矢透『地藏十輪經元慶點』所載の卷數・頁數・行數。右に中田『古點本の國語學的研究譯文篇』及び同『東大寺諷誦文稿の國語學的研究』の頁數・行數（中田博士著書により修訂を加へ、私見若干を添ふ）。

08850001　金剛般若經讚述　一卷　仁和元年　東大寺圖書館　白點［第一群點］

○中田祝夫『古點本の國語學的研究總論篇』七五二頁。

08960001　蘇悉地羯羅經略疏卷第二・七　二卷　寬平八年奧書（天曆五年［九五一］加點）　京都大學（石山寺舊藏）朱點［乙點圖］

09005003　周易抄　一卷　宇多天皇（八六七～九三一）宸翰　延喜頃　東山御文庫　乙點圖

○『和漢名家習字本大成第廿四卷』（昭9・5）影印本。頁數。

＊『宸翰集』（昭2・12）を參看。

09005004　十地論　一卷　延喜頃　東大寺圖書館　白點［第三群點］

09005007　百法顯幽抄卷第一末　一卷　延喜頃　東大寺圖書館　褐點［第一群點］

＊稻垣瑞穗「東大寺圖書館藏本百法顯幽抄古點」（『訓點語と訓點資料』五八、昭51・10）

＊稻垣瑞穗「東大寺圖書館藏本百法顯幽抄の古點について・同和訓補遺」（『訓點語と訓點資料』七・八、昭31・8、昭32・9）

09005008　金光明經文句卷中下　二卷　延喜頃　園城寺　白點［第一群點］（卷下無點）

09090001　蘇悉地羯羅經卷上　一卷　延喜九年　京都大學　朱點［西墓點］（第一次點）

○墨點［假名點・承曆三年］（第二次點）（10790006）あり。

09280001　成唯識論卷第四　一卷　延長六年　知恩院　白點［喜多院點］＋朱點［喜多院點］　「　」内は朱點。

09280002　法華義疏卷第十二　一卷　延長六年　東大寺圖書館　墨點［假名點］（紙背注）

○小林芳規「東大寺圖書館藏法華義疏紙背和訓索引」（『訓點語と訓點資料』七、昭31・8）

＊小林芳規「東大寺圖書館藏法華義疏紙背訓注」（『訓點語

と訓點資料』一〇、昭33・10）

09350001　實相般若波羅蜜經　一卷　承平五年　五島美術館
白點［第三群點］

09380007　大智度論　三十三帖　天慶元年（第二次點）　石山寺他　白點［東大寺點］
○第一次點天安二年（08505002）の項參照。

09430001　略述金剛頂瑜伽分別聖位修證法門經　天慶三年
石山寺　薫聖教57　順曉和尚點
○大矢透『假名遣及假名字體沿革史料』第八面。

09480001　大毗盧遮那經隨行儀軌　一卷　天曆二年　寶壽院
白點［仁都波迦點］＋朱點［仁都波迦點］

09480002　漢書楊雄傳　一卷　天曆二年　上野淳一　朱・墨點［古紀傳點］・角點・白點・黄點・靑點
○『京都帝國大學文學部景印舊鈔本第二集』（昭10）丁數・表裏。
＊吉澤義則「井々竹添先生遺愛唐鈔漢書楊雄傳訓點」（『内藤博士頌壽記念史學論叢』（昭5、『國語説鈴』昭6）所收
＊大坪併治「漢書楊雄傳天曆點解讀文」（『岡山大學法文學部紀要』三六、昭和51・11）

09505003　古文尚書　卷第三・四・五・六・八・十・十二・十三　八卷　平安中期（延喜頃）　東山御文庫（九條道秀舊藏、卷第三・四・八・十・十三）・東洋文庫（卷第三殘・五殘・十二殘）・東京國立博物館（卷第六）　朱點［第五群點］＋墨點［第五群點］＋墨點［第五群點］＋角點［第五群點］＋墨點［鎌倉中期］
○岩崎文庫影印本。紙數。
＊吉澤義則「尚書及び日本書紀古鈔本に加へられたる乎古止點に就きて」（複製本解説・大8・7、『國語國文の研究』昭2・4所收）
＊『京都帝國大學文學部景印舊鈔本第十集』（九條本、昭17）
＊石塚晴通「岩崎本古文尚書・毛詩の訓點」（『東洋文庫書報』一五、昭59・3）

09505007　成唯識論演祕卷第五末　一卷　平安中期　大東急記念文庫　864　朱點［喜多院點］＋白點［喜多院點］
「　」内は白點。

09505009　入楞伽經卷第五・六・七・八・十　五帖（卷子本

改装） 知恩院 平安中期 白點［第四群點］

○巻第八のみ掲載。

09505011 辯中邊論 一巻 平安中期 聖語藏 白點［第三群點］

09505012 梵網經巻下 一巻 平安中期 五島美術館 白點［第三群點］・白點［喜多院點］＋白點［喜多院點・平安後期點］

09505015 妙法蓮華經玄贊巻第三・六 二巻 平安中期 石山寺（巻第三） 一切經附 4-112・中田祝夫（巻第六） 白點［順曉和尚點］

＊中田祝夫『古點本の國語學的研究 譯文篇』（昭和33・3）により、その巻數・頁數・行數を添記せることあり。

＊築島裕・小林芳規「妙法蓮華經玄贊巻第三」（『石山寺資料叢書聖教篇第一』平11・8）

09505020 大唐西域記巻第十二 一帖 平安中期 興聖寺 朱點［第四群點］＋墨點［假名點・平安後期］

＊吉田金彦「訓點拾遺五題」（『訓點語と訓點資料』一一、昭34・3）

＊曾田文雄「興聖寺本大唐西域記巻第十二の朱點」（『訓點語と訓點資料』一一、昭34・3）

09505030 彌勒上生經疏巻上 一巻 平安中期 法隆寺 白點［第三群點］＋×朱點［喜多院點］＋×墨點［假名點・院政期］

09505038 求聞持法 一巻 平安中期 石山寺 一切經附 5-128 角點［第五群點］・墨點［第五群點］

09505069 攝大毗盧遮那胎藏成就儀軌巻下 一巻 平安中期 東寺金剛藏 26-15 白點［第四群點］

09505094 守護國界主陀羅尼經 十巻 平安中期 東寺金剛藏 特 6-233 白點［天爾波留點別流］

09505116 法華論義草 一巻 平安中期 東大寺圖書館 片假名交リ文、墨點［假名點］

○行數。

09510001 蘇悉地羯羅經略疏巻第四・五・六 三巻 天暦五年頃 石山寺 一切經附 143～145 墨點［順曉和尚點］

○大矢 透『假名遣及假名字體沿革史料』第九面。

09550001 大乘掌珍論巻上 一巻 天暦九年 小川雅人 白

點［第三群點］

○春日政治『古訓點の研究』二〇九頁。

09680001　呪王經壇場畫法式　一帖　康保五年　石山寺　校倉聖教16-40　墨點［假名點］

09890001　大日經廣大成就儀軌　一帖　永延三年　東寺金剛藏　朱點［叡山點］＋白點［叡山點・寛弘四年］

10000001　大毗盧遮那經　七卷　長保二年　西大寺　白點［仁都波迦點］＋朱點［喜多院點］（10780004）＋墨點［假名點・室町期］

＊大矢透『假名遣及假名字體沿革史料』第十六面。

10005008　日本書紀卷第廿二・廿四（推古紀・皇極紀）　二卷　平安後期（第一次點）　京都國立博物館（東洋文庫舊藏）　朱點［第五群點］＋墨點［假名點・院政期］（11505115）＋×墨點［假名點・室町初期］

○祕蹟大觀影印本により、後、日本古典文學會影印本（朱墨二色刷）により修補。卷數・行數。

10005014　摩訶止觀卷第一・五・九　三卷　長保頃　酒井宇吉　朱・白・角點［第五群點］

10005055　蘇悉地羯羅經卷上・中・下　三卷　平安中期（第一次點）　高野山大學圖書館　白點［第一次點・平安中期・第六群點（10005055）］

10020001　法華義疏卷第一・二・四・五・十一　五卷　平安中期　石山寺　重書2　黄茶點［第五群點］＋長保頃（第一次點［白點・禪林寺點］）＋長保四年（第二次點［朱點・第三群點の變形］）

○大矢透『假名遣及假名字體沿革史料』第十一面。中田著書によりて卷數・頁數等を補訂せる所あり。

＊中田祝夫『古點本の國語學的研究　譯文篇』（昭33・3）

＊大坪併治「石山寺本法華義疏の訓點」（島根大學論集（人文科學）三、昭28・3）

＊大坪併治「再び法華義疏長保點について（上・下）」（島根大學論集（人文科學）八・九、昭33・2、昭34・2）

＊稲垣瑞穗「石山寺本法華義疏長保四年點譯文追稿—序品初（上）」（『靜岡女子短大研究紀要』二七、昭55・3）

10080002　蘇悉地羯羅經　三卷　寛弘五年（第二次點）　高野山大學圖書館　白點［第一次點・平安中期・第六群點

(10005055)］＋朱點［第二次點・第五群點・寛弘五年］＋朱點［第三次點・未詳點・平安後期］＋朱點［第四次點・喜多院點・治安三年］(10230002)・角點［第五次點・喜多院點・治安三年頃］(10230002)＋白點［第六次點・喜多院點・承保元年］(10740003)＋朱點［第七次點・圓堂點・天仁元年］(11080011)＋墨點［假名點］

○第二次點。以上の他、別點あり、その都度注記す。

＊曾田文雄「訓點語彙（一）高野山光明院所藏蘇悉地羯羅經寛弘五年點」(『訓點語と訓點資料』三、昭29・12)

10080003 阿闍梨大曼茶羅灌頂儀軌 一卷 寛弘五年 東寺金剛藏 別14-2 朱點［西墓點］＋墨點［假名點］「」内は墨點。

10080005 胎藏私記 一帖 寛弘五年 東寺金剛藏 80-5 朱點［西墓點］＋墨點［假名點・院政期］「」内は墨點。

10100001 四種相違新纂私記 一帖 寛弘七年 興福寺 墨點［假名點］

＊大矢透『假名遣及假名字體沿革史料』第十二面。

10100002 金剛頂蓮華部心念誦儀軌 一帖 寛弘七年 曼殊院 朱點［叡山點］・別薄朱點［叡山點］「」内は別薄朱點。

10120001 不動尊儀軌 一帖 寛弘九年 東寺金剛藏 特17-7 朱點［第六群點］・別薄朱點［叡山點］「」内は別薄朱點。

10120002 甘露軍茶利明王念誦法 一帖 寛弘九年頃 東寺金剛藏 特17-4 朱點［第二群點］＋墨點［假名點］

10130001 北斗儀軌 一帖 長和二年 吉水藏 27-4 朱點［寶幢院點］＋墨點［假名點］

10150001 造塔延命功德經 一帖 長和四年 東寺金剛藏 113-7 朱點［西墓點］＋墨點［圓堂點・天養元年］「」内は墨點。

10160001 菩薩戒經 一帖 長和五年 石山寺 一切經 35-11 朱點［寶幢院點］＋橙點［寶幢院點・卷首のみ］

10165001 南海寄歸内法傳 卷第一・二・三殘・四殘 三卷・一葉 長和五年頃 天理圖書館（卷第一・二）・京都國立博物館（卷第四殘簡）・個人藏（卷第三斷簡） 朱點［寶幢院點］

（第一次點）＋墨點［假名點・卷一のみ］

＊菩薩戒經長和五年點（10160001）と同筆と認めて、10165001の番號を附與す。

○卷第一『西域求法高僧傳集』（天理圖書館善本叢書・昭55・11）。頁數・行數。

○卷第二　熊谷直之影印本。丁數・表裏・行數。

○卷第四　古典保存會影印本。丁數・表裏・行數（卷第一・二は原本調査）。

＊大坪併治『訓點資料の研究』（昭43・6）影印・譯文・索引

10200001　成唯識論　十帖　寛仁四年　石山寺　一切經　43-28～37　白點［東大寺點］　別筆白點あり、載録せず。

○寛永十年刊本移點本・丁數・表裏・行數。但し卷第十のみは抄録本行數。

＊大矢透『假名遣及假名字體沿革史料』第十三面。

10200002　金剛頂蓮花部心念誦儀軌　一卷　寛仁四年　石山寺　校倉聖教 12-4　朱點［東大寺點］

10230001　成唯識論　卷第十　一卷　興福寺　治安三年　朱點［喜多院點］

10230002　蘇悉地羯羅經　三卷　高野山大學圖書館　治安三年（第二次點）喜多院點

○第二次點（10080002）參照。

10240002　大毗盧遮那經疏（大日經義釋）　十九帖（卷第一缺）　治安四年（第一次點）　東京大學國語研究室　朱點［西墓點］

○長元七年（第二次點［西墓點］）（1034002）・長治二年（第三次點［喜多院點］）（11050006）。

○卷第二の卷首～二十五丁表は全文載録。行數。他は抄録。

＊築島裕「東大國語研究室所藏訓點資料書目（その四）」（『國語研究室』五、昭41・12）

10250001　最勝立印聖無動尊大威怒王念誦儀軌（不動儀軌）　一帖　東寺金剛藏 142-21　萬壽二年　墨點［仁都波迦點］

○行數。

＊月本雅幸「東寺藏不動儀軌萬壽二年點」（『訓點語と訓點資料』六五、昭55・11）

10250002　施餓鬼作法　一帖　萬壽二年　來迎院如來藏　法287　墨點［假名點］

10260001　五字文殊儀軌　一帖　萬壽三年　來迎院如來藏法 255　朱點［第一群點］

10300001　藥師次第　一帖　長元四年頃（第一次點）　石山寺　校倉聖教 15-11　朱點［第五群點］

○長元四年頃（第二次點）「白點」［第四群點］・長元四年頃（第三次點）『墨點』［假名點］。

10320001　大般若經字抄　一帖　長元五年　石山寺　一切經附127　墨點［假名點］

○『古辭書音義集成3』（昭和53・9）丁數・表裏・行數。

10330002　金剛頂大教王經　三卷　長元六年（第一次點）高野山學園　朱點［圓堂點］

○治安（四年ヵ）（第二次點）薄朱點［圓堂點］・×鎌倉後期（第三次點）墨點［假名點］。

10340002　大毘盧遮那經疏（大日經義釋）　十九帖（巻第一缺）長元七年（第二次點）　東京大學國語研究室　橙點［西墓點］

○第一次點（10240002）參照。

10350001　護摩蜜記　一帖　長元八年　西大寺　朱點［寶幢院點］＋墨點［假名點］　「　」内は墨點。

○丁數・表裏・行數。

＊小林芳規「西大寺藏護摩蜜記長元八年點」（『訓點語と訓點資料』一、昭29・4）

10350002　虛空藏求聞持法　一帖　長元八年　東寺金剛藏168-1　墨點［假名點］＋朱點［西墓點］

○丁數・表裏・行數。

10370001　不動念誦次第　一帖　長曆元年　石山寺　校倉聖教　19-134　朱點［寶幢院點］＋墨點［假名點］　「　」内は墨點。

○眞假名宣命體を含む。その中に假名點・ヲコト點を加點せり。「九方便」等に新漢音の字音假名注あり。

10400001　建立曼荼羅護摩儀軌　一帖　長曆四年　持明院朱點［西墓點］＋墨點［假名點・保安五年］

10400002　大毘盧遮那經巻第一　一巻　長曆四年　五島美術

館　白點［第五群點］＋朱點［假名點］＋角點［假名點］
「　」內は朱點、『　』內は角點。
○行數。
＊小林芳規「訓點記載の一樣式についての報告」（『訓點語と訓點資料』一四、昭37・12）

10400003　大毗盧遮那經供養次第法卷第七　一卷　長暦四年　石山寺　一切經附2-29　朱點［東大寺點］
○第二次點。第一次點［禪林寺點］（10005036）あり。

10400004　金剛界念誦次第私記　一帖　長暦四年　石山寺　校倉聖教附30　朱點［第五群點］

10420001　金剛頂蓮華部心念誦儀軌　一帖　長久三年　東寺金剛藏　209-4　朱點［寶幢院點］＋墨點［假名點］「　」內は墨點。
○朱書片假名交り文あり。

10420002　諸尊決　一帖　長久三年　吉水藏　42-6　墨點［假名點］

10430002　大日經義釋卷第十一・十三　二帖　長久四年　東寺金剛藏　157-2　朱點［西墓點］＋朱點［假名點］＋墨點［假名點・院政期］「　」內は墨點。

10450001　不空羂索神呪心經　一卷　寛德二年　西大寺　白點［喜多院點］＋朱點［喜多院點］
＊小林芳規「西大寺本不空羂索神呪心經寛德點の研究―釋文と索引―」（『國語學』三三、昭33・6）影印・譯文・索引

10450002　仁王經念誦法　一帖　寛德二年　曼殊院　朱點［寶幢院點］

10450004　大毗盧遮那佛眼修行儀軌　一帖　寛德二年　遍照寺　朱點［乙點圖］

10450005　五藏曼荼羅　一帖　寛德二年　來迎院如來藏　報269　墨點［假名點］

10450006　護摩次第　一帖　寛德二年　吉水藏　24-4　朱點［寶幢院點］

10450007　灌頂私要抄　一帖　寛德二年　吉水藏　24-4　墨點［假名點・片假名交り文］＋×朱點［假名點］

10460001　金剛頂經觀自在如來脩行法　一帖　永承元年　曼殊院　朱點［第一群點］

10460002　步擲金剛修行儀軌　一帖　寛德三年　東寺金剛藏

30-7　朱點［寶幢院點］
10460003　妙成就私記　一帖　寛德三年　吉水藏 1-4　墨點［假名點］
10460004　妙成就私記　一帖　永承元年　吉水藏 14-1　墨點［假名點］
10470001　建立護摩儀軌　一帖　永承二年　東寺金剛藏 131-1　朱點［寶幢院點］＋墨點［假名點・寛治五年］
10480001　金剛頂義訣　一帖　永承三年　東寺金剛藏 23-1　朱點［仁都波迦點］　長宴
10480002　彌勒儀軌卷下　一帖　永承三年　高野山三寶院　朱點［寶幢院點］＋墨點［假名點］　「　」內は墨點。
10480003　金剛界念誦私記　一卷　永承三年　石山寺　校倉聖教　25-5　朱點［東大寺點］＋墨點［東大寺點・仁平四年］　「　」內は墨點。
10480004　護摩觀　一帖　永承三年　吉水藏　24-5　墨點［片假名交り文］
10490001　金剛頂經卷下　一帖　永承三年　吉水藏　2-2　朱點［寶幢院點］＋墨點［假名點］　「　」內は墨點。

10505001　觀無量壽經　一帖　平安後期　佛眼院　朱點［第六群點］
10505003　金光明最勝王經　十帖　平安後期　春日和男（石山寺舊藏）　朱點［東大寺點］
○卷第一の全卷及び卷第三の一〜一三六行は卷數・行數。その他は抄錄本の卷數・行數。
10505005　金剛頂瑜伽經卷第一　一卷　平安後期　知恩院　白點［仁都波迦點］＋朱點［西墓點］
10505007　將門記　一卷　平安後期　酒井宇吉（楊守敬舊藏）　墨點［假名點］
○貴重古典籍刊行會影印本　頁數・行數。
10505009　千手千眼陀羅尼經　一卷　平安後期　京都國立博物館（守屋コレクション）　朱點［寶幢院點］＋墨點［假名點］
○守谷孝藏影印本。朱點・墨點の區別のみ記して行數等は記せず。
10505010　蘇磨呼童子請問經卷上　一帖　平安後期　東寺金剛藏　134-19　朱點［天爾波留點別流］

10505012　大唐青龍寺惠果和上之碑　一卷　平安後期　東大國語研究室　朱點・墨點［第五群點］

＊築島裕「東大國語研究室所藏訓點資料書目（その一）」（『國語研究室』二、昭和38・10）

＊山口佳紀「東大國語研究室藏惠果和上之碑文―解讀文と調査報告―」（『訓點語と訓點資料』三三、昭41・8）

10505013　大毗盧遮那經卷第四　一卷　平安後期　園城寺　朱點［寶幢院點］＋白點［寶幢院點］＋墨點［假名點］

10505014　大毗盧遮那經　七帖　平安後期　東寺金剛藏 29-5　朱點［圓堂點］

10505019　大般涅槃經　四十卷　平安後期　東大寺圖書館　白點［東大寺點］

○抄錄本の卷數・行數。

10505024　法華文句卷第二　一帖　平安後期　東大寺圖書館　墨點［第五群點］

○行數。

＊西崎亨『法華文句古點の國語學的研究本文篇・研究篇』（平4・2、平10・12）

10505027　曼殊至利五字陀羅尼瑜伽儀軌　一帖　平安後期　東寺金剛藏 30-55　朱點［寶幢院點］＋墨點［假名點］

10505028　妙法蓮華經卷第三　一卷　平安後期　法華寺　朱點［喜多院點］

10505029　無量壽經義記　一帖　平安後期　東寺金剛藏 29-17　朱點［西墓點］

10505030　五臣注文選　一卷　平安後期　天理圖書館　墨點［古紀傳點］＋角點［古紀傳點］＋朱點［假名點］

○東方文化學院影印本。行數。

＊『天理圖書館善本叢書』（昭55・5）

10505043　大般涅槃經卷廿九（甲本）一卷　平安後期　西福寺　白點［寶幢院點］

10505069　大毗盧遮那經疏　卷第一（第一帖）・三・四（第二帖）・五・六（第三帖）・九・十（第四帖）・十一・十二（第五帖）・十五・十六（第六帖）　六帖　平安後期　東寺金剛藏 189-5　朱點［西墓點・寶幢院點］＋橙點［寶幢院點］＋墨點［假名點］＋桃點［假名點］　「　」内は橙點。『　』内は墨點。〈　〉内は桃點。

○二十巻本を十帖に記せる特異なる本なり。片假名交り文を含む。亂脱あり。

10505150 延喜式巻第八（祝詞） 一巻 平安後期 東京國立博物館 墨點［假名點］

○稲荷神社影印本。頁數・左右。

＊沖森卓也『東京國立博物館藏本延喜式祝詞總索引』（古典籍索引叢書）（平7・1）

10510001 金剛界儀軌 一巻 永承六年 高山寺 第二部114 朱點［西墓點］・墨點［假名點・保安四年］

10510002 不動尊念誦儀軌 一巻 永承六年 高山寺 第一部25 墨點［西墓點］・朱點［西墓點・天喜二年］

10510003 毗沙門引用符 一巻 永承六年 高山寺 第四部82-140 墨點［假名點］

10510004 毗沙門鈐禹法 一巻 永承六年 高山寺 第三部31 墨點［假名點］

＊和化漢文か。

10530001 焰漫徳迦念誦法 一巻 天喜元年 仁和寺 御80-50 朱點［圓堂點］・墨點［假名點・鎌倉中期］ 「 」内は墨點。

10540002 蓮華胎藏界儀軌釋 二帖 天喜二年 石山寺 校倉聖教 10-3 墨點［假名點］

○西墓點圖の記載あり。

10550001 金剛頂蓮華部心念誦儀軌 一帖 天喜三年 東寺金剛藏 29-24 墨點［寶幢院點］

10550002 眞言法華釋 一帖 天喜三年 高山寺 （前半）第一部272 （後半）第四部182-129-24 朱點［天爾波留點別流］＋墨點［假名點］

10550003 大輪金剛惣持陀羅尼印法 一帖 天喜三年 東寺金剛藏 又別50-2 朱點［寶幢院點］

10560001 蘇悉地羯羅法 一帖 天喜四年 高山寺 第二部361 朱點［第五群點］＋墨點［假名點］ 「 」内は墨點。

10570001 辨顯密二教論上下 一帖 天喜五年 大東急記念文庫 884 朱點［喜多院點］＋墨點［假名點］ 「 」内は墨點。

10570002 不動明王儀軌 一帖 天喜五年 高山寺 第一部24 朱點［仁都波迦點］

10570003　北斗七星護摩祕要儀軌　一帖　承平八年　石山寺深密藏 58-8　朱點［乙點圖・順曉和尚點］＋墨點［乙點圖・順曉和尚點・天喜五年］
10570004　三十七尊出生義　一帖　天喜五年　東寺金剛藏 28-15　白點［假名點］＋朱點［假名點］
10580001　大毗盧遮那經　七帖一卷　天喜六年　龍光院　白點・朱點［中院僧正點］
○大矢透『假名遣及假名字體沿革史料』第十四面。
10580002　金剛頂瑜伽經卷第三　一帖　天喜六年　來迎院如來藏　朱點［仁都波迦點］＋墨點［假名點・保安三年］
「　」内は墨點。
10580004　妙法蓮華經　七卷（卷第三缺）　龍光院　白點［中院僧正點］（明算點）
＊大坪併治『訓點資料の研究』（昭43・6）影印・譯文・索引。
10580005　護摩表白　一帖　天喜六年　高山寺　第四部 182-2　墨點［假名點］
10590001　大日經廣大儀軌卷下　一帖　康平二年　東寺金剛

藏 29-1　朱點［西墓點］＋朱點［西墓點・延久二年（康平二年點もあり、判別困難）］＋墨點［西墓點・延久二年頃］＋墨點［假名點・院政期］　「　」内は墨點［西墓點］、『　』内は墨點［假名點］。
10590003　孔雀明王畫像壇場儀軌　一帖　康平二年　石山寺校倉聖教 13-17　朱點［寶幢院點］＋墨點［假名點］
10590004　浴像儀軌　一帖　康平二年　高山寺　第四部 62-12　朱點［寶幢院點］
10590005　蘇磨呼童子請問經卷上・下　二帖　康平二年　東寺金剛藏　又別 37-19・20　朱點［仁都波迦點］＋墨點［假名點・院政期］　「　」内は墨點。
10600001　祕密曼荼羅大阿闍梨耶付法傳　一卷　康平三年　松田福一郎　朱點［圓堂點］
10600003　烏芻沙摩明王經　一冊　康平三年　曼殊院　墨點［假名點］
10600004　六字經儀軌　一帖　康平三年　石山寺　校倉聖教 19-57　墨點［假名點］
10600005　大法次第　一帖　康平三年　石山寺　深密藏 111-

19　朱點［第五群點］＋墨點［假名點］

10600006　長宴記　一册　康平三年　吉水藏 42-3　墨點［假名點］

10610002　悉曇章抄中抄　一卷　東寺金剛藏 204-18　朱點［喜多院點］＋墨點［假名點］

10630002　金剛界私記　一卷　康平六年　早稻田大學　朱點［仁都波迦點］
○玉篇紙背。東方文化學院影印本。紙數。

10630004　金剛頂瑜伽經卷第一・二・三　三卷　康平六年　高山寺　第二部 104　朱點［圓堂點］＋墨點［假名點］
「」内は墨點。

10630005　持世別行法　一帖　康平六年　曼殊院　朱點［寶幢院點］

10630006　遺告　一帖　康平六年　石山寺　深密藏 111-29　朱點［東大寺點］＋墨點［假名點］　「」内は墨點。
眞假名注あり。

10640001　蘇悉地羯羅供養法卷第一・二　二帖　康平七年　大東急記念文庫（卷第一）978・高山寺（卷第二）第四部 153-98　朱點［特殊點甲類］

10640002　無量壽如來修觀行供養儀軌　一帖　康平七年　大東急記念文庫 967　朱點［仁都波迦點］＋墨點［仁都波迦點］　「」内は墨點。

10640003　佛頂尊勝心破地獄法　一帖　康平七年　東寺金剛藏 26-1　朱點［西墓點］＋墨點［假名點］

10640005　大毗盧遮那經（卷第二缺）　六帖　康平七年　慶應大學圖書館（卷第一）・吉水藏 8-3（卷第三〜七）　朱點［第一群點］＋墨點［假名點・院政期］　「」内は墨點。
○卷第一の和訓のみ載錄。卷數・丁數・表裏。

10640006　蘇悉地羯羅經卷上中下　三帖　康平七年　吉水藏 14-1　朱點［第一群點（10640005と同種點）］＋墨點［假名點・院政期］　「」内は墨點。
○卷數・抄書行數。

10650001　不動使者陀羅尼祕密法　一帖　康平八年　持明院　朱點［西墓點］＋墨點［假名點］　「」内は墨點。

10650002　金剛頂瑜伽中略出念誦經卷第四　一卷　康平八年　東寺金剛藏 21-4　朱點［東大寺點］

10650003　降三世成就極深密門　一帖　康平八年　石山寺校倉聖教　19-136　朱點［寶幢院點］+墨點［假名點］

「　」内は墨點。

10660001　佛母曼拏羅念誦法要集　一帖　治暦二年　東寺金剛藏　30-2　朱點［寶幢院點］

10660002　大自在天　一帖　治暦二年　持明院　墨點［假名點］

10660003　不動明王　一卷　治暦二年　高山寺　第四部　78-17　墨點［寶幢院點］

10660004　毗盧遮那經成就儀軌卷上　一卷　治暦二年　石山寺　校倉聖教　9-7　朱點［西墓點］+墨點［假名點］

10670001　大輪金剛修行悉地成就及供養法　一帖　治暦三年　寶壽院　朱點［西墓點］

10670002　文殊儀軌　一帖　治暦三年　持明院　朱點［中院僧正點］

10670003　文殊儀軌　一帖　治暦三年　曼殊院　朱點［假名點］

10670004　持世陀羅尼法　一帖　治暦三年　曼殊院　朱點［假名點］

10670005　聖天法　一帖　治暦三年　高山寺　第四部　189-1　朱點［寶幢院點］

10670006　五大尊式經　一帖　治暦三年　東寺金剛藏　167-1　朱點［寶幢院點］+墨點［假名點］

10680002　閻曼德迦儀軌　一帖　治暦四年　持明院　一帖　朱點［西墓點］

10680003　要抄卷下　治暦四年　北河原公海　［圓堂點］

10680005　悉曇字母釋義　一帖　治暦四年　仁和寺　塔　9-28　朱點［西墓點］

10690001　虛空藏菩薩求聞持法　一帖　延久元年　仁和寺御　80-29　朱點［圓堂點］

10690002　八字文殊儀軌　一帖　治暦五年　石山寺　校倉聖教　18-54　朱點［圓堂點］+墨點［假名點・治暦五年］+墨點［圓堂點・承保四年］+墨點［圓堂點・承暦三年］等

10700001　法華二十八品略釋卷下　一卷　延久二年　東大寺圖書館　朱點［第五群點］+墨點［假名點］

10700003　大日經廣大儀軌卷下　延久二年　東寺金剛藏　29-

1　(10590001參照)

10700004　大毗盧遮那經疏卷第二　一卷　延久二年　東寺金剛藏　189-3　朱點［寶幢院點］

10700005　瞿醯壇哆羅經　三卷　延久二年　石山寺　校倉聖教 9-11　朱點［東大寺點］＋墨點［假名點］＋角點［假名點］

10705001　大慈恩寺三藏法師傳卷第一（十卷の内）　延久元年頃（第一次點・第二次點）　興福寺　朱點［喜多院點］＋墨點［假名點］

＊第三次點（墨點［假名點・承德三年］(10990002))・第四次點（朱點［喜多院點・承德三年頃］(10990002))・第五次點（墨點［假名點・永久四年］(11160007))・第六次點（墨點［假名點・嘉應二年］(11700006)）參照。

○要語のみ抄錄。讀下し文の語序による。

＊大矢透『假名遣及假名字體沿革史料』第十九面。

＊築島裕『興福寺本大慈恩寺三藏法師傳古點の國語學的研究』（昭40・41・42）（影印篇・譯文篇・索引篇）

10705004　妙法蓮華經卷第五（藤南家經）　一卷　延久元年頃　五島美術館　391　朱點［寶幢院點］

10720001　奇特最勝金輪頂念誦儀軌法要　一帖　延久四年　大東急記念文庫　960　朱點［仁都波迦點］＋×墨點［假名點・仁平二年］

10730001　史記呂后本紀第九・孝文本紀第十・孝景本紀第十一　三卷　延久五年　毛利報公會（第九）、東北大學（第十）、大東急記念文庫（第十一）　朱點［古紀傳點］＋墨點［古紀傳點］＋墨點［假名點］　「　」内は墨點［古紀傳點］、『　』内は墨點［假名點］。

○第九　古典保存會影印本。　丁數・表裏・行數。

○第十　貴重古典籍刊行會影印本。　頁數・行數。

○第十一　京都帝國大學文學部影印本。　丁數・行數。

＊大矢透『假名遣及假名字體沿革史料』第十五面。

10740001　大日經義釋　十一帖（卷第一・二・十二缺）　延久六年　大東急記念文庫　169　朱點［寶幢院點］＋墨點［假名點・承保二年］

○卷數・抄錄本行數。

＊松本健二「大東急記念文庫本大日經義釋卷第十三併解讀文」（『訓點

語と訓點資料』一六・一七・二三・二七・二八、昭36・4、昭36・6、昭37・7、昭37・12、昭38・9、昭39・4）

10740003　蘇悉地羯羅經　三卷　承保元年　高野山學園　白點［喜多院點］

○第三次點なり、第一次點（10080002）參照。

＊曾田文雄「訓點語彙―高野山光明院藏蘇悉地羯羅經承保元年點―」（『訓點語と訓點資料』八、昭32・9）

10780002　底哩三昧耶不動尊聖者念誦祕密法卷上中下　三帖　承曆二年　大東急記念文庫　959　朱點［西墓點］＋墨點［假名點］　「　」內は墨點。

10780003　大賢法師義記　一卷　承曆二年　東寺金剛藏　朱點［假名點］

10780004　大毗盧遮那經　七卷　承曆二年　西大寺

○第二次點なり、第一次點長保二年（10000001）參照。

10790001　蘇磨呼童子請問經　二卷　承曆三年　仁和寺　朱點［東大寺點］＋墨點［假名點］

○築島裕・小林芳規・月本雅幸・松本光隆「仁和寺藏本蘇磨呼童子請問經承曆三年點譯文」（『訓點語と訓點資料』九五、平7・3）讀下し文の語序による。

10790002　金光明最勝王經音義　一帖　承曆三年　大東急記念文庫　墨點［假名點］

○古辭書音義集成影印本。頁數・行數。行間書入も本文と同時期の筆として採錄。

10790003　尊勝念誦儀軌　一帖　承曆三年　東寺金剛藏　28-18　朱點［圓堂點］＋墨點［假名點］

10790006　蘇悉地羯羅經　一卷　承曆三年　京都大學　墨點［假名點］

○第二次點なり、第一次點（09090001）の項參照。

10800006　般若波羅密菩薩念誦儀軌　一帖　承曆四年　東寺131-4　朱點［寶幢院點］＋墨點［假名點］

10820003　大毗盧遮那成佛經疏卷第二～十　九卷　永保二年　高山寺　第二部　117［1］～［9］　朱點又は褐點［東大寺點］＋墨點［假名點・長治二年］＋別筆あり

○『高山寺古訓點資料第三』卷數・行數。讀下し文語序による。卷第二のみは別途に詳細なる索引を作成收錄。若干加筆訂正。

10830001　牟梨曼陀羅經　一帖　永保三年　吉水藏16-7
朱點［仁都波迦點］＋墨點［假名點］「　」内は墨點。

10830002　大乘理趣六波羅蜜經序　一帖　永保三年　東大史料編纂所　朱點［東大寺點］

10830003　觀自在大悲成就念誦儀軌　一帖　永保三年　東寺金剛藏23-3　第五群點

10850002　如意菩薩神呪式經　一帖　應徳二年　東寺金剛藏23-4　朱點［西墓點］

10860001　摩訶吠室羅末那野提婆喝囉闍陀羅尼儀軌　一卷　應徳三年　天理圖書館　［淨光房點］

10860002　日本往生極樂記　一帖　應徳三年　天理圖書館
朱點［假名點］
○丁數・表裏・行數。
＊廣濱文雄「天理圖書館藏『日本往生極樂記』（一）（二）」（『山邊道』一三・一七、昭42・3、昭47・3）
＊廣濱文雄「天理圖書館藏『日本往生極樂記』の用字・用語」（『山邊道』二〇、昭51・3）
＊廣濱文雄「天理圖書館藏『日本往生極樂記』用語索引」（『天理大學學報』七六、昭46・12）
＊『天理圖書館善本叢書和書之部第五十七卷平安詩文殘篇』（影印本・小林芳規訓點解説）（昭59・1）

10870001　妙法蓮華經（卷第二・六缺、卷第四殘・七殘・八殘）六卷　寛治元年　立本寺　白點［喜多院點］＋朱點［喜多院點・寛治元年・明詮點の移點］＋墨點［假名點・寛治二年］。「　」は朱點、『　』は墨點。
○江戸時代中期刊本「大乘妙典」（一行十七字）に移點したる本の卷數・行數。
＊門前正彦「立本寺藏妙法蓮華經古點」（『訓點語と訓點資料』別卷四、昭43・12）

10880002　千手儀軌　一帖　寛治二年　東寺金剛藏134-6
朱點［圓堂點］

10890010　金剛界次第　寛治三年
○春日政治「西大寺本金光明最勝王經古點の國語學的研究　研究篇」二六一頁による。

10890011　般若心經幽賛咥洞記　寛治三年　東大寺圖書館

10890012　金剛頂瑜伽護摩儀軌　寛治三年　仁和寺

10930009　大毗盧遮那經疏　二十帖　寛治七年・嘉保元年　仁和寺　朱點［圓堂點］+×墨點［假名點・江戸初期］

○築島裕「仁和寺藏本大毗盧遮那經疏寛治嘉保點について」（『訓點語と訓點資料』八八、平4・3）

＊花野憲道「仁和寺藏『大毗盧遮那成佛經疏』卷第一　寛治七年點　影印編一・二、釋文編二」（『訓點語と訓點資料』一〇六・一一〇・一一一、平13・3、平15・3、平15・9）

10940001　悉曇略記　一帖　寛治八年　神光院　朱點［東大寺點］

10950003　阿吒薄倶元帥大將上佛陀羅尼經修行儀軌　三卷　嘉保二年　石山寺（卷上）一切經附 6-157・（卷下）校倉聖教 13-11　墨點［西墓點］+朱點［假名點］（卷中は存否不明）

＊大矢透『假名遣及假名字體沿革史料』第十七面の影模の左半は卷中の部分（この部分のみ和訓採錄）。

10950004　大聖觀自在菩薩心眞言瑜伽觀行儀軌　一帖　嘉保二年　東寺金剛藏 131-5　朱點［假名點］

10970003　金光明最勝王經　十卷　永長二年（第三次點）　西大寺　朱點［喜多院點］

＊第二次點（08300001）參照。

○『西大寺本金光明最勝王經古點の國語學的研究本文篇』所載影印本。頁數・行數。

10980003　大自在天法則儀軌　一帖　承徳二年　東寺金剛藏 131-2　墨點［假名點］

10990001　將門記　一卷　承徳三年　眞福寺　墨點［假名點］

○古典保存會影印本。丁數・表裏・行數。（原本調査）

＊大矢透『假名遣及假名字體沿革史料』第十八面。

10990002　大慈恩寺三藏法師傳卷七〜十（十卷の内）　承徳三年　興福寺　墨點［假名點］+朱點［喜多院點］

○濁點「、」を「゛」と記す。

○第一次點（10705001）參照。

10990010　聖無動尊大威怒王念誦儀軌　一帖　承徳三年　高山寺　第一部 57　朱點［西墓點］

11000001　安樂土義　康和二年　來迎院　墨點［假名點］

11000003　高僧傳卷第十三　一卷　康和二年　興福寺　朱點［喜多院點］+墨點［假名點］

○行數。

11005002　弘決外典鈔　一卷　院政初期　天理圖書館　朱點
［寶幢院點］
○『五臣注文選』の紙背。東方文化學院影印本。紙數。
11005003　瞿醯壇哆羅經　三卷　院政初期　吉水藏　17−2
朱點［仁都波迦點］＋墨點［假名點］　「　」内は墨點。
○卷上を①、卷中を②、卷下を③と記せり。
11005005　蘇呬耶經卷上・中・下　三卷　院政初期　吉水藏
17-4　白點［仁都波迦點］＋朱點［仁都波迦點］　「　」
は朱點。
○卷上を①、卷中を②、卷下を③と記せり。
11005013　大般若經三十二相八十種好　一卷　院政初期　東
寺金剛藏 26-33　朱點［喜多院點］
11005025　三教指歸卷中　一帖　院政初期　高山寺　墨點
［假名點］
○丁數・表裏・行數。
＊菅原範夫・松本光隆「三教指歸卷中」（『高山寺古訓點資料
第四』平16・8）影印・譯文・索引
11005080　往生要集　三帖　院政初期　最明寺　朱點［寶幢
院點］＋墨點［假名點］（院政期）
○築島裕・坂詰力治・後藤剛『最明寺本往生要集　影印篇・
譯文篇・索引篇』（昭63・6、平4・3、平15・9）卷
上のみ載錄。
11005115　日本書紀卷第廿二・廿四（推古紀・皇極紀）　二
卷　院政初期（第二次點）　京都國立博物館（東洋文庫舊藏）
墨點［假名點］（第一次點は朱點10005008）
11005120　ho ma 鈔　院政初期
11020001　分別聖位修證法門經　一帖　康和四年　大東急記
念文庫 966　朱點［東大寺點］
11020002　般若理趣經注釋　二帖　康和四年　大東急記念文
庫 168　墨點［假名點］
11020005　仁王般若念誦法　一帖　康和四年　東寺金剛藏
131-6　朱點［圓堂點］＋墨點［假名點］
11025006　大般若波羅蜜多經　五百四十六帖　安田八幡宮
内卷第五百一～五百六・五百八・五百十～五百九十九に至
る間の數十帖に白點［東大寺點］＋朱點［假名點・康和四
年］＋墨點［假名點］等あり、字音注多數あり。

11020007　大毗盧遮那經疏　卷第一・二・四・五・七・八・十・十一・十三〜十五・十六・十八・二十　十四帖　康和四年　東京國立博物館（卷第二十以外）・東京大學史料編纂所（卷第二十）朱點［寶幢院點］＋墨點［假名點］

11030001　金剛頂瑜伽護摩儀軌　一帖　康和五年　仁和寺　朱點［圓堂點］＋墨點［假名點］

11030006　大毗盧遮那成佛經疏（卷第一缺）　十九帖　康和五年　高山寺　第四部 181-1〜19　朱點［中院僧正點］＋褐點［中院僧正點］　卷第二・三のみ載録。

○築島裕「高山寺藏大毗盧遮那經疏卷第二康和五年點釋文（一）（二）（三）」（『訓點語と訓點資料』八四・九一・一〇三、平11・7、平12・3、平12・9）

○築島裕「高山寺藏大毗盧遮那經疏卷第三康和五年點釋文（一）（二）」（『訓點語と訓點資料』一〇四・一〇五、平2・6、平5・3）

11050001　仁王經念誦法　一卷　長治二年頃　大東急記念文庫 841　墨點［假名點］

11050002　冥報記　一帖　長治二年　前田育德會　朱點［喜多院點］

○尊經閣叢刊影印本。丁數・表裏。

＊説話研究會『冥報記の研究　第一・二卷』（平11・2、平12・2）

11050004　胎藏次第　一卷　長治二年　石山寺　校倉聖教 11-33　朱點［西墓點］＋墨點［假名點］

11050006　大毗盧遮那經疏（大日經義釋）　十九帖　長治二年（第三次點）　東京大學國語研究室　墨點［喜多院點］

○第一次點（10240002）參照。

11060002　廣攝不動明王祕要訣　三帖　長治三年　大東急記念文庫　951　朱點［寶幢院點］

11060003　説一切有部倶舍論　一卷　嘉承元年　中田祝夫　朱點［寶幢院點］

11060005　大集大虛空藏菩薩所問經　卷第二〜七　六卷　嘉承元年　高山寺　第一部 9（卷第二〜五）・第二部 186（卷第六）・253（卷第七）（他に卷第一は高山寺舊藏、東京大學圖書館舊藏・關東大震災にて燒失）　墨點［廣隆寺點］＋朱點［假名點］

○巻第一は『本邦古寫經』所掲部分のみ載錄。

11070001　十一面觀自在菩薩心密言儀軌　巻上中下　一帖　嘉承二年　東寺金剛藏 30-20　朱點［圓堂點］

11070002　曼珠師利五字陀羅尼瑜伽儀軌　一帖　嘉承二年　東寺金剛藏 26-3　朱點［圓堂點］

11070003　尊勝佛頂眞言宗瑜伽法巻上下　二帖　嘉承二年　東寺金剛藏 26-2　朱點［圓堂點］

○巻上は①、巻下は②と記せり。

11080001　諸佛菩薩本誓願要文集　一巻　嘉承三年　吉水藏 17-3　朱點［假名點］

11080002　聖焔曼德迦威怒王法　一帖　天仁元年　東寺金剛藏 30-18　朱點［寶幢院點］

11080011　蘇悉地羯羅經　三巻　天仁元年　高野山大學圖書館　朱點［圓堂點］（第七次點）（10080002參照）

11100001　成就瑜伽十二聖天儀軌　一帖　天仁三年　東寺金剛藏 131-8　墨點［假名點］

11110001　金剛頂蓮華部心念誦儀軌　一帖　天永二年　東寺金剛藏 131-14　朱點［圓堂點］

11110002　諸佛集會陀羅尼經　一帖　天永二年　大東急記念文庫 948　朱點［寶幢院點］＋墨點［假名點］　「　」内は墨點。

11130001　文集巻第三・四　二巻　天永四年　京都國立博物館（神田喜一郎舊藏）　朱點［古紀傳點］＋墨點［古紀傳點］＋角點［古紀傳點］

○古典保存會影印本。丁數・表裏。

＊太田次男・小林芳規『神田本白氏文集の研究』（昭57・2）

11130003　因明論疏四相違略註釋巻上中下　三帖　天永四年　東大寺圖書館　朱點［東大寺點］＋墨點［假名點］

○巻上を①、巻中を②、巻下を③と記せり。

「　」内は墨點。

＊月本雅幸「因明論疏の古訓點について」（『築島裕博士古稀記念國語學論集』平7・10）

11130005　金剛般若經集驗記巻上中下　一帖　天永四年　輪王寺（天海藏傳來）　朱點［圓堂點］

○「圓堂點」點圖の記載あり。

○丁數・表裏。

11130017　大日經成就瑜伽卷上下　二卷　天永四年　東寺金剛藏 29-2　朱點［淨光房點］

11140001　蘇悉地羯羅經供養法卷上下　二帖　永久二年　大東急記念文庫 952　朱點［寶幢院點］＋墨點［第五群點＋寶幢院點］「　」内は墨點（ヲコト點を含む）。

11140002　金剛藥叉念誦法　一帖　永久二年　東寺金剛藏 131-12　朱點［西墓點］＋墨點［假名點］

11140004　阿彌陀儀軌　一帖　永久二年　吉水藏 16-3　朱點［仁都波迦點］＋墨點［假名點］　「　」は墨點。

11140007　大毗盧遮那成佛經疏卷第四〜十八・二十　十六帖　永久二年　東大國語研究室　朱點［圓堂點］＋墨點［假名點］

○抄錄本行數。

11150002　諸施餓鬼飲食及水法　一帖　永久三年　東寺金剛藏 131-10　朱點［第五群點］＋墨點［假名點］

11160002　金剛童子出生摩尼如意供養儀軌　一帖　永久四年　東寺金剛藏　圓堂點

11160003　成唯識論卷第三　一卷　永久四年　大東急記念文庫 866　朱點［喜多院點］（中院僧正點を改點）＋白點［中院僧正點］

11160007　大慈恩寺三藏法師傳卷第一〜六（十卷の内）永久四年　興福寺　墨點［假名點］（第五次點）

○第一次點（10705001）參照。

11180003　觀自在王如來儀軌　一帖　元永元年　吉水藏 16-5　朱點［假名點］＋墨點［假名點］

11180004　慈氏菩薩瑜誐法卷下　一帖　元永元年　東寺金剛藏 131-15　朱點［寶幢院點］＋墨點［假名點］

11180009　降伏三世忿怒王念誦儀軌　一帖　嘉承三年　東寺金剛藏 131-7　朱點［圓堂點］

11180016　略述金剛頂瑜伽分別聖位脩法門序　一帖　永久六年　吉水藏 16-4　朱點［仁都波迦點］

11190001　尊勝念誦儀軌　一帖　元永二年　東寺金剛藏 30-52　朱點［西墓點］

11200002　瑜伽供養次第法　一帖　元永三年　吉水藏 16-8　朱點［仁都波迦點］

11200004　弘贊法華傳卷第一〜十　二帖　保安元年　東大寺

圖書館　朱點［古紀傳點］＋墨點［假名點］

11200005　佛說六字神呪王經　一卷　保安元年　石山寺　校倉聖教 16-6　朱點［西墓點］＋墨點［假名點］

11200015　大毗盧遮那經疏　卷第四～十　七帖　保安元年　東寺金剛藏 189-4　朱點［圓堂點］＋墨點［假名點］

11205001　聖无動尊大威怒王念誦儀軌　一帖　永久天治頃　東寺金剛藏 131-102　朱點［寶幢院點］

11210001　吽迦陀野儀軌卷上中下　三帖　保安二年　大東急記念文庫 953　朱點［西墓點］＋墨點［假名點］

○卷上は①、卷中は②、卷下は③と記せり。

11220002　妙法蓮華經玄贊　二十帖　保安三年　興福寺　朱點［喜多院點］＋墨點［假名點］

11220003　金剛頂蓮華部心念誦儀軌　一帖　保安三年　東寺金剛藏 131-16　朱點［喜多院點］（實範筆）

11230001　辨正論卷第一～四　四卷　保安四年　法隆寺（卷第一・四）・大東急記念文庫（三教治道篇・卷第二）839・築島裕（卷第三）　朱點［喜多院點］

○卷第二は行數。卷第三は行數、讀下し文語序による。卷第一・四は不載錄。

○築島裕「架藏辨正論卷第三保安點」（『古典研究會創立二十五周年記念國書漢籍論集』平3・8）

11230002　大虛空藏菩薩念誦法　一帖　保安四年　東寺金剛藏 131-103　朱點［東大寺點］

11230003　金剛頂瑜伽中略出念誦經卷上中下　三卷　保安四年　東寺金剛藏 14-4　朱點［東大寺點］（奧書「本圓堂點也而後改爲テニハ點」）

○卷上を①、卷中を②、卷下を③と記せり。

11240001　北斗七星護摩祕要儀軌則　一帖　保安五年　東寺金剛藏 28-13　朱點［寶幢院點］

11240002　戒律傳來記卷上　一卷　保安五年　唐招提寺　白點［喜多院點］

○古典保存會影印本。丁數・表裏。（原本調査）

11240004　不空羂索神呪心經序（『天治本新撰字鏡』の卷末）一帖　天治元年　宮內廳書陵部　墨點［東大寺點］

○全國書房影印本『新撰字鏡』。頁數・行數。

11250001　北辰妙見尊星王菩薩所說陀羅尼經　一帖　天治二

年　東寺金剛藏　28-8　朱點［西墓點］＋墨點［假名點］

11250002　無量壽儀軌　一帖　天治二年　東寺金剛藏 26-4　朱點［寶幢院點］

11250007　十一面自在菩薩儀軌卷上下　二帖　天治二年　東寺金剛藏 30-23　朱點［寶幢院點］＋×墨點［假名點（康安二年）］

11260001　大慈恩寺三藏法師傳卷第一・三・七・九　四卷　天治三年・大治元年　法隆寺（卷第一・七・九）・國立國會圖書館（卷第三）　朱點［喜多院點］

○卷第三・七・九のみ載錄。行數。

11260003　不動使者陀羅尼祕密法　一帖　大治元年　東寺金剛藏 134-9　朱點［西墓點］

11270001　童子經尺　一帖　大治二年　吉水藏 16-12　墨點［假名點］

11270003　阿唎多羅阿魯力經　一帖　大治二年　東寺金剛藏 30-22　朱點［圓堂點］

11270004　底哩三昧耶不動尊威怒王使者念誦經　一帖　大治二年　東寺金剛藏 26-5　朱點［仁都波迦點］

11270006　瞿醯壇多羅經　三帖　大治二年　大東急記念文庫 950　朱點［東大寺點］

11270012　史記孝景本紀　一卷　大治二年　實踐女子大學（山岸德平氏舊藏）　朱點［古紀傳點］＋墨點［假名點］＋墨點［假名點・院政期］　「　」內は墨點。

○行數。

＊築島裕・石川洋子「山岸文庫藏『史記孝景本紀第十一』譯讀文・索引」（『實踐女子大學文藝資料研究所別册年報』Ⅱ、平4・3）

11280001　不動私記　一帖　大治三年　吉水藏 26-8　朱點［假名點］

11280002　大毗盧遮那經義釋卷第一〜十四　十四帖　大治三年　叡山文庫　朱點［寶幢院點］

11280003　結護念誦法　一帖　大治三年　吉水藏 16-13　朱點［仁都波迦點］

11280004　念誦結護法普通諸部　一帖　大治三年　東寺金剛藏 131-19　朱點［仁都波迦點］

11280005　大輪金剛修行悉地成就及供養法　一帖　大治三年

大東急記念文庫 973　朱點［西墓點］
11280009　妙法蓮華經玄贊卷第三　一卷　大治三年　知恩院　朱點［喜多院點］
11280014　南海寄歸内法傳　四卷　大治三年　法隆寺　墨點［假名點］
○卷數・行數。
11300001　法華經傳記十卷　五帖　大治五年　東大寺圖書館　朱點［西墓點］＋墨點［假名點］　「　」内は墨點。
11300002　聖觀自在菩薩眞言瑜伽觀行儀軌　一帖　大治五年　東寺金剛藏 131-20　朱點［圓堂點］＋墨點［假名點］
11300014　大毗盧遮那經疏　二十卷　大治五年　醍醐寺　160-1〜20　朱點［淨光房點］＋墨點［假名點］
○築島裕「醍醐寺藏本大毗盧遮那經疏大治五年點について」
（『醍醐寺文化財研究所紀要』19、平14・12）
11310004　金剛頂蓮華部心念誦次第　一帖　天承元年　金澤文庫　朱點［圓堂點］
11320001　大慈恩寺大師畫讃　一卷　天承二年　法隆寺　墨點［假名點］
○影印本。
11320002　金光明經卷第一　刊一帖　天承二年　三井寺法明院　墨點［假名點］
○大矢透『假名遣及假名字體沿革史料』第二十一面。
11320006　瑜伽觀智儀軌　一帖　天承二年　醍醐寺 494-20　朱點［圓堂點］＋墨點［假名點］
11330001　大日經旨歸　一帖　長承二年　叡山文庫　朱點［寶幢院點］
11340001　新修浴像軌儀　一帖　長承三年　吉水藏 16-19　朱點［寶幢院點］
11340002　大日經義釋演密鈔卷第一・二・三　三帖　長承三年　大東急記念文庫 167　朱點［喜多院點］
11340003　法苑珠林卷第三十二　一帖　長承三年　法隆寺　朱點［喜多院點］＋墨點［假名點］
○大矢透『假名遣及假名字體沿革史料』第二十二面。
11340004　轉法輪菩薩摧魔怨敵法　一帖　長承三年　東寺金剛藏 131-23　朱點［圓堂點］
11340006　法華經抄　一帖　長承三年　東大寺圖書館 123-

19　墨點［假名點］

11340007　三教指歸注集卷上本・上末・中・下　四帖　長承三年　大谷大學　朱點［圓堂點］＋墨點［假名點］

○卷數・丁數・表裏・行數。

＊佐藤義寛『三教指歸注集の研究』（平4・10）

11350004　法華曼荼羅威儀形色法經　一帖　保延元年　東寺金剛藏 131–17　朱點［西墓點］

11350005　七佛俱胝佛母心大准提陀羅尼法　一帖　長承四年　東寺金剛藏 23-5　墨點［假名點］

11350006　白傘蓋大佛頂王寶勝无比大威德金剛・无碍大道場陀羅尼念誦法要　一帖　保延元年　東寺金剛藏 131-18　朱點［西墓點］

11350010　極樂遊意　一帖　長承四年　東大寺圖書館 111-71　墨點［假名點］

11350013　大忿怒金剛童子念誦瑜伽法　一帖　保延元年　東寺金剛藏 30-26　朱點［西墓點］＋墨點［假名點］

11360001　法華經單字　一帖　保延二年　矢野長治郎　片假名和訓

○貴重圖書影本刊行會影印本。丁數・表裏・行數。

＊高羽五郎『法華經單字索引』（昭10・10）

＊島田友啓『法華經單字漢字索引・同假名索引』（昭39・12）

11360002　金剛頂大教王經　三卷　保延二年　筑波大學　朱點［假名點］＋墨點［假名點］

11360003　諸作法拔書　一卷　保延二年　石山寺　校倉聖教附 46　朱點［東大寺點］

11370001　功德天法　一帖　保延三年　東寺金剛藏 131–25　朱點［西墓點］

11370003　俱舍頌疏　三十卷　保延三年　石山寺　重書 21［2］1〜30　墨點［假名點］

11370004　金剛頂降三世儀軌法　一帖　保延三年　東寺金剛藏 131-24　朱點［中院僧正點］

11380001　大毗盧遮那經疏卷第十六・十七　二帖　保延四年　築島裕　朱點［寶幢院點］＋墨點［假名點］「甲」は朱點、「乙」は墨點。

○頁數・行數。

＊卷第十八（一帖）北海道大學所藏。

11380002　文鏡祕府論　天・地・東・南・西・北　六帖　保延四年　宮内廳書陵部（高山寺舊藏）　朱點［圓堂點］＋墨點［古紀傳點］「　」内は別筆。
○東方文化叢書影印本。卷名（天・地・東・南・西・北）・丁數・表裏。「天卷」の錯簡は影印本のまま。

11380003　佛頂尊勝心破地獄法　一帖　保延四年　東寺金剛藏　26-6　朱點［中院僧正點］

11390002　大聖妙吉祥菩薩護除災教令法輪　一帖　保延五年　東寺金剛藏　134-20　［西墓點］＋墨點［假名點］

11390003　春秋經傳集解　一卷　保延五年　東洋文庫　朱點［經傳］＋墨點［假名點］
○古典保存會影印本。丁數・表裏。

11390005　如意輪勸請法　一帖　保延五年　東寺金剛藏　134-13　墨點［假名點］

11410006　護諸童子經　一帖　永治元年　石山寺　校倉聖教　20-10　朱點［（前半）圓堂點・（後半）東大寺點（兩點一筆）］

11420003　日本書紀卷第十二（履中紀・反正紀）・卷第十三（允恭紀・安康紀）（以上第三帖）・卷第十四（雄略紀）（以上第四帖）・卷第十五（清寧紀・顯宗紀・仁賢紀）・卷第十六（武烈紀［首缺］）・卷第十七（繼體紀［首缺］）（以上第五帖）・卷第廿一（用明紀・崇峻紀）・卷第廿二（推古紀）（以上第六帖）・卷第廿三（舒明紀）・卷第廿四（皇極紀）（以上第七帖）　永治二年　宮内廳書陵部　五帖（卷子本を改裝）　朱點［古紀傳點］＋墨點［假名點］
○祕籍大觀影印本。卷數・丁數・表裏。
○第一帖は興國七年（一三四六）點（不載錄）。第二帖は無點。第三帖～第七帖の五帖は、卷によりて筆跡を異にし、その訓點は院政期より鎌倉時代にかけての加點とせらるるも、卷第廿三（舒明紀）の奥書によりて、五帖全部に對して姑く11420003の番號を附與せり。又、原則として、岩崎本・前田本と重複する卷（卷第十四（雄略紀）・卷第廿二（推古紀）・卷第廿四（皇極紀））の訓點は内容近似せるにより載錄せず。但し前田本卷第十四の卷首の缺損部を本書にて補完せり。又、卷第廿三（舒明紀）の首缺の部分は、北野本（12005134）によりて補完せり。卷第十二の錯簡は複製本に從ひて敢へて加筆を行はず。

＊石塚晴通『圖書寮本日本書紀　本文篇・索引篇・研究篇』（昭55、昭56、昭59）

11440004　毗沙門天王別行法　一帖　天養元年　石山寺校倉聖教 26-51　朱點［圓堂點］＋墨點［假名點］

11440006　釋摩訶衍論贊玄疏卷第一　一帖　天養元年　東寺金剛藏 29-6　朱點［圓堂點］

11450001　醫心方　三十卷　天養二年　東京國立博物館（半井家舊藏）　朱點［古紀傳點＋經傳］＋墨點［古紀傳點］＋綠點［古紀傳點か］＋×墨點［假名點・室町時代］

○一具三十卷、内卷第廿二・廿五・廿八の三卷は江戸時代書寫につき訓點載錄せず。

○オリエント出版社影印本。卷數・丁數・表裏・行數。卷第廿一のみ全訓載錄、他卷は抄錄。

11450001　醫心方卷第廿二　一卷　天養二年　お茶の水圖書館（成簣堂文庫）（半井家舊藏・前項と僚卷）　朱點［古紀傳點］＋墨點［假名點］

○貴重圖書影印本刊行會影印本。紙數・行數。

＊安政元年版模刻本。

＊築島裕「半井本醫心方の訓點について」（『醫心方の研究』平6・5）

11450006　史記秦本紀　一卷　天養二年　東洋文庫　朱點［古紀傳點］＋墨點［假名點］

○東大國語研究室所藏の燒附寫眞による。枚數。墨點に後筆の混入あるべし。

11470002　日本感靈錄　一卷　久安三年　龍門文庫　眞假名訓注

○龍門文庫影印本。

11470003　成就瑜伽觀智十二天儀軌　一帖　久安三年　東寺金剛藏 131-27　朱點［西墓點］＋墨點［假名點］

11470005　佛說毗沙門天經　一帖　久安三年　東寺金剛藏 131-29　朱點［西墓點］

11470009　金剛頂一切如來眞實攝大乘現證大教王經卷第一　一卷　久安三年　醍醐寺 146-7　朱點［東大寺點］

○大矢透『假名遣及假名字體沿革史料』第二十三面。「久安二年」は「久安三年」の誤なり。

11470011　觀自在如意輪菩薩口法要　一帖　建長四年　東寺

金剛藏 23-8　朱點［西墓點］

11480003　寶藏天女陀羅尼法　一帖　久安四年　東寺金剛藏 131-31　朱點［圓堂點］

11480005　大威怒烏芻澁摩成就儀軌　一帖　久安四年　東寺金剛藏 131-32　朱點［圓堂點］

11490001　正了知王使者形像儀軌　一帖　久安五年　東寺金剛藏 26-9　朱點［西墓點］

11490002　正了知王藥叉眷屬法　一帖　久安五年　東寺金剛藏 27-6　朱點［西墓點］

11490003　正了知王鎭壇護摩密記　一帖　久安五年　東寺金剛藏　26-8　朱點［西墓點］

11490004　正了知蘇悉地深密儀軌　一帖　久安五年　東寺金剛藏　26-11　朱點［西墓點］

11500001　金光明最勝王經正了知品釋　一帖　久安六年　東寺金剛藏　26-10　朱點［西墓點］

11505002　阿唎多羅陀羅尼阿嚕力迦品第十四　一帖　院政期　東寺金剛藏 131-46　朱點［寶幢院點］

11505004　醫心方卷第一・五・七・九・十　五帖　院政期　仁和寺　朱點［古紀傳點］＋墨點［假名點］

◎影印本。卷第一の和訓のみ載錄。丁數・表裏・行數。

11505009　觀自在如意輪菩薩瑜伽法要　一帖　院政期　東寺金剛藏 134-24　朱點［圓堂點］

11505024　金剛頂瑜伽降三世成就極深密門　一帖　院政期　東寺金剛藏 134-12　朱點［圓堂點］

11505026　金剛頂瑜伽發阿耨多羅三藐三菩提心論　一帖　院政期他　石山寺深密藏 58-1　白點［特殊點・甲點圖に類似］（平安中期）＋朱點［叡山點］（平安後期）＋墨點［假名點］（院政期）

11505032　三十七尊出生義　一帖　院政期　石山寺校倉聖教 12-15　朱點［東大寺點］＋墨點［假名點］

11505038　守護經鈔末　一帖　院政期　金剛三昧院　朱點［圓堂點］

11505039　十卷抄　一卷　院政期　朱點［圓堂點］

11505044　成唯識論卷第五・六　二帖　弘文莊　朱點［喜多院點］

11505046　眞言淺深隨聞記　一帖　院政期　吉水藏 17-10

朱點［寶幢院點］＋墨點［假名點］

11505050　先德圖像　一卷　院政期　東京國立博物館　墨點［假名點］

11505051　蘇悉地羯羅供養法　一帖　院政期　石山寺校倉聖教 10-6　朱點［東大寺點］

11505052　蘇磨呼童子請問經卷上下　二帖　院政期　東寺金剛藏 30-56　朱點［仁都波迦點］＋墨點［假名點］

11505053　蘇磨呼童子請問經卷上　一帖　院政期　東寺金剛藏　134-19　朱點［天爾波留點別流］

11505063　大毗盧遮那經義釋　十二卷　石山寺　校倉聖教 9-2　朱點［東大寺點］＋墨點［假名點］

11505066　大日經胎藏儀軌卷上　一帖　東寺金剛藏　朱點［圓堂點］

11505067　大毗盧遮那經略疏第一・二・三　三帖　院政期　石山寺　校倉聖教 10-6　朱點［東大寺點］

11505073　唐大和上東征傳　一卷　院政期　東寺金剛藏　墨點［假名點］

○古典保存會影印本。丁數・表裏。

＊木村晟・西崎亨『唐大和上東征傳』（近思文庫第七・昭59・9）

11505075　日本書紀　卷第十一（仁德紀）・卷第十四（雄略紀）・卷第十七（繼體紀）・卷第廿（敏達紀）　四卷　院政期　前田育德會　朱點［古紀傳點］＋墨點［古紀傳點・院政期］

○前田育德會影印本。卷數・頁數・行數。但し卷第十四（雄略紀）は、卷首の部分の缺損甚しきため、その部分を和訓の內容近似なる圖書寮本（11420003-⑭）によりて補完せり。補完せる漢字及び假名は「　」に括りて示せり。又、卷第十一（仁德紀）・卷第十四（雄略紀）等の傍訓の假名には、「・」形の聲點多く施されたれども割愛せり。但し「去聲點」など特に注意すべきものは、例外的に採錄したることあり。

＊祕籍大觀影印本。

＊石塚晴通「前田本日本書紀院政期點（本文篇）」（『北海道大學文學部紀要』二五ノ二、昭52・3）

11505084　佛頂尊勝陀羅尼經　一卷　院政期　正智院　墨點［假名點］

○影印本による。築島裕作成釋文の頁數・行數。

［譯文・影印本の頁數・紙數對照表］

譯文 1-1→影印本 1° 譯 2-4→影 2° 譯 3-6→影 3° 譯 4-8→影 4° 譯 4-19→影 5° 譯 5-20→影 6° 譯 6-23→影 7° 譯 7-26→影 8°

11505085　遍照發揮性靈集　卷第三（神代紀紙背）　院政期　猪熊信男　墨點［假名點］

11505086　遍照發揮性靈集　卷第二（應仁紀紙背）院政期　田中忠三郎　墨點［假名點］

11505087　菩薩投身施餓虎經　一卷　院政期　佐藤正憲　朱點［喜多院點］

11505088　法華義疏卷第九　一卷　院政期　東大寺圖書館　朱點［東大寺點］

11505096　佛說觀彌勒上生兜率天經　一卷　院政期　東大寺圖書館　墨點［假名點］

11505097　觀彌勒上生經贊卷下　一卷　院政期　東大寺圖書館　墨點［假名點］

11505099　妙法蓮華經　八卷　院政期　談山神社　朱點［喜多院點］

11505100　冥報記　一卷　院政期　知恩院　墨點［假名點］

○行數。

11505107　龍樹菩薩傳　一帖　院政期　東寺金剛藏 131-99　朱點［圓堂點］

11505109　經切（道風）　院政期　諸家

○『古寫經綜鑒』による。

11505161　文鏡祕府論　六帖　院政期　高山寺　第四部 57-6-2・127-30　朱點［圓堂點］＋墨點［假名點］

11505521　日本靈異記卷中・下　二帖　院政期　來迎院如來藏　墨點［假名點］

○日本古典文學會影印本。卷名・緣數・丁數・表裏・行數。

11506101　大日經義釋卷第十　一帖　院政期　築島裕　朱點［仁都波迦點］

○頁數・行數。

11510005　大毗盧遮那經疏　二十帖　仁平元年　輪王寺　朱點［寶幢院點］

○卷數・抄錄行數。

11520001 佛説大吉祥天女十二名號經 一帖 仁平二年 東寺金剛藏 131-33 朱點［西墓點］+墨點［假名點］

11540001 北方毗沙門多聞寶藏天王神妙陀羅尼別行儀軌 一帖 仁平四年 東寺金剛藏 131-34 墨點［假名點］

11540004 彌勒儀軌上 一帖 仁平四年 東寺金剛藏 26-12 朱點［淨光房點］

11550001 聖迦抳忿怒金剛童子菩薩成就儀軌經卷上・中・下 三帖 久壽二年 東寺金剛藏 30-34 朱點［寶幢院點］+墨點［假名點・保元二年］

11550003 金剛界受明灌頂次第 一卷 久壽二年 金澤文庫 朱點［西墓點］

11550005 金剛頂瑜伽要略念誦儀軌法 一帖 久壽二年 東寺金剛藏 131-35 墨點［假名點］

11550009 三教指歸 一帖 久壽二年 天理圖書館 墨點［古紀傳點］
○丁數・表裏・行數。「 」内は後筆。

11560001 佛説五母子經 一帖 久壽三年 大東急記念文庫 914 墨點［假名點］

11570003 聖迦抳忿怒金剛童子菩薩成就儀軌卷上・中・下 三帖 保元二年 東寺金剛藏 29-19 朱點［假名點］

11570004 大毗盧遮那成佛經疏 十九卷（卷第二缺）保元二年 眞福寺寶生院 白點［喜多院點］+朱點［喜多院點］+墨點［假名點］

11580001 新修往生傳下 一帖 保元三年 東大寺圖書館 朱點［古紀傳點カ］+墨點［假名點］

11580025 地藏菩薩儀軌 一帖 保元三年 東寺金剛藏 131-36 朱點［東大寺點］

11590002 蘇磨呼童子請問經 二卷 石山寺（卷上）校倉聖教 13-28・（卷下）校倉聖教 11-4 朱點［東大寺點］+墨點［假名點］
○大矢透『假名遣及假名字體沿革史料』第二十四面。

11590003 胎藏界念誦私記卷下 一卷 平治元年 石山寺校倉聖教 11-4 朱點［東大寺點］

11620001 大日金輪蓮臺灌頂別傳儀軌 一帖 應保二年 東寺金剛藏 28-20 朱點［西墓點］

11630001 大唐西域記卷第一～八 八帖 長寛元年 石山寺

一切經 78-12～33　朱點［東大寺點］＋墨點［假名點］
○卷數・行數。讀下し文の語序による。卷第二・六・八の三卷は奥書無けれども、姑く他卷と同時期の加點と認めて和訓を載錄せり。
＊大矢透『假名遣及假名字體沿革史料』第二十六面。
＊中田祝夫『古點本の國語學的研究　譯文篇』（昭33・3）
＊築島裕『平安時代の漢文訓讀につきての研究』（昭38・3）

11630005　高僧傳　十帖　長寛元年　石山寺　一切經 79-1～10　朱點［第五群點］＋墨點［假名點］
＊大矢透『假名遣及假名字體沿革史料』第二十五面。

11640001　佛說陀羅尼集經卷第一～八・十一・十二　十卷　長寛二年　石山寺（卷第一・三殘・五・六・七・十一）一切經 29-49～52・補遺・東大國語研究室（卷第二・八・十二）・五島美術館（卷第四）116　朱點［東大寺點］＋墨點［假名點］

11650002　香藥鈔　一卷　永萬元年　田中光顯　墨點［假名點］
○大矢透『假名遣及假名字體沿革史料』第二十七面。

11670001　黃帝内經太素　二十三卷　仁安二年　仁和寺　朱點［第五群點］＋墨點［假名點］
○大矢透『假名遣及假名字體沿革史料』第二十八面。
＊『東洋醫學善本叢書3』（昭56・10）影印本あり。

11670020　寶篋印陀羅尼經　一帖　仁安二年

11690001　因明義草　一帖　仁安四年　東大寺圖書館　墨點［假名點］

11700001　釋論通玄鈔卷一・二・三・四　四帖　嘉應二年　東寺金剛藏　29-13　朱點［圓堂點］

11700006　大慈恩寺三藏法師傳卷第一・二　一卷（十卷の内）　嘉應二年　興福寺　墨點［假名點］
○第一次點（10705001）參照。

11705071　平等院御經藏目錄　一帖　院政末期　龍門文庫　墨點［假名點］
○複製本。丁數。

11730001　十七憲法　一卷　承安三年　大原三千院　墨點［假名點］
○大矢透『假名遣及假名字體沿革史料』第二十九面。

11740001 最勝佛頂陀羅尼淨除業障經 一帖 承安四年 東寺金剛藏 30-38 朱點［寶幢院點］+墨點［假名點］

11750003 般若理趣釋 一帖 承安四年 東寺金剛藏 26-14 朱點［西墓點］

11750005 大日經義釋 十二卷 安元元年 石山寺 校倉聖教 9-2 朱點［東大寺點］+墨點［假名點］

11790001 倶舍抄 一帖 治承三年 東大寺圖書館 墨點［假名點］

11790002 倶舍論疏 二十一帖 治承三年 東大寺圖書館 朱點［西墓點］

11790003 遍照發揮性靈集 卷第一・四・六・七・九 五卷 治承三年 大東急記念文庫（田中勘兵衞舊藏）177 朱點［圓堂點］+墨點［假名點］

○大矢透『假名遣及假名字體沿革史料』第三十面。

11800001 大乘本生心地觀經卷第八 一卷 治承四年 東京大學國語研究室 朱點［圓堂點］

11810002 新譯仁王般若波羅密多經陀羅尼釋 一帖 治承五年 東寺金剛藏 131-40 朱點［西墓點］

11820018 多聞天王別行儀軌 一帖 壽永元年 東寺金剛藏 131-41 朱點［西墓點］+墨點［西墓點］

11830001 大方廣佛華嚴經普賢願行品 一卷 宮内廳書陵部 壽永二年

11850001 一字頂輪王儀軌 一帖 元暦二年 東寺金剛藏 28-16 朱點［圓堂點］

11850004 大毗盧遮那經疏 十七帖（卷第十八〜廿缺） 元暦二年 醍醐寺 371-1 朱點［圓堂點］+墨點［假名點］

○抄錄。卷數・行數。

11860003 和泉往來 一卷 文治二年 高野山西南院 墨點［假名點］。自立語は附訓無きものを含めて全例載錄せり。附訓無き自立語は姑く訓法を推測したる揭出語を立ててその下に收めたり。

○行數。

＊遠藤嘉基「西南院所藏和泉往來」（『訓點語と訓點資料』一七、昭36・7）飜刻

＊遠藤嘉基『高野山西南院藏和泉往來』（京都大學國語國文資料叢書二十八・昭56・12）

＊西崎亨「高野山西南院本和泉往來和訓索引」（『訓點語と訓點資料』四二、昭45・10）

＊西崎亨「高野山西南院本「和泉往來」字音語・助動詞・助詞索引」（『訓點語と訓點資料』六六、昭65・11）

＊築島裕『高野山西南院藏本和泉往來總索引』（古典籍索引叢書・平6・7）

11920003　蘇悉地羯羅經疏　七帖　建久三年　叡山文庫　墨點［第一群點・假名點］

11950002　古文孝經　一帖　建久六年　猿投神社　朱點［經傳］＋墨點［假名點］

11970004　行歷抄　一卷　建久九年　石山寺　重書 9　墨點［假名點］

○古典保存會影印本。丁數・表裏・行數。

11980001　祕藏寶鑰卷上　一卷　建久九年　石山寺　一切經附 176　朱點［圓堂點］＋墨點［假名點］］

○大矢透『假名遣及假名字體沿革史料』第三十一面。

12000003　念誦結護法普通諸部　一帖　正治二年　東寺金剛藏　131-19　朱點［仁都波迦點］

12005006　金剛頂瑜伽蓮華部大儀軌卷上下　二帖　鎌倉初期　築島裕　朱點［圓堂點］＋墨點［假名點］

12005009　三論祖師相傳　一帖　鎌倉初期　東寺金剛藏　131-44　墨點［假名點］

12005011　使呪法經　一帖　鎌倉初期　東寺金剛藏 131-100　墨點［假名點］

12005012　使呪法經　一帖　鎌倉初期　東寺金剛藏 131-56　墨點［假名點］

12005013　使呪法經并壇法　一帖　鎌倉初期　東寺金剛藏 131-54　朱點［中院僧正點］

12005022　大般若經音義卷上　一帖　無窮會圖書館　鎌倉初期　片假名和訓

○（1-1）等は「第一卷第一帙」の意。

○築島裕『大般若經音義の研究　本文篇』（昭52・8）

12005133　醫心方卷第十三　一帖　鎌倉初期　金剛寺　墨點［假名點］

○『醫心方の研究』（「半井家本醫心方　附錄」、平6・5）影印本。丁數・表裏・行數。

12005134　日本書紀（卷第二・十四缺）　二十八帖（兼永本）　鎌倉初期他　北野天滿宮　朱點［古紀傳點］＋墨點［假名點］

○貴重圖書複製會影印本。一具の內、卷第廿二～卅は鎌倉初期寫。卷第廿三の一部のみ和訓載錄。

○卷數・丁數・表裏。

12020003　金剛童子菩薩成就儀軌　三帖　建仁二年　東寺金剛藏　29-19　朱點［西墓點］

12050001　千手千眼陀羅尼經（色紙經）　斷簡一紙　元久二年　道成寺　墨點［假名點］

12080001　釋摩訶衍論　十帖　承元二年　東大寺圖書館　墨點［假名點］＋朱點［喜多院點］＋朱點［圓堂點］

12080003　釋摩訶衍論通玄鈔　一帖　承元二年　金剛三昧院　朱點［圓堂點］＋墨點［假名點］

12080004　華嚴經卷第一　一卷　承元二年　東大寺圖書館　墨點［假名點］＋墨點［假名點・正治二年］

12100002　金剛頂經蓮花部心念誦儀軌　一帖　承元四年　東寺金剛藏　131-49　朱點［西墓點］

12110002　史記殷本紀　一卷　建曆元年　高山寺　重書5［1］　朱點［古紀傳點］＋墨點［古紀傳點］

○東京大學國語研究室所藏寫眞による。枚數。

＊高山寺典籍文書綜合調查團『高山寺古訓點資料第一』（昭55・2）

12140002　大唐西域記　卷第十一・十二　二卷　建保二年　醍醐寺　別置　朱點［東大寺點］＋墨點［假名點］

○卷數・行數。讀下し文語序による。

＊築島裕「醍醐寺寶藏大唐西域記建保點卷第十一・十二・索引」（醍醐寺文化財研究所紀要11・12・14、平3・3、平4・3、平6・12）

12150002　如來遺跡講式　一卷　建保三年頃　鈴木吉祐（青木信寅舊藏）　墨點［假名點］

○鈴木吉祐影印本。丁數。

12150006　持呪行者作阿尾捨　一帖　建保三年　東寺金剛藏　28-19　朱點［西墓點］

12160004　誐那鉢底瑜伽悉地品祕要　一帖　建保四年　東寺金剛藏　131-48　朱點［西墓點］

12180001 大日經義釋卷第二 一帖 建保六年 東寺金剛藏
29-21 朱點［西墓點］
12200002 軍荼利儀軌 一帖 承久二年 東寺金剛藏 131-
9 朱點［西墓點］＋墨點［假名點］＋赭點［西墓點］
12230001 倶舍論音義抄 一帖 貞應二年 金澤文庫 墨點
［假名點］
○丁數・表裏・行數。
＊西崎亨「金澤文庫藏貞應二年寫『倶舍論音義』國語索引」（『訓點語と訓點資料』六〇、昭52・11）
12240007 慈圓僧正願文 一卷 元仁元年 東京國立博物館
12330003 扶桑略記卷第四 一卷 貞永二年 東洋文庫 墨
點［假名點］
○『新訂増補國史大系 扶桑略記』頁數・行數。
12360002 日本書紀卷第二（神代紀下） 一卷 嘉禎二年
鴨脚光朝 朱點［古紀傳點］＋墨點［假名點］
○古典保存會影印本。丁數・表裏・行數。
12360003 日本靈異記卷下 一帖 嘉禎二年 前田育德會
墨點［假名點］

○尊經閣叢刊影印本。緣數。傍訓の和訓を載錄す。訓注は
08105008として載錄す。
12380005 春華秋月抄草 二十三帖 暦仁元年 東大寺圖書
館 片假名交り文
○大矢透『假名遣及假名字體沿革史料』第三十二面。
12400006 正法眼藏 延應二年
12410001 不空羂索神呪王經 三卷 仁治二年 東寺金剛藏
26-7 朱點［仁都波迦點］
12410002 東大寺要錄卷第一・二 二卷 仁治二年 醍醐寺
12410003 古文孝經 一卷 仁治二年 內藤乾吉 朱點［經
傳］＋墨點［假名點］
○譯文の頁數・行數。讀下し文語序による。卷首缺失部は
三千院藏本（12770002）によりて補ふ。
＊貴重圖書影本刊行會影印本。
［譯文の頁數・行數と影印本・紙數との對照表］
譯文 1-1→影印本 1。譯 1-17→影 2。譯 2-8→影 3。譯 2-
26→影 4。譯 3-15→影 5。譯 4-12→影 6。譯 5-9→影 7。
譯 6-7→影 8。譯 7-5→影 9。譯 8-1→影 10。譯 8-22→影

11°譯9-21→影12°譯10-19→影13°譯11-14→影14°譯12-12→影15°譯13-19→影16°譯14-4→影17°譯15-3→影18°譯15-25→影19°譯16-21→影20°譯17-19→影21°譯18-16→影22°譯19-12→影23°譯20-6→影24°譯21-1→影25°譯21-24→影26°譯22-21→影27°譯23-15→影28°譯24-13→影29°譯25-8→影30°譯26-7→影31°譯27-4→影32°譯27-25→影33°譯28-21→影34°譯29-16→影35°譯30-9→影36°譯31-6→影37°譯32-1→影38°譯33-1→影39°譯33-25→影40°譯34-24→影41°譯35-24→影42°譯37-1→影43°譯38-4→影44°

12500001　祕藏記　一帖　建長二年　墨點［假名點］

12505005　五輪九字祕釋　一帖　鎌倉中期　東寺金剛藏　墨點［假名點］

12505010　作文大體　一卷　鎌倉中期　天理圖書館（東寺舊藏）墨點［假名點］

＊『天理圖書館善本叢書和書之部第五十七卷平安詩文殘篇』（昭59・1）

12505017　貞觀政要　一帖　鎌倉中期　本門寺　墨點［假名點］

＊『日蓮聖人御報寫貞觀政要』（大5）影印本あり。

12505019　世俗諺文　一卷　天理圖書館（東寺觀智院舊藏）鎌倉中期　墨點［假名點］

○古典保存會影印本。丁數・表裏。

＊西崎亨「世俗諺文和訓索引」（『訓點語と訓點資料』四八、昭47・6）

＊山根對助・リラの會『觀智院本『世俗諺文』の研究　本文篇』（『北海學園大學學園論集35號〈別冊〉』、昭54・12）

＊『天理圖書館善本叢書和書之部第五十七卷平安詩文殘篇』（昭59・1）

12505020　莊子　卷第二十七・二十八・三十・三十一・三十三（以上甲卷）・二十三・二十六（以上乙卷）七卷　鎌倉中期　高山寺　重書8　朱點［古紀傳點］+墨點［假名點］

○東方文化學院影印本。卷數・丁數。

＊高山寺典籍文書綜合調查團『高山寺古訓點資料第二』（昭59・2）影印・翻刻・假名總索引。

12505021　續本朝往生傳　一帖　鎌倉中期　大東急記念文庫 103　朱點［假名點］＋墨點［假名點］　「」内は墨點。

12505028　篆隷文體　一卷　鎌倉中期　毗沙門堂　朱點［假名點］

12505030　建立曼荼羅護摩儀軌　一帖　鎌倉中期　東寺金剛藏 134-7　朱點［寶幢院點］＋墨點［假名點］

12505031　扶桑略記卷第二・三　二帖　鎌倉中期　眞福寺　朱點［假名點］＋墨點［假名點］

○『新訂増補國史大系　扶桑略記』頁數・行數。

12505035　文鏡祕府論　地卷　一帖　鎌倉中期　お茶の水圖書館（成簣堂文庫）　墨點［假名點］

○古典保存會影印本。丁數・表裏。

12505039　寶篋印陀羅尼經　一帖　鎌倉中期　東寺觀智院 26-35　墨點［假名點］

12505040　本朝月令　鎌倉中期　前田育德會　墨點［假名點］

12505047　文集卷四　鎌倉中期　弘文莊

12505051　瑜伽傳心鈔　鎌倉中期

12505072　史記夏本紀　一卷　鎌倉初期　東洋文庫　朱點［古紀傳點］＋墨點［假名點］

○東京大學國語研究室所藏の寫眞燒附による。枚數。

12505138　色葉字類抄序（卷上卷首）　一帖　鎌倉中期　墨點［假名點］

○尊經閣叢刊影印本。

12505144　光明眞言儀軌　一帖　鎌倉中期　東寺金剛藏 26-19　朱點［西墓點］

12515150　遍照發揮性靈集卷第一・二　二卷　鎌倉中期　成簣堂文庫　朱點［圓堂點か］＋墨點［假名點］

12510006　日本高僧傳要文集　三冊　建長三年　東大寺圖書館　宗性自筆　墨點［假名點］

○『新訂増補國史大系　日本高僧傳要文抄』。頁數・行數。

12510007　肇論疏　建長三年

12520002　無量壽如來修觀行供養儀軌　一帖　建長四年　東寺金剛藏 26-20　墨點［假名點］

12520007　白氏文集　二十七卷　建長四年他　大東急記念文庫（金澤文庫・田中勘兵衛舊藏）

○大矢透『假名遣及假名字體沿革史料』第三十三面を1252

0007とす。一部影印本を參照せり。

＊大東急記念文庫影印本。

12540005　大般若經　五百八十四帖（十六卷缺）　建曆二年～貞應三年　東京大學國語研究室（卷第一）・大東急記念文庫（卷第三他）1002　朱點［聲點］＋墨點［假名點・字音點］（和訓は卷第一の卷首・序の部分のみ）

＊『東京大學國語研究室資料叢書15　古訓點資料集二』（昭61・4）影印本

12550002　往生要集　六帖　建長七年　大東急記念文庫　墨點［假名點］

12550003　群書治要　四十七卷（卷第四・十三・二十缺）　建長七年他　宮內廳書陵部　朱點［經傳］＋墨點［假名點］（經部）・朱點［古紀傳點］＋墨點［假名點］（史部）

○大矢透『假名遣及假名字體沿革史料』第三十四面。傍訓の欄の和訓のみ行數表示。他欄は行數表示せず。

＊小林芳規・原卓志・山本秀人・山本眞吾・佐々木勇『宮內廳書陵部藏本群書治要經部語彙索引』（古典籍索引叢書・平8・2）

＊『群書治要』（古典研究會叢書影印本）七冊（平元・2～3・8）

＊小林芳規「金澤文庫本群書治要の訓點」（『群書治要㈦』解說、平3・8）

12580007　三論祖師傳集　正嘉二年

12600001　華嚴經文義綱目　一帖　文應元年　金澤文庫　墨點［假名點］

12680002　類聚三代格卷第三　一卷　文永五年　天理大學　朱點［第五群點か］＋墨點［假名點］

○大矢透『假名遣及假名字體沿革史料』第三十五面。

12730003　金剛峯樓閣一切瑜伽經　一帖　文永十年　東寺　131-50　朱點［喜多院點］

12770002　古文孝經　一卷　建治三年　大原三千院　朱點［經傳］＋墨點［假名點］

○大矢透『假名遣及假名字體沿革史料』第三十六面。

○古典保存會影印本（昭和五年六月）。第一丁表及び裏の和訓のみ、古文孝經仁治點（12410003）の卷首部分の補完として載錄す。丁數・表裏。

12780002　春秋經傳集解　三十卷　弘安元年　宮内廳書陵部　朱點［經傳］＋墨點［假名點］

○大矢透『假名遣及假名字體沿革史料』第三十七面。傍訓の欄の和訓のみ行數表示。他欄は行數表示せず。

12800001　頓證菩提即身成佛眞祕密三部一合行法最極印契眞言　弘安三年　東寺金剛藏　墨點［假名點］

12840003　弘決外典鈔卷上・中・下　三帖　弘安七年　金澤文庫　墨點［假名點］

○卷上を①、卷中を②、卷下（尾缺）を③と記せり。

○七條愷影印本（昭3）。丁數・表裏・行數。

12860001　大般若經音義　三帖　弘安九年　天理圖書館　片假名和訓

○築島裕『大般若經音義の研究本文篇・索引篇』（昭52・8、58・12）

12860002　大般若經音義　三帖　弘安九年　藥師寺（甲本）　片假名和訓

○築島裕『大般若經音義の研究本文篇・索引篇』

12860003　大般若經音義　三帖　弘安九年　藥師寺（乙本）　片假名和訓

○築島裕『大般若經音義の研究本文篇・索引篇』

12880003　觀音講式　一卷　正應元年　弘文莊　墨點［假名點］

13005039　作文大體　一卷　鎌倉後期　お茶の水圖書館　墨點［假名點］

13005040　二中歷　十三帖　鎌倉後期　前田育德會　墨點［假名點］

○尊經閣叢刊影印本。卷數・丁數・表裏。

13080001　本朝文粹卷第六　延慶元年　醍醐寺　朱點［古紀傳點］＋墨點［假名點］

＊小林芳規「本朝文粹卷第六延慶元年書寫本（乾・坤）」（『醍醐寺文化財研究所紀要』一〇・一一、平2・3、平3・3）

13140001　古文尚書　十三卷　正和三年　神宮文庫（豐宮崎文庫）　朱點［古紀傳點］＋墨點［假名點］

○大矢透『假名遣及假名字體沿革史料』第三十八面。

13150003　論語集解　十帖　正和四年　東洋文庫　朱點［經傳］＋墨點［假名點］

13280001 論語集解 十帖（卷子本改裝） 嘉曆三年 宮内廳書陵部 朱點［經傳］＋墨點［假名點］
○大矢透『假名遣及假名字體沿革史料』第三十九面。
13330004 五行大義 五帖（卷子本改裝） 元弘三年 穗久邇文庫 朱點［古紀傳點］＋墨點［假名點］
○古典研究會叢書影印本。卷數・行數。
13340002 金剛頂經略解題 一帖 建武元年 東寺金剛藏 朱點［假名點］
13440001 遊仙窟 一卷 康永三年 醍醐寺 別置 朱點［古紀傳點］＋墨點［假名點］
○古典保存會影印本。丁數・表裏。
＊大矢透『假名遣及假名字體沿革史料』第四十面。
＊築島裕・杉谷正敏・丹治芳男『遊仙窟總索引』（平7・4）
13450001 加句靈驗佛頂尊勝陀羅尼記 一帖 康永四年 東寺金剛藏 23-24 朱點［東大寺點］＋墨點［假名點］
13460001 寶篋印陀羅尼經記 一卷 貞和二年 東寺金剛藏 26-22 朱點［句切］＋墨點［假名點］
13480001 授灌頂金剛最上乘菩提心戒文 貞和四年 東寺金剛藏 朱點［圓堂點］

13505007 古文孝經 南北朝時代 弘文莊
13505008 請來目録 一卷 南北朝時代 お茶の水圖書館 墨點［假名點］
13530004 火布惹耶記 一帖 文和二年 東寺金剛藏 28-52 眞假名和訓
13530006 遊仙窟 一卷 文和二年 眞福寺 朱點［古紀傳點］＋墨點［假名點］
○貴重古典藉刊行會影印本。頁數・行數。
13540002 大毗盧遮那經廣大儀軌卷上・中・下 三帖 東寺金剛藏 131-59 文和三年 朱點［東大寺點］
13540004 堅牢地天儀軌 一帖 文和三年 東寺金剛藏 131-71 朱點［圓堂點］
13455006 神供次第 一帖 文和三年 東寺金剛藏 131-67 朱點［第一群點］
13550001 金剛童子持念經 一帖 正平十年 東寺金剛藏 131-78 朱點［假名點］
13560001 施焔口鬼食修行軌 一帖 延文元年 東寺金剛藏

131-68　朱點［假名點］

13560002　北辰菩薩所説經　一帖　延文元年　東寺金剛藏 28-94　朱點［西墓點］

13560003　大日經卷第二菩提幢密印標幟曼陀羅之二　一帖 延文元年　東寺金剛藏

13560004　金剛界瑜伽略述三十七尊法要　一帖　延文元年 東寺金剛藏 26-25　朱點［假名點］

13580001　古文孝經　一帖　正平十三年　上賀茂神社　朱點 ［經傳］+墨點［假名點］

○大矢透『假名遣及假名字體沿革史料』第四十一面。

13610001　馬鳴龍樹菩提傳　一卷　延文六年　東寺金剛藏 131-92　墨點［假名點］

13620004　佛説大輪金剛惣持陀羅尼印法　一帖　康安二年 東寺金剛藏　28-28　朱點［假名點］

13620005　大威力烏蒭瑟麼明王經卷上・下　二帖　康安二年 東寺金剛藏　28-27　朱點［假名點］

13620007　摩醯首羅天化生呪法　一帖　康安二年　東寺金剛藏　28-23　朱點［假名點］

13620010　火許供養儀軌　一帖　康安二年　東寺金剛藏　28-86　朱點［假名點］+墨點［假名點］

13620011　那羅延天共阿修羅王鬪戰法　一帖　東寺金剛藏 28-65　貞治二年　朱點［假名點］

13620012　四天姉妹神女呪法　一帖　東寺金剛藏 28-22　康安二年　朱點［假名點］+墨點［假名點］

13630004　毗沙門天隨軍護法儀軌　一帖　貞治二年　東寺金剛藏　131-73　朱點［東大寺點］

13630005　佛説出生無邊門陀羅尼儀軌　一帖　貞治二年　東寺金剛藏 131-74　朱點［東大寺點］

13630007　聖閻曼德迦威怒王立成大神驗念誦法　一卷　貞治二年　東寺金剛藏　26-22　朱點［東大寺點］

13660001　千手儀軌　一帖　貞治五年　東寺金剛藏

13670001　寶篋記　一帖　貞治六年　東寺金剛藏 28-56　朱點［東大寺點］

13760001　日本書紀　十六卷　永和二年　熱田神宮　朱點 ［古紀傳點か］+墨點［假名點］

○大矢透『假名遣及假名字體沿革史料』第四十二面。

13860001 法華經音訓（版本） 一冊 至德三年 東洋文庫 片假名和訓
○日本古典全集影印本（昭9・11） 頁數・行數。
*貴重影本刊行會影印本（昭6・5）。

13900001 大聖歡喜雙身毗那夜迦天形像品儀軌 一帖 明德元年 東寺金剛藏 131-81 朱點［東大寺點］

13900002 金剛頂經地藏菩薩念誦品 一帖 明德元年 東寺金剛藏 131-80 朱點［東大寺點］

13940001 仁王念誦儀軌 一帖 明德五年 東寺金剛藏 29-11 朱點［圓堂點］

13940002 不空羂索陀羅尼儀軌卷上・下 明德五年 東寺金剛藏 26-29 朱點［東大寺點］

14200001 平家物語 十二帖 大東急記念文庫（松井簡治舊藏） 墨點［假名點］・片假名交り文。
○大矢透『假名遣及假名字體沿革史料』第四十三面。
*古典研究會叢書影印本。
*北原保雄・小川榮一『延慶本平家物語 本文篇・索引篇』（平2・6、平8・2）

14270001 六臣註文選 六十一冊 宮內廳書陵部 朱點［古紀傳點か］+墨點［假名點］
○大矢透『假名遣及假名字體沿革史料』第四十四面 。傍訓の欄の和訓のみ行數表示。

14770001 史記抄 二十帖 東京帝國大學 墨點［假名點］・片假名交り文。
○大矢透『假名遣及假名字體沿革史料』第四十五面。

14870001 論語義疏 五帖 文明十九年 大槻文彥 墨點［假名點］
○大矢透『假名遣及假名字體沿革史料』第四十六面。

15080001 和漢朗詠集私注 三帖 永正五年 黑板勝美 墨點［假名點］・片假名交り文。
○大矢透『假名遣及假名字體沿革史料』第四十七面。

15110001 史記 四十冊 永正八年 宮內廳書陵部 墨點［假名點］
○大矢透『假名遣及假名字體沿革史料』第四十八面。傍訓の欄の和訓のみ行數表示。

15300001 後漢書 二十一帖 享祿三年 宮內廳書陵部 墨

點［假名點］
○大矢透『假名遣及假名字體沿革史料』第四十九面。傍訓の欄の和訓のみ行數表示。

15780001　老子道德經　一帖　大槻文彦　天正六年　墨點［假名點］
○大矢透『假名遣及假名字體沿革史料』第五十面。

18400001　法華經山家本裏書（版本）　二帖　天保十一年刊　墨點［假名點］
○卷數・丁數・行數。

あ行

阿闍梨大曼荼羅灌頂儀軌（東寺金剛藏） 10080003
阿吒薄倶元帥大將上佛陀羅尼經修行法儀軌（石山寺） 10950003
阿毗達磨雜集論（聖語藏） 08005022
阿彌陀儀軌（吉水藏） 11140004
阿唎多羅阿魯力經（東寺金剛藏） 11270003
阿唎多羅陀羅尼阿嚕力迦品第十四（東寺金剛藏） 11505002
安樂土義（來迎院） 11000001
醫心方（金剛寺） 12005133
醫心方（東京國立博物館・お茶の水圖書館） 11450001
醫心方（仁和寺） 11505004
一字頂輪王儀軌（東寺金剛藏） 11850001
一字頂輪王儀軌音義（高山寺） 08005002
一切經音義（新華嚴經音義）（大治本） 07905003
色葉字類抄序（前田育德會） 12505138
因明義草（東大寺圖書館） 11690001
因明論疏四相違略註釋（東大寺圖書館） 11130003
烏芻沙摩明王經（曼殊院） 10600003
吽迦陀野儀軌（大東急記念文庫） 11210001
延喜式（東京國立博物館） 10505150
焔漫德迦念誦法（仁和寺） 10530001
閻曼德迦儀軌（持明院） 10680002
往生要集（最明寺） 11005080
往生要集（大東急記念文庫） 12550002

か行

加句靈驗佛頂尊勝陀羅尼記（東寺金剛藏） 13450001

和泉往來（高野山西南院） 11860003

火許供養儀軌（東寺金剛藏） 13620010

火布惹耶記（東寺金剛藏） 13530004

誐那鉢底瑜伽悉地品祕要（東寺金剛藏） 12160004

戒律傳來記（唐招提寺） 11240002

甘露軍荼利明王念誦法（東寺金剛藏） 10120002

漢書楊雄傳（上野淳一） 09480002

灌頂私要抄（吉水藏） 10450007

觀自在王如來儀軌（吉水藏） 11180003

觀自在大悲成就念誦儀軌（東寺金剛藏） 10830003

觀自在如意輪菩薩口法要（東寺金剛藏） 11470011

觀自在如意輪菩薩瑜伽法要（東寺金剛藏） 11505009

觀音講式（弘文莊） 12880003

觀彌勒上生經贊（東大寺圖書館） 11505097

觀彌勒上生兜率天經贊（箕面學園） 08305011

同 08505020

觀無量壽經（佛眼院） 10505001

願經四分律（斯道文庫） 08105023

願經四分律（聖語藏） 08105005

奇特最勝金輪頂念誦儀軌法要（大東急記念文庫） 10720001

經切（道風）（古寫經綜鑑） 11505109

行歷抄（石山寺） 11970004

功德天法（東寺金剛藏） 11370001

孔雀明王畫像壇場儀軌（石山寺） 10590003

弘決外典鈔（金澤文庫） 12840003

弘決外典鈔（天理圖書館） 11005002

弘贊法華傳（東大寺圖書館） 11200004

瞿醯壇跢羅經（石山寺） 10700005

瞿醯壇哆羅經（吉水藏） 11005003

瞿醯壇多羅經（大東急記念文庫） 11270006

倶舍抄（東大寺圖書館） 11790001

香藥鈔（田中光顯）　11650002
高僧傳（石山寺）　11630005
高僧傳（興福寺）　11000003
黃帝內經太素（仁和寺）　11670001
降三世成就極深密門（石山寺）　10650003
降伏三世忿怒王念誦儀軌（東寺金剛藏）　11180009
極樂遊意（東大寺圖書館）　11350010
建立護摩儀軌（東寺金剛藏）　10470001
建立曼荼羅護摩儀軌（持明院）　10400001
建立曼荼羅護摩儀軌（東寺金剛藏）　12505030
根本說一切有部毗奈耶・根本說一切有部苾蒭尼毗奈耶（聖語藏）　08005006
金剛界儀軌（高山寺）　10510001
金剛界次第　10890010
金剛界私記（早稻田大學）　10630002
金剛界受明灌頂次第（金澤文庫）　11550003
金剛界念誦次第私記（石山寺）　10400004
金剛界念誦私記（石山寺）　10480003
金剛界瑜伽略述三十七尊法要（東寺金剛藏）　13560004
金剛頂一切如來眞實攝大乘現證大教王經（醍醐寺）　11470009
金剛頂義訣（東寺金剛藏）　10480001
金剛頂經（吉水藏）　10490001
金剛頂經觀自在如來脩行法（曼殊院）　10460001
金剛頂經地藏菩薩念誦品（東寺金剛藏）　13900002
金剛頂經略解題（東寺金剛藏）　13340002
金剛頂經蓮花部心念誦儀軌（東寺金剛藏）　12100002
金剛頂降三世儀軌法（東寺金剛藏）　11370004
金剛頂大教王經（高野山學園）　10330002
金剛頂大教王經（筑波大學）　11360002
金剛頂瑜伽經（高山寺）　10630004
金剛頂瑜伽經（知恩院）　10505005
金剛頂瑜伽經（來迎院如來藏）　10580002
金剛頂瑜伽護摩儀軌（仁和寺）　10890012
金剛頂瑜伽護摩儀軌（仁和寺）　11030001
金剛頂瑜伽降三世成就極深密門（東寺金剛藏）　11505024

さ行

11550001
聖觀自在菩薩眞言瑜伽觀行儀軌（東寺金剛藏）　11300002
聖天法（高山寺）　10670005
聖无動尊大威怒王念誦儀軌（東寺金剛藏）　11205001
聖無動尊大威怒王念誦儀軌（高山寺）　10990010
請來目錄（お茶の水圖書館）　13505008
成實論（聖語藏・東大寺圖書館）　08280001
　同　08280002
成就瑜伽觀智十二天儀軌（東寺金剛藏）　11470003
成就瑜伽十二聖天儀軌（東寺金剛藏）　11100001
成唯識論（石山寺）　10200001
成唯識論（興福寺）　10230001
成唯識論（弘文莊）　11505044
成唯識論（大東急記念文庫）　11160003
成唯識論（知恩院）　09280001
成唯識論演祕（大東急記念文庫）　09505007
成唯識論述記序釋（大正藏經）　07975001
貞觀政要（本門寺）　12505017
新修往生傳（東大寺圖書館）　11580001
新修浴像軌儀（吉水藏）　11340001
新譯仁王般若波羅密多經陀羅尼釋（東寺金剛藏）
　11810002
眞言淺深隨聞記（吉水藏）　11505046
眞言法華釋（高山寺）　10550002
神供次第（東寺金剛藏）　13540006
蕤呬耶經（吉水藏）　11005005
世俗諺文（天理圖書館）　12505019
施焔口鬼食修行軌（東寺金剛藏）　13560001
施餓鬼作法（來迎院如來藏）　10250002
攝大毗盧遮那胎藏成就儀軌（東寺金剛藏）　09505069
說一切有部俱舍論（中田祝夫）　11060003
先德圖像（東京國立博物館）　11505050
千手儀軌（東寺金剛藏）　10880002
千手儀軌（東寺金剛藏）　13660001
千手千眼陀羅尼經（京都國立博物館）　10505009
千手千眼陀羅尼經　斷簡一紙（道成寺）　12050001

蘇悉地羯羅經（吉水藏）　10640006
悉地羯羅經（京都大學）　09090001
同　10790006
蘇悉地羯羅經（高野山大學圖書館）　10005055
同　10080002
同　10230002
同　10740003
同　11080011
蘇悉地羯羅經供養法（大東急記念文庫）　11140001
蘇悉地羯羅經疏（叡山文庫）　11920003
蘇悉地羯羅經略疏（石山寺）　09510001
蘇悉地羯羅經略疏（京都大學）　08960001
蘇悉地羯羅供養法（石山寺）　11505051
蘇悉地羯羅供養法（大東急記念文庫・高山寺）　10640001
蘇悉地羯羅法（高山寺）　10560001
蘇磨呼童子請問經（東寺金剛藏）　10505010
蘇磨呼童子請問經（東寺金剛藏）　10590005
蘇磨呼童子請問經（東寺金剛藏）　11505052
蘇磨呼童子請問經（東寺金剛藏）　11505053
蘇磨呼童子請問經（仁和寺）　10790001
蘇磨呼童子請問經（朗龍本）（石山寺）　11590002
莊子（高山寺）　12505020
造塔延命功德經（東寺金剛藏）　10150001
續本朝往生傳（大東急記念文庫）　12505021
尊勝念誦儀軌（東寺金剛藏）　10790003
尊勝念誦儀軌（東寺金剛藏）　11190001
尊勝佛頂眞言宗瑜伽法（東寺金剛藏）　11070003

た　行

多聞天王別行儀軌（東寺金剛藏）　11820018
太政官符（正倉院）　07370001
胎藏界念誦私記（石山寺）　11590003
胎藏私記（東寺金剛藏）　10080005
胎藏次第（石山寺）　11050004
大威怒烏芻澁摩成就儀軌（東寺金剛藏）　11480005

大威力烏芻瑟麼明王經（東寺金剛藏）　13620005
大賢法師義記（東寺金剛藏）　10780003
大虚空藏菩薩念誦法（東寺金剛藏）　11230002
大慈恩寺三藏法師傳（興福寺）　10705001
同　10990002
同　11160007
同　11700006
大慈恩寺三藏法師傳（法隆寺・國立國會圖書館）
11260001
大慈恩寺大師畫讃（法隆寺）　11320001
大自在天（持明院）　10660002
大自在天法則儀軌（東寺金剛藏）　10980003
大集大虚空藏菩薩所問經（高山寺）　11060005
大聖歡喜雙身毗那夜迦天形像品儀軌（東寺金剛藏）
13900001
大聖觀自在菩薩心眞言瑜伽觀行儀軌（東寺金剛藏）
10950004
大聖妙吉祥菩薩護除災教令法輪（東寺金剛藏）　11390002
大乘阿毗達磨雜集論（聖語藏）　08005012
大乘顯識經（知恩院）　08505013
大乘掌珍論（小川雅人）　09550001
大乘掌珍論（根津美術館）　08340001
大乘大集地藏十輪經（東大寺圖書館・聖語藏）　08830001
大乘本生心地觀經（東大國語研究室）　11800001
大乘理趣六波羅蜜經序（東大史料編纂所）　10830002
大智度論（石山寺他）　08580002
同　08705006
同　09380007
大唐西域記（石山寺）　11630001
大唐西域記（興聖寺）　09505020
大唐西域記（醍醐寺）　12140002
大唐三藏玄奘法師表啓（知恩院）　08505014
大唐青龍寺惠果和上之碑（東大國語研究室）　10505012
大日經卷第二菩提幢密印標幟曼荼羅之二（東寺金剛藏）
13560003
大日經義釋（石山寺）　11750005

大日經義釋（大東急記念文庫）　10740001
大日經義釋（築島裕）　11506101
大日經義釋（東京大學國語研究室）→大毗盧遮那經疏（東京
　大學國語研究室）
大日經義釋（東寺金剛藏）　10430002
大日經義釋（東寺金剛藏）　12180001
大日經義釋演密鈔（大東急記念文庫）　11340002
大日經廣大儀軌（東寺金剛藏）　09890001
大日經廣大儀軌（東寺金剛藏）　10590001
同　10700003
大日經旨歸（叡山文庫）　11330001
大日經成就瑜伽（東寺金剛藏）　11130017
大日經胎藏儀軌（東寺金剛藏）　11505066
大日金輪蓮臺灌頂別傳儀軌（東寺金剛藏）　11620001
大般涅槃經（西福寺）　10505043
大般涅槃經（東大寺圖書館）　10505019
大般若經（東大國語研究室・大東急記念文庫）　12540005
大般若經音義（石山寺）　07905002
大般若經音義（天理圖書館）　12860001
大般若經音義（無窮會圖書館）　12005022
大般若經音義（藥師寺甲本）　12860002
大般若經音義（藥師寺乙本）　12860003
大般若經音義（來迎院如來藏）　07905004
大般若經三十二相八十種好（東寺金剛藏）　11005013
大般若經字抄（石山寺）　10320001
大般若波羅蜜多經（安田八幡宮）　11020006
大毗盧遮那經（園城寺）　10505013
大毗盧遮那經（五島美術館）　10400002
大毗盧遮那經（西大寺）　10000001
同　10780004
大毗盧遮那經（慶應大學圖書館・吉水藏）　10640005
大毗盧遮那經（東寺金剛藏）　10505014
大毗盧遮那經（龍光院）　10580001
大毗盧遮那經義釋（石山寺）　11505063
大毗盧遮那經義釋（叡山文庫）　11280002
大毗盧遮那經供養次第法（石山寺）　10400003

大毗盧遮那經廣大儀軌（東寺金剛藏） 13540002
大毗盧遮那經疏（醍醐寺） 11300014
大毗盧遮那經疏（醍醐寺） 11850004
大毗盧遮那經疏（築島裕） 11380001
大毗盧遮那經疏（東寺金剛藏） 10505069
大毗盧遮那經疏（東寺金剛藏） 10700004
大毗盧遮那經疏（東寺金剛藏） 11200015
大毗盧遮那經疏（東京國立博物館・東京大學史料編纂所）
11020007
大毗盧遮那經疏（大日經義釋）（東大國語研究室）
10240002
同 10340002
同 11050006
大毗盧遮那經疏（仁和寺） 10930009
大毗盧遮那經疏（輪王寺） 11510005
大毗盧遮那經隨行儀軌（寶壽院） 09480001
大毗盧遮那經略疏（石山寺） 11505067
大毗盧遮那成佛經疏（高山寺） 11030006
大毗盧遮那成佛經疏（眞福寺） 11570004
大毗盧遮那成佛經疏（東大國語研究室） 11140007
大毗盧遮那成佛經疏（高山寺） 10820003
大毗盧遮那佛眼修行儀軌（遍照寺） 10450004
大忿怒金剛童子念誦瑜伽法（東寺金剛藏） 11350013
大方廣佛華嚴經（聖語藏） 08005011
大方廣佛華嚴經（律宗戒學院） 08505031
大方廣佛華嚴經普賢願行品（宮内廳書陵部） 11830001
大法次第（石山寺） 10600005
大輪金剛修行悉地成就及供養法（寶壽院） 10670001
大輪金剛修行悉地成就及供養法（大東急記念文庫）
11280005
大輪金剛惣持陀羅尼印法（東寺金剛藏） 10550003
但馬國正稅帳（正倉院） 07370002
底哩三昧耶不動尊威怒王使者念誦經（東寺金剛藏）
11270004
底哩三昧耶不動尊聖者念誦祕密法（大東急記念文庫等）
10780002

中觀論（聖語藏）　08505018
肇論疏　12510007
長宴記（吉水藏）　10600006
篆隷文體（毗沙門堂）　12505028
轉法輪菩薩摧魔怨敵法（東寺金剛藏）　11340004
唐大和上東征傳（東寺金剛藏）　11505073
東大寺諷誦文稿（佐藤達次郎舊藏）　08305004
東大寺要錄（醍醐寺）　12410002
童子經尺（吉水藏）　11270001
頓證菩提卽身成佛眞祕密三部一合行法最極印契眞言（東寺金剛藏）　12800001

な行

那羅延天共阿修羅王鬪戰法（東寺金剛藏）　13620011
南海寄歸内法傳（天理圖書館・京都國立博物館・個人藏）　10165001
南海寄歸内法傳（法隆寺）　11280014
二中歴（前田育德會）　13005040
日本往生極樂記（天理圖書館）　10860002
日本感靈錄（龍門文庫）　11470002
日本高僧傳要文集（東大寺圖書館）　12510006
日本國現報善惡靈異記（群書類從本）　08105015
日本國現報善惡靈異記（興福寺）　08105007
日本國現報善惡靈異記（眞福寺）　08105009
日本國現報善惡靈異記（前田育德會）　08105008
日本書紀（熱田神宮）　13760001
日本書紀（鴨脚光朝）　12360002
日本書紀（北野天滿宮）　12005134
日本書紀（宮内廳書陵部）　11420003
日本書紀（京都國立博物館）　10005008
同　11005115
日本書紀（前田育德會）　11505075
日本靈異記（前田育德會）　12360003
日本靈異記（來迎院如來藏）　11505521
入楞伽經（知恩院）　09505009

如意菩薩神呪式經（東寺金剛藏）　10850002
如意輪勸請法（東寺金剛藏）　11390005
如來遺跡講式（鈴木吉祐）　12150002
仁王經念誦法（曼殊院）　10450002
仁王經念誦法（大東急記念文庫）　11050001
仁王念誦儀軌（東寺金剛藏）　13940001
仁王般若念誦法（東寺金剛藏）　11020005
念誦結護法普通諸部（東寺金剛藏）　11280004
念誦結護法普通諸部（東寺金剛藏）　12000003

は行

白氏文集（大東急記念文庫）　12520007
八字文殊儀軌（石山寺）　10690002
般若心經幽贊啌洞記（東大寺圖書館）　10890011
般若波羅密菩薩念誦儀軌（東寺）　10800006
般若理趣經注釋（大東急記念文庫）　11020002
般若理趣釋（東寺金剛藏）　11750003
祕藏記　12500001
祕藏寶鑰（石山寺）　11980001
祕密曼荼羅大阿闍梨耶付法傳（松田福一郎）　10600001
毗沙門引用符（高山寺）　10510003
毗沙門鎰禹法（高山寺）　10510004
毗沙門天王別行法（石山寺）　11440004
毗沙門天隨軍護法儀軌（東寺金剛藏）　13630004
毗盧遮那經成就儀軌（石山寺）　10660004
百法顯幽抄（東大寺圖書館）　09005007
白傘蓋大佛頂王寶勝无比大威德金剛・无碍大道場陀羅尼念誦
法要（東寺金剛藏）　11350006
平等院御經藏目錄（龍門文庫）　11705071
不空羂索神呪王經（東寺金剛藏）　12410001
不空羂索神呪心經（西大寺）　10450001
不空羂索神呪心經序（宮内廳書陵部）　11240004
不空羂索陀羅尼儀軌（東寺金剛藏）　13940002
不動儀軌（東寺金剛藏）　10250001
不動私記（吉水藏）　11280001

菩薩戒經（石山寺）　10160001
菩薩善戒經（聖語藏）　08105001
菩薩投身施餓虎經（佐藤正憲）　11505087
寶篋印陀羅尼經　11670020
寶篋印陀羅尼經（東寺金剛藏）　12505039
寶篋印陀羅尼經記（東寺金剛藏）　13460001
寶篋記（東寺金剛藏）　13670001
寶藏天女陀羅尼法（東寺金剛藏）　11480003
北辰菩薩所説經（東寺金剛藏）　13560002
北辰妙見尊星王菩薩所説陀羅尼經（東寺金剛藏）
11250001
北斗儀軌（吉水藏）　10130001
北斗七星護摩祕要儀軌（石山寺）　10570003
北斗七星護摩祕要儀軌則（東寺金剛藏）　11240001
北方毗沙門多聞寶藏天王神妙陀羅尼別行儀軌（東寺金剛藏）
11540001
法苑珠琳（法隆寺）　11340003
法華經音訓（版本）（東洋文庫）　13860001
法華義疏（石山寺）　10020001
法華義疏（東大寺圖書館）　09280002
法華義疏（東大寺圖書館）　11505088
法華經山家本裏書（版本）　18400001
法華經抄（東大寺圖書館）　11340006
法華經單字（矢野長治郎）　11360001
法華經傳記（東大寺圖書館）　11300001
法華二十八品略釋（東大寺圖書館）　10700001
法華曼荼羅威儀形色法經（東寺金剛藏）　11350004
法華文句（高嶺秀夫舊藏）　08305005
法華文句（東大寺圖書館）　10505024
法華論義草（東大寺圖書館）　09505116
本朝月令（前田育德會）　12505040
本朝文粹（醍醐寺）　13080001
梵網經（五島美術館）　09505012

ま行

や　行

藥師次第（石山寺）　10300001
瑜伽觀智儀軌（醍醐寺）　11320006
瑜伽供養次第法（吉水藏）　11200002
瑜伽傳心鈔　12505051
遺告（石山寺）　10630006
遊仙窟（醍醐寺）　13440001
遊仙窟（眞福寺）　13530006
要抄（北河原公海）　10680003
浴像儀軌（高山寺）　10590004

ら　行

羅摩伽經（聖語藏）　08005010
六臣註文選（宮內廳書陵部）　14270001
略述金剛頂瑜伽分別聖位修證法門經（石山寺）　09430001
略述金剛頂瑜伽分別聖位脩法門序（吉水藏）　11180016
龍樹菩薩傳（東寺金剛藏）　11505107
類聚三代格（天理大學）　12680002
蓮華胎藏界儀軌釋（石山寺）　10540002
老子道德經（大槻文彥）　15780001
聾瞽指歸（金剛峯寺）　08005003
六字經儀軌（石山寺）　10600004
論語義疏（大槻文彥）　14870001
論語集解（宮內廳書陵部）　13280001
論語集解（東洋文庫）　13150003

わ　行

和漢朗詠集私注（黑板勝美）　15080001

訓點語彙集成

第一巻　あ〜い

ア

ア（畔）
〔畔〕21801
畔阿　08105015-中26
畔ア　08280001-㉑
畔ア　08280002
ア（我）→アガ、アレ
ア（嗚呼）→アア、ヤア
〔吁〕03275
吁ア　09505003-4
〔咄哉〕03480 03596
咄哉ア　10505019-⑩1
〔咨〕03538
咨ア　11005025-25オ
咨ア　11340007-②34オ, ③29オ
咨「ア」　11340007-④40オ
咨ア　11450006-1
咨ア　11505075-⑰142-7
咨ア（去）　11550009-28ウ
咨ア　12840003-①10ウ
〔咨々〕03538 00097
咨々「ア」　11340007-④58ウ1, ④69オ7
咨-々ア　11550009-50ウ4, 57オ7
〔咨乎〕03538 00131
咨乎（去）ア　11550009-40オ1
〔嗚〕04084
嗚ア　11360001-32オ1
〔嗚呼〕04084 03471
嗚_呼ア　10860002-33ウ1
嗚-呼ア　10990002-⑦313
嗚呼ア　11080001-2
嗚-呼ア　11260001-⑦332
嗚呼ア　11280014-②11
嗚呼ア　11390003-8オ
嗚_呼ア　11550009-47ウ2
嗚呼ア　11550009-49オ4
嗚_呼ア　11630001-④52
嗚呼ア　11970004-4ウ6
嗚呼ア　12110002-15
嗚呼ア　12505020-㉛2
〔嗟〕04102
嗟ア　10730001-⑨7オ6
嗟ア　11380002-南52オ
嗟ア　11450006-19
嗟ア　11505085
嗟ア　12505072-2, 20, 20
〔嗟乎〕04102 00131
嗟乎ア　11450006-19
嗟乎ア　11505075-⑭95-7
嗟乎ア　11630001-③251
嗟_乎ア　11630001-⑧149
嗟乎ア　12505019-45オ

〔嗟呼〕04102 03471
嗟呼二合 阿 08105007-上35
嗟-呼ア 11550009-35オ5, 47オ5
嗟_呼ア 11550009-49オ1
嗟呼ア ナケクラクハ 11630001-⑥417
〔嗟夫〕04102 05835
嗟夫ア 11505075-⑰125-5, ⑰142-8
〔嘻〕04276
嘻ア 12110002-4
嘻ア 12505020-㉛2
〔噫〕04381
噫阿 08105015-中2
噫ア 10005008-㉔195
噫ア 11005115-㉔195
噫ア 11580001-49
噫ア 12505020-㉖5
〔噫矜〕04381 23852
噫-矜ア 12360003-下序

〔慶〕11145
慶ア 09480002-4オ7, 11オ7
〔於〕13628
於ア 10990002-⑧189
於ア 12505072-14, 15, 16
〔於戲〕13628 11681
於戲ア 12505019-7オ
〔猗歟〕20493 16226
猗(去)歟(去)ア 11550009-18ウ2
〔粤〕26935
粤(入輕)「ヱツ反」「ア(去)」 10990002-⑩290
〔譩〕36013
譩ア 12840003-①9ウ6
アア(嗚呼)→ア
〔于〕00252
于ア、(「ア、」存疑) 11630001-⑤123
〔嗚〕04084
嗚ア、 12360003-下序

嗚ア、 13860001-43-2
〔嗚呼〕04084 03471
嗚呼アア 10505007-45-3
嗚呼「(墨點「ヤア」の「ヤ」を朱消)」「アア」 10990002-⑩183
〔嗟々〕04102 00097
嗟々「ア、」 11340007-④53ウ2
アアシコクサ(白薇)
〔白薇〕22678 32092
白薇ナ(「ア」の誤)、シコクサ 11505004-①51ウ2(存疑)
アイカラム(闕)(存疑)
〔闕〕41470
闕アイカラム云ム 11590002
アイダル(足)→アキダル
〔足〕37365
不ス足アイタラ 11130001-④4オ
アイヅク(愛著)

〔媚著〕06513 31410
媚著アイック 11860003-76

アウノワ（陟厘）
〔陟厘〕41659 02946
陟厘アウノワ（平平平平） 11505004-①46ウ4

アカ（垢）
〔垢〕05058
削垢アカケツル刀 08105005
垢アカを 10200001-⑨15オ4
垢アカを 10640005-①9オ
垢アカ 11360001-26ウ3
頭垢和名加之良安加 11505004-①72オ7
天アメノ垢カホアカ 12360002-12ウ6
垢アカ 13860001-36-4
〔浣〕17470
浣故官反 濯垢也 11450001-㉑23ウ9
〔穢〕25331
穢アカを 10820003-④413

アカ（高）→タカ

アガ（我）
〔吾〕03379
吾アカ（平平）處モト（上上）にか 12360002-5オ7
臨_吾_處アカモトニイテマセリ 12360002-13ウ8
〔我〕11545
我アカ財ハ 08305004-175
〔朕〕14361
朕カ 11505075-⑰126-2
朕アカ 11505075-⑰126-3

アカアヅキ（赤小豆）
〔赤小豆〕36993 07473 36245
赤小豆和名阿加阿都支 11505004-①79ウ2

アカウマ（赤馬）
〔赤駿〕36993 44775
赤駿アカウマに 11505075-⑭93-3

アカウルシ（赤漆）
〔赤漆〕36993 18108
赤アカ-漆ウルシ 11860003-42

アカカガチ（赤酸醤）
〔赤酸醤〕36993 39871 40011
赤酸_醤アカ、、チに 12360002-4ウ4

アカガネ（銅）
〔赤銅〕36993 40361
赤銅屑和（「和」存疑）安加〻祢（上上上上） 11505004-①58オ5
〔銅〕40361
銅ネヲ 11005025-20ウ5
銅アカ、ネ 11130001-④2オ
銅アカ〻ネ 11360001-29オ2
銅アカ、ネノ 11390005
銅アカ、ネ 13860001-39-3

アカガリ（胼）
〔皸裂〕22866 34260

皺ヒ、裂アカ、リタユルコト 11280014-③106

〔胼〕29453

胼アカ、リ胝ヒミ 12505020-㉘8（紙背）

アカキ（褹裸）

〔褹負〕27857 36660

褹負アカキ 08005005-18

アカキキミ（丹黍米）

〔丹黍米〕00099 47991 26832

丹黍米和名阿加支々美 11505004-①79ウ6

アカキタマ（赤玉）

〔珊〕20917

珊アカキタマ 11360001-14ウ3

アカキニス（赤）

〔朱〕14424

朱アカキにして目を 11140007-⑪52

アガク（蹀）

〔蹀〕37716

蹀アカイテ（「カ」に朱點「、」を加筆して「ガ」とす） 10990002-⑨224

蹀アカイて 12410003-2-24

アカクス（赤）

〔赤〕36993

當に赤シクス 11020007-⑳12

赤アカクシ 11450001-㉒15-28

アカグロ（赤黑）

〔赤黑〕36993 48038

赤黑 11860003-53

アカグロシ（赤黑）

〔朱頭〕14424 43490

朱頭アカクロイコト 10700003

アカザ（藜）

〔藜〕32326

藜□〈レ〉イ灰アカサノハヒ 11505004-①46オ4

藜アカサ 12505020-㉘8

藜アカサ 12840003-①28オ6

アカサク（明）→アカス

〔明〕13805

明「サク」 10740001-⑦74

明「サク」 11020007-①17

明サクなり 11020007-⑤65

明サクす 11020007-⑪17

アカザノハヒ（藜灰）

〔冬灰〕01610 18858

冬灰和名阿加佐乃波比（上平平平平上） 11505004-①58オ2

アカサマ（欻）

〔欻〕16099

欻アカサマニ　アカシマニ 11505075-⑭93-3

アカシ（燈火）

〔爝火〕19614 18850

爝火タテアカシ 12840003-③18オ4

アカシ（明）

〔明〕13805
明キ慧 08305001-①3-15
明キ導 09505020-121
明アカイコトヲ 11550009-23ウ4

アカシ(赤)→アカキニス、アカクス

〔丹〕00099
丹アカキ 11005080-上31ウ7
丹アカク 11260001-⑨209
毎(丹)アカシ 11360001-35ウ1
丹アカシ 11360001-35ウ1, 67ウ4
丹アカシ 12005022-31ウ5(39-1), 35ウ2(40-8)
丹アカシ 12860001-②4ウ1(39-1),
②9オ3(40-8), ③7ウ1(47-10),
③27ウ6(54-1), ③46オ4(58-1)
丹キ 13440001-20オ
丹アカシ 13860001-48-1

〔乾陀〕00204 41600
乾陀「赤衣」 10990002-⑩131(下欄外)
乾陀ケン(「乾」の音注か)也 赤也 11200015-⑤230

〔彤〕09972
彤赤也 トウ 09890001

〔朱〕14424
朱アカキ 09890001
朱アカク黯クロイコト猶し「コトシ」劫火の 10590001-10
朱アカ(キ)衣をして 10660004-21
朱アカキ 11005025-12オ4
朱アカキ蓋あり 11130005-40オ
朱アカキ-柱ハシラ 11260001-③299
朱アカキ 11340007-③12ウ6
朱アカキ 11380002-北35オ
朱アカキ脣クチヒル 11550009-23ウ5
朱アカシ 12860001-③46オ3(58-1)

〔東底〕14480 09262
東底赤也(角點)(「底」存疑) 10230002-③57

〔絳〕27449
赤ク絳アカキ色 11160007-②190
絳アカキ 11340007-④30ウ3
絳カウ (ア)カノ(「ノ」は「キ」の誤か)-色赤ヲ
也 11630001-②431

〔緋〕27604
緋アカキ 13620005

〔肉〕29236
肉アカシ 11360001-15ウ3

〔血〕33964
血アカシ 11360001-41オ3

〔赤〕36993
赤ク 08305001-①12-17
赤き 08505020-30-11
微スコシ赤アカ、ラシメヨ 10250001-290
赤アカク黄キニセヨ 10250001-291
身「ミ」赤「アカシ」 10350001-9オ2

赤く(存疑) 10505003-①237
微スコシ赤アカ、ラシメヨ 10510002-35
赤きこと(存疑) 10790001-下22オ
赤し／「シ」 11005080-上29オ3, 上29オ6
赤は／「シ(「ハ」の誤か)」 11005080-上29オ5
赤カキ 11130001-③13ウ
赤ア(カシ) 11130001-④21オ
赤「ク」 11200015-⑤183
赤く 11205001-24
赤ク 11210001-①42
赤シ 11210001-①88
赤イコト いこと五-日 11270012-95
赤「キ」 11340007-④49ウ2
赤アカク開ヒラケタル 11350010-14-6
赤アカシ 11360001-29オ2
赤シ 11450001-㉑21ウ5
令シメ赤(カ)ラ 11450001-㉒14-10
令シメ赤カラ 11450001-㉒16-12

赤シ 11505004-①1ウ2
赤キ 11505004-①8ウ5
赤ク 11505004-①10オ7
赤キモノ 11505004-①11オ4
赤キ唇 11550009-45ウ4
赤ク 11630001-②82
赤アカクシて 12505072-5
赤キ 12840003-①25オ4
赤シ 12840003-②22ウ1, ③7ウ5
赤キ色 12840003-③10オ4
赤アカシ 13860001-39-3
〔赤珻〕36993 20998
赤アカ珻タマ 08305004-99
〔赫奕〕37010 05922
赫奕トアカシ 11505073-12ウ
〔赭〕37017
赭アカキ 11380002-北35オ
赭アカウ(シテ) 11630001-①208

赭アカキ 11630001-②120
〔駕〕44667
駕アカシ 11360001-35ウ2
〔黃〕47926
黃アカシ 11360001-32ウ1

アカシマ(暴)

〔取假〕03158 00835
取假アカ「シマニ」 11505075-⑭83-8
〔取盡〕03158 23029
取「盡アカシマ(ニ)」 11505075-⑭78-8
〔暴〕14137
暴アカシマニ 08505007-②14-3
〔欻〕16099
欻アカサマニ　アカシマニ 11505075-⑭93-3

アカス(明)→アカサク、アカスラク

〔光〕01350
光明也(サム)と 10705001-①76

〔名〕03297
可名アカス有るコトヲ　11020007-⑯5
〔徴〕10239
徴「アカス」　10820003-⑤619
〔明〕13805
明し　08305011-3-2
明す　08305011-4, 5-1, 21-2, 23-4, 23-5, 23-6, 23-6, 25-6, 27-9, 33-4, 33-4, 49-4, 49-4, 53-3, 53-8, 53-8, 53-8, 53-9, 57-1, 57-2, 57-2, 57-6, 77-5, 101-6, 163-1, 163-6, 165-3, 177, 177-6, 177-10, 183-3
ことを明す　08305011-23-6, 51-5
明しッ　08305011-27-7, 99-4, 109-5
明すなり　08305011-29-4
明して　08305011-33-3
明すときに　08305011-43-8
明すか　08305011-53-2, 69-1, 71-1, 175-4
明すいは　08305011-87-5

明サむ　08305011-99-4
明すに　08305011-183-1, 183-9
を明す　08505020-6-20, 7-3, 7-19, 8-12, 8-18, 9-18, 9-18, 15-7, 15-7
明す　08505020-7-2, 7-4, 7-4, 7-5, 12-9, 13-20, 14-4, 14-12, 14-15, 15-7, 23-13, 25-12, 26-4, 38-12, 38-17, 39-3, 41-14, 41-17, 42-1, 42-22, 43-6
を明(し)ッ　08505020-8-8, 25-12
を明すか　08505020-14-11
明すといふは　08505020-15-7
明すいは　08505020-22-15
を明すいは　08505020-22-15
を明(しつ)レハ　08505020-27-15
明すか　08505020-41-7
不明サ　10005008-㉒466
明カスハ亦難し保「タモチ」　10505019-㉓8
明アカシテ…而て　10505024-29オ7

明アカサハ　10505024-30オ7, 34オ2
明アカセ□〈リ〉　10505024-32オ2
明アカセリ　10505024-32オ2
明アカスコトヲ　10505024-37オ6
明カス　10505024-37オ7
明アカセル　10505024-37ウ1
明アカセルカ　10505024-37ウ4
明アカス…也ナリ　10505024-39オ1
明アカセルハ　10505024-39ウ6
明アカスニ　10505024-40オ7
明ス　10505024-41オ7
明セハ　10505024-44ウ7
明アカシテ　10505024-51ウ1
明「セハ」て　10780002-③9
明「セヨ」　10780002-③11
明す　10820003-②102, ②238, ②540, ②608, ②608, ②671, ②674, ②702, ②706, ②714, ②725, ②864

明(さ)む「フ」 10820003-②733
明「ア(か)」(す)所は 10820003-②751
明「ス」 10820003-④726
明「ス」ことを 10820003-⑥567
明「サ」未(る)を 10820003-⑦69
明「セルナリ」 10820003-⑦101
明「リ」達「セリ」 10870001-③482
明アカスコト 10990002-⑨220
明に／「スニ」 11005080-上1ウ5
明さ「ス」者は 11005080-上23オ4
明さむ／「サム」 11005080-上23オ5
明さ／「スト(イフ)」者は／「ハ」 11005080-上26オ3
明「サ」者「ハ」 11005080-上27オ5
明「セ」者は／「ハ」 11005080-上27ウ3
明(さ)「ス」者は／「ハ」 11005080-上34ウ7
明し／「セリ」 11005080-上46ウ7
明「ス」 11005080-上86ウ6

明し／「ス」 11005080-上86ウ6
明(す)か／「スカ」如し／「シ」 11005080-上92ウ7
明して／「シテ」 11005080-上97オ4
明して／「シテ」云く／「ク」 11005080-上98オ2
明さ者は／「ハ」 11005080-上98ウ5
明すに／「スニ」 11005080-上104オ4
對こた(へ)明アカ(「カ」存疑)シたまふ 11030006-③1オ
明ス所-以者は 11030006-③3ウ
明(ア)カイツ 11030006-③3ウ
明かサム 11030006-③5ウ
明ス所-以者 11030006-③5ウ
明す道を 11200004-47
明シテキ「シツ」 11200015-④29
明サムトナリ 11200015-④232
所の明す 11230001-②271

明し 11230001-②331
明サムに 11230001-②354
重□□〈カサ〉ネ明シタマハムコト 11280014-③100
明スカ 11280014-③437
明ス 11350010-6-5
明す 11380001-⑯7-2
明ア(カス) 11420003-⑫5オ
明アカサムトナリ 11510005-②95
明サムとなり 11850004-④82
明アカす 12410003-17-20, 23-12, 28-15, 30-6, 36-1
明ス 12840003-①35ウ3, ③12オ5

〔曉〕14176
曉アカス ケウ 10505007-14-7

〔曲〕14280
宜曲「明也」成佛事「を」 10505069-①43

〔甄〕21557

甄アカス 12840003-②10ウ2

〔的〕22692

的アカス 11140007-⑦88

的マサシク「アカスト」 11200015-⑦64

〔觀〕34993

觀アカスコト 10505014

〔闡〕41489

闡アカス 12005022-6オ2(5-1), 7ウ1(6-2), 43ウ3(42-5)

闡アカス 12860001-①5ウ2(5-1), ①7オ5(6-2), ②18ウ4(42-5), ③11オ6(49-5)

アカスラク(明)→アカス

〔明〕13805

明アカ□〈ス〉ラク 10505024-52ウ7

明スラク 10505024-52ウ7

明スラク 10820003-⑦88

明「スラク」 11020007-①11

アカスル(浣)(存疑)

〔浣〕17470

一ヒトツはクコ(ト)ことを主(下欄外)「アカスル」ツカサ(ト)ル浣ス(、)アラフ 10505019-㉖47

アガタ(縣)

〔縣〕27784

縣アカタ 11420003-⑫3オ

那縣アカタ(平平平) 11550009-41オ3

〔郡〕39436

國郡クニアカタノウチに 11505075-⑭87-1

アガタ(縣)(人名)

〔縣〕27784

縣アカタ 11420003-㉓10オ

アカダマ(赤玉)

〔虎魄〕32675 45810

虎魄和名阿加多末 11505004-①68オ6

〔赤珻〕36993 20998

赤アカ珻タマ 08305004-99

アガタモリ(縣守)

〔縣守〕27784 07071

縣守アカタモリ 11505075-⑪50-3

縣守アカタモリ 12505031-10-11

アカツ(頒)

〔分〕01853

分アカチ賜フ 11630001-④83

〔分散〕01853 13265

分散アカチ 11505075-⑭104-2

〔播〕12747

播マ(「マ」の右傍墨書「ア」)カチ「テ」ホトコ「ハン」シ植ウヘて「シ」「テ」 11030006-②30ウ

播アカツア□□ 11630001-⑦164

〔散〕13265

散アカチて 11505075-⑭104-7

散アカチ置 11505075-⑰145-6

〔散與〕13265 30212

散與アカチ 08505007-②7-6

〔斑〕13470

被タリ「タリ」斑タマハ「アカタ」 10630006-4
〔班〕20976
班アカツ 11160007-⑥30
班「ワカチ」「アカチ」 11340007-④67オ2
班「アカチ」 11340007-④68オ7
班アカテ(平平上) 11550009-43オ7
班アカチ 11550009-56オ2, 57オ3
班アカチて 12410003-26-22
〔頒〕43378
頒アカタむ 11130001-④17ウ
頒アカチ、分也 11260001-⑦97
頒アカチ(平平上) 11380002-北24オ
頒アカテ扶雲反 12140002-⑫581

アカツキ(暁)→アカトキ

〔天暁〕05833 14176
天暁アカツキ 10790002-8ウ3
〔明〕13805
明アカツキノ萱月 13440001-5オ
〔明發〕13805 22669
明發アカツキ 08505007-②20-8
〔暁〕14176
暁「アカツキヲ」 10990002-⑧413
暁ケウ反 更アカツキ 11300001-④5
暁アカツキ 11360001-31オ3
將す暁アカツキニナムナムト アケナムト 11630001-⑦133
暁アカツキノ月ヲ 11860003-155
暁アカツキノ 11860003-199
暁ツキ 12150002-10
暁アカツキ 12505010-282
暁アカツキノ 12505010-292
暁キニ 12840003-①22オ2
暁カツキ アキラカ 12860001-②15ウ1(42-4)
暁アカツキ 13860001-42-2
〔曙〕14220
曙アカツキに 11380002-地6ウ
曙□〈ア〉カ□□〈ツキ〉 11380002-地21ウ
曙アカツキ 11380002-西31オ
曙アカツキに 11630001-①551
曙アカツキに 12505035-23ウ3
〔更〕14283
更アカツキ 11360001-28オ3
更アカツキ 13440001-3ウ, 4オ
〔霏〕42323
霏アカツキノ 10930009-⑫2ウ
霏アカツキ 11850004-⑫7
〔霏微〕42323 10203
霏微アカツキの 11140007-⑫4
〔鷄鳴〕47209 46672
鷄鳴アカツキニ 11505075-⑪36-5
〔鷄鳴時〕47209 46672 13890
鷄鳴時アカツキを 10005008-㉒275

アカヅク(垢)

〔垢〕05058

垢ツキ穢レたること 08305001-①7-12
垢アカツキ穢ヨ（「ヨ」存疑）タツ（「ツ」或いは「ハ」か）レタル衣服 10640006-①19
垢（アカ）ツキ 11200015-⑤64
弊ヤレ垢アカツキ 11420003-㉑9ウ
不垢アカツキ黒クロメラ 11505097
垢アカツク 13860001-36-4
垢アカヅキ 18400001-③12-17
不垢黒アカヅキクロマズ 18400001-⑥1-34
〔膩〕29862
膩アカツク 13860001-63-6

アカツチ（赤土）
〔代赭〕00386 37017
代赭和名阿加都知（上上上上）
〔黄土〕47926 04867 11505004-①57ウ3
竈底「カマソコノ」黄土「アカツチ」 11450001-⑫24ウ6
黄土アカツチ 11450001-㉑5ウ7, ㉒20-5

アカトキ（曉）→アカツキ
〔曉〕14176
曉アカトキ 08305004-224

アカナ（赤菜）→ハマアカナ
［参考］
茈胡又波末阿加奈（平平平上?·平） 11505004-①59ウ2

アカニ（赤丹）
〔赤丹〕36993 00099
赤丹アカニ 10505150-7右

アカネ（茜）
〔茜〕30871
茜アカネ 11860003-45
〔茜根〕30871 14745
茜根アカネ 11505004-①50オ2
茜根和名阿加祢（上上上） 11505004-①61オ3

アカネハル（斑）
〔斑〕20976
斑阿可祢皮利 08105008-下32

アカハダ（赤裸）
〔裸〕34371
裸アタ（「タ」は「カ」の誤か）ハタニシテ 12840003-②20ウ6

アカハダカ（赤裸）→アカハダカニス
〔倮〕00797
其ノ蟲ハ倮アカハタカナリ 13300004-⑤774
〔白身〕22678 38034
白身アカハタカナルモノソ 10505019-㉛19
〔袒〕34184
袒アカハタカナリ 11360001-45オ3
袒アカハタカ（上上上上濁平）ナリ 11360001-52オ2
〔裸形〕34371 09969
裸形アカハタカに 10740003-①281

〔赤體〕36993 45291
赤|體アカハタカ 10165001-②12ウ3
赤體アカハタカ 11280014-②80
〔露〕42463
露アカハタカナル 11630001-⑦211

アカハダカニス（赤裸）
〔倮〕00797
倮アカハタカニして 12110002-20
〔裸〕34371
裸アカハタカニス 12505019-21ウ

アカヒノム（求）
〔求〕17105
求アカヒノム 08505007-①28-6

アカフ（贖）→アカヒノム
〔償〕01245
償アカヒ 08580002-100
〔徴〕10239
徴アカフ之を 10505019-㉑13
〔班〕20976
班アカフテシ之 11160007-⑥173
〔貿〕36721
貿アカフ（平平上） 11360001-54オ3
〔購〕36885
購ウカ、ヒ求しも　（上欄外）「購「アカヒ」「サケヒ」」 10430002-⑬14
購（購）□□（オキ）ノリ求 アカヒ 11020007-⑱37
〔贖〕36970
贖倭云阿可布 07905001-77-1
贖阿可比天 08105007-上7
贖阿可女（「女」は「比」の誤か）弖 08105015-上7
贖アカフ 09505012
贖アカフニ命を 10505019-⑱5
贖アカハムコト 10505024-33ウ3
贖アカヘ 10680003
贖神欲反 アカフを 10730001-⑩25-9
贖アカフ 10990002-⑩96
贖フ 11050002-53オ
贖ア（カヒテ） 11130001-③4オ
贖アカフ 11130001-③4オ, ④16オ
贖アカ（フ） 11130001-④16オ
贖アカフ 11130005-73ウ
贖アカヘル（コトヲ） 11160007-③203
贖アカヘリシ詞 11260001-③203
買ヒ贖アカフに 11260001-③389
請贖カフ トク反 アカフ 11300001-⑧35
贖アカフ 11340007-①14オ3
贖「アカフこと」 11340007-④53ウ5
見レ贖アカハ 11390003-4オ
贖アカフ 11390003-4ウ
贖アカハム 11450006-9
贖アカワむと 11450006-9
贖アカハムことを 11505075-⑭61-6
贖アカフ之ヲ 11505100-219

贖アカフコト ソク　11550009-47ウ6
欲スレトモ…贖アカハムト　11550009-48ウ7
贖アカフ　11630001-①196
贖アカヒテ　12140002-⑪146
贖アカウ罪　12840003-②20ウ6
贖アカフ之を數カス　13300004-②636

アカホシ（明星）

〔明星〕13805 13837
明星アカホシ　11340007-③9ウ4

アカマグサ（澤蘭）

〔澤蘭〕18383 32519
澤蘭一名ア□〈カ〉マクサ　11505004-①52ウ3
澤蘭一名阿加末久佐（上上上平）　11505004-①63オ3

アカム（赤）→オモテアカム

〔赤〕36993
若赤み若黑ム　08580002-74
赤ムテ　11340007-②23オ3

〔赧〕37001
赧オモテアカム　12005022-36オ6（40-9）
赧ヲモテアカム　12860001-②10オ3（40-9）

アガム（崇）

〔優崇〕01261 08152
優崇アカメ　11420003-⑮13ウ

〔奉〕05894
奉アカメ　11420003-⑮4ウ，㉑6ウ

〔奉爲〕05894 19686
奉爲アカメマツラムト　11420003-⑮4ウ

〔宗〕07106
宗トヒ「（平輕）アカメ」仰ア（フ）キ　（上欄外）
「シ」　09505020-21
宗アカム焉　10990002-⑦292
宗アカメラル（タフト）ヒラル　11160007-①238
宗アカムること　11230001-③207
宗アカムルコト　11620001
宗タフトウして アカメ　11630001-②130

〔寵〕07368
愛メクミ寵アカムル　12005134-㉓5ウ

〔尊〕07445
尊アカム　11240002-9ウ

〔崇〕08152
敬「マヒ」崇す「アカム」　09505020-15
若不崇アカメ日月の光す時に　10505069-⑪28
崇アカム高　10820003-⑤105
崇アカム　10990002-⑦55
所をは崇アカムる　11230001-②318
未す崇アカ（メ）　11230001-②327
崇（アカ）む　11230001-②345
崇ア（かめ）不　11230001-③162
崇め　11230001-③351
崇む　11230001-③353
不崇アカメ　11240002-12オ
崇アカム　11260001-⑦55

崇アカメ 11340007-①3ウ6
崇アカム 11360001-48ウ2
崇アカメ 11380002-北24ウ
崇アカメ 11505073-23ウ
不ス崇アカメ 11505073-26オ
崇アカメて 11505075-⑪8-2
崇カメ 11630001-④172
崇カメ尙フトモ 11630001-④276
尊ヒ崇ムルコト 11630001-⑤99
崇メ建(テ)タリ 11630001-⑥243
崇アカメ恩ヲ 11860003-138
崇アカムル 12005009-10
崇メ 12140002-⑪13
營(崇)アカメ福アラ不 12140002-⑫103
崇アカム 12230001-41ウ
崇アカメ 12840003-①37オ7
崇アカメシメヨ 12840003-①37ウ2
崇アガメ 18400001-②19-36

〔崇敬〕08152 13303
崇_敬アカメ 12360002-16ウ1
〔愛〕10947
愛アガメ 18400001-②19-35
〔敬〕13303
敬アカム 11630001-⑦7
敬アカメて 11630001-⑦34
敬アヤ(「ヤ」は「カ」の誤)メテ聖 11630001-⑧583
〔敬仰〕13303 00400
敬_仰アカム 11630001-④133
〔褒〕34437
褒アカムルに ホムル 11630001-⑧281
〔譽〕36066
譽アカメ、、 11505521-中7-17ウ6
〔貴〕36704
貴アカメ 11630001-④244
〔重〕40132
敬キヤヒ重アカメ給こと 10005008-㉔210
敬キヤヒ重アカメムこと(「こと」朱別點か) 11005115-㉔210
重アカメ 11630001-⑦370
重アカメて 12360002-15ウ6

アカヤカス(陟)

〔陟〕41659
黜シリソケ □□ソケ 陟アカヤカス 11630001-⑤96

アカラカ(明)

〔曄〕14169
曄アカラカニ 11505075-⑭80-1
〔熻朗〕19272 14364
熻セン_朗トアカラカナレトモ 11340007-③3オ6
〔顯〕43726
顯(上)敞(去)生反 ナキナル(存疑) アカラカナル 10640005-①12ウ

アカラカ(赤)

〔丹〕00099

丹アカラカに　08305011-143-5

丹アカラカに　08505020-34-20

〔赤〕36993

赤ラカに好キこと　08305001-⑤80-7

赤から(か)に好キこと　08305001-⑩204-16

アカラサマ(暫)

〔取急〕03158 10475

取急アカラ「サマニ」　11505075-⑭78-8

〔取盡〕03158 23029

取「盡」アカラ「サマニ」　11505075-⑭78-8

〔急須〕10475 43352

急須アカラサマに　10005008-㉔310

急須アカラサマ　11005115-㉔310

〔暫〕14120

暫アカラサマニ　11130001-④13オ

〔暴〕14137

暴アカラサマ　11505075-⑭74-3

〔更〕14283

更アカラサマニ　13440001-3オ

〔造次〕38898 15992

造次アカラサマ　10930009

アカラシ(懇)

〔懇〕11326

懇アカラシク　08105015-上9

懇アカラシキ　08105015-中22

アカラシブ(懇)

〔懇〕11326

懇阿可良之比天　08105007-上9

懇安加良しひて　08105009-下14

懇安加良シ比天　08105015-下14

アカラシマ(暴)

〔暴〕14137

暴アカラシマニ　11505075-⑭99-2

アカラム(熟)

〔熟〕19332

熟アカラメる　10005008-㉔52

熟アカラメ(ル)稲　10005008-㉔52

登ナリ熟アカラメり　10005008-㉔69

熟アカラメル　11005115-㉔52

登ナリ熟アカラメリ　11005115-㉔69

アカラメス(赤)

〔賣目〕36825 23105

賣目アカラ(メ)スルニ　11860003-91

アカリ(明)→トヨノアカリ、ホノアカリ

〔明〕13805

松の明「アカリ」を　10350001-6オ8

豊トヨノ明アカリ　10505150-19左

明リアリ　11630001-⑤282

火明のホノアカリ(平平上上平)命　12360002-2ウ7

アガリ(上)

〔騰〕44915

一柱騰宮アシヒトツアカリノミヤ　1376001

アガリカタブク（閜砢）

〔閜砢〕41279 24088

閜砢トアカリカタフケリ　14270001-6

アカル（明）（四段）

〔明〕13805

明アカル妙タヘ　10505150-1左

明アカル和幣タヘ　10505150-14左

明アカリ坐牟　10505150-19左

明アカテて　11630001-⑧554

明耀アカリテレリ　12360002-4ウ4

アカル（開）（四段）（「アク」に對する他動詞形か）

〔開〕41233

開アカル　11360001-14オ3

アカル（散）（下二段）→ニゲアカル

〔散〕13265

散アカレて　08305001-⑩193-16

分かレ散アカレて　08305001-⑩193-23

退ソき散アカレぬ　08830001-⑧7-2(84-21)

散アカレ去ル　11280014-①386

取-散アカレヌ　11280014-①427

散アカレ亡ニケ　11420003-⑮20オ

散アカレヌ　11420003-㉑8ウ

散アカレ　12005134-㉓1ウ

〔潰之〕18281 00125

潰之ニケアカレヌ　11505075-⑪45-4

〔紛〕27295

紛(平)アカレ紕(平)して　12140002-⑫475

〔避〕39163

遁トン反／ノカレ／「ノカレ」「トン二」避／スル／アカル、／「ヒイン」「サル」所无し／「シ」　11005080-上36ウ2

アガル（上）→アガリカタブク、カミアガリマス、スフクボミアガル、トビアガル、ミヅノアガル、ワキアガル

〔上〕00013

上ル　10730001-⑩5-5

上アカリ已(り)て　10790001-下22オ

上アカて　11210001-①59

上アカリ　11360002-③14

上アカて　11450001-㉒1-8, ㉒13-19

昇ノホリ上アカル　11510005-⑦230

上アカ(リ)　11630001-⑤175

上(ア)カリ　12410001-③2

〔亢〕00288

亢アカル　12410003-16-24

〔僂〕01045

僂ア（「マ」の誤）カル（上上濁平）　12005022-25オ3(35-1)

〔淩〕01669

淩アカル　12005022-13オ5(11-1), 26オ4(35-9)

淩アカル

12860001-①14オ3(11-1), ①30オ1(35-9)

〔凸〕01809

凹凸アカリ 08505019-28

凸アカル 10320001-15オ5

凸アカル 12005022-31ウ3(39-1)

凸アカル 12230001-25ウ

凸アカル 12860001-②4オ6(39-1), ③7オ6(47-10), ③27ウ4(54-1), ③48オ5(58-3)

〔勝〕02409

勝アカリ 騰也 躍ノホリ 08305001-⑩196-12

〔厲〕03041

厲アカリヌ 11550009-45オ6

〔塞〕05349

偃ソリ塞アカリ 08580002-68

〔壊〕05590

百川奔湧「し」ヲトリ壊アカリナカレ 10505069-①41

〔奮〕06012

奮アカル迅トシ之力 10705004-465

奮アカル(上上濁平) 12005022-5オ6(4-6), 35ウ4(40-8)

奮アカル 12005022-5ウ4(5-1), 7オ4(6-2), 14オ7(11-5), 39ウ5(41-8), 46オ4(43-9)

奮アカル 12860001-①4ウ4(4-6), ①5オ4(5-1), ①7オ1(6-2), ①15ウ2(11-5), ②9オ6(40-8), ②14オ4(41-8), ②21ウ5(43-9), ③4ウ1(46-9), ③17オ4(51-2), ③30オ3(54-10), ③36ウ5(56-7)

奮アカル 12860002-5(11-5)

〔峙〕08053

峙リ 11630001-⑦279

〔掞〕12270

掞アカリ 11220002

〔揚〕12355

揚アカる 10165001-④4オ5

揚アカレリ 11280014-④103

揚アカテ 11320002

揚アカル也 11340007-①14ウ4

揚アカテ 12505010-373

揚アカル 13860001-55-2

〔搏飆〕12466 43963

搏(入)飆(平軽)トアカリテ 11160007-①150

〔擧〕12863

擧リ 09505020-255

擧アカルとき 10200001-①16ウ2

擧「アカル」 10990002-⑧408

擧れること／「アカレル」 11005080-上14ウ6

擧アカル 11130001-③10オ

難シ擧アカリ 11340007-③25ウ3

難「し」擧「リ」 11340007-④39オ6

沸「キ」擧「アカル」 11340007-④50オ4

沸ワキ擧アカれり(「れり」存疑)

11550009-46オ4

舉アカル 11630001-②152

舉リ 12140002-⑫261

舉アカる 12410003-7-12

〔擲〕12893

猶(し)如(し)狻猴の…蹺「ヲトリ」擲「アカリ」「アシスリ」騰アカリ「アカリ」踊(擦消)「トハシラ」ト、(「、」衍か)ハシフ(「フ」は「ラ」の誤か)むか 11300014-②2

〔昂〕13783

侣フシ昂アカ(「カ」存疑)(ル) 10200001-③8オ2

侣タリ昂アカル 10200001-③8オ2(古)

侣(平)タリ・テイ昂(平)アカル・カウム 10200001-④24ウ7

〔昇〕13794

可へ(か)ラむトキに昇アカリ上ノホル 08305001-①13-3

〔暢〕14095

暢アカリヌ(上上平上)(「カ」單點) 11360001-32オ2

〔㳂〕17179

㳂アカリ洇クタル 08505007-①19-3

〔涌〕17534

沸ワキ・ヒ-涌(上)アカリ・ユシ 11550009-14ウ5

〔湧〕17862

奔ハシリ湧アカリ 11510005-①24, ①203

〔滕〕18036

滕アカル皃ソ 11340007-④60ウ3

〔激〕18438

激(入輕)ケキニ・アカル(平上上) 11550009-44ウ2

〔登〕22668

登アカテ 11380002-地42ウ(別筆)

登アカル 11380002-地43オ

登アカテ 12505035-47オ4

登アカル 12505035-47ウ3

〔登臨〕22668 30087

登-臨アカリ 11630001-⑤358

〔發〕22669

上リ發アカテ 11160007-④326

〔矯〕24015

矯アカル 13440001-10オ

〔竦〕25776

竦アカル 10990002-⑧306

竦アカリ 11130001-④5オ

〔縒〕27550

縒アカ(「カ」存疑)リ縮ツ、マテ 10505019-⑤2

〔翥〕28744

翥ハフリ(上上平)・アカリ 11260001-⑨43

〔翳〕28796

翳アカル 11800001-11

〔者〕28853

者アカル 11360001-11ウ2

〔舛〕30338

舛カリ　11630001-⑥363
〔褰〕34513
不ス褰アガリ縮シヾマラ　18400001-⑥8-35
〔踊〕37587
亞爲踊スフクロミアカルヲ　10020001
踊アカル　11360001-31ウ2
踊アカリ　11360002-③15
〔踊貴〕37587 36704
踊貴アカリテ　08505007-③9-9
〔踊躍〕37587 37955
踊-躍(と)アカリ　08505014-107
〔軒〕38187
軒アカル　13860001-21-4
〔阜〕41534
阜アカル(上上濁平)　12005022-22ウ3(33-10)
阜アカル　12860001-①25ウ2(33-10),
③1オ6(46-1), ③22ウ3(52-7),
③43ウ5(57-9), ③45オ6(58-1)

〔陵〕41704
陵アカル(上上濁平)　12005022-3ウ6(1-9),
11ウ3(8-5), 22ウ1(33-10)
陵アカル　12005022-24オ2(34-2), 39オ3(41-4)
陵アカル　12860001-①3オ4(1-9),
①12オ3(8-5), ①25オ6(33-10),
①27ウ1(34-2), ②13オ6(41-4)
〔頌〕43365
頌アカル(平平上)　11550009-56オ5
〔頡〕43452
頡アカ(リ)　09480002-9ウ6
頡アカリ　11380002-地41オ
頡ケツアカリ頏カウシクタリ　12505035-45オ2
〔颺〕43909
捶オコキ颺アカテ　08505019-28
颺(平)「アカラ」「ヤウ」令「シム」「シテ」　10990002-⑨196
颺アカテ　11380002-天26オ

颺ア(「ア」存疑)カル　11380002-天27オ
颺アカル(上上濁平)　12005022-19ウ3(32-1)
颺アカル　12230001-32オ
颺アカル　12860001-①22オ1(32-3), ③42オ4(57-7)
〔飛〕44000
飛アカル　13440001-2オ
〔騫〕44894
騫アカル　11360001-8ウ2
〔騰〕44915
騰安可利天　08105007-上9
騰ア(カリテ)　09480002-5オ7
騰アカ(リ)　09480002-23ウ4
騰「アカレリ」　10990002-⑦35
騰「アカル」　10990002-⑨103
騰アカリ蕩ワクニ　11005080-上22オ5
蹺ヲトリ躑ナケ騰アカリ躍(ホ)トハシラ不(る)か如し　11030006-②33オ

騰ア(カル) 11130001-④22ウ
飛ヒ騰アカルか 11200004-49
騰アカル 11260001-⑨19
猶(し)如(し)…不(る)か蹺「ヲトリ」擲(擦 「ア
消)『アシスリ』騰「アカリ」躍(擦消)『ホト シスリ」 リ
ハシラ』「ホトハシラ」 11300014-②19
猶(し)如(し)猨猴の…蹺「ヲトリ」擲「アカ 「アシ
リ」騰アカリ「アカリ」踊(擦消)「トハシ スリ」
ラ」ト、(「、」衍か)ハシフ(「フ」は「ラ」の誤
か)むか 11300014-②21
騰アカリ躍ヲトル 11505087-6
騰アカリ躍(ホ)トハシテ 11850004-②74
騰アカテ 12360003-下14
騰ル 12505035-45オ1
騰アカル 12860001-③46オ1(58-1)
〔驤〕45075
驤アカリ 11505075-⑭91-6
〔高〕45313
高「アカル」 11340007-④63オ7
高アカリ下にして レリ 12140002-⑫110
〔参考〕
崩カミアカリマシヌ(平平平上平平平上) 12360002-3オ1

アカヲ(赤尾)(人名)
〔赤尾〕36993 07650
赤「尾」(アカ)ヲ 11505075-⑭80-7

アキ(秋)
〔商飆〕03803 43963
商飆秋風也 10990002-⑩255
〔白藏〕22678 32264
白(入)藏(去)秋也(ノ)之 10990002-⑨432
〔秋〕24940
秋アキの 11005080-上29ウ5
秋の/「キノ」月 11005080-上41オ2
秋キアル 11380002-天18ウ(別筆)(存疑)
秋ア(キ) 11450006-30
秋ノ鴈 11860003-148
秋キ 12505019-52オ
〔秌〕24941
秌アキノ暮ユウヘニハ 11860003-13
秌ノ螢ヲ 11860003-170

アキ(商)
〔商〕03803
商アキ 13860001-61-6

アキ(明)(名乗字か)
〔信〕00707
信アキ 11360001-11オ4
〔明〕13805
多-治ノ經ツネ明アキヲ 10505007-56-3
明アキ 11360001-8オ2

アキ(明)→イトマアキ、イトマアキア
リ、イトマアキツグ

アキ(存疑)
〔良〕30597

良アキ（マコトニ） 11630001-②80

アギ（腭）

〔腭〕29700

腭アキヲ 10100002-17

舌をもて拄於上腭アキを 10400004-96

於上の腭アキヲ 腭を 10420001-15

腭アキ 10450001-68

拄て於上の腭アキを 10510001-23

腭アキ 10550001

腭アキ 11110001-13

腭アキの上 11850004-⑰44

〔齗〕48600

齗アキ 11510005-③15

〔齶〕48725

齶「アキ」 10740001-⑧11

齶アキ 11230003-②6

アキウド（商）→アキビト、アキムド

〔商〕03803

商アキウト 13860001-61-6, 87-5

〔賫〕36808

賫アキウト 13860001-87-4

アキクスル（存疑）

〔砌〕24062

砌アキクスル 12840003-②18ウ5

アキシヒ（凊盲）

〔凊盲〕17695 23132

凊盲アキシヒ 11450001-㉒8-13

〔精盲〕26997 23132

精盲アキシヒ 08105009-下12

精盲安支之比 08105015-下12

精盲アキシヒナリ 12360003-下12

アキダル（飽）→アイダル

〔乏〕00133

飢「ウヱ」乏す／「アキタラス」 11005080-上25オ6

〔厭〕03025

不厭アキタラ 12505020-㉚1

〔慊〕04088

慊（去）苦簟反 アキタル／アキタル（平平平上） 10730001-⑩12-2

〔怏怏〕10434 10434

怏（去）怏（平）「（タリ）」「アキタラス」 10990002-⑩204

〔謝〕35827

未セシ マシ 謝アキタル 11630001-③136

〔足〕37365

不ルソ足アキタラ也 11005002-4

足（き）たること／「アキタルコト」能「タ」（は）

不す／「ス」 11005080-上25オ1

不ス足アキタラ 11130001-④4オ

不ス足アキタラ 11630001-②360

アキヅ（蜻蛉）

〔蜻蛉〕33203 32969

「蜻蛉アキッ」 11505075-⑭72-4

アキツグ（給）→イトマアキツグ

〔給〕27432
給「アキツキテ」 10990002-⑨229

アキヅシマ（秋津洲）（地名）
〔秋津〕24940 17396
秋津（アキツ）シマ 11505075-⑰137-1

アキツマ（秋妻）（地名）
〔秋妻〕24940 06140
秋妻アキツマ屋浦 11505073-29オ

アギト（鰓）→アギ、アギトフ
〔顋〕43576
顋アキト 11130001-④15オ
〔鰓〕46344
鰓アキト 12150002-1
鰓アキト 12840003-③14ウ3
〔齗〕48600
齗アキトと 11850004-③19

アギトフ（呴）
〔呴〕03457
呴アキトフ 11130001-③15オ、③15オ
〔咳〕03555
子コ生レて三月に咳アキトフ 13300004-①81

アキナヒ（商）→アキナヒス、アキナフ、アルキアキナヒ、ヰアキナヒ
〔商〕03803
商アキナヒ 11360001-46オ1
〔賈〕36755
賈アキナヒ 12860001-③33ウ3（55-9）

アキナヒス（商）
〔利〕01932
利アキナヒス 11630001-④374
〔貿遷〕36721 39123
貿_遷アキナヒシ セムトシ 11630001-⑧469

アキナヒビト（商人）
〔賈客〕36755 07128
賈_客アキナヒ、ト 10165001-①258-2
賈客アキナヒ人 11280014-①312

アキナフ（商）→アキナヒ
〔估〕00467
估アキナウ 13860001-61-6
〔傭〕01007
傭アキナフ 11360001-46オ3
傭ツクノフ アキナフ 11630001-②328
〔售〕03760
售アキナフ 12005022-35ウ7（40-8）
售アキナフ 12860001-②9ウ3（40-8）
〔商〕03803
商アキナハシム 11340007-②28ウ5
〔市〕08775
市アキナハム物ヲ 11505100-216
〔貨〕36678
貨アキナヒ 10240002-②20オ2
貨アキナフ 12005022-46オ4（43-9）
貨アキナフ

12860001-②21ウ5(43-9), ③68オ6(貝62)
〔貨遷〕36678 39123
貨_遷スアキナフ 12140002-⑪313
〔販〕36679
販アキナウ 13860001-78-6
〔貿〕36721
貿アキナヒて 08305001-⑧150-13
貿カフテ／てアキナフテ 11020007-⑧34
貿アキナフ 11360001-54オ3
求メ貿アキナヒ 11630001-②204
貿アキナフ 12860001-③42ウ2(57-7)
〔貿易〕36721 13814
貿易アキナフ 18400001-④3-28
〔資〕36750
資アキナフ 12860001-③68オ6(貝62)
〔賈〕36755
賈アキナフ 11360001-46オ1
賈アキナフ 12860001-③35ウ2(56-2)

〔賫〕36808
賫アキナフ 11360001-64オ3

アキノフタ(甲香)
〔甲香〕21725 44518
甲香和名阿支乃布多 11505004-①76ウ5
甲香アキノフタ 11650002

アキハサム(挾)→ワキハサム
〔挾〕12118
挾アキハサムテ 08505019-41

アキビト(商人)→アキウド、アキムド
〔商人〕03803 00344
商アキ人トシテ 10505024-6ウ4
商アキ人ノ 10505024-6ウ6
商アキ人に 10870001-⑦180
〔商侶〕03803 00647
商侶アキヒト 11630001-⑧481
〔商客〕03803 07128
商客アキヒトの 11505075-⑭98-7

〔商旅〕03803 13644
商_旅アキヒト 11630001-⑧472

アキムド(商人)→アキウド、アキビト
〔商人〕03803 00344
商-人アキムト(ト) 10705001-①116
〔商胡〕03803 29400
商-胡アキムト 11630001-①216

アキモノ(賈)
〔賈〕36755
賈アキモノ 12550003-5

アキラ(明)(人名)
〔明〕13805
藤原ノ玄ハル明「アキラ」(消)等 10505007-37-3
多ノ(ママ)治經ツネ明キラ 10505007-60-3

アキラカ(明)→アキラカズ、アキラカトス、アキラカニス、アキラカムズ
〔了〕00226

了アキラカに 10640003-14
无所不とイフ了アキラカに 11140007-⑩10
未了アキラカ 11140007-⑭9
了アキラカ 11360001-25オ1
了アキラカニ 11380002-南5オ
〔光〕01350
光アキラカナラ俾シム 10990002-⑩272
光カフラシメタリ 大也 明也 11260001-⑨334
〔光鮮〕01350 46133
光-鮮アキラカニ 11630001-②258
〔冏然〕01528 19149
冏(上)ケイ然(去)トシテ 明也 11160007-④80
〔分明〕01853 13805
分明アキラカに 11420003-⑬17オ, ⑬17オ
分明とアキラカナリ 13440001-5オ
〔劃然〕02193 19149
劃然とアキラカニシテ 13440001-6ウ
〔叡〕03214
叡アキラカ 12860001-①19ウ1(32-1), ①21ウ5(32-1)
〔名〕03297
名明也 11020007-⑮31
〔吻〕03375
吻アキラカナリ 12840003-①10オ4
〔咄〕03480
咄咄明也 08105015-下39
〔在〕04881
在アキラカ 11070003-①3
在アキラカニ 11380002-西14ウ
在アキラカ 13140001
〔奕〕05922
奕アキラカナリ 12230001-39ウ
〔宣〕07132
宣アキラカナリ 13860001-17-6
〔察〕07283
察ア□〈キ〉ラ(カ)ニ 11340007-④17ウ1
察アキラカ 11360001-20オ1
察アキラカニ 11550009-50ウ3
察アキラカにして 12410003-16-4
察アキラかなり 12410003-28-24
察アキラカナリ 13860001-27-4
〔審〕07316
審アキラカ 08340001
審アキラカに 10450001-86
審アキラ(カ)ニ能爾者 に 10505019-㉒56
審「アキラカニ」 10740001-③82, ⑩95
審アキラカに 11030006-③32オ
審「明也」「ツハヒ」細(クハ)シく「クハシク」 11200015-④122
審アキラカ 11360001-47オ3
審アキラカニ 11510005-③40
審アキラカ 11850004-③54
審アキラカに 12410003-5-1, 12-23
審アキ(ラカ) 12505019-24オ
審アキ(ラカ) 12505020-㉘5, ㉘5

審アキラカナリ　13860001-63-3
審アキラカニ　18400001-②12-6
〔審諦〕07316 35716
審諦とアキラ(か)に　08830001-⑦6-6(225-2)
審-諦明也　10870001-④19
審諦アキラカニ　18400001-④1-19
〔寮然〕07325 19149
人物寮(平輕)-然明也　(にし)て　10505069-③8
〔師〕08916
師アキラカ　11360001-6ウ3
〔庠〕09298
庠アキラカ(此下「ナ」脫)リ　12005022-1ウ1(1-1)
庠アキラカナリ　12005022-19オ1(31-4), 21オ7(33-6), 49ウ4(45-1)
庠アキ(此下「ラ」脫)カナリ　12005022-31ウ1(39-1)
庠アキラカ　12005022-37オ2(40-10), 37オ6(41-1)
庠アキラカナリ　12860001-①21オ3(31-4), ①24オ2(33-6), ②26オ2(45-1)
庠アキラカ也　12860001-②4オ3(39-1), ②11オ5(41-1), ③7オ4(47-10), ③20オ3(51-9), ③21ウ3(52-4), ③27ウ2(54-1), ③43ウ1(57-9), ③48オ4(58-3)
庠アキラカ　12860001-②11オ1(40-10), ③9オ3(48-9)
庠アキラカナリ　12860002-6(1-1)
庠アキラカナリ　12860003-6(1-1)
〔庠序〕09298 09253
庠序とアキラカ(にし)て　08305011-139-1
〔彰〕10015
未ス彰顯(なら)　09505020-471

〔惠〕10822
惠明也ニシテ／を　11020007-⑩15
〔懸〕11462
懸アキラカニ　11630001-③405
〔敏〕13217
敏アキラカ　12005022-20ウ3(32-8), 50ウ4(45-6)
敏アキラカ　12860001-①23オ3(32-8), ②27オ4(45-6), ③3オ1(46-4), ③21オ4(52-3), ③58オ3(60-7)
〔旣〕13724
旣アキ(ラカ)に　11390003-5オ
〔旦〕13734
旦アキラカナリ　13860001-62-1
〔明〕13805
明に　08305011-7-8, 115-9, 143-4, 143-9
明(アキラ)カ　08505019-80
明かに　08505020-3-5, 35-4

明かに(あら)不シかと 08505020-5-1
明に 08505020-34-19
明ニ 09505116-603
明「ア」(キラカニ) 10165001-①226-1
明「アキラカ」に察シタマフラム たまふらむ 10350001-14ｵ2
明に 10505024-14ｵ2
明ナリ 10505024-41ｳ5, 65ｵ7
明アキラカナラム 10640006-①10
明ナリ 10730001-⑩12-5
使ヨ明に知シラシメヨ 10730001-⑩38-7
明に 10820003-②742, ②758
明「ア(きらか)」に 10820003-③258
明「アキラカニ」 10820003-⑤306
明「ア」(きらかなら)不サラ使(むる)か如し 10820003-⑦533
明ニ鮮ヤカナリ 11005025-4ｵ6
明カナルコトヲ 11005025-12ｵ4

明ニ 11005025-21ｳ5
明に／「ケシ」知(り)ぬ／「ヌ」 11005080-上105ｵ7
明カナル 11200015-⑩137
明に 11210001-①120
明ニシテ荘老ニ 11300001-⑧17
不ス明カ(ナラ) 11340007-②16ｳ7
明カニ 11340007-④18ｳ3
明ニ 11350010-13-5
明ナル 11350010-33-2
明アキラカナリ 11360001-8ｵ2
明ア(キラカ) 11420003-⑮12ｵ
淸イサキ(ヨク)明アキラ(カナル)心ヲ 11505075-⑳174-6
明ニ 11506101-52-2
明ニ 11550009-11ｵ6
明アキ(ラカナリ) 11630001-③406
未ス明アキラカナラ 11860003-220

明アキラカナル哉カナ 12110002-3
明アキラカにして 12410003-18-3
明アキラカニシテ 12505072-14, 14
明アキラカナル 12505072-18
明アキラカナル月 13440001-5ｵ4
明アキラカナリ 13860001-11-2
〔明了〕13805 00226
明-了アキラカ 18400001-①8-33
〔明敏〕13805 13217
明-敏アキラカナリ 11630001-⑤356
〔昢〕13840
胜(昢)明也 08105009-下39
昢明也 08105015-上9
〔昭〕13855
昭「アキラカに」 10990002-⑨194
昭カニ 明 10990002-⑨194
昭アキラカなり 11230001-③452
昭ア(キラカニ) 11390003-4ｵ

昭（アキラカ）ニ　12505028-6-1
昭アキラカに　12505072-16
〔晃〕13891
晃アキラカ也　12005022-30ウ5（39-1）
晃アキラカ也　12860001-②3オ6（39-1），
③6ウ4（47-9），③27オ2（54-1），
③47ウ4（58-3）
晃アキラカナリ　13860001-67-5
〔晈〕13897
晈アキラカ　12005022-31オ5（39-1）
晈アキラカ　12860001-②4オ1（39-1），
③7オ2（47-9），③27ウ1（54-1），
③48オ2（58-3）
晈アキラカナリ　12860001-③43オ6（57-9）
〔晧〕13961
晧アキラカ　12005022-9ウ1（6-3），42オ5（42-4）
晧アキラカ　12860001-①9ウ3（6-3），
②17オ4（42-4），③13オ5（49-9）
〔景〕13983
景アキラカニ　11260001-⑨64
〔晣〕13990
晣明也　08105009-下2
晣明也　08105015-下2
晣アキラカニ　11505521-下2-10オ3
〔曉〕14176
曉「アキラカニ」　10820003-④188
曉アキラカに　11140007-④37
曉アキラカ　11360001-67オ3
曉アキラカ　12005022-7ウ4（6-2），
29オ5（38-7），40ウ6（42-4）
曉アキラカ　12860001-①7ウ1（6-2），
②1ウ2（38-7），③12オ2（49-9），
③26オ1（53-9）
曉カツキ アキラカ　12860001-②15ウ1（42-4）
曉アキラカ也　12860001-③43ウ6（57-10）
〔曒〕14200
曒アキラ（カナラ）不　10990002-⑦240
不曒明也　11260001-⑦249
〔曲〕14280
曲「明也　に」中に規「－」矩キ（「キ」存疑）ク ノリ　10505069-①17
自當に曲明也　に方便を　10505069-⑤45
〔朗〕14364
清ハレ朗アキラカニ　08505007-③12-5
朗アキラカ（ナル）コト　10990002-⑦311
〔泊〕17275
泊アキラカ　10730001-⑩17-7
〔清亮〕17695 00304
清-亮アキラカ（ニシ）て　11630001-②92
〔澄鑒〕18315 40989
澄（平）鑒（去）カム アキラカナリ　11630001-⑧127
〔炯〕18956
封禪「…炯表ヲ德」　10990002-⑨99（紙背）

〔炳燦〕18960 19531
炳燦アキラカナリ　12505031-6-5
〔焉〕19076
焉アキラカニ　10730001-⑩17-6
〔煥〕19224
煥「アキラカナリ　明也」乎　10990002-⑧196（下欄外）
〔煥然〕19224 19149
煥官反默（然）アキラカナリ　11630001-②262
煥火反然トシテアキラカナリ　12140002-⑫505
〔照〕19226
照アキラカナルこと　11630001-②9
〔照著〕19226 31410
照-著アキラカナリ　11630001-②338
〔燦然〕19468 19149
燦-然（上）「□旦反 明也」　10820003-③16ウ
〔爽〕19746
高爽ミサヲニアキラカナル　09505015

爽サウ　アキラカ利なり　10240002-②25オ
爽サウ アキラカに　10700004-57
爽アキラカに利（と）し　10820003-②398
〔甄〕21557
甄（去）ケン「アキラ（か）」-擇「チヤク」す居□（延か）反　察也　10820003-②126
甄アキラカに　10820003-②130, ②155, ②193, ③564, ⑤120
甄明也　10820003-⑧678
甄「明也」　10990002-⑨188
甄「アキラカ」　10990002-⑨439（下欄外）
甄（平）ケン音 アキラカニ-崇（平）し　11260001-⑨173
甄アキラカニ　11380002-北13オ
甄アキラカナリ　13860001-85-6
〔白〕22678
潔イサキヨク白シテアキラカ　10860002-22ウ3
〔的〕22692
的アキラカに　10165001-②3ウ4

的「アキラカニ」く　10740001-③4
的アキラカ　10820003-③288
的（マサシ）ク アキラカニ／に　11020007-⑦26
的アキラカニ　11280014-①416
的アキラカナリ　12005022-35オ4（40-8）
的アキラカナリ　12860001-②8ウ4（40-8）
的アキラカ也　12860001-③55オ5（59-6）
〔皎〕22724
皎明也　（アキラカ）に　08505019-33
皎アキラカに　10165001-①229-1
皎（ニ）シテ 明也 而　10990002-⑧372
皎ニ 明也　10990002-⑨425
皎ラカニ　11280014-①124
〔皎然〕22724 19149
皎-然アキラカて　11630001-④357
皎然アキラカナリ　11630001-⑥256
〔晰〕23404
晰明也　08105008-下1

〔研〕24177
研ミカキ アキラカニ　11630001-④346
〔研精〕24177 26997
研-精アキラカニ　11630001-⑤309
〔碧鮮〕24334 46133
碧鮮アキラカナルコト　11630001-⑦15
〔確乎〕24366 00131
確(入)乎アキラカニシテ カター(「ー」は「ク」の誤)シテ　11630001-⑥403
〔祥〕24689
祥ア(キラカ)ニ　10165001-④4オ8
〔穆〕25251
穆ナルカナ矣 明也　10990002-⑩267
〔窮覈〕25593 34791
窮覈明也(ヲ)　11160007-④403
〔章〕25761
章アキラカナリ　11360001-41オ2
章アキ(ラカ)　11420003-⑮12ウ
章アキラカナリ　13860001-74-3
〔箸〕26224
箸アキラカナリ　13860001-26-2
〔綺〕27586
綺キ「カムハタ」-疏(平)「オハシマ」「明也」　11200015-⑤47
〔綽然〕27590 19149
綽(入輕)シヤク音 然として 明也　11260001-⑦231
〔緝〕27645
緝ア(キ)ラカニ　10990002-⑧222
〔縷〕27832
縷「クハシ アキラカ」　10740001-③30(下欄外)
〔聰〕29154
聰アキラカ歟　11360001-53オ1
聰アキラカ也　12860001-③63オ4(心18)
〔至〕30142
至アキラカ　11360001-11オ1
〔著〕31410
著アキラカなりと　10820003-⑤223
著アキラカニ　11020007-⑤27
著顯也 會ス　11160007-④340
著「(上)」「アキラ(カ)ナリ」也 「アラハ」也　11200015-⑤95
著アタレリ アキラカナリと　11510005-⑤26
著アキラカナリ　13860001-26-1
〔融〕33384
融「アキラカニシテ」(下欄外)「明也」　10990002-⑦343
未融アキラカ　11630001-⑧599
〔覈〕34791
覈アキラ(カ)に(シテ)　11130001-③3オ
覈明也　11280014-①94
〔解〕35067
解アキラカナラム矣　11340007-②11オ7(上欄外)
〔該〕35445
該明也 カネタリ　11260001-⑨30

〔詳〕35446
詳明也　08105007-上21, 上序
詳明に　08505014-48
詳アキラカに　08830001-①3-5(3-4)

〔諦〕35716
諦に　08505020-44-5
諦アキラカニ に　10650003-3
諦に聴け　10820003-②232
諦に　10820003-②561
諦「アキラカナル」　10820003-⑩645, ⑩653
諦に／「アキラカニ」聴け／「ケ」
諦アキラカに觀　11005080-上69オ5
諦に觀せよ　11110001-14
諦に　11280005-20
諦アキラカ　11340002-①26
令む諦に聽きか　11360001-20ウ3
諦アキラカナリ　11380001-⑯7-3
　13860001-28-5

〔諦了〕35716 00226
諦「-」了「明也」分明「にして」　10505069-⑩8

〔豁然〕36221 19149
豁(入)□〈活〉音-然(平濁)として 明也 眼也　11260001-⑦330
豁(入)-然(平濁) たり 明也　11260001-⑦372

〔貞〕36658
貞アキラカナリ　11360001-26オ4

〔賁〕36808
賁アキラカ　11360001-64オ3

〔赫〕37010
赫アキラカ(ナ)ル　11505066-12

〔赫弈〕37010 09611
赫弈明也　08305001-⑤80-10(下欄外)

〔[赤/赫]〕37031-01
[赤/赫]アキラカナリ　12230001-39ウ

〔軒〕38187
軒アキラカナリ　13860001-21-4

〔邁〕39169
邁「ミカク」「アキラカ」　10990002-⑨60(下欄外)

〔郁〕39371
郁アキラカナリ　11360001-65ウ2

〔鏡〕40812
鏡アキラカ　11360001-62オ3

〔闓〕41451
闓明也　08105015-中31

〔闡〕41489
闡□〈ア〉キラ□〈カ〉　11360001-57オ1

〔陽〕41725
陽アキラカ　12860001-③67ウ3(図 54)

〔隱〕41891
隱アキラカ　11630001-①33

〔顯〕43726
光り顔カホ更に顯アキラ(カナル)と

10505019-㉖62
顯アキラカニ　11340007-④34オ2
高(ク)顯ナルコト　11350010-43-1
顯アキラカ　11360001-28オ3
顯アキラカニシテ　11380002-天15オ
顯アキラカニ　12540005-7ウ
顯アキラカナリ　13860001-38-3

〔顯敞〕43726 13246
顯(上)敞シヤウニ／アキラカニ／ホカラカニ／なる　11020007-⑤13

〔驗〕45024
驗アキラカ　09505015
驗アキラカに　10820003-⑩309
驗アキラカに　11140007-⑩32
驗アキラカニ　12840003-①11オ6

〔鮮〕46133
鮮アキラカ　11380002-南49ウ

〔麗〕47663
粲散反麗レイ「明也」ナルヲ　11200015-⑥94

〔補讀〕
驅鶩迅沒「コエ」ハシ「ル光」ノ章ナルコト　11505075-⑭93-6

アキラカズ(明)→アキラカニス、アキラカムズ

〔察〕07283
察アキラカスル　12005134-㉓4ウ

〔審〕07316
審アキラカす　12410003-22-19

〔明〕13805
明ラカシテ物を　10505024-26オ7

〔炳〕18960
炳アキラカシ　11200004-48

〔甄〕21557
甄ケ「アキラカセリ」別して　10240002-②8ウ6

〔章〕25761
章アキラカス　10730001-⑩24-9

〔體〕38157
體アキラカセリ　10505019-④15

アキラカトス(明)(存疑)

〔聰明〕29154 13805
聰明(アキラカ)「ト」ス(別訓「トキヲ」「サトキ」)　11505075-⑭109-4

アキラカニス(明)→アキラカズ、アキラカムズ

〔亮〕00304
亮アキラカニする タスクルコトハ　11260001-⑨294

〔光〕01350
光明也 にせむと　10705001-①76

〔察〕07283
察アキラカニシ　11380002-北18オ
察(アキラカ)ニシ　11380002-北27ウ

〔審〕07316
審(アキラカ)にする　12505020-㉘9

〔廓〕09461
廓アキラカニシ　08505008
〔徴〕10239
徴(徴)アラハシテ 明也　11260001-⑦74
〔明〕13805
を明にせむこと　10705001-①133
明ア(キラカ二)セヨ　10730001-⑩42-4
明カニセラム　10740003-①187
明「アキラカ(に)」す　10820003-④57
明にせ(よ)　11005003-①6
明アキ(ラカ二)セリ　11130001-③1オ
明にして　11230001-②372
明にせむと　11230001-③575
明ラカニス　11280014-③149
明(アキラ)カニス　11380002-北26オ
明アキラカニセヨ　12005134-㉓17ウ
□(明)アキラカにして　12410003-17-22
明ニス　12505035-37オ6

翊タスケ明アキラカニスルトキハ　12505072-15
明アキラカニセヨ之　12505072-16
明(二)ス　12840003-①35ウ3
〔昭〕13855
昭アキラカ(に)す　11230001-③452
昭アキラ(かに)し　11230001-③523
昭アキラカニし仁(平濁)を　11260001-⑨492
昭(アキラカ二)ス　11630001-②350
〔景〕13983
景アキラカニス　10990002-⑨61
〔曉〕14176
不るトキニハ曉サトラ「サトラ」「アキラカニセ」　11200015-⑤107
〔煥〕19224
煥「アキラカニシテ」　10990002-⑧375
〔照〕19226
照(二)シ 明也　10990002-⑨99

〔燦〕19468
燦アキラカニシ　11380002-天17ウ
〔的〕22692
不的アキラ(カ二セ)　11280014-③212
〔皎〕22724
皎アキラカニシテ　10990002-⑧363
皎テラシ アキラカニシ　11260001-⑨440
〔章〕25761
章アキラカニスルニ　12505072-15
〔覈〕34791
研キ覈明□〈カ〉(に)スルニ　09505020-470
覈アキラカニスル(二)也　10990002-⑧238
覈アキラカニス　10990002-⑨19
覈明也(に)せり　11260001-⑨20
〔該〕35445
該カネタルニハ 明也　11260001-⑨14
〔詳〕35446
詳アキラカニセリ　11630001-①41

〔銓〕40378
銓明也（ニスル）ニ　11160007-⑥190
〔鏡〕40812
鏡明也（ニシ）テ　11160007-①350
〔陶〕41705
陶アキラカにす　11230001-③66
〔驗〕45024
驗ニス明也　10990002-⑧168
驗アキラカ（に）す　11230001-③464

アキラカムズ（明）→アキラカズ、アキラカニス、アキラカンズ
〔明〕13805
明アキラカムス　11450006-26

アキラカンズ（明）→アキラカズ、アキラカニス、アキラカムズ
〔明〕13805
復明カンせ其事法を　10560001-502

アキラケシ（明）
〔明〕13805
明らケシ　10165001-①236-1
明けし／「ケシ」　11005080-上104ウ2，上106ウ2
明に／「ケシ」知（り）ぬ／「ヌ」　11005080-上105オ7
明ラケシト　11140007-⑳48
明ケシ非（サル）コト　11280014-①168
明ケシ非（サ）ルコト　11280014-①405
明ケシ　11300001-⑧16
明ラケシ　11340002-①38
明ケシ　11340007-③25ウ3
明ラケシ　11340007-④20オ3
明アキラケシ　11380002-天30オ
明ケシ　11380002-天31ウ
明ケシ　11390003-23オ
明アキラケし　12410003-2-21
明ケシ　12505020-㉝8
〔炳〕18960
炳アキラケシ　11340007-①3ウ3
〔詳〕35446
詳明ケク　08505014-56
〔邃〕39191
淳（コ）マカ（ニ）邃アキラ（ケ）シ フカシ　11630001-⑤97

アキラム（明）
〔信〕00707
信アキラメ鞫キハムトシテ　08505007-①10-5
〔垂審察〕05012 07316 07283
垂審察アキラメ給へ　10005008-㉔319
垂審察アキラメ給へ　10005008-㉔319
垂審察アキラメタへ　11005115-㉔319
〔察〕07283
糺タ、シ察アキラメ　08505007-①11-7
察アキラメは　08505020-4-20

察アキ(ラム) 09505003-5, 14
察ア(キラム) 09505003-14, 14
察アキ(ラメ)て 10005008-㉒401
察アキ(ラメテ) 11005115-㉒401
未察アキラメ 11340007-②36ウ2
〔審〕07316
審アキラメ 10020001
宜「ク」「シ」再審「アキラム」 10740001-⑩48
諮トヒ審アキラム 12840003-①16ウ6
〔惠〕10822
惠アキラム 13860001-8-6
〔慧〕11116
慧アキラム 13860001-8-6
〔明〕13805
明ア(キ)ラメラル、 08830001-①3-1(1-14)
不「ス」明「アキラメ」 09505020-92
明(あき)「ラ(むる)」耳 10820003-③47
〜(明)ラム(此下「ル」脱か)ヲ 11340007-②34オ
明(ラ)ム 11630001-①192
明(ラ)ムルコト 11630001-⑦87
當ニ明ラム[當](シ) 12140002-⑪270
明(ラ)メ不 12140002-⑫100
〔曉〕14176
不こと洞トホシに曉らアキラメ 11020007-⑱74
爲「シ」「メ二」曉「シメムカ」アキラ(メ)シメムか「サトラシメムト」 11200015-④296
曉アキラメシメムカ 11850004-④98
曉アキラム 13860001-42-2
〔發明〕22669 13805
發明アキラメムコト 11630001-①191
〔督察〕23457 07283
督察アキラメ 11630001-④132
〔研〕24177
研アキラムルニ 11020007-⑦5
〔覈〕34791
研ミカキ覈アキラム 10430002-⑬25
覈「アキラムルニ」に 10740001-⑧62
覈「アキラムルニ」 10740001-⑧64
研ミカキき覈アキラらむ 11020007-⑱81
覈アキラムルナリ 12510006-53-1
〔詳〕35446
詳明也 08105015-上序
務ツトメ詳アキラメ 08830001-①3-5(2-23)
詳アキラメ究 09005007-2
詳ラ(「ラ」存疑)メツ(と)云不サラムことを
死 09505020-115
詳アキラメツ可シ 10990002-⑧210
詳め究たり 11230001-②324
詳アキラム 11505063
〔諭〕35727
諭アキラム 13860001-46-4
〔諮審〕35728 07316

諮審アキラム 12840003-①16ウ6

欲ヲモハ驗アキラメ下ム法成セムト者ハ

〔驗〕45024

驗アキラメヨ「アキラメヨ」其の虚實「ノ」の相 10250001-230

を「を」 10400001-7

驗アキラメヨ 10470001-5

驗シルス(二)アキラムルニ 10705001-①136

驗「アキラメヨ」せよ 10740001-④26

驗アキラムルに 11140007-⑮128

驗アキラム 11230003-②4

アキラメゴト(顯事)

〔顯事〕43726 00241

顯事アキラメコト 10505150-25左

アキラメミル(審)

〔審〕07316

審アキラメミレは 10165001-②1オ8

〔詳〕35446

詳(メ)ミレハ夫レ 11630001-④5

アキヲサ(商長)

〔捉鋪人〕12136 40491 00344

捉鋪人トラヘ人又アキヲサ 08505007-②16-2

アキヲサメ(秋收)

〔穡〕25325

穡アキヲサメ 12230001-12オ, 38オ

〔西成〕34763 11544

西成アキヲサメヲシモ 12520007

アク(灰汁)

〔灰〕18858

灰アク 12005133-9ウ7

〔灰水〕18858 17083

灰水アクを以て 10820003-②799

灰水をもて 10820003-②812

灰水アクを 10820003-⑥309

〔筎〕25998

竹筎アク 11450001-㉑26ウ2

敗舩筎和名布祢乃阿久(平上平上) 11505004-①66ウ5

アク(厭)(四段)

〔厭足〕03025 37365

無ク厭足アクコト 08305001-⑩202-11

〔飽〕44109

飽アキヌ心ニ 11860003-248

アク(明)(四段)

〔明〕13805

明アキヌ 11160007-②128

アク(開)(四段)→クチアク、メアク

〔張〕09812

口張アイて 11505004-①10ウ2

口張アケル者 11505004-①11ウ6

〔溢〕17951

不る溢アカ 11510005-②46

〔開〕41233

開アキヌ 08505007-①9-7
開アキヌ 10505024-21ウ3
開アク 11360001-14オ3
〔間〕41249
間アキヌ 08505007-①9-7
〔颭々〕43781 00097
颭(平)カ一々トクチアイテ 11550009-48ウ3

アク(飽)(四段)→アクマデ、アクマデニス

〔厭〕03025
无厭アクこと 10505019-⑪503
厭アクこと/「アクコト」无し/「シ」 11005080-上28ウ3
〔央〕05840
未す央アカ 11000003-158
〔足〕37365
足アク 08580002
未す足タラ「アカ加」 10870001-⑦132
足アクコトヲ 10990002-⑨325
足ら/「アカ」未るに/「ルニ」 11005080-上34オ6
不イフカ足アカ 11020007-⑩16
取トリ足アクことを 11260001-⑨324
足アク 11360001-9オ1
足アイ(テ) 11380002-南15オ
不に足アカ 11630001-⑤107
〔飽〕44109
飽アケル 08505019-18
飽アク 08505019-46
令て飽アカシメ 10505003-⑨33
飽アイテ 10505007-15-3
飽アイて 11130001-④22オ
飽アク 11360001-39ウ3
飽アクこと 11450001-㉒4-9
飽アイて 11505075-⑭87-8, ⑭87-8
酔ヒ飽キヌ 12505047-70
飽アク 12860001-③50オ4(58-6)
酔ヱイ飽アキナ(ハ) 13140001
飽アク 13860001-53-3
〔餞〕44214
餞アカシメよ 10650001-32
〔饜〕44453
不ス饜アカ 12505020-㉖2(存疑)

アク(開)(下二段)→アクルアシタ、アクルヒ、アケムヒ

〔三更〕00012 14283
三更マタアケサルニ 13440001-32ウ
〔光〕01350
光アケヌレハ 11280014-③484
〔天曉〕05833 14176
天曉アケヌ 11505075-⑰133-6
〔旦〕13734
旦アケヌ 11050002-72ウ
旦アケテ 11300001-⑧41

旦アケムトスル 11340007-④27オ2
旦アケン 12840003-③18ウ1
〔明〕13805
明ア『ス』「クル」旦ハ 08305004-102
未明(音)アケスシテ 09505020-343
天(平輕)明アケヌれは「ヌレハ」 10165001-①247-1
明ル年ノ 10860002-10オ6, 30オ2
明ル季 10860002-31オ3
明ル年 10860002-52オ1
明「アクル」一日 10990002-⑦218
明アケテ 11000003-270
明アケムに 11005003-①41
明クレハ 11005080-上33オ3
明「クルニ」至れは／「ヌレハ」 11005080-上72オ4
不明アケ 11130001-③9オ
明アクル 11130001-③11ウ(存疑)
明ケム一日の所翻に 11260001-⑦225

明□〈ア〉ケヌレハ 11280014-①240
將ス明アケナムト 11300001-⑧41
明アケテ 11380002-天9オ
明アクル晨ツトメテ 11505004-①4オ6
明アクル 11505073-13オ
明アクルニに 11640001-②53
明アケタリ 12840003-②17オ1
〔曉〕14176
曉ケ已ルに 08305001-②33-8, ⑨164-16, ⑨184-2
曉アケヌ 10700001-170
曉アケテ 10990002-⑩126
將に／「ニ」曉アケナムト／「トスルニ」[將]する(に)矣 11005080-上43ウ7
曉アク 11050002-72ウ
未ルニ曉アケ 11280014-③195
曉アクル 11280014-③483
曉アケヌ 11380002-東15ウ

將す曉アカツキニナムナムト／アケナムト 11630001-⑦133
曉アケテ 12510006-29-9
曉アク 12860001-③50ウ2(58-7)
曉アケヌ 13440001-33オ
〔曙〕14220
曙アケナムト 11050002-18オ
曙アケテ 11380002-天9オ
曙アクル 11380002-南12ウ
〔開〕41233
開アケ目 08505007-①6-1
開アケヨよ 10165001-①243-8
令よ…開アケ 10165001-①250-6
解トキ開アク 10165001-①258-7
開アクル 11130001-④14オ
開アケヨ 11280014-①221
開アケテ 11280014-①262
解トキ開アケテ 11280014-①316

撥□(ラ?・)キ開アケテ　11280014-②370
開アケタラハ　11510005-⑧226
可開アケ_發ヒラク　11630001-①187
開アケテ　12840003-③25オ3

アグ(擧)→アグラク、アゲテ、カキアグ、シリウタグ、ナゲアグ、ミアグ、ミツキアグ、モチアグ、ヨミアグ

〔上〕00013

上ケ白す　09505020-293
奏マ(ウシ)上アク　10005008-㉒54
奏マウシ上アク　10005008-㉒82
上アケテ「カミサマニ」擲けよ「て」　10100002-50
上アケ　10165001-②20オ1
展ノヘテ五指ヲ直ナホク上アケヨ　10250002-9
上アクルこと　10370001-96
振フルヒ(ひ)上アケヨ　10370001-96
上ア(ケ)て當る額　10400004-126
上アケて　10505003-⑨6
追ヲ□〈ヒ〉上ケム　10505007-43-6
追ヒ上ク　10505007-44-7
追ヒ上アク　10505007-46-7
引「キ」上「アケテ」「て」　10740001-⑩36
上「ケ」看「ミテ」　11005080-上7オ2
奏マ(ウシ)上アク　11005115-㉒54
上「ケ」下「シツ、」　11200015-⑧116
立て上アケヨ　11210001-③19
上ケテ　11230001-②158
須ク上アケ蓋フ　11280014-②185
所上アクル　11340002-①31
上アク　11340007-④14オ1
拍ウチ上アケ賜タマヒ　11420003-⑮9オ
牒マウシ上アク　11420003-㉑10オ, ㉑10ウ
上アク　11450001-㉒12-7
上アケ　11450001-㉒15-2
上ア(ケ)て　11505004-①37ウ7
上(ケ)ヨ　11505004-①37ウ7
上アケて　11505004-①39オ6
上アケテ　11505073-23オ
進上アク　11505075-⑪41-8
上アケ已　11550003-21
上ケ聞キコエン　11860003-33
上アケテ　12505019-11オ
上アケ　13440001-25オ

〔乑〕00184

乑アケて　10080005-30

〔亢〕00288

亢アク　11230001-③203
亢アク　12410003-16-26
亢アケ　12410003-16-26

〔俄〕00665

俄アケ　09480002-38ウ1

〔偃〕00830

偃フセアケ　11260001-⑨127

〔凸〕01809
凸マケて「アケ」 10740001-⑩78
〔勝〕02409
勝アクル 0810505
勝アケ 08505014-8
不自み勝アケ 10505019-⑳5
勝け難(し)と 11230001-③483
〔厲〕03041
厲アク 11000003-426
厲アク聲 11130005-82ウ
〔唱〕03765
讀唱アケ 10005008-㉔299
讀唱アク 10005008-㉔304
讀唱アケ 11005115-㉔299
讀唱アク 11005115-㉔304
〔奉〕05894
奉アケ 11420003-⑮11ウ
□(奉)アケ 11420003-⑯24オ

〔峯〕08093
峯アケて拄サ、ヘヨ 10250001-53
〔崇〕08152
崇アケ 11505075-⑪8-2
〔慓〕11084
慓アク(上平濁) 12005022-6オ1(5-1), 7ウ1(6-2)
慓アク 12005022-39ウ7(41-9), 40ウ4(42-4)
慓アク 12860001-①5ウ2(5-1),
①7オ4(6-2), ②14オ6(41-9),
②15オ6(42-4), ③11ウ1(49-5)
〔托〕11793
托アケヨ支也 11140001-47
〔承〕11852
承アク 09480002-39ウ6
〔抗〕11889
抗アケ 10990002-⑧182
抗ケ聲を 11130005-78ウ

抗アク 11230001-③269
俯フセ抗□□(アク)ル 11280014-④28
抗アケ 11340007-②25ウ3
抗アク 12005009-27
抗アクルトキハ…則 12505019-1ウ
抗アク 12505019-37ウ
抗アケテ 12505019-56オ
抗イタイテ アケテ 12510006-56-2
抗アケテ聲 12840003-①38オ4
〔捧〕12189
捧アケ 11630001-⑥374
〔掛〕12267
掛アケ在(き)て/「オイテ」 11005080-上6ウ1
〔揚〕12355
揚ア(ケ) 09480002-13オ4(存疑)
揚アケ掌を 10120002-44
揚「アケ」け 10165001-①229-1
揚ケて 10165001-①270-4

〔擊〕12808

擊アクル 08280001-22

〔擡〕12851

擡アケて 10165001-②19オ1, ②19オ6

擡アケ 10165001-②21ウ1

擡ヒキアケテ 11280014-②171

擡□□アケテ 11280014-②206

〔擧〕12863

擧ケ 08305001-⑥103-21

擧ケて 08505020-15-16

擧く 08505020-42-10

擧アク 09005008

推オシ擧上ケ(「ケ」存疑) 09505020-273

擧アケ下ヘトモ 09505020-371

擧ケ 09505020-562

擧上也 たり 09505020-565

疊ミ擧テ 09505116-686

擧ケて 10165001-②19オ4, ②22オ3

擧アケ_去サケヨ 10350002-4オ3

擧アク 10505007-19-5, 52-7

可シ擧ク 10505007-35-5

擧アケテ聲コヘヲ 10505007-46-3

擧アク 10505024-1オ6, 29オ7, 31ウ3, 55ウ2

擧アクルカ 10505024-30ウ1

可ヘシ…擧アク 10505024-31ウ3

擧スアク…耳(ラ)クノミ 10505024-34オ4

擧アケテ 10505024-55ウ3

擧アケ 10505024-55ウ5

擧アケ手 10505024-60オ4

擧(ク)るに 10640003-1

擧アケ額に 10690002-36

擧アクルナリ 10700001-257

擧「アク」む 10740001-③4

擧「アケテ」 10740001-⑤11

擧「アケテ」身 10740001-⑨26

擧く 10820003-②87

擧け「テ」 10820003-②866

擧「アク」 10820003-⑤673

擧(ク)ルニ 10860002-10オ1, 47オ7

擧アケ 10870001-①451

擧アク 11005025-21ウ1

難シ擧アケ 11005025-21ウ5

擧け/「アケ」 11005080-上5ウ2

擧け/「ケテ」 11005080-上6ウ4

擧(く)れは/「レハ」 11005080-上10ウ1

擧(く)れは/「アクレハ」 11005080-上20ウ7

擧(く)る/「クル」之時に/「キニハ」 11005080-上21オ6

擧(け)て/「アケテ」 11005080-上47オ1

擧け/「アケ」已れは/「レハ」/「テ」 11005080-上56オ6

兼ネテ擧ケし 11020007-⑧20

擧アケて 11020007-⑮20

擧ケ 11030006-③19ウ

擧アク 11130001-③3ウ
不擧アケ 11130001-④20オ
當に擧「アケ」 11200015-⑥82
擧アケテ 11200015-⑧30
擧ク 11230001-③425
擧アケテ 11280001-14
擧ケ向フ 11280014-②177
被ル、ハ□(擧)ケ 11280014-②316
擧アケテ 11310004-17
牽キ擧アケラル 11340007-①8オ3
擧アケ 11360001-30オ2
擧アクれは 11380001-⑯85-2
擧アケ 11380002-南42オ(別筆)
擧ア(ケ) 11420003-⑮14ウ
擧アケ 11450001-㉒1-9
擧アケテ 11450006-31
擧アクルニ 11505084-1-8
擧アケ 11550009-17ウ1, 54ウ5

擧ケテ 11550009-38オ4
擧ク 11550009-40ウ7
擧アケ要(去)ヲ 11550009-51オ3
擧アケ鰭ハタヲ 11550009-52オ3
擧ア(ク) 11630001-①65, ③450, ⑥46
擧(ア)ケ 11630001-①366, ②205, ④120
擧(ア)ケたり 11630001-②6
擧アケ 11630001-②94, ②155
擧(ア)ケて 11630001-②188
擧(ア)ケムと 11630001-⑤404
擧(アク)レトモ 11630001-⑥52
擧ア(ケ) 11630001-⑥359
擧(アク)ルコト 11630001-⑦279
備(へ)擧アケストイフ(「ケストイフ」は「クルコト」の誤か)コト 12140002-⑪206
擧ア(ケ)ヲサメ不 12140002-⑪420
擧(ク)レトモ レハ 12140002-⑫376
擧クス 12140002-⑫511

擧アクレハ 12230001-8オ
擧アク 12360002-16ウ7
擧アケ 12410003-7-2, 17-11, 38-15
擧アケて 12410003-12-9, 30-8, 37-23
擧ア(ケ) 12410003-37-4
擧アケテ 12505019-18オ
擧アク 12505020-㉛5
擧ク 12840003-①10オ6, ①24ウ7, ①33オ1, ②6ウ3
擧(ク)ル 12840003-②15ウ1
擧アケシム 12840003-②21オ3
擧ケ 12840003-②21オ5
擧アク 13860001-41-1

〔擧上〕12863 00013

擧上アケテ 08830001-④1-296(74-8)

〔攘〕12989

攘上也 (ケ)テ 11160007-①321
攘アケ 11340007-①13オ2

〔敭〕13285-01
敭アケて 12410003-5-12
敭アケ 12770002

〔昇〕13794
昇アケテ 10990002-⑧363
昇アケ 11280014-①434
昇アケ 11380002-地29ウ
昇アケ 12505035-31ウ4
昇ルカ (ア)クルカ 12600001-2

〔暢〕14095
熈キ ヨロコヒ暢(去)スルナリ アクルナリ

〔杭〕14506
杭アケて 11020007-⑤14
11230001-②345

〔格〕14749
格アク 12230001-16オ

〔炕〕18918
炕アケ 09480002-14ウ5

〔發〕22669
發アケテ聲 10505019-㉛13
聲ヲ發アケテ 11160007-③43

〔稱〕25180
稱アケて 10820003-⑥523
稱アク リ 11505075-⑰143-1
不す可稱アケテ說 11580001-45

〔竦〕25776
竦アク 11380002-天22ウ

〔竪〕25790
竪ア(ケ) 11630001-①379

〔簸〕26609
簸ヒアケ 09480002-24オ1
簸アクルに 11130001-③11ウ
簸アケム 11130001-③11ウ

〔結〕27398
結アケ 11130001-④12ウ

〔翹〕28808
翹ケテ 10165001-①270-3
翹アケ 10990002-⑦85
翹アケ 11160007-①359
翹アケテ 11160007-⑥330
翹アケ 11260001-⑨289
翹アクルニ 12505010-188
翹アク 12860001-③55オ6(59-7)
翹カ(「ア」の誤)ク 12860001-③55オ6(59-7)

〔翼〕28818
翼アケ兩臂 10560001-525
翼アケテ 11140001-49

〔輿〕30226
輿アケて言 11505075-⑭111-1

〔舛〕30338
舛アケ 10830002-19-11

〔褒〕34437
褒アケ 09005007-5
褒アケ貶クタシ 11630001-⑤96

〔調〕35609
調アク　08105005
〔起〕37048
起アケテ首ヘヲ　10860002-8オ4
〔跓〕37465
岑ハシヲ「ハシ」跓アケテヨ　10510002-12
〔載〕38309
難以て備載アケに　11630001-②183
〔輕〕38346
輕アク（上平濁）　11360001-42ウ3
〔進〕38943
進ア（ク）　11630001-⑤185（下欄外）
〔颺〕43909
颺アケむ　09480002-3ウ7
颺アク　09480002-4オ5, 15オ4, 16オ1
至て如に…颺アクルか　11000003-419
颺アクル　11380002-天22ウ
〔騫〕44894
騫アケテ　10940001
〔騰〕44915
騰（け）て　08305011-9-6
騰アケたり　08505014-77
騰アケ　10165001-②15オ4
騰アク　10505024-25オ6
騰「アケテ」「て」　10740001-⑭3
騰「アケム」　10990002-⑨40
騰アケテ／「テ」而　11005080-上17ウ1
騰アケ　11140007-⑩55
騰アケテ　11140007-⑳7
騰アケテ　11200015-⑩122
騰アケ　11220002
騰アケ（擦消）「タリ」　11260001-⑦35
騰アケム　11260001-⑨42
騰アケ　11260001-⑨335
騰アクルニ　11260001-⑨399
騰カ（「ア」の誤か）ケ筏　11280014-②115
騰アケテ　11360002-③23
不騰アケ　12505028-13-4
騰アケて　12505047-58
騰アク　12540005-11オ
〔驤〕45075
驤アケ　10990002-⑧232

アクガル（宕）
〔宕〕07103
宕アクカレテ而　11860003-21

アクタ（芥）→アクタニス
〔坌〕04926
女ノ不知坌アクタノ黄金ヲ　08305004-309
〔糞〕27102
糞アクタニ　10505024-7オ2
糞アクタ　11360001-47オ4
糞アクタ　12005022-17オ2（19-1）, 48オ4（44-5）
糞アクタ

12860001-①18ウ4(19-1), ②24オ3(44-5)

糞アクタ 13860001-63-4

糞アクタ 18400001-②12-12

〔芥〕30715

芥アクタハカリカ(「カ」衍か)ニ(シテ) 11005025-14オ4

芥アクタ 11360001-57オ1

如シ薑(去)タイ芥(去)カイノ アクタ 11550009-25オ3

流(平)-芥(去)アクタ カイノ 11550009-46オ1

芥アクタ 13860001-77-1

〔草介〕30945 00359

草介アヒ(「ヒ」は「ク」の誤か)タ 08580002-78

〔莽〕31132

莽アクタの 11630001-④232

アクタニス(芥)

〔芥〕30715

芥アクタハニ(「ハニ」は「ニシ」の誤か)而「て」 11340007-③16ウ3

アクタビ(熸火)

〔熸火〕19614 18850

熸火アクタヒ 12840003-①10ウ2

アクタムシ(芥蟲)

〔嗟蜋〕04102 33108

嗟蜋「アクタムシ」とイハ 11200015-④52

〔蜚熸〕33138 19614

蜚熸和名阿久多牟之 11505004-①75オ4

〔蜚蠊〕33138 22417

蜚蠊アクタムシ 11505004-①47オ2

アクビ(欠)→アクビス

〔上氣〕00013 17059

上氣アクヒ 12505019-4オ, 36ウ

〔吐〕03300

吐(「呿」の誤か)アクヒ 12860001-①5オ4(5-1)

〔呿〕03475

呿アクヒ 10320001-3オ2

呿アクヒ 12005022-5ウ5(5-1)

〔喘氣〕03946 17059

喘(喘)氣アクヒ 12005133-24オ1

〔嘘吹〕04206 03373

嘘キヨ吹して「アクヒ」 10690002-43

〔欠〕15991

非欠アクヒ 10505019-⑭1

欠アクヒ(上上上濁) 12005022-5ウ5(5-1)

欠アクヒ(上上上濁) 12860001-①5オ4(5-1)

アクヒエ(薄)

〔薄〕32083

薄アクヒエを 10165001-①253-5

アクビス(欠)

〔欠〕15991

□(欠)倭言阿久毗須 07905004-41-1

欠アクヒ(セ)不嚏ハナヒ不

欠(去)アクヒシ カム 申(入)(ママ)ノヒ シン　10990002-⑩280
11550009-10ウ2

アクブ(欠)→アラフ

〔呿〕03475

呿アクフ　12005022-5ウ1(4-7), 7オ5(6-2),
18オ5(31-3), 35ウ4(40-8), 48ウ7(44-10)

呿アラ(「ラ」は「ク」の誤か)フ　12860001-①4ウ6(4-7)

呿アクフ　12860001-①7オ1(6-2),
①20オ5(31-3), ②9ウ1(40-8),
②25オ3(44-10), ③19ウ2(51-9),
③31ウ6(55-6), ③37ウ4(56-10)

〔欠〕15991

欠アクフ(上上平濁)　12005022-5オ7(4-6), 48ウ7(44-10)

欠アクフ　12005022-7オ5(6-2),
18オ5(31-3), 35ウ4(40-8)

欠アクフ　12860001-①4ウ5(4-6),
①7オ1(6-2), ①20オ5(31-3), ②9オ6(40-8),
②25オ3(44-10), ③19ウ2(51-9),
③31ウ6(55-6), ③37ウ4(56-10)

アクマデ(飽)→アクマデニス

〔極〕15181

極アクマ(て)に　08580002-97

〔満〕18099

満アクマテ開ナリ　10860001

〔足〕37365

足アクマテ　10020001

足アクマテ　10165001-②22ウ6

足アクマテに　10165001-②23ウ4

足アクマテ／て ユタカニ　11005003-①11

足アクマテ　11160007-②40

足アクマテ　11280014-②224

足アクマテに　11505075-⑭111-6

〔飽〕44109

飽□□マテ アクマテ／までに　10505019-⑤9

飽ア(クマ)てに　11130001-④4ウ, ④15オ

飽(ク)マテ　11340007-②6オ3

飽テニ　11550009-4ウ5

飽アク『マテ』(消か)ニ　11550009-11ウ2

飽アクマテ　13440001-4オ

〔餘〕44185

餘アクマテ　10230002-①182

アクマデニス(飽)

〔飽〕44109

飽(アク)マテ(ニス)食スルヲコト(「ヲコト」は「コトヲ」の誤か)　11630001-③472

アグミ(坐)→ウチアグミ

アクヤカ(離心)

〔離心〕42140 10295

離心をアクヤカ(ママ) サスラフ　11630001-⑦264

アグラ(胡床)

〔胡床〕29400 09242

胡床アクラ　11420003-㉑4オ, ㉓5オ
胡床アクラに　11505075-⑰122-8
胡床アクラに　11505075-⑳185-4

アグラ（饅餅）→アメラ
〔饅餅〕44417 44220
饅餅阿來（「來」は「米」か）良　07370002-57-12

アグラク（擧）（存疑）
〔擧〕12863
擧「ラク」耳ラクノ□(ミ)　10505024-43オ1

アクルアシタ（明朝）
〔明旦〕13805 13734
明アクル旦アシタ　11505075-⑪15-7
〔明朝〕13805 14374
明クル朝　10860002-44ウ6
〔結旦〕27398 13734
結-旦明旦也アクルアシタ　11160007-⑤109

アクルコロホヒ（黎明）
〔遅明〕39113 13805
遅_明アクルコロホヒニに　11130005-11ウ4
遅-明アクルコロホヒ　11630001-⑦119
〔黎明〕47994 13805
黎明アクルコロホヒ　10730001-⑨2ウ1

アクルヒ（明日）→アケムヒ
〔明日〕13805 13733
明ル日　10860002-22ウ2
明クル日　10860002-46ウ2
明アクル日　11505075-⑪30-1
明クル日　11505075-⑪33-1
明日アクルヒノ　12360003-下14
明アクル日　13440001-19オ

アケ（曉）
〔曉〕14176
天の曉アケに　08305001-⑥112-17

アケ（朱）
〔緋〕27604
以緋アケの繒カトリを角ス（チカ）ヘ（ニ）絡メクラして　10330002-③3
緋アケノ_繒カトリを　10630004-③508

アケ（緋）→アケノキヌ
〔絳〕27449
綷（絳）アケノ帛ハク　12005133-18オ1
〔緋〕27604
緋あ介　08105007-上1
緋アケ　08105015-上1, 中25
緋ヒヒイアケノ襟コロモニキム　10505007-41-8
緋アケノ襟クヒ　10990001-16オ
緋アケヲを　11130005-39オ
緋アケ　11505073-14ウ

アゲ（上）→コトアゲス、マユアゲス

アゲイフ（擧）
〔擧〕12863
被ル、他に擧アケイハ罪を　10165001-②29オ8

アゲイル（納）

〔納〕27264
納アケイル　11420003-⑮6ウ

アゲウタ（擧歌）
〔擧歌〕12863 16167
擧アケ_歌　12360002-15ウ8

アゲサマ（上）
〔上〕00013
上アケサマにサマ　10780004

アケサヤカ（驚新）
〔驚新〕45029 13572
驚新とアケサヤカナリ　13440001-11オ

アゲタ（高田）
〔高田〕45313 21723
高田アケタを者　12360002-15ウ4

アゲツラフ（論）
〔平章〕09167 25761
可シ平章とアケツラフ　13440001-31ウ
可平章トアケツラウ　13530006-45-1

〔抑揚〕11883 12355
抑（入）_揚（去）アケツラフ　11630001-⑤158
〔擢揚〕12951 12355
擢（入輕）クワク_揚（平）ヤウヲアケツラフ（上上濁上上平）　11550009-7オ2
〔訝〕35260
訝アケツラフソ　11140007-⑱60
〔論〕35658
論ツ（ラフ）ヘ（キ）　08105005
論アケツラフに　10005008-㉒106
宜論アケツラ（フ）　10005008-㉒155
論アケツラフ（ニ）　11005115-㉒106
論アケツラフ　13440001-6ウ, 14ウ
論アケツラハム　13440001-29オ
申ノヘ論アケツラハムト　13440001-31オ
〔論諍〕35658 35643
論（平）_諍トアケツラヒ（平平濁〇〇平）　11550009-38オ3

アゲテ（勝）→アグ
〔勝〕02409
不可勝アケて記□む　10240002-②7オ1
不可勝アケて數（ふ）　10240002-②9ウ1
不可勝アケて『アケテ』數（ふ）ㄟ（カラ）　10240002-②19
勝「アケテ」　10740001-⑬1
勝アケて記す可（から）不す　10820003-②98
勝アケて數「カソフヘ」可（から）不す　10820003-②145
勝アケて計（ふ）可（から）不か　10820003-②535
勝アケて數ふ可（から）不す　10820003-④220
勝アケて紀す可（から）不（らむ）乎　10820003-④676
胡イカンソ勝アケテ言（フ）可ケムヤ　10990002-⑧262

勝「アケテ」計す／「カソフへ」可（から）不す
／「ス」 11005080-上27オ3
勝アケテ／「テ」說く／「ク」可（から）／「へ」
不「ス」 11005080-上27ウ2
勝けて／「アケテ」言ふ／「フ」可（から）不 11005080-上68オ6
不可勝「アケテ」テ 11020007-④47
勝アケて記ス可（から）不 11030006-②6ウ
勝アケて計フ可（から）不 11030006-②34オ
勝アケテ 11380001-⑰71-5（上欄外）
勝アケて 11380002-北38オ
勝アケて 11450001-㉒9-1
不可勝アケテ計カソフ 11550009-27オ4
可ム勝アケテ導イフ哉ヤ 11630001-①4
不可勝（ケ）テ計 12840003-③19オ6

アケノキヌ（緋）
〔緋〕27604
緋ア（「ア」存疑）ケノキヌ 08505007-②2-8

アケビカヅラ（通草）
〔通草〕38892 30945
通草和名阿介比加都良（上上上上平） 11505004-①62オ5

アケボノ（曙）
〔侵明〕00646 13805
侵明アケホノニ 10165001-④2オ4
〔侵月〕00646 14330
侵月（上）（聲點本のまま）アケホノニ 11280014-④70
〔明發〕13805 22669
明發アケホ（ノ）ニ 11280014-①102
〔昧爽〕13846 19746
未及昧爽アケホノニ 11505075-⑪37-1
〔會明〕14306 13805
會明アケホノを 10005008-㉒276
會明ア（ケホノヲ） 11005115-㉒276
會明□〈ア〉ケホノニ 11505075-⑪11-2
會明「アケ」ホノに 11505075-⑭85-8
〔遲明〕39113 13805
遲明アケホノに／「チメイニ」「アケホノニ」 11005080-上43ウ3
遲明アケホノニ 11630001-⑥272

アケボノケ（遲明）
〔平明〕09167 13805
平明アケホノケ 08505007-①13-2
〔遲明〕39113 13805
遲明アケホノケ 08505007-①9-3

アゲマキ（總角）
〔角子〕35003 06930
角子アケマキ 11420003-㉑8オ
〔齠〕48631
齠「アケマキ　八九歲時也」 10990002-⑦25（上欄外）

アケムヒ（明日）→アクルヒ
〔明日〕13805 13733

明ケム日　11160007-①191

アコ（子）

〔子〕06930

子アコ（「ミコ」の誤か）か　11630001-⑧17

アコ（存疑）

〔襲〕34717

襲アコ ヲソヒ政（攻）セム　10505007-48-8

アゴイ（距）→アゴエ

〔距〕37481

距アコイ　12550003-6

アゴエ（距）→アゴイ

〔距〕37481

距アコエ　08705006-16

距アコエを　11505075-⑭79-5

利（平）トキ距（平）アコエ キヨ反　11630001-②135

戴キ角ヲ著ツケ距アコヘヲ　13300004-⑤742

［補讀］

拒鳥足着安後延　07905001-51-6

アココ（吾子籠）（人名）

〔吾子籠〕03379 06930 26752

吾子籠アココ　11420003-⑫3ウ, ⑫4オ, ⑬19オ

吾子□〈籠〉アコ（、）カ（「カ」存疑）　11505075-⑪9-3

吾子籠アコ、　11505075-⑪9-3, ⑪9-4

吾子籠アコ、を　11505075-⑪47-6

吾ア子コ籠コ宿禰　11505075-⑭69-4

アコシアルカナ（可）

〔可〕03245

可阿古志阿留可奈（「何志古何留可奈」の誤か）　08105015-中2

アサ（朝）→アサナアサナ

〔朝〕14374

朝アサノ御食ケ　10505150-4右

朝アサノ御食ミケ　10505150-12左

朝アサノ時ニ　11340007-①12オ

朝アサ　11380002-東6ウ

アサ（淺）→ネアサクサ

アサ（麻）→アサノミゾ、アサハキモノ

〔枲〕14582

枲アサ　09505003-1

〔條〕14859

條アサ　10165001-②16オ

〔草〕30945

草カリ又アサ　08505007-②15-2

〔蕁麻〕31598 47887

蕁-麻アサ　11270006-③4

〔麻〕47887

麻アサノ粒ツヒ　08830001-④5-12（78-19）

麻アサノ　10505024-6ウ1

麻アサヲ　10505024-6ウ1, 6ウ1, 6ウ1

麻「アサ（二）」　10990002-⑦322

麻アサ　11360001-25オ4

如…麻アサノ　11505004-①10ウ5

麻(平濁)アサノ／ハ-畝ヒホノ　11550009-7ウ5
麻アサ(平平)　12005022-3オ7(1-4)
麻アサ　12230001-10オ
麻アサ　12860001-①2ウ4(1-4)
麻アサ　13860001-34-5

アザ(痣)

〔疣〕22050
疣アサ　08305011-143-2
疣アサ　08505020-34-18
〔疵〕22089
疵アサ(上平)ナリ　11360001-27オ2

アサガホ(朝顔)

〔牽牛子〕20025 19922 06930
牽牛子和名阿左加保(平平輕上平)　11505004-①67オ3
〔菫〕31732
菫アサカホヲ　11130005-89ウ

アサギ(淺黄)

〔淡黄〕17660 47926
淡(平)黄(平)アサ(キ)　11140007-⑤104

アサギヌ(麻衣)

〔布袍〕08778 34174
布袍アサキヌ　11505075-⑪11-3
〔素服之〕27300 14345 00125
素服之アサキヌタマハル　11420003-⑬24オ
〔麻衣〕47887 34091
麻衣阿佐衣　08005004

アサクス(淺)→アサシ

〔淺〕17697
淺セヨ於身ノ色ヨリ　11506101-31-1
淺クスルモノ　12840003-③15オ4

アサクラ(朝倉)(地名)

〔朝倉〕14374 00756
泊瀬ハセノ朝倉アサクラに
11505075-⑭64-1, ⑭64-1

アサグロ(淺黒)

〔殷〕16627
殷アサクロ　12230001-22ウ

アザケリ(嘲)

〔嗤〕04110
嗤アサケリを「アサケリヲ」　10165001-①229-3
嗤アサケリヲ　11280014-①126

アザケル(嘲)

〔呰〕03452
呰阿佐毛リ　08105007-上19
呰アサケル　08105015-上19
〔哂〕03583
哂アサケリ　10990001-23ウ
〔嗤〕04110
嗤アサケルこと　10705001-①53
所「なり」嗤「アサケリ」咲「ワラハル、『コト』(墨消)」　10740001-⑪49
嗤アサケリ咲ワラハレ將ナム　10990002-⑨354

嗤(平)シ音 アサケリ - 咲(去)セウ音 ワラハレムコトヲ セラレナム 11260001-⑨357
嗤アサケリ嫌 11280014-②344
〔嘲〕04254
嘲サケリ 11420003-⑬14ｱ
嘲アサケル 12005022-28ｵ3(37-6)
嘲アサケ(ル) 12360002-7ｵ
嘲アサケル 12505010-26ｳ
嘲サケル 12840003-③15ｵ2
〔嬈〕06734
嬈アサケル 12005022-3ｳ5(1-8), 18ｵ3(31-2), 45ｵ1(43-7), 48ｳ6(44-9)
嬈アサケル 12860001-①3ｵ2(1-8), ①20ｵ3(31-2), ②20ｵ6(43-7), ②25ｵ2(44-9), ③2ｳ3(46-3), ③19ｳ1(51-8), ③23ｳ2(52-8), ③31ｳ5(55-6), ③34ｳ4(56-1), ③43ｵ3(57-8), ③46ｳ4(58-2)

〔悝〕10678
悝アサケラム 11550009-17ｵ5
〔慢〕11110
慢アサケる 10650001-16
〔欺〕16097
欺アサケリ 11280014-②386
〔理〕21014
理アサケラム 11340007-②38ｳ6
〔矯〕24015
矯アサケレリ 12780002-6
〔蚩〕32902
蚩アサケ(リ)咲(フ) 08105023-49-24
莫不蚩(ア)サケリ笑(ワ)ラハスト云(コト) 09505020-431
〔謿〕35925
謿アサケリ 11280014-①96
〔謔〕35934
謔アサケ(ル) 08505013-17

アササ(浅)
〔浅〕17697
浅サ 13440001-25ｳ
アサザ(荇菜)
〔莕莜〕46643 31458
莕莜|和名阿佐ゝ(平上上) 11505004-①64ｵ1
アサシ(浅)→アサクス
〔少〕07475
少オトレ(リ) アサシ 11020007-⑬6
〔淡〕17660
淡アサキ黄(「平」)「ノ」/「玉篇味也食天菜茄也」 11200015-⑤198
淡アサキ黄色 11850004-⑤68
〔浅〕17697
浅く 08305011-97-1
浅く 08505020-25-7
浅サシ クナリヌ 10505007-3-5
浅アサキ 10505007-59-3

其身浅アサく黄なる色なり 10590001-15
浅アサキ 10640001-39
浅アサクシて 10700001-138
浅し 10820003-②577
浅「アサシ」 10820003-⑥227
浅「ク」薄「(クア)リ」なり 10870001-⑤117
浅アサキ 11140001-29
浅キヲ 11140007-⑮67
浅にして「クシテ」 11200015-④234
浅アサシ 11360001-42ウ1
不浅(カ)ラ 11505004-①16オ6
浅シ 11505004-①17オ7
浅(上)ク センー庸(平)オロカナルコトヲ ヨウナル 11550009-50ウ1
浅ク 11970004-2オ9
浅アサク 12410003-1-7
浅シ 12505047-51
浅アサウシテ 12505072-20
浅クシテ 12840003-①35ウ5
浅アサシ 13860001-57-2
〔竊〕25713
竊アサシ 12860001-③65オ3(穴32)
〔膚〕29829
膚アサキ哉 11550009-58オ7
膚アサク 12780002-1
膚アサシ 13860001-48-2
〔闘〕41470
闘アサカラム(ト)云ム 11590002(存疑)

アサヂハラ(浅茅原)

〔浅茅原〕17697 30836 02973
浅茅原アサチハラ 11420003-⑮9ウ

アサツキ(浅葱)

〔水葱〕17083 31165
水_葱アサツキ 11060002-2
〔興薬〕30226 31962
興-薬アサツキ 11005025-14ウ7
興薬アサツキ クレノオモ 11340007-③17ウ4
〔草葱〕30945 31165
草葱「アサツキ」 11340007-③17ウ3
〔薤〕32141
葱キ 蒜ヒル 韮ニラ 九音 薤アサツキ 我伊音 10590005-5
〔虀〕32421
虀アサツキ 10505010-13
虀アサツキ 10790001-上16ウ
虀アサツキ 11505053
虀アサツキ 11590002

アザナ(字)→ナ

〔字〕06942
字ア(サナ) 11005002-9
字アサナ 11020007-⑱57
字ア(サナ) 11130001-③17ウ
字な 11130005-4ウ1
字アサナヲ 11130005-59オ
字アサナ 11230001-②174

字アサナ　11360001-21オ2
字アサナ　11380002-北14ウ
字アサナ　11850004-⑩13
字アサナハ　12140002-⑪56
字アサナ　12410003-3-11, 3-15
字ナ　12505019-38オ
字(ア)サナ　12840003-①33オ2
字ナハ　12840003-③4ウ2
字アサナ　13860001-29-1
字アザナ　18400001-②12-40

アサナアサナ(朝々)
〔朝〕14374
朝アサナ〵　13440001-6オ
〔朝々〕14374 00097
朝々アサナ、、、　11380002-天18ウ
朝々アサナ〵　11380002-東14オ
朝々アサナ(平平上)、、、　11550009-48ウ4
朝々アサナ〵に　13440001-37オ

アサヌノ(麻布)
〔紵〕27464-01
紵アサヌノ、　11340007-①34オ6

アサノクツ(麻鞋)
〔富羅〕07230 28397
富(去)「-」羅(上)アサノクツ「ヲモテ」 麻鞋也 をもて　10165001-①233-6

アサノミ(麻實)
〔麻勃〕47887 02351
麻勃アサノミ　11505004-①46ウ3
〔麻蕡〕47887 31885-01
麻蕡和名阿佐乃美　11505004-①79ウ1
〔麻蕡麻子〕47887 31987 47887 06930
麻蕡麻子アサノミ　11505004-①54ウ6

アサノミゾ(麻衣)→アサノミゾキル
〔布袍〕08778 34174
布袍アサノミソ　11505075-⑪11-3

アサノミゾキル(素服)
〔素服〕27300 14345
素服アサノミソキタテマツリ　11505075-⑪15-1
素服アサノミソキタヒテ　11505075-⑪15-1

アサハキモノ(麻靴)
〔麻靴〕47887 42729
麻靴アサハキモノ　11505073-8ウ

アザハル(糺)
〔糺〕27222
紛マカヒ糺アサハリテ　09505020-469
〔繚〕27904
繚「レウ」マトハレ／「ア左ハリ」戻「來」モトリ「モトレラム」　10870001-⑧95
〔遘〕39031
遘アサハリテ　11630001-⑧145

アサヒ(朝日)
〔朝日〕14374 13733
朝□〈日〉アサヒ　10505150-1右

朝アサ日 10505150-6左
朝日アサヒ郎イラツコ 11505075-⑭105-7
〔朝烏〕14374 18998
朝(平輕)-烏(平)アサヒノ 11550009-58オ4

アザフ(叉)

〔叉〕03116
叉阿佐布 08005002
反か(へり)て相ヒ叉アサヘよ 10100002-3
相叉アサヘヨ 10100002-35
叉アサヘテ「て」而覆フセヨよ 10100002-44
叉アサヘ而覆オホフて 10200002-2
押ヲセ地ノ叉アサヘタル間に 10250001-97
内に叉「アサヘ」て 10350001-11ウ2
相叉「アサヘテ」 10350001-28オ4
押オセ地の叉アサヘタル間 10370001-101
叉アサヘテ二火ノ頭ニ 10510003-2, 510
二水叉アサヘテ 10510003-6
叉アサヘヨ二地ヲ 10510003-509

叉アサヘヨ 10780004
叉ふ(ル)なり 10830002-19-10
叉アサヘテ 10950003-②, ③26
返カヘシ叉アサヘテ 10950003-③6
相叉ヘテ 10950003-③33
相ヒ叉ヘ 10950003-③43
相ヒ叉ヘヨ 10950003-③43
反カヘシ相ヒ叉ヘヨ 10950003-③72
叉アサ〻て／「ヘテ」 11005080-上70オ4
相(ヒ)「-」叉「アサヘて」 11140001-20
叉「(ア)サエ□(「ヘ」か、存疑)」 11140001-21
叉(ヘ)ヨ 11140001-21, 22, 42
叉「アサエ□(「ヘ」か、存疑)」 11140001-22
相叉「アサヘて」 11140001-25
叉「ヘ」 11140001-28
叉ヘ臥て 11210001-①50
叉ヘ臥テ 11210001-①82
叉ヘ立テヨ 11210001-②39

交ヘ叉ヘて 11210001-②72
叉ヘ 11210001-②76
叉ヘて 11210001-②79
相アヒ叉ヘ 11210001-③9
叉ヘヨ 11210001-③18
相ひ叉〻て 11280005-25, 26
相ひ_叉〻 11280005-58
叉ナ、ハ(「ナ、ハ」は「アサヘ」の誤か)刺サスト 11280014-③344
叉ヘ覆ウツフセ 11310004-22
叉アサフ 11360001-8オ3
叉アサヘて 11370001-3, 9
相叉アサヘて 11800001-10
叉アサフ 12840003-③2オ3
叉アサウ 13860001-11-3
〔差〕08732
普花は風火差アサヘヨ 10590001-67
差アサヘヨ 10640001-21

差アサヘヨ 10700003
差「アサヘヨ」 11140001-15
差アサヘヨ 11140001-15
差アサヘタリ 13560003-3
〔紲〕27222
紲アサヘテ 10505014
相紲アサフル 11020007-⑬27
相ひ紲アサヘよ 11140007-⑬48
紲アサへて 11505066-1
〔絞〕27421
絞アサフ 13560003-3
〔芟〕30733
芟アサヘタル 11640001-②61
〔跏〕37457
跏アサウ 13860001-13-4
〔頓〕43381
頓アサフルに 13440001-23オ

アザブク（欺）→アザムク

〔欺〕16097
欺アサフク耳 11020007-⑪17

アザミ（薊）→ネアザミ

〔莇〕31026
莇アサミ 11360001-35ウ2
〔薊〕31442
薊アサミ 11450001-㉑21オ7
薊アサミノ根ネ 11450001-㉑22ウ4
〔薊根〕31442 14745
大小薊根 和名阿佐美（上上上） 11505004-①63ウ3
〔訮〕31535-01
訮アサミ 11450001-㉑28ウ2
訮アサミノ根ネ 12005133-10ウ2
〔薊〕32095
刺根薊アサミ「和安佐美」 11450001-⑫14ウ8
［參考］
藺茹 和名祢阿佐美（上上上平）

アザムキツラク（欺） 11505004-①65ウ7

〔欺〕16097
欺アサムキツラク耳 11140007-⑪68

アザムク（欺）→アザブク、アザムキツラク

〔佯〕00552
佯ア（サ）ムキ 08105005
〔僞〕01105
僞使鸕鷀沒 ウカハセムトアサムキテ 11505075-⑭70-4
僞アサムキ 11505075-⑭70-4
〔怵〕10498
怵アサムカ（レ）オチ 11630001-⑤437
〔慢〕11110
慢アナツル アサムク 10730001-⑩20-2
〔慰〕11135
招き慰アサムイテ シテ 11130005-18オ

〔欺〕16097

欺アサムキ誑タホ(ロ)カシ 08305001-③44-18

妄イツ(ハリ)欺アサ(ムキ) 08305004-194

欺アサムキ 08505007-③2-4

欺アサムク 08505008

欺アサムク罪を 08580002-4

欺アサムカムとか 10505019-②17

欺アサ(ム)き詐イツハて 10505019-⑥8

不相欺アサムカ 10505019-⑪8

不シ欺アサムカ 10730001-⑨11ウ8

不欺「アサムキ」『-』誑『シタマフ』「太フ呂(カシ)」 10870001-①412

欺アサムキ佯イツハ(ル) 10970003-44-16

欺アサムキ取(り)て／「テ」 11005080-上24ウ6

欺ムキ抑トレリ 11130005-87オ

欺き 11230001-②297

不シト欺アサムカ 11340007-②20オ4

被たり…欺ア□(サ)ム□(カ) 11380002-天20オ

欺アサムク 11380002-地29オ

欺アサムキ 11380002-東8ウ

欺ア(サムク) 11420003-⑮2オ

欺アサムク 11450006-5

欺ア(サムキ)誑(イツハ)リ 11505075-⑳169-2

相欺(去)アサムキ-誚(去)セヌし(「ヌ」は「メ」の誤か) 11630001-②211

所レヌ欺アサムカ 11630001-③452

欺アサムク耳 11850004-⑪39

欺アサムク 12410003-16-3

欺アサムク 12505035-31ウ2

欺アサムキ誣コエル 12510007

欺アサムク 12840003-①27ウ6, ①27ウ7

欺アサムイテ 13440001-3オ

欺アサムキ 13440001-7オ

欺アサムク 13440001-21オ

欺アサムク 13860001-37-2

〔欺誑〕16097 35510

欺誑アサムキマツレリ 11505075-⑳169-2

〔紿〕27369

紿アサム□〈キ〉て 10730001-⑨10ウ6

〔習謬〕28672 35872

習-謬アサムカル、コト 11630001-⑤355

〔詐〕35373

諂ヘツ(ラヒ)詐ア(サムク) 10005008-㉒121

詐ア(サムク)之 10005008-㉒406

詐アサムイて 10005008-㉔265

詭イツハリ詐アサムクを 10200001-⑥22オ6

諂ヘツ(ラヒ)詐ア(サムク) 11005115-㉒121

詐ア(サムク)之 11005115-㉒406

詐アサムイ(テ) 11005115-㉔265

被レ詐アサムカ 11420003-㉑9ウ

詐アサムイテ 11450006-20
詭イツハリ詐アサムク 11505044-16
莫翻被詐カヘリテナアサムカレタマヒソ 11505075-⑳179-5
〔詭〕35434
詭倶毀反 欺ク也詐 12140002-⑫14
〔誑〕35510
誑アサムキツ 08505007-③10-9
誑アサムカレ 08505007-③11-9
誑アサムク 10820003-③239
誑ムク 11130005-94ウ
被…誑ムカ 11130005-95オ
誑□〈ア〉サムクそ 11850004-③19
誘へ誑アサムク 12140002-⑪117
誑アサムク 13860001-37-3
〔誕〕35516
誕アサムク 12230001-48ウ
〔誘〕35525
誘アサムカシ（「シ」は「レ」の誤か） 10505030-106
誘アサムキ／「アサムキ」誑タフロカして／「タフロカシ」 11005080-上15ウ1
誘アサムク 11360001-34オ4
誘アサムイ（テ） 11390003-1ウ
誘アサムク カトフ／サソフ 11510005-③45（上欄外）
誘アキ（「キ」は「サ」の誤）ムキ戰カフトキ 11630001-④40
誘アサムキ請ヨヒて 11630001-⑤52
誘アサムカル、ナリ タフラカサル 11630001-⑤354
誘アサムケラハ 13140001
〔誣〕35542
誣アサムキ（し）なり 11050002-38ウ
〔誤〕35546
陥（平）カム「クツカヘス」誤「ク」せる アサムク之者なり と 10820003-②404
誤アサムク 13860001-81-1
〔諂〕35616
諂阿坐牟（ク） 10790002-7ウ6
諂アサムク 11360001-28オ2
〔謾〕35909
爲ス謾アサムケリト 11340007-①34ウ5
〔陽〕41725
陽アサムイて 11505075-⑭62-4, ⑭62-4

アザヤカ（鮮）→アザヤキ

〔儼然〕01324 19149
儼然トシテ アサヤカ 12140002-⑫190
〔尠〕07523
尠アサヤカナリ 13860001-56-5
〔淨〕17669
鮮アサヤカニ淨□□（アサヤ）カニ 10080002-②377
〔潤〕18255
潤アサヤカ（二）徹トホテ「トホリテ」 11200015-⑤178

〔燦〕19468
燦イ　鮮也　10505069-③9
〔的皪〕22692 22806
的(入)テキ_皪(入)レキ トアサヤカナル　11550009-45オ7
〔蒨〕31590
蒨「アサヤカナルカナ」兮　10990002-⑨304
蒨アサヤカナリ兮　10990002-⑨304
蒨(上)セ〱音ナリ　サカナリ　アサヤカナリ　11260001-⑨301
〔鮮〕46133
鮮に　08305011-123-9, 139-10, 145-2
鮮に　08505020-31-4, 34-8
鮮かに　08505020-33-9, 33-13
鮮アサヤカニ浄□□□(アサヤ)カニ　10080002-②377
鮮アサヤカナル　10165001-②29オ6
鮮阿坐耶可仁(平平上平〇)　10790002-3ウ1
鮮「アサヤカニ」　10820003-⑤414
明ニ鮮ヤカナリ　11005025-4オ6
鮮ヤカナル　11005025-12オ4(上欄外)
鮮アサヤカナル華　11160007-②27
鮮アサヤカ　11180004-3
香(し)ク鮮にして　11260001-③275
鮮アサヤカニ(「ナリ」消)　11360001-42オ2
鮮ア(サヤカ)　11380002-南47オ
鮮アサヤカに　11510005-⑤29
至イタテ鮮アサヤカニ　11860003-78
鮮アサヤカナル鱮サハ　12360003-下6
鮮アサヤカナリ　12505010-98
鮮アサヤカナリ　12860001-③68オ1(羊58)
鮮アサヤカナリ　13860001-56-5
〔鮮白〕46133 22678
鮮_白アサヤカ　11630001-④14
〔鮮麗〕46133 47663
鮮麗アサヤカニ　11505075-⑭110-8

アザヤキ(明)
〔明〕13805
水明アサヤキ(「キ」は「カ」の誤か)に(シ)て　13530006-38-6

アサユフ(朝夕)
〔定省〕07109 23179
定(去)_省(上)ニ アサユフ(平平上平)　11550009-33ウ2

アザラカ(鮮)
〔生〕21670
生アサラカニシテ　11505521-下1-8ウ2
〔鮮〕46133
鮮アサラカナル　11505521-下6-14ウ3

アザラカセ(鮮)→アザラカ
〔生〕21670
生あさラカせ尓シ天　08105009-下1
生安左ラカセ尓シテ　08105015-下1

アザラケシ(鮮)

〔鮮〕46133
鮮アサラケキ　08105009-下6
鮮アサラケキ　08105015-下6
鮮アサ(ラケキ)　11505075-⑪13-1
鮮アサラケ(キ)　11505075-⑪13-5
鮮アサラケシ　13860001-56-5

アザラシ(海豹)
〔荇〕30942
荇アサラシ(平平濁平平)　13440001-16ウ

アサル(求)
〔捜〕12486
捜アサリ　11505073-11ウ
捜アサラムト　11505073-28ウ

アザル(鯘)
〔憒〕11211
憒アサレ内サワカシ　10705004
〔鯘〕46214
鯘アサレヌ　11505075-⑪13-4

アザワラフ(嘲笑)
〔听然而咲〕03352 19149 28871 03554
听然而咲アサワラヒて　11505075-⑳187-7
〔咍〕03492
咍アサワラヒテ　11340007-①29オ4
咍(平輕)アサワラフテ曰ク　11550009-6ウ1
〔咲噱〕03554 04403
咲-噱アサワラヒ(上上上上平)て　12360002-4ウ5
〔哂〕03583
哂アサワラフ　11260001-⑦112
〔莞爾〕31063 19750
莞クワン-爾(上)トアサワラフ　11550009-20オ6
〔蚩〕32902
蚩アサワラ(フ)　08505008
不亦蚩アサワラハ乎　08505008
〔譏〕35958
相ヒ譏ソシリアサワラフ　11630001-③474

アシ(蘆)
〔葦〕31437
葦アシヲ　11005025-16ウ3
葦アシノ　11005025-25オ7
葦アシノ　11340007-③29ウ1
葦アシ　11360001-25オ4
葦アシ蘆オキ之　11505521-下27-46オ7
葦アシ(上上)　12005022-3オ7(1-4), 12ウ7(10-10), 17オ7(30-1), 38ウ6(41-2), 45オ3(43-7)
葦アシ　12005022-48ウ1(44-7)
鹿葦津カアシツ姫　12360002-2オ4
葦アシ　12505020-㉛7
葦アシ　12860001-①2ウ4(1-4), ①13ウ4(10-10), ①19オ4(30-1), ②13オ2(41-2), ②20ウ2(43-7), ②24ウ2(44-7), ③10オ4(48-10),

③16オ2（50-10），③19オ4（51-7），
③47オ3（58-2）
葦アシ　13860001-34-5
〔蘆〕32425
蘆アシ　08505007-①19-1
蘆イホリ／「アシヲ」　11005080-上43オ4
蘆アシ　11130005-21ウ
蘆アシを　11380002-地22オ
蘆アシヲ　11380002-地41オ
蘆アシ（上上）　12005022-12ウ7（10-10）
蘆アシ　12005022-45オ3（43-7）
蘆アシ　12230001-52オ
蘆アシ　12505035-24ウ2
蘆アシヲ　12505035-45オ5
蘆アシ　12860001-①13ウ4（10-10），
②20ウ2（43-7），③10オ4（48-10），
③16オ1（50-10），③47オ3（58-2）

アシ（足）→アシノオモテ、カサネアシ、
カタアシ、カメノアシ、コヒアシ、
スアシ、ヌキアシ、ヌキアシス、ハタアシ、ミアシ、ヲリ
〔脚〕29502
脚安之　08105007-上5
脚乎利（「阿之」の誤か）　08105015-上5（存疑）
脚阿志　08105015-中10
患脚ミアシノヤマヒシて　10005008-㉔206
脚アシ　10165001-①234-3
脚アシを　10165001-①236-2
左の脚アシを　10350001-31ウ7
垂れよ脚「アシ」を　10350001-32オ2
脚アシヲ　10505007-5-2
脚ヨヲロノ／アシノ-病ヒヲ　10505007-8-4
脚アシヲ　10505024-2ウ3
脚アシヲモテ　10505024-28オ3, 59ウ4
脚アシを　10650001-34
脚アシを『アシ』　10700005-③1
脚アシを以（て）　10790001-下32ウ
脚「アシヲモテ」　10820003-⑨710
脚『アシ』　10870001-⑧95
脚アシ　10950003-②
脚アシヲ　10950003-③57, ③69
脚アシ　10990001-6オ
脚アシ　10990002-⑩82
脚アシを　11000003-582
足「-」脚（入）を／「アシヲ」　11005080-上20オ7
脚アシの／「アシ」如し／「シ」　11005080-上23ウ1
患脚ミアシノヤマヒシ　11005115-㉔206
其脚シ　11130005-83オ
脚アシ　11140001-16
脚「アシ」　11140001-17
脚アシを　11140007-⑬2
脚「アシヲ」をもて　11200015-⑨105

脚アシの下 11210001-①37
脚アシ 11230003-③8
脚シニ 11300001-⑧13
脚「アシ」 11340007-④40ウ2
脚アシニ 11350010-22-4
脚アシ 11360001-40オ2
脚アシ 11370001-20
脚アシ 11420003-⑮2ウ
脚アシ 11505075-⑭62-7
手脚捶震手足ワナ、キフルヒテ 11505075-⑳187-8
腫シヨウ-脚カク(入輕)ハレアシヲ 11550009-20ウ4
鳧カモノ脚アシハキ 11550009-40オ4
脚アシ 12005006-下20
脚アシ 12005133-22ウ7
脚アシ 13440001-17ウ,25オ,32ウ
脚アシ 13860001-53-5

〔足〕37365
足アシマテに 10250001-144
兩ツノ足アシに 10250001-186
足アシ踐フンムヲ於虚空に 10250001-237
足アシニ 10505024-18ウ1
足アシヲ 10505024-28オ3
足は/「シハ」 11005080-上8ウ6
蹲ハキ足シ 11280014-④49
足アシ 11360001-9オ1
足ア(シ) 11520001
足アシヲ 11550009-22ウ6
足アシ(ヲ)して 11630001-②149
足(ア)シ 11630001-②251
足ミ(アシ) 11630001-③47
足アシ 12505020-㉝15
足アシ 12840003-③18ウ5
足アシ 13440001-34ウ
足アシ 13860001-12-4

〔趾〕37406
趾アシを 10740001-③3
趾アシを 10820003-③288
趾アシヲ 11030006-③19ウ
趾アシを 11510005-③27
趾アシを 11850004-③37
〔跣〕37497
塗ト跣スルコト ミヤ(「ヤ」は「ア」の誤か)シニスルコト 11280014-④55
〔蹲〕37809
蹲アシ 11280014-③162

アシ(悪)→アシサ、アシシ、ミアシ

〔兇〕01348
兇アシク 11360001-40ウ1
兇アシキナリ 12005022-3オ4(1-4),21ウ7(33-7)
兇アシキナリ(平上上○○) 12005022-14オ2(11-5)

兇アシ(平上)　12005022-38ウ4(41-2)
兇アシキナリ　12860001-①2ウ1(1-4), ①15オ3(11-5), ①24ウ4(33-7)
兇アシ　12860001-②12ウ6(41-2), ③10オ3(48-10), ③22オ2(52-5), ③33オ6(55-9), ③39オ2(57-2), ③53オ3(58-10), ③56ウ4(60-2)
兇アシ(平上)　12860001-②28オ4(45-9)

〔凶〕01803
凶「アシ」　10820003-④133
凶「(シ)ク」險「(シ)ク」　10870001-⑤221
凶アシク　11050002-14
凶アシカらむ　11140007-④30
凶アシキナリ　11360001-57ウ3
凶アシトシリ(「シ」は「ナ」の誤か)はなり　11390003-17ウ
凶シ　11505004-①33オ1
□(凶)コ(「ア」の誤)シ　12230001-31ウ
凶アシ　12550003-1

〔匿〕02690
淑ヨク匿アシクヲ を　11630001-④132
淑ヨキ匿アシキ　11630001-⑤96

〔否〕03340
臧ヨル(「ル」は「キ」の誤)否アシキヲ　11280014-①303
否臧アシクシテモヨクシテモ　12550003-1
臧ヨシ　サウ否アシ　ヒ　12840003-①33ウ1

〔弊〕09644
弊アシキ身　11630001-⑦345

〔悖〕10663
悖アシ(平上)　12005022-14オ2(11-5)
悖アシ　12005022-39オ6(41-5)
悖アシ　12860001-①15オ3(11-5), ②13ウ3(41-5)

〔惡〕10824
惡(シ)キ　08305001-①5-5
善ヨク惡アシキ　10005008-㉒135
惡アシき衆生　10160001-23
諸惡アシ　10505003-⑦4
惡アシキ事コト　10505150-14左
惡アシキ　10505150-18左
惡アシキ　10730001-⑨13オ8
惡アシ　10730001-⑨13ウ1
惡アシ　10790002-9オ2
穢ク惡(シ)キ勿(モノ)　10870001-⑦251
惡アシキ　10870001-⑧79
惡アシキ「ク」重「キ」　10870001-⑧96
惡(し)き／「シキ」　11005080-上9オ3
善ヨク惡アシキ　11005115-㉒135
惡(し)き處(なり)也　11260001-③369
言(平)惡(シ)キトキハ　11340007-②4ウ5
惡アシ　11360001-13ウ1
惡ア(シキ)名　11420003-㉓3ウ
惡アシ(キコト)　11420003-㉓4オ

惡アシキ 11450001-㉑11ゥ2
惡アシク 11450001-㉒3-9
醜ミニク、惡アシキモノ 11450001-㉒7-9
暴アライ(「イ」は「ク」の誤か)惡アシキ 11505044-11
「大惡ハナハタアシ」クマシマス 11505075-⑭69-7
惡行アシクマシマス 11505075-⑭95-8
惡(アシ)キ 11505075-⑭111-5
惡しき 11820018-2
横惡アシキ之神 12360002-3ォ3
惡アシキ 12360002-3ォ6
惡アシケレトモ 12410003-16-19
惡アシキ 12505020-㉘9
惡アシ 13440001-22ゥ

〔暴〕14137
暴虐アシクサカサマナルワサス 11505075-⑭98-7

〔毒〕16730
毒アシキ物なりと 10005008-㉔239
毒アシキ物 11005115-㉔239
毒アシキことを 11505075-⑰139-3

〔瀑〕18609
瀑アシ 12005022-26ォ5(35-9)
瀑アシ 12860001-①30ォ2(35-9)

〔猥〕20519
猥アシ(平上) 12005022-16ゥ4(19-1)
猥アシ 12005022-47ゥ5(41-5)
猥アシ 12860001-①18ォ5(19-1), ②23ゥ3(41-5), ③18ゥ2(51-6)

〔短〕23978
短アシキヲ 18400001-⑧4-28

〔耶〕29008
耶アシキ意コ、ロ 10505150-14左

〔蚩〕32902
研(「平」)「ケン」「ヨク」蚩(「上」)「シ」「アシキ」 10740001-⑤68
蚩「蚩醜也」アシキ ミニクキ 11510005-⑦260

〔險〕41874
險アシ(平上) 12005022-2ォ3(1-1), 5ゥ2(4-8), 12ゥ5(10-10), 16ゥ2(19-1), 18ォ3(31-2), 23ォ5(34-2), 27ゥ1(36-5)
險アシ 12005022-17ゥ7(41-1), 41ォ1(30-10), 45ォ1(43-7), 47ゥ2(44-5), 49ゥ2(45-1)
險アシ 12860001-①1ォ4(1-1), ①5ォ1(4-8), ①19ゥ6(30-10), ①20ォ3(31-2), ①26ゥ1(34-2), ②12ォ1(41-1), ②20ォ6(43-7), ②23ォ6(44-5), ②25ゥ6(45-1), ③2ォ4(46-2), ③9ゥ1(48-9), ③10ゥ1(49-1), ③15ゥ6(50-10), ③17ゥ4(51-3), ③20ゥ4(52-1), ③25ゥ1(53-4),

③29ｳ1(54-9)
險オ(「オ」は「ア」の誤か)シ　12860001-①13ｳ2(10-10)

アシアト(足跡)
〔脚跡〕29502 37493
脚跡アシアト　11160007-②312
〔趾〕37406
忽奮玉趾「アシアト」　10570004-2

アシアラフ(足洗)
〔濯〕18532
澣手洗也濯足洗也　10820003-③587

アシアルムシ(蟲蟻)
〔蟲〕33633
蟲チウ　ムクメク　アシアルムシ　11920003-㉗7
〔蟲蟻〕33633 33672
蟲チウ-蟻アリ　アシアルムシ　11200015-④40

アジカ(簣)→カシカ

〔筐〕26001
筐アシカ　11080011-③692
〔篙〕26255
篙アシカ　12230001-3ｳ
〔簣〕26524
簣アシカ畚カ、リヲ　10990002-⑦288
負オヒ簣(去)火イ音アシカ　畚(入)火ク音カ□(、)リを　11260001-⑦305
簣アシカ　12840003-①9ｵ1

アシカキ(蓧)
〔蓧〕32294-01
蓧(ア)シ(カ)キ　11380002-地33ｵ
蓧アシカキを　12505035-34ｳ3

アシガシ(枷)
〔杒〕14465
杒アシカシ　11360001-64ｵ2
杒アシカシ械テカシ　11505075-⑰153-4
〔枷〕14587
枷アシカシ　08505007-①14-9
〔桎〕14768
桎足カシ梏手カシ　08305005-諸點
〔械〕14882
械アシカシ　13450001
械アシカシ　13860001-87-3
械アシカシ枷クビカシ　18400001-⑧1-21

アシガナヘ(鼎)
〔鬲〕13576
鬲アシ(カ)ナヘ　11860003-47

アシカハ(足皮)
〔足皮〕37365 22823
足皮カハ　11860003-41

アシガラ(足柄)(地名)
〔足柄〕37365 14603
足アシ柄カラ　10505007-54-7
足柄(アシカ)ラ　10990001-20ｵ

アシキイキ(毒)

〔毒〕16730
毒アシキイキヲ　11505075-⑪46-2
毒アシキイキ　11505075-⑪50-3, ⑪50-4

アシキチシシニアツマル（膒）
〔膒〕29767
膒悪血肉集也　08105009-下34

アシギヌ（絁）
〔紬〕27338
細（紬）アシキヌを　12140002-⑫269
〔絁〕27371
絶（絁）アシキヌ　12005133-4オ3

アシキモノ（毒）
〔惡〕10824
惡シキモノ、形　11210001-②20
元惡モハラアシキ物を　11505075-⑳174-3
〔毒〕16730
毒アシキモノを　10005008-㉔297
毒アシキモノ　11005115-㉔297

アシキル（刖）
〔刖〕01900
刖アシキル　10320001-25オ5

アシキワザス（作惡）
〔作惡〕00518 10824
作惡アシキワサす　10005008-㉔20
作惡アシキワサス　11005115-㉔20
〔暴惡〕14137 10824
暴惡アシキワサす　10005008-㉔196
暴惡アシキワサス　11005115-㉔196

アシクサ（麁草）→トリノアシクサ
〔麁草〕47591 30945
麁草アシクサ（上上上〇）　10505150-25右
〔参考〕
升麻和名止利乃阿之久佐（上上〇〇〇上平）　11505004-①59ウ1

アシクヒワケ（脚咋別）（人名）
〔脚咋別〕29502 03488 01924
脚咋別アシクヒワケ　11420003-⑫9ウ

アシサ（惡）
〔不〕00019
減ヨサ不アシサを　10165001-①256-6
〔惡〕10824
善（ヨ）サ惡（アシ）サ　10005008-㉒131

アシシ（惡）→アシ
〔凶〕01803
凶アシ、　13860001-78-3
凶アシ、　15780001

アシスル（足擦）
〔擲〕12893
猶（し）如（し）…不（る）か蹺「ヲトリ」擲「アシスリ」（擦消）『アシスリ』騰「アカリ」躍（擦消）『ホトハシラ』「ホトハシラ」　11300014-②19
猶（し）如（し）獝猴の…蹺「ヲトリ」擲「アカリ」「アシスリ」騰アカリ「アカリ」踊（擦消）「トハシラ」ト、（「、」衍か）ハシフ（「フ」は「ラ」の誤）

かむか　1130014-②21

アシタ(朝)→アクルアシタ、アシタス

〔夙〕05755
夙アシタ　11360001-48ウ2
夙アシタニ夜ヨハニ　18400001-②19-38
〔旦〕13734
旦アシタに　10165001-①249-7
旦アシタ　10320001-14ウ5
旦タニ「夕」　10490001-2
旦アシタに　10730001-⑨11オ7
旦アシタ　10990002-⑦176
旦アシタニ　10990002-⑦194
旦「アシタ(ニ)」　10990002-⑨86
旦に／「アシタニ」　11005080-上43ウ1
旦アシタに　11050002-15ウ
旦(アシ)タに　11050002-18オ
旦アシタニシテ　11160007-⑤354
旦朝也　11260001-⑦182
旦アシタニ　11280014-①257, ②354
旦アシタ　11280014-③68
旦ニ アシ□〈タ〉ニ　11280014-③429
旦アシタ　11340007-①15ウ7
毎(コト)ニ旦(ア)シタ　11340007-②9オ1
旦アシタ　11360001-46オ2
達イタルマてに旦アシタに　11450001-㉗5オ2
旦アシタに　11505004-①14ウ2
明アクル旦アシタ　11505075-⑪15-7
旦アシ(タ)　11505075-⑭95-7
旦ニ而　11505100-240
旦アシタ　11550005
従旦アシタ　11550009-35オ5
旦アシタニ　11630001-⑤387, ⑧271
旦アシタ　11630001-⑥88
旦アシタに　11630001-⑥409, ⑦118
將に旦(アシ)タニナンナムト　11630001-⑧378
旦(アシ)タに　11630001-⑧380
旦タ　11640001-②91
旦アシタに　11640001-⑧7
旦アシタヲ　12005009-10
旦アシタ　12840003-①10オ5
旦アシタに　13440001-10オ
旦アシタ　13860001-62-1
〔旦日〕13734 13733
旦日アシタニ　12140002-⑪102
〔旦朝〕13734 14374
旦朝アシタニ　10165001-①252-6
旦-朝アシタニ　11280014-①276
〔時〕13890
時旦也　08005005-59
〔晨〕13962
晨アシタ ツトニ起ヲキて　10640005-①12ウ
晨アシタに　10700001-69
晨アシタに　11020007-④42

晨「アシタニ」起「キテ」 11200015-⑤43
晨アシタを 11230001-③151
昨キノフノ晨アシタヨリ 11280014-①429
晨アシタニ 11380002-地34ウ
晨アシタニ 11550009-54ウ1
晨アシタ 11550009-55オ3
晨アシタニ起ヲ□(消)コリ 11860003-228
晨(ア)シタ 12230001-27ウ
晨アシタ 12505010-164
晨アシタニ 12505035-37ウ5
晨アシタ 12840003-①31オ5
晨アシタ
12860001-③49オ3(58-4), ③58ウ5(60-10)
〔朝〕14374
朝タ 09505020-171
朝「アシタ」の 10820003-④461
朝ニ…夕 11005025-8オ6
朝ニハ 11005025-9オ1
朝タニ 11550009-45オ2(下欄外)
春ノ朝ニハ 11860003-12
朝(ノ)風 11860003-49
朝アシタ 13860001-28-2
〔調〕35609
調アシタ 13860001-28-2

アシダ(足駄)
〔屐〕07708
塗ヌリ屐アシタ 11860003-83

アシダ(葦田)(人名)
〔葦田〕31437 21723
葦田アシタ宿禰 11420003-⑫6ウ

アシタス(晨)→アシタ
〔晨〕13962
晨アシタスル 12505019-3オ, 27ウ
晨アシタスルコト 12505019-27ウ

アシダテ(足立)(地名)
〔足立〕37365 25721
足アシ立タテノ郡コヲノ司ツカサ 10505007-30-2

アシダノヲノハヒ(屐屧鼻縄灰)
〔屐屧鼻縄灰〕07708 07804 48498 27937 18858
屐屧鼻縄灰和名阿之太乃乎乃波比 11505004-①68オ2

アシヅ(葦津)(地名)
〔葦津〕31437 17396
葦アシ津ツノ江ノ 10505007-9-3

アシヅノ(葦)
〔葦〕31437
葦アシツノ、牙也 11380002-南23オ

アシデ(葦手)
〔葦手〕31437 11768
葦手 11860003-90

アシナヅナ(亭歴)
〔亭歴〕00303 16340
亭歴一名アシナ□〈ツ〉□(ナ)

亭歴 又阿之奈都奈（上上上上平） 11505004-①51ウ6
11505004-①64ウ2

〔亭歴子〕00303 16340 06930

亭歴子 アシナツナ 10680003

アシナフ（蹇）

〔跛〕37479

跛アシナヘタル 驢ウサキムマノ（ハ ロノ） 11550009-22ウ5

〔蹇〕37741

蹇アシナヘ足 11005025-16ウ6

蹇アシナヘ（タル） 11630001-⑥346

〔蹶〕37880

蹶アシナヘタル 12840003-①19ウ7

〔騫〕44894

騫（上）（ケン）アシナヘ（此下「タ」脱か）ル 駑（平）オト ソムマヲ 11550009-50オ6

アシナヘ（跛）

〔拘癖〕11963 22550

拘癖（躄）アシ□□（「□□」は「ナヘ」か）ナル（モノ） 10505019-⑪5

〔攣〕13032

攣アシナヘなる者ものは 11230001-③545

〔跛〕37479

跛アシナヘナル 10505003-②17

跛安志奈恵（平平平平） 10790002-5オ6

〔躄〕37913

躄アシナヘ 08105009-下20

躄アシナヘ 08105015-下20

躄アシナヘ 11360001-43ウ3

躄アシナヘ 12005022-16ウ7（19-1），25オ3（35-1），48オ1（44-5）

躄アシナヘ（平平平平） 12005022-21オ4（33-5）

躄アシナヘ 12860001-①18ウ2（19-1），①23ウ6（33-5），①28ウ4（35-1），②23ウ6（44-5），②27ウ3（45-8），③3ウ1（46-5），③18ウ4（51-6），③21ウ2（52-4），③35ウ3（56-2）

躄アシナエ 13860001-59-1

躄アシナヘ 18400001-㉙9-38

アシノアヰ（藎草）

〔藎草〕32262 30945

藎草 又アシノアヰ 11505004-①53オ5

藎（去）草 又阿之乃阿為（平上〇平平） 11505004-①66オ3

アシノオト（足音）

〔數々〕13363 00097

數々 足音 10790002-4ウ5

アシノオモテ（足表）

〔趺〕37392

趺アシノオモテ（平平平平平平） 12005022-1ウ2（1-1）

趺アシノオモテ

12005022-30ウ2(39-1), 37オ7(41-1)

跌アシノヲモテ　12860001-②3オ2(39-1), ②11オ6(41-1), ③6ウ1(47-9), ③26ウ5(54-1), ③47ウ2(58-3)

跌アシノオモテ　12860001-③9オ3(48-9)

跌アシノオモテ　12860002-6(1-1)

跌アシノオモテ　12860003-6(1-1)

アシノネ(蘆根)

〔蘆根〕32425 14745

蘆根和名阿之乃祢(上上上平?)　11505004-①67ウ2

アシノヒラ(趺)

〔趺〕37392

趺「アシノヒラ」　11450001-⑧5ウ2

アシノヘラ(趺)

〔趺〕37392

脚「ハキ」ノ趺(アナ)ウラ「アシノヘラ」　11450001-⑧4ウ2

アシノヤ(蓬矢)

〔蓬矢〕31720 23929

蓬矢アシノヤ　10990001-23ウ

アシハダシ(徒跣)

〔徒跣〕10121 37497

徒跣アシハタシ　12840003-③6ウ6

アシハラ(葦原)

〔原濕〕02973 18483

原-濕アシハラ シフ　11630001-①243

アシハラヘ(惡解)

〔惡解〕10824 35067

惡解アシハラヘ　11420003-⑫8ウ

アシヒキ(脚日木)

〔脚日木〕29502 13733 14415

脚日木アシヒキ　11420003-⑮9オ

アシヒトツアガリノミヤ(一柱騰宮)

〔一柱騰宮〕00001 14660 44915 07156

一柱騰宮アシヒトツアカリノミヤ(上上上上上平上上上〇〇)　13760001

アシブ(巽)

〔暴熱〕14137 19360

暴熱アシヒて　11505044-13

アシマス(生)

〔生〕21670

生而アシマシナカラ　11420003-⑫10オ

生アシマス　11420003-⑫10ウ

生アシマセリ　11420003-⑬14オ

生アシマシナカラ　11420003-⑮1ウ

生アシマセリ　11505075-⑳169-8

アシム(惡)

〔惡〕10824

不惡アシマ　11005025-24オ6

アシムズ(惡)

〔非〕42585

非アシムす　10005008-㉒134

非アシム(ス)　11005115-㉒134

アシユヒアユヒ(脚帯)

〔脚帶〕29502 08950
脚帶アシユヒアユヒを　11505075-⑭61-1

アシラカ（惡）
〔惡〕10824
惡アシラカ（二）　11230003-①6

アジロ（網代）
〔篷篨〕26404 26358
以篷_篨アシロを　11130005-40オ

アシヲ（足緒）
〔緡〕27652
緡アシヲを　11505075-⑪42-7

アシヲル（蹇）
〔蹇〕37741
蹇足ヲレタルニ　09505020-552

アス（明日）
〔明〕13805
明アスハ　11550009-28ウ4
明アスノ是（去）ヲ　11550009-50ウ2
明アス　13860001-11-2
〔明日〕13805 13733
明日ニ　11505073-12ウ
明日アス　12840003-③9ウ4
〔明旦〕13805 13734
明ア『ス』「クル」旦ハ　08305004-102

アス（生）→アセマス

アスカ（明日香）
〔明日香〕13805 13733 44518
明日香アスカ　11860003-46

アスカ（飛鳥）（地名）
〔飛鳥〕44000 46634
飛鳥アスカ　10505150-3左, 12右
飛鳥アスカ山　11420003-⑫3オ

アスカノキヨミハラ（飛鳥淨三原）
〔飛鳥淨三原〕44000 46634 17669 00012 02973
飛_鳥アスカノ淨_三キヨミ原宮　10630006-36

アスカベ（飛鳥戸）（地名）
〔飛鳥戸〕44000 46634 11696
飛鳥戸アスカへの郡　11505075-⑭92-8

アスハ（阿須波）
〔阿須波〕41599 43352 17308
阿須波（ア）スハ　10505150-2右

アセ（汗）→ヒヤコキアセ、ヨダリアセ
〔汗〕17130
汗淡上…倭言阿□（世）　07905002-1ウ8
多ク汗ラ（「ア」の誤か）セ　08305001-⑨177-1
汗アセ出ツ　08580002-59
无し汗アセナ　10505019-⑳5
汗アセヲ　10505024-60オ7
汗「アセヲ」を　10650003-9
汗アセヲ　10990002-⑩30
汗アセ／「アセ」「シル」　11005080-上28ウ6
汗アセ／「アセ」　11005080-上35オ3
汗アセ／「カン」／「アセ」　11005080-上46オ2

汗アセ 11130001-④9ウ
流す汗アセ 11130005-8オ5
汗アセ 11140007-⑯34
汗(汗)アセ 11360001-47ウ1
汗アセ 11380002-北35オ
盗汗「ヒソカニアセアユル」ヒヤコキアセを 11450001-⑬19ウ4
汗アセ 11505024
流ナカス汗アセヲ 11550009-12オ6
汗(去)カン-霈ホクノ ユスルアセ(平平平平上) 11550009-16ウ6
流ナカス汗アセヲ 11860003-134
汗アセ(平上) 12005022-8ウ1(6-3)
汗アセ 12005022-41ウ2(42-4)
盗ヒヤコキ汗アセ 12005133-21オ6
汗アセ 12505019-2オ, 13オ
汗アセ 12860001-①8ウ1(6-3), ②16オ5(42-4), ③12ウ3(49-9)

アセアヤス(汗出)

〔不可汗〕00019 03245 17130
不可汗アセアヤス 11505004-①5オ3
〔汗〕17130
皆不可(カラ)汗アセアヤス 11450001-①9ウ6

アセアユ(汗出)

〔汗〕17130
汗アセアユ て(「て」別筆か) 11050002-44オ
汗アセアユ ヲ 11260001-⑨201
盗汗「ヒソカニアセアユル」ヒヤコキアセを 11450001-⑬19ウ4
盗「ヒソカニ」ヒヤコキに汗アセアユ 11450001-⑬21オ6
令ヨ汗アセア□〈エ〉 11505004-①3ウ6
令汗ア(セアエ) 11505004-①4オ5

アセクミ(黠)

〔黠〕48083
黠アセクミ 11505097

アセツカフ(汗)

〔汗〕17130
悚(り)汗アセツカフことを 08505014-63

アセヅク(汗)

〔汗〕17130
汗アセ(ツク) 10505003-⑨15
汚(汗)アセツイタマフ 11000003-236
汗アセヅキ 18400001-②12-16
〔液〕17586
霑ウルヒ液アセツクコト 10990002-⑩279

アセトリ(衫)

〔衫〕34111
衫アセトリを 13440001-32オ

アセブ(汗)

〔汗〕17130
汗アセビタリ 18400001-②12-16

アセマス(生)

〔誕〕35516

誕あ世末世利　08105007-上32

アセミ(馬酔木)

〔安世三木〕07072 00031 00012 14415

安世三木久佐木 阿世見　10510003-18

〔阿世美〕41599 00031 28435

用付「フ」-子「シ」阿世美　10350001-31ウ5

〔馬酔木〕44572 39906 14415

(馬酔木)安世美　13530004

アセモ(汗疹)

〔沸汙〕17251 17126

沸汙アセモ ヤセ　11280014-③107

アセル(渠)

〔渠〕17764

榘(渠)アセル頭　13440001-34ウ

アソ(吾襲)(人名)

〔吾襲〕03379 34717

吾襲アソ、(「、」衍)　11420003-⑬16ウ

吾襲アソ　11420003-⑬16ウ, ⑬16ウ, ⑬16ウ, ⑬16ウ

〔塹〕05542

塹ア(「ミ」の誤か)ソ　08505008

アソバス(遊)

〔遊〕38994

遊ハシ心を典-籍に　09505020-151

遊アソハシ オコカシ　11260001-⑨182

遊(ハ)ス(?)　11350010-30-1

遊ハシ　12140002-⑫197

アソビ(遊)→ニヒムロアソビス

〔檻〕12860

檻アソヒ　08105005

〔遊〕38994

晝-日「ノ」之遊の／「ヒノ」如し／「シ」　11005080-上79ウ1

勸遊郊野ノアソヒセムトス、メテ　11505075-⑭62-5

遊獦場カリニハノアソヒ　11505075-⑭68-7

〔遨遊〕39073 38994

射-鳥-遨-遊トリノアソヒシて　12360002-4オ5

アソブ(遊)→アソバス、ウタゲアソブ、モチアソブ、モテアソブ

〔倡〕00783

倡アソフ伎　10505019-①6

〔優〕01261

優アソフ　12005022-32ウ3(39-6)

優アソフ　12860001-②5ウ2(39-6), ③8オ5(48-2), ③28ウ3(54-2), ③33ウ3(55-9), ③39オ5(57-2)

〔優遊〕01261 38994

優(平)イウ-遊(平)ス ホシマ、ニアソフ　11550009-27ウ2

〔嬉〕06736

嬉アソフ　11360001-34オ1

嬉アソヒ-戯ル　11630001-⑤24

〔游〕17792
游ユアソヒ　ヲヨキ泳永音万（「万」存疑）ツリ　ヲヨク　10700004-76
游（平）（アソ）フ泳（去）ク　ヱイ（して）　11030006-②37オ
游アソフ　11340007-②15ウ1
游□□（「□□」は「アソ」か）フ乎ヤ　11340007-④8ウ1
〔羊〕28425
相モトホリ羊アソヒ　11505075-⑭67-5
〔踞〕37642
踞アソフ正說　12780002-7（存疑）
〔逍遙〕38873 39035
「逍遙アソヒテ」　11505075-⑭62-8
〔遊〕38994
遊ソヒ賞タノシヒケリ　08305001-⑩194-11
遊フとして　08305001-⑩196-7
鳴遊（「逝」を「遊」と訂正）「アソ（フヲ）」　08305004-100

浮遊フは　09505020-151
遊ヒて　09505020-255
遊フ　09505020-490
遊ヒ踐（め）ルことを　09505020-565
若如シ躬ラ遊ソヘルカ　09505020-571
遊アソヒテ　10080002-③6
遊ひ賞タノシヒツとも　10505003-⑩11
遊アソムタマフ　10505024-21ウ6
遊ソムて　10600001
遊ヒ「ツ、」　10870001-④87
遊「アソヒ」　10990002-⑨196
遊ヒテ　11005025-9オ1
遊フ…ノ間ニ　11005025-10ウ3
遊ふ／「フ」　11005080-上64オ7
遊（ひ）たまふ／「フ」　11005080-上64ウ5
遊ふか／「カ」若し／「シ」　11005080-上79オ6
遊ふに／「フニ」　11005080-上79ウ5

遊ふに／「ハムニ」似たり／「タリ」　11005080-上79ウ6
遊アソヒ　11020007-②62
遊アソ（ひ）詠（去）ス（「ス」存疑）　11030006-③45オ
遊フ　11230001-③541
須ク遊□□□〈ヒ〉息イコフ　11280014-③378
遊「ふ」　11340007-①3オ7
遊フ　11340007-①13オ2, ②35ウ5, ③10ウ3, ③12オ1, ③20ウ7, ④5ウ5, ④7オ6
遊フヤ　11340007-②21ウ4
遊ヒキ　11340007-②36オ1
遊アソヒ　11340007-②41オ6
遊「ひ」　11340007-④63オ6
遊「フ」　11340007-④68ウ2
遊アソフ　11360001-23ウ2
遊アソムて　11450006-10

遊アソムテ 11450006-29
遊アソヒタマフ 11505075-⑭58-6
遊アソム(テ) 11550009-22ウ7
遊ヒ 11550009-37ウ2, 53ウ4
遊フ…而て 11550009-47ウ1
所遊ヒ舍ヤト(ル) 11630001-①77
遊ヒ 11630001-①124, ⑦83
遊フ 11630001-②107, ③478, ④319, ⑤10
娯ヒ_遊ヒ 11630001-⑥113
遊ハムニ 11850004-③23
遊アソテ 11860003-110
來(リ)テ遊フ 12140002-⑪125
浮(ヒ)_遊フモノハ 12140002-⑫159
遊フて 12140002-⑫261
遊フ 12140002-⑫495
遊フ 12505010-251
遊アソフ 12505019-8オ
遊アソヒ 12505019-12オ

遊フ 12505047-10
僞遊イツハリアソフマネニス 12550003-7
不遊ソ(ハ) 12840003-①33ウ7
遊フ 12840003-②8ウ4
遊アソハシム 12840003-③19オ5
交リ_遊フコトノ 13440001-6オ
遊ア(ソヒ)て 13440001-26オ
遊フ 13440001-27オ
遊アソフ 13860001-32-4

〔遊宴〕38994 07166
遊宴アソヒタマフ 11420003-⑫7オ

〔遊覽〕38994 34977
遊覽アソフ 11630001-③122

〔遨〕39073
遨アソフ 12005022-36ウ1(40-9)
遨アソフ 12860001-②10オ5(40-9)

アソミ(朝臣)

〔朝臣〕14374 30068
朝臣等ラ 10505007-44-5

アタ(寇)→アタノナカ

〔仇〕00355
仇(「上」)「シウ」「アタ」「一」讎(「上」)「シユノ」「アタ」 10740001-⑤46
爲仇(アタ)トモト 10990001-8オ
仇(平)キウ アタ 讎(平)市流反怨對也 カタキ 11020007-⑦20
仇アタを 11140007-⑦82
仇「アタ」アタ 11510005-⑦227(下欄外)
仇アタ 11850004-⑦29
仇アタ 12505019-31オ
出シ軍ヲ伏スルニ仇アタヲ 13300004-⑤129

〔仇讎〕00355 36124
仇讎アタ 12505019-19ウ

〔伉〕00431
爲メニ仇カタキノ カタキノ／伉アタノ 10505007-8-5

〔兇〕01348
兇アタ　11360001-40ウ1
〔冤〕01587
冤阿太　08005002
冤アタ　11020007-⑯33
〔凶勢〕01803 02422
凶勢アタ　11505075-⑰138-7
〔凶黨〕01803 48132
凶黨アタ　11420003-⑯27オ
〔寇〕07209
寇アたを　08505014-10
寇「ア」タノ　09505020-339
寇アタ　09505020-410
寇アタ　11130001-③8オ, ③16ウ
寇コ(ウ)ヲ アタ　11340007-①36オ5
寇アタ　11630001-④36
寇アタノ　11630001-⑦266
寇アタ(ノ)　12140002-⑫414
寇アタ　12505020-㉘7
寇コウ アタ　12840003-②21オ3
〔強敵〕09815 13354
強-敵(入)アタヲ　11630001-④77
〔忌〕10310
忌アタ　12005022-19ウ1 (32-1)
忌アタ　12860001-①21ウ5 (32-1)
〔怨〕10479
怨阿多　08005022
怨アタナリ　08105005
異(あた)し怨アタ　08305001-⑥101-9
怨「アタ」　10740001-⑬5
怨「アタト」　10740001-⑭43
怨アタ　10790002-7ウ3
怨アタ　10870001-⑤325
怨「アタナリ」　11005080-上5オ2
此「ノ」怨「アタ」　11005080-上5オ2
怨を／「タ(「ア」の誤か)タヲ」
怨アタ　11005080-上42オ1
怨アタ　11020007-⑱49
怨アタ　11360001-36ウ1
怨アタ　11505044-12
怨アタ讎カタキ　11630001-①532
怨アタ　12505019-1ウ
怨アタ　12860001-③63オ5 (心18)
怨アタ　13860001-49-2
〔敵〕13354
敵アタ讎アタ　09505003-10
敵アタ　11360001-63オ4
敵將アタノイクサノキミ　11505075-⑭89-1
敵「ア」タ　11505075-⑭89-6
敵アタ　11550009-25オ7
敵(入)アタに　11630001-⑥399
敵アタ　12505020-㉚2
敵アタ　15780001
〔敵讎〕13354 36124

敵|讎アタ 09505003-10

〔枉〕14530

枉アタ 12005022-28オ2(37-6)

枉アタ 12860001-③52ウ3(58-8), ③54ウ5(59-4)

〔讎〕36124

敵アタ讎アタ 09505003-10

讎アタ 09505012

仇(「上」)「シウ」「アタ」「―」讎(「上」)「シユノ」「アタ」 10740001-⑤46

讎アタ 10990002-⑧261

讎アタヲ 11160007-②518

讎アタヲ 11340007-③18ウ7

讎ア(タ) 11390003-24ウ

讎アタ 11420003-⑮15オ

讎アタヲ 11550009-25オ7

讎アタノ 11630001-⑤60

讎アタ 12005022-13オ4(11-1), 27ウ6(37-1)

讎アタナリ 12505019-22オ

讎アタ 12505019-22オ, 31ウ

讎アタニ 12505019-45オ

讎アタ 12860001-①14オ2(11-1), ③5オ2(47-3), ③25ウ5(53-6)

〔賊〕36759

強-賊アタに／「ニ」 11005080-上79ウ5

賊アタ 11420003-⑯26ウ

賊アタ 11505073-18オ

賊アタノ 11505075-⑭84-8

賊アタ 11505075-⑰144-1, ⑳165-7

〔賊人〕36759 00344

賊|人アタ 11420003-⑫3ウ

アタ(吾田)(地名)

〔吾田〕03379 21723

吾|田アタ 12360002-1ウ8

アタ(咫)→タ

アダ(徒)

〔浪〕17482

浪アタ(上平濁) 11360001-64オ4

〔浮〕17487

浮アタナリ(上平濁上平) 11360001-51ウ2

〔病〕22127

疾病アタハ 12005133-5オ2(存疑)

〔霜〕42363

霜アタナル 11550009-38ウ2

アタエウツ(摩拊)

〔摩拊〕12613 11947

摩|拊アタエウツ ナラ(「ラ」は「テ」の誤か)ウツ 11630001-③123

アタカ(宛)→アタカタモ、アタカモ

〔宛〕07110

宛アタカ 11360001-59ウ2

宛アタカナル若 11630001-③57

宛アタカ 13860001-81-3

〔恰〕10603

任セヨ ホシマ、ニセヨ　（下欄外）「恰ヤ、アタカ」　10350002-2ウ5
〔方便〕13620 00659
方便アタカニ　13440001-30ウ
アタカタモ（宛）→アタカ、アタカモ
〔宛若〕07110 30796
宛若アタカタモ　08505007-①17-2
〔怜〕10461
怜安太加太毛　08105007-上13
アタカモ（宛）→アタカ、アタカタモ
〔宛〕07110
宛モ如シ　10505007-22-6, 47-8
宛カ（モ）如シ　10860002-48ウ2
宛「も」　11340007-④50ウ6
宛阿多訶母　11470002
宛アタカモ同シ　11550009-46オ5
宛（モ）如シ　11860003-97
宛（モ）如　11860003-107

宛カモ　12150002-3
宛モ　12840003-③21ウ7
〔怜〕10461
怜アタカモ　13440001-8オ, 14ウ
〔恰〕10603
恰アタカモ　08105015-上13
恰アタカモ　09505038
恰アタカモ　10690001-4オ
恰アタカモ　11380002-北3オ
恰アタカモ　11550009-10ウ1
恰アタカモ　13440001-7ウ
アタカル（散）
〔散〕13265
聚リ散アタ（「タ」存疑）カルコト　09505020-442
アタキム→ミトアタフ
アタシ（他）
〔他〕00370

他アタシ神　11420003-㉑4ウ
他アタシ鮮魚　11505075-⑪13-4
他アタシ　11505075-⑰127-3
他アタシ神　12360002-7オ2
他アタシ婦　12360002-15オ5
〔異〕21866
異（あた）し怨アタ　08305001-⑥101-9
〔餘〕44185
餘アタシ　10005008-㉒393
餘アタレ（「レ」は「シ」の誤か）　11005115-㉒393
餘アタシ海　11420003-⑯26ウ
餘アタシ皇子　11420003-㉑6ウ
餘アタシ事　11505075-⑰137-7
□〈餘〉ア（タ）シ人を　11505075-⑳187-2
〔餘皆〕44185 22699
餘皆アタシ　11505075-⑳172-7
アタシクニ（他國）

〔他〕00370
他(平輕)山(平) アタシクニ　10705001-①25
〔異〕21866
異アタシクニ(上上上上〇)　11550009-41オ1

アタシヒト(他人)
〔他人〕00370 00344
他人アタシヒト　11420003-⑬21オ

アタシフミ(異本)
〔別本〕01924 14421
別本アタシフミニ　11505075-⑭94-4

アタス(仇)
〔仇〕00355
仇アタセラムカタキトアリ　10850002-8

アタタカ(暖)→アタタカニス
〔喧〕03976
喧アタ、(カ)なり　10005008-㉒225
〔奥〕05985
奥アタ、カナリ　13860001-44-3

〔暑〕14051
暑阿太、可奈リ　10790002-7ウ4
〔暖〕14064
暖「ナン」「アタ、カナル也」　10690002-45
暖アタ、カナリ　10990002-⑩119
暖ア(タ、カ)　11130001-③15オ
暖アタ、カナル　11130001-④8オ
暖アタ、カにして　11260001-⑦331
暖カナル地　11280014-②90
暖カナル　11280014-②91
暖アタゝカナリ　11360001-49オ3
令シメて暖ナラ　11450001-㉑17オ3
暖アタ、カナリ　11505100-483
緩(暖)アタ、カニシテ　11860003-26
暖アタ、カ　12005022-15オ3(13-8)
暖アタ、カナリ　12005022-46ウ3(43-10)
暖アタ、カ　12860001-①16オ6(13-8)
暖アタ、カナリ　12860001-②22オ5(43-10)

暖アタ、カナリ　13860001-66-2
暖アタ、カニアラシメム　18400001-②14-18
〔溫〕17968
溫「アタ、カ」(ナリ)　11020007-①50
溫アタ、カに　11130001-④4ウ
令シメて溫ナラ　11450001-㉑6ウ2, ㉑7オ8
溫アタ、カ(ニ)　11505004-①4オ5
溫アタ、カニ　11510005-①54
溫アタ、カナル-衣カハキヌヲ　11550009-32オ5
溫アタ、カナリ　12230001-39ウ
未ルニ溫アタ、カナラ　12505010-205
〔煖〕19196
煖アタ、カ　10165001-②14ウ2
煖ナレハアタ、カナリ　10250001-236
煖アタ、カナル　11450001-㉑7オ7
煖アタ、カナリ　11505073-33オ
煖(ナ)リ　11640001-②113

煖アタ、カ也　12860001-③30ウ3(55-1), ③37オ2(56-8)
煖アタ、カナリ　13860001-66-3
〔煗〕19197
煗アタ、カ也　12860001-③17ウ5(51-3)
煗アタ、カナリ　13860001-66-3
〔熅〕19288
熅アタ、カナル燸アタ、□□　10505019-⑪3
〔熱〕19360
膩つキ熱(あたた)かに　08305001-⑨176-8
熱アタ、カなるか　10165001-④2オ5
熱アタ、カニシテ　11280014-④71
令シムル熱アタ、カナラ　11450001-㉑12オ4
熱アタ、カナリ　11450001-㉑12ウ1, ㉑14ウ3
令シメて熱カラアタ、カナラ　11450001-㉒16-2
〔燠〕19458
寒(平)燠(入輕)イク「アタ、カナリ」　10165001-①233-4

燠アタ、カニ　11340007-②6オ4
燠アタ、カニ　11550009-13オ4
〔燸〕19507
燸アタタ(カ)ナル　08280002
燸アタ、カに　10165001-②22ウ5
燸アタ、カナリ　10320001-16ウ3
熅アタ、カナル燸アタ、□□　10505019-⑪3
燸アタ、カナル(コト)　11450001-⑳27オ4
〔的々〕22692 00097
及熱アツナカラ的(入)々ハタ、カニシテ「アタ、カ」　11450001-③35オ9
〔酸〕39871
酸アタ、カ　12505035-42オ3

アタタカニス(暖)→アタタカ

〔溫〕17968
溫(ニ)スト　11280014-③151
〔緩〕27669
緩アタ、カニス　10165001-②13ウ8

アタタケシ(溫)

〔溫〕17968
溫ア(タ、ケシ)　11630001-②210
〔煗〕19197
煗ケシ　11630001-⑥227, ⑥230

アタタマル(暖)

〔溫〕17968
溫アタ(、)マリ　11510005-①55
〔煖〕19196
煖アタ、マル　10080002-②468
〔煗〕19197
煗アタ、(マ)リ　08280001-22
〔燸〕19453
燸アタ、(マル)　08280001-22
〔腝〕29662
不ス腝アタ、マラ　12505019-3ウ
腝アタ、マル　12505019-33オ, 33ウ

アタタム(暖)→アタタメヤシナフ

〔暖〕14064
暖アタヽメ　11505004-①34オ7
〔溫〕17968
溫アタヽメ　11340007-③13オ6
溫アタヽメて　11450001-㉒14-7
溫アタヽス(「ス」は「ム」の誤)ル　12840003-③13ウ3
〔炮〕18954
炮ヤイて「アタヽメ」　11450001-⑤44ウ1
〔煖〕19196
煖アタヽメ　11380002-東27オ
〔眴〕19225
眴アタヽメ(平平〇〇)　11380002-北26ウ
〔煨〕19228
令頭を尖スルトニシて微スコシ煨アタヽメ
て　11450001-⑤31オ3
〔熱〕19360
熱アッナカラ　アタヽメテ

〔燸〕19507　11450001-㉑11ウ9
不ルコト燸メ　12505019-33ウ
アタタメヤシナフ(暖養)
〔噓〕04206
噓(平)シ アタヽメヤシナフ　11550009-51ウ2
アダナ(綽名)
〔虛名〕32709 03297
虛(平)‐名(平)アタナ　11630001-⑧213
アタナフ(寇)
〔侵寇〕00646 07209
侵寇(寇)アタナフ　11505075-⑭112-3
〔寇〕07209
寇アタナフ　11505075-⑳174-1
アタニ(卽當)
〔卽當〕02872 21890
卽當アタニ　08505007-②7-4
アタヌ(敵)

〔敵〕13354
可ヘケムヤ敵アタヌ　11630001-⑤444
アダネス(假寢)
〔假寐〕00835 07236
假寐アタネシテ　10860002-27ウ1
アタノナカ(寇中)
〔敵〕13354
敵アタノナカに　11505075-⑭89-7
アタハジ(不能)→アタフマジ
〔不能〕00019 29454
不し能知こと　10505003-①154
不し能…爲(す)ること　10505003-①352
不シ能アタハ捨ルコト スツルコト　10505024-6オ7
不シ能アタハ　10505024-47ウ3
不「シ」能留导　10740001-⑧31
不「ハシ」能…建立すること　10740001-⑪38
こと能(は)不し也　10820003-②729

盡(す)「スコト」能(は)不し／「シ」 11005080-上46ウ6
盡(くる)こと／「ルコト」能「ハ」不し／「シ」 11005080-上85ウ1
を／「ヲ」得(る)こと／「ルコト」能(は)不し 11005080-上93オ6
愛(くる)こと／「ルコト」能(は)不し／「シ」 11005080-上99オ2
及(ふ)こと／「フコト」能(は)／「ク(「ハ」の誤
　か)」不し／「シ」 11005080-上102ウ4
不シ能害 11130005-2オ1
不シ能輔近すること 11140004-25
不しリツ能(は)得(る)こと 11260001-③26
不し能(は)停(る)こと 11260001-③215
不能ハシ濟スクウコト 12840003-③5ウ6
〔未能〕14419 29454
未し能斷タテルこと 10505003-⑨24

アタハス(婚)

〔與〕30212
「與アタハシテ」一夜 11505075-⑭65-3
與アタハシ一宵 11505075-⑭66-1
與アタ「ハシ」タマフに一宵 11505075-⑭66-3
與アタハシ終宵 11505075-⑭66-4

アタハズ(不能)→アタハジ、アタフマジ

〔不尅〕00019 07435
不尅アタハ昌サカヤスコト 11340007-④10ウ7
不尅アタハ 12410003-6-12
〔不能〕00019 29454
不ヌ能(あた)は增長(せし)むルこと 08305001-③47-8
すること能(は)不す 08305011-49-7, 49-8
こと能は不す 08305011-133-3
こと能(は)不す 08305011-157-9
不能…事 08505013-9
不能セラル、事 08505019-4
不サルに能こと 08505019-24
すること能(は)不す 08505020-13-16
こと能(は)不す 08505020-32-19
こと能(は)不して 08505020-37-15
不シ能知ること 08705001-㉙9
不能…得(る)こと 08705001-②17
不(トモ)とも能依「コト」こと 10165001-①236-3
不能アタハ知ルこと 10250001-11
不サラム能アタへ(「へ」は「ハ」の誤か)救こ
　とは 10450001-62
不能障导「スルコト」 10480003-69
不能知こと 10505003-①228, ①231
不能及こと 10505003-③4
不す能增長こと 10505003-③96
不能筭知こと 10505003-⑤6
不能得こと 10505003-⑨21

不能測ハカルこと 10505003-⑩22
不ス能背ムキ走ルニ 10505007-49-1
不サレトモ能は不ること 10505019-②6
不能穿ウカチ徹トホスこと 10505019-⑦7
不能足スク(「スク」存疑)コト 10505019-⑨8
不ぬ能は中アタルこと アタル 10505019-㉑21
毒も不す能は傷こと 10505019-㉛17
不ラム能ア□ハ捨「スツ」ルコト 10505024-6ウ3
不ス能タハ捨スツルコト 10505024-7オ1
不ス能タハ飛コト 10505024-9ウ1
不ス能アタハ牽ヒクコト 10505024-28ウ3
不ス能タハ爲セラ、ル(「、ル」は「ル、」の誤か)コト 10505024-59ウ5
不サレハ能タハ得ルコト 10505024-60オ3
不ス能タハ爲ナスコト害ヲ 10505024-60ウ1
不ス能アタハ噉コト 10505024-61オ6
不ハス能(ア)タ噉クフコト 10505024-61オ7

不ス能タハ過クルコト 10505024-61ウ3
不シテ能…聞クコト 10505024-65オ4
不能こと 10640003-16
不能ア(タハ) 10730001-⑨2オ9, ⑨2ウ6, ⑨2ウ7, ⑨6オ6, ⑨9ウ10
不ス能 10730001-⑩12-2
不能理-育こと 10730001-⑩17-5
不すトモ ス 能罷ヤムルコト 10730001-⑩18-3
不能識モノシルこと 10730001-⑩41-7
不「スト」能成「-」辨「コト」 10740001-⑩41
こと能(は)不す 10820003-②30, ②196, ②207, ②254, ②439, ②465, ②542, ②571, ②579, ②708, ②709, ②753
得(る)こと能(は)不す 10820003-②108
離すること能(は)不す 10820003-②183
こと能(は)不と 10820003-②221, ②585
こと能(は)不か 10820003-②263
すること能(は)不す 10820003-②296

こと能(は)不(ら)令(め)むと 10820003-②339
進「ス、ム」こと能(は)不す 10820003-②367
こと能(は)不して 10820003-②449
こと能(は)不 10820003-②459, ②495, ②566
こと能(は)不所 10820003-②582
不ス能ハ記シ畢ルニ 10860002-16オ1
不能持コト 11005025-11オ2
不能具述コト 11005025-11オ3
不能暫モ離コト 11005025-12オ4
救「スクフコト」能「ハ」不「ス」 11005080-上5オ4
啼-哭すること／「コクコト」能「ハ」不す／「ス」 11005080-上11オ5
得(る)こと／「コト」能(は)／「タ(は)」不す／「ス」 11005080-上23ウ3

得(る)こと／「コト」能「タ」(は)不す／「ス」 11005080-上24オ4
食すること／「スルコト」能「タ」(は)不す／「ス」 11005080-上24ウ2
足(き)たること／「アキタルコト」能「タ」(は)不す／「ス」 11005080-上25オ1
噉らふこと／「ア(「ク」の誤)ラフコト」能「ハ」す／「ス」 11005080-上25オ7
用すること／「スルコト」能「タ」(は)不る／「ル」鬼 11005080-上25ウ5
住すること／「スルコト」得(る)こと／「コト」能(は)／「タハ」不す／「ス」 11005080-上36オ4
專-「-」一にすること／「スルコト」能「-」(は)不す／「ルトキニハ」 11005080-上75オ4, 上75オ4
出(つる)こと／「ルコト」能(は)不す／「ス」 11005080-上75ウ4

生すること／「ル、コト」得(る)こと／「ルコト」能「ハ」不す／「ス」 11005080-上76オ2
修行「シテ」往生すること／「ルコト」能(は)／「ス(擦消)」不して／「スシテ」 11005080-上76オ4
顯露にすること／「ニスルコト」能「ハ」不す／「ス」 11005080-上86オ3
生すること／「スルコト」能(は)不す／「ス」 11005080-上92オ6
観「-」察すること／「スルコト」能(は)不「サラム」 11005080-上93オ5
捨(つ)ること／「ルコト」能(は)不は／「スハ」 11005080-上96オ2
學するに／「スルコト」能(は)不す／「ス」 11005080-上96オ2
成な(る)こと／「ルコト」能「ハ」不す／「ルカ」如「ク」 11005080-上98オ6, 上98オ6
壞(する)こと／「スルコト」能(は)不る所なり／「ナリ」 11005080-上101オ5

斷「-」滅すること／「スルコト」能「ハ」不す／「ス」 11005080-上101ウ2
斷「-」滅すること／「スルコト」能(は)「ハ」不す／「ス」 11005080-上101ウ2
能「ハ」不る／「ル」所なり／「ナリ」 11005080-上102オ2
及(ふ)こと／「フコト」能(は)不る／「サル」所なるか／「ロナラムカ」如く／「ク」 11005080-上102オ4
及(ふ)こと／「フコト」能(は)不(る)所なり／「ナリ」 11005080-上102オ6
及「フコト」能(は)不(る)か／「ルカ」如く／「ク」 11005080-上102オ7
及(ふ)こと／「フコト」能(は)不る／「サル」所なり／「ナリ」 11005080-上102ウ1
度すること／「ルコト」能(は)不す／「ス」 11005080-上107オ2

濟ふこと／「スクフコト」能(は)不(る)か／「ルカ」如し／「シ」 11005080-上107オ3
成就すること／「スルコト」能(は)不す／「ス」 11005080-上108オ5
不能識「コト」 11020007-①48
不能(消)「スルコト」辨スルコト 11020007-⑦75
不サラム能如スルニすること 11020007-⑬13
こと能(は)不『す』 11030006-②1ウ
不す能アタハ…コト 11110001-23
不能傷「ヤフル」 11110002-3
不能漂「ヘウスルコト」 11110002-3
不能輔「ツケ」近「コト」 11140004-25
不ハサラムこと能「ルハ」 11200015-⑦105
不能爾シカスルに「スルコト」 11200015-⑧15
不能アタハス具に解すること 11200015-⑩15
不能彫(去)シホマ(ム)こと

11230001-②125
不す能靡こと 11230001-②127
不す能(は)自生 11230001-②188
不す能導(去)引(平)すること 11230001-②286
不す能使(す)ること 11230001-②292
不す能…こと 11230001-②356
不能和すること 11230001-②367
不す能出こと 11230001-②403
加マサルこと能は不す 11230001-③382, ③387
不能こと 11250002-8
不しリツ能(は)得(る)こと 11260001-③26
不し能(は)停(る)こと 11260001-③215
不(し)て能(は)自ラ勝(ふること) 11260001-③267
不や能(は)…報すること 11260001-③362
不す能動すること 11280005-31

不能言-形スルコト 11300001-⑧39
不能従こと 11340002-①41
不能改こと 11340002-①41
不能逐コト 11340007-①32オ4
不能忘コト 11340007-①46オ4
不ス能用コト 11340007-②17ウ5
不能得コト 11340007-②21ウ2
不能名クルコト 11340007-③5ウ2
不ス能无愆アヤマチ 11340007-④17オ2
不る能勝タフルこと 11380001-⑰68-3
不能こと 11380003-8
不能照ことく 11380003-9(存疑)
不能治スル(コト) 11450001-㉑6ウ7
モ不能治スル(コト) 11450001-㉑11オ6
不能養コト 11450001-㉒12-23
不シ□ルを能自禁-止スルこと 11450001-㉒18-1
不能は得こと 11505046-17

不能住スルコト　11506101-44-4
不す能タ(ハ)勝フルコト　11510005-②69
與ト不ル能七(「七」は「ハ」の誤)持タモツコ
ト耳ノミ　11550009-23オ6
不能ハ具ニ述ノフルコト　11550009-23ウ1
不ハ能ハ…贖アカフコト　11550009-47ウ6
不ス能超コユルコト　11550009-49オ1
不能及コト　11550009-51オ1
不ス能住ト、マルコト　11550009-59オ6
不能相止コト　11560001-13
不□〈シ〉テ能自勝タフルコト　11560001-17
不ル能ハ自ミ抜斷スルコト　11560001-19
不能(アタハ)述(フ)ルコト
11630001-②485
不能こと　11640001-⑧7, ⑧16
不能こと　11750003
不能摧クコト　11830001-18
不ス能アタハ賣目アカラメスルニ
11860003-91
不能(ハ)一二一ツハヒラカニ　11860003-239
不能アタハ　12110002-3
コト能(ハ)不(リキ)　12140002-⑪21
コト能(ハ)不ス　12140002-⑫37
こと能(ハ)不　12140002-⑫550
不ラシム能こと　12410001-①6
不能アタハ　12410003-13-15, 33-2
不能溺ヲ、ルコト　12840003-①11オ7
不能用コト　12840003-②6オ3, ②14ウ5
不能言モノイウコト　12840003-②16オ1
不能去コト　12840003-②17ウ5
不能見ニ　12840003-②22オ2
不能言コト　12840003-③1ウ6
不シ能相活イクコト　12840003-③6ウ6
不能具記コト　12840003-③7オ2
〔未能〕14419 29454
未(す)き能は惣-畢すること　08505014-23
未能修習こと　10505003-③105
未スタ能アタハ遍ク修ルコト　10505024-39オ7
未タスト能アタハ見コト　11080001-19
未イマタ能アタハス證知　11110001-15
未す能…絶こと　11230001-②339
未す能…化すること　11230001-②365
こと能(ハ)[未]　12140002-⑫293

アタヒ(値)→アタヒス、アタヒトス

〔値〕00786
値アタヒ　18400001-⑦11-9
〔値直〕00786 23136
値直アタヒ　18400001-⑦11-9
〔債〕01022
債アタヒヲ　10505024-12オ2
〔價〕01163
價アタヒハ　08505020-21-4
價アタヒ　10870001-⑤91
價アタヒ直アタル　10870001-⑦88, ⑦284

價アタヒ百或萬金(平軽)ニ直アタレルヲ　10990002-⑦103
價アタヒ　11050002-53オ, 59オ
價アタヒ　11080002-②619
價アタ(ヒ)　11130001-③11ウ, ③14ウ, ③18オ
價アタヒ　11130001-③16ウ
價直也　11280014-④45
價アタイヲ　11340007-①46オ
價ヒ　11340007-③12ウ7
價アタヒ　11360001-18オ4
價アタヒヲ　11370001-15
價アタヒ　11380002-天22オ
價ヒ　12140002-⑪297
價アタヒ　12505019-50オ
價アタキ　12860001-③61オ3(人4)
價アタヒ　13440001-22オ
價アタイ　13860001-25-3
〔價直〕01163 23136
價直アタヒ　18400001-①3-34
〔直〕23136
直ヒ…價フ　08305011-81-2
直アタヒヲ　10505024-12オ3
直ア(タヒ)百金　10730001-⑩34-2
直ひを／「タ(ヒ)ヲ」　11005080-上24ウ7
直アタヒ　11130001-④9ウ
直ヒヲ　11300001-⑧8
直アタイ　11340007-①46ウ6
直アタヒ　11360001-18オ4
直アタヒ　11420003-㉑13ウ
直アタヒ　12860001-③45ウ6(58-1)
直アタイ　13860001-25-3
〔賈〕36755
賈アタイ　13860001-61-6

アタヒ(直)(人名)→アタヒラ

〔直〕23136
倭直アタヒ　11420003-⑬19オ
倭の直ア(タヒ)　11505075-⑪9-2
掬ツカの直アタヒ　11505075-⑭110-2

アタヒエ(直)

〔直〕23136
長の直(アタヒ)エを　10005008-㉔281
長直(アタヒ)エ　11005115-㉔281
直アタヒエ　11420003-⑫4オ, ㉓10オ
倭ヤマトの直アタヒエ　11505075-⑪47-6
直ヒエ　11505075-⑭80-7, ⑭82-5, ⑭86-5
東ヤマトノ漢アヤノ直ヒエ　11505075-⑭83-1
直アタヒエ　11505075-⑳166-4

アタヒコ(吾田彦)(人名)

〔吾田彦〕03379 21723 09980
吾田彦アタヒコ　11420003-⑮6ウ

アタヒス(價)

〔價〕01163
不ス貳價アタヒセ　11005025-6オ5

アタヒトス（價）→アタヒ

〔價〕01163

價アタヒトセムコトヲ　12840003-①11オ6

アタヒラ（直部）

〔直部〕23136 39460

直部アタヒラ　1376001

アタフ（値）

〔價〕01163

價フ　08305011-81-2

〔扑〕11860

扑□□ア（タ）フ　12230001-40オ

〔稟〕25127

稟アタフ　12860001-③69ウ1（上-2）

アタフ（婚）→アタハス、ミトアタフ

［参考］

幸之ミトアタキ（「キ」は「ハ」の誤）ム（上上○ ○平平）　12360002-6ウ6

アタフ（與）→アタヘ、アタユ

〔不與〕00019 30212

不與アタヘス　12505028-27-6

〔乞〕00170

乞アタヘム　08505007-③3-1

乞アタフ　11050002-68オ

乞アタフ　11360001-58ウ1

乞アタウ　13860001-79-1

〔予〕00231

予タフ　10730001-⑨12オ8

予フ　10730001-⑪3-2

予アタフ　11270012-34（下欄外）

予アタヘム乎ヤ　11340007-④24オ6

予アタエテ　11450006-4, 5, 5

不サル予アタエ　11450006-9

予アタフ　11450006-9, 12, 23, 31, 33, 35

不ス予ア（タ）ヌ　11450006-11

予アタウル　11450006-11

予アタエム　11450006-11

不スハ予ア（タ）エ　11450006-12

予アタウ　11450006-31, 32

予アタヘテ　11450006-32

弗サル予アタヘ　12110002-7

予アタフ　12505019-51ウ

予アタヘ　12505072-3, 3, 3

予アタヘ（「ヘ」存疑）シム　12505072-16

予アタヘシム　12505072-16, 16

〔付〕00373

付アタヘム事　0951001

〔卑〕02738

投「ナケ」卑「アタヘラル」　11340007-④52ウ4

〔弗〕09708

弗アタフルニ　12505019-1ウ

〔惠〕10822

惠アタフルコト人　11280014-③424

惠アタフ　11340006-18

惠アタフ　11360001-50オ3

〔給〕27432
給アタヘン 18400001-②12-22
〔能〕29454
盡「(ス)コト」能フヘカラ不ス 11005080-上63オ
能アタウ 13860001-9-3
〔與〕30212
與フルと 08305001-①4-23
與へむといふ 08305001-①11-21
與ヘシメ 08305001-⑥109-3
與ヘヨとイヘ 08305001-⑥111-10
可し與フ 08305001-⑥112-9
與フとして 08305001-⑨173-23
應しといひ與フ 08305001-⑨179-5
如クせむといふ與ヘシか 08305001-⑨180-4
與(ヘ)ヨとのたまふ 08305001-⑨180-5
與フヘク 08305001-⑨185-5
與アタフ 08505008

與ヘヨ 09005008
與ア(タフ) 09505003-3
與アタヘタリ 10020001
與アタフル 10080002-②541
與アタヘ 10080002-②558
次に與アタヘムには「タメニ」 10080003-18
與アタヘて 10165001-①237-2
與アタフ 10200001-⑥7オ1
與アタフ 10230002-②352
與アタフ 10240002-②8オ2
與アタフル…者モノナリ ものなり 10240002-②9ウ4
與アタヘて樂を 10350001-10オ2
與アタヿ樂を 10350001-26オ2
不し與アタヘ 10450001-102
與アタヘて 10450001-231, 235
與アタふる…者は 10480003-100
與アタフると 10505003-①89

與ア(タ)ふ 10505003-⑥16
與アタふ 10505003-⑥20
與アタヘて 10505003-⑦2
與アタ(フ) 10505019-⑮3
與アタヘム 10505024-7ウ4
與タフ 10505024-13ウ4, 26オ4
與アタフ 10505024-26オ4
與アタフ 10630004-③532
與アタフ行人に 10690002-35
與アタ(フ) 10730001-⑨7オ1
復(去)ヘシ與ア(タフ)之 10730001-⑩9-2
與アタヘ 10730001-⑩20-4
與「アタフ」ヿ 10740001-③43
與「アタフルコト」 10740001-⑤2
度「シ」與「エテ(「テ」は「ム」に重書)」 10740001-⑨28
與「アタ(フ)ルニ」に 10740001-⑬88
不す與「アタヘ」 10740001-⑬104

宜「シ」して…與「アタフ」る 10740001-⑭44
與アタヘムカト 10740003-③355
與ふ 10820003-②118, ②152
與「フ」(ふ)と(いふ)者「ハ」は 10820003-②147
與「アタヘ」不す 10820003-③618
與「アタヘテ」 10820003-⑨275
與「アタフルカ」 10820003-⑩253
與「フ」 10820003-⑩351
與「ア」(たふる)なり也 10820003-⑩438
與タヘ 10850002-10
與ヘテ 10870001-④101, ④253
與アタヘテ 10870001-④122
與ヘシ 10870001-④123
與アタフ 10870001-④196
與アタヘキ 10870001-⑤20
與ヘ「フ」 10870001-⑤309
與アタヘ「フ」 10870001-⑤309
與ヘム「フ」 10870001-⑤310

與ヘテハ 10870001-⑤311
與ヘ 10870001-⑤311, ⑤320, ⑤338
賜ヒ與ヘテ 10870001-⑤317
如ク…與ヘムカ 10870001-⑤320
賜ヒ與フルコト 10870001-⑤327
與フルカ か 10870001-⑤328
賜ヒ與ヘム 10870001-⑤338
與フルか 10870001-⑤344
與ヘタマフ 10870001-⑦42
與ヘム 10870001-⑧38
與「ヘヨ」 10950003-①37
與アタヘム 10950003-①76
與ヘムト 10950003-②
與(ア)タ(?・)(フ) 10970003-115-5
與ヘ 10970003-127-8
與フ 10970003-201-6
與フ 11000001-2
與ヘ 11005025-4ウ5

與フ 11005025-20オ5
與フ□(ノ?・) 11005025-24オ7
與(ヘ)て/「ヘテ」 11005080-上10オ6
與(ヘ)たる/「ヘタル」之者「ノ」 11005080-上15ウ2
與ヘ/「ヘ」不る/「ル」者の/「ノ」 11005080-上20オ4
與「ヘ」不さる「ルモノ」 11005080-上23ウ4
與ヘ/「ヘ」不す/「ス」 11005080-上23ウ4
與(ふ)ること/「アタフルコト」 11005080-上24ウ7
與ふ 11005080-上89オ5
與(ふ)ることは/「フルコト」 11005080-上89オ6
當に/「ニ」相ひ/「ヒ」與ふ/「フ」[當]しと/「シト」 11005080-上96ウ1
與ヘヨ よ 11020007-⑬13
如クナレトモ人ノ與フルカ 11020007-⑯40

與アタヘテ　11020007-⑯40
與フ　11020007-⑳23
與フ　11030006-②8オ, ②10オ
與フル　11030006-②8ウ(上欄外)
與(ふ)ル者なり　11030006-②9ウ
與(あ)タヘ不ル法　11030006-②22ウ
與タヘ不す　11030006-③41ウ
與アタヘム　11080011-②701
與アタヘ　11130001-④6オ, ④22ウ
與アタヘテ　11130005-91ウ
應き與アタフ　11140007-⑯53
不を與アタヘ　11140007-⑰118
與タヘ　11200015-⑨54
與ヘヨトイフナリ　11200015-⑨92
與ヘムト　11210001-①104
與ヘ　11210001-①108
與アタヘて　11210001-②52
與アタヘム　11210001-②55, ②66

與ヘタマハム　11210001-②62
與ヘム　11210001-②80
與ハム(ヘ)　11210001-②82
子(與)アタフ　11270012-34
與アタヘタマフ　11280001-15
授ケ與フ　11280014-①440, ①457
與フ　11280014-③300
與フ　11340007-①40オ7, ②9ウ5, ②20オ4, ③5ウ3, ③24オ6, ④14オ7
譲リ與ヘ　11340007-①44オ3
與アタヘ　11340007-③22オ6
與アタフ　11360001-2オ1
與ア(タ)フ　11360002-③25
與アタフ　11390003-7ウ
與ア(タフ)　11390003-11オ, 11ウ
弗與ア(タヘ)　11390003-13ウ
與ア(タフル)なり　11390003-26オ
與アタフ　11420003-⑬14ウ

與アタフレトモ　11420003-⑬18ウ
與アタ(フ)　11420003-⑮3オ
與アタヘタマフ　11420003-⑯27ウ
與アタヘて　11450001-㉒15-6
與アタウ　11450006-29
與アタヘテ　11450006-35
與アタヘ　11470009
與アタヘヨ　11505004-①3ウ3
與アタヘ　11505004-①18ウ2
與アタヘ服　11505004-①20ウ4
與ア(タヘ)　11505004-①22オ5
與ア(タヘ)て　11505004-①23オ3
與アタウ　(アタ)フ　11505044-8
與アタヘ　11505073-3オ
與アタヘテ　11505073-6オ
與ア(タフ)　11505075-⑪45-7, ⑳165-3
與フ　11505100-620
與フ　11506101-41-7

與タメニ アタフルコト 11510005-⑧271
與アタヘテ 1154001-7
與アタ(フ) 11550003-2, 11
授サツケ與アタヘタマヘ 11550003-13
宜ヘシ與フ 11630001-③97
分ケ與アタヘムコト 11630001-③178
施シ與フ 11630001-⑤376
與(ヘ)ヨ 11970004-3ｳ8
過ワタシ與フ 11970004-4ｵ1
與ヘタリ 11970004-5ｵ2
與エシ 12150002-6
與アタフルときは 12410003-6-25
與(フ)ル 12505010-231
與アタフ 12505019-16ｳ, 48ｵ
與アタヘテ 12505019-40ｵ
與アタへは 12505020-㉛5
與ア(タヘ)て 12505047-57
授サツケ與アタフ 12510006-54-15

與ヘテ 12840003-③6ｳ4
與ア(タフ) 13440001-34ｳ
與フ 13440001-34ｳ
與ヘテ 13440001-34ｳ
與アタウ 13860001-2-6

〔說〕35556
說アタフ 11360001-5ｳ1

〔過〕39002
過アタヘ 08105023-49-7

〔錫〕40573
錫アタヘ 09480002-8ｳ4
錫アタヘ 11340007-②34ｵ7

〔餌〕44146
餌(アタ)フ 11630001-②165

アタフマジ(不能)→アタハジ、アタハズ

〔不能〕00019 29454
不シクハ能フマ 11140007-⑤71
不「シクハ」すは能「フマ」 11200015-⑤131
不マシクハ能アタフ 11510005-⑤35

アタヘ(與)→アタフ

〔與〕30212
所與アタヘナリ 10505007-52-3

アタヘカヘニス(不肯)

〔不肯〕00019 29311
不す肯アタヘカヘニ 10505019-⑪7

アタマ(頭)

〔頭〕43559
頭アタマ 12505019-3ｳ, 30ｳ

〔顱〕43644
三年に(し)て顱アタマ合フ 13300004-⑤516

アタム(怨)

〔怨〕10479
怨アタム 11630001-⑥96

アタユ(與)→アタフ

〔與〕30212

與ユル　13280001

アタユキヌ(踞)

〔踞〕37642

踞アタユキヌ　12780002-7

アタラ(可惜)

〔可惜〕03245 10814

可-惜アタラ アタラシ(上上上上)キコト　11280014-③72

アタラアタラ(可惜)

〔可惜〕03245 10814

可惜アタラ〱アル　12520007

アタラシ(惜)

〔可惜〕03245 10814

可-惜アタラ アタラシ(上上上上)キコト　11280014-③72

可惜アタラシ　13440001-21オ

〔惜〕10814

惜アタラシキ哉カナ　10090002-⑩155

不サル惜アタラシカラ　11130001-④9ウ

惜アタラシキ哉　11630001-④361

惜アタラシ　13860001-36-5

〔惜也〕10814 00171

惜也アタラシイカナ　12780002-7

アタラシ(新)

〔新〕13572

新シク　08505014-59

新(し)く　08505020-37-11

新(し)きを「キヲ」　10165001-①244-5

新ラシク浄からむを「イサキヨカラムヲ」　10165001-①247-7

新(し)きナラハ(?)　10165001-①258-3

乍ラ新アタラシ　10505007-45-4

新アタラシキ　10505024-6ウ6

新「アタ」ラシキを　10505024-7オ1

新シキ衣裳　10860002-9オ7

新(シ)ク　10870001-③509

新「(シ)ク」　10870001-⑤248

新(し)き／「シキ」　11005080-上56ウ1

新(シ)ク　11020007-⑧22

新アタラシキ　11130001-③2オ, ④10オ

新ラシリ(「リ」は「ク」の誤か)　11200015-⑧58

新シク浄(キ)ヲ　11280014-①245

新キ服　11280014-②252

新(シ)ク　11280014-③130

新きを　11340002-①32

新アタラシ　11360001-25オ4

新シキヲ(平上平)　11380002-天28オ

新(シ)キ-青キ布　11505004-①27オ3

新シキ瓦の　11505004-①33ウ4

新アタラシク　11510005-⑧228

新(シ)キ　11630001-⑥44

新シキ　12505010-289

新シキヲ　12505019-49オ

新シキ 12510006-24-10
新シク 12510006-54-5
新アタラシキ 13440001-6オ
〔素〕27300
令素「アラカシメ」「アタラシク」具せ 11510005-④60

アタラシガル(惜)
〔玠〕20921
玠アタラシカリ惜(入輕)セキセラル、コト 10990002-⑨133

アタラシブ(惜)→アタラシム
〔悔惜〕10659 10814
悔惜アタラシヒタマフ 11505075-⑭100-4
〔惜〕10814
歎ナケキ惜アタラシヒテ 11505075-⑭100-1
〔歎惜〕16182 10814
歎惜アタラシヒテ 11505075-⑭100-1

アタラシミカシヅク(自愛)
〔自愛〕30095 10947
自愛アタラシミカシ(ツキ)ト心ツ、シミセヨ 11630001-④63

アタラシム(惜)→アタラシブ
〔惜〕10814
惜アタラ(上上上)シマ 11130001-④9ウ
惜アタラシム心 11130001-④9ウ

アタリ(當)→アタル
〔對〕07457
對タリ 12540005-4オ

アタリ(邊)→マナアタリ、マナタリ、マノアタリ
〔當〕21890
法城寺之ノ當アタリノ路ニ 10505007-20-7
〔邊〕39216
邊アタリ(上上平) 11360001-20オ
邊アタリ 13440001-33オ, 33オ

アタリノ(當野)(地名)
〔當野〕21890 40133
當アタリ野ノニ 10505007-33-4

アタル(當)→アタリ
〔丁〕00002
丁アタリ 08505007-②13-10
丁アタリテ 11130005-64ウ
丁アタ(リ) 11130005-77ウ
丁アタ(リ)憂に 11130005-80ウ
丁アタテ夏ニ 11300001-⑧11
〔中〕00073
不中アタラ 08580002-59, 60, 67
中アタリ 09005007-2, 6
所ルトロラ(「ロラ」は「ト／コロヲ」の誤か)中アタラム／アル 10505007-14-4
中アタテ 10505007-26-4
毒に不ぬ能は中アタルこと(アタル) 10505019-㉑21
若し作身中ア(タ)ラハ 10505019-㊴8
中アタ(ル) 10505030-163
時中アタレハ此諸尊に 10505069-⑥6

中アタ(て)夭ワサハヒに　10650002-17
不中「アタラ」　10740001-③55
毒に中アタ(リ)「テ」て　10820003-②458
中アタる　10830002-19-8
中アタラム　11020007-⑯41
毒に中アタリテ　11030006-②29オ
中アタ(ル)　11130001-③4ウ, ③19オ
中アタるか　11140007-⑰40
中アタルカ　11140007-⑳71
中アタル所　11160007-①201
中アタリナムトス　11160007-①227
不中(ア)タラ　11280014-②407
中タル　11340007-①37ウ7
不中アタ(ラ)　11340007-②10ウ6
不スハ中アタラ　11340007-②13ウ6
中アタレリ　11340007-②17ウ1
中アタル　11360001-1ウ3
中アタラハ　11380002-南18オ

中ル　11380002-北34ウ
中ア(タリテ)　11505004-①2オ3
不サレ中アタラ　11505004-①19オ3
不中アタ(ラ)　11505004-①20ウ4
今中アタラ　11505004-①33ウ5
中アタル　11505032
中アタ(ル)　11505521-下序-3ウ1
中アタリテ　11505521-下序-3ウ3
中アタテ毒に　11510005-②70
中アタヌ　11630001-②416
中アタ(ル)　11850004-①21
中アタ(ル)に毒に　11850004-②59
中アタルを　11850004-⑰22
所中アタル　12005022-15オ4(13-8), 46ウ4(43-10)
如中中字アタル　12005022-24ウ3(34-7), 26オ3(35-8)
中アタテ　12360003-下序

中アタヌ　12360003-下序
不中アタ(ラ)　12505020-㉝14
中ル　12840003-③14ウ1
所中アタル　12860001-①16ウ1(13-8), ②22オ6(43-10), ③17ウ5(51-3), ③30ウ3(55-1)
如中中字アタル　12860001-①28オ3(34-7), ①29ウ6(35-8), ③23ウ5(52-10)
便中中字アタルナリ　12860001-③49オ4(58-5)
中アタル　13440001-31オ
中アタル　13860001-2-6
中アタル　18400001-⑥2-36

〔値〕00786
値アタては　12410003-33-20, 33-23, 34-8
値アタル　12505020-㉚3

〔充〕01344
不シ充アタラ…遍數に　11140004-23
充ラムト　11630001-⑤43

〔可〕03245
不ス可アタラ　11420003-⑮15ウ
〔宛〕07110
不宛ラ　11630001-⑧470
〔對〕07457
來め(「り」の誤か)對アタ(ラ)ム き(「き」存疑)者
の　11130005-31ウ
〔居〕07663
居儲君キミニアタリテ　11505075-⑭111-7
居儲君マウケノキミニアタリテ　11505075-⑭111-7
〔屬〕07821
屬アタレリ　11420003-⑮7ウ
屬アタレリ　11505075-⑭61-5
屬アタ(リ)て　11505075-⑳175-2, ⑳186-4
〔應〕11330
不可以應アタル敵に　10430002-⑬12
不可以て應アタル　10740001-⑬46

應アタル(こと)　11630001-①98
應アタレリ　12505020-㉘8
應アタ(ル)　12505020-㉝14
〔搏〕12466
搏ア(タル)　11450001-㉑5オ
搏ウ(ツ)　ア(タル)　11450001-㉑5オ
〔據〕12839
據アタリ　11140007-⑧14
據「アタリ」　11200015-⑧32
〔擬〕12870
金剛の所の擬アタル之處のは　10505019-㉔34
所の擬アタル之處　10505019-㉔35
擬アタリて　11005003-③39
〔敵〕13354
敵アタル/ヒトシ　11505004-①37ウ2
敵アタラ不(ルコト)を　12140002-⑫344
敵アタル　13860001-86-3

〔方〕13620
方アタ(リ)　10730001-⑩14-7
方タル(ナ)リ　11380002-南48ウ
〔殷〕16627
不殷アタラ　12505020-㉖6
〔當〕21890
に當るなり　08305011-69-8
に當る　08305011-69-9, 167-1, 167-4, 167-5, 167-5, 167-7, 167-9, 169-2
に當レり　08305011-165-7
相ヒ當レ(り)　08305011-167-9
相ヒ當レり矣　08305011-169-4
相當(り)ツヘシ　08305011-171-6
當る　08505020-16-4, 16-5, 39-6
に當る　08505020-39-10, 39-11, 39-11, 39-12, 39-13
に當レリ　08505020-39-18
相ヒ當レリ　08505020-39-20

相ヒ當ラ不ス　08505020-40-10
當アタレ(ル)ニ　08830001-①4-2(1-8)
當ア(タラ)　09480002-9オ1
當レリ　09505020-149, 402
當レる　10005008-㉒100
當アタて　10080002-③90
當「レリ」れり　10165001-①234-8, ①246-1
當アタラム　10165001-②7オ4
當た(存疑)レリ　10165001-②12オ6
當アタレハカ　10200001
當ア(タ)ラム　10240002-②20オ5
當アタテ欲ハム…之時キニ　10350002-3ウ1
當アタては　10450001-214
少スコシ當アタレリ　10450007-35
當アタ(ル)に(「に」存疑)　10505003-⑧1
當アタラムことと　10505003-⑨6
不ス當アタラ　10505007-23-1
當レリ　10505007-41-5

當アタレリ　10505024-5ウ4
當アタテ　10505024-10ウ2
无ナシ當アタルコト　10505024-41オ5
音(平輕)韻キン或不當「アタラ」　10505069-①25
當アタテ　10630004-①515
當アタテ說(タ)マフ(ニ)　10670003-4
當ア(タリ)　10730001-⑨9オ7, ⑨10オ10
當「アタテ」　10740001-⑪53
不正く當「アタラ」「に」　10740001-⑬115
當「アタレリ」　10820003-②564
當「ア(た)」(り)て　10820003-②591
當「ア(た)」(ら)不すナンヌ　10820003-②710
當「アタンテ」　10820003-④496
當アタて　10820003-⑤606
相ヒ當「アタラ」令(め)よ　10820003-⑧203
當「ア」(たり)て　10820003-⑧528
當テ斯ノ時ニ　10860002-9ウ3

當アタテ　10930009-⑧15オ
當タ(ル)　10970003-115-11
當アタルコト无シ　10990002-⑦342
當(り)て／「アタテ」　11005080-上21ウ5
相ひ／「ヒ」當たり／「アタリ」　11005080-上54オ5
當アタ(レ)よ　11005115-㉒138
當タカ(「カ」は「ル」の誤か)／に　11020007-②36
令よ…當アタラて　11020007-⑧16
當アタテ　11030006-②20ウ
當レリ　11030006-②35ウ
當アタレル　11130001-③16オ
當ア(タリテ)　11140007-⑤116
當ア(タリ)　11140007-⑭51
當ア(タル)　11140007-⑮35
當レル　11140007-⑰41
不正く當アタラ　11140007-⑱208

當ラム　11200005
當「アタ(リ)」　11200015-⑤168
「當ア或本」　11200015-⑤240(下欄外)
當アタ(リ)　11200015-⑧35
相ひ當アタ「テ」　11200015-⑧52
當タレリ　11210001-①13
當アタレリ胸に　11210001-①43
當タリ　11210001-①60
被當アタレラム…者の　11210001-②48
當て爾之時に　11230001-②31
當レリ　11230001-③535
當るを　11260001-③25
當(る)…八日に　11260001-③148
當(り)て結集の時に　11260001-③340
當アタリ　11270004-10
合へシ當アタレル　11280014-①355
當アタテ　11280014-①359
當ラム　11280014-②5

當ル　11280014-②152
當レリ　11280014-②329, ③62, ③188
令…當ラ　11280014-③44
當ル(?)仁　11280014-④153
當レリ　11320002
當レリ　11340002-①46
當て…卽ツクに　11340002-①67
當ル　11340007-①39オ4
當アタル　11340007-②15オ6
當アタレリ　11340007-②25ウ1
當ニ　アタテ　11340007-②35ウ1
當アタテ　11340007-④5ウ6
不當ア(タラ)　11340007-④24オ1
相ヒ當タリ　11350010-9-1
當アタル　11360001-12オ3
當りて　11380001-⑯15-8
當アタ(レハ)　11380002-天7ウ
當アタ(ル)　11380002-南48ウ

當アタル　11380002-南50オ
當アタレル縣兵　11420003-⑫3オ
當アタレリ死シヌルニ　11420003-⑬14ウ
當アタリテモ　11420003-⑬19ウ
當レリ リテ　11450001-㉑22オ3
當アタて　11450001-㉒4-3
當ア(タル)　11450006-9
當アタ(リテ)　11450006-16
當アタテ　11450006-21
當アタリタマヘリ　11505073-17オ
當レリ　11505075-⑪36-1, ⑭76-3
當ア(タル)　11505075-⑪40-6
當テ中ニ　11506101-51-7
不れは當アタラ　11510005-①12
當アタテ シカセムニ爾ソレニ　11510005-⑧214
當レリ　11560001-21
當(ア)タレリ　11630001-②47
當アタリ　11630001-②53

當アタて(マサ)ニ　11630001-②294
不得當アタルマシキコト　11630001-③123
當(ア)タ(リ)　11630001-③331
當ア(タリテ)　11630001-⑤115
當(アタ)レリ　11630001-⑥138, ⑥222, ⑥223, ⑥289, ⑦47, ⑧56, ⑧571, ⑧598
當ラム　11640001-②73
當タる　11640001-②84
當アタル　11705071-19
當ラムに　11820018-1
當タレリ　11850004-②80
合ヘキと當ル　11850004-④35
當タラム　12005134-㉓6オ
當アタル　12110002-9
當レリ　12140002-⑪312, ⑫157
當アタる　12410003-11-23
〻(當)アタリヌル　12410003-11-24
〻(當)リヌルときは　12410003-12-1

當アタ(ル)　12410003-12-1
當アタては　12410003-33-19
當アタレルことを　12410003-34-9
當アタルコト　12505019-7ウ
不當アタラ　12505020-㉝8
當ア(タ)て風に　12505047-3
當レリ　12510006-45-14
當レリ　12840003-①7ウ2, ①38ウ7
當ラム　12840003-①11オ3
當ル　12840003-②8ウ5, ②9ウ7
當ルトモ　12840003-③17ウ3
當アタヌ　13440001-12ウ
當アタラム　13440001-12ウ
相當レリ　13440001-28オ
當時ソノカミトキニアタテ　13530006-43-10
當アタル　13860001-17-1

〔直〕23136

直「アタテ」　10740001-④76
相ひ直アタル　10740001-⑥21
價直「ルト」千萬なる「に」　10870001-①116
直アタル　10870001-⑤91
價アタヒ直アタル　10870001-⑦88, ⑦284
價アタヒ百或萬金(平輕)ニ直アタレルヲ　10990002-⑦104
直アタテ　11020007-⑤72
直アタル　11130001-④9ウ
直アタテ　11505004-①40オ5
直アタル　12410001-③10
直アタル　12505020-㉚4
不シ直アタラ　13440001-19オ
直アタル　13860001-25-3
直アタル　18400001-⑦11-9

〔膺〕29928

膺アタレリ　10990002-⑦282
膺アタリテ　10990002-⑨261

アタル

臏アタレるに 11230001-③367
臏アタて 11230001-③452
臏アタレリ 11240004-720-5
臏アタレリ カナヘリ 11260001-⑦297
光オホキニ臏(去)して アタリテ 11260001-⑨251
臏アタル 11380002-北17オ, 北17オ, 北20オ
豈合ヘケムヤ更臏ル 11580001-74
臏臏アツカル アタテ (上欄外)或臏 11630001-③416
臏アツカレリキ アタレリ 11630001-④60
臏アタル 12505028-23-10

〔著〕31410
无し不ぬ時は著アタラ 08580002-62
不著アタラ 11130005-9ウ5
著ア(タ)ル 11450001-㉒10-16
著アタレリと アキラカナリ 11510005-⑤26
不ス著アタラ 12505019-7オ

〔裳〕34357
裳當也 11280014-①75

〔覈〕34791
覈「アタラム」 08705001-③9

〔觸〕35181
觸アタテ 11280014-③279

〔許〕35298
許中テ リ 11280014-④60

〔適〕39076
適アタレリ 10860002-48ウ5
適アタレリ 10990002-⑩131
適アタテ ト、メ 11020007-②62
適アタテ 11140007-⑥86, ⑨51
適アタ(リテ) 11140007-⑥99, ⑯87
適ア(タリ)て 11140007-⑧6
適「アタテ」 11200015-⑥106
適タマ、、「アタ(テ)」 11200015-⑥120
適アタリ 11420003-⑬19オ
適アタ(リ)是時 11420003-㉓3オ
適アタ(リ)て 11505075-⑪9-4, ⑪31-7
雖適アタルこと カナフ 11510005-⑧205
適アタ(ルト) 11850004-②85
適アタレリ 18400001-②11-38

〔錘〕40672
錘アタレリツルは 10505003-⑩19
錘アタレリ 10990002-⑨347
錘アタテ 11230001-③392
錘アタレり 11230001-③458
所タリ錘アタル 11260001-⑦56
錘アタレリ 11260001-⑨348
錘ツイテ アタテ 11630001-③480

〔鐘〕40902
鐘アタレリ 11505073-3ウ

〔齒〕48583
齒アタル 10505030-199

[補讀]
第二フタハシラニアタリタマフ子也 11420003-⑬25オ

仲ナカチニアタル 11420003-㉓4ウ
兄コノカミニアタル子 11420003-㉓5オ
第二フタリニアタル 11505075-⑭109-4

アチ（安致）（人名）
〔安致〕07072 30146
安致致 アチノ臣 11505075-⑭109-7

アチ（阿知）（人名）
〔阿知〕41599 23935
阿知アチの使主オム 11420003-⑫2ウ

アヂ（鰺）
〔鰺〕46442
鰺 11860003-52

アヂキ（益）→アヂキナシ
〔益〕22972
益アチキ（平平平） 11360001-19ウ2

アヂキナシ（無爲）→アヂキ
〔多事〕05756 00241
多事とアチキナクイナハナ、ルコト 13440001-5オ
〔慧〕11473-01
慧阿知支奈久 10990001-3オ
〔无端〕13716 25806
无端アチキナシ ヨシナシ 10320001-32オ3
〔无起〕13716 37048
无起アチキナク 11280002
〔无趣〕13716 37207
无趣アチキナク ヲノツカラ 10700004-52
无ク趣アチキ 11020007-②30
无趣オノツカラ／アチキナシ 11510005-②50
〔無事〕19113 00241
無事とアチキナク 13440001-5オ, 16オ
〔無情〕19113 10756
無情とアチキナキ 13440001-5オ
〔無爲〕19113 19686
無爲アチキナシ 15300001-3
〔無益〕19113 22972
無シ益ヤク アチキ 11860003-194
〔無端〕19113 25806
無端アチキナクシ 12150002-4
無端とアチキナク 13440001-22オ
〔遮〕39086
遮アチキナシ 13440001-30ウ

アヂハヒ（味）→アマキアヂハヒ
〔味〕03456
味アチハヒある 08830001-②4-9(45-22)
有リと此の味ヒ 09505020-325
〻（味）ハヒ 10505024-9オ7
味「アチ」ハヒ 10505024-58ウ3
味ヒ甘（き）者には 10740003-①504
味ヒ辛き者には 10740003-①504
苦き味ヒ 10740003-①684
香味ヒ 10740003-①696
味ヒ 10740003-①745

味(あちは)ヒ 10820003-④85
味「アチハキノ」 10820003-④666
味「アチハヒアラシム」 10820003-⑥309
味「アタ(「タ」は「チ」の誤か)ハヒ」の 10820003-⑥589
味「ア」(ちはひ)なり 10820003-⑧47
滋コキ味アチハヒヲ 11005025-14オ2
味ひ／「ヒ」 11005080-上3オ1
味ひは／「ハ」 11005080-上39ウ5
鹹(去)「シハ、ユキ」-味(平)「ヒ」 11005080-上40オ4
味ひに／「ヒニ」 11005080-上55ウ5
味ひに／「ヒニ」非す／「ス」 11005080-上55ウ5
味(アチ)ワヒ 11200015-④57
味ハヒヲモテ 11200015-④310
味ヒ 11340007-②9オ1, ③19オ7, ③19ウ1
味ヒヲ 11340007-②17オ6

味アチワキ 11360001-36ウ2
滋コキ-味ア(チハヒ)ヲ 11550009-11ウ3
味(アチハ)ヒ 11630001-②195, ⑧500
味(アチハ)ヒヲモテ 11850004-④102
味ヒ 12140002-⑪250
味ヒ 12540005-5オ
味ア(チハヒ) 13440001-16ウ
味アチワイ 13860001-49-4
〔底〕09262
底アチワキ(上上濁上上) 11360001-66オ1
〔淄澠〕17616 18378
淄澠「…味異也」 10990002-⑧163(紙背)
〔猷〕20558
清猷アチ(ハヒ) 11420003-⑮11ウ
〔美〕28435
美アチワキ 11360001-8ウ2
〔羞〕28471
羞アチハヒを 13440001-19ウ

羞アチハイ 13530006-28-1

アヂハヒノムサボリ(饕)

〔饕〕44268
饕アチハヒノムサホリを 10005008-㉒115
饕アチハヒノムサホリ 11005115-㉒115

アヂハフ(味)

〔味〕03456
味ヒ道を 09505020-374
味アチマ(「マ」は「ハ」の誤か)フて 10160001-46
味アチハフか 10200001-⑥18オ8
味フ 11005025-17オ3
味ハム 11005025-26ウ5
至ては如に研ミカキ-味アチハフカするか 11260001-⑨415
不在味アチハル(「ル」は「フ」の誤)ニ 11340007-②6ウ4
味ハム 11340007-③30ウ5

味アチハ、ム　11550009-29ウ3

アヂマサ（檳榔）

〔檳榔〕15734 15226

檳榔和名阿知末佐　11505004-①69ウ4

アヂマム（嗜）

〔嗜〕04089

嗜□（安）□（千か）万見　08105009-下序

嗜安□（「チ」か）万見　08105015-下序

アヂマメ（藊豆）

〔藊豆〕32246 36245

藊豆和名阿知末女　11505004-①80オ3

アツ（充）→アテテス、ツキアツ

〔中〕00073

中アツ（ル）こと　09480002-36ウ7

不す（し）て爲に一切の毒藥の所アテラレ

中　10505019-㉒50

不す能中アテ傷こと　10505019-㉕7

中「アテヨ」　10740001-⑨10

中「アテレラハ」　10820003-⑥202

中アツ　11340007-②13ウ2

中（ア）ツ　11340007-②13ウ5

中アツ　11360001-1ウ3

不シ誤中アテ　11505075-⑭99-5

可キ中ア（ツ）也　11505075-⑭106-1

中アテ、　11510005-①9

中アテ　11640001-②75

中アテ用　11850004-⑰38

所中アテラレテ　18400001-⑥2-36

〔令寄〕00387 07203

令寄クハリア（「ア」は「タ」の誤か）テマツル　11420003-⑫8ウ

〔値〕00786

相ひ値アツ　11020007-⑧32

〔充〕01344

充アツ（ル）　09480002-27オ7

充アツ　10165001-②20オ8, ②22ウ5

可し充アツヘシ　10350001-21ウ4

所生ノ者モノヲ充アテヨ　10350002-3オ4

充アテよ　10690001-4ウ

に充アツ可し也　10820003-③653

充「アツル」こと　10820003-⑦856

充「アツ」應しと也　10820003-⑧138

充アテ　10990002-⑦67

充アツ　11060002-4

充っ　11230001-③491

充（つる）ことを…に　11260001-③28

充ハ（「ハ」は「ツ」の誤か）（ルカ）…故　11280014-①330

充アテ、ス　11280014-①413

充ッ□□〈雜用〉　11280014-②67

充ッ　11280014-②192, ②249, ④61

充アテ　11340007-②44オ1

充アツル（ニ）　11340007-④26ウ3

充ア（ツ）　11505075-⑭91-7

充アテム 11550009-58ウ2
充アツ 11580001-36
充(ア)ツ 11630001-⑥55
充アテ仭ミツ 12110002-17
充アテ、 12140002-⑪65
充アテ 12680002
充アツ 13860001-32-5
〔圓〕04819
究メ圓アツルコト 11550009-55オ4
〔塡〕05355
塡アツ 10730001-⑪4-6
〔宛〕07110
宛ツ 10165001-②11ウ4
以宛アツ其の事に 10590004-8
宛アツ 11005025-17ウ4
宛アテ(「テ」は「ツル」の誤か)コト事ツカフニ 11020007-⑦74
宛アツルに 11130001-④1オ
宛アツ 11130001-④10ウ, ④11ウ
宛ツ 11340007-③21オ1
宛ツ 11505075-⑪46-8
宛アツルこと 11510005-⑦309
宛(ア)ツ 11630001-②71
宛アツ 11705071-43
宛アテ 12680002
宛アツ 12840003-①18ウ2
〔擬〕12870
擬アツ 10165001-①243-2
擬アテ、 10165001-①254-3
擬アテ 10740003-②400
擬配也 11260001-⑦225
擬アツ…飲用ヲ 11280014-①216
收サメ備ヘ擬アテ、 11280014-①287
不スハ擬アテ 11280014-①451
擬アツ 12860001-③43オ3(57-8)
〔敵〕13354
敵アツ一貫ヲ 11130005-93オ
〔斷〕13611
圍メクラシ斷ア(「ア」は「タ」の誤)ツヘキ 11020007-⑧7
〔當〕21890
當アツ 08505008
當アて 10165001-②10ウ1
當アテて 10165001-②16オ5
當「アテ」アテ行者の左方に 10350001-5オ3
當アテヨ中指ノ背ニ 10510003-13
當アテて心を 10590001-2
當「ア□〈ツ〉ヘキナリ」 10740001-⑨4
相「ヒ」當「アテ、」て 10740001-⑩24
令當「アテ」 10740001-⑩36
當「アテヨ」 10740001-⑩37
當「アテ、」 10740001-⑩60
當アツル 10820003-④125
當「アテ、」 10820003-④366

當アツ應し 10820003-⑧439
當テ、心ニ 10950003-③89
當アテ、 10950004
當てて 11005003-②4
不「ルヲ」當「ア(テ)」 11020007-①23
應し當アツ 11020007-⑧40
當アテ 11030006-②20ウ
當(テ)よ 11070003-①11
令よ…當アテ 11140007-⑧30
當アテ 11200015-⑤36, ⑤137
當アテ、 11200015-⑤239
當テタリ 11210001-①63
當アテタリ 11210001-①71
當テヨ 11210001-②58
當(つ)…に 11260001-③118
當アテ 11280014-①440
當テ燒キ 11280014-②248
當アツ 11370001-10

當アツヘシ 11380002-北8ウ
當アツ 11420003-⑮18オ
當アて 11505004-①39オ5
當アテ、 11505084-7-25
相當テてて 11506101-52-4
當アテしに 11510005-②35
當アテ、 11510005-⑤36
應し當アツ 11510005-⑧258
當アツルニ 11550009-58ウ3
當(テ)よ 11640001-②52
當アテ 11850004-②21, ②22
當アテて 11850004-⑤49
當アツ 12410003-1-8
當アテ、 12410003-7-1

〔直〕23136

相「ヒ」直「アテ、」して 10740001-⑪8
直アテて 10820003-⑤550
相ひ直アテ、す「テ(「テ」は「チ」の誤か)キヲ」 11140007-⑧56
須し…相ヒ直アツ 11200015-⑧84
直アツ 11510005-⑧245

〔與〕30212

與アツ 11390003-7ウ

〔著〕31410

著アツ 08105005

〔製〕34380

製アツ 12860001-③32オ(55-6)

〔遇〕38991

遇「アツ」 10820003-⑨70

〔適〕39076

適「マサニ」「アテタ(「タ」衍か)シメヨ」足「タレリ」「□〈ワ〉ツカ□〈ニ〉」 10740001-⑤97
適「アツルニ」 10740001-⑤99
適アテ足タセ 10820003-⑧27
適アツルことは則 10820003-⑧52
適「アツ」 11020007-⑧5

適アテ足タセ　11200015-⑧16

適「アツルとき(?・)には「アツマテル(「ル」は「ハ」の誤か)」　11200015-⑧21

適アツ(上平)　11360001-22ウ3

適アテ足タセ　11850004-⑧7

〔配〕39771

配「アツルニ」「ソフルニ」以「ス」　10740001-⑤87

配「アツルニ　10820003-⑦818

配「アテヨ」　10820003-⑩504

配あッ　11020007-⑳25

配アツ　12005006-上3

〔配釋〕39771 40129

配釋訓阿弖ゝ説　08005022-14

〔酬〕39850

酬アツ　11130001-④11ウ

〔鍾〕40672

鍾「アテラ」所「る」　10990002-⑦56

〔闔〕41289

使「□〈メ〉ヨ」不闔「アテ」「サヘ」　11140007-⑤12

〔補讀〕

懸(「縣」の誤か)をアテてシ(「シ」存疑)而不

郡リ　09505020-555

アツ(厚)(人名)

〔厚〕02949

厚アツの皇子　11505075-⑰129-1

アツイモノ(羹)

〔羹〕28584

羹アツイモノ　10350001-1ウ1

羹アツイモノヲ　11020007-⑦61

羹アツイモノ　11505002-3

羹アツイモノ　11510005-⑦291

〔臛〕30028

臛忽苦反又アツイモノ　11280014-①180

アツウス(厚)→アツシ

〔厚〕02949

厚アツウシ　11550009-23オ5

厚アツウし　12410003-31-9

〔篤〕26344

篤アツウし　12410003-19-8

篤アツウするに　12410003-20-23

〔適〕39076

適アツウスル　13280001

アツカハシ(結繚)

〔結繚〕27398 27904

結繚とアツカハシ　13440001-32ウ

アツカフ(倍)

〔倍〕00760

倍アツカフ　11505521-中7-19オ3

アツカフ(熱)

〔傷〕01029

傷アツカフコトヲ　11280014-②286

〔傷急〕01029 10475

傷急アツカフコトヲ　10165001-②27オ4

〔惋〕10771

惋アツカヒて 11505075-⑭63-4
〔惋痛〕10771 22195
惋痛アツカヒて 11505075-⑰137-5
〔熱〕19360
熱(か)ひ悩みつゝ 08305001-⑩194-17
暴シヒ熱アツカヒ 10200001-⑥21ウ4

アヅカル(預)

〔主〕00100
主アツカル 11360001-8オ1
〔任〕00416
所任アツカレル 11505075-⑪9-1
〔受〕03159
受アツカル 11360001-13ウ1
〔干〕09165
不ス干アツカラ 08505007-③2-6
干アツカル 13860001-11-5
〔掌〕12248
掌アツカリ 11020007-⑪14

〔攝〕13010
攝アツカテ/セイ-政セン(「ン」は「イ」の誤か)ノ之世ニ 10505007-52-7
〔朔〕14359
朔アツカル 12505072-13
〔管〕26162
管アツカル 11020007-⑯27
〔縁〕27656
縁アツカレル「アツカレル」 10740001-③18
縁「アツカル」 10740001-④59
〔膺〕29928
膺アツカテ カヽテ 10505007-9-57
膺膺アツカル アタテ (上欄外)或膺 11630001-③416
膺アツカル 11630001-③416
膺アツカレリキ 11630001-④60
〔與〕30212
不與アツカラ 10730001-⑩29-2
與アツカレル 10730001-⑪2-6, ⑪3-10

與アツカル 10730001-⑪6-11
無シ所與アツカル 10730001-⑪6-16
與トモニ「アツカレル」 11270012-23
無シ所トコロ與アツカル 11270012-101
□〈不〉與アツカラ 11340007-①18オ7(上欄外)
與アツカル 11360001-2オ1
不與アツカラ 11390003-4ウ
與アツカレリ 11450006-15
不ス與アツカラ 11450006-25
〔論〕35658
論アツカ(ル) 13440001-29オ
〔豫〕36425
无(れ)豫アツカることト 08580002-74
豫アツカル 11360001-31ウ2
豫アツカル 13860001-35-1
不豫アヅカラズ 18400001-②1-5
〔資〕36750

資(アツ)カル 11630001-③369

〔關〕41470

關アツカル 08505007-①27-5

相「ヒ」關「アツカテ」 10740001-③79

關「アツカラム」 10740001-⑦22

相關「アツカテ」て 10740001-⑧55

何イカンカ關アツカラムヤ 10790001-上9オ

相ヒ關「アツカテ」 10820003-④162

關アツカル〻(き)に 10820003-⑩544

關アツカレル 11130001-③16ウ

非か關アツカラ 11140007-⑩49

相_關カヨフテ「アツカテ」 11200015-④115

關ア(つかり)て 11230001-③134

非關アツカルニ 11280014-③443

關アツカラム 11350010-1-1

關アツル(「ル」衍か)カルコト 11380002-東1Cオ

相關アツカル 11510005-④38

不關アツカラ 11705071-9ウ

關アツカテ 11860003-141

關アツカレル 12510006-55-10

關アツカレリ 13440001-11ウ

關アツカレル 13440001-18オ

不關アツカラ 13440001-20ウ

不ス關アツカラ 13440001-26オ

關アツカル 13860001-75-2

〔預〕43373

預る 08305011-29-7

預アツ(か)リて 08505014-55

預アツカレリ か(れり) 08505014-89

に預る 08505020-9-1

預カリ 10080002-③693

預アツカレリ 10505007-24-5

可キ預アツカルヘキ 10505007-57-6

預アツカリテ 10505024-62ウ2

預アツカテ 10505024-64オ4

預而アツカ(リテ) 10505150-5右

預アツカリ 10505150-23右

預アツカル 10630004-③531

何預て『アツク』(擦消)「アツカラ」(ム) 10740001-⑬70

預アツカリ アラカシメ 11140007-⑧9

預アラカシメ「アツカリ」 11200015-⑧25

預るモノハ 11260001-③279

預ル 11280014-③91

預アツカル 11360001-31ウ2(別筆)(下欄外)

預ラ(?)ム 11505073-27オ

莫預ナアツカラシメソ 11505075-⑭103-1

令預アツカリ聞か 11510005-⑤13

預ア(ツカリ) 11630001-③99

預(アツ)カリ_從シ 11630001-⑤156

難カタシ預アツカリ 11860003-10

不スル(「ル」は「ハ」の誤)預アツカラ…傾コ 恤ウ出ニ 11860003-23

預カリ 12150002-11

預アツカリ　12505019-46ウ
預アツカル　13860001-35-1
預アツカリ　18400001-②12-34
〔領〕43423
領アツカル　11360001-21オ4, 25ウ3
領アツカル　13860001-29-3

アツギ（篤木）
〔篤木〕26344 14415
篤アツ木カ　11860003-89

アヅキ（小豆）
〔小豆〕07473 36245
赤小豆和名阿加阿都支　11505004-①79ウ2
〔豆〕36245
豆アツキ　11450001-㉒17-5

アヅキノハナ（小豆花）
〔腐婢〕29625 06428
腐婢和名阿都支乃波奈　11505004-①80オ2

アヅク（預）
〔屬〕07821
屬ア（つ）ケ　08505014-73
〔忤〕10358
不忤アツケ　11130005-87オ
〔扶〕11840
扶アツケリ（本のまま）　13440001-18ウ
〔與〕30212
不與アツケ　11450006-2
〔逮〕38931
逮アツク　12860001-③64ウ1（辷27）
逮アツク　12860002-1（1-1）
逮アツク　12860003-1（1-1）
〔闕〕41470
闕アツケテ　10165001-②20オ2
闕アツケテ　11280014-②186
闕アツクルニ　11380002-天16オ
闕アツク　11380002-南24ウ
不闕アツケ　11390003-17ウ
闕アツク　12005022-27オ4（36-1）
闕アツク　12860001-③40ウ1（57-5）
闕アツクル　13440001-18オ
〔預〕43373
預アツケ給ヒ　08305004-175
何預「アツク」（擦消）て「アツカラ」（ム）　10740001-⑬70
預アツケ　10820003-⑤69
預ケテめ　11020007-⑱48
預アツケて　11140007-⑤73
預アツケ　11140007-⑱109
預アラカシメ「アツケテ」　11200015-⑤136
預アツク（平上濁上）　12005022-11オ3（6-4）
不得預アツケシ　12360002-13ウ7
預アツク　12860001-①11ウ1（6-4），③46ウ4（58-2），③66オ3（矛42）

アヅクシ（茂）
〔茂〕30833
茂アツクシ（平上濁平平）　11360001-18ウ1

アツクス（厚）→アツシ
〔厚〕02949
親シタシク『ヒ』厚アツクすること　10870001-⑤21ア
厚クシ　11005025-9ウ6
厚アツクスル　11130001-③2ウ
厚(ク)セヨ　11450001-㉒4-6
厚アツクセム　11450006-14
厚アツクシ　12110002-17
廣厚アツクセム　12360002-5ウ2
〔敦〕13276
埶敦　アツク(セリ)　10990002-⑧235
敦アツ(ク)シ　11160007-⑥231
敦ア(ツク)す　11505075-⑪48-3
〔篤〕26344
篤アツクシ　10990002-⑨194
〔醇〕39901
醇アツ(クシ)　09480002-40オ5

アツサ（厚）
〔厚〕02949
厚アツサ　08305001-⑨170-22
厚サ　08305011-47-8
厚アツサ　08505020-13-7
厚サ　10005008-㉔139
厚アツサ六十　10505003-⑨6
厚サ　11005002-4
厚さ／「アツサ」　11005080-上10オ7
厚サ　11005115-㉔139

アヅサ（梓）
〔木栖〕14415 14693
木栖アツサ　13440001-5オ
〔柞〕14636
柞アツサ　12840003-③7ウ6

アヅサノキ（梓木）
〔梓白皮〕14845 22678 22823
梓白皮和名阿都佐乃支　11505004-①71オ7

アツシ（厚）（ク活用）→アツウス、アツクス
〔亶〕00328
亶アツシ　11360001-65オ4
亶アツシ　13860001-89-3
〔厚〕02949
厚きことを　08305011-41-7
厚く(し)て　08305011-141-10
厚く　08305011-147-1
隆サかりに厚(ケ)れは　08505014-88
厚アツくして　08505020-34-16
厚く　08505020-35-12
純厚カウにしてアツ(シ)　10505019-㉑14
厚アツシ　10700001-145
厚シ　10730001-⑩21-6
原(厚)「アツク」く　10740001-⑬101
厚「アツク」　10820003-⑧248
厚ク　10860002-8ウ2

親『ムツヒ』厚『アツク』 10870001-⑤198
厚アツク 11005025-2オ7
厚ク 11050002-31ウ
厚アツクし 11230001-③424
厚キ 11280014-②103
厚ノカシ(「ノカシ」は「アツキ」の誤か)德 11280014-④79
厚ク 11340007-③2ウ4
厚ツク 11340007-③11オ4
厚アツシ 11360001-49オ3
厚アツク 11450006-14
厚ク 11505004-①21ウ7
厚シ 11550009-34ウ3(上欄外)
厚ク 11550009-58オ1
厚(アツ)ク 11630001-⑦150
厚アツシ 12005022-31ウ3(39-1)
厚アツキこと 12410003-21-4
厚アツキときは 12410003-21-5

厚アツシ 12505019-15ウ
厚アツク均ヒトシキ 12840003-①15オ5
厚アツシ 12860001-②4オ5(39-1),③67オ6(丁52)
厚アツキコト 12880003-11
厚アツシ 13860001-66-2
〔孰〕06995
孰度(「度」は「厚」の誤か)也 08105007-上33
〔就〕07599
就ア□〈ツ〉(?)ク ツキ 11270006-②1
〔德〕10243
德アツシ 11360001-5ウ3
〔恇〕10529
恇(平)アツシ ヲチナシ 怯(上)ニシて 11630001-②283
〔敦〕13276
敦アツクして 10165001-②23オ8
敦アツク 11000003-233

敦アツキ 11160007-①366
敦ク 11230001-③129,③569
敦し 11230001-③418
敦アツク 11230003-①4
敦ア(ツク) 11420003-⑯27ウ
敦アツク 11420003-⑯28オ
敦ア(ツク) 11505075-⑪38-1
敦(アツ)ク 11630001-④155
敦アツク睦ムツマシ 12410003-4-25
敦アツク 12505072-14
〔毗〕16752
毗アツシ 13860001-12-2
〔淳〕17690
淳くシて「アツクヒ」 09505020-16
淳アツシ 11360001-56オ2
淳(アツ)ク 11630001-⑧573
淳アツシ 12005022-20オ5(32-6),50ウ2(45-6)

淳ク固ナリ　12140002-⑪145
淳アツク粋(去)ニシテ コマカナリ　12140002-⑪257
淳アツシ　12860001-①22ウ4(32-6),
②27オ2(45-6), ③9ウ1(48-9),
③21オ3(52-2), ③33ウ1(55-9),
③39オ3(57-2)
淳アツシ　13860001-75-5
〔穆〕25251
肅ツ、シミ-穆アツクシテ　11630001-⑦174
〔篤〕26344
篤アツ(キ)　08105005
篤アツ(ク)　09505003-4
篤アツシ　10990002-⑨464
篤アツし　11000003-353
篤ク　11050002-10ウ
篤アツシ　11200004-41
篤ク　11230001-③4, ③166
篤し　11230001-③160, ③336

篤き　11230001-③205
篤アツシ シ　11260001-⑨484
篤ツキ　11300001-⑧20
篤アツク　11340007-②4オ6
篤アツクシテ　11380002-天3オ
篤ツく　11380002-天10オ(別筆)
篤ツシ　11380002-天10オ(別筆)
篤アツク信ス　11505100-421
篤(アツ)ク トク　11630001-①101
篤アツク　11630001-②107, ⑤368
篤アツシ　11630001-②488
篤(アツ)ク　11630001-⑤10, ⑥6
篤ク　12140002-⑪335
篤シ　12140002-⑫373
〔農〕38688
農アツク用(ゐ)ル八-政を　13300004-①595
〔醇〕39901

醇アツシ　09505003-6
醇アツク　12505020-㉝2
〔陸〕41708
陸アツシ　13860001-85-5

アツシ(熱)(ク活用)→アツナガラ

〔及熱〕03118 19360
及熱アツウシて「アツナカラ」著(ル)之(ヲ)　11450001-⑤39ウ7
〔暑〕14051
暑アツシ　12860001-③45ウ2(58-1)
〔沸〕17251
涌(去)-沸アツシ　10950003-①11
〔熟〕19332
熟アツキ湯　11280014-③344(「熟」は刊本同)
〔熱〕19360
澁シフク熱ク辛キモノ　08305001-⑨176-7
熱キ　08305001-⑩189-18
熱アツキ(こと)　08830001-①3-6(5-8)

熱アツキ　09005007-6
熱アツクして　10165001-②14オ2
寒サムキト熱アツキト　10240002-②24ウ4
澁シフく熱く辛カラク　10505003-⑨11
熱く　10505003-⑨12
熱アツキヲ　10505007-14-7
壯サカリに熱アツク　10790001-上24オ
熱□〈ア〉ツ(から)令(む)可しと　10820003-⑦594
熱ク　10970003-176-9
熱き／「アツキ」　11005080-上3オ1
熱「アツキ」　11005080-上4ウ6
熱し／「ナリ」　11005080-上13ウ5
沸「セイ(「精」の誤點)」「ワキ」熱の／「アツキ」　11005080-上22オ2
熱し／「アツシ」　11005080-上24ウ4
熱「キ」湯を／「ユル(「ル」衍か)」を以「テ」　11005080-上72オ4

熱アツク　11130001-③14オ
熱ケレトモ　11280014-③105
熱アツキ　11280014-③402
熱ツク壯サカナリ　11300001-⑧19
熱「アツキ」　11340007-④54ウ4
熱アツシ　11360001-41オ4
盛サカリニ熱アツキ之時に　11380001-⑰33-5
熱アツ(シ)　11450001-㉑9オ8
熱アツイ(コト)　11450001-㉑12オ6
熱アツク　11450001-㉑13オ6
熱アツキ　11450001-㉒8オ7
令シメて熱カラ　11450001-㉒16-2, ㉒16-15
熱アツキ粥　11505004-①4オ5
熱アツク　11505004-①21オ2
不可熱アツ(カル)　11505004-①28オ7
熱アツキ　11505004-①29ウ6
熱アツキ　11505075-⑪48-5

可ヘクトモ令しむ熱アツカラ　11510005-⑦256
熱アツキ輪ワニクルマノ　11550009-48オ5
暑熱アツシか　11630001-④154
熱(アツ)キ　11630001-④355
熱クシテ　11970004-7ウ7
熱シ　11970004-8オ3
熱ツシ　12505019-42オ
不熱アツカラ　12505020-㉝15
令熱(カ)ラ　12840003-③7ウ1
熱アツク　12840003-③9ウ7
熱アツヒコト　13440001-5オ
熱アツケレハ　13440001-22オ
熱アツシ　13440001-30ウ
熱アツシ　13860001-55-5

〔苦〕30797

苦アツキ湯　10165001-①255-4
苦アハ(「ハ」は「ツ」の誤か)キ湯ヲモテ

アツシ（篤）（シク活用）　11280014-①295

〔怯〕10491

怯とも於アツシケレ　11000003-404

〔懊〕10810

懊アツシク　08505007-②3-7

アヅシ（尫）

〔尫〕07559

尫（平）ロウ骸（去）アツシ（上上濁上）　10990002-⑨460

アツシル（篤）

〔彌留〕09877 21808

邁疾彌留ヤマヒシアツシレテ　11505075-⑭110-7

〔羸弱〕28583 09791

羸弱アツシレ　11420003-⑮13ウ

アツタダ（敦忠）（人名）

〔敦忠〕13276 10353

敦アツ忠ノ卿　10860002-34ウ6

アヅチ（垜）→アムヅチ

〔垜〕05049

垜アムツチの『（上）陀音　アツチノ』義　10240002-⑰8

垜アツチ　10930009

垜（去）アツチの義そタ　11140007-⑰40

垜アツチに　11140007-⑳70

垜アツチノ　11850004-⑰22

アツツ（跳）→アトツ

〔跳〕37533

跳アツチ爆ハタラク ハタ 之ノ音　11505521-中8-22ウ4

アツツカヒ（倍）

〔倍〕00760

倍アツツカヒニ　08505007-③9-4

アツツカフ（倍）

〔倍〕00760

倍アツ、カフルヲ　11340007-①25ウ5

アツトコブ（跨）→アトコブ、アフトコブ、アムトコブ

〔跨〕37504

跨アツトコフル時ハ　15780001

跨アツトコフル ル　15780001

アツナガラ（熱）

〔及熱〕03118 19360

及熱アツナカラ的（入）ゝハタ、カニシテ「アタ、カ」　11450001-③35オ9

及熱アツウシて「アツナカラ」著（ル）之（ヲ）　11450001-⑤39ウ7

及熱アツナカラ洗ヘ之（ヲ）　11450001-⑪15オ2

〔熱〕19360

熱アツナカラ淋シタテ訖て　11450001-⑩26ウ6

熱アツナカラ アタ、メテ　11450001-㉑11ウ9

アツハヒ（熱灰）

〔焅灰〕19269 18858
焅アツハヒ灰の 11505004-①40オ3
〔熱灰〕19360 18858
熱灰アツハヒに 11450001-⑤44ウ1
熱灰アツハヒを 11450001-⑧34オ6

アツブ（集）→アツム
〔聚〕29093
聚アツフ 10200001

アヅマ（東）
〔東〕14499
東アツマ 11360001-10ウ2
東アツマ國 12360002-5オ6
東アツマ 13860001-15-2
〔東國〕14499 04798
東アツマ國 10005008-㉔262
東アツマノ國 11005115-㉔262
東國アツマ 11420003-㉑13ウ
〔東方〕14499 13620
東アツマの方 10005008-㉔283
東アツマノ方 11005115-㉔283

アヅマウド（東人）（人名）
〔東人〕14499 00344
佐伯ハヘキノ サヘキ 東人アツマウト 12005134-㉓2ウ

アヅマヅ（邊鄙）
〔邊鄙〕39216 39597
邊鄙アツマツノ 11160007-③423

アヅマヒト（東人）
〔邊鄙〕39216 39597
邊鄙ノアツマヒト 14270001-3

アツマル（集）→アシキチシシニアツマル
〔主〕00100
主アツマル 11360001-8オ1
〔促〕00664
促アツマレルか 10200001-⑦29オ7
〔叢〕03220
叢アツマリ「アツマリ」「-」坐キて「キテ」 10165001-①240-2
叢アツマリ漏モルか如し 10820003-③530
仰（上濁）-叢アツマル ソウタル／たる 11550009-57オ7
〔同〕03294
同アツマル 11360001-21オ2
〔坊〕04924
坊アツマル 11360001-60オ4
〔委〕06181
委アツマレとも 10165001-④27ウ9
委アツマレトモ 11280014-④81
〔屯〕07828
屯タナヒク／アツマル ムラカル 處ニハ 10505007-9-1
雲ノコトクニ屯□〈ア〉ツマリ 10900002-⑩219
屯アツマリ ムラカレ 12140002-⑪36
屯アツマル 12505020-㉗6

〔儹〕11503
儹アツマ(ル)　11380002-西36ウ
〔摶〕12466
摶アツマルトキ　11450001-㉑3ウ4
摶ウツ アツマ(ル)　11450001-㉑12ウ3
〔攅〕12933
攅ア(ツマリテ)　09480002-33オ3
攅集也「(上)」立「(入輕)」叢集也　(上欄外)
蘗「(平)同作／叢徂紅反」倚ヨリテ「(去)イ
反」　09505020-37
攅「アツマレル」流「(なか)レ(む)」處　10820003-④10
攅アツマレル　11140007-④2
攅アツマレル「シツマレル」　11200015-④9
當「に」(シ)云フ攅「セン」アツマレル「(平)アツマル」
流(「平」)の處「と」と　11300014-④20
攅「ㄨ子且反／頌ー／アツマレル」　11510005-④5

攅アツマリ_立チ　12140002-⑫38
〔旅〕13644
旅アツマル　12005022-13ウ2(11-2), 45ウ2(43-8)
旅アツマル　12860001-①14ウ3(11-2),
②21オ2(43-8), ③16ウ2(51-1),
③29ウ5(54-10), ③36ウ3(56-7)
〔會〕14306
會アツマヌルときは　11450001-⑭36ウ7
會アツマて　11630001-①361
會アツマル　11630001-⑥354
〔構〕15317
煩惱の之所なりと構アツマリ集アツマレせる
ル　10505019-㉖43
〔欒〕15947
欒アツマル　11360001-50ウ1
〔淃〕17614
淃アツマテ　11205001-5

〔湊〕17822
湊アツマル　09480002-32オ4
湊入也アツマル　10120001-4ウ
湊アツマテ「集也」　10165001-①246-3
湊アツマンて　10250001-27
湊アツマル　11000001-55
輻(入)フク湊アツマレルカコトク　11140007-④230
湊集也　11280014-①235
湊アツマル ソウ　11340007-②39オ5
所歸オモフキ(〇〇上濁平)湊(去)アツマル ソウ　11550009-57オ6
輻ツトヒ湊アツマリ　11630001-①365
輻-湊(アツマ)りて　11630001-③371
輻-湊スアツマル　11630001-⑥140
趍ワシリ湊アツマル　11630001-⑦360
〔滿〕18099
行者一月滿アツマテ能く調ト、ノヘヨ

満アツマテ 10590001-197
10700003

〔澮〕18405
注キ澮アツマルヲ 11340007-④21ウ4

〔灌〕18759
灌アツマレル木 11160007-③463

〔猥〕20519
猥アツマル 12005022-16ウ4(19-1)
猥アナツル(「アツマル」の誤か) 12005022-47ウ5(44-5)
猥アツマル 12860001-①18オ5(19-1), ②23ウ3(44-5), ③18ウ2(51-6)

〔秩〕24998
秩アツマル 12005022-44オ5(43-4)
秩アツマル 12860001-②19ウ2(43-4)

〔稠〕25130
稠アツマル 12005022-31ウ2(39-1)
稠アツマル 12860001-②4オ4(39-1), ③7オ5(47-10), ③27ウ3(54-1), ③48オ4(58-3)

〔積〕25266
積ツモリ/アツマリ 11450001-㉑5オ7

〔綜〕27535
綜(アツマ)レル/フサヌル 11260001-⑦78

〔緝〕27645
不緝アツマ(ラ) 11380002-南45ウ

〔繁粹〕27849 26987
爲ス繁粹アツマル 12840003-①1ウ1

〔群〕28498
群アツマル 13860001-38-2

〔聚〕29093
聚アツマリて 08305001-⑩199-20
聚リ散アタ(?)カルコト 09505020-442
共に相ひ聚アツマり集アツマ(り)して 10505019-㉖68
聚アツマテ/て 10630004-①517
聚り 10830001-2
聚會アツマル 10970003-183-13
聚アツマル 11005002-9
聚集して/聚「アツマリ」集「マテ」 11005080-上3オ2
浮「ヒ」〻聚「アツマル」「ツフ」ヲモテ 11200015-④309
聚アツマリて 11230001-②179
聚ル 11280014-③227
聚「る」 11340007-④44ウ7
聚アツマテ 11360002-②2
聚マル 11505004-①1ウ1
聚アツマレル 11505075-⑭62-7
聚アツマリテ/て 11510005-⑤25
聚(アツマ)ル 11630001-④210
蟻(の)コトク聚(アツマ)リ 11630001-⑧311
聚レリ 12140002-⑪289
聚マて 12505017-4
聚マレル 12840003-②14ウ1

聚アツマル　13860001-39-2

〔與〕30212

能與集也る種々衣　10400004-45, 133

與アツマル　13860001-2-9

〔荐〕30951

荐アツマリ　11130001-③14オ

〔華〕31214

華アツマテ　10165001-②24ウ3

〔萃〕31251

萃アツマル　09005003-10

萃アツマリ　10165001-④3オ3

萃アツマルと　10705001-①069

萃アツマリて　10705001-①100

萃アツマル　10990002-⑦90

萃アツマル　11005080-上54オ4

萃アツマる　11230001-③182

萃ル　11230001-③541

萃集也　11280014-②248

萃アツマテ　11280014-②248（下欄外）

萃集也アツマレル　11280014-③388

萃アツマリ止下（「下」は「ヤ」の誤か）ム　11280014-④85

萃レリ　11280014-④151

萃アツ□〈マ〉ル　11340007-②25オ7

萃アツマリツトヒ　11630001-③371

萃アツマリ　11630001-④264

相-趁（ワ）シリ萃アツマリ　11630001-⑤382

萃アツマヌ　11630001-⑧120

萃アツマル　11630001-⑧316

所群ムラカ（レ）萃アツマル　12840003-①17ウ7

〔落〕31362

落アツマル　13860001-44-4

〔落々〕31362 00097

落-々トアツマレル之　11550009-47オ1

〔蔟〕31815

萬物蔟アツマ而て未（た）出（て）也　13300004-④91

萬物棣-通シテ蔟アツマリ出ツ於寅ニ　13300004-④160

〔藂〕32224

藂ムラカリ藂アツマリ　10740003-①302

藂アツマリ生フ（ルコト）　10990002-⑨258

藂マリ積「シ」れは　11200015-④43

藂「□（ア）ツマレリ」　11340007-④60ウ7

夥オホク藂レリ　11550009-51ウ7

藂マリ積か　11850004-④17

〔足〕37365

足アツマ（リ）　08105005

〔輳〕38429

輻「フク」輳（平）ソウ「スルヲモテ」「アツマルカコトク」　11200015-④337

輳（去）「アツマテ」クマシテ（ママ）　11510005-④71

〔輻〕38442

輻「アツマル」湊「スレ」雖「(ト)モ」 10990002-⑦224
〔適〕39076
適アツマては「カナフコト」 11140007-⑧8
適アツルトキ(?)には「アツマテル(ハ)」 11200015-⑧21
〔集〕41974
集リ已ヌ 08305001-①4-14
如し集レルか 08305001-⑩202-12
集ル 09505116-864
雲(ノコト)くに集り 10505003-①82
集アツマルか 10505019-②6
煩惚の之所なりと構アツマリ集アツマレせる ル 10505019-㉖43
共に相ひ聚アツマり集アツマ(り)して 10505019-㉖68
集アツマテ 10505024-12ウ3
集「ア」(つまり)て 10820003-⑤287
集「アツマリ」已(り)ナは 10820003-⑧97

集アツマラ不すとイフこと 10820003-⑧415
集「レル」る 10870001-⑤431
集アツマラシム宜ヘシ 10990002-⑩98
聚集して／聚「アツマリ」集「マテ」 11005080-上3オ2
集アツマリヌ 11110001-26
集マテ 11210001-③1
集マル 11210001-③37
集り 11230001-③427
集マり 11230001-③452
集ル 11280014-④71
集ル 11340007-②43オ6
未タス集ラ 11340007-④19ウ4
集アツマ□〈リ〉 11350010-16-5
集アツマル 11360001-30オ3
集マルト 11360002-②17
集アツマル 11360002-②18
集マヌ 11505073-20オ

翔カケリ集してアツマテ 11510005-③64
雨(ノ)コトクニ集ル 11550009-31オ5
所ロ集(アツマ)リ往ク 11630001-③382
召(メサ)レ集(アツ)マリて 11630001-⑤188
集(アツマ)ル 11630001-⑤202
集(アツマ)レリ 11630001-⑥47
屯ムレ集アツマレリ 11630001-⑦325
集レリ 12140002-⑪336
集レ 12140002-⑫284
集マリテ 12150002-4
集ル 12505019-4オ
集アツマル 12505019-38ウ
集ル 12840003-①17ウ3
集アツマル 13860001-71-5

アツミ(厚見)(人名)
〔厚見〕02949 34796
厚見アツミト 12360003-下30

アツミス(厚)

〔厚〕02949
厚アツミせり（「せり」存疑） 11505075-⑰138-1

アツム（集）→アツブ

〔九〕00167
九アツメ 12505020-㉝6
〔什〕00348
什アツム 12005022-11ウ1(8-5)
什アツム 12860001-①12オ1(8-5), ③32オ4(55-6)
什□(ア)□(ツ)□(ム) 12860001-③43ウ1(57-9)
〔叢〕03220
叢アツメ 11580001-96
〔合〕03287
合アツム 11360001-10オ4
合アツメ 12360002-5ウ6
〔堆〕05211
堆アツム 11360001-51オ4
〔奪〕05994
所の奪アツムル財寶は 10160001-30
〔封〕07426
封アツム 12005022-9ウ6(6-3), 42ウ4(42-4)
封アツム 12860001-①10オ3(6-3), ②17ウ3(42-4), ③13ウ2(49-9)
〔屯〕07828
屯アツム 09505020-337
屯アツメ 11630001-①352
屯アツム 11630001-⑥190
屯アツム 12140002-⑫343
〔府〕09283
府アツムル 09505003-14
〔慶〕11145
慶アツム 11360001-33オ1
〔招〕11968
招ヲキ聚アツメテ 11420003-㉑13ウ
〔捴〕12212
捴(アツ)メ收(ヲサ)メ 11630001-③270
〔攢〕12933
攢アツム 09480002-11ウ5
攢アツム 11380002-南5ウ
攢アツメ 12330003-54-16
〔收〕13110
收アツメテ 10165001-②25オ1
〔敦〕13276
敦アツメ 09480002-10ウ4
〔族〕13661
族アツメ台(召)シテ 11630001-②350
〔最〕14301
最アツメテ 12110002-18
〔會〕14306
會アツメて 11630001-⑤52
〔朝〕14374
朝(音)アツム(し)つ 11260001-⑦17

〔卒〕20817
捴(ス)へ_卒アツメ　11630001-⑤81
〔琮〕21071
官(平輕)_琮(平輕)祚□(「宗」か)反 聚也　11260001-⑨139
〔畜〕21814
不郅(樂)畜アソ(ツ)メザレ　18400001-⑤6-1
〔積〕25266
積アツメ　11200015-④7
積アツム　11360001-7ウ1
〔結〕27398
畜タクハヘ結アツメ　11450001-㉑3ウ3
〔緝〕27645
緝アツム　11230001-③129
〔纂〕28012
纂アツムル　09005007-2
纂アツメテ　12505028-23-11

〔群〕28498
群アツム　13860001-38-2
〔聚〕29093
聚メ在ツ　08305001-⑤93-3
聚メ在オキツ　08505005
聚メテ遺骸をは　09505020-443
聚アツ(メ)テ て　10200001-①13ウ4
儲マケ聚アツメて　10240002-②20オ2
畜タクハヘ聚アツメ　10240002-②20オ8
聚アツメ　10505019-⑥9
惠の手もて峯サ(「上」)キ(「上」)聚アつ「アツメ
(メ)て テ」　10590001-56
聚「メ」て「-」合「セテ」　10740001-⑩59
令「メヨ」…聚「メ」　10740001-⑩80
聚アツメて　10870001-①439
儲マウケ_聚アツメ　10930009-②26オ
貯タクハヘ/「へ」積ミ聚ツメ斂(去)レム反
すれとも/ヲサメム　11005080-上34オ5

聚めて　11230001-②298
聚(ア)ツム　11280014-①17
聚アツメケ(「ケ」存疑)る　11310004-30
聚メ　11340007-②39オ3
聚メ　11350010-4-3
聚アツム　11360001-28ウ3
聚ア(ツメテ)　11390003-14ウ
聚アつめて　11510005-②34
不聚メ　11550009-10ウ5
聚メ　11550009-17オ6, 28ウ1
聚(去)アツメたる(「たる」存疑) シウシ　11550009-54オ3
聚(アツ)ム　11630001-②303
聚(ア)ツメル(ママ) メテ　11630001-②373
聚(アツ)メ積ツ(ミ)　11630001-②476
聚ア(ツム)　11630001-⑤369
聚(ア)ツメ　11630001-⑦156
積ミ聚(アツ)ム　11630001-⑧13

聚アツム 11860003-170
聚アツメテ 11860003-224
聚アツム 12505019-41ウ
〔苞〕30789
苞アツム 12005022-27ウ6(37-3)
苞アツム 12860001-③5オ2(47-3)
〔萃〕31251
萃アツメテ 11160007-⑤60
萃アツメ 11260001-⑦91
〔蔟〕31815
蔟アツメ 11130001-④9オ
〔薀〕32071
薀ツヽム アツム 11280014-④142
薀フスフ タクン(「ン」は「リ」の音便か)アツム 11630001-②477
薀アツメタリ 12140002-⑫487
〔蘩〕32224
蘩「アツメ」_合て 10740001-⑩62
〔蘊〕32434
所蘊アツメ ムラカシ-積スル ム 11020007-⑦26
〔逐〕38877
逐アツム オヒスツ-牧 12140002-⑫279
〔鍾〕40672
鍾集也 (メ)タリ 11160007-①353
〔集〕41974
集メて 08305011-3-5
集メ 08505020-2-5
撫ナテ集メ 09505020-281
整(へ)集メて 09505020-327
集メて 09505020-465
集アツム 10505024-15オ6
積ツミ集アツメタリ 10640005-①11オ
集アツメテ 10660002-1
集「メテ」 10740001-⑤17
集「アツム」 10820003-④251
集「ツム」 11005080-上1オ5
集「アツメテ」 11005080-上17オ7
集(め)たるか／「アツム(ル)カ」如し／「シ」 11005080-上68オ1
集ア(ツメ)て 11020001-1
不可…集ム 11020007-⑧39
集と「メテ」 11200015-④336
集ツメ 11230003-③5
集アツメテ 11450006-27
集アツメて 11630001-②78
集(アツ)メムト 11630001-②296
招(マネ)キ集(アツ)メ 11630001-②378
召シ_集(アツ)メ 11630001-③355
召-集(アツ)ム 11630001-③370
招キ-集(アツム)ルニ 11630001-③417
集(アツ)メ 11630001-③426
召(シ)集(アツ)メ 11630001-⑧72
集(アツ)メムトナリ 11630001-⑧187
惣スヘ集ツメテ 11705071-25

集ア(ツ)メて 12410003-0-14
集アツム 12510006-54-8
集アツメタリ 12880003-34
〔集聚〕41974 29093
集聚アツム 11420003-㉑5オ
〔雍〕42000
雍アツメ 09480002-8ウ2
〔鬱〕45671
鬱アツム 09480002-15ウ2
〔鳩〕46648
鳩アツム 11360001-37ウ2
鳩アツメ 牽キ 11580001-39

アヅム(阿曇)(人名)
〔阿曇〕41599 14172
阿曇アツム連 11420003-⑫3ウ

アツムズ(厚)
〔厚〕02949
厚アツム(「ム」は後補)シテ 11450006-10
厚アツムス 11450006-16
厚ア(ツム)シテ 11450006-18
〔厚敬〕02949 13303
厚敬アツムスルナリ 12505019-19ウ
〔重〕40132
重アツムシ禮(上)を 11630001-⑥185

アツムズ(熱)
〔熱〕19360
熱(ア)ツ(ム)□(ス)ルを 10080002-②694
熱ムス(此下「ル」脱か)コトを 10740003-②694

アツモチ(篤茂)(人名)
〔篤茂〕26344 30833
篤茂アツモチ 12505010-213

アツモノ(羹)
〔羹〕28584
羹阿川毛乃 08105007-上11
羹アツモノ 08105015-上11
羹アツモノを 10820003-⑦819
羹アツモノ 11450001-㉑23ウ8, ㉒3-22, ㉒4-7, ㉒11-9, ㉒12-25
羹アツモノ 12505019-16オ
羹アツモノ 13440001-19ウ
〔臛〕30028
臛アツモノ 09090001
臛(曤)アツモノ 10230002-①738
臛アツモノ 10230002-①738(下欄外)
臛(曤)アツモノ 11080011-①738
臛アツモノ 11450001-㉒10-21, ㉒10-22, ㉒11-28, ㉒12-28
臛アツモノを 11505004-①23オ3
臛アツモノ 12230001-11ウ
〔膱〕30036
膱アツ(モノ) 13440001-16ウ
膱アツモノ 13530006-23-12

アツユ(疾)

〔溝疾彌留〕39031 22112 09877 21808
溝疾彌留アツエて 11505075-⑭110-7

アツラカ（厚）
〔厚〕02949
厚アツラカニ 18400001-②14-18

アツラフ（誂）→アツラヘ、アトラフ
〔囑〕04654
囑スルコト アツラフ耳 11020007-①40
囑アツラウ 13860001-75-3
〔屬〕07821
屬アツラフ 11050002-67ウ
屬アツラウ 15080001
〔憑〕11210
憑アツラヘ 11130001-④19ウ
〔擬〕12870
擬アツ□□（ラフ） 10230002-②271
〔誂〕35469
誂アツラヘ 13460001

アツラヘ（誂）
〔囑〕04654
囑アツラヘを 11850004-①50

アテ（度）
〔度〕09313
度アテニ 08505005
〔質〕36833
質アテ 11505075-⑭99-4, ⑳183-5

アテ（貴）
〔貴〕36704
貴アテナル 11130001-④6ウ
〔闕〕41470
闕々アテナル 13440001-15オ

アテス（有）
〔於〕13628
於アテス 10080002-②662

アテテス（期）→アツ
〔期〕14378
期アテ、ス 13140001
期アテ、セヨ 13140001

アテヒト（貴人）
〔族〕13661
中_族アテヒトヲ 11630001-④82
族_姓アテヒトノ 11630001-⑤355

アト（吾礪）（地名）
〔吾礪〕03379 24571
吾ア礪トノ廣ヒロキ津の 11505075-⑭82-8

アト（跡）→アシアト、アトゴト、クルマアト、ノコリノアト
〔例〕00587
前の例アトより 10005008-㉔133
前の例アトに 10005008-㉔134
前例アト 11005115-㉔133, ㉔134
例アト 11505075-⑭109-6
常の例アト 11505075-⑭109-6
例アトを 11505075-⑳171-2

常例アトに 11505075-⑳171-2
前の例アトに 11505075-⑳174-3
例アト多ケレハ且シハラク略ス 13300004-②194
〔孔〕06933
孔アト 11130001-③20ウ
〔徽〕10267
徽「ノリ アト」 10990002-⑦309
〔武〕16273
武アトヲ 09505020-472
武アトヲ 12140002-⑫478
〔洿〕17542
洿アトシムル 11020007-⑮38
〔痕〕22171
齒痕アト 10590005-16
齒の痕アト有(り) 10790001-下38ウ
痕アト 11130001-③20ウ
痕アト 12005022-36オ7(40-9)

痕アト 12860001-②10オ4(40-9)
〔縦〕27819
我(「我」は「縦」の誤)阿土乎 08105008-下9
〔脩〕29535
前(平)脩(平)アト 11630001-⑧162
〔處〕32697
處アト 08105005
〔資〕36750(存疑)
資アト(に) 11630001-①374
〔趾〕37406
足の(「入輕」)趾(「上」)(ア)ト 09505020-35
趾アトアリ 11630001-⑤259
趾アトヲ 11630001-⑥199, ⑧308
〔跡〕37493
跡アト(を) 10080002-③3
跡アトヲ 10505024-10オ5
跡「アトヲ」 10505024-29ウ3
脚跡アシアト 11160007-②312

跡アト 11280014-①37
跡アト 11380002-西14ウ, 北5ウ
跡アトヲ 11860003-34
舩(ノ)跡アトニ 11860003-71
跡アト 12005022-6オ6(5-5)
跡アト 12150002-5, 5, 6
跡アト 12505019-42オ
跡アト 12860001-①5ウ6(5-5), ③62ウ3(足13)
跡アト 12880003-39
〔路〕37524
路トヲ／跡ヲ 10505007-24-5
路アト 11130001-④6オ
〔踵〕37686
踵アト 10165001-④3ウ1
踵アト 11280014-④91
〔蹄〕37724
牛の蹄アトの之 10930009-⑮57オ

〔蹕〕37783
蹕アトを　08505014-10
〔蹤〕37823
蹤ア止乎　08105009-下9
蹤ア止乎　08105015-下9
蹤アト　09005007-7
蹤アトを　10165001-①263-3
蹤アト　10165001-②15オ1
求ム蹤アトヲ　10505007-28-7
蹤アトニ　10990002-⑨262
蹤アト　10990002-⑩264
蹤アト　11380002-東25オ
蹤アト　12540005-4オ
〔蹾〕37844
蹾アト　09005008
〔躅〕37917
踏躅如上（ア止乎）　08105009-下9
踏躅如上（ア止乎）　08105015-下9

軌（平）法也–躅（入輕）跡也チヨク音
躅アトヲ　11260001-⑦6
躅アトヲ　11505521-下9-18ウ2
躅アトヲ　12360003-下9
〔躡〕38009
躡アトヲ　11005025-7オ5
〔軌〕38176
繼キ軌アトヲ　09505020-471
軌アト成る萬行を之像カタチ　10505069-⑤15
軌アトヲ を　10705001-①17
軌「アトヲ」　10990002-⑦79
軌アトヲ　10990002-⑨52
軌アトヨリモ　10990002-⑨263
軌アトヲ　11160007-③66
軌アトを　11260001-⑦79, ⑨55
軌アト　11280014-③198
軌アト　11380002-天28ウ, 北23オ

軌アトを　11630001-①64
軌アト　11630001-②10
〔軫〕38243
軫アトを　11630001-①5
軫アトヲ　11700006-①20
〔軼〕38275
軼アトを　10730001-⑩31-9
〔輙〕38359
輙ア（ト）を　11130005-1ウ2
〔轍〕38524
轍アト　08505019-1
轍アトを　08830001-①3-1(1-10)
轍アト　10165001-②15オ1, ②25オ6
轍アト　10820003-⑦69
轍アトヲ　10990002-⑨188, ⑩220
轍アトアリ　11130001-④10オ
轍アト　11140007-⑦11
轍「アトヲ」「アト」　11200015-⑦13

轍アトを　11260001-⑨174
轍マ(「マ」は「ア」の誤)ト　11280014-②113
轍アト　11280014-②259
轍アト　11380002-天2ウ, 天2ウ, 南20ウ(別筆), 南44ウ, 北30ウ
殊にして轍アトを　11510005-⑦205
轍アトを　11630001-⑧537
轍アトを　11850004-⑦10
轍アトヲ　12360003-下序
轍アト　12505020-㉖2
轍アト　12505035-29オ1
〔迹〕38827
迹阿土乎　07975001
迹アト(を)　08505014-42
迹(入輕)(シウチ)「(ア)トニ」駄「タ」の　10490001-4
迹アト　10820003-②755
迹「アトヲ」　10820003-③292, ④608, ⑥324, ⑥564

迹「アト」　10820003-③491, ⑤433, ⑥419
迹を/「アトヲ」　11005080-上43オ5
迹アトノ之　11030006-②36オ
迹アト(は)　11030006-②47オ
迹アトを　11030006-③19ウ
迹アトハ　11030006-③33オ
迹アトを　11200004-24
迹アトモ　11200015-⑤186
迹アト　11200015-⑥88
迹アトは　11200015-⑨56
迹アトヲ　11550009-27ウ6
倏(平輕)(シク)トキ迹(平輕)(セキ)アトニ　11550009-44ウ6
迹アトを　11630001-②196, ⑦160
迹(ア)トを　11630001-②231
迹(ア)ト　11630001-②251
迹ア(ト)　11630001-③386
迹アトを　11850004-③38

迹アト　12505019-5ウ
迹アト　12505020-㉖3
迹アトヲ　12510006-35-10
迹アト　12540005-9ウ
迹アト　12840003-①34オ2
迹アト　12860001-③64オ6(辶27)

アト(後)
〔後〕10098
於後アトニテ　18400001-⑥2-23

アトゴト(迹)→アト
〔迹〕38827
迹アトコトに　11630001-⑦255

アトコブ(跨)→アツトコブ、アフトコブ、アフドコブ、アムトコブ
〔跨〕37504
誇(跨)アトコヒ競(ヒ)テ　10990002-⑧118
跨アトコヒ據ヨリ　11420003-⑮17ウ
跨アトコヒ　11420003-㉓9オ

跨アトコヒ　11630005

アトツ（跳）→アツツ

〔跳〕37533
跳アトチ躋　11505521-中12-27ウ2

アトフ（求）

〔屬〕07821
屬アトヘテ　08505007-①12-7

〔憑〕11210
憑アトヘ　08505007-②11-5

〔求〕17105
求アトフ　08505007-②28-9

〔納采〕27264 40116
納采アトフル　11420003-⑫2オ
納采アトフル　11505075-⑪14-8

〔聘〕29079
欲聘アトヘタマハムトス（平平平平平平平上平上）　11420003-⑬26オ
聘アトヘ　11420003-⑬26オ
欲聘アトヘシメムト（平平平平平上平）　11420003-⑬26ウ
欲聘アトヘム　11420003-⑬26ウ
聘アトヘム　11420003-⑯23ウ

〔誂〕35469
誂アトヘて　11505075-⑪11-4

〔誘〕35525
誘アトヘ率「タシヒ」　11505075-⑭70-3, ⑭70-3

アトヘ（傍）

〔傍〕00948
傍に　08305011-23-11
傍アトヘに　08305011-23-11

アトマクラ（頭脚）

〔頭脚〕43490 29502
頭脚アトマクラニ　11505075-⑭63-4

アトラフ（誂）→アツラフ

〔囑〕04654
囑アトラフ　11360001-56オ1

〔誂〕35469
誂之アトラヘ　11420003-⑯27ウ
誂アトラヘタマフ　11420003-⑯27ウ

アナ（穴）→アナニスム、アナニヲリ、アナホル、アナンズ、ミミノアナノタマ

〔丘〕00033
丘アナ　11360001-2オ1

〔兆〕01347
宅（入輕）_兆（去）宅者居也 兆者穴也　11260001-⑨362

〔坎〕04928
坎アナ窟イハヤ　08305001-⑦137-20
坎アナヲ　10990002-⑩177
坎アナニ　11005025-8オ2
坎アナ　11050002-20オ
一坎アナ　11130005-47オ
坎アナ　11360001-51オ4

坎アナ 11505004-①31ウ1
坎アナヲ 11505100-298
坎アナニ 11550009-22ウ1
坎アナ 12230001-26オ
坎アナ 12860001-③42オ5(57-7), ③58オ1(60-7)
坎アナ 13860001-69-1
〔坑〕04932
坑アナ 08580002-93
坑アナ 08960001
坑アナ塹ホリキに 10165001-①257-6
坑アナ塹ホリニ 10505019-⑯2
坑アナヲ 10505024-27オ6
〻(坑)アナ 10505024-27ウ1
坑アナニ 10505024-27ウ1
坑『アナ』の 10700005-①74
坑「アナ」の 10740001-③69
坑アナヲ 10790001-上30ウ

坑穴也 10790002-9ウ5
坑アナの 10820003-④86
坑アナに 10870001-①317
坑「アナ」「客庚反　虚」 10870001-③113
坑「アナ」 11005080-上12ウ3
坑なに／「アナニ」 11005080-上75ウ4
坑「アナ」ノ 11020007-④25
坑アナノ中 11140001-30
坑アナの内に 11140007-④17
坑アナノの 11200015-④59
忼(坑)アナ塹ホリキニ 11280014-①309
坑アナ 11360001-26オ2
坑アナの内 11510005-④19
坑アナ-穽セキに 11630001-⑥105
坑アナ 12230001-54オ
坑アナ 12860001-③61オ1(上2)
坑アナ 13860001-35-4
〔埳〕05186

埳アナ 12860001-③42オ3(57-7)
〔壑〕05554
溝壑「アナ」と『谷也』 10870001-④36
如壑カク(上濁上)アナノ 11550009-52オ7
〔孔〕06933
孔アナ 08505020-35-5
孔「アナ」 10165001-①244-1
孔アナを「アナヲ」 10165001-①244-1
従ヨリ故モトノ孔アナ 10505024-61ウ3
孔アナ鎛ハサマ無く 10790001-下8オ
孔「アナ」-許りを／「ハカリモ」 11005080-上15オ3
孔の／「アナノ」如し／「シ」 11005080-上25ウ5
孔より／「アナヨリ」 11005080-上38ウ4, 上42オ2
孔アナ 11130001-③20ウ
孔アナヲ 11140001-50

孔「アナ」 11140001-53
孔アナ 11360001-41オ2
孔アナ 11450001-㉑11ウ3, ㉒2-13
孔アナに 11450001-㉑22オ3
孔アナ 11590002
孔アナ 11630001-②260
孔アナ 11640001-②6
篳篥(ノ)孔 11860003-95
孔 11860003-95
孔アナ 12005022-32オ6(39-4)
孔アナヲ 12840003-③23ウ6
孔アナ 12860001-②5オ4(39-4)
孔アナ 13860001-55-3
〔歸來〕16349 00581
歸來ノアナ 11450001-㉑12オ8
〔穴〕25406
穴ア(ナ) 09480002-39ア7
穴アナヲ 10505024-26ウ6

穴アナと 10705001-①85
穴「ア(な)」(を) 10820003-②505
穴アナ 11360001-41オ3
穴アナ 13860001-55-3
〔空〕25415
空アナ 13860001-23-1
〔穽〕25433
穽アナ 12230001-33ウ
〔穿〕25436
穿アナニ 08305005-朱點
穿ア□〈ナ〉 11360001-55オ1
不穿アナアラス 11630001-⑦180
穿アナ 13860001-74-1
〔突〕25439
突アナ 13440001-19オ
〔窟〕25552
窟アナ 10505010-6
窟アナを 10790001-上6オ

窟アナ 11360001-60ウ1
窟アナを 11505075-⑰137-8
窟アナ 12860001-③55ウ1(59-7)
窟アナ 13860001-82-1
〔窠〕25556
窠アナ(ス) 11140001-5
〔竅〕25680
竅アナ 08305011-149-5
竅アナ 08505020-36-2
竅アナ 10320001-15ウ2
竅アナ 11005002-4
竅アナ 11005013-17
七竅ケウ反/アナに/「アナニ」 11005080-上28ウ2
竅アナ 11340007-④20ウ4
九(上)ノ竅(去)アナニ ケウ 11550009-46オ3
竅アナ 12005022-32オ1(39-1)
九竅アナ 12110002-21

窾アナ アテ（「テ」は「ラ」の誤）　12840003-①15ォ5
窾アナ　12860001-②4ウ5(39-1), ③7ウ3(47-10), ③28ォ3(54-1), ③44ォ5(57-10), ③48ウ2(58-3)

〔竇〕25695
竇穴　08105009-下19
竇穴　08105015-下19
竇徒候反 アナ　11280014-①201
竇アナ　12505020-㉖6

〔紵〕27353
機ハタ紵（去）アナ チヨウ　11020007-⑦17

〔罅〕28169
令无縫ヌヒメ　ヒマ罅サケメ　アナ　10560001-2
罅アナ　10640001-8
罅「アナ」　11140001-1
罅アナ　11140001-33
縫ヒマ罅アナ ハサマ　11140001-50

〔鼻〕48498
鼻アナヲ　11280014-①263

アナ（嗚呼）→アナニク、アナニヱヤ、アナネタ

アナウラ（趺）→アナヒラ

〔掌〕12248
掌アナウラ　11850001

〔趺〕37392
趺（アナ）ウラ　08505020-31-18
趺アナウラ／「アナウラ」に／「二」　11005080-上29ウ4
趺アナうら／「アナウラ」　11005080-上67ウ7
趺アナウラ　11300001-⑤1
趺アナウラ　11360001-9ウ1
脚「ハキ」ノ趺（アナ）ウラ「アシノヘラ」　11450001-⑧4ウ2
趺アナウラ　12005006-下21
趺アナウラ　12005133-29ォ4
趺アナウラ　13860001-13-4
趺アナウラ　18400001-①2-4, ①6-4

〔趺〕37450
趺アナ（ウラ）　08580002-89

〔蹉〕37745
蹉アナウラ　11360001-4ォ3

アナガチ（強）

〔俛〕00700
俛アナカチニ　08510001

〔刖〕01900
刖アナカチに　13440001-30ォ

〔剛〕02042
剛アナカチ　13860001-20-4

〔固〕04745
固アナカチニ　11360001-17ォ1

〔強〕09815
強ア、、、（「、、、」は「ナカチ」）に　10165001-①233-7
強ア（ナカチ）に　10165001-②4ウ4

強アナカ(チ)に立とか名字と 10505019-㉓72
強アナカ(チ)に立 10505019-㉓106
強アナカチニ 10630006-42
強アナカチに 10700005-①15
強「アナカチ二」 10820003-⑧192
強ニ 10990001-15オ
強アナカチニ 11030006-③7ウ
強アナカチに 11140007-⑧27
強「アナカチ」に 11200015-⑧49
強アナカチニ 11280014-①154
強カチニ 11280014-③403
強に 11340002-①7
強アナカチ 11360001-45オ1
強アナカチ(二) 11420003-⑬13オ
強アナカ(チ) 11505026
強アナカチ(二) 11505075-⑪26-3
強チに 11510005-①32
強ニ 12505010-376
強チに 13440001-14オ
強アナカチニ 13440001-22オ
強アナカチに 13440001-30オ
強ア(ナカチ)に 13440001-33オ
強アナカチ 13860001-60-4

〔微〕10203
微カニ／アナカチニ 10505007-31-4

アナカマ(喧)

〔諠〕35706
諠クワン アナカマ 諍すること アラソフ 11630001-⑥399

アナグル(探)

〔妙窮〕06090 25593
妙窮アナクル 11630001-④132

〔抽〕11930
抽アナクリ又ヌキ 08505007-③2-2

〔採〕12274
採アナクリ擇して餘-經の所說を 10505069-⑤43

〔探〕12276
探アナクルニ 08105015-中9
探アナクリ 08505007-①21-8
探アナクリて 08505014-96
探アナクル 11420003-㉓5オ

〔搜〕12486
搜阿奈久留 08005002
搜アナクリて而 08505014-66
搜ア(な)クリ揭(け)て 08505014-102
搜ア(な)クリ揚(け)て 08505014-102
搜アナクリ 11505073-5ウ

〔檢〕15684
檢アナクル 11630001-③449

〔求〕17105
求アナクル(平平上濁平)(「ク」の聲點存疑) 11360001-14ウ7

〔穴〕25406
穴アナクリテ 11380002-南4ウ

穴アナクル 11380002-南10ウ

アナスヱ(裔)

〔枝孫〕14557 06987

枝孫御アナスヱ 11505075-⑰122-5

〔裔〕34303

御裔ミアナスヱ 11420003-⑮9ウ

アナタ(彼方)→コナタアナタ

〔以〕00388

卌ヨリ以オチカタ アナタ 11340007-④18オ3

〔前〕02011

前アナタに 11630001-④21

〔已往〕08743 10073

已往「アナタハ」 10990002-⑧185

アナヅラハシ(侮)

〔慢〕11110

慢アナツラハシキ 11630001-⑦51

アナヅリ(侮)

〔務〕02394

務アナツイ(「イ」は「リ」の誤)ヲ 12505019-26オ

アナヅル(侮)→アナヅリ、アナドル

〔下〕00014

下アナツル 08580002-73

〔侮〕00630

輕ミ侮アナツルソ 09505015

不レ侵ヲカシ侮ツラ 11340007-①21ウ4

狎ナレ侮アナツリ 11340007-①25ウ1

侮ツルト 11340007-④7ウ6

侮アナツテ(「テ」後筆) 11450006-16

侮アナツリ嫭オコリて 11505075-⑰143-2

狎ナレ_侮アナツリ トリ 11550009-4ウ7

侮アナツリ クワイ 11550009-9オ5

侮アナツリ 12505019-26ウ

見侮アナツラ 12505020-㉝8

不侮アナツラ 14870001

〔侮慢〕00630 11110

勿ナ令シメソ侮慢アナツラ 11505075-⑭112-1

〔傲〕01015

傲アナツル 10320001-22オ3

傲アナツル 11280014-③87

〔賈〕02651

賈「鬼」アナツル_法の 10740001-③3

賈アナツル法ヲ 11510005-③27

〔恂恂〕10520 10520

恂(平)恂(平)「アナツル コレナリ」 10990002-⑧117(下欄外)

〔倰〕10743

不倰アナ(ツリ)僧ナ 08305004-183

〔慠〕11106

慠アナツル 12860001-③33ウ1(55-9), ③39オ3(57-2)

〔慢〕11110

慢アナツル 10005014

慢アナツル□ナ□「アナツルナリ」 10165001-①233-7
見レム慢アナツラ 10165001-①272-1
慢アナツルは 10165001-①273-6
慢アナツル 10165001-②20オ5
慢アナツルカ 10505019-⑤15
慢アナツル アサムク 10730001-⑩20-2
慢アナツリ上ル 11280014-①154
慢(アナ)□〈ツ〉ルハ 11280014-①510
慢アナツル 11280014-③257
慢アナツル 11360001-17ウ2
慢アナ(ツル) 11390003-18ウ
慢アナツリ 11580001-80
慢アナツル 12110002-17

〔懱〕11422
不れ輕み懱アナツラ 10705004-285
不輕懱アナツラ 10705004-285
懱「莫結反 侮也 アナツル」 10870001-⑤283

不レ輕カロミ懱アナツラ 10870001-⑤283

〔海〕17503
海アナツル 11360001-32オ2

〔蔑〕31781
蔑安奈都利天 08105007-上9
蔑アナツリテ 08105015-上9
無…蔑アナツルこと 11080011-②622
蔑アナツル 11360001-58ウ5
輕カロメ_蔑アナツリ 11630001-⑧468
蔑アナツル 12005022-16オ5(18-2), 18オ6(31-3), 23ウ5(34-2), 26オ6(35-9), 47オ5(44-3)
輕(ミ)蔑□〈ル〉者モノハ 12140002-⑫22
蔑アナツル 12860001-①17ウ5(18-2), ①20オ6(31-3), ①27オ3(34-2), ①30オ3(35-9), ③2ウ1(46-2), ③10ウ1(49-1), ③18オ5(51-5), ③23オ6(52-8), ③25オ3(53-3), ③31オ4(55-4), ③34ウ1(56-1), ③40オ1(57-3), ③44ウ3(58-1), ③55ウ3(59-8), ③59オ3(60-10)

〔輕〕38346
輕アナツ□〈ル〉 11160007-⑤74
輕アナツリ 11340007-④8ウ2
輕アナツリ 11630001-③178, ⑤42, ⑦54, ⑧313
輕アナツリ_淩シノカハ 11630001-④328
輕アナツル 12505020-㉖3
相ヒ_輕アナツルに 13440001-27ウ
相_輕アナツルに 13530006-20-8

〔鄙賤〕39597 36826
鄙-賤アナツリキ 11630001-⑦347

〔陵〕41704
陵アナツル 09505015
陵アナハ(「ハ」は「ツ」の誤)ル 12230001-41ウ

〔陵易〕41704 13814

陵易とアナツリ　08580002-74
陵易アナツル　08580002-74

アナドル（侮）→アナヅル

〔侮〕00630
狎ナレ侮アナツリ トリ　11550009-4ウ7
弗す侮アナトラ　12410003-17-16
侮アナトリ慢アナトラ　12410003-17-18

〔慢〕11110
弗す慢アナトラ　12410003-6-20
不す慢アナトラ　12410003-15-20
慢アナトル　13860001-24-3
慢アナドリ　18400001-⑤7-1

〔懱〕11422
懱アナトル　13860001-79-3

〔蔑〕31781
蔑アナトル　12860001-②23オ2（44-3）

アナナフ（牀）

〔牀〕19763
牀アナ、ヒテ ユカ　11630001-⑧294

アナナメ（可耐）

〔可耐〕03245 28879
可耐アナ、メ（平平平上）　13440001-13ウ

アナニク（可憎）

〔何由〕00511 21724
何由アナニク　13440001-13ウ

〔可憎〕03245 11202
可憎アナニクノ　13440001-32ウ

アナニスム（穴）

〔穴〕25406
穴ニス〃　11340007-③28オ1
穴アナニス〃　14270001-1

アナニヱヤ（姸哉）

〔姸哉〕06075 03596
姸哉アナニヱヤ　12360002-7オ6

アナニヲリ（穴）

〔穴〕25406
穴ニヲリ　09505020-433

アナネタ（嫉哉）

〔叵耐〕03254 28879
叵耐和言阿々奈々祢々太々　11970004-5オ5

アナヒラ（趺）→アナウラ

〔趺〕37392
趺アナヒラ　08305011-127-6
趺ヒラは　08305011-127-7
趺アナヒラ　12005133-6ウ1

〔跌〕37450
跌アナヒラを　10870001-①204
跌アナヒラ　11005013-2
跌アナヒラ　18400001-①2-4, ①6-4

アナホ（穴穂）（人名）

〔穴穂〕25406 25298
穴穂括アナキヤ（平平上上）の（「キヤの」は「ホのヤ」の誤か）ハスの　11420003-⑬25ウ1

〔英保〕30808 00702

英アナ保ホノ純モト／トモ行ユキカ 10505007-2-1
英アナ保ホノ純トモ行ユ(キ)ニ 10505007-49-5

アナホル(坎)

〔坎〕04928
坎アナホリテ 11340007-③8ウ2

〔穴〕25406
潜ク、リ穴アナホ□〈テ〉 11160007-④204

アナム(脚身)(人名)

〔脚身〕29502 38034
脚身アナムの臣 10005008-㉒417
脚身ア(平)(此下「ナ」脱か)ム(平)ノ(「ノ」存疑)臣 11005115-㉒417

アナンズ(坑)

〔坑〕04932
坑アナンセリ せり 11130005-72オ
坑アナンシ(平平上上)殺コロシツ

アニ(兄)

11450006-35

〔兄〕01343
表兄マ、アニ 08505007-①8-4
兄アニ 11420003-㉑5ウ

アニ(豈)→アムニ

〔豈〕36249
豈に唯タ 08305001-①17-6
豈に…むや 08305001-⑩192-22
豈(に) 08305011-21-4
豈に 08505014-5, 39, 68, 81
豈に止たた 08505014-83
豈…むや 08505020-6-13
豈(二) 08705001-②6, ②19
豈(に)非サラムヤト云テ 09505020-361
豈有レヤ 10080002-③39
豈容ケムヤ 10165001-①232-2
豈有「ムヤ」むや 10165001-①237-5
豈容「ケムヤ」むや 10165001-①242-3, ①244-5
豈容むや 10165001-①273-1
豈…符カナ(ハ)ムをや 10200001-③27ウ5
豈合「ムヤ」(角點) 10230002-③72
豈唯し…セムヤ 10505003-①330
豈復得(ム)やとまうす 10505003-⑥3
豈…マシヤ 10505003-⑩13
豈アニ…哉ヤ 10505007-11-2
豈アニ不ラム 10505007-17-5
豈得や不こと痛 10505019-⑲12
豈不サ(ラ)メヤ名无因縁耶 10505019-㊴17
豈ニ非スヤ 10505024-8オ1
豈ニ非スヤ ヤ 10505024-8オ4
豈アニ ヤ 10505024-31オ7
豈アニ 10505024-31ウ5
豈アニ…非アラスヤ 10505024-38オ7
豈可 10505024-52オ1

豈ニヤ可ヘケム　10505024-62ウ1
豈ニ…待タム酸スク痛イタ(キ)ことを哉
ヤ　10700001-70
豈爲セムヤ　10730001-⑩12-7
豈稱カナハムヤ　10730001-⑩26-9
豈不アラサルナラムヤ仁哉　10730001-⑩44-7
豈(ニ)不「スヤ」以てセ『モテスルニアラスヤ』謀を哉　10730001-⑪7-8
豈得「む」如「く」「ナルコト」　10740001-③90
豈當ゃ已「ヤム」む乎　10740001-④21
豈…染汚(平)「セムヤ」　10740001-⑤59
豈非「ムヤ」…耶　10740001-⑤63
豈非「スヤ」命「ニ」耶　10740001-⑬59
豈有ニ(「ラ」の誤か)ムヤ　10740003-③39
豈に　10820003-②8, ②35, ②322, ②327
豈に…非ゃと　10820003-②9
豈に是れ　10820003-②36

豈(に)　10820003-②94
豈アニ　10820003-⑩724(補注)
豈得ムヤ　10870001-①329
豈異「コト」人ナラムヤ　10870001-⑦148
豈異人ナラムヤ乎　10870001-⑦305
豈ニ　10990001-8ウ
豈(ニ)　11000001-22, 27
豈不ラム…哉　11005025-7ウ5
豈「アニ」　11005080-上1オ5
豈「ニ」　11005080-上12オ3, 上43オ3, 上43ウ4
豈「ニ」…異ならむや／「ラムヤ」　11005080-上44ウ7
豈「ニ」機－應无(か)らむ耶や／「ヤ」　11005080-上77ウ1
豈「ニ」之に／「レニ」乖タカハム／ソムカム耶や　11005080-上78オ6
豈「ニ」…勸む／「ス、ム」容けむ／「ケム」耶や　11005080-上81オ1

豈(に)…勸進(し)たまふに「シタマヘルニ」非すや／「スヤ」　11005080-上81オ3
豈(に)勝利有らむ／「ヤ」耶　11005080-上98ウ2
豈に…示さ／「メ」不らむや／「ラムヤ」　11005080-上104オ7
豈(に)…无(か)らむや／「ラムヤ」　11005080-上104ウ6
豈(に)　11005080-上105オ2
豈(に)前に／「ニ」言(は)不すや／「スヤ」　11005080-上106ウ3
豈(に)…に／「ニ」非すや／「スヤ」　11005080-上106ウ4
豈非すや　11020007-②2
豈に…染汙せむ…耶ヤ　11020007-⑦39
豈アニ措離するを(や)(「や」存疑)　11020007-⑳86
豈アニに眞こと身ならむ乎　11020007-⑳110

豈アニ自み受用するノミナラムヤ而已　11020007-⑳126
豈に善か(ら)不ラム哉　11030006-②6ウ
豈『に』…求『(め)む』耶　11030006-②21オ
豈非トヤハ　11130003-①52
豈に无徴シルシ乎　11130005-21ウ
豈計カソヘムヤ　11130005-22ウ
豈可むや…作…耶　11140007-④51
豈非らむ…耶ヤ　11140007-⑪112
豈異-身ナラムヤ乎　11140007-⑳94
豈得「ムヲヤ」む　11200015-④185
豈可「ケム」…耶　11200015-④194
豈當に已「ヤム」乎「ムヤ」　11200015-④343
豈欲「ヤ」　11200015-⑦68
豈…者ものを乎　11230001-②31
豈復是レ道齊虚妄なるを乎　11230001-②33
豈敢て不先…　11230001-②246

豈…得むや　11230001-②274
豈…ムヤ　11230001-②305
豈…ナラムヤ乎　11230001-②312
豈に…　11230001-②355
豈に　11230001-②357, ②358
豈に非(すや)吉に也　11260001-③27
豈(に)可(けむ)や　11260001-③131
豈(に)名(つけむ)や　11260001-③349
豈に不(らむ)や　11260001-③362
豈不サラムヤ スヤ以モテ謀をハカラ哉ヤ　11270012-110
豈欲ムヤ　11280014-①85
豈容ケムヤ　11280014-①144, ①296
豈有ヤ　11280014-①179, ②54, ②208, ②284
豈容ムヤ　11280014-①269, ③196
豈有ムヤ　11280014-③71, ③155, ③178
豈非ヤ　11280014-③332

豈非ヤ…乎　11280014-③360
豈…也ヤ　11280014-③409
豈由ムヤ　11280014-④8
豈爽タカハムヤ　11280014-④135
豈曰(ハ)ムヤ　11280014-④165
豈不ヤ　11340006-14
豈立ラム天下乎　11340007-①32オ6
豈不辱ハツカシカラ乎　11340007-①34ウ3
豈徒十二乘ノミ哉　11340007-①36ウ1
豈虚(平)言(平)(ナラ)ムヤ焉　11340007-①37ウ3
豈…空ムヤ　11340007-①37ウ3
豈思(ヒキ)ヤ　11340007-②4オ4
豈計ヤ　11340007-②5ウ5
豈如(カム)ヤ　11340007-②43ウ3
豈ニ將ニ有人爲タラムト　11340007-④18ウ7
豈「に」可「む」得乎　11340007-④59オ6

豈知「や」 11340007-④62ウ2
豈有や 11340007-④69ウ7
豈…者モノ乎 11350010-44-7
豈アニ 11360001-22オ3
豈容□□〈ヘケ〉ムヤ 11505004-①13オ4
豈…不や 11505044-5
豈得マシ 11505100-330
豈…覺サメタルナラムヤ 11510005-②5
豈當に已ヤムヘケムヤ 11510005-④72
豈不ム…哉ヤ 11550009-6オ4
豈不ム…乎ヤ 11550009-8オ2
豈今彼レ空(シ)カラムヤ 11550009-8ウ5
豈有ムヤ 11550009-9ウ7, 58オ2
豈思ムヤ 11550009-11オ3
豈計カソヘムヤ 11550009-11ウ2
豈非ス…哉 11550009-16オ1
豈如シカム…乎ヤ 11550009-18ウ6
豈誰カ 11550009-36ウ2

豈不サラム迷ハ哉 11550009-40ウ7
豈知ムヤ 11550009-53オ3
豈不ム皇ヨカラ矣哉ヤ 11550009-55ウ2
豈久滯ムヤ 11580001-26
豈師ノ之別スルカ我に耶 11580001-34
豈…无ル(?) 11580001-35
豈意キヤ…コトヲ 11580001-68
豈合ヘケムヤ 11580001-73
豈…至ルカヤ哉 11580001-80
豈能保タモタム今日哉 11580001-98
豈(ア)に 11630001-⑤124
豈に待マチ(タマ)へる 11850004-②24
豈可ケム…耶 11850004-④71
豈 11860003-160
豈ニ…ムヤ 12140002-⑪34
豈ニ…ム哉 12140002-⑪108
豈(ニ)…非(ス)や 12140002-⑫367
豈(ニ)…(ム)哉や 12140002-⑫458

豈(アニ) 12410003-35-25
豈ニ 12505010-131
豈ニ 12505019-7オ, 25ウ, 48ウ
豈ニ自創頡以還コノカタナランヤ 12505028-1-5
豈…ヤ 12505031-5-8
豈動や輪を 12505035-28ウ4
豈ニ 12840003-③15オ4, ③17ウ4
豈アニ 13860001-30-4

アネ(姉)

〔姉〕06165

〻(姉)アネハ 10505024-19オ2
姉アネニ 10505024-19オ2
姉アネノ 10505024-19オ4
姉アネ 10990002-⑨344
姉「アネニ」 10990002-⑨345
姉アネ□(なり?) 11130005-23オ
姉シアネ及妹 11130005-60ウ

姉ネ　11200004-36

姉アネ　11450006-9, 13

姉アネ　11510005-⑩207

姉アネ　12005022-2オ5(1-1), 18ウ2(31-3), 21オ1(33-4), 23ウ3(34-2), 36オ3(40-8), 38オ2(41-1), 49オ4(44-10), 50ウ6(45-8)

謂姉爲醜アネハミニクシトオホシ　12360002-6ウ6

姉アネ　12860001-①1オ6(1-1), ①20ウ3(31-3), ①23ウ2(33-4), ①26ウ6(34-2), ②10オ1(40-8), ②12オ3(41-1), ②25ウ1(44-10), ②27ウ1(45-8), ③1オ5(46-1), ③9ウ3(48-9), ③19ウ6(51-9), ③21オ5(52-3), ③32オ3(55-6), ③34ウ2(56-1), ③39ウ2(57-3), ③50オ4(58-6)

〔長〕41100

長アネを　11505075-⑰127-8

アハ（粟）→アハクサ、アハノウルシネ、アハノモチ、シロキアハ、モチノアハ

〔禾〕24906

禾アハ　11050002-70ウ

禾アハ　11130001-④8ウ

禾アハ　13440001-19ウ

〔秫〕25001

少スコシキノ秫アハノ米粉モチコの汁シルを　11450001-⑪9オ6

〔粟〕26922

粟アハ（平上）　12005022-8ウ4(6-3), 41ウ5(42-4)

粟アハ　12110002-17

粟アハ　12505019-37オ

粟アワ　12520007

粟アハ　12860001-①8ウ4(6-3), ②16ウ2(42-4), ③10オ4(48-10), ③12ウ5(49-9)

粟（粟）アハ　12860001-③47オ2(58-2)

〔黍〕47991

黍アワ　11450001-㉒18-11

アハ（安房）（地名）

〔安房〕07072 11714

安房ハノ守ニハ　10505007-56-4

アハ（淡）

〔淡〕17660

淡アハ（平平）　12005022-8ウ1(6-3), 15オ3(13-8), 46ウ2(43-10), 50オ6(45-4)

淡アハ　12005022-19ウ7(32-2), 23オ1(34-1), 41ウ2(42-4)

淡アワ　12005022-31オ1(39-1)

淡アハ　12860001-①8ウ1(6-3), ①16オ6(13-8), ①22オ5(32-2), ①26オ2(34-1), ②16オ5(42-4),

②22オ4(43-10), ②26ウ5(45-4),
③1ウ3(46-1), ③12ウ3(49-9),
③17ウ4(51-3), ③20ウ5(52-1),
③30ウ2(55-1), ③37オ2(56-8),
③38ウ1(57-1)

淡アワ　12860001-②3ウ3(39-1)

アハ(存疑)

〔萬〕31339

萬鍾(平輕)シヨウヲ アハ(平上)　11550009-32ウ6

アハキ(檍)

〔加陀羅木櫨〕02297 41600 28397 14415 15844

加陀羅木櫨波之　阿波木　11005120

アハキネ(檍)

〔陀羅木〕41600 28397 14415

陀羅木阿波木根　10510003-18

アバク(發)

〔掘〕12264

掘アハイ(テ)　11130001-④19ウ

掘ア(ハイ)て　12505047-38

〔撤〕12726

撤アハイテ　11000003-283

〔撥〕12727

撥アハク「イて」　10240002-②6オ5

撥アハイテ　10860002-8ウ4

撥アハイテ而　11160007-⑥332

撥アハク　11380002-南6ウ

撥アハイテ　12540005-4ウ

〔發〕22669

發アハキ掘ホルヲ　11160007-②205

發(入輕)アハ(平上濁)キて　11260001-⑦219

發アハキ 掘(ホ)ルコト　11630001-③216

不ナヌ開(ヒラ)キ發アハカス　11630001-⑥255

發アハキ掘ホル　11630001-⑧136

發アハカム　11630001-⑧247

發アハク　12505020-㉖3

發アハイテ　12505028-6-8

發ク　12840003-②20ウ2

發アハク　12840003-③10オ1

〔稀〕25058

稀(褫の誤か)ア□(ハ?)ケ　12230001-45ウ

〔褫〕34504

褫波計(「阿波計」か)　08105015-中17

褫アハク　10320001-15ウ2

褫アハケタリ　13860001-50-2

〔遽〕39161

遽アハイテ　12505020-㉖7

アハクサ(禾)

〔禾〕24906

禾アハクサ　08505008

アバケ(褫)

〔褫〕34504

褫アハケ(上平濁平)　11360001-37オ3

褫アバケ　18400001-②6-32

アハシ（合）→ミアハシ
〔合〕03287
念合ミアハシミセムトオホス（上上上上上 平平上平） 11420003-⑬22ウ

アハシ（淡）
〔淡〕17660
淡アハしハ（キ）は 10740001-③69
淡アハクは則 10820003-④85
淡アハク／シ／ハ し 11020007-④24
淡アハク 11130001-③19ウ
淡アハキ 11140007-④16
淡アハキハ 11200015-④58
嘗ナメミ（む）に之を「を」味「ヒ」甜アマク 大兼反「アラ（「ラ」は「マ」の誤）ク」及淡アハキは「アハクは」 11300014-④21
淡而アハウシて 11380002-南20オ
淡キを 11450001-㉒19-2
淡アハキハ 11510005-④18
淡アハキ 11630001-⑥418
淡アハキハ 11850004-④23, ④201
淡アハイコト 12505019-43オ
淡アハウシテ 12505019-43オ
〔薄〕32083
薄アハシトニ 11630001-⑥415
薄アハイ 12520007

アハス（合）（四段）
〔沒〕17204
沒アハシテ世ヲ 12840003-②6オ

アハス（合）（下二段）→イヒアハス、トキアハス、メアハス、メニアハス
〔併〕00561
併アハストモ 10950003-①59
併アハセタリ 11130001-④3ウ(別筆)
併アハセ戯タ、ムテ 11280014-③115
併アハセ 11280014-③366
併アハセて 11450001-㉑5ウ4
呑ノミ併アハセたる 12505047-29
〔勠〕02418
勠アハスル 11380002-南53オ
勠アハセ力を 11630001-⑤81, ⑧471
〔原〕02973
原アワス 13860001-73-6
〔合〕03287
合セ掌を 08305001-①4-15, ①7-14, ①14-17, ⑤91-15, ⑩200-20, ⑩202-2
合セヨ 08305004-11
合アハ（ス） 10080002-②431
縫「ヌヒ」ひ合「アハセヨ」せよ 10165001-①245-2
攪カキ合アハセ アハセ 10165001-①265-8
相アヒ合アハセ 10165001-②16ウ5
合アハ（ス） 10230002-②431
合アハ（セ） 10230002-②431
合アハ（セ）テ眼ヲ 10505007-32-1
合「セテ」 10505024-25ウ3

合セテ　10505024-52オ4
合セ掌を　10640002-1
聚「メ」て「-」合「セテ」　10740001-⑩59
合アハセシメ縄に　10740003-②40
合ス也　10820003-⑩225
合「セ」掌　10870001-①451
相ヒ柱サ、ヘ合アハセヨ　10950003-③27
合アハセテ　10950003-③28
合アハス　10990002-⑦42
可シ合す　11005003-②1
合せ／「セ」磨り／「スリ」　11005080-上3ウ7
合せ／「セ」碎くこと／「クタクコト」　11005080-上3ウ7
合せ／「アハセ」押オス／「ス」　11005080-上6オ4
合せ「-」來るは／「ス」　11005080-上3ウ2
合せ「-」成せり／「セリ」　11005080-上5ウ2
合ア（ハス）　11130001-④12ウ

搓ヒキ合セ　11140001-57
申ノヘ合（セ）ヨ　11140001-65
合アハセヨ　11140002-11
合アハシ（セ）よ（ママ）　11140007-⑬26
合て掌　11210001-②5
合せ掌を　11280005-6
相ひ合せ　11280005-27
相ひ合せよ　11280005-30
合せて　11280005-51
相ひ合せて　11280005-58
縫ヒ合セヨ　11280014-①228
合セ作ハ　11280014-②287
含（合）ス　11280014-④90
不可合セ食フ　11340007-③18オ2
合テ聲ヲ　11350010-12-4
合セ　11350010-19-1
合セテ　11350010-19-1
令シメヨ…合セ　11350010-28-1

合セル タル眼ニ ヲ　11350010-30-3
合（セ）ヨ　11350010-46-2
合アハス　11360001-10オ4
合アハス　11370001-6
合ス　11370001-7
合アハセ　11380002-北24オ
合アハスルトキに　11450001-㉑16オ8
合アハスルトキニ　11450001-㉑16オ8
合アハセテ　11450006-21
合アハス　11450006-21, 37
不可合アハセ喫クフ　11505004-①16ウ1
合（セ）ヨ　11505004-①18ウ7
合アハスル時　11505004-①32ウ7
合アハセテモ　11505075-⑰130-8
相合セテ て　11506101-52-4
合（セ）ヨ　11506101-55-2
合ハセヨ　11540001-4
合セム　11550009-17オ2

合セ_造 11550009-27オ1
合せ 11640001-②97
合アハス セリ 12140002-⑫35
鸕-鷀ウ草カヤ葺フキ不合アハセス尊 12360002-12オ5
未合オ(?)キアハセス 12360002-13ウ2
未マタ及合フキアハセヌニ 12360002-15ウ1
合アハセ 12410003-26-25
合セ 12505035-49オ4
合アワセシムルヲ 12840003-②6オ5
合ス 12840003-③5オ2
不合尊アハセスノミコト 13760001
合アハセ 13760001
〔和〕03490
令和アハセ 11280014-①363
和アハセて 11505004-①35ヲ4
〔夾〕05867
夾アハセて 10165001-②17ウ1

夾アハセテ 11280014-②149
〔妻〕06140
妻アハス 10730001-⑨5オ2
〔娉〕06282
娉アハスルに 11630001-④68
娉(去)馬アハス 11630001-⑥185
〔娶〕06365
娶アハセ婦ヲ 11560001-10
〔婚〕06418
許婚ユルシアハセテキ 11505075-⑰145-8
〔嫁〕06602
嫁アハセて 11505075-⑭76-2
〔幷〕09170
幷スレハ於前欲界ノニ 09505116-193
幷アハスルニ 10250001-186
幷アハセて 10730001-⑨2オ4
幷アハセ 10730001-⑨9ウ4
幷「アハセタリ」 10990002-⑦46

呑ノミ幷アハス 10990002-⑧191
幷アハス 10990002-⑨152
歡ヒ幷アハセタリ 10990002-⑨473
幷ア(ハセテ)法界の身(ヲ) 11020001-14
幷アハセテ法師を 11260001-③304
幷アハス 11360001-11オ3
幷アハセて 11450006-2,5
相アヒ幷アハス 11450006-25
幷アハセ 11450006-27
幷アハセテ 11450006-38
幷アハセて 12110002-18
幷(セ)テ 12840003-③9オ7
幷ス 12840003-③9ウ1
幷アハセて 13440001-34ウ
〔搆〕12447
搆アハス 12860001-③53オ5(58-10), ③56オ3(59-10)
〔會〕14306

會アワセ　1487001

〔相〕23151
不相アハセ賜　10505150-6左, 8右
相ハセ立　11210001-①6
立て相アハセヨ　11210001-③23

〔瞑〕23600
瞑アハセ ヒサキ　12140002-⑫228

〔翕〕28691
翕アハセ受ウク　12505072-15

〔複〕34417
複アハセ作テ　11280014-③129

〔赴〕37040
赴節コトノヲリニアハセテ コトノネニアハセテ　11420003-⑮9オ

〔辨〕38657
辨アハセ　11280005-23
辨弁敷　アハセ　11280005-24

〔逢〕38901
逢アハセよ　11310004-13

〔適〕39076
適アハセ　08105005

〔配〕39771
欲配アハセム　11420003-⑬26ウ
配アハセタマフ　11420003-⑬28オ
配アハセテ　12140002-⑫402
配アハセ　12360002-4オ3

〔配合〕39771 03287
配合アハセテ　11505075-⑰146-2

アハセ（合）→イメアハセ、コブシアハセ、ササハセニナヌ

アハセテ（并）→アハス

〔合〕03287
合（せ）て有（り）十人　11260001-③280
合（せ）て爲て一の寺と　11260001-③295

〔并〕09170
并（せ）て　08305001-①14-15, ③43-12, ⑤79-4, ⑤97-9, ⑤97-15, ⑦132-9, ⑧153-14, ⑧155-2, ⑨169-22, ⑨169-23, ⑨184-13, ⑩195-16, ⑩196-17
并て　08305011-131-7
并（セ）て　08505013-8
并（せ）て　08505020-32-14
并アハセて　10250001-189
并て　10505003-①86, ⑨3, ⑨32
并アハセテ　10630004-②509
太子并テ妃　10860002-9ウ1, 9ウ7
并合也て　10870001-①56, ①438, ①476, ③324, ③352, ③381, ③509, ④205, ⑤428, ⑦57, ⑦121, ⑦296, ⑦302
并アハセテ　10870001-①397
并合也　10870001-③297
并て　11005003-①15
并て以て成誠　11005003-③11
并（セ）て　11005013-8
并（せ）て／「テ」　11005080-上37オ3

并(セ)テ　11020007-④19, ⑭10
并「アハセ」て　11200015-⑤229
并「ア(ハセ)テ」に　11200015-⑥77, ⑧39
并「(アハセ)テ」り(「に」の誤か)　11200015-⑥78
并「(アハセ)テ」　11200015-⑧102, ⑧110
并テ　11280014-②275, ③374
并(セ)テ　11340007-③26ウ4
并(セ)天　11340007-④20ウ1
并せて　11380001-⑯7-4
并(セ)テ　12840003-③4オ5

アハタ(輪)

〔輪〕38400
輪アハタ　08305011-139-7

アハダコ(臏)

〔臏〕29977
臏アワタコ(上上上濁上濁?)　11450006-31
臏アハタコ　14270001-7
臏アハタコ(上上平濁平)　15110001-5

アハタス(漬)

〔漬〕18167
浸ウルホシ漬アハタシ　11630001-③439

アハツビ(苙)

〔苙〕30783
苙アハツヒ　10020001

アバネシ(普)→アマネシ

〔普〕13982
普アハネく(?)　11110001-10
普アハネク　12505072-15
〔啇〕16323-01
啇アハネク　(上欄外)「周く」

アハノウルシネ(粟米)

〔粟米〕26922 26832
粟米和名阿波乃宇留之祢　11505004-①79ウ6

アハノモチ(粟餅)

〔秫〕25001
秫アハノモチノ□〈米〉ヨネ　12005133-15ウ8
〔秫米〕25001 26832
秫米和名阿波乃毛知　11505004-①80オ1
秫米アハノモチ　12505028-11-28

アハノヨネ(粟米)

〔青粱米〕42564 14825 26832
青粱米和名阿波乃与祢　11505004-①79ウ5

アハヒ(交)

〔交〕00291
交アワイニ　12505028-21-7
情-性(の)之交アハヒ　13300004-④597

アハビ(鮑)

〔大蝮〕05831 33309
大夏(蝮)アハヒ　11420003-⑬22オ
〔蚫〕32984
並(蒸)ムシ蚫アハヒ　11860003-52
蚫アハヒ　11860003-53
〔蝮〕33309

蝮アハ(ヒ)　11420003-⑬22オ, ⑬22オ

〔鮑魚〕46074 45956
鮑魚和名阿波比　11505004-①74ウ4

アハビカサ(蝸瘡)
〔蝸〕33338
蝸-瘡アハヒカサに　11450001-㉑7ウ9

アハビノカヒ(鮑貝)
〔石決明〕24024 17174 13805
石決明和名阿波比乃加比　11505004-①74ウ2

アハフ(粟生)
〔粟田〕26922 21723
粟_田アハウ　12360002-8ウ1

アハホ(粟穂)
〔粟穀〕26922 25221
粟-穀アハホノ　10240002-⑬9オ7(111)

アバラ(墟)
〔故墟〕13161 05457
故墟アハラ　11630001-⑦279

アバラ(荆)
〔娑〕06294
娑アハラ　11360001-8オ1
〔荆〕30940
荆アハラ カリヤス蘗キハタ　11280014-②194

アバラボネ(肋骨)→ハラボネ

アバラヤ(茅屋)
〔亭〕00303
亭アハラヤニ　11550009-38オ5
〔草亭〕30945 00303
草亭のアハラヤ　13440001-2ウ

アハレ(哀)→スクナシ
〔可怜〕03245 10461
可怜アハレ〻〻アハレト　10860002-7ウ3
〔咄〕03480
咄アハレナリ　12005022-6オ4(5-4), 23ウ6(34-2), 29オ3(38-6), 33オ7(40-8), 40オ2(41-10)
咄アハレナリ　12860001-①5ウ4(5-4), ①24ウ5(33-7), ①27オ3(34-2), ②1オ6(38-6), ②6ウ2(40-8), ②14ウ2(41-10), ②28オ3(45-8), ③2ウ2(46-3), ③5ウ1(47-6), ③22オ1(52-4), ③34ウ2(56-1)
〔哀〕03580
哀アハレナル-哉カナヤ　10950003-①105
哀哉アハレナルカナヤ　10950003-②
〔喃〕03903
喃安波礼　08105009-下序
喃安波礼　08105015-下序
〔噫〕04381
噫アハレ　11505521-下序-3オ2
〔念〕10390
可念トアハレニ／ミ　13440001-11オ
〔怜〕10461
可怜之情アハレトオホス〻コ、ロヲ

11505075-⑪35-2
怜アハレ　13440001-6ウ
怜アハレナル　13440001-14ウ
〔烱〕19166-01
烱アハレ哉　11505521-中1-7ウ5

アハレビ（憐）
〔哀〕03580
哀アハレヒ　11550009-2オ7
〔怜〕10461
怜アハレヒ　13440001-30オ
怜アハレヒ　13530006-43-1
〔悲〕10720
悲アハレヒ　10505007-4-9
〔愍〕10919
愍アハレ(ヒ)ノ　12140002-⑫510

アハレブ（哀）→アハレビ、アハレブラ
ク、アハレム
〔哀〕03580
哀アハ(レフ)　10300001-12
哀ヒ憐ス　10505007-46-3
哀アハレフ　11360001-51ウ1
不哀カナシカラ「／アハレハ」(後筆)哉ヤ　11550009-8オ3
〔哀愍〕03580 10919
哀愍ハムトノ　11140007-⑫46
〔哭〕03658
哭アワレフ　13860001-84-1
〔怜〕10461
怜(アハレ)ヒ　11340007-④32オ5
怜アハレム(「ム」に「フ」と重書)　11380002-天11オ
怜アハレフ　13440001-21オ
〔怜愍〕10461 10919
怜愍トアハレンテ　13530006-45-3
〔悵〕10727
悵哀　08105015-下13
悵哀也　08105015-下28

〔惆〕10757
惆哀也　08105015-中33
〔惻〕10869
惻哀也　08105009-下序
惻哀也　08105015-下序
惻アハレ(フ)　11505521-下序-3オ2
〔愍〕10919
如來茲(「慈」の誤か)愍ヒたまふ　09505020-302
愍アハレムて　10450001-266
愍アハレフハ　10870001-⑤285
愍アハレムタマフカ　10950003-②
愍アハレフ可きを／「キヲ」以て／「テイヘ
ハ」　11005080-上96ウ7
愍ヒ　11020002-②3
愍ア(ハレ)ムテ　11200015-③87
愍アハレフ　11360001-34オ4
愍アハレフ　11550009-40ウ4

愍ア(ハレ)ムテ　11850004-③87
愍フ　12140002-⑪358
愍アハレフトシテ　18400001-⑧3-8
〔慜〕11099
慜レフ　11160007-①368
慜ア(ハレ)フ意　11550009-48ウ6
〔憐〕11206
見る憐アハレ(ハ)　10165001-①260-5
可シ憐レフヘ　10505007-41-8
憐アハレフ　10700001-16
憐アハレハム　10730001-⑨7オ7
憐ア(ハレフ)　11130001-③21オ, ④10オ
憐ハムコト　11160007-①346
曲て隣(憐)アハレヘ(命令形)　11260001-⑨358
憐フ…乎　11280014-①327
見ミ憐アハレフ　11280014-①327
憐アハレフ　11340007-①39ウ4
憐アハレフ　11360001-34オ4
可クシ憐アハレフ　11550009-46ウ1
憐アハレフ　11790003
憐アハレフニ　12505031-18-10
憐フ　13440001-34オ
〔憐愍〕11206 10919
憐愍アハレムテ　18400001-②4-11
〔憐愛〕11206 10947
憐愛アハレフヤ　10165001-①260-4
〔矜〕23852
矜アハレヒ念　10505019-⑲7
矜アハレヒ愍て　10505019-⑲21
矜アハレフ　11050002-71ウ
矜アハレヒ憐カナシヒ　11130001-③22オ
矜アハレ(フ)ホコテ　11280014-④152
矜アハレフ　12230001-18オ

アハレブラク(哀)

〔怜〕10461
怜レフラク　13530006-48-9

アハレミ(哀)

〔優〕01261
優アハレミ　11360001-3オ4
〔怜〕10461
怜アハレミ　13440001-14オ
〔愍〕10919
愍アハレミヲ労リヲ　10505007-42-5
〔憐〕11206
憐アハレミ　12880003-41
〔矜〕23852
哀矜(平)コウ反　を　(上欄外)矜居陵反 哀也　10080003-34

アハレム(哀)→アハレブ、アハレミ

〔可念〕03245 10390
可念トアハレニ／ミ　13440001-11オ
〔哀〕03580
可シ哀アハレム　10505007-15-5

哀アハレム　12860001-③57オ4(60-3)
哀アワレム　13860001-69-3
〔怜〕10461
怜アハレム(「ム」に「フ」と重書)　11380002-天18ウ
怜アハレミ　11380002-天21オ
怜アハレム　12005022-26オ4(35-9), 29オ7(38-8), 39オ6(41-5)
怜アハレム　12860001-①30オ1(35-9), ②1ウ4(38-8), ②13ウ3(41-5), ③21オ6(52-4), ③26オ2(53-9), ③28オ6(54-1)
〔怜愍〕10461 10919
怜愍とアハレム　13440001-31ウ
〔㤉〕10513-01
㤉アハ(レム)　11380002-天18ウ
㤉アハレム　11380002-西34ウ
〔恤〕10583
恤(アハレ)ム　11630001-⑥31
〔愍〕10919
可シ愍アハレム哉　10250002-14
愍アハレミ(「ミ」存疑)て　10720001-13
愍アハレムタマフカ　10950003-①14
愍ア(ハレミ)て　11630001-③45
愍(アハレ)ミ⁻惜(入)ヲシミ　11630001-⑧542
愍アワレム　13860001-46-3
〔慜〕11099
慜「アワレム」　10990002-⑧93
慜アハレムテ　11130005-5オ7
慜アハレム　12860001-③63オ6(心18)
慜アワレム　13860001-46-3
〔憐〕11206
憐「アハレミ(タマヘ)」　10990002-⑨355
憐アハレミ　11350010-25-5
憐アハレム　11630001-③144(上欄外)
憐アワレム　13860001-46-3
憐アワレム　15080001
〔憫〕11252
憫アハレム　カナシフ　11505032
〔矜〕23852
矜「アハレムテ」　10990002-⑧129
矜「アハレミ」憫「ムテ」　10990002-⑨137
矜アワレム　13860001-38-1

アヒ(相)→ニハナヒ、ニハノアヒ、マユアヒ、ミヅアヒ、ミネアヒ

〔嘗〕04205
新嘗ニハノアヒ之　11505075-⑪40-6
〔相〕23151
相ヒ咲ヱマヒ給ヒシ　08305004-219
相資(た)すく(る)　08305011-87-4
相稱て　08305011-127-6
相稱へり　08305011-127-8
相稱へり　08305011-127-8, 143-5

相咬てり 08305011-135-5
相ヒ當レリ矣 08305011-167-4
相ヒ當レ(リ) 08305011-167-9
相當ツヘシ 08305011-171-6
相ヒ顧カヘリみて 08505014-77
相ヒ資タ(ス)く 08505020-22-14
相稱ヒて 08505020-31-17
相ヒ稱 08505020-31-19
相ヒ雜亂 08505020-33-6
相ヒ屬着せり 08505020-34-10
相ヒ稱たまふ 08505020-35-1
相ヒ當レリ 08505020-39-20
相ヒ當ラ不ス 08505020-40-10
相ヒ 08705001-③4
相ヒ侵ヲカシ害ヤフリ 08830001-②4-7, ②9-4(34-8)
相ひ問ヒ詰ハ、メハ 09090001
相ヒ間交(リ)て 09505020-137

勿相ヒ尤トカムルこと 09505020-174
相ヒ繼て 09505020-211
相ヒ望ミテ 09505020-280
相ヒ承ケ 09505020-293
欲フ相ヒ助ケムと 09505020-341
相ヒ遇(ヒ)ヌ 09505020-416
相ヒ隣リテ 09505116-94
相ヒ配(セ)ヨ 09505116-806
所モ相ヒ引ク 09505116-1148
相ヒ從 09505116-1163
不ヌヲ相ヒ障导 09505116-1183
相ヒ 09510001
相アヒ 10020001
不コト「コトヲイフ」、、、相ひ「ヒ」扶「ケ」 10165001-①230-3
相「ヒ」-振ツキ「ツキ」觸れ「フレ」 10165001-①240-2
相ヒ合セ 10165001-②16ウ5

更コモ、、-相ヒ遍か 10200001-①3ウ7
側ソハメて相アヒ拄サ、ヘヨ 10250001-46
相アヒ待マツ 10505007-8-2
相ヒ隔ヘタ、テ 10505007-11-5
相ヒ逢アフ期 10505007-11-6
相ヒ挑ソムキヌ/イトム タカフ 10505007-12-4
雖モ相ヒ糺タ、スト而モ 10505007-27-6
相ヒ共ニ 10505007-28-4
欲フ/フ相アヒ向(ハ)ムト 10505007-33-3
ト相ヒ共ニ 10505007-33-7
相アヒ待ツ 10505007-40-4
相ヒ防フセ「□」(消)ク之間 10505007-49-1
相ヒ迎テ 10505007-59-7
相ヒ尋ヌル之間ニ 10505007-60-1
相「ア」ヒ比ナラヒ 10505024-1オ7
相アヒ謂カタラハク 10505024-1ウ4
相アヒ看ミルニ 10505024-3オ6
不シテ相ヒ著ツカス 10505024-3ウ2

相ヒ持チセリ　10505024-3ウ2
相ヒ是セ非ヒス　10505024-9ウ2
相ヒ輕-慢スレハ　10505024-9ウ3
相アヒ盗ヌス(ミ)　10505024-9ウ6
相繼ツイテ　10505024-10オ1
相ヒ問トフ　10505024-13ウ4
不ス相アヒ離ハナレ　10505024-21オ4
相アヒ渉セフ入ス　10505024-35ウ2
相アヒ扶タスケテ　10505024-36オ3
相アヒ等トウシテ　10505024-38ウ6
相ヒ稱カナヘリ　10505024-43オ3
相ヒ-稱カナヘリ　10505024-44オ7
相アヒ讓ユツルコトヲ　10505024-51ウ2
不…相アヒ稱カナハス　10505024-58ウ5
相ヒ去レ□□□<ルコト>　10505024-60ウ7
相アヒ宇豆乃比　10505150-19右
相ひ搏ツケヨ　10640001-8
相ひ著よ　10640001-20

相ひ捻よ　10640001-28, 28
互に相ひ　10640001-34
相アヒ難-詰シ　10700001-89
相アヒ似タルこと　10700001-323
相ヒ與に　10730001-⑨13ウ3
相ひ坐シツミシ　10730001-⑩10-7
相(ヒ)_坐(去)スル　10730001-⑩11-6
相「ヒ」鬫「アツカテ」　10740001-③79
更に相「ヒ」ひ　10740001-⑤5
不「ニハ」相「ヒ」融「-」會「セ」　10740001-⑤33
相「ヒ」激「ウテ」　10740001-⑤52
不「ス」相「ヒ」捨-離　10740001-⑦93
互「ニ」相「ヒ」　10740001-⑨18
相「ヒ」當「アテ、」て　10740001-⑩24
不「ルヲ」相「ヒ」句「コウ」「-」絞「ケウ」て　10740001-⑩82
相「ヒ」直「アテ、」して　10740001-⑪8

不「シ」相「ヒ」尋「ケ」　10740001-⑬106
相「ヒ」待　10740001-⑭3
相「ヒ」成「するなり」　10740001-⑭7
相「ヒ」成「ナルナリ」　10740001-⑭7
遞「タカヒニ」に相「ヒ」　10740001-⑭56
相ヒ問詰セムトキには　10740003-①285
相ヒ離(れ)不(る)こと　10790001-上27オ
相ヒ知「シラ」不す　10820003-②58
相ヒ_承(け)て　10820003-②90
相(ひ)隨順して　10820003-②97
更タカヒに相ヒ勸-導して　10820003-②215
相ヒ_彰アラハル、こと　10820003-②237
互に相ヒ　10820003-②276
相「ヒ」資「タスケテ」(くる)こと　10820003-②366
相ヒ生して　10820003-③78, ③84
相ヒ稱カナヘり　10820003-③246
相ヒ生す「ルナリ」也　10820003-③254

相ヒ釋して 10820003-③254, ⑦348
相ヒ間マシハれるか如し 10820003-③315
相「ヒ」傳(へ)て 10820003-③520
相ヒ稱カナヘて 10820003-③585
相ヒ次「ツ」(き)て 10820003-④141
相ヒ捻「チフ」せよ 10820003-⑤36
相ヒ成して 10820003-⑤233
相ヒ對(ひ)て 10820003-⑤334
相ヒ半(ナカハ)ナラシム當(し) 10820003-⑤338
相ヒ懸ハルカナルことを 10820003-⑤340
相ヒ佐-助して 10820003-⑤355
相ヒ稱カナヘ令(め)よ 10820003-⑤371
相ヒ間ヘタテて 10820003-⑤437
相ヒ付く 10820003-⑤512
相ヒ渉ワタて 10820003-⑥343
相ヒ距サカレルこと 10820003-⑥380
相ヒ當(て)て 10820003-⑥407

相ヒ稱カナフて 10820003-⑥417
相ヒ同せ不すは 10820003-⑥438
相ヒ雜セ不す 10820003-⑥480
相ヒ發-明す 10820003-⑥623
相ヒ融-會せ不す 10820003-⑦69
相ヒ成立(すといふ)ハ 10820003-⑦118
相ヒ因(り)て 10820003-⑦297
相ヒ合(し)て 10820003-⑦327
相ヒ釋するを以(て)の故に 10820003-⑦332
相ヒ合すること 10820003-⑦333
相「ヒ」承「ウケ」 10820003-⑦349
相ヒ待-對して 10820003-⑦376
相ヒ釋す 10820003-⑦401
相ヒ報ムクイて 10820003-⑦404
相ヒ加(ふる)なり 10820003-⑦405
相ヒ捨-離せ不(る)を以(て)の故に 10820003-⑦416

相ヒ隨(ふ)を以(て)の故に 10820003-⑦417
相ヒ持(し)て 10820003-⑦486
相ヒ激ケキして 10820003-⑦486
相ヒ合(せ)て 10820003-⑦684
相ヒ和して 10820003-⑦806
相「イ」同(しから)シメヨ 10820003-⑧79
相ヒ通せ令(めよ) 10820003-⑧108
相ヒ當(ら)令(め)よ 10820003-⑧203
相ヒ壓(さ)令(め)て而 10820003-⑧247
相ヒ釋せよ 10820003-⑧316
相ヒ直することを 10820003-⑧371
相ヒ對(し)て 10820003-⑧438
相ヒ連れり 10820003-⑨83
相ヒ離(るる)こと 10820003-⑨191
相ヒ导「サヘテ」(ママ) 10820003-⑨337
相ヒ加持するか 10820003-⑨417
相ヒ謂「カ」(たらひ)て 10820003-⑨742

相ヒ釋セハ　10820003-⑩111
相ヒ連(ね)タルなり也　10820003-⑩235
相ヒ連「ツラナルヲ」　10820003-⑩243
相ヒ連(れ)り　10820003-⑩440
相ヒ戲(レ)　10860002-12オ4
相ヒ誤アヤマレル乎　10860002-22オ7
相ヒ伴ナフコト　10860002-48ウ2
相ヒ加ヘテ　10860002-52ウ5
相ヒ問ハク　10870001-①218
相ヒ繼次也て　10870001-①233
相ヒ視ミテ　10870001-①303
相ヒ見(る)こと　10870001-③280, ④37
相ヒ詣イタテ　10870001-③286
相ヒ詣至也『ユイテ』　10870001-③313
相ヒ詣至也　10870001-③341
相ヒ詣至也て　10870001-③369
可ヘシ…相ヒ見(る)　10870001-⑤49
相ヒ慰-問して　10870001-⑤53

相ヒ_見上ルこと　10870001-⑦294
相ヒ惱ナヤマスコト　10950003-①43
相ヒ將ヒキヰテ　10950003-①107
相ヒ柱サ、ヘヨ　10950003-③8, ③14, ③77, ③94
不相ヒ柱サ、ヘ　10950003-③15
相ヒ背ソムケヨ　10950003-③19
相ヒ鉤コウシテ　10950003-③19
相ヒ柱サ、ヘ合アハセヨ　10950003-③27
相ヒ柱サ、ヘ背ソムケテ　10950003-③33
相ヒ叉ヘ　10950003-③43
相ヒ叉ヘヨ　10950003-③43
反カヘシ相ヒ叉ヘヨ　10950003-③72
相ヒ著ツケテ　10950003-③78
相ヒ順從　10970003-13-5
相ヒ隨順　10970003-44-19
相ヒ侵　10970003-102-7
相ヒ愛重　10970003-102-10

相ヒ讒諂　10970003-110-8
相ヒ依レ　10970003-139-5
相ヒ娛樂　10970003-153-10
相ア(ヒ)値遇　10970003-156-19
相ヒ侵奪　10970003-160-14
相ヒ親附　10970003-160-19
相ヒ擁護　10970003-170-10
相ヒ謂　10970003-183-15
相ヒ連持　10970003-190-18
相ヒ隨　10970003-192-12
相ヒ紹襲　11000001-41
迭ニ相ヒ　11000001-56
相ひ稱ス(?)　11005003-②4
相ひ和して　11005003-③29
相ヒ待っ　11005003-③41
相ひ諍ひ　11005003-③45
互ひ(ニ)相ひ歡喜シ　11005005-①8
相ヒ　11005013-2

相ヒ競キヲヒ 11005025-8オ6
相ヒ對ハム 11005025-8ウ4
相ヒ觸フレ 11005025-13オ7
相ひ／「アヒ」(消)見ては／『レハ』(消)」 11005080-上2オ3
相ひ／「ヒ」「-」對(し)て／「ムカヘリ」 11005080-上6オ3
相ひ「ヒ」近(つき)て／「チカツイテ」 11005080-上6ウ5
相ひ／「ヒ」連(ね)て／「ツラネテ」 11005080-上15オ7
相ひ／「ヒ」害す／「ス」 11005080-上26オ5
相ひ／「ヒ」柱サ、ヘたり／「サ、ヘタリ」 11005080-上27ウ5
相ひ／「ヒ」繫け／「カケタリ」 11005080-上28オ5
相ひ／「ヒ」-連ナレリ／「ネタリ」 11005080-上28オ6

相ひ／「ヒ」覆(ひ)「テ」 11005080-上28ウ7
相ひ／「ヒ」通せり／「セリ」 11005080-上29オ1
互に／「ヒニ」相ひ／「ヒ」噉-食スルに／「スルヲモテ」 11005080-上30ウ3
相ひ／「ヒ」食して／「ス」 11005080-上30ウ4
相ひ／「ヒ」和しぬ／「シヌ」 11005080-上31ウ3
相ひ／「ヒ」救ふ／「フ」者もの／「ノ」无し／「シ」 11005080-上37オ1
相ひ／「ヒ」親(し)く(する)こと／「シタシフモノ」无し／「シ」 11005080-上37オ4
更に／「タカヒニ」相ひ／「ヒ」 11005080-上41オ1
相ひ／「ヒ」裏ツ、ミ覆(ひ)て／「ホヘリ」 11005080-上45ウ6
相「ヒ」煎「セラル、コト」 11005080-上46ウ1
相ひ煎せ被らる 11005080-上46ウ1

相ひ／「ヒ」連(去)-合せり／「シ」 11005080-上46ウ1
相ひ灌「火ン」／「ソ、キ」-注す／「ス」／「ソ、ク」 11005080-上53オ2
相「ヒ」次テ(たり)／「ツイ」「テタリ」 11005080-上54オ5
相ひ／「ヒ」當たり／「アタリ」 11005080-上54オ5
相ひ／「ヒ」和せること／「セリ」 11005080-上54ウ1
相ひ／「ヒ」見(る)こと／「コト」 11005080-上57ウ6
相ひ／「ヒ」去り／「サンヌ」 11005080-上58ウ5
相ひ隔(り)ぬれは／「ヌレハ」 11005080-上59ウ6
相ひ／「ヒ」見み／「ミ」 11005080-上65ウ2
相ひ／「ヒ」瞻「-」望す／「シ」

11005080-上65ウ3
相ひ開避すること／「スルコト」 11005080-上66オ3
相ひ／「ヒ」見(る)こと／「ミ(「コ」の誤か)ト」得む／「エム」者もの／「モノ」(あらむ) 11005080-上66オ4
相ひ／「ヒ」追(ひ)て／「シタカンテ」 11005080-上70オ5
相ひ／「ヒ」謂(か)た(り)て／「インテ」言く／「ク」 11005080-上70ウ5
相ひ／「ヒ」是_非すること／「スルコト」莫れ／「マナ」 11005080-上78ウ7
相ひ／「ヒ」是非すること／「スルコト」莫れ／「ナカレ」 11005080-上82ウ2
當に／「ニ」相ひ／「ヒ」與ふ／「フ」[當]しと／「シト」 11005080-上96ウ1
相「ヒ」_激「ケキ(ス)」 11020007-①35
當に(し)…相ヒ半ニスす 11020007-⑤46

令ヨ相ヒ壓ヲサシメ 11020007-⑧27
相ヒ接ッ、カセ 11020007-⑭8
不して相ヒ导(?·)礙サマタケ 11020007-⑱82
相ヒ接ツ、ケヨする 11020007-⑳37
相ヒ續して 11020007-⑳47
相ヒ合へり 11020007-⑳117
相ヒ附ツケテ 11050001-13
相ヒ附ケヨ 11050001-15
相ヒ折ワカチ 11050002-21ウ
相ヒ 11050002-65オ
相ヒ 11110001-22
相ヒ 11130001-③5ウ
相アヒ弃スタラレ 11130001-③13ウ
相「ヒ」反 11130003-①1
相ヒ博ツケヨ 11140001-1
相ヒ捻せよ 11140001-19
相「-」叉「アサヘて」 11140001-20

相ひ著ヨ 11140001-49
相ヒ觀看カンすと 11140007-⑪81
相ヒ映て 11200004-15
相ヒ稱カナフ 11200004-38
相ヒ見て 11200004-42
相「アヒ」_成して 11200015-⑤97
相「ヒ」半ハン 11200015-⑤142
相アヒ_間マシハテ「レリ」 11200015-⑤188
相「アヒ」付コトヲ ク(?·) 11200015-⑤229
相ヒ似たり 11200015-⑥28
相アヒ跓(去)サヘタル「サ、ム」 11200015-⑥71
不るを相ヒ捨離 11200015-⑦60
須し…相ヒ直アッ 11200015-⑧84
相アヒ釋(せ)む 11200015-⑩35
相アヒ連として 11200015-⑩66
相アヒ合て 11210001-①91, ②59
相アヒ合シて 11210001-①95
相ヒ立 11210001-②7

相アヒ叉ヘ　1121001-3-9
相ヒ　1122003-4
倶に相ヒ　1123001-②198
相ヒ繼(き)て　1123001-③144
相ヒ仍(り)て　1123001-③187
相ヒ繚マツヘ／メクレル／ミタレタルを　1123001-③438
相ヒ方(ふる)こと　1123001-③439
相ヒ禁約して　1123001-③555
相ヒ持つ　1123001-③562
相ヒ趁(り)て　1123001-③574
相ヒ距フセクことを　1123001-③609
相ヒ顧(み)て　1126001-③25
相ヒ逼惚(する)こと　1126001-③34
相ヒ率て　1126001-③46
遞に相ヒ勸メ告(け)て　1126001-③54
相ヒ承(け)て　1126001-③294
相ヒ謂(ひ)て曰ク　1126001-③357, ③392

更に相ヒ謂(ひ)て　1126001-③361
相ヒ助クル者もの　1126001-③423
相ヒ度(し)タマヘトイフ耳　1126001-③481
令…相ひ(?)著け(?)　1128005-24
相ひ叉つて　1128005-25, 26
相ひ合せ　1128005-27
相ひ合せよ　1128005-30
相ひ鈎せよ　1128005-43
相ひ叉つ　1128005-58
相ひ合せて　1128005-58
相ヒ授セシムルニ　1128014-①213
相ヒ觸ル　1128014-①307
相ヒ踵　1128014-①494
不相アヒ干ヲカサ　1128014-②330
相ヒ觸フレ　1128014-②333
相ヒ持(チタマ)ヘリ　1128014-④138
相ヒ待(ツ)コトヲ　1128014-④155

相ヒ送出ス　1130001-⑧3
相ひ釣(ケ)よ　1131004-14
相ヒ弔(弔)トフラフテ　1134003
相ヒ半ハナル　1134007-②26オ6
相ヒ離　1134007-②33ウ4
相ヒ謂テ曰　1134007-③2ウ2
相ヒ對ハム　1134007-③9ウ5
相ヒ觸レ撃ツ　1134007-③15オ6
相ヒ接マシハル　1134007-④3ウ3
相ヒ戒イマシムルニ　1134007-④21ウ6
相ヒ著ツクル　1134007-④62ウ7
相ヒ次ツ、ケリ　1135010-9-1
相ヒ當タリ　1135010-9-1
相ヒ累ナレリ　1135010-21-2
相ヒ似タル　1135010-24-5
相ヒ過　1137003
相アヒ接せるなり／ツケルナリ　1138001-⑯84-7
相アキ篡殺　1145006-17

相アヒ攻セメ　11450006-22
相アヒ攻セメムト　11450006-22
相ヒ并アハス　11450006-25
相ヒ與トモニ　11450006-27
推轂アヒタスケて　相扶　11505075-⑭88-6
相アヒ聚結イハミテ　11505075-⑭112-3
相ヒ織　11505100-444
相與ニ　11505100-589
相ヒ捻して　11550003-22
相-對ムカヘトモ　11550009-4ウ7
無ヲハ相アヒ-愁ウレヘ　11550009-12オ7
人ヒト二相ヒ娯一タノシハム　11550009-16オ4
竝ニ相ヒ-語カタラフテ　11550009-21ウ7
相ヒ-語カタラフテ　11550009-21ウ7
相ヒ競キヲヒ　11550009-22ウ5
相ヒ-對ハム　11550009-22ウ7
相ヒ_違タカフ　11550009-24オ1
相ヒ_要タフ(上平)　11550009-48ウ4

相ヒ對て　11580001-14
相ヒ叩ク　11580001-98
相(ア)ヒ拵テウチ襲カサネ　11630001-①39
相(ア)ヒ繼ツケリ　11630001-①299
相(ア)ヒ_舍ヤトラム　11630001-①492
相(ア)ヒ執トリ觸フルニ(「ニ」は「、」の誤か)　11630001-②86
相(ア)ヒ泣ナ、(「、」は「キ」の誤)　11630001-②166
相(ア)ヒ調ト、ノフルに　11630001-②201
相(ア)ヒ繼ツイテ　11630001-②271
相(ア)ヒ覗　11630001-②335
相(ア)ヒ繼ツク　11630001-②396
相(ア)ヒ_趁　11630001-③50
相(ア)ヒ_屬ツケリて　11630001-③57
相(ア)ヒ_屬ツラナレリス　11630001-③83
相(ア)ヒ_繼リ　11630001-③283
相(ア)ヒ趁て　11630001-③438

互カハル、、、相(ア)ヒ　11630001-③447
更コモ、、相(ア)ヒ譏ソシリアサワラフ　11630001-③474
相(ア)ヒ覗ミム　11630001-④45
相(ア)ヒ覗ミテム　11630001-④66
更カハル〱相(ア)ヒ　11630001-④109
相(ア)ヒ_侵オカスコトヲシ　11630001-④214
互(ニ)相(ア)ヒ　11630001-⑤227
相(ア)ヒ顧(カヘリミ)ルコト　11630001-⑤289
令相(ア)ヒ摧(クタ)カシメ　11630001-⑤440
相(ア)ヒ召て　11630001-⑥258
相(ア)ヒ幢ツイテ　11630001-⑥268
相(ア)ヒ貿-易セムト　11630001-⑥281
相(ア)ヒ仍シキリナリ　11630001-⑥295
相(ア)ヒ陵ノカムト　11630001-⑥395

相(ア)ヒ蔭カクシ　11630001-⑦12
相(ア)ヒ謂　11630001-⑦85
相(ア)ヒ謂て　11630001-⑦175
相(ア)ヒ残害　11630001-⑧22
相(ア)ヒ黨(上)授(去)　11630001-⑧180
相(ア)ヒ_舍ヤトルコト　11630001-⑧184
相(ア)ヒ卒　11630001-⑧403
相(ア)ヒ繼ケリ　11630001-⑧430
更カハル、相(ア)ヒ　11630001-⑧472
相ひ　11640001-②72
相ヒ累カサネテ　11705071-7
相ヒ混シ　11705071-17
相アヒ副ソヘテ　11860003-47
相協カナハ、　11860003-157
相(ヒ)共ニ　11970004-3ウ6, 11ウ6
相(ヒ)與ニ　11970004-7ウ4
相ヒ携タツサハレ(「レ」は「ン」の誤)テ　12140002-⑪25

相ヒ携タツサハテ　12140002-⑪59
相ヒ拘カ、ヘ繫ツナキタレハ　12140002-⑪63
相ヒ資ケ渡ス　12140002-⑪67
相ヒ告ケ語ル　12140002-⑪72
相ヒ召命シテ　12140002-⑪73
相ヒ與トモニ　12140002-⑪77
更カハル〱相ヒ　12140002-⑪79
相ヒ逼メハ　12140002-⑪86
相ヒ從(ヒ)テ　12140002-⑪103
相ヒ顧(ミ)テ　12140002-⑪104
相ヒ議シテ　12140002-⑪107
相ヒ間マシハレリ　12140002-⑪292
相ヒ間ヘタ、(リ)テ　12140002-⑫145
相ヒ尤トカム／アヤシムコト勿(レ)　12140002-⑫181
相ヒ助(ケム)こと(ヲ)　12140002-⑫347
相ヒ_遇フ　12140002-⑫420

相アヒ　12410003-1-2
相ヒ　12410003-2-22, 35-7
相ヒ怨ウラむ　12410003-4-11
相ヒ遇ヒ　12505010-105
相ヒ似タリ　12505010-126
相ヒ尋　12505010-253
相ヒ贈　12505010-259
相ヒ(?)逢　12505010-264
相ヒ合　12505010-273
相ヒ望マ　12505047-11
相ヒ竝ナ(ラヒ)て　12505047-22
相ヒ與トモニ　12505072-14
相ヒ讓ル　12505072-18
相ヒ會ハムコト　12510006-25-12
相ヒ看ミル　12510006-54-14
相ヒ承(ケ)テ　12840003-①4ウ6
相ヒ沿ヨテ　12840003-①9ウ1
相ヒ比　12840003-①11オ7, ①23オ3

相ヒ去 12840003-①11ウ5
相ヒ與ル 12840003-①14オ[illegible]
相ヒ慶賀 12840003-①15ウ2
相ヒ逐 12840003-①30ウ7
相ヒ啜ス、ル 12840003-①34オ3
相ヒ副ソヘテ 12840003-①36ウ1
相ヒ顧 12840003-①37ウ2
相ヒ尊 12840003-①37ウ6
相ヒ形 12840003-②5オ5
相ヒ問フ 12840003-②15オ5
相ヒ約シテ 12840003-②15オ6
相ヒ事ツカマテ 12840003-②15ウ5
相ヒ淫 12840003-②21ウ7
相ヒ活 12840003-③6ウ5
相ヒ侵伐 12840003-③9ウ1
相ヒ遇アエリ 13440001-2オ
相ヒ逢フて 13440001-5オ
未シテ相ア（ヒ）識サトラ 13440001-7オ

相ヒ弄モテアソハム／ソフ 13440001-13オ
相ヒ弄フ 13440001-20ウ
相ヒ將トモニ 13440001-27オ
相ヒ輕アナツル 13440001-27ウ
相ヒ配アタレハ菅 13440001-28オ
相ヒ配ナラヒテ 13440001-28オ
不ス相宜ヨ（カラ） 13440001-31ウ
相ヒ接ハル 13440001-32ウ
共トモニ相アヒ 18400001-⑦7-17
相アヒ撲ウチ 18400001-⑤5-29
相ヒ扠トラヘ 18400001-⑤5-29
〔胥〕29406
胥ア（ヒ）惑ウ（レフ） 09505003-3
胥ア（ヒ）斷タチ 09505003-3
胥アヒ悅フ 10990002-⑨305
胥（平）アヒ怨ミツ、 11630001-④215
胥アヒ皆 12110002-12
〔逆〕38849

「逆アヒ」戰「フ」 11505075-⑭63-6
〔面〕42618
面アヒ言カタラフ 11420003-⑫9ウ

アヒアタル（相當）
〔配〕39771
配アヒアタレハ 13440001-28オ

アヒオクル（侍送）
〔侍送〕00589 38842
侍_送アヒオクル 12360002-5オ3

アヒクチ（齗脣）
〔齗脣〕48626 29526
齗ケン_脣トアイクチニ 11340007-①45ウ3

アヒサカフ（相逆）
〔遇〕38991
遇アヒサカフ「アヒサカフ」 10240002-②22ウ1

アヒダ（間）→アヒダス、カヨフアヒダ、シマラノアヒダ

〔上〕00013
路の上アヒタ　10005008-㉔222
路上アヒタ　11005115-㉔222
〔中〕00073
中ヒタに　08580002-67
一日一夜の中アヒタに　10505019-㉑17
修スル中アヒタに　11210001-②23
中アヒタニ　11505066-1
於中コノアヒダニ　18400001-②13-9
〔中間〕00073 41249
中間アヒタに　13440001-12ウ, 32ウ
中間アヒタに　13530006-18-10
中ノ(「ノ」衍か)間アヒタニ　13530006-46-7
〔交〕00291
海ノ交アヒタ(ニ)ホトリ　12140002-⑪272
〔來〕00581
夜ノ來アヒタ　11130001-④10オ
來アキタ　11360001-20オ

〔哉〕03596
哉アヒタナリ　11360001-30ウ3
〔會〕14306
會アイタ　11450006-6
〔比〕16743
比コロヲヒ「アヒタ二」「ナラヒ二」　11200015-⑤246
〔纔〕28070
纔アヒタニ　11280014-③64
〔間〕41249
間(ア)ヒ(タ)に　08505020-19-12
間(ア)ヒ(タ)　08505020-22-15, 31-14
輪圍山ノ間アヒタに　10250001-37
間アヒタヨリ　10250001-58
然シカル間タ　10505007-1-4
之間タ　10505007-11-5
一兩日之間タ　10505007-13-4
沈(平)チン吟(平)スル之間　10505007-28-1
擬スル首途トセム之間ニ　10505007-28-5

未サル到キタラ間ニ　10505007-31-1
令シ(ム)ル和ワセ…之間ニ　10505007-34-1
而ル間タ　10505007-34-2
然ル間ニ　10505007-36-3
擬スル…之間タ　10505007-38-4
騷-動之間タ　10505007-44-7
祒テイシ侯コウ之間タニ　10505007-48-5
相ヒ防フセ「□」(消)ク之間　10505007-49-1
…之間ニ　10505007-50-5
…間ニ　10505007-51-7
一七日之間ニ　10505007-58-6
而ル間ニ　10505007-59-1
相ヒ尋ヌル之間ニ　10505007-60-1
ノ間アヒ「タ」に　10505024-56オ7
須臾の間に　10820003-②434
(の)之間に　10820003-②795
時の間に　10820003-②801

間タ 11005002-4
遊フ伊浴ノ間ニ 11005025-10ウ4
瞑(平)メイ反／「メイ」「ヒシク」目(入)「ヤ
(「モ」の誤か)ク」「メヲ」(の)之間は／「ア
ヒタハ」 11005080-上47ウ7
の／「ノ」間に／「タニ 11005080-上54ウ3
一念の間ヒタ(ならく)耳ノミ 11030006-③8ウ
葉間タニ 11080001-10
須臾ノ間タ 11080001-12
間ア(ヒタ) 11130001-③13ウ, ③13ウ
峯の間タは 11140007-⑤105
不れ間アヒタニ(「ニ」は「マ」の誤)
「アヒタ、(?)」 11200015-④159
間タヨリ 11205001-9
之間ニ 11230001-②363
須臾の之間に 11260001-③42
其の間に 11260001-③293

天地之間タ 11340007-②40ウ2
間「タ」 11340007-④43ウ5
頃「コノコロ」日間「タ」 11340007-④44ウ2
花幢之間アヒタニ 11350010-5-1
ノ間ニ 11350010-9-1, 20-6
葉ノ間ニ 11350010-9-4
於其ノ間ニ 11350010-12-4
ノ間タ 11350010-13-6
花ノ間ニ 11350010-14-7
蓮ノ間ニ 11350010-16-5
間(ア)ヒタ(ニ) 11350010-36-3
間アヒタ 11360001-10ウ1
間アヒタ 11390003-19オ
間タ 11640001-②100
頃コロ年トシ之間 11860003-18
姻イウ婭エン之間 11860003-32
賀茂ノ祭リノ間ニ 11860003-101
如此之間タ 11860003-102

戀ヘン(「レン」の誤か)鬱ウツ之間 11860003-104
俗ソク骨コツノ之間(ニ) 11860003-119
悚セウ歎タンノ之間アヒタ 11860003-188
御節之間 11860003-228
間タ 12150002-7
間タ 12505019-1ウ
間ヒタニ 12505020-㉓1
間タ 12505047-55
間タ 12840003-①17ウ7, ②12オ4
間タ 13440001-19ウ
間ア(ヒタ) 13440001-37オ
間アイタ 13860001-14-6
〔際〕41820
際アヒタニ 08505007-①27-8
際アヒタ 08505007-②4-7
際アヒタ 09890001
際ア、、(「、、」は「ヒタ」)に

10165001-①262-5
際アヒタ 10165001-④2オ1
耳の際「アヒタ」に 10350001-22オ2
鬱ウッ悒ハウ之ノ際アヒタ 10505007-49-6
の際は 10820003-②717
際「アヒタニ」 10820003-⑥387
際「アヒタ」 10830001-11
名(平)實(入)之ノ際アヒタ
10990002-⑧175
際ア(ヒタ) 11130001-③13ウ
臨ム訣する之際アヒタニ 11130005-53オ
際アヒタに 11140007-⑤112, ⑥61
北隅の際「アヒタ」に 11200015-⑤221
四維の際(上)は「アヒタ」 11200015-⑥75
際(アヒ)タ 11340007-④28ウ4
際アヒタヲ 11550009-51ウ1
屬(入)纊(入)之際タ 11580001-113
際ア(ヒタ)に 11630001-①32

際アヒタ 12110002-1
際アイタ 13860001-19-6
際アイタ 14870001
〔頃〕43338
頃アヒタ 08105001-290
頃間也 08105007-上序
頃間也 08105015-上序
暫頃アヒタ 08105015-中19
一念の頃も 08305011-183-4
頃間ノ の 08505020-45-7
頃アヒタニ 10630004-①515
刹那の頃アヒタニ 10630004-②517
呼(平)コ吸(入輕)キフ(ノ)之頃アヒタ
10990002-⑨145
七時の頃(あひ)た 11005080-上27オ1
經ふる/「ヘテ」頃(あひ)た
11005080-上27オ1
頃に/「アヒタニ」 11005080-上48オ1

頃タニ 11640001-②33
頃アイタ 13860001-29-6
〔頃間〕43338 41249
頃間モ 08505020-43-11
〔項〕43343
項アヒタ 10505001
一念の項アヒタに 10505003-⑥12
項アヒたに 10505019-⑱3
項ア(ヒタ)に 10505019-⑲11
項アヒタニシテ 10505024-42オ3
項「アヒタニ」に 10740001-⑪26, ⑪33
項アヒタ 10790002-8オ6, 10ウ2
項アヒタ 10870001-⑤71
項アヒタニ 10880002
項(ア)ヒタ 11020007-⑮35
項アヒタ 11070003-②8
項アヒタナ(ラク)耳 11140007-⑮151
項タ(「ア」の誤)ヒタ 11230003-①16

項アヒタ 11230003-③15
項アヒタ 11260001-⑨155
項アヒタ 11360001-21ウ2
項アヒタ 11360002-②18
項アヒタニ 11505084-1-20
項アヒタに 11510005-①4
項アヒタニ 11630005
項アヒタ 12860001-③61ウ3(頁6)
［補讀］
須‐臾のアヒタニ 10630004-②508

アヒダアリ(間)
〔間〕41249
間(あひ)タアラ不す 10790001-下27ウ

アヒダクミ(同巧)
〔同伴巧者〕03294 00475 08721 28853
同伴巧者アヒタクミ 11505075-⑭100-1

アヒタゲヒト(共食者)
〔共食者〕01458 44014 28853
共食者アヒタケ人と 10005008-㉒273
共食者「アヒタケヒト」 11505075-⑭101-6

アヒダス(間)
〔間〕41249
不スシテ間アヒタセ 11320001-42

アヒダム(間)
〔間〕41249
無キ間アヒタむこと 08305001-④66-5
無(く)して間むこと情に 08305001-⑩203-19
間み 08305011-135-3
不され令間「アヒタ(マ)」 10100002-50
不す間アヒタマ 10930009-⑪24ウ
不れ間アヒタマ 11140007-④43
不れ間アヒタニ(「ニ」は「マ」の誤か)「アヒタ、」 11200015-④159
不レ令間アヒタマ 11220003-7
不令間タマ 11280003-2
相續(し)て不れ「れ」間「アヒタ」マ 11300014-④19
不間アヒタマ 11505009
間アヒタムこと 11505009
不間(アヒ)タマ 11850004-④60
間アヒタムこと 11850004-⑩26

アヒナジル(諸見)→トヒナジル

アヒノゾム(相)
〔望〕14368
望相望メリ 11505075-⑭71-5

アヒフ(相言)
〔交好〕00291 06053
交好二字アヒフ 08505007-①11-3
〔共言〕01458 35205
不‐與‐共‐言アヒ、マツラス(平上平上上上平) 12360002-8ウ8

アヒマトフ(相纏)
〔絞〕27421

紋胡交反 アヒマトフソ 11300014-⑬17

アヒミル（魘）

〔魘〕37790

魘アヒミル 11360001-42ウ2

アヒムコ（相婿）

〔姻娅〕06250 06441

姻娅アヒムコ之ノ中ニ 10505007-36-7

アフ（合）（四段）→アヒ、マアフ、マウ

アフ、マウデアフ、マヰアフ、メグリアフ、ヨニアハズ

〔中〕00073

如人中アヘルカ毒 10700004-64

中アフ 11450001-㉑24オ8

〔交〕00291

交於男アハム 11420003-⑮5オ

交戰相也 11505075-⑰144-1

〔併〕00561

帀併メクリアヒナム 08505007-①8-5

〔値〕00786

に値フ 08305011-191-4

値アハムこと 08505020-44-3

値ハム 08505020-44-19

値へると 08705001-②19

値アヒヌ 10505024-3オ4, 4オ2

値アヘリ 10505024-13ウ2

値アヒタテマツル 10505024-21ウ4

値ヘリ 10505024-22オ4

値アフコト 10505024-49オ7

値アヘ（命令形） 10640005-①7ウ

値アヒ 10790002-8オ5

値「アフ」 10820003-④119

難値アヒ上ルこと 10870001-③513

難値アフこと 10870001-③518

値アヘリ 10870001-⑦307

値フ 10970003-105-2

値ヒ 10970003-154-14

値（ㄟ）るか／「ハムカ」如しと／「シト」 11005080-上66ウ7

値「アフ」ふヘシト「アヘト」 11200015-④87

値「フコト」「コト」 11200015-④291

値「アフヘシト」（ひ）てす（ㄟ）しと（いふ）者「は」 11300014-④16

値アフ 11340007-④16ウ7

値アフ 11360001-22オ3

値アフ イ本 11550009-45ウ6

相値ハムト 11640001-②107

値フヘシ 11850004-④34

値アヒ恩ヲンニ 11860003-17

不ス値ハ 12150002-9

不値アハス 12360003-下序

値（ア）ヘリ 12360003-下1

値アフ 12860001-③61オ5（人4）

値ヘリ 13440001-28オ

不値アハ 13440001-33ウ

値アウ　13860001-30-4
〔偶〕00899
偶アヒテ トモナヒテ　11260001-⑨243
偶アヘリ　12140002-⑫487
〔博〕02761
博アヒ著よ二頭指の側を
10560001-563（存疑）
〔合〕03287
雲クモリ合アヒテ　08505007-②24-5
合へ（リ）　08505020-8-7
合アヒ　09005007-8
合アフ　09480002-9ウ7
合アヒ　09480002-31オ3
合ヒて　09505020-154
合ヒ戰タ、カフ　09505020-280
合ヒ戰タ、カハムト　09505020-341
合ヒ戰カフニ　09505020-416
合アヘり　10005008-㉒180

不合アハ　10080002-②127
擊ウチ合アヒヌ　10505007-22-4
合へり　10570001-19
合アハムコトヲ　10730001-⑨10オ10
合アヒヌルときに　10820003-②355
〻（合）し／「ヒ」已（りぬ）れは／「ヌレハ」　11005080-上20オ7
合す／「アヒヌ」　11005080-上20オ7
合へり　11005115-㉒180
相ヒ合へり　11020007-⑳117
合ア（フ）　11130001-③5オ，④16ウ
合アヘリ　11160007-③157
但「タ、」合タトヒ（アヘ）「ルニハ」　11200015-④286
合へり　11230001-③235
合ヒ　11230001-③546
四もに合へり　11260001-③156
合へり　11350010-48-2
合アハム　11450001-㉑14オ7

合アフ　11450006-25
合アフテ　11450006-25
合アヒナマシ　11505073-17オ
合アフ　12140002-⑪36
合フ　12505010-318
合アフハ　12505019-43オ
合アウ　13860001-14-5
〔和〕03490
鬩アヒ和（す）ると アハムニ　10690002-41
〔媾〕06597
媾アヘル　10505030-325
〔將〕07438
遇ヒ將アヘルカ一日ニ　11280014-④136
〔屬〕07821
屬アフ　11630001-②476
屬會也（ヒ）　12140002-⑫175
屬アヘリ　12140002-⑫557
〔鬩〕09067-01

鬮アヒ和(す)るとアハムニ　10690002-41
〔會〕14306
圍カコミ會アヒ　09480002-31オ3
會アフ「(去)クワイ反　ス」　09505020-22
會(ア)ヒテ　09505020-279
會「ヒキ」　10820003-⑨724
會アヒ『タマ、、』遇アフ　10870001-④104
會アヒ　10990001-3ウ
會して／「アンテ」　11005080-上66オ5
會フテ　11130005-5オ2
會アフ　11360001-10オ2
會アフテ　11380002-西22オ
會アフテ　11450006-26
會ア(フ)　11505075-⑭89-3
會アフテ　11630001-①27
會アヒ遇アヘリ　11630001-⑦130
會アヘリ　12140002-⑪75
相ヒ會ハムコト　12510006-25-12

會ヒヌ　12840003-②16オ7
會ヒ難ク　13440001-33オ
會アフ　13440001-36ウ
會アウ　13860001-14-2
〔期〕14378
難カタイことを期アヒ　11420003-⑮16ウ
期アフ　12860001-③67オ1(月49)
〔澮〕18405
水「の」澮「アフ」也　11340007-④69ウ3
〔直〕23136
に直アフ　08505020-21-4
〔相〕23151
參相ヒヌル　08305004-299
相フ　10970003-66-1
相アヒ　11210001-②50
相アハシメム　11210001-②53
使…相アハ　11340007-①34ウ6
相アフ　11360001-10ウ2

相アヒ逢アフて　13440001-5オ
相アヒ遇アエリ　13440001-20オ
相アウ　13860001-15-1
〔符〕25935
符アフ　12005022-11オ1(6-4), 43ウ5(42-5)
符アフ　12860001-①11オ6(6-4), ③14ウ3(49-10)
符ア□(フ)　12860001-②18ウ6(42-5)
〔經〕27508
經アヘ(「ヘ」は「ヒ」の誤か)シカトモ　11280014-④83
〔被〕34222
被アヒて風に　11505075-⑳181-7
〔見〕34796
見ひ「遇也」　08305001-⑤81-15(上欄外)
不肯參見マヒアヒタウハス　11505075-⑪33-2
不奉見マヒアヒタマハス　11505075-⑪34-1

〔逐〕38877
逐アヒヌ シタカフ又カナヒヌ　11630001-⑧451
〔逢〕38901
難キ逢フこと　08305001-①5-17
に逢へりと　08305011-173-2
逢フ　08305011-191-8, 191-9
逢アへり　08505014-55
逢ハム　08505020-45-1
逢フ　08505020-45-3
逢アヒヌ　09005007-7
逢へは　09480002-35ウ1
逢へり　09505020-111
逢フ　09505020-350
難逢アヒ　10505003-①100
難し逢アヒ遇マウアフこと　10505003-⑩2
相ヒ逢アフ期　10505007-11-6
不逢アハ　10505007-13-5
不シテ逢アハ　10505007-15-6

逢アヒヌ　10505024-6ウ4, 7オ3
逢アフテ　10505024-16ウ2
逢阿不(平上)　10790002-5オ2
逢あゝるか／「アヘルカ」如くして／「キナリ」　11005080-上2オ3
逢アヘトモ「アヘトモ」　11005080-上25ウ5
逢(ひ)て／「アムテ」　11005080-上25ウ6
逢(ひ)ぬれは／「アヒヌレハ」　11005080-上40オ4
逢アへり　11130001-③18ウ
逢アフ　11130001-③22ウ
不逢アハ　11130001-④6ウ
ニ逢ヒ　11230001-③497
逢(ふ)…に　11260001-③67
逢へり　11260001-③230
不逢ア(ハ)　11390003-10オ
逢アヒヌ　11420003-㉑4オ
逢アヘル　11450001-㉒18-7(10)

逢へは　11505075-⑪21-4
逢へり　11505075-⑭81-4
不す逢アハ　11510005-①62
逢ヒ遇フコトヲ　11580001-24
逢アフ　11630001-①59
逢アフテハ　11730001
逢ヒヌ　12140002-⑪14
逢へり　12140002-⑫118
逢フ　12140002-⑫356
不逢アハ　12360003-下序, 下序
相逢ヘルコトヲ　12505010-264
逢アハムコト　12505019-32オ
逢アヒ尓計流鈍カナ　12505021-2
逢ひ　12505035-46ウ1
逢アヒ　12510006-27-1
逢アフ　12860001-③10ウ2(49-1)
逢アフニ　13440001-8オ
〔連〕38902

連アへり　10005008-㉔244
連李生アヘルウヘキ也　10020001
連アへり　11005115-㉔244
〔逯〕38985
逯アヒヌ　08505007-①14-5
〔遇〕38991
遇ヒ會(ひ)ヌ　09505020-276
遇マウアヒて　10005008-㉒384
遇アフて　10200001-③18オ1
遇アへは　10200001-④19ウ1
不すは遇アハ　10240002-②12オ7
遇アムテ　10250001-7
遇アヘラム　10450001-72, 72(朱點)
遇アヘラは　10450001-284
遇アフ者　10460002-9, 22
遇アヘル　10505007-22-6
遇アフニ アフテ　10505024-7オ2
遇アヒヌ　10505024-7ウ5

譬タトヘハ如(く)す世の人の遇アフテ大苦逼セ□□〈ラレ〉て　10570002-1ウ
遇アヒナカラ　10700004-36
遇「アヘル」るに　10740001-④11
遇「ヘハ」　10740001-⑦7
由「ヨテ」中「ヨリ」遇「アフニ」　10740001-⑬107
遇アハ不は　10790001-上5ウ
遇アフ同誦　10790002-8オ5
に遇「アフ」ふ之　10820003-②128
遇「ハ」(は)不ときには　10820003-②193
遇「アフ」(ふ)ときに　10820003-②200
遇アヘトモ　10820003-②354
過(遇)「アフ」きぬれ／「スクレハ」者は　10820003-②360
(に)遇「アテ」　10820003-②720
遇「ア」(ひ)て　10820003-③620
遇ヒ　10820003-④186

遇アヘルに因(り)て　10820003-④639
遇「アフコト」　10820003-⑥245
過(遇)フ　10860002-32ウ2
遇アフ「タマヒキ」　10870001-①225
遇アヘラハ　10870001-①385
遇アヘレトモ　10870001-③137
會アヒ『タマ、、』遇アフ　10870001-④104
遇ア(?)(フ)　10970003-80-14
遇ヘル　10990001-10オ
相ヒ遇アフコト之　10990002-⑩213
遇へとも／「ヘレトモ」　11005080-上38オ1
遇(ふ)こと／「フコト」　11005080-上38オ1
遇(ふ)こと／「ヲ(「ア」の誤か)フコト」「モ」難し／「シ」　11005080-上64ウ6
遇マウアヒ　11005115-㉒384
遇ヘル　11130001-③17オ
不遇ア(ハ)　11130001-④13ウ
遇フトミルナリ　11140007-⑤27

遇「ルニ」「ヘル」　11200015-④290
遇ナリ「アフトミル」ふ　11200015-⑤44
不遇アハ　11210001-②70
遇アヒ囑ミキ　11260001-⑦368
遇ふ…者もの　11280005-36
遇ヒ將アヘルカ　11280014-④136
遇アフふ　11310004-4
難遇アヒ　11340007-②3オ1
不遇アハ　11340007-④18ウ6
遇「ヘリシニ」　11340007-④50オ6
遇「アフトミル」　11340007-④50ウ1
遇「ヘル」　11340007-④53ウ2
遇ヘリ　11350010-42-7
遇アフ　11360001-23オ2
遇ヘルナリ　11505073-16ウ
遇アフ　11505084-7-3
遇アテ　11505084-7-5
遇フコト　11510005-⑥233

過(遇)フ　11550009-29オ6
遇アフ　11550009-31ウ1, 57ウ7
遇マヒ(平上)アフ／アフ　11550009-42ウ4
遇アフ者ハ　11550009-53ウ6
不サラマシカハ遇ハ　11550009-58オ3
逢ヒ遇フコトヲ　11580001-24
有テ遇フコト　11580001-75
遇(ア)ヒヌ　11630001-③64
遇アヒ□　11630001-⑤297
會アヒ遇アヘリ　11630001-⑦130
遇アヒ　11630001-⑧65
遇(ア)ヘリ　11630001-⑧473
遇アフ　11850004-①49
遇ハムときには　11850004-⑪11
遇アウテ　11860003-185
遇アヘハ　11980001
遇マヒアヒナハ　11980001
遇アヒヌ　12110002-4

相ヒ遇フ　12140002-⑫420
遇アフ　12230001-37ウ
遇アヒ　12410003-14-1
不遇アハ　12840003-③14オ2
遇アツテ　13080001-1
遇フテ　13440001-21オ
遇アフテ　13440001-30オ
難遇アフコトヒ　13440001-32ウ
難遇ヒアフコト　13440001-32ウ
難…遇ヒ　13440001-36ウ
遇アウ　13860001-31-4
遇アフ　18400001-②11-14
値遇アヒタテマツル　18400001-⑥2-15

〔過〕39002

過「アフテ」　10820003-④177

〔遘〕39031

遘アヘリ　10505030-241
遘アヒヌ　11050002-20オ

遘アフ疾 11130005-78オ
遘アフに 11340002-①14
遘アフテ 11630005
〔遭〕39082
難し遭フこと 08305001-①9-8, ①9-15
難しといふ遭フこと 08305001-①9-13, ①9-19
難しと遭フこと 08305001-①9-22, ①10-2
遭(あ)ヒ 08505014-89
不遭ア(ハ) 09480002-7ウ
遭アフて 10450001-65
遭アヒ 10450001-70
遭ア(へ)ラム 10450001-76
遭アフこと 10505003-⑧14
遭アヘリ 10505007-45-1
遭アハムに及(ひて) 10790001-下12ウ
遭アフトモ 10790001-下13ウ
遭アフを 10790001-下28オ

遭アヘトモ 10790002-6オ5
遭ヒ 10970003-161-3
遭ヒタリ 10990001-22オ
遭アフ害ニ者ハ 11005025-10ウ7
遭(ひ)ては／「アヘルヲハ」 11005080-上34ウ3
遭アヘルコトヲ 11130001-③1ウ
不遭アハシ 11180009
遭アフ 11200004-6
遭アハ、 11280014-③427
遭ヒ會テ 11280014-④145
遭「アヘリシニ」 11340007-④57ウ3
遭アフ 11360001-14オ4
遭アヘ(此下「リ」脱か)シニ兇モニ 11550009-50オ2
遭(ア)フ 11630001-②347
遭アフは 11630001-③39
遭ア(フ) 11630001-③82

遭(ア)ヘリ 11630001-⑦349
不こと遭アハ 11630001-⑧67
遭(ア)ヒ 11630001-⑧577
遭アフ 12005022-13オ5(11-1), 16ウ1(19-1), 19ウ5(32-2), 27オ4(36-1), 45オ5(43-7), 47ウ2(44-5), 50オ4(45-4)
遭アハム 12140002-⑪66
遭アフテ 12360003-下6
遭アヘリ 12505019-14ウ
遭アフ 12505019-56オ
遭アフテ 12840003-②20ウ4
遭アフ 12860001-①14オ3(11-1), ①22オ3(32-2), ②20ウ4(43-7), ②23オ6(44-5), ②26ウ4(45-4), ③4ウ2(46-10), ③5ウ2(47-7), ③16オ4(51-1), ③20ウ4(52-1), ③25オ6(53-4), ③29ウ1(54-9), ③36ウ2(56-7), ③42ウ4(57-7),

③50ウ2(58-7), ③55ウ5(59-9),
③58ウ3(60-9)
遭アウ　13860001-19-5
〔鎔〕40704
鎔造アヒイタセリ　11420003-⑮17オ
〔離〕42140
離ア(へ)る　09480002-1ウ4
離アハシム　10730001-⑩36-5

アフ(和)(下二段)
〔和〕03490
和アヘナムコト　11730001
〔并〕09170
并アヘム　11360001-11オ3

アフ(敢)(下二段)→アヘテ、トリアフ
〔不〕00019
不アヘサラマセ　08105005
〔堪忍〕05266 10312
不すして堪忍アヘ　08305001-⑩197-4

〔忍〕10312
忍アヘ　08340001
〔敢〕13260
敢「アヘムヤ」矣　11005080-上1オ5
何イカ、敢アヘム　11860003-235
〔易〕13814
不す易アヘ「カ(ヘ)」前(さ)きの印相を　10100002-43
〔肯〕29311
肯阿へ天　08105007-上32
肯アヘ　08105023-49-15
不す肯アヘ　08510001
不ス肯アヘ　10505043
肯アフル者無(シ)　11160007-②259

アフ(饗)(下二段)→アヘシラフ、アヘス、ノアフ
〔設〕35293
欲設アヘタマハムトシテ　11505075-⑭101-6

〔食〕44014
食アフ　11390003-4ウ
〔饌〕44386
饌アフル　11630001-⑤144
〔饗〕44431
饗アヘ給　10005008-㉒272, ㉒339, ㉔37
饗アヘタ(マフ)　11005115-㉒272, ㉒339, ㉔37
饗アヘタマフ　11420003-㉓6オ, ㉓10オ
饗アヘタマフ　11505075-⑪23-5, ⑭101-8
野饗ノアヘムト　11505075-⑭68-5
不(し)て饗アヘタマハ　11505075-⑳167-1
禮キヤマヒ饗アフ　11505075-⑳168-6
禮キヤマヒ饗アヘタフ　11505075-⑳168-6

アブ(虻)
〔虻〕32835
蚊モンカ虻マウアフヲ　10505007-14-7
虻アフ蛇ヘミ等の　10790001-下5ウ

蚊虻アフハヘ（「ヘ」存疑） 10990001-8オ
虻アフ 11505075-⑭72-4

〔䖟〕32836
木䖟和名於保安不又キアフ 11505004-①75オ3

〔䖟蟲〕32836 33633
䖟蟲アフ 11505004-①47オ2

〔蜘〕33134
蜘アフ（平上）字也 11260001-⑨501

〔蜚䖟〕33138 32836
蜚䖟和名古阿布 11505004-①75オ3

〔蝈〕33217
蝈安父（平平輕） 10790002-3ウ5

〔蝱〕33318
蝱アフ 12005022-19オ3(31-5)
蝱アフ（平上濁） 12005022-49ウ7(45-1)
蝱アフ 12860001-①21オ6(31-5), ②26オ5(45-1), ③20オ4(51-10), ③32ウ1(55-7), ③38オ2(56-10), ③42オ3(57-7)

アブ（編）

〔纂〕28012
纂アハム 12230001-51オ

アフギ（合歡）→カラスアフギ

〔合歡〕03287 16242
合歡のアフキ 13440001-35オ

［参考］
射干和名加良須安不岐（〇上平上上平） 11505004-①65オ3

アフギ（扇）

〔扇〕11743
扇安布伎 07905001-71-5
扇訓安布技 07905001-158-2
扇キ 11380002-地42ウ
扇 11860003-80
扇アフキ（平平平濁） 12005022-17オ5(19-1)
扇アフキ 12860001-①19オ1(19-1)

アフギメ（仰目）

〔望陽〕14368 41725
望陽アホキメナリ 12780002-8

アフグ（扇）（四段）

〔扇〕11743
鼓打也扇アフク 09505020-462
扇フケリ 09505020-501
且かつは誦且かつは扇アフけ 10350001-7オ4
扇アフイて 10350001-10ウ8
扇アフイタテマツル 10505024-19ウ5
扇ク 11230001-③258
扇フキ清ス、シウスルソ 11340007-④13ウ2
扇アフイ（テ） 11380002-北26ウ
扇ア□（フ）ク 11505521-中序-2ウ2
扇（アフ）イテ 11860003-28
扇アフク（平平上濁） 12005022-48オ6(44-5)

扇ク 12140002-⑫506
扇アフク(平平上濁)
12860001-②24オ6(44-5)
扇アフク 12860001-③19オ3(51-6),
③31ウ1(55-4), ③37ウ2(56-9)
扇アヲク 15080001
〔散〕13265
散アフク 11360001-9ウ3
〔颸〕43945
所(レ)て颸アフカ 10200001-④17オ2
〔飄〕43946
飄アフキ 11505038

アフグ(仰)(四段)→フシアフグ

〔仰〕00400
仰アフキ測はかラムヤ 08505014-69
仰アフケ 09005007-4
宗トヒ「(平輕)アカメ」仰ア(フ)キ「(上)シ」 09505020-21
仰フク 09505020-453
仰フケリ 09505020-483
仰ウケ 10350002-3ウ5
仰テハ天ニ 10505007-29-4
仰アウク 10505007-58-2
仰アフキテ 10505024-28オ3
仰アフキて而 10705001-①6
仰アフクに 10705001-①45
仰アフき_著け(よ) 10790001-上11ウ
仰「アフキ」て 10820003-③217
仰「アフイテ」 10820003-⑩458
(ヲ)仰て 10830002-20-2
仰アフキ 10990001-13ウ
仰□〈フ〉ク 11005025-7ウ8
仰アフイテ 11020007-⑩23
仰ケ(?・)ハ 11020007-⑳101
仰アフイて 11130001-③13ウ
仰ア(フキテ) 11130001-③14ウ
仰テ 11130005-1ウ1
仰(き)て而 11260001-③390
仰「けは」 11340007-①7オ4
所ロ仰ク 11340007-③7ウ6
仰キ_望ム 11340007-③25オ1
仰キ歎ク 11340007-④3オ1
仰「く」 11340007-④59ウ5
仰アフイテ 11350010-10-1
仰アウク 11360001-19ウ1, 19ウ1(別筆)
仰アフケ 11370001-6
仰き(?・)て 11380001-⑯11-6
仰アフイて 11505075-⑭102-3
仰ネカフアフク 11550009-7オ6
仰ク_者ハ 11550009-14オ3
俯フシ仰カム 11550009-15ウ5
仰ク 11550009-22ウ1
仰テ歎ク 11550009-30ウ7
仰テ願ハ 11550009-50ウ2

仰(アフ)ク 11630001-②471
仰(アフ)キ 11630001-⑧547
仰-而アヲクトモ 11860003-25
仰アヲク 11860003-123
仰テ空ヲ 11860003-204
仰アフク 12005022-7ウ5(6-3), 40ウ7(42-4)
仰アフイて 12110002-16
仰ク也 12140002-⑪107
迎(仰)フ(キ)奉(ル)に 12140002-⑫337
仰ク 12140002-⑫458, ⑫489, ⑫501
仰アヲく(フ) 12410003-16-18
仰ク 12505010-246
仰アフクニ 12505019-54オ
仰アフケリ 12505020-㉗6
仰アフク 12860001-①7ウ3(6-3), ②15ウ2(42-4), ③50ウ1(58-7)
仰ア(フク) 13440001-20オ
仰アヲイテ 13440001-33ウ
仰アウイテ 13530006-47-7
仰アヲク 13860001-27-2

〔俄〕00665
俄アフキ 09480002-38ウ1

〔俛〕00700
俛アウク 12840003-①37ウ2

〔偃〕00830
偃アフけ「ノケ」附けよ 10480003-27
偃「アフケル」 10820003-⑥383
偃アフける月 11140007-⑥59
偃(去)エン アフケル 11200015-⑥72
偃アフケ ノヘ ノケ 11310004-23
偃アウケル 11850004-⑥21

〔怙〕10454
怙アフク(上上平濁) 12005022-16オ6(18-2)
怙アウク 12005022-25ウ4(35-6), 29ウ4(38-10)
怙アフク 12005022-47オ7(44-4)
怙アウク 12860001-①17ウ6(18-2), ①29オ6(35-6), ②2オ2(38-10)
怙アフク 12860001-②23オ4(44-4), ③18オ6(51-5)

〔或〕11563
或アフク(存疑) 10730001-⑨5ウ10

〔擧目〕12863 23105
擧_目アフキて 12360002-10オ7

〔端〕25806
端(平)_仰(上濁)キヤウとツ、シミアヲキ 13440001-1ウ

〔顒〕43599
翹(平)ケウ音 顒(平)凶音 仰也 之至 11260001-⑨275

アフグ(仰)(下二段)

〔仰〕00400
仰アフケムコト 10505013
仰アフケテ右ヲ 10510003-7

日天は福智仰け「アフケヨ」 10590001-13ウ
仰ケ 10640001-4ウ
仰ケよ(?) 10640002-13
仰ふけ／「アフケ」 11005080-上11ウ3
仰ふけ／「アフケ」臥(せ)て／「ウツフセ」 11005080-上18オ3
仰けて／「アフケ」 11005080-上21オ4
仰けて／「ケテ」而「シテ」 11005080-上22オ7
仰アフケて 11110001-13
仰アフケタル「ケ」「キヤウ」‐偃「ケタル」「ノケル」「エヤ(「ヤ」は「ン」の誤か)」 11200015-⑤201
仰ケ 11210001-①7
仰ケヨ 11210001-②75
仰アフケ 11370001-7
仰ヨ 11506101-54-4
〔仰偃〕00400 00830
仰「‐」偃「アフク」 10740001-④72
仰‐偃アウケタル 11850004-⑤69

〔作〕00518
作アヲケ 12230001-8オ
〔偃〕00830
偃アフケ附ツケヨ 10420001-31
縛して偃アフケ竪テよ 10420001-31
禪智開て偃「アウケ」＼フセ附よ 10510001-41
偃アフケ竪てよ禪智を 10510001-42
偃アフケ ノケテ 11230003-②1
偃アフケ ノケ 11230003-③3
〔距〕37481
距アフケヨ 10580001
距アフケヨ 10780004

アフグラクハ(仰)

〔仰〕00400
仰「アフクラクハ」(角點) 10230002-③83

アフサワ(輙爾)

〔輙爾〕38359 19750
輙‐爾アフサワに 11140007-⑨24
輙‐爾アフサワに 11140007-⑰18
輙爾アフサワに 11140007-⑱207

アフサワニ(輙爾)

〔爾〕19750
輙「‐」爾アフサワに披き「き」翫「フ」とき者 「はは」 11300014-③19
〔輙〕38359
輙‐爾アフサマ(「マ」は「ワ」の誤か)ニ 11030006-③19オ

アブス(溢)→ウチアブス

〔弃〕09594
弃アフスに「アフス」 10165001-①236-2
弃アフスコト 11280014-①169
〔流〕17431
遺コホレ「ウツシ」(「レ」は「シ」の誤か)‐流チラシキ「アフシ」 12140002-⑫290
〔溢〕17951
溢ミタ「アフサ」不か如く 10820003-②363

溢アフシ 11505521-中14-29ウ5
不か溢アフサ 11850004-②38
不す溢アフサ 12410003-8-4
不す溢サ 12410003-8-6
不すして溢アフサ 12410003-8-9, 8-12
不溢アフサ 12770002
溢アフサ 13580001
［参考］
遣ウチアフス(平上上濁平) 11360001-46ウ3

アフチ（楝）

〔地縛木〕04890 27771 14415
地縛木安ウ知 10510003-19
〔練〕27689
練棟實アフチノミ 11505004-①46ウ3
練實和名阿布知乃美 11505004-①71オ6
練アウチノ葉 13630007
〔芙蕖陀羅木〕30694 31962 41600 28397 14415
芙□(蕖か、存疑)陀羅木阿ウ智

10510003-16
〔苦楝木〕30797 15148 14415
苦楝木アウチを 10670006-53
〔苦練木〕30797 27689 14415
苦練木を　(下欄外)アフチ木也 10120001-25ウ

アフツクブ（跨）

〔跨〕37504
跨アフツクムて以 08505014-77

アフトコブ（跨）→アツトコブ、アトコブ、アドコブ、アフツクブ、アムドコブ、コユ

〔侉〕00585
侉大アフトコヒ(「トコヒ」存疑) 09505003-11
〔距〕37481
可距越、「アふトふ(「ふ」は「コ」の誤か)ム」 10740001-⑧57

〔跨〕37504
跨アフトコフ也 10020001
跨アフトコヒ 10990002-⑦281
誇(跨)「(ア)フ(トコヒ)」アトコヒ 競「(ヒテ)」 10990002-⑧118
跨アフトコヒ而 10990002-⑩198
跨アフコト(「コト」は「トコ」の誤)ヒテ 11005025-19オ5
跨アフトコヒ 11230001-③274
跨ア(フトコ)ヒ 11230001-③524
跨コエテ アフトコムテ 11260001-⑦97
跨フミ コエ アフトコヒ 11260001-⑦296
跨ホシ(「ホシ」は「アフトコヒ」の誤か) 11340007-②19オ6
跨コフテ 11340007-③23オ4
跨アフトコヒ 11550009-27オ7
跨アフトコヒ 11630005
彌(平)ミチ-跨(去)アフトコフ／(ス) コユ

跨アフトコヘリ　12140002-⑪31
　12780002-7

アフノク(仰)

〔仰〕00400

仰「(アフノ)クル」　10740001-⑩67

〔僵〕01158

僵(アフ)ノキヌ　10570001-4

アフヒ(葵)→カラアフヒ

〔冬葵〕01610 31458

冬葵アフヒ子　11505004-①54ウ5

冬葵子和名阿布比乃美　11505004-①78オ2

〔比哩孕愚花〕16743 03649 06938 10946 30734

以比哩孕愚花を（上欄外）或說粟／花師

說／アフヰ者　10120001-28オ

〔葵〕31458

葵「ア□〈ホ〉ヒ
□□〈或本〉」　11020007-⑬6

葵アヲヰ　11180004-9

葵アフヒノ　アウキノ　11450001-㉑23ウ8

葵アフヒ　11450001-㉒17-1

葵アフヰノ　11450001-㉒18-14

葵根和名阿不比乃祢　11505004-①78オ3

葵アフヒ　12230001-33ウ

食(ふ)に…棗葵アフヒを　13300004-③276

〔葵藿〕31458 32406

葵-藿「アヲヰ」　10990002-⑦253(下欄外)

葵(平)鬼支音藿霍音のアヲヰ之　11260001-⑦264

〔藿〕32406

萑(藿)「アフヰを」　11340007-④62オ4

藿マメヲ／アホキヲ　11550009-52ウ7

〔蜀〕33086

蜀アホヒ　10790003

アフトク(跨)(「アフトク」の誤か)

〔跨〕37504

跨アフ、トク　10020001

アフミ(近江)(地名)

〔近江〕38752 17140

近江の毛野アフミノケナノ臣　11505075-⑰141-3

アブミ(鐙)

〔鐙〕40904

舌長鐙　11860003-38

アフメ(存疑)

〔吐〕03300

吐アフメ　衣也絹剱　衣也　11280014-②63(上欄外)

アブラ(油)→オホトノアブラ

〔油〕17253

油アフラ　11360001-49オ2

油ア(フラ)　11505004-①26ウ1

(大)殿油(オホトノアフラ)　11860003-84

油　11860003-121

油ラ　11860003-212

油アフラ　12860001-③54ウ5(59-4)

油アフラ　13860001-66-1

〔澤〕18383

蘭澤無加「ウルハシキアフラ」フスヘマシフルコトナシ 11505075-⑭80-1

〔羶〕28581

羶アフラ 11360001-65オ2

〔肪〕29302

便利と涕と唾ヨタリと目涙肪アフラと 10505019-⑫501

肪アフラ 11450001-㉒10-20

肪アフラ(平平濁上) 12005022-8ウ2(6-3)

肪アフラ 12005022-41ウ2(42-4)

肪アフラ 12860001-①8ウ2(6-3), ②16オ6(42-4), ③12ウ3(49-9)

〔肪䏺〕29302 29375

肪䏺アフラ 10320001-4ウ5

〔䏺〕29375

䏺アフラ 12005022-8ウ2(6-3), 41ウ3(42-4)

䏺アフラ 12860001-①8ウ2(6-3), ②16オ6(42-4), ③12ウ3(49-9)

〔脂〕29463

脂シイ アフラ -髄スウイ 10240002-③74

脂「アフラヲ」 10830001-12

脂アフラヲ 11300001-⑧45

脂アフラ 11450001-㉒16-3

鹿オホシカノ脂アフラ 11505004-①54オ6

楓香脂和名加都良乃安不良 11505004-①68ウ3

熊脂和名久末乃阿布良 11505004-①72ウ3

橐脂和名於保之加乃阿布良 11505004-①73オ6

脂アフラ 11505100-518

脂アフラニ 11550009-7ウ4

〔脳〕29681

脳アフラ 13440001-12オ

〔膏〕29800

膏アフラ 10990001-13オ

膏アフラ 11130001-④12オ

膏アフラ 11380002-地16オ

膏アフラを 11450001-㉑13ウ6, ㉑14オ1

膏アフラ 11505004-①27ウ4, ①47オ3

膏アフラを 11505004-①31オ1

膏(アフ)ラは 11505004-①38オ4

膏アフラ 12505035-17オ6

膏アフラアテ 12840003-①14オ6

膏アフラハ 12840003-②17ウ6

〔膩〕29862

膩アフラ 10165001-①241-5, ①242-3, ①258-3

餘ノコノ膩アフラ 10165001-①269-7

膩油也 10790002-8オ3

膩(アフ)ラ 11280014-①210

膩アフラヲ 11280014-①313

餘ノコノ膩アフラ 11280014-①485

アブラウリ(油賣)

〔沽油〕17258 17253
沽ウリ二油一之ノ 11550009-31オ1

アブラケ（膩氣）
〔膩氣〕29862 17059
膩「」氣アフラケ「アフラケ」 10165001-①241-3
膩_氣アフラケ 11280014-①204

アブラコシ（膩）
〔膩〕29862
肥コエ膩「ニコヤカナルモノ」アフラコキ(を) 11450001-⑱25ウ1

アブラサス（膏）
〔油〕17253
油サシテ 11005025-19ウ3
油アフラサイ(テ) 11550009-27ウ1
〔脂〕29463
脂アフラサシ車ニ 11550009-43ウ2
〔膏〕29800
如膏にアフラサス車の轄(入)カアム 10400003-17
如膏アカラス(「カラス」は「フラサ」の誤か)シ
アフラサシ 10505014
膏アフラサスか如し 10790001-下6ウ
膏アフラサイテ 11130001-④12オ

アブラヅク（膩）
〔油膩〕17253 29862
油膩ラ(つ)ケルモノを 08305001-⑨176-13
油膩アフラツケルモノを 10505003-⑨14
〔津膩〕17396 29862
津膩アフラツキ 10505003-⑨16
〔肌〕29242
肌油ツキ 08280001-22
肌アフラツキ 08280002
〔膏腴〕29800 29713
膏-腴アフラツキ 11630001-⑦164
〔膩〕29862
膩アフラツケル物 08280001-22
冷ク甜ク膩つケルモノ 08305001-⑨176-8
膩つき熱かに 08305001-⑨176-8
澁ク膩つキ甜キ(もの) 08305001-⑨176-9
津ウルヒ膩(アフラ)ツキ 08305001-⑨177-3
令潤ウルヒ膩アフラツカシム 10080002-②243
膩アフラツ(キ) 10505003-⑨11
膩つき甜きモノヲ 10505003-⑨12
膩アフラツケルモノ 10505003-⑨12
膩アフラツク 11230003-①1
膩アフラツイ(テ) 11230003-①13
膩アフラツク 11360001-47ウ1
膩アフラツケリ 11630001-⑥239
膩アフラツク 13860001-63-6
膩アブラヅケル 18400001-②12-17

アブラヌル（油）
〔注〕17316
注アフラヌリテ 11130001-④12オ

アブラヒサギ（油販）
〔翁〕28635
翁ノアフラヒサキ　14270001-4

アフラヘ（存疑）
〔大下〕05831 00014
大下アフラヘタルニ被捉　08505007-①9-6

アブラワタ（澤）
〔澤〕18383
澤アフラワタ　11360001-45オ1

アフリ（泥障）
〔泥障〕17311 41821
泥障　11860003-39

アブリモノ（爆）
〔爆物〕19540 19959
煎イリ-物爆アフリ-〻（物）　11860003-214

アフル（奮）
〔奮〕06012
奮アフル　12860002-5（11-5）（別筆）

アブル（炙）（四段）→ヤイトヲアブル
〔曝〕14239
所曝アフラレ　08505005
〔灼〕18878
灼アフリ シヤク 熝(平)フスヘラレ／クントシテ　11550009-44ウ1
〔炙〕18922
炙アフリ　08280001-18
如し炙アフルカ　08705006-17
炙アフリ身を　09380007-5
炙アフル　10320001-23オ7
炙アフル蘇-器を　10350001-6オ7
炙アフル　11005080-上9オ6, 上11ウ5
炙「アフテ」　11005080-上11ウ6
燒炙キウ反　せられて／「アフルニ」　11005080-上12ウ6
炙アフラレテ れ　11020007-⑯13
炙アフ（此下「ラ」脱か）レたる　11050002-10オ（別筆）
炙アフラレテ　11140007-⑯34
炙アフリ　11280014-③349
炙アフラレテ　11380001-⑯41-1
炙アフレル_肉　11450001-⑪27ウ8
炙アフて　11450001-㉑9ウ1, ㉑9ウ6, ㉑17オ5
炙アフレ　11450001-㉑9ウ5, ㉒17-15
炙アフテ　11450001-㉑11ウ9
炙アフリて　11450001-㉑17オ3
炙アフレル　11450001-㉑23オ3, ㉒6-6, ㉒8-8
炙アフル　11505004-①34ウ5, ①34ウ5
炙（アフ）ル　11505004-①39ウ4
炙アフリ　11505100-478
炙アフラレテ　11850004-⑯19
炙アフレル　13440001-16ウ
〔炮〕18954
炮アフレ　11450001-㉑28ウ2
〔烘〕19012

烘アフル　11505004-①36オ2
〔煮〕19188
煮アフレハ　11280014-③378
〔爆〕19540
爆アフラル　11360001-41オ1

アブル（溢）（下二段）
〔壊〕05590
指「サシ」壊「アフレ」（さし　ふれ）　10350001-32ウ3
〔播〕12747
播アフレテ（上上平○）ホトコリテ　12505072-10
〔泆〕17271
泆アフレテ　12505072-11
〔溢〕17951
溢アフレ　08105015-中14
溢レテ　08280001-14
溢アフレたり　10705001-①37
溢「アフレタリ」　10990002-⑥290
溢アフレタリ　11360001-36オ1
溢アフレ　11420003-⑬13ウ
不ス溢アフレ　12505019-45ウ
溢レ出テ、　12840003-②11オ7
溢アフル　13860001-48-4
〔漯〕18169
漯アフレツ、　08105005
〔落〕31362
落アフレ墮オチ　11280014-①252
落アフル（上上平）　11360001-33オ2
〔迺〕38785
迺アフレテ　12505072-11
〔遺〕39134
遺アフレたる　10165001-②6オ2
遺アフレ落ツル／の　11005080-上24オ5
遺アフレ餘（れる）を／「ノコ［レタル」（消ヲ」　11005080-上25ウ2
〔降陥〕41620 41707
降陥アフレ　11505075-⑭108-2

アヘ（饗）
〔饗〕44431
野饗ノ「ア」へ「セム」ト　11505075-⑭68-5

アヘギス（喘）
〔喘〕03946
喘アヘキス　11505004-①5オ6, ①5オ6
肺病ヤムトキ喘アヘキシ　13300004-③382

アヘグ（喘）→アヘギス
〔喘〕03946
喘アヘキ　11505004-①7ウ6
喘タン息をアヘキ　11850004-⑰22
喘アヘクコト　12505010-246
〔噱〕04403
噱アヘク　09480002-36オ2

アヘシラフ（應答）
〔應答〕11330 26006
應答アヘシラフ　13440001-15オ
〔會〕14306

會アヘシラヒ 13440001-13オ
會アヘシラへ 13440001-13オ
會アエシラフコト 13530006-19-6
〔語〕35533
語アヘシラフ 13440001-14ウ

アヘス(饗)

〔設〕35293
設アヘシて 10005008-㉔84
設アヘシ 11005115-㉔84
〔饗〕44431
饗アヘセシ之時 11505075-⑭102-3
饗アヘス 12005134-㉓1ウ

アヘテ(敢)→アムテ

〔嘗〕04205
嘗アヘテ 10790002-8ウ1
〔放〕13133
放アヱテ 11360001-10ウ1
〔教〕13212
教アヱテ 11360001-9オ4
〔敎〕13239-01
敎アヘテ 11340007-④10オ5
敎アヱテ 13580001
〔敢〕13260
敢アヘテ反 ヘテ 08305001-③45-5
敢(へ)て 08505014-41, 59, 78, 81
敢(へ)て「テ」 09505020-24
敢アヱ(テ) 10020001
不敢アヘテ親-近セ 10250001-20
不可敢「アヘテ」用す 10350001-32オ7
不し敢て覆藏せ 10505003-③45
不敢て覆藏 10505003-③50
不し敢て造 10505003-③51, ③54, ③58
不し敢て覆藏 10505003-③57
不し敢て來-至せ 10505003-⑥3
敢アヘテ不 10505007-38-2, 55-9
敢テ 10505007-60-1
不レ敢て當(ラ) 10730001-⑩6-7
不す敢て忽イルカセ 10730001-⑩7-4
不シトイフ敢て辭 10730001-⑩7-6
敢「ア」(へ)て 10820003-②583
不敢テ駈カフ(「フ」は「ラ」の誤) 10860002-45ウ4
不す敢へて輕慢 10870001-⑦25
敢アヱテ 10950003-②
不シテ敢テ入ラ 11005025-13ウ1
敢(へ)て/「ヘテ」 11005080-上36オ1
不敢テ親ルコト 11050001-11
不る敢アヘテ 11200015-⑩91
不敢アヘテ 11205001-4
敢て令ム不サラ違せ 11210001-②61
豈敢て不 11230001-②246
敢て 11230001-②316
非(す)敢(へ)て惜(しむ)に 11260001-③28
不敢(へ)て害(せ)師を 11260001-③48

何の人ナレハカ…敢(ヘ)て欲する 11260001-③393
不敢テ 11300001-⑧12
敢テ 11340007-①18オ3(上欄外), ①43オ7,
②10ウ5, ④21ウ4
未嘗敢テ違タカハ 11340007-①30オ7
不敢テ爲セ 11340007-①36オ5
不敢テ…漁スナトリセ 11340007-①36オ6
不ス敢テ…先タラ 11340007-①39ウ2
無シ敢テ出ス聲者ノ 11340007-②17ウ2
不敢テ入 11340007-③15オ7
不サル敢テ懈タリ倦ウマ 11340007-④10ウ6
毋ナシ敢テ耶滛奇謀 11340007-④27オ6
敢アヘテ 11360001-51ウ2
不ス敢テ 11550009-12オ1
誰カ敢テ 11550009-34ウ2, 57ウ2
敢テ 11550009-45ウ7
不敢(ヘ)て 11640001-⑧18

少敢アヘテ 11705071-19
不ス敢アヘテ毛モウ擧コ 11860003-17
敢アヘテ て 11950002-5
不敢(ヘ)テ 11970004-9オ8
敢ヘテ 12005009-21
敢(ヘ)テ 12140002-⑪92, ⑪261
敢(ヘ)て 12140002-⑫406
敢(ヘ)て 12410003-5-5, 6-20, 9-5, 9-11,
13-5, 17-8, 17-16, 18-1, 19-1, 29-30,
30-21
敢(ヘ)テ無シ止住(スル)コト 12510006-24-6
不敢(ヘ)テ有言 12840003-①35オ5
未敢(ヘ)テ專制 12840003-①36オ4
莫之敢(ヘ)テ發 12840003-②20ウ2
不敢(ヘ)テ 12840003-③2ウ3, ③2ウ5, ③21ウ7
敢アエテ 12860002-1(13-8)(別筆)

「敢アエテ」 12860002-8(51-3)
敢アエテ 13860001-69-3

〔肯〕29311

不す肯アヘテ/てカヘニ惠施 10505019-⑤1
不す肯アヘテて買は 10505019-⑫4
寧ムシロア肯アヘテ 10505024-5ウ4
不肯て詔稟 10740001-⑦21
肯「アヘテ」 10780002-①3
肯アヘて 10820003-⑧469, ⑨175
不『ケ』(ニ)肯アヘテ/『カヘ』 10870001-⑤314
肯〻て 11005080-上10オ7
肯アヘて 11130001-③8オ7
焉イ(ツクソ)烏肯アヘテ…乎 11130005-52オ
不肯アヘテ求 11140007-⑧74
不す肯アヘて觀 11140007-⑨23
不肯アヘて弁 11140007-⑱39
不るにニハ肯アヘテ觀機を 11200015-⑨45

不肯アヘて恵施に　11200015-⑨48
不す肯アヘテ従はシタカハス
肯(ヘ)テ　11200015-⑨108
肯アヱテ　11280014-③214
肯アヘテ　11360001-34ウ1
肯アヘテ　11380002-天20ウ, 西27ウ
不す肯つて従シタカハ　11510005-⑨263
肯(アヘ)て　11630001-⑤31, ⑤35
肯アヘて　12110002-4
肯アヘテ　敢(「敢」存疑)也　12360003-下序
不肯(ヘ)テ陷　12840003-①27ウ6
肯アヘテ　13440001-6オ, 9ウ
肯アヘて　13440001-22ウ
肯アヱテ　13860001-46-4
肯アヘテ　15110001-8
肯アヘテ　18400001-⑥2-37
〔能〕29454
能アヘ(テ)　08105005

アヘモノ(和物)
〔韲〕43249
韲アヘモノ ス、ホノ　11280014-①417

アホカミクサ(狼牙)→オホカミグサ
〔狼牙〕20432 19909
狼牙ウマツナキ　コマツナキ　アホカミクサ　11450001-㉑10ウ7

アマ(尼)
〔尼〕07635
渏倍尼古倍乃阿麻　08005003-7
尼アマ　11360001-4ウ1
尼アマ　11505075-⑳182-6
尼アマ　13860001-6-3

アマ(海人)
〔海〕17503
海アマ　11360001-32オ
〔海人〕17503 00344
海人アマ　11420003-⑫3ウ, ⑬22オ
海人ア(マ)　11505075-⑪9-6
海人アマ　11505075-⑪13-1
有海人耶アマナレヤ　11505075-⑪13-6
〔漁夫〕18101 05835
演(漁)夫アマ　10005008-㉒360
〔白水郎〕22678 17083 39431
白水郎アフ(「フ」は「マ」の誤)　11420003-⑬22オ

アマ(餘)→アマリ
〔餘〕44185
餘アマノ食を　10165001-①240-2
餘ア、(「、」は「マ」)の「アマリ」　10165001-①241-1
餘マノ/「ノコンノ」水を/「ヲ」　11005080-上24オ5
餘アマノ日　11860003-243

アマ(海人)(人名)
〔海〕17503
大海アマを　10005008-㉔32

大海アマ　11005115-㉔32
〔海部〕17503 39460
海部アマノ直ヒエ　11505075-⑭80-7

アマカシ（甘檮）（地名）
〔甘〕21643
甘檮カシの崗　10005008-㉔277
甘檮カシノ崗　11005115-㉔277

アマカス（甘糟）
〔甜糟〕21656 27104
甜糟和名阿末加須　11505004-①81ウ4

アマカヅラ（甘蔗）
〔甘蔗〕21643 31794
甘蔗アマカヅラ　18400001-③2-18

アマギ（甘草）
〔甘草〕21643 30945
甘草アマキ　11450001-㉑9オ1, ㉑10ウ4, ㉑24ウ4, ㉒9-14, ㉒11-20
甘-草アマキ　11505004-①5ウ2
甘草アマキ　11505004-①49オ5
甘草和名阿末岐（上上上）　11505004-①59オ5

アマキアヂハヒ（甘味）
〔醍醐〕39924 39930
醍-醐ヲアマキアチハヒ　11550009-43オ3

アマキツネ（天狗）
〔天狗〕05833 20345
天狗アマキツネナリ　11420003-㉓8ウ

アマクダス（天降）
〔降〕41620
降アマクタシマツラム　12360002-4オ6

アマクダル（天降）
〔使降〕00573 41620
使降アマクタリマセ之　12360002-4ウ1
〔天降〕05833 41620
天降アマクタレリ　11420003-⑬15ウ
天_降アマクタリマす　12360002-1ウ3
〔降到〕41620 01950
降到アマクタリマシ、之處　12360002-8ウ3
降到ミ（「ア」の誤）マクタリ（マシ）　13760001

アマクチネズミ（鼷）
〔鼦〕48416
鼦アマクチネスミ　09505015
〔鼷〕48477
鼷アマクチネスミ　11360001-38オ2
鼷アマクチ（ネスミ）　11505099
鼷アマクチネスミ　13860001-51-3
〔鼷鼠〕48477 48390
鼷鼠アマクチネズミ　18400001-②6-35

アマサク（青葙）
〔青葙〕42564 31414
青葙一名阿末佐久　11505004-①65ウ1

アマサヘ（剰）→アマリサヘ
〔剰〕02109
剰ア（マ）サヘ　10165001-②14オ4
剰アマサヘ　11280014-②102

剰ヘ　13440001-5ウ, 22オ, 28ウ

〔餘〕44185

餘アマサヘは　10790006

有餘アマサヘ／アマリ　11550009-4ウ4

アマシ（甘）→アマキアヂハヒ

〔味〕03456

味アマク　11850004-④201

〔熟〕19332

熟ムマク「アマク」　10165001-①236-6

熟アマク　11280014-①172

熟アマク　12510006-53-6

〔甘〕21643

甘アマキ菜ナ　10505150-1左

甘「アマク」　10990002-⑨329

甘シ　11005025-16オ5

甘ク醇スンコマヤカナルヲ　11020007-⑤17

苦ニカク甘シ　11340007-③19ウ1

甘アマシ　11360001-50ウ2

甘アマキ　11450001-㉑19ウ2, ㉒8-5, ㉒8-20

甘キ皮カハ タチハナノカハ　11450001-㉑24ウ5

甘マク　11650002

□（甘）アマシ　12230001-5オ

弗す甘アマカラ　12410003-36-22

甘アマイコト　12505019-43オ

甘アマク　12840003-②22オ5

甘アマシ　13860001-68-3

〔甘美〕21643 28435

甘-美アマシ　11630001-④259

甘（平）美（上）アマシ　11630001-⑧500

〔甜〕21656

甜阿万之　08105008-下11

甜アマシ　08105009-下11

甜阿万支　08105015-中2

甜アマシ　08105015-下11

冷ク甜ク膩つケルモノ　08305001-⑨176-8

澁ク膩つキ甜キ（もの）　08305001-⑨176-9

冷ス（、）シしく甜カ（「ア」の誤か）マク　10505003-⑨12

膩つき甜きモノヲ　10505003-⑨12

甜アマノ（「ノ」は「キ」の誤）コト　10505024-9ウ1

甜「アマク」く　10740001-③69

甘く甜クは　10740003-①675

甜阿万之　10790002-11オ1

甜アマク　10820003-④85

甜アマクく／さ（存疑）　11020007-④23

甜アマク　11140007-④16

甜アマク　11200015-④57

嘗ナメミ（む）に之「を」を味「ヒ」甜アマク「ア大兼反ラ（「ラ」は「マ」の誤）ク」及淡アハキは「アハクは」　11300014-④21

甜アマシ　11505073-18オ

甜アマク　11510005-④17

甜アマシ　11800001-11

甜マキヲ　11800001-11
甜アマク　11850004-④23
〔美〕28435
香ハシク美アマカラムモノヲ　10640006-②2
美アマウシて　11140007-⑦182
美アマウシテ　にして　11200015-⑦141
〔脆〕29468
脆アマキ　モカ(「カ」は「ロ」の誤)シ　11190001
〔蔗〕31794
蔗アマし　11360001-50ウ3
蔗アマシ　12005022-3ウ1(1-4), 38ウ6(41-2), 45オ3(43-7), 48ウ1(44-7)
蔗アマシ(上上上)　12005022-12ウ7(10-10), 17ウ1(30-1),
蔗アマシ　12860001-①2ウ4(1-4), ①13ウ4(10-10), ①19オ4(30-1), ②13オ3(41-2), ②20ウ2(43-7), ②24ウ3(44-7), ③10オ4(48-10), ③16オ2(50-10), ③19オ4(51-7), ③47オ3(58-2)

アマシシ（瘜肉）
〔瘜肉〕22391 29236
瘜肉アマシ、　11450001-㉑1オ8, ㉑1ウ6
瘜肉アマシ、ハ　相郎反　悪肉也　11450001-㉑1ウ5

アマシタダリ（雨滴）
〔溜〕17943
溜(去)リヨ-水アマシタ、リノ　11550009-38ウ5

アマシダリ（潦水）
〔潦水〕18259 17083
潦水アマシタリ　12330003-52-3

アマシホ（甘鹽）
〔甘鹽〕21643 47579
甘鹽シヲノ　11860003-231

アマス（餘）
〔溢〕17951
不らむか溢アマ(さ)「ミタス」　10240002-②23オ
〔迻〕38833
不れは迻アマサ　11380002-北3ウ
〔餘〕44185
留メ餘せり　08305001-⑩192-7
餘アマセリ　10740001-③61
餘アマセリ　11160007-②406
餘セリ　11280014-③385
餘アマセリ れり　11510005-④11
餘アマセリ　11630001-⑤435, ⑦202
餘アマス(コト)　11630001-⑧112
餘アマシ　11630001-⑧410
餘(アマ)セリ　11630001-⑧438
餘セリ　12140002-⑪186

アマス（不）（存疑）
〔不〕00019

不アマ（「マ」は「ラ」の誤）ス　11360001-5オ4

アマズ（甘）→アマムズ

〔甘〕21643

甘アマムせ／「アマセ」不す／「ス」　11005080-上34ウ2

アマタ（數）

〔數〕13363

數阿満多　08105009-下38

數此（「阿」の誤か）万多　08105015-中2

數アマタ　08105015-中34

數阿満多　08105015-下38

數アマタナリ　08505007-①24-11

數アマタ　08505007-③2-4

數タノ「（上）」川「（平輕）」城「（平）」を「ヲ」　09505020-66

數アマタ萬の　10005008-㉒419

數アマタの年を　10005008-㉔250

數アマタ　10020001

數アマタ萬　11005115-㉒419

數ア（マタノ）年　11005115-㉔250

數タノの頭アリあり　11130005-28オ

數アマタ　11360001-6ウ2

數アマタノ里サト　11420003-⑫4オ

數アマタノ紀トシ　11420003-⑮7ウ

數アマタノ國　11450006-14

數アマタナリ　11505073-32オ

數アマタノ日ニ　11550009-44オ7

數アマタノ　11630001-①465

數（アマ）タノ　11630001-⑦200

數アマタ十人トタリ　12005134-㉓5オ

〔數十〕13363 02695

數十アマタの　11505075-⑪43-1

〔數千人〕13363 02697 00344

數千人アマタアルヲ　11505075-⑰149-1

〔數月〕13363 14330

數月アマタ　11505075-⑰147-2

〔衆〕33981

衆アノ（「ノ」は「マ」の誤）タノ　11630001-③270

〔衆庶〕33981 09373

衆（去）庶（去）アマタ　11630001-④222

〔餘〕44185

餘アマタの　13440001-31オ

アマタクサ（數箇）

〔數箇〕13363 26116

數箇アマタクサ　13440001-29ウ

アマタサト（數里）

〔數里〕13363 40131

數里アマタサト許ハカリノ　11505075-⑳167-6

アマタタビ（數）→アマタタビス

〔數〕13363

數アマタ、ヒ　10730001-⑨1オ10

數アマタ、ヒ　11340007-②13オ6

數アマタ、ヒニ 11340007-③25オ5

數アマタ、ヒナル 11450001-㉒17-28

數アマタ、ヒナリ 11450001-㉒17-29

數アマタ、ヒシテナル 11450001-㉒18-1

數アマタ、ヒ 11450006-18

〔數廻〕13363 09575

數廻アマタ、ヒ 13440001-32ウ

〔數數〕13363 13363

數-數アマタ、ヒ(ナリ) 11160007-③469

〔數般〕13363 30388

數(上)-般(平)アマタ、ヒ 11260001-⑨140

〔猥〕20519

猥アマタ、ヒ 11260001-⑨59

アマタビス(數)

〔數〕13363

數アマタ、ヒスルを 11450001-㉒1-15

數アマタ、ヒシテナル 11450001-㉒18-1

アマツイキホヒ(天威)

〔天威〕05833 06259

天威アマツイキホヒニ(?) 11420003-⑯27オ

アマツイハサカ(天磐境)

〔天津磐境〕05833 17396 24401 05409

天津磐境イハサカを 12360002-6オ4

アマツクスシイハヒゴト(天奇祝言)

〔天津奇護言〕05833 17396 05892 36048 35205

天津奇護言アマツクスシイハヒコト

アマツコト(天言)

〔天都詞〕05833 39509 35394

□□〈天都〉詞太詞事(アマツコ)トノフトノト(コト) 10505150-13左

10505150-17左

アマツシルシ(天表)

〔天之表〕05833 00125 34105

天之表アマツシルシナリ焉

〔天祿〕05833 34342 11505075-⑪16-2

天祿アマツシルシ 11420003-⑯27オ

アマツソラ(天空)

〔天上〕05833 00013

天(平)-上(去)アマツソラノ 11550009-16オ4

〔蒼々〕31627 00097

蒼(平)-々アマツソラヲ 11550009-27オ7

アマツタカミクラ(天高御座)

〔天津高御座〕05833 17396 45313 10157 09319

天津高御座アマツタカミクラ 10505150-13右

アマツツミ(天罪)

〔天罰〕05833 28315

天罰(アマツ)ツミヲモ 11505075-⑭88-1

天罰アマツミツ(「ミツ」は「ツミ」の誤、「ミ」に倒讀符あり)を 11505075-⑰143-6

アマツビ(雨滴)

〔渧〕17772

塵渧アマツヒ 10240002-④86

滯シタヽリ／アマツヒ／「ミツタリノ」　11005080-上95オ3
滯アマツヒ　13900001
〔滴〕18084
滴アマツヒ　12230001-2オ

アマツヒツギ（天日嗣）
〔天業〕05833 15170
登シラムヤ天業アマツヒツキ　11505075-⑪7-3
〔天緒〕05833 27633
天緒アマツヒツキ　11505075-⑰122-3
天緒（アマ）ツ（ヒ）ツス（「ス」は「キ」の誤か）を　11505075-⑰136-6
〔帝位〕08865 00503
登シラム帝位アマツヒツキ　11505075-⑪10-7
〔帝業〕08865 15170
帝業アマツヒツキヲ　11505075-⑰122-4

アマツヒツギキコシメス（即天皇位）
〔即天皇位〕02872 05833 22701 00503
即天皇位アマツヒツキ、コシメス　11420003-⑮3ウ

アマツヒツギシラス（繼業）
〔繼業〕27997 15170
繼業アマツヒツキシラス（平平平上上上上上）　11420003-⑬12オ

アマツヒツギシル（踐祚）
〔踐祚〕37608 24668
令踐祚アマツヒツキシラセマツラ（ム）と　11005115-㉒6
踐祚アマツヒツキレ（「レ」は「シ」の誤）リ　11420003-⑬15オ

アマツヒツギシロシメス（即帝位）
〔即天皇位〕02872 05833 22701 00503
即天皇位アマツヒツキシロシメス　11420003-⑫10ウ, ㉑1ウ
即天皇位アマツヒツキシロシメセ　11420003-⑬12ウ
即天皇位アマツヒツキシロシメサシム　11420003-㉑11オ
即天皇位アマツヒツキシロシ□〈メ〉□〈ス〉　11505075-⑪15-3
即天皇位アマツヒツキシロシメス　11505075-⑭64-1
〔即帝位〕02872 08865 00503
未即帝位アマツヒツキシロシメサス　11505075-⑪6-7
須即帝位アマツヒツキシロシメセ　11505075-⑪7-8
〔踐祚〕37608 24668
踐祚アマツヒツキシロシメシ　11420003-⑮12ウ

アマツミココロ（天意）
〔天意〕05833 10921

天意|アマツミコ、ロに　11505075-⑭110-3

アマツヤシロ（天社）

〔天社〕05833 24631

天社|アマツヤ（シロ）　10505150-1右, 7右

天社|アマツ（ヤシロ）　10505150-19右

〔神祇〕24673 24639

神祇|アマツヤシロクツヤシロを　11505075-⑰125-7

アマツヨサシ（天命）

〔天命〕05833 03473

天命|アマツヨサシ　11420003-⑬12ウ

アマヅラ（甘葛）

〔千歳虆汁〕02697 16326 32630 17104

千歳虆汁|和名阿末都良（上上上平）　11505004-①60オ6

〔甘葛〕21643 31420

甘葛　11860003-1C7

甘アマ-葛ツラ　11860003-206

〔甘蔗〕21643 31794

甘蔗|ノアマツラ　13530006-28-8

甘蔗アマツラ　13860001-68-3

アマツワタリ（天渡）

〔天津〕05833 17396

天津|アマツワタ（リ）　13440001-6オ

アマナ（甘菜）

〔白薇〕22678 32092

白薇|一名アマナ　11505004-①51ウ2

白薇|一名阿万奈（上上上）　11505004-①62ウ2

〔麻黄〕47887 47926

麻黄|クレノハシカミ アマナ　11505004-①3ウ4

麻黄|一名阿末奈（上上上）　11505004-①61ウ5

〔黄精〕47926 26997

黄精|於保恵美／又云安末奈／又云也末□〈ヱ〉美　11340007-③19オ7（上欄外）

黄精|和名阿末奈（上上上）　11505004-①59オ1

アマナフ（甘）（四段）

〔和〕03490

和アマナフこと　10005008-㉒143

和アマナヒ諧ト、（ノホレ）は　10005008-㉒151

和アマナ（ヒ）て　10005008-㉒192

融トホリ和アマナヒ　10005008-㉒224

和アマナフコト　11005115-㉒143

和アマナヒ諧　11005115-㉒151

不和|アマナハス　11505075-⑪26-3

和アマナフコト　11730001

不和アマナハ　12005134-㉓2ウ

〔和解〕03490 35067

和解|アマナハシム　11505075-⑰147-8

〔愜〕10949

愜「アマナフ」　10740001-⑬43（上欄外）

〔甘〕21643

甘アマナヒ樂　10505019-⑥1

甘ナヒ　11590002

甘ネカフ アマナフ 12140002-⑪15

甘アマナヒフ（「フ」存疑） 13530006-43-2

〔甘心〕21643 10295

甘心アマナヒナム（上上上平濁平平） 13440001-30オ

アマナフ（甘）（下二段）

〔甘受〕21643 03159

甘受アマ（ナ）ヘ 08580002

アマニ（女萎）

〔女萎〕06036 31269

女萎ヱミクサ 一名阿末尔（上上上） 11505004-①49オ2

〔女萎々莚〕06036 31269 00097 32049-01

女萎々莚又阿末尔（上上上） 11505004-①59オ1

アマネウス（周）

〔周〕03441

周アマネウス 11450001-㉒12-21

アマネク（普）

〔周〕03441

周ク 08305001-①13-6

周き 08505020-8-6

〔普〕13982

普ク 08305001-①1-18, ①11-17, ①19-8, ③55-3, ③56-12, ⑩202-8

普く 08505020-14-16, 37-12

〔遍〕39001

遍ク 08305001-⑨177-19, ⑩195-1

遍く 08505020-14-16, 27-19

アマネクコト（餘事）（存疑）

〔餘事〕44185 00241

餘事アマネクコト 13440001-31ウ

アマネクス（周）

〔周〕03441

周アマネクス「メクラ（ス）」法界に 10400001-19

周クシ通變を 11340002-①70

周ア（マネク）す 12505020-㉝9

〔普〕13982

普アマ（ネ）クス 11380002-南52オ

〔遍〕39001

遍ア（マネクス） 11505075-⑭111-5

アマネクナル（周）

〔周〕03441

周アマ（ね）くナリヌ 08830001-⑤6-3(208-17)

アマネシ（普）→アバネシ、アマネウス、アマネクス

〔偏〕00848

偏「アマネク」 11340007-④55ウ7

偏アマネシ 11360001-36オ1

偏アマネク 12110002-12

偏アマネ（シ） 12505020-㉝3

不偏アマ（ネカラ） 12505020-㉝9

偏ア（マネク） 12505020-㉝16

偏ア(マネ)カラ　13440001-27ウ
〔傍〕00948
傍アマネシ　11360001-32ウ1
傍ア(?)マネ(ク)　11630001-①33
傍アマネク　12505028-2-6
〔典〕01474
典アマネク　12540005-2オ
〔切〕01858
切アマネシ　13860001-27-6
〔同〕03294
同アマネク　10820003-⑨625
同アマネシ　11360001-21オ2
〔周〕03441
周きか　08305011-27-4
周ア(マネク)　10005008-㉒191
莫「シテ」不「イフコト」(こと)周「アマネク」(く)飽-満
「スト」せ　10350001-26オ4
周アマネシ　ヲハル　10505029

未周「アマネカラ」　10740001-⑪3
周「アマネシ(「シ」存疑)ヌレ(ハ)」　10820003-④202
周ア(まねから)不ぬ　10820003-④636
周「アマネシ」　10820003-④672
周「アマネ」(から)不すとイフ　10820003-⑦261
周「アマネク」遊ユクに　10820003-⑩552
周アマネク　10990002-⑦352
周アマ(ネク)　11005115-㉒191
周「ア」(マネ)く　11020007-①7
周ネ(か)不ラストイフ所无し　11030006-③20オ
周アマネク　11140007-⑧16
未る周アマネ(カラ)　11140007-⑭8
周アマネく　11140007-⑯100
不「ル」周「アマネカラ」　11200015-④289
不「サラム」「ラサラムトナリ」周ネカ(「カ」は「ク」の誤)

-悉クニ せ　11200015-⑤147
周ク　11230001-③135
周アマネク　11280014-④134
周「ク」　11340007-④40ウ6
周アマネシ　11360001-10ウ3
周アマ(ネ)くして　11380002-天29ウ
周アマネシ　11380002-南31ウ
周アマネク　11380002-南33オ
周アマネシ　11450006-19
周アマネシと　11510005-①5
周(アマネ)ク給て　11630001-⑤92
未周アマネカラ　11630001-⑧414, ⑧422
周(アマネ)ク　11630001-⑧480
不といふ周アマネ(カラ)　11850004-③39
周アマネキときには　11850004-⑭23
周ク　12140002-⑫369
周し　12140002-⑫465
周(平)アマネキ(ナラク)而_已

周ア(マネシ)　12140002-⑫510
12505020-㉝3
周ク　12540005-5オ
周アマネシ　13860001-15-2
〔周遍〕03441 39001
周-遍アマネク　11505004-①3オ7
〔孚〕06948
孚アマネシ　10990002-⑨238
孚ヤシナフ アマネ□〈ク〉　11260001-⑨227
〔宣〕07132
宣アマネシ　11360001-13オ1
〔布〕08778
布アマネク　12505019-51ウ
布アマネシ　12505019-51ウ
〔廣宣〕09493 07132
廣-宣アマネシ　11630001-③406
〔徧〕10174
徧アマねく　10150001-31

徧アマネク　11230001-②324
徧ネシ於山羊　11580001-14
〔循〕10187
循アマネシ　12005022-7ウ4(6-2), 16ウ2(19-1), 30オ3(38-10), 40ウ6(42-4), 47ウ3(44-5)
循アマネシ　12860001-①7ウ2(6-2), ①18オ3(19-1), ②2ウ2(38-10), ②15ウ1(42-4), ②23ウ1(44-5), ③6オ3(47-9), ③12オ2(49-9), ③18ウ1(51-6), ③26ウ2(54-1)
〔忉〕10305
忉アマネシ　11360001-20オ2
〔播〕12747
播ホトコス アマネシ　11630001-④373
〔旁〕13637
旁ア□〈マ〉ネク　11505075-⑭91-6
〔普〕13982

普く　08305011-3-5, 33-1, 53-9
普ク　10450001-218
普く　10505003-①16, ①217, ①373, ②8
普ネク　10505007-30-6
普ネク　10505024-41オ1
普アマネク　10505024-41オ3, 43オ3, 47ウ1
普ク　10505024-44オ4, 47ウ1
其の光リ普アマネク照テラス一切佛土を　10570002-1オ
普「ク」　10740001-⑦61, ⑧61, ⑪19
普く　10820003-②377, ②387, ②637, ②757, ②757, ②799, ②801
普ク　10820003-⑨326, ⑩709
普「ク」　10820003-⑩376
普ク　10870001-①17, ①48, ①74, ①165, ①173, ①250, ①458, ①502, ③13, ③19, ③59, ③64, ③73, ③76, ③92, ③282, ③303, ③365, ③394, ③438, ④39, ④200,

④264, ⑤21, ⑤56, ⑤97, ⑤99, ⑦41, ⑧4
普ク　10970003-1-16, 143-13, 166-10,
200-2, 202-17
普く　11005003-①5
普「ク」　11005080-上14オ7
普く／「ク」　11005080-上55ウ2, 上61オ2,
上64オ5, 上64ウ2, 上71オ3, 上86オ7, 上88オ6,
上104ウ6
普く　11005080-上88オ2
普ク　11020007-⑱92
普アマネく　11060003
普く　11070002-10
普く　11110001-26
普ク　11210001-②38
普ク　11230001-③68
普く　11280005-13, 37, 37, 52, 52
遣メタマヘリ普ク施セシ　11280014-①376
普アマネク　11310004-24

普ク　11340002-①25
普アマネシ　11360001-6ウ1
普く　11380003-6
普ク　11505084-1-6, 2-1
普ク　11550009-18オ2, 49ウ6, 53オ4
普(アマネ)ク　11630001-②460, ⑥354, ⑧156
普ク　11830001-4, 20, 35
普アマネク　11830001-26
普アマネク洽アマネキそ　12410003-30-1
普ク　12840003-①11ウ6, ①36ウ6
普ク　13440001-37オ
普アマネシ　13860001-9-2
〔普遍〕13982 39001
普遍「アマネク」　10820003-⑤460
〔歴〕16340
歴ア(マネク)　09505003-4
歴アマネク　09505020-354

歴(ア)マネク　09505020-501
歴アマネク　10990002-⑦273
歴アマネク　11260001-⑦287
歴アマネク　11300001-⑧40
歴アマネシ　11360001-46オ2
歴アマネク　11630001-①55, ⑤30
歴(アマ)ネク　11630001-④327
歴アマネク　12840003-①36ウ7
歴ク　12840003-①37オ1
歴アマネク　13440001-4オ
〔洽〕17426
洽阿萬子久　08005002
洽阿万祢支　08105008-下25
洽アマネシ　09505020-181
不こと洽アマネカ(ラ)サ(ル)　09505020-394
洽ア(マネク)　10730001-⑩14-6
洽普也　10820003-④732
洽アマネカラ令シム當し也

洽アマネクシテ 10820003-④732
洽アマネキ者矣カ 10990002-⑦74
洽アマネシ 10990002-⑧359
洽アマネシ 10990002-⑨291
遠ク洽アマネシ 11160007-⑥234
洽アマネキコト 11160007-⑥262
令む廣く洽ウルホ(「ホ」衍か)シ「ウルワ(「ワ」は「ホ」の誤か)シ」「アマネカラ」也 11200015-④344
洽ク 11230001-③545
洽し 11230001-③599
洽アマネク 11260001-⑨217
洽アマネし 11260001-⑨286
洽アマネシ 11360001-50オ1
洽アマネキハ 11380002-南27オ
洽アマネキコトヲ 11630001-①71
洽アマ(ネ)シ 11630001-①450
洽アマネシ 11630001-⑤121

洽アマネク 11630001-⑧327
未洽アマネカラ 12505072-20
洽アマネシ 12840003-③4ウ2

〔流行〕17431 34029
流行アマネクオコ(リ)て 11505075-⑳185-2

〔浹〕17506
浹アマネク身に 10005008-㉔313
浹アマネク身 11005115-㉔313
浹アマネク 11260001-⑦79

〔溥〕17957
傳(溥)アマネク 10005008-㉔69
溥(上)(平)「アマネク」「ホ フ」 10990002-⑨28
傳(溥)アマネク 11005115-㉔69

〔滂〕18003
滂アマネク く 11130005-96ウ

〔熟〕19332
熟アマネシ 11360001-49ウ1

〔沵〕20921
沵アマネク 11630001-③493

〔竝〕25752
竝アマネク 11630001-⑤468

〔給〕27432
給アツ(「ツ」は「マ」の誤)ネクシテ 10990002-⑨228

〔菩〕31205
菩アマネシ 13860001-6-4

〔賦〕36800
賦給アマネ(シ) 08505008

〔贍〕36945
贍アマネク群經に 11340002-①4

〔遍〕39001
遍く 08305011-17-7, 53-9, 109-10
遍ク 09505116-450, 1114, 1115, 1213
遍く 10200001-③29ウ4, ④17オ2
遍ク策ハケマスす 10200001-⑨23オ7
遍クし 10450001-225

遍（アマネ）ク　11630001-②239, ⑤362, ⑧490, ⑧595
遍ク　12140002-⑫387, ⑫491, ⑫581
遍ク　12505010-194
遍ク　12840003-①12オ2
遍ネシ　13440001-2オ
遍ア（マネ）シ　13440001-26ウ, 31ウ
遍アマネシ　13860001-15-3
〔都〕39509
都「アマネク」　10740001-⑥5
〔阿〕41599
阿アマネシ　13860001-3-3

アマネハ（債冷）（存疑）

〔債冷〕01022 01622
債冷（「冷」は「治」の誤か）吾（「吾」は「安」の誤か）万祢皮□（「須」か）□カ止　08105009-下26

アマネハス（遍）

〔周〕03441
周アマネハシたまふ　08305001-⑩202-18
周ネカス（「カ」は「ハ」の誤）しむ　11020007-⑪8
周アマネハして　アマネハ　11230003-③6
周アマネハシ給フ　11630001-④369
〔施〕13629
如し…施アマネハスか「か」于從（ふ）ことを「を」政に「に」　11300014-③19
〔歴〕16340
歴「アマネハシ」「フルニ」　11200015-⑤202
〔洽〕17426
債冷（「冷」は「治」の誤か）吾（「吾」は「安」の誤か）万祢皮□（「須」か）□カ止　08105009-下26
〔遍〕39001
遍アマネハシ　09480001-11ウ2
遍ス身ニ　11280014-③268

アマネハル（周）

〔周〕03441
周（アマネ）ハレリ　09505020-459
〔班〕20976
班世満三持（「安満祢皮利」の誤か）　08105009-下33
〔遍〕39001
遍アマネハリ　08505008

アマノ（餘）

〔餘〕44185
餘アマノ食　11280014-①467

アマノイハクラ（天磐座）

〔天磐座〕05833 24401 09319
天ノ磐座イハクラ　12360002-1オ2

アマノウキハシ（天浮橋）

〔天浮橋〕05833 17487 15526
天浮橋アマノウキ（ハシ）　12505019-29ウ

アマノオシヒ（天忍日）

〔天忍日〕05833 10312 13733

天忍日オシヒ命　12360002-7オ8

アマノオシホミミ（天忍穂耳）

〔天忍穂耳〕05833 10312 25298 28999

天忍オシ穂耳尊に　12360002-4オ3

アマノガハ（天川）

〔天河〕05833 17245

天河アマノカハ（「マ」右傍補入）　11005025-22オ7

天-河アマノカハニ　11005025-23オ4

天河アマノカハ　11340007-③22ウ5

〔天津〕05833 17396

天津アマノカハ　13440001-6オ

〔天漢水〕05833 18153 17083

天漢水アマノカハ　12505031-18-16

〔漢〕18153

漢アマノカワ　11360001-2オ4

漢アマノカワ　13860001-3-4

アマノキ（天杵）

〔天之杵〕05833 00125 14503

天之杵（上）キ　12360002-9オ3

アマノツキ（天月）（存疑）

〔弦晦〕09754 23353

弦晦アマノツキ　11505075-⑰153-6

アマノハゴロモ（天衣）

〔天衣〕05833 34091

天衣アマノハコロモ　13440001-1ウ

アマノハジユミ（天梔弓）

〔天梔弓〕05833 14846 09692

天の梔弓ハシユミ（上上上〇）　12360002-7ウ1

アマノヒツギ（天日嗣）

〔寶祚〕07376 24668

寶祚之アマノヒツキノ　12360002-4ウ3

〔帝業〕08865 15170

帝業アマノヒツキ　11505075-⑰151-2

〔祚〕24668

踐祚アマノヒツキシロシメス

アマノヒワシ（天日鷲）（人名）　11505075-⑰123-6

〔天日鷲〕05833 13733 47345

天日ヒ鷲神を　12360002-6オ2

アマノミカゲ（天御蔭）

〔天御蔭〕05833 10157 31840

天御蔭アマノミカケ　10505150-2右

天御蔭アマノ（ミ）カケ　10505150-3左

天御蔭アマノ（ミカケ）　10505150-12右

アマノヤツホコ（天瓊貳矛）

〔天之瓊貳矛〕05833 00125 21328 36703 23846

天之瓊貳矛アマノヤツホコヲ（「ヤツ」存疑）
12505019-29ウ

アマハコ（篋）

〔篋〕26271

篋あ万は左（「左」は「古」の誤）　08105007-上35

アマヒ（間）

〔如〕06060

有如磐石常存トキハカキハノアマヒニ(上上上○上上平平平○)マタカラマシ　12360002-6ウ6
如_木_花之コノハナアマヒニ(平平平平上上○平)　12360002-6ウ7

アマビコ(百足)

〔百足〕22679 37365
百足ア□〈マ〉ヒコ　11360001-38オ1(上欄外)
百足アマビコ　18400001-②6-35
〔馬陸〕44572 41708
馬陸味名阿末比古　11505004-①76オ3

アマフネ(舫)

〔舫〕30386
舫アマフネ　11360001-64オ1

アマベ(海部)(地名)

〔海部〕17503 39460
海部アマヘノ峯ミネト　12360003-下6

アマベタ(海畔)

〔海濱〕17503 18537
海濱上アマヘタノウ(ヘ)に　11505075-⑭112-5
〔海畔〕17503 21801
海畔アマタヘ(「タヘ」は「ヘタ」の誤)の　11505075-⑳181-6

アマホコリ(雨侈)

〔雨侈〕42210 00583
雨侈アマホコリ　11860003-213

アマムズ(甘)→アマズ

〔甘〕21643
甘アマムセ/「アマセ」不す/「ス」　11005080-上34ウ2

アマムド(白水郎)

〔白水郎〕22678 17083 39431
白水郎アマムト　11505073-9ウ

アマヨソヒス(雨装)

〔被雨衣〕34222 42210 34091
被雨衣アマヨソヒセリ　11505075-⑳185-7

アマリ(餘)→アマ、アマノ、タウマリ

〔強〕09815
廾九日半強アマリニ　12840003-②4ウ6
〔彊〕09872
彊アマリ　11130001-④4ウ
〔數〕13363
數千(チ)ア(マリ)　10005008-㉔82
數十トヲアマリノ　10005008-㉔163
數千チアマリ　11005115-㉔82
數十トヲアマリ　11005115-㉔163
數十トヲアマリノ人　11420003-⑫3オ
數百モ、アマリ　11420003-⑫3ウ
數千チアマリ　11420003-⑯25ウ
數百衞士モ、アマリノイクサヒト　11420003-㉑9ウ
數十タウアマリ　11420003-㉓9オ
數百モ、アマリ人を　11505075-⑪45-5

アマリ

數百モ、アマリノ　11505075-⑭88-8
數千チアマリ　11505075-⑳174-1
〔有〕14332
有りアマリ萬人　11260001-③301
〔有餘〕14332 44185
八十ヤソチ有餘アマリノ　12505021-2
〔緣〕27656
緣アマリ　11360001-11オ4
〔遺〕39134
遺アマリの　11630001-⑤478
〔餘〕44185
餘の　08505020-24-5, 31-17, 43-3
四寸餘ア(マリ)　10005008-㉔275
餘ア、の「アマリ」　10165001-①241-1
有テ餘り　10505007-17-8
餘アマリ(ニ)忍のて諸苦を　10640006-①9
月餘アマリ　10860002-51ウ1
餘「アマリニ」　10990002-⑨420

四寸餘ア(マリ)　11005115-㉔275
餘リ一片　11130005-42オ
餘リ　11210001-②95
餘アマリノ　11280014-①203
餘リ　11280014-③95
有リ餘リ　11340007-②34オ1
餘アマリ　11360001-21ウ3
餘アマリ　11420003-⑮9オ
二萬餘フタツヨロツアマリ　11420003-㉑13オ
十餘日トウカアマリ　11420003-㉓4ウ
四萬餘項ヨ、ロツアマリの　11505075-⑪25-2
丈餘ヒトツヱアマリ　11505075-⑪48-3
十餘日トカアマリ　11505075-⑭85-7
餘アマリの佛ノ像を　11505075-⑳185-6
有餘アマサヘ アマリ　11550009-4ウ4
餘アマリニ　11705071-60

餘リノ　12140002-⑪100
餘アマリ　12410003-4-3
有餘リ　12505047-28
餘リヲ　12840003-①32ウ2
餘アマリ　13860001-30-1
〔餘迹〕44185 38827
餘_迹アマリ　11630001-⑦279
〔補讀〕
十七條トヲチアマリナ、ヲチ　10005008-㉒104
卅七年ミソトセアマリナ、トセ　11420003-㉑2オ
百兵士モ、アマリノイクサ　11505075-⑪11-2
一千四百六十匹チムラアマリヨソムラアマリムソムラ　11505075-⑪27-2
結_爲_百_八十組モ、スヒアマリヤソムスヒニセム　12360002-5ウ2

百_八十縫モヌヒアマリヤソヌヒ　12360002-5ｳ3

アマリサヘ（剰）→アマサヘ

〔剰〕02109
剰アマリサヘ　12230001-47ｳ
〔餘〕44185
餘アマリサヘ寸半　11630001-⑤201

アマリモノ（餘物）

〔長物〕41100 19959
長物アマリ（モノ）　10165001-②3ｵ7

アマル（餘）→アマサヘ、アマノ、アマリ、アマリサヘ

〔出〕01811
盈ミチク出アマラハ　11020007-④25
〔剰〕02109
剰「アマレリ」　09280001
剰アマラハ　11270006-①16
剰アマレリ　11790003
〔塡〕05355
塡「アマリ」盈ミチ　10820003-④86
〔溢〕17951
溢アマレリ　11360001-36ｵ1
〔盈〕22961
盈アマリて　11140007-④18
盈アマリテ　11200015-④60
盈アマリ出てむ　11510005-④19
盈アマリテ　11850004-④25
〔賸〕36878
賸アマルこと　10450002-1
〔長〕41100
長アマレル　10165001-①237-6
所長アマレル　10165001-①263-5
長アマレル　11280014-①180
所長アマレル　11280014-①347
〔餘〕44185
餘レル水　08305001-⑨179-10
餘レル命　08305001-⑩189-21, ⑩199-16
餘レル髪　08305001-⑩196-17
餘レル骨　08305001-⑩199-22
餘アマラシム　10165001-②10ｵ7
餘アマリ　10165001-②16ｵ7
餘アマレリ　10680005-1ｳ
餘アマリ持誦し　10790001-上35ｵ
餘アマレリ十日ニ　11130005-27ｵ
餘ルる　11130005-56ｳ
餘アマレリ　するか（?）　11200015-④36
可ク餘アマル　11280014-①65
□〈餘〉□〈ラ〉シム　11280014-②49
餘アマルコト　11280014-②179
餘ル一乖ニ　11280014-④60
忍ヒ餘アマテ　11300001-⑧18
餘レリ　11340007-②38ｳ4
餘レル髪　11505087-6
餘（ア）マリ　11630001-②373

餘(アマ)リ 11630001-④76
餘(アマ)レリ 11630001-⑥27, ⑧386
餘アマリ 11690001-14
ニ餘レリ 12140002-⑪154
歳(トシ)ニ餘リ 12840003-②4ウ7

アマン(餘)→アマ

アミ(海糠)

〔海糠〕17503 27105
海糠アミ 11860003-53

アミ(網)→アミス、アミモテトル、アムビト、ウサギノアミ、ウチアミ、シキアミ、トラヘアミ

〔塡〕05355
塡アミ 10320001-25オ7
〔泫麟〕17319 47690
泫麟「…網取」 10990002-⑨97(紙背)
〔網〕27577
網アミ 10505010-29
網阿美 10790002-5ウ2
網アミを 10870001-⑤323
納(去)網 ヲ「ミヲ」 10990002-⑦122
網「アミに」 10990002-⑨196
網あり／「アミアリ」 11005080-上16ウ2
網「ミヲ」以「テ」 11005080-上22オ6
網みを／「ニテ」以「テ」 11005080-上22オ7
網ア(ミ) 11130001-④11ウ
網アミソ 11200015-⑤97
爲網アミト 11350010-7-7
網アミ 11360001-25ウ2
網アミを 11505075-⑪42-4
網アミヲ 11630001-⑦355
網アミ 12110002-4
網アミノ目メ 12410003-7-12
網アミ 12505019-2ウ, 15オ
網アミ 13860001-35-1
〔編〕27665
編アミ 12505019-5オ
韋ヲシカハノ編アミ 12505019-53オ
罔アミ 12505020-㉖4
〔罔〕28211
罘ア(ミ) 09480002-31オ7
〔罘〕28224
〔罟〕28248
釣(去)ツリ テウ 罟(上)アミ コウ コ 11550009-9ウ1
〔罥〕28277
罥アミ 12860001-③41ウ6(57-6)
〔罼〕28352
罼ア(ミ) 09480002-31オ7
〔羂〕28386
羂アミを 10450001-7
〔羅〕28397
入ふか魔の羅アミニ故に 10505019-㊵25
羅アミは 10700001-185
羅アミ 11360001-2オ4

羅アミヲ 11380002-北27ウ
羅アミハ 11505046-17
羅アミニ 11550009-2ウ6
羅アミ 13860001-3-4

アミス(網)

〔網〕27577
網アミシツ可(シ) 10990002-⑧115
網アミセルカ スカケルカ 11350010-8-1

アミモテトル(網)

〔罔〕28211
罔アミモテトリ 15110001-10

アム(虻)

〔虻〕32835
虻蝿安牟 07905001-104-1

アム(編)(四段)→アミ

〔編〕27665
編アミ 08105009-下13
編阿无 08105015-中序
編アミ 08105015-下13
編アミ織オ(リ) 08105023-49-19
以モテ編アミ附ツケヨ 10350002-2ウ6
覧者編アメ ツイテヨ焉 10590005-18
編アミ邊典反附ツケよ 10690001-4オ
編アメリ 10990002-⑧379
編アミ／「アミ」絡マトフコトヲ爲せり／「セリ」 11005080-上28オ5
編アメリ 11160007-②73
編アム戸コを之民タミ 11200004-6
編ミ-次ッ 11340007-①17ウ4
編メ 11340007-②38オ3
編メ(ル) 11340007-②38オ3
編アム 11505521-中序-3ウ3
編アメリ 11630001-②55
編アムて 11630001-②222
編(ア)ミ 11630001-⑦61

〔縭〕27874-01
縭結也 編也 08105007-上35

〔連〕38902
連訓安牟 07905001-80-2

〔釘〕40159
釘アミ著けよ 10450001-241

〔□〕
□(漢字不記) 曽□□と安□ 08105007-上35

アム(浴)(上二段)→アムズ、カハアミ、カシラアラフ、カハアム、ミヅアム、ミユアム、ユアム、ユカハアム

〔沐〕17201
沐アミ 09505020-452
沐アミテ 10505007-37-2
沐ア(ミ)タテマツル 10650002-28
沐アミテ 10990001-14ウ
沐アミ 10990002-⑨61, ⑨73
沐「アミて」 10990002-⑨337
沐アミ 11160007-⑥233

沐アミ　11260001-⑨64
沐アミツ　11550009-58オ1
沐アミテ　11860003-141
沐アム　12140002-⑫457
沐アム　12860001-③58ウ5(60-10)
〔洗浄〕17379 17669
洗浄アミヨ　10950003-⑵
〔浴〕17496
浴アミは　10450001-281
飲ノミ浴アムト　10505010-31
浴アム　10680003
浴み／「アミ」　11005080-上58ウ5
浴アミ　11260001-⑦248
浴アム　11360001-18ウ2
浴アミ　11860003-110
浴アム　12860001-③58ウ5(60-10)
〔濯〕18532
濯アミ　11005080-上49オ5

澡ウカヒ_濯アミて　11630001-④368
飲ミ濯アムルモノ　11630001-⑧325
濯アミタマフ　11630001-⑧449

アムジロ（籧篨）
〔籧篨〕26777 26358
籧篨アムシロ　08505007-②15-3

アムズ（浴）→アム
〔洗〕17379
洗アムシマツル　11420003-⑫10オ
〔浴〕17496
浴アムシ　10165001-②24オ4

アムダ（轝）
〔轝〕38572
轝アムタヲ　11280014-②247

アムヅチ（垜）→アヅチ
〔垜〕05049
垜アムツチの『(上)陀音　アツチノ』義　10240002-⑰8

アムテ（肯）→アヘテ
〔肯〕29311
不肯アムテ　11505052

アムトコブ（跨）→アトコブ、アフトコブ
〔跨〕37504
跨アムトコヒ枕ヨリテ　10990002-⑨409

アムニ（豈）→アニ
〔豈〕36249
豈アムニ謂非ウ（存疑）ムヤ運トイハムカ也　10505007-52-1

アムビト（網人）→アミ
〔漁人〕18101 00344
漁-人アムヒトヲ　11630001-⑦337

アメ（天）
〔天〕05833
天ア（メ）に　10005008-㉒367
天アメ　10005008-㉔68
天ア（メ）　11005115-㉒367, ㉔68

天アメ　11420003-⑮4ウ
天アメ之立(つる)は君を　11505075-⑪19-4
天アメ　13860001-10-6
〔天上〕05833 00013
天上アメに　10005008-㉒57
天上アメ　11005115-㉒57
〔皇天〕22701 05833
皇天アメ　11420003-⑯27オ
〔穹〕25414
穹大也　天也　窮也　10505069-⑪5

アメ（糖）
〔沙糖〕17212 27070
沙_糖アメを　10165001-①266-2
沙糖アメ餅　11200015-⑦132
沙糖アメヲ　11280014-①364
〔粭糖〕26904 27070
粭糖アメ　11505004-①25オ4, ①29オ4
粭糖和名阿女　11505004-①79ウ1

〔粽〕26993
粽アメ　11860003-107
〔糖〕27070
糖　11860003-107
糖アメ　11860003-205
〔糟〕27104
糟阿米　07370002-57-9
〔糰〕27149
粥加由 糰阿米　07370002-58-4
〔飴〕44080
飴アメ　11450001-㉒8-7
〔餳〕44283
餳アメ　12230001-23オ

アメ（雨）→コサメ、サメ、ナガアメ、ナガメ、ヒサメ、ヒヂサメフル、ムラサメ
〔水〕17083
水アメノ雨のフル「スル」時　11200015-⑤206

〔雨〕42210
雨アメを　10005008-㉔69
云雨ノチルソ　10505019-⑤8
雨アメに　10505024-7オ3
雨フテ〻「アメ」ヲ　10505024-61ウ5
雨の／「メノ」如し／「シ」　11005080-上19オ6
雨アメ　11005115-㉔69
雨メ　11340007-④20オ4
雨アメ　11360001-9ウ2
雨メ　11380002-天15ウ
雨アメ　11380002-東10オ, 北26ウ
風雨カセアメ　11420003-⑫10ウ
暮(春)ハルノ雨　11860003-48
雨カト　11860003-221
雨メ(存疑)　12505010-379
雨アメ　12505035-4ウ6
雨メ　12840003-②2ウ1
雨アメ　13860001-13-5

アメ（夫人）（存疑）
〔夫人〕05835 00344
夫人アメ　11420003-⑮15ウ

アメウシ（黄牛）
〔黄牛〕47926 19922
黄牛アメウシ　11370001-13

アメクニ（天國）
〔天神地祇〕05833 24673 04890 24639
天神地祇アメクニ　11420003-㉓2オ

アメクニ（天國）（人名）
〔天國〕05833 04798
天アメ國ク(ニ)排□(オ)□(シ)開□□(ラ)
キ廣庭の天皇　11505075-⑳162-1
天メ國饒石ニシキ（「ニキシ」の誤）彦大瓊
〻杵尊　12360002-8ウ3

アメツチ（天地）
〔乾坤〕00204 04969
乾坤ア（メツチ）に　10005008-㉒191
乾ア（メ）坤ツ（チ）　11505075-⑰125-3
〔天地〕05833 04890
天地アメツチ　10505150-22左

アメトヨタカライカシヒタラシヒメ
（天豐財重日足姫）（人名）
〔天豐財重日足姫〕05833 36304 36664 40132 13733 37365 06230
天豐財重日足姫アメトヨタカライカシヒ
タラシヒメ（平上平平平平平平平平平上上平
上上平）ノ天皇　11005115-㉔2

アメノ（天）→アマノ

アメノウヘ（天上）
〔天上〕05833 00013
天アメノ上ヘ　13440001-1オ, 2ウ, 4ウ, 30オ

アメノカホ（天垢）
〔天垢〕05833 05058
天アメノ垢カホ／アカ　12360002-12ウ6

アメノシタ（天下）
〔區宇〕02691 07067
區宇アメノシタに　10005008-㉒222
區宇アメノシタ　天下　11505075-⑭110-3
〔國家〕04798 07169
國家アメノシタ　10005008-㉒115, ㉒127
國家アメノシタ　11005115-㉒115, ㉒127
〔天〕05833
天の下を　08505014-98
〔天下〕05833 00014
天下アメ（ノ）シタ　10505150-6右
天下アメノシタ　10505150-13右
赦天下（アメノ）シタノツミ　11420003-⑮12ウ
天ノ下シタに　11505075-⑪6-7
天下アメノシタ　13440001-4オ, 28オ
〔宇〕07067
宇阿□（米か）乃之太　08105007-上序
宇阿米乃之多　08105015-上序
御「／ヲサメ給」（存疑）-宇「／アメノシタ」

10630006-37

〔宇宙〕07067 07108

宇宙アメノシタをは 下 11505075-⑰125-8

〔御宇〕10157 07067

御宇アメノシタシラシ、 11420003-㉓2ウ

御宇アメノシタシラシ、天皇
11505075-⑪9-8

御宇アメノシタシラスに 11505075-⑪10-3

〔御寓〕10157 07242

御寓雨ノシタシラス天皇
11505075-⑳177-6

〔普天之下〕13982 05833 00125 00014

普天之下アメノシタを 11505075-⑭110-7

〔海内〕17503 01418

海内アメノシタ 11420003-⑮22オ

〔郊廟〕39392 09489

郊廟主アメノシタノアルシ
11420003-⑮12オ

アメフラス（雨降）

〔雨〕42210

雨フラス 10505024-2オ5

雨「メフラシテ」 10740001-⑦62

雨（ふら）スと 11030006-②51オ

アメフル（雨降）

〔澍〕18329

澍ソ、キテ『アメフリテ』 10870001-③13

〔雨〕42210

雨リ諸の天の華を 08305001-①7-7

雨ルコトヲ雨を 08305001-③44-5

雨らシむルコトと天の妙華を
08305001-⑤92-1

雨ル…天の華を 08305001-⑤92-6

雨リ曼陀華を 08305001-⑨165-11

雨ル天の妙蓮華を 08305001-⑨183-23

雨ル衆の天の花を 08305001-⑨184-1

雨レリ…至（る）マてにとを于サヘ膝に

08305001-⑨184-6

（を）雨ることを 08305011-49-4, 49-4, 51-2

を雨て 08305011-51-3

を雨る 08305011-79-2, 81-8

（を）雨て 08305011-79-6

雨リ 08505005

を雨リ 08505020-14-1

を雨る 08505020-20-12, 21-11

（を）雨り 08505020-20-18

如し不ヌか雨フラ 09380007-5

雨フリテる 09505020-428

雨リテ雜-寶を 09505020-431

雨アメフリ雷イカツチナル 10230002-②449

雨アメフリ 10230002-②457

雨フリて種〻の供具の雲海を 10350001-9ウ7

雨り…天華を 10505003-①129

雨リ 10505003-③23

アメフル

雨るト…を　10505003-③118
雨フリ寶□ラヲ　10505024-32オ5
雨フル刀ヲ　10505024-60オ3
雨フテ〻「アメ」ヲ　10505024-61ウ5
雨アメフル雲の色に　10640005-①17オ
雨「フ」レリ　10730001-⑪1-10
雨フレリ　10730001-⑪3-4
雨(フ)レリ　10730001-⑪3-16
雨レリ　10730001-⑪4-11, ⑪5-6
雨「(アメフ)レリ」　10730001-⑪5-1
雨フルる　10740001-④65
雨「フリ」　10740001-⑦51
を雨る　10820003-②800
雨「フラムトイハムカコトク」(ふら)む　10820003-②804
を雨ると　10820003-②813
雨『ル』　10870001-①75
雨フリ　10870001-①138

所ナレは雨フル　10870001-③16
雨フルに「トキニ」　10870001-③32
雨フルこと　10870001-③246
雨りき　10870001-③248, ③509, ⑦87, ⑦146
雨リ　10870001-③249
雨ル　10870001-⑦277
雨レ(リ)　10970003-166-14
を／「ヲ」雨(ふ)ること／「(フ)ルコト」　11005080-上3オ5
〻(雨)「フルカコトク」　11005080-上6オ3
雨「フル」　11005080-上17オ4
雨ること／「フルコト」　11005080-上19オ6
涙たを／「ヲ」雨り／「フリ」　11005080-上50オ2
雨る／「フル」　11005080-上56ウ1
雨(ふ)ラメヤと　11030006-②50ウ
雨リ　11070003-②6

雨アメフリ　11130001-③11ウ
雨(アメ)フル　11130001-③11ウ
雨ラシメ　11140007-⑮75
水アメノ雨フル「スル」の時　11200015-⑤206
雨フリ大雨　11210001-②24
雨アメフリテ　11260001-⑨89
雨宇付反「フレリ」雹皮陶(?)反「ハク」　11270012-12
雨フレリ雹(入)ハク　11270012-51
雨フレリ雹(入)　11270012-67
雨る大供養を　11280005-52
雨フテ如寶を　11310004-3
雨フル　11340007-④20オ4
如きなり雨アメフル時の　11380001-⑯25-4
不雨アメフラ　11380002-西41オ(別筆)
雨フル　11420003-㉓10オ
雨フレリ　11450006-25
雨アメフレトモ　11505073-11オ

雨フリ 11505073-16ウ
雨ル 11505073-22ウ
風(カセフ)キ雨(アメフ)ル 11505075-⑳185-6
雨フル 11505084-1-7
雨アメフル時 11510005-⑤58
雨(アメフ)ルこと 11630001-②224
不令暴雨(アメ)フ□〈ラ〉 11630001-③32
雨(アメフ)ル 11630001-⑧232
雨(アメフ)リ 11630001-⑧348
雨(アメフ)ラス 11630001-⑧571
雨(アメ)フラシメ花を 11850004-⑮13
雨アメフリテ 11970004-12オ2
ヲ雨(リ) 12140002-⑫436, ⑫437
雨ル 12150002-3, 6
雨フテ 12505019-32オ
雷イカツチナテ雨アメフル 12550003-1
雨フルコトハ 12840003-③9オ6
常に雨アメフリて爲す罰(する)ことを 13300004-④514

〔雨𠂢〕42210 00047-01
雨レルカ𠂢(アメ)フ 11280014-④57

アメマヒトツ(天目一箇)

〔天目一箇〕05833 23105 00001 26116
天目一箇アメマヒトツ(〇〇平平上平)神を 12360002-6オ2

アメミマ(天孫)

〔天孫〕05833 06987
天孫アメミマを 10005008-㉔322
天孫アメミマ 11005115-㉔322

アメヨロヅ(天萬)

〔天萬〕05833 31339
天萬アメヨロツ 11420003-⑬9ウ

アメラ(饘餅)(存疑)

〔饘餅〕44417 44220
饘餅阿來(「來」は「米」の誤か)良 07370002-57-13

アヤ(文)→アヤオル、アヤハトリ、アヤベ、イマキノアヤ、ヌヒアヤ、ヤマトアヤ、ヤマトノアヤ、ヤマトノアヤノアタヒエ

〔事〕00241
事アヤ(「ヤ」存疑) 11505073-6オ

〔文〕13450
文アヤアリ 08305011-125-10
文アヤ 08305011-127-3, 157-2
文アヤ 08505020-31-12, 31-15, 34-7, 34-19, 37-9
指の文アヤ 08580002-89
文「アヤ二」 10640002-4
文アヤ 11360001-6ウ3
文アヤ 11380002-南43オ
无文アヤ理シワ 11505004-①12オ3
若(ク)ニシ…文アヤノ 11550009-8オ1

父(文)アヤアル栢カヘ 13440001-12オ
文アヤ 13860001-9-4
〔文畫〕13450 21859
父(文)畫(畫)アヤ 13440001-13ウ
〔漢〕18153
漢アヤノ才人テヒト 11505075-⑭80-8
〔理〕21014
木理アヤ 09505015
理アヤを 11505004-①40オ5
〔約〕27242
約アヤ 11005013-18
〔絇〕27427
絇アヤ 11140007-⑮152
〔綺〕27586
鮮(平)ナル綺(上)アヤ 11630001-⑧273
〔綾〕27591
綾ア(ヤ) 11130001-④10ウ
綾アヤ 11420003-⑯29ウ
綾阿夜 11470002
綾アヤ絹キヌ 12840003-①18ウ2
〔繡〕27913
繡アヤニシテ 11505073-18ウ
繡アヤ 11505073-27オ
〔羅〕28397
羅アヤ 11360001-2オ4

アヤ(漢)→イマキノアヤ
〔漢〕18153
新の漢イマキノアヤの 11505075-⑭62-2
東ヤマトノ漢アヤノ直ヒエ 11505075-⑭83-1
漢アヤノ手人 11505075-⑭83-4

アヤ(綾)→ヌヒアヤ

アヤ(漢)(人名)
〔漢〕18153
漢アヤ直 11420003-⑫2ウ

アヤオル(文)
〔文〕13450
文アヤオレリ 11220002

アヤカ(清徹)
〔清徹〕17695 10245
清徹アヤカニ なる 08830001-⑧345(98-22)

アヤカス(綾糟)(人名)
〔綾糟〕27591 27104
綾(上)アヤ糟(上)カス等を 11505075-⑳174-2

アヤカル(懍)
〔懍〕11335
不「む」扫「ツ、シミ」懍「アヤカラ」 11340007-④53オ1

アヤシ(怪)→アヤシトス
〔下〕00014
下アヤシキ臣の 11630001-⑤60
〔偉〕00837

偉アヤシク大　09505020-222
偉アヤシ□〈キ〉也　09505020-224
偉アヤシ　11050002-32オ
偉アヤシ　11340007-④8オ6
偉アヤシ　11580001-98
偉アヤシキ大ニシて　11630001-①225
〔可由僃止〕03245 21724 01244 16253
可由僃止アヤシクヤ　08505007-③9-2
〔天〕05833
天アヤシキ所ヲ　13440001-3オ
〔奇〕05892
奇アヤシク　08105005
奇米川良之久　又云アヤシ久　08105007-上4
奇メツラシク　又阿也シ支　08105015-上4
奇(あやし)き　08505014-81
奇シく(し)て　09505020-301
奇ア(ヤシキ)術　10005008-㉔293
奇アヤシき哉カナ　10200001-⑦21ウ6

奇アヤシキ　10505007-7-2
奇アヤシと　10505019-③16
奇「(シ)ク」特「(ハナハタシ)ク」して『マシマス』　10870001-④7
奇アヤシキ　10990001-6ウ
奇ア(ヤシキ)術　11005115-㉔293
奇アヤシキ　11130001-④9ウ
奇「アヤシキ」　11140001-60
奇ア(ヤシク)　11140001-60
奇アヤシ　11360001-34ウ2
奇アヤシ(「シ」存疑)キカナ　11360002-②2
奇(シキ)哉カナレ(「レ」は「ヤ」の誤か)　11360002-②7
奇アヤシク偉ウタテアル　11420003-⑯29オ
奇哉アヤシキカナヤ　11470009
奇アヤシキコトヲ アヤシミヲ　11550009-13ウ7
奇ア(ヤ)シク　11630001-②222
奇(アヤシ)ク　11630001-③305

奇(アヤシ)キ　11630001-④224, ⑤322
奇(シ)ク　12140002-⑫227
奇アヤシキ哉カナヤ　12505039-9
奇アヤシク　13440001-20オ
奇アヤシ　13860001-46-6
〔奇希〕05892 08813
奇希アヤシクアヤシキ　13440001-11オ
〔奇異〕05892 21866
奇異とアヤシク　13440001-11オ
〔怪〕10483
怪アヤシト　09005007-4
怪シキ　09505003-1
〔佐〕10574
佐アヤシ哉　10505019-⑮5
佐シキ　11005002-3
佐しカラム乎ヤ　11230001-②294
佐アヤシ　13860001-63-4
〔應〕11330

アヤシ

應アヤシク募求也 12005009-6(存疑)

〔懦〕11390
怯ヲチナク懦アヤシ 11630001-③325

〔殊〕16451
「殊アヤシ常ヨリに」 11505075-⑭66-1

〔珎〕20921
珎アヤシ 11360001-15オ3

〔瑋〕21107
瑋アヤ(し)き 08505014-49

〔瑞〕21131
瑞アヤシキ 11420003-㉓8オ

〔異〕21866
異常アヤシ 08305001-⑩188-2
珎メ(ツ)ラ□□〈シク〉異シキ 10505019-⑫11
異アヤシク アヤシク／にして 11020007-⑤13
異アヤシ焉 11505075-⑪16-1
異アヤシキ體カタチ 11505075-⑭93-4
異(去)アヤシキコトヲ 11550009-14オ1
異アヤシキ_物ソ 11630001-①191
異(アヤシ)キ_類タクヒアリ 11630001-③286
異(アヤシ)キ 11630001-⑥382, ⑥384
異アヤシキ 11630001-⑧4
異(アヤシ)キ_草 11630001-⑧353
異(アヤシ)ク 11630001-⑧445
異(去)アヤシキ也 12140002-⑪39
靈異クシヒニアヤシキ(平平上上平平平平) 12360002-8オ4
異アヤシ 13860001-30-4

〔異之〕21866 00125
異之アヤシクシテ 11420003-⑬15ウ

〔神〕24673
神阿也之瑞を 08005010-2
神ア(や)シキ 08505014-60
何神アヤシキコト有レハカ 09505020-301
神アヤシ 11360001-12オ1
神□〈ア〉ヤシ(キ)光ヒ(カリ) 11505075-⑭58-4
神アカ(「カ」は「ヤ」の誤)シキ鏡を 11505075-⑭70-6
神「アヤシ(キ)」鏡を 11505075-⑭70-8
神アヤシ(キ) 11505075-⑳175-5
神アヤシ(キ) 11630001-③40
神アヤシキ德 12360002-14オ7
神アヤシ 13860001-16-4

〔神口〕24673 03227
神口アヤシキコト 13440001-19オ

〔〓〕25227
〓アヤシ ニク 11360001-5オ3

〔窮奇〕25593 05892
窮奇とアヤシク 13440001-23ウ

〔耶〕29008
耶アヤシ 11360001-3ウ1

〔詭〕35434
詭ア(ヤシクシテ)　09480002-12オ5
何ナンノ詭(平濁)アヤシキ クキカ (此下「コ」脱か)トモ　11550009-52オ1
〔譎〕35956
譎アヤ(シク)　09480002-12オ5
譎アヤ(シ)ク　11380002-南23オ
〔譎詭〕35956 35434
譎-詭トアヤシ　11630001-③465
〔靈〕42532
靈き　08305011-187-7
靈アヤしき　08505014-18
靈アヤシク景オホキなる　08505020-44-5
靈アヤシク　09505020-455
靈アヤシ　11360001-56ウ3
靈アヤシキ鳥　11505075-⑭74-1
靈アヤシク景オホキナルコト　11505097
靈アヤシキ翰(去)フムテ カン　11550009-54オ4

〔靈奇〕42532 05892
靈-奇とアヤシクアヤシキ　13440001-1ウ
靈-奇とアヤシクメツラシキ　13440001-1ウ
〔魁悟〕45785 10680
魁(平)火イ/ク「ハイ」悟(去濁)トアヤシ 「コ」タリ　11550009-3ウ6

アヤシ(文石)(人名)
〔文石〕13450 24024
文アヤシ石シ小麻呂　11505075-⑭98-6
文石小麻呂アヤシノヲマロに　11505075-⑭99-3

アヤシガル(異)
〔奇〕05892
奇(アヤシ)カリテ　11630001-⑦255
〔恠〕10574
譏ソシリ恠(アヤ)シカリナム　11630001-⑥359
〔異〕21866
異アヤシカリ　11505075-⑳165-1
異アヤシカル　11630001-⑧295

アヤシトス(怪)
〔奇〕05892
奇アヤシトスル　11380002-南14ウ

アヤシビ(怪)→アヤシブ
〔恠〕10574
恠アヤシヒを　11020007-⑱56

アヤシブ(怪)→アヤシビ、アヤシム
〔危〕02849
危アヤシフ　11360001-33ウ3
〔奇〕05892
驚キ奇フ　10860002-6ウ3
奇フテ　10860002-7オ5
奇ヒ　10860002-8ウ7
奇アヤシフ　11420003-⑮9ウ
奇アヤシムテ　11505073-1ウ
奇ヒ　12510006-25-13

〔怪〕10483
怪アヤシムて 10600001
怪(シ)フ 10990002-⑩124, ⑩127
怪アヤシムテ 11450006-17
疑ヒ怪フコトヲ 11550009-18ウ3
怪フ 11550009-39ウ5
〔恠〕10574
恠アヤシヒて 10505003-⑩16
不警恠アヤシは 10505019-②19
驚ロキオト恠ヤシフ 10505024-4オ3
驚オトロキ恠アヤシフ 10505024-18ウ1
恠フ之ヲ 10860002-27ウ1
驚き恠アヤシヒナムトイハムカ 10870001-⑤312
恠アヤシムテて 10870001-⑤490
恠ムテ 11005025-21オ6
足タラム恠フニ乎 11005025-23ウ1
恠ヒ異フ 11050002-18オ
恠フ 11340007-③25オ4
足ム恠フニ 11340007-③27オ5
恠「シフ」 11340007-④39ウ4
恠フ 11450001-㉑11ウ3
恠ア(ヤ)シムテ 11450006-18
勿レ恠フ(コト) 11505084-2-8
恠ヒ覩ミル 11505521-下26-43ウ3
足ム恠フニ乎 11550009-28オ4
驚ロキ恠アヤシンテ 11790003
恠フトイフ 12505010-326
恠アヤシフ 12505019-51オ
恠アヤシフ 13440001-16オ
相恠フ 13440001-30オ
恠ア(ヤ)シフ 13530006-42-11
〔異〕21866
異アヤシフ 08505007-①6-3
異アヤシヒテ 08505007-①10-1
異ア(ヤシフ) 10005008-㉒331
異ア(ヤシフ) 11005115-㉒331
異アヤシヒタマ(フ) 11420003-⑫2オ
異アヤシヒタマヒ 11420003-⑫7オ
靈クシヒ異ア(ヤ)シフ 11420003-⑮2オ
尤トカメ異アヤシヒ 11420003-㉑10ウ
異アヤ(シフ) 11505075-⑪49-7
異アヤシフ 11505100-402
異アヤシフ 12330003-51-3
異アヤシヒ敬 12330003-55-11
異アヤシムテ 12840003-①36オ1
異アヤシン(「ン」存疑)テ 12840003-③18オ4
〔異之〕21866 00125
異之アヤシヒタマヒ 11420003-⑬23オ
異之アヤシフ 11505075-⑪36-8
〔神〕24673
神アヤシヘト(「ト」存疑)モ而 09505020-424

アヤシブラクハ(怪)

〔奇侅〕05892 00580

奇侅アヤシフラクハ 08305004-270

アヤシミ(怪)

〔奇〕05892

奇アヤシミヲ 11340007-②22オ2

奇アヤシキコトヲ アヤシミヲ 11550009-13ウ7

アヤシム(怪)(四段)→アヤシブ、アヤシムラク

〔器〕04376

器アヤシム 12510006-42-1

〔尤〕07543

尤シムコト 12140002-⑫181

相ヒ尤トカム／アヤシムコト勿(レ)也 責ゝ怨恠ゝ悪ゝ 12140002-⑫181

〔怪〕10483

怪シム 11160007-②34

怪アヤシム也 11160007-⑥56

〔恠〕10574

恠アヤシ(ム) 10730001-⑨3オ2

恠アヤシムコト 10950003-①83

恠アヤシム 11360001-47ウ1

恠アヤシミ 11380002-南39オ

恠ミ 11505521-下6-15オ4

恠アヤ(シミ)而て 11630001-①197

恠ア(ヤシミ)而て 11630001-③254

恠(アヤシ)ム 12840003-③17ウ5

恠アヤシム 12860001-③63オ1(巾17)

〔異〕21866

異アヤシム 08505007-③9-10

異アヤシムて之 11505075-⑭94-1

異アヤシム 11505100-400

異ア(ヤ)シムて 11630001-⑧410

異アヤシム 12140002-⑪72

〔神〕24673

神アヤシミテ而 12140002-⑫428

〔祥感〕24689 10953

祥-感アヤシムコト 11630001-③173

アヤシム(怪)(下二段)

〔偉〕00837

偉アヤシムル 11380002-南50ウ

〔恠〕10574

恠(シ)メテ 11340007-①46オ7

アヤシムラク(怪)

〔恠〕10574

恠アヤシムラク 18400001-②14-6

アヤス(出)→アセアヤス、チアヤス

〔出〕01811

出シ 10505003-③32

出アヤシテ 11505087-2

アヤツル(操)

〔操〕12806

操アヤツル 11130001-③7ウ

操アヤツリ 11380002-地22オ

操アヤツル 12505035-24ウ1

〔機〕15561

研(平)機(平輕)アヤツル　シテ　10990002-⑧239

〔藻〕32401

藻アヤツリカケリ(平上平)　10990002-⑧409

アヤニク(槈)

〔槈〕15312

槈アヤ□ニク　11360001-5オ3

アヤニシキ(綾綿)

〔綾錦〕27591 40569

綾錦　11860003-43

アヤバチ(誤)→アヤマチ

〔愆〕01120

愆アヤハチ　10320001-17オ4

アヤハトリ(漢織)

〔漢織〕18153 27892

漢|織アヤハトリ　11505075-⑭101-1, ⑭101-5

アヤフケム(危)

〔危〕02849

危「アヤフケムトイフ」　11340007-④55ウ4

アヤフシ(危)→アヤフケム

〔危〕02849

危アヤフク脆モロキ　08505008

危高也「アヤフキ」隥カキ(「キ」存疑)ハシ「サカ」　09505020-32

危セ(?)(ハク)「(あ)ヤフク」險に(し)て「(け)ハシ」　09505020-92

經へ危(あや)フキを　09505020-144

危アヤフシ　09505020-401

危アヤフキ　10165001-②10ウ5

危く脆モロキ之身　10505019-⑩5

危ア(ヤフシ)　10505030-41

危アヤフシ　10730001-⑨7オ3, ⑨10オ2

危アヤフカラ匪ス　10990002-⑨324

危(平)アヤフク／「アヤフク」脆セイ反／モロクシテ　11005080-上34オ4

危くアヤウク　11130005-19オ

危アヤフキ二在(リテ)　11160007-①259

匪危アヤフ□〈キ〉(二)　11260001-⑨323

危アヤフキ道　11280014-②54

危アヤウキヲ　11340007-④10オ1

危アヤウキ　11340007-④10ウ3

危「アヤフキ(「キ」存疑)ソヤ」哉　11340007-④38オ6

危アヤフキヲ　11380002-北23オ

包危殆ア(ヤフキ)こと　11505075-⑭85-2

危アヤ(フキ)を　11505075-⑰130-8

危アヤフキヲ　11550009-32ウ3

危(アヤ)フク　11630001-③182

危(アヤ)フク儉サカシ　11630001-④147

危アヤフキ　11630001-⑧149, ⑧213, ⑧299

危アヤフク隥(二シテ)　12140002-⑫33

危アヤ(フ)シ　12230001-39ウ

不す危アヤウカラ　12410003-7-26

不す危カラ　12410003-8-3, 8-7
危アヤフカラむことを　12410003-9-1
危アヤウクシテ　12505010-283
不危アヤウカラ　12505019-45ウ
不危ア(ヤフカラ)　12505019-45ウ
危アヤウ―ニ(「―」は「キ」か)　12540005-4ウ
危アヤヲウ　13580001
危アヤウシ　13860001-45-4
危アヤヲウ　15080001
〔厄〕02893
厄アヤ(フシ)　11380002-東27オ
厄アヤフク　12005009-17
〔殆〕16430
不殆ア(ヤフカラ)乎　10005008-㉔196
不殆ア(ヤフカラ)　10505030-120
不殆ア(ヤフカラ)乎　11005115-㉔196
殆アヤウカラマシ　12840003-③12オ4
〔脆〕29468
脆アヤフキ　08505008
〔阨〕41559
阨アヤフク-險サカシキヲ　11630001-④40
阨アヤフキヲ　12140002-⑫496

アヤブミ(危)

〔危〕02849
危フミ　10505007-55-3
危アヤフミ　10990001-16オ
危アヤフミ　11360001-33ウ3, 64ウ2
危アヤフニ(「ニ」は「ミ」の誤)　11630001-⑥113
〔厄〕02893
厄ミノ／アヤフミニ　10505007-41-5
厄アヤフミ　12840003-①35オ1
〔詭〕35434
何詭「アヤフミか」　11340007-④60ウ7
〔阨〕41559
阨アヤフミ　11630001-⑥327

アヤブム(危)(四段)

〔危〕02849
危み　08305011-173-1
危アヤフム／アヤフム　10505007-14-5
危アヤフム　10990001-8オ
危アヤフミ困クルシム　11160007-②10
危アヤフミ　12410003-8-21
危アヤフム者　12410003-8-24
危アヤ(フム)　12505020-㉛2
〔危懼〕02849 11488
危懼アヤフムコト　09505003-12
〔厄〕02893
厄阿也不牟　10790002-8オ6
厄アヤフム　11360001-64ウ2(上欄外)
〔厲〕03041
厲アヤフム　09505003-12
□(厲)アヤフム　12550003
〔業々〕15170 00097

兢々オソリ業々アヤフム　11505075-⑰136-6

〔殆〕16430
殆アヤフミ　11340007-②36オ7

〔驚〕45029
驚クアヤフム　10505007-29-6

アヤブム（危）（下二段）

〔危〕02849
危アヤフメ　10730001-⑨10オ4
危フメ　10730001-⑨13オ9
危アヤフメムト　10730001-⑩1-6
危メム　10730001-⑩24-3
不危メ　11505075-⑰151-1
危メ　12505020-㉘4

アヤベ（漢部）（人名）

〔漢部〕18153 39460
漢部アヤヘ　11505075-⑭104-8

アヤマチ（過）→アヤバチ、アヤマツ、タノアヤマチ

〔愆〕01120
愆アヤマチヲ　11160007-③255

〔僻〕01166
无僻アヤマチ　11140007-⑳82

〔失〕05844
失アヤマ（チ）を　10005008-㉒123
失アヤマチを　10005008-㉒137
無し失アヤマチ　10505003-⑩23
失アヤマチ　11420003-⑬15ウ

〔愆〕10900
愆アヤマチ　10080002-②708
愆トカ／アヤマチ　10505007-55-5
愆アヤ（マチナリ）　11505075-⑭102-8
不能无愆アヤマチ　11340007-④17オ3
愆ケン ヤアタチ（「アヤマチ」の誤）尤（平）イウ トカ　11580001-68
愆アヤマチ　12410003-14-18, 33-1
愆アヤマチ　13860001-12-2

〔誤〕35546
誤アヤマチ　11360001-59ウ2

〔謬〕35872
謬マチを　08305011-169-7
無し謬アヤマチ　10505003-⑩23

〔過〕39002
過マチニ　10505003-③11
三種の過アヤマチ　10505003-⑧15
過アヤマチハ トカヲハ　10505007-3-5
過ア（ヤマチヲ）　10730001-⑩24-9
過ア（ヤマチ）を　10730001-⑩24-9
過ア（ヤマチヲ）　10730001-⑩25-8
過アテ アヤマチノ　10730001-⑩37-2
過チ　10990001-5ウ
過アヤマチ　10990002-⑨169
何「ナノ」過「ト」　11130003-①8
過アヤマチヲ　11160007-⑥102

過アヤマチヲ　11340007-②31ウ7
過アヤマチ　11340007-④16ウ5
過チヲ　11340007-④18ウ2
有過チ　11340007-④18ウ2
過チ(ヲ)　11340007-④18ウ3
過チ咎ヲ　11340007-④19ウ2
過アヤマチ　11360001-12オ4
過アヤマチ　11420003-⑬19ウ
過アヤマチ　11450006-19
過アヤ(マチ)也　11505075-⑰150-2
非過ア(ヤマチ)に…歟ヤ　11505075-⑳165-3
過アヤマチ　12005022-36オ6(40-9)
過アヤマチ　12110002-9
過アヤ(マチ)　12410003-10-5
過アヤマチ　12410003-32-19, 34-19
過ア(ヤマチ)　12410003-33-6, 33-13, 34-23
過アヤマチ　12860001-②10オ3(40-9)

〔錯〕40579
有(る)カ錯チ故　08580002-62
錯アヤマチ　13440001-13ウ
〔闕〕41456
闕アヤマチ　11390003-6ウ
闕アヤマチを　11505075-⑰137-3

アヤマツ(過)→アヤマチ

〔中〕00073
中アヤマツ　11360001-1ウ3
〔俟〕00705
俟また／「アヤマサ(「サ」は「タ」の誤か)」不れ
／「ス」　11005080-上108オ4
〔傷〕01029
傷アヤ(マチ)て　11505075-⑭99-5
〔僭〕01128
僭アヤマチ　09005007-3
〔勿失〕02501 05844
勿失アヤマチ給ハ(スシ)て　10005008-㉒17
勿失アヤマチタマハ(スシテ)　11005115-㉒17
〔失〕05844
失アヤマテル火を者もの　11260001-③368
失テリ火を　11260001-③370
〔尤〕07543
尤アヤマチ　11380002-南53オ
尤アヤマチ　12505019-39ウ
尤アヤマチ　13280001
〔悞〕10679
悞アヤマチ　08505007-③11-1
悞アヤマて　11280005-34
悞アヤマ(ツ)耳　11505004-①23ウ3
〔愆〕10900
愆アヤ(マチ)　11380002-南50ウ
愆カタフクコト／アヤマツ　11630001-⑥130
〔所失〕11715 05844
所失アヤマツ　11505075-⑰151-1

アヤマツ

〔猥〕20519
猥ア(や)マ(ち)テ 08505014-72
〔舛〕30338
舛倭言阿夜末都 07975001
舛タカヒ-誤せるアヤマテルコト 11260001-⑨342
〔蕩〕32002
蕩アヤマテ 12505020-㉓2
〔訛〕35256
訛「セリ」/せり「アヤマツ」 10165001-①235-5
訛チ錯っ應(から)不 10790001-下1ケ
〔詭〕35434
詭アヤマ(チ)-俗 11630001-②67
〔詿誤〕35466 35546
所タリ詿(去)-誤アヤマタレ 11630001-④252
〔誤〕35546
誤錯二字安夜末覩 07905001-64-6

誤阿夜(此下「万」脱か)知弖 08105015-中25
迷ひ誤アヤマタムカと 10165001-①271-7
誤アヤマツことを 10165001-②14ウ8
誤アヤマテ(「テ」存疑) 10165001-④1ウ4
誤アヤマテ 10790002-6オ4
誤「アヤマテ」 10820003-④730
誤アヤマツ 10820003-⑤345
錯「ミタリ」誤「アヤマタムコトヲ」 11020007-①46
誤アヤマテ 11020007-②22
陥(平)「クツカヘシ」誤「アヤマタム」する 11020007-②34
誤タムカ他を故に 11020007-⑯23
誤アヤマテル耳(の)み 11030006-②5オ
誤アヤマテル耳 11030006-②5ウ
誤テリ 11130001-④17オ
誤アヤマて 11140007-④232
誤アヤマツ 11140007-⑯52

設(誤)アヤマテ 11200015-④342
誤アヤマツ/「テル」 11200015-⑤147
迷ヒ誤アヤマタムカト 11280014-①498
誤テリ 11280014-②62
誤アヤマチ 11280014-②332
觸フレ誤アヤマテ 11280014-②332
誤アヤマ(ツ) 11420003-⑬15オ
誤ア「ヤマ(チ)」て 11505075-⑭77-7
錯アヤマテ誤アヤマタムコトヲ 11510005-①49
誤アヤマて 11630001-②416
所忘れ誤アヤマつ 11850004-⑤53
誤アヤマツカ 11850004-⑯24
誤アヤマツ 12005022-30オ6(39-1)
誤ア(ヤマテル)歟カ 12505019-9ウ
誤アヤマテ 12505019-28オ
誤ツ 12505019-56オ
誤アヤマツ

12860001-②2ウ5(39-1), ③26ウ2(54-1)
令(ム)ルコト誤ア(ヤマ)タ 13440001-24オ

〔謬〕35872

無し謬アヤマツこと 08305001-⑩204-21
謬ア(や)マ(ち)テ 08505014-7, 73, 88, 104
謬アヤマチ(「マ」存疑)惑(マ)トハセリ 09505020-118
謬(アヤ)マチテ て 09505020-402
謬(アヤマ)チて 09505020-409
妄イツハリ謬アヤマチテ 09505116-1202
无ナシ謬アヤマツコト 10505024-35ウ6
舛タカヘ謬アヤマテるを 10820003-④157
遺ノコシ謬アヤマツこと 10820003-⑤604
謬「アヤマ」(た)不す 10820003-⑦666
不トキニハ「サルトキニハ」謬「マタ」 11200015-⑤291
謬ッ 11380002-南49ウ
謬アヤマチ(テ) 11505521-中序-3ウ4
舛「アヤマリ」謬「アヤマンテムヲ」 11510005-④36
謬(アヤマ)テリ 11630001-④268, ⑦303
不す謬アヤマタ 11630001-⑤457
謬(去)(アヤマ)テル_辭(平)(コト)ハは 11630001-⑧176
謬アヤマ(ツ)ことを 12505020-㉘4

〔過〕39002

過アヤマテル(「テル」存疑) 10080002-②704
過「ア」□□□(ヤマチ)□(焉) 10165001-①227-4
過ア(ヤマツ) 10505030-171
不過アヤマ(タ) 10505150-4右
過アヤマ(チテ) 10505150-12左
過「アヤマチテ」 10990002-⑨43
過アヤマテ 11000003-223
過アヤマて 11000003-387
過アヤマて 11260001-⑨46
過アヤマテ 11260001-⑨356
小アヤマテ過 11280014-①31(「過」の訓か)
過アヤマツ 11340007-②11ウ3
不過アヤマタ 11390003-6オ
過アヤマテルことを 11390003-16ウ
過アヤマチ(「チ」存疑) 11390003-16ウ(別筆)
過アヤマテルヲ を 11390003-19オ(別筆)
不過ア(ヤマタ) 11390003-25オ
過アヤマツ 11450006-19
過アヤマチを 11630001-④272
過(アヤ)マチ 11630001-⑦144
過アヤマチ 12005009-24
〻(過)マて 12410003-32-19
過アヤ(マツ) 12505020-㉖7
過アヤマ(ツ) 12505020-㉛6
過ア(ヤマツ) 12505020-㉝10
罪トカ過アヤマテリ 13440001-13ウ
過アヤマテ 13550001

〔錯〕40579

誤錯 二字安夜末覩　07905001-64-6
錯アヤマチ　08105005
錯アヤマチテ　10080002-③434
錯アヤマて　10505019-⑨7
勿レ令こと差タカヒ錯アヤマタ　10650002-11
錯マカヒ「アヤマテ」「-」誤　11140007-⑧18
錯アヤマテ「マカヒ」-誤　11200015-⑧38
不得錯アヤマツコト マシフルコト　11270006-②7
錯アヤマテ誤アヤマタムコトヲ　11510005-①49
錯アヤマて　13530006-22

アヤマラク(誤)

〔誤〕35546
誤(ら)く耳　10820003-②79

アヤマリ(誤)→アヤマル

〔厄〕02893
令ム无ラ諸ノ厄アヤマリ　11050001-9

〔尤〕07543
尤アヤマリ　12505019-39ウ

〔謬〕35872
謬りなり　10165001-②13オ5
謬アヤマリ　11360001-59ウ2
有(ラ)ム謬(アヤマ)リ乎　11630001-③241

アヤマル(誤)→アヤマラク、アヤマリ、アヤマレルナラク、アヤマレルラク

〔僁〕01120
僁ア(ヤ)マレリ　12840003-①37オ7

〔動〕02390
動(カ)シ アヤマテ　11160007-①321

〔失〕05844
失アヤマリヌ　08505007-②23-6

〔悞〕10679
悞誤 アヤマレリ アヤマレルナリ　10505024-5オ4
不す悞アヤマラ者　11505046-2
悞マレラハ者　11505046-3

〔愆〕10900
不愆アヤマラ　11390003-25オ

〔繆〕27855
犽カタ、(カヒ)繆アヤマテ　12840003-①35ウ5

〔舛〕30338
舛(上)キカヒ「セン」／「キカヒ」「-」謬「アヤマル」　10740001-③78
舛「アヤマリ」謬「アヤマンテムヲ」　11510005-④36

〔色〕30602
失色オムリアヤマリて　11505075-⑭74-5
失色オヘリアヤマヌ　11505075-⑰122-1

〔褰〕34513
不褰アヤマラ　12840003-①9オ6

〔訛〕35256
訛アヤマリ替カハラ　10165001-②17ウ6
令…訛アヤマリ賛(替)カハラ

11280014-②153

〔誤〕35546

誤「レル」說「なり」 10740001-⑩45

誤「アヤマレル」耳のみ 10820003-②73

相ヒ誤アヤマレル乎 10860002-22オ7

誤アヤマリる 11020007-⑳126

陥「クツカヘシ」誤「アヤマ(ル)」 11030006-②26オ

誤アヤマルこと 11140007-⑭8

誤「アヤマレル」(擦消)『マレルラク』耳のみ 11300014-②19

誤アヤマル 12005022-10オ1(6-3), 42ウ6(42-5)

誤アヤマれり 12410003-1-18

誤アヤマル 12860001-①10オ4(6-3), ②17ウ5(42-5), ③3ウ4(46-5), ③6オ4(47-9), ③13ウ4(49-10), ③24オ5(52-10)

誤アヤマル 13860001-81-1

〔謬〕35872

紕マカヘ謬アヤ(マル) 08505008

謬アヤマルに 08830001-①3-4(2-8)

謬アヤマリ 10165001-②5ウ2

謬アヤマレリ 10505024-40オ4

勿カレ遺ユイワスレ謬メウアヤマルコト　スル 10640005-①19ウ

謬「アヤマ」(ら)不す 10820003-③96, ③120

謬「アヤマ」(ら)不 10820003-③126

謬アヤマラ不るときには 10820003-⑤671

謬アヤマレリ 10940001

謬アヤマラ不す 11030006-③7オ

謬アヤマラ不ルヲ 11030006-③35ウ

舛而演反-謬メウナルヲ「レルヲ」 11200015-④110

謬(アヤマ)レル 11630001-⑦267

謬(アヤマ)リ 11630001-⑧599

謬リ 12505020-㉘13

謬アヤマル 12860001-③63ウ2(言19)

謬アヤマル 13860001-80-6

錯謬アヤマリ 18400001-⑥2-3

〔過〕39002

過アヤマリテ 10990002-⑨354

〔錯〕40579

銷(錯)アヤマレル 08505007-①4-10

令「ムル」錯「アヤマラ」 10740001-⑩63

錯「アヤマ」「レルカ」 10740001-⑩65

錯「アヤマテ」て 10740001-⑭26

不ス錯マラ 11505084-2-15

令こと錯アヤマラ 11850004-⑬32

錯レル 11970004-9ウ12

錯アヤマル 12005022-18オ6(31-3), 49オ1(44-10)

錯アヤマル 12860001-①20オ6(31-3), ②25オ4(44-10), ③69ウ3(金74)

錯アヤマル　13860001-37-4

アヤマレルナラク（誤）

〔誤〕35546

誤アヤマレルナラ（ク）耳のみ　10240002-②5オ9

アヤマレルラク（誤）

〔誤〕35546

誤「アヤマレル」（擦消）『マレルラク』耳のみ　11300014-②19

アヤム（殘）

〔殘〕16506

殘アヤ（ム）　11390003-4ウ

アヤメグサ（菖蒲）

〔蒲〕31611

蒲アヤメクサ　11360001-50ウ3

アヤメグサ（菖蒱）

〔菖蒲〕13803 31611

菖蒲アヤメクサ　11505004-①49オ3

菖蒲和名阿也女久佐（平上上上平）　11505004-①59オ2

アヤメタム（地楡）

〔地楡〕04890 15153

地楡和名阿也女多牟又衣比須祢（上上上上）「又衣比須久佐（上上上平）」　11450001-①53ウ6

地楡アヤメタム　11505004-①52ウ2

地楡和名阿也女多牟　11505004-①63オ3

アヤメタモ（地楡）

〔地楡〕04890 15153

地楡アヤメタモ（「モ」は「ム」の誤か）　11450001-㉑10ウ4

アヤヰガサ（綾藺笠）

〔綾藺笠〕27591 32399 25924

綾アヤ藺ヒ笠　11860003-41

アユ（鮎）

〔鮎〕46070

押ヲシ鮎アユ　11860003-52

〔鮧魚〕46122 45956

鮧魚味名阿由　11505004-①74ウ5

アユ（出）→アセアユ、ハナヂアユ

〔出〕01811

不出アヘ　11505004-①4オ5

〻（汗）出ア（エ）は　11505004-①4ウ3

汗出アユル　11505004-①10オ6

汗出ア（エ）て　11505004-①10ウ7

汗出アエて　11505004-①23オ2

〔生〕21670

汗生アヘ　11505004-①4オ7

アユグ（搖）

〔搖〕12479

搖アユク竹を　11420003-㉑9ウ

アユヒ（脚帶）→アシユヒアユヒ

アユビ（歩）→アシユヒアユヒ

〔歩〕16264

歩ひを／「ミヲ」　11005080-上50ウ5

アユブ（歩）→アユム

〔歩〕16264

歩ヒ　10505007-45-5

歩ヒ　10990002-⑦27

歩アユフ　11005025-18オ2

歩ヒ　13440001-23ウ

〔行〕34029

行アユフ　11360001-11オ4

アユミ（歩）

〔歩〕16264

歩アユミヲ　10990002-⑧49

歩ひを／「ミヲ」　11005080-上50ウ5

歩アユミ早シ　11860003-146

歩アユミ　12880003-44

歩アユミ（ヲ）　13080001-2

歩アユミ　13280001

歩アユミ　13860001-48-3

〔行歩〕34029 16264

行歩のアユミ　13440001-11ウ

アユム（歩）→アユブ、アユミ、アヨム、カチヨリアユム

〔歩〕16264

行キ歩みたまふトキには　08305001-⑤80-7

歩ミたまふ　08505020-34-1

歩アユミテ　09505020-485

歩「ア（ゆみ）」て　10820003-④248

歩ミ　10990001-17オ

歩アユミ　10990002-⑩221

歩アユム　11130001-④8オ

歩「ムテ」「ホシテ」　11200015-④150

歩アユメ　11210001-①123

歩フミアユミ　11260001-⑦26

歩アユム　11350010-16-6

歩アユム　11360001-35ウ2

歩ム　11380002-東24ウ

平歩カチヨリアユム　11390003-24ウ

歩ミ　11490003

歩メは　11490003

風如ニ歩マム　11550009-16ウ7

歩ミ　11550009-26ウ3

歩（ア）ユム　12240007

歩アユム　12540005-10オ

〔歩々〕16264 00097

歩々とアユメハ　13440001-7ウ

歩々とアユムテ（「テ」は別筆か）　13440001-10ウ

歩々トアユンテ　13530006-15-7

〔歩行〕16264 34029

歩行アユム時　11160007-②228

〔渉〕17530

渉（ワ）タ（?）（ル）「アユミ」（墨消）「ワタリ」　09505020-35

〔跂〕37416

跂アユム行　10820003-⑥221

アヨガス(動)
〔搖〕12479
搖オコカセ「ツルヘ」アヨカセ　10100002-45
アヨク(愀然)→ミヨク
アヨム(歩)
〔陟〕41659
可陟アヨ(む)ヘシ　08505014-45
アラ(穅)
〔穅〕25250
穅アラ(上平)　12005022-3オ1(1-3)
穅アラ　12005022-38ウ2(41-2)
穅アラ　12860001-①2オ4(1-3), ②12ウ4(41-2)
〔⿰禾會〕25319
檜(⿰禾會)アラ　10320001-2オ1
アラ(存疑)
〔標〕15442
標アケ アラ(「ラ」は「ク」の誤)ヘシ　11550009-6ウ3

アラアラ(粗)
〔略〕21839
略アラく　10165001-①267-5
略アラく　11360001-14ウ2
〔粗〕26898
粗ラ　10990001-13オ
粗アラく　12005133-3ウ1
〔預〕43373
預「アラ、、」　11340007-④62オ4
〔麤〕47714
麤アラく　11280014-②379
アラエム(所有)
〔所以〕11715 00388
所以エム　08510001
〔所有〕11715 14332
所江(ム)有(ラ)罪障
08830001-⑦9-10(234-19)
所江(ム)有(ラ)罪咎
08830001-⑦9-10(238-11)

成む佛と之時に國土に所るエム有一切衆生に　10505019-㉔19
所エムモノヲ有ラ持來て　10740003-②558
アラカ(殿)
〔殿〕16651
殿ミツノ之(御)殿ミアラカ　10505150-13左
〔舎〕30278
瑞ミツ能御ミ舎アラカ　10505150-2右
瑞ミツ乃ノ御舎アラカニ　10505150-3左
アラガキ(城郭)
〔城郭〕05120 39474
城-郭アラカキ　11630001-⑥301
アラカジメ(豫)
〔⿰口宿〕04234-02
⿰口宿アラカシメ　11450001-㉑3ウ5
〔宿〕07195
宿アラカシメ　13860001-66-3

〔粗〕26898
粗ホ、　アラカシメ　10505007-32-3
粗アラカシメ　10820003-⑧513
〔素〕27300
素アラカシメ令嚴備　10505069-⑤5
素アラカシメ　10740001-④5, ④26
素「ア(ラ)カシメ」　10820003-⑤321
素「アラカシメ」　10820003-⑧73, ⑧231
素アラカシメ　11140007-④205
素アラカシメ　11140007-⑧9
素「(アラ)カシメ」「モトモ」　11200015-④261
素「(アラ)カシメ」「モトヨリ」　11200015-⑤19
令ヘシむ素モトメ「(アラ)カシメ」辨せ　11200015-⑤130
素「(アラ)カシメ」「モトメ」　11200015-⑤137
素「アラカシメ」　11200015-⑧25
令素「アラカシメ」「アタラシク」具せ　11510005-④60
素アラカシメ　11510005-⑤8

素アラカシメ　11850004-④90, ⑤15
〔索〕27306
索アラカシメ モトヨリ　11020007-④73
索アラカシメ　11020007-⑤6
〔絓〕27403
絓アラカシメ　11510005-④26
〔與〕30212
與アラカシメ ア　10730001-⑩37-4
〔豫〕36425
豫アラカシメ　10350001-5ウ6
豫アラカシメ作くす　10505019-㊳7
豫アラカシメめ見たり譏(機)嫌を　10505019-㊵30
豫メ　11005002-1
豫「アラカシメ」　11340007-④38オ7
豫「シメ」　11340007-④38ウ3
豫アラカシメ　11360001-31ウ2
豫アラカシメ イ(平上平平平)

豫メ　11550009-12ウ7(上欄外)
豫アラカシメ　11640001-②94
豫アラカシメ　11860003-232
豫シメ　12840003-①11ウ4
豫アラカシメ　13860001-35-1
〔逆〕38849
逆アラカシメ　08505007-②13-2
逆アラカシメ　11390003-10オ
逆アラカシメ　11420003-⑮16ウ
逆アラカシメ　13860001-59-5
〔預〕43373
預アラ(カシメ)　08280001-23
預シメ　08305011-21-10
預メ　08305011-25-4
預カシメ　08305011-29-5
預カシメ　08505020-6-18
預メ　08505020-7-15, 8-19
預アラカシメ　08705001-②10

預アラカシメ 09505020-403
預ア(ラカシメ) 10005008-㉒426, ㉔105
預アラ(「ラ」存疑)カシメ 10020001
預アラカシメ 10165001-①254-3, ②3ウ7
預ア、、、、(「、、、、」は「ラカシメ」) 10165001-①257-1
預ア、、、(「、、、」は「ラカシ」)め 10165001-①258-ア
預ア(ラカシ)メ 10165001-②28オ3
預アラカシメ 10200001-②26ウ5
預アラカシメ 10505024-25オ6
預アラカシメめ 10505069-①60
須預アラカシメ加箇擇を 10505069-④18
預「メ」 10740001-⑥2
預アラカシメめ 10740003-①80ア
預アラカシメ 10740003-②59
預アラカシメ 10790006
預「アラカシメ」 10820003-④110

預アラカシメ 10820003-⑤68
預アラカシメ 10820003-⑤301, ⑧73
預アラ□シメ 10820003-⑤321
預アラカシメ 10990002-⑦251
預め 11005080-上60ウ4
預ア(ラカシメ) 11005115-㉒426, ㉔105
預「アラカシメ」 11020007-①38
預アラカシメ也 11020007-②62
預「アラカシメ」め 11020007-④32
預「アラカ□(シ)メ」 11020007-⑤43
預アラカシメ 11070003-①33
預アラカシメ 11140007-④26, ⑤19, ⑮60
預メ 11140007-⑤70
預アツカリ アラカシメ 11140007-⑧9
預「アラカシメ」 11200015-④81
預アラカシメ 11200015-⑤35, ⑤130
預アラカシメ「アツケテ」 11200015-⑤136
預アラカシメ「アツカリ」 11200015-⑧25

預め 11230001-③150, ③572
預アラカシメ 11360001-25ウ3
預アラカシメ 11380002-南34ウ, 北11オ
預アラ(カシメ) 11420003-⑫3ウ
預アラカシメ 11505075-⑪8-1, ⑪10-8
預シメ 11510005-④24
預(アラカシ)メ 11630001-⑥416
預メ 11640001-②91
預メ 11850004-①49, ⑤48
預シメ 12510006-54-8
預アラカシメ 13440001-16オ
預ア(ラカシ)メ 13440001-32オ
預アラカシメ 13860001-35-1

アラカネ(礦)

〔卝〕02777
石(入)卝(平)アラカネ 10820003-②794

〔獷〕20765
獷訓荒金也 07905001-102-6

〔璞〕21245
璞アラカネ　12860001-③49ォ5(58-5)
〔礦〕24564
礦アラカネ　10320001-25ォ6
礦アラカネを　10505003-②3
礦アラカネ　12230001-49ォ
礦アラカネ　12860001-③54ゥ1(59-3)，③55ォ2(59-4)
〔礪〕24571
礪阿良加祢(上上上上)　10790002-4ゥ4
〔鐵〕40945
鐵和名阿良加祢　11505004-①56ゥ7
〔鑛〕41010
鑛(上)アラカネノ ア(ラ)カネノ　10505019-⑧5
鑛アラカネ　11020007-⑯24

アラカビ(麁鹿火)(人名)
〔麁鹿火〕47591 47586 18850
麁アラ鹿火　11505075-⑰122-4

アラガヒ(爭)→アラガフ
〔諍〕35643
諍カヒあり　11060003

アラガフ(爭)→アラガヒ
〔爭〕19663
爭(アラ)カフ　09505020-276
爭アラカハムコトハ　10730001-⑨4ゥ1
爭アラカフ　10730001-⑨4ゥ1
爭カハムコトハ　10730001-⑨4ゥ1
爭アラカヒ　12780002-8
〔諍〕35643
諍アラカヒ　10790002-8ゥ2
諍アラカヒて　11505075-⑳187-6
諍アラカフ　12505019-9ォ，9ゥ
諍カフ　12505019-10ォ
諍フ　12505019-10ォ
〔諍訟〕35643 35266
諍訟アラカフコト　11505075-⑰151-7

〔論〕35658
論アラカウ　13860001-65-2
〔講〕35824
講アラカウ　13860001-19-3

アラギヌ(絁)
〔絁〕27371
絁(平)アラキヌ　11970004-4ォ1

アラキハリ(菑)
〔菑〕31166
菑アラキハリ(上上上上上)　13140001

アラク(散)
〔散〕13265
散アラケ走る　11130005-35ゥ
散アラケ走(ル)と　11130005-39ゥ
飛(ヒ)散アラク　11130005-45ォ
散アフ(「フ」は「ラ」の誤)ケ　11130005-87ゥ
散アラケ　11300001-⑧31
散卒アラケタルイクサ　11420003-㉓9ゥ

散アラケ 12505020-㉝2
散アラク 13860001-14-1
〔迸〕38867
火星而ウして迸アラケ出イテム 10400001-31

アラク（有）
〔有〕14332
有「アラク」耳ノミ 10820003-⑦493
〔補讀〕
無キヒトアラクノミ 08305001-⑤93-1

アラクサガナキワザ（暴虐）
〔暴虐〕14137 32678
暴虐アラクサカ（ナ）キワサ 11505075-⑭98-7

アラクダク（咀）
〔哎咀〕03265 03476
哎(平)フ咀(上)フシ アラクタイ(テ) 11505004-①28オ3
〔咀〕03476
咀アラクタイて 11450001-㉑13オ1

アラケイクサノヒト（散卒）
〔散卒〕13265 02740
散卒アラケイクサノヒト 11420003-㉓9ウ

アラコ（荒籠）
〔麁籠〕47591 26752
大目麁籠オホマアラ（コ）を 12360002-12ウ3

アラザラク（非）
〔非〕42585
非（サ）ラク…而已 11140007-⑯82

アラザラマク（非）
〔非〕42585
非アラサラ（マク）…而已 10240002-②9オ1

アラシ（嵐）
〔嵐〕08289
嵐シ 11350010-18-6
□(嵐)アラシ 12505010-335

アラシ（荒）
〔壚〕05586
墳ウコモチ壚アラシ 12505072-7
〔惡〕10824
風渉惡アラシ 11130001-③23オ
〔㦤〕11460
㦤アラク_戾モトりて 11630001-①158
〔𢶍〕12666
𢶍「ヒラキ」「アラシ」 10640002-6, 10
𢶍「アラシ」 10740001-⑩55, ⑩85, ⑩87
𢶍「アラシ」 11140004-9
𢶍ヒラキ「アラシ」 11140004-9
𢶍アラシに 11140004-27
〔暴〕14137
暴荒也 08105009-下25
暴荒也 08105015-下25
暴(あら)キ雨 08305001-⑥108-9
暴アラキ雨 08305001-⑧160-9

暴アラキ風に 10005008-㉒249
暴シ□ 10200001
暴アラク悪ことを 10505019-③5
暴アラき雨 10505019-④3
暴く急にして 10505019-⑩2
暴アラき水の廻り覆復（クツ）カヘルと 10505019-㉒61
暴アラシ 10790002-8オ2
暴アラク起に 11130005-11ウ3
行暴虐アラクサカシマナルワサシテ 11420003-⑬25オ
暴強也アラクコハクマシマシキ 11420003-⑬26オ
暴アライ（「イ」は「ク」の誤）悪アシキき 11505044-11
暴アラク 11505044-14
暴アラキ 11510005-②93
暴（去濁）アラキ風ハ 11550009-47ウ4

暴アラキ風 11630001-①510
暴（アラ）キ雨 11630001-⑧548
暴アラシ（上上上） 12005022-7オ1（5-9），7ウ2（6-2），42ウ6（42-5），45オ4（43-7）
暴アラシ 12005022-13オ4（11-1），30オ6（39-1），39ウ5（41-8）
躁卽到反_暴ナリアラシ 12140002-⑫256
暴アラシ 12230001-52オ
暴アラシ 12860001-①6ウ3（5-9），①7オ6（6-2），①14オ2（11-1），②2ウ5（39-1），②14オ4（41-8），②17ウ5（42-5），②20ウ3（43-7），②27ウ4（45-8），③3オ3（46-5），③6オ4（47-9），③16オ4（51-1），③21ウ3（52-4），③26ウ2（54-1），③33オ3（55-9），③35オ4（56-2），③38ウ4（57-2），③44ウ3（58-1），③55ウ3（59-8），③58オ2（60-7）

暴アラシ 13860001-78-2
暴忍アラシ 11630001-④13
〔暴忍〕14137 10312
〔瀑〕18609
瀑アラシ 12005022-5オ6（4-6），24ウ4（34-7）
瀑アラシ（上上上） 12005022-21オ7（33-6）
瀑アラシ 12860001-①4ウ4（4-6），①24オ2（33-6），①28オ4（34-7），③11オ5（49-4）
〔猛〕20498
猛アラキ鬼オニハ 11550009-47ウ5
剛_猛アラシ 11630001-③316
〔獷〕20774
獷（上）暴（去）アラシ 11630001-③193
獷アラク_暴（タ）ケシ 11630001-③503
獷アラシ（上上上） 12005022-22オ7（33-10）
獷アラシ 12860001-①25オ5（33-10）
〔略〕21839

略アラキ　11280014-①375
〔疎〕22002
疎アラク　11130001-④11ウ
〔硬〕24230
硬アラシ　11130001-④8ア
〔礦〕24564
礦アラキき　08505019-25
〔荒〕30953
荒ア(ラキ)稻　10505150-5左
荒アラキ稻　10505150-18右
荒アラキ　11630001-③303
〔蕪〕32004
蕪アラき　08505014-50
〔踈〕37579
踈アラシ　12860001-③62ウ3(足13)
〔野〕40133
野荒　アラキ心コ、ロ　11505075-⑭87-8
〔麁〕47591
麁荒　07905001-44-7
麁きをもちて　08505020-4-11
麁アラク陋ヤシヤシ　10505019-⑥2
身體麁アラク澁シフ(ク)して　10505019-㉔4
麁-「アラ(ク)」起す／「タチ」　11005080-上14オ1
麁アラシト　11280014-①289
麁アラキ　11340007-③16オ4
麁アラク　11360001-36ウ1
麁アラ(ウ)シテ　11380002-西9オ
麁ア「ラキコト」　11505075-⑭112-1
麁-弊アラクミニクシソヒエタリ　11630001-③503
麁アラシ　13860001-49-3
不麁澁アラクシブカラジ　18400001-⑥8-35
不麁澁アラクシブク(「ク」は「カ」の誤)ラズ　18400001-⑥8-35
〔麤〕47714
麤アラニ(「ニ」は「ク」の誤)　11280014-②367
麤アラキ-語コトヲ　11550009-25オ1
麤アラシ　13860001-49-3

アラジ(非)

〔不〕00019
不アラシス感著セラムクルワセ(「セ」は「サレ」の誤か)惡鬼(ニ)　10850002-1
〔非〕42585
非アラし放つのみには　08305001-⑥105-19
非アラシ其自力には　10450001-98
非シト冀ネカヒニ　10505024-19オ4
非シ止タ、　10730001-⑩2-1
に非しと　10820003-②392
に非「アラシ」　10820003-③565
非し佛弟子にもアラ　10870001-①378
非し阿羅漢にもアラ　10870001-①378
非辟支佛にもアラ　10870001-①379
非「シヲヤ」…耶　11130003-①7

非す／「シ」其の境界に 11200015-⑤87
非シト走 11280014-④35
非シ久（シキニ） 11505075-⑭84-2
非シ徐オソキニ 11550009-39オ3
非シ弟オト、ニ 11550009-41ウ5
非シ難（キ）ニ 11550009-55オ4
非（ア）ラシ 11630001-④66
非（アラ）シ 11630001-⑥395, ⑥399

アラシマス（産）
〔産〕21684
産アラシマス（に） 11420003-⑬19オ

アラス（荒）
〔磔〕24406
磔アラシ 11640001-②43, ⑧5
〔荒〕30953
不荒アラサ 11420003-㉑3オ

アラス（令有）
〔在〕04881
令暫「シハラク」在アらせて彼の上ヘニ微ー漸ク焼「ヤ」か 10350001-7オ1
在け「ラセヨ」 11200015-⑤209
在ラセヨ「ケ」 11200015-⑤225
在アラセヨ 11200015-⑤239
在「ラセ」よ 11200015-⑥30
河の神は在ラセ（よ）河に 11300014-⑥18
〔有〕14332
有アリらせよ 10350001-1ウ7
有ラセヨ四菩薩を 10930009-④8オ
有アラセテ種子字 10930009-⑭39ウ
有ラセヨト 11140007-⑤127
有らせよ 11140007-⑯29
有アラスルソ 11140007-⑯60
有アラセヨ 11140007-⑱211
有アラセヨ 11200015-⑤203, ⑧16
[補讀]
六の厥アラセヨ 10930009-⑥29ウ
圓光アラセヨ 11140007-⑤96, ⑫23
光アラセヨと 11140007-⑤115
眷屬アラセ 11140007-⑤120
飾りアラセヨ 11140007-⑥15
四の瓶アラセよ 11140007-⑧5
光燄アラセよ 11140007-⑪89
冠にアラセヨ 11140007-⑬21
四門アラセヨ 11140007-⑯107
圓光アラセヨ「ナラシメヨ」 11200015-⑤181
光アリト「アラセヨ」「トイフ」 11200015-⑤233
飾カサリハ「アラセヨ」 11200015-⑥20
撅アラシメヨ「アラセヨ」 11200015-⑥77
四の瓶アラセよ 11200015-⑧16
鋒の柄エトノ飾アラセヨ 11300014-⑥18
一箱ヒトツカタニ六の撅アラセよ 11300014-⑥21
圓光アラセよ 11850004-⑤65
十二を撅アラ（セ）よ 11850004-⑥24

摽アラせよ　11850004-⑪45
焰鬘アラセヨ　11850004-⑬12
餤アラせよ　11850004-⑬12
光アラせよ　11850004-⑬13

アラズ（非）→アラザラク、アラザラマク、アラヌ、アリ、シカニハアラズ、ズ、ヨクモアラズ

〔不〕00019
不アラヌヤ　08105005
明にアラ不（あ）るかと　08305011-15-4
測（り）度（る）へき（にあら）不す　08305011-67-8
行にはアラ不す　08305011-99-3
怯弱に（あら）不す　08305011-141-1
窳クホミても不アラす　08305011-141-10
大にも（アラ）不す　08305011-143-6
小にも（アラ）不す　08305011-143-6
長くも（あら）不す短（く）も（あら）不す　08305011-143-6
現にアラ不す　08305011-145-1
に（あら）不す（し）て　08305011-145-7
善に（あら）不すといふこと无し　08305011-155-4
不アラサルナリ　10820003-⑤419
不アラシス感著セラムクルワセ（「セ」は「サレ」の誤か）悪鬼（ニ）　10850002-1
縁「（ス）ルカ」如「クハ」不「アラスト」雖「モ」　11005080-上104オ1
不アラス…乗ノルノミに時に　11130001-③4ウ
不アラス定て有ルニシモ　11130003-①74
不アラス天の火　11210001-②31
不ラス使トミ（「ミ」は「ニ」の誤）ハ　11340006-17
不アマ（「マ」は「ラ」の誤）ス　11360001-5オ4
雖-不アラス本ン望マウニ　11860003-30
不アラス　13860001-7-4

〔匪〕02629
匪非也　不也　08105007-上序
匪非也　不也　08105015-上序
匪非也唯一筏には　09505007-2
虧（平）クキ盈（去）ヤウ匪アラス　10990002-⑧191
徳匪アラスシテ　10990002-⑨253
匪す　不也…堪たるに　11260001-⑨38
匪ス惻（入輕）ソクモノカナシヒ　11550009-52ウ1
匪ス隱インニモノイタミ　11550009-52ウ1
に匪ス　12140002-⑫481, ⑫510
匪アラス　12230001-38オ
匪アラス著ツクロフニ　12360003-下序
匪すして　12410003-5-16
匪アラす　12410003-10-24
匪サラムヤス…指ス（ニ）　12840003-①18オ6

〔回〕03254

叵非也　不也　08105007-上序
叵非也　不也　08105015-上序
〔弗〕09708
弗アラス　13860001-5-2
〔悼悼〕10738 10738
悼悼非也　08105007-上33
〔未〕14419
上生するには(あら)未ヌ　08305011-111-10
聞くには未ラス　11030006-②45ウ
未あら(ス)や祠シ-部ホウノ僧-籍ニに　11130005-95オ
〔諸〕35743
諸アラス　13860001-3-4(存疑)
〔謝〕35827
謝(あら)サレハ該カイ-通に　08505014-27
〔非〕42585
非ヌ骨肉に身なり　08305001-①14-2
非ヌ有空性に　08305001-①17-4

非ヌか是レ本に故に　08305001-②25-20
非ヌなり應身にも　08305001-②26-6
非アラヌか一色のみに　08305001-②40-4
非ヌをもちて有に　08305001-⑤90-14
非ヌか…所生に故になり　08305001-⑤90-15
非ヌいは斷にも　08305001-⑤90-21
非ヌコトと女にも　08305001-⑤91-23
非す(あり)キ…濟(ひ)しのみには　08305001-⑩187-5
非ヌモノなりケリとのたまふ虛(し)ク　08305001-⑩195-15
非アラス　08305011-5-4
とには非す　08305011-17-1
には非す　08305011-67-5, 161-5, 177-8
に非す　08305011-71-1
に非ヌを　08305011-97-6
非す(し)て　08305011-183-6

非す(あ)レは沈-祕に　08505014-27
非アラ(す)所(に)は聞き(け)ル　08505014-69
非すハ神-思に　08505014-77
非すは聖-藻に　08505014-78
には非す　08505020-17-12, 18-6, 38-8
(に)非ヌそ　08505020-24-18
に非す　08505020-25-3
非す　08505020-42-8
ニ非す　08505020-43-3
豈(に)非サラムヤト云テ　09505020-361
非ス梵トイフヘクモ非不イフヘクモ梵　09505116-132
非スト云ムトシテ…姑性ニ　09505116-831
非ヌ計ニ　09505116-1106
非ヌ遍　09505116-1107
非ヌ虛謬　09505116-1202
非アラす二の君　10005008-㉒140

非(ス)アルコト　10200001-①27ウ8
非ネトモ　10200001-①13ウ8
非ヌ无漏にはも　10200001-②16ウ8
非ネトモ色には　10200001-⑦20ウ8
非ネとも有に　10200001-⑧28オ3
所以ソヘニ稱大日經王と者非「アラ」るや爲に此コ(レ)カ　10240002-②40
若非「アラスハ」すは爲すに延命　10350001-20オ8
非アラス我…中ニ　10505007-33-2
非ス…ニ　10505007-33-2
雖トモ非スト本意ニ　10505007-51-6
豈アムニ謂非ウ(「ウ」は「ラ」の誤か)ムヤ運トイハムカ也　10505007-52-1
非ス可ト(「ニ」の誤か)…競キヲフ　10505007-53-6
非可以テ力ヲ爭ソフ　10505007-53-6
縦タトヒ「ヒ」(消)非トモ我カ朝ニ　10505007-54-2

非ス妄ミタリニ　10505007-61-3
非ネトモ阿羅漢に　10505019-③4
非ヌカして弟子に　10505019-③20, ③20
非す有にも非す无にも　10505019-㉑1
不ぬ非ネハせ(?)時　10505019-㉑12
實に非アラスす微塵に　10505019-㉓63
非アラス蟲シニに　10505024-4オ5
非ラス但タ、…ノミニ　10505024-6ウ3
非スヤ　10505024-8オ1
豈アニ非スヤアラ…に　10505024-8オ4
非ラス…ニ　10505024-11オ6
非アラス　10505024-11オ7, 24オ2, 37ウ6
非アラサルコトヲ…に　10505024-15ウ4
非サルコトヲ…に　10505024-15ウ4
非ル(?)　10505024-16ウ3
非アラサルハ　10505024-16ウ5
非ラスト　10505024-16ウ6

非アラス喜に　10505024-20ウ2
非アラス…ニ　10505024-20ウ3
非ラス佛に　10505024-24オ1
非ス佛に　10505024-24オ2
非ラス…スルニ　10505024-24オ3
非ス自-有に　10505024-24オ7
非ラス障サフルニ　10505024-29オ2, 29オ2
非アラスヤ…ナルニ　10505024-38ウ1
非ラ□〈ス〉十地に　10505024-40オ1
非ラス…に　10505024-40オ2
非ラス入イルニ　10505024-41オ2
非サル…に　10730001-⑨1ウ10
非スト…に　10730001-⑨5ウ10
非スす…に　10730001-⑨5ウ10
非す人の力に　10730001-⑩3-2
非(ス)は　10730001-⑩6-1
非す所-以に　10730001-⑩13-1
非シ　10730001-⑩13-7

非す約 10730001-⑩22-2
非…與ヤ 10730001-⑩26-5
非すト是 10730001-⑩29-6
非「スシテ」心ニ 10740001-⑦88
非「レハ」其人 10740001-⑪50
豈非「スヤ」命「ニ」耶 10740001-⑬59
に非(す)やと 10820003-②9
には非す也 10820003-②18
(に)非「アラサル」(こと)有(ら)「ハ」者 10820003-②59
歡喜せシムル而已のみに非す 10820003-②136
には非す 10820003-②182, ②182, ②709
知「シルニ」(る)ものには非す 10820003-②189
に非す也 10820003-②250
に非す 10820003-②257, ②486, ②673, ②675, ②677, ②719, ②719
に非ぬ之法に於て 10820003-②270, ②270

に非すとイハムカ如く 10820003-②360
に非す自よりは則 10820003-②542
に非ぬを 10820003-②566
に非ぬは 10820003-②673
に非(す)して 10820003-②674
に非(ス)トイフこと无し 10820003-②789
か爲に非「アラス」す乎「ヤ」や 10820003-②865
にも非ぬ 10820003-③133
に非ぬ 10820003-③134
に非す自(り)は 10820003-③491
に非すや也 10820003-⑩249
非シテれ 11005003-①27
非す但し成就するのみに 11005003-①35
非スハ其ノ人ニ 11005025-3オ6
非ハ其ノ器ニ 11005025-3オ7
非ス繒ソウニ 11005025-5ウ5
非ス錦ナ(ママ)ニ 11005025-5ウ5
非以スルニ 11005025-13ウ4

非ス難ニ 11005025-14オ5
に非す/「ス」 11005080-上1オ3
受(く)るに非す 11005080-上7ウ2
燒くに/「ヤクニ」非す/「ス」 11005080-上14ウ4
鬼ノセルニ/の/「スルニモ」非す/「ス」 11005080-上16オ4
一「ツ」に非す/「ス」 11005080-上29ウ5
有るのみに/「ルニ」非す/「ス」 11005080-上33ウ6
海「ノ」中にも/「ニアンテモ」非す/「ス」 11005080-上33ウ7
空にも/「オホソラニアンテモ」非す/「ス」 11005080-上33ウ7
入(る)にも/「モ」非す 11005080-上34オ1
耽「タム」荒す「(ク)ハウスヘ」可きに/「キニ」非す/「ス」 11005080-上36ウ1
非「(サ)ルヲ」 11005080-上36ウ3

傷「ソコナヒ」-割するか／「サクカ」如く(なる)には／「ニハ」非す　11005080-上39ウ1

堅-實に／「ニ」非す／「ス」　11005080-上46オ1

知る／「ル」所に／「ニ」非す／「ス」　11005080-上46ウ6

に／「ニ」非すは／「スハ」　11005080-上51オ3, 上51オ3

味ひに／「ヒニ」非す／「ス」　11005080-上55ウ5

來(る)のみに／「ノミニ」非す／「アラス」　11005080-上57ウ5

生滅には／「ニハ」非す／「ス」　11005080-上59オ5

に／「ニ」非す／「ス」　11005080-上60オ2, 上89ウ6, 上89ウ6, 上91ウ5, 上106ウ2, 上106ウ5

には／「ニハ」非「ス」　11005080-上61ウ4

少「オホロケニ」縁に非す／「ス」　11005080-上66オ3

輪-「-」廻に／「ニ」非(訓)(すといふ)こと／「ストイフコト」无し／「シ」　11005080-上71ウ1

處に／「ニ」非(さ)るは／「サル」有(る)こと／「コト」无し／「シ」　11005080-上72オ1

に／「ニ」非す　11005080-上72オ2

无きに／「キニ」非す／「ス」　11005080-上76オ7

多(か)ら／「ラ」非す／「ス」　11005080-上79オ3

豈(に)…勸進(し)たまふに「シタマヘルニ」非すや／「スヤ」　11005080-上81オ3

遠き／「キ」物に／「ニ」非す　11005080-上88オ2

无(き)に／「キニ」非さるか／「ス」如し　11005080-上88オ3

衆生にも非(す)と／「スト」知る／「ル」　11005080-上88ウ1

法に／「ニ」非(す)と／「スト」　11005080-上88ウ1

有(る)「ニ」非「ス」　11005080-上88ウ2

造(る)「ニ」非「ス」　11005080-上88ウ3

過去未來現在に／「ニ」非す／「ス」　11005080-上88ウ4

過去現在未來に／「ニ」非す／「ス」　11005080-上88ウ5

に／「ニハ」非す／「ス」　11005080-上93オ2

堅-執にしも／「ニ」非す／「ス」　11005080-上98ウ3

縁「スルニ」非すや／「ヤ」　11005080-上105オ2

には／「ニハ」非す／「ス」　11005080-上105オ3, 上105ウ4

生せ／「セ」不すと／「スト」謂といはむトニハ／「イハム」非す／「ス」也　11005080-上105オ7

无(き)には／「キニハ」非す／「ス」 11005080-上106オ2
生する／「セ」に非(さ)るか／「ルカ」如く／
「ク」 11005080-上106オ4
生するに／「セ」非す／「ストイヘリ」 11005080-上106オ5
豈(に)…に／「ニ」非すや／「スヤ」 11005080-上106ウ4
相に非スヤ 11030006-②1ウ
歡喜(する)のみに非(さ)ル而已
11030006-②9オ
に非(さ)ル(は) 11030006-②17ウ
に非(さ)ル(なり) 11030006-②25オ
一切智人に非ス自リハ 11030006-②34オ
測(入)-量する所に非ス 11030006-③7オ
鏡の作に非サル 11030006-③9オ
者の作に非(さ)ル 11030006-③9ウ
作(る)者のに非(さ)ル(とならは)

面の「ノ」作に非(さ)ル(とならは) 11030006-③9ウ
11030006-③9ウ
具するに非(さ)ル自より者は
11030006-③33オ
思議する所には非ス 11030006-③33ウ
无(きに)非ラシ 11030006-③38オ
是ソレカ耶非アラヌカ耶か
11130001-④13オ
非す要シモ共に 11130003-①31
非す無相に 11130003-①31
非レト 11130003-①39
非す過に 11130003-①48
非す是法か 11130003-①51
非サラム…者のを 11130003-①75
非ストミヨ 11130003-①76
非(サ)レハ針-藥之救 11130005-52オ
非(ス)ハ夫カノ 11130005-52ウ

非(ス)シテ滿(ツ)ルニ 11130005-91ウ
非すは其の人に 11200015-④33
非す「ヌニ」 11200015-④299
非スナンヌ 11200015-⑥57
非スナンヌル…に 11200015-⑦31
非す慮(上)に 11230001-②128
非す智に 11230001-②128
非す是帝王に 11230001-②155
非す一に 11230001-②176
非す道の躰に 11230001-②204
非(ス)は 11230001-②219
非す出家に 11230001-②227
非す眞の行に 11230001-②273
非すや…也 11230001-②282
非すは…去サクルに 11230001-②360
非す心の慮には 11230001-②361
非す骨の殭には 11230001-②362
非す…に 11230001-②364

非ス…ニ 11550009-10オ2
豈非ス…哉 11550009-16オ1
非レハ…ニ 11550009-16オ7, 39ウ6, 39ウ7
非ス 11550009-21ウ4
非ハ其人ニ 11550009-21ウ4
非ス幸イニ哉 11550009-22オ4
非ス…スルニ 11550009-23オ5
非ス以スルニ 11550009-24ウ3
非ス難キニ 11550009-25ウ1
非ス直(入)チヨクニ 11550009-35ウ6
自ヨリハ非ス…夕ニ 11550009-54オ7
非す其の志に 11580001-65
非(アラス)シテは 11630001-①64
非(アラ)ス 11630001-②109, ③146, ⑥253, ⑥254, ⑥274, ⑥415, ⑧150, ⑧173, ⑧341, ⑧400, ⑧400
非(アラ)ストモ 11630001-③168
非(アラ)サルコトヲ 11630001-④295

非(ア)ラス 11630001-④333
非(アラ)ス悔に 11630001-⑤305
非(ア)ラスハ 11630001-⑤393
非(アラ)ストイフコト 11630001-⑦91
非(アラ)スヤ 11630001-⑦248
非(アラ)ストオホシ 11630001-⑦284
非(アラ)ス…乎ヤ 11630001-⑧267
非サル 11705071-24
非スハ 11705071-25
非ラム淨土に 11850004-④33
非アラサレハ…器ウツハモノニ 11860003-23
非アラス文ニ 11860003-141
非シテ武 11860003-141
非スハ蒙カフルニ 11860003-177
非ス悕ケ望マウ 11860003-191
非ス 11970004-2オ3
冈ナシ非アラストイフこと 12110002-15

ニ非ス 12140002-⑪85
ニ非スハ 12140002-⑪108, ⑪109
(ニ)非スト 12140002-⑫292
に非ス 12140002-⑫542, ⑫558
カ如(キニ)はアラ非ス 12140002-⑫552
如(キニ)はアラ非ス 12140002-⑫552
(ニ)非ス 12140002-⑫567
非_常_之_人者也タ、ノヒトニアラス 12360002-13ウ5
非(アラ)ス經ニ 12360003-下6
非(アラ)ス魚ニ 12360003-下6
非ス俗人ニ也 12360003-下14
非すは 12410003-9-11
非(サ)ラン 12505010-151
非ス 12505010-219, 233
非ス水ニ 12505010-253
非サレトモ 12505010-262
非(サ)ル 12505010-360

非アラサルカ 12505019-51オ
非アラす 12505020-㉗6
非(ス)シテ 12505028-23-9
非アラサルハ 12505072-20
非ス 12840003-①11ウ4, ③17ウ7
非スハ 12840003-③5ウ5
非アラス 12880003-24
非サリケリ 13440001-6ウ
非スハ 13440001-28オ
非アラス 13860001-14-3
非サランヤ 15110001-2
〔靡〕42612
靡アラス 11360001-10ウ3
靡ナク アラス明ヒル(上平)ニ 11550009-10オ3
靡ナシ ス晦ヨル クワイニ 11550009-10オ3
靡アラス 13860001-15-2

アラスミ(炭)

〔炭〕18953
炭アラスミ 08105015-中18
灰ヒ炭アラスミ鹹ミサヒ 10590005-2
灰「ハヒ」-炭「アラスミ」 10790001-上6オ

アラソヒ(爭)→アラソフ

〔諍〕35643
有諍アラソヒ『アラソヒ』 10700005-①18
〔諍訟〕35643 35266
諍-訟アラソヒ 10790002-6オ2

アラソフ(爭)→アラソヒ

〔共〕01458
所トシテ共するアラソフ 11020007-⑧34
〔執〕05193
部-執シナ、、アラソフを 11630001-④321
〔妬〕06121
妬アラソウ 13860001-36-5
〔爭〕19663
爭アラソフ 10505007-30-3
爭ソフ 10505007-53-6
爭ヒ 10505007-55-2
爭アラソフヲ 10505024-16オ5
爭アラソフ 10505024-24オ1
爭アラソヒ 10730001-⑨1オ10
不す與「タメニ」に爭「アラソハ」 10740001-⑬51
爭「ア□□フ」 10820003-⑩564
爭ヒ-來(り)て 10820003-⑩564
爭ヒ來テ 10860002-11ウ2
不す與クミシ爭ソハ 11020007-⑱35
爭アラソフに 11130001-③10オ
爭ア(ラソヒ)馳に 11130005-1ウ2
不すは…爭アラソ(ハ) 11140007-⑱85
爭フ 11230001-③105
爭フ 11340007-①29ウ7, ④8オ1, ④20オ7
爭アラソヒ 11340007-①38ウ4
不爭アラソハ 11340007-④10ウ2
爭アラソフ(コト) 11340007-④17オ5

不シト云天工（「天工」存疑）…争ソハ　11340007-④20ウ3
争「フ」　11340007-④36ウ4
争アラソフ狀　11340007-④52オ3
争ヒ　11350010-29-5
争アラソフ　11360001-35オ2
争アラソフ　11380002-南38ウ
争イオ（存疑）　11390003-20オ
争フ　11390003-24ウ
相争アラソヒ　11420003-⑬15オ
争アラソフ　11450006-12, 23, 25
争アラソイ　11450006-13
争アラソフテ（「フ」は「イ」か）　11450006-17
争之アラソフ　11450006-27
争アラソヒ　11505073-16ウ
争アラソヒ來て　11510005-⑩225
諫（去）イサメ カン－争（去）フ ス　11550009-33ウ6
争フ　11550009-38ウ3

争フテ　11550009-40ウ7
争アラソウテ　11860003-184
争アラソて　12110002-12
争アラソ（フ）　12110002-18
不ス争アラソハ　12110002-21
争フ　12140002-⑪193, ⑫282
争ソフ　12410003-0-6, 25-2, 26-20, 32-12, 32-24, 33-4, 33-9, 33-11, 33-13, 33-23, 34-5, 34-8
不す争アラソハ　12410003-5-10
弗す争アラソハ　12410003-15-19
不す争ソハ　12410003-15-20, 24-4
争アラソフときは　12410003-24-9
争ソフは　12410003-32-10, 34-9
争ソハ　12410003-33-19
不す可不すはある争アラソハ　12410003-33-22
争ソフ　12505019-24オ

争アラ（ソフ）　12505020-㉗7
争アラソ（フ）　12505020-㉘3, ㉘4
争ア（ラソヒ）て　12505020-㉝6
争アラソフ　12510006-29-9
争アラソフ　12840003-②2オ6
争アラソフ　12860001-③41ウ5（57-6）
争ア（ラソヒ）て　13440001-10オ
争アラソフ　13440001-30ウ
争ア（ラソ）ハンことを　13440001-30ウ
不ス争ソハ　13505007-7
争ソフ　13505007-8
争ソテ　13505007-9
争アラソウ　13860001-47-3

〔競〕25831

競アラソフテ　10120002-28
競アラ（ソハムヤ）　11130001-③14ウ
競ア（ラソヒ）て　11130005-17ウ
競アラソフ　12860001-③70オ1（見78）

〔角〕35003
角アラソハムト　11630001-⑥92
〔訟〕35266
訟アラソフ　11360001-64ウ2
訟アラソフ　12860001-③33ウ4(55-9)，
③39オ6(57-2)，③58オ5(60-9)
訟アラソウ　13860001-88-1
〔詳〕35446
詳アラソフ　11550009-38オ3(上欄外)
〔諍〕35643
闘タ、かひ諍ソヒッ、　08305001-⑧160-16
諍アラソて　10740003-①316
相諍アラソヒて　10790001-上24ウ
所諍アラソヒ競キホフ　10870001-⑤271
相ひ諍ひ　11005003-③45
諍フ　11230001-③343
諍アラソフ　11360001-39オ2
諍アラソフ　11630001-①519

諠クワン アナカマ 諍アラソフすること　11630001-⑥399
諍(アラ)ソヒ　12410003-14-14
諍アラソフ　12505019-11オ
諍アラソフ　12860001-③63ウ2(言19)
諍アラソウ　13860001-52-4
闘タ、カヒ諍アラソヒ　18400001-②6-39
〔諫〕35724
諫アラソフ イサメコト　11300001-⑦9
〔賣〕36825
賣アラソフ　11360001-58ウ1
〔闘〕45649
闘アラソヒ競キホウて　10450001-249

アラタ(新)→アラタズ、アラタゼマク、アラタニス
〔今〕00358
今アラタナリ　11360001-11ウ3
〔新〕13572
新ア□□(ラタ)に　10080002-③646

新タナル　10165001-②15オ1
新アラタニ　10505007-32-4
新アラタなる(「なる」存疑)線ヨリイトを(モ)て　10630004-②514
新ラタに　10700001-31
新に　10730001-⑩2-2
新「タニ」く　10740001-⑩57
新「タニ」　10740001-⑬82
新ニ　10860002-32ウ1
新アラタニ　10990001-13オ
新に／「タニ」　11005080-上65オ5
新たに／「タチマチニ」　11005080-上82オ5
日に新ナラム　11070003-②7
新アラタに　11210001-①53
新アラタニ　11260001-⑨336
新アラタニ　11280014-③378
新ニ　11280014-④50
新アラタニ　11360001-25オ4

新アラタなり 11380002-東4ウ
新アラタに 11630001-②343
新タニ 12505019-6オ
新タニ 12840003-②4オ4
新アラタナルコト 12880003-5
新ア(ラタ)に 13440001-26オ
新アラタナリ 13860001-34-4

アラタズ(新)→アラタ、アラタゼマク
〔新〕13572
自新スルコトヲ する 10730001-⑩25-9
新タス 11580001-62
新アラタスルヲハ 11630001-⑤306

アラタゼマク(新)→アラタズ
〔新〕13572
新アラタセマク に 10730001-⑩25-8

アラタニス(新)
〔新〕13572
新アラタニスル者モノナリ矣 10990002-⑨299
新アラタニセル 11260001-⑨294

アラタマ(璞)
〔璞〕21245
璞アラタマ 10320001-24ウ6, 24ウ6
璞(入濁)アラタ(上上平)マノコトハ ハク 11550009-8オ4

アラタマフ(新)
〔新〕13572
新アラタマヒテ 11630001-④272

アラタマラマク(改)
〔改〕13114
改耳アラタマラマクノミ 10610002-215

アラタマル(改)→アラタマラマク
〔改〕13114
改アラタマル 10505007-3-2, 3-3
改アラタマ「ル」(消)／リ 10505007-48-3
改リ 10990001-17オ
未改アラタマ(ラ) 11130001-③13オ
改マル 11380002-天25オ
未タ改アラタマリ_變カハラ 11550009-7ウ5
不改ラ 11550009-55ウ1
改アラタマテ 11860003-3
更サラニ改ル 11860003-36
改アラタ(マ)リ 11860003-118
不改アラタマラ 13080001-2
〔變〕36117
變アラタマリて 11630001-⑥239
〔革〕42710
推し革アラタマテ 11230001-②328
革アラタマ(ら)弗す 11230001-③207
革マル 11380002-西41ウ

アラタム(改)
〔化〕02572
化アラタム 13860001-23-3
〔悛〕10674

アラタム

悛(去)サン アラフ(「フ」は「タム」の誤か)邁(上)して 11000003-482
勿悛アラタムルコト 11580001-41

〔換〕12358

換アラタメテ「カヘシテ」 11200015-⑧25
換カヘアラタメ 11550009-13ウ6

〔改〕13114

改ア(ラタメ)テ 10165001-②15オ1
改メヨ 10165001-②21ウ5
改ア、、(「、、」は「ラタ」)め(「め」存疑) 10165001-②29ウ8
改アラタメて 10240002-②18オ5
改アラタ□〈メ〉て 10250001-58
改アラタメて 10250001-88
不スして改アラタメ 10250001-102
須「スヘカ(ラ)」く如く初の改「アラタメ」積つむへし 10350001-13ウ4
改アラタメテ心をて 10505019-③7
改「アラ」(タ)メ 10505024-34オ5
不改アラタメ釵ヲ 10510003-9
改アラタメ替カヘタリ 10610002-222
改アラタメて 10680005-7オ
改アラ(タメムト) 10730001-⑩25-8
改アラ(タム) 10730001-⑩44-6
改「アラタム」む 10740001-③58
改「□〈ア〉ラタメ□〈テ〉」 10740001-⑬32(上欄外)
改「メ」 10740001-⑬39
改「アラ」(ため)て 10820003-②287
改「アラ(た)メ」(め)不す 10820003-②496
改メ 11005025-19オ2, 19オ2
改アラタメ不す 11030006-②31ウ
改アラタメ 11110001-20
改ア(ラタメ) 11130001-③7ウ
不「シテ」改「メス」 11130003-①1
改メテモ 11130003-①43
不すは改メ 11130003-①45
改ム 11130003-①45
欲ヲトモ令むと改メ易カヘ 11140007-⑦139
改「タム(「ム」は「メ」の誤か)」るか 11200015-④18
改(去)ソ(「メ」の誤)易(入)カヘ 11200015-⑦103
改アラ(タ)メテ 11205001-9
改め 11230001-②133
改ム心ヲ 11340007-①35ウ6
改(ム)ルニ 11340007-②32オ7
改ム 11340007-②35ウ6
改メシカハ 11340007-②43ウ1
不改メ 11340007-④33ウ6
改「アラタム」 11340007-④40ウ4
改めて 11380001-⑯7-5
未改タメ 11380002-天31ウ

改アラタムル　11380002-北23ウ
改アラタメ　11450001-㉑19オ1
改メシ心ヲ　11550009-8オ6
改(平輕)メ　11550009-17ウ6
改メ　11550009-27オ5
改メ心ヲ　11550009-33オ6
改ヨ　11550009-40ウ2
改(ア)ラタム　11630001-④339
改(アラタ)メ　11630001-⑥44
改(アラタ)メ易カヘムト　11630001-⑥279
改(アラタ)メムコトヲ テム　11630001-⑧180
改(アラタム)ルヲ　11630001-⑧537
改アラタメテ　11860003-175
改アラタム(「ム」存疑)　11980001
改メ代カヘ　12005006-下37
改アラタムルは　12410003-32-20
不ス改アラタメ　12505019-6オ
改メ元

12840003-①5ウ7, ①6オ1, ①6オ4
改ムルハ　12840003-①28オ6
趁シ改ム　12840003-②18ウ3
改ム　12840003-③7オ1, ③7オ4
未改アラタメ　12880003-55
〔更〕14283
更アラタム　10730001-⑨5ウ3
更アラタメ　10730001-⑨6オ10
更アラタメ名ツケ　10730001-⑨7ウ1
更「ア(ラタメ)」て　10730001-⑪2-12, ⑪4-13
更ア(ラタメ)て　10730001-⑪3-14
更アラタメ張ハテ　10990002-⑧7
更アラタメて　11270012-30
更アラタメテ て　11270012-66, 82
更アラタムルコト　11340007-①9ウ2
更「アラタメ」　11340007-④56オ3
更アラタメタリ(「リ」存疑) ム　11450006-28

更アラタメて　11450006-28, 29
更アラタメテ　11450006-36
更アラタメ　12505020-㉛4
〔更始〕14283 06166
更始アラタメ　12840003-①6オ1(年號の訓讀)
〔沿〕17260
沿シタカヘアラタメ弊ヤフレタルを　11630001-③153
〔貿〕36721
可貿「ム」「アラタメ」易「ヤク」「カフ」　10870001-④108
〔革〕42710
革アラタムルニ　08505019-48
革アラタメテ　09505020-457
革ア(ラタ)む　10505030-326
革「アラタメテ」て　10740001-⑦73
變-革「シ」「アラタム」　10740001-⑧53
革アラタメ　10990002-⑩278
革改也 (メ)使(ム)　11160007-②420
革アラタむ　11230001-③9

革アラタメ弗す　11230001-③208
革アラタめて　11230001-③575
革アラタメテ　11260001-⑨111
革アラタム　11340007-①19ウ6
革アラタ(ム)　11380002-天25オ
革アラタメ命　11380002-北15ウ
革アラタメ　11380002-北32ウ
革アラタメ　11630001-①38
革アラタ(メ)　12140002-⑫554
革アラタム　12505019-13ウ
革アラタメ　12505019-13ウ

アラヌ(非)→アラズ

アラヌカ(糩)
〔糠〕27105
糠アラ(ヌ)カ(「ヌカ」存疑)　10830002-21-7
〔糩〕27150
糩アラヌカ　11570004

アラノネグサ(細辛)
〔細辛〕27344 38630
細辛アラノネクサ　11505004-①49ウ3

アラノラ(荒郊)
〔荒郊〕30953 39392
荒郊アラノラ　11420003-⑮13オ

アラハ(露)→アラハズ、アラハニス
〔公〕01452
公アラハニ　09505020-249
公アラハに　10505030-45
〻(公)アラハニ に　10730001-⑩5-4
公アラハに　11000003-278
公ニ顯也　11160007-①168
公ア(ラハニ)　12140002-⑫257
〔容極〕07172 15181
容-極アラハニ至心　10505069-③17
〔彰〕10015
彰アラハニ露アラハル、　10505019-⑥6
〔敞〕13246
敞阿良波奈リ　10790002-7ウ5
〔明顯〕13805 43726
明顯アラハなり　09005008
〔標〕15442
標アラハ　09005007-2
〔樹〕15729
樹アラハ　11380002-西13ウ
〔潛〕18240
潛アラワニ　11860003-158
〔灼〕18878
灼アラハナリ　10020001
灼アラハナリ　ヤク　10020001
〔現〕21004
現に　08305011-23-11
現に(はあら)不す　08305011-137-3, 137-8, 141-8
現に(は)アラ不す　08305011-145-1
現アラハに　08505020-33-15, 33-15

現には(あら)不す　08505020-33-18, 33-19, 34-15, 35-5
現アラハナリ　11630001-②256
〔端〕25806
端アラハ(ニ)ハシハカリモアラハ　11280014-①243
〔芬〕30728
芬アラハシ(「シ」は「也」の誤)　12230001-13ウ
〔著〕31410
著アラハなること　11050002-33オ
著アラハナリ　11160007-①223
著「(上)」「アキラ(カ)ナリ」也「アラハ」也　11200015-⑤95
著アラハなり　11230001-③420
彰著アラハ　12505020-㉝11
〔袒〕34184
祖(袒)アラハニ　11280014-②222
祖(袒)アラハナリ　11360001-45オ3
袒アラハナリ　11360001-52オ2
〔見〕34796
見アラハナリ　11050002-22オ
見アラハ　11360001-11オ2
見ニ　11505100-415
〔訟〕35266
訟アラハに　10730001-⑨12オ7
〔速〕38897
速アラハに　10740003-③106
〔露〕42463
露アラ(ハナル)身ヲ　08305004-98
露アラハに出　10560001-522
露ハニ出□〈タ〉シ　10640001-50
露アラハなら　11020007-⑧27
露アラハニ　11505073-18オ
露アラハに　11505075-⑪18-5
露ア(ラハ)に　11505075-⑭98-4
露アラハナル　11505075-⑭99-7
露アラハニ　11630001-④043
露アラハに　12505020-㉛3
露アラハ(ニ)　12510006-54-4
露アラハニ　12840003-①26ウ3
〔顕〕43726
顕アラはなり　08305011-115-8
顕に(し)て　08305011-145-9
顕はなり　08305011-149-10
顕アラハなり　08505020-29-5
顕アラハなる「アラハナル」　10165001-①241-6
顕アラハナリ　10505024-63オ5
顕アラハに　11260001-⑦8
顕アラハに　11510005-⑤15
〔顕露〕43726 42463
顕露アラハに　12360002-5ウ1
〔飄露〕43946 42463
飄露アラハナリ　11630001-⑧033
〔驗〕45024
驗アラハニ　11200015-⑩75

アラハカ(荒陵)(地名)

〔荒陵〕30953 41704
荒陵アラハカノ 11505075-⑪46-5
アラハサク（表）→アラハス
〔顯〕43726
顯サくは 08305011-83-3
顯ハサくは 08505020-21-15
顯アラハサク 11420003-㉓2オ
アラハシス（旌）
〔旌〕13658
旌アラハシスヘシ 11630001-⑧214
アラハス（表）→アラハサク、アラハシス、アラハセラク
〔公〕01452
公アラハ（ス） 08705001-②3
〔効〕02334
効アラハシテ 11260001-⑨218
効アラハス 11380002-西42ウ, 北16オ
効アラハサム 11420003-㉑10オ

〔劾〕02342
検劾アラハシ生-來の所-犯を 10505069-⑤40
〔呈〕03363
呈顯也 08105007-上序
呈顯也 08105009-下34
呈アラハス 10165001-①226-1
呈「アラハ（シ）」 10990002-⑨229
呈アラハス 11160007-⑥253
不コト…呈アラハサ 11280014-①103
呈アラハシ 11280014-①472
呈アラハシテ 11280014-①477
欲呈アラハサムトシ 11420003-⑬27オ
呈アラ□〈ハ〉ス 11505521-中13-28ウ1
□〈呈〉（アラ）□〈ハ〉ス 11505521-下34-55ウ6
呈アラハシ 11850004-⑯35
呈（ス）ア（ラハ）ス 12140002-⑪151
呈アラハス 12505010-256

呈ス 12505028-①5
呈アラハス 12840003-①25ウ5
〔呈示〕03363 24623
所呈ティ音-示ス／せ アラハス 11020007-⑯37
〔喩〕03979
喩アラハせり 11030006-②48オ
喩アラハス 11360001-14オ
喩アラハシ 11850004-①46
喩アラハセリ 11850004-②98
〔娉〕06282
娉表也 08105015-中33
〔差〕08732
差アラハス不良人 08505007-①13-2
〔形〕09969
不…形「アラハサ」（「サ」は消か） 10740001-⑪41
形アラハす可（ら）不す 10820003-⑤383
形アラハす 11140007-⑤87

不す可形アラハス　11200015-⑤65
不形アラハ(サ)色　11340007-①40ウ4
不す可〻(カラ)形アラハ(ス)　11380001-⑯12-7
不す可〻形アラハす　11510005-⑤41
形アラハす　11580001-32
不可形アラハス　11850004-⑯7
形アラハス　12240007
形アラハシテ　12505010-185
形アラハス　12505010-384
形ハセリ　12840003-②9オ6
〔形言〕09969 35205
形_言アラハシテ　11630001-④43
〔彰〕10015
彰アラハシ_著ツケ(「ケ」存疑)ヨシテ　10640005-①22ウ
彰アラハシ著アラハサ令(め)むと　10820003-③709

彰アラハシ著ツケヨ　10820003-⑥316
彰アラハシ　11020007-②79
彰アラハス　11200015-⑥115
彰アラハシ　11280014-①2
彰(アラハ)セリ　11280014-①30
彰ス　11280014-③340
彰アラハス　11280014-④144
彰アラハシ_別シ　11630001-②117
彰アラハ(ス)　11850004-②11
彰ス　12505010-103
彰アラハス　12505019-7オ
〔彰顯〕10015 43726
彰顯アラハストキ　11420003-⑮11ウ
〔徵〕10239
徵(徵)アラハシテ明也　11260001-⑦74
〔慓〕11084
慓アラハス　12005022-6オ1(5-1), 7ウ1(6-2), 39ウ7(41-9), 40ウ4(42-4)

慓アラハス　12860001-①5ウ2(5-1), ①7オ4(6-2), ②14オ6(41-9), ②15オ6(42-4), ③11ウ1(49-5)
〔挑〕12055
不挑他堯反　標也　扶也　10600004-2
〔揚〕12355
揚アラハシ　08830001-⑦6-10(234-5)
〔摽〕12651
摽アラハス　11340007-④36オ3
摽アラハス　12005022-48オ7(44-6)
摽アラハス　12860001-②24ウ1(44-6)
〔效〕13186
效顯也　09505020-485
效「アラハサ」使「シム」　10990002-⑨229
效(平輕)「アラハス(コト)」「カウ」　10990002-⑨289
效イタシアラハシ　12140002-⑫462
〔敫〕13246
敫アラハシ　11140007-⑩40

敵「アラハス二」 11340007-④70ウ2

〔旌〕13658

旌アラハス 09005007-3

旌アラハス 10990002-⑧401

旌アラハス 11000003-305

旌アラハす 11230001-③432

旌アラハサムト 11340007-②10ウ4

旌アラハシ 11630001-①198, ②53, ②121

旌アラハシ建タテタリ 11630001-④134

旌(アラ)ハシ建タリ 11630001-④360

旌アラハセリ 11630001-⑧158

旌アラハス 11630001-⑧193

旌ハシ 11630001-⑧220

旌アラハシ別ワクルこと 11630001-⑧319

旌ア(ラ)ハセリ 11630001-⑧465

旌(アラ)ハス 11630001-⑧579

旌(アラハ)ス 11630001-⑧591

旌アラハスヘシ 12140002-⑪32

旌アラハセリ 12140002-⑪353

〔明〕13805

明アラハス 10990002-⑧138

為なり明アラハサむか 11200015-⑤7

為明アラハサムか身を 11850004-⑤7

明アラハサム 18400001-②11-12

〔曜〕14227

曜(アラ)ハスヤ 11280014-④101

〔標〕15442

標アラハシ竪二大指 10600004-2

標アラハス 11380002-北21オ

〔現〕21004

を現すに 08305011-121-4

現す 08305011-125-2

現す 08505020-36-16

現てアラハす掌を 10480001-527

現ス 10820003-⑤100

現「シ」し 10870001-⑦310

現「シ」す 10870001-⑦310, ⑦311, ⑦311

現シ 10870001-⑦311, ⑦312, ⑦312, ⑦313, ⑦313, ⑦314, ⑦314, ⑦315, ⑦316, ⑦316, ⑦317

現し／「シ」 11005080-上68オ6

現し／「シタマフ」 11005080-上68オ6

呈「アラハス」「テイ」現「シテ」 11020007-①25

現アラハシて 11140007-⑥10

現ス 11200015-⑩46

令身現アラハ(サ) 11280014-③239

現ス 11350010-42-5

現アラハス 11360001-11オ3

現アラハ(シ)て 11505075-⑳176-7

現シテ 12140002-⑪184

不現アラ(ハサ) 12840003-③17ウ7

現アラワサン 14870001

〔甄〕21557

甄サム 11280003-10

甄アラハ(ス) 11380002-西47ウ
〔發〕22669
發アラハス 08505007-②9-1
發アラハスヲハ 12505010-383
發アラハ(「ハ」存疑)(ス) 12840003-③5オ1
〔發露〕22669 42463
發-露スル アラハス 11340007-③2オ7
〔發顯〕22669 43726
發_顯アラハシツル(平平上平平上) 12360002-5オ1
〔看〕23196
問トヒ看カンセムニ アラハサハ諸事等を 10250001-295
看アラハサン 13440001-33ウ
〔祖〕24664
祖アラハセリ 11630001-②66
〔程〕25081
程アラハス 08105015-中13

〔章〕25761
章アラハシ 11630001-①9
〔端〕25806
端アラハせり 11360001-22ウ2
〔良〕30597
良アラハス シ 08705006-16
〔著〕31410
著アラハセル 09005007-7
照(し)著顯也て 09505020-495
著アラハス 09680001
時「の」史(「去」)司也「シ」著「アラハ」チヨ(し)て 10505069-①14
著アラハシ 10680005-7オ
彰アラハシ著アラハサ令(め)むと 10820003-③709
著アラハサ被レヌ 10820003-⑨757
著セルコトヲ 10870001-③478
著アラハス 10990002-⑧414

著シルシテ／アラハシテ 11005080-上81オ1
著「アラハセリ シルス」 11020007-①5
爲著アラハ(ス)なりと 11140007-⑤45
著アラハせり 11230001-③420
著アラハシテ 11280014-②46, ④162
著セル 11300001-⑧28
著アラハス 11340002-①21
著アラハセトイフ 11340007-①5オ1
著「アラハセルこと」 11340007-④58ウ7
著アラハスト 11380002-地21ウ
著アラハス 11380002-地29オ
著アラハシテ 11380002-西12オ, 西24ウ
著アラハシ 11380002-北34オ, 北37オ
著ア(ラハス) 11420003-⑮7ウ
著アラハス 12005009-33
著セリ 12140002-⑫474
著シテ 12505028-⑤1
著アラハス 12505035-24オ1, 31オ5

著ス　12840003-②7ｵ4
〔行〕34029
行アラハシ藏カクス　10505012
〔表〕34105
表す　08305011-21-7, 45-7
といふことを表す　08305011-55-4, 113-7, 113-7
表すと(し)て　08305011-55-8
を表す　08305011-119-7, 123-6
(を)表す　08305011-125-1
表す「ス」　09505020-77
所ナリ表アラハシタマハム　10505007-47-3
表(ハ)ス　11280014-①75
表(ハ)セリ　11280014-③166
表アラワス　11360001-51ｳ3
表アラハ(ス)　11505075-⑰138-4
表アラハシ　11630001-①8
表アラハスに　11630001-②388

表ス　12140002-⑫85
表ス　12505010-103
表ス　12840003-②11ｵ1
表アラハサムト　13440001-6ｳ
〔見〕34796
見(あらは)ス時に　08305001-②28-3
見アラハスソ　11020007-⑮34
欲シテ見アラ(ハサムト)　11340007-①4ｳ1
見アラハス　11360001-11ｵ2
見アラハサむ　12505020-㉘6
見アラハ(ス)　12505020-㉘7
不見アラハサ　13440001-14ｵ
〔詮〕35435
詮アラハス　11000003-105
〔誘〕35525
誘アラハス　11360001-34ｵ4
〔證〕35946
證アラワス　13860001-31-3

〔象〕36372
言イヒ象アラハスコト　10990002-⑧204
〔迹〕38827
迹アラハシタツネテ　11130005-62ｵ
〔鑒〕40989
鑒アラハサ(ムト)するか故　08705001-②17
〔陽〕41725
陽アラハス　12860001-③67ｳ3 (⑬ 54)
〔露〕42463
露「アラハ(シ)」出　11140001-44
露アラハス身　11340006-6
露す　11490004
發(入輕)-露(去)アラハサムスル　11550009-20ｳ4
露アラハス　11630001-①224
露ア(ラハ)シ　11630001-②73
露アラハシ　11850004-⑥12
露アラハス　13440001-3ｳ
露アラハサム　13440001-22ｵ

〔頳〕43517

頳アラハス 11360001-33ウ2

〔顯〕43726

顯呈也 08105015-下34

と顯(さ)む(とし)て 08305011-21-5

といふことを顯す 08305011-31-1, 47-8, 155-2

と顯す 08305011-33-1, 121-8

を顯す 08305011-33-5, 125-3, 165-1

を顯すに 08305011-41-5

と顯(さ)むとなり 08305011-45-3

顯す 08305011-77-5, 115-7, 119-7, 125-2, 163-9

ことを顯す 08305011-115-10

顯(さ)むとする 08305011-117-9

顯すと 08305011-123-7

ことを顯す 08505020-9-4

といふことを顯す 08505020-9-14

顯すに 08505020-11-18

を顯(す) 08505020-12-14

といふことを顯すか 08505020-13-6

(といふことを)顯す 08505020-13-18

顯ハ(さむと)は 08505020-19-17

顯はす 08505020-20-5

顯すか 08505020-28-7

顯す 08505020-29-5, 31-6, 31-7, 38-13, 38-20

トイフコトヲ顯す 08505020-43-8

顯ハシ 09505020-302

顯スニ 09505116-64

顯ス 09505116-923

所ノ顯ハシ得ル之理ヲ 09505116-982

顯サム 10165001-①256-8

顯アラハシテ 10505024-32オ2

顯アラハス 10505024-34ウ6

顯「アラ」ハス 10505024-55ウ3

顯す 10820003-②217

鮮ヒカリ顯「アラハ」(す)こと 10820003-②799

顯し下「キ」 10870001-①432

顯アラ(ハ)して 11005002-2, 6

顯す／「ス」 11005080-上92オ3, 上104オ1

顯スニ 11020002-①2

顯スコト 11080001-15

顯アラハ(ス) 11130001-③3オ

顯セリ 11130003-①37

顯ハス 11140007-⑮148

所以ユヘナリ…顯むか「サムト」 11200015-⑥56

顯ハシ 11340007-①14ウ1

顯アラ□□(ハセ)ラム 11340007-①24ウ6

顯セリ 11340007-②17ウ6

顯スハ 11340007-②41オ5

顯シ 11340007-②41ウ1, ④35オ2

顯ス　11340007-④10オ1
顯ハシ說クコト　11350010-5-4
顯ア(ラハス)　11420003-⑮7ウ, ⑮14ウ
顯す　11490001-10
顯ス　11550009-32ウ4, 44オ3
當ニヘシ顯(上)シケン-陳(平)ノフチンス耳マクノミ矣　11550009-37オ7
顯シ　11550009-37ウ4
顯(アラハ)ス　11630001-⑧455
顯サム　12140002-⑪253
顯アラハス　12410003-5-13
顯アラハシて　12410003-12-17
顯アラハす　12410003-26-21
顯アラハヒ(「ヒ」は「サ」の誤)ハ　12505019-7ウ
顯サハ　12510006-24-6
顯サムカ　12600001-8
顯アラハす親之事　12770002-1ウ
顯シテ　12840003-①11ウ7
顯アラハス　12880003-30

〔顯彰〕43726 10015
顯彰阿良波須釋　08005022-14

〔顯著〕43726 31410
顯著アラハ(ス)　11420003-⑮7ウ

〔首〕44489
首アラハス　11360001-40オ4

〔驗〕45024
驗「アラハシ」　10820003-⑩309
驗アラ(ハス)　11380002-西45ウ
驗アラハサム　11630001-⑦91

〔體〕45291
體アラハシ　11630001-④446

〔補讀〕
問トハトフコトヲアラハサ者ハ　10250001-285

アラハズ(露)→アラハニス

〔露〕42463
露アラハスル(「ル」存疑)　08505019-12

アラハセラク(表)→アラハス

〔顯〕43726
顯(アラハセ)ラク　11340002-①81

アラハニス(露)→アラハズ

〔形〕09969
不す可形アラハニす　10740001-④64

〔曝〕14239
曝アラハにして　12410003-12-26

〔現〕21004
垂タレ下タレテ現アラハニシテ掌ヲ　10350002-2ウ2
現アラハニして掌を　10690001-3ウ
不レ現アラハニセ　10870001-⑤200

〔看〕23196
看アラハニテ(「テ」は「セ」の誤)ム　11020007-⑭20

〔祖〕24664
祖アラハニシ　18400001-②10-39

〔袒〕34184
祖(袒)アラハニするは 10165001-②22ウ4
袒アラハニシ 10950003-①77
〻(袒)アラハニスル 12840003-①32ウ7
袒アラハニス 12860001-③50オ6(58-7)
〔裸〕34371
裸アラハニスル 10990001-16オ
〔見〕34796
見アラハニシテ 11005002-3
〔露〕42463
露アラハ(ニ)するは 10165001-②14オ6
露アラハニする 10165001-②19ウ8
露アラハニシテ₋形ヲ 10505007-60-6
露アラハニシテ 10870001-⑤200
露アラハにし身を 11140007-⑥20
露ニシ顯也 11160007-①215
露「アラハニシ」身を 11200015-⑥29
令ること露アラハニセ 11200015-⑧68

露ニシ 11280014-①149
露アラハレ　アラハニシ 11450001-㉑5オ9
不欲露アラハニセニ(「ニ」存疑)マホシ 11505075-⑪39-5
露アラハにして身を 11510005-⑥222
露アラク(「ク」は「ハ」の誤)にせ 11510005-⑧236
露(アラハ)ニセリ 11630001-③294
露ニセリ 12140002-⑪412
露アラハにし 12410003-12-26

アラハヒウキイヅ(露浮出)
〔露〕42463
露アラハヒウキイテ〻(平上平〇平上平上〇) 12360002-4ウ5

アラハヒス(濯)
〔浣〕17470
浣(アラハヒ)シ 11630001-⑦52
〔濯〕18532
濯アラハヒスル 11630001-⑦51

アラハフ(洗)→アラハヒス
アラハフ(現)→アラハヒウキイヅ

アラハル(現)
〔呈〕03363
呈アラハレたるを「タルヲ」 10165001-①228-5
呈「アラハルレハ」 10990002-⑩259
呈アラハレタルコトヲ 11280014-①120
呈アラハル 11380002-北35オ
〔弗〕09708
弗アラハレ□ 11360001-3ウ2
〔形〕09969
末形ア(ラハレ) 10505030-176
形アラハル、ヲ 10990002-⑧220
形アラハレタリ 10990002-⑧237
形アラハル於に言コトハ 11000003-409
形アラハレ 11230001-③97
形アラハレたり 11230001-③383

アラハル

形アラハル 11360001-27ウ3
形アラハル 11380002-南4オ
末形アラハ(レ) 11580001-73
不可形アラハル 11850004-⑤61
形アラハレ 12510006-51-8
形アラハレ 12540005-4オ
陽-動(し)於内に而て未イ(マタ)ス形アラハレ 13300004-⑤85
形アラワル 13860001-37-6
〔彰〕10015
彰レ(存疑)テ 08505007-①1-3(表)
彰アラハレ 09005007-3
有る相彰アラハル(、)于外 10240002-②15オ4
彰アラハル 10240002-②15ウ4
不彰アラハレ 10700001-36
彰アラハル、彰るること 10700004-31
彰アラハル、ヲなり 10700004-35

彰「アラハル」 10740001-⑤23
相ヒ_彰アラハル、こと 10820003-②237
彰アラハル、(なり) 10820003-②246
彰「アラハル」(褐點) 10820003-⑥578
彰「アラハル」 10990002-⑦320
彰アラハル、こと 11030006-②15ウ
彰ハル 11030006-②16オ
彰ア(ラ)ハルる 11140007-⑥96
彰アラハレ 11340007-①38ウ2
彰(ハ)ル、カ 11380002-西14ウ(別筆)
彰アラハル、か 11510005-②27
彰アラハル、 11510005-②118
彰アラハレヌルヲハ 11630001-⑤99(上欄外)
彰アラハル、こと 11850004-①64
彰アラハレたる 11850004-②102
彰アラハレ 11850004-⑥32
彰レ未ス 12140002-⑫478

彰アラハる 12410003-11-24
彰アラハル 12505019-33ウ
彰レ 12840003-②10オ5
〔揚〕12355
揚アラハル 11630001-②110
〔摽〕12651
摽アラハレ 10990002-⑧411
〔效〕13186
效アラハレ使(ム) 10990002-⑨229
〔明〕13805
明アラハレ 11340007-③9オ7
〔標〕15442
標アラハレたり 11230001-③160
〔炳〕18960
炳アラハル、コト_著(去)「チヨ」 11200015-④138
炳アラハル、コト 11850004-④54
〔炳著〕18960 31410

炳_著アラハル、を 11140007-④38
〔照著〕19226 31410
照-著アラハレ 11630001-⑦176
〔現〕21004
顯現レヌ 10505003-①135
現「アラハレタルコト」 10990002-⑧136
現「アラハル」 11020007-①53
現するなり「(アラハル)ルソ」 11200015-⑤53
不る「ヌ」現アラハレ 11200015-⑥14
現アラハル、ニ 11280014-①6
現アラハレタリ 11350004
現アラハレタリ 11630001-⑧551
現ル 12840003-③3ウ7
不ス現ハレ 12840003-③6ウ2
現アラワル 13860001-15-6
〔發〕22669
不發アラハレ 11005002-4
發アラハル、ヲ 11340007-①5オ5

發アラハル、 11380002-南4オ
發アラハレキコヘ 13140001
〔章〕25761
章アラハレ 11230001-③498
章アラハル 11380002-北35オ
章アラハる 12410003-29-8
章アラハル、ことを 12410003-29-18
章アラハる 12505020-㉗6
〔胎〕29369
胎アラハル 11360001-27ウ3
〔著〕31410
著アラハレて 10165001-②10オ4
著アラハル須ヘシ 10820003-③602
著アラハレタリ 10990002-⑧151
不著アラハレ 11280014-①74
著アラハレタル 11280014-③77
著アラハル 11340007-①2ウ7
著ルトイヘリ 11340007-①3オ1

著アラハル 11380002-地21オ
著ハレ 11380002-東17ウ
著アラハレ 11380002-北2ウ, 北27オ
著アラハレタリ 11380002-北37ウ
著アラレハ(「レハ」は「ハレ」の誤) 11630001-①112
著アラハル 11630001-①126
著アラハレ 11630001-②94
著(アラハ)レタリ 11630001-③232
著アラハレ聞タリ 11630001-③236
著(アラ)ハレ聞(キコユ)ル 11630001-④132
著アラハレタリ 12110002-1
著ハレ 12360003-下序
著アラハレたり 12410003-0-4
著アラハれ 12410003-26-3, 29-9
著アラハる 12410003-29-32
著アラハルと 12410003-29-33
著アラハル、コトヲ 12410003-29-33

著アラハルる　12410003-31-15
著アラハる　12505020-㉝11
著アラハル　12505035-23オ5
著アラハル　12600001-6
〔見〕34796
見(ハ)ル、　10165001-②5オ1
見アラハレタリ　11020007-⑯36
見アラハル　11020007-⑱60
見ハル、コト　11280014-①73
見レタリ　11280014-①196
見(アラハ)ル、コト　11630001-⑦178
見アラハル、　12505020-㉘6
其ノ功已に見アラハレ　13300004-⑤87
見アラワル　13860001-15-5
見アラハヌ(「ヌ」は「ル」の誤)　15780001
見(ハ)ル、　15780001
〔覺〕34973
覺アラハレて　10730001-⑩31-2

覺アラハル、トキニ　10730001-⑩35-5
〔躰〕38065
躰アラワル　13860001-21-6
〔體〕38157
體アラワル　13860001-21-6
〔露〕42463
彰アラハニ露アラハル、　10505019-⑥6
露(ル)ルコト　11280014-②184
露アラハル　11360001-19オ3
露アラハレ　アラハニシ　11450001-㉑5オ9
露アラハレて　11450001-㉒13-3
露レヌ　12840003-③6ウ5
露アラワル　13860001-26-5
露ハレ　13900001
〔顯〕43726
顯レて　08305011-135-8
光リ顯レたまひて　08505020-36-5
顯レテ　09505020-468

顯ルト云　09505020-479
顯ハレ　09505116-760
不アリキ顯ハレ　09505116-765
顯ル、理　09505116-1065
顯アラハル者れは　10240002-②6オ1
顯ア(ら)はる　10240002-②6オ1
事顯アラハレヌ　10505007-23-3
顯(る)る之體性　10820003-②82
顯れて／「アラハレテ」　11005080-上41ウ3
顯れて／「テ」　11005080-上67ウ5
顯「ル、」理　11005080-上92オ4
顯ル　11030006-②5ウ
顯レて　11230001-③325
顯(アラハル)レハ　11280014-①31
顯レテ　11280014-①90
顯ル　11350010-34-3
顯アラハレ　11380002-南47ウ
顯アラハレ分ワカレ　11420003-⑬15ウ

顯アラワレ 11450006-2
顯レ 12140002-⑫474
顯(ハ)れ 12505035-23オ5
顯ル 12840003-②9ウ5
顯アラワル 13860001-38-3
〔體〕45291
體アラワル 13860001-21-6

アラヒト(現人)→ウラヒト
〔現人〕21004 00344
現人アラヒト ウラヒト 11505075-⑭71-6

アラヒトガミ(現人神)
〔現人〕21004 00344
現-人「アラヒトカミ」 10630006-29

アラヒトゴト(現事)
〔現事〕21004 00241
現事アラヒトコト 10505150-25左

アラフ(洗)→アクブ、カシラアラフ、カハアミカシラアラフ、クチアラフ、テアラフ、ミアラフ
〔呿〕03475
呿アラ(「ラ」は「ク」の誤か)フ 12860001-①4ウ6(4-7)
〔悛〕10674(存疑)
悛(去)サン アラフ(「フ」は「タム」の誤か)邁(上)して 11000003-482
〔沐〕17201
沐カシラアラフ トキニ 10505024-11オ7
〔沐浴〕17201 17496
沐_浴カハアミカシラアラヘハ 11630001-④260
〔洒〕17374
洒アラヒテ 08105015-中34
洒アラフテ 11505521-下序-3オ7
洒アラフ 12360003-下序
〔洗〕17379
洗アラヒ 08305004-170
洗アラヘ 10165001-①236-1
不洗アラは 10165001-①237-4
不す洗「ヒ」_浄「メ」め 10165001-①239-1
浄め「メ」洗ひ「ヒ」 10165001-①240-8
洗ら□て「フテ」 10165001-①241-5
不洗ラハ 10165001-②13オ2
洗アラフ 10450001-247
洗アラヒ 10450001-250
洗アラヒ 10505007-60-7
洗アラハシム其身を 10505019-㉓15
使…洗アラハシム 10505024-28オ3
洗ハムト「アラハム」 10505024-59オ7
洗フ 10640001-6
洗へ 10640001-7
盥アラヒ洗アラ(「アラ」擦消か)ひ アラフテ 10690001-5オ
洗アラハム「ラハム」むと『と』 10690002-6
洗アラフことを 10790001-上10オ

洗「（あら）フニ」ス、クに 10820003-②798
洗「ア」（らひ）て 10820003-⑤52
洗「アラフテ」 10820003-⑥311
洗ヒ 10820003-⑨271
洗ひ拭ノコフて 10830002-21-8
洗アラフテ而 10990002-⑦32
洗ひ已れ 11005003-①28
洗ふ／「ラヘル」 11005080-上25ウ2
洗ふをは／「ス、クトモ」 11005080-上30ウ7
洗らひ／「アラヒ」 11005080-上36ウ3
洗アラヒ 11020007-⑪10
洗フニ 11030006-②50オ
灌洗アラハ□〈へ〉よ 11200015-⑤17
洗ヒ浄メ者ハ 11280014-①189
洗ラヘ 11280014-①255
洗ラヒ浄メテ 11280014-①322
洗フ（二） 11280014-①457
洗フ身 11280014-②252

不ル漱キ口洗ハ手 11280014-②349
洗ヘ 11280014-②374
洗ヒ 11280014-③205
洗フ 11340007-②21オ6, ②21オ7
洗フコトハ（「ハ」衍か）者ハ 11340007-②21オ7
洗アラフ 11350010-19-1
洗フ ヘ 11450001-㉑4オ4, ㉑4オ6
洗ヘ 11450001-㉑8ウ4, ㉑8ウ4, ㉑8ウ6, ㉑8ウ8, ㉑9オ8, ㉑9オ9, ㉑10ウ5, ㉑11オ4, ㉑11オ9, ㉑11ウ8, ㉑11ウ8, ㉑13オ1, ㉑13ウ1, ㉑13ウ5, ㉑13ウ9, ㉑14ウ8, ㉑16ウ1
漬ヒタシ洗ヘ 11450001-㉑9オ1
洗アラヘ 11450001-㉑10オ9, ㉑12ウ1, ㉑12ウ1
塗ヌリ洗アラヘ 11450001-㉑10ウ8
洗ヒ 11550003-1
洗アラフ 11550009-13ウ6

洗（アラ）ハムニ 11630001-③272
興（上）_洗（上）アラヒタマフ 11630001-⑥43
洗ゝ 11640001-②81
洗アラウ 12230001-44オ
洗アラフトイフ 12505010-322
洗アラフ 12505019-7オ, 48オ, 49オ
使シテム…洗ハ 12840003-①34ウ1
洗アラフ 12860001-③66ウ4（水47）

〔浣〕17470

浣アラヒ澤ウルホス 10080002-③388
浣アラヒ濯タクシ奉ス、キ 10505019-④13
一ヒトツは主（下欄外）「アカスル」ツカサ（ト）ル浣ス（、）アラフ クコ（ト）ことを 10505019-㉖47
浣アラヒ 10505024-4ウ5
如に浣「アラヒ」衣を鑚「キル」ウツ火を 10505069-③19
浣「クワン」「アラヒ」_衣 10740001-③23
浣アラヒ 10820003-③493

如（し）浣アラヒ衣を鑽モムカ火を　10930009-③43
衣を浣ヒ　11030006-③33オ
洗ス、キ浣アラヒ　11140007-⑰81
浣洗也（ヒタマヘル）　11160007-③167
浣「ス、キ」濯「アラフテ」ス、キ　11200015-⑦145
浣アラフて　11450001-⑭9ウ3，㉒4-5
浣アラヒ衣を　11510005-③43
浣アラヒ　11580001-75
濯スシ（「シ」は「、キ」の誤）浣アラヒタマヒキ　11630001-②256
浣アラヒ　11630001-⑧496
如クニスヘし浣アラヒ…鑽モムカ　11850004-③57
淀（浣）クワン（次の「浣」に附すべき音訓を誤點す）アラフ　11850004-⑰49
浣アラフ　12230001-46オ
浣アラヘルヲ　13440001-2オ

〔浴〕17496
浴アラヘルに　11310004-33
〔淋〕17626
淋アラ（ヘ）シタメ　11280014-①255
〔湔〕17833
湔ス、キ洗アラフ　12840003-③25-4
〔涼〕17892
涼アラフ（「フ」存疑）　11505004-①27オ3
〔滌〕18069
盪トラカシ滌アラフ　10930009
滌アラウタマヘル　11160007-③167
滌アラフシ器（を）池　11260001-③166
盪（「平」）「トラカシ」洗也其（の）心を「を」滌「アラセル
フ」「せる」ナリ　11300014-④21
滌（アラ）ヒキ　11630001-⑥417
滌アラヒキ　11630001-⑦49
〔滲〕18081
滲アラウ　12230001-21ウ

〔漱〕18171
漱（アラ）ヒ　11630001-①559
〔澡〕18379
澡「アラ（ヒ）」浴て　10870001-⑤248
澡アラヒ雪キヨー（「ー」は「メ」の誤）　11200004-50
澡アラヒ　11280014-③270
澡テアラフ濯丈角反　11630001-②87
澡（ア）ラフ　12230001-44オ
〔澣〕18382
令して澣（去）「カン」「アラフ」「-」濯「タク」せ　10740001-③36
澣「アラヒ」濯「アラハシ」令（めて）　10820003-③587
〔濯〕18532
濯アラフ　10165001-①258-8
濯洗也　10790002-5オ4
澣「アラヒ」濯「アラハシ」令（めて）

浣(去)「クワン」濯(入)「タクニ」／「アラフ」 10820003-③587
11005080-上56オ2
浣ス、キ濯アラフて 11140007-⑦186
濯洗也(ヒタマヒシ) 11160007-②314
濯アラフ 11280014-①317
濯ラヒ 11280014-①437
濯足(アラ)フテ 11280014-③270
濯アラフカト 11380002-地16ウ
濯アラフニ 11550009-8オ4
濯アラヒタマヘル 11630001-③51
飲ミ濯アラフコト 11630001-⑧128
濯アラヒ 12140002-⑪133
濯アラフ 12505019-5オ, 7オ, 49オ
濯アラフカト 12505035-18オ3
疑(フ)濯アラフカト 12505035-18オ3
濯アラフ 12840003-③18オ1
〔濯〕18759
灌ヒ洗ス 12140002-⑪133
灌アラフ 12860001-③66ウ3(水47)
〔盥〕23041
盥アラヒ洗アラ(「アラ」擦消か)ひ アラフテ 10690001-5オ
盥アラフコト訖(リ)テ 11160007-①226
盥アラフ 12860001-③43オ3(57-8)

アラブ(荒)
〔荒〕30953
荒フル 10505150-25左
〔麁〕47591
麁|備アラ(ヒ) 10505150-18左

アラマキ(荒巻)
〔荒巻〕30953 02860
荒巻 11860003-243, 244

アラマク(有)
〔有〕14332
有ラマク耳のみ 10820003-⑦407

アラマツリ(荒祭)
〔荒祭〕30953 24700
荒|祭アラ(マツリ)宮 10505150-21左

アラムマニス(有)
〔无在〕13716 04881
无在アラムマ、ニセヨ 11850004-⑯8

アラメ(荒布)
〔荒布〕30953 08778
荒-布アラメ 11860003-206

アラモト(糠)
〔糠〕27105
糠アラモト 11360001-27オ2

アラユル(所有)→アラルル、アラレム
〔凡〕01739
凡アラユル 12510006-34-7
〔所〕11715
所アラユル 10505010-24
〔所有〕11715 14332

に所有ル王　08305001-①4-10
に所ル有衆生い　08305001-①7-8
に所ル有利益　08305001-①7-12
に所ル有壽量　08305001-①7-22, ①8-3
所有ル經典　08305001-①10-4
に所有ル衆生　08305001-②31-14
に所ル有衆生に　08305001-②37-7
中に所ル有父母を　08305001-③44-19
に所有ル三千大千世界
08305001-⑤88-12
所ル有一切の五濁惡世
08305001-⑤92-3
所有ル怨敵　08305001-⑤97-6
所ル有諸の惡　08305001-⑥109-4
に所有ル王神とい　08305001-⑥109-8
所ル有苦惱　08305001-⑦125-18
所ル有毒と藥と　08305001-⑦128-5
所ル有報恩の語と　08305001-⑧144-23

所ル有含生の類　08305001-⑧145-17
に所有ル諸の…苗稼とをも
08305001-⑧151-13
所ル有福壽の　08305001-⑨166-19
に所有ル蓮華の池　08305001-⑨171-17
所有ル教法　08305001-⑨172-14
所有ル病苦において　08305001-⑨178-2
衆生に所有ル病苦　08305001-⑨178-11
家の中に所有ル可食の之物
08305001-⑨180-16
に所有ル淨境界と　08305001-⑩204-2
所ル有言詞は　08305001-⑩204-20
所有ル宣說(し)たまふこと
08305001-⑩205-2
所有あらゆる
08505020-7-16, 22-18, 31-16
に所有あらゆる
08505020-22-4, 32-19, 36-9, 37-14

所有(ア)ラ(ユ)る　09505069-1
所ユル有アラ一切衆生　10250001-8
所有ユル　10450001-77
大國に所る有　10505003-①77
に所る有　10505003-①130, ③36
如來に所る有(ラ)　10505003-①149
所る有　10505003-①187, ③48
世間に所る有　10505003-③102
所ユル有アラ一切の魔羅　10570002-1オ
所-有アラユル遍滿しタマヘル一切虛空
界　10630004-①512
不(所)_有アラユル　10630004-③536
所-有アラユル一切の印　10630004-③544
所有(アラ)ユル難-調の者モノ
る
10670006-9
所有「アラ(ゆ)ル」　10820003-②178
有(ら)所(る)　10820003-②339
有「ラ」所(る)　10820003-⑨20

所ニ有アラユル 11005025-4ウ3
所ル-有の 11020007-②50
所ル有名-花にニオイテ 11020007-⑧1
ニ所「ル」有 11140004-5
…所「ル」有如來 11140004-5
身口意業に所-有アラユル一切の惡業
重罪 11210001-⑲
其の所-有アラユル天地 11210001-②15
所有(アラ)ユル 11220003-1, 1
所有アラユル 11310004-26
所有(アラユ)ル 11380003-6
所有(アラ)ユル 11505066-4
所有アラユル 11830001-7
所-有アラユル之物 13300004-①375
〔有〕14332
有(ら)ユル睡眠せる者ヒトを
08305001-⑨183-21
有(らゆ)る比丘 08305011-3-9

所「ノ」有「アラユル」如來 10510001-16
有「ユル」無量…菩薩聲聞
10870001-③451
有アラユル 10870001-⑤189
有「ユル」地獄餓鬼畜生 10870001-⑦319
有アラユル所-爲(は) 10930009-⑨25オ
有「ユる」惡業 10990002-⑩114
所ノ有アラユル 11360002-③28
有アラユル 18400001-⑤5-29
〔諸有〕35743 14332
諸-有アラユル所作 10930009-⑨37オ
諸-有ユル所-說 11030006-②53ウ
諸-有アラユル 11850004-①25
諸有アラユル 11850004-②110

アララカ(荒)
〔類〕47868
類アラ(、)カナリ 08280001-13

アララギ(蘭)→イヌアララギ、サハアララギ、ヤマアララギ
〔蘭〕32519
蘭アラ、キ ネヒル 11340007-③17ウ4
蘭アラ〻キ 11360001-66ウ2
蘭アラ、キ 11420003-⑬14ウ, ⑬14ウ, ⑬14ウ
〔蘭菍〕32519 31165
蘭-菍アラ、キ 11005025-14ウ7

アラル(有)→アラユル、アラレム
〔有〕14332
有(ら)ル、大功德 08305001-③47-21
有ラル、所須の 08305001-⑧151-17
於十方世界に有ラル、
08305001-⑩200-8

アラレ(雹)
〔雹〕42248
雹アラレ 08280002-(別筆)
雹ア(ラレ) 10005008-㉒493
雹ア(ラレ) 11005115-㉒493

霰アラレ 11360001-64ウ1
雹阿洛礼 11470002
雹アラシ（「シ」は「レ」の誤） 13860001-88-1, 88-1
〔霰〕42458
霰アラレ 11130001-③18ウ

アラレフル（雹）
〔雹〕42248
雹（アラ）レ（フレ）り 10005008-㉔123
雹アラレフル 10230002-②458

アラレム（所有）
〔所有〕11715 14332
所レむ有（ら）衆生十方界 08305001-⑨181-10

アリ（蟻）→オホアリ
〔蟻〕33672
蟻アリ 08705006-16
如シ蟻ノ 10505007-32-2
蟻アリ 11020007-⑯14
蟲チウ-蟻アリ アシアルムシ 11200015-④40
蟻アリ 11505002-1
蟻アリ 11505521-中序-2ウ1, 下28-47ウ1
蟻アリ 11630001-②323
蟻アリ 12230001-22ウ, 24オ, 34オ
蟻アリ 12860001-③42オ3（57-7）

アリ（蟻）（人名）
〔蟻〕33672
蟻アリ 11420003-⑮6オ

アリ（在）
［補讀］
婆樹王の下にアリシ時に 10505069-⑨1

アリ（有）→アテス、アラク、アラズ、アラマク、アラムママニス、アラユル、アリトヨシ、アリノマガヒ、アルイハ、アルガ、イトマアリ、ゴトクアリ、シカアリ、シバラクアリ、トアリ、モダアリ、ヤヤヒサニアリ
〔在〕04881
在ルを地の中に 08305001-⑪196-18
に在り 08305011-7-9, 15-3
に在て 08305011-13-8, 29-5
在り 08305011-117-1
在りて 08305011-187-8
在リ西-城（域）に 08505014-18
に在あり 08505020-4-20
に在リ 08505020-7-11
に在て 08505020-8-18, 44-5
在リ「リ」兩の山の「ノ」間に「二」 09505020-100
在リ茲に 09505020-121
在リ…所に賞ヨロコフ 09505020-357
安イツクカ在ル 09505020-394
斯に在リ 09505020-418, 467
在リ明-德に 09505020-477

食_在「アリ」 10165001-①242-3
不す在「アラス」此の限「カキリ二」 10350001-20オ2
在アれ其の「ノ」左「ヒタリ二」 10400001-25
在リト…ニ 10505007-13-5
在リ 10505007-27-4, 30-6, 38-6, 52-3
在リ人-國ニ 10505007-54-3
不在アラれ 10505019-②20
在アリ 10505024-4オ6, 41ウ5, 51ウ2, 64オ5
在テ 10505024-5ウ7
在アテ 10505024-7オ2, 21オ5
在リ…に 10505024-13ウ5
在アラハ 10505024-19オ4
不ス在ラ 10505024-24オ7
在リ 10505024-25ウ7, 40オ3, 40オ4, 43オ2, 63ウ7
在アルコト 10505024-27オ2
在テハ 10505024-31オ6

在テ…に 10505024-48オ6
在「アテ」後ノチに 10505024-50オ3
在アリケリ 10505024-51オ7
安イトコカ在る乎 10570001-6
在「ア」於月輪の中に 10590001-21
安住して在「ア」り磐石に 10590001-36
二-妃在「ア」り左右に 10590001-130
在アラハ 10640005-①14ウ
不在耶(ア)ラサリキヤ 10730001-⑨4オ9
安イツ(ク)に在ル 10730001-⑩26-4
不サラム在アラム 10730001-⑩38-6
在「ア」(る)に「マシマす」代「ヨ」に 10730001-⑪1-3
在ア(リシ) 10730001-⑪2-1
在「ルノミ二」 10740001-④4
在「アリテ」 10740001-④76
在「アテ」 10740001-⑨27, ⑨27
不在「アラ」か 10740001-⑪9
在ルヘシ 10740003-①454

に在リ也 10820003-②221
に在り 10820003-②418, ②794, ②875
在「アラ」令(め)て 10820003-③603
在ラ者は 10820003-④125
在「アラシメヨ」 10820003-④481, ⑤388, ⑤573, ⑤629, ⑥219
在「ア」(ら)は 10820003-⑤47
在「ア」(り)て 10820003-⑤101
在「ア」(りて) 10820003-⑤324
在「アル」 10820003-⑤617
在「ア」り 10820003-⑥291
在「り」と 10820003-⑧81
在「ル」[當]し 10820003-⑧221
在「アルソ」 10820003-⑨410
在レとも 10820003-⑨439
在「アルヲモテナリ」 10820003-⑩256
在ラム 10850002-8
不るには在アラ 10870001-④94

在ルコト「オク所」　10870001-④266
在「トシ」-在「ム所」『ニモ』　10870001-④271
在「ルは」「り」　10870001-⑤60
在「レ」　10870001-⑤202
在リトモ『ヲモ』　10870001-⑤294
在アラム人-衆に　10870001-⑤527
在「ル」て所「コトニ」　10870001-⑦335
在アラムモノ乎カ　10990002-⑧185
不は在ら者　11005003-③40
在□〈ア〉リ　11005025-1オ2
何イツ(此下「ク」脱か)カ在アル　11005025-10オ4
在リ山東　11005025-10オ4
在リ　11005025-17ウ3
在アル　11005025-20オ3
在ル…也　11005025-23ウ3
に／(二)在あり／「『アリ』(消)」　11005080-上2オ1

在り／「リ」　11005080-上4ウ1, 上6オ2, 上7オ2, 上7オ6, 上8ウ6, 上10ウ5, 上16オ7, 上29オ2, 上29オ2, 上29オ7, 上29ウ1, 上31ウ1
在「リ」　11005080-上8オ1, 上9オ2, 上11ウ2, 上13オ7, 上17オ7, 上23オ4
在(り)て／「ラシメテ」／「ヲイテ」　11005080-上8オ4
在り／「テ」　11005080-上8ウ6, 上29オ3
在(り)て／「リ」　11005080-上14オ3, 上16オ1
「ニ」在「リ」　11005080-上15ウ4, 上85ウ4
在り　11005080-上23オ4, 上27オ6
在「リ」て　11005080-上25オ2
に／「ニ」在り／「リ」　11005080-上38オ5, 上45オ1, 上56オ1, 上89オ6
に／「ニ」在りといふことを／「リトイフコトヲ」　11005080-上46ウ7
に／「ニ」在るか／「ラムカ」如し／「クナラム」　11005080-上50ウ3

に在り／「リ」　11005080-上53ウ6
世に／「ニ」在る／「ル」　11005080-上59ウ2
在らむ／「ル」乎や／「ヤ」　11005080-上69ウ4
在「アルコト」有(ラ)令「シム」　11005080-上75オ5
在ら令しむ　11005080-上75オ5
在(らしめ)て／「アラシメテ」　11005080-上76ウ6
勸むるに／「タリ」在り／「テ」　11005080-上78オ6
懐(平)フト「ト」コロノ中ちに／「カニ」在り　11005080-上78ウ5
殿の／「ノ」中ちに／「ニ」在り／「リ」　11005080-上78ウ6
心に／「ニ」在(り)て／「リ」　11005080-上93オ1
に／「ニ」在(り)て／「リ」　11005080-上99オ4
に／「ニ」在り　11005080-上100ウ2

在オイて／「アルニ」　11005080-上100ウ4
に／「ニ」在る／「アル」時に／「ニ」　11005080-上101ウ7
に／「ニ」在る／「アル」者もの／「モノ」　11005080-上107オ5
に／「ニ」在らは／「アル」　11005080-上107オ7
在りて／「テ」　11005080-上109オ1
在ラハ　11020007-④3
中に在あり　11030006-②5ウ, ③36オ
此に在あル(なり)　11030006-②14オ
在アリ　11080001-19
在アルか　11110001-17
不ス在アラ　11130001-③13ウ
不在ア(ラ)　11130001-③13ウ
在アリ　11130001-④10ウ
在アル　11130001-④11オ
當在アラシむ　11140007-⑧31
不在アラ　11140007-⑰19

在れ風輪の中に　11140007-⑰47
在ラハ　11200015-④9
如るか「シ」在るか「ルカ」　11200015-④231
在「オケリテ」「アリ」　11200015-⑤88
在り「リ」　11200015-⑤128
在アレ　11200015-⑤138
合ヘシ在く「ル」　11200015-⑤262
在「アラシム」(オ)く　11200015-⑧56
在リ　11210001-①53
在アリ所を　11210001-②51
在り　11230001-②20, ②272, ②322, ②369
在り九流之内に　11230001-②154
應し在る一生之内に　11230001-②214
在り一-流に　11230001-②409
在(り)て寺に　11260001-③408
在(り)て路に　11260001-③461
在アる　11270006-②4
在アルトキの「／マシ(シ)トキニ」代に　11270012-3

應ヘシ在ル　11280014-①185
在ラハ　11280014-①203
非在ルニ　11280014-①301
在リ　11280014-①345
在リ鷲山　11280014-①378
別ム令メ…在ラ　11280014-①392
斯レ在リ　11280014-①501
不在ラ　11280014-③35
在□〈ル〉ト　11280014-③58
幾カ在ル　11280014-③95
在アルカトスレハ　11340007-①7オ4
不サレ在アラ　11340007-①18オ6(上欄外)
在リ乎(ヤ)　11340007-①34オ1
在リ　11340007-①43ウ4, ②22オ4, ②22ウ1, ③9ウ1
不在ラ　11340007-②6ウ3
在ルコト　11340007-②11オ6
在アリ　11340007-②13オ6

在ル　11340007-④13オ1
在ルヲ　11340007-④32オ4
在「アリ」　11340007-④53オ4
在ルカ　11350010-8-2
在アリ　11350010-18-4
在テハ　11350010-23-3
在レトモ　11350010-41-3
在リ　11350010-48-6
在アリ　11360001-3オ1
竝に在ラシメよ　11380001-⑯40-4
在ラシメよ
11380001-⑯43-6, ⑯43-6, ⑯51-2
在(ア)ラシメよ　11380001-⑯48-6
不ス在アラ　11380002-西20オ
在アルラシ　11390003-17ウ
在アラマ(「マ」存疑)シ　11390003-26ウ
在アル　11420003-⑫4オ, ㉑3ウ
在リ　11450001-㉒7-5

在アリ　11450006-20, 27
在アテ　11450006-20, 33
在ラ者　11505004-①4オ7
在リ　11505075-⑳163-5
在リ形狀　11505100-387
在リ地ニ　11505100-399
見在ルヲ　11505100-557
令シメテモ…在リトモ(ら)　11510005-③58
在リトモ　11510005-③58
在リ…ニ　11550009-18オ5
在アリ　11550009-20オ3
在アルハ官(平輕)ニ　11550009-35オ4
在ラマシカハ　11560001-4, 7
在ラマシカハ者　11560001-9
焉イツコカ在ル　11580001-7
在リ焉コレニ　11580001-68
何コカ在ル　11580001-84
在リ　11580001-107

在(ア)ルトキは　11630001-②032
在(ア)リ　11630001-②52, ③31, ③383,
④358, ⑤445, ⑥19, ⑥53, ⑥198, ⑥203,
⑥277, ⑥395, ⑧100
在アリ　11630001-②205, ⑤137, ⑧151
現に在(ア)リ　11630001-②325
在(ア)ルカ　11630001-②471
在(ア)ルト　11630001-③127
在アル　11630001-③164, ⑥340
在(ア)ル　11630001-③241, ④267, ⑤114,
⑥249, ⑥321
在ア(リ)　11630001-③463, ③476
在(ア)ラハ　11630001-⑥142
在(ア)リト　11630001-⑥341
在(ア)リナカラ　11630001-⑧461
在リ　11705071-33
令…在アラ　11850004-③73
在リ　11860003-13, 26, 104

在リ面ニ　11860003-33
在(リ)　11860003-39, 82, 98, 131
在リ此ニ　11860003-63
在リ海カイ　11860003-70
在臺　11860003-80
在(リ)袋(ニ)　11860003-110
在テ胸ムネニ　11860003-140
在ルコト　11860003-171
在アラム也　11860003-233
在アラシムル　12110002-7
在アル　12110002-20
在ラム　12140002-⑪35
在リ　12140002-⑪37, ⑪111, ⑫472, ⑫483
在リテ　12140002-⑪114
在ル　12140002-⑫304, ⑫397
在アリ(上平)　12360002-1ウ6
在リ　12410001-②9
在アルこと　12410003-1-16

在アラ　12410003-14-22
在アるを　12410003-18-8
在リ　12505010-120
在ルヲハ　12505010-383
在リ　12505028-1-4
在ラン　12505028-2-9
在ルカ　12505028-23-9
在リ人間　12505047-25
在リ眼の前に　12505047-40
在リ　12505047-41
在アリ　12510006-56-4
在アラマシカハ　12550003-7
在アリケリ　12780002-1
在リ　12840003-①11オ3, ①23ウ3, ①23ウ3,
①24ウ1, ①37オ5, ②10オ3, ②10オ3, ②10オ3,
②11オ1, ②11ウ2, ③1オ5, ③9オ6
在リ相州ニ　12840003-①22ウ5
在ルヲハ床　12840003-①27ウ3

在ラム　12840003-①38オ1
在ル　12840003-②17ウ1
在アト(「ト」は「ル」の誤)ハ
12840003-②18オ4
在アリ　12840003-②20オ6
在アラム時　12840003-③6ウ6
在ルハ　12840003-③23ウ4
在ルトキ　12840003-③25オ3
在ー(「ー」は「リ」の誤)　12840003-③25ウ3
在アラマシヤ　13440001-1オ, 1オ
在アレハコソ　13440001-3ウ
在アテ菅　13440001-19オ
在(ラ)ムヤ　13440001-19オ, 19オ
在アラシムル　13440001-21オ
在アラは　13440001-22ウ
在アリ　13440001-22ウ
在アナム　13440001-30オ
在リ　13440001-30オ

在アリ　13860001-4-3
在在アリトシアル　18400001-③13-14
在アリ　アル　18400001-④7-30
在アリトシアラン　18400001-④7-30
在アラシメ　18400001-④11-15
在在アリトシアラン　18400001-④12-2
在者アラマシカバ　18400001-⑥3-1
在ニアテマレ　18400001-⑦4-16
〔存〕06943
存「□□リ」　10820003-⑧644
存アリ　11360001-56ウ2
存リ　12505019-37ウ
存アル　15780001
〔常〕08955
常アリ　11360001-6オ1
〔或〕11563
或(ラ)むヤ　09480002-29オ3
或(る)つし　有也　09505020-173

或アらは時に來(ル)こと者　10705004-195
或ハアラシム　10730001-⑩31-4
或「アラムカ」　11200015-⑤147
冈シ或アルコト　11340007-④22オ1
或アレトモ　12140002-⑫560
〔所有〕11715 14332
國内に所有アル　11505075-⑭84-5
〔於〕13628
何「の」德「か」於「アル」我「に」　11340007-④68ウ5
〔易〕13814
不して易カフ前アラの印相を　10420001-30
〔時〕13890
當時(ア)ル(「トキアル」か)　11380002-地4オ
〔有〕14332
有リ　08305001-①2-4, ①3-6, ①4-2, ①4-11, ①7-1, ①9-2, ①11-1, ①17-1, ①17-7

こと有ル者　08305001-①7-12
有ルヘシとは　08305001-①7-21
有ルこと　08305001-①9-12
有ルこと希なり　08305001-①9-15
に有ル　08305001-①11-20
有リといふは者　08305001-①14-23
有リと　08305001-①15-2, ①15-3, ①15-4, ①15-5, ①15-6, ①16-10, ①16-11
有リとは　08305001-①16-9
有ル　08305001-①17-23
有ルをモチテ　08305001-①18-1
コトト有リと　08305001-①18-21
若(し)有ラむ善男子善女人の　08305001-⑤84-14
有(ら)むヒトは　08305001-⑩207-11
有レハ　08305004-26
有リシ　08305004-43
有シ有レハ　08305004-66

有アリ功德大助耳　08305004-108
有ル　08305004-358
有り　08305011-3-10, 7-2, 7-4, 9-7, 11-4,
13-1, 15-1, 19-4, 19-8, 19-8, 21-1, 21-10,
23-3, 33-4, 33-9, 37-3, 37-7, 37-7, 39-3,
39-5, 41-5, 41-8, 43-7, 45-8, 49-4, 53-5,
53-8, 57-1, 63-9, 65-1, 69-2, 69-2, 75-1,
75-1, 75-2, 77-5, 85-9, 87-1, 87-3, 87-7,
91-2, 91-4, 99-5, 99-6, 101-1, 101-3,
101-7, 101-8, 101-8, 107-1, 117-2, 119-2,
125-2, 125-7, 127-3, 155-2, 155-3, 161-2,
161-9, 169-2, 175-5, 175-6, 177-9, 181-2,
181-6, 183-9, 185-5, 187-3, 189-4, 189-4
有あり　08305011-11-4
有りと　08305011-13-9, 177-3
に有る所の
08305011-25-4, 87-8, 127-4, 157-4, 157-8
のみ有ラむ　08305011-31-5

するも有り　08305011-33-8
も有り　08305011-33-8, 77-3
有るか　08305011-49-1, 55-5
有ること　08305011-61-2
有ラむ　08305011-63-7, 169-7
有るをもちて　08305011-71-7
有こと無し　08305011-105-10
(に)有(る)所の　08305011-133-3
こと有り　08305011-141-6
有りナむ　08305011-157-10
有リ　08505007-①1-4(表)
有傾シマラノアヒタ有テ　08505007-①20-7
有リ　08505014-3
有リ截ト、ノホレルこと　08505014-73
有アラす　08505014-75
ニ有あり　08505020-3-13
有あり　08505020-3-19, 4-7, 4-12, 4-12,
4-18, 6-1, 6-7, 7-1, 7-4, 9-3, 9-18, 10-2,
10-7, 11-1, 11-6, 11-8, 11-18, 11-20,
12-8, 12-19, 15-11, 15-13, 16-27, 17-19,
22-14, 23-15, 26-5, 26-5, 27-4, 29-19,
31-15, 34-13, 37-3, 37-9, 39-18, 41-7,
41-19, 42-10
有あるそ　08505020-12-20, 13-1
有あるか　08505020-14-20
有ることそ　08505020-16-8
有あること　08505020-19-9
有リ　08505020-31-10, 43-6
有りたり　08505020-37-16
有るをもちて　08505020-40-2
有るを　08505020-42-5
有リ「リ」…出こと「タルコト」　09505020-96
有「リ」伽藍　09505020-106
有リ細草のみ　09505020-203
有リ期-限　09505020-226
有リ禮(音)有リ紀(音)　09505020-267

未能く有ラ勝(つ)こと 09505020-286
何神アヤシキコト有レハカ 09505020-301
有リ 09505020-301, 411, 445, 479, 507
未有ラ 09505020-306
有リと 09505020-324
有レ取(る)こと絲を者は 09505020-390
有リ抑ヨク反-揚 09505020-533
弗不獨リ有ラ 09505020-542
有アルトモ 09505038
有ル數法 09505116-97
有リ 09505116-162, 164, 165, 669, 700, 1078
有ルカ 09505116-310
有リ輻 09505116-360
有リ…人モ 09505116-711
有ル 09505116-1046, 1046, 1047
无間シニ有ハイ 09505116-1156
開導依シニ有ハイ 09505116-1162

有ル人 10080002-①31
令速有ア(ラ)シムル 10080002-②439
有「アルモノ」るもの 10165001-①225-2
有らむこと「□□(ラム)コトヲ」 10165001-①228-6
有ルコ、、、、(「、、、、」は「コトヲ」か)「コトヲ」 10165001-①229-5
有「レハ」るは 10165001-①244-7
有「ラム」らむ…處「ニハ」は 10165001-①247-6
有「ラハ」らは 10165001-①247-7
有らは 10165001-①248-2
有レハ 10165001-②11ウ3
有るモノニシモに 10200001-①5オ5
於てコソ汝に有れ失 10200001-①7ウ5
有るか 10200001-①13オ5
有モノに 10200001-⑥5ウ5
有アリらせよ 10350001-1ウ7
多小以有「アルヲ」を 10350001-26オ6
有アリ一ツノ満月 10350002-6オ6

有リ 10450001-38, 118, 225, 248, 276
有ラム 10450001-51, 251
有アラムものは 10450001-92
有ラは 10450001-118
有り 10505003-①162, ①347, ⑨11
有りと 10505003-③86
有リ 10505003-③103, ③103
有らむモノソト 10505003-⑩9
有アテ二感カム一 10505007-2-7
有リ 10505007-4-7, 4-9, 4-9, 45-1, 45-1, 55-3
有リテ 10505007-15-2
依有ルニ 10505007-17-2
可シ有ル 10505007-24-2
無シ有コト 10505007-26-3
有アテ 10505007-28-7
乍ラ有アリナカ 10505007-36-7
可ヘキ有ル功-課之由ヨシ

有アルハ列「レツ」コト 10505024-65オ4
有ラム 10640001-39
有ムテ 10640005-①6オ
有アラシメよアリ 10690001-13オ
唯有アリト此一門ノミ 10700004-77
爲マネシ有ルト 10730001-⑨5ウ8
未有アラ 10730001-⑨11オ5
有アル…者モノも 10730001-⑩12-8
有ラム＼ラハ 10730001-⑩20-4
有リテ 10730001-⑩25-3
有レトモも 10730001-⑩25-5
有ルことを 10730001-⑩26-6
志カ之有アラムむ 10730001-⑩37-4
有「ル」所「-」作 10740001-⑦62
有「ルニ」 10740001-⑧35
設令有「レトモ」 10740001-⑧48
有「レハ」機 10740001-⑧55
有「ルカ」故「に」 10740001-⑩72

由「テナリ」有「ルニ」 10740001-⑪54
有「ルヤ」…耶 10740001-⑬17
若有「レハ」…者 10740001-⑬75
有「アリ」 10740001-⑬125
有「アラハ」 10740001-⑭13
有「ルなり」 10740001-⑭20
有アルトコロ 10740003-①229
有アラムトコロ流水 10740003-①237
有ラムトキに疑 10740003-①301
有ラハて 10740003-①679
有ラハ 10740003-①680
有り 10820003-②13, ②35, ②54, ②66, ②82, ②107, ②179, ②181, ②193, ②201, ②202, ②204, ②237, ②303, ②332, ②798, ②833, ②846, ②847, ②855
有「アラシメ(「メ」は「ム」の誤か)ル(や)」 10820003-②28
有り也 10820003-②32, ②291

有る 10820003-②39
有「アリト(いふ)」 10820003-②42
こと有り 10820003-②46, ②84, ②88, ②109, ②112, ②177, ②683, ②774
有る耶 10820003-②48
有「リ」(り)て 10820003-②49
所「ロ」有り「テ」 10820003-②50
所有り 10820003-②59
有り「トイフ」 10820003-②61
有(る)こと无(し)と 10820003-②80
有「イマス」り 10820003-②90
生すること有り 10820003-②103
有り「テ」 10820003-②142
有「ラムヤ」耶 10820003-②157
有る耶(や) 10820003-②157
有る者もの 10820003-②213
こと有る 10820003-②279
こと有アル 10820003-②283

アリ

有る合つし也　10820003-②285
有り「ヤ」　10820003-②304
有る(なり)也　10820003-②310
有る者　10820003-②349
有「ラ」令む　10820003-②425
こと有る者もの　10820003-②426
有「ラ」む　10820003-②440
有ラ令む[當]つし　10820003-②507
有「ル」也　10820003-②558
有「アル」る　10820003-②575
こと有り也　10820003-②581
有「リ」(り)て　10820003-②587
こと有「リ」(り)て　10820003-②592
に有「リ」り　10820003-②670
體「リ」有(あ「リ」?)　10820003-②696
(こと)有り　10820003-②735
先よりや有る耶や　10820003-②802
有「ル」[當](し)　10820003-③563

有ラは　10820003-③655, ⑦143, ⑩190
有「アリ」て　10820003-④45
有ラ令シメよ也　10820003-④271
有「アテ」　10820003-④606, ④627
有「アル」こと　10820003-④611
有「アリ」　10820003-④733
有「アル」　10820003-⑤182, ⑥533, ⑩7
有「ラ」不す　10820003-⑤554
有「アルコト」者「ハ」　10820003-⑤609
有「アラシメヨ」　10820003-⑥174
有「アルカ」　10820003-⑥334
有ラ者は　10820003-⑦98, ⑦100, ⑦103, ⑦213, ⑦504, ⑧354, ⑧384
有ラ未る(か)故に　10820003-⑦322
有ラ令(め)むと　10820003-⑦483
有ラ者は則　10820003-⑦503, ⑦563
有ラハ則　10820003-⑦513
有ラ(む)者は　10820003-⑧19

有ラ令(むる)なり也　10820003-⑨768
有「ルナリ」　10820003-⑩297
嫌キラフこと有「アル」　10820003-⑩553
有「ル」(なり)也　10820003-⑩640
有「ラハ」　10820003-⑩676
有ラムは　10830001-20
有リ彌陀ノ像　10860002-1オ7
有ル淨土ノ國一者ハ　10860002-1オ7
有リ志シ　10860002-1ウ1
有ル願往生一者ハ　10860002-1ウ1
有リ…者　10860002-2オ4
有リ救世願　10860002-2ウ6
有ルニ　10860002-6オ1
有ム何ノ益カ乎　10860002-10オ4
生テ有リ　10860002-16ウ6
口ニ有リ　10860002-17ウ2
有リテ　10860002-17ウ2
有リ限　10860002-20オ4

以テ有ルヲ　10860002-21オ2
有リ　10860002-21オ5, 22オ1
以テ前ニ有ルヲ　10860002-22ウ1
有リ憚リ　10860002-26ウ5
夢ニ有リ　10860002-30ウ5
少シ有リ　10860002-50オ6
有リ　10870001-①10, ①32, ①155, ①235,
③287, ③313, ③342, ③532
有りき　10870001-①34, ①37, ①39, ①174,
①191, ③371, ⑦17, ⑦22, ⑦71
有「ルト云キ」　10870001-①70
有リ見ルこと　10870001-①208
有ラハ　10870001-①244
有ラム…者　10870001-①457, ⑤276
有ル　10870001-③17
有ラム　10870001-③164, ③180, ③212,
④41, ④88, ④284, ⑤165, ⑤244, ⑤295,
⑤364, ⑦218, ⑦222, ⑧63, ⑧81, ⑧81

有リ「シカトモ」　10870001-③253
未曽有ラ　10870001-③263, ④58
未りき有アラ　10870001-③289
未る有アラ　10870001-③312, ③340, ③369
未りき有アラ『ト□□ナリ』　10870001-③315
有ル「ラムト云キ」　10870001-③341
未曽て有アラ　10870001-③515
有ルを　10870001-③535
有「リ」　10870001-③539
有レハ　10870001-④103
有ラムト　10870001-④266
有ラム「ひとは」　10870001-④308
有リや　10870001-⑤68
有ラ…者　10870001-⑤171
有リ／『リ』なり　10870001-⑤207
若有ラは　10870001-⑤249
有ラは　10870001-⑤251, ⑧27
若有(ラ)ム比丘の　10870001-⑤258

有アラム　10870001-⑤289
有ラムことを　10870001-⑤475
有ラハ「ム」　10870001-⑤529
有ラ「ムヒト」「ム」　10870001-⑦4
若有「ム」善男子善女人の　10870001-⑦45
不レト「白」有ラ　10870001-⑦52
不レト有ラ　10870001-⑦54
所の有ラム　10870001-⑦124
有ラム「ムヒトノ」　10870001-⑦150
有「(ラ)ム」人「い」　10870001-⑦153
有ラムる　10870001-⑦172
若有「(ラ)ム」人「の」　10870001-⑦190
若有「(ラ)ム」女人　10870001-⑦191
若有「(ラ)ム」女人「い」　10870001-⑦193
若有「(ラ)ム」人　10870001-⑦209
若人有「(ラ)ムイ」　10870001-⑦217
有ルト　10870001-⑦262
有ラム…者モノ　10870001-⑧18, ⑧92

別「-」離有「リ」 11005080-上33ウ2
衰オトロフルこと／「ヘ」有「リ」 11005080-上33ウ2
有るのみに／「ルニ」非す／「ス」 11005080-上33ウ6
益か／「カ」有らむ／「ラム」乎「ヤ」 11005080-上38ウ1
除-斷すること／「スルコト」有るは／「レハ」 11005080-上39オ5
有らむ／「ラム」 11005080-上39オ6
有れとも／「トモ」 11005080-上39ウ4
有ら／「ルコト」令(む)ること能(は)不るか／「ルカ」如く／「ク」 11005080-上40オ3
鞭(去)ヘン／ウチ撻せらるること／「セラル、モノ」有り／「リ」 11005080-上40ウ4
何「ノ」利益「カ」有る／「ルヤ」 11005080-上45オ6
有「ラ」未「ルコト」得「ツ」 11005080-上50オ2

導り／「ハリ」有り／「リ」 11005080-上51オ5
生(れたる)こと／「レタルコト」有る(ものは)／「アルモノハ」 11005080-上51ウ2
菩薩有「リ」 11005080-上53オ1
音のみ有「リ」 11005080-上53ウ3
有り 11005080-上55オ1
有る／「ル」者ものは／「ノハ」 11005080-上55オ7, 上67ウ1
有れは／「ルモノハ」 11005080-上59オ5
有(り)と／「リト」 11005080-上60オ4, 上92オ6, 上97ウ1
有「ラム」衆生 11005080-上61オ6
宿「-」障有るは／「アルモノハ」 11005080-上62オ6
受持(し)讀誦すること／「コト」有る／「ル」者ものは／「ノハ」 11005080-上62ウ1
歸依すること／「スルコト」有る／「ル」者ものは／「ノハ」 11005080-上62ウ7

稱-念すること／「スルコト」有らむ／「ラム」 11005080-上63ウ2, 上63ウ3
稱念すること／「スルコト」有らむ／「ラム」者ものは／「ノハ」 11005080-上63ウ4
供養(し)たてまつらむと／「セムト」欲ふこと／「オモフ」有るは／「アレハ」 11005080-上70オ3
有(り)と／「リト」雖「モ」 11005080-上71ウ2
有るか／「カ」故に 11005080-上72オ7
有(り)と／「リト」雖(も) 11005080-上76オ1
信すること／「スルコト」有らむ／「ラム」者ものは／「ノハ」 11005080-上76オ6
有ましますと／「リト」 11005080-上76ウ7
縁有るを／「ルヲ」以て／「テ」 11005080-上77オ6
願有るは／「ルハ」 11005080-上79オ6
有るは／「ルハ」 11005080-上79ウ5
作「ナス(モノ)」有「ラム」 11005080-上81ウ1

当「ニ」…被-著する／「セル」こと有る／「ル」[當]からむ／「シ」者ものは／「ノ」 11005080-上81ウ3
別縁「エン」有らむ／「ラム」者ものは／「ノハ」 11005080-上82オ6
有るに／「ニ」非(す) 11005080-上88オ2
有らむ／「ラ」者ものは／「ハ」 11005080-上89ウ5
有る(は)／「レハ」 11005080-上89ウ6
有るか／「ルカ」如く／「シ」 11005080-上90オ5
亦有「リ」 11005080-上92オ5
果「ヤ」有(り)や／「アル」 11005080-上92オ5
有(なり)／「リ」 11005080-上92オ7
有(り)と／「リト」言は／「イハ、」者は 11005080-上92ウ2
有「ルコト」无(く)して／「クシテ」 11005080-上96オ1

有る者ものは／「モノハ」 11005080-上97ウ2
豈(に)勝利有らむ／「ヤ」耶 11005080-上98ウ2
有るか／「カ」如「ク」 11005080-上98ウ4
有(り)といは、「リトイハ」 11005080-上100オ6
有(る)こと／「ルコト」无けむ／「ケム」 11005080-上100オ6
有(り)て／「リテ」 11005080-上101ウ7
況(や)上「ノ」有らむや／「ラムヤ」 11005080-上103オ7
有ラマシかは／「ラハ」 11005080-上103ウ2
有「ル」 11005080-上103ウ3
有り(や)／「リヤ」耶 11005080-上104オ1
生せむと／「セムト」願すること／「スルコト」
有ルハ／「ラムモノハ」 11005080-上105オ4
有らは／「ラハ」 11005080-上105ウ5
伏「-」滅する／「スル」所有るは／「ルハ」

所-至有るか／「ルカ」如く／「シ」 11005080-上108オ2
11005080-上108オ6
有「アラムハ」 11020007-②17
有ラハ 11020007-④1
有ラム 11020007-④39
有ル所作 11020007-⑤70
有アラシメヨ 11020007-⑧2
有ラハときには 11020007-⑩11
有ルモノ 11020007-⑭18
有ルニ 11020007-⑳70
有ルハらは 11020007-⑳85
有ル(なり)也 11030006-②2ウ, ②19オ
有ルハ 11030006-②2ウ, ②19ウ
死生有ル 11030006-②3オ
有ラハ 11030006-②3ウ
有リ也 11030006-②3ウ
異(なることか)有ル耶 11030006-②10オ

有ル所の　11030006-②11ウ
有ルヲハ　11030006-②13ウ
有ル合へし　(墨點)「ヘシ」　11030006-②18ウ
諸の有ルハ　11030006-②22ウ
有ル者は　11030006-②22ウ
有ラ令ム[當]シ　11030006-②32オ
芭ハ-蕉セン有あり　11030006-②44オ
我有ラム耶　11030006-③2ウ
有リヤ　11030006-③6ウ
有リヤ不ヤ　11030006-③6ウ, ③6ウ, ③6ウ, ③6ウ
證知(す)ること有あり　11030006-③7オ
何の用有アテカ　11030006-③10ウ
風有り　11030006-③12オ
境有ラハ　11030006-③15オ
有ル(に)非す　11030006-③16オ
法相有あり　11030006-③16オ
有レハ　11030006-③17オ

重か有ル　11030006-③23オ
……と……と有あり　11030006-③24ウ
機(去)に有ラ未すは　11030006-③27ウ
深行有あり　11030006-③27ウ
二種有あり　11030006-③28ウ
有ラムもの(そ)　11030006-③34オ
次第法有あり　11030006-③36オ
有アシモノ　11130001-③14ウ
有アテ　11130001-③14ウ
有アリ　11130001-③18オ
有アリト云コトヲ　11130001-④2オ(別筆)
有ルヲモテ　11130003-①17
有ルノミニ　11130003-①26
有リ　11130003-①29, ①34
有アル　11130003-①35
不アラス定て有ルニシモ　11130003-①74
有リ　11130005-17オ, 58ウ, 65ウ
有リ…者　11130005-52オ

有アルコト　11140001-2
有「ラム」　11140001-28
有アンヌ　11140007-⑮34, ⑮166
未有アラ　11140007-⑮75
有ラシメヨ　11140007-⑯18, ⑯23
有ルト云こと　11140007-⑰113
有アラハ　11140007-⑱59
有アルイ　11160003-3
有ルモノには　11200004-7
未す有ラ　11200004-31
有リ　11200004-47, 50
有ラム　11200005
有「リ」り　11200015-④45
有「リ」「テ」　11200015-④79
有り「テ」　11200015-④102
唯有「アリ」　11200015-④133
有るか「アリ」　11200015-④239
有ルソ　11200015-④280

有ラムカトナリ「ラムカト」 11200015-④289
有「アラハ」 11200015-④293
有(る)を「リ」 11200015-④331
有「アリ」「ル」 11200015-⑤88
令メムカ…有ラ 11200015-⑤93
有ルヘシ 11200015-⑤141
有「シメヨト」「リト」「セヨト」 11200015-⑤157
不す復有ラら 11200015-⑤244
有る「ル」時 11200015-⑦28
令メムト無…有ラシ 11200015-⑦68
有(ラ)りム(?) 11200015-⑧78
有り「ル」 11200015-⑩17
有リ 11210001-①31, ①37, ①38
有アル 11210001-①65
有ラム 11210001-②27, ②95, ③48
有り 11230001-②2, ②4, ②14, ②53, ②153, ②167, ②265, ②279, ②280, ②295, ②295, ②298, ②299, ②301, ②320, ②375, ②376, ②377, ②402, ②402
有る之 11230001-②130
有り天尊 11230001-②156
有り主 11230001-②163
有り教 11230001-②163
有り二教のみ 11230001-②169
有ラは 11230001-②199, ②206, ②212, ③586
有り常 11230001-②200
方(平)_士(去)に有り董(上)六トウ仲(去)-君といふもの 11230001-②289
有り方-士 11230001-②294
有り人 11230001-②310
有アラ弗す 11230001-③364
有(り)て苾蒭 11260001-③127
〻(城)に有(り)千餘家 11260001-③192
有(り)て支那國の僧 11260001-③264
有りアマリ萬人 11260001-③301
有(り)闕(くる)こと 11260001-③390
有り八界論 11260001-③426
有り刻檀の觀自在菩薩の像 11260001-③464
有(り)て數十の人 11260001-③464
有アリむと 11270006-①15
有りトモ 11280005-59
有リ 11280014-①19, ①110, ①333, ①334, ①349, ①359, ②254, ②347, ③290, ④40
有ルモノ 11280014-①97
有ル識 11280014-①104
有ラムコトヲ 11280014-①122, ①512, ④127
有ル(コト) 11280014-①159
有ラム池河 11280014-①244
但有ラハ 11280014-①245
須有ル 11280014-①274
有リ用(キ)ルコト 11280014-①299

有ラハ　11280014-①485, ②179, ②297, ②340, ③236
有ラムコトニ　11280014-①495
有アラム　11280014-①498, ④163
有レハ命　11280014-②18
頗モシ有レハ　11280014-②66
有レハ　11280014-②99, ③220, ③221
有□〈ル〉ハ　11280014-②293
有リ分　11280014-②301
有ル　11280014-③4, ③200, ③317, ③375, ④57
有ラハ秉トルイ　11280014-③97
有ルニ事コト　11280014-③210
有ラムカト　11280014-③244
有ル學　11280014-③445
有ルハ　11280014-④10
設有レトモ　11280014-④45
有□〈リ〉　11280014-④47

有ラム懷コト　11280014-④118
有(リ)ヤ之乎　11300001-⑧38
有リキ　11300001-⑨1
有レム　11340006-19
有レトモ　11340007-①13オ2
未有アラ　11340007-①19ウ5
有ル何ノ所カ犯　11340007-①26ウ5
有ルヤ　11340007-①35ウ4
有ルハ　11340007-①39オ2
有リ獸　11340007-①43オ1
有ラ…者ハ　11340007-①43オ7
有リ　11340007-①45ウ7, ②11オ4, ②25ウ1, ②34オ7, ③1ウ1, ③30ウ3, ④20オ6, ④23ウ2, ④30オ1, ④30オ3
有ルヲ　11340007-①46ウ7
有ラム　11340007-②3ウ3
有ルトキハ　11340007-②9オ6
有レハ　11340007-②26オ1, ②31オ4, ③29ウ2

有アリ　11340007-②33ウ6
有リ餘リ　11340007-②34オ1
有アラマシヤ　11340007-③7ウ3
有ル險(去)易(平)者ソ　11340007-③12ウ2
有レ(ハ)　11340007-③29ウ2
未之有アラ　11340007-④9ウ2
有リ爭アラソフ(コト)　11340007-④17オ5
有リ(?)　11340007-④27オ7
當ニ有リ　11340007-④30オ1
有「レハ」　11340007-④36ウ3
有「アル」罪者「の」　11340007-④55ウ2
有リ　11350010-2-2, 3-4, 4-1, 36-3
有アリ　11350010-18-5
有テアリ　11350010-27-7
有ルニ　11350010-53-5
有アリ　11360001-2ウ3
に所の有る　11380001-⑯1-3, ⑯1-3
有り數限　11380001-⑯1-6

有り多種 11380001-⑯2-4
有り所 11380001-⑯3-5
有り 11380001-⑯4-1, ⑯4-3, ⑯10-7, ⑯13-5
有るに 11380001-⑯5-1, ⑯7-2
可し有る 11380001-⑯6-1
有る 11380001-⑯6-1
有(ル)か 11380001-⑯6-3
有ラシメよ 11380001-⑯21-1, ⑯21-2, ⑯21-2, ⑯21-7, ⑯25-2, ⑯25-4, ⑯32-7, ⑯34-3, ⑯35-3, ⑯43-5
有リ之コレ 11380001-⑯66-2
有ル 11450001-㉑2オ2
不甚有アラ傷 11450001-㉑2ウ1
有アレハ 11450001-㉑11ウ9
有アラハ 11450006-26
有アテ 11450006-30, 36
有アリ 11450006-36

有ルナリ 11505004-①6ウ5, ①7ウ1, ①8オ5
有ル 11505004-①7オ1
有ラは 11505004-①25オ1
有懐抱モノオモヒツ、アルニ 11505075-⑪35-8
多サハに有アリ 11505075-⑭62-6
有アリテカ 11505075-⑭81-8
有リ 11505086
有リ 11505086
有アリ百餘騎 11505100-487
有テ人 11505100-505
未有りシカレトモ 11510005-①5
有ルト 11510005-③1
有ルヲ 11510005-③50
有ラムニハ 11510005-④68
有アラシメて 11510005-⑤50
有ラムヲハ 11510005-⑨242
有「リ」由ヨシ/ユヘ 11550009-1オ2

有リテ 11550009-2ウ1
有リ 11550009-2ウ7, 4オ7, 11ウ1, 35オ7
有リ…ト云モノ 11550009-3ウ5
有アレトモ病ヒ 11550009-4ウ6
未シ有ラ 11550009-8ウ6
未タス有ラ 11550009-26オ1
有ル 11550009-29ウ2
有レハ 11550009-58ウ7
不ス有ラ所ロ 11560001-16
有ラハ 11560001-19
有ルコト 11580001-22
有ルニ疾ヒ 11580001-28
有ルコトヲ 11580001-71
有テ盗ヒト入レリ其の室に 11580001-87
有リ欲コト 11580001-89
未ラシ有 11580001-102
有アラム 11630001-①477, ②373, ②375
有(ア)ラ…者 11630001-①479

有(ア)リ　11630001-②7, ②51, ②60, ②74, ②82, ②90, ②93, ②126, ②147, ②160, ②160, ②162, ②164, ②184, ②237, ②267, ②329, ②345, ③219, ③221, ③283, ④64, ④76, ④155, ④199, ⑤117, ⑤131, ⑤352, ⑤355, ⑥18, ⑥28, ⑥35, ⑥242, ⑥255, ⑥279, ⑥334, ⑥335, ⑥402, ⑦20, ⑦24, ⑦46, ⑦50, ⑦289, ⑧4, ⑧80, ⑧112, ⑧188, ⑧214, ⑧599

有(ア)ルカ　11630001-②31

有(ア)ルなり　11630001-②50

有(ア)レトモ　11630001-②62

有(ア)ルトキ　11630001-②84

有(ア)ル　11630001-②87, ②113, ⑥383

有(ア)ルモノ　11630001-②104, ③306, ⑧505

有(ア)リ所ロ傷ヤ　11630001-②150

有(ア)リキ　11630001-②227, ⑦175

有アリ　11630001-②238, ②442, ④57

有(アリ)トモ　11630001-②239

有アル　11630001-②240

所ノ有(ア)ル　11630001-②296

有(ア)リ り　11630001-②300

若シ有(ア)ルカ　11630001-②335

有(ル)ニは　11630001-②460

有(ア)ルハ　11630001-③43

有(ア)ルモ　11630001-③88

有カトラレ アラシメ　11630001-③145

有(ア)ラは　11630001-③241

有(アル)トキニ　11630001-③295

有(ア)ラハ　11630001-④314

有(ア)ルか　11630001-⑤34

有(ア)ラム之(コ)レ乎　11630001-⑤124

有(ア)リ餘(ア)マリ　11630001-⑤131

有リ　11630001-⑤162

有(ア)リ聞ェ　11630001-⑤274

有(ア)リ聞(キコ)エ　11630001-⑤338

有(ア)ラム　11630001-⑤358, ⑤449

有(ア)ラムコトヲ　11630001-⑤442

有(ア)リト　11630001-⑤472

有彼アリ(「アリ」は「有」の訓)　11630001-⑥175

所ニ有(ア)ル　11630001-⑥254

有(アリ)テカ レハカ　11630001-⑥275

有(アリ)テカ (ア)レハカ　11630001-⑥275

有(ア)ルトキハ　11630001-⑥404

未有(ア)ラ　11630001-⑦87, ⑦277

有ア(リ)　11630001-⑧245

有(ア)リと　11630001-⑧306

有(ア)ルは　11630001-⑧400

未ス有(ア)ラ　11630001-⑧518

息ヤトスニ シムルニ肩を有(ア)ラ　11630001-⑧584

有アラシムルカ　11690001-1

有アルカ　11690001-1

有ルヲハ　12505010-268, 268
有ル　12505010-296, 296
有レトモ　12505010-300
有アル　12505019-51ウ
有リ　12505047-59, 60
有リと　12505047-63
有アラハ　12505072-2
有ルニハ　12510006-45-11
有アリ　12510006-58-1
有ルヤ何ノ意カ　12600001-12
有ルニ　12840003-①8オ7, ①26ウ3, ③17ウ3
有リ　12840003-①9オ5, ①15オ6, ①15ウ3,
①21ウ5, ①25ウ5, ①25ウ6, ①28ウ2, ①29オ2,
①30ウ5, ①34ウ7, ①36オ5, ①37オ5, ②8オ3,
②14ウ3, ②20オ4, ②20ウ3, ②23オ2, ③2ウ6,
③5ウ2, ③10ウ2, ③15オ3, ③16オ5, ③16ウ7,
③25オ7, ③25ウ2
有ル　12840003-①14ウ2, ①26ウ6, ②18ウ1

有レハ　12840003-①15オ7
有ルヲ　12840003-①24オ4, ②12オ7, ②14ウ2,
③3ウ4, ③4オ1, ③6ウ4
有リヤト　12840003-①29オ4
有レハ…者　12840003-①33ウ7
有ラム　12840003-①39ウ4
有ルハ　12840003-②1ウ3, ②5オ5
有ラ　12840003-②15オ1
有リキ　12840003-②16オ4
有(ル)ヲ　12840003-③23オ5
有リト　12840003-③24ウ6
無有アルコト　12880003-33
有アメルヲ　13440001-7ウ
有アリトカ　13440001-25オ
有リ　13440001-28オ
有アリ　13440001-29ウ
有(ア)ル　13440001-29ウ
有アムメルヲ　13530006-6-7

有アメルヲ　13530006-11-9
有ラン　13610001
有アリ　13860001-4-2
有アリトヤセン無ナシトヤセン　15080001
有アリモヤスラン無ナクモヤアルラン　15080001
所有アリトアル　18400001-②13-2
有在アルコトアラミ(「ミ」は「シ」の誤)メン　18400001-④11-37
有乃至不乃至　18400001-⑤2-27
有アリ　18400001-⑤2-27

〔爲〕19686
と…と爲あり　08305011-121-8
爲アルを弟子(と)　10080002-①152
鳴-鏑テキ(ノ)之場ト爲アラ使(メ)シ
(「シ」衍)テ　10705001-⑥240
令むとイフハ爲アラ藏と　11140007-⑯95
〔補讀〕

飛-埃アリ 09505020-264
數十頃兄反地アリ 09505020-413
綺キ-藻サウ反 スヘクアリキ
09505020-546
未サルヨリ圓マトカニアラ 09505038
在家にもアレ出家にもアレ 09505069-8
可然モアル 09505116-50
七ト〻ト八トアリ 09505116-156
三(ア)リ 09505116-158
三アリ 09505116-158
同□ニヤアル 09505116-243
云コトコソアレ 09505116-837
十行アリ 09505116-886
无間ニシアルイハ 09505116-1158
開導依ニシアルイハ 09505116-1159
開導依ニシアルイハ 09505116-1163
大水アリ 10005008-㉒439
獨アルの樹下アリ 10080002-②99

是を名て爲袈裟と (上欄外)或説墨色/者
但師說/綴物也/光/イロ〱アルヘキ□
〈也〉 10120001-287ウ
如き是名アル違越して菩薩の毗奈邪法
に 10160001-88
義(去)「アリテ」 10165001-①225-6
在「ラハ」らは 10165001-①241-1
蟲アラハ「アラハ」 10165001-①247-6
過トカアラムヤ 10165001-②15ウ2
犯アラハ 10165001-②30オ2
患-夢アル者のは 10200001-①2ウ3
不應モノには(アラ) 10200001-①9オ5
如くある何そ 10200001-①9ウ2
令て其を增盛にアラ 10200001-②16ウ3
令漸增盛にアラ 10200001-②16ウ6
何所かアラム 10200001-②26ウ7
令…境にアラれ(「れ」存疑) 10200001-⑤27ウ2

令…任にアラ 10200001-⑥24ウ6
不-正アラは 10200001-⑥28オ2
功能アラシム 10200001-⑧9ウ6
不自在にアラ 10200001-⑨29ウ8
無「アレトモ」/「レ(ト)も」(角點) 10230002-③44
何所アテか 10240002-②1ウ3
何レの國邑にもアレマレ 10450001-55
无けむ不アラスといふこと清淨に 10450001-226
怖畏アラム處には 10450001-239
方便アリて 10505003-①7
神通アリ 10505003-①19
如くアラムトナ(リ) 10505003-①242
心アリて 10505003-①253
大威德アリて 10505003-①254
罪アリ 10505003-③43
不動智アルと 10505003-③76

アリ

功用アラシムる　10505003-④3
三日アテ　10505007-20-5
者アリトモ　10505019-②1
十四アリ　10505024-4オ7
變化アリ　10505024-4オ7
小兒アテ　10505024-6オ2
大水アリ　10505024-9オ5
地-味アリ　10505024-9オ7, 9オ7
光-澤アリ タク(?)　10505024-9ウ2
子アリ　10505024-10ウ4
子コアリ　10505024-11オ4, 11オ4
者モノアテ　10505024-12ウ4
鴈カリアリキ　10505024-14オ5
夏ナツアテ　10505024-14ウ6
梵-聲アリ　10505024-17ウ2
歡喜アリ　10505024-20オ7
信ツカヒアテ　10505024-24ウ4
念-力アテ　10505024-25ウ5

六年アテ　10505024-27オ1
何ナニノ恨ウラミカアラム　10505024-27ウ5
无學人アリ　10505024-29ウ4
句アリ　10505024-30オ4
不シ令アラシメ一人トシテ　10505024-33オ4
墮タスルアリ　10505024-36ウ5
齊-限アテ　10505024-37オ6
萬-法アリ　10505024-38ウ7
兩ツアリ　10505024-40ウ3
三ツアリ　10505024-40ウ6
說辨アリ　10505024-41ウ5
方便アテ　10505024-42オ7
三智アテ　10505024-44オ5
心數「シウ」アリ　10505024-46オ4
觀アテ　10505024-47ウ3
名ナアリ　10505024-47ウ4
三觀アリ　10505024-49ウ6
城アリ　10505024-52オ4

手テアリ　10505024-59ウ1
八千歳アテ　10505024-59ウ1, 59ウ2
佐「クヱ」-驗「ケム」アリト　10505024-60オ4
何の益かアル　10570001-3
利き爪ツメアテ　10640005-①16ウ
時にアテ　10640005-①21ウ
害アリ　10730001-⑩11-4
慈-仁アリ あり　10730001-⑩14-1
蝗(去) アリ　10730001-⑩33-4
過アテ アヤマチノ　10730001-⑩37-2
仁あり アリ　10730001-⑩44-3
暴風ありて　10730001-⑪4-2
大に蝗アリ　10730001-⑪4-11
大に潦アリ　10730001-⑪4-13
大に潦あり　10730001-⑪5-3
大に蝗あり　10730001-⑪5-3
善相「ナラハ」 あらは　10740001-③21
可キ濟「スクフ」 アルトキニハ　10740001-④10

旬月「アテ」すて 10740001-④81
八問「アリ」 10740001-⑤3
鐶「(平)」「クワン」アラ(ム) 10740001-⑥33
興「コトアリキ」 10740001-⑥42
何所「カアラム」 10740001-⑦11
力アテ 10740001-⑩13
財力「アテ」 10740001-⑩13
智慧アルと 10740003-①137
慈心アテとに 10740003-①185
臭く苦き等アラムをは 10740003-①702
惡き香アルモノは 10740003-①754
肥壯ニアラシメヨ 10740003-②395
水アリ 10740003-②639
事アラハ 10740003-③109
所アラハ不ぬ逃 10740003-③228
乳アル樹木を 10740003-③257
嬌コヘル言コトハアリ 10790001-上14ウ
損害する所ロアラ令(む)應(から)不 10790001-上32ウ
勝上妙寶「アリ」 10790001-下24オ
間(あひ)タアラ不す 10790001-下27ウ
何の所「ニアリトシテカ」ありてか 10820003-②10
然に(はあら)「ラ」不す 10820003-②17
異-名アルなり 10820003-②56
一寸許りアル可しと 10820003-②75
仙人「アテ」(ありて) 10820003-②115
勝行「ヲモテ」あり 10820003-②173
明了にアラ令(め)むとの 10820003-②260
惠「スルヲ」あり 10820003-②271
計アル 10820003-②305
の如くアラムト 10820003-②311
如くアルを 10820003-②368
是の如くアルか如く 10820003-②404
益する所かアラム 10820003-②410
味フルか如く 10820003-②481
所かアラムと 10820003-②489, ⑨728
百六十心あり 10820003-②524
異名アルを 10820003-②531
浮泡「アリ」あり 10820003-②597
の如くアルか故に 10820003-②662
如くアルか故に 10820003-②663, ④469, ⑥323
者「アリ」あり 10820003-②735
名「ナックルニアラス」く 10820003-②821
慙と愧とあり 10820003-②841
力あり 10820003-②842
名-言アル「ハ」(別筆)は 10820003-②857
根あり(といふ)從(り) 10820003-③67
所用かアル 10820003-③151
大小あり 10820003-③229
長短あり 10820003-③229
別-衆アル應々(から)不か如く也 10820003-③355
緣アル行事 10820003-③400

何の養育する所かアラム 10820003-③418
縁アル所-要は 10820003-③431
善(の)相アラハ 10820003-③477
是(の)如くアラ不者は 10820003-③497
三毒アルを 10820003-③533
威儀「トアリ」 10820003-③552
六字アル可(から)不(る)を 10820003-③646
清泉アル 10820003-③656
惠-解アル 10820003-③673
大威德「アル」諸天 10820003-③683
慈悲あり 10820003-③702
多-水ありて 10820003-④11
者「アリ」 10820003-④44
淨にアラ令む可(から)不ぬ 10820003-④71
餘氣ありて 10820003-④91
香水瓶あり 10820003-④146
印相ありて 10820003-④209

若くアルヲ 10820003-④324
唐-捐にアラ不(ら)しむ 10820003-④333
如(く)「アル」 10820003-④410
か如くアルカ故に 10820003-④413, ④419
色あり 10820003-④462
如意寶珠ありて 10820003-④498
是(の)如くアラ令むと也 10820003-④533
境界アラム 10820003-④573
清淨にアラシムルカ故にと 10820003-④588
信心アラムと(いふ)者は 10820003-④590
常不輕菩薩の如きなり／ヒトアラム 10820003-④602
事ありと雖も 10820003-④607
是(の)如くアラムニ 10820003-④609
求(む)る者ものアレハ 10820003-④617
瑕-疵アルと 10820003-④628
道機「アリ」(て) 10820003-④630

乞ふ者ものアラハ 10820003-④639
者ものアラハ 10820003-④641
嚴飾あり 10820003-⑤98
威-德ありて 10820003-⑤113
縁アル 10820003-⑤314
界域「ヰキアリ」あり 10820003-⑤321
八尺アラは 10820003-⑤338
二尺アラは 10820003-⑤339
時にもアラ不す 10820003-⑤418
圓光あり 10820003-⑤421
手あり 10820003-⑤423
旬月「アテ」 10820003-⑤556
旬月ありて 10820003-⑤556
四面四手「アラシメヨ」 10820003-⑤569
四面四手あり 10820003-⑤569
功德天女「アリ」 10820003-⑤587
如(く)アラシメよ 10820003-⑥156
差別アル 10820003-⑥207

味アチハヒアラシム 10820003-⑥309
福-祐アル 10820003-⑥600
金剛の如くアラ使しむ 10820003-⑥667
是(の)如くアルヲ以(て)の故「ナリ」 10820003-⑦176
是(の)如くアルをもて 10820003-⑦180
共にアラ不す 10820003-⑦234
實相の如くアルか故に 10820003-⑦358
破する所かアラム 10820003-⑦380
差別アルか如し 10820003-⑦387
相(あ)「ラハ」 10820003-⑦513
異なることかアラム 10820003-⑦572
現-前するか如くアルをもて 10820003-⑦692
是(の)如くアルか故に 10820003-⑦701
瓶アル可き者(なり)也 10820003-⑧22
法の如くアラ使シメヨ 10820003-⑧74
一切縁アル 10820003-⑧125

異相アラは 10820003-⑧133
雷-震「シアル」 10820003-⑧133
法の如くアラ使(め)よ 10820003-⑧134
光鬘ありて 10820003-⑧307
赤(と)「アリ」 10820003-⑧344
明了にアラ不は 10820003-⑧388
如くアル[當]し 10820003-⑨202
同(し)くアラ令(め)たまつと 10820003-⑨491
如くアラ令(め)て 10820003-⑨504
如くアラ使(め)むか 10820003-⑨766
信アル者もの 10820003-⑩18
信心「アリテ」 10820003-⑩23
三重アル 10820003-⑩117
如くアルは 10820003-⑩202
然アラム(と)イフなり也 10820003-⑩214
如くアルか 10820003-⑩393
點アルは 10820003-⑩494

明了にアラ令シメ已て 10820003-⑩609
明-了にアラ令(め)よ也 10820003-⑩634
爲(る)か如くアルか 10820003-⑩660
仇カタキトアリ 10850002-8
俄-頃シハラクアテ 10860002-14オ5
少而シハカ(「カ」は「ラ」の誤)クアテ 10860002-28オ7
年月アテ 10860002-38オ4
老婦アリヲムナ 10860002-52ウ2
比丘尼「アリキ」 10870001-①11, ①12
勇施「(ア)ル」菩薩 10870001-①20
大力「アル」菩薩 10870001-①21
無量力「アル」菩薩 10870001-①22
釋提桓因「アリキ」 10870001-①24
因縁「アリテ」をもて 10870001-①90
華「ハナ」の蓋「アルト」 10870001-①94
名「アル」衣 10870001-①114
二千由旬「ニアラシメ」 10870001-①123

五千由旬「ニアラシメ」 10870001-①123
何の所アテカ 10870001-①132
何の所「アラムトテソ」 10870001-①132
佛「アリキ」 10870001-①152
譬喩「トアリ」とをもて 10870001-①252
三昧「アリ」 10870001-①255
謂ヘリ「ヘルアリ」 10870001-①333
重「キアリ」 10870001-①333
嫉妬「とアリ」 10870001-①375
一佛乘「ノミアリ」 10870001-①387
不信なる「ニモアリ」 10870001-①389
慢「アル」者 10870001-①493
憍「アルヒト」 10870001-①493
無數劫「アレトモ」 10870001-①498
藥草『アリ』 10870001-③11
叢「在公反」林「アリ」 10870001-③11
大-葉ありと 10870001-③15
爲當也／に『マサニアラム』 10870001-③108, ③123

爲當也『マサニアラム』佛 10870001-③145
金利アラム『アリテ』 10870001-③208
六通アリ 10870001-③212
五百アルニ 10870001-③215
弟子「ニモアレ」『モ』 10870001-③227
算師「ニモアレ」『モ』 10870001-③227
如モシ「キアラム」 10870001-③234
小劫イマシテ「アレトモ」 10870001-③262
久-遠「トキアリテ」にして『(ト)キニ』 10870001-③329
久ク遠クシテ「アリテ」 10870001-③391
安隱下『ニアラシメ下』 10870001-③397
苦惱「アリ」と 10870001-③407
不アリキ可稱「ハカリ」數なりき 10870001-③417
二佛「アリ」をは 10870001-③454, ③455, ③456, ③458
惡道『アリ』 10870001-③480
十六の子ミコ「アリキ」 10870001-③511

險惡の道「アリ」の 10870001-③537
衆「アリテ」 10870001-③538
智慧アラムと 10870001-④39
無礙智「アラム」とを 10870001-④43
無量阿僧祇劫「アラム」 10870001-④46
解脫アリ 10870001-④66
中ニアル 10870001-④75
所レム「トアラム」敬 10870001-④85
官事アテ 10870001-④100
阿僧祇劫「アラム」 10870001-④149
功德「アリテ」 10870001-④185
少「の」惱「事アリヤ」 10870001-④244
師子の座アリ 10870001-④276
光明「アリテ」 10870001-④277
大誓願「アリシ」を 10870001-④282
劫「アラム」ならむ 10870001-⑤33
二十中劫「アラム」ならむ 10870001-⑤36
仁讓「昌石(「石」存疑)反」／アリ

10870001-⑤73
法身「アリテ」 10870001-⑤81
八十種好アテ 10870001-⑤97
淺「ク」薄なり「(クア)リ」 10870001-⑤117
瞋「アリ」濁「アリ」 10870001-⑤117
謟曲なり「アリ」 10870001-⑤118
惡アラム 10870001-⑤170
不「レ」卒に暴にアラ 10870001-⑤182
者ものアリトモ 10870001-⑤275
中「ニモアレ」 10870001-⑤295
王「アリ」 10870001-⑤336
河沙「アルハ」 10870001-⑤387
一アルヲヤ 10870001-⑤388
一アリ 10870001-⑤388, ⑤439
眷屬アルヲヤ 10870001-⑤389
眷屬アルヲヤ「アルハ」 10870001-⑤389
一十アルヲヤ「アルハ」 10870001-⑤390
一千「アルハ」 10870001-⑤390

一方アルヲヤ「アルハ」 10870001-⑤390
一百「アルハ」 10870001-⑤391
樂ネカフヲヤ「アルハ」 10870001-⑤407
惱「ト(存疑)コトアリヤ」 10870001-⑤431
大神通と「アリ」 10870001-⑤435
恆河沙アテ「なるい」 10870001-⑤436
過タルモアリ 10870001-⑤436
將キタルアリ 10870001-⑤437
億萬分「か」之一アリ 10870001-⑤437
一恆沙あり「の(「の」存疑)アリ」
10870001-⑤437
半億マテニアリ「に」 10870001-⑤438
過キタルアリ 10870001-⑤438
乃至「てアルなり」 10870001-⑤438
至るアリ 10870001-⑤439
過きタルアリ 10870001-⑤440
大威德「アル」 10870001-⑤442
大智の力アテ「アルい」 10870001-⑤444

10870001-⑤446
因縁アルヘシ「アラム」 10870001-⑤447
千億アル「の」 10870001-⑤457
作ナルヘキ「ムトアルイ」佛と「に」 10870001-⑤512
未し曽虚妄アラ 10870001-⑤526
忍辱「アリ」 10870001-⑦3
者「アラムヲ」 10870001-⑦15
恆河沙「の」劫「アリキ」 10870001-⑦130
表-利「アリテ」 10870001-⑦280
莊嚴「アリ」 10870001-⑦286
少の惱にいますや「事モアリヤ」 10870001-⑧2
名-聞を「アルヲ」 10870001-⑧57
天女「アリテ」 10870001-⑧60
千佛『アテ』 10870001-⑧70
慈悲アテ 10870001-⑧83
知足にしてアラム
若實「ニモアレ」若不實に「モアレ」 10870001-⑧94
膿「宇美」-血アラム「チハメラム」／『ナラム』

10870001-⑧96
病アラム　10870001-⑧97
何所アテカ　10930009-②1ウ
旬月アテ　10930009-⑤47オ
盤アラシメヨ　10950003-①35
自-在アルコトハ　10950003-①61
奇特之身アテ　10950003-①70
官-位アテ　10950003-①70
四臂アラシメヨ　10950003-②
不し使メ罪-禍アラシ　11000003-244
價アラムコト　11005002-1
久アリテ　11005002-3
信アリ　11005002-6
十年アリテ　11005002-6
何益アラム　11005002-7
令右アラ　11005003-②8
德アラム　11005005-①6
虛(平輕)亡(去)隱(上)士イフモノアリ
11005025-1オ2

庭テイ-宇アリ　11005025-4オ3
神-華アリ　11005025-4オ5
璈カウ命アテ　11005025-4ウ7
十餘年アテ　11005025-7ウ4
四十餘年アリ　11005025-10オ2
信アテ　11005025-14オ2
仁アリ　11005025-14オ2
孝アリ　11005025-14オ2
慈アリ　11005025-14オ3
目メアリテ　11005025-15オ1
萬歲アテ　11005025-17ウ5
千歲アテ　11005025-17ウ5
靈-物アリ　11005025-18オ7
城セイ-諠クワクアリ　11005025-22ウ5
優-劣アル　11005025-25ウ3
勝ショ(ママ)負フアル　11005025-25ウ4
嘴ある／「クチハシアル」　11005080-上3オ1

嘴(ハ)シある／「(ハ)シアル」
11005080-上4オ4
汁シルあり／「アリ」　11005080-上6ウ3
男の／「アテ」　11005080-上8オ7
熱「-」炎あり／「ニシテ」　11005080-上8ウ2
嘴の／「アル」／「スイノ」　11005080-上8ウ4
及ふ／「フ」所かあらむ／「サル」
11005080-上9ウ6
形「-」狀あり／「をもて」　11005080-上14オ1
恐「オツル」魄ハクして／「タマシヒアテ」
11005080-上14オ7
魄タマシヒアテ　11005080-上14ウ2
城「アリ」　11005080-上16ウ2
網あり／「アミアリ」　11005080-上16ウ2
牙の「キハアル」　11005080-上19オ7
炎-／「ホノ〱」齒の／「ハアテ」
11005080-上20ウ1
脈チノミチあり　11005080-上28ウ5

尾「ケ(「ヲ」の誤か)」あり／「アリ」 11005080-上29ウ5
四-戸は／「アテ」 11005080-上30オ1
蟲をは／「アリ」 11005080-上30オ1
戸をは／「アリ」 11005080-上30オ2, 上30オ2
一戸をは／「(ア)リ」 11005080-上30オ3
二戸あり／「アリ」 11005080-上30オ3
五百戸は／「アリ」 11005080-上30オ4
二戸は／「アリ」 11005080-上30オ5
四「-」戸は／「アリ」 11005080-上30オ5, 上30オ6
一戸をは／「アリ」 11005080-上30オ6
海「ノ」-中にも／「ニアンテモ」非す／「ス」 11005080-上34オ1
空にも／「オホソラニアンテモ」非す／「ス」 11005080-上34オ1
疥「ケ」／「ハタケカサ」-者「アルモノ」の／
「ノ」 11005080-上38ウ7

苦「アリ」 11005080-上40オ5
寒-苦あり／「アリ」 11005080-上41オ2
子のみありと／「コノミナリト」 11005080-上44ウ2
腹-胃「キ」とあり 11005080-上46オ4
神變及「ヒ」身の通あり／「アリ」 11005080-上51ウ4
華幢あり／「アンテ」 11005080-上52オ5
沙あり／「アリ」
11005080-上52ウ1, 上52ウ2, 上52ウ2, 上52ウ2
聲(訓)「アリ」 11005080-上53オ5, 上53オ5
實みあり／「コノミ」 11005080-上54オ6
光「-」色あり／「アリ」 11005080-上57オ4
大名稱まします／「アリ」 11005080-上64ウ4
何の縁ありてか／「カ」 11005080-上69オ4
六千劫に／「アテ」 11005080-上71ウ5
氷「アリ」 11005080-上72オ3
信せ不すは可アルへ(か)／「ヘカラ」不らす

／「ス」 11005080-上74オ4
義あらむ 11005080-上80オ6
光明慧(まし)まして／「アリ」 11005080-上85オ1
千輻輪ありて／「アリ」 11005080-上85オ3
道あり／「アリ」 11005080-上90ウ7
大悲-心アれとも 11005080-上97オ2
大-火あらむ／「ナラム」 11005080-上98オ3
失トカあり／ナリ／「シヌ」 11005080-上98オ4
癡せむ(存疑)／「アラム」 11005080-上99ウ7
闇室に／「アラム」 11005080-上100オ6
何の／「ナンソ」暇まにか／「マアンテカ」 11005080-上106ウ7
力ありと／「ラアリト」雖(も) 11005080-上108オ6
異解するか／「アルカ」如く／「ク」 11005080-上109オ3

アリ

大水アリ 11005115-㉒439
瓔珞アリ 11020002-②1
猶如「クモアラ(ハ)」 11020007-①44
何の所「ロアリテカ」 11020007-②2
圓光アリテして 11020007-⑤56
四ノ瓶アラシメヨ 11020007-⑧3
各-千のアリ 11020007-⑱79
相「アル」 11020007-⑳8
光焰アリテ 11020007-⑳22
何の益す(る)所アルカ 11030006-②26オ
求(む)ル所かアラム 11030006-②31オ
何の所-用かアル 11030006-③10ウ
善相アラハ 11030006-③32オ
蘘(去)サイ漏(平輕)アルカ如し 11030006-③35ウ
愍アレハ 11060005-4
月アリ ナリ 11070003-①4
天花等アラ(ハ)者 11070003-②6

蝗イナコマロアリ 11130001-③14ウ
祿アリテ 11130001-④6オ
牙キアて 11130001-④8ウ
轍アトアリ 11130001-④10オ
何益かアラム 11130001-④12ウ
苦クルシヒアレトモ 11130001-④13オ
涙アリ 11130001-④14オ
心アリ 11130001-④14オ
幸アてか 11130001-④15オ
爪ツメアル 11130001-④22オ
觜クチハシアル 11130001-④22オ
何「ノ」別緣「アテか」 11130003-①8
四種「アラマシヤ」耶 11130003-①20
所諍「ニハアリト」 11130003-①23
不成「アリナムトナリ」 11130003-①24
不成アナム 11130003-①56, ①57
喻アリナム 11130003-①57
成アナム 11130003-①58

所立不成アンナムトナリ 11130003-①72
不アンナム成闕 11130003-①72
能別不成アンナム 11130003-①72
所別不成アナム 11130003-②3
不す遑イトマアラ 11130003-③1
誠アレハ而 11130005-1ウ
感カムアレハ 11130005-1ウ
淨信アンテありて 11130005-1ウ
俄-而シハラクアンテ 11130005-5オ
法術アンテカ 11130005-12オ
生アル者 11130005-22オ
數タノの頭アリあり 11130005-28オ
官數人アリ 11130005-39オ
勅アリスラク/く 11130005-56オ
歲餘アンテ 11130005-76ウ
俄而シハラクアテ 11130005-78オ
誠アレハ 11130005-89ウ
感アレハ 11130005-89ウ

猶如「アルヘシ」 11140004-31
堪たるアラム 11140007-④7
境界アラハ 11140007-④203
萬行アリテ 11140007-⑤54
數十にてアリ 11140007-⑤100
少ワカクアリシ時 11140007-⑤116
處アリ 11140007-⑤120
刄ヤキハアリ 11140007-⑥15
如是(カクノコトク)アラ者 11140007-⑦34
何の所破カアラム 11140007-⑦76
何の能破かアラム 11140007-⑦77
如クアルに虚空の相の 11140007-⑦80
如クアルか…故 11140007-⑦81
二種アリ 11140007-⑦104
可シヤ令(メ)ツ熱にアラ 11140007-⑦120
可令シメツ冷にアラ 11140007-⑦120
使メ人の心に所アラ好む 11140007-⑦159
熾-然にアラシメタリ 11140007-⑧41

不寂靜にアラ 11140007-⑨80
何そ所アラムト 11140007-⑨94
所アル不ぬ見也 11140007-⑩63
令なり…小にアラ 11140007-⑪37
香(シ)クアラムときに 11140007-⑪62
不合…阿字アルには 11140007-⑫61
惠アラは 11140007-⑬17
幾の時アテカ 11140007-⑮9, ⑮9
時にアテ 11140007-⑮17
惡アテ 11140007-⑮42
鬭法アラムカト 11140007-⑮46
使シメ…清淨にアラ 11140007-⑮59
所アレハ施 11140007-⑮166
者のアリ 11140007-⑮169
然カクアリ 11140007-⑮169
令堅-固(ニ)アラ 11140007-⑯59
力アルヲモテ 11140007-⑯91
令…平正にアラ 11140007-⑯101

劣惠にアリシヲ 11140007-⑰37
如アリき(「き」存疑)に 11140007-⑱9
分劑アラムヤ 11140007-⑱15
不る卒暴(ニ)アラ 11140007-⑱50
王アリキ 11140007-⑱76
惠和アリ 11140007-⑱144
令无餘にアラ 11140007-⑳17
比丘アリキ 11140007-⑳48
當に如クアルヘキソ 11140007-⑳87
不す可不すアル信 11140007-⑳109
功德乳海アリ 11180003-4
者アルモノを 11180016-6
年少ナルアリ 11200004-39
狀チアリ 11200004-49
水「アリ」 11200015-④10
蟲チウ-蟻アリ アシアルムシ 11200015-④40
不む「アラサルニム(ママ)」住「タメ(存疑)」 11200015-④42

平整(平)アルアラハ「ナラハ」正反 11200015-④45
雑ハレル者のアラハ 11200015-④46
餘氣アテ 11200015-④63
不スシテモアリ及 11200015-④92
諸相オイテ「アラム」 11200015-④201
如意寶珠アリ 11200015-④241
未る「(コト)アラハ」 11200015-④260
信心アラムトと 11200015-④266
事アリト 11200015-④273
來求する者ヒトアラハ「ノアルハ」 11200015-④276, ④276
德アリ 11200015-④281
瑕「ケ」_疵「シアラム」「シアリ」 11200015-④284
病患「アルソ」「アル」なり 11200015-④284
精(平)「(去)」_醇(去)アルモノヲ「ナリ」 11200015-④307
裁ハカル「ハカレ」「コトアラシメヨ」 11200015-⑤150

手にセヨ「アラシメヨ」「アリ」 11200015-⑤182
數「ス」中「ホニ(?)」「ニテアリ」 11200015-⑤189
森(去)シム然なり「アラ(シ)メヨ」「草不盛」イヨヤカナリ「セヨ」 11200015-⑤207
三十二相アリ 11200015-⑤229
光アリト「アラセヨ」「トイフ」 11200015-⑤233
少ワカシ「ワカクアリシ」時「トキニ」 11200015-⑤240
旬月アテ「ニ」 11200015-⑤247
處に「アリ」 11200015-⑤247
四手アリ 11200015-⑤255
鋒サキアル等 11200015-⑥19
刄ヤキハと「アリ」 11200015-⑥20
鋒サキアリと 11200015-⑥20
時々「アリテ」 11200015-⑥39
令む…靜ナラ「カニアラ」 11200015-⑦6
可し「ク」令む「シメツ」冷ス、シ「アラ」 11200015-⑦93

可しと「シヤ」令「ツ」熱アラ 11200015-⑦94
卌餘年「アテ」 11200015-⑦111
所アラム「アラ」好ノマム 11200015-⑦119
熾然ナラシメたまふ「ニアラシメタリ」 11200015-⑧69
无きか若之コレ何イカ、アラムトイフコト 11200015-⑨67
令ルカ…不るか寂靜ナラシム「ニアリ」 11200015-⑨88
大力啖にアリ 11200015-⑨102
何ハアラムトそ所て 11200015-⑨109
令空ニアラ 11200015-⑩115
六月ヨイフコトアテより 11200015-⑩116
妙相アテ 11200015-⑩147
好相アテ 11210001-①39
相アリ 11210001-①47
神天アリ 11210001-①57
思神王アリ 11210001-①59
神王アリ 11210001-①61

二アリ　11210001-①68
十二天アラシメヨ　11210001-①75
眼-鏡アて　11210001-①132
三鈷アリ　11210001-②9
如キアルモノハ是　11210001-②30
如クアラム　11210001-②31, ③29
人の形アテ　11210001-②32
者アテ　11210001-②35
身命アラシメム　11210001-②52
福知ト光明トアテ　11210001-③5
何の所かアラム表する焉　11230001-②26
何の所かアル施(去)-行(平)する　11230001-②285
孝-慈あり　11230001-②316
忠誠アル　11230001-③366
非す(あ)レは　11230001-③400
名ルアテ　11230003-②16
戯アリ　11230003-③17

大伽藍あり　11260001-③7
重閣あり　11260001-③76
三千許ノ-人アリ　11260001-③79
諍論アリ　11260001-③82
處あり　11260001-③99, ③103, ③161, ③170
灑ソ、クアリ　11260001-③129
甎-籠カム音あり　11260001-③157
佛像アリ　11260001-③158
唯故-基のみあり　11260001-③191
七日ありて　11260001-③205
天人アリ　11260001-③252
萬僧アレとも　11260001-③279
菴沒羅園あり　11260001-③282
山あり　11260001-③314
數千人ありて　11260001-③360
千餘家アル耳　11260001-③375
精舍あり　11260001-③381, ③464

伽藍あり　11260001-③387
三の名あり　11260001-③436
三あり　11260001-③443, ③444
異相アラ者は　11270006-①11
具アラハ　11270006-③11
慈アリテ　11280014-①32
惡王アテ　11280014-①68
差アリ　11280014-①71
義アテ　11280014-①101
闕アリ　11280014-①227
端アラハハシハカリモアラハ　11280014-①243
蟲アラム水　11280014-①245
井アル處　11280014-①258
利益アリ　11280014-①303
勢力アリ　11280014-①333
處アリ　11280014-①340
驗シルシアリ　11280014-①350
不イフコト是正翻ニアラ　11280014-①362

十アリ　11280014-①430
任アナム　11280014-①452
戒行アリ　11280014-②15
暫時アテ　11280014-②30
何ニ事アリテカ　11280014-②119
犯アラハ　11280014-②324
益アラムヤ　11280014-②386
何ソ所アラ(ム)歸向スル　11280014-③97
何事アテカ　11280014-③139
支アテ　11280014-③142
何ノ損アラム　11280014-③157
然アテ後　11280014-③272
然アテ乃　11280014-③320
何ナ(ノ)別(カ)アラム　11280014-③324
令ルナリ身ヲシテ沈重アラ　11280014-③337
非サモアラ(ス)也　11280014-③380
何ソ暇アラム　11280014-④52

三數日アテ　11280014-④67
名アル手ヲ　11280014-④88
何(ノ)顏(カ)アラム　11280014-④158
斯-項シハラクアテ　11300001-⑧5
女人アテ　11300001-⑧29
首アリキ　11340007-①3ウ3
三十二相アリ　11340007-①15オ5
頂イタ(ヽ)キアリ　11340007-①17ウ1
三千アリ　11340007-①17ウ4
牛ノ尾アリ　11340007-①32ウ2
皮アリ　11340007-①34オ4
質(ノ)ミアン(テ)　11340007-①34オ4
表ウヘアリ　11340007-①34オ6
裏ウチアリテ　11340007-①34オ6
裏ラアリ也　11340007-①34オ7
忠信アリ　11340007-①35ウ5, ②42オ5
德-孝アリ　11340007-①35ウ6
人ノ面アリテ　11340007-①43オ1

何異アル哉　11340007-①44ウ4
歴レキ齒トハワカレセリ オソハアリ　11340007-①45ウ3
想ヒ像アリテ　11340007-①46オ2
孝アリ　11340007-②8オ6, ②41オ1, ③16オ7, ④16ウ6
至孝アリ　11340007-②8ウ2, ④16ウ2
至-孝アリ　11340007-②8ウ5
涌(上)ヨウ泉アリ　11340007-②9オ1
創キスアルハ　11340007-②14ウ2
創(キ)スアリテ　11340007-②14ウ3
身アリ　11340007-②23オ5
聲アリテ　11340007-②26ウ3
舌アリテ　11340007-②27ウ5
萬機アリ　11340007-②31ウ6
七ツアリ兮　11340007-②33ウ7
下モトニアリ　11340007-②36オ3
色アリ　11340007-②38ウ3, ②39オ1
孝(去)アルハ　11340007-②41オ2

忠アリ 11340007-②41オ2, ④9ウ5
篤(入)トク敬(去)アシ 11340007-②42オ5
虚(平)亡(平)ハウ隱(上)士(去)イフモノアリ 11340007-③1オ2
食頃シハラクアテ 11340007-③4ウ6
數十人アリ 11340007-③7オ7
耳アリ 11340007-③9オ3
不アラス讎シルシ 11340007-③15ウ2
信アリ 11340007-③16オ7
慈アリ 11340007-③16オ7, ④9ウ4
萬乘アリ 11340007-③16ウ6
使コトアリ 11340007-③19オ6
骨アリ 11340007-③20ウ6
一アルヲ刄ハ 11340007-③21ウ5
者ノアリ 11340007-③26オ5
蓬フ髪アリ 11340007-③27オ7
勝負アル 11340007-③29ウ4
面アリ 11340007-③30オ6

黑身アリ 11340007-④3ウ6
孝(去)仁(平)アリテ 11340007-④8ウ3
所ロアラム施ス 11340007-④9オ2
惠アリ 11340007-④9ウ4
順アリ 11340007-④9ウ5
孝アル 11340007-④12オ6
敬(去)アリ 11340007-④16ウ5
何益アラム也 11340007-④24オ1
卅六簧火ウアリ 11340007-④25ウ3
廿五管アリ 11340007-④25ウ4
惠アラム 11340007-④27オ5
知(平)アリ 11340007-④27オ5
義アリ 11340007-④30オ7
章「ノリアリ」 11340007-④53ウ1
辜「アリテカ」 11340007-④53ウ2
者「ノアリ」 11340007-④57オ7
戯「フル(コト)アリテ」 11340007-④63オ6
數百行「アリ」 11340007-④71オ5

光アリ 11350010-4-1
花アリ 11350010-12-2
金岸アリ 11350010-13-7
金沙アリ 11350010-13-7
蓮アリ 11350010-14-4
文アリ 11350010-14-4
摩尼蓮アリ 11350010-14-5
尾アリ 11350010-16-1
階アリ 11350010-17-4
愛敬アリ 11350010-17-6
膚ハタヘアリ 11350010-25-5
相好アリ 11350010-31-4
目アルモノ 11350010-33-2
何ノ咎カアラム 11350010-48-3
何ノ定アテカ 11350010-58-2
不功アラ 11380002-地24オ
可(キ)ことアテ 11380002-南21オ
害アリ 11380002-南49ウ

何ナンノ暇アテカ 11550009-15オ6
信あり 11550009-25オ2
慈ウツクシヒあり 11550009-25オ2
仁(平濁)あり(加點位置を誤れり) 11550009-25オ2
孝(去)あり 11550009-25オ2
疎ナル齒ハアテ 11550009-31オ4
木アラムト 11550009-39ウ5
魚アラムト 11550009-39ウ6
食-頃シハラクアリテ 11550009-49ウ6
羽(上)ハネアル-族ラハハ 11550009-52ウ2
藥食アリ 11580001-18
鐘聲アテ 11580001-25
三日アて 11580001-44
久アて 11580001-85
孤-城アリ 11630001-①218
諸-師アリ 11630001-①347
十五日アリ 11630001-②31

纓-絡カサリア(リ) 11630001-②81
十有八部アリ 11630001-②112
几-等アリ 11630001-②156
小-珠アリ 11630001-②204
窣堵波アリ 11630001-②225, ②435,
③462, ④86, ⑤194, ⑤256, ⑥224, ⑥297,
⑦27, ⑧355, ⑧456
餘(平)-流(平)アリ 11630001-②238
奮(去)フン反怒(上)アラハは 11630001-②249
錫杖アリ 11630001-②267
命ナアラム 11630001-②295
宿(入)殖(入)アリ 11630001-②304
洞-戸アリ 11630001-②350
惐(平)ウラミアテカム 11630001-②390
五十餘僧アリ 11630001-②421
伽藍アリ 11630001-②421, ⑤320, ⑧565
石室アリ 11630001-②431
像アリ 11630001-②439

言アリ 11630001-②459
子アリ 11630001-②470
順-序ツイテアリ 11630001-③9
盤-石アリ 11630001-③47
文アリ 11630001-③52
福遇アリて 11630001-③166
久而ヤ、ヒサシクアテて 11630001-③177
棧-道ミチハシアリ 11630001-③190
何ソ所ロアル悲フ乎ヤ 11630001-③245
十數アリ 11630001-③285
類タクヒアリ 11630001-③286
城アリ 11630001-③306
石龕アリて 11630001-③306
鬱金香アリ 11630001-③324
神通アリて 11630001-③337
不ル暇アラス 11630001-③380
諸天アリ 11630001-③396
不アレトイフ令メ異學を持(タ)シメ(テ)

所(ア)ラムヤ　11630001-⑥319
重-閣アリ　11630001-⑦17
方(去)石アリ　11630001-⑦53
不アラス仁ウツクシヒコト　11630001-⑦70
不穿アナアラス　11630001-⑦180
當ヘキ…幾_何イクハクカアル　11630001-⑦240
兵(平)_威アテ　11630001-⑦262
周_隍ホソ(「ソ」は「リ」の誤)ミソ ホリキアリテ　11630001-⑦278
博-物サトリアルヲ を　11630001-⑦347
數千アリキ　11630001-⑧13
獸ア(リ)　11630001-⑧22
故郷ニシモアラム　11630001-⑧34
百數アリ　11630001-⑧160
萬-數アリ　11630001-⑧163
四院アリて　11630001-⑧219
名-花アル　11630001-⑧352

項之シハラクアテ　11630001-⑧371
數月アリて　11630001-⑧385
何所かアル　11630001-⑧408
信-心アルモノヲ　11630001-⑧426
十有八文アリ　11630001-⑧438
群庶アリテ　11630001-⑧454
路アリ　11630001-⑧456
不暇(イト)マアラ　11630001-⑧481
池アリ　11630001-⑧529
未(ア)ラシ必シモ　11630001-⑧543
何の所アレハカ　11630001-⑧575
大神主ありキ　11640001-②14
光明アリて　11640001-②77
驗アラム　11640001-②116
生ニモアレ　11690001-4
顯ニモアレ　11690001-4
所アリ　11690001-11
何差別カアル　11690001-17

次第アテか　11850004-①66
蕞(去)サイ_漏(平)アルカ　11850004-③59
可六字アル　11850004-③78
整(平)正ナルアラハ　11850004-④19
者アラハ　11850004-④20
餘氣アテ　11850004-④25
不すしてモアリ及　11850004-④36
者人アラハ　11850004-④92
精(平)醇シユンアルモノヲ　11850004-④101
旬月アテ　11850004-⑤81
鋒サキアル　11850004-⑥9
若如アラ是者　11850004-⑦22
何の所をかアラム　11850004-⑦24
異相アラムときは　11850004-⑧13
事アルカ　11850004-⑪46
慧アラハ　11850004-⑬14
次アルか　11850004-⑭26
差別アレとも　11850004-⑭26

幾種(カ)アルト 11850004-⑮20
所アレハ施 11850004-⑮35
四癒カトアリ 11850004-⑯15
力はアレとも 11850004-⑯31
修する所アルへし 11850004-⑰13
中にアル阿の聲 11850004-⑰25
時アルへし 11850004-⑰58
修道心アリ 11970004-4ウ11
三股アリ 12005006-下34
所アテカ 12005009-19
汗アリ 12005133-24ウ2
貳フタコ、ロアラナラ不 12140002-⑪43
慮オモヒアラヲモハ不ス 12140002-⑪77
君トアルタラム人者ハ 12140002-⑪107
周(平)檻(上)アリシテ 12140002-⑪137
宰堵波アリ 12140002-⑪204, ⑪379, ⑫227
石象アリ 12140002-⑪221
靈鑒アリ 12140002-⑪393

餘趾アリ 12140002-⑪438
鐵門ア□〈リ〉 12140002-⑫57
營アカメ福アラ不 12140002-⑫103
荒川ニアリキ 12140002-⑫174
久(シ)クアリテ 12140002-⑫238
利(ア)ラ不ス 12140002-⑫286
壽(去)アラ不(ラムコトヲ) 12140002-⑫295
感應アリナム 12140002-⑫311
頃之シハラクアリテ 12140002-⑫365, ⑫412
七日アリテ 12140002-⑫432
有タモツニハアラ弗ス也 12140002-⑫549
字にア(ラ)不 12140002-⑫562
暇アラ不也 12140002-⑫563
當無恙サキクアラム 12360002-3ウ1
一門アラシメヨ 12410001-②3
何所カアラム 12410001-③19
則ノリあり 12410003-11-1

忠あり 12410003-11-20
不す忠アラ 12410003-13-19
不す順アラ 12410003-13-20
必あり 12410003-18-4
順あり 12410003-30-13
萬機アリ 12410003-32-17
不孝アラ 12505019-3オ, 23ウ, 23ウ
智アラムト 12505019-4オ
面目アリ 12505019-5ウ
月餘アテ 12505019-6オ, 25ウ
友アテ 12505019-23ウ, 23ウ
義アテ 12505019-24ウ
威アテ 12505019-32オ
智アテ 12505019-37オ, 37オ, 37オ
不ス威アラ 12505019-43オ
損アラムニハ 12505019-46ウ
何益アラむ 12505020-㉖2
胼胝あり 12505020-㉘8

不精あら不誠あら　12505020-㉛5
慈孝あり　12505020-㉛6
鄕雲アリ　12505028-7-7
當時にアル者　12505035-3ウ6
不功アラ　12505035-26ウ3
夏(ア)リ　12505035-28ウ3
春(ア)リ　12505035-28ウ3
因緣アツテカ　12505039-4
房ハナフサアリ　12505047-1
目メアル　12505047-36
火アリ　12505047-39
態ワサアリ　12505047-48
何の幸かアル　12505047-70
何の辜かアル　12505047-70
名ナアルモノヲ　12505072-7
十餘日アテ　12510006-25-12
汲々トアリシ　12510006-53-13
何益カアル　12510006-57-1
アリ

一年アリテ　12510006-57-5
庶モロ、、アテ　12520007
少時アテ　12580007
形チアリ　12770002-2オ
飢イヒウヘアリ　12780002-3
知アラント　12780002-5
天宮ノ威アリ　12840003-①9オ6
宿-植アテ　12840003-①9オ6
威靈アテ　12840003-①11ウ3
宿世因緣アテ　12840003-①12ウ3
久乃(ヒサシ)クアテ　12840003-①14オ1
膏アフラアテ　12840003-①14オ6
五主アリ　12840003-①17オ5
篤信アリ　12840003-①17ウ7
三ノ角アリ　12840003-①19オ6
何益アラム　12840003-①19ウ7
德アリ仁アリ義アリ禮アリ　12840003-①25オ7

智アリ信アリ　12840003-①25ウ1
仁アリ　12840003-①25ウ4, ①25ウ4
毛アリ　12840003-①26オ3
赤色アリ　12840003-①26オ3
歲餘アテ　12840003-①29オ2
何ノ所アラム著スル　12840003-①30オ4
元氣アリテ　12840003-②2オ3
仁慈アテ　12840003-②10ウ1
十二道アテ　12840003-②11ウ3
孝-誠アラハ　12840003-②15オ1
一州ニアリ　12840003-②15オ4
五郡人アリ　12840003-②15ウ2
文アルハ　12840003-②17ウ6
智アルヲ　12840003-②18オ1
羽アルヲ　12840003-②18オ2
百二十媚アリ　12840003-②21オ2
六孔アリ　12840003-②21ウ2
聲アリ　12840003-③4ウ2

壽アリ 12840003-③7オ3
口アリ 12840003-③7オ5
年餘アムテ 12840003-③10オ3
五色アリ 12840003-③15オ3
利アリ 12840003-③16オ2
姓アリ 12840003-③16ウ4
二三日アテ 12840003-③25オ4
墳-墓アリ 13005039
陰モタアル 13140001
不信アラ 13150003
忠アラ 13150003
病ヘイアル時 13280001
尋常ナヲ□〈ク〉アラマシ 13440001-5オ
郷相のクラキアリ 13440001-8ウ
貂蟬のカウフリアリテ 13440001-8ウ
鞋ハキモノアリ 13440001-11ウ
狗イヌアリ 13440001-13ウ
五三張アリ 13440001-29オ
王師子アリ 13440001-29オ
疊衣箱アリ 13440001-29オ
綠紈(沈)香アリ 13440001-29オ
善伴アラシメヨ 13540002-①
隕石アリ 15300001-4

アリカタ(在方)→オホムタカラノアリ

カタ

アリキス(歩)

〔行歩〕34029 16264

行「歩アリキスルに」 11505075-⑭65-4

アリク(由來)

〔來〕00581

來アリクルこと 11505075-⑰131-6

〔所由來〕11715 21724 00581

所由來アリクルコト 11505075-⑭108-1

〔由來〕21724 00581

由來アリクルコト 11505075-⑭91-8

アリク(行)→アルク

〔傳〕00701

伶傳サスラヘアリキ 18400001-②12-40

〔出行〕01811 34029

出行アリカムトキニ 11505075-⑪36-7

〔歩〕16264

徐歩シメヤカニアリクハ 11505075-⑭65-6

〔歩行〕16264 34029

歩行アリクコト 11420003-⑬12オ

〔流〕17431

周_流メクリアリキツ 12360002-5ウ5

〔行〕34029

行アリカム 10680003

行か/「アリカ」令(め)て/「シム」 11005080-上10ウ1

陸_「クカニ」「」行(の)「アリク」之類は/「ハ」 11005080-上26オ7

行アリクモ 11130001-④11オ

行アリクと 11140007-⑤28

竹(行)く「ト」「ミム」「アリクト」 11200015-⑤46
行アリク 11420003-⑮13ウ
如(クナルヲ)蟲(ノ)行アリクか 11450001-③1ウ2
如(クナル)を蟲(ノ)行アリクカ 11450001-③32ウ3
起(チテ)行アリクニ 11450001-⑧4オ8
行アリク 11450001-㉑9オ2
不行アリカヌ所を 11505075-⑭70-6
〔行歩〕34029 16264
行歩アリクを 11505075-⑭65-8

アリクサ(漏蘆)
〔漏蘆〕18120 32425
漏蘆一名阿利久左(上上上平) 11505004-①61オ3

アリサマ(有様)
〔擧動〕12863 02390
擧動アリサマヲ 10860002-3ウ1
〔有様〕14332 15457
有様アリサマ 12240007
〔行迹〕34029 38827
行(去)カウ迹(入)セキヲ アリサマ 11550009-6ウ3
行迹のアリサマ 13440001-35ウ

アリツカ(蟻封)
〔蟻封〕33672 07426
蟻封アリツカ 08505008

アリトヨシ(有良)
〔福利〕24768 01932
福-利アリトヨキ 11630001-④225

アリノコ(蟻子)
〔蜉蝣〕33069 33278
蜉蝣(平)マ(「マ」は「ア」の誤)リノコ エン 11550009-24ウ5
〔蟻〕33672
蟻訓安利乃古 07905001-161-6

アリノヒフキ(桔梗)
〔桔梗〕14777 14849
桔梗アリノヒフキ 11450001-㉑19ウ3
桔梗アリノヒフキ 11505004-①50ウ2
桔梗和名阿利乃比布岐(上上上平平平) 11505004-①64ウ1

アリノマガヒ(莫々汾々)
〔莫々汾々〕31078 00097 17178 00097
莫々汾々アリノマカヒニ 11420003-⑬21ウ

アリヒシ(南)
〔南〕02750
南アリヒシの迦羅 10005008-㉒52
南アリヒシ迦羅 11005115-㉒52
南アリヒシノ加羅 11505075-⑰141-4
南アリヒシノ　アリノ加羅 11505075-⑰146-4

アリキル(在居)
〔保〕00702
保アリキル 11360001-36ウ2

アル（或）（連體）→アルイハ、アルガ、
アルコト、アルトキ、アルトコロ、
アルハ、アルヒト
〔或〕11563
或本ニ云 10505024-44オ7（上欄外）
或ル 12510006-25-1
〔或有〕11563 14332
或有ル 09505116-959, 960
或る（「る」衍か）有る人は 10820003-④61
〔於〕13628
於アル外の 10930009-①55オ
〔有〕14332
有ル人 08305001-①9-12, ①9-17,
②27-19, ③52-18
有ル三千億の菩薩 08305001-⑤94-17
中に有ル五十億の苾蒭 08305001-⑤94-20
有ル苾蒭法師 08305001-⑤97-20

有ル苾蒭 08305001-⑤98-6, ⑩208-9
有ル人王 08305001-⑥100-8
有ル本に云ク 08305001-⑥112-13
有ル衆生の 08305001-⑨181-2
有人ト 10505024-16オ4
有ル師ノ 10505024-20オ7
有アル菩薩ハ 10505024-37オ7
有ル人ノ言ク 10505024-54ウ7
有「ア」る師 10820003-②15
有る外道 10820003-②31, ②53
有る數「ソク」取趣の者もの 10820003-②37
有る一類の 10820003-②44
有「アル」人 10820003-②346
有「アル」所「-」作（は） 10820003-②349
〻（有）「アル」人 10820003-③156
或る有る人は 10820003-④61
有「アル」底字「ハ」 10820003-④382

有「アル」二（の）句 10820003-⑥561
有「アル」人「ヒト」 10820003-⑨165
有ル外道の 11030006-②4オ, ②4ウ
［補讀］
アル本ニハコノ一无 10505069-⑥1
アル（生）（下二段）
〔產〕21684
產アレタ（マヒ）て 11505075-⑭58-4
アル（荒）（下二段）
〔宂〕07058
無（ナ）シ宂アル、（コト） 11630001-⑤131, ⑤131
〔空荒〕25415 30953
空荒アレタルコト 11630001-⑥241
〔荒〕30953
荒アレ（「レ」存疑）姪タハシ 10505019-②13
荒アレ迷 10970003-196-9
荒アレ 11130001-④18ウ

荒アレ 11260001-⑨346
荒(平)アレ-蔓ハヘ(平上)せり 11260001-⑨362
荒アレタリ 11360001-67オ6
荒アレ 11505073-15オ
荒アレたる-壠(上)ツカ リヨウ之 11550009-46ウ7
荒アレ蕪アレテ 11630001-①165
荒アレて 11630001-②281
荒アレ 12505020-㉛3
〔荒涼〕30953 17606
荒涼とアレテ 13440001-8ウ
〔荒蕪〕30953 32004
荒蕪セルこと アレタルコト 11630001-⑧10
〔蕪〕32004
荒アレ蕪アレテ 11630001-①165
〔蕪漫〕32004 18166
蕪漫アレタルこと セ 11630001-③459

アルイハ（或）→アルハ

〔乍〕00130
乍アルイハ マタハ 11160007-①221
乍或也（イハ） 11160007-⑥323
乍アルイハ 11380002-地21オ, 地40ウ
乍アルイハ難ク乍アルイハ易ク 11505004-①6ウ7
乍アルイハ 12505035-23オ4, 23ウ5
乍アルイは 12505035-44ウ5
〔惑〕10789
惑アルイ(ハ) マトフテ 11630001-③237
〔或〕11563
或いは上リ或いは下て 08305001-⑤86-21
或イハ 08305004-319, 319
或は 08505020-5-14, 7-15, 9-5, 12-10, 17-12, 17-13, 19-10, 22-5, 42-7, 42-11
惑(或)アルイは 08830001-④4-1(11-10)
或「ハ」 09505020-9, 23, 32, 33
或は「ハ」 09505020-22
或イ(?)(は) 09505020-107
或ハ 09505116-177, 656, 779, 780
或ハ五リ或ハ増テ六リ 09505116-1068
或イハ遍ニテ 09505116-1106
或イハ遍ニモ亦ハ計ニモアル或イハ 09505116-1107
或イハ 10100001
或ハ 10165001-①240-7
或い「ハ」 10165001-①240-7, ①240-7, ①240-7, ①246-5, ①247-2, ①247-3
或い(ハ) 10165001-①240-8
或「ハ」 10165001-①241-5, ①244-3
或いは…看ミヨ一切事を 10250001-295
或いは壁カヘに畫ケル ケル像ノ上に 10250001-295
童男或いは童女を 10250001-296
或は 10505003-①101, ①239, ③36
或は 10505019-⑪4
或いは 10505019-㉛9

或は怖(り)或は喜ふ　10505019-㉝6
或ハ　10505024-16オ2, 16オ2, 17ウ4, 17ウ4, 17ウ4, 17ウ4, 17ウ4, 24ウ1, 29オ3, 29オ3, 29ウ6, 32オ5, 32ウ3, 36オ3, 36オ3, 38オ2, 38オ2, 38ウ4, 47ウ4, 47ウ4, 47ウ4, 57オ7, 58ウ7, 60オ5
或アルイハ　10505024-29ウ6, 43オ4, 51ウ2
或ハ云イフ　10505024-31オ5
或はアルイハ　10505024-31ウ3
或ハ　10505024-33オ1
或ハ是レ　10505024-38ウ4
或イハ云フ　10505024-52オ3
或ハ云ク　10505024-53オ6
或ハ云フ　10505024-56ウ5, 58ウ6
或ハ(?)　10505024-62オ1
或アルイハ　10705001-①53
或ルイは　10730001-⑨11オ4
或ハ　10730001-⑩20-8
或アハラシム　10730001-⑩31-4

或(い)は　10820003-②67, ②76, ②88, ②206, ②262, ②286, ②309, ②418, ②419, ②420, ②505, ②522, ②522, ②618, ②734, ②735
或「く」　10820003-⑦80
或は　11005003-①36
或ハ　11005025-4オ1, 4オ1
或(い)は
11005080-上2オ4, 上23オ7, 上24オ6, 上97ウ3
或(い)は＼「く」　11005080-上2オ5, 上6オ4, 上6オ5, 上6オ5, 上9オ5, 上9オ6, 上9オ7, 上11ウ3, 上11ウ3, 上11ウ4, 上11ウ4, 上11ウ4, 上15ウ2
或「(イ)く」　11005080-上2オ7
或は＼「く」　11005080-上4ウ2
或(い)「く」　11005080-上6ウ4, 上22オ1, 上22オ7, 上22オ7, 上23ウ2, 上23ウ5, 上23ウ7, 上24オ3, 上24ウ1, 上24ウ3, 上25オ2, 上25オ5, 上25オ5, 上25オ7, 上25ウ1, 上25ウ4, 上25ウ6, 上26ウ1, 上26ウ1, 上26ウ2, 上27オ1, 上27ウ1, 上27ウ1, 上32オ5, 上32オ5, 上32ウ2, 上32ウ3, 上34オ2, 上36オ4, 上40ウ1, 上40ウ4, 上40ウ4, 上41ウ7, 上42オ7, 上42ウ2, 上49オ1, 上49オ2, 上49オ3, 上49オ3, 上49オ4, 上53オ3, 上53オ4, 上53オ5, 上53ウ5, 上53ウ6, 上54オ6, 上54オ6, 上57ウ3, 上57ウ3, 上58オ3, 上58オ5, 上60オ3, 上65ウ5, 上65ウ6, 上71ウ3, 上71ウ3, 上83オ6, 上83ウ1, 上87オ2, 上94オ5, 上97ウ3
或(いは)＼「く」　11005080-上9オ7, 上9オ7, 上11ウ5, 上11ウ7, 上11ウ7, 上16オ2, 上19ウ4, 上19ウ4, 上20オ7
或いは＼「く」　11005080-上24ウ7
或(い)「く」復
11005080-上26ウ5, 上26ウ6, 上38ウ3
或(い)「く」云へ＼「ク」　11005080-上28ウ4
或「くシ(「イく」の誤か)」　11005080-上50ウ2

有イハ 11140007-⑫38, ⑭25
有ルイハ 11200015-⑩136
有アルイ(ハ) 11630001-①16

アルガ(有)
〔或〕11563
或(る)か言く 09505020-226
或(ル)カ曰ク 12140002-⑪217
或□□〈ルカ〉曰(ク) 12140002-⑪218
〔或有〕11563 14332
或る_有か 10820003-②62
〔有〕14332
有る(か)計(すら)く 10820003-②54
有(る)か／「ルヒトノ」云く／「ク」 11005080-上108ウ5
有るか／「ルヒトノ」云「ク」 11005080-上109オ1

アルカタチ(消息)
〔情之委曲〕10756 00125 06181 14280
情_之_委曲アルカタチを 12360002-10ウ1
〔所見〕11715 34796
所見アルカタチ 11505075-⑰149-7
〔本末〕14421 14420
本_末アルカタチを 12360002-9ウ8
〔消息〕17529 10601
消息アルカタチを 10005008-㉒402, ㉔19
消息アルカタチ 11005115-㉒402, ㉔19
消息アルカタチヲ(平上上上上上) 11420003-⑬16ウ
消息アルカ(タ)チ 11420003-⑬16ウ
消息アルカタチ 11420003-⑬19ウ, ⑯27ウ
消息アルカタチを 11505075-⑪45-2
〔行狀〕34029 20280
行狀アルカタチヲ 11505075-⑰152-2
〔行迹〕34029 38827
行迹アルカタチ 11420003-⑬15オ
行迹アルカタチを 11505075-⑰153-1

アルキアキナヒ(商)
〔商〕03803
商アルキアキナヒ 12860001-③62オ2(口10)

アルク(歩)→アリク
〔擧〕12863
輕(平)(カロ)ク_擧(上)ミタセル アルキ(「アルキ」衍) 11630001-⑤26
〔歩行〕16264 34029
歩行アルク 11420003-⑬12オ
〔行〕34029
周行上女具利下安留支 08105009-下38
周行上女久利下安留支 08105015-下38
行アルキ 08105023-49-19
不を行ア(ル)カ 11140007-④180
行アルク 11280014-③161
行アルク 11360001-11オ4
起(チ)て行アルケハ 11450001-⑤7オ5
行アルクコト十四歩スレは

11450001-⑤7ウ3

行アルクハカリ 11450001-㉑20オ3

〔遊〕38994

遊アルキ(右行の「學」に附せり)_覧(ミ)ルに

11630001-⑤27

アルコト(或事)→アル

〔或〕11563

或アルこと 11380002-南42ウ

アルジ(主)

〔主〕00100

主アルシ 10005008-㉒140

主アルシ 11360001-8オ1

郊廟主アメノシタノアルシ

11420003-⑮12オ

主アルシを 11505075-⑭89-5

主アルシ

11505075-⑭89-5, ⑭89-5, ⑭89-5

主アルシハ 11550009-17ウ3

主アルシ 12505019-4ウ

客マラウト主アルシ 13440001-10ウ

主アルシ 13440001-27ウ

主アルシ 13860001-11-1

主シ 14200001

〔主人〕00100 00344

主人ア(ルシ)と 10005008-㉒141

主人ア(ルシ) 11005115-㉒141

主人アルシ 11130001-④15ウ

主人アルシ 13440001-8オ, 12ウ

主人ア(ルシ) 13440001-12ウ

〔君〕03323

君アルシ 11360001-48オ2

〔帥〕08886

帥アルシ 12005022-20オ3(32-4)

帥アルシ 12860001-①22ウ2(32-4)

アルシタリ(下哆唎)(地名)

〔下哆唎〕00014 03590 03706

下アルシ哆タ唎の國 11505075-⑰144-5

アルトキ(或時)

〔乍〕00130

乍アルトキ(ハ) 11160007-③250

乍アルトキ(ハ) 11450001-㉑17オ8

乍アルトキハ 11550009-48オ6

乍アルトキは 13440001-10オ

〔或〕11563

或ときには 08105023-49-16

或アルトキハ 08280002

或あるトキに(は) 08305001-①9-17

或(る)トキには 08305001-①12-19,

②34-14, ③44-19, ⑦137-19, ⑦137-20,

⑦137-20, ⑧168-10

或(アル)時は 08505013-1, 2

或トキニは 10505003-①178, ②13

或(トキ)には 10505003-①179

或ときには 10740001-③22

アルトキ

アルトコロ(或所)

〔或〕11563
或トコロハ　10165001-②7オ1
或アルトコロハ　10505019-⑳7
或トコロ　10505019-⑳7
或ときに「トコロニハ」　10870001-⑦310
或るトコロニハ　11140007-⑯16
或(ル)トコロハ　11280014-②2
或アルトコロ(ニ)ハ　13440001-10オ
或トコロニハ　13440001-10オ
〔或處〕11563 32697
或ル處ニハ　09505116-30
〔有〕14332
有るトコロ　10740003-①232
「有トコロニ」　10870001-①45

アルハ(或)→アルイハ

〔或〕11563
或は　08305011-7-8, 17-8, 25-3, 29-2,
43-9, 47-2, 67-4, 67-6, 75-3, 85-3, 179-8,
181-3
或アルハ　08505005
或は　10450001-8, 32, 32, 33, 34, 35, 35, 66,
66, 67
或ハ　10640003-6
或ハ　11340007-①35ウ2, ①40オ1, ①40ウ5,
②32ウ1, ②32ウ1, ③1ウ7, ④23オ5
或「は」痛「ミ」或「は」死「るマテニ」　11340007-④62オ6
或は　11450001-㉒11-4, ㉒11-5, ㉒11-26
或は　12005006-下16
或ハ　12410001-③3
或アルは　12410003-1-2
或ハ　12505010-96
或は　12505047-47, 47
或ハ　12840003-①1オ5, ①25ウ5, ①31ウ5
或ハ　12880003-24
〔有〕14332
有「ルハ」　10820003-⑩319
有「アルハ」　10820003-⑩673

アルヒト(或人)

〔或〕11563
或あるヒトは　08305001-⑨177-4, ⑨177-4
或ヒト　08505008
或ひと　09480002-29オ3
或る人ノ謂く　09505020-129
或る人(の)云　09505020-129
或人　09505020-277
或人　10165001-②5オ3, ②6オ3
或(ア)ル人　10165001-②15オ7
或人　10730001-⑨5ウ10, ⑨13オ6
或ヒト ヒト　10730001-⑩15-7
或ヒト　10730001-⑩26-7
或「る」ヒトは　10870001-③80
或人の謂く　11140007-⑳3

或(イ)は有か「(アル)ヒト」ノ　11200015-⑥59
或(ル)ヒトノ云　11280014-②118
或人曰ク　11340007-①5オ6
或人　11340007-①17オ3
或人ノ曰　11340007-①34オ2
或人ノ曰ク　11340007-②21オ4
或人ノ告テ曰　11340007-④9オ4
或ヒト　11380002-東1ウ
或アル人　11450006-21
或アルヒト　11550009-32オ7
或アルヒトノ　12110002-4
或ア(ルヒト)　12505019-15ウ
或アルヒトノ　12505072-24
或ルヒト者　12840003-①35ウ5
或ルヒトノ　12840003-③6オ5
或アルヒトノ　12840003-③11ウ2
〔有〕14332
有ルヒトの　08305001-⑧144-22
有ルヒトは　08305001-⑩190-1
有アルヒト　09550001
有るヒト　10165001-①251-8, ①256-4
有人ノ　10165001-②3ウ2
有ヒト　10200001-②8オ5
有人の也　10200001-③23オ7
有ヒトハ　10200001-⑥11ウ8
或は有ルヒト遇天甘露　10505069-⑪32
有「アルヒトハ」　10820003-⑩628
有る(ひと)／「アル」　11005080-上92ウ3
有(る)か／「ルヒトノ」云く／「ク」　11005080-上108ウ5
有るか／「ルヒトノ」云「ク」　11005080-上109オ1
有「ヒト」　11130003-①10
有「ルヒト」　11130003-①12
有るヒトナリ　11260001-③30
有ル人　11280014-①271
有アル人　11280014-①301
有ル人ハ　11280014-②393, ②393
有ルヒトノ　11280014-③211
有ル人ヲ　11280014-③400
有ル人ノ　12840003-①23オ4

アルミ(有身)(存疑)

〔有〕14332
有アル「ミヲ」「潔キヨク」　11505075-⑭66-3

アルヨノイト(夾紵)

〔夾紵〕05867 27353
夾(入)-紵(平輕)チヨ音 アル世乃イト乃 (存疑) (下欄外) 紵直呂反 白麻布也　11260001-⑦228

アレ(彼)

〔彼〕10066
彼アレは　08830001-⑤6-3(209-5)

アレ(我)

〔余〕00515

余ア(存疑)レ 11420003-⑬14ゥ
余アレ 11420003-㉑3オ
神日本ヤマト磐イハ余アレ彦尊 12360002-17オ7
〔吾〕03379
於吾亦兄アレニモセ 11420003-⑮20ゥ
〔我〕11545
我レ 08105005
我屈辱アレニハチミセツ 12360002-17オ2
〔某乙〕14618 00161
某乙アレ 08505007-①5-8
アレドコロ(荒所)
〔墟〕05457
爲(ラ)む墟アレトコロと 10005008-㉔289
アレマス(生)→ミコアレマス
〔生〕21670
生アレマシナカラ 10005008-㉒16
生アレ(マ)せり 10005008-㉒381

生アレマシナカラ 11005115-㉒16
生アレ(マセリ) 11005115-㉒381
生アレマセリ 11420003-⑫6ゥ, ⑫9オ, ㉓5ゥ
生アレマシキ 11420003-㉑2オ
生アレマス日ヒ 11505075-⑪15-6
生アレマセリ 11505075-⑪16-8
生(アレ)マシて 11630001-③31
生アレマセル 12360002-13ゥ2, 13ゥ2
〔産〕21684
産ア(レマ)せり 10005008-㉒16
産ア(レマセリ) 11005115-㉒16
産アレマシて 11505075-⑭58-4
アレマフ(赫)
〔赫〕37010
赫アレマフ 10505014
アロシ(下)(地名)
〔下〕00014
下アロシ 11505075-⑭108-5

アロシタリ(下哆唎)(地名)
〔下哆唎〕00014 03590 03706
下哆唎アロシタリ 11505075-⑰130-5, ⑰130-5
アロシヒト(共食者)
〔共食者〕01458 44014 28853
共食者アロシヒト 11505075-⑭101-7
アワ(泡)→ウキアワ、シホアワ、ミヅ
チノアワ、ミヅノアワ、ムラアワ、
ユノアワ
〔歐〕16185
歐アワ 13860001-89-3
〔沫〕17235
沫アハ 10790001-下28ゥ
沫アハ 11130001-③15オ
沫アワ 11360001-61ゥ1
沫アハ(ノ)水の中に 11450001-⑭61ゥ9
沫アハ 11450001-㉒11-7

沫ア(ワ)を 11505004-①3ウ5

沫アハ 11590002

沫アハ 12005022-26ウ3(35-10), 27オ6(36-1)

沫アワ 12005022-32オ6(39-4)

沫アハ 12005133-4オ8

沫アワナリ 12840003-②20オ6

沫アハ 12860001-①30ウ1(35-10), ③4オ6(46-9), ③8オ2(48-1), ③25オ4(53-3), ③28ウ1(54-2), ③41ウ4(57-6), ③57ウ5(60-6)

沫アワ 12860001-②5オ4(39-4)

沫□(ア)□〈ハ〉 12860001-③49ウ6(58-6)

沫アワ 13860001-83-4

沫アワ 18400001-⑥9-10

〔泡〕17307

如く…生するか泡アハを 10640005-①4ウ

浮「ヘル」泡「アハノ」の 11200015-⑦140

泡アワ 11360001-61ウ2

如ナル泡アハノ 11550009-28ウ1

泡アハノ如ノ 11550009-38オ6

泡アワ 13860001-83-5

〔漚〕18139

漚阿和 08105009-下18

漚阿和 08105015-下18

漚アハ 12360003-下18

漚アワ 13860001-89-3

〔滐〕18160

滐アハ ミツチ 12840003-②20ウ2

滐(ミツ)ノアハ 12840003-②20ウ7

アワシヒト(存疑)

〔共食者〕01458 44014 28853

共食者アロ(「ロ」は「ワ」の誤か)シヒト 11420003-⑭27ウ

アワシホ(泡鹽)

〔鹵鹹〕47528 39926

鹵(上)ロ鹹(平)カム アワシホ 11505004-①46オ4

鹵鹹和名阿和之保(平平平平) 11505004-①57ウ4

アワツ(惶)

〔住立〕00505 25721

住_立アハテ、 11630001-⑤302

〔傴〕01020

傴アハテ 11505521-下18-31オ5

〔周憧〕03441 11102

周-憧アハテ 11300001-⑧6

〔周章〕03441 25761

周章アワテ、 18400001-②7-15

〔忙怕〕10334 10448

忙怕アワテオヒユ 08505007-①32-3

〔怕〕10448

忙怕アワテオヒ江 08505007-①29-4

〔急來〕10475 00581

急來アワ(「ワ」存疑)テ 11420003-㉑5オ

〔惋〕10771

駭イロ（「ロ」は「ワ」の誤か）ケ惋アワテ、 11505075-⑭63-4

〔惶〕10863

惶アワテヽ 11360001-39オ1

〔憧〕11102

憧アハテ 11360001-39オ1

〔憧惶〕11102 10863

憧惶アハテ、 18400001-②6-38

〔懅〕11324

懅アワテ、 11230001-②69

〔揔悴〕12596 10726

揔（平）ソウ悴ハ「ウトイソキ」（消） ア（ワ）テ

、（「アハテ、」と續け讀ましむ） 10505007-21-5

〔澆〕18317

澆「アハテたるに」 10990002-⑨165

不して澆アハテ 11000003-448

澆ケウ反アハツ薄を 11630001-②455

澆薄ヤホヘリアハテタリ 11630001-④208

澆アハテ 12840003-③17ウ2

〔澆漓〕18317 18127

澆（平）ケウ漓（平）リシテアハテモテイテ 11550009-35オ2

〔章〕25761

章アハテヽ 11360001-41オ2

〔耗〕28909

減耗（平）カウナリ アハツ 11100001

〔遽〕39161

忩イソキ遽アハテタルを 11130005-86オ

惶オチ遽アハテて 11630001-⑤178

惶オソリ遽アハテ、 11630001-⑧211

〔醇〕39901

醇音春アハテ醨（平）リ反テスラク 11630001-②111

〔鉗〕40306

鉗アハテツクムテ口ヲ 10505007-55-8

〔陵〕41704

陵（平）アハテ夷（平）（シテ） 12140002-⑫193

アワツ（泡）

〔沫〕17235

沫アハツ 11380002-天20オ

アヰ（藍）→アヰノミ

〔紅藍花〕27243 32258 30734

紅藍花和名久礼乃阿為 11505004-①81ウ1

〔藍〕32258

藍アヰノ色 11350010-8-7

藍アヒ 11360001-66オ2

藍アヰ 12505019-5ウ, 54オ

藍アヰ 13860001-90-4

〔藍青〕32258 42564

藍青アヰを 11505004-①27オ3

〔藎草〕32262 30945

藎草又アシノアヰ 11505004-①53オ5

藎（去）草又阿之乃阿為（平上○平平）

〔鷄冠草〕47209 01580 30945　11505004-①66オ3
鷄冠草 和名加良阿為　11505004-①80ウ5

アヰ（藍）（地名）
〔藍原〕32258 02973
藍原に アヰ　11505075-⑭87-2

アヰノミ（藍實）→アヰ
〔藍實〕32258 07294
藍實 和名阿為乃美（平上〇〇）　11505004-①60ウ2

アヲ（青）（人名）
〔青〕42564
青 アヲ　11505075-⑭69-8
青等 アヲ　11505075-⑭94-3

アヲウナバラ（蒼海）
〔蒼海〕31627 17503
蒼海 アヲウナハラ　11420003-㉓9オ

アヲウミ（滄溟）
〔滄溟〕18007 17947
滄溟 アヲウミ　12505019-30オ

アヲウミノハラ（青海原）
〔青海原〕42564 17503 02973
青海原 アヲ（ウ）ミノ（ハラ）　10505150-1左
青海原（アヲウミ）ノ（ハラ）　10505150-4左

アヲカヅラ（青葛）
〔防己〕41576 08742
防己 アヲカツラ 音以　11505004-①52オ7
防己 和名阿乎加都良（上〇上上平）　11505004-①63オ2

アヲキウマノマラ（白馬莖）
〔白馬莖〕22678 44572 31052
白馬莖 和名安乎支馬乃万良　11505004-①73オ1

アヲキカネ（鍮）
〔鍮〕40645
鍮 アヲキカネ　11360001-29オ1

アヲキタマ（碧）
〔碧〕24334
碧 アヲキタマ　12005022-15ウ1（13-8），
23オ3（34-1），46ウ6（43-10）
碧 アホキタマ　12005022-44オ2（42-8）
碧 アヲキタマ　12860001-①16ウ5（13-8），
①26オ4（34-1），②19オ5（42-8），
②22ウ3（43-10），③15オ3（50-3），
③22ウ6（52-7），③24ウ5（53-2），
③30ウ5（55-1）
碧 アオキタマ　12860001-③1ウ4（46-1），
③18オ2（51-3），③36オ4（56-4）
碧 アホキタマ　12860001-③40ウ1（57-5）

アヲキムマノマラ（青馬莖）
〔白馬莖〕22678 44572 31052
白馬莖 アヲキムマノマラ　11505004-①46ウ7
白馬莖 和名安乎支馬乃万良　11505004-①73オ1

アヲクロ（青黒）

〔乾陀〕00204 41600
乾陀なり （上欄外）青黒色也　10120001-28ウ
〔倉黑〕00756 48038
倉黑アヲクロ（ニシテ）　11505004-①12オ3
〔青驪〕42564 45090
青驪アヲクロ（上上上上）ナリ　12505072-8

アヲシ（青）

〔滄浪〕18007 17482
滄浪アヲクシて　11630001-④258
〔環〕21287
環アヲキト（「ト」存疑）　08505020-33-7
〔疸〕22094
疸アヲシ　11360001-44ウ3
〔監〕23032
監ラム反 ナ□キ（「アヲキ」の誤か）　11300001-⑦11
〔眞〕23235
眞アヲシ　11360001-15オ1

〔碧〕24334
碧（ア）ヲ（キ）　08005005-11
碧キ　08305011-57-9
碧アヲキ　08505020-15-14
碧ヲシ　11380002-西28オ
〔紺〕27362
紺アオシ　11360001-66ウ1
〔綠〕27541
綠アヲキ　11050002-25オ
綠アヲシ　12230001-44オ
〔翠〕28732
翠アヲキ　09005007-2
葱アヲく「（平）」翠アヲき（「き」存疑）を「（平）」（去）タルヲ」　09505020-60
翠アヲキ「アヲキ」　11005080-上31ウ7
□〈翠〉（去）アオキ□〈嶺〉ミネ　11260001-⑦19
金（平輕）-翠スイ音 金青也　11260001-⑦68

翠アオキ柳　11350010-7-1
〔菍〕31330-01
菍アヲク浅青 翠ナ（ル）ヲ以（テ）　12140002-⑫62
〔葱〕31454
葱アヲく「（平）」翠アヲき（「き」存疑）を「（平）」（去）タルヲ」　09505020-60
〔蒼〕31627
蒼アヲキを　11450001-⑧56オ9
〔藍〕32258
藍アヲキ褸ルイトヲシテ　11130005-61オ
〔青〕42564
青アヲ珠　08305004-99
青（き）に（し）て　08305011-135-3
青くして　08505020-33-7
青「アヲキ」羊「ヒツシ」已「モテ」爲せり座と　10590001-74
青「キ」天　10820003-③217
青「シ」　11005080-上29オ2

青し／「シ」 11005080-上29オ5
青アヲウシて 11130001-③15オ
青ア(ヲク)黒ク(ロシ) 11130001-④21ウ
青キ 11210001-①130
青キ物 11210001-①131
青ク 11260001-③142
青き石 11260001-③164
青キ草 11280014-③17
青キ 11340007-①35オ3
青ク 11350010-17-1
青アヲシ 11360001-62オ1
青キ 11450001-㉑19オ6, ㉒11-6
青ク 11505004-①10ウ4
新(シ)キ-青キ布 11505004-①27オ3
青キ幕(入濁)ハク 11550009-31ウ5
青(アヲ)キ 11630001-③222, ⑤216, ⑧453
青(アヲ)ク白 11630001-⑥306
青ヲシ 11850004-①56

青(アヲ)シ 12360003-下30
青シ 12505010-178
青キ 12505010-350
青キコト 12505019-54オ
青キカ 12840003-③3オ3
青シ 12840003-③7ウ5
青璧のアヲキイワヲ 13440001-1ウ
青アヲシ 13860001-84-2
〔青翠〕42564 28732
青翠アヲク 09005007-6

アヲシロ(青白)
〔艾白〕30648 22678
艾-白アヲシロナリ 11160007-④374

アヲナ(青菜)
〔蕪菁〕32004 31136
蕪菁和名阿乎奈 11505004-①78オ5
〔青菜〕42564 31184
青-菜名 11860003-210

アヲナマリ(鉛)
〔鉛〕40310
鉛アヲナマリ 18400001-①12-1

アヲニ(青土)
〔緑青〕27541 42564
緑青和名安乎仁(平平平) 11450001-①47ウ6
緑青和名安乎仁 11505004-①55オ7

アヲノリ(青海苔)
〔陟厘〕41659 02946
陟厘和名阿乎乃利(平平上平) 11505004-①63ウ6
〔青苔〕42564 30778
青-苔 11860003-207

アヲハカ(青墓)(人名)
〔青墓〕42564 05431
青アヲ墓ハカに 11505075-⑭105-8

アヲバヘ(青蠅)
〔蛆〕32963

蛆アヲハヱヲ　11340007-②23オ4

〔青蠅〕42564 33690

青-蠅アヲハヘ之　11550009-45ウ3

アヲビエ（竹刀）

〔竹刀〕25841 01845

以竹_刀アヲヒヘ（平平上平）　12360002-7オ6

〔薄〕32083

薄アヲヒエ　11280014-①282

アヲヒトクサ（青人草）

〔蒼生〕31627 21670

顯_見蒼_生ウツシ（キ）アヲヒト（クサ）　12360002-6ウ7

アヲブチ（青潭）

〔碧漂〕24334 18102

碧漂のアヲフチ　13440001-1ウ

アヲヘシ（青潭）

〔青滑〕42564 18032

青滑ヘシ　11860003-42

アヲミドリ（青綠）

〔縹〕27837

縹アヲミトリ色　10820003-③215

アヲム（青）

〔青〕42564

青阿乎未瘀ツ志米流頭（?）　08005022-15

青アヲミ腫レタリ　11050002-70オ

青アヲミ乾レヌ　11130001-④8ウ

青アヲミナカラ（?）　11130001-④8ウ

アヲムシ（青蟲）

〔螟〕33429

螟アヲムシ　10020001

アヲヤカ（青）

〔青々〕42564 00097

青々とアヲヤカナル　13440001-26ウ

イ

イ（五）→イツツ、イトリ

イ（五十）

〔五十〕00257 02695

五十イの兵士　10005008-㉔282

五十イ（ノ）兵士　11005115-㉔282

イ（寢）

〔寢〕07289

不寢イモネ　08305004-182

イ（膽）→クマノイ

〔脯〕29543

胏脯上音之反　訓支毛　□（下）普音反　訓伊　08105007-上1

脯訓伊也　08105015-上1

〔膽〕29933

膽イノ力ラ　08580002-60

膽イ　10320001-4ウ3
膽イを　11230001-②319
膽イ　11450001-㉑14ウ2, ㉑15オ7, ㉒2-17
膽イ　11505004-①47オ3
膽イ　13440001-22オ
膽ヒ　13760001

イ(汝)

〔爾〕01244
爾イカか之　10005008-㉔196
爾イカ之　11005115-㉔196
爾イカ　11505075-⑰142-3

〔汝〕17138
汝之イカ　11505075-⑳176-3

イ(助詞)→アルイハ、イイ、イハ

〔者〕28853
護(ら)むい者は　08305001-⑥100-10
知レラむいは者　08305001-⑦124-15
行(せ)む者い　08305001-⑦133-7
欲(は)む者いは　08305001-⑧143-6
小なるいは者　08305001-⑩197-10
住せる者い　08305001-⑩206-7

[補讀]
伊　08005006-15
伊　08005008-16
作イハ　08105005
者イ　08280001-23
天神らイ　08305001-①5-2
と…藥叉とい　08305001-①5-11
天神等い　08305001-①5-14
所讃たるい　08305001-①6-4, ①6-4
衆生い　08305001-①7-8, ①9-8, ①10-2, ②24-6
非人い　08305001-①7-20
有ルヘシ知るい　08305001-①7-21
貧人い　08305001-①9-17, ①9-19
名ケラル、い　08305001-①11-20
微淺なるい　08305001-①12-10
寒キい時に　08305001-①12-21
鼠ネい　08305001-①13-4
繩い　08305001-①13-6
鵂セウ鶹レウ鳥テウ　カヤクキい　08305001-①13-8
鳥と鵂鶹鳥とい　08305001-①13-8
此レのい是レ　08305001-①14-4
說(き)たまふい　08305001-①18-3
不ヌいは修行セ　08305001-②27-18
弟子衆い　08305001-②28-3
との等キい　08305001-②31-16
妙幢い　08305001-②33-8
有ルとい　08305001-②37-3
生(せ)むい　08305001-②39-6
讚歎(し)たてまつるいは　08305001-②41-3
種(ゑ)たるヒトい　08305001-②41-7
別い　08305001-③43-4

イ

と藥叉の等キとい	08305001-⑩206-5
名は日商王といふい	08305001-⑩207-6
大衆い	08305001-⑩208-10
某甲イ	08305004-288
近執い	08305011-7-8
彌勒い	08305011-17-10
菩薩い	08305011-25-3
家い	08305011-31-8
福力い	08305011-35-1
眞知い	08305011-35-2
女い	08305011-39-8, 61-4
樹い	08305011-51-6
知い	08305011-55-3
法堂い	08305011-55-9
智い	08305011-71-9
神珠い	08305011-83-3
智□〈い〉	08305011-83-7
明すいは	08305011-87-5
飜せるいは	08305011-87-9
欣フいは	08305011-99-2
彼レい	08305011-133-4
有情い	08305011-155-8
衆い	08305011-175-5
弟子い	08305011-175-6
犯戒せるい	08305011-175-8
歸依するいは	08305011-177-9
修するいは	08305011-181-3, 181-4, 181-5, 181-8
廻向するいは	08305011-183-5
不すアるいは	08305011-189-7
剪キルイハ	08505008
玄奘い	08505014-3, 55, 79
雲官い	08505014-31
夏ヶ載い	08505014-32
時い	08505014-45
近執い	08505020-3-5
家い	08505020-9-12
女い	08505020-11-12, 16-9
明すい者は	08505020-12-9
非人い	08505020-13-16
衆色い	08505020-15-16
如意神珠い	08505020-15-19
智い	08505020-18-5, 21-20
天人い	08505020-18-20
大神い	08505020-19-8
神珠い	08505020-21-15
明すいは	08505020-22-15
飜せるイ	08505020-22-19
衆い	08505020-26-11
不爾い	08505020-29-5
脈い	08505020-32-30
恐怖あるいは	08505020-36-18
識しめたまふい（「い」存疑）	08505020-37-6
見るイハ	08505020-38-1

誦せるヒトイ	08505020-40-1
澤家い	08505020-40-2
天い	08505020-40-17
敬喜するイハ	08505020-41-10
修ハムイは	08505020-41-10
悔浄するイハ	08505020-41-11
歸依するイハ	08505020-41-12
修するいは	08505020-42-11, 42-12
修するイハ	08505020-42-16
多-時にするイハ	08505020-43-4
生するイハ	08505020-43-7
觀するイ	08505020-44-5
修ハムいは	08505020-44-12
退せ不(ある)イハ	08505020-44-13
智イ	09430001
唯境い	09505007-7
號イ	09505116-12
恵イ	09505116-44, 47, 360

佛イ	09505116-57
如等イ	09505116-57
八正道イ	09505116-64, 66, 68, 71, 72
法等イ	09505116-69
陳如等イ	09505116-73, 142
戒定恵イ	09505116-79
□-體イ	09505116-83
體イ	09505116-85, 86, 87, 96
三乘人イ	09505116-145, 552
无間道者イ	09505116-227, 228
无縁者イ	09505116-230
戒イ	09505116-302, 363
八正道支イ	09505116-305
見道者イ	09505116-323
見道无漏者イ	09505116-342
聖王イ	09505116-344, 347
說イクコト	09505116-379
第イ	09505116-380

舛イ	09505116-421
七イ	09505116-446
支イ	09505116-448
念イ	09505116-462
分別者イ	09505116-521
法門イ	09505116-535
此イ	09505116-620, 622, 625, 627, 759, 765, 816, 817, 817, 931
加行者イ	09505116-660
得知イ	09505116-679
輪イ	09505116-762
行法イ	09505116-837, 838
□諦イ	09505116-843
六境イ	09505116-1025
樂イ	09505116-1063
法イ	09505116-1072
種子イ	09505116-1128
現行イ	09505116-1128, 1129

イ

无間ニ有イ（シハ） 09505116-1156
无間ニシア（ルイハ） 09505116-1158
開導依ニシアル（イハ） 09505116-1159
有イ（ハ） 09505116-1162
開導依ニシア（ルイハ） 09505116-1163
心々所イ 09505116-1166, 1167
芔イ 09505116-1240
異性イ 10100001
者イ 10100001
受ケムイハ「テハ」 10165001-①232-3
見エいは…者「ハ」「ミエ」 10165001-①247-5
何況…希(フ)イヲヤ 10165001-②5ｳ4
希(フ)イヲヤ 10165001-②5ｳ4
此い能-變(ス)レは 10200001-①1ｳ6
諸有情い 10200001-①2ｳ2
心い 10200001-①2ｳ4
內識い 10200001-①2ｳ6
地水火風與い堅濕等 10200001-①11ｵ1

許(セル)い 10200001-①12ｵ6
色根い 10200001-①13ｳ8
无表い 10200001-①20ｵ5
相い 10200001-②1ｵ7
謂オモへるいは 10200001-②6ｵ1
由(ル)の(?･)い 10200001-②15ｵ5
決-定せるイ 10200001-②19ｳ5
容受也るい 10200001-②20ｳ7
異熟識い 10200001-②26ｵ1
彼れい 10200001-②28ｵ8
彼い 10200001-③24ｵ3
世尊い 10200001-④13ｵ6
二い 10200001-⑥7ｵ3
等(キ)い 10200001-⑥14ｳ1
貪い 10200001-⑥18ｵ8
命い 10200001-⑧20ｵ3
由猶也客障い覆て令不顯 10230001-9-7
无住涅槃の之か所たり建立する（イニラル） 10230001-14-9

彼かレい 10230002-①127
供養するイ 10505003-①270
種タルイハ 10505003-②11
不い從シタカフて他に聞 10680005-3ｹ
如く此之人イ速得む成就ことを 10740003-①163
離タルイ 10740003-①181
福德の伴イ 10740003-①203
德の伴イ 10740003-①205
彼れイ 10740003-②400
彼イ 10740003-②612
彼イ無シ 10740003-②622
有(る)イは 10820003-②23
遍嚴と(いふ)者「イ」は 10820003-②30
彼「カレイ」れ 10820003-②205
所有「ルイハ」 10820003-②860
諸魔「イ」 10820003-③249

利樂「スルイ」　10820003-③667
彼「レイ」　10820003-④263
衆生「イ」　10820003-⑤662
成「スルイハ」　10820003-⑦86
有「アルイハ」　10820003-⑦333
此の法「イ」　10820003-⑧637
入「イルイハ」　10820003-⑨233
四象「イ」に　10870001-①43
滿ラムモノ「ラムヒトイ」　10870001-①272
滿チて「ムトイ」　10870001-①273
如「クアラムイ」して　10870001-①279
至レルと「トイ」　10870001-①308
得「タラムイ」て　10870001-①382
來「レルヒトイ」　10870001-③137
乃是レ「い」　10870001-③555
恆河沙アテ「なるい」　10870001-⑤435
大智の力アテ「アルい」　10870001-⑤444
作ナルヘキ「ムトアルイ」佛「に」と　10870001-⑤457

イ

令シメテ「テシイ(「イ」存疑)」　10870001-⑤486
有「ム」人「い」　10870001-⑦153
爲レ是也「い」　10870001-⑦158
若有「ム」女人「い」　10870001-⑦193
若人有「ムイ」　10870001-⑦217
不「い」す「人」孝せ　10870001-⑦289
者モノ「い」は　10870001-⑦305
若有「ム」人「い」　10870001-⑧84
明了ナルイ　10930009
彼ノ-生スル-心い　11030006-②15オ
心『い』　11030006-②35ウ
心い　11030006-②35ウ
日光い　11030006-②37ウ
非有い　11030006-②42ウ
諸オホヨソ有アルイハ　11030006-③28ウ
因「イ」　11130003-①1
法「イ」　11130003-①11
有イ　11130003-①12, ①64

性-故トイフイ　11130003-①13
不「ハ」爾「シカイハ(アラ)」　11130003-①19
因イ　11130003-①35, ①45, ①50, ①53, ①54, ①57
二ナルトイ　11130003-①41
自相イ　11130003-①44
法イ　11130003-①46
用セラルトイ　11130003-①68
神宗イ　11130003-①69
宗イ　11130003-①73
智印い　11140007-④230
彼(レ)い　11140007-⑤3, ⑨95, ⑪80, ⑰110, ⑱47, ⑱63, ⑱95, ⑱137, ⑱141, ⑱154, ⑱154, ⑱159
聖者い　11140007-⑤97
聲論イ　11140007-⑦21
法イ　11140007-⑦107
衆イ　11140007-⑦151

居ルイハ 12840003-③17オ1

イイ（助詞か）

［補讀］

當トイイ 11020007-⑮8

イイマル（滞）→トドマル

イウ（射得）

〔獮〕20748

獮獲イエ（タリ） 11505075-⑪36-2（上欄外に「イエ可尋」とあり）

イウツス（沃寫）

〔寫〕07320

寫イウツシて「イウツシ」 10165001-①247-5

寫イウツシテ 11280014-①243

イカ（烏賊）→イカノコフ

〔烏賊〕18998 36759

烏賊イカ 11505004-①54オ4

烏賊 11860003-109

〔烏賊魚〕18998 36759 45956

烏賊魚和名以加 11505004-①75オ7

イカ（如何）→イカガ、イカガスル、イカジテカ、イカゾ、イカナル、イカナルヲカ、イカニ、イカニイハムヤ、イカニカ、イカニス、イカニゾ、イカニトナラバ、イカニトナレバ、イカニモス、イカノゴトキ、イカム、イカムゾ

〔奈之何〕05893 00125 00511

奈之何イカ 12005134-㉓4オ

〔奈何〕05893 00511

奈何（イ）カノ 08505007-②17-7

〔孰與〕06995 30212

孰與イカ 11420003-⑮7ウ

〔安〕07072

安イカ 11050002-34オ

イガ（刺）

〔刺〕01969

刺「イカ」 10820003-⑧350

イカガ（如何）

〔云何〕00254 00511

云何イカ、 10505024-21オ6

云何「カ、」 10740001-⑤38

云何カ、…禮せ不らむ 10790001-下18ウ

云何か…耶 10820003-②188

云何「ソ」カ 10820003-②352

云何イカ、 11000001-21

云-何なる（を）か／「カ、」 11005080-上93ウ7

云何（イ）カ、 11505084-3-22

云何（イ）カ、 12600001-13

云何（イ）カ、 12840003-①20ウ2

〔何〕00511

何カ、 10505007-6-5

何イカ、 10505007-6-5, 52-5

何カ、謂ムヤ 10505007-61-1

何イカ、 10505024-7ウ5
何イカ、 11005025-23オ7
何イカ、 11130001-④2オ
何イカ、にか 11130001-④2オ7
何イカ、 11140002-10
何カ、 11160007-④355
何イカ、 11340007-①18ウ1（上欄外）
何イカか 11390003-7オ
何イカ、 11505084-3-12
何ソイカ、 11550009-11ウ1
將に セ何イカ、 11630001-⑤169
何（イカニ）か爲セム 11630001-⑧187
何カ、 11860003-14, 37, 137, 234
何イカ、爲セム 11860003-30
何カ、敢アヘム 11860003-235
何（イ）カ、 12150002-5
何（イカ）、 12505028-16-8

〔何如〕00511 06060
何如イカ、 12505019-54ウ
〔如之〕06060 00125
如之イカ、アラムヤ 10020001
〔如之何〕06060 00125 00511
欲スル如_之何イカ、セムト 11280014-①162
〔如何〕06060 00511
如何カ、 10165001-①262-7
如何イカ、 10165001-②23ホ5
如-何イカ、 10990002-⑧260
如何カ 11280014-②230
欲セムトスルト如-何イカ、 11280014-②343
如何（イ）カ、 12600001-9
〔殊勝〕16451 02409
殊勝イカカなりと 11140007-⑤136
〔盍〕22980
盍イカ、 10505007-54-4

〔若何〕30796 00511
若何イカカ（「カ」存疑）アル 11130001-③19ウ
无きか若之コレ何イカ、アラムトイフコト 11200015-⑨67
〔若爲〕30796 19686
若_爲イカ、 11130005-86ウ
〔詎〕35370
詎イカか 11505075-⑭60-7

イカガス（如何）

〔云何〕00254 00511
當「ニ」云_何「（イカ）カセム」 10740001-⑬76
〔何〕00511
何イカ、セムトイフ 10820003-⑨364
无きか若-之-何イカ、セムトイフコト 11510005-⑨246
何イカ、セムト 11560001-10
〔何爲〕00511 19686

何イカ、爲セムヤ 10505007-45-2
何イカ、爲セム 10505024-6ウ5, 15ウ2
何爲「セム」 10740001-⑤19
何爲字書伊加、世牟也 10990001-17オ
何爲(イカ、)セム 10990001-17オ
何爲イカ、セム 11380002-東27オ
何爲イカ、セム 12505019-6オ
何イカ、爲セム 12880003-48
〔奈何〕05893 00511
奈-何イカ、ス可キ 10990002-⑦326
奈_何イカ、セム 11005025-2オ6
奈何(イカ、)セムスル 11340007-③2ウ2
可キ奈_何(カ)ス 11340007-④9オ1
奈何イカ、セ(ム)トスル 11450006-18
〔如〕06060
欲「セムトスル」-如「イカ、」イカ、セムトスル 10165001-①235-1
〔如何〕06060 00511
如何イカ、セム 12505019-52オ
如何イカ、セムト云コトヲ 13440001-33オ
如何イカ、センむと 13530006-30-11
〔將何〕07438 00511
將何イカ、セムトスル 11380002-西29ウ
〔將至〕07438 30142
將至イカヾセム 18400001-②12-39
〔无若之〕13716 30796 00125
无□〈若〉之「イカ、セムト云事」 10740001-⑥59(下欄外)
〔示〕24623
示イカフ(「フ」は「、」の誤)すと 11200015-⑨55
〔若之行〕30796 00125 34029
若之行「イカ、シタマハム」 10740001-⑤73
〔若云何〕30796 00254 00511
將若云何イカ、セムトスル 10430002-⑬13

イガグリ(毬栗)
〔毬栗〕25093-01 14695
毬イカ_栗 11860003-215

イカジテカ(云何)
〔云何〕00254 00511
云何イカシテカ 10505024-8オ6, 32ウ6
〔何之〕00511 00125
何之イカシテカ 12005134-㉓3ウ
〔何爲〕00511 19686
何爲イカシテカ 10860002-24ウ2

イカシホコ(嚴矛)
〔嚴矛〕04589 23846
嚴矛イカシホコ 12005134-㉓6ウ

イカシミヨ(嚴代)
〔五十橿御世〕00257 02695 15629 10157 00031
五十橿御世イカシ(ミヨ) 10505150-14右

イカゾ(如何)→イカニゾ、イカンゾ
〔云何〕00254 00511
云何ぞ 08305011-125-6, 135-10

イカゾ

云何ソ 10200001-①ｳ4
云何そ 10505003-①139, ①159
云何そ有む 10505003-①258
云-何イカソ 10505024-5ｳ2
云-何イカソ 10505024-6ｳ2, 31ｳ2, 55ｵ5
云何イカソ 10505024-6ｳ3, 61ｵ2
云何イカソ 10505024-41ｵ4
云何ソ 10505024-45ｵ1
云_何ソ 10820003-②16, ②39
云_何(そ) 10820003-②48
云何「ソ」か 10820003-②352
云-何ソ 10870001-①304
云-何そ／「ソ」 11005080-上33ｵ3, 上34ｵ5
云「ク」_何ソ 11005080-上35ｵ6
云何そ 11005080-上106ｳ3
云何(イカ)ソ 11505084-3-22
〔何〕00511
何カソ 10505007-4-10, 51-7

何イカソ(「ソ」存疑) 10505024-7ｳ6
何「イカ」ソ 10820003-⑨732
何イカソ「かて」 10870001-⑤37
何イカソ 10990002-⑩156
何そ「(イ)カソ」 11005080-上9ｳ2
何そ／「ソ」 11005080-上9ｳ2, 上9ｳ6, 上9ｳ6
何そ 11005080-上9ｳ3
何そ／「(イ)カソ」 11005080-上78ｵ1
何イカソ 11340007-④27ｵ5
何イ(カソ) 11505075-⑪22-7
何イカソ 11505075-⑰146-2
一何イカソ 11630005
何イカソ 13440001-4ｵ
〔何如〕00511 06060
如_何イカソ 11630001-⑤56
〔何故〕00511 13161
何故(イ)カ(?)ソ 12505019-41ｳ
〔何爲〕00511 19686

何爲ソ 11340007-④12ｵ2
〔奈何〕05893 00511
奈何イカソ 11130001-④4ｳ
奈我何イカソ 12510006-57-1
〔奚〕05930
奚イカソ 09480002-29ｵ5
〔如何〕06060 00511
如何いかそ□ 08305011-115-8
如何そ 10200001-①4ｵ6, ①9ｳ5, ①9ｳ6
如-何イカソ 10570002-2ｵ
如_何イカソトナラハ 10930009-⑪6ｳ
如_何イカソ 11005025-3ｵ3
如何ソ其レ曠ハルカナルヤ 11005025-23ｵ7
如何ソ 11130003-①46
如何ソ 11550009-20ｳ3
如_何ソ 11550009-21ｵ7, 28ｵ3
如何(イカ)ソ 11630001-③397
如_何(イカン)ソ 11630001-④350

如何イカソ　13440001-27ウ(存疑)
〔孰〕06995
孰イカソ　09480002-4オ3
〔安〕07072
安イカソ　10930009-43ウ
安(イカ)ソ 何也　11160007-①322
安イカソ…ム焉　11160007-⑥88
〔寧〕07296
寧イカソ　11130003-①71
〔曷〕14290
曷イカソ　10990002-⑦248
曷イカソ　11005025-25オ5
〔烏〕18998
烏イカそ　11230001-②148
〔焉〕19076
焉イカソ　12840003-①29ウ1
〔熟〕19332
熟ツヒニ イカソ　12140002-⑫126
〔爭〕19663
爭ソ　09505116-377, 520, 534
〔盍〕22980
盍イカソ　10505007-17-4
盍イカソ　10990001-20オ
〔若何〕30796 00511
若何イカソアル　11130001-③19ウ
〔若爲〕30796 19686
若-爲イカソ　11130005-58ウ
若-爲イカソ　11230001-②155
〔蓋〕31652
蓋イカソ厭は／「トハ」〔蓋〕サラム／「サラム」　11005080-上36ウ4
〔詎〕35370
詎タレカ／か イカソ　10505019-⑰1
〔謂〕35759
謂「ソ」有「ム」　10740001-③60

イカダ(筏)

〔栰〕14731
桴栰伊可多　08105009-下25
爲して栰イカタト　10505019-㉓24
〔桴〕14807
桴栰伊可多　08105009-下25
〔桴栰〕14807 14731
桴栰伊可多　08105015-下25
〔筏〕26000
筏イカタノ聲　10860002-39ウ6
筏イカタ　11550009-54ウ3
筏イカタ　12230001-4オ, 44オ
筏イカタ　12860001-③33ウ4(55-9), ③39オ6(57-2), ③49オ2(58-4)

イガタ(模型)

〔模樣〕15453 15457
模_樣イカタ　11630001-①306

イカツ(烏賊津)(人名)

〔烏賊津〕18998 36759 17396

烏賊津イカツ　11420003-⑬18オ, ⑬18オ, ⑬18ウ, ⑬18ウ, ⑬19オ

イカヅチ(雷)→イカヅチナル

〔⿺辶雷〕39111

⿺辶雷イカツチノ如ニ　11380002-地41ウ

⿺辶雷イカツチノ如激し　12505035-45ウ3

〔雷〕42245

雷倭言伊可豆知　07905001-161-5

如ク雷イカツチノ　10505007-8-3

雷(イカツ)チ　10990001-23オ

雷カツチの/「イカツチノ」如し/「シ」　11005080-上17オ4

雷イ(カツチ)　11005115-㉒354

雷イカツチ　11360001-50オ3

雷イ(カツチ)　11420003-㉓8ウ

雷(イ)カツチ　11505075-⑭78-8

春ノ雷イカツチヲ　11550009-21オ2

雷イカツチノ撃(入)ウツニ ケキニ　11550009-44ウ3

雷イカツチノ震トヨミ(平濁平平) ヒ、キ　11550009-51ウ6

雷イカツチ　12005022-33オ7(40-8)

雷イカツチ　12860001-②6ウ2(40-8), ③46ウ5(58-2)

雷イカツチ　13860001-67-5

〔霆〕42299

霆イカツチノ響　11550009-51ウ6

〔震霆〕42300 42299

震(平)シン-霆(平)テイノ イカツチ　11550009-18オ4

〔霹靂〕42491 42523

霹(入)ヘキ-靂(入)レキノ イカツチ　11550009-21オ4

イカヅチナル(雷)

〔雷〕42245

雷イ(カツチナリ)て　10005008-㉔68

雷(ナ)る　10005008-㉔87

雨アメフリ雷イカツチナル　10230002-②449

雷イ(カツチナ)ル　10730001-⑪6-7

雷「イ(カツチナ)」る　10730001-⑪6-11

雷イ(カツチナリ)　11005115-㉔68

雷イカツチナル　11270012-95

雷(イカツチ)ナル　11420003-㉓10オ

雷イカツチナテ　12110002-16

雷イカツチナテ雨アメフル　12550003-1

イカデ(如何)→イカデカ

〔如何〕06060 00511

如-何イカテ て　11630001-⑥279

〔爭〕19663

爭イカテ　10505007-24-4

イカデカ(何)→イカデ

〔何〕00511

云何テカ　08305004-339

〔何當〕00511 21890

何當イカテカ　12520007

〔若爲〕30796 19686

若爲イカテカ　11130001-③23ウ

云_何イカナルヲカ　10870001-①345
云「-」何なる(を)か／「イカナル(ヲ)カ」　11005080-上86ォ5
云-何なる(を)か／「カ、」　11005080-上93ゥ7
〻(云)何ナルをか　11140007-⑦93
云何イカナルヲカ　18400001-①9-25
〔何〕00511
何「イカ」なる(を)か　10820003-②691
〔如何〕06060 00511
如何(なるを)か　10820003-②383

イカニ(何)

〔云何〕00254 00511
云何に　10505003-③16
云何イカニ　10505024-22ォ6
云-何イ(カ)に　11140007-⑮8
〔何〕00511
何イカニ　08280002
何ニ思カテ　09505116-828
何「イカニ」　11505075-⑭67-6
何イカニ　12360002-15ゥ3
〔何如〕00511 06060
何如イカニトナラハ　09005007-5
〔何若〕00511 30796
何_若イカニ　11630001-⑥141
〔如何〕06060 00511
如何イカニ　11505075-⑪9-3
〔曷〕14290
曷イカニ思歟オモホシテカハ　12005134-㉓2ォ
〔若之何〕30796 00125 00511
若_之-何イカニトイフコト　11140007-⑨50

イカニイハムヤ(何況)

〔何況〕00511 17264
何かに況ヤ…時にはヤ　08305001-③45-19
何に況(や)今時には　08305001-⑩195-20
何に況や…せむをや　08305011-183-7
何(に)況や多-時にするイハ　08505020-43-4
何況ヤ　09505009-⑧4
何況菩薩の利するを他を爲を「ヲヤ」勝たりと　10160001-17
何況…解了セムヤ　10505003-①231
何況…多時をヤ　10505003-③60
何況…ムヲヤ　10505003-③905
何況…セム　10505007-18-2
何ニ況ヤ　10505009-墨點
一偈之力タモ尚能く如し是何況具足して受持し讀誦せむヲヤ　10505019-㉒58
何イカニ況イハムヤ　10505024-19ォ3
何カニ況ハムヤ　10505024-43ゥ5
何イカニ況ハムヤ　10505024-45ォ1
何況十方「の」一切世界ヲヤ耶　10505069-①50

何況や　10640003-12
何況…「ヲヤ」耶　10740001-⑤21
何況…利益ヲヤ　10740001-⑥50
何況…中「ヲヤ」　10740001-⑭50
何に況や人處にオイテヲヤ　10790001-下8オ
何「イ」(か)に「-」況や　10820003-②64
何に況や　10820003-②207, ②780, ③191, ⑥250
何に況や…を耶や　10820003-②804
何に況や…む耶や　10820003-③26
何に況や…を耶や　10820003-③607, ⑥528
何況や有や三(音)　10870001-①372
何況得「ムヤ」　10870001-⑤304
何況ヤ　10990001-5オ
何「ニ」況「ヤ」　11005080-上14ウ3, 上45オ3, 上47ウ1
何(に)況(や)諸の/「ノ」苦を/「ヲヤ」耶や　11005080-上59オ6

何(に)況「ヤ」凡夫をや　11005080-上67オ1
何(に)況(や)…如けむ/「クナ、ム」　11005080-上82オ3
何(に)況「ヤ」常に/「ニ」讃(する)をや/「ヲヤ」　11005080-上86オ2
何(に)況(や)往生をや/「ヲヤ」　11005080-上86オ2
何(に)況「ヤ」…施せ/「セ」不らむこと/「ルヤ」　11005080-上93オ2
何(に)況「ヤ」…滅すること/「スルコト」无(か)らむや/「ラムヤ」　11005080-上104ウ5
何に況や…法「ヲヤ」　11020007-①56
何に況や…花果「ヲヤ」　11020007-①71
何況や…等ヲ耶ヤ　11020007-⑦36
何に況や…願を耶　11020007-⑦54
何に況や當有るヤ　11020007-⑬4
何に況や末代惡世之中をや　11020007-⑳107

何(に)況ヤ…を耶ヤ　11030006-②50ウ
何(に)況ヤ……有(ら)ムヤ　11030006-③13オ
何況…无ヲヤ　11080001-43
何に況ヤ　11130001-③7オ, ④20ウ
何カニ況ハム(ヤ)　11130001-③13オ
何況や…行せむは　11140007-⑥33
何況爲ナラムや　11140007-⑦93
何に況や紹ツル　11140007-⑨36
何況…有むや　11140007-⑬7
何に況や能信解せむや　11140007-⑭59
何に況や餘を耶　11140007-⑰34
何況三乘の法をヤ耶　11140007-⑰86
何況や以て示むや人に耶　11140007-⑳102
何況…集-成せム「スルヲヤ」　11200015-④167
何況「ヤ」…脩行「セム」をは　11200015-⑥42

何況…自在にイマスヲ耶ヤ 11200015-⑦19
何ニ況ヤ餘を耶 11200015-⑨121
何況…セムヲヤ 11210001-①111
何況や 11280005-49
スラ…何況 11350006
何況餘をや耶 11380001-⑰29-6
何況…ヲヤ 11380003-2
何況ヤ 11505084-6-12
何況…利益ヲヤトイハムヤ 11510005-⑨236
何況(カ)ニ(イハ)ムヤ 12360003-下序
何に況ヤ 12505047-52

イカニカ(何)

〔云何〕00254 00511
云何か 10505003-③13
云何をか ニカ 11200015-⑨95
云何カせ(は)か 11200015-⑩14

〔何〕00511
何ニカ 09505116-728
聞テ何ヵ時ニ說ルケ 09505116-990
何ニカ云 09505116-1004
何か別ナラム 10200001-⑤11ウ2
何イカ、にか 11130001-④2オ
何ニカ爲セム 11580001-50

〔如何〕06060 00511
如何(イカニ)カ 10165001-②13ウ2
如何か 10200001-①3オ5

〔若爲〕30796 19686
若爲イカニカ 08505007-③1-5

イカニカス(何)

〔奈何〕05893 00511
當に可奈-何イカニカス 11260001-⑦347

イカニシテ(何)

〔云何〕00254 00511
云何(い)か(に)して 10790001-下6ウ

云_何イカニシテカ 10870001-①474, ⑤178
云-何イカニカシ(テ) 11510005-⑦266

〔盍〕22980
盍イカニ□□(「シテ」か) 08105009-下30
盍イカニヌ(「ヌ」は「シ」の誤)テ也 08105015-下30

イカニシテカ(何)

〔云何〕00254 00511
云何してか 08305001-⑤91-18

〔何而〕00511 28871
何而イカニシテカ 08305004-29

〔若爲〕30796 19686
若-爲イ□□□□〈カニシテ〉カ

イカニス(何)

〔云何〕00254 00511 11160007-⑤12
云何(に)してか 10820003-②324
云何(にして)か 10820003-②325, ②325

云何「(ニシ)テカ」 11020007-①31
云-何ニシテカ 11020007-⑳77
云何イカニシテカ 11505084-3-10
云何(イカニ)してか 11640001-②26
云何(イカニ)シテカ 12505019-9オ
云何イカニシテカ 18400001-⑤13-10
〔何〕00511
何「(イ)カニス(る)」 10820003-⑨744
何ニシテカ 11340007-②11オ
何イカニシテカ 13440001-7ウ
〔何作〕00511 00518
何作ニ合伊可尓セム 08105015-中27
〔何如〕00511 06060
何如(イカニ)シテカ 11450001-㉒1-23
〔何爲〕00511 19686
何爲イカニスレハカ 13440001-21ウ
〔何須〕00511 43352
何須イカニシテカ 13440001-10オ
〔奈何〕05893 00511
奈…何イ(カニ)セむ 11130001-④12オ
〔如何〕06060 00511
如何イ(カニ)セム 11130001-④8ウ
如_何イカニシテ 11630001-③258
〔幾何〕09208 00511
幾-何イカニシテカ 11140007-⑰25
〔爲〕19686
爲何也 イカニシテカ 11280014-②92
〔若之何其〕30796 00125 00511 01472
若之何其イカニセム 09505003-10
〔若爲〕30796 19686
若爲イカニシテカ 08505007-②8-8
若爲イカニシテカ 10165001-②13オ
若爲イカニシテか 11130001-③23ウ
若爲イカニシテか 13440001-26ウ, 30ウ, 30ウ
若爲イカニシテ 13440001-33オ

イカニゾ(何)→イカゾ、イカンゾ

〔云何〕00254 00511
云何ソ 08305001-①8-20, ①12-13, ①14-2, ①14-18, ②22-7, ④65-17, ⑤87-6, ⑨173-9, ⑩190-4, ⑩192-20, ⑩195-11
云何ソ 11140007-⑦39
云何そ 11140007-⑪60
云-何イ(カニ)ソトイフナリ 11140007-⑮57
〔何〕00511
何イカニソ 08305004-151
何ニソ 09505116-725
〔奚〕05930
奚イ(カニソ) 10730001-⑩36-3
〔焉〕19076
焉イカニソ 08505007-②26-11

イカニトナラバ(如何)

〔云何〕00254 00511
云何とナラハ 11140007-⑱213

云何トナラハ　11850004-⑪9

イカニトナレバ（如何）

〔如何〕06060 00511

如是何トナレハ　11280014-③212

イカニモス（奈何）

〔奈何〕05893 00511

奈何イカニモスルコト　11340007-②22ウ5

イカノゴトキ（何等）

〔何等〕00511 25992

何_等イカノコトキソ「ソトイヒキ」　10870001-①135

イカノコフ（烏賊骨）

〔烏賊骨〕18998 36759 45098

烏賊骨イカノコフ　11450001-㉑13オ7, ㉑23ウ1, ㉑24ウ5

〔烏賊魚骨〕18998 36759 45956 45098

烏賊魚骨イカノコフ　11450001-㉑3オ7, ㉑15ウ7, ㉑25オ5

イカバカリ（幾許）

〔何〕00511

何イカハカリソ　13440001-4オ

〔如計〕06060 35220

如計イカハカリ　13440001-19オ

〔幾何〕09208 00511

幾-何イカハカリソ　11260001-⑨396

幾_何（イカハ）カリの　11850004-⑨9

〔幾多〕09208 05756

幾多（イカ）ハカリソ　11130001-④21オ

〔幾許〕09208 35298

幾許イカハカリ　08505007-③9-2

〔若爲〕30796 19686

若爲イカハカリ　13440001-3オ

〔若箇〕30796 26116

若箇イカハカリカ　13440001-18ウ

イガホシウリ（伊賀干苽）

〔伊賀干苽〕00432 36725 09165 30827

伊（平）-賀（平）-干-苽　11860003-211

イカム（如何）

〔呰〕00268

呰イカム　13440001-13オ, 36ウ

〔何如〕00511 06060

何-如イカム　12840003-①37ウ2

何-如（イカ）ム　12840003-②11ウ1

イガム（啀）

〔啀〕03789

啀イカム　13860001-52-5

啀イガミ　18400001-②6-39

〔嗟〕04178

嗟イカム歟　11360001-39オ3

〔喤〕04264

喤イカム　13860001-52-6

イカムガ（如何）

〔何〕00511

何イカむ（「む」存疑）か　12005134-㉓2オ

イカムゾ（寧）

〔寧〕07296

寧イカムそ 10200001-①9ウ6, ①20オ5

イカメシ（嚴）

〔勢〕02422

勢イカメシ 13860001-9-5

〔威〕06259

威イカメシ 11360001-8ウ3

〔巍〕08626

巍イカメシ 13860001-87-5

〔鬱然〕45671 19149

鬱-然トシテ イカメシ 12140002-⑫227

イカラカス（怒）

〔怒〕10439

噸ニカメ眉を怒ラカシ目を 10120002-33

怒イカラカシテ 10230002-②547

努（怒）イカラカせ五指を 10550003-1

怒イカラカシテ 10950003-②

怒イカラカセ 10950003-③42, ③49

怒イカラカセリ 11005080-上13ウ5

怒カシテ 12505019-18オ

イカラス（怒）→イカラカス

〔忿〕10408

忿イカ（ラス） 11380002-東9ウ

忿（ラ）し 12140002-⑫282

〔怒〕10439

怒ラ□〈シ〉テ 10640001-23

怒ラシテ 10640001-30

怒カラシテ臂を 10640001-47

怒アラ（「アラ」墨消）シテ「イカラシテ」 10650003-10

怒カラシテ／「イカラシテ」 11005080-上5ウ6

怒イカラシ 11070003-①15

怒「ラ」「イカラシ」 11140001-18

怒シテ て 11140001-18

怒ラシテ 11140001-21

怒「イカラ（シ）」 11140001-21

怒（イ）ア（「ア」は「カ」の誤）ラシ らし 11140002-11

怒イカラシ 11300001-⑧23

怒イカラ（ス） 11505024

〔恚〕10566

瞋イカラシ目ヲ恚イカラシテ心ヲ 10510003-11

〔瞋〕23568

瞋イカラシ目ヲ恚イカラシテ心ヲ 10510003-11

瞋イカラ らし 11140002-11

瞋（ラ）して 11210001-①23

瞋シ 11210001-②48

瞋し目を 11340002-①50

瞋イカラシて 11505075-⑪46-1

瞋イカラシ 12505020-㉚2

瞋イ（カラシ） 12505020-㉚4

瞋（ラ）シテ 12840003-③12オ4

イカリ（怒）→イカル、ココロノイカリ

〔忿〕10408
忿ウラミ イカリ 10505007-6-2
其の忿りを 11230001-②362
〔忿怒〕10408 10439
忿怒ミイカリ 11505075-⑭60-1, ⑭60-1
〔怒〕10439
怒イカリヲ 10950003-①81
怒(イカ)リヲ 11630001-⑥104
怒リヲ 12140002-⑪38
〔慍〕11059
慍イカリ 11380002-北26ウ, 北27ウ, 北27ウ
〔瞋〕23568
瞋リ恨(う)ラみ 08305001-⑧162-15
多ク瞋リ 08305001-⑨177-1
瞋い(か)り多きそ 10790001-上27ウ
瞋(いか)りを以(ての)故(に) 10790001-下39オ
瞋り／「イカリ」 11005080-上99ウ6

瞋イカリ(ノ)心 11080011-②696

イカリ(碇)
〔矴〕24029
矴イカリ 11505073-29オ

イカリヰ(嗔猪)
〔嗔猪〕04074 20534
嗔猪イカリヰ 11505075-⑭74-3

イカル(怒)→イカリ、ケガル
〔佯〕00552
佯イツハリ嗔イカリ怨ミ 11380002-地37ウ
〔厲〕03041
厲イカレル ハケシキ なること チカキ 聲にして 10420001-13
〔号〕03256
号イカル 13860001-28-1
〔吒〕03302
吒イカル 13860001-15-4
〔嗔〕04074
嗔イカリ罵ノリて 10005008-㉔195
嗔イカリ罵ノルコト 10950003-②
嗔イカリ罵ノリ 11005115-㉔195
嗔イカルト云 11130001-④21ウ
嗔イカルナラムト云 11130001-④21ウ
嗔イカレル 11130001-④21ウ
嗔イカて 11180009
嗔イカツ 11505075-⑭68-6
嗔イカりて 13440001-17ウ, 18オ
嗔イカル 13860001-60-3
〔奮〕06012
奮「イカンテ」 10820003-⑤501
奮「フルヒテ」イカリテ 11200015-⑤223
奮ヤ(「イ」の誤か)カリ フルト(「ト」は「ヒ」の誤か)飛 11630001-⑥322
〔忿〕10408
忿(イ)カレル 09505020-276
忿イカリ恨ウラム 10505003-⑧14

忿イカレル 10505030-100
忿「イカル」時 10740001-⑦34
忿イカリ怨ハラタツコト 10990001-7オ
忿「イカ」るゐ(?) 11140007-⑩17
忿イカ□(ル) 11380001-⑰100-7
忿イ(カリ)て 11505075-⑪29-5
忿イカル時に 11510005-⑩207
忿イカリ-毒イタムコト 12140002-⑪38
忿イカル 12410003-3-7
忿イカル 12860001-③63オ4(心18)

〔怒〕10439

怒イカリ譴セメテ 09505020-272
怒イカリ「イカリ」石(ママ)笑ワラ「ワラ」
(フ) 10400001-15
怒レル 10470001-8
怒イカテ 10505001
怒イ(カリ) 10730001-⑨2オ5, ⑨2ウ10
怒レルコトヲ 10730001-⑨2オ7
怒イカ(リ) 10730001-⑨6ウ10
怒イカ(リ)て 10730001-⑨11オ6
怒レル 10740003-②547
皷ウチ怒イカて 10820003-⑦485
怒イカリ 10950003-②
不シ怒イカラ 10950003-③86
怒イカて 11000003-587
怒イカテ而 11005025-21ウ6
震フルヒ-怒イカルニ／して／「ヌトシテ」 11005080-上44オ3
吼ホエ怒レル 11020007-⑤61
皷(上)タチ怒(平)イカリ 11020007-⑦29
怒レル狀 11020007-⑳10
怒イカテ 11140001-40
怒イカル 11160007-②135
奮「フルヒ」怒「イカル」之勢 11200015-⑤211
怒ル 11340007-①7ウ7
怒イカて 11380001-⑰100-3
怒イカテ 11450006-15, 16
怒イカレル濤ナミ 11505073-15オ
怒イカル 11550009-1ウ2
怒(イカ)リ詐て 11630001-③243
怒イカて 12110002-18
怒イ(カリ)て 12110002-21
怒リテ 12140002-⑫278
怒イカテ 12505019-16ウ

〔恐〕10552

恐イ(カリ) 11420003-㉑13ウ

〔恚〕10566

恚伊可利恨有良未 08005022-14
恚イカリて 10160001-33
無く恚イカルこと 10740003-①185
恚イカル 11360001-44ウ3
恚イカル 13860001-60-3

〔慍〕11059

慍イカリテ 08505007-①7-8
慍イカリ 08505007-③7-4
喜(平)慍(平)イカル 11000003-52
慍イカル之を 11130005-9ウ6
慍イカテて而言 11130005-90オ
慍イカレル色 11160007-④242
慍イカ(リ) 11420003-㉓3ウ
〔憤〕11239
憤イカリ恚(フ)ツクム 11630001-⑥103
〔瞋〕23568
瞋イカルに 10200001-⑥15オ7
瞋イカ(リ)恨こと 10505019-②20
瞋イカリ恨ウラミテ 10505024-1ウ7
瞋イカルコト 10505024-2オ5
瞋ルコト 10505024-2オ6
瞋イカナム 10505024-7オ2
瞋イカル 10505024-7オ3, 27オ5
瞋イカルカコトシ 10505024-7オ4

莫ナカレトイフ瞋イカルコト 10505024-17オ5
瞋イカリ妬ネタムテ 10505024-58ウ3
瞋イカテ 10505024-61ウ2
不れ瞋イカラ 10640006-①19
不れ瞋イカラ 10740003-①310
瞋イカリ 10790002-8-1
瞋「イカリ」怖ル、事 10820003-③115
无瞋イカレル色イロ 10860002-34オ4
瞋イカテ 10950003-②
瞋(い)かり「-」恨むる／「スルヤト」 11005080-上9ウ5
瞋イカル 11030006-③8オ
瞋レル面 11210001-①38
瞋レリ 11260001-③46
非ス瞋ラ 11280014-②4
瞋イカル 11360001-44ウ3
不瞋ラ 11505521-下4-13オ6

瞋イカリ責セメテ 12360003-下14
佯(平)ヤウイツハリ瞋(平)シンイカリ 12505035-41オ2
瞋イカル 13440001-13ウ
瞋イカル 13530006-16-7
瞋イカル 13860001-60-3

イカルガ(鵤)

〔斑鳩〕13470 46648
斑鳩二字イカルカ 08105015-上5
斑鳩イカルカ 11420003-㉑2オ
斑鳩イカルカ 11690001-20
斑鳩イカルカ 12005134-㉓3オ, ㉓3ウ
〔鵈鵤〕46904-01 46980
鵈鵤二合意可留可 08105009-下16
鵈鵤二合意可留可 08105015-下16
□(鵈)鵤イカルカ 11505521-下16-27ウ7
〔鵤〕46980
鵤伊加留加 08105007-上4

鵤イカルカ 08105015-上4

イカルガ（斑鳩）（人名）

〔斑鳩〕13470 46648

斑鳩イカルカ 11505075-⑭85-3, ⑭85-3

イカン（如何）

〔云何〕00254 00511

云何（イ）カンカ…ヤ 11205001-2

〔何〕00511

何イカン 10230002-①134

何イカン 10730001-⑩12-3

何「イカン」耶 10820003-④58

何イカン（ト）云コト 11130001-③11オ

所-以ユヱ者何イカン 11210001-①22

所以者何イカン 11210001-①107

何イカン 11360001-12オ1

所以は者何（イ）か（ン） 11380001-⑯6-1

所以者ユエハ何イカン 12505010-95

何イカントナラハ 12880003-29

〔何如〕00511 06060

何-如イカン 10990002-⑦312

何-如イカン也 10990002-⑦342

何_如イカン 11000003-502

何-如イカン 11160007-①303

何如イカン 12505019-20ウ

〔何者〕00511 28853

何者イカントナラハ 12880003-4

〔何若〕00511 30796

何若イカン 12505020-㉖3

〔奈〕05893

奈イカン 11360001-31オ1

〔奈何〕05893 00511

奈-何イ（「イ」存疑）カン奈何

10990002-⑦326

奈-何イカヘ 11260001-⑦346

奈何イカン 12110002-5, 15, 20

奈何イカントイフコト 12505010-233

〔如之何〕06060 00125 00511

如之何イカン 13530006-22-7

〔如何〕06060 00511

如何イカ（ン） 10730001-⑩36-7

如_何「イカン」 10820003-③49

如何イ（カン） 11130001-④17ウ

如_何イカン 11630001-④329

如何イカン 11690001-26

如何イカン 13440001-21オ

〔等〕25992

等らイカン 11020007-⑮2

等らをイカン 11020007-⑮3

〔若之何〕30796 00125 00511

无「ナシ」若之何「イカントイフコト」

11510005-⑨246

〔若何〕30796 00511

若-何「イカン」 11340007-④50ウ2

イカンガ（如何）→イカンガス

〔云何〕00254 00511
云何カ 11340007-④17ウ5
〔何〕00511
何イカンカ闕アッカラムヤ 10790001-上9オ

イカンガス（如何）→イカンガ

〔何如〕00511 06060
何如(イ)カン(カ)ス(ル) 11340007-②10ウ1

イカンズ（如何）

〔云何〕00254 00511
云何イカンシテカ 11470009
〔何〕00511
何イカンシテカ 13140001
何イカンセハカ 13280001
何イカンスル 13440001-18オ
〔若〕30796
若イカンスルヲカ 13530006-24-6
〔若爲〕30796 19686
若爲イカンスルヲカ 13440001-17オ

〔詎〕35370
詎イカンシテカ 11000003-124

イカンゾ（如何）→イカゾ

〔云何〕00254 00511
云何イカンソ 10250001-10
云-何イカンソ 10505024-1ウ4
云_何ソ 10820003-⑨661, ⑨748, ⑩24, ⑩70
云-何そ／「ソ」 11005080-上97オ4
云何「カンソ」 11005080-上99オ6
云何そ／「カンソ」 11005080-上105ウ1
〔何〕00511
何「(イ)カンソ」 10820003-⑦381
何そ／「(イ)カンソ」 11005080-上73オ7
何イカンソ耶 11850004-④11
何イカンソ 13860001-16-5
〔奈何〕05893 00511
奈-何イカンそ 11230001-②334

〔如之何〕06060 00125 00511
如之何イカンソ 13440001-15ケ, 15ケ
〔如何〕06060 00511
如-何ソ 12140002-⑪19
如_何ソ 12140002-⑪140
〔安〕07072
安イカヘソ 11030006-③33オ
安「イカンソ」 11200015-④335
安何也ソ 12140002-⑪35
安イカンソ 12140002-⑫397
〔寧〕07296
寧「イカンソ」 11005080-上78オ3
〔少〕07475
少イカンソ 11850004-④112
〔胡〕29400
胡イカンソ何也 カツテ 10990002-⑧262
〔蓋〕31652
蓋イカンソ 10990001-8ウ

〔詎〕35370
詎「イカンソ」 11160007-⑨150
イカントナラバ（何者）
〔何者〕00511 28853
何者イカントナラハ 10505007-30-4
何者ハ 10505007-43-1
〔所以者〕11715 00388 28853
所以者「カン」（とならは） 11005080-上92オ7
イキ（壹岐）→ユキ
イキ（息）→アシキイキ、オホイキタツ、ヒトイキ
〔息〕10601
息イキ 08280001-21
息イキ 10100002-17
息イキ 10165001-④2オ5
一の息イキ一の眴□反マシロ（キ） （上欄外）
「マタ、ク」 10505019-㊳14
息「イキヲ」 10820003-②353
息「イキ」 10820003-⑩681
息イキヲ 10990002-⑦163
息イキを／「イキヲ」 11005080-上43ウ1
息きを／「キヲ」 11005080-上43ウ5
息イキを 11030006-②22ウ
息イキ 11110001-13
息イキヲ 11160007-⑥193
息イキ 11230003-㉔
息イキ 11360001-7オ2
不（ル）得息イキを 11450001-⑳17オ8
息イキ 11450001-㉒5-18
息イキヲ 11490001-16
屛カクサムヲヤ息イキヲ イキスマシハカリヲヤ 11630001-⑦131
息イ（キ）を 11850004-②36
息イキ 12410003-26-14
息イキ 13860001-9-6
〔氣〕17059
氣イキ 10990001-8ウ7
氣イキ 11360001-44オ1
蝨ムシノ氣イキ 11505073-15オ
超_倫_之_氣ヒトニスクレタルイキ 12360002-8オ4
氣イキ 12505019-42オ
氣イキ 12505020-㉚5
氣イキ 12840003-①20ウ2
氣イキ 13440001-3オ, 16オ, 20ウ
氣イキ 13860001-59-2
氣イキ 18400001-⑥8-33
〔氣息〕17059 10601
氣-息イキ 11505004-①10オ5
氣息「イ」キ 11505075-⑭62-7
イキカヘル（生返）
〔甦〕21691
甦イキカヘル 11505521-中5-14オ5
イキキム（皆）

〔皆〕23250
皆如上(尓良牟)　又云波尓加美　又云伊支□
（、か）美　08105007-上2
皆波尓加美　又云伊岐、美　08105015-上2

イキクサ（景天）
〔景天〕13983 05833
景天和名伊岐久佐(平上平平)　11505004-①60ウ2

イキザシ（氣調）
〔機關〕15561 41470
機關イキサシ　13440001-11ウ
〔氣調〕17059 35609
氣調のイキサシ　13440001-2ウ

イキス（息）
〔息〕10601
息「(イキ)スル」の時　10740001-⑬27

イキスガタ（窮鬼）
〔窮鬼〕25593 45758
窮鬼イキスカタ　13440001-6ウ

イキズタマ（窮鬼）
〔窮鬼〕25593 45758
窮鬼イキスタマカ　13530006-10-1

イキスマシ（屏息）
〔屏息〕07692 10601
屏カクサムヲヤ息イキヲ
イキスマシハカリヲヤ　11630001-⑦131

イキダハシ（痿癖）
〔痿癖〕22211 22444
痿癖(イ)キタワ(シク)　13440001-32ウ

イキタユ（息絶）
〔悶〕10729
悶イキタユ　12230001-29ウ, 42オ
〔絶〕27407
悲「カナシヒ」「-」絶「イキタユルコト」／「ス
ルコト」／「ス」　11005080-上8オ2

イキタラフ（憩息）
〔憩息〕11187 10601
憩息イキタラヘ　08005005-24

イキチカラ（氣力）
〔氣力〕17059 02288
氣力イキチカラ　11420003-⑮16ウ

イキヅ（生）
〔活〕17423
活イキテタマヒヌ　11505075-⑪14-3
〔生〕21670
生イキテマシ、トキニ　11420003-⑬27ウ

イキヅク（生）
〔呴〕03457
呴イキツク　11130001-③15ウ
〔生〕21670
生イキツキ　11210001-②32

イキドホリ（憤）→イキドホル
〔忿〕10408
其の忿りを　11230001-②362

〔悶〕10729
悶イキトヲリ 13860001-55-5
〔憤〕11239
憤分いき(とほり)を 08505014-17
憤イキトホリを 10705001-①27
憤イキトホリヲ 11550009-1オ6
憤イキトヲリヲ 11860003-58
益マス憤イキトホリヲ 11860003-100
增マシ憤イキトホリヲ 11860003-168
〔發憤〕22669 11239
發憤(イキトホ)リヲ 11630001-⑥153
〔盈〕22961
盈イキトホリアリ 13440001-37オ
イキドホル(鬱)→イキドホリ
〔悒〕10655
汝莫れ悒イキトホリ遅こと 10505019-㉕34
悒イキトホリ懐オモヒ 11420003-⑬22ウ
〔悶〕10729
悶(平)モン イキトホリ絕(入濁)セチシヌ 11550009-49ウ5
悶イキトウ(ル) 12520007
〔憤〕11239
憤イ(キトホル) 11420003-⑮15オ
憤(去)(イ)キ(トホリ)怒フツクニ 11630001-②316
憤イキトホリ恚フクツミ(「フツクミ」の誤) 11630001-⑦144
憤イキトホル 12230001-35ウ
憤イキトホリ 12410003-1-12
憤イキトヲリ 12770002
〔紛〕27295
紛イキトヲリ 15780001
〔邑〕39269
莫れ生こと邑イ(キトホリ) (下欄外)「イキトホリ」 遅マツ□之想ひを 10505019-㉕26
〔鬱〕45671
鬱イキトホル 12230001-19ウ
鬱イキトウリ 14200001
イキナガラ(生)
〔生〕21670
生イキナカラ 11130001-③18ウ
生イ(キナカ)ラ 11130001-③18ウ
生ナカラ 11130001-④11オ(別筆)
生イ(キナカラニシテ) 11300001-⑧9
生イキナカラ 11380002-南24ウ
生イキなから 11390003-4オ
生(イキ)ナ(カ)ラ 11630001-⑥073
〔生身〕21670 38034
生-身イキナカラ 11630001-⑥66
生身ナカラ 12140002-⑪247
生_身ナカラ 12140002-⑪272
イキヌク(生拔)
〔生爲〕21670 19686

生-爲イキヌクラム 11630001-⑤163

イキノフ（息）→イコノフ

〔息〕10601

乏ッカレテ息イキノフ山中に 10430002-⑬19

イキホヒ（勢）

〔列〕01901

列イキホ（ヒ） 11420003-⑮12ウ

〔勢〕02422

勇いサメル勢イキホヒ 08305001-⑧161-14

勢ヒ 08305011-129-1

勢ひ 10505019-⑩4

勢「イキ」ホヒヲ 10505024-61ウ2

勢イキホヒヲ 10990002-⑨117

勢ホヒを／「イキヲヒヲ」 11005080-上14オ1

勢イキ（ホヒ）の 11280005-45

勢イキホヒニ 11350010-31-6

勢イキヲヒ 11360001-7オ1

勢イキヲヒ 11380002-天12オ, 地1ウ, 北3オ

以テ勢イキヲヒヲ 11550009-47ウ6

勢イキヲヒ 12410003-15-7, 20-5

勢イ（キホヒ） 12505020-㉘14

勢イキヲヒ 12550003

勢イキヲイ 13860001-9-5

〔威〕06259

威ヒ 08305011-143-8

威イキホヒに 08505020-35-3

威イキホヒ 10005008-㉔11, ㉔159

威イ（キホヒ）を 10005008-㉔154

威イキホヒに 10005008-㉔315

威ヰ「イキホヒ」 10505024-61オ2

威「イキ」「ホヒ」 10505024-61オ2

威イキホヒ 11005115-㉔11, ㉔315

威イ（キホヒ） 11005115-㉔154, ㉔159

天威アマツイキホヒ／ニ 11420003-⑯27オ

威イキヲヒ 14200001

〔威稜〕06259 25123

威稜イキホヒ 08505007-⑪10-6(表)

〔德〕10243

德イキホヒを 10005008-㉒380

至德イキホヒマシマス 10005008-㉔70

德イキホヒ 11005115-㉒380

至德イキホヒマシマス 11005115-㉔70

德イ（キホヒ） 11420003-⑮6ウ, ⑮12オ

德イキホヒ行ワサ 11420003-⑮16オ

德イキホヒを 11505075-⑪51-2, ⑰143-2

德イキホヒ 11505075-⑭72-2

神德イ□□〈キホヒ〉 12360002-14オ8

〔德化〕10243 02572

德化イキホヒを 10005008-㉒222

〔德業〕10243 15170

德業イキホヒ 11420003-⑮8オ

〔權勢〕15926 02422

權勢自由イキホヒノホシキマ、シて

11420003-⑮2オ

〔氣急〕17059 10475

氣急ヒ 11280014-②158

〔瞻氣〕23742 17059

瞻氣イキホヒ 11420003-⑮18オ

〔藝〕32330

藝イキヲヒ オキテ 10505007-5-4

イキル（熱）

〔熱〕19360

熱イキリ 13440001-32ウ

イキワタル（命）

〔命〕03473

命イキワタルを 10200001-⑥22オ7

命イキワタル 12880003-16

イク（幾）

〔幾〕09208

不知其レ幾イク千-里リト 11005025-21ウ3

イク（生）（四段）→イキヅ、イキナガラ

〔全〕01424

獨イケラム（「全」の訓）全 11505075-⑭89-7

〔在〕04881

在イケリキ 08505007-②4-2

在イクコトヲ身に 11260001-⑨198

〔在生〕04881 21670

在生イケリシ時 08505007-①29-10

〔奉〕05894

奉（イ）ケルに 13505007-5

〔存〕06943

存（イ）ク 11280014-③307

存イキて 11505075-⑰139-6

存イケリ セム 11550009-28オ2

存イケル 13860001-76-4

〔活〕17423

活イキタリ□ 10505003-⑨33

活「火チ音」「イク／ワタラフ」 10780002-③6

活イケラム 11000003-610

活イキヌ 11130001-③15オ

得活イクコト 11130005-88オ

不能活イク（コト） 11340007-①46オ6

活イカム耳 11340007-④23ウ6

活イキテ 11380001-⑯65-1

活イク 11450001-㉒11-6, ㉒11-7

活イク 11505004-①11オ3

活イク 12505020-㉝8

活イクコト 12840003-③6ウ6

〔濟〕18498

濟イケラム 10820003-⑩563

〔生〕21670

生イケル 08305004-20

生イケラム計スヘ 08505007-③8-9

生キ 10005008-㉔185

乍ラ生イキ 10505007-10-7

生（去）イキテ ニ 10505007-24-4

イク(行)(四段)→カケリイク、マウイ

ク、ミチイク
〔去〕03070
不ス去イカ 08305003
イク(生)(下二段)→イケナガラ
〔徑〕10118
成す道徑生也 を 10430002-⑬33
〔活〕17423
活(く)ること/「イク(ル)コト」 11005080-上2オ6
活イケテム 11340007-④23ウ4
當活イク 11505100-449
施_恩_活イケタマヘ 12360002-11ウ4
願は垂_救_活イケタマ、(「、」は「ヘ」の誤) 12360002-14オ5
活イケタマハ、は 12360002-16ウ5
活…哉イケムヤ 12505020-㉖2
活イケムト 12505020-㉖4
活イケ 12505020-㉚7

活イ(クル)を 12505020-㉝8
活イクル 13860001-72-6
〔生〕21670
生イケム 11210001-②65
生イケタルコト 12505019-3ウ
生イケム 12505019-41ウ
生ケシ(メ) 12510006-25-5
イクカ(幾日)
〔幾日〕09208 13733
幾日イクカ之内 12360002-15オ2
イクカサネ(幾重)
〔幾重〕09208 40132
幾重イクカサネソ 11130001-④1ウ
イククサ(幾種)
〔幾種〕09208 25174
幾種イククサ 11570004
イクサ(軍)→アラケイクサノヒト、カチイクサ、ミイクサ、ムマイクサ

〔兵〕01462
兵イクサを 11505075-⑪10-8
精兵スクレルイクサを 11505075-⑪44-8
「兵イク(サ)を」 11505075-⑭59-6
兵イクサ 12860001-③69オ2(兵67)
〔兵士〕01462 05638
百兵士モ、アマリノイクサを 11505075-⑪11-2
〔勳〕02465
勳イクサ 11360001-59オ1
〔卒〕02740
卒イクサ 11420003-⑬17オ
散アラケタル卒イクサ 11420003-㉓9ウ
〔將〕07438
將イクサ 08505019-13
將イクサは 10820003-⑨317
將イクサ「イクサノキミ」 10870001-⑤314
〔將帥〕07438 08886

稱して彼將_帥イクサの名を　10530001-10, 35
〔師〕08916
師伊久左　08005002
師イ(クサ)　09480002-35ウ3
興オコ(シ)て師イク(サ)を　10505019-㉑13
師イ(ク)サ　11420003-⑮3オ
師イクサ　11450006-15, 20, 22
師イク(サ)　11450006-33
師イクサ　12110002-5, 5, 6
舟ノ師イクサ　12505031-5-6
師イクサ　13860001-9-4
師イクサ　15300001-2
〔戎〕11539
戎イクサ　12860001-③54ウ1 (59-3)
戎イクサ　13440001-8オ
〔戎旅〕11539 13644
戎旅イクサを　10005008-㉒403

戎旅イクサ　11005115-㉒403
〔振旅〕12093 13644
振旅イクサト、ノフ　11420003-㉓9ウ
〔衆〕33981
衆イク(サ)を　10005008-㉒48, ㉒349, ㉒419
衆イ(ク)サ(ヲ)　11005115-㉒48
衆イク(サ)　11005115-㉒349
於家集衆オノカイヘニイクサヲツトヘ
衆イクサ　11420003-㉑5オ
衆イクサ　11420003-㉑8オ
衆イク(サ)　11505075-⑰141-3
衆イクサ　11505075-⑰148-8, ⑰149-1
〔軍〕38179
軍(い)クサとの　08305001-①2-1
運(「軍」と誤認か)イクサに　09505020-332
軍(イク)サを　09505020-337
軍(イク)サ　09505020-416
他ノ軍イクサを　10250001-268

於軍イクサノ前マヘニ　10250001-270
軍イクサ　10505007-54-7
軍サヲモ　10505007-54-7
能降伏す他の軍イクサを　10510002-31
置ヶ像を於軍イクサ前へに　10510002-33
軍イクサナリ　10700001-101
賢聖の軍(イ)くさの　10705004-324
軍イクサの　10870001-⑤322
軍イクサを　10870001-⑦204
軍イクサニ　10950003-③87
軍イクサの／「イクサ」　11005080-上71ウ4
大ナル軍(イク)サ　11020007-⑳71
軍イクサ　11020007-⑳124
軍イ(クサ)　11130001-③23オ
以軍イクサを　11140007-⑱182
軍イクサヨリ　11270012-23
軍イクサ　11360001-52オ1
軍イ(クサ)　11380002-南4ウ

軍イクサ 11450006-20, 21
軍イク(サ) 11450006-21
軍イクサ兵を 11505075-⑭107-5
軍イクサ士 11505075-⑭109-5
軍イクサヲ 11550009-38オ6
軍イ(クサ) 12505020-㉘7
軍(イ)クサ 12510006-25-9
軍(イク)サ 12840003-①34ウ1
軍イクサ 13860001-70-1
〔軍卒〕38179 02740
軍卒イクサ 11505075-⑪45-1
〔軍旅〕38179 13644
軍旅イクサを 10005008-㉔180
軍旅イクサ 11005115-㉔180
〔軍衆〕38179 33981
軍衆イクサ 10005008-㉒69
軍衆イクサ 11005115-㉒69
軍衆イクサ 11420003-⑬27ウ, ㉑6ウ

〔軍陣〕38179 41667
軍陣イクサを 10005008-㉔331
軍陣イクサ 11005115-㉔331
〔陣〕41667
障陣敷 イクサ 11505075-⑰144-2
〔陣中〕41667 00073
障(陣)中イクサ 11505075-⑭89-1
〔領軍〕43423 38179
領軍イクサ 11420003-⑮17ウ

イクサダチス(軍)→イクサダツ

〔軍〕38179
軍イクサタチス 13860001-70-1

イクサダツ(軍)→イクサダチス

〔振旅〕12093 13644
振(去)旅(上)イクサ(タ)チテ シテ
〔軍〕38179 11630001-⑧560
軍立こと 11505075-⑰143-4

イクサノカミ(軍神)

〔魁〕45785
魁イクサノカミ 12230001-30オ

イクサノキミ(將)→オホイクサノキミ、オホキイクサノキミ

〔將〕07438
將イクサノキミ 08505007-②29-10
將イクサノキミの 10820003-⑨163
將イクサ「イクサノキミ」 10870001-⑤314
將軍公 11420003-⑯26ウ
裨將ツキノイクサノキミ 11420003-㉑13オ
將イク(サノキミ) 11505075-⑭85-5
敵將アタノイクサノキミ 11505075-⑭89-1
將イ(クサノキミ) 11505075-⑭107-6
將軍公タル 11505075-⑰142-6
〔將師〕07438 08916
將(去)師(去)スイノ イクサノキミ 11550009-39オ6
〔帥〕08886

帥伊久左公　08005002
〔軍〕38179
軍(イクサ)ノキミ　10990001-8オ
軍(イク)サノキミ　10990001-26ウ

イクサノキミタチ(諸將)
〔行軍元帥〕34029 38179 01340 08886
日本府ヤマトノミコトモチノ行軍元帥イクサノキミタチニ　御琴持　11505075-⑭85-3

イクサノキミドモ(諸將)
〔諸將〕35743 07438
諸將イクサノキミトモ　11505075-⑭90-6

イクサノコドモ(軍子等)
〔軍士〕38179 05638
軍(平)_士(平)ノイクサノコトモ　11550009-39オ7

イクサノトモ(帥)
〔帥〕08886
帥(去)ス□〈イ〉音 イクサノトモ　11260001-③31

イクサノヒト(兵)
〔士卒〕05638 02740
士卒イクサノヒト、モ　11505075-⑰149-4

イクサバタ(軍旗)
〔幢旗〕09087 13687
幢旗イクサハタ　10790002-9ウ1

イクサビト(兵)
〔兵士〕01462 05638
兵士イ「ク」サ「ヒト」　11505075-⑭79-6
〔士〕05638
兵士ヒトを　10005008-㉔283
兵士ヒト　11005115-㉔283
〔士卒〕05638 02740
士卒イクサヒト　11505075-⑰138-6
〔衞士〕34074 05638
衞士イクサヒト　11420003-㉑7オ, ㉑7オ, ㉑9ウ
數百モ、アマリ衞士イクサヒト　11420003-㉑9ウ

〔軍士〕38179 05638
軍士(イクサ)ヒト　11505075-⑭83-8
〔軍衆〕38179 33981
軍衆イクサヒトモ　11420003-㉓9オ
軍衆イクサヒト　11420003-㉓9ウ

イクシマ(生嶋)
〔生嶋〕21670 08434
生嶋イクシマ　10505150-2左

イクソバク(幾少)→イクバク、イコソバク、ソコソバク
〔何萬〕00511 31339
何萬イクソハクノ　10505007-15-6
〔多少〕05756 07475
多少イクソバク　18400001-②12-29
〔幾〕09208
幾ソ／「イクソハクソヤ」乎　11005080-上50オ3
幾「イクハク」ソハクノ　11200015-⑨51

幾「イクソハク」 11340007-④39オ2
幾イクソハク 11340007-④39オ2
幾イクソハクノ 12505039-5
〔幾何〕09208 00511
幾何イクソハク 10505003-⑨22
幾何イクソハク 10780004
幾_何イクソハクソ「ト云」 10870001-⑤55
幾何イクソハク(「ハク」存疑)ソ 10990001-16オ
幾何イクソハクカ 11380002-天17オ
幾何イクソバクソ 18400001-⑤2-15
〔幾多〕09208 05756
幾_多イクソハクノ 12505010-246
〔幾所〕09208 11715
幾所イクソハク 12005022-13ウ7(11-3), 28オ1(37-4)
〔幾處〕09208 32697
幾-處ソハクソ／「ソヤ」乎 11005080-上82オ2
〔維幾〕27568 09208
維幾イクソハクノ 10505007-51-5

イクタビ(幾度)
〔幾反〕09208 03127
幾反イクタヒカ 08305004-299
〔幾廻〕09208 09575
幾廻イクタヒ 11505075-⑭66-2

イクトセ(幾年)
〔幾年〕09208 09168
幾年イクトセソ 11130001-③11オ
幾-年イクトセソ 11260001-③269
幾年イクトセ 13440001-36オ

イクハ(常羽)(地名)
〔常羽〕08955 28614
常羽イクハノ 10505007-6-7
常羽イクハノ御ミ□御マキノ厩マヤノ別當 10505007-56-2

イクハ(的)(人名)
〔的〕22692
的イクハノ 11505075-⑪23-7
的イク(ハ)の臣 11505075-⑪26-8

イクバク(幾何)→イクソバク
〔多少〕05756 07475
多少イクハク 09005007-1
多_少イクハク 11000003-242
多-少イクハクソヤ乎 11300001-⑧46
〔幾〕09208
幾イクハクノ 08305001-④60-5
幾(イクハ)クか 10165001-②7ウ2
幾イクハクの 10505003-⑤12
幾イクハクノ程トヲ 10505007-5-2
幾イ(ク)ハクノ合戰 10505007-8-4
幾カ千チ幾カ萬ツ 10505007-41-6
幾イクハクソ許ハカリト 10505007-51-3
幾イク(ハク)ソ也 10505007-58-7

幾「イク□」種「ク□ノ」 10820003-③4
幾「□クハク」の種「クサノ」 10820003-③6
幾ク 10990001-6ウ
幾イクハクノ年トシソ 11130001-③11オ
幾イ(クハク)の 11130001-④3ウ
幾イクハクノ 11130001-④17オ
幾「イクハク」ソハクノ 11200015-⑨51
幾(ハク)ソ 11280014-②52
幾イクハク 11360001-56ウ3
幾イクハクカ 11550009-59オ6
幾(イクハク)ソ 11970004-4オ11
幾イクハクカ 12505019-47オ
不シテ幾(ナラ) 12510006-25-11
幾(イクハク)タルコト 12840003-②23オ5
不シテ幾クナラ 13460001
幾イクハク 13860001-76-6
〔幾何〕09208 00511
幾何イクハクソ 08105015-中19
幾何イクハクハカリソ 10990002-⑨387
幾何イクハクソ イクヒサ、ミ(「ミ」は「シ」の誤か)テカ 11630001-③173
當ヘキ…幾何イクハクカアル 11630001-⑦240
幾何イクハクノ 11850004-①66
幾何イクハクソ 12505019-14オ
幾何イクハクソ 12880003-48
〔幾多〕09208 05756
幾多イクハクノ 11130001-④1オ
幾多イクハクソ 11130001-④21オ
饗こと幾多クソ 12505047-69
〔幾所〕09208 11715
幾所イクハク 10320001-31ウ3
幾所「イクハクノ」 10820003-⑨233
幾所イクハクの 11030006-③27オ
幾所イクハク 12005022-16ウ1(19-1), 47オ7(44-4)
幾所イクハク 12860001-①15オ1(11-3), ①18オ2(19-1), ②23オ4(44-4)
〔幾時〕09208 13890
幾時イクハ(ク) 11420003-⑬15オ
〔幾許〕09208 35298
幾許イクハク 12005022-18オ3(31-2), 45ウ6(43-8), 48ウ6(44-9)
幾許イクハク 12860001-①20オ3(31-2), ②21オ6(43-8), ②25オ2(44-9), ③16ウ5(51-1), ③24ウ1(53-1), ③30オ1(54-10)
幾許イクハクソ 12880003-12
〔若干〕30796 09165
若干(イ)クハクノ年 10860002-36オ1

イクヒ(生日)

〔生日〕21670 13733
生日イ(クヒ) 10505150-24左

イクヒササ(幾久)

〔久如〕00118 06060
久如伊久比左〻安利天可 07905001-154-3
久如イクヒサキ（「キ」は「サ」の誤） 10320001-31ウ2
〔幾何〕09208 00511
幾何イクハクノ イクヒサ、ミ（「ミ」は「シ」の誤か）テカ 11630001-③173

イクヒサシ（久如）
〔如久〕06060 00118
久如イクヒサシ 12005022-16ウ1（19-1），47ウ1（44-4）
久如イクヒサシ 12860001-①18オ2（19-1），③31オ4（55-4），③52ウ4（58-9）
久如イトヒサシ（「イクヒサシ」の誤か） 12860001-②23オ5（44-4），③18ウ1（51-6）
各（「久」の誤か）如イクヒサシ 12860001-③37オ6（56-9）

イクミ（生國）
〔生國〕21670 04798
生國イクミ 10505150-2左

イクム（憤）
〔憤〕11239
憤イクミ 10005008-㉔214
憤イタ（「タ」は「ク」の誤か）ミ 11005115-㉔214

イクメ（活目）（人名）
〔活目〕17423 23105
活イ□（ク）目メノ天皇 11505075-⑰120-4

イクヰ（生井）
〔生井〕21670 00258
生井イク（ヰ） 10505150-2右

イケ（池）→イケトス、コイケ
〔塘〕05340
塘イケ 11420003-⑫6オ
〔孚〕06948
孚イケ 11360001-39ウ2

〔池〕17141
池イケト 10505024-27ウ1
池「ケ」イハノ 10505024-32ウ2
池「イケ」に 10505024-56ウ6
池ケ 10505024-56ウ7
池ケ 10505024-57オ4
池「ケ」 11005080-上12ウ2
池「ケ」流「ル、」 11005080-上57オ3
池イケ 11360001-18ウ2
池イケ 12110002-18
池イケ 13860001-25-6
〔沼池〕17257 17141
沼池イケ 13440001-26オ
〔渠〕17764
渠池アリ 08305011-65-1

イケダ（池田）（人名）
〔他田〕00370 21723
他ヲ「サ」（消カ）ソ田タノ イケタノ眞サタ樹ム（村）

ラ　10505007-26-3（誤讀か）

イケトス（池）→イケ

〔池〕17141

池いケとシ　08505014-38

池（イケ）トシ　11630001-①24

イケナガラ（生）

〔生〕21670

生イケナカラ　11450006-12

生（イ）ケナカラ　11630001-④41

生イケナカラ　12550003-9

イケニヘ（牲）

〔牲〕19986

牲イケニヘニ　11005025-8オ2

用テ牲イケニヘヲ　11005025-8オ3

イケハギ（生剝）

〔生剝〕21670 02049

生剝イケハキの／「イケハキノ」　11005080-上32オ6

イコソバク（幾何）→イクソバク

〔多少〕05756 07475

多少イソコ（「ソコ」は「コソ」の誤）ハクノ　11130001-③8ウ

イコノフ（息）→イキノフ

〔偈〕00836

偈イコノフ　11360001-13オ1

〔息〕10601

乏ツカレ息「イコノフ」　10740001-⑬73

イコハス（憩）

〔慰〕11135

慰イコハス　11360001-23オ3

イコフ（憩）（人名）

〔源憩〕17926 11246

源憩イコフ　10860002-48ウ5

イコフ（憩）（四段）→イコハス

〔伏〕00438

不伏イコハシ　12505020-㉛5

〔偈〕00836

偈イコフ　09480002-19ウ6

〔寧息〕07296 10601

寧息イコフに　11630001-③292

〔息〕10601

息フ時　08305001-⑤87-14

息イコハムを　10165001-①225-2

嘆息フ　10860002-19ウ5

息イコヒ　10990002-⑧214

息イコフ　10990002-⑩242

息イコハムことを　11260001-⑨479

息イコフコトヲ　11280014-①97

須ク遊ロ（「ロ」は「ヒ」の誤）息イコフ　11280014-③378

憩イコヒ息ムテ　11340007-②35ウ2

息イコフ　11360001-7オ2

息イコフこと　11450001-㉑28オ2

息ヒヌ　12360002-14オ7

息イコウ 13860001-9-6
〔慰〕11135
慰イコフ 11390003-5オ
〔慰問〕11135 03814
慰問イコヘ(ル)こと 11505075-⑰140-2
〔憩〕11187
憩伊こ不こ止 08105007-上20
憩伊古不止云(「止云」は「去止」の誤か) 08105015-上20
憩イコヒ息ムテ 11340007-②35ウ2
憩イコフ 11505075-⑭67-5
〔憇〕11246
(不)憇イコハス 08105015-中21
憇イコヒキ焉 11000003-107
憇イコフ 11000003-319
憇イコムて 11000003-594
停リ憇イコフ 11160007-①208
停リ憇イコフ(テ) 11160007-⑥103

憩ヤスム イコフ 11630001-⑥187
憩イコフ 12140002-⑫508
〔損〕12459
損イコフて 11260001-⑨143
〔活〕17423
活ヘル 11050002-30オ
活イコフ 11360001-54オ2

イコフ(憩)(下二段)
〔息〕10601
息イコヘヨ 11505075-⑪18-1
〔憩〕11187
令憩イコヘ息ヤスマ 11280014-③267

イコマ(膽駒)(地名)
〔膽駒〕29933 44663
膽駒イコマ 12330003-50-8

イコミ(撩亂)
〔撩亂〕12741 00214
撩亂イコミ 13560003-1

イコメリ(竪)(存疑)
〔竪〕25790
竪イコメリ(「コメリ」は「ヨタツ」の誤か) 10650002-20

イコヨカ(岐嶷)
〔岐嶷〕07936 08545
風姿ミヤヒ岐嶷イコヨカニマシマス 11505075-⑪7-4

イザ(去來)(人名)
〔去來〕03070 00581
去來イサ穂別天皇 11420003-⑮6オ

イザ(去來)→イザワ
〔去〕03070
去來『イサ古』 10870001-③494
〔去來〕03070 00581
去來イザ 18400001-③13-14
〔言〕35205
言イサ歸カヘシ□〈テ〉ム 10870001-②39ウ7

イザ（率）

〔率〕20817

率イサ　08105015-中3

イサカフ（闘）

〔闘〕45649

闘イサカフ　11360001-39オ2

闘イサカフ　12860001-③64ケ4（円28）

イサギヨウス（潔）

〔清〕17695

清イサキヨウ（ス）　12410003-35-4

清イサキヨウ（シテ）　12505072-16

〔潔〕18231

潔イサキヨウセム　12505020-㉘14

〔白〕22678

白イサキヨウす　12505020-㉝7

イサギヨクス（潔）

〔浄〕17669

浄イ（サキヨクス）たらむ（?）　11140007-⑭7

〔潔〕18231

潔イサキヨクス　11230003-①15, ③1

潔（ク）ス　11340007-②21オ5

潔ケサノユテ（「イサキヨクシテ」の誤か）　11860003-122

〔精〕26997

精イサキヨクして心を　10640005-①18オ

〔絜〕27419

絜イサキヨクセム　11340007-④22オ1

絜（ク）セヨ　11340007-④22オ3

〔鐲〕33873

不鐲イサ（キヨクセ）　09505003-14

イサギヨシ（潔）→イサギヨウス、イサギヨクス

〔冷〕01622

冷（イサキヨ）ク　11630001-⑥227

冷（イサキヨ）リ（「リ」は「ク」の誤）　11630001-⑥230

〔皎潔〕13897 18231

皎-潔イサキヨシ　11630001-⑦51

〔浄〕17669

浄イ、、、（「、、、、」は「サキヨク」）き（よ）く　10160001-10

新ラシク浄からむを「イサキヨカラムヲ」　10165001-①247-7

浄イサキヨケレとも　10630004-①522

浄イサキヨく　10790001-上10オ

浄「イサキ（ヨキ）」　10820003-④117

浄「イサキヨキヲモテ」　10820003-⑩637

浄『イ（さきよ）く』　11030006-②24ウ

浄イサキヨク　11130017

浄イサキヨク く　11505009

瑩キ浄イサキヨクシテ　11580001-79

澄ミ浄（イサキ）ヨシ　11630001-⑥238

浄イサキヨクシテ　12505010-343

〔浄潔〕17669 18231

淨潔イサキヨク　08105023-49-19
〔淸〕17695
淸「イサキ」ヨ(キ)　11505075-⑭65-6
淸イサキ(ヨク)明アキラ(カナル)心を　11505075-⑳174-6
淸(平輕)イサキヨク-愼(平)ツ、シメルコトナラハ
ハ　11550009-13ウ3
天は得て一を以て淸イサキヨシ　13300004-①351
〔淸淨〕17695 17669
淸淨イサキヨキコト　11110001-1
〔潔〕18231
潔く(し)て　08305011-145-3
潔く　08305011-149-8
潔イサキヨク白アキラカシテ　10860002-22ウ3
潔イサキヨク　10990002-⑧101
潔イサキヨキコト　10990002-⑩268
令淸メ潔イサキヨカヲ　11280014-②376

淨ク潔イサキヨク　11280014-②394
潔「イサキヨ(シ)」　11340007-④53ウ1
潔イサキヨシ　11360001-35ウ2
潔イサキヨイコトヲ　11505050
不スト潔イサキヨ(カラ)　11580001-90
潔イサキヨク　12330003-47-16
潔イサキヨシ　13860001-48-2
〔精〕26997
精イサキヨシ　11360001-7オ1
精イサキヨシ　13620010
〔齋〕48565
齋イサキヨシ　11360001-66ウ1

イサケコト(臭)

〔臰〕30120
臰イサケ(「イサケ」は「クサキ」の誤か)コト　11005025-26ウ3

イサゴ(砂)

〔沙〕17212
共沙イサ(コ)土ツ(チ)　08305004-99
沙イサコヲ　10505024-2オ5
沙イサコ　10505024-57オ1
沙の/「コノ」如(く)して/「シテ」　11005080-上13オ3
沙イサコ　11360001-9ウ3
細ホソキ-沙(イサ)コ　11630001-④259
沙イサコヲ　11860003-219
沙イサコ　13860001-13-6
〔砂〕24046
砂イサコ　10790002-6オ5
砂イサコ　13860001-13-6

イササカ(聊)

〔小〕07473
小イサ、カなる　10005008-㉒306
小イサ、カ(ナル)　11005115-㉒306
小イサ、カ(ナ)ル　11630001-④20
〔微〕10203

微イサ、か　10120002-63
微イサミカ　11360001-13ウ3
〔片子〕19813 06930
片子イサ、カナル　13440001-35オ
〔瑣〕21147
瑣イサ、カ　11630001-①43
〔聊〕29049
聊に　08505014-101
聊イサ、(カ)　09480002-21ウ7
聊に　09480002-29オ1
聊イサ、カに　10680005-14ウ
聊に　10830002-20-3
聊カニ　11005025-11オ3
聊に／「イサ、カニ」　11005080-上1オ5
聊さかに／「イサ、カニ」　11005080-上86ウ5
聊に　11200004-53
聊イサ、カニ　11320001-5
聊に　11340002-①7
聊ニ　11505073-34ウ
聊ニ　11550009-7オ1
聊イサ、カニ　11550009-23ウ1
聊イサ、カニ　11860003-133
聊カ　12150002-2
聊イサ、カニ　12505010-208
聊ニ　12505019-7オ
聊ニ　12840003-①29オ1
聊イ(サ、カ)　13440001-34ウ

イササケシ(聊)
〔小〕07473
小イサ、ケキ事に　11505075-⑭90-6
〔少〕07475
少イサ、ケキ　10005008-㉒126
少イサ、ケキ事は　10005008-㉒155
少(イ)サ、ケキ　11005115-㉒126

イササメ(鰄)
〔鰄〕46260
鰄イサ、メ　12505019-1ウ

イササメ(微)
〔微〕10203
微イサ、メに　11630001-④141
〔聊〕29049
聊め(?)(ニ)　12505035-24オ4

イサシム(令沃)→イル
〔授〕12242
令「ム／シム」…授イサ「イササシ」水を　10165001-①240-8
授イサシム水ヲ　11280014-①202

イサツ(泣)(上二段)
〔哀泣〕03580 17309
哀泣イサチラル　11505075-⑭102-7
〔啼〕03887
啼イサチツ、　11505075-⑳186-1
〔啼泣〕03887 17309
啼泣イサチ ナキ　11505075-⑭102-4

〔憂泣〕11170 17309
憂泣イサツルコトを 11505075-⑭107-6
〔泣〕17309
哭ナキ泣イサツル之聲 10005008-㉒374
哭ナキ泣イサツル之聲 11005115-㉒374
哭ナキ泣イサチ 11420003-⑬24オ
泣イサ(チ)哭ナキ 11420003-⑮12オ
泣イサチ悲カナシ(ヒ)之て 11505075-⑪22-3
泣イサツル 11505075-⑪32-2
泣イサチ悲カナシ(フ)耳 11505075-⑪32-3
泣イナ(「ナ」は「サ」の誤)チタマフ乎ヤ 11505075-⑭102-4
唾ツハキ(平平上)泣イサチ(平○○) 12360002-6ウ7
〔泣哭〕17309 03658
泣哭イサチて 11420003-㉓4ウ
〔涕泣〕17543 17309
涕泣イサチ 11505075-⑰137-5
〔灑涕〕18774 17543
灑涕イサチ 11420003-⑯26オ

イザナヒ(率)→イザナフ
〔倡〕00783
倡イサナヒノ 11340007-①39ウ3

イザナフ(率)→イザナヒ
〔倡〕00783
倡イサナヒ率(イサナ)ヒ 09505003-5
〔卒〕02740
卒ヒキソ(「ソ」は「テ」の誤か)「ソシテ」「イサナフ」 10670006-1
〔搆〕12447
引ヒキ搆イサナヒ 11630001-①164
〔率〕20817
倡イサナヒ率(イサナ)ヒ 09505003-5
率イサナヒテ 11630001-⑦181

イサフ(禁)(四段)→イサム、ヒサグ
〔可〕03245
可イサフ 11360001-12オ2
〔叱〕03247
叱イサフ 10320001-19ウ3
叱イサフ 11130001-④10オ
叱イサフ 11160007-⑤191
叱イサフ 11360001-11オ2
叱イサ(ハシメ) 11505075-⑭106-3
叱イサフテ而 12140002-⑪84
(叱)イサフ 12230001-36オ
叱イサフ 12860001-③3オ3(46-5)
〔吒〕03302
吒イサヒ呵イサフシ 11130001-④2ウ
吒イサウ 13860001-15-4
〔呵〕03459
无し人を譏ソシリ呵イサナ(「ナ」衍か)フ 10505019-⑪511
呵イサヒ諫イサ(ム) 10505019-⑮1

呵イサウテ 10505019-㉝4
呵イサヒ 11140007-⑳110
呵イサウ 13860001-4-5
〔咄〕03480
咄イサフ 10950003-②
咄イサフ 11360001-47ウ2
〔譏〕04247
譏イサフ 11980001
〔訶〕35328
訶イサヒ諫イサム 10505043
嫌ヒ訶イサフことを 10820003-④629
訶「イサフナリ」 10820003-⑩226
嫌「キラヒ」訶「イサハムヲ」(せむコトヲ) 11200015-④285
詆(平)イサヒ_ヒサキ訶(去)イサヒキ(しき) 11260001-⑦313
訶イサフ 11360001-3オ3
訶イサウ 13860001-4-5
〔詆〕35356
詆(平)イサヒ_ヒサキ訶(去)イサヒキ(しき) 11260001-⑦313

〔詈〕35360
詈イサフ 11360001-57オ4
〔諫〕35724
諫イサフ 12860001-②28オ4(45-9), ③22オ2(52-5), ③33オ5(55-9), ③56ウ4(60-2)
〔讁〕36091
讁イサヒ 08505008
讁イサヒツミナヘ 08505008

イサフ(諫)(下二段)
〔叱々〕03247 00097
叱シフ々イサフ(トスルニ) 11005025-10オ6
〔訋〕35319
訋イサヘ訶(去)シキ 10990002-⑦295
〔訶〕35328
訶イサヘ責□(フ)ル 10080002-②547
訶イサフル聲 10230002-①118
瞋り訶イサフルに 11130005-94オ
訶イサフル 11850004-⑩11
〔諫〕35724
三ひ諫イサフル 10505019-③21
諫イサフレトモ 11450006-18
〔責〕36682
訶イサヘ責イサフル 10230002-②547

イザホワケ(去來穗別)(人名)
〔去來穗別〕03070 00581 25298 01924
去來穗別イサホワケの天皇 11505075-⑪16-8
去來イサ穗別ホワケの皇子 11505075-⑪19-8
「去來穗別イサホ(ワケ)」 11505075-⑭58-7

イサマス(勇)
〔勇〕02360
勇イサマセテ 10505007-18-3

イサミ(勇)→イサム

〔功〕02295
功イサミ過を 10005008-㉒137
功イサミ 12505040
〔勇〕02360
勇イサミ 10990001-8オ
勇ミ 10990001-26ウ, 28ウ
氣_勇イサミアルヲ 11630001-④142
〔叱〕03247
叱イサミヲ 10505007-55-1
〔幹〕09183
幹イサミに 11505075-⑪23-1
〔諫〕35724
諫イサミヲ 10505007-55-4

イサム(勇)(四段)→イサマス、イサミ
〔勇〕02360
勇メル士 08305001-⑤95-13
勇いサメル勢イキホヒ 08305001-⑧161-14
勇イサンテ 08505019-6
勇イサミ 10505007-44-3
勇イサミ鋭トカリ 10820003-④320
勇『イサミ』-健『タケキモノ』なる「ヒトノ」 10870001-⑤339
勇イサミ 10990001-16ウ
勇ミ 10990001-16ウ
勇イサミ 11230003-①3
勇イサムテ 11340007-①40ウ1
勇イサム 11360001-7オ3
勇イサム(「ム」存疑)悍ホコルこと(「こと」存疑)を 11505044-6
仁メク(ミ)勇イ(サミ)て 11505075-⑰142-6
勇イサム 13860001-10-1
〔霈〕42301
霈(去)ハイ イサム艾カイトシテ 11340007-②37ウ1
〔霈艾〕42301 30648
霈艾(去)トイサムテ カイ 11550009-16ウ4
〔葤〕44533
葤イサム 11360001-41オ4

イサム(禁)(四段)→イサフ
〔猛烈〕20498 18987
猛-烈イサメルモノニシ(テ) 11630001-③420
〔諫〕35724
諫イサミ 10990001-20ウ

イサム(禁)(下二段)→イサフ、イサムラク、イサメ、イサメラク
〔叱〕03247
叱イサメて ワラヒ 11630001-⑧210
〔叱勸〕03247 02486
叱勸イサメ 09005007-1
〔呵〕03459
呵イサメテ誇りて 10505019-㉑18
呵イサメ 10505043
叱(「入」)「シッ」「-」呵(「上」)「カ」「イサム」

10740001-⑥61

〔止〕16253

止之ア(「ア」の右に「イ」と記す)サメマツリタマフ 11505075-⑭75-2

〔禁〕24743

禁イサメ 12505020-㉝8, ㉝8

禁イサムル 12550003-2

〔要〕34768

要諫也て 11505075-⑰131-3

〔訶〕35328

嫌キラヒ訶イサム(ル)か 11020007-④79

訶イサム 11020007-⑩24

訶イサメ 11630001-③394

〔諫〕35724

諫イサメテ曰 09505020-277

諫イサメて 10165001-④1ウ3

諫イサム 10320001-9オ7, 19オ7

不可諫イサムヘカラス 10505007-55-9

呵イサヒ諫イサ(ム) 10505019-⑮1

諫イサ(メ)て 10505019-㉛15

訶イサヒ諫イサム 10505043

諫イサメテ(平平去上) 10630006-18(「イサメテ」は橙書)

諫イサメ(む)ことを 10730001-⑨9ウ9, ⑨9ウ9

諫「イサメテ」言て 10740001-⑬89

諫イサム 10990001-20ウ

諫イサメて 11140007-⑱146

不ス敢相諫イサメ 11280014-④22

諫イサメテ 11280014-④61

諫ム 11340007-①44オ4, ②11ウ1, ④16ウ6, ④16ウ6, ④20ウ3

諫(ム)レトモ 11340007-④7ウ7, ④20ウ1, ④20ウ2

諫イサム 11340007-④16ウ5

諫(ム)ルニ 11340007-④17オ1

不ル諫メ 11340007-④28オ1

諫イサムル 11380002-南12オ

諫イサメ 11390003-6オ

諫イ(サ)め 11390003-6オ

諫ミ(「ミ」は「イ」の誤)サメて 11420003-⑮15ウ

諫之イサム 11420003-㉑4オ

諫イサメて 11420003-㉑4オ

諫イサ(メ)て 11505075-⑰131-8

諫(去)イサメカン争(去)フス 11550009-33ウ6

諫イサメて 11630001-④312, ⑧104

諫イサメ喩サトセト 11630001-⑤361

諫イサムレトモ 12110002-19, 20

諫イサム 12110002-20, 21

諫イサメ 12140002-⑪110

諫イサ(ム) 12230001-43ウ

諫イサメて 12410003-14-14

諫メ 12410003-32-14, 33-23, 34-8

諫ムルに 12410003-33-24

諫ムルを　12410003-34-7
諫イサム　13280001
〔距〕37481
相ひ距イサム　11510005-⑥249
イサム（御）（存疑）
〔御〕10157
可こと馴ナレ似尊反「示□」「遍也」御イ（「イ」は「ヲ」の誤か）サム「遠也」　11200015-④19
イサムラク（諫）→イサム（下二段）
〔諫〕35724
諫（ム）ラク　12140002-⑫333
イサメ（諫）
〔叱〕03247
叱イサメ　10990001-20オ
〔嘖〕04204
嘖イサメヲ　10505007-55-4
〔諫〕35724
諫イ（サメ）　12505020-㉛4

イサメゴト（諫）
〔諫〕35724
諫イサメコトヲ　11160007-⑥262
諫イサメコトニ　11280014-②409
諫アラソフ イサメコト　11300001-⑦9
諫（メ）コト　11340007-①36オ6
諫（メ）コト（ニ）　11340007-①36ウ7
諫イサメコト　11420003-㉑4オ
諫イサメコトヲ　11550009-8ウ3, 8ウ5
諫イサメことを　12110002-17
諫イサメこと　12410003-32-17
諫メこと　12410003-32-20, 32-21, 33-2
諫イサメコト　13140001
イサメラク（諫）→イサム（下二段）
〔諫〕35724
諫（イ）□〈サ〉メラク　09505020-328
イサヨフ（躊躇）→タチイサヨフ
イサラミヅ（潦水）

〔潦水〕18259 17083
潦水イサラミツ　10005008-㉔324
潦水イサラミツ　11005115-㉔324
イザワ（歸來）→イザ
〔歸來〕16349 00581
歸來イサ禾（「禾」は「和訓」の意か、存疑）　12520007
イサヲシ（功）
〔功〕02295
功イ（サヲシ）　11420003-⑮11ウ, ⑮11ウ, ⑮14ウ, ⑮17オ
功イサヲシ　11420003-⑮14オ
功イサ（ヲシ）　11420003-⑮14ウ, ⑯17ウ
〔勇捍〕02360 12143
勇捍イサヲ（シ）　11505075-⑪50-3
〔勤〕02424
對勤乎イサヲシキカナ　11505075-3
〔對乎〕07457 00131

對勤乎イサヲシキカナ 11505075-⑳164-3

イサヲシサ（忠）

〔忠〕10353

忠イ□〈サ〉ヲシサ 10005008-㉒123

忠イサヲシサ 13760001

イサヲシヒト（有功者）

〔有功者〕14332 02295 28853

有功者イサヲシヒト 11420003-⑮11オ

イシ（伊﨑）（地名）

〔伊﨑〕00432 08053

伊﨑水門イシノミトに 11505075-⑪45-7

イシ（石）→ウキイシ、コイシ、サザレイシ、サザレシ、シライシ、タビイシ、ツミシ、ムマノイシノタマ

〔石〕24024

石イ（シ） 08305004-99

除去す礫『タヒシ』石『イシ』 10400002-292

石の柱 11260001-③144

石イシ 11360001-28オ4

石シ 11550009-49オ4

石（イ）シ 11630001-②148, ②152, ②152

石イシ 13860001-38-3

〔石膏〕24024 29800

石膏和名之良以之 11505004-①56ウ3

〔鉐〕40298

鉐イシ 11360001-29オ1

イジ（去）（「イニシ」の音便）

〔去〕03070

去イシ年 11130001-④10ウ（別筆）

イシウチ（梼楚）

〔梼楚〕14734 15141

梼楚イシウチ 08280002

イシカシ（夫人）

〔夫人〕05835 00344

夫人イシカシの 11505075-⑭67-2

イシガメ（奏龜）

〔奏龜〕05915 48847

奏龜和名以之加女 11505004-①74ウ2

イシク（曰）→イヒシク

〔遉〕04414

遉イシク 12410003-1-24

〔曰〕14278

曰イシク 13280001

イシコリドメ（石凝姥）（人名）

〔石凝姥〕24024 01720 06216

石凝姥イシコリトメ命 12360002-4ウ2

イシズヱ（礎）

〔礎〕24522

礎イシスヘ 10020001

礎イシスヘ 11160007-③299

イシダ（鹵）

〔鹵〕47528

鹵イシ（「シ」存疑）タニシテヤセテ而 10990002-⑨197

鹵ヤセテイシタニシテ 11260001-⑨183

イシダ（石田）（地名）

〔石田〕24024 21723

石イシ田ノ 10505007-17-2

イシダタミ（砌）→イシダタミス

〔砌〕24062

砌倭云石太〻美 07905001-15-1

砌倭云石疊 07905001-23-1

砌石疊 07905001-27-1

イシダタミス（砌）

〔壘〕05574

壘イシ（上上）タ、ミシ甎カハラフキにして 11630001-⑧351

イシヅチ（石鎚）（地名）

〔石峯〕24024 08093

石峯伊志都知能太氣 08005003-5

イシナゲ（擲石）

〔擲石〕12893 24024

擲石イシナケ 09505012

イシノスダマ（魑）

〔魑〕45870

魑イシノスタマ 18400001-②6-40, ②6-40

イシノタマ（磚）

〔磚〕24226

磚イシノタマ 11360001-15オ1

〔碟〕24319

碟石玉 11360001-15オ2

イシノチ（石鍾乳）

〔石鍾乳〕24024 40672 00190

石鍾乳和名伊之乃知 11505004-①55ウ3

イシバシ（石橋）

〔坂磴〕04910 24478

坂磴と（「の」の誤か）イシハシトナリンタリ 13440001-1オ

〔磴〕24478

磴イシハシ 12505010-283

磴イシハシ 13440001-26オ

〔隥〕41850

隥イシハシ 12230001-35ウ, 47ウ

イシハジキ（抛石）

〔抛石〕11948 24024

抛石（イシ）ハシキ 10005008-㉒351

抛石（イシ）ハシキ 11005115-㉒351

イシハジキス（彈碁）

〔彈碁〕09865 24261

彈碁イシハシキシ 09505012

イシハヒ（石灰）

〔石灰〕24024 18858

石灰和名以之（上上）波比 11505004-①58オ1

イシハラ（石）

〔磽确〕24494 24232

磽确石原也 11160007-⑤539

イシマ（窊）

〔窊〕25467

不アラス苦窊ユカミイシマ 14770001
不苦窊ユカミイシマアラ 15110001-1

イシムノ（葦）（存疑）
〔葦〕31437
葦イシムノ氏 12840003-③18ウ5

イシメ（石女）（人名）
〔石女〕24024 06036
石イシ女 11505075-⑳182-8

イシヰ（石井）（地名）
〔石井〕24024 00258
石イシ井ノ之 10505007-19-7

イスカシ（佷）→ヒスカシ
〔佷〕00563
傲モトリ佷イスカシ（クシ）て 11505075-⑰154-1

イスズ（五十鈴）（地名）
〔五十鈴〕00257 02695 40267
五十鈴イス、河上に 11505075-⑭70-6

イセ（伊勢）
〔伊勢〕00432 02422
伊勢（ノ）布 11860003-121

イソ（崎）
〔崎〕08169
淩（平）ク崎（上）イソヲキ之浪 11550009-51ウ5

イソガシ（忙）
〔劇〕02218
劇イソカシ 11360001-44オ3
〔忙〕10334
忙伊曽何之 08005006-15
忙伊曽何之久 08005006-16

イソガハシ（忙）→イソガハシクス
〔吏〕00405
吏イソカワシ 13860001-80-3
〔劇〕02218
劇イソカハシ 12510006-55-12
劇イソカワシ 13860001-59-4
〔忙〕10334
忙イソカハシク迫ム 11160007-⑥82
〔遽〕39161
遽イソカハシク 11160007-⑤262
〔閙〕41264
閙イソカワシ 13860001-80-3

イソガハシクス（急）→イソガハシ
〔急〕10475
急イツ（「ツ」は「ソカハ」の誤）シクスルコト 11280014-③280

イソキ（存疑）
〔晩〕13940
晩イ（「イ」は「オ」の誤）ソキ歟 12140002-⑫366

イソギ（急）→イソグ
〔急〕10475
急キナリ 11280014-②286

イソグ（急）→イソギ

〔務〕02394
務ツトメて イソイ　10240002-②20オ4
務イソイて　10240002-②21オ6, ②22オ8
不務イソイて速トク く進ス、マ
　10240002-②26
務イソ(キ)て　10240002-④95
各各忩イソキ務イソイテ　10505019-㊵35
務イソイテ て　10700004-33
務イソイて「ツ(と)メテ」　10820003-②335
務イソイて　10820003-②485, ③732
務イソイ／「キ」／テ　10870001-③50
務イソイテ て　11020007-⑯31
務「イソイテ」　11020007-⑱87
務イソイて　11030006-②21ウ
務イソキて　11030006-②22ウ
務イソイ／キ(「イ」「キ」重書、但し何れを生かしたるか不明)テ　11030006-②26ウ
務イソイテ　11300001-⑦10

務イソイ(テ)　11340007-④12ウ5
務イソク　11360001-50オ2
務イソイて　11380001-⑯70-7
務イソリ(「リ」は「イ」の誤)て　11510005-①72
務イそいて　11510005-②34
務イソキ イヨ、、　11510005-②80
務イソク イヨ、、　11510005-②81
務イソイテ　11510005-④73
務イソイて　11510005-⑦297, ⑦306, ⑧216
務イソカシメテ　11640001-②78
務イソキて　11850004-②29
務イソイテ　18400001-③2-10
〔忩〕10366
各各忩イソキ務イソイテ　10505019-㊵35
忩イソキ遽アハテタルヲ　11130005-86オ
〔急〕10475
急イソキ馳イテマセリ　11505075-⑪14-7
〔摠忙〕12596 10334
摠(平)ソウ悴(忙)ハ「ウトイソキ」(消)　ア(ワ)テ、　10505007-21-5
〔爭〕19663
爭イソク　11360001-35オ2
〔颯〕43808
颯急也　08105015-中34

イソコバク(幾何)→イコソバク

イソシ(勤)
〔勤〕02424
對勤乎イソシキ　11505075-⑳164-4

イソノカム(石上)(地名)
〔石上〕24024 00013
石の上カムの高ア(「タ」の誤か)カ抜ヌクル ヌキ原に　11505075-⑭101-8

イソフ(爭)
〔爭〕19663
爭イ(ソヒ)て　10005008-㉔118, ㉔255
爭イソヒ　11005115-㉔255

争イソフテ(?)に　11130001-③10オ
争イソヒテ　11790003
〔競〕25831
競イソフ　10990002-⑨333
競イソフテ　11630001-②208
競イソて　11630001-②224
〔諷〕35741
諷(平)イソフテ-諫(去濁)カン反　11630001-②370
〔闘〕45649
闘イソフ　13440001-11オ
イタ(板)→キヌイタ、シキイタ、フミイタ、マナイタ
〔板〕14518
板ハン イタ心　10240002-②5
板イタ　10320001-12ウ6
浄キ板イタノ上ニ　10350002-2オ2
板イタ(の)　11030006-②28ウ
板イタヲモテ　11630001-②73
板イタ　12005022-19ウ4(32-2), 50オ4(45-4)
板イタ　12230001-46オ
板イタ　12860001-①22オ2(32-2), ②26ウ3(45-4), ③20ウ3(52-1), ③32ウ4(55-8), ③38オ6(57-1)
〔版〕19817
漏モル版イタ　08305001-⑦131-14
版以多　10790002-9オ6
版「イタ」　10990002-⑨35(上欄外)
〔疏〕22000
疏イタ　08505007-③2-2
イタウス(痛)
〔痛〕22195
痛イタウスル　11630001-①355
イタカ(何)(存疑)
〔孰與〕06995 30212
孰與イツレ イツレ イタカ　11505075-⑰132-7
イタカラク(痛)
〔痛〕22195
疼ヒ、ラキ痛カラク而已ノミ　11450001-㉑9オ7
イダキ(抱)
〔一團〕00001 04834
一團イタキ　10005008-㉒27, ㉒227
イダキ(抱)(人名)
〔抱〕11917
抱イタキ　10005008-㉒217
抱イタキ　11005115-㉒217
イダク(抱)→ウダク、ダク、テヲイダク、ムダク
〔勒〕02386
勒イタカムコト　13440001-17ウ
勒イタク　13440001-17ウ
勒イタカレヌ　13440001-30ウ
勒イタク　13530006-25-6

〔懐〕11456

懐キ 08305001-①5-3
懐ケリ 08305001-⑩190-13
懐クに 08305001-⑩197-18
懐け(「け」存疑)る 08305011-107-3
懐ウタ(け)はい(たけは) 08505014-74
懐(イタ)キ 09505003-7
懐イタクことを 10240002-②9オ2
懐き 10505003-①91, ③40
懐い(タキ) 10505003-③61, ③902
懐イタケリ 10730001-⑨7ウ5, ⑪6-13
懐オ「モフ」イ「タケリ」安や(スキ)ことを 10730001-⑪7-4
不す懐「イタカ」 10740001-③27
懐「イタキ」 10740001-⑥50
懐クヘシ 10740003-①451
懐カム 10740003-③296
懐イタイ(て) 10790001-下15オ
懐「イタケル(ことを)」(け)りと 10820003-②137
懐く 10820003-②267, ②405, ②406, ②414
懐「イタク」(き)て 10820003-②281
懐「イ」(たか)不す 10820003-②285
懐「(いた)カ」不「(さ)レ」 10820003-③524
懐「キ」 10870001-①234, ①235
懐ケルこと 10870001-①389
懐ケル 10870001-③140
懐ケリ 10870001-③510
勿マナ懐クこと 10870001-③537
無『レ』懐『ク』 10870001-⑤265
得こと懐クこと 10870001-⑤466
懐ケリ 10990001-13オ
懐イタク 10990001-14オ
懐き 11005003-①34
懐『イタケリ』(消)」 11005080-上2オ2
懐けり／「イタク」 11005080-上26オ6
懐(け)ること／「ケルコト」 11005080-上36ウ5
懐(イ)タカム「ムヲヤ」…乎 11200015-④108
懐「＼イタケリ」「イノ(上上濁)フケリ(「ノフ」は「タ」の誤か)」安イ□〈コ〉トヲことを 11270012-105
懐イテ疑 11280014-①416
懐□(抱か)也 11280014-④128
懐ク 11340007-①42ウ7
懐イテム 11340007-②12オ6
壊(懐)キ 11340007-②42ウ5
懐イタク 11380002-地22オ, 北14ウ
懐イタケリ 11380002-西41ウ
懐ケリ 11380002-南46ウ
壊(懐)イタケル 11380002-南47ウ
懐イタイテ 11450006-17
懐イ(タク) 11505075-⑭111-3
懐イ(タキ)て 11505075-⑰148-7
懐イタク 11550009-10オ1
懐イタカム 11550009-13オ5

懐ケリ 11550009-18ウ3, 39ウ1
懐ク 11550009-21ウ2
懐イタキ 11550009-34ウ3
懐イタイ懼オソリヲ 11550009-49ウ4
懐キタリ ユキイ 11550009-56オ7(上欄外)
懐(イタ)ク惶懼コトヲ 11630001-⑥112
懐(イタ)クコト 11630001-⑥317
懐(イタ)ケリ 11630001-⑥333, ⑥407, ⑦248
懐(イタ)ク 11630001-⑦262, ⑧104
懐クハ 11800001-10
懐イタク 11850004-②13
懐カム…乎 11850004-④44
懐「イタ」(消か)ク 11860003-36
懐イタイテ 12505019-21ウ
懐イタク慷-慨を 12505035-24オ5
懐イタイテ 12505039-9
懐イタク 12860001-③63オ3(巾17)
懐イタク 12880003-37
懐イタク 13860001-31-4
懐イタカム 18400001-②9-20
〔抗〕11889
抗イタイテ アケテ 12510006-56-2
〔抱〕11917
抱イタイテ け 10100002-36
抱イタキ 10165001-①261-1
抱くに／「イタクト」 11005080-上8ウ2
抱ク 11230001-②178
抱イタイて 11380002-天17ウ
抱イタク 11380002-北34ウ
抱イタキマツ(ル) 11420003-⑫2ウ
抱イタイ膝ヲ て 11550009-30ウ7
抱イ(タ)ク 12230001-40オ
抱イタク 12230001-54オ
抱イタ(キ)テ 12410003-0-21
抱イタイテ 12505019-1ウ, 32オ
抱イタク 12505019-3オ
抱イタカレテ 12505019-24オ
抱イタカル 12505019-24オ, 24オ
抱イテ 12840003-③3オ1
抱イタキ 13440001-37オ
抱イタイ(テ) 13530006-52-9
〔挹〕12105
挹イタ(「タ」存疑)(イ)テ 10990001-14オ
挹イタイ(テ) 12505020-㉘10
〔虔〕32686
虔「イタイテ」誠 10690002-34
〔裹〕34372
裹イタク(上上濁平) 12005022-8オ1(6-3), 15ウ1(13-8)
裹イタク 12005022-46ウ7(43-10)
裹イタク 12860001-①7ウ6(6-3), ①16ウ6(13-8), ②22ウ3(43-10), ③18オ2(51-3), ③30ウ6(55-1),

③37オ4(56-8)

〔襲〕34758-01

襲イタク 12860001-①16ウ5(13-8)

〔解〕35067

未た解イタく(「く」存疑)所出の二語の了

を 10505019-㊴3

イタサク(致)→イタス

〔致〕30146

致(さ)クのみとのたまふ 08305001-⑩188-16

致サクのみとのたまふ 08305001-⑩200-15

イタサマク(致)→イタス

〔致〕30146

致サマク(のみ) 10790001-上8ウ

イタシ(痛)→イタウス、イタカラク、

サシイタシ

〔切〕01858

切「イタク」-責セムルコト 10870001-④125

切イタク 11505075-⑰131-8

〔劇〕02218

劇イタキコト 18400001-②10-3

〔咄〕03480

咄イタイカナ 11360001-47ウ2

〔徂〕10078

徂イタイカナ兮 11340007-②21オ3

〔楚〕15141

苦(し)ク楚いタク 08305001-⑧161-2

楚イタシ 10990002-⑨462

楚□イタシ 11260001-⑨481

楚イタシ 13860001-58-2

〔毒〕16730

毒イタきことを 08580002-68

毒イタク 09505020-316

〔煩〕19229

煩イタク 11505087-7

〔熟〕19332

熟イタク 08580002-92

熟イ(タク) 13440001-4オ

〔痃〕22124

痃イタシ 11390003-10ウ

〔痛〕22195

苦クルシク痛すイタク 10250001-6

を痛イタミ 10450001-67

疼ヒ、ラき痛イタキにき 10450001-238

不す以て爲せ痛イタ(シ)と 10505019-㉒56

豈ニ…待タム酸スク痛イタ(キ)ことを哉

ヤ 10700001-70

痛イタイコトヲ 10990002-⑦211

痛イタイ哉カナヤ 11080001-2

痛イタシト 11280014-③298

痛イタク 11280014-③363

痛イタキを 11450001-㉑1オ6, ㉒13-12

痛キを 11450001-㉑1ウ1, ㉑1ウ4, ㉑15ウ2,

㉑16オ4, ㉑19オ7, ㉑19ウ9

痛イタシ 11450001-㉑8オ9
痒カユク痛キを 11450001-㉑8ウ9
重オモク痛ク 11450001-㉑9ウ1
痛シ 11450001-㉑10オ4, ㉒16-5
冷ヒエ痛イタキ 11450001-㉑12オ7
痛キヲモを 11450001-㉑17オ5
令シム痛カラ 11450001-㉑19オ9
痛イ(タクシ)て 11450001-㉑19ウ5
痛イタキ 11450001-㉒12-23
痛キ 11450001-㉒13-10, ㉒15-21, ㉒15-26, ㉒18-16
令シム…痛カラ 11450001-㉒13-11
痛ク 11450001-㉒16-11, ㉒19-1
痛イタク-痒 11505004-①10オ4
痛イタカラ□(ム)と乎ト云 11505075-⑰132-7
痛イタシ(「シ」は「ク」の誤か) 11505084-3-16
痛イタイカナ 11550009-47オ5

痛イ(タキ)矣 11550009-49オ4
痛(イタ)ク 11630001-①507
刺サシ痛イタキ 12005133-24オ3
痛イタク 12005133-24オ8
痛イタシ 12230001-46オ
痛イタシ 13440001-36オ
〔茂〕30833
茂「イタク」「ムク」 11200015-⑤188

イタシム(罰)
〔罰〕28315
罰イタシム 08505008(存疑)

イダシモノ(税)
〔税〕25070
税イタシモノ 11630001-⑤205

イタス(致)→イタサク、イタサマク
〔修〕00721
修イタス 10990002-⑦309
〔傷〕01029
傷イタス 12860001-③61オ6(人4)
〔到〕01950
未到イタサ 08280001-21
到イタシて 10165001-①250-7
相到イタセ 10950003-③34
到イタス 11360001-6オ4
〔効〕02334
効クラハク「イタシテ」 10240002-②10オ7
効イタス 11380002-南48ウ, 南50オ
〔去〕03070
去イタセトモ米を 10165001-④3ウ8
〔呈〕03363
呈「イタス」 10990002-⑦358
呈イタシテ 10990002-⑨219
呈イタシ 10990002-⑨229, ⑨243
呈シメシテ イタシテ 11260001-⑨206
呈イタシ シメシ 11260001-⑨217
呈し 12505035-24ウ2

〔就〕07599
就イタシ 11420003-⑯29オ
〔底〕09262
底イタシ(上上平)平タヒラケツ 12505072-5
底イタシ 12505072-9
底イタシて 12505072-15
〔德〕10243
德イタス 11360001-5ウ3
〔投〕11887
投(平)トウす (上欄外)致也 10120001-2オ
投イタス「ナク」 10165001-①226-6
投イタス(コト) 11440006
投イタ、、(「、、」は「シ」の誤)身を 11505075-⑭87-6
投イタス 12005006-上17
投イタセ 12005006-上37
〔捉〕12136
捉イタセハ／「トレハ」「イタセハ」 11005080-上45ウ4

〔效〕13186
效イタシ 09505020-457
效イタシて「マナヒ」 10820003-②160
效イタスコト得エ 10990002-⑨289
效イタサムコトヲ 11130001-③4ウ
效イタし 11230001-③520
效イ(タ)シ 11380002-西48ウ
效イタ(平平)シ 11380002-北32ウ
效イタシ 11630001-⑧455
效イタシ アラハシ 12140002-⑫462
效イタシ 12140002-⑫491
〔暨〕14165
暨イタシテ 12505072-13
〔洎〕17369
洎(洎)イタス 及 11630001-⑧270
〔漸〕18179
漸「ソ、ク」「イタス」 10990002-⑦76

〔砥〕24093
砥イタシツ 12505072-8
〔祇〕24639
祇謹也 敬也 イタシ 11260001-⑨111
〔祗〕24665
祗至也 シ 10990002-⑨105
〔稽〕25218
稽イタし首を 08305001-③44-8
稽イタス 11360001-52ウ1
稽イタ(ス)カムカヘ 11630001-①33
稽イタシ 12200002-5
〔置〕28298
置イタスく 11020007-⑱85
〔至〕30142
至サ(「イ」の誤か)タス 08280001-15
至いタシたまへり 08305001-②23-11
至せる心をモチテ 08305001-③51-1
至せる誠 08305001-④79-8

至(し)て心を　08305001-⑥100-18
心を至て　08305011-183-4
至サは誠を　09505020-307
至セリ此に　09505020-323
送オクリ至イタス　09505020-363
至イタサム　10165001-②20ｵ1
至「イタして」　10240002-②15ｵ8
勿「ナカレ」相ひ至「イタスコト」(れ／こと)　10350001-20ｳ2
至て心を　10505003-①82
言を至して　10820003-②241
心を至(して)　10820003-②265
至イタセハ腰ニ　11005025-5ｳ6
心を／「ヲ」至して／「シテ」　11005080-上63ｳ3, 上64ｳ3, 上75ｵ7
心を／「ヲ」至(し)て／「シテ」　11005080-上84ｳ3
誠「ヲ」至「ス」應し／「シ」　11005080-上85ｳ6

誠「ヲ」至「スコト」无きは／「ケレハ」　11005080-上89ｳ6
引-至(イ)タシテ　11140007-⑧24
至イタスヘシ　11200015-⑤116
至なは シテ　11200015-⑦149
至(し)て誠を　11260001-③228, ③256, ③257, ③472
至して心を　11280005-7
至イタして　11280005-61
至シテ　11280014-②174
至イタシテキ　11340007-④14ｳ2
至(タ)シ誠を　11630001-②240
至(イタ)サム　11630001-⑥51, ⑥396
至せ　11640001-②3
誠ヲ至シ(テ)　12140002-⑪67
至ス所　12140002-⑪255
誠ヲ至ス[當](シ)　12140002-⑫313
移(シ)至セリ　12140002-⑫328

〔致〕30146
致イ(た)シつ　08305001-①14-21
致せり　08305011-63-6
を致せり　08505020-16-20
所致イタス(「ス」存疑)　09505020-130
致(音)シ敬(音)を　09505020-347
致(音)セ辭ハヲ　09505020-380
所なるをもて致イタす　10450001-278
可し致す問を　10505003-①197
致シツ　10505003-①271
致イタ(サ)ム(しむ)信命ツカヒ、トヲ　10505019-㉖25
所ロハ致イタス者ハ　10505024-15ｵ2
致イタス…コトヲ　10505024-43ｵ3
申ノヘ致イタして　10640001-46
致サシメヨ　10730001-⑩29-2
致「シテム」　10740001-⑬23
致すと　10820003-②808

致「イタス」 10820003-⑤555
致イタセリ／『イタセリ』 10870001-⑤23
致「ト、ム　イタス　ツヒニ」 10990002-⑨191(紙背)
致(セ)リ(シ)□〈コ〉ト 11005025-13ウ5
「コト」を致す／「ス」 11005080-上40ウ5
可致「イタシ」也 11020007-①27
致イ(タシテ) 11130001-③8オ(別筆)
致(シ)テ敬ヲ 11140001-38
致タサムカ 11200015-④110
致ス 11200015-⑤246
致イタセ 11210001-①49
致す 11230001-②20, ②344, ②356, ②357
致し 11230001-②20, ③542
所なり招き致イタス 11230001-②294
致(す)此の號を 11260001-③187
致せり此の損-傷を 11260001-③395
致シテ 11280014-①85

无カレ勞ハシク致スコト惑マトヒヲ 11280014-①298
致シテム 11280014-①371
致ス使コレ(「レ」は「ト」の誤か)ヲ 11280014-②303
致ス使コトヲ 11280014-③147
致シテ命 11280014-④22
致ス此 11280014-④163
致「す」 11340007-①24オ
致ス 11340007-②7オ, ④30ウ4
致ス命ヲ 11340007-④10ウ3
招ネキ-致イタシ 11340007-④55ウ2
致イタス 11360001-42ウ1
致イタスときに 11380002-南47オ
致イタ(ス) 11380002-南49ウ
致イ(タス) 11420003-㉑10オ
致ス 11450001-㉑2ウ6
致シ 11450001-㉒11-10

致イタス 11450006-26, 26
致ス 11505004-①15ウ1
可致イタシつ 11510005-①18
所ロなり致ス也 11550009-3オ3
致ス 11550009-8ウ1
可シ致シツ 11550009-15ウ2
致サム譏ソシリヲ 11550009-35ウ4
致ス然ルヲ 11580001-79
致(イタ)シ 11630001-②159
致(イタ)ス(ニ) 11630001-③261
致(イタ)ス 11630001-④183, ⑧600
致(イタ)セルナリ 11630001-⑥383
致(イタ)サムト 11630001-⑧114
致サム 11705071-25
致サムかと 11850004-④46
致セ 12140002-⑫385
致ス所 12140002-⑫450
致サムニハ 12150002-9

致スニ　12240007
奉致イタシマツリナム　12360002-15オ2
致す　12410003-17-22, 18-11, 23-18
致イタス　12410003-29-15
致イタスときに　12410003-29-33
致イタして　12410003-30-4
不す致イタサ　12410003-32-11
致シテ功　12505072-3
致イタシ定サタメツ　12505072-6
致シ愼ツ、シムテ　12505072-12
致イタシて　12505072-15
致ス　12510006-57-6
致サムト　12840003-①33オ7
致ス　12840003-①40オ3, ②13オ4
致ス害スルコトヲ　12840003-②17ウ5
致すス　13505007-3
致イタス　13860001-57-2

〔臻〕30165
臻イタシ　08305001-⑥112-23
臻至也レルコトヲ せり　11260001-⑦46
臻イタス　11380002-北29ウ

〔虔〕32686
虔ケン「イタシ」　10590003-12
但シ虔イタシ誠　10590003-17
虔イタシテ　10660001-1
□〈虔〉イタシテ　10990002-⑧396
虔イタシテ　11030006-②9ウ
虔ツ、シムテ　イタシテ　11250002-4

〔詣〕35412
詣ヘシ「イタシ」　11200015-⑤1
詣イタサムトス　11630001-⑥359

〔距〕37481
距イタシ／「サム」　10740001-⑤7

〔造〕38898
不造イタ(サ)　10730001-⑪6-5
造「イタス」　10740001-⑥45, ⑭27
造「イタスト」に　10740001-⑦21
造イタセト云　10790002-7ウ2
造イタス　11340007-③12オ6(上欄外)
鎔アヒ造イタセリ　11420003-⑬17オ
造イタス　13440001-13ウ
造イタサム　13440001-30ウ
造イタセ　13440001-30ウ

〔進〕38943
不進サ、(「サ、」は「イタサ」の誤か)　11280014-②29

〔達〕39011
明「リ」達「(イタ)セリ」　10870001-③482
達イタス　11230001-③151
達イタス　11420003-⑫7ウ

〔頓〕43381
頓(去)「イタシ」し　10165001-①226-5
頓イタシ至也　11280014-①107

イダス(出)→オヒイダス、ダス、ヌキ

イダス、ハナチイダス

〔亞〕00274

亞イタシて頭を　10505069-⑬15

〔出〕01811

不す出サ　08305001-③49-17

を出す　08305011-39-9, 65-9, 161-4

出す　08305011-55-8, 57-9

出すか　08305011-79-5

出すことは　08305011-83-8, 85-1

を出(し)て　08305011-119-3

出す　08505020-11-13, 15-4

出すことをいふ　08505020-17-8

を出すか　08505020-20-17

を出す　08505020-22-3

出サム　08505020-38-7

出シて　09505020-273

出スカ　09505116-490

須「シ」…出「イタス」す　10165001-①243-7

汲クミ「」出、、(「、、」は「イタ」)サム　10165001-①248-1

抽ヌキ出イタス　10165001-①250-7, ①250-7

出サシメ　10165001-②5ウ1, ②10オ7

出イタスこと　10450001-30

出イタサ　10505001

出ス　10505007-32-2

令出イタサレ國　10505019-②16

令出イタサ(シ)メム　10505019-③5

使人をして牽ヒキ出イタサシメテ　10505019-⑲21

出スニイタス　10505024-2ウ3

出ス　10505024-26オ6, 59オ6

出タセリ　10505024-31オ7

出シテ　10505024-51ウ2

出シテ「イタ」　10505024-51ウ3

不ス具「ツ」サニ出「イ」タサ　10505024-56オ3

出ス香ヲ　10505024-58オ7

露ハニ出□〈タ〉シ　10640001-50

出スト　10640002-6

出イタ(シテ)　10730001-⑨5ウ10

出イタ(ス)　10730001-⑨11オ7

出(イ)タスす　10730001-⑨14オ2

出「イタスなり」　10740001-⑪15

出セ　10740003-①806

出「(し)ヌ」すと　10820003-②40

出して　10820003-②374

出す者もの　10820003-②588

出「イタ」す　10820003-②606

出す　10820003-②703

開き_出「ス」す(ら)く耳のみ　10820003-②852

出「スノミ」に非す　10820003-③81

出「サ」不す　10820003-③265

開(き)_出す　10820003-④63

出「ス」す　10820003-⑥226

迸(ホ)トハシリ出す 10830001-13
出せ 10830001-19
吐ハキ出ス(?) 10860002-12オ6
出シテ 10870001-④278
出サム 10870001-⑤159, ⑦210, ⑧93
出イタセ頭指三分許カリ 10950003-③37
出セリ 11000001-3
出して 11005003-③17
出す／「ツ」 11005080-上9ウ1, 上16ウ7
抜き／「ヌキ」出す／「ス」 11005080-上11オ6
出し／「シテ」 11005080-上11ウ6
出して／「テ」 11005080-上14オ6
出す／「ス」 11005080-上16ウ4
踊(「涌」の誤か)／「ワキ」出して／「ツ」 11005080-上17オ2
抜き／「キ」出(し)て／「シテ」 11005080-上18オ2
出「ス」山と／「ト」 11005080-上18ウ4

出さ／「サ」令む／「シム」 11005080-上36オ4
出さ／「タサ」不す／「ス」 11005080-上44オ6
出して／「シテ」 11005080-上49ウ6, 上53ウ1, 上69オ2
出して／「イタシテ」 11005080-上54ウ1
出せ／「イタ(サ)」令(む)るか／「ムルカ」故に／「ニ」 11005080-上72ウ3
出す／「ス」可(から)不 11005080-上84ウ2
出さ／「セ」／「イタ」未す／「ルトキ(ニ)ヲイテ」／「サ、(ル)トキヲイフ」 11005080-上92オ6
口ニ出シテす 11020007-⑤74
出サム 11030006-③9オ
出し 11070003-①16
放ユルシ出イタサル 11130001-③6オ
出イタス 11140007-⑮152
出シ了ハレ 11210001-①20
出して 11210001-①47

出セ 11210001-①77
如出スカ 11210001-①100
出イタセラム言イヒコト 11210001-②49
出タセリト 11210001-②49
出サム 11210001-②92
出ス 11210001-③8
出して 11230001-②48
出シ 11230001-②55
出す 11230001-②137, ②404
出サム 11230001-②212
出して 11260001-③271
出(イ)タシ 11270012-100
抽ヌキ出タセ 11280014-①264
出シテ 11280014-②145
出ス 11280014-②215, ③315
送出ス 11300001-⑧5
出シ 11340007-②8オ3, ②9ウ7
出ス…者ノ 11340007-②17ウ2

出セリ 11340007-②44オ3(上欄外)
畫「カキ」出「イタシて」 11340007-④54オ2
出ス 11350010-7-2, 42-4
出セルコト 11350010-9-5
染ソメ出セリ 11350010-17-5
出イタシテ 11350010-38-1
出して 11380003-1
出イタシ 11420003-⑫9オ
挺スケテ出イテタル(イタ)セルを 11450001-㉑13オ4
令シメて…出サ 11450001-㉑17ウ6
出シ 11450001-㉒14-10
出イタシ 11450006-26
出イタシテ 11450006-29
出スに 11505004-①38ウ3
出タシ瓫ホトキヲ 11550009-12ウ4
出シ 11550009-12ウ7
出(イタ)シ 11630001-②124
驅カリ出(イ)タシ 11630001-②145

令ム出(イタ)サ 11630001-②193
出(イタ)ス 11630001-②282, ⑥226
出イタセリ 11630001-②313
未(サ)ルに出(イタ)サ 11630001-④69
所出(イタ)ス 11630001-⑤29
出イ(タシ) 11630001-⑧502
出セ 11640001-②2, ②7
出セリ 11640001-②41
出セり 11640001-②82
出シテ 11705071-43
可シ出(イ)タス 11860003-177
出シテ 12140002-⑪175
出ス 12140002-⑪276, ⑪343, ⑫61, ⑫221,
⑫246
出□〈ス〉 12140002-⑫104
圖ハ(カ)リ_出セ 12140002-⑫433
引ヒキ出(イタ)ス 12360003-下2
出ス

12840003-①18ウ2, ③5オ7, ③7オ5, ③7オ7
出スニ 12840003-①24オ2
出シテ 12840003-①38ウ3
出セリ 12840003-③7オ6
出イタサ(ム)之乎 13280001
出イタセ 13280001
不ス出サ 13440001-26ウ
出イタス 13860001-19-1
出イタシ、カ 15300001-2
出イダシ 18400001-②11-31
出イダシ内イレセ(「セ」衍か)シメム
18400001-②13-3
出イダン(「ン」は「シ」の誤)下フ
18400001-③10-25
〔吐〕03300
吐イタ(セ)り 08305004-115
〔失〕05844
失イタシテ 08505008

不し失イタサ　10230002-②41
失ツルトキハ火ヲイタシ　10505024-6オ4
失イタシテ精ヲ　10590005-8
〔委〕06181
賙スクヒ委イタサ　12550003-5
〔指〕12034
抜キ指イタシテ　10510003-8
〔産〕21684
産出也　09505020-263
産イタシ　11230001-③543
産(イ)タシ　11630001-③7
産イタス　12140002-⑫270
〔發〕22669
發イタス聲ヲ　11005025-2ウ6
發「イタセハ」　11340007-④70オ2
發「イタス」　11340007-④70オ3
不發不出給　11420003-⑯24オ
〔税〕25070
税イタセ　11630001-②274
税(イタ)セ　11630001-②274
税(イ)タシテ　11630001-③34
〔起〕37048
令起出也深禪定の窟を　10505069-⑨30
起イタシて出也　11510005-⑨252
〔輪〕38438
輪出　08105009-下14
輪出　08105015-下14
輪イタサシメム　08505007-③9-5
輪イタセ(「セ」存疑)ハ　09505020-350
輪イタス　10505030-206
輪イタシ遺(去)スルオクル　10730001-⑩21-6
輪(ス)出也　10990002-⑦96
輪イタシ　11000003-652
輪イタサム　11130005-93オ
輪至也　(シ)　11160007-⑥265
輪イタす　11230001-③600
輪出也　11260001-⑦97
輪イタス　11260001-⑨149
輪イタス　11360001-5オ2
輪イ(タ)ス　11380002-西39ウ
輪イタ(平平濁)ス　11380002-北38オ
輪(イ)タサス　11630001-⑤204
輪イタサム　11630001-⑦66
輪イタス　13860001-7-1

イタダキ(頂)

〔巓〕08644
巓イタ、キニ　11340007-②21ウ2
〔頂〕43335
頂イタヽキ　08105001-290
頂に戴してき　08305011-5-8
頂に　08305011-27-2
頂に　08505020-8-3
初頂也　イタ、キ
達イタルマテニ頂『イタ、キニ』(擦消)　08505020-30-14

10165001-①243-7
頂「イタ、キニ」 10165001-①243-7
頂に禮しタテマ(ツル) 10505003-①193
山ノ頂「イタ、キ」ノ 10505024-1ウ3
山ノ頂イタ(、)キヲ 10505024-2オ4
頂イタ、キニ 10505024-21ウ2, 52オ4, 53オ4
頂「イタ(、キ)」ノ 10505024-55オ1
頂に 10505024-56ウ7
山ノ頂イタ、キニ 10505024-61ウ4
頂「イタ、キ」は 10820003-⑤540
頂イタ、キの上へに 10870001-⑤31
頂「キ」從(り)/「ヨリ」 11005080-上29ウ4
頂「イタ、キ」の如し/「シ」
11005080-上51ウ1
頂に-戴サ、ケナカラシテ 11140004-24
頂の上つに 11280005-10
頂イタ(、)キアリ 11340007-①17ウ1
頂ニ有 11350010-36-3

頂ノ上ニハ 11350010-37-1
頂イタヽキ 11360001-13オ3
頂ニ 11506101-45-4
捧サ、ケテ頂ヲ 11860003-129
山ノ頂イタ、キ之 11860003-149
頂キナリ 12505019-27ウ
頂イタ、キ 13860001-18-3

〔頭〕43490
會ウナシ頭イタ、キ 11340007-①12ウ7

〔顚〕43628
顚イタ、キニハ「タケ」 09505020-36
顚イタ、キ 13860001-78-5

〔首〕44489
首イタ、キに著して 10480003-70
首イタ、キ 10780004

イタダク(頂)(四段)

〔戴〕11685
戴きて 08305011-5-8
戴「イタ、イテ」て 10165001-①226-8
戴イタ、キ接してタモチテ往ユカム
10250001-303
戴けり 10660004-22
喜コヒ戴イタ、クニ 10990002-⑨46
戴イタ、ケリ 11005025-4オ7
戴イタ、イテ 11005025-5ウ6
戴イタ、イて 11005080-上38オ5
戴ケリ 11020007-④66
戴カセ 11140007-⑤101
戴ケヨ「ケル」 11200015-⑤183
戴ケリ 11200015-⑤254
戴イタ、ケリ 11205001-13
戴イタ、(キ)て 11230001-③574
戴ク盆之訕ソシリ 11340007-①34ウ1
戴ケルハ 11340007-①34ウ2
戴ケリ 11340007-①41ウ6, ③5オ5
戴イタヽク 11360001-49ウ1, 60オ2

戴イタ、ク…之 11550009-8オ1
戴イタ、ク 12005022-35ウ5(40-8)
戴キ 12140002-⑫327
戴(イタ、)キ 12360003-下14
覆ヲ、ヒ載(戴)(イ)タ、ク 12840003-①27オ3
戴ヒテ 12840003-②19ウ5
戴イタ、キ 12840003-③17ウ3
戴イタ、ク 12860001-②9ウ1(40-8),
②28オ4(45-9), ③3オ2(46-5),
③22オ2(52-5), ③49オ1(58-3),
③55ウ1(59-7), ③56ウ2(60-2)
戴イタ、カム 13080001-2
戴イタ、ク 13860001-66-5
〔載〕38309
載クニ 11630001-⑤148
〔頂〕43335
頂タイて 11210001-③44

イタダク(頂)(下二段)
〔戴〕11685
戴(け)る 08305011-25-8
戴イタ、ケヨ長ノ聲(コ)ヱを 10250001-158
戴イタ□〈、〉ケヨ 10250001-178
其ノ字戴「イタ、ケヨ」長(上)ノ聲を 10510002-21
戴タケテ 10640005-①16ウ
戴「イタ、ケムコト」 10820003-④452
戴「イタ、ケシメヨ」 10820003-⑤561
戴イタ、ケテ 10950003-②
戴イタ、ケヨ 10950003-②
戴タケヲ(「ヲ」は「ヨ」の誤) 11200015-④228
戴ケヨ「ケル」 11200015-⑤183
戴タケヨ 11200015-⑤193
戴イタ、ケて 11390003-6オ
戴イタ(、ク) 11420003-⑮11ウ
戴イ(タ、ク) 11420003-⑮15オ

戴イタ、ク 12505019-2ウ
戴イタ、ク 12505020-㉘2

イタチ(鼬)
〔狖〕20357
狖イタチ 13005040-⑧25オ
〔狸〕20427
狸イタチ心 10240002-②22オ7
狸リイタチ心(といふといふは) 10820003-②352
猫メウネコ狸イタチの 10820003-②353
〔鼠狼〕48390 20432
以鼠-狼イタチの毛を爲して繩と 10530001-6, 29
〔鼬〕48427
鼬イタチ 13860001-51-2

イタチクサ(連翹)
〔連翹〕38902 28808
連翹(平)又以多知(平平)久佐

イタチハジカミ（山茱萸） 11505004-①65ウ6

〔山茱萸〕07869 30910 31356

山茱萸イタチハシカミ 11450001-㉑14オ5, ㉑14オ9

山-茱-萸イタチハシカミ 11505004-①39オ3

山茱萸イタチハシカミ 11505004-①51オ2

山茱萸（萸）和名以多知波之加三 11505004-①69ウ2

〔蔓椒〕31784 15029

蔓椒又以多知波之加三 11505004-①70ウ6

蔓椒イタチハシカミ 一名ホソキ 12140002-⑪276

イタチハゼ（連翹）

〔連翹〕38902 28808

連翹（平）和名以多知波世（○平平平上） 11505004-①65ウ6

イタツカハシ（煩）→イタツカハシウス

〔労〕02410

労（し）く 08505020-40-8

〔悶〕10729

悶イタツカハシク（平平平濁平○上濁○○） 10990002-⑨462

〔煩〕19229

煩イ（タツカ）ハシク 11160007-⑥54

煩イタツカハ（シ）クセシテ不（ル）コトヲ 11160007-⑥265

煩イタツカハシク 11380002-東16ウ

煩イタツカハシク疼ヒ、ラ（ク） 11450001-㉑26ウ8

疼ヒ、ラキ煩イタツカハシク 11450001-㉒9-10

煩イタツカハシキ 11450001-㉒11-22

煩イタツカハシク 11450001-㉒16-18

イタツカハシウス（煩）→イタツカハシ

〔煩〕19229

煩イタツカハシウスル 12550003-5

イタツキ（労）→イタツク

〔功〕02295

功イタツキ 13860001-40-3

〔労〕02410

労イタ（ツキ） 09005008

費（去）ヒ-労ラウイタツキ（平平上平）ヲ 11550009-24オ2

労イタツキノミ イタハシキコトノミ 11550009-40オ3

労イタツキヲ 11630001-⑤101

〔毒〕16730

毒（イタツ）キ（「（アシキイ）キ」か、存疑） 11650002

イタツク（労）→イタツキ

〔労〕02410

労イタツケルカナ 11630001-⑤411

イタヅラ（徒）

〔但〕00495

但イタツラニ 08505007-①27-10

〔唐〕03709
唐イタツラに 08580002-74
唐イタツラニ 10320001-31ウ5
唐イタツカ（「カ」は「ラ」の誤か）ニ捐其の功を 10430002-⑪14
唐イタツラ（ニ）自疲苦 10430002-⑪28
唐イタツラニ 10700004-60
唐ムナシク「イタ」（別筆）／「イタツラニ」 10820003-②427
唐「イタツラニ」 11510005-②63, ②201
唐イタツラニ 11630001-⑥318
〔唐勞〕03709 02410
唐勞イタツラにして 08280001-1
〔唐捐〕03709 12150
不唐捐イタツラに其の功故也 10430002-⑪9
〔徒〕10121
徒に 08505014-4

徒に而 08505014-41
徒ツラに 09505020-570
徒イタツラ（ニ） 10080002-③92
徒ラに 10165001-②23ウ3
徒イタ（ツラニ） 10230002-①147
徒テ（「ラ」の誤か）ニ 10505007-46-2
徒「トモカラ」「イタツラ」 10740001-⑤22
徒「イタツ（ら）」に 10820003-②600
徒イタツラニ 10820003-⑩644
徒ラニ（消カ） 11005025-12ウ2
徒□〈ラ〉（存疑）□〈ニ〉 11005025-12ウ7
徒つ／ツラニ 11005080-上27オ3
徒らに／「ラニ」 11005080-上34オ6, 上37ウ3
徒らに／「ニ」 11005080-上37ウ3
徒（ら）に／「ラニ」 11005080-上37ウ5
徒らに／「タ、」 11005080-上43ウ5
徒た（つら）ニ 11020007-⑳81
徒イ（タツラ）に 11130001-③10オ

徒「イタツラニ」 11200015-④328
徒ラニ 11200015-⑩16
徒ニ 11280014-①76, ④156
徒ニ 11340007-②6オ3, ②17ウ5, ③13ウ4, ④12オ2, ④28ウ7
徒イタツラニ 11420003-⑬22ウ
徒イ（タツラ） 11505075-⑪25-6
徒ニ 11550009-11ウ3, 24オ2, 33オ2, 47オ2
徒イタツラニ 11630001-②474
徒イ（タツラ）に 11850004-②86
徒イタ（ツラ）ニ 11860003-19
徒（ニ） 11860003-65, 111
徒ニ 12140002-⑫116
徒に 12140002-⑫556
徒ラ 12505020-㉘14
徒ラなり 12505020-㉝16
徒イタツラ 12860001-③64オ3（イ25）
徒イタツラニ 12880003-39, 47

〔徒爾〕10121 19750
徒爾イタツラナリト 12505010-107
〔閑〕41247
閑イタツラナリ 13860001-22-6

イタヅラハミ（徒食）

〔素飡〕27300 44022
素（去）飡（平）スレハ イタツラハミ也 11550009-35ウ5

イタテ（至）

〔至〕30142
至イタテ 11860003-13
至イタテ鮮アサヤカニ 11860003-78

イタドリ（虎杖）

〔虎杖〕32675 14469
虎杖花イタトリ（ノ）ハナ 11420003-⑫10オ
虎杖イタトリ 11505004-①46ウ3
〔虎杖根〕32675 14469 14745
虎杖根和名以多止利（平上上平）

イタナハタ（存疑） 11505004-①66オ5

〔纛〕28093
纛イタナハタヲ 11505073-21オ

イタナミ（暇）

〔暇〕14036
暇イタナミ 10990002-⑦230

イタハシ（勞）→イタハシウス、イタハシクス

〔何勞〕00511 02410
何ソ勞シク 11340006-22
何勞ク 11690001-28
〔勞〕02410
勞イタハシク 08505019-37
不して「スシ」勞しくせ「クセ」 10165001-①228-7
勞イタハシく 10200001-①23ウ6
勞イタハシク 10505024-7ウ6
勞ク 10570001-5
勞イタワシク 10950003-②
勞イタハシキ 11130001-③2オ, ④9オ
勞（は）シク 11230001-③183
无カレ勞ハシク致スコト 11280014-①298
勞シ□（クか） 11280014-①436
勞ムハ（「イタハシ」の誤か）煩也 11280014-②11
不勞（シ）ク全禮 11280014-②355
勞（シ）ク 11280014-③353, ③356
不勞（ハ）シク 11340007-④5オ4
勞「（シ）ク」 11340007-④37ウ7
勞イタハシ 11420003-⑬12ウ, ㉓3オ
勞イタ（ハシ） 11420003-⑮11オ
勞イタツキノミ イタハシキコトノミ 11550009-40オ3
勞イタハシク 12005134-㉓4ウ
勞イタハシク 12680002
〔唐勞〕03709 02410
唐勞イタハシク 11630001-⑥318
〔煩〕19229

煩イタハシク 11160007-④364

イタバシ（梯）

〔梯〕14881

梯いたはしを（して）而 08505014-38

イタハシウス（勞）→イタハシ、イタハシクス

〔勞〕02410

勞イタハシウスルこと 10730001-⑩30-2

勞イタハシウして／「シテ」而 11005080-上24ウ3

イタハシクス（勞）→イタハシ、イタハシウス

〔勞〕02410

勞（イタハシ）クセム 10165001-②14オ8

勞「イタハシクシテ」形「ヲ」 10740001-⑩21

勞「イタハシクシテ」形「を」「し」 10740001-⑭39

勞イタハシクス 11005025-23ウ7

勞ツカラカシテ／「イタハシクシテ」 11005080-上59ウ5

勞イタハシク（シ） 11160007-⑦46

不スイ（「イ」衍か）勞シク（セ） 11550009-31ウ6

不ス勞イタハシクセ於此に 13300004-⑤155

イタハリ（勞）→イタハル

〔功〕02295

功イタハリなり 10005008-㉒182

成功イタハリを 10005008-㉔226

成功イタハリ 11005115-㉔226

玄ハルカナル功イタハリ 11505075-⑰137-2

功イタハリを 11505075-⑰150-6

〔功名〕02295 03297

功名イタハリを 10005008-㉔216

功名イタハリ 11005115-㉔216

〔勞〕02410

愍アハレミヲ勞リヲ 10505007-42-5

无シ勞イタハリ 11550009-39オ7

勞ハリ 13440001-11ウ

勞イタワリ 13860001-80-2

イタハル（勞）→イタハリ

〔供〕00605

供イタハル 11505075-⑳186-1

供養イタハリカナシフ 11505075-⑳187-4

〔功〕02295

功イタワル 13860001-40-3

〔勞〕02410

勤ツトメ營（勞）イタハリ 08830001-①4-4(19-16)

勞イタハテ脚ヨヲロノ／アシノ病ヲ 10505007-8-4

勞□□ムイタハラ□身ノ病ヲ 10505007-9-2

勞伊太八留 10790002-8オ5

勞イタハラシ（ム） 11130001-③16オ

不シ勞イタハラ 11130001-③20ウ

勞イタハル 11380002-北22ウ

勞イタハラシメ 11450001-㉒5-4

勞イタハル(コト) 11630001-①041

所勞イタハル歟カ 11860003-59

勞イタハレリ 12005134-㉓5ウ

不サレとも勞イタハラ 12410003-13-2

勞イタワル 13860001-80-2

勞イタハラシメテン 15110001-4

〔司存〕03257 06943

司存イタハレルこと 11630001-②093

〔營〕19457

營イタハリ務ヲサメ 08830001-①9-4(19-6)

イタヒ（木蓮子）

〔折傷木〕11890 01029 14415

折傷木和名以多比 11505004-①70オ2

〔木蓮子〕14415 31722 06930

木蓮子イタヒ 11420003-㉑13オ

イタヒ（木蓮子）（人名）

〔木蓮子〕14415 31722 06930

木蓮子イタヒを 11505075-⑳171-1

木蓮子イタ子（「子」の右に「ヒ歟」と記す） 11505075-⑳181-8

イタフ（略）

〔略〕21839

略イタフ（「フ」存疑）を 11630001-⑤120

イタブキニス（板葺）

〔板〕14518

板（イタフ）キニセリ 11630001-②57

イタマシ（痛）

〔痛〕22195

痛「イタマシキハ」 11340007-④57ウ7

痛哉イタマシキカナヤ 12380005

イタマス（傷）

〔傷〕01029

傷イタマス 12230001-4オ

〔楚〕15141

栲カ、ヘ楚イタマシ 08830001-①4-2(17-4)

イタミ（痛）→イタス、イタミオホシ、イタム、イツミ

〔傷〕01029

无傷イタミヤフレ也 10505069-①6

傷イタミヲ 10950003-①53

无傷タミ 11280014-②216

无傷イタミ 11280014-③246

念ヒ-傷イタミヲ 11550009-36ウ2

〔慨〕11122

慨（イタ）ミヲ 11340007-①29オ2

〔痛〕22195

痛イタミヲ 10990002-⑦170

痛イタミ 10990002-⑦314

痛（イ）タミヲ 11280014-③407

痛イタミヲ 11550009-35オ5

痛イ(タミ)ヲ 11550009-36オ6

〔酷〕39870

酷イタミ 11420003-⑮13ウ

〔隱〕41891

匪ス隱インニモ/イタミ 11550009-52ウ1

イタミオホシ(愴多)

〔愴懷〕11008 11456

愴懷イタミオホシ 11420003-⑮4ウ

イタム(痛)(四段)→イタミ、イタムラクハ

〔伺〕00601

伺イタ(ム)ことを 09505003-2

〔依〕00607

依イタムて 11630001-②377

〔傷〕01029

悽かナシヒ傷いタミ 08305001-⑩190-6

傷いタミ悼ヲノ、キ 08305001-⑩198-1

傷イタミ 10165001-②19ウ8, ④2オ7

傷イタミ_悼イタムて 10505003-⑩17

傷イタム 10505007-29-5

自み傷イタム 10505019-㉑8

傷イタ(ム) 10730001-⑨8オ9

傷イ(タミ)泣ナ(イ)て 10730001-⑩25-6

傷イタタ(「タタ」は「タム」の誤) 10790002-5ウ3

傷イタム 10990001-12オ

傷イタマシム 10990002-⑩182

傷「イタミ」こと ミ」「こと」 11020007-①7

所傷イタムる 11020007-①60

傷イタメリ 11130001-③2オ, ④8ウ, ④13オ

傷イタムテ 11130001-③11ウ

凍コイ傷イタム 11130001-③18ウ

傷イタマシムル 11130001-④13オ

傷イタムシコトヲ 11130001-④13オ

傷(平)イタミ_嗟(平輕)サ音 11260001-⑨396

傷ヨ(「イタ」の誤か)ミ 11280014-④73

傷ム 11340002-①40

傷「イタマシムル」 11340007-④54オ5

不傷イタマ 11350010-14-6

傷イタム 11360001-31ウ3

傷イタム 11380002-地12ウ, 東11ウ

傷イタム 11420003-⑬27ウ, ⑮16ウ

傷イタム 11505073-35オ

悽カナシミ傷イタミ 11505087-1

傷タ(マシメ) 11630001-⑥72

傷(イタマ)シメテ 11630001-⑥366

傷イタミ 11630001-⑦159

傷イタム 11850001

怨ミ_傷イタムソ 12140002-⑪63

傷イタム 12505019-45オ

傷イタミ 12505019-50ウ

傷イタム 12505035-13ウ3

傷(イ)タム 12505072-2

傷ムて 12580007

傷イタム 12860001-③55オ4(59-6), ③58オ6(60-9), ③61オ6(人4)
傷マシム 13440001-4オ
傷イ(タマシム) 13440001-4ウ
傷イ(タマ)シム 13440001-30ウ, 32ウ
傷イタムコトヲ 13440001-36オ
傷イタム 13860001-42-6
感ナゲキ傷イタム 18400001-②1-5
〔傷惻〕01029 10869
傷惻イタミ 11505075-⑳163-5
傷惻イタミタマフ 11505075-⑳163-5
〔切〕01858
切「イタム」 11340007-④56ウ1
切イタム 11550009-49オ4
〔寒〕07239
寒(入?)イタマシメ-心(平?)ニシテヲ 11550009-12ウ1
〔悁〕10623
悁イタミ 音ケレ(「レ」は「ン」の誤) 12005133-14オ3
〔悲愴〕10720 11008
不イフ(コト)悲-愴イタム サウ反 11630001-③303
〔悲耿〕10720 29026
不イフコト悲-耿ナケカ イタマ 11630001-③269
〔悵〕10727
悵伊多未恨可奈之布 08005022-14
惆悵チウチヤウトタノム ノ、(「ノ、」は「イ」の誤か)タミイタム 10505007-11-1
悵イタム 11360001-46ウ1
悵ナケイ(テ) イタ(ミ) 12140002-⑫240
悵イタム 12230001-44オ
〔悵快〕10727 10434
悵快とイタムテ 13440001-6ウ
〔悵然〕10727 19149
悵然イタムて 11420003-⑮9ウ
〔悶〕10729
悶「イタムテ」 10990002-⑨462
〔悼〕10738
傷イタミ-悼イタムて 10505003-⑩17
悲シヒ悼イタムテ 10505024-11ウ2
悼イタミ 10990002-⑩269
悲(平)ヒ-悼(去)(ス)レトモ イタム 11630001-⑦126
悲悼(去)タウ イタム 11630001-⑧53
悼イタムテ 12505019-36オ
〔悽〕10744
悽イタミ 11000003-514
悽イタマシム 11380002-地23オ
悽(去)セウトイタム イ本 11550009-49ウ2
悽イタマシム 12505035-25ウ4
〔悽愴〕10744 11008
悽(平)セイ-愴(去)サウトイタム イタテ 11550009-49ウ3
〔悽涼〕10744 17606
悽涼イタミカナシフ 08505007-②4-8

〔悽然〕10744 19149
悽_然イタミ 12360002-10ウ6
〔惆〕10757
惆悵チウチヤウトタノム ノ、(「ノ、」は「イ」の誤か)タミイタム 10505007-11-1
〔惋痛〕10771 22195
聞(キコシ)メシ惋痛イタミタマフ 11420003-⑮16ウ
〔愓〕10803
愓痛也 08105015-上序
〔惻〕10869
奄カ(ナ)シムテ_惻イタムテ イタミ 11630001-⑥328
惻イタミ 12360003-下序
〔惻愴〕10869 11008
惻イタミ愴ナケク 11505075-⑳186-1
惻愴とイタムテ 13440001-36ウ
□〈惻〉□〈愴〉イタンテ 13530006-52-1

〔惻然〕10869 19149
惻然イタミ 11420003-⑮7ウ, ㉑4オ
〔感〕10953
悽かナシヒ感(いた)み(かな)シヒ 08305001-⑩198-9
悲「ヒ」_感「伊太(ム)」 10870001-⑦127
感イタム 11360001-31ウ3
感イタム 11630001-⑦246
感イタミ傷イタメリ 18400001-②1-5
〔感慕〕10953 11088
感_慕トイタムテ 11630001-⑦317
〔愴〕11008
愴イタミ 11420003-⑯26オ
可(ケ)ム不愴イタ(マ)歟ヤ 11505075-⑰125-6
愴イタム 12510006-43-10
愴イタミ恨ウラム 13440001-36ウ
〔慘〕11094
慘イタム事(「事」存疑) 08505013-19

慘イタム 11130001-③19オ
慘イタ(ム) 11380002-地6オ
慘イタム 11380002-地16オ
慘□ツ(「□ツ」は「イタ」か)ミ 11380002-地38ウ(存疑)
慘イタムて 12505035-6オ4, 17ウ6
慘イタム 12505035-38ウ2
慘イタムコト 12505051
慘イタム 13440001-34オ
〔慟〕11103
慟庸(「庸」は「痛」の誤か)也 08105009-下26
慟痛 08105015-下26
慟イタミ 11050002-10オ(別筆)
號(去)カウ音_慟イタム ヲラヒ 11260001-⑦221
悲(カナシ)ヒ慟イタムて コ、ロタエ 11630001-⑥349
悲ヒ_慟ヲラム イタム 11630001-⑦285
號ナキ慟イタム 11630001-⑦328
〔慨〕11122

慨イタミ　10705001-①26
慨イタム　11160007-⑥329
慨イタミ　11630001-①25
悲ヒ慨イタムて　11630001-④429
慨イタム　12540005-4オ
〔慨然〕11122 19149
慨然「傷イタム也　歎ナケク也」　10705001-①93(紙背)
〔慼〕11158
慼イタム　11505087-4, 6
慼イタム　12505020-㉘4
〔憊〕11195
憊イタム ユルクコト　11280014-①291
〔憒〕11239
憒イタ(「タ」は「ク」の誤か)ミ　11005115-㉔214
〔憒惋〕11239 10771
憒惋イタム　11420003-⑮13オ

〔憫〕11252
憫イタム　10990002-⑧212
〔杼〕14623
杼イタム　11630001-①17
〔栲〕14734
栲イタミ楚イタメ　08830001-④5-45(65-22)
〔楚〕15141
楚イタム　11050002-2オ(別筆), 2オ(別筆)
楚イタム　12005022-15オ4(13-8), 16ウ1(19-1), 21ウ4(33-6), 27オ4(36-1), 32ウ7(40-2), 47ウ2(44-5)
楚イタム　12860001-①16ウ1(13-8), ①18オ2(19-1), ①24オ6(33-6), ②5ウ6(40-2), ②23オ6(44-5), ②28オ2(45-8), ③4オ4(46-8), ③8オ6(48-5), ③17ウ6(51-3), ③28ウ5(54-5)

〔毒〕16730
愁ヘ毒イタムこと　10505019-⑲12
毒イタム　11360001-27ウ3
忿イカリ-毒イタムコト　12140002-⑪38
毒イタム　13860001-37-5
〔烈〕18987
皴キホ(「ホ」存疑)烈イタメリ　10505019-⑲5
〔慘〕19366
慘イタム　11380002-地35オ
〔疼痛〕22105 22195
疼痛イタミ　08505007-①8-5
〔病〕22127
病イタムテ　10505019-③10
病イタム　10505019-⑪6
病イタム　11340007-②30オ6
病イタム　11360001-14ウ1
病ヤメリ イタメリ　11550009-5ウ2
〔痛〕22195

痛イタム 10505019-⑩7
頭に(「に」存疑)痛イタミ目痛イタミ 10505019-⑫501
結ムスホ、リ痛み 10505019-⑳4
疼ヒ、ラキ「ヒ、ラキ」痛マム「イタマ(ム)」 10690002-5
痛イタム 10705001-①14, ①26
痛イタミナム 10740003-②695
痛イタミ 10790001-上24オ
痛ムテ 10990001-28ウ
痛イタミ 10990002-⑨461
可ム痛イタム哉 11005025-25オ5
痛イタムタマフコト 11005115-㉒486
痛ムトモ 11080001-3
痛イ(タミテ) 11130001-③11ウ7
痛イタム處 11210001-③28
痛タム處に 11210001-③28
痛イタマム 11250001

痛イタミ 11260001-⑨480
痛ム 11340007-①27ウ2, ②14ウ1, ②22ウ6
夢見ラク…痛ムトミル 11340007-②9オ6
痛ミ悲ツ也 11340007-④25オ4
痛「ミ」 11340007-④62オ6
痛イタム 11360001-34オ2
疼ヒ、ラキ痛イタムことを 11450001-㉑16ウ4, ㉑16ウ4
痛イ(タム) 11450001-㉑18ウ3
痛イタミ眩クルヘクカ 11450001-㉒9-5
痛イタミ 11450001-㉒11-14
痛イ(タミ)て 11450001-㉒12-5
痛イタムて 11450001-㉒16-17
痛イタム 11450006-26
疼ヒルミ－痛イ□□(タム) 11505004-①5オ1
痛イタ(ム) 11505004-①8オ5
痛イタミ 11505004-①10ウ3
感オモホシ痛イタミタマ(ヒ)て

11505075-⑰138-2
可ヘキカ痛イタム哉ナ 11550009-29オ1
痛ムトモ 11550009-49オ6
痛イタム 11630001-③440
痛イタム 12005022-6ウ5(5-9),
15オ4(13-8), 15ウ6(17-8), 24ウ2(34-7),
26オ3(35-8), 46ウ4(43-10), 47オ3(44-2)
痛イ(タム)處 12140002-⑫424
痛イタム 12860001-①6オ6(5-9),
①16ウ1(13-8), ①17オ5(17-8),
①28オ2(34-7), ①29ウ6(35-8),
②22オ6(43-10), ②22ウ6(44-2),
③3オ2(46-5), ③17ウ6(51-3),
③30ウ3(55-1), ③36オ6(56-4),
③40ウ2(57-5)
痛□〈イ〉タム 12860001-③25オ1(53-3)
痛イタム 13860001-45-6

〔痿〕22211

痠（去）算音イタム也楚ソシテ　10120001-1ウ

〔磣〕24438

磣□（イ）□（タ）□（ム）　12860001-③43オ6（57-9）

〔禁〕24743

不…禁イタマ　13440001-34オ

〔負〕36660

憂シ負イタム　11630001-②330

〔軫〕38243

軫イタム　08105015-中31

〔辛〕38630

辛イタミ　18400001-②12-40

〔酸〕39871

酸「イタミ」「ヒルミ」　10990002-⑨462

酸イタラ（「ラ」は「ミ」の誤）　12005133-23ウ3

〔閟〕41283

閟イタム　カナシフ　11270004-6

〔隱〕41891

隱（上）イタム　恩（入）ウレフ　11000003-293

匪隱「イタマ」　11340007-④61オ7

〔麁〕47591

麁カ（ナ）シムテイタミ　惻イタムテ　11630001-⑥328

イタム（痛）（下二段）

〔栲〕14734

栲イタミ楚イタメ　08830001-④5-4（65-28）

イタムラクハ（憐）→イタム（下二段）

〔傷〕01029

傷（イタム）ラクハ　10730001-⑩25-7

傷（イタム）ラクは　13440001-24オ

〔慨〕11122

慨ナケクラクハイタムラクハ　11630001-⑦182

慨イタムラクハナケク　11630001-⑧067

〔憐〕11206

憐イタムラクハ　13440001-34オ

イタヤガヒ（文蛤）

〔文蛤〕13450 33023

文蛤和名以多也加比　11505004-①74ウ1

イタヤブレノキズ（矢瘡）

〔矢瘡〕23929 22404

矢瘡イタヤフレノキス　13760001

イタリ（至）→イタル

〔至〕30142

謁（渇）カツ望ハウ之至タリ　10505007-48-3

歎タン念之ノ至タリ　10505007-52-8

鸖望之至リ　11860003-107

イタリテ（至）→イタテ、イタリテス、イタル

〔至〕30142

至テ貴キ　11005025-12ウ5

至て　11230001-②291

至テ親（シキ）者ハ　11340007-②41ウ5

至テ　11340007-②41ウ5, ②41ウ5, ③13ウ7, ④4オ4

至テ貴キスラ猶 11550009-24オ5
至テ 11550009-29オ7
至キ(「イ」の誤か)タて 11850004-⑤79
至(リ)て 12410003-11-12, 11-12
至(リ)テ 12840003-②12ウ2
至(リ)テ重ク 12880003-11
〔鍾〕40672
鍾至也(り)て 08305001-⑩199-14

イタリテス(至)
〔至〕30142
至る(り)テス於此に 11260001-③64

イタリナタヌ(謙怒)
〔謙怒〕35821 10439
謙怒イタリナタヌ 11420003-⑮18オ(存疑)

イタル(至)→イタリテ、イタリテス、イタルマデ、イタルマデニス、イタルラク、ナグ、マウイタル、マウデ
イタル

〔之〕00125
所(去、ママ)之イタラム 11130005-18ウ
之イタル 11360001-6オ1
〔伍〕00419
伍イタル 11340002-①83
〔使〕00573
使「イタテ」 11300001-④2
〔俱〕00724
俱イタリ昇 11280014-①86
〔到〕01950
到レリ「レルヲモチテ」 08305001-①1-11
到レり 10005008-㉒66
令れとも到い(た)ら 10165001-①251-6
到イタテ 10350001-2ウ3
到れり 10505003-①8
到イタルカ 10505007-8-3
到イタル 10505007-19-1
飛トヒ到イ「タ」ル「モノハ」…者ノハ

10505024-1ウ1
未ス到イタラ 10505024-2オ5
到イタタマヒヌ 10505024-21オ4
到ル(カ) 10505024-23オ4
到イタレル 10505024-23オ4
到タテ 10505024-43オ1
到ラムコト 10505024-43オ2
到タ/タル 10505024-47オ6
到イタル 10505024-47オ6, 47オ7, 61ウ4
到リ 10505028
到イ(タ)れる殊勝の位に者モノ 10590001-211
未到イタラ 10730001-⑨2オ6
令…相到「イタラ」 10740001-⑩51
至り到る 10820003-②332
至り到る之處とは 10820003-②740
到「イタ」(ら)未ときに 10820003-③132
到「イタ、マヘリ」 10820003-④399

到「(い)タ(ら)」未(るか) 10820003-⑦451
到ルニ 10860002-12オ2
到レリ 10870001-①17
到レリ 10870001-③7
到「リ」 10870001-④6
到らしむ／「イタラシム」 11005080-上5オ3
到れり／「レリ」 11005080-上7オ3
到り／「イタリ」已れは／「テ」 11005080-上7オ6
到らしむ／「ル」 11005080-上14オ5
到り／「リ」已レは／「ハテ」 11005080-上14オ5
到レリ 11005115-㉒66
到たりて(む) 11030006-③34オ
到タシヨリ 11130001-④16ウ
到リ 11130005-15ウ
到レルに 11140007-⑦153
到イタラム 11210001-②59

到るく(「く」存疑) 11280005-68
到イタラシムレトモ 11280014-①271
到タテ 11280014-①444
到ラム 11280014-③208
到レリ 11300001-⑧22
到ル曰(日) 11300001-⑧26
到ル 11340007-③26ウ7
到イタル リナム 11350010-26-4
到イタリマス 11420003-⑫2オ
到イタリマシ 11420003-⑫2ウ
到イタリマス 11505075-⑪14-1
到イタル 11860003-74
到ル 11970004-2ウ3, 7オ6, 7ウ6, 8オ6
到(イタ)リ 12360003-下14
到レリ 13440001-27ウ
到ル 13440001-27ウ, 29ウ
不す到ラ 13440001-28ウ
到レルことを 13440001-31オ

到イタル 13860001-9-1

〔勞〕02410
勞イタル 11360001-59オ3

〔去〕03070
去「イタル」(擦消) 11140007-④3

〔向〕03301
向イタル 11130005-45オ

〔因〕04693
因イタレ(「レ」は「ン」か) 13440001-6ウ

〔團〕04834
團イタル 11360001-9オ2

〔居〕07663
雖居イタルトと 11260001-⑦355

〔屆〕07666
屆□イタル／トック 10505007-27-3
屆イタル 10990001-11ウ
屆イタルコト 10990002-⑨360
屆イタリ 11240002-6オ

屆至也（る）ことを　11260001-⑨363
屆イタル　11630001-①35
屆イタル トツク　11860003-75
屆イタル　12600001-5
屆イタレリ　13440001-11ウ
〔屈〕07669
屈イタル　11360001-37オ4
〔岠〕07961
岠イタ（ル）　09480002-34オ3
〔建〕09574
建イタル　11360001-28ウ3
建イタル　13860001-39-2
〔往〕10073
往イタル　11360001-16オ1
往イタ（リ）　11630001-⑤284
〔懐〕11456
交（平輕）り壞（去）（懷）す イタル　11260001-⑨25

〔戻〕11712
戻イタル　11360001-61オ4
戻イタル　13860001-83-2
〔投〕11887
投イタル　10165001-④2ウ1
投イタテ ナクヲモフクコト佛のミモトニに　10250001-8
投イタ「テ」　10740001-⑬32
投イタテ夜ニ　10860002-43ウ6
投イタテ　11020007-⑱10
欲ス投イタラムト　11130005-13オ
投イタリ得なり（「なり」は「たり」の誤か）　11130005-18ウ
投イタリテ て　11130005-18ウ
不知所投イタル しむ（「しむ」は「せむ」の誤か）　11130005-36オ
投イリ（「リ」は「タル」の誤か）こと大軍　11130005-36ウ
投イタリテ　11130005-62ウ

投至也 ル者モノ　11160007-②108
投至也 （リ）テ　11160007-②404
來（リ）投至也 （リ）　11160007-④144
投至也 ル　11160007-⑤196
依リ投イタル　11280014-④76
所投「イタラ」ム　11340007-④58オ4
〻（風）「如に」投イタルか　11340007-④67オ7
投イタル　11550009-4オ4
〻（風）如ニ摧（投）イタルヲ（「ヲ」は「カ」の誤か）　11550009-56オ7
投イタヌ　11630001-④70
投イタリ_寄ヨルニ　12140002-⑪24
〔抵〕11921
抵イタレリ　09505020-485
抵イタルことを　10730001-⑩20-3
抵「イタテ」　11300001-⑥3
抵「イタラシメ」　11340007-④55ウ5
抵イタテ　11380002-南25オ

抵イタリ 11630001-①29
抵イタル 12140002-⑫490
〔掇〕12411
掇イタレるときに 09480002-13オ7
〔效〕13186
效イタル 12140002-⑫27
〔旣〕13724
旣イタル 11360001-23オ1
〔曁〕14165
曁イタリ　至也　及也 08305001-③56-12
曁至也 10790002-6オ1
曁イタ(リテハ) 11380002-天21ウ
曁イタルに 11505075-⑰127-1
曁イタ(テ)は 11630001-②55
希マレニ曁イタル 11860003-103
〔格〕14749
格イタル 09505003-7
格イタリ 10990002-⑨266

格イタル可キソ哉ヤ 10990002-⑩281
格イタリ　サトリ　タ、シウシテ 11260001-⑨257
弗ス格イタラ 11340007-②34ウ2
格イタリ 11380002-北27オ
〔次〕15992
次イタリテハ 09505020-348
〔款〕16107
□〈款〉「至也」 10990002-⑦172(下欄外)
款イタル 10990002-⑧18
款イタテ 11630001-①38, ①122
〔止〕16253
止イタル 11360001-24ウ3
〔洎〕17275
洎イタテハ 11450006-17
洎イタテ 11980001
〔洎〕17369
洎イタリテ 10990002-⑧218
洎「(リ)て　及也」 10990002-⑧218

洎(洎)至也_于て大_梁に 11000003-289
〔漏〕18120
涙(漏)イタル　(上欄外)「漏イ」 11380002-北28ウ
〔漸〕18179
漸「イタテ」 10740001-⑭54
漸イタリ 10990002-⑦76
漸至也　進也 11260001-⑨113
漸イタリ 12840003-①8ウ5
漸イタル 13860001-40-3
〔猶〕20357
猶イタル 11360001-38オ1
〔由〕21724
由至て 08505019-3
〔盛〕23005
盛イタル 11360001-18ウ1
〔稅〕25070
稅イタル 11630001-②181

〔羅〕28397
羅イタル　11360001-2オ4
〔羾〕28623
羾イタる　09480002-11オ2
〔至〕30142
至レル心　08305001-①4-14
至レル心をモチテ　08305001-①13-20
至(れ)る誠　08305001-⑤81-4
至レル誠　08305001-⑥112-6
至たるに…マてに　08305001-⑨170-23
至「レル」悲　08305004-104
來て至レり　08305011-15-7
に至レり　08305011-133-8
至いタりた(る)理　08505014-7
至い(た)りたるも　08505014-48
至いたレルに　08505014-62
至ラ(ム)　08505020-33-3
至「ル」　09505020-34, 49, 56, 61, 63, 65, 69, 73, 82, 88, 93, 99, 259
至ル「ルコトヲ」　09505020-38
至「リ」　09505020-56
至る「リ」　09505020-56
至ル　09505020-111, 212
至ル(?)此に時に　09505020-168
至りて　09505020-287
至レリ　09505020-291, 354
至レト　09505020-356
至リ　09505020-434
至レハ　09505020-437
至ルソ　09505116-54, 55
至テ果位ニ　09505116-73
至テ下轉相門ニ　09505116-757
至ル　09505116-860
至ルカ…故　09505116-873
至レる誠アリて　10005008-㉒224
至イタ(ラムヲハ)　10080002-②447
至ルる　10165001-①240-1
至ナハ　10165001-②27ウ5
至イタラム　10250001-230, 244
至イタルマて白ノ十五日に　10250001-299
至イタレ イタラム夜半に　10250001-300
至「イタテ」時に　10350001-5オ5
至「イタテ」于に乳木「二」　10350001-20オ2
勿れ不イフこと至イタラシメ處として也　10350001-27ウ4
至れるを　10505003-③7
至レラムと　10505003-③75
至りツ、　10505003-⑨19
至イタテハ于官物ニ　10505007-37-5
至ニ今ニ　10505007-53-6
不令…至タラ　10505019-⑬2
往き至イタラシム(ヘ)シ佛の所みもとに　10505019-㉕19
至タル イ　10505024-5オ2

至マテニ　10505024-10オ1
至ルニ　10505024-18オ6
至ラムコトヲ　10505024-27ウ5
至イタル…時トキニハ　10505024-36オ6
至イタル　10505024-38ウ3
至テ…に　10505024-39ウ1
至ルヲ　10505024-39ウ1
至イタテ…に　10505024-42オ3
至タル　10505024-43オ4
不カラス應ルヘ超コエテ至「イタ」ル　10505024-55オ1
至テ…時に　10505024-62ウ2
至レハナリ　10505030-76
逐シタカテ至イタル　10640001-②501
至ル　10640001-46
至ルトキ　10730001-⑨7オ1
至イ(タル)　10730001-⑨13ウ5
至ル渭橋に　10730001-⑩5-1

至ル　10730001-⑩5-6
至ラシメヨ　10730001-⑩15-2
令至ラ　10730001-⑩17-7
至「ル」る　10740001-④80
至「ル」　10740001-⑦81
至(リ)「テハ」若「キニ」　10740001-⑧58
至「ラムヤ」耶　10740001-⑬97
至る　10780002-③2
至る　10820003-②225
至り到る　10820003-②332
「二」至「リテ」　10820003-②354
に至りて　10820003-②399
至「イ(た)」(る)所の處に　10820003-②575
に至(り)て　10820003-②638, ②811
至り到る之處とは　10820003-②740
至る時には則　10820003-②742
至る以‐去を　10820003-②831
至(リ)ヌルを　10820003-②876

至(り)ぬる時を　10820003-②877
至ラ不(ら)しむ應し　10820003-④189
至「イタンテ」　10820003-④495
至ラ不すとイフこと　10820003-⑤155
至「レ」　10820003-⑤359, ⑧294
至ラ未ぬ　10820003-⑥631
至(る)マテ　10820003-⑦846
至「レルトイフ」也　10820003-⑧318
至「イタ」(ら)未(ると)　10820003-⑧634
至ラ令む　10820003-⑨435
至「ル」　10820003-⑩156
至レり「キ」　10870001-①54
至レルと「トイ」　10870001-①308
至ル□たる(?)　10870001-③251
至りにき　10870001-③258
至ラムト　10870001-③481
前ス、ミ至イタラムトオモハ、　10870001-③489

イタル

未すと至ラ　10870001-③516
至ラム　10870001-⑤41
至ル「ト云」　10870001-⑤74
令シメ…至ラ　10870001-⑤324
至ラム　10950003-①26
至イタラム　10950003-①83
至レ(ハ)　10970003-160-3
至イタナハ　11005025-2オ6
至レリ　11005025-5ウ2
至テ殷之末ニ　11005025-7ウ2
使シム將キテ…至ラ　11005025-10オ2
至イタル　11005025-22ウ5
至ル此コ、ニ　11005025-22ウ7
至イタレルヲ　11005025-25オ2
至ルヲ　11005025-25オ2
至□(テ?)ハ　11005025-25オ7
至リテ　11005025-25ウ6(下欄外)
交はり／「マシハリ」至(り)て／「イタンテ」　11005080-上3オ7
至(り)て／「ル」　11005080-上21オ5
至(り)て／「イタレルニ」　11005080-上24オ1
に／「二」至(る)まて／「マテ」　11005080-上29ウ4
至(り)て／「リシ(シ墨消)」　11005080-上32ウ5
至るに／「ルニ」　11005080-上33オ5
至れは／「レトモ」　11005080-上41オ3
至るに／「ル」　11005080-上44オ1
至ら／「イタラ」不るは／「サルモノハ」　11005080-上45ウ5
至(り)たまひ／「ル」　11005080-上47ウ4
至(る)こと／「ルコト」无し／「シ」　11005080-上51オ3
時「二」至れは／「レハ」　11005080-上55ウ7
至る／「ル」　11005080-上56オ1, 上58オ1, 上73ウ2, 上95オ4
至り／「リ」　11005080-上58オ1, 上95ウ4
至ら／「ラ」令しむ／「シム」　11005080-上64ウ3
至り「テ」　11005080-上71オ1
明「クルニ」至れは／「ヌレハ」　11005080-上72オ4
至り／「ル」　11005080-上73オ2
至らむことを／「ルコトヲハ」　11005080-上82オ3
(に)／「ヲ」至る／「ル」之　11005080-上101ウ4
至る／「ル」之　11005080-上101ウ4
至ら未る／「ル」前きは／「キハ」　11005080-上105ウ6
至ルカ　11020007-⑳119
至ル　11030006-②14ウ, ③1ウ, ③26ウ
至ルヤ不ヤ　11030006-③6ウ
至ル所　11030006-③14オ
至イタテ　11030006-③17ウ

イタル

送リ至□〈リ〉 11280014-④49
至レリ 11280014-④-136
至レリ 11300001-⑧44
至レ 11340002-①61
由ヨシ至ルニ 11340007-①14ウ2
至ル 11340007-①17オ3, ②27オ7(上欄外),
③30オ4(上欄外), ③30オ6(上欄外)
至テハ於好ニ色ヲ 11340007-①45オ3
至(ルマ)テ今ニ 11340007-①45ウ2
不ス至ラ 11340007-②41ウ5
至レリ 11340007-③6ウ2
至ルソ 11340007-③26ウ3
至ルヲ 11340007-③29オ3
至レルヲ 11340007-③29オ3
至レハ 11340007-③29ウ1
至レ 11340007-④14ウ3
至ルニ 11340007-④24オ4
押「ヲシ」至「ル」 11340007-④37ウ4

至「ル」矣 11340007-④53オ6
至ルナム 11350010-26-3
至ル 11350010-47-6
至イタル 11360001-11オ1
至リ已(リ)テ 11360002-②19
至ル 11370001-8
若し至テモ 11380001-⑰29-6
至ル 11380003-9
至ル 11390003-1ウ
至レリ 11390003-1ウ
至イタリマス 11420003-⑫8オ
至ルこと 11450001-㉒7-20
至レ 11450001-㉒9-27
至ル 11450001-㉒10-9
至イタラハ 11450006-11
至イタル 11450006-12
至イタラシむ 11450006-20
至イタテ 11450006-20, 21, 21

至イ(タル) 11450006-34
未至イタラス 11450006-35
至ラム 11490001-13
至ル 11505004-①14オ4
至ル 11505075-⑭72-2
至「ラムに」 11505075-⑭76-3
至ル 11505100-585
不ス至ラ 11550009-11ウ7
不云ヘリ至ラ 11550009-11ウ7
至ラムヒ(「ヒ」は「コ」の誤)トヲ
11550009-28ウ6
至ラムコトヲ 11550009-28ウ7
至レリ矣 11580001-57
豈…至ルカヤ哉 11580001-80
至イタて 11630001-①15
至(イタ)ル 11630001-①314, ①361, ②24,
②214, ②489, ③51, ③53, ③80, ③177,
③250, ④148, ⑤433, ⑥166, ⑦112, ⑧48,

⑧362, ⑧370, ⑧464
至(イタ)ルを 11630001-②30
至(イタ)テは 11630001-②61, ②93
至イタンナム 11630001-②172
至(イタ)ルに 11630001-②347, ⑤159
至イマシキ イタ、タマフ(イタリタマフの音便) 11630001-③174
至イ(タリ) 11630001-③210
行_至(イタ)ル 11630001-③440
至(イタ)リ 11630001-③479
將ナ(「ト」の誤)ス至イタナム 11630001-④325
至(イタ)リ止(ト、マ)ル 11630001-⑤104
至(イタ)レリキ 11630001-⑤296
令…至(イタ)ラ 11630001-⑤297
至(イタリ)テハ 11630001-⑤353
不至(イタ)ラ 11630001-⑤366
至(イタ)レリ 11630001-⑥72, ⑥154, ⑥389, ⑧264
至(イタ)レハ 11630001-⑥257
至(イタ)レル 11630001-⑥408, ⑦123
至(イ)タヌ 11630001-⑦177
至ラム 11640001-②112
至イタテ 11860003-22
至タル 11860003-71
至イタテハ 11860003-83
是(レ)至イタリ 11860003-100
自(オノツ)カ(ラ)至イタリ 11860003-182
至テ臘ラウ月ケツニ 11860003-242
不至イタラス 12110002-10
至イタルトキニ 12110002-20
至レリ 12140002-⑪45, ⑪146, ⑪149, ⑫129
至ル 12140002-⑪48, ⑪83, ⑪223, ⑪280,
⑫33, ⑫35, ⑫40, ⑫63, ⑫175, ⑫230,
⑫325, ⑫452
至ル者 12140002-⑪54
至ルニ 12140002-⑪103
至リ 12140002-⑪140
至シ(「ル」の誤か) 12140002-⑪164
至タル 12140002-⑪212
至ル所 12140002-⑫119, ⑫450
至レル處ロ 12140002-⑫265
至(リ)テハ 12140002-⑫549, ⑫566
至(イタ)ル 12360003-下6
至る 12410003-1-1
至イタンなむとす 12410003-24-16
未タルニ至ラ 12505010-206
至ルに 12505017-4
至イタレル 12505020-㉝3
至イタリ 12505072-18
使シメツルコトヲ至イタラ 12505072-23
比コロ至ル 12510006-46-2
至ラシム 12550002

至ル　12840003-①11オ5, ①19オ2, ①24ウ5, ①24ウ5, ①24ウ5, ①24ウ6, ①35ウ3, ②8オ1, ②15オ3, ②21オ3, ③12オ5, ③17ウ7, ③18ウ1
比至ル三十日ニ　12840003-①12オ7
及(ヒ)テ至(イタ)ルニ　12840003-②6オ4
至(リ)テハ　12880003-15
至イタリマシツルソ　13440001-8ウ
至イタレルソ　13440001-8ウ
至イタル　13860001-15-3
至イタリナムトス　18400001-②12-38
〔臻〕30165
臻イタ(リ)　09480002-27ウ4
臻れ(ル)　09480002-40オ5
臻伊多留　10790002-8オ3
臻イタリテ　10990002-⑦118
臻イ□□(タル?)　11005025-24ウ1
臻イタル る　11130005-97ウ
臻タル□(?)　11240002-1オ

不といふこと臻至也ラ　11260001-⑦10
臻至也 せり レルコトヲ　11260001-⑦46
臻イタリ　11260001-⑦120, ⑨59
臻レハ　11340007-③28ウ3
臻イタリ　11380002-北32ウ
臻イタテ　11505521-下9-18オ2
臻イタレル　11550009-28ウ2
臻イタル　11705071-45
臻イタル　12505028-7-3
臻ル　12540005-6オ
不ス臻ラ　12540005-7ウ
臻(リ)テ　12540005-11オ
〔薄〕32083
薄イタル　11360001-4オ3
〔融〕33384
融イタル之時　10505019-⑧6
〔行〕34029
行イタル　11360001-11オ4

〔行至〕34029 30142
行至イタリタマフ　11505075-⑰123-7
〔訖〕35242
訖イタル　12505072-13
〔詣〕35412
往キ詣リ　08305001-⑨164-17
詣イ(タリ)て　10005008-㉔173
詣イ(タル)　10005008-㉔173
詣イタラムときんは　10165001-②18オ6
詣イタテ「ユ(イテ)」壇にて　10400001-3
詣イタル　10450001-4
詣リ　10505003-①179
詣イタヌ　10505024-24ウ7
詣イタル　10730001-⑩5-1
詣イタラシメヨ シム　10730001-⑩22-3
相ヒ詣至也『ユイテ』　10870001-③31
相ヒ詣イタテ　10870001-③286
詣イタテ『至也』　10870001-③292

詣至也 10870001-③319, ③341
相ヒ詣至也 10870001-③341
相ヒ詣て至也 10870001-③369
詣て至也 10870001-④122
詣下ヘシコト至也 10870001-④275
行詣「ル」 10870001-⑤365
詣フ(「フ」は「ラ」の誤)ムコト「ハ」至也 10870001-⑦255
詣至也 10870001-⑧24
當に詣至也「ム」 10870001-⑧85
詣(リ)テ至也 10990002-⑨91
詣ル 11005025-21オ5
所詣イタル 11020007-⑦15
詣フ(「イタリ」の誤か)て 11130005-34オ
將に詣イタラムと 11140007-⑨5
將スルカ詣イタラムト 11200015-⑨15
詣イタルこと 11230001-③183
詣(イタ)ル 11280014-④149

詣イタル 11360001-16オ2
詣イタリマシ 11420003-⑯27ウ
詣イタテ 11505075-⑪11-2
詣イタ(リ)て 11505075-⑪33-2
詣イ(タリ)て 11505075-⑳185-4
所ノ詣イタル 11510005-⑦217
詣イタラムトフ(「フ」は「ス」の誤か) 11510005-⑨205
詣イタリ 11630001-⑤308
詣イタラム 12505019-56オ
詣イタテ 12840003-①15ウ6
詣イタレリ 12840003-①28ウ5
詣イタル 12840003-③4オ1
詣イタル 13860001-22-1
〔貽〕36719
貽至也 08105007-上序
〔距〕37481
距イタレリ 09505003-1

〔輳〕38481
未輳イ(タラ) 09480002-11オ3
〔迄〕38724
迄至也 08105007-上11
迄ヲハては「イタ」 10240002-②14ウ4
迄イタテ 10505007-57-4
に迄イタリて 10820003-②229
迄(イタ)リ至ルマテヨリ 11020007-⑪9
に迄イタテモ 11030006-②14ウ
迄イタル 11140002-5
迄「イタルトテ」「反テノ(「ノ」存疑)」 11200015-⑤123
迄イタルに 11630001-⑧234
〔迄至〕38724 30142
迄-至イタレリ 10505024-10オ1
迄_至(いた)りて 10820003-⑥631
〔逕〕38883
逕イタル 13860001-77-1
〔造〕38898

造至也　ラむとキに　08305001-①13-6
造ラむ　08305001-⑥114-12
造又至也　08305001-⑥114-12(下欄外)
造イタ(レ)り　09480002-11オ7
造イタ(ル)　10505029
造至也　10705001-①124
不造イ「タ」(ラ)　10730001-⑪6-8
造イタル　10970003-13-3
造(リ)テ至也　10990002-⑧58
造イタラム　10990002-⑨328
所に之き造至也　たる　11000003-148
造イタル(モ)而　11160007-⑥57
造イタテて　11230001-②324
造イタラム　11260001-⑨327
不サラシム_造イタラ(上上上)歳(ト)シに　11270012-92
不造イタラス　11280014-③331
造イタル　11360001-19オ1
造イタル　12840003-①9オ6
造イタリ　12840003-③18オ2
造イタル　13860001-26-2
〔逮〕38931
逮る　10505003-①6, ①19
逮タテ　10505003-③118
逮オヨヘラム「至也」　10870001-③127
逮(ら)しむ／「イタラシム」　11005080-上43ウ1
逮ヲヨヒイタル　12080004-2
〔達〕39011
達イタル　08105005
達至也　08105007-上15
達イタル也　08105015-上14
達イタル　09505020-491
達イタリテ　09505020-524
達イタヌ彼圻に　10505019-㉓28
達イタルこと　10820003-②739
達イタリたまつり　10820003-③74
達イタル　11005002-8
達イタルことを得ルニ　11030006-②46オ
令ム達イタラ　11240002-7ウ
達イタル　11280014-①55, ④132
達イタルマテ頂　11280014-①220
達イタル　11340002-①31
達イタルニ　11340007-④25オ4
達イタル　11360001-6オ4
達イタルマてに旦アシタに　11450001-㉗5オ2
達(平輕)イタリシ　11550009-8ウ5
達イタル　11550009-35オ5
達イタル　11630001-①30
達イタ(リ)　11630001-①551
達イタル時ニ　12840003-①22オ2
達イタル　13860001-8-6

イタルマデ(至)→イタルマデニス

〔屆〕07666

届イタルマテニ　10705001-①55
〔至〕30142
至(ル)マテに　10165001-①266-6
乃_至マテニ　10200001-⑨4オ5
乃至マテニの　10200001-⑨4オ6
至ルマテニ　10505024-39オ6
至マテ衆生界に　10600005-33
至(ル)マテなり頂に　10640003-17
至イタルマテニハ(マテ)　10730001-⑩38-7
至「マテ」　10740001-⑤29
至(るま)て　10820003-②816
至マテ　10990001-19ウ
至(る)までに／「マテ」　11005080-上10ウ1
至(る)までに／「マテニ」　11005080-上11ウ3
至(る)まで／「マテ」　11005080-上29ウ4
に／「ニ」至(る)までに／「マテ」　11005080-上30ウ6
至ルマテ　11020001-3

迄(イタ)リ至ルマテヨリ　11020007-⑪9
乃至ル…マテニ　11020007-⑱15
至(マ)テニ　11060002-1
至「マテニ」　11140004-8
至ルマテ　11200004-16
乃ち至ルマテニ　11200015-⑤106
至「ルヨリ」「マテノ」　11200015-⑤127
乃至「ルマテ」　11200015-⑤161
至マテノ　11210001-②99
至(ル)まで金剛輪に　11280005-30
至(ル)マテ　11340007-④11オ4
至ルマテ　11370001-14
至までに　11380001-⑯13-6
至ルマテにて　11450001-㉑18ウ6, ㉑27ウ9
至(ル)マテにて　11450001-㉒4-2
至(ル)マてに　11450001-㉒12-5
乃至ルマテノ　11640001-②57
至(ルマ)てに　12005006-下27

今に至(ル)マテ　12140002-⑫321
至(ル)マて　12140002-⑫354
今(ニ)至(ル)マテ　12140002-⑫415
至イタルマてに　12410003-5-26
至ルマてに　12410003-13-10
至(ル)マてに　12505017-2, 2
至(ルマ)テニ　12840003-①17オ3
至(ルマ)テ(ニ)今ニ　12840003-①32オ2
至(ル)マテ(ニ)　12840003-②13オ5
至(ル)マテ　12840003-③2オ5
至(ル)マテ　12880003-35
至イタルマテ　12880003-52
〔薄〕32083
薄イタルマテニ至也　12505072-17
〔迄〕38724
迄「イタルマテ」までは　10740001-④7
迄イタルマテ　10990001-21オ
迄「イタルマテ」　11020007-②14

迄(イタ)ルマテノ　11020007-⑤38
迄イタルマテは　11030006-③27オ
迄「イタルマテ」「ヲヨ(フ)マテハ」　11200015-④264
迄までに　11230001-②28
迄イタルマテニ　11340007-④28ウ1
迄イタルマテ　11505521-下序-2オ5
迄イタルまでに ヲハルニ　11510005-③36
迄イタルマテハ　11510005-④61
迄(イタルマ)テ今に　11630001-⑤354
〔達〕39011
達イタルマテニ頂『イタ、キ』(擦消) トホシ　10165001-①243-7
イタルマデニス(至)→イタルマデ
〔至〕30142
乃至(ル)まて(ニ)す　09505069-6
至ルマテニせよ　10740003-②305
至マテニセヨ　11210001-②18
イタルラク(至)→イタル

〔至〕30142
至るラク　12505020-㉝11(存疑)
イチ(市)→イチダチス、イチニウル
〔市〕08775
市訓伊知　07905001-150-5
市伊知　07905001-156-6
市イチノ　10505024-10ウ5
十市イチ　10505150-3右
市イチの／「ノ」如し　11005080-上66オ3
市イチニ　11340007-④14オ6
市朝イチミヤコ　11420003-⑮15ウ
巿(「市」の誤か)イチ　12005022-33ウ6(40-8)
市イチ　12860001-②7オ2(40-8)，
③33ウ2(55-9)，③39オ5(57-2)，
③53オ4(58-10)，③53ウ3(59-1)，
③56ウ4(60-2)
〔肆〕29226
肆イチノコトク　11160007-⑤232

〔闤闠〕41506 41488
闤闠(去)市門也 ヲ　11160007-⑥100
イチグラ(肆)
〔廛〕09483
厘(廛)イチクラ　10320001-16ウ2
□〈廛〉イチクラ　11005025-25ウ6
□〈廛〉イチクラニ　11005025-25ウ7
廛イチクラノ　11340007-①33ウ4
鮑(去)ハウ－廛(平濁)イチクラノ テンノ　11550009-7ウ4
廛イチクラ　12230001-26オ, 34オ
廛イチクラ　12860001-③53オ4(58-10)，③56オ2(59-10)
〔肆〕29226
肆伊知久良　07905001-150-5
肆市位　07905001-156-6
肆イチクラノ　11160007-⑤390
肆イチクラ　11340007-①33ウ5

肆イチクラニ 11340007-④23オ4
肆(イ)チクラニ 11340007-④23ウ7
肆イチクラ 11360001-46ウ2
肆イチクラ 11550009-34ウ6
肆イチクラニ 12505019-44オ
肆イチクラ 12505020-㉖2, ㉘7
肆イ(チクラ) 12505020-㉘7
肆イチクラ 12860001-③33ウ2(55-9), ③39オ5(57-2), ③53ウ3(59-1)
肆イチクラ 13860001-62-5
〔鄽〕39718
鄽イチクラ 12005022-33ウ6(40-8)
鄽イチクラ 12860001-②7オ2(40-8)

イチゴ(苺)
〔苺〕30824
蛇苺(去)汁和名倍美乃以知古(去上上平上平) 11505004-①66ウ1
〔蓬虆〕31720 32630
蓬虆和名以知古 11505004-①77オ2
〔覆盆〕34789 22959
覆盆和名加宇布利以知古 11505004-①77オ2
〔覆盆子〕34789 22959 06930
覆瓫(盆)子 11860003-109

イチシルシ(著)→イチシロシ、イツシルシ
〔炯然〕19035-02 19149
炯然移知シルク 08105009-下33
炯然移知シルク 08105015-下33
〔特〕20013
特イチシルク 11630001-④301
〔現〕21004
現イチシルク 11280014-①32, ①115
現イチシルシ 13860001-15-6
〔著〕31410
著イチシルシ 11160007-②323
明ニ著イチシルシ 11160007-③199
〔見〕34796
見イチシルく「ク」-行オ「フ」 10165001-①227-6
見イチシルク 10165001-①263-6
見イチシルク 11280014-①56
見イチシルク 11280014-①348
〔驗〕45024
驗イチシルク 10165001-①272-3
驗イチシルク 11280014-①501
驗シルク 11280014-③350
驗イチシルシ焉 11630001-⑦279

イチシロシ(明)→イチシルシ、イツシルシ
〔明〕13805
明イチシロ(シ) 08505007-①1-2(表)
〔特異〕20013 21866
特異イチシ(ロシ) 09505030
〔白〕22678

白イチシロシ 11360001-10ウ1

〔臻〕30165

臻伊知之呂之 08105008-下32

臻イチシロシ(「シ」存疑) 11505521-下33-53オ2

〔著異〕31410 21866

著異イチシロク 08505007-①1-3(表)

イチダチス(市)

〔市〕08775

市イチタチス 11340007-①12オ4

イチニウル(貿)

〔貿〕36721

貿イチニウル 13860001-72-6

イチノヘ(市邊)(人名)

〔市邊〕08775 39216

市「邊イチノヘノ」押磐オシハノ皇子 11505075-⑭61-3

イチハヤブ(逸)

〔一逸〕00001 38951

一逸比イチハヤ(ヒ) 10505150-18右, 18右

イチヒ(赤檮)

〔苗實〕30913 07294

苗實和名以知比(平上平) 11505004-①67ウ4

イチヒ(赤檮)(人名)

〔赤檮〕36993 15713

赤檮イチヒ 11420003-㉑5ウ

イチヒコ(蓬蔂)(地名)

〔蓬蔂〕31720 31752

蓬蔂イチヒコの 11505075-⑭93-2

イチヒキ(櫟井)(地名)

〔櫟井〕15823 00258

櫟井イチヒキ 11420003-⑬19オ

イチヘ(市邊)

〔市邊〕08775 39216

市邊イチヘノ 11505075-⑭98-5

イツ(稜威)

〔稜威〕25123 06259

稜-威イツ之道別チワケニ 12360002-1ウ3

稜-威イツの 12360002-7ウ1

イツ(幾何)→イツカハ

〔幾何〕09208 00511

幾何伊ツ 08105009-下38

幾何伊ツ 08105015-下38

イヅ(伊豆)(地名)

〔伊豆〕00432 36245

伊ィ豆ツノ守ニハ 10505007-56-5

イヅ(出)→アラハヒウキイヅ、イデク、ウキイヅ、オモヒイヅ、シリイヅ、ナシイヅ、ナリイヅ、ヌキイヅ、ヌケイヅ、マカリイヅ

〔入〕01415

入イテ(「テ」は「リ」の誤か)、 10505024-57オ4

〔出〕01811

出ツ(ル) 08280001-21

如クいまし出つルか 08305001-①11-17
出(ツ)ル 08305004-6
出ツ 08305011-21-4, 65-8, 65-9, 67-1,
151-5, 151-6
を出つ 08305011-37-5
を出ヌ 08305011-185-3
出いて 08505014-8
出ツ 08505020-6-12, 36-9
を出ツ 08505020-10-18
出イテムニ 08505020-17-6
出ツること 08505020-17-7
出(つ) 08505020-17-9
出ツ雌子黄 09505020-138
出ツ細ソキ毲-褐 09505020-239
出ツ氍ク-毹有反細-氈山反 09505020-263
出ツ 09505116-368
出テ、 10165001-①268-6
出(イ)テて 10165001-②29オ1

抽ヌキ出イテて 10250001-109
火星而ウして迸アラケ出イテム 10400001-31
出イテタマフ 10505001
立タチ出イテ 10505007-8-3
如ク立出ツルカ 10505007-13-6
不ス出イテ 10505007-24-2
出イツ 10505007-33-8
出て家を 10505019-㉑9
聲ヲ乃ち出イツ(ル)そカ(「カ」存疑)ラク耳 10505019-㉖38
出イテ、 10505024-2オ4, 3オ4
出イツ 10505024-2オ7, 2オ7, 15オ7
牽ヒキ出テ ヒキイテ 10505024-3オ1
不出イテ 10505024-3ウ3
得タラム出ルコト 10505024-5ウ4
出ツルヲ 10505024-5ウ6
出「イツ」ルヲ 10505024-5ウ7

出(イテ)タマヘハ 10505024-15オ7
飛トヒ出イテ、 10505024-18ウ1
出イテムヲヤ 10505024-19オ3
出イテ、ハ 10505024-19オ5
出イテ、世に 10505024-33オ5
出ルニ 10505024-49ウ1
不ス出テ 10505024-60オ3
出テ 10505024-62オ7
出(イテ)タマテ世に 10505024-64ウ5
化佛從口出イツ 10590001-24
出て(ヨ) 10640002-15
出(テ)「ヨ」 10640002-15
出イツル『イツル』方を 10700005-①76
超『コエ』出『イテ』て 10700005-③1
出てて 10720001-13
出「テ、」 10740001-⑦29
出「イテ、」 10740001-⑪27, ⑪34
出「ル」者「モノハ」は 10740001-⑪39

日出テムトキマテニせよ　10740003-③941
家を出(つ)る　10820003-②487
出「テ」(て)未か如し　10820003-②589
出「ツ」應(し)　10820003-③136
出「イテ」　10820003-③523
出「ツ」　10820003-③562
出「(いて)ヨ」　10820003-④495
出「イ」(つる)に　10820003-⑤295
出「テ」不す　10820003-⑥569
出「テ、」　10820003-⑨518
出ルトキ　10860002-10ウ2
出ツル　10870001-①499
出下 出也　10870001-③438
出イテ　10870001-⑤323
出てて　11005003-①40, ②11
出イツ　11005025-16ウ5
出(つ)るか／「ツルカ」如き／「キ」
11005080-上6ウ4

出つ／「ツ」　11005080-上8オ6, 上9オ3,
上18オ5, 上25ウ1, 上28ウ6, 上35オ3
出す／「ツ」　11005080-上9ウ1, 上16ウ7
踊(「涌」の誤か)／「ワキ」出して／「ツ」
11005080-上17オ2
流「レテ」出す／「ツ」　11005080-上18オ6
出て／「テ」已(り)て／「ハルニ」
11005080-上20ウ5
出てて／「テ」　11005080-上20ウ6
出て／「テ」已(り)て／「テ」
11005080-上21オ2,　上21オ2,　上21オ5,
上21ウ1, 上22オ3
出「テ」未す／「ス」　11005080-上22ウ7
出つ／「テヌ」　11005080-上25ウ7
出て／「テ」不す／「ス」　11005080-上26オ4
出「ツル」時ニ　11005080-上29ウ6
流れ／「レ」出つ／「ツ」　11005080-上31オ5
雜「マシハリ」出して／「ツルコト」
11005080-上31オ7

出(て)て／「テ、」　11005080-上33ウ4
出(つ)るに／「ツルニ」　11005080-上44オ5
出「テ」未「ス」して　11005080-上51オ4
出(つる)こと／「ルコト」能(は)不す／「ス」
11005080-上75ウ4
出つ／「ツ」應し／「シ」　11005080-上75ウ5
泣ひ／「ヒ」出(てた)まは／「テ」不す／「ス」
11005080-上84オ5
出ツ つ　11020007-⑳83
放ユルサレテ出イツ　11130001-③6オ
出イテキ　11130001-③14ウ
出イテツ　11130001-③14ウ
出イテ、　11130001-③14ウ
出ツル　11140007-⑦165
出ツトナラハ　11140007-⑮158
出ツ　11200004-9, 31
出テヌ　11200015-④190

出イツ(ル)コト「タリ」 11200015-⑤177
當に出イ(ツ) 11200015-⑧66
出イテタリ 11210001-①56
出(ツ)レハ 11230001-②172
出てて於自然より 11230001-②181
出つ 11230001-②290
出つ 11260001-③21
出てて 11280005-65
將トテ出テ、 11280014-①383
出(ツ)ル 11280014-③62, ③64
出(ツ)るに 11340002-①65
出て家を 11340002-①76
出ツ 11340007-①16オ6, ②5ウ1
出(ツ)ルトキニ 11340007-②36オ4
出イテム 11340007-②37ウ4
出ツルトキハ 11340007-④26ウ3
出「ツ」 11340007-④44オ1, ④56オ4, ④70オ4
出テ、 11350010-5-1

出イテ 11350010-11-7
出イツ 11360001-14オ1, 59オ3
出イツルナリ 11360001-46ウ2
逃出ニケイテ 11420003-⑬17オ
完マロナカラ出イテ、て 11450001-⑪38ウ3
出イツルこと テ、 11450001-㉑11ウ9
挺ヌケテ出イテタルを(イタ)セル 11450001-㉑13オ4
出(ツ)ル 11450001-㉑16ウ2
出ツルこと 11450001-㉑18オ4
出ツ 11450001-㉑27ウ2, ㉒20-6, ㉒20-16, ㉒20-24
出イツル事ヲ 11450006-25
出イテムトイフこと 11450006-25
出イテ、 11450006-30, 31, 31
出立イテタ、シテ 11505075-⑭60-8
無出ルヒト 11505075-⑰142-7
不ス出イテ 11505084-2-7
出ツツイ(「ツイ」存疑) 11505086

抜ヌキ出(ツ)ルコト 11550009-43ウ6
出(イ)テ家 11630001-②122
所(イツ)ル出 11630001-②191
出(イ)テ、 11630001-②203
出(イ)ツ 11630001-②308, ②352, ③334, ④140, ⑦364, ⑧233
出イテツ、 11630001-②341
出イテ 11630001-③409
出(イツ)ルに無由 11630001-③444
出(イ)ツル 11630001-⑥255
出(イツ)ルモノ 11630001-⑧197
出(イツ)ルコト 11630001-⑧389
出テ、都ヲ 11860003-33
漕コキ出イテ、 11860003-75
出イテ東ヨリ而 11860003-154
出テ家ヲ 11860003-196
出テ、 11970004-4ウ11
出イテタリ己之下ヨリ 12110002-17

イヅ

出イテ、 12110002-19
出テハ 12140002-⑪28
出テ迎(ヘ)フテ 12140002-⑪55
出テ迎(ヘ)テ 12140002-⑪117
出(ツ)レハ 12140002-⑫235
將(浮)(ヒ)出ッ 12140002-⑫412
出(イ)テ垂タリタリ 12360003-下11
出イテタルを 12410003-1-19
出ツル 12505010-135
出イテ 12505010-197
出ッ 12505010-259
未出テ 12505010-346
出イテ(タル) 12505019-6ｳ
出イツ 12505019-14ｳ, 45ｳ
出(ツ)る 12505035-22ｳ5
出テ、 12510006-24-10, 26-15
出ツルニ 12510006-25-2
還リ出(ツ)ルニ 12510006-25-5

秀テ出テ、 12840003-①13ｳ4
出テ、 12840003-①14ｳ6, ①19ｵ2, ②10ｵ3,
②11ｵ5, ②16ｵ7, ③9ｳ3, ③14ｵ3
出テ 12840003-①24ｵ7
出ッ 12840003-②9ｵ7, ②9ｳ2, ②9ｳ3
不出テ 12840003-②10ｵ1
溢レ出テ、 12840003-②11ｵ7
出(ツ)ルトキ 12840003-②13ｵ7
出ヒ(「ヒ」は「テ」の誤)ム 12840003-③6ｵ5
出(ツ)ルコト 13340002
浮ウキ出イツ 13440001-1ｳ
前ス、ミ出ッ 13440001-7ｳ
出ッ 13440001-27ｵ
出イテキ 13540006
出イツル 13860001-19-1
出イテニキ 18400001-⑧8-26
〔化〕02572
造ナシ化イツルこと 10005008-㉒192

〔去〕03070
去イツル 11450001-㉒14-20
〔峯〕08093
峯イテ、 10020001
〔抽〕11930
抽イテ 11630001-③420
〔挺〕12106
挺イテ、 12330003-50-3
〔放〕13133
放イテタルこと 11505075-⑪45-1
〔流〕17431
流イツル汗 10005008-㉔312
流イツル汗 11005115-㉔312
〔灑〕18774
灑イテム 11340007-②37ｳ3
〔生〕21670
生出也 11280014-③316
生イテ、は 11505004-①4ｳ2

生イテヌ胞カサ 11630001-⑧428
〔發〕22669
發イツルことに 11450001-⑮3オ4
發イテて 11505075-⑳186-6
發(平輕)シイ(テ) 11550009-37ウ6
發キテ、引て 11630001-⑥374
〔聳〕29167
聳擢タカクヌケイテ 11505075-⑭93-4
〔育〕29318
育イツ於水 11230001-②69
〔脱〕29539
脱イツルを 11450001-㉑1オ9, ㉑13オ7
脱イツルを (イ)テタル 11450001-㉑13オ2
下クタリ脱イツ 11450001-㉑13オ3
〔輿〕30226
輿イテ 10505019-㉑9
〔詣〕35412
詣イツ 11360001-16オ2

〔賊〕36759
賊イツ(平上濁) 12860001-③68ウ1(貝62)
〔起〕37048
起出也 08505019-23
起出也告 10120001-2オ
起イテ已て 10200001-⑨15ウ8
起下 出也 10870001-①175, ①218, ①246, ③438
起出也て 10870001-⑤235, ⑤367, ⑦89
起イ(テ)至て 11130005-94オ
起イツル 11140007-⑯59
起イツ 11360001-11ウ2
起イテタリ 11630001-⑥244
〔透〕38876
透イテ(此下「タ」脱か)リ ホトコツル 13450001(存疑)
[參考]
露アラハヒカキイテヾ(平上○○平上平上○) 12360002-4ウ5

イツカ(五日)
〔五日〕00257 13733
五日イツカ 11420003-⑮5ウ
イツカハ(爭)→イツ
〔爭〕19663
爭イツカハ 11360001-35オ2
イツク(齋)
〔籬〕26803
忌籬イツク(「齋」の訓か)而齋 11505521-下31-51ウ2
〔齋〕48565
齋伊都久 08105008-下30
齋移孝(「孝」は「都」の誤か) イツク 08105009-下31
齋移都(此下「久」脱か) イツク 08105015-下31
齋ク 08505007-①1-4(表)(存疑)
齋イツク縁 12360003-下30

イヅク（何）
〔何〕00511
從何イツク　08305004-355
何イツクニ在るそ　11505087-5
何イツク從（リカ）　12140002-⑪143
何イツク　13440001-17ウ
〔何故〕00511 13161
何故イツクニアルソ　08280001-23
〔何處〕00511 32697
何處イツ（「ツ」某字抹消の右に記す）クニアリ
（「リ」の右に「コナリ」と記す）トモ　11505075-⑭76-4
〔安〕07072
安イツクニ在ル　11630001-⑥321
イヅクガ（何）→イヅクニカ、イヅクン
ガ
〔何〕00511
何イツ（此下「ク」脱）カ在アル　11005025-10オ
〔安〕07072
安イツクカ　09505020-394, 394
〔烏〕18998
烏イツクカ　11360001-37ウ
〔若爲〕30796 19686
若爲イツクカ　11280014-③258
イツクシ（嚴）→イツクシウス、イツクシクス、イツクシサ
〔儼〕01324
儼然イツクシクシテ　08105015-下10
儼イツクシク イヨ、（平平上）カ（上聲點存疑）　11260001-⑨231
〔儼然〕01324 19149
儼然イツクシクシテ　08105009-下10
儼然イツクシク　08505007-②32-5
〔嚴〕04589
嚴く（し）て　08305011-147-6
嚴イツクシ（ク）して　08505019-26
嚴イツク（シク）して　08505019-70
威カシコく嚴イツクシくして　08505020-35-16
嚴イツクシ　09005007-8
嚴イツクシク　09505020-378
嚴い（存疑）（ツク）しく　09505069-9
嚴イツクシク　10505003-⑨3
嚴イツクシク ヨソ（フ）　10505019-⑳8
立て嚴イツ（ク）シク峻サカシキ制を　10505019-㉖68
嚴イツクシク　10690001-47ウ
嚴イ（ツクシキ）を　10730001-⑩2-8
嚴以ツ久之　10790002-13オ
嚴「クシテ」（「オコソカニ」を抹消）　10990002-⑨410
嚴イツ（クシクシテ）　11130001-③23オ
嚴イツクシクシテ　11160007-②327

嚴(シ)ク 11200004-50
嚴シク 11280014-①489
嚴イツクシ 11360001-13オ1
嚴(シ)ク 11505073-32ウ
嚴イツクシ(ク)猛タケ(キ)色オモヘリを 11505075-⑳176-7
嚴(イツクシ)ク 11630001-⑧111
嚴シ(ク) 12140002-⑫382
不サレとも嚴イツクシカラ 12410003-15-5
嚴イ(ツクシ) 12505020-㉘9
嚴イツクシ 12505020-㉛5
嚴イツクシク 12505072-15
嚴イツクシウ 12680002
須シ用(ゐ)ルコト之を不(し)嚴イツクシカラ而て治(む) 13300004-②623
政(マツリ)コト不スシテ嚴イツクシカラ而治マル 13300004-③678
嚴シク整ト、ノホレル 13560003-5

嚴イツクシ 13860001-17-6
嚴イツクシウシテ 14770001
〔嚴重〕04589 40132
嚴重とイツクシクシテ 08505020-34-11
〔崇〕08152
崇イツクシキこと 10630006-22
〔憲〕11269
憲イツクシキ法 10005008-㉒104
〔熟〕19332
熟イツクシ(平上濁上平) 13440001-13ウ
〔肅〕29225
肅イツクシク 11505075-⑰122-7
肅イツクシ 12005022-1オ4(1-1)，13ウ1(11-1)，25オ5(35-1)，31ウ1(39-1)，38ウ3(41-2)，45オ7(43-7)
肅イツクシ 12860001-①14ウ1(11-1)，①28ウ6(35-1)，②4オ4(39-1)，②12ウ6(41-2)，②20ウ6(43-7)，③3ウ3(46-5)，③7オ4(47-10)，③9オ2(48-9)，③16ウ1(51-1)，③24オ5(52-10)，③27ウ3(54-1)，③35ウ5(56-2)，③58オ6(60-9)
肅イツ□(ク)□〈シ〉 12860001-③47オ1(58-2)
肅イツクシ 12860002-1(1-1)
肅イツクシ 12860003-1(1-1)
〔莊〕31035
莊イツクシ 13860001-17-5
〔麗〕47663
麗イツクシ 12005022-14オ7(11-5)，36ウ2(40-9)
麗イツクシ 12860001-①15ウ2(11-5)，②10オ6(40-9)，③69オ4(兩69)

イツクシ(慈)→イツクシクス、イツクシビ、イツクシミ、イツクシンズ、ウツクシ

〔慈〕11048
慈イツクシウして 12410003-28-14

イツクシウス（嚴）→イツクシ

〔嚴〕04589
嚴イツクシウするより 12410003-19-12
嚴イツクシウシ 12410003-31-12
嚴イツクシウするは 12410003-31-13

イツクシクス（嚴）→イツクシ

〔儼〕01324
儼イツ（くしく）して 11230001-③609

〔嚴〕04589
嚴「イツク（シクスル）」に身を 10400002-434
嚴イツクシク（シ）て身を 10505003-⑦9
嚴イツクシ（クシ）て駕を 10505003-⑩18
非爲に「ノミ二」己せる（存疑）か「カ」宿_所
嚴イツクシクせむ 10630006-39
嚴イツク（シクシ） 10730001-⑨10オ1, ⑨10オ1

嚴「（シ）クシ」 10990002-⑨280
當に・・嚴シクスる 11020007-⑬18

イツクシサ（嚴）

〔嚴〕04589
嚴シサヨリモ 11280014-④111

イツクシビ（慈）→ウツクシビ

〔慈〕11048
慈イツクシヒ 11550009-9オ7

イツクシミ（慈）→ウツクシミ

〔慈〕11048
有慈イツクシミ 10630006-21
不ルトキハ慈イツクシミアラ 12505019-3オ
慈イツクシミアテ 12505019-23ウ
不慈（イツク）シミアラ 12505019-23ウ
不ルトキハ慈イツクシミアラ々（「々」は「サ」の誤） 12505019-23ウ
慈イツクシミハ 12880003-42

イツクシム（慈）→ウツクシム

〔慈〕11048
慈イツクシミ 12410003-13-16

イツクシンズ（愛）

〔愛〕10947
愛イツクシンジ 15780001

イヅクゾ（何）

〔何〕00511
何イ（ツクソ） 10005008-㉒141

〔奚〕05930
奚イ（ツクソ） 09480002-6オ5
奚イツクソ爲（ナ）ル 11580001-66

〔孰〕06995
孰イツ（ク）そ 09480002-4オ3

〔安〕07072
安イツクソ 10505024-40オ4
安イツクソ 10700001-591
安イツクソ 11130001-④22オ
安イツクソ…ム 11160007-⑥259

安クソ 11340007-②13ウ3, ④6オ1
安イツクソ 11340007-②21オ3, ④9オ2
安「クソ」 11340007-④54オ4
安ソ 11505075-⑭66-3
安イツクソ 11850004-③50
安イツクそ 12410003-2-8
安イツクソ 12770002
〔惡〕10824
惡イツクソ 11670001
〔曷〕14290
曷イ(ツクソ) 10005008-㉒436
曷イ(ツク)□(ソ) 10005008-㉒436
曷イ(ツクソ) 11005115-㉒4, ㉒436
曷イツクソ 11550009-29オ1
曷イツクソ 12110002-20
〔烏〕18998
烏イ(ツクソ) 09480002-29オ6
烏そ 11230001-②386, ②387, ②388, ②391, ②393
烏ソ 11230001-②387
烏そ知む 11230001-②389, ②390
〔焉〕19076
焉イツクソ 09480002-7オ4
焉イツクソ…ヤ 11160007-⑤21
焉そ 11340002-①87
焉イツクソ 11580001-83
焉イツクソ 12505019-4オ
焉イツクソ 13450001

イヅクニカ(何)→イヅクガ、イヅクン

ガ
〔何〕00511
何ニカ 09505116-934
何ニカ轉(ス)ル 09505116-1239
何ニカ在ト 11340007-③11ウ2
何イツ(ク)にか 11505075-⑳163-4
何イツ(ク)にカ 11505075-⑳163-4
何イツクにか 11505087
何イツクにか在ラム 11505087-3
何クニカ にか 11580001-78
何(イツク)ニカ 11630001-⑥100
何イツクニカ 13440001-8オ
〔何處〕00511 32697
何處「ニカ」「にか」 11340007-④51オ5
〔孰〕06995
孰「(イ)ツ(ク)に(カ)」 11340007-④41ウ4
孰イ(ツクニ)か 11390003-4ウ
〔安〕07072
安イツ(ク)に(カ)在ル 10730001-⑩26-4
安イツクニカ 11630001-③127, ⑤307
〔惡〕10824
惡イツク(ニ)か 12505020-㉝1
〔焉〕19076
焉イツクニ(カ) 11340007-②19ウ5
〔詎〕35370

詎イツクニカ　08280001-11
詎イツクニカ　08505019-70

イヅクニソ(何)→イヅクンゾ

〔烏〕18998
烏詎也　08105009-下序
〔焉〕19076
焉イツクニソ　08505007-②4-4

イヅクンガ(何)→イヅクニカ

〔何〕00511
何イツクンカ　11380002-東18オ, 東25オ
〔安〕07072
安イツクンカ　11380002-地3ウ
安イツクンカ可任　12505035-3ウ4
〔那〕39305
那イツクンカ　11360001-3ウ1

イヅクンゾ(何)→イヅクゾ、イヅクニソ

〔何〕00511
何イツクンソ　11450006-9
何イ(ツクンソ)先(サキタ)タセ(ム)　11670001
〔安〕07072
安ソ　10505030-108
安イ(ツクン)ソ　10730001-⑨6オ1
安ソ　10730001-⑨6ウ10
安「イツクンソ」　10740001-③17
安イツクンソ　10930009-③37ウ
安イツクンソ　11000001-29
安イ(ツクンソ)　11130001-③4オ, ④16オ
安イ(ツクン)ソ　11130001-③7ウ
安イツ(クンソ)　11130001-④13オ
安イツクンソ　11380002-北9ウ
安イ(ツクンソ)　11420003-⑮2オ, ⑮5オ
安イツ(クンソ)　11420003-⑮11ウ
安イ(ツクンソ)　11505075-⑰138-3, ⑰142-2
安イツクンそ　12410003-34-5
安イツクンソ　13860001-23-2
〔庸〕09378
庸イツクンソ　11450006-15
〔悪〕10824
悪イツクンソ　13860001-18-4
〔烏〕18998
烏詎也　08105015-下序
烏ク(「イ」の誤)ツクンソ　12230001-8オ
烏イツクンソ　13860001-50-5
〔焉〕19076
焉イツクンソ　10950003-①18, ①111
焉イツクンソ　10990002-⑦083
焉烏イ(ツクンソ)肯アヘテ…乎　11130005-52ウ
焉イツクンソ取ムる　11130005-68オ
焉イツクンソ　11380002-天27オ
焉イツクンソ　12840003-①29ウ1

〔詎〕35370
詎タレカ　（イツクン）ソ　12600001-1
詎スシテ　（イツクン）ソ　12600001-5
〔那〕39305
那イツクンソ　13860001-5-1

イツケ（煎附）
〔煎附〕19184 41606
煎イ-附ツケ　11860003-215

イヅコ（何）
〔何〕00511
何（イツコ）に　08505013-12
従か何イ（ツコ）　11140007-⑮11, ⑯93
何イツコ　13440001-8ウ
〔何處〕00511 32697
何處イツコノ鹿シカソ也　11505075-⑪35-6
何處イツコ　11505075-⑭71-6
何處イツ（「ツ」某字抹消の右に記す）クニアリ（「リ」の右に「コナリ」と記す）トモ
何處イツコニアリシ　11505075-⑭76-4　11505075-⑭99-8
〔安〕07072
安イツコヨリ　11630001-⑤444
〔那〕39305
那イツコに　08580002-97

イヅコガ（何）
〔何〕00511
何イツコカ在ル　11160007-⑤112
何コカ在ル　11580001-84
〔焉〕19076
焉イツコカ在ル　11580001-7

イヅコゾ（何）→イヅコンゾ、イドコゾ
〔安〕07072
安イツコソ　10820003-③427
安イツコソ　11130001-③14オ
安イツコソ　11140007-④227
安イツコソ　11510005-④71
安イツコソ　11630001-③472
安（イツ）コソ　11630001-⑥192
〔曷〕14290
曷イツコソ　11630001-①18
〔焉〕19076
焉イツコそ　11260001-⑨39
焉イツコそ　11340002-①84

イヅコニカ（何）
〔何〕00511
何イツコ（ニカ）　10005008-㉒58
何イツ（コ）にか　10505003-⑩17
何イツコ（ニカ）　11005115-㉒58
何イツコニカ在　11130003-①76
何イツ（コ）ニカ　11160007-⑤82
〔安〕07072
安イツコにか　11630001-⑥249
〔誰〕35586
誰イツコ（ニ）か　08580002-81

イヅコンゾ（何）→イヅコゾ

〔何〕00511

何「イツコンソ」 11005080-上107オ3

〔庸〕09378

庸イツコンソ 15110001-8

〔烏〕18998

烏イツコンソ 12505019-32ウ, 35オ

イツシカ（急）

〔急〕10475

急イツシカ 11280014-③42, ③240

イツシク（謂）→イフ

〔遵〕04414

遵イツシク 12680002

〔謂〕35759

謂イツシク 12550003-10

〔道〕39010

道イツシク 14870001

イツシク（急）

〔急〕10475

急イツ（「イツ」は「イソカハ」の誤か）シクスルコト 11280014-③280

イツシルシ（著）→イチシルシ

〔驗〕45024

驗イツシルシ 12360002-8ウ7

イツタビ（五度）

〔五〕00257

五（タ）ヒ 11340007-②16ウ7

イツチ（五千）

〔五千〕00257 02697

萬（アマ）り五ッ千種ク（サ） 10005008-㉒296

イヅチ（何處）

〔何處〕00511 32697

何處イツチか 10005008-㉔184

何處イツチカ 11005115-㉔184

イツツ（五）→イツツナガラ

〔五〕00257

五イツ（、）の處 08830001-④5-8(70-2)

五ッ、ノ 10505024-17ウ6

五ッニ 10505024-47ウ4

五（ノ）柱ラノ 10505024-56ウ7

五□〈ツ〉ノ 10505024-58ウ7

五色物イツ、（ノイロノモノ） 10505150-5左

五色物イツ、ノ（イロノモノ） 10505150-6右

五穀イツ、（ノ）タナツ（モノ） 10505150-7左

五穀物イツ、ノタナツモノ 10505150-7右

爲「ナ」シ五「ツ」ニ 10730001-⑪5-4

五（イ）ツ（、）に 10730001-⑪5-8

五（つ）の／「ツノ」 11005080-上36オ5

五「ツノ（「ノ」衍か）」 11005080-上82ウ4

爲ナシテて五イツ、ニに 11270012-71

五イツ〻 11360001-16ウ3

五穀イツ、ノタナツモノ 11505075-⑪17-7

五イツ、ノの穀タナツモノ 11505075-⑪17-7

五イツ、 13860001-23-2

イツツナガラ（五）

〔五〕00257

五ナカラ 11340007-④27ウ1

五イツ、ナカラ 12505072-15

五庸イツ、ナカラツネアラシメヨ 13140001

イツトキ（五尅）

〔五尅〕00257 07435

四五尅ヨトキイツトキ 11420003-⑬13オ

イツトモノヲ（五部）

〔五部〕00257 39460

五ッ部トモノヲノの神をて 12360002-4ウ2

イツヌ（温）→タヅヌ

イツハリ（僞）→イツハリス、イツハル

〔佯〕00552

似佯イツハリ 12005133-22ウ5

〔僞〕01105

以て僞イツハリを 08305001-③44-18

僞イツハリノ 11130001-④21オ

僞イツハリヲ 11160007-⑤169

僞イツハリ 11360001-32ウ2

僞リ 12505019-16オ

僞イツハリ 12505019-21ウ

〔妄〕06063

不應如に彼小兒の妄イツハリに生か取著を也 10505069-③7

〔未信〕14419 00707

未-信之イツハリナラムトオホシ 12360002-2オ7

〔欺〕16097

欺イツハリ也 11340007-③14ウ6

〔虚〕32709

虚イツ（ハリ） 08305004-72

虚者イツハリアラム 11505075-⑰151-8

虚イツハリナルトキは 11630001-②150

虚イ（ツハリナルトキ）は 11630001-②152

虚イツハリ實マコト 12360002-14ウ7

不虚イツハリナラ 13440001-23オ

〔虚假〕32709 00835

虚假とイツハリナラント 13440001-8オ

〔詐〕35373

詐イツハ□（リ）ヲ 11505100-613

〔詭〕35434

譎（入）詭（去）トタハイツハリキ（「キ」は「イ」の誤）ヤシ 11630001-③9

詭-雜イツハリオホシ 11630001-③240

詭詐タハイツハリ 11630001-③327

詭イツハリ-詐多シ 12140002-⑫247

〔詭詐〕35434 35373

詭-詐（イツハ）リヲ 11630001-⑥61

〔詳〕35446

詳イツハリ 11360001-24オ3

イツハリゴト（虚言）→イツハリゴトス

〔矯詐〕24015 35373

矯詐イツハリコトを　11505075-⑳166-4

〔虛言〕32709 35205

虛言イツハリコト　11420003-⑬24ウ

〔詭詐〕35434 35373

詭詐イツハリコトラ（「ラ」は「ヲ」の誤）　11630001-③316

〔詳〕35446

詳イツハリコトヲ　12140002-⑪117

〔謾語〕35909 35533

謾語イツハリことを　11505075-⑳168-2

イツハリゴトス（諂詐）→イツハリゴト

〔詐語〕35373 35533

詐語イツワリコトシテ　12360003-下4

〔諂詐〕35616 35373

諂_詐イツハリコトス　11630001-③281

イツハリシニス（詳死）

〔詳死〕35446 16365

詳死イツワリシニシテ　11230001-②290

イツハリス（僞）→イツハリ

〔陽狂〕41725 20287

陽狂イツハリシテ　12840003-③13ウ

イツハリマネンズ（詳）

〔詳〕35446

詳イツワリマネンシテ　11450006-20

イツハリワザ（譎哉）

〔譎哉〕35956 03596

誦（譎）哉（イ（「ウ」か）ツハリ）ワサ（ナラ）メヤ　08105005

イツハル（僞）→イツハリ

〔作〕00518

佯イツハリ作イツハテ　13440001-31オ

〔佯〕00552

欺アサムキ佯イツハ（ル）　10970003-44-16

佯イツハリ死すとき　11130005-9ウ7

佯イツハリ（「リ」は「テ」か）許ス　11340007-④8オ1

佯イツハリ羞ハチス　11380002-地33ウ

佯イツハリ嗔イカリ怨ミ　11380002-地37ウ

佯イツハテ　11970004-10オ1

佯イツハリ羞ハチス　12505035-36ウ1

佯（平）ヤウ イツハリ 嗔（平）シン イカリ　12505035-41オ2

佯イツハリ嗔ハラタて　13440001-13オ

佯イツハリて　13440001-18オ

佯イツハリ　13440001-22オ

佯イツハリ作イツハテ　13440001-31オ

〔僞〕01105

諂ヘツラヒ僞イツハルコト　08305001-⑧160-4

奸かタみ僞イツ（は）ること　08305001-⑧160-16

僞以ツ波留　10790002-5ウ5

「僞詐也　加太マシ」　10870001-⑤282（上欄外）

偽イツハリ　10970003-44-16
偽レ(?)ル　10970003-160-13
偽ラム　11280014-①85
偽イツハラハ者　11420003-⑬16オ
偽(去濁)クキ イツハリ-借(入)セキヲ カレル　11550009-44ウ5
偽游イツハリアソフマネニス　12550003-7
偽イツハル　12860001-③61オ4(人4)
偽イツワル　13860001-44-1

〔妄〕06063
妄イツ(ハリ)欺アサ(ムキ)　08305004-194
妄イツハリ謬アヤマチテ　09505116-1202
妄イツハムて　10200001-①7オ3
妄イツハて　10240002-③67
妄イツハて　10505003-⑤5
妄イツハリて　10505003-⑤11
妄イツハテ　10505003-⑤12
忘(妄)イツハリテ　10790002-7オ5
妄イツハンテ て　11020007-⑯30
不敢妄イツハラ　11050002-66オ
妄イツハて　11140007-④47, ⑦58
妄イツハテ　11140007-⑥89
妄「イツハテ」　11200015-④177
「妄イツハテ」　11200015-⑥110(上欄外)
妄に「イツハテ」　11200015-⑦37
倩ソネミ妄イツワル　12840003-③16ウ6
妄イツワル　13860001-36-2

〔欺〕16097
欺イツハル　12860001-③41ウ1(57-6)

〔欺誑〕16097 35421
欺誑詐也を　11505075-⑰149-7

〔潛〕18240
潛(ヒソ)カニ イツハテ　12840003-①5ウ4

〔盜〕23006
盜イツハリて　11420003-⑬27オ

〔矯〕24015
矯イツハリ_殺(コロ)シ　11630001-④72
矯イツワル　12005022-1オ4(1-1), 21ウ7(33-7), 24オ2(34-2), 37オ5(41-1), 43ウ7(42-6)
矯イツハル　12005022-10ウ7(6-4)
不矯イツハラ　12505020-㉖5, ㉖5
矯イツハレリ　12780002-6
矯イツワル　12860001-①11オ5(6-4), ①24ウ3(33-7), ②11オ4(41-1), ②19オ3(42-6), ③2ウ4(46-3), ③14ウ2(49-10), ③23ウ2(52-8), ③33オ4(55-9), ③38ウ5(57-2), ③57オ3(60-3)
矯イツハル　12860001-①27ウ1(34-2), ③9オ1(48-9), ③34ウ4(56-1)
矯イツハル　12860002-2(1-1)
矯イツワル　12860003-2(1-1)

〔詐〕35373

イツハル

奸かタみ詐イツハルコトヲ　08305001-⑧160-2

多シ「シ」詭「イツハリ」詐(する)こと「(イ)ツハルコト」　09505020-13

詐イツハて來て　10160001-4

詐イツハリ　10320001-12ウ6

詐カタムテ『イツハテ』「イツハ」　10340002-③72

詐イツハテ「イツハテ」　10400001-6

詐イツハテ　10470001-4

欺アサ(ム)き詐イツハて　10505019-⑥8

詐イツハて爲をして親り善をヨミスルコトヲ　10505019-㉓19

詐イツハ(リ)て　10730001-⑨9ウ3, ⑨13オ3

詐イツハリ病シて　10730001-⑩35-3

詐「イツハテ」り　10740001-③21

詐イツハ(り)て　10820003-③472

詐イツハて　10830002-21-2

詐イツハリ親ムツフル　10930009

詐イツハて　11000003-585

詐イツハテ曰ク　11005025-11ウ3

詐イツハリ親ムツフルナラハ　11030006-③31ウ

詐イツ(ハリ)　11130001-③2ウ

詐イツハリ　11130001-④21オ

詐イツハリテ　11160007-⑤188

而來て「て」詐カタラヒ「カタラヒ」「イツハリ」親ムツフルカ「ムツフルナラハ」「ルカ」　11300014-③20

詐「イツハて」　11340007-①24ウ4

詐イツハテ曰ク　11340007-③14オ5

詐之イツハリて　11420003-⑬27オ

詐イ(ツ)ハリて　11420003-㉑3ウ

詐イツハリて親ムツヒム　11510005-③40

詭タハ(フレ)詐イツハリ　11630001-③327

詐イツハて　11630001-⑥61

詐イツハリ　11630001-⑦57

詐イツハリ親シタシムナラは

詐イツワル　11850004-③53

詐イツハル　12005022-3オ5(1-4), 18ウ2(31-3), 36オ1(40-8), 48ウ5(44-8)

詐イツハル　12005022-18オ1(30-10), 21オ1(33-4), 23ウ7(34-2), 50ウ1(45-8)

詐イツハル　12230001-36オ

詐イツハリ狂タフロカス　12840003-①35オ1

詐イツハル　12840003-③22ウ5

詐イツハル　12860001-①2ウ2(1-4), ①27オ5(34-2), ③2ウ2(46-3), ③21オ5(52-3), ③32オ4(55-6)

詐イツワル　12860001-①20オ1(30-10), ①20ウ4(31-3), ①23ウ2(33-4), ②9ウ4(40-8), ②25オ1(44-8), ②27ウ1(45-8), ③19ウ1(51-8), ③34ウ2(56-1), ③39オ1(57-2), ③57オ3(60-3)

〔詭〕35434

多シ「シ」詭「イツハリ」詐(る)こと「(イ)ツハルコト」 09505020-13

詭イツハリ詐アサムクを 10200001-⑥22オ6

不詭イツ(ハ)リ雑マシハラ 11380002-南27オ

詭イツハリ詐アサムク 11505044-16

詭イツハリ_詐カム(「ム」は「タ」の誤か)ム 12140002-⑪226

詭イツハテ 12505028-25-2

〔詳〕35446

詳イツハリ酔ヱヒ 10730001-⑨3オ2

詳イツハ(リ)て 10730001-⑨5ウ8

詳イツハリ愚□□□(オロカ?・) 11005025-1オ2

詳イツハリ愚オロカニシテ 11340007-③1オ2

詳(イツ)ハリ 11340007-④20ウ5

詳イツハリ狂タハフレシ 12110002-21

詳イツハリテ爲マネニシテ 15110001-7

〔誑〕35510

欺ア(サムキ)誑(イツハ)リ 11505075-⑳169-2

〔誕〕35516

背ソムキ誕イツハリて 11505075-⑭83-6

奢ヲコリ誕イツワリ 12840003-①34オ3

誕イツワル 12860001-③43ウ1(57-9)

誕イツワリ 15780001

〔誙〕35526

誙イツハテ 12505019-21ウ

〔誣〕35542

誣イツハリ 11505073-6オ

〔諂〕35616

諂佞也 「佞也」(下欄外) 曲を 08305001-⑧160-23

諂イツハル 12860001-③63ウ1(言19)

〔謟〕35831

謟イツハテ 11320002

〔闇〕41421

闇イツハ(ル) 12505020-㉖1

〔陽〕41725

陽イ(ツハリテ) 11420003-⑯23ウ

陽イツハリテ 11420003-⑯24オ

陽イツ(ハリ)て 11505075-⑭62-4, ⑭62-4

陽イツハリて呼ヨハヒシて 11505075-⑭63-2

陽イツ(ハリ)て恚ヤムマネ(シ)て 11505075-⑭84-2

〔險〕41874

險イツハリ曲マカルヲ 11505044-17

イツミ(慘)

〔慘〕11094

慘イツミ(「イタミ」か。成簣堂文庫本も同訓) 11380002-地38ウ

慘イツミ 12505035-42オ3

イヅミ(泉)→ナリイヅミ

〔泉〕17274
涌「(上)」ワク「ヨウ反」泉「(上)」ミ 09505020-12
泉の／「イツミノ」如し／「シ」 11005080-上17オ1
泉に／「イツミニ」 11005080-上57オ3
泉イツミ 11360001-18ウ2
泉ミ(存疑) 11380002-東20ウ
泉イツミ 13860001-25-5
泉イ(ツミ)ノコトクワイテ 14270001-1
〔酒池〕39776 17141
酒池のイツミ 13440001-13オ

イツミテグラ(嚴幣)
〔伊都幣〕00432 39509 09088
伊都幣イツミテクラ 10505150-25右

イヅモノクニ(出雲)(地名)
〔出雲〕01811 42235
出_雲イツモノクニに 12360002-4オ5

イツル(奉)(「マツル」の誤)
〔供造〕00605 38898
供_造ツクリイ(「イ」は「マ」の誤)ツラム 12360002-5ウ3

イヅレ(何)
〔何〕00511
何イツレノ親屬カ 08305004-320
何(れ)の生そ 08305011-11-3
何レの趣そ 08305011-11-5
何(れ)の有そ 08305011-11-5
何の方そ 08305011-13-3
何レの處にか 08505020-3-19
何レの 08505020-3-20, 3-20, 3-20, 4-1, 4-8
何レの境 09505007-9
何(ノ)處ニカ 09505116-355
不「ス」知「シラ」何「イツレノ」耀と 10350001-14オ2
何レの 10450001-55
何イツレに 10505003-⑤12
何イツレノ處ニ 10505007-59-9
從ヨリ何イツレノ處「ト(コ)ロ」 10505024-4オ4
何レノ所トコロカ 10505024-13ウ5
何「レニモ」 10740001-⑧34(下欄外)
何れの 10820003-④166
何レの所 10870001-⑤432, ⑦31
何レの 10870001-⑤443, ⑤443
何イツレノ時ヲカ 10950003-③100
何イツレノ 10990002-⑩281
何れの／「レノ」日か／「カ」 11005080-上35ウ1
何の「レノ」處といふことを知ら／「ラ」不す／「ス」 11005080-上59ウ7
何れの／「ノ」 11005080-上60ウ3, 上60ウ3
何の／「レノ」時(に)か／「ニカ」

何の/「ノ」時(に)か/「ニカ」 11005080-上70ウ5 11005080-上107ウ2
何れの/「レノ」 11005080-上108オ1
何イ(ツレ)の 11140007-⑮4
何イ(ツレ)の處 11140007-⑮7, ⑮10
何イ(ツレ)の方所にか 11140007-⑮15
何イ(ツレ)の處にか 11140007-⑮15
何イ(ツレノ)處に 11140007-⑮89
何イ(ツレ)の時にか 11140007-⑮138
何イ(ツレ)の論 11140007-⑯33
何レソトナラハ也 11140007-⑳95
何れの「レノ」日にか 11200015-④90
何れの時にか 11200015-④123
於「ヨリカ」何レ(の)處「ヲカ」 11200015-⑥48
何「レノ」…「カ」 11200015-⑦41
何レノ部ニカ 11240002-4オ

何の處 11260001-③44, ③245
何の趣に 11260001-③229
何レヲ 11280014-①503
何ツレノ處ソト 11340007-③26ウ4
何(レ)ノ時ニカ 11340007-④27オ2
何イツレの時にか 11420003-㉑13ウ
何レノ 11550009-36オ1
何レ(ノ)州クニ 11550009-41オ2
何レノ所ニカ 11550009-46オ7
何ノ處ニカ 11550009-46ウ2
何イ(ツレノ)所トコロ 11630001-③164
何(イツ)レノ所ソ 11630001-④445
何(イツレノ)日カ 11860003-22
何(イツレノ)時(ニカ) 11860003-24
何レノ時ニ 11860003-134
何(レ)ノ趣ニカ 12140002-⑪211
何の所にか 12140002-⑫239
何イ(ツレ)の 12410003-32-25

何イツレの日 12410003-35-24
何レノ方 12505010-151
何レノ處カ 12505010-152
何の處にか 12505035-6オ6
何イツレノトコロニ生 12840003-①19ウ6
何イツレノ往トコロニカ 12840003-②8ウ4
何(レ)ノ時ニカ 12840003-③18ウ1
何レノ德 12880003-56
何レノ處ニカ 13440001-3ウ
何レの處 13440001-24オ
何レ 13440001-29ウ, 30オ
何レノ日 13440001-34ウ
何イツレ 13860001-16-5
〔何處〕00511 32697
何處レニカ ヘカ 11130001-③11オ
〔孰與〕06995 30212
孰與イツレ イツレ イタカ 11505075-⑰132-7
〔安〕07072

安イツレ(カ)人カ　08830001-①3-1(3-30)
〔幾〕09208
幾イツレノ處　11380002-天12オ
〔惡〕10824
惡イツレ　12505020-㉗2
〔詎〕35370
詎(イツレ)ニ…耳 サラク　11280014-②358
詎イツレ　12005134-㉓1ウ
〔誰〕35586
誰イツレ　10505150-23右
誰イツレノ　11420003-㉓2ウ
誰イツレ　11420003-㉓3オ
誰イツレ　13860001-17-1
誰イツレノ　18400001-⑤12-3

イヅレカ(誰)
〔孰〕06995
孰イ イツレカ　10730001-⑩17-3
孰か　10830002-19-9
熟(孰)(レ)カ　11280014-③390
孰(レ)カ　11340007-③29ウ4
孰イツレカ　11420003-⑬12オ
孰イツレカ　11505075-⑪38-3
孰イツレカ　11550009-29オ4
孰イツレカ　11630001-⑤62
孰レカ　12840003-③2オ1
〔誰〕35586
誰イツレノ經　10870001-⑤443
誰イツレカ　11550009-29オ4

イヅレゾ(何故)
〔何〕00511
何(れ)そ　08305011-95-2
何レそ　08505020-24-10
〔何故〕00511 13161
何故イツレソ　08280001-23
〔安〕07072
安イツレそ　11030006-③29オ

イツヱ(五丈)
〔五丈〕00257 00011
四五丈ヨツ「キ(「キ」は「ヱ」の疑)イ」ツヱハ カリ　11505075-⑭70-8

イテ(寒)
〔寒〕07239
寒(イ)テヲ　08305004-211

イテ(縦)
〔縦〕27516
縦ヨリイテ(「テ」は「ト」の誤)を　11020007-⑮9

イデ(乞)
〔厭乞〕03025 00170
厭乞イテ　11420003-⑬14ウ

イデ(出)→ウチイデ
〔出〕01811
打ウチ出イテ鞍　11860003-38
打出ノ大刀　11860003-39

打出(ノ)扇 11860003-80

打出(ノ)大刀 11860003-81

イデガラ(出殻)

〔蠶布屭〕33890 08778 07785

蠶布屭和名加比古乃以天加良 11505004-①81オ5

イデク(出)→イヅ

〔出〕01811

出イテク 10505024-11ウ5

出イテキナハ 10930009-⑱21オ

イデサル(出去)

〔退〕38839

退出去ヌ 11505075-⑳165-8

イデタタス(出立)

〔出立〕01811 25721

出立イテタ、シテ 11505075-⑭60-8

イデタツ(赴)

〔赴〕37040

赴イテタ(ツ) 11630001-⑤111

イデマサフ(幸)

〔垂降臨〕05012 41620 30087

垂降臨イテマサヘ 11505075-⑭90-7

イデマシ(幸)→イデマス

〔車駕〕38172 44667

車駕イテマシ之數 11420003-⑬20ウ

イデマシス(幸)→イデマス

〔賞〕36813

賞イテマシシキ 08305001-⑩189-2

〔駕幸〕44667 09176

駕幸イテマシス 08505007-③11-5

イデマス(幸)(四段)→イデマシ、イデマシス

〔來〕00581

來イテマシて 08305001-⑧144-15

來イテマシて 10005008-㉔183

來イテマシ 11005115-㉔183

來意イテマセルミ心を 12360002-10オ9

歸_來カヘリイテマス(「ス」は「シ」の誤)ツ 12360002-14オ4

〔出〕01811

出イテマス 11130001-④1オ

〔去〕03070

去イテマセ 08105005

〔向〕03301

向イテマス 11505075-⑪29-8

〔就〕07599

就而イテマシて 12360002-4ウ3

〔幸〕09176

幸イテマ(ス) 11420003-⑬19オ, ㉓9ウ

幸イテマストイヒ 11420003-⑬19ウ

幸イテマスコト 11420003-⑬20ウ

幸イテマス 11420003-⑬20ウ, ⑬20ウ, ⑬21オ, ㉓6ウ

幸イテマシて 11505075-⑪29-5

幸イテマス　11505075-⑪32-6
幸イテマ(ス)　11505075-⑪42-8
幸イ(テマシ)て　11505075-⑪49-5
「幸イテマス」　11505075-⑭58-5
幸(イテ)マス　11505075-⑭67-3
〔往〕10073
往いてマシキ　08305001-⑩199-20
往イテマス　11505075-⑭63-6
〔臨〕30087
臨イテマセルコト　11420003-⑬19ウ
臨イテマス　11505075-⑪37-5
臨_吾_處アカモトニイテマセリ　12360002-13ウ8
臨イテマシツル乎　12360002-14ウ7
〔至〕30142
至イテマ(ス)　08105005
至イテマセル　12360002-13オ1
〔行〕34029
行いてます　08305001-⑩199-18
行イテマス　11420003-⑫4オ
行イテマスこと　11420003-⑫4オ
行イテマス之　11505075-⑪30-3
〔詣〕35412
詣いてマス　08305001-⑩199-18
詣「イ」テマ(シ)て　11505075-⑭70-6
〔進〕38943
進イテマス　12360002-12ウ4
〔遊幸〕38994 09176
遊_幸イテマシテ(平上平上上)　12360002-6ウ3
〔遊行〕38994 34029
遊行イタ(「タ」は「テ」の誤)マス　10005008-㉒317
遊行イタ(「タ」は「テ」の誤)マス　11005115-㉒317
遊行イテマシテ　11505075-⑪28-8
遊行イテマス之狀　12360002-1ウ5
遊_行イテマス之時　12360002-8ウ4
遊_行イテマス　12360002-10オ3
〔遊詣〕38994 35412
遊詣イテマシて　11505075-⑭99-5
〔降〕41620
降イテマス之間　12360002-4ウ3
〔降行〕41620 34029
當降_行イテマスヘシ　12360002-4ウ6
〔馳〕44593
急イソキ馳イテマセリ　11505075-⑪14-7
[補讀]
思欲遺慮而位ミコ、ロヤラムトオホシテ
イテマス　11505075-⑭63-6

イデマス(幸)(下二段)
〔幸〕09176
所_幸イテマスル(平上上上上)　12360002-4ウ6

〔臨〕30087
勿臨之ナイテマセソ 12360002-15ウ2
イデユ（温泉）
〔温泉〕17968 17274
温泉イテユ 12330003-48-13
イテリシ（酡）
〔酡〕39822
酡イ（「イ」は「ホ」の誤か）テリシ 08105015-中序
イテリシ（酏）↓ホテル
イト（絲）↓アルヨノイト、ヒトヨリノイト、ヨリイト
〔素〕27300
素イ□〈ト〉 11340007-①45ウ1
素イトヲ 11340007-②36ウ6, ③17オ2
素イト 12860001-③68ウ2（絲63）
〔絮〕27443
柳ノ絮イトヲ 11860003-48
絮イト 12230001-16オ
〔絲〕27448
絲イトを 10505003-⑥17
絲イトノ 10505024-32ウ2
絲「イトヲ」を 10820003-②443
絲イト（ノ）コトクニ 10990002-⑧362
亂タル絲イト 11020007-⑦68
素シロキ『シロキ』絲シイ『イト』ソオ 11050006-②33
絲イ（ト） 11130001-④11ウ
藕の絲（上）「ハチスノイト」 11140007-⑫10
亂レタル絲イトの「シノ」 11200015-⑦137
鍼（平）シム_線（平輕）の 針也 絲也 11260001-⑦106
絲イトヘハ 11340007-①33オ5
絲イト 11340007-②14ウ2
絲イトヲモテ 11350010-23-7
絲イト 11510005-②69
藕ハスノ絲イト 11705071-40
絲イトを 11850004-①55
絲 11860003-45
絲イト_緜ワタ 12140002-⑫385
絲イト 12230001-23オ
〔縦〕27516
縦イト 10505019-㉜13
縦（「平」）「エン」「イト」 10740001-④29
縦「イトヲ」 10740001-⑪54
縦「イトヲ」 10820003-⑤52
縦イ（と） 10820003-⑤54
涎（縦）イト 11020007-⑱78
縦をイトヲ 11200015-⑤30
縦イト 11360001-35ウ1
縦イトを 11510005-⑤12
〔綸〕27583
綸「イトの」 10990002-⑨295
〔緊〕27603
緊マトフ 絲義也 11360001-8オ4

〔線〕 27641
線イトを申ノフ 10240002-⑬27ウ8(131)
五色の線イト 10350001-30ウ1
線イトを 10505009-1
線絲也 10790002-8オ2
線「イトヲ」 10820003-⑤311, ⑤397, ⑥395
鍼ハリ線イトノ 10990002-⑦104
線イトハ 11140001-59
線イト 11360002-②25
線イトを 11380001乙-⑯15-8
〔縷〕 27832
縷イトの中に有布 10505019-㉖2
従縷イトより得え衣を 10505019-㊴1
縷イトと繩と紵と機ハタと 10930009-⑦27オ
縷イトをモテ 11060002-4
縷ヨリイトを 11140007-⑤17
縷(「上」)「ヨリイト」を「イトヲ」 11200015-⑤26
縷イトと 11200015-⑦45
〔褸〕 34530
褸イト 12860001-③58ウ1(60-9)
藍アヲキ褸ルイトヲシテ 11130005-61オ

イト(五)→イトリ、イトン

〔五〕 00257
五(イ)トノ使者 10640005-①20オ

イト(甚)→イトヒサシ、リフニチ

〔大〕 05831
大伊止 08105009-下16
大イト 11140007-⑬25, ⑬25
大甚イト「(オ)ホク」 11200015-④214
大イト 11850004-⑮8
〔太〕 05834
太伊土 08105008-下25
太意止 08105009-下26
太伊止 08105009-下35
太伊止 08105015-下16, 下35
太立日(「伊止」の誤か) 08105015-下26
太イト 09005007-2
太イト長カクく太短シカクく 10640006-①7
太イト 10730001-⑪7-6
太イトハ「ハナ(ハタ)」 10730001-⑪7-6
太イト「ハナハタ」 10740001-⑭48
太イト 10790006
太「イト」 10820003-④628
不太イトモ廣(か)ら 10930009-⑳46ウ
太イトた…太た 11020007-④78
太イトハナハタ/た老太イト少 11020007-⑤54
太イト 11140007-⑤95, ⑫28, ⑫29, ⑫32, ⑮97, ⑳84, ⑳85
太イト侶け 11140007-⑮36
太イト直く 11140007-⑮36
太イト甚し 11140007-⑳110
太「イト」「(ハナ)ハタ」 11200015-④284

不「サレ」太「イト」「ハナハタ」老「テモ」「ニモ」太す イト「タ」「イト」少「ニモセ」 11200015-⑤180
所謂太「イト」小「ワカ」(き)「と」太老(いたる)「と」色貌瑕疵「たる(「たる」存疑)と」諸(の)病患「と」等「ナリ」「なり」 11300014-④18
太イト 11360001-54ウ1
太イト 11505521-28オ3, 下16
不太イト老太イト少ワカ、ラ 11510005-⑤49
太イト 11850004-④95, ⑤64, ⑫22, ⑫35
太イト 12505020-㉛7
太イト 13440001-15ウ, 16ウ, 21ウ, 23オ
〔最〕14301
最イト 11130001-③6ウ
最イト(上平) 11360001-21オ3
最イト(上平) 11505075-⑭102-2
〔殷〕16627
殷イト 11140007-⑯23
〔泰〕17325
泰イト 12505020-㉛3
〔甚〕21648
甚イト 11140007-⑳82
〔苦〕30797
苦イト 11130001-③18ウ

イトキナシ(幼)→イトケナシ

〔孺〕07042
存(在)孺イトキナイトキ 11420003-⑮12ウ
〔小〕07473
小イトキナキときには 08580002-91
〔少〕07475
少イトキナキ 11130001-④17オ
〔少小〕07475 07473
少小イトキナキ 08505007-①10-4
〔幼〕09193
幼イトキナキときには 08580002-99
幼イトキナクシテ 09505020-547
幼イトキナキ子 10505003-⑩2
幼而イトキナウ 11505075-⑪6-4
幼イ(トキナク)して 12140002-⑫197
〔幼少〕09193 07475
幼少伊止き奈之(上上上上平輕) 10790002-13オ3
〔稚〕25120
稚イトキナキ子 10240002-③59
稚イトキナキ子ヲ 12140002-⑪72

イトケナシ(幼)→イトキナシ

〔幼〕09193
幼イトケナウして而 10705001-①63
幼イトケナシ 11360001-34オ3
幼イトケナキ 12505039-7
幼イトケナクシテ 12540005-3ウ
幼イトケナシ 12860001-③43オ3(57-8)
幼イトケナキ 12880003-37

幼イトケナシ 13860001-46-2
〔幼稚〕09193 25120
幼稚イトケナクシテ 18400001-②11-12
〔悼悼〕10738 10738
悼タウ、ヾイトケナキ與ニハ 11340007-①39オ7
〔稚〕25120
稚イトケナシ 12860001-③43オ4(57-8)
稚イトケナシ 13860001-12-1
〔稚小〕25120 07473
稚小イトケナクシテ 18400001-②7-24
〔童〕25775
童イトケナシ 11360001-28ウ3

イトコ(従父)
〔従父〕10152 19721
従(去)父(上)イトコ 11630001-⑦314

イドコ(何)→イヅコ
〔何〕00511
何イトコ従(り)か 10820003-⑧326
〔何處〕00511 32697
何れの處にイトコニ 11200015-④174
何處イトコノ 11420003-⑫7オ

イドコガ(何)→イドコニカ、イドコンガ
〔何〕00511
何イトコカか 11200004-53
〔何處〕00511 32697
何處イトコカ 11420003-⑫9オ
〔安〕07072
安「イトコカ」在「(ル)」乎 10570001-6
安イトコカ 10730001-⑨14オ4

イドコゾ(何)
〔何〕00511
何イト(コ)ソ「ナノ」所か 10240002-③61
〔安〕07072
安イトコソ
安イトコソ得 10240002-③71, ③112頁, ④112頁
安イトコソ 10240002-④86
安イトコソ 10820003-③491
安イトコソ…乎ヤ 10820003-④715
安イトコソ 12770002

イドコニカ(何)→イドコカ
〔何〕00511
何トコニカ 10990001-27ウ

イドコンガ(何)
〔安〕07072
安イトカ(「カ」衍か)コンカ 11860003-233

イドシ(暴)
〔暴〕14137
暴イトシ(上上濁上) 12005022-7オ1(5-9), 7ウ2(6-2)
暴イトシ 12860001-①6ウ3(5-9), ①7オ6(6-2)

イトスヂ(線)

〔係〕00663
箱-筐(入輕)ケフ ハコ 縄(入輕)係(入輕)イトス ケイ チ等 11030006-②23ウ
〔絮〕27443
成る絮イトスチノコトクに 10165001-①254-6
〔絲〕27448
絲「イトスチ」-忽コツ 11200015-⑦70
〔絲忽〕27448 10405
絲-忽イトスチ 11140007-⑦96
〔綖〕27516
綖イトスチ 11360001-35ウ1
綖イトスチ 12840003-①32ウ4
〔線〕27641
線イトスチ 10165001-②22オ5
線イト(スチ) 10505009-朱點
線イトスチ 11130001-④7ウ, ④8オ
線イトス(チ) 11130001-④8オ, ④8オ(別筆)

線イト□□〈スチ〉 11280014-②216
線イトスチ 12510006-33-5
線イ(トスチ) 13440001-12オ
線イトスチ 13440001-32オ
〔縷〕27832
縷イトスチヲ 10505024-6ウ1, 6ウ1
存縷イトスチ 10590005-3
縷イトスチト 10990002-⑦112
縷イトスチ 11130001-④8オ
作縷イトスチと 11260001-⑦114
縷(平)ロウ イトスチ 11510005-⑦219
縷イトスチノ 11630001-⑥207
針シン ハリ 縷ロ イトスチ之 11860003-21
縷イトスチ 12230001-22ウ
縷イ(トス)チ 12230001-44オ
縷イトスチ 13440001-19ウ
〔縄〕27937
縄イトスチ 13440001-11オ

イトスヱ(絲條)
〔絲條〕27448 14859
絲條イトスヱ 13440001-26ウ
イトド(甚)
〔太太〕05834 05834
太〻イト、 13440001-25ウ
イトナシ(忙)
〔靡〕42612
靡イトナシ 12505019-11オ
〔靡盬〕42612 23076
靡盬イトナシ 10005008-㉒129
イトナブ(營)→イトナム
〔務〕02394
不應自み有る所作務フ(音)イトナフ故に 10240002-⑬2ウ8(164)
〔殉〕16448
殉イトナフ 11050002-48ウ
イトナミ(忙)→イトナム

〔務〕02394
務イトナミ 08505007-②4-3
務イトナ(ミ)ヲ 10505010-7
務イトナミを／「マツリヲ」 11005080-上43ウ6
〔忩忙〕10366 10334
忩忙イトナミニして 08305001-⑩198-16
〔營〕19457
營イトナミニ 11860003-21
大營イトナミハ 11860003-177

イトナム(營)→イトナブ、イトナミ

〔務〕02394
務イトナムて 11140007-④234, ⑦175, ⑦188
務イトナムて「ツトメテ」 11140007-⑧17
務「ツトメヲ」「イトナム」 11200015-⑦135
務ツトメテ「イトナムテ」 11200015-⑦147
務ツトメて「イトナムテ」 11200015-⑧36
務イトナム 11360001-50オ2
務イトナムテ 11980001
務イトナム 12860001-③16オ5(51-1), ③43オ1(57-8), ③58ウ6(60-10)
〔忩々〕10366 00097
忩々イトナム 13440001-29オ
〔悠〕10681
悠イトナミ瘵シナハ ヤミナハ 11140007-⑪22
〔榮〕15273
不「ス」榮「イトナマ」」福「ヲ」 09505020-95
〔殉〕16448
殉イトナム モトム 11630001-⑦81
殉イトナ(ム) 12505020-㉘13
〔營〕19457
營造意東那三 08105009-下10
營イトナム 10165001-②22ウ7
純には營しイトナミ世俗在家の之事 10505019-㉖21
營イトナム 10860002-52ウ3
營ナムニ 11005025-23ウ6
營イトナム 11130001-④10オ
營イトナム(テ) 11160007-⑤137
營イトナム 11160007-⑤238
營イトナムテ 11280014-②224
營ナ(「イ」の誤)トナムテ 11280014-④29
不營ナマ 11340007-④5オ6
營イトナム 11360001-53オ3
未サラク營イトナマ…耳 11380002-天24ウ
如營イトナ(ムカ) 11505053
營イトナミ造 11505521-下10-20オ2
不ス營ナマ 11550009-31ウ6
營ム 11550009-53オ1
營イトナム 11630001-④183
營(イト)ナミ 11630001-④221
營(イトナ)ミ 11630001-⑤86
營イトナミ 11630001-⑤107

將ニ營イトナムシトキニ 11630001-⑥303
營(イトナ)ミ求ルニ 11630001-⑦103
營イトナミ求モトム 11630001-⑦152
營ミ 11860003-237
營イトナム 12005022-27ウ3(36-6),
33オ2(40-4), 49ウ1(45-1)
營イトナミ求モトメ 12110002-14
營イトナム 12140002-⑪147
不ス營イトナマ 12505020-㉖4
營イトナミ 12840003-②5オ2
營イトナム 12860001-②6オ3(40-4),
②25ウ5(45-1), ③4ウ4(46-10),
③8ウ2(48-6), ③20オ2(51-9),
③20ウ5(52-1), ③28ウ6(54-5),
③32オ5(55-6), ③38オ1(56-10),
③43ウ1(57-9), ③45ウ6(58-1),
③56オ2(59-10), ③58ウ5(60-10)
營イトナン(テ) 13140001

營イトナム 13860001-71-4
〔營造〕19457 38898
營造意東那三 08105015-下10
〔經〕27508
經イトナマむ 12505020-㉛3
經イトナマ(ム) 12505020-㉛4
經イトナム 13860001-2-1
〔經理〕27508 21014
經理イトナムテ 10165001-②7オ2
〔覔〕34816
覔イトナミテ而 08305004-14

イトナム(遑)
〔遑〕39006
遑「イトナム(存疑)」イトマアテ 10630006-42

イトナンゾ(滅一何)
〔滅一何〕18008 00001 00511
滅一何イトナンソ 18400001-①6-26

イトヒ(厭)
〔厭〕03025
无し厭ひ 10830002-20-8
厭「ヒノ」心 11005080-上38ウ2
當に／「二」厭(ふ)ことを／「ヒヲ」生す[當]
し 11005080-上39ウ7

イトヒサシ(久如)→イクヒサシ

イトフ(倦)
〔伃〕00407
伃イトフ 12860001-③61オ4(人4)
〔倦〕00788
倦イトフ 12005022-3オ2(1-3)
倦イトフ 12860001-①2オ5(1-3)

イトフ(厭)
〔厭〕03025
厭イト(ヒ)テ 08005005-9
厭フことを 08305001-⑤86-8
厭フこと 08305001-⑩203-19
を厭て 08305011-37-8

何の／「ナンソ」暇まにか／「マアンテカ」　11005080-上10ウ7

暇イトマを　11260001-⑦100

無(カラ)□〈ム〉(?)暇マ…ニ　11280014-①487

无假(暇)イトマ稱セウ計ケニ　11860003-98

暇イトマ　12005022-2オ3(1-1), 27ウ7(37-1), 33ウ1(40-8), 37ウ7(41-1), 49ウ4(45-1)

暇イトマ　12510006-56-2

暇イトマ　12860001-①1オ4(1-1), ②6ウ3(40-8), ②12オ1(41-1), ②26オ2(45-1), ③9ウ1(48-9), ③11ウ1(49-5), ③20オ3(51-9), ③20ウ2(52-1), ③25ウ5(53-6), ③32ウ1(55-7), ③34ウ6(56-1), ③40オ2(57-4), ③44ウ4(58-1), ③56オ4(59-10)

〔遑〕39006

遑イトマヲ　10505007-4-2

〔閑〕41247

閑イトマ　08280001-18

閑イトマ　11240002-11オ

閑イトマ　11505073-24ウ

〔間〕41249

間イトマ　10005008-㉒153

〔餘閑〕44185 41247

餘-閑イトマ　11630001-⑦175

イトマアキ(暇)

〔暇〕14036

無暇イトマアキ　10165001-①270-1

暇(イトマ)アキ　11630001-⑤289

暇イトマアキ　13440001-29オ

イトマアキアリ(暇)

〔暇〕14036

不暇イトマアキ(アラ)　11340007-④15ウ2

不暇イトマアキアラ　14870001

〔遑〕39006

不遑イトマアキ(アラ)　11340007-④21ウ7

不遑(イトマ)アキ(アラ)　11340007-④22オ3

遑イトマアキ(アリ)　12840003-①18オ6

イトマアキツグ(暇給)

〔暇給〕14036 27432

暇(訓)給アキツカ不す　11230001-③422

不暇給イトマアキツカ　14270001-2

イトマアリ(暇)

〔暇〕14036

不暇(イトマ)アラス　09505020-556

不アラス暇イトマ相アヒ看ミルニ　10505024-3オ6

无ナシ暇イトマ…ニ　10505024-19オ5

暇イトマアラ未ス　10990002-⑨405

貪-染(する)に／「スルニ」暇まアラ／「イトマアラ」不す／「ス」　11005080-上34ウ5

何の／「ナンノ」暇（あり）てか／「イトマアリテカ」 11005080-上75ウ5
不す暇イトマアラ 11140007-⑭5
不暇アラ 11280014-③129, ③196
何ソ暇アラム 11280014-④52
何ナンノ暇アテカ 11550009-15オ6
暇アレハ 11580001-81
未暇（イト）マアラ言（ハ）ムニ 11630001-⑧481
不は暇（イトマ）アラ…に 11850004-⑭10
暇アラ不也 12140002-⑫563
未暇イトマあら 12505020-㉘1
〔皇〕22701
未皇イト（マ）あら 09480002-40ウ1
〔遑〕39006
未アラス遑イトマ歸カヘル心ニ 10505024-5ウ5
未遑「イトマ（アラ）」 10570001-8

遑「イトナム（存疑）」イトマアテ 10630006-42
遑イトマ（アラ）未る 10705001-①92
不ス遑イトマ（アラ） 10860002-15オ6
遑イトマアラムヤ 11005002-6
迹するに／「スルニ」遑イトマ不アラス 11005080-上23オ3
不す遑イトマアラ 11130003-③1
未る遑アラ 11380002-天24ウ
未遑イトマアラ 11450006-26
不す遑イトマ（アラ）寧-息イコフに 11630001-③329
不ス遑イトマアラ勝ソウ計ケニ 11860003-5
未遑イトマアラ 12005009-17
不ス遑イトマアラ 12150002-9
遑イトマアリテカ 12510006-53-12
遑イトマアリキ 12840003-①9ウ1
不遑アラ 13440001-9ウ

〔閑〕41247
餘-閑イトマアルトキは 11630001-④24
〔間〕41249
不間イトマあら 12505020-㉗7
間イトマあり 12505020-㉗7

イドム（挑）

〔挑〕12055
相ヒ挑ソムキヌ／イトム タカフ 10505007-12-4
挑イトミ戰カフ 10505007-51-1
挑イトミ 10990001-19オ
挑イトム 11505075-⑪44-8
挑イトム 12230001-21ウ
挑イトム 13440001-22オ
〔競〕25840
競イ（トム） 09480002-3ウ5

イトリ（五）→イト、イトン

〔五〕00257
五（イト）リノ 08305004-282

五リの 08505020-20-4, 20-6, 22-5
五リ 09505116-1068
五イトリ 10165001-①261-2
五「(イ)トリヲハ」 10820003-⑤585
五「トリノ」使 11200015-⑩102
或五イトリ 11280014-①331
五(イ)トリノ子 11340007-①45ウ4
五リ子 11505075-⑭76-8
五トリの子 11505075-⑭109-3
五イトリ 15110001-7

イトワタ(絲綿)
〔絲綿〕27448 27592
絲綿 11860003-44

イトン(五)→イト、イトリ
〔五〕00257
五「イトンノ」 10820003-⑤620
五「イトンノ」 10820003-⑩517
五の/「トンノ」 11005080-上25オ6

イト□
〔駰〕44732
駰ヾイ□〈ト〉□領 11280014-②226(存疑)

イナ(否)→イナヤ、イナヤイナ
〔不〕00019
不イナと 08580002-77
不イナ 13860001-7-4
〔不須〕00019 43352
不_須イナ(平上) 12360002-4オ4
〔弗〕09708
弗イナ 13860001-5-2
〔敢〕13260
敢イナ 11130001-③6ウ

イナ(否)(存疑)
〔授〕12242
授イヒ(イナ?)「サツク」 10165001-①242-6

イナイヒ(稲飯)(人名)
〔稲飯〕25216 44064
稲飯イヒ命 12360002-17オ7

イナオキ(稲置)(人名)
〔稲置〕25216 28298
稲イナ置オキ 11505075-⑪48-1

イナギ(稲城)
〔稲城〕25216 05120
稲イナ城キを 11505075-⑭103-2

イナギグサ(牛膝)
〔牛膝〕19922 29837
牛膝又以奈岐久佐(上上上上平) 11505004-①59オ6

イナゴマロ(蝗)
〔蝗〕33267
蝗(イナコマロ)アリ 11130001-③14ウ
〔螽〕33519
秋-螽シウ反ノイナコマロ 11160007-⑥161

イナス(鎔鑄)
〔鎔鑄〕40704 40972

鎔(平)_鑄(去)イナセリ　11630001-⑤185

イナツビ(粒)→コメツビ、ヨネツビ

〔粒〕26884

粒訓米都非　07905001-78-5, 90-4

粒イフモ(「フモ」は「ナツヒ」の誤か)　11280014-③341

粒イナツヒヲ　11580001-21

粒イナツヒ　11630001-②164

イナヅマ(電)

〔電〕42253

電イナツマの(コトク)に　09480002-10ウ3

イナツルミ(電電)→イナツルミス

〔電電〕42253 42253

電電イナツルミ　11005115-㉒355

イナツルミス(電電)→イナツルミ

〔電電〕42253 42253

電電イナツルミす　10005008-㉒355

イナナク(嘶)

〔嘶〕04260

嘶以奈三(「三」は「ミ」の誤)支　08005006-16

〔鳴〕46672

馬鳴イナ、クを　10165001-④3ウ7

馬ノ鳴イナ、クヲ　11280014-④96

鳴イナ、ク　13860001-26-6

イナノホ(稲穂)

〔穂〕25298

穂イナノホ(上平平平)　12360002-6オ7

イナバ(多事)

〔多事〕05756 00241

多事トイナハナル　13530006-8-4

多事イナハナラハ　13530006-47-3

〔造次〕38898 15992

造_次イナハニ　10820003-③431

イナバナ(尋常)

〔多事〕05756 00241

多事とアチキナクイナハナナナルコト

〔尋常〕07447 08955　13440001-5オ

尋常イナハ(ナナリ)　11130001-④6ウ

イナバヘテハ(多事)

〔多事〕05756 00241

多事イナハヘテハ　13530006-47-3

イナビカリ(電)→イナビカリス

〔電〕42253

雨電イナヒカリ　10080002-②449

電の／「イナヒカリ」如く／「シ」　11005080-上16ウ3

掣「ヒク」_電「イナヒカリ」よりも　11005080-上34オ7

電イナヒカリ　11360001-50オ3

若コトク電イナヒカリノ　11550009-28ウ2

電イナヒカリ　11550009-44ウ2

電イナヒカリ　12005022-5ウ5(5-1),

7オ5(6-2),　29オ6(38-7),　39ウ6(41-9),

40ウ3(42-4)
電イナヒカリ　12860001-①5オ5(5-1),
②1ウ3(38-7), ②14オ5(41-9),
②15オ4(42-4), ③5ウ3(47-7),
③11オ6(49-5), ③50オ5(58-6)
電イナヒカリナリ　12860001-①7オ2(6-2)
電イナヒカリ　13860001-67-4
〔霹靂〕42491 42523
霹靂二字合訓以奈比加理　10790002-8ウ5

イナビカリス(電)→イナビカリ
〔電〕42253
雷□リ電イナヒ(「ヒ」存疑)カリシ　10080002-②458
電イナヒカリシテ　11005025-2ウ6
電「イナヒカリす」　11340007-④70オ3

イナブ(辭)(上二段)→イナム
〔不肯〕00019 29311
不スハ肯イナヒ(平平上濁)スハ　13440001-3オ
不肯イナヒツルモノナラは　13530006-5-10
〔嗔〕04074
嗔イナヒ　13440001-30オ
〔固辭〕04745 38671
固辭イナヒて　10005008-㉔205, ㉔205
固辭イナヒ　11005115-㉔205
〔射〕07434
射謝　イ(ナヒ)て　11505075-⑰123-8
〔悋惜〕10640 10814
悋惜とイナフルコト　13440001-2オ
〔推託〕12284 35243
推託イナヒワツラハシト　08505007-②19-8
〔推詞〕12284 35394
推詞とイナフ　13440001-10オ
〔禁〕24743
禁イナフル　13440001-12ウ
禁イナヒ　13440001-32ウ
〔謙距〕35821 37481
謙距イナヒ　11420003-⑬12ウ
〔謝〕35827
謝イナヒムヤ　11420003-⑬13ウ
〔辭〕38671
辭讓イナヒ給　10005008-㉒6
不シテ辭イナヒ　10860002-15ウ6
辭讓イナヒタマフ　11005115-㉒6
辭イナヒムヤ　11280014-②416
辭イナフル　11360001-24ウ2
辭イナヒ　11420003-⑬12ウ, ⑬18オ
辭イサ(「サ」は「ナ」の誤か)ヒタマヒ　11420003-⑬13オ
辭ヒ□□□ウヒ(「マウシ」の誤か)　11420003-⑬14オ
辭イナヒタマハム　11420003-⑬27オ
辭イナヒマウサム(平平上平平平上)　11420003-⑬27オ

辭イナ(フ) 11420003-⑮8オ
辭イナヒて 11420003-⑮11オ
辭之イナヒ 11420003-㉓5ウ
固カタク辭イナヒタマヒテ 11505075-⑪8-4
辭(平)イナヒ(平濁)シ謝(去)セラム／シヤセム 11550009-13オ2
辭イナヒサリ出ナム 11630001-③144
辭イナフルコトを 11630001-③261
无辭イナフコト 11630001-⑤62
辭(イ)ナフルコト 11630001-⑤449
辭イナヒテシテ 11630001-⑥261
不シ辭イナヒ 11630001-⑦131
辭イナフルこと 11630001-⑧20
辭イナヒて 11630001-⑧27
辭イナフルニスルニ 11630001-⑧270
辭イナヒンヤ 13440001-11ウ
辭イナヒ遜ノカレ 13440001-20ウ
不辭イナヒ憚カラ 13440001-23オ
不推スマヒ辭イナヒスハ 13440001-23ウ
辭イナヒ 13440001-24オ
不辭イナヒ 13530006-34-8

〔附〕41606
附イナヒマウサム(左行の「辭」の訓か) 11420003-⑬27オ

イナム(否)→イナブ

〔沒〕17204
沒イナム 12680002

イナム(辭)

〔辭〕38671
辭イナム 13860001-33-5

イナムラ(稻叢)

〔積〕32436
積イナムラ 13860001-85-6

イナヤ(否)→イナ

〔不〕00019
行(し)たまふヤ不ヤ 08305001-①10-17, ①10-23
不イナヤ 10200001-①5ウ2
淨ヤ不や 10505019-㉑3
可ヘケムヤ歸カヘルコト不イナヤ 10505024-5ウ3
入ラムヤ…不イナヤ 10505024-5ウ4
見ミルヤ…不ヤ 10505024-5ウ7
有アラムヤ…不イナヤ 10505024-6オ2
論ロンセムヤ不イナヤ 10505024-7ウ2
受ケムヤ…不イナヤ 10505024-11ウ3
見ルヤ…不イナヤ 10505024-16ウ2
忍スヤ不イナヤ 10505024-19ウ3
學スヘシヤ不イナヤ 10505024-29ウ7
有(り)や不「イナヤ」と 10820003-③87
有(りや)不「イナヤトノタマフ」 10820003-③89
不「イナヤト」 10820003-⑨146
聞(ク)ヤ不(イナ)ヤ 10860002-28オ6

知ナムヤ…不イナヤ 10870001-③228
安隠なりや不イナヤト「ト白也」 10870001-④245
得タマフヤ不イナヤ 10990002-⑩118
知るや／「ヤ」不や／「イナヤ」 11005080-上58オ6
生(す)や／「スヤ」不や／「イナヤ」 11005080-上92ウ4
生(す)や／「スヤ」不や／「ヤト」 11005080-上92ウ4
至ルヤ不ヤ 11030006-③6ウ
見-聞スヤ不ヤ 11030006-③6ウ
有リヤ不ヤ
11030006-③6ウ, ③6ウ, ③6ウ, ③6ウ
有ヤ…不イナヤ 11140007-⑰23
堅固ナラムヤ…以不イナヤト 11140007-⑱79
識(る)や不や 11260001-③258
得テムや不や 11260001-③260

有(り)や不や 11260001-③477
食スルコト不ヤ 11280014-③399
見「ルヤ」不「ヤ」 11300001-⑨5
不イナヤ 11360001-5オ4
佛ナリヤ不イナヤ 12505019-7ウ
解サトルヤ不イナヤ 12505019-35ウ
可シヤ知不イナヤ 12840003-②11ウ4
不イナヤ 13860001-7-4
有乃至不乃至アリヤイナヤ 18400001-⑤2-27
〔以不〕00388 00019
以不イナヤ 11200015-⑨41
以-不イナヤトイフコトヲ 11510005-⑨216
〔否〕03340
可ヤ學否ナヤ 11005025-10オ6
覺タマヒヌヤ否(イナ)ヤ 11505073-22オ
否ヤ 11970004-6オ4
〔敢〕13260
敢イナヤ 11130001-③6ウ

〔无〕13716
无イナヤ 13860001-3-5
〔無〕19113
無イナヤ 13860001-3-5

イナヤイヤ(否)

〔不〕00019
不イナヤイヤ 18400001-②5-1
不不也イナヤイヤ 18400001-③6-8, ⑥3-8

イニシ(去)→サリシ

〔去〕03070
去イ(ニシ)年 10005008-㉔133
去(にし)三年 11260001-③251

イニシヘ(古)

〔上古〕00013 03233
上古イニシヘ 11420003-⑬15オ
〔乃往〕00113 10073
乃往イニシヘ過去ムカシ 08830001-④5-4(67-1)

〔古〕03233
古イニ(シヘ)　08505019-51
自古ヘ　09505020-286
古「イニシヘモ」　10820003-⑦677
古イニシヘヨリ來コノカタ　10990002-⑧303
古「シヱ(ヲ)」　10990002-⑧384
古「ヱ(ニ)」　10990002-⑧386
古イニシヘ自リ　10990002-⑩38
古イニシヘ自(リ)　10990002-⑩143
古を/「イニシヘヲ」　11005080-上43オ7
古イ(ニシヘ)　11130001-③8オ, ③8オ
古イニ(シヘ)　11130001-③14ウ
古イニシヘノ　11200015-⑧121
古シヘノ　11230001-②117
古へを　11230001-②317, ③345
古イ(ニシヘ)に　11230001-③601
古イニシヘヨリ來　11280014-①370
古ヘノ之善ク塗ヌルモノなり　11340002-①49
古ヘ者　11340007-②24オ3, ②31オ4
古ヘ　11340007-②32ウ2
古「ヘ」之王　11340007-④49オ7
古イニシヱ　11360001-62オ4
古シヘ　11380002-天25オ
古イニシヘ　11380002-北15ウ
古イニシヘノ　11450001-㉑2オ9
古「ヘ」ノイ(ニシ)ヘ　11550009-5ウ4
古イニシヘヲ　11550009-33ウ7
自リ古イ(ニシ)ヘ　11630001-②18
古(イニシ)ス(「ス」は「ヘ」の誤か)を　11630001-②104
自(ヨ)リ古イ(ニシヘ)　11630001-②284
古い(ニシ)ヘ　11630001-⑤63
稽(平)-カムカヘ-古(去)イニシヘに　11630001-⑤098
古(イニシ)ヘノ　11630001-⑥418
古ヘ　11800001-11オ
古シヱヲ　11860003-35
古イ(ニシヘ)　12410003-8-11
古ヘ　12505019-31ウ, 52オ
古(ヘ)ニ所謂　12505028-15-1
古ヘハ　12840003-①28ウ3
古者ヘハ　12840003-①31オ2
古ヘ　12840003-③21ウ3
古ヘ　13440001-1オ
古イニシヱ　13860001-84-5

〔古昔〕03233 13816
古昔イニシヘ　11160007-③312

〔古者〕03233 28853
古者イニシヘ　12840003-③8オ1

〔已曾〕08743 14299
但取て已の-曾のイニシヘノ如法の　10505069-⑤31

〔往〕10073

往イニシヘの　10200001-⑥21ウ4
往イニシヱ　11360001-16オ1
〔往古〕10073 03233
往古イニシヘ　08105009-下31
往古イニシヘ　08105015-下31
往古イニシヘ　11505521-下31-51ウ2
〔往昔〕10073 13816
往昔イニシヘ　18400001-②11-3
〔故〕13161
故イニシヘヲ　10705001-①92
故イニシヘの字　11850004-⑯32
〔曾〕14299
曾(イニ)シヘ　11630001-⑦344
〔近古〕38752 03233
近古イニシヘヨリ以來　10990002-⑦205

イヌ（犬）
〔犬〕20234
犬イヌ　12860001-③43オ6(57-9)

〔狗〕20345
狗伊ぬ尓　08105007-上30
狗イヌ　09505012
狗「ク」「イヌ」烏「ウ」「カラス」等　10740001-⑥51
狗「イヌノ」「-」心(といふといふは)　10820003-②358
狗イヌの「ハ」　10820003-②359
狗イヌ「イヌ」　11005080-上16ウ3
狗「イヌ」　11005080-上20ウ1
狗イヌ　11360001-38ウ3
狗イヌ　11420003-⑯29オ
狗イヌノ　11450001-㉑14ウ2
狗イヌ　11450006-8
咀(去)-狗イヌトモ　11550009-47オ3
狗(上濁)コウイヌノ盗(去)之　11550009-49オ2
狗イヌ　11630001-⑤343
狗イヌ　12005022-9オ4(6-3), 42オ2(42-4), 49オ2(44-10)
狗イヌ(平平)　12005022-18オ6(31-3)
狗イヌ　12230001-8オ, 31ウ
狗イヌ　12505019-28オ, 29オ
狗イヌ　12860001-①9オ5(6-3), ①20オ6(31-3), ②17オ1(42-4), ②25オ5(44-10), ③13オ3(49-9), ③19ウ4(51-9), ③32オ1(55-6), ③37ウ5(56-10)
狗イヌアリ　13440001-13ウ
狗イヌ　13440001-19オ
狗イヌ　13860001-52-5
〔狗人〕20345 00344
狗-人イヌ　12360002-14オ7
〔猘〕20413
瘈(猘)イヌヲ　12505019-29オ
〔茍〕30790
茍イヌ　11050002-70オ

イヌ（寢）（下二段）→イネス

〔宿〕07195
比ナラヒ宿イヌルコトヲ 11550009-16ｵ6
〔寐〕07236
當寐イヌルに 11260001-⑨389
寐イネテ 11340007-①14ｵ7
不寐イネ 11340007-④16ｳ1
寐「イネタリ」 11340007-④38ｵ4
寐「イネテ」 11340007-④50ｳ3
寐イ(ヌル) 11380002-天24ｳ
寐イヌルこと 11380002-南13ｵ
不す寐イネ 11580001-103
寐イネタルを 11630001-③156
寐イネて 12410003-12-15
寐イヌルコト 12505019-36ｵ
寐イネ 12505019-36ｵ
不寐イネラ(レ) 12550003-3
寐イネラレ 13440001-36ｳ
〔寢〕07289
未ス曾テ臥テ寢イネ 10860002-19ｵ7
寢「ヌルニ」 10990002-⑨381
寢イヌ(「ヌ」は「ネ」に重書)ルニ 10990002-⑨381
寢イネ 11000001-47
不る寢イネさ 11020007-⑪4
寢イヌルコトヲ 11160007-②66
寢イネテ 11260001-⑦132
寢イネヨ 11340007-②24ｳ5
寢イネタリ 11340007-②36ｵ1
寢「イネタリ」 11340007-④50ｳ1
寢「イヌ」 11340007-④52ｳ7
寢イヌルトキ 11450001-㉒2-5
寢イオ(「オ」は「ネ」の誤)シム 食(入輕)コトモノクフ 11550009-9ｳ3
寢(平)イネヨ 11550009-14ｵ6
寢イネ イ本 11550009-14ｵ6(上欄外)
不寢イネスシテ 12360003-下26
寢イネて 12410003-12-13
〔睡〕23448
睡イネ 09005007-4
〔睡夢〕23448 05802
睡夢イネ、フリ 08505007-①2-6(表)
〔臥〕30071
臥イネテ 08280001-18
臥イネム 13440001-17ｵ
臥イネヨ 13440001-17ｵ

イヌ(去)(ナ變)→イジ、イニシ、インジ、ウセモテイヌ、タチヌ、ハフリ

イヌ
〔去〕03070
去イネ 08505008
去イ(ヌ) 10730001-⑨11ｳ7
去イヌル月 10990002-⑨337
去「ヌル」秋 10990002-⑨340
去イヌル歳トシ 11000003-214

去(ぬ)れは／「ヌレハ」 11005080-上37オ4

去イヌル歳 11130001-④7ウ

去イ(ヌ)ル年 11130001-④10ウ

去イ(ヌ)る久視元年 11130005-10ウ2

去(二)シ三年ノ前ニ 11160007-③250

去(に)し三年 11260001-③251

去イヌ(上上) 11360001-12ウ1

去ネ 11390003-5オ

去イヌル年 11450001-㉑21オ4

去イヌ 11505075-⑳166-3

臥去ネニイヌ 13440001-32オ

去イネ 13440001-35ウ

去イヌ 13860001-17-2

〔向〕03301

向イニケム 11420003-㉑9オ

〔往〕10073

往イヌ 12780002-7

往イヌ 13860001-22-1

往インジヲバ 14870001

〔所之〕11715 00125

所之イケ(「ケ」は「ナ」の誤か)ム

〔行〕34029 11420003-⑮7オ

行イヌ 11420003-㉓3オ

行イナム 11630001-③168

〔迄〕38724

迄イヌル 11510005-⑤32(上欄外)

〔逝〕38895

逝イヌ 13860001-28-2

〔遊行〕38994 34029

遊行イニキ 11420003-⑫9ウ

〔遣〕39052

遣イヌ也 11380001-⑯62-1

イヌアララギ(香薷)

〔香薷〕44518 32202

香薷又以奴阿良々支 11505004-①78ウ6

イヌエ(蘇)

〔假蘇〕00835 32427

假蘇又以奴衣 11505004-①78ウ5

〔蘇〕32427

蘇イヌ□〈エ〉 13860001-81-6

〔藴〕32477-01

藴イヌエナリ 11360001-60オ4

藴□(和)名以奴衣 11505004-①78ウ4

〔香薷〕44518 32202

香薷和名以奴衣 11505004-①78ウ6

イヌシマ(蘇)

〔犬嶌〕20234 08435

犬嶌ニ 11860003-75

イヌタデ(犬蓼)

〔葒草〕31402 30945

葒草和名伊奴多天(平平平上)

イヌノマラ(狗陰) 11505004-①63ウ6

〔狗陰〕20345 41691
狗陰イヌノマラ　11505004-①46ウ7

イヌマネ（狗）
〔狗〕20345
狗イヌ□（マ）ネシ而て　12360002-14オ8

イヌワラビ（犬蕨）
〔狗脊〕20345 29472
狗脊一名イヌワラヒ　11505004-①51オ3
狗脊一名伊奴和良比（平平上上上）　11505004-①62オ3

イヌヰ（西北）
〔乾〕00204
乾イヌヰ　11020007-⑯3
乾イヌヰ　11360001-8ウ1
乾イヌヰ　12510006-54-5
乾イヌイ　13005040-⑤10オ
乾イヌヰ　13005040-⑤10オ
乾イヌイ　13860001-11-6

〔西北〕34763 02574
西北イヌヰの角　10005008-㉔88
西北イ（ヌヰ）の角　10005008-㉔88
西北イヌヰノスミ　11420003-㉓10オ

イネ（稲）→モミイネ
〔禾〕24906
禾イネ　08280002
禾イネ　12230001-32オ
〔稲〕25216
稲イネ　11005115-㉔52
稲イネ　11360001-25オ4
稲イネ（平上）　12005022-3オ7（1-4）
稲イネ　12005022-8ウ4（6-3），13オ1（10-10），38ウ6（41-2），41ウ4（42-4），45オ3（43-7）
稲イネ　12505072-3
稲イネ　12860001-①2ウ4（1-4），①8ウ4（6-3），①13ウ5（10-10），②13オ2（41-2），②16ウ2（42-4），②20ウ2（43-7），③10オ4（48-10），③12ウ5（49-9），③16オ2（50-10），③47オ3（58-2）
稲イネ　13440001-19ウ
稲　13860001-34-4
〔粳〕26967
粳イネ　12860001-③56オ6（60-1）

イネス（寝）
〔寐〕07236
寐イネシネテ　10730001-⑩31-8
〔寝〕07289
寝イネスヒソマリス　10505003-⑩8

イネツク（舂）
〔舂〕30195
舂イネツク女は　10005008-㉒375
舂イネ（ツ）ク女　11005115-㉒375
舂イネツクトキハ　11340007-②6ウ6

イネネブル（睡夢）

〔睡夢〕23448 05802

睡夢イネ、フリ　08505007-①2-6(表)

イノ(存疑)

〔心〕10295

頑「クハン」-心(平)「イノ」(「イノ」存疑)ニ　11550009-5オ6

〔財〕36664

財イノ　13860001-44-5(仁和寺本・寶龜院本に無し、後筆書入なるべし)

イノコフ(期尅)

〔期尅〕14378 07435

期尅ニ合伊乃古不　08105007-上2

期尅イノ去不　08105015-上2

イノチ(命)→イノチアリ、イノチナガシ、イノチノカギリ、イノチモロシ、カリノイノチ、ミイノチ

〔司令〕03257 00387

司令イノチ　11505075-⑰143-5

〔命〕03473

命イノチ　10505024-9オ6, 17ウ7

命イノチ終ヲハヌ　10505024-61ウ4

命「イノチ」　10820003-②32, ②34

命チ　11340007-④22ウ6

命イノチ　11360001-26ウ3

他ヒトノ命イノ(チ)　11420003-⑮3オ

命イノチ　11420003-⑮3オ

命イノチ　11505044-7

命イ(ノチ)　11505075-⑭91-7

命チヲ　11505084-2-1

命(イノ)チ　11630001-②479

命チヲ　11705071-51

命ナルカ哉(ナ)　11860003-111

命チ　12150002-9

命イノチ　13860001-36-4

〔壽〕05672

壽チ　09505020-181

壽イノチ　10505024-61ウ1

壽チ　11005025-7オ3

壽「リ」(「チ」の誤か)　11005080-上9ウ7

壽イノチ　11360001-32ウ2

壽アリ　11380002-北29オ

壽イノチ　11420003-⑮8ウ

壽イ(ノチ)を　11630001-①235

壽イノチ　13860001-44-1

〔御壽〕10157 05672

御壽イノチ　10505150-21右

〔性〕10478

性イノチ　13860001-26-1

〔永壽〕17088 05672

永壽ミイノチハ　12360002-6ウ6

〔身命〕38034 03473

身命イノチ　10005008-㉔196

身命イノチ　11005115-㉔196

〔齢〕48632

短キ-齢/イノチ ヨハヒ 11550009-22ウ5

［補讀］

權カリノイノ(上上)チヲ 11550009-42ウ6

片(去)ヘン-時(平)シノイノチヲ 11550009-48オ1

イノチアリ(壽)→イノチ

〔壽〕05672

く(壽)アル者ものも/「モ」 11005080-上57ウ3

壽ち/「イノチアル」未アらす/「ス」 11005080-上57ウ3

イノチナガシ(壽)

〔壽〕05672

壽シ 10005008-㉔241

壽シ(「シ」褐點) 11005115-㉔241

扶タスケラル、者は壽イノチナカシ

13300004-②548

寒-氣ハ多シ壽イノチナカキコト

13300004-⑤674

イノチノカギリ(命限)

〔命〕03473

命イノチノカキリ 11420003-⑬27オ

〔天命〕05833 03473

天命イノチノカキリ 11505075-⑪14-6

イノチミジカシ(命短)

〔夭〕05838

不復稱夭イノチミシカシトイフヘカラス 11505075-⑭111-1

イノチモロシ(命脆)

〔短折〕23978 11890

短-折之イノチモロキ 12360002-7オ1

イノリゴトス(禱)

〔禱言〕24852 35205

禱言イノリコトス 12505019-4オ, 36オ

イノル(祈)

〔求禱〕17105 24852

求禱イノル 08580002-71

〔祀〕24633

祀イノル 12005022-29オ6(38-7)

祀イノル

12860001-②1ウ3(38-7), ③26オ2(53-9)

〔祈〕24640

祈イノ(ル) 08005005-55

祈伊乃利 08105007-上34

祈イノル 08505020-44-4

祈イ(ノ)る 09480002-18ウ6

不れ(存疑)は祈リ禱ラ 09505020-140

祈リ禱(り)て 09505020-288

祈(イ)ノル 09505020-349

祈イノテ 10505024-13ウ1

不祈ラ 10730001-⑩28-7

所祈イ(ノル) 10730001-⑩29-2

祈(イノ)ル 10820003-⑥600

祈イノル 10820003-⑨592

祈求也 11020007-⑮7
祈リ 11130001-④20ウ
令よ…祈ラ 11140007-⑮32
祈る 11260001-③25
于(干)モトメ祈イノルコトヲ 11260001-⑨40
祓□〈ハ〉ラ(ヒ)祈イノル 11505521-中5-13ウ6
祈(イノ)リ 11630001-①458
祈(イノ)リ請シカは 11630001-③231
祈(イノ)リ請フトキニハ 11630001-⑦23
不祈(イノ)リ請コ(ハ) 11630001-⑧216
所祈(イノ)ル 11630001-⑧400
祈イノリ 11860003-163
祈ルニハ 12140002-⑫355
祈イノル 12230001-36ウ
祈リ 12505047-66
祈リ 12510006-25-13, 26-7

祈イノルコト 12880003-4
祈ル 12880003-7

〔祝〕24672

祝イノルコトこと 10730001-⑩28-8
祝イノて曰 11580001-14
祝イノリて 12110002-4
祝イ(ノリ)て 12110002-4

〔神〕24673

神イノル 10650001-17

〔祠〕24676

祠イノル 12005022-29オ6(38-7), 36オ2(40-8)
祠イノル 12860001-②1ウ3(38-7),
②9ウ5(40-8), ③26オ1(53-9)

〔禱〕24852

禱イノリシ 08105015-中5
不れ(存疑)は祈リ禱ラ 09505020-140
禱イノテ 10505024-1オ4, 22オ3
禱イノリ祀マツラム 11005025-11オ7
祠マツリ禱イノル 11130001-③6ウ
禱イノリ 11340007-①17オ7
禱イノ(リ)て而 11420003-⑫7ウ
禱イノル 12005022-13ウ4(11-2), 45ウ3(43-8)
禱イノて 12410003-23-21
禱イノル 12860001-①14ウ4(11-2),
②21オ3(43-8), ③16ウ3(51-1),
③29ウ6(54-10)
トウラナヒ禱イノて 13505007-3

〔誓〕35514

誓イノラ令む 10820003-⑤281

イハ(岩)→カキハ

〔嚴〕04589

嚴石ヲ 10505007-54-6

〔巖〕08649

巖イハヲ 10505007-17-4

〔池〕17141（存疑）
池イハノ「ケ」　10505024-32ｳ2
〔石〕24024
石イハ　08505007-①26-7
石の／「イハノ」　11005080-上6ｵ5
石イワ　11360001-28ｵ4
石イワ　13860001-38-3

イハ（者）→イフ、トイハ

〔者〕28853
縁者トイハ　11080001-14
〻〻（佛心）者トイハ　11080001-14
相違法「ト」者「イハ」　11130003-①4
「ト」者「イハ」　11130003-①9
初聞佛所說ト者イハ　11340006-2
者イハ　11340006-7, 10, 12, 14
生說トイハ者　11506101-19-4
金剛トいは者　11506101-25-2
發趣といは者　11506101-33-1

等トいは者　11506101-37-6
自躰トいは者　11506101-39-6
說トといは者　11506101-42-1
自在トといは者　11506101-42-3
攝持トといは者　11506101-42-4
彼印トといは者　11506101-42-6
大瓶トといは者　11506101-44-1
白蓮花トいは者　11506101-45-1
是時といは者　11506101-47-4
三昧トいは者　11506101-48-2
法道界トいは者　11506101-51-6
我トといは者　11506101-58-1
ト者イハ　11630001-②7
者イは謂（イハ）ク　11630001-②21
者（ト）イ（フ）は謂ク　11630001-②21
殊（二）ルスルを者イハは　11630001-②126
者イハ　11630001-⑤124
至那ト者イハ　11630001-⑤125

者イハ　13860001-16-4
［補讀］
聞イハ　08305004-343
有イハ往來せる　10200001-①4ｳ2
灌トイハ　11020002-①7
頂トイハ　11020002-①7
吉祥トイハ　11020002-①8
文殊師利トイハ　11020002-①9
法輪イハ　11020002-①9
障トイハ謂　11020002-①11
毒（と）イハ謂く　11030006-②29ｵ
不イハ爾　11130003-①17
法緣（ト）イハ　11340006-1
我心（ト）イハ　11340006-2
馬頭トイハ　11380001-⑯22-4
依れレトイハ　11380001-⑯26-7
得せよトイハ　11380001-⑰17-4
不なりストイハ食せ　11380001-⑰39-7

離ルトイハ（たり） 11380001-⑰44-6
布字心ヲトイハ 11380001-⑰56-3
道トイハ 11380001-⑰62-3
觀トイハ 11380001-⑰73-6
摩訶至那國トイハ 11630001-⑤116
我トイ（ハ） 11630001-⑤341

イハアレヒコ（磐余彦）（人名）
〔磐余彦〕24401 00515 09980
磐イハ余アレ彦之帝スメラミコト 11505075-⑰150-3
神日本ヤマト磐イハ余アレ彦尊 12360002-17オ7

イハイル（所謂）→イハユル
〔所謂〕11715 35759
所イハ謂イル 11860003-87
所-謂イハイル 11860003-205

イハク（曰）→イハマク、イフラク、マウサク

〔云〕00254
云いはく 08305011-5-3
古人の云く 08305011-5-3
（に）云く
08305011-15-5, 67-5, 69-6, 171-7
に云く
08305011-35-1, 69-7, 103-1, 169-9, 171-8
云く 08305011-55-4, 61-10
又云く 08305011-87-5
云は（く） 08505014-69
云いはく 08505020-2-11, 2-12, 14-9
に云（く） 08505020-10-3
に云いはく 08505020-18-2, 18-3, 18-3,
26-7, 40-4, 40-11, 40-12
云く 08505020-22-15
仰ヲホセニ云ク 10505007-4-5
申シテ云ハク 10505007-17-6
語コシラヘテ云イハク 10505007-18-1
告テ云ク 10505007-21-7
本文ニ云ハク 10505007-23-7
告ツケテ…云ク 10505007-25-2
告テ從類ニ云ク／ク 10505007-33-1
申テ云ハク 10505007-33-5
到テ云ク 10505007-40-4
議タハカテ…云ク 10505007-42-7
歎テ云ク 10505007-45-1
位キ-記キニ云ハク 10505007-47-2
其ノ狀ニ云ク 10505007-48-2
奉ウケ□□ルニ仰ヲ云ク 10505007-48-6
詞ハニ云ク 10505007-50-3
擧テ…云ク 10505007-53-5
記ノ文ニ云ク 10505007-56-7
ニ云ク 10505024-1オ6, 4オ5, 14オ2, 14オ2,
36ウ1, 52オ6, 55オ5, 56ウ7
に云ク 10505024-1オ7, 5オ3, 10オ2, 14ウ3,
15オ1, 16ウ4, 19ウ6, 22ウ3, 26オ7, 29ウ7, 31ウ6,

て云く 10820003-②668, ②689
(に)云く 10820003-②670
に又云く 10820003-②682
前の偈の意の云く
10820003-②684, ②691, ②694
花嚴に云く 10820003-②838
「シテ」と(して)云「ク」(く) 10820003-②866
師ノ云ク 10860002-26オ7
老子ニ云ク 11005025-14オ5
本草ニ云ク 11005025-15ウ7
案テ…云ク 11005025-18ウ1
舊記云ク 11005025-22オ7
新撰六命云ク 11005025-24オ7
云く／「ク」 11005080-上2オ7, 上9ウ5,
上17オ7, 上26オ1, 上31ウ5, 上31ウ7, 上36オ2,
上37ウ1, 上44ウ6, 上63オ5, 上72オ3, 上100ウ2
云く／「ハク」 11005080-上2オ7, 上36ウ5
云く 11005080-上2ウ2, 上10ウ3, 上64ウ4,
上90ウ3, 上99ウ3, 上108ウ2
云「ク」
11005080-上2ウ2, 上20ウ3, 上34ウ2, 上42ウ2
て云く／「ク」 11005080-上5オ2
或(い)「ハ」云く／「ク」 11005080-上28ウ4
に／「ニ」云く／「ク」 11005080-上29ウ6,
上31オ3, 上33オ5, 上33ウ4, 上48オ6, 上60ウ5,
上79オ1, 上79オ2, 上96オ7, 上97オ7, 上101オ2,
上101ウ3, 上101ウ5, 上102ウ5, 上103ウ4,
上106オ3, 上106オ5, 上107オ6, 上108オ5,
上108ウ1
涅槃經に／「ニ」云く／「ク」 11005080-上33オ2
出曜「エイ」經に云く／「ク」 11005080-上33オ3
に／「ニ」云「ク」 11005080-上33ウ7, 上38オ1,
上38ウ4, 上41ウ7, 上45ウ5, 上50オ4, 上104オ2
云「ク」何ソ 11005080-上35オ6
「ニ」云「ク」
11005080-上45ウ1, 上51ウ1, 上61オ1
偈「ニ」云「ク」 11005080-上59オ7, 上71オ4
法花に／「ニ」云く 11005080-上67オ4
偈に／「ニ」云く／「ク」 11005080-上72ウ5
天台大師の云く／「ハク」 11005080-上73ウ7
て／「テ」云く／「ク」
11005080-上74ウ4, 上97オ5, 上105オ4
心地観經に／「ニ」云「ク」 11005080-上75オ7
阿彌陀經に／「ニ」云く／「ク」 11005080-上76オ5
无量壽經に／「ニ」云く／「ク」
11005080-上76ウ5, 上80オ4
慈恩の／「ノ」云く 11005080-上77オ1
懷感禪師の／「ノ」云く／「ク」 11005080-上77オ3

云『ハク』(別筆)く 11005080-上109ォ1
云(イハ)ク 11020007-⑳115
誓テ云ク 11050002-47ォ
云(イ)ハク 11080001-40
云イ(ハ)ク 11130001-③11ゥ
云(イハ)ク 11130001-③17ォ
理門に云ク 11130003-①41
問云イハク 11130005-70ォ
中に云ク 11140007-⑱171
云イ(ハク) 11200015-④180
云ク 11200015-⑤2
云「ハク」 11200015-⑤285
云く「ク」 11200015-⑧53
老子の云(ク) 11230001-②130
毛詩に云(ク) 11230001-②161
云ク 11230001-②276, ③204
說て云ク 11230001-②332
に云ク 11230001-②357
班固か云ク 11230001-②408
孔安國か云ク 11230001-②409
上坐部の云ク 11260001-③117
相傳(して)云ク 11260001-③145
復云ク 11260001-③147
說て昔の緣を云ク 11260001-③249
問て和上に云ク 11260001-③253
云ク 11280014-③445
論語に云(ハク) 11340002-①37
孔子の云(ク) 11340002-①41
書ニ云ク 11340007-②14ゥ6
風俗通ニ云ク 11340007-②19ォ3
云ク 11340007-②19ゥ1, ③22ォ5, ④14ォ3, ④25ォ3, ④25ォ7
詩云ク 11340007-②21ォ1
ニ云ク 11340007-②21ゥ5
師古カ云ク 11340007-②25ォ1
論衡カウ(ニ)云ク 11340007-②27ォ1
長公云ク 11340007-②30ォ6
官職シキ志ニ云ク 11340007-②30ォ7
如云ク 11340007-③8ォ7
法苑珠林ニ云□〈ク〉 11340007-③13ゥ1
刑法志ニ云ク 11340007-③16ゥ6
問テ云ク 11340007-④7ォ6
大雅(上)ニ云ク 11340007-④10ゥ4
論(平)衡(平)ニ云ク 11340007-④17ォ6
世(去)本(上)ニ云ク 11340007-④25ゥ3
孔子ノ家語ニ云ク 11340007-④25ゥ6
離(平)騷(平)(ニ)云ク 11340007-④29ォ1
苞(「上」)咸(「平」)「カ」云「く」 11340007-④69ゥ1
ニ云ク 11350010-22-3
云イワク 11360001-25ゥ3
故に云く 11380001-⑯7-2
云く 11380001-⑯15-9
云(イハ)ク 11630001-⑥34, ⑧100, ⑧134

釋名ニ云ク 12840003-②15オ7
云イ(ハ)ク 12840003-②17オ1
呂氏春秋ニ云ク 12840003-②18ウ3
本草注ニ云ク 12840003-②23オ3
坤元錄ニ云ク 12840003-②23オ4
尙書(二)云ク 12840003-②23オ6
文選甘選賦ニ云ク 12840003-③1オ2
立問(二)云ク 12840003-③1オ7
准南子ノ注ニ云ク 12840003-③3オ1
山海經ニ云ク 12840003-③3オ3
郭璞カ云ク 12840003-③3オ3
五行傳ニ云ク 12840003-③3ウ4
漢書ノ音義(二)云ク 12840003-③5オ3
江表傳ニ云ク 12840003-③7オ5
郭知玄カ云ク 12840003-③9オ1
麻杲ノ云ク 12840003-③11オ5
外篇ニ云ク 12840003-③12オ5
尙書ニ云ク 12840003-③13ウ3

玉篇ニ云ク 12840003-③13ウ3
王弼カ注ニ云ク 12840003-③16オ2
蘇テ云ク 12840003-③16オ6
輿地志ニ云ク 12840003-③17ウ4
云イワク 13860001-35-2

〔以爲〕 00388 19686

以_爲イハク 11850004-①63

〔導〕 04414

意ノ導イハク 11280014-①354
導イ(ハク) 13440001-19オ

〔曰〕 14278

曰はク
08305001-①12-3, ①12-15, ①13-17
て曰く 08305011-7-1, 9-7, 18-9, 19-4,
19-8, 25-6, 27-9, 29-4, 31-7, 33-3, 35-4,
37-3, 37-7, 39-3, 41-5, 45-1, 45-5, 47-6,
49-3, 51-2, 51-5, 53-2, 59-7, 59-9, 63-8,
67-9, 67-9, 69-1, 71-4, 73-3, 73-9, 75-7,

77-1, 77-4, 79-1, 79-4, 79-9, 81-6, 83-6,
85-7, 89-4, 91-1, 95-3, 97-8, 99-4, 101-1,
101-3, 113-1, 113-4, 115-2, 115-11,
117-1, 117-2, 119-1, 119-8, 121-7, 123-4,
161-9, 163-6, 175-1, 175-4, 181-6, 183-1,
183-3, 183-9, 185-5, 185-7, 185-9, 187-3,
187-9, 191-4, 191-7
曰く 08305011-11-7, 163-9, 165-3
て曰(く) 08305011-55-7
に曰く 08305011-165-9
(て)曰ク 08505014-23
曰ク 08505019-67
曰(イ)ハク 09505003-3
曰ク 10005008-㉒467
重て曰く「ク」 10165001-①228-3
曰イハク 10505001
曰く 10505003-①149
て曰く 10505003-①225

イハク

問(テ)曰ク 10860002-44ウ7
問曰ク 10870001-①73
曰ハク 10870001-⑤61
曰ク 10870001-⑤80
隱士ノ曰ク 11005025-2ウ6
相語タテ曰ク 11005025-3ウ2
請フテ…曰ク 11005025-7ウ6
告テ…曰ク 11005025-8ウ6
對テ曰ク 11005025-9ウ2
曰ク 11005025-9ウ2
初平曰ク 11005025-10オ4
詐イツハテ曰ク…トイフ 11005025-11ウ3
臣之師ノ曰ク 11005025-13オ5
問…曰ク 11005025-16オ2
啓シテ稱シテ曰ク 11005025-25ウ5
曰く/「ク」 11005080-上7ウ1, 上64オ3
答(へ)て/「ヘテ」曰く/「ハク」 11005080-上9ウ4, 上16オ2

歎ナケイテ/「ナケイテ」曰く/「ク」 11005080-上35オ5
に/「ニ」曰く/「ク」 11005080-上43オ7
の曰く/「ク」 11005080-上43ウ4, 上43ウ4, 上44ウ3
「テ」曰く/「ク」 11005080-上43ウ7
の/「ノ」曰く/「ク」 11005080-上44オ1
て/「テ」曰く/「ク」 11005080-上44ウ1
(に)曰「ク」 11005080-上69ウ5
曰ク 11005115-㉒467
曰(ハ)ク 11050002-5オ, 5オ, 10オ, 12ウ, 17オ, 23オ, 24ウ, 31オ
曰ハク 11130005-95オ
曰イハク 11160007-①230
璟か曰(ク) 11200004-43
て曰ク 11210001-①133
曰ハク 11210001-②2
曰ク 11230001-②182, ②263, ③3, ③395

謂カタて曰ク 11230001-②281
又曰ク 11230001-②289
言て曰ク 11230001-②312
說て曰ク 11230001-②326
曰く 11230001-③475
喜(ひ)て曰ク 11260001-③26
問て同伴に曰ク 11260001-③44
謂(ひ)て賊に曰ク 11260001-③47
賊い曰ク 11260001-③48
謝(し)て曰ク 11260001-③51
謂(ひ)て衆人に曰ク 11260001-③130
語(り)て曰ク 11260001-③248
語(り)て和上に曰ク 11260001-③258
指(し)て銀色を曰ク 11260001-③259
報(し)て曰ク 11260001-③260, ③265
問(ひ)て曰ク 11260001-③260, ③345
禮謝して曰ク 11260001-③268
告(け)て曰ク 11260001-③332, ③341

イハク

執て其の手を曰ク　11260001-③348
阿難の曰ク　11260001-③349
語て阿難に曰ク　11260001-③351
相ヒ謂(ひ)て曰ク　11260001-③357, ③361, ③393
王の曰ク　11260001-③370
眞言に曰く　11280005-9
曰く　11280005-11
曰ク　11340002-①79
或人曰ク　11340007-①5オ6, ①17オ3
皆曰ク　11340007-①8オ3, ④8ウ2
子ノ曰ク　11340007-①14オ5, ①18オ5(上欄外)
曰ハク　11340007-①17ウ1(上欄外)
曰ク　11340007-①18ウ7(上欄外), ①26ウ5, ①29オ4, ①33オ4, ①34ウ4, ①39ウ1, ①39ウ2, ①39ウ2, ②3ウ5, ②10ウ2, ②11ウ3, ②14ウ5, ②15ウ5, ②16オ2, ②16ウ2, ②18オ2, ②19ウ4, ②20オ3, ②22オ4, ②22オ4, ②24オ1, ②29オ1, ②34オ7, ②35ウ7, ②36オ2, ②39ウ3, ②42ウ3, ③2ウ3, ③9ウ7, ④8オ7, ④11オ6, ④13ウ5, ④19オ4, ④20オ1, ④20ウ3, ④23ウ1, ④23ウ2, ④23ウ6, ④24オ6
將閭カ曰ク　11340007-①30オ6
使者ノ曰ク　11340007-①30ウ2
問テ曰ク　11340007-①35ウ4, ①36オ1, ②10オ5, ④23ウ3
王ノ曰ク　11340007-①36オ1, ②36オ4
威王ノ曰ク　11340007-①36オ4
對テ曰ク　11340007-①43ウ3, ②3ウ5, ②35ウ7, ②36オ4, ④23ウ3
麻子カ曰ク　11340007-①44ウ2
母ノ曰ク　11340007-①46オ7
母カ曰ク　11340007-②3オ1, ③6オ5
季(去)氏(去)カ曰ク　11340007-②3ウ5
テ曰ク　11340007-②4オ2, ②11オ7, ②20ウ4, ②22オ6, ②29ウ1
子夏カ曰ク　11340007-②5オ2
隣人ノ曰ク　11340007-②9オ6
怒テ曰(イ)ハク　11340007-②10オ6
呼サケ□(ヒ)曰ク　11340007-②10オ7
帝ノ曰ク　11340007-②10ウ4
賦テ曰ク　11340007-②10ウ5
經カ曰ク　11340007-②10ウ7, ②11オ1
文侯カ曰ク　11340007-②11オ1
紂カ曰ク　11340007-②11ウ2
客ノ曰ク　11340007-②13ウ4, ②43オ4
魏王ノ曰ク　11340007-②14オ3
父ノ曰ク　11340007-②15ウ3
喜テ曰ク　11340007-②16オ1
高-帝(去)ノ曰ク　11340007-②16オ5
ニ曰ク　11340007-②16ウ1, ②37ウ6
令シテ…曰ク　11340007-②16ウ4
婦人ノ曰ク　11340007-②16ウ5, ②16ウ6

孫子ヵ曰ク　11340007-②16ウ5, ②16ウ7, ②17オ2, ②17ウ4, ②18オ3
令シテ曰ク　11340007-②17オ5
呉王ノ曰ク　11340007-②17ウ3
大史公ヵ曰ク　11340007-②18ウ1
人ノ曰ク　11340007-②19ウ4
大公ヵ曰ク　11340007-②20オ6
或人ノ曰ク　11340007-②21オ4
從者ヵ曰ク　11340007-②23オ7
語テ曰ク　11340007-②25ウ4, ③7オ4, ④34ウ7
屈原ヵ曰ク　11340007-②27ウ4(上欄外)
問曰ク　11340007-②29ウ3, ④8オ6
鄭玄ヵ曰ク　11340007-②40オ3, ②43ウ4, ④23オ7, ④26オ3
稱曰ク　11340007-②42オ7
再拜シテ曰ク　11340007-②42ウ3
謝シテ曰ク　11340007-②43ウ3
一ノ童子ノ曰ク　11340007-③2ウ3
進テ曰ク　11340007-③2ウ6
初起ヵ曰ク　11340007-③11ウ4
詐イツハテ曰ク　11340007-③14オ5
言テ曰ク　11340007-③15オ3
曰「く」　11340007-③17ウ3
又曰ク　11340007-③17ウ6
〻〻(君平)ヵ曰ク　11340007-③26ウ6
乞兒ヵ曰ク　11340007-④2ウ7
テ曰ハク　11340007-④5ウ6
子思ヵ曰ク　11340007-④7オ3
驚テ曰ク　11340007-④8ウ1
(テ)曰ク　11340007-④8ウ6
妻ノ曰ク　11340007-④14ウ1
佐テ…曰ク　11340007-④14ウ1
叟ヵ曰ク　11340007-④14ウ2, ④14ウ4
舜ヵ曰ク　11340007-④14ウ4
舜曰ク　11340007-④14ウ5
摯ヵ曰ク　11340007-④19オ5
怒テ曰ク　11340007-④20ウ3
答曰ク　11340007-④21オ1
周ヵ曰ク　11340007-④23ウ4
從(去)_者(上)ノ曰ク　11340007-④24オ6
宋(去)忠ヵ曰ク　11340007-④25ウ3
歌テ曰ク　11340007-④26ウ7
曰イハク　11450006-11, 18
曰イ(ハク)　11505075-⑪38-3
曰ハク　11505075-⑭102-5
曰ク　11505100-348
語カタテ…曰ク　11550009-5オ2
先_生ノ曰ク　11550009-5オ7
皃角ヵ曰ク　11550009-5ウ2
咍(平輕)アサワラフテ曰ク　11550009-6ウ1
稱シテ曰ク　11550009-18オ7
曰ク　11550009-20ウ6, 22オ5
隱ヵ曰ク　11550009-22オ6
荅曰ク　11550009-34オ3

イハク

笑テ日ク 11550009-41ｵ4

假名カ日ク 11550009-42ｵ6

日(イハ)ク 11630001-①188, ②126, ②128, ②273, ②301, ②323, ②334, ②335, ②355, ②358, ②370, ②373, ②378, ②380, ②384, ②386, ②439, ②456, ②466, ②466, ②467, ②469, ②470, ②471, ④43, ④265, ④266, ④270, ⑤163, ⑤169, ⑤274, ⑤288, ⑤290, ⑤291, ⑤340, ⑤341, ⑤342, ⑤342, ⑤358, ⑤363, ⑤376, ⑤450, ⑤453, ⑤458, ⑥18, ⑥35, ⑥37, ⑥41, ⑥49, ⑥50, ⑥51, ⑥61, ⑥83, ⑥100, ⑥136, ⑥144, ⑥144, ⑥146, ⑥152, ⑥152, ⑥154, ⑥156, ⑥156, ⑥188, ⑥198, ⑥225, ⑥234, ⑥248, ⑥250, ⑥251, ⑥257, ⑥261, ⑥263, ⑥272, ⑥274, ⑥279, ⑥281, ⑥281, ⑥286, ⑥318, ⑥319, ⑥320, ⑥320, ⑥333, ⑥334, ⑥338, ⑥340, ⑥363, ⑥366, ⑥368, ⑥369, ⑥383, ⑥389, ⑥390, ⑥393, ⑥394, ⑥399, ⑥412, ⑥413, ⑥414, ⑥419, ⑦100, ⑦101, ⑦141, ⑧14, ⑧15, ⑧21, ⑧25, ⑧107, ⑧107, ⑧138, ⑧165, ⑧186, ⑧267, ⑧276, ⑧408, ⑧533, ⑧578, ⑧579, ⑧581

テ日(イハ)ク 11630001-②302

日(イハ)タ(「タ」は「ク」の誤) 11630001-②347

日(イハ)ヘ 11630001-④60

問日(イハ)ク 11630001-⑤180

對日(イハ)ク 11630001-⑤181, ⑤284

告テ日(イハ)ク 11630001-⑤302

謂(イヒ)テ日(イハ)ク 11630001-⑤357

謂テ日(イハ)ク 11630001-⑤454, ⑥253

王ノ日(イハ)ク 11630001-⑥211

龍ノ日(イハ)ク 11630001-⑥254

對シテ日(イハ)ク 11630001-⑧57

來(リ)テ日ク 11970004-5ｵ5

日ク 11970004-5ｳ4

對(ヘテ)日ク 11970004-9ｵ5

王ノ日ク 12005009-9

日イ(ハク) 12110002-5

日イハク 12110002-14, 20

日ク 12140002-⑪18, ⑪24, ⑪25, ⑪33, ⑪51, ⑪63, ⑪182, ⑫136, ⑫178, ⑫181, ⑫184, ⑫239, ⑫304, ⑫347, ⑫372, ⑫396, ⑫403, ⑫413, ⑫425, ⑫432, ⑫439, ⑫459, ⑫548

ヽ(子)(ノ)日ク 12140002-⑪20

ノ日ク 12140002-⑪20, ⑪35, ⑪66

母(ノ)日ク 12140002-⑪23

の日ク 12140002-⑪34, ⑪39, ⑪144, ⑫544

王(ノ)日ク 12140002-⑪40, ⑫309

テ日ク 12140002-⑪63, ⑪66, ⑪69, ⑪82, ⑪85, ⑪87, ⑪93, ⑪97, ⑪107, ⑪113, ⑪139, ⑪142, ⑪250, ⑪261, ⑪269, ⑫124

僧伽ヵ曰ク 12140002-⑪92
僧伽羅ヵ曰ク 12140002-⑪94, ⑪96
商主ノ曰(ク) 12140002-⑪161
或(ル)ヵ曰ク 12140002-⑪217
或□□〈ルカ〉曰(ク) 12140002-⑪218
ニ曰ク 12140002-⑪237
の曰(ク) 12140002-⑫121
王ノ曰(ク) 12140002-⑫122, ⑫237, ⑫306, ⑫402
猶(シ)曰ク 12140002-⑫124
て曰ク 12140002-⑫128, ⑫239, ⑫241, ⑫289, ⑫366, ⑫384, ⑫400, ⑫537
使臣ノ曰ク 12140002-⑫183
對(ヘ)テ曰ク 12140002-⑫238
羅漢の曰(ク) 12140002-⑫305, ⑫398
羅漢の曰ク 12140002-⑫311, ⑫368
羅漢(ノ)曰ク 12140002-⑫313
僉ミナ曰ク 12140002-⑫360

沙門ノ曰(ク) 12140002-⑫362
て曰(ク) 12140002-⑫405
韓子ヵ曰ク 12140002-⑫545
故に曰ク 12140002-⑫562, ⑫568
曰(イハ)ク 12360003-下2, 下4, 下11, 下17
曰イ(ハク) 12410003-4-15, 21-25
菅三品ノ詩ニ曰ク 12505010-339
曰イハク 12505019-14オ
曰イ(ハク) 12505072-20, 23
談シテ曰ク 12840003-①8オ3
顏氏家訓ニ曰ク 12840003-①8オ4
語テ曰ク 12840003-①10オ7
對シテ曰ク 12840003-①11オ2
曰ク 12840003-①11オ6, ①20ウ1, ①28オ5, ①28ウ6, ①31ウ6, ①37ウ7, ①38オ3, ①38オ4, ②5オ3, ②9ウ1, ②11ウ1, ②11ウ6, ③7オ3, ③11ウ7, ③19オ3, ③21ウ5
對ヘテ曰ク 12840003-①11ウ2, ①11ウ4

帝曰ク 12840003-①11ウ3, ③6ウ6
謂道士ニ曰ク 12840003-①11ウ7
王曰ク 12840003-①12ウ7
書ニ曰ク 12840003-①15オ4
笑(ヒ)テ曰ク 12840003-①16オ3
〃(師)ノ曰ク 12840003-①16オ7
恩ノ曰ク 12840003-①16ウ6
曠ノ曰ク 12840003-①17オ1
謂…曰ク 12840003-①17オ5
勅シテ曰ク 12840003-①18オ7
謂テ…曰ク 12840003-①19オ3
感嘆シテ曰ク 12840003-①22オ4
管子ニ曰ク 12840003-①23ウ4
李巡ヵ曰ク 12840003-①25オ1
賈ヵ大隱ヵ疏ニ曰ク 12840003-①25ウ2
易ニ曰ク 12840003-①26オ3, ③3ウ5
季宛ヵ曰ク 12840003-①27ウ6
問子花ニ曰ク 12840003-①28オ5

尸子曰ク 12840003-①28ウ3
帝王世紀ニ曰ク 12840003-①31オ1
頌ニ曰ク 12840003-①31オ7
左傳ニ曰ク 12840003-①31ウ3
自惟(リ)テ曰ク 12840003-①37ウ3
對(ヘ)テ曰ク
12840003-①37ウ3, ②11ウ1, ②11ウ4, ②11ウ4
遠ノ(人名)曰ク 12840003-①37ウ5
老子ノ曰ク 12840003-②1ウ1, ③10オ7
王肅カ曰ク 12840003-②2オ3
白虎通ニ曰ク 12840003-②3オ2
鄭玄カ曰ク 12840003-②4オ2
馬融カ曰ク 12840003-②7オ5
笑(ヒテ)曰ク 12840003-②8オ5
喩ニ曰ク 12840003-②9ウ1
外三異ニ曰ク 12840003-②9ウ2
四喩ニ曰ク 12840003-②9ウ4
五異ニ曰ク 12840003-②9ウ5

五曰ク 12840003-②11ウ6
神軌ニ曰ク 12840003-②13ウ7
二人ノ曰ク 12840003-②15オ5
議シテ曰ク 12840003-②15ウ6
拜シテ曰ク 12840003-②15ウ7
歎(シ)テ曰ク 12840003-②16オ1
哭シテ曰ク 12840003-②16ウ2
劉子ニ曰ク 12840003-②18オ1
劉子カ曰ク 12840003-③2ウ7
謂(ヒ)テ曰ク 12840003-③5ウ4
或ヒトノ曰ク 12840003-③6オ5
驚(キ)テ曰ク 12840003-③6オ7
國語ニ曰ク 12840003-③8ウ7
應劭ニ曰ク 12840003-③9オ5
鸛ノ曰ク 12840003-③9ウ4
亦曰ク 12840003-③9ウ4
剪カ曰ク 12840003-③11ウ2
人ノ曰ク 12840003-③11ウ4

母ノ曰ク 12840003-③11ウ4
高祖曰ク 12840003-③12オ2
純カ曰ク 12840003-③13オ7
歌(ヒ)テ曰ク
12840003-③13ウ6, ③18オ1, ③18オ5
戲(レ)テ曰ク 12840003-③14オ4
問(ヒ)テ曰ク 12840003-③14ウ5
語(リ)テ曰ク 12840003-③16ウ3
大ニ悅(ヒ)テ曰ク 12840003-③19オ3
子夏カ曰ク 12840003-③22オ1
諮トテ…曰ク 13560003-9
曰イワク 13860001-4-3

〔爲〕19686
三等といふ(は)爲イハク 10505069-⑨30
爲「イハク」く 10740001-⑥63, ⑪46
爲「イハク」 10740001-⑦86
爲イハク 10740001-⑩15
爲「イハク」「ノ」く 10740001-⑪44

為「イハク」分別「ナリ」と 10740001-⑭35
為イハク 10790001-下18ウ
為イハく 10790001-下32オ
為「イハク」 10820003-⑨410
為謂(ハ)く 11005005-①1
為イハク 11020007-⑪19
為イハク 11140007-⑨65, ⑩35, ⑪87, ⑫46, ⑫57, ⑭48, ⑯117, ⑰118, ⑱170, ⑳22, ⑳93
為イハく 11140007-⑰63
為イハク 11200015-⑥97, ⑨78
為イハク 11230003-①10, ①12
為イハク モテノ 11230003-①11, ①12
謂為 イハク 11270006-①15
為イハク 11506101-32-1
為イハク 11510005-①19, ⑥276, ⑨253
為謂イハク 11510005-⑩214
為イハク 11750003

為イハク 11850004-⑨30, ⑯30
〔為以〕19686 00388
為_以イハク 10120002-60
〔稱〕25180
稱□〈イ〉ハク 11160007-①345
稱イハク 11160007-⑥83
稱イハク 11380002-天27ウ
〔粤〕26935
粤イ(ハク) 09505003-9
〔者〕28853
者イハク 11505073-13オ
〔聞道〕29104 39010
聞道イハク 11130001-③11オ
〔言〕35205
言(は)ク 08305001-①7-18, ①8-21, ①10-22, ①11-4, ①11-20
白(し)て言(は)ク 08305001-①8-20, ①19-6

告(け)て言(は)ク 08305001-①10-15
婆羅門の言(は)ク 08305001-①11-22, ①12-8
詈ノリテ言ク 08305004-364
白て言く 08305011-9-4
言く 08305011-103-8
佛言く 08305011-125-5
言く 08505020-3-9
佛言く 08505020-3-10
言イハク 09550001
言ク 10005008-㉒386
言イ(ハク) 10005008-㉔239
言イハク 10250001-10
言ク 10450001-147, 312
言く 10505003-①213, ①220, ①221
言イハクく 10505003-③21
ノ言イハク 10505024-5オ
答言ハク 10505024-5オ

語カタテ言イハク　10505024-6ウ4
テ言イハク　10505024-7オ5
ノ言イハク　10505024-7ウ2
テ言ク　10505024-11ウ2, 15ウ1, 18オ6
答テ言イハク　10505024-15オ7
答テ言ク　10505024-15オ7
ノ言ハク　10505024-16オ3
ノ言ク　10505024-20オ7, 21オ5, 60オ5
白佛言ク　10505024-21オ6
言ハク　10505024-23ウ2
王ノ言(イ)ハク　10505024-26ウ7
答タフシテ言イハク　10505024-28オ7
に言イハク　10505024-36ウ3
有ル人ノ言ク　10505024-54ウ1
今マ言ク　10505024-58オ3
言ク　10505024-60オ4
テ…言ク　10505024-60ウ7
言イハク　10730001-⑨6オ2
言イ(ハク)　10730001-⑨13オ6
言「ク」　10740001-⑬77
要チキ□〈リ〉「テ」言「ク」　10740001-⑬103
語カタ(り)て言ハク　10790001-下6ウ
毀呰しテ言ハク　10790001-下25オ
爲イフ(て)言イハ(く)　10790001-下25オ
の言く　10820003-②9, ②663
有(り)て言く　10820003-②60
說(き)て言く　10820003-②62
言く　10820003-②74, ②95, ②648
て言く　10820003-②200, ②230, ②763
て言「イハク」(は)く　10820003-②201
言「イハク」く　10820003-②586
答(へ)て言く　10820003-②700
言「イハク」　10820003-③622, ⑤430
言「イハク」　10820003-⑥561
言「ハク」　10820003-⑧49
言ク　10870001-①70, ①292, ①314, ③483, ③487, ③493, ③540, ⑤66, ⑤99, ⑤99, ⑤175, ⑤454
言ハク　10870001-①199, ③546, ⑤56, ⑤65, ⑤68, ⑤85, ⑤93, ⑦225
言ハク「シク」　10870001-③288, ⑦95, ⑦105
言イハク　10870001-③544
言「シク」　10870001-⑦30, ⑦132
言イハク「シク」　10870001-⑦89
言ク　10950003-①89
初平カ言イハク　11005025-10オ6
上テマツリテ…言ク　11005025-11オ6
言く／「ハク」　11005080-上9ウ2, 上18オ6
言く／「ク」　11005080-上11オ2, 上14ウ2, 上75オ3
問(ひ)て／「テ」言く／「ク」　11005080-上22ウ1
答(へ)て／「コタヘテ」言く／「ハク」　11005080-上22ウ1

答「ヘテ」言「イハク」 11005080-上22ウ4
經に／「ニ」言く／「ク」 11005080-上57ウ4
言く／「イハマク」 11005080-上61オ6
觀世音菩薩の／「ノ」言く／「イハク」 11005080-上63ウ1
師子吼菩薩の／「ノ」言く／「ク」 11005080-上66ウ5
告けて／「ケテ」言く／「ハク」 11005080-上69オ5
或(い)「ハ」言く／「ク」 11005080-上70ウ3
相ひ／「ヒ」謂(か)た(り)て／「インテ」言く／「ク」 11005080-上70ウ5
言さく／「ハク」 11005080-上77オ4
白(して)言「ク」 11005080-上91オ4
言イ(ハク) 11005115-㉔239
言イハク コ、ロハ 11020007-⑧30
言ハクく 11020007-⑳115
言『く』 11030006-②1ウ

言『イ(はく)』 11030006-②6ウ
言(は)(墨點)「ク」 11030006-②15オ
言く 11110001-16
言イハク 11130001-③7ウ
言イ(ハ)ク 11130001-④18ウ, ④22オ
言イハく 11140007-⑮38
言「ク」 11200015-⑥59, ⑦63
或ヒトハ「カ」言「ク」 11200015-⑦79
言ふ「ク」 11200015-⑦96
言イ(ハ)く 11200015-⑨115, ⑩33
言(イハ)ク 11200015-⑨116
言イハク 11200015-⑩19
言イ(ハ)ク 11200015-⑩32
言ク 11230001-②148, ②284
問て言ク 11230001-②279
傷歎(し)て言ク 11260001-③229
戯に言ク 日或ー(本) 11260001-③390
答(へ)て言ク 11260001-③401

訶責(し)て我を言ク 11260001-③403
言イハイ(「ハイ」は「ハク」の誤) 11280014-①512
謂テ言ク 11340007-①20ウ3
言ク 11340007-①39ウ6
初平言ク 11340007-③11ウ4
說て言く 11380001-⑯6-3
言イハく□ 11380001-⑰30-1
言ク 11505004-①14ウ6
言ク 11505075-⑭62-5, ⑭62-5, ⑭72-2, ⑭79-2
言イ(ハク) 11505075-⑳176-3
言ク 11505100-635
語テ…言ク 11505521-下6-14ウ2
答テ言ク 11505521-下6-14ウ5
言ク 11505521-下19-32ウ1
言ク 11560001-6
言ハク 11560001-11

イハク

言(イハ)ク　11630001-⑥63, ⑥145, ⑥335,
⑥336, ⑥349, ⑥360, ⑥379, ⑧246, ⑧420
婆羅門ノ言ク　12005009-5
言イハク　12110002-11
言ク(「ク」は「フ」の誤)　12140002-⑪34
妄に言ク　12140002-⑫131
言(イ)ハク　12360003-下6, 下6, 下6, 下6
言ク　12360003-下26
言(イハ)ク　12360003-下30
言ク　12550002
言ク　12840003-①16オ6, ①29オ4, ②2ウ6,
②20オ5, ③1ウ2
言ク　12880003-10
謂イヒテ言イハク　18400001-②13-11

〔言云〕35205 00254

言「-」云く／「イハク」／「イハク」　11005080-上12ウ2
言-云く／「ハク」　11005080-上15ウ5

〔謂〕35759

謂(は)ク　08305001-④65-17, ⑨176-3
謂はク　08305001-⑩200-4
謂く…そ　08305011-31-3, 35-1, 45-1,
45-2, 47-6, 83-3, 83-3, 95-7
謂く…なり　08305011-31-4, 81-4, 95-6
謂く…と…となり　08305011-37-1, 103-9
謂く　08305011-121-4
謂いはく　08505020-9-5, 9-6, 10-4, 10-14,
14-1, 19-10, 21-5, 21-14, 21-14, 24-15,
24-16, 26-14, 30-10
謂ク　09005004-8
謂く　10200001-①1ウ7, ①2オ1, ①2オ2,
①2オ2, ①2オ3, ①2オ3, ①2オ5, ①2オ6
謂ク　10200001-②1ウ3, ⑥6ウ1
謂イ(は)く　10240002-②7オ2, ②15ウ4,
②15ウ7, ②16オ3, ②17オ3, ②17オ6, ②17ウ1,
②18ウ4, ②18ウ9, ②19オ8, ②20オ1, ②21オ7,
②21ウ3, ②22オ7, ②23ウ8, ②24オ6
謂イはく　10240002-②15オ1
謂イ(は)「く」　10240002-②19オ4, ②19ウ4,
②20ウ1, ②22ウ5, ②23オ7
謂イハク　10450001-65
謂イハク　10505024-35オ6
謂ク　10505024-37オ5, 61オ1
若謂イハク我か心を爲因と　10505069-③7
トイッ(ハ)謂ク金剛性なり　10570001-16
謂く　10740001-⑬14
謂く　10820003-②12, ②16, ②22, ②44,
②66, ②67, ②100, ②121, ②126, ②129,
②135, ②137, ②139, ②173, ②233, ②235,
②242, ②249, ②252, ②252, ②256, ②260,
②266, ②272, ②276, ②277, ②280, ②283,
②285, ②289, ②294, ②298, ②303, ②303,
②322, ②328, ②344, ②347, ②424, ②440,
②488, ②527, ②572, ②651, ②689, ②695

壽と(いふ)者は謂ヘ　10820003-②31
補特「ト」伽羅(と)イフハ謂ヘ
10820003-②37
識と(いふ)者は謂ヘ　10820003-②44
は謂ヘ　10820003-②53
とイフハ謂ヘ　10820003-②60, ②167
イフハ謂ヘ　10820003-②232, ②242, ②458
(といふは)謂ヘ　10820003-②235
ハ謂ヘ　10820003-②246, ②246, ②255, ②259, ②259, ②269, ②272, ②331, ②410, ②554, ②555, ②555, ②671, ②672, ②674, ②675
者は謂ヘ　10820003-②264, ②266, ②269, ②276, ②280, ②299, ②337, ②348, ②418, ②635, ②655, ②656, ②657, ②692
(は)謂ヘ　10820003-②307, ②311, ②323, ②337, ②341, ②348, ②352, ②358, ②363, ②369, ②378, ②383, ②388, ②392, ②397, ②402, ②407, ②411, ②416, ②423, ②428, ②433, ②442, ②447, ②452, ②457, ②462, ②467, ②472, ②475, ②480, ②487, ②492, ②497, ②503, ②509
自ラ謂ク　10860002-20ウ4
謂ク　10870001-③403
毒(と)イハ謂ヘ　11030006-②29オ
謂ヘ　11005003-①32
謂イハク　11005025-12ウ5
謂ク　11005025-14オ6
謂ヘ\「イハク」　11005080-上2ウ7
謂ヘ\「ク」　11005080-上3オ2, 上3ウ1, 上3ウ2, 上5ウ6, 上7ウ6, 上7ウ7, 上8オ7, 上8ウ1, 上8ウ5, 上10オ7, 上12オ7, 上13オ1, 上15オ6, 上19オ5, 上19ウ2, 上19ウ6, 上20ウ5, 上25ウ3, 上25ウ5, 上25ウ6, 上27ウ5, 上29オ4, 上36ウ1, 上51ウ7, 上78ウ3, 上79オ5, 上79ウ7, 上79ウ7, 上80オ4, 上87ウ3, 上89オ5
謂ヘ\「ハク」　11005080-上3オ4, 上8オ4
謂「ク」　11005080-上3ウ6, 上4オ5, 上5ウ1, 上20ウ3, 上66ウ4
謂ヘ
11005080-上67オ6, 上79オ7, 上79ウ2, 上80オ3
謂ハヘ　11020007-⑳45
謂『ヘ』　11030006-②1ウ
謂『はヘ』　11030006-②9オ
毒(と)イハ謂ヘ　11030006-②29オ
謂ク　11050002-27オ
謂ヘ　11200015-④18, ④20, ④21, ④47, ④53, ④56, ④98, ④102, ④106, ⑤28
謂「ク」オモフ　11200015-⑥123
謂イハク　11200015-⑩130
鄭(去)音テイ注に謂□〈ク〉
11230001-②130
謂ク…といふ　11230001-②172
謂ク　11230001-②235, ②235, ②264,

イハクサ(石韋)

イハクシリ(石解)

〔石解〕24024 35067
石-解イハクシ(「シ」は「ス」の誤か)リ　12005133-6ウ8

イハクスリ(石斛)→イハクシリ
〔石斛〕24024 13508
石斛一名イハクスリ　11505004-①49オ6
石斛又以波久須利(上上上上平)　11505004-①59オ6

イハグミ(巻栢)
〔巻栢〕02860 14714
巻栢和名伊波久美(上上上上)　11505004-①59オ7

イハクラ(石座)
〔磐座〕24401 09319
天ノ磐_座イハクラ　12360002-1ウ2

イハゴケ(巻栢)
〔巻栢〕02860 14714
巻栢又伊波古介(上上上平)　11505004-①59オ7

イハサカ(磐境)(地名)
〔磐境〕24401 05409
天津磐境イハサカを　12360002-6オ4

イハサカヒメ(磐坂媛)(人名)
〔磐坂媛〕24401 04910 06516
磐坂媛イハサカヒメ　11505075-⑪40-7

イハシ(石葦)
〔石葦〕24024 31437
石葦又伊波之(上上去)　11505004-①62オ3

イハシ(茂)
〔茂〕30833
茂イハシ
10505150-3右, 5右, 10左, 12右, 19右, 22左

イハシササメク(遺耳語)
〔遺耳語〕39134 28999 35533
遺耳語イハシサ、メクコト　11590002

イハタケシ(寒勁)
〔寒勁〕07239 02349
寒ツメタシ勁ケイ反イハタケシ　11630001-③325

イハツツジ(躑躅)
〔羊躑躅〕28425 37963 37917
羊躑躅和名以波都ゝ之(上上上上上)　11505004-①65オ2
〔躑躅〕37963 37917
躑躅イハツ、シ　11505004-①46オ6

イハノカハ(石韋)
〔石韋〕24024 43108
石韋イハノカハ　11505004-①39ウ3, ①51オ4
石韋和名伊波乃加波(上上平平平)　11505004-①62オ3

イハノヒメ(石姫)
〔石姫〕24024 06230
石イハノ姫の皇后キサキなり　11505075-⑳162-4

イハノヒメ(磐媛)(人名)

〔磐之媛〕24401 00125 06516
磐イハの之媛の　11505075-⑪34-5
〔磐媛〕24401 06516
磐媛命イハノヒメノミコトを　11505075-⑪16-7

イハバ（謂）
〔謂〕35759
謂「イハ、」　10740001-⑤28

イハヒ（磐日）（人名）
〔磐日〕24401 13733
磐(上)イハか(「か」衍か)日(上)ヒ　11505075-⑳167-4
磐イハ□(日)等を　11505075-⑳168-7

イハヒ（祝）
〔齋〕48565
齋イハヒノ之　12360002-5オ6
齋イハヒ(ノ)鏡　12360002-6オ6
〔齋主〕48565 00100
齋_主イハヒ(平平平)の　12360002-5オ6

イハヒ（祠）（存疑）
〔祠〕24676
伊勢の大オホム神の祠イハヒに　11505075-⑭64-7

イハヒゴト（祝言）
〔護言〕36048 35205
天津奇護言アマツクスシイハヒコト　10505150-13左

イハヒマツル（祝）
〔所祭〕11715 24700
所祭イハヒマツル　11505075-⑳184-5
〔祭〕24700
祭イハヒマツ(リ)て　10005008-㉒354
祭イ(ハヒマツ)る　10005008-㉔61
祭イハヒマツ(リ)　11005115-㉒354
〔祭祠〕24700 24676
祭祠イハヒマツル　11505075-⑳184-6

イハフ（祝）（四段）
〔咀〕03474
咀イハフ　12230001-36オ7
〔祭〕24700
俾祭イ(ハ、)　10005008-㉒44
祭イハヒ祀こと　10005008-㉒192
祭イ(ハヒ)拜キヤ(フ)　10005008-㉒194
祭イワウ　13760001
〔齋〕48565
奉マツル齋イハヒ矣　12360002-6オ4

イハフ（祝）（下二段）（存疑）
〔所祭〕11715 24700
所祭イハ(「ハ」存疑)ヘシ　11505075-⑳184-5

イバフ（嘶）
〔嘶〕04260
嘶イハウ　15080001
〔鳴〕46672
馬鳴イハウ　11380002-東22ウ

イハブチ（石淵）（人名）
〔石淵〕24024 17692
石淵フチの僧正 10630006-5

イハホ（巖）
〔壁〕05516
青壁のイワヲ 13440001-17ウ
青アヲキ壁イワヲ 13440001-17ウ
〔峯〕08093
峯イハヲ（ノ）コトク峙ソ（ハタチ）テ 11630001-②111
〔巖〕08649
巖イハホ 08105005
巖いハホ（の） 08505014-80
巖イ／イハホニ 10505019-㉝5
巖イハホ 10860002-19ウ2
巖イハホ（「ホ」の右傍に「ヲ」あり）ニ 10990002-⑧376
巖はを／「イハホヲ」以（て）「テ」 11005080-上6オ6
巖「イハホニ」 11005080-上34オ2
巖イハヲを 11200004-17
巖イハヲ 11630001-②431
巖イハホ 13440001-2オ
〔盤〕23036
盤イハヲ（ノ）ことく 11230001-②352

イハマク（爲）→イハク
〔云〕00254
云（ハ）マク 10740003-③124
云「イハマク（のみ）」（褐） 10820003-⑧154
云「イハマク」 10820003-⑧542
云「マク」 11200015-④291, ⑧117
云ふ「イハマク」 11200015-④323
云（イハ）マク 11640001-②104, ②105, ②106, ⑧17
云イハまく　イハマ（「マ」存疑）ク 11820018-4
云マク 11850004-④97
云（イハ）マク 12410001-②3
云イハマク 18400001-②14-13
〔噵〕04414
顯（シ）噵（イ）はマ（ク） 11505075-⑳165-5
〔曰〕14278
曰イハマク 10505003-⑧11
曰「イハマク」 10820003-⑧181
曰イハマク 11580001-76
〔爲〕19686
爲イハまく 10780002-②1
爲イハマク 11850004-⑦42
〔言〕35205
言いはマク 08830001-④5-2(62-11)
告て言っ「イハマク」 10080003-15
言マク 10330002-③15
言マク 10505003-⑥20
言はマく仁者 10505019-㊵43

復言イハマく 10505019-㊵46
言イハマく 10630004-③549
言イハマク 10640001-②6
言イハマ(ク) 10640002-14
言(ハ)マク 10740003-①478
言イハマク 10820003-⑦379
言「イハマク」 10820003-⑧278
言マク 10870001-③271
言イハマク 10870001-⑧90
言(は)マク 11000003-654
言く/「イハマク」 11005080-上61ォ6
言(は)まく/「マク」 11005080-上92ゥ4, 上95ゥ1
言ハマク 11030006-③19ォ
言イハマク 11140007-⑮154
言イハマく 11140007-⑱4
言イハマク 11200015-④111
言マク 11200015-④259, ⑨111

喩コシラ(へて)言(は)マク 11300014-③20
言ハマク 11850004-③37
言マク 11850004-⑧22, ⑩6
詛トコヒ_言イハマク 12360002-13ォ5
〔謂〕35759
謂イハマク ク 10200001-①4ォ1
謂イハマく 10200001-①4ゥ1
謂マク 10200001-①21ゥ7
謂マク得ツトオモハム謀 15300001-8

イハム(憤)
〔憤〕11239
憤イハム_發するか 10200001-⑥15ォ1

イハム(滿)→ニハム
〔屯〕07828
屯イハミ 10005008-㉒71
屯イハミ 11005115-㉒71
〔屯聚〕07828 29093
屯聚イハム 11505075-⑭84-6

〔溢〕17951
溢イハメり 10005008-㉔324
溢イハメリ 11005115-㉔324
〔滿〕18099
滿イハメり 10005008-㉒65
滿イ(ハミ)て 10005008-㉒420
滿イハミ覆オ(ホヘリ) 10005008-㉔113
滿イ(ハメ)り 10005008-㉔238
滿イハ(「ハ」は「タ」の左に記す)ミ覆オホヘリ 11005115-㉔113
滿イハメリ 11420003-⑫3ォ
滿イハメリ 11505075-⑪50-7
滿ハ(「ハ」は「イ」の誤)ハメリ無本 11505075-⑪50-7
滿イハメリ(平平上平) 11505075-⑭58-4
〔聚〕29093
聚イハミ居ヲリ 11505075-⑭107-6
聚イハミ憂ウレフ 11505075-⑭108-4

〔聚結〕29093 27398
相アヒ聚結イハミテ　11505075-⑭112-3

イハムヤ(況)→イカニ、イカニイハム
ヤ、イハンヤ

〔遵〕04414
遵イハムヤ　11630001-①131

〔弼〕09826
弼イハムヤ…後ヲヤ　11340007-①8ウ6

〔況〕17264
況ヤ…ニ於テハ　08105001-292
況ヤ…ニオキテハ　08105001-292
況ヤ…有ラムヲハ　08105001-292
況ヤ…火ヲハ　08105001-292
況ヤ…(ヲ)ヤ　08105005
況(や)餘の飲食をは　08305001-①6-20
況…を　08305011-21-4
況…をや　08305011-89-5
何に況や…せむをや　08305011-183-7
況乎…むや　08305011-187-8
況や　08505020-6-12, 44-5
況や…をはや(「はや」存疑)　08505020-23-6
況ヤ　09505020-470
況や　10200001-①12オ6
況ヤ(?)…稱むや　10200001-②16ウ2
況(ヤ)　10450001-18
スラ…況や　10450001-80
況餘の飲食をヤトオモフ　10505003-①119
況…勿ナカレ歸カヘスコト面ヲ　10505007-22-2
況乎ヤ　10505007-24-6
況乎　10505007-47-5
況ヤ乎　10505007-51-4
況ヤ復タ　10505007-58-4
如くスルスラ是尚し无し有こと漏況や於てをや如來に　10505019-㉒66
況や有ことヤ十時　10505019-㊴11
況ヤ…乎ヲヤ　10505024-7ウ7
況イハムヤ…ヲ乎ヤ　10505024-11ウ1
何イカニ況イハムヤ　10505024-19オ3
況イハムヤ…乎モノヲヤ　10505024-21オ3
況ハムヤ復タ…ナラムヤ　10505024-40オ2
況ハムヤ是レ…ナラムヤ　10505024-40オ2
何カニ況ハムヤ　10505024-43ウ5
何イカニ況ハムヤ　10505024-45オ1
況ヤ「イハム」…ムヤ　10505024-54ウ6
一切少法も「ヲスラ」由し「ナヲシ」不能得成就況「ハムヤ」復大法を能「く」成就や之「コレヲ」「ヤ」　10690002-3
況解「シメムヤ」　10740001-⑦90
況…聚-集「セルヲヤ」を　10740001-⑨36
況有情處「ヲヤ」耶　10740001-⑬16
況起「ムヤ」　10740001-⑬22
況生-存「ヲヤ」乎　10740001-⑬38
況我等「ヲヤ」耶　10740001-⑭11

イハムヤ

況加「ヲヤ」観を耶 10740001-⑭56
況法身「ヲヤ」耶 10740001-⑭58
況や復枝葉及花果實をや 10790001-上29オ
何「イ」(か)に「-」況や 10820003-②64
何に況や 10820003-②207
何に況や…を耶や 10820003-②780, ②804
況や復…む耶や 10820003-③418
況や…む(を)乎 10820003-③498
況や…む耶や 10820003-③620
況や…を乎や 10820003-⑥247
況や復…ヲヤ 10870001-⑤389
況や…修行せむヲヤ「セムヒトハ」 10870001-⑧59
尚…況…者モノヲヤ 11000001-8
況凡-人ヲ乎 11005025-12ウ5
況「ヤ」 11005080-上11オ2, 上12オ2, 上32オ2, 上32オ2, 上54ウ1, 上57ウ2, 上80オ6
況「ヤ」復 11005080-上26オ6, 上31オ3, 上42ウ5
況「ヤ」復「タ」 11005080-上36ウ4
況「ヤ」无量劫をや／「ヲヤ」 11005080-上37ウ5
況「ヤ」復…せむをや／「セムヲヤ」 11005080-上40ウ2
況「ヤ」…名く／「ク」可(から)不「ス」 11005080-上49オ7
況(や)結焉「ヲヤ」乎をや 11005080-上61オ1
況(や)我か／「カ」身を／「ヲ」見むや／「ムヤ」 11005080-上61オ7
況(や)…受(けむ)ヤ／「ケム(「ム」は「ン」とも見ゆ)ヤ」 11005080-上99オ1
況(や)上「ノ」有らむや／「ラムヤ」 11005080-上103オ7
況(や)…菩提心を／「ヲ」耶やといへり／「ヤト」 11005080-上104ウ4
況や…人をや 11020007-①3
況や…耶 11020007-⑱67
況ヤ……す可き 11030006-③5オ
況ヤ……在(ら)む(を)乎 11030006-③33ウ
況身口をや耶 11140007-⑰102
況や生存せるハト云 11140007-⑱47
況末代のを「ニハ」乎 11200015-⑥41
況「ヤ」…耶 11200015-⑦42
況ヤ 11200015-⑨85
況…服ヲヤ 11210001-②80
況…禮拜セムヲヤ 11210001-②83
況…行ヲヤ 11210001-②84
況や 11240004-719-5
況復…皃ヲヤ 11280014-①327
況八四萬ヲヤ乎 11350010-35-7
況イハムヤ 11360001-26ウ2
スラ…況…感應をや 11380001-⑰3-2
況(ヤ)…ヲヤ 11380003-2
況イハムヤ(「ム」後筆) 11450006-19

況や懐ウタカムヲヤ…乎 11510005-④35
況や餘の深き事とをや 11510005-④37
況ヤ 11550009-10オ5, 38ウ7
而ヲ況ヤ 11550009-24オ6
況(ヤ)於ヤ汝に 11580001-24
況(イハム)ヤ 11630001-①14
況於…ヲヤ 11970004-4ウ6
況(ヤ) 12005009-3
況ヤ…乎ヲヤ 12140002-⑪41
況(ヤ)…ヲヤ焉 12140002-⑫476
其レ況(ヤ)…セム哉 12140002-⑫563
況ヤ 12150002-5, 8, 8, 9
何ニ況(イハ)ムヤ 12360003-下序
況(イハム)ヤ後報ヲヤ乎 12360003-下24
況(イハム)や 12410003-17-16
況や 12410003-17-18, 18-1
況ヤ 12505019-25ウ, 25ウ
〔況乎〕17264 00131
況乎ヤ 11380002-東2オ
〔矧〕23938
矧イハムヤ 10630006-8
矧イハムヤ 11005025-3オ2
矧イハムヤ 11550009-21オ5
矧(ヤ) 11860003-70

イハヤ(窟)→イハヤス

〔崛〕08185
崛イワヤ 11360001-1ウ3
崛イワヤ 13860001-2-6
〔巖〕08649
巖イハヤ 11000003-306
〔石室〕24024 07136
石室イハヤ 11420003-⑮7オ
〔窟〕25552
窟イハヤ 08105005
窟伊は也 08105007-上28
坎アナ窟イハヤ 08305001-⑦137-20
窟イハヤノ 10080002-②102
窟イハヤ中に 10080002-②126
窟イハヤに 10820003-②417
窟イハヤ 11030006-②26ウ
窟イハヤニシテ 11160007-②331(紙背)
窟イワヤ 11360001-60ウ1
窟イハヤに 11630001-②247
窟イ(ハ)ヤカト 12005009-22
窟イハヤ 13440001-1ウ, 8オ
窟イ(ハヤ) 13440001-8オ
窟イワヤ 13860001-82-1
〔窟宅〕25552 07064
窟宅イハヤ 13440001-2オ

イハヤス(窟)

〔窟〕25552
窟イハヤセリ 11160007-②331
窟(イハヤセ)リ 11630001-⑧228

イバユ(嘶)

〔喝〕03960
喝イハユ　10320001-23オ1
喝イハユ　12860001-③42ウ1(57-7)
〔嘶〕04260
嘶イハユ　12505035-29オ6
嘶イハユ　12860001-③42ウ1(57-7)
〔鳴〕46672
又爲ス善ヨク鳴イハユル之馬と　13300004-⑤846

イハユル(所謂)→イハイル

〔所爲〕11715 19686
所ユル爲イハ異生　10480002-5
所爲イハ(ユ)ル　10505010-9
所爲イハユル青蓮花　10590005-4
所爲イハユル善稱と惡名と　10590005-9
所爲イハユル三摩耶なり　10650002-31
所爲ユル　10740001-⑬38
所-爲イハユル　10780002-①7
爲イハ所(ゆ)る　10790001-上11ウ
所-爲イハユル　10790001-上19ウ
所-爲(いは)ユル　10790001-上19ウ
所-爲(いはゆ)ル　10790001-上24オ
爲(い)は所(ゆ)る　10790001-下9オ
所爲イハユル一切の天子天女等の　10930009-⑪16オ
所爲イハユル　11540004-11
所爲イハユル　11590002
〔所言〕11715 35205
所言ル　08850001
〔所謂〕11715 35759
所謂ル　08305001-④64-6, ⑦127-13,
⑦130-3, ⑨165-2, ⑨181-14
謂(は)所る　08305011-51-7
所謂　08505020-14-5
所-謂イハユル國ノ人民ノ疾ヤク疫サン
(「サン」存疑)て　10250001-241
所謂ル　10505007-4-9
所謂一　10505007-25-4
所謂イハユル　10505024-51オ5
所謂ユル　10640005-①16ウ
所ル謂　10740003-①620
所謂ユル　10870001-①260
所謂ハ　10870001-①373
謂(ハ)ユ所ル　10990002-⑦33
謂(は)所る／「所-謂イハユル」　11005080-上10ウ4
謂(は)所る／「ル」　11005080-上32オ7
謂は所る／「所-謂ユル」　11005080-上40オ6
所謂イハ(ユル)　11020007-⑳13
所ユル謂　11140007-⑮24
所-謂(イハ)ユル佛前塔前　11210001-①24
所-謂(イハ)ユル　11210001-③1, ③30
所-謂イハユル　11260001-⑦33

所_謂ル 11550009-2ｳ5
所_謂イハユル 11550009-18ｳ7
所_謂(イハユ)ル 11630001-②87
所-謂(イハユ)ル 11630001-②185
所謂ユル 12150002-4, 5
所謂イハユル 12410003-4-10, 6-2, 16-21, 23-23
所謂ユル 12410003-23-22, 23-26, 38-17
所謂ユル 12505019-36ｵ, 37ｵ
古ニ所謂(イハユル) 12505028-15-1
所謂イハユル 12880003-6, 49
所謂イハユ(ル) 12880003-31
所_謂イハユル妻ノ來ル之義ナリ 13300004-②485
〔爲〕19686
爲イハユル 10790001-上12ｵ
〔謂〕35759
謂「(ユ)ル」(角點) 10230002-③50
謂イハユル 10505024-34ｵ4
謂「ユル」 10740001-④74
謂(ハ)ユル 11160007-②442
謂イハユル 11210001-②62
謂ユル 11230001-②173
謂(ハユ)る 11230001-②356
謂イハユル 12540005-9ｵ

イハレ(磐余)(地名)
〔磐余〕24401 00515
磐余ニ合伊波礼乃 08105007-上4
磐余ニ合伊波礼乃 08105015-上4
磐余イハレの村 11505075-⑭94-7

イハレズ(不可)
〔不可〕00019 03245
不可イハレス 11505075-⑭107-8

イハヰ(磐井)(人名)
〔磐井〕24401 00258
磐イハ井ヰ 11505075-⑰142-8

イハンヤ(況)→イカニイハムヤ、イハムヤ
〔況〕17264
況イハンや 12410003-17-6
況イワンヤ 13860001-36-3
〔矧〕23938
矧イハンヤ 12505051

イヒ(飯)→イヒニス、カレイヒ、カレイヒクフ、カレヒ、ミヅイヒ
〔酒食〕39776 44014
酒食イヒ 11420003-⑮15ｵ
〔食〕44014
食イ、 13860001-25-2
〔飯〕44064
飯「(イ)ヒ」鹽シホ等ラ 10350001-2ｵ6
飯イヒ 10505024-9ｵ4
飯イヒヲ 10505024-9ｵ4, 21ｵ6, 21ｳ1
飯「イヒニ」 10820003-⑦817

飯「イキニ」 10990002-⑧179
飯イ(ヒ) 11130001-④15オ
橡トチノ飯イヒ 11550009-32オ2
飯イヒ 12005022-18ウ1(31-3)
稲飯イヒ命 12360002-17オ7
飯イヒ 12505020-㉝8
飯イヒ 12860001-①20ウ2(31-3)
飯イヒ 13440001-16ウ
〔飰〕44065
飰イヒ 11130005-36ウ
飰イヒを 11270006-①6

イヒ(謂)→イフ

〔云〕00254
梵云「イヒニハ」 10820003-⑧688
〔言〕35205
言イヒナリ 11160007-⑥62
〔謂〕35759
非謂イヒ 09505003-3
謂イヒ 10820003-③672
謂イヒ乎カ 10990002-⑦50
斯の謂か矣 11230001-②311
謂イヒカ乎 11260001-⑦50
謂イヒ也 11280014-①10
謂(イ)ヒナリ 11280014-③408
斯ノ之謂イヒカ 11340007-②43ウ5
謂イヒ 11380002-天20ウ
斯之謂ヒ歟 11550009-19オ1
謂イヒなり 12410003-12-5
謂イヒ 12410003-32-2
謂イヒナリ 12505019-42ウ
謂イヒ也 12840003-②14ウ1
卽(ち)此ノ謂イヒナリ 13300004-②663
〔道〕39010
道イヒナル也 11260001-⑨248

イヒアハス(勾當)

〔勾當〕02500 21890
勾當イヒアハスルコトヲ 13440001-32オ

イヒウウ(飢)

〔餓〕44168
自餓イヒウヱ(たる)カ等き 08830001-⑤6-5(220-17)

イヒウヱ(飢)→イヒウヱス

〔菜色〕31184 30602
菜_色イヒウヱ 11630001-④65
〔飢〕44023
飢イヒウヘアリ 12780002-3
飢イヒウヘ 13140001

イヒウヱス(飢)

〔飢〕44023
飢イヒウヱス 12780002-3
〔飢之〕44023 00125
飢之イヒウヱす 11420003-㉓8ウ
飢之イヒウヘス 11420003-㉓10オ

イヒオシ(飯押)

〔飯押〕44064 11929

飯-押 11860003-218

イヒオソル（匈匈）

〔匈匈〕02512 02512

匈匈イヰヲソリツ、 13760001

イヒオホス（約束）→イヒアハス

〔約束〕27242 14480

約束イヒオホス 08505007-①22-8

イヒカケ（新開）

〔新開〕13572 41233

新開（開）イヒカケノミ 08505007-①10-3

新開イヒカケ 11130005-12ウ

イヒカシク（炊）

〔炊〕18904

炊イヒカシク 11505075-⑪17-5

炊イヒカシク烟ケフリ 11505075-⑪17-7, ⑪18-6

〔爨〕19648

爨イヰカシキテ 08105015-中16

イヒカミ（飯嚼）

〔飯嚼〕44064 04602

飯嚼カミ 12360002-15ウ5

イビキ（鼾）

〔鼾〕48505

鼾（去）イヒキ 10505024-2ウ3

イヒクスリ（白述）

〔白述〕22678 38803

白述伊比久須利／又云衣比須久（「須久」は「久須」の誤）利／又云奴美須利又云比止久須利 11340007-③19オ3（上欄外）

イヒコト（言）

〔言〕35205

出イタセラム言イヒコト 11210001-②49

イヒシク（言）→イシク

〔云〕00254

云（イヒ）シク 11130001-③9オ, ③11ウ

云（ヒ）シク 11160007-⑤117

〔曰〕14278

曰サク（ヒ）「シク」 10870001-③260, ③301

曰（サ）ク「シク」 10870001-③327

曰シク 11280014-①370

師曰シク 11340007-③15オ4

曰（イヒ）シク 12780002-7

〔稱〕25180

稱（ヒ）シク 11160007-②176

〔言〕35205

言シク 10005008-㉔20

言ク「シク」 10870001-⑦30

言（イヒ）シク 12520007

〔謂〕35759

謂（イヒ）シク 11630001-⑦348

イヒスク（送飯）

〔送飯〕38842 44064

送飯イヒスク 10005008-㉔310

送飯イヒスク 11005115-㉔310

イヒダカ（飯高）（地名）

〔飯高〕44064 45313

飯イキ高タカノ郡 10860002-46ウ5

イヒタケヒト（共食者）

〔共食者〕01458 44014 28853

共食者イヒタケヒト

11505075-⑭101-6, ⑭101-8

イヒツラク（謂）

〔言〕35205

言イヒツラク 08105005

イヒドヨ（鵂鶹）

〔休留〕00440 21808

休留イヒトヨ 10005008-㉔234

休留イヒトヨ 11005115-㉔234

イヒニス（飯）→イヒ

〔飯〕44064

飯（イヒ）ニス 11340007-④5オ3

イヒネ→ウグヒスノイヒネ、ツグミノイヒネ

イヒネ

〔糁〕27101

糁イヒチ（「チ」は「ネ」の誤か） 11280014-③351

〔参考〕

白莫又都久美乃以比祢（平上上上平平平） 11505004-①60オ1

恆山又宇久比須之伊比祢（平平上平平平平上） 11505004-①65オ7

イヒフタ（飯蓋）（人名）

〔蓋〕31652

飯蓋フタ 10005008-㉒417

飯蓋フタ 11005115-㉒417

イヒボ（揖穂）（地名）→イフモ

〔揖穂〕12351 25298

揖イヒ穂ホ郡 10860002-32オ2

イヒワカル（言別）

〔訣〕35272

訣イヒワカレテ 11630005

イフ（言）→アゲイフ、イシク、イツシク、イハ、イハク、イハバ、イハマク、イハムヤ、イハレズ、イヒ、イヒコト、イヒシク、イヒツラク、イフココロハ、イフコトシカリ、イフトモ、イフナラク、イフマク、イフラク、イヘドモ、イヘラク、テイリ、トイフハ、トハ、トフ、ナイフ、モノイハズ、モノイフ

〔之〕00125

之イヘリ 11360001-6オ1

〔也〕00171

非也イハス 11380002-南34オ

〔云〕00254

云いふ…と 08305001-①14-23

翻云イヘハ 08305004-383

をは云大有情といふ　08305011-29-3
と云フ應し　08305011-171-9
（と）云フ應し　08305011-171-9
口云…療イヤシミムト云　08505007-①8-7
應七と云いふへし　08505020-40-12
應六と云いふへし　08505020-40-13
云イ(?)ヒ　09505003-10
云イフ　09505020-237
云ヒ(?)ツ　09505020-304
一分トソ云ル(?)　09505116-258
云(ヘ)リ　09505116-265
云ムトシテ　09505116-350
云ヒ　09505116-539
云ヘルハ　09505116-830
開導依ヲコソ云ハメ　09505116-1159
云イヘルハ　10020001
云イハ、　10080002-①125
云イフヘ(シ)　10080002-③74

有云「ヘルコト」(つること)　10165001-①239-2
三藏の云イハ（「いふは」の意）　10240002-②5オ8
云イヘリ　10450001-12
云イヘルハ　10505024-1オ3
云イフ　10505024-1オ3, 16オ2, 22オ6, 22ウ2, 44オ6, 45オ1, 49ウ7, 58ウ3, 59オ2, 59オ3
云イヘリ　10505024-1オ5, 19ウ4, 31ウ1, 31ウ2
云フ　10505024-5オ3, 9オ2, 30ウ5, 59ウ5, 60ウ5, 61オ4
云イフカ　10505024-5オ6
此コ、ニハ云イフ　10505024-24ウ1
或ハ云イフ　10505024-31オ5
此コ、ニハ云フ　10505024-39オ1, 47ウ6, 53ウ5, 53ウ6, 53ウ7, 54オ2, 56ウ3, 57ウ3, 58ウ2, 58ウ6, 60ウ6
云「イフ」／リ　10505024-47ウ7
天竺ニハ云フ　10505024-48ウ2

亦ハ云フ　10505024-50オ5, 53ウ6, 54オ1, 54オ1, 54オ2, 56ウ5, 57ウ6, 58オ6, 58ウ4, 58ウ7, 59オ3, 59オ6
此コ、ニ(ハ)云フ　10505024-50オ7
舊キニ云フ　10505024-51オ4
云フ…トイフ　10505024-52オ3
亦タハ云フ　10505024-56ウ3
此コ、ニハ云…トイフ　10505024-56ウ4
或ハ云フ　10505024-56ウ5, 58ウ6
此コ、ニハ云フ…トイフ　10505024-56ウ6
此コ、ニハ云フ　10505024-57オ7, 59オ3, 59オ5
此ニハ云フ　10505024-57ウ6, 62オ1
此コ、ニハ云　10505024-58オ6, 59ウ7
故に云フ　10505024-58ウ7
故義ヲモテ云イヘリ妃ト　10540002-7
云「イハ、」　10740001-④11
云イハ　10740001-⑦35
云イハ…者　10740003-①125

云ふか如(し) 10820003-②28
と云「フハ」ふは 10820003-②53
と云ふは 10820003-②72
と云ふ聲 10820003-②73
と云ふ 10820003-②79, ②157, ②221,
②651, ②713
然シカ云「フ」(ふ)なり也 10820003-②101
云ふ「ナリ」 10820003-②131
云(ふ)と雖も 10820003-②217
と云ふ也 10820003-②474, ②501, ②530,
②556, ②585, ②753, ②766
「ヲ」と云ふは 10820003-②545
と云「フ」ふ也 10820003-②590
と云「フト」(ふと)雖(も)とイフハ 10820003-②759
と云ふ者は 10820003-②787
云イヘリ 10820003-③646, ⑤178, ⑦721,
⑧155, ⑧634, ⑧686, ⑨35, ⑨83, ⑩138
云「フ」 10820003-⑤193, ⑩192, ⑩544

云「イフ」は 10820003-⑥406
と云フと 10820003-⑦117, ⑦117
薩他娜と云イフハ 10820003-⑦437
云ヒ 10820003-⑧643, ⑨450
云フ 10820003-⑩533
令メテ…云イハ 10870001-⑤283
无(シ)ト云コトヲ比ナラヒ 10950003-①18
云イフ 11000003-508
云ふ 11005080-上50ウ2, 上80ウ5
云ひ／「イヒ」 11005080-上71ウ1, 上71ウ1
同しと／「シト」云ふ也 11005080-上79オ2
云は／「ハ」不す 11005080-上81ウ7
に／「ニ」云(ふ)か／「フカ」如し／「シ」 11005080-上82ウ4
云ふ／「へ(「可」の訓か)」可し／「シ」 11005080-上89ウ3
云ふ／「イフ」應「シ」 11005080-上92ウ5
解(る)とは／「ルトハ」云は／「ハ」不す／

「ス」 11005080-上104オ3
ゝ(生)(せ)しめむを／「セシメムヲ」以(て)の
／「テノ」故に／「ニトイフ」云といへり 11005080-上104オ5
願「-」作佛と／「ト」云といへり 11005080-上104ウ2
云ふ／「イフ」所の／「ノ」 11005080-上104ウ4
に／「ニ」云「フ」か／「カ」如し／「シ」 11005080-上107オ1
云イフカコトキナリ をなり 11020007-⑳109
と云フ也 11030006-②8ウ, ②35オ
と云フ(なり)也 11030006-②33ウ
と云フニ 11030006-②34ウ
云フ 11030006-③1オ, ③23オ
云フ(なり)也 11030006-③3ウ
云フに 11030006-③35オ
云フ 11130001-③11ウ
云「イヘリ」 11130003-①11

借問イフ 11130001-④3オ
〔則〕01994
則イへは 12410003-38-14
〔可〕03245
可イフヘシ 11140007-⑭22
可イフヘシ 11280014-①390
可イフ 11280014-①474
〔名〕03297
名(イ)フ 10505024-50オ6
名いふ耶 10820003-②31
名(いは)「ム」耶（いふ） 10820003-②31
阿闍梨と名いふ也 11030006-③34オ
〔唱〕03765
唱つよイへ此の伽陀を 10420001-23
唱イハシム 11420003-⑮9ウ
〔問〕03814
不問イハ日夜ヒルヨルト 11505075-⑪20-7
〔噵〕04414
噵イフナリ 11020007-⑯18
噵イフ ふ 11130005-71ウ
噵イフ者は 11200015-⑩63
噵イヒ揚アケて 11420003-⑮7ウ
噵イハム 11420003-㉑7ウ
噵イフ 11420003-㉓1ウ
所ノ噵イフ 11505075-⑭66-1
應噵イハム 11505075-⑭71-7
噵イフコトハ 11510005-⑩211
可ム勝アケテ噵イフ哉ヤ 11630001-①4
噵イフ 11850004-⑯22
噵イフ 11970004-5ウ6
弗す噵イハ 12410003-9-11
噵イフに 12410003-17-20
噵イフ 12410003-22-7, 22-8, 22-11
噵イフナラシ 12505019-4オ, 36オ
噵イフラム 12505019-36オ
噵イフ 12505047-36
噵イへ 13440001-31ウ
不噵イハ 13440001-31ウ
噵イフ 13440001-34オ
噵イフモノナラハ 13440001-35オ
噵フ 13440001-36オ
〔導〕07465
導イフ 11130001-④23オ
導イフ 12005134-㉓5オ
不…導イハ 13440001-31ウ
導フ 13440001-36オ
〔待〕10085
何か故か待イハム（マタム）縁を 10505019-㉖42
〔所謂〕11715 35759
所謂(イ)フ 10005008-㉔341
〔授〕12242
授イフト 11380002-北24オ
〔提〕12344
提イフ 11360001-3ウ2

〔擧〕12863
擧イハムて　11140007-⑦22
〔曰〕14278
曰いふ…と　08305001-①4-4
曰いフを　08305001-⑦125-23
名をは曰いふ　08305001-⑧148-1
曰いひき　08305001-⑧158-10
曰ふを　08305011-79-4, 79-4, 81-1
と曰フを　08305011-81-6
曰イフ　09505003-5
曰イ(フ)　09505003-5, 7
曰ヒ　09505020-496
曰イヘ　10080003-28
曰イフ　10450001-9
曰フ…と　10505003-①110
曰ふ　10505003-①211
名テ曰イフ　10505007-20-3, 48-1
曰フ　10505024-23ウ2
亦ハ曰イフ　10505024-31オ5
曰イフ
10730001-⑨2ウ4, ⑨7ウ2, ⑨11オ5, ⑩12-8
曰フ　10730001-⑩11-5
曰人主延壽ナリトイヘリ(イフ)　10730001-⑩30-8
曰「(イ)フ」相と　10730001-⑪4-14
近「コノクハ」-曰「フ」羅奈ト　10740001-⑬93
と曰「フ」ふ也　10820003-②143
と日(曰)ふ也　10820003-②146, ②178
と曰ふ　10820003-②467, ②468, ②622,
②771, ②771, ②773, ②775, ②777, ②778,
②781, ②786, ②847
と曰ふ也　10820003-②784, ②878
曰「イフ」　10820003-③260
と曰「イフ」　10820003-③261
曰「フ」　10820003-⑤584
號(ケ)テ曰フ　10860002-2ウ2
曰ヒき　10870001-①5, ①174, ①182, ①234
曰イヒキ　10870001-①18
名て曰ヒき　10870001-①190
號をは曰ヒき　10870001-①191
曰イハム　10870001-④63, ④82, ④192
號曰イハム　10870001-⑤30
曰イフ　10870001-⑤46
曰ヒキ　10950003-①102
曰フ誓ト　11005025-8オ2
曰フ　11005025-8オ2
曰フ　11005025-19ウ2, 21オ3
名ヲ曰フ　11005025-20ウ4
目テ□〈號〉其處ヲ曰イフ　11005025-21オ2
曰ふ／「フ」　11005080-上20オ5
と曰フ也　11030006-②9ウ, ②9ウ
曰フ也　11030006-②11ウ
杻(去)チント曰いふ　11030006-②30オ
杻『(と)』曰『イフ』　11030006-②30オ

イフ

曰フ(なり)也　11030006-②54ウ
知ル應(し)ト曰フ　11030006-③10ウ
ト曰フ　11030006-③13ウ
(と)曰フ　11030006-③17オ
曰无ヘリ　11050002-21ウ
曰フ凡ト　11130005-61ウ
曰イヘ　11140001-68
曰イヒキ　11160007-⑤277
曰イフ　11200015-⑤264
曰ふ　11200015-⑧98
名て曰フ　11210001-①1
名て曰フ阿闍梨ト　11210001-①33
曰フ　11230001-②184, ③484
曰イフ相(去)とト　11270012-66
名ヲ曰フヲ　11280014-①326
曰フ　11280014-①487
曰ハムヤ　11280014-①512
曰フ　11340007-①17オ6, ②2ウ5, ②4ウ7,
②32ウ7, ③25オ2
曰イフ　11340007-②21ウ7, ②31オ1, ②34オ7
曰イヒ　11340007-②30ウ7
曰イフ　11360001-3オ2
記シルシテ曰イフ　11505100-633
號シテ曰フ　11505521-下19-32オ6
名テ曰フ…ト　11550009-3ウ1
曰フ　11550009-44オ5
曰(イ)フ　11630001-②25, ③127, ⑤127, ⑧360
曰イフ　11630001-②95, ④107
曰(イ)ヘリ　11630001-⑥237
曰イフ　11850004-①7
曰イフ　12110002-1, 16, 16
曰イヘ　12110002-6
ト曰フ　12140002-⑪128, ⑪129, ⑫125, ⑫501
曰(イ)フ　12360003-下1
曰イフ　12360003-下30
曰イヒ　12505019-23ウ
不スヽ曰イハ　12505019-46オ
曰イフ　12505020-㉝7
曰フ　12840003-①24オ2, ①24オ4, ②12ウ7,
②13ウ3, ②14ウ2, ②15オ7, ②23オ1, ③17オ1,
③22ウ1, ③24オ3
曰フ用ト　12840003-①25ウ2
牛ヲハ曰フ…ト　12840003-①26ウ5
名テ曰フ　12840003-①28オ7
殷ニハ曰フ　12840003-②15ウ1
曰イ(?・)(フ)　12840003-③18オ2
名(ケテ)曰イフ　12880003-8
曰イフツル　13140001

〔欲〕16080

欲イフ　11450006-22

〔爲〕19686

爲イハレ給フ　08105005

爲いふとならは 08305001-②26-11
得ウ爲いふこと 08305001-④60-19
爲イフ ふ 08505019-20
爲イフ 10165001-②13ウ4
爲とイハムトソ 10200001-②15ウ2
爲イフハ ニハ と 10200001-⑤21ウ5
爲イハ 10505010-17
爲タリト イフハ 10505024-42オ6
爲イヒテ 10740001-⑭59
爲イフ(て)言イハ(く) 10790001-下25オ
是を爲イヒテ傷と名(く) 10790001-下38ウ
と爲「イフ」す 10820003-②752
爲「イ(ふ)」者「ハ」 10820003-⑤656
爲「イフ」 10820003-⑨417
爲イフコトヲ す 11020007-⑮31
と爲いふ 11030006-②41オ
爲イフ 11140007-④179, ⑦101, ⑧93,
⑧95, ⑨28, ⑨42, ⑨43, ⑨58, ⑨78, ⑪5,
⑪40, ⑮93, ⑯34, ⑱143, ⑱174
爲イハムと 11140007-④215
爲イヘリ 11140007-⑤57, ⑦91
名て爲イフ 11140007-⑥80
爲イヒ 11140007-⑥81
爲イハ、…不と 11140007-⑦144
爲イフ妃と 11140007-⑨48
如…爲イフカにと 11140007-⑨83
爲イフア(「ア」は「ヤ」の誤)ト主と 11140007-⑨102
所の爲イフ 11140007-⑪23
爲イハ、 11140007-⑪28
爲イフソ 11140007-⑭38, ⑯8
爲イハム 11140007-⑮153, ⑰2
爲イハムトオモヘルコトヲ 11140007-⑰2
爲イヘルと/ひ(「ひ」存疑) 11140007-⑰90
爲イヘハ 11140007-⑱208, ⑱208
爲イフ 11200015-④302, ⑦76, ⑦84
爲「イヘリ」 11200015-⑤109
譯して爲イフ 11200015-⑤231
誰をか爲せむとイフヲ 11200015-⑥55
名爲イフす 11200015-⑥102
爲イフ「イヒ」 11200015-⑥104
號爲「イフ」 11200015-⑥110
名て爲イフて 11200015-⑦77
可し…爲イフ 11200015-⑧50
爲イフ幢と 11200015-⑨58
爲イフ欠と 11200015-⑨66
爲イフカ 11200015-⑨93
爲するイフヤト 11200015-⑨118
如…爲イハムカトすと(いふか)「スルカ」
11300014-②20
爲イフ…者もの 11510005-①84
爲イフ 11850004-④78, ⑤76
名爲イフと 11850004-⑦30
爲謂也 11850004-⑫32

〔申〕21726
申イフ　12860001-③65ｵ4(｜33)
〔發〕22669
發イヒテ　10200001(存疑)
〔白〕22678
所諮トフラひ白「ス」イフ　11200015-⑥26
〔稱〕25180
稱い(は)レたまふ　08305001-⑦138-23
稱イフ…ト　10505024-62ｳ4
稱イヒて　11050002-41ｳ
稱イヒ　11130001-③12ｳ
所の稱イフ　11130005-86ｵ
稱イフ　11340007-③16ｳ6
不復稱夭イノチミシカシトイフヘカラス　11505075-⑭111-1
稱イヱ…者　11860003-8
稱イヘリ　12840003-①17ｳ6, ①23ｵ5
〔約〕27242

約イフて　11340002-③2
〔納〕27264
納たまつとイヘ　10740003-③634
〔者〕28853
此の人者といふは　08305011-29-4
列者(イ)ハ、　09505116-27
者(イ)ハ、　09505116-127, 140, 200, 223,
234, 253, 260, 382, 421, 428, 454, 521, 578,
580, 585, 585, 589, 590, 592, 615, 615, 707
雜貴と者「イフハ」は　10165001-①226-7
者「イフハ」　10165001-①226-8
同なりと者イハ、　10200001-①13ｳ5
者イハ、　10240002-②2ｵ5, ②4ｳ2
請…者イハ　10505007-5-7
徊カルト者イハイハ　10505007-9-2
ト…者イヘリ　10505007-18-4
者イハ　10505007-20-2
者(トイ)ヘリ　10505007-28-5

擬ス…者リ　10505007-31-1
者ヘリ　10505007-33-3
者レハ　10505007-33-6
聞ム…者リ　10505007-42-8
附…者ヘリ　10505007-43-7
者リ　10505007-50-5
之甚キ也者ヘリ　10505007-55-7
欲スト…者ヘリ　10505007-58-1
遣サム…者リ　10505007-61-4
返ス…者ヘリ　10505007-61-5
加ク(ハ)ヘム/フ…者イヘリ　10505007-61-6
者トイフハ　10505024-4ｳ6, 5ｵ1, 13ｵ6, 13ｳ1,
14ｳ1, 15ｳ7, 16ｵ4, 16ｳ1, 17ｵ1, 17ｳ3, 20ｵ3,
21ｵ4, 22ｳ5, 23ｵ7, 24ｵ7, 30ｳ5, 31ｵ2, 31ｵ4,
43ｵ4, 45ｳ6, 46ｵ1, 46ｵ1, 48ｳ7, 49ｵ4, 49ｳ1,
49ｳ7, 50ｵ5, 50ｵ6, 50ｵ7, 50ｳ6, 51ｳ4, 53ｳ2,
53ｳ3, 55ｵ2, 55ｵ6, 55ｵ7, 55ｳ6, 56ｵ7, 56ｳ4,

57ウ4, 58オ1, 58オ5, 58オ7, 58ウ2, 58ウ6, 59ウ7,
61オ2, 61オ3, 62ウ4
トイフ者ハ 10505024-7ウ4
ヲ(?)者イハ、 10505024-8ウ1
〻〻(舍夷)者トイハ 10505024-10ウ2
ヲ者イハ、 10505024-15ウ6, 16ウ7, 20ウ2,
20ウ3, 23オ6, 24オ6, 26ウ3, 29オ4, 30オ4, 30オ6,
30ウ6, 31オ2, 31ウ4, 38オ2, 51オ1, 52ウ6, 53オ2,
54オ4, 54オ4, 55オ1, 56オ7, 57オ6, 57ウ2, 59オ2,
59オ4, 59ウ6
ト者イフ(ハ) 10505024-17ウ3
ヲイハ、者 10505024-28ウ7
トイフハ…者 10505024-29オ6, 38ウ2, 38ウ3,
38ウ3, 39オ1, 39オ2, 40オ1, 49ウ2, 54ウ2
「ト」者イフハ 10505024-34オ4
□〈ト〉者イフハ 10505024-37オ1
者トイフハ 10505024-41オ7
觀世音者トイハ 10505024-48ウ1

不休「ク」息者トイハ 10505024-49オ5
攝(ト)者「イ」ハ 10505024-58ウ6
像者イフツル 10580001
如く一字を者イフツルカ 10680005-4ウ
諸佛「トイハ」者 10740001-⑨49
「カ」「_」故「ニトイハ」て者「イハ」 10740001-⑪14
轉「ス」と者「イハ」 10740001-⑪25
展轉「ス」と者「イハ」 10740001-⑪32
昇…者「イハ」 10740001-⑪41
是「レ」なりと者イハは 10820003-②57
と者イハ(、) 10820003-②59
と者イハ、 10820003-②864
得「ウ」當「ヘシトイフ」者 10820003-③40
離(れ)てと「イフ」者「ハ」 10820003-④82
句義を者イハ、 10820003-④393
越(ゆ)る「トイフ」者は 10820003-⑤366
釋を者イハは 10820003-⑥450

破と爲すと者イハ、 10820003-⑦379
寂なりとイハ者ハ、 10820003-⑦573
得と者イハは 10820003-⑦575
聚沫の如しと者イハ、 10820003-⑦580
如「イフツルカコト(く)」者 10820003-⑧28
起「タツトイフ」者は 10820003-⑨336
眞言句「トイフ」者「ハ」 10820003-⑩51
釋を者イハ、 10820003-⑩703
方便「トイフ」者「ハ」 10820003-⑩707
者「(トイヘ)リ」 10870001-③328
者「イヌリ」 10990002-⑨167
者イハ、 11000001-31, 44
結せ／「スト」者は／「イフハ」 11005080-上36ウ1
救は／「ハ」不す／「ストイハ」者とは、／「ハ」 11005080-上63ウ1
對せ／「スト」者は／「イハ」 11005080-上77ウ3

往「-」生することゝ／「スルコト」得「ウト」者
といふは／「イハ」 11005080-上105オ5
阿耨菩提を得「ウ(ト)イハ」者といふは
11005080-上105オ5
釋ヲイハ、者 11020007-⑧4
者(ト)イハは 11020007-⑳32
有(り)と者イハ、 11030006-②4オ
當(し)とイハ者は 11030006-③2ウ
者とイフシ也 11140007-⑪52
者とイフ 11140007-⑪77
者イハ、 11140007-⑮57
者イフヲ 11140007-⑮121
者イフシヲ 11140007-⑮145
者イフシ(モ)のを 11140007-⑮148
幾の時そと者イフシヲ 11140007-⑯2
者イハ 11160007-③279
牛欄とイハ-者 11200015-④6
者ふは「イハ」 11200015-④32, ④301

者のニハ「イハ、」 11200015-④291
下クタルヲ「ルト」者はイハ 11200015-⑤121
者(イ)フツルカ 11200015-⑦21
者イフツ(ル)カ 11200015-⑦35
者イフツルカ 11200015-⑨84
聴トイ者ふは 11200015-⑩122
果ー(「ト」の誤か)イフ者は 11200015-⑩131
者トイヘリ 11240001
ト…者イハ、 11340006-5
懸カケ者(ト)イ(ハ) 11340007-①8オ3
行ユクトイハ者 11340007-②34オ3
朝雲トイフ者 11340007-②35ウ7
字を者イヒツルカ 11850004-⑦23
者(とい)ヘルカ 11850004-⑨35
四ト者イフハ 11860003-87
者トイハ 12505005
者ヘリ 12510006-24-7, 25-2
驪龍ト者イハ 12840003-①27オ6

馬トイハ者 12840003-①34ウ4
五聲(ト)イハ者 12840003-②22オ2
有肦子トイフ者 12840003-③2ウ5
有檀子トイフ者 12840003-③2ウ5
有り黔夫トイフ者 12840003-③2ウ6
有種首トイフ者 12840003-③2ウ6
有王奔トイフ者 12840003-③4ウ2
者トイヒシハ 18400001-⑤1-24, ⑤1-24
者トイハ、 18400001-⑥5-18
者トイフハ 18400001-⑥5-18

〔聞〕29104
聞イフ 08505019-45

〔觀〕34993
觀イフテ 11220002

〔言〕35205
言イハ(レ)ッ 08105005
言いフ 08305001-①7-10
應し…言いふ 08305001-③44-3

應し言いフ 08305001-③47-17
可し言いふ 08305001-⑥112-4
言フ 08305011-43-5
と言ふ 08505020-9-2
と言いふ者は 08505020-23-3
と言いふ者 08505020-26-13
言イ(フ) 09480002-22オ2
言云ヘシ 09505020-537
言はは 09505069-7
非輙言イフモ(ノ)に 10005008-㉒489
言へる菌と乎 10005008-㉔242
言イフ 10080002-①113
言ハ、 10100001
言「イフ」 10165001-①226-8
雖…告ケ「_」言「□〈フ〉ト」 10165001-①235-8
言「イフニ」いふに 10165001-①240-5
言「ヘハ」つは 10165001-①242-2

イフ

言フ 10200001-①5ウ6
言ヘル 10200001-④24ウ6(古點)
言イフ 10200001-⑥3オ4
言イフ 10230002-①113
言イハ、 10240002-②4ウ5, ②4ウ6
唱トナヘ-言イフコト 10250001-7
上カミに言インハ袈裟ニ畫セヨト 10250001-253
言ハ、 10450001-32, 77
言イフ 10450001-164
言いふ 10505019-②18
若言イハ、如來 10505019-㉕27
若言イハ、いは 10505019-㉖7
自み言イヒテ 10505019-㉛9
言イテ 10505019-㉛10
言い(?·)(ヒ) 10505019-㉛15
若言イハ、諸法は悉く有と自性 10505019-㊵8

若し言イフ 10505019-㊵43
應言イフヘシ 10505024-5オ4
言フ 10505024-10ウ1, 13ウ7, 19ウ3, 22ウ1, 23ウ4, 27オ2, 27ウ3, 28ウ3, 28ウ5, 43ウ3, 44オ4, 50オ7, 51オ5, 51ウ7, 52オ1
此コ、ニハ言フ 10505024-10ウ1, 37オ3, 37オ3, 50オ5
言トイフ 10505024-16オ7
言イフ 10505024-16ウ2, 17ウ5, 19ウ2, 20ウ6, 22オ5, 23ウ4, 26ウ7, 27オ4, 27ウ7, 28ウ3, 29オ3, 29オ3, 43ウ4, 43ウ6, 44オ1, 44オ5, 44オ6, 44オ7, 44ウ1, 47オ2, 51ウ5, 51ウ6
言イハ、 10505024-16ウ5
言イフ…也 10505024-23ウ3
此コ、ニハ言イフ 10505024-26ウ6, 37オ3
應ヘシ言イフ 10505024-27オ3, 37オ2
不カラス應言イフヘ 10505024-41オ5
言イフ 10505024-43ウ7

イフ

言イフニ易ヤス(カラ)未也 10990002-⑧169
言イヒ象アラハスコト 10990002-⑧204
言イフ 10990002-⑧240
何ヲカ言イハム 10990002-⑧275
睠カヘリミ言イヘハ 10990002-⑧405
言イヒシモ 10990002-⑨212
言イヒ已(リ)テ 10990002-⑩154
言フコトヲ 11000001-22
言インて 11005013-18
足ラク(「ク」は「ム」の誤)言イフニ哉 11005025-25ｵ5
言つは 11005080-上22ｳ4
言(は)むと「イハムト」欲ふ「スル」所 11005080-上60ｳ3
勝けて／「アケテ」言ふ／「フ」可(から)不 11005080-上68ｵ6
言はむや／「イフ」 11005080-上80ｵ7

言ふ／「イフ」者は／「ハ」 11005080-上87ｵ3
答して／「ヘテ」言ふ／「フ」應し／「シ」 11005080-上92ｵ5
有(り)と／「リト」言は／「イハ、」者は 11005080-上92ｳ1
言ふ／「フ」所 11005080-上98ｳ3
言「イフテ」 11005080-上100ｵ7
言ふ可(から)不す 11005080-上100ｵ7
と／「ト」言ふ／「イフ」者は／「ハ」 11005080-上100ｳ2
此コ、に／「コ、ニ」言ふ／「イフ」發心 11005080-上102ｳ4
言ふ／「フ」所の／「ノ」 11005080-上105ｳ3
非輙言イフモノ 11005115-㉒489
言イフ 11020002-②2
言イハ、いふ 11020007-⑤54
不復有ら言イフコト 11020007-⑤76
言フつり 11020007-⑳67

言イハムニ 11020007-⑳77
言フハへり 11020007-⑳89
言イハ、の 11020007-⑳102
言ハ、 11030006-②4ｵ, ③23ｵ, ③28ｳ
と言フハ 11030006-②4ｳ
と言フを 11030006-②10ｵ
(と)言『ヘリ』 11030006-②12ｵ
(と)言ヘリ 11030006-②12ｵ
と言フ 11030006-②18ｵ
を言フ 11030006-②35ｵ
言□〈フ〉 11030006-③1ｵ
言フ也 11030006-③5ｵ, ③6ｳ, ③23ｳ
言フ者は 11030006-③5ｵ, ③26ｳ
言フに 11030006-③11ｳ
言フ應し 11030006-③31ｳ
言イヘ 11130001-③3ｵ
言イフ 11130001-③3ｵ, ③18ｳ, ④16ｳ, ④20ｳ

有リ言イヘルこと　11130001-③6オ

言イハ　11130001-③7オ, ③7オ

言イヒ　11130001-③12オ

言イ(フ)　11130001-③14ウ, ④2オ

言イヒキ　11130001-④22オ

〻(言)イフ　11130001-④23オ

言「ハムニ」　11130003-①6

言イヒテ　11130003-①15

言フコト　11130003-①66

可シ難シテ言フ　11130003-①66

始テ言フ　11130005-76ウ

言イハ、　11140007-⑥74, ⑪49, ⑪67, ⑫7

言イフソ　11140007-⑥101

言「イフヘシ」「せよ」　11140007-⑧43

言イヒツル　11140007-⑮43

言イフ　11140007-⑮95, ⑳8

言イフハ　11140007-⑮97

言イヘハ　11140007-⑳57

言イフコトニ　11160007-②268

言イフ也　11160007-②482

言イハ、者　11160007-⑤75

唐には言フ香花宮城と　11200004-2

如の言ふ「フカ」　11200015-④171

言「イフ」「ハ」　11200015-④321

言く「イフ」　11200015-④345

如「トク」言「フカ」　11200015-④347

言イヒ　11200015-⑤70

不す「ヌ」「ヲハ」言イハ　11200015-⑤173

言フコト「コト」　11200015-⑤245

言「フソ」　11200015-⑥121

口には言イへは　11200015-⑧69

言イフテ　11200015-⑨40

言イフ　11200015-⑩23

言イヘルるは　11205001-21

言ハム　11210001-①103

言フヘシ　11210001-①103

言イヒ　11210001-②50

言□〈イ〉ヒ　11210001-②87

言といつり　11230001-②37

難し與に言ヒ　11230001-②125

言へは　11230001-②154, ②169

言イハ、　11230001-②199

言フ　11230001-②282, ②384

言イフモノ　11240002-6オ

言つ　11250002-24

言「イフ」マウスに「╱イヒシ(シ存疑)」に　11270012-109

言ハ、　11280014-①209, ①407

如シ…言ヒツルカ　11280014-①308

言フニ　11280014-①357

言ヘハ　11280014-①433

難…言ヒ　11280014-②11

言ヒキ　11280014-②44

言イフ　11340007-①4ウ7, ①37ウ1, ①44オ1, ②32ウ2, ④14ウ7

言ヘリ 11340007-①17オ4
雖イヘトモ…言イフト 11340007-②7ウ6
有言ヘルコト 11340007-②11オ3
言イフコト 11340007-③30オ7
言ヘハ 11340007-④10オ4
弗ス敢テ言イハ、(「、」衍)
11340007-④24オ4
言フ 11350010-32-5
語テ言フナリ 11350010-54-3
言イフ 11360001-12ウ3
言イヘ 11360002-③19
言イフ 11380002-天18ウ(別筆), 東26オ
應ヘシ言イヒツ 11380002-西18ウ
言イヘは
11380002-南9オ, 南9オ, 南26ウ, 南27ウ
言イフこと を 11380002-南48オ
言イ(フ) 11380002-南48オ
不言イハ 11380002-北26ウ

言イヘル 11390003-26オ
非むサラク言イハ 11420003-㉓1ウ
言イフ 11420003-㉓2オ
言イフ 11450006-11
言ヘル 11500001-5
言ヘルは 11500001-5
言イヘルこと 11505004-①12ウ3
不トキは言イ(ハ) 11505004-①23ウ5
言ヘ 11505004-①36オ1
言イヒ畢 11505075-⑳180-5
言イフコトヲ 11505084-3-1
言フ 11505100-619
言トイヒ 11510005-⑨225, ⑨229
不ム言イハ 11550009-1オ6
如クス言イフカ 11550009-22オ7
足ム言イフニ哉ヤ 11550009-29オ1
言イフ 11550009-37ウ5
言フ 11550009-38ウ5

不サルコト言ハ 11550009-50オ1
何ソ足ム言イフニ乎ヤ 11550009-57ウ4
悲シミ言フテ 11560001-4
言フ 11560001-5, 15
言フテ 11560001-8, 10, 12
言ヘ之 11580001-34
言フ 11620001
言(イ)フ 11630001-②7
可シ言(イ)フツ 11630001-②13
言焉コレヲイフ 11630001-②188
言イフ聲 11630001-②337
言イヘトイフ 11630001-⑤56
言イフト 11630001-⑤291
言イフコト 11630001-⑦161, ⑦267, ⑧276
言(イ)ヒ聲ノ、シルコト 11630001-⑧475
言(イ)フこと 11630001-⑧575
言ウ 11640001-②103
言イフニ 11690001-13

イフ

イフ

言イフ　13440001-7ウ
莫言イフ　13440001-35ウ
言イウ　13860001-17-5
言イウ　15080001
言イツシ　15080001
不サラマシ言イハ耳　15080001
言イテ　15110001-3
〔語〕35533
不れ與件て語(モノ)カタ(リセ)イヘ(「ヘ」は「ハ」の誤か)サ　10640006-①17
不…語イハ　10640006-①17
語イヒ已て　10670005-9
語イフ可(ケ)ムヤ　10990002-⑦84
語イヘハ　11000003-649
語イフ　11050002-67ウ
語イ(フ)　11130001-④7
語イヒ　11380002-東25オ
語イフ　11390003-17ウ

語イフ　11630001-②7
語イフ　12505020-㉝7
語イフニハ　12840003-③21オ6
〔說〕35556
說「イ」フ　11505075-⑭84-6
〔論〕35658
論イフ　11360001-48オ4
論イヘリ　11510005-⑧279
〔諷〕35741
諷イフ　11360001-52ウ3
〔謂〕35759
謂フ…とは　08305001-①15-14
謂いふ…とは　08305001-①18-20
謂いふ爲すとは　08305001-③47-2
と謂へり　08305011-13-6
謂いひて　09090001
謂イフ　09505003-4
謂イフ　09505020-60

謂イハム　10020001
謂イハム　10020001
謂イハムトハ　10020001
謂イハムトハ　10020001
謂イヒナム　10020001
謂イフ　10200001-⑨3オ8
謂イハ、　10240002-②2オ1
謂イ(ひ)て　10240002-②13ウ1
謂イハム く　10240002-②17ウ2
謂トイハムトソ　10430002-⑬28
是を謂フ…と　10505003-①307
謂ふ　10505003-①329
謂イフも　10505003-①365
謂イフて　10505003-③91
謂フ之レヲ歟カ　10505007-9-2
謂イフテ　10505024-6ウ3
謂イハム　10505024-40オ5
謂イフ　10640005-①22ウ

イフ

謂イフ　10680005-2ウ
謂イフ　10705001-①4
謂イヒて　10705001-①7
謂イ(フ)　10705004-85
謂イ(ヒテ)　10730001-⑨3ウ5, ⑨13ウ9
謂イハシメ　10730001-⑨12オ7
謂イムテ　10790006
と謂つり　10820003-②92, ②454
と謂イふ　10820003-②98
と謂ふか如し　10820003-②275
と謂つる　10820003-②283
謂「フ」　10820003-③113
謂「イフ」　10820003-③146
謂「イハク」　10820003-③146, ⑩247
と謂イハ、　10820003-③148
謂「イフテ」　10820003-③692, ⑩352
謂「イハムトナリ」也　10820003-④52
謂「ヘリ」　10820003-④479

謂「ヘリ」と　10820003-⑤576
謂イフと(いふ)者は　10820003-⑥317
謂「イフニハ」　10820003-⑥566
謂「イハ、」　10820003-⑥672
謂「イハムト」　10820003-⑦42
謂イハ、　10820003-⑦294
謂つり　10820003-⑦431
非天と謂「イフ」　10820003-⑧659
謂イハムトソ也　10820003-⑨495
謂「イフニ」　10820003-⑩153
謂フテ…曰ク　10860002-4オ7
謂フテ曰ク　10860002-5オ1
謂イハム　10870001-⑤163
謂フ　10970003-15-6
謂「イヒ(テ)」曰「(ハク)」　10990002-⑨222
謂イハムヤ　10990002-⑨289
謂イハムヤ乎　10990002-⑩216
謂フ　11000001-14

謂イフテ　11005002-2
謂フ…極カト　11005025-3オ6
謂フ　11005025-19ウ7, 20ウ1
謂ふて／「オモムテ」　11005080-上27オ7
謂カタ(り)て／「イフテ」　11005080-上44ウ1
相ひ／「ヒ」謂(か)た(り)て／「インテ」言く
／「ク」　11005080-上70ウ5
謂「ヘハ」　11005080-上86ウ7, 上87オ1
謂ふ　11005080-上86ウ7, 上87オ1
謂「イハ」者は／「ハ」　11005080-上88オ3
謂は／「イハ」者は／「ハ」　11005080-上88オ3
生せ／「セ」不すと／「スト」謂といはむトニ
ハ／「イハム」非す／「ス」也　11005080-上105オ7
謂「イフテ」　11020007-①73, ②13
謂イフ　オモフ　11020007-②54
謂イハ、は　11020007-⑱69
謂フテ　11030006-②13ウ

謂イフテ　11030006-②16ウ, ③16ウ
謂ハムカ如(し)　11030006-②50ウ
得と謂イハ者は　11030006-③10ウ, ③10ウ
謂フ　11050002-30オ
謂イフ　11050002-60ウ
謂イハ、　11060003
謂イフ　11130001-③16オ
謂イハ、　11140007-⑩2
謂イフ　11140007-⑮103
謂イフコトなり　11140007-⑮139
謂ハ、　11140007-⑯90
謂イフヘシ焉　11160007-⑥46
謂フ…(ト)　11200004-8
謂イフ　11200015-⑥118, ⑦75
謂オモフイハ、　11200015-⑩16
謂フ之を…と　11230001-②161
謂フ之を風と　11230001-②167
謂ヒ之を愚なりと　11230001-②219

謂フ之を智なりと　11230001-②219
謂フ　11230001-②228, ②264, ②265, ②277, ②278, ②410, ②410
謂(フ)なり　11230001-②267
謂カタラヒタマハク イヒテ　11230003-②16
謂(ひ)て賊に曰ク　11260001-③47
謂(ひ)て衆人に曰ク　11260001-③130
相ヒ謂(ひ)て曰ク　11260001-③357, ③361, ③393
謂(ふ)之を大衆部と　11260001-③364
謂(ふ)僧コウ音奉音婆と　11260001-③388
謂イフ　11280014-①503
謂イフナリ　11280014-③5
謂フ　11280014-④159
謂フトモ　11300001-⑧45
謂フ…と　11340002-①80
欲スレハ謂イハムト　11340007-①4ウ4
謂「イフ」　11340007-①24ウ5, ③26オ6(上欄外), ④26オ4

謂「フ」「イフ」　11340007-①25ウ6, ①25ウ6
謂イフ　11340007-①30ウ1, ②6ウ7, ②18ウ4
謂イハムヤ　11340007-①32ウ6
謂フッ　11340007-④31オ2
謂「イハム」　11340007-④52ウ5
何「ナント」謂「イフコトソヤ」也　11340007-④57ウ4
謂イフ　11360001-21ウ2
謂イフ　11380002-南42オ, 南46ウ
謂イハ(「ハ」衍か)之て曰　11390003-5オ(存疑)
謂イフ　11420003-㉓11オ
謂イヘリイフナラシ之を矣　11450001-⑲1ウ9
謂イフ　11450001-㉒3-9, ㉒7-13
謂フ　11450001-㉒4-20
謂イフテ　11450006-9
謂イ(フ)は　11505075-⑪9-2

イフ

謂イ(ヒ)て 11505075-⑭75-3
謂(ヒ)テ曰 11505100-209
謂フ 11505100-650
謂イハムトニハ 11510005-⑥238
謂イフ 11510005-⑩203
謂フ 11550009-38ウ4
何ナニヲカ謂フ…乎ヤ 11550009-42オ5
何ナニモノトカイ(フ)謂也 11630001-①186
謂(イ)フ 11630001-②7, ②11, ②13, ②18, ②27, ②30, ②31, ②63, ②97, ②159, ③347, ⑤284, ⑥217, ⑦113, ⑦145, ⑧5, ⑧18, ⑧127, ⑧159
謂フ 11630001-②94
謂イフ也 11630001-③394
謂(イ)フナリ 11630001-⑧279
謂イヘハ 11705071-60
謂イハ、 11850004-⑥33

謂イフ 11850004-⑩10
可シ謂イフ 11860003-186, 186
謂イフ 11860003-188
不す謂イハ 12005006-下27
謂イフ 12110002-16, 16
謂ハム乎 12140002-⑪18
謂フ 12140002-⑫62, ⑫137
謂イフ 12410003-28-7
謂フ 12410003-34-4
謂フ(?) 12505010-107
謂イフ 12505010-151, 386
謂イフトキハ 12505019-10ウ
謂イヘリ 12505019-15ウ
謂イフ 12505019-21オ, 26オ, 28ウ, 28ウ, 29オ, 41ウ, 53ウ
謂イヒ 12505019-37オ, 49オ
謂イフテ 12505019-41ウ
謂イフトモ 12505019-43ウ

謂イフヤ 12505072-15
謂イフ 12505072-23
謂イハ(ム) 12510006-43-13
謂フ 12840003-①13オ5, ①23オ1, ①33オ5, ②5オ3, ②18ウ3, ③3オ7
謂ウ之ヲ神ト 12840003-①26オ4
謂イウ 12840003-①31オ6, ②13ウ6
謂フニ 12840003-①31ウ7
謂(ヒ)テ曰ク 12840003-①35オ4, ③5ウ4
謂ハンニ 12840003-①37ウ2
謂イフ 12840003-②13ウ7
禮記ニ謂フ 12840003-②22ウ7
謂フナリ 12840003-③9ウ5
謂イフ 13505007-10
謂イウ 13860001-29-5
謂イヒテ言イハク 18400001-②13-11

〔道〕39010

道イフ 10165001-①265-2

道イフて　10165001-①270-6
容むや…道イフへ　10165001-①273-2
道イハ　10165001-②3ウ3
不道イハ　10165001-②22ウ1
道イフに　10505030-72
道イフッ　10570001-20
道「イフ」者ハ　10820003-⑩230
道イフ(上上)可ケムヤ　10990002-⑧176
何足む道イフニ　11000003-600
道云ヤと　11020007-⑯8
不す道イハ　11020007-⑳82
道イフ　11130001-③10ウ, ④3ウ
道イフヲを　11130005-26オ
道イフ　11130005-29オ
不道イハ　11130005-85オ
道イフこと　11140007-⑩27
道イフそ　11140007-⑯43
不道イハ　11140007-⑳62

道イフと　11200015-⑦103
不す道イハ　11230001-②145
道イフ　11230001-②181
道イフ　11280014-③79
道イヘトモ　11280014-③86
不レハ道イハ　11280014-③176
道フ　11280014-③284
道イヘリ　11340007-②18ウ1
道イフをは　11380001-⑯27-5
道イフヲハ　11380001-⑯27-6
道イフ　11380001-⑯49-3
道イフニ　11380001-⑰50-7
道イフ　11380002-天7オ, 地8オ, 南13ウ
不道イハ　11380002-地2ウ
道イフカ　11380002-南9オ
道ヒケム　11380002-南23オ
道イヒ　11970004-3ウ6
道イフ　12505019-52ウ

道イフ　12505020-㉝2
不道イハ　12505035-2ウ2
道イフ　12505035-8ウ1
道イハ、　12505072-17
道イフ有功　12505072-17
道イウ　13860001-15-6

〔遺〕39134
遺イハシム耳語サ、メコトヲ　10590005-14(存疑)

〔陳〕41698
陳いふ　08505020-6-15

[補讀]
劣オト□(「レ」か)リトイフ　08005005-29
劣オトレリトイフ　08005005-29
劣トイフ　08005005-29
何トイフコトヲ　08005005-48
南謨(し)たてまつルトイへ　08305001-⑤84-9

與ヘヨとイヘ　08305001-⑥111-10

莎訶トイヘ　08305001-⑦125-20

南謨(し)たてまつるとイヘ　08305001-⑧148-8

受クヘクナリヌトイヘ　08305001-⑧152-13

令(む)といヒたり得　08305001-⑨183-14

不如ト云カ如　08305004-10

都无トイフトモ　08305004-37

不ト云事　08305004-60

穢ト云テ　08305004-72

不トイフ受給　08305004-152

无不トイフ宿ヤトリ給所　08305004-152

略教ト云テ　08305004-205

彼方ノ言物イフヲタニ　08305004-374

度ト云テ　08305004-383

出ト　トイヘリ　08305005-赭點

といふヨリ　08305011-3-9, 17-9, 21-2,
21-3, 23-4, 23-5, 33-5, 53-6, 53-7, 57-2,
57-3, 57-3, 57-4, 79-8, 101-4, 101-5,
101-7

といふは…そ　08305011-17-4, 17-4, 17-5,
17-5, 17-6, 161-5, 171-3

ことをいふ　08305011-21-2, 21-2, 21-3,
49-5, 57-3, 57-5, 59-9, 61-1, 61-1, 61-2,
61-6, 63-8, 69-2, 73-9, 77-2, 99-6,
115-11, 175-7, 175-9, 177-1, 177-5,
177-7, 177-8, 185-5, 185-9, 187-4, 187-9,
191-4, 191-7

することをいふ　08305011-21-3, 47-3, 185-7, 189-9

報應といふなり　08305011-35-1

離(れ)不すといふことを　08305011-45-7

彼岸といふに　08305011-53-1

作といひ宮といふか中に　08305011-57-5

といふヨリ以上は　08305011-79-8

に據りていふ　08305011-89-1

據していふ　08305011-89-2

といふヨリ以下　08305011-99-8

をいふ　08305011-101-8, 109-5, 111-3,
113-4, 117-3, 117-3, 117-4, 117-4, 117-4,
177-2, 179-1, 185-2

本生の之處(に)オきてといふ　08305011-109-6

故にといへり　08305011-113-3, 117-7

に依てはといふは　08305011-125-5

(ことを)いふ　08305011-177-9

といへり　08305011-181-9, 185-8

時節をいふ　08305011-183-9

前イヒツルカ　08505005

冥目ヒシクトイフトモ　08505007-①5-9

闇ソラニイフト　08505007-②10-3

作云フ事　08505019-4

奚(平)トイヒシヒトノ　08505019-50

盈云テ　08505019-64

儀(去)ヲイフ「ヲイフ」 10165001-①229-4
牀ヲイフ 10165001-①229-4
非コ□□(トヲ)イフ「コトヲイフ」 10165001-①229-4
分れりコトヲ「コトヲイフ」 10165001-①229-5
去サクルコトヲ「コトヲイフ」 10165001-①229-5
成スコトヲ、、(「、、」は「イフ」) 10165001-①229-6
觀ルコト、、、「コトヲイフ」(「、、、」は「ヲイフ」) 10165001-①229-6
嚼ムコト、、、、「カムコトヲイフ」(「、、、、」は「トヲイフ」) 10165001-①229-6
赴クコト、、、、「オモフクコトヲイフ」(「、、、、」は「トヲイフ」) 10165001-①229-6
所-須ヲ、、「ヲイフ」(「、、」は「イフ」) 10165001-①229-7
喪(去)サウ「サウ」制(去)ヲ、、「ヲイフ」(「、、」は「イフ」) 10165001-①229-7
法式ヲ「ヲイフ」 10165001-①229-7

合「-」不ヲ、、「ヲイフ」(「、、」は「イフ」) 10165001-①230-1
孔「コトヲイフ」 10165001-①230-1
具儀「コトヲイフ」 10165001-①230-2
軌「-」則ヲ、、「ヲイフ」(「、、」は「イフ」) 10165001-①230-2
隨コトヲ、、「コトヲイフ」(「、、」は「イフ」) 10165001-①230-2
不コト、、、「コトヲイフ」(「、、、」は「ヲイフ」)相 10165001-①230-3
「ヒ」ひ扶「ケ」
少キコト、、、「コトヲイフ」(「、、、」は「ヲイフ」)病 10165001-①230-3
方法ヲ、、「ヲイフ」(「、、」は「イフ」) 10165001-①230-3
道ヲ、、「ヲイフ」(「、、」は「イフ」) 10165001-①230-4
相-遇コト、、、「コトヲイフ」(「、、、」は「ヲイフ」) 10165001-①230-4

體サトルコ、、、、「コトヲイフ」(「、、、、」は「トヲイフ」) 10165001-①230-4
觀ミ、、、「コトヲイフ」(「、、、」は「ルコト」) 10165001-①230-5
方法「ヲイフ」 10165001-①230-5
灌沐『シタテマツルコ、、、、「コトヲイフ」(「、、、、」は「トヲイフ」)「、、、」(擦消)』 10165001-①230-6
乖タカヒ、、、「コトヲイフ」 10165001-①230-6
體(上)(「上」)ヲ、、「レイヲイフ」(「、、」は「イフ」) 10165001-①230-6
儀ヲ、、「ヲイフ」(「、、」は「イフ」) 10165001-①230-7
受用スル、、、、、「コトヲイフ」(「、、、、、」は「コトヲイフ」) 10165001-①230-8
獲「コトヲイフ」 10165001-①230-8
合「-」□「ヲイフ」 10165001-①230-8
不コト、、、、「ルコトヲイフ」爲セ「セ」 10165001-①231-1

非コトヲイフ　10165001-①231-8
儀ヲイフ　10165001-①232-6
小牀ヲイハ、　10165001-①234-1
非「トイフコト」　10165001-①236-1
云「イフコトハ」いふこと　10165001-①239-7
有「トイフ」…者「ハ」といふ　10165001-①239-8
有とイハ、　10200001-①1ウ4, ①5オ4, ①5オ5, ①5オ5, ①7ウ7
説とイハ、　10200001-①2オ4
生せりとイフコトヲ　10200001-①3オ4, ①3オ4
異なりと者イハ、　10200001-①3ウ7
无シとイハ、　10200001-①4オ1
者イハ、　10200001-①4オ1, ①4ウ1, ①5ウ3, ①22オ5
非とイフコト　10200001-①4オ2
如しとイハ、　10200001-①4オ8
不とイハ、　10200001-①5オ2
无とイハ、　10200001-①5オ5, ①5オ8

常なりとイフヲモテ　10200001-①8オ4
有イフコトヲ　10200001-①8オ7
遍せりとイハ、　10200001-①9オ3
同なりとイハ、　10200001-①9オ6
一なりとイフニ　10200001-①9オ7
所得なりとイフ　10200001-①10オ7
所見なりとイフヲモテ　10200001-①10ウ8
異なりとイフカ　10200001-①11ウ7
遍せりとイフヲモテ　10200001-①12ウ8
有とイフ　10200001-①13オ6
取とイフ　10200001-①13ウ8
異なりとイフコト　10200001-①15オ1
非とイフモ　10200001-①15オ5
表つとイハ、　10200001-①15ウ5, ①15ウ6
遮なりとイハ、　10200001-①15ウ7
非とイフコトモ　10200001-①19ウ7
有なり(ト)イフコトヲ　10200001-①22オ1
起イハ、　10200001-①22オ4

待とイハ、　10200001-①22オ5
名とイハ、　10200001-①24オ3
異なりとイハ、　10200001-②1オ7
轉すとイヘリ　10200001-②8オ4
相續せりとイヒテ　10200001-③27ウ5
如とイヘリ　10200001-③30オ2, ④3ウ6
倶なりとイヘリ　10200001-④3ウ7
障とイハムトソ　10200001-⑤8ウ3
然かイヒツ、　10200001-⑤13ウ4
性とイヘルカ か　10200001-⑥4オ3
具とイヒツ　10200001-⑥9ウ6
増とイヘルカ　10200001-⑥10オ3
依てイフ　10200001-⑥16ウ7
依てイヘリ　10200001-⑥18ウ3, ⑥18ウ8
流なりとイハムトソ　10200001-⑥24オ2
无と(イ)ハ、　10200001-⑥25オ7
起とイヘルカ　10200001-⑦9ウ3
有とイヘル　10200001-⑦29オ4, ⑧15ウ1

イフ

依トイヘル 10200001-⑧15ウ1
不とイハ、變して似ノラ 10200001-⑨14ウ2
計してイハ 10240002-②1オ5
計してイハ、 10240002-②2ウ1
名くとイハ 10240002-②9ウ6
此經を名とイヘリ 10480001-6
現薩埵身と等イハ 10480001-548
發るトイハ 10480001-550
故なりとイハムカ 10505003-①175
與むとイフ 10505003-①221
不とイフ 10505003-①234
求よとイヒキ 10505003-①250
說マフトイフ 10505003-①259
隨喜し讃歎すとイフ 10505003-③123
還サムトイヘリ-時 10505007-4-5
由(平)ユ「ユ□」(消)弓(平)キウトイシヒトノ
ナ、リ者人名也 10505007-22-1
子-柱(去)チウトイシヒトハ人名也 10505007-22-2

誅ウタムトイフ 10505007-34-7
豈アムニ謂非ゥ(「ゥ」は「ラ」の誤か)ムヤ運
トイハムカ也 10505007-52-1
賜ヘトイヘリ 10505007-55-5
非空トイフナリ 10505019-㉑4
我當に　とイヒキ涅槃 10505019-㉕50
大目揵連トイフハ 10505024-1オ2
吉キツ占セム師子トイヘルハ 10505024-1オ4
度(平)トイフ 10505024-1オ4
ゝゝ(柯羅)トイフハ 10505024-5オ4
好(平)-肩ア(存疑)ケントイ云 10505024-5オ4
无ナシトイフ 10505024-5ウ2
觀ト(衍か)心□イフハ 10505024-9オ1
阿-㝹-樓ル駄トイフハ 10505024-9オ2
釋迦トイフハ 10505024-11オ1
憍ケウ梵ホム波ハ提タイトイフハ 10505024-14ウ3

牛跡シアクトイフ 10505024-14ウ3
離リ婆ハ多ダ(濁點存疑)トイフハ 10505024-16オ1
假ケ和ワ合カフトイフ 10505024-16オ2
身(ト)イフコトヲ 10505024-16オ7
畢ヒツ陵リヨウ伽カ婆ハ蹉「シヤ」トイフハ 10505024-17オ2
駐ト、メヨトイフ 10505024-17オ3
本迹ヲイハ、 10505024-17ウ1
摩マ訶カ-拘ク-絺チ羅ラトイフハ 10505024-19オ1
忍ストイハ、 10505024-19ウ4
不ストイハ、忍セ 10505024-19ウ4
難-陁トイフハ 10505024-20オ5
食セムトイヒキ 10505024-21ウ6
富フ樓ル那ナトイフハ 10505024-22オ3
尼ニトイフハ 10505024-22オ3

彌多羅ラトイフハ 10505024-22ｵ3
須-菩-提トイフハ 10505024-23ｳ1
无ム-染セムトイフ 10505024-24ｳ1
阿難トイフハ 10505024-24ｳ1
无ナシ不フコト歡喜セストイ 10505024-25ｵ1
羅ラ睺コ羅ラトイフハ 10505024-26ｳ5
羅-睺トイフハ 10505024-27ｵ2
〻(誘)トイフハ 10505024-27ｳ3
六-結「ケツ」トイフハ 10505024-29ｵ3
所-化トイフハ 10505024-32ｳ2
皆得陁羅尼トイフヨリ 10505024-40ｵ6
皆-得-陁羅-尼トイフハ 10505024-41ｳ2
樂-說辨-才トイフハ 10505024-41ｳ4
轉-不-退-法輪トイフハ 10505024-41ｳ6
供養百千諸佛トイフハ 10505024-42ｵ1
本トイフハ 10505024-42ｵ4
以イ-慈シ-修-身トイフハ 10505024-42ｳ1

善入佛惠トイフハ 10505024-42ｳ4
通ッ-達タ大-智トイフハ 10505024-42ｳ6
到タウ-於彼岸トイフハ 10505024-43ｵ1
名-稱普-聞トイフハ 10505024-43ｵ2
下支(上)「シ」トイフハ 10505024-45ｵ3
空觀トイフハ 10505024-46ｵ3
供養諸佛トイフハ 10505024-46ｳ3
文殊師利トイフハ 10505024-47ｳ6
如是トイフヨリ 10505024-51ｵ2
俗ソク衆トイフ 10505024-51ｵ3
凡ホム夫フ-衆トイフ 10505024-51ｵ3
釋-提桓-因トイフハ 10505024-52ｵ2
旃(去)提(上)羅(上)トイフ 10505024-52ｵ3
普-香トイフハ是レ 10505024-53ｵ7
常-主トイフハ 10505024-54ｵ5
樂王トイフハ 10505024-54ｵ5
淨王トイフハ 10505024-54ｵ6
自-在トイフハ 10505024-54ｳ6

娑婆トイフハ 10505024-55ｵ3
〻(雜)トイフハ 10505024-55ｵ6
受福トイフ 10505024-56ｵ1
罣クェ㝵ケトイフ 10505024-56ｵ1
无想トイフ 10505024-56ｵ1
大自在トイフハ 10505024-56ｵ2
娑サシア-伽-羅トイフハ 10505024-56ｳ1
和修吉トイフハ 10505024-56ｳ2
多-頭「ツ」トイフ 10505024-56ｳ3
阿那婆達多トイフハ 10505024-56ｳ6
摩マ那ナ斯シトイフハ 10505024-57ｵ7
大力リキ等トイフ 10505024-57ｵ7
漚ウ鉢ハニ羅ラトイフハ 10505024-57ｳ2
〻(因)トイフハ 10505024-57ｳ4
臭(去)シウ香「カウ」トイフ 10505024-58ｵ6
樂音「カクオム」トイフハ 10505024-58ｵ7
美音トイフハ 10505024-58ｳ1
佉カ-羅ラ騫コニトイフハ 10505024-59ｵ3

毗ヒ摩マ質シチ多トイフハ　10505024-59オ5

色-心本-浄トイフ　10505024-59ウ6

衰オトロフトイフ　10505024-60オ5

如意トイフハ　10505024-61オ4

韋提希トイフハ　10505024-61ウ6

宣說眞言道「の」句法「を」トインハ　10505069-①34

生長イハサラムカ之行者　10505069-⑪30

據てイハ、　10570001-1

一性なりトイツ(ハ)　10570001-16

一性なりトイヒツ　10570001-19

天-王とトイフハ者　10730001-⑩4-4

世諦門「トイハ」　10740001-③80

瑒(「去濁」)タウ迦(「上」)トイフ　10740001-⑤46

防雨「トイフヨリ」已「-」下　10740001-⑦4

爾「クノミ」「シカイフ」　10740001-⑦99

金剛「トイハ」「ふは」　10740001-⑨15

無「シ」不「云事」除也　10740001-⑨22

是「ナリト云事」　10740001-⑩52

可「イフヘシ」　10740001-⑬122

樹「云ハ」謂　10740001-⑬128

『燥』(朱書)「サウトイハ」　10740001-⑭17

類トイフ　10740003-①560

訖キ娑囉粥(ト)イハ　10740003-①748

如くイフヘシ　10740003-③75

去タマヘトイヘ　10740003-③76

受とイヘ　10740003-③84

降たまへとイヘ　10740003-③86

來降たまへトイヘ　10740003-③91

納オサムヘシトイヒ　10740003-③125

垂たまへとイへ　10740003-③641

索訶娑婆名云也　10790002-7オ6

造イタセト云　10790002-7ウ2

瞿摩コマヲイフ也　10790002-8ウ2

忿-怒する耶やと「イフ」　10820003-②11

發す(と)イハ、　10820003-②17

計すとイフ　10820003-②24

隨(ふ)とイフ「イハ、」　10820003-②25

有(り)とイフこと　10820003-②33

補特「ト」伽羅(と)イフハ謂く　10820003-②37

遍「(すと)イハ、」　10820003-②47

爲とイヘリ　10820003-②51

一「トイハ、」(は)　10820003-②58

能執所執とイフハ　10820003-②60

有り「トイフ」　10820003-②61

云ハク…(とい)ヘルハ　10820003-②72

末那とイフ(は)　10820003-②72

如しとイフ　10820003-②77

聲とイフハ　10820003-②81

常住なりと「トイフ」　10820003-②83

无(し)とイフ　10820003-②85

者ものなりとイフカ如し　10820003-②89

生(め)りとイヒテ　10820003-②96
梵音には…とイフ　10820003-②99
順理とイフハ　10820003-②99
宗なりとイフ　10820003-②100
順とイフハ　10820003-②102
免マヌカルとイへり　10820003-②116
尊-宿「トイハ」　10820003-②132
得トイフコトヲ　10820003-②154
「勝心(なりと)イフ」　10820003-②157
商羯「キヤ」羅とイフハ　10820003-②160
嚕捺囉とイフ　10820003-②161
倶-吠「ヘイ」囉等なりとイフハ　10820003-②162
梵天后とイフハ　10820003-②162
龍尊とイフハ　10820003-②162
圍陀とイフハ　10820003-②167
天仙とイフハ謂く　10820003-②167
善に(あら)不乎やとイハムカ　10820003-②212
受生心「トイフハ」(といふといふは)　10820003-②232
心相とイフハ　10820003-②232
同-性なりとイフハ　10820003-②233
无貪心と(いふと)イフハ　10820003-②242
隨順する者「ナリトイフハ」なり　10820003-②242
嗔心(といふ)とイフハ　10820003-②246
怒とイフハ　10820003-②246
慈心(といふ)とイフハ　10820003-②249
據(て)イフ「ヨテ」　10820003-②250
癡心(といふ)とイフハ　10820003-②252
智心(といふ)とイフハ　10820003-②255
決定心(といふ)とイフハ　10820003-②259
疑心(といふ)とイフハ　10820003-②259
か如しとイへり　10820003-②264
闇心(といふ)とイフハ　10820003-②266
明心と(いふと)イフハ　10820003-②269
明心「ナリトイフコトヲ」なり　10820003-②271
積聚心(といふ)とイフハ　10820003-②272
鬪「トウ」心(といふ)とイフハ　10820003-②276
性と爲すとイフ　10820003-②284
自在とイフハ　10820003-②311, ⑥662
ノ如(し)とイフハ　10820003-②324
得むやとイハムカ　10820003-②328
對治とイフハ「ハ」　10820003-②331
辨せ會むとイフコト　10820003-②332
實に(あら)不すとイフ　10820003-②347
非すとイハムか如く　10820003-②360
爲不(ら)むとイフカ如く　10820003-②367
當に苦報を受く[當](しと)イフカ如く　10820003-②410
發起とイフハ謂く　10820003-②410
泥心とイフハ　10820003-②437
毒とイフハ　10820003-②457

淨-除(せ)不とイフこと無し　10820003-③53
無(し)とイフカ如し　10820003-③53
幻なりとイフ　10820003-③57
空においてイヘハ　10820003-③71
中に(おいて)イヘハ　10820003-③71
有においてイヘハ　10820003-③71
故にとイハムカ如くなり　10820003-③79
非ぬ「トイフ」　10820003-③133
非す「トイフカコトシ」　10820003-③136
生すとイフハ　10820003-③148
上とイフハ　10820003-③162, ⑤320, ⑥425
下(とい)フハ　10820003-③164
成就せ不すとイフこと無し　10820003-③231
明すとイハムトソ　10820003-③265
故にとイハムカ如く　10820003-③270
以てとイハムカ如く　10820003-③275

周ヲ不すとイフ所無し　10820003-③294
義をイハ、　10820003-③311
大會とイフハ　10820003-③331
不すとイフこと无し　10820003-③333
修行とイフハ　10820003-③334
折(上)「シヤ」利(上)「リ」耶(平)とイフ也　10820003-③338
不二(なり)とイフ(こと)を　10820003-③391
入(りたまひ)ぬとイフハ　10820003-③395
故(に)とイフ　10820003-③399
爾(し)かイハ不は　10820003-③414
慈悲とイフハ　10820003-③425
兼「(か)ネ」綜「スヘタリトイフ」　10820003-③429
質(と)イフハ　10820003-③459
遮とイフハ　10820003-③460
无遷變とイフハ　10820003-③460
通達せ不すとイフこと无し　10820003-③484

離(れ)不すとイフこと无し　10820003-③488
成せ不すとイフ者もの　10820003-③496
調柔とイフハ　10820003-③521
絶スクレ不すとイフこと無し　10820003-③523
爲(ら)不すとイフ所　10820003-③526
爲「セ」不すとイフ所　10820003-③527
勇健とイフハ　10820003-③557, ④619
識(ら)不すとイフこと无(か)れ也　10820003-③569
見てはとイフハ者　10820003-③578
阿毗(上)目(上)「ホ」訖底「チ」(と)イフハ　10820003-③589
捨「シヤ」攞「ラ」駄(墨)(上濁)とイフハ　10820003-③591
信すとイフ　10820003-③593

勤勇とイフハ　10820003-③597
得ヘシトイフか如く　10820003-③598
說(く)ことなりとイフ也　10820003-③623
住處「ナリトイハムトソ」　10820003-③629
坐(す)とイフハ　10820003-③631
行者とイフハ　10820003-③645
鴈とイフハ　10820003-③671
水とイフハ　10820003-③674
莊嚴とイフハ　10820003-③677
次なり(と)「イヘリ」也　10820003-③682
所(なり)とイフハ　10820003-③685
毗「ヒ」訶羅とイフハ　10820003-③695
脩す「(と)イフハ」　10820003-③701
其の次なり「トイフ」也　10820003-③704
房(と)イフハ　10820003-③709
樓閣とイフハ　10820003-③710
池とイフハ　10820003-③711, ③716
苑とイフハ　10820003-③712

園「ヲン」とイフハ　10820003-③717
火神とイフハ　10820003-④6
天廟「火ウ」とイフハ　10820003-④12
制底とイフハ　10820003-④18, ⑥602
攢-流とイフハ　10820003-④24
天祠とイフハ　10820003-④29
空室とイフハ　10820003-④31
處とイフハ　10820003-④34
教授すへしとイフ(を)　10820003-④57
得不すとイフこと　10820003-④58
攝せ不すとイフ所　10820003-④60
…弭(上)ヒとイフ　10820003-④78
蟲蟻「トイフハ」　10820003-④78
去「サケヨトイハムト」也　10820003-④79
毒蟲とイフハ　10820003-④80
礫「リヤク」「-」石「トイハ」　10820003-④91
毛髮とイフハ　10820003-④100
灰炭とイフハ　10820003-④103

刺「シ」骨とイフ(は)　10820003-④105
朽「ク」木とイフハ　10820003-④107
羅睺とイフハ　10820003-④139
計都とイフハ　10820003-④140
地の上とイフハ　10820003-④145
空中とイフハ　10820003-④149
達(せ)不すとイフ所　10820003-④158
圓-明ナラ不すとイフこと　10820003-④183
釳(上)「キ」嘌(上)「リ」何(上)とイフ　10820003-④188
含すとイハムトソ也　10820003-④246
怛他とイフハ　10820003-④261
爾時薄伽梵「トイフ」　10820003-④297
非すとイフ(こと)を　10820003-④326
普遍(し)たまへりとイフ心を　10820003-④373
灑-淨「セヨ(と)イフハ」　10820003-④378
爲なり「トイフ」也　10820003-④380

運布「セヨトイフハ」 10820003-⑤368
鬢「ヒン」䕼「ヌイトイフハ」 10820003-⑤381
眞金とイフハ 10820003-⑤394
照「テ」(らさ)不すとイフ 10820003-⑤395
多曜とイフハ 10820003-⑤417
青蓮花とイフハ 10820003-⑤417
白とイフハ 10820003-⑤419
青とイフハ 10820003-⑤419
遇花の如しとイフハ 10820003-⑤453
通せ不すとイフ 10820003-⑤470, ⑤675
爲なりとイフことを 10820003-⑤497
爲もてなりとイフ 10820003-⑤505
第二とイフハ 10820003-⑤507, ⑧439
遍せ不すとイフ 10820003-⑤521, ⑩262
滿足す(と)「イフナリ」 10820003-⑤525
毗尼とイフハ 10820003-⑤573
嚕捺羅「トイフコト」 10820003-⑤578
本位をイハ、 10820003-⑤588

同「トイ(フ)コトヲ」 10820003-⑤599
欝金とイフハ 10820003-⑤608
成就せりとイフことを 10820003-⑤609
異(なら)不すとイフことを 10820003-⑤612
作(る)とイフハ 10820003-⑤617
眷屬とイフハ 10820003-⑤651
有(り)とイフことを 10820003-⑤654
刀とイフハ則 10820003-⑥183
吃「キ」嘌「リ」瑟拏とイフハ 10820003-⑥224
臂「ヒ」多とイフハ 10820003-⑥224
路係「ケイ」多とイフハ 10820003-⑥224
訖勞「キラウ」 とイフハ 10820003-⑥226
遜那「ソンタトイフ」(褐點)は 10820003-⑥227
嘌「リ」(褐點)知「トイフ」(褐點)は 10820003-⑥232
眞言行とイフハ 10820003-⑥271

爲するとイフ 10820003-⑥285
果とイフハ 10820003-⑥303, ⑩768
起るとイフを 10820003-⑥315
爲するとイフヲ 10820003-⑥317
黄とイフハ 10820003-⑥330
約おいてイフ所 10820003-⑥335
用(ゐ)よとイヘリ 10820003-⑥359
在(ら)不すとイフ 10820003-⑥362
無(し)とイフことを 10820003-⑥362
黑とイフハ 10820003-⑥371
入(る)とイフハ 10820003-⑥374
誌「シルシ」 トイフハ 10820003-⑥379
下「クタセ」 とイフハ 10820003-⑥392
平等ナ□〈リ〉とイフハ 10820003-⑥412
金剛線「セントイハ」 10820003-⑥414
中とイフハ 10820003-⑥426
事利(と)「イフヲハ」 10820003-⑥447
佛とイフハ 10820003-⑥447

得不すとイハムトソ也 10820003-⑥472
處なりとイヘリ也 10820003-⑥541
離「ルトイヘリ」也 10820003-⑥550
觸-知(せ)不すとイフこと 10820003-⑥558
有(り)とイフナリ 10820003-⑥566
具德とイフハ 10820003-⑥575
方便とイフハ 10820003-⑥582, ⑥583
滿足すとイフハ 10820003-⑥585
得「トイフトキニハ」 10820003-⑥586
與質多とイフト 10820003-⑥602
遍せ不すとイフこと 10820003-⑥606
達「タラ」磨駄都とイフハ 10820003-⑥606
知(る)とイフハ 10820003-⑥638
住(すと)イハ 10820003-⑥641
住すとイフハ 10820003-⑥643, ⑨294
十地道とイフハ 10820003-⑥650
休息「(シ)ヌトイヘリ」 10820003-⑥653
得應つきとイフ者ものに 10820003-⑥660

說なりとイヘリ也 10820003-⑦12
受(け)不(し)トイヘリ 10820003-⑦18
因果とイフハ 10820003-⑦24
法位とイフハ 10820003-⑦30
〻(他)とイフハ 10820003-⑦48
生すとイヘリ 10820003-⑦64, ⑧408
就(き)てイハ、則 10820003-⑦65
聽く[當]しとイフハ 10820003-⑦75
道-種智トイフときには 10820003-⑦89
一切種智とイフハ 10820003-⑦89
言とイフハ 10820003-⑦113
名とイフハ 10820003-⑦115
成立とイフハ 10820003-⑦116
成するか如しとイフハ 10820003-⑦119
との等コトキ(此下「ト」脫か)イフは
10820003-⑦121
因陀羅とイフは 10820003-⑦122
佉「キヤ」陀「タ」耶とイフハ

畔闍とイフハ 10820003-⑦149
也(上)(褐點)とイフコト有(ら)は 10820003-⑦149
摩羅也とイフハ 10820003-⑦149
訶娜とイフハ 10820003-⑦150
鉢吒也畔闍とイフハ 10820003-⑦150
啜食とイフハ 10820003-⑦150
毗那也迦とイフハ 10820003-⑦152
微戎陁とイフハ 10820003-⑦154
扇「-」多とイフハ 10820003-⑦161
義なり等とイフ 10820003-⑦161, ⑦169
扇「□イ」多とイフハ 10820003-⑦162
畢竟して等とのコトクイフヲ以ての故に
10820003-⑦178
爲せ不すとイフ所無しと雖も
10820003-⑦205
成-就せ不すとイフこと無し

10820003-⑦223
説く應しとイハムトソ
10820003-⑦243, ⑦244
就(き)てイハ、
10820003-⑦253, ⑦256, ⑨50, ⑨579
周「アマネ」(から)不すとイフ所 10820003-⑦261
眞言法教(なりや)と「イ」者は
10820003-⑦267
生せ不すとイフこと
10820003-⑦278, ⑦365, ⑦605
迦哩耶とイフハ 10820003-⑦291
〻(行)とイフハ 10820003-⑦315
離(るる)故にとイフハ 10820003-⑦337
遮唎耶とイフハ 10820003-⑦338
車「キヤ」野とイフハ 10820003-⑦350
生すとイフツ 10820003-⑦368
吒迦囉とイフハ 10820003-⑦385

…鉢「ハ」耶とイフハ 10820003-⑦394
怨(墨)(平)對とイフハ 10820003-⑦405
證すとイヘリ 10820003-⑦408
瑒チヤ迦とイフハ 10820003-⑦413
多とイフハ 10820003-⑦424
如(と)イフハ 10820003-⑦426
成せ不すとイフこと 10820003-⑦441
有(り)とイフヲ 10820003-⑦441
〻(界)とイフハ 10820003-⑦461
無しとイヘリ 10820003-⑦505, ⑦536
〻(有)とイフハ 10820003-⑦510
賓所に非すとイフ者もの 10820003-⑦528
塵(と)イフハ 10820003-⑦530
是(の)如しとイヘリ 10820003-⑦541
性とイフハ 10820003-⑦544
相とイフハ 10820003-⑦544
別とイフハ 10820003-⑦547
嚩(上)劫(入)「コフ」跛「トイフヲハ」

10820003-⑦556
縁有(る)に(あら)不すとイフこと
10820003-⑦558
為せ不すとイフ所 10820003-⑦579
〻(頌)とイフハ 10820003-⑦581
〻(諦)とイフハ 10820003-⑦592
故にとイフ(か)如く 10820003-⑦607
然(ら)不すとイフナリ
10820003-⑦630, ⑦631, ⑦633
本不生なりとイフ義
10820003-⑦631, ⑦632
眞言に非すとイフこと无し
10820003-⑦644
…也(上)(褐點)とイフか如きは
10820003-⑦655
娑哆とイフハ 10820003-⑦656
婆ハム嚩とイフか如きは 10820003-⑦657
婆嚩娜タとイフハ 10820003-⑦658

限(り)有(る)こと无(し)とイハムトソ也 10820003-⑨598
遍せ不すとイフ所无し 10820003-⑨600
云_何とイフハ 10820003-⑨666
无し「トイハムトソ」也 10820003-⑨685
摩醯首羅とイフ者もの 10820003-⑨724
作「ルトイフ」 10820003-⑨749
作(せ)令(む)「トイフハ」 10820003-⑨767
事とイフハ 10820003-⑨771
有(り)とイフ 10820003-⑩4
能(は)不とイフて而 10820003-⑩20
非すと「イハム」 10820003-⑩25
解(せ)不すとイフ之義(なり) 10820003-⑩29
一切の說とイフなり 10820003-⑩31
金剛「トイ」は 10820003-⑩43
現-覺せ不とイフ所无し 10820003-⑩86
闍サムとト(「ト」衍)イフハ 10820003-⑩122

不動とイフハ 10820003-⑩125
摩利儞(と)「イフハ」 10820003-⑩162
訶訶訶トイフハ 10820003-⑩175, ⑩414
多奴とイフは 10820003-⑩177
者住するもの 「イハ」 10820003-⑩184
畔陀々々也トイフハ 10820003-⑩205
暮吒暮吒也トイフハ 10820003-⑩210
吠「ヘイ」トイフハ 10820003-⑩210
底(平)「テイ」トイフハ 10820003-⑩211
然アラム(と)イフなり也 10820003-⑩214
儞ニトイフハ 10820003-⑩217
穿せ不すとイフ 10820003-⑩219
生すとイフ 10820003-⑩227
醯々トイフハ 10820003-⑩230
速(にせ)不とイハムトソ也
10820003-⑩231
稽「ケ」遲するとイフカ如し
10820003-⑩231

細とイフ□(は) 10820003-⑩231
佉馳々々トイフハ 10820003-⑩233
鉢喇補羅也トイフハ 10820003-⑩234
伽々那トイフハ 10820003-⑩242
娑(上)摩トイフハ 10820003-⑩242
娑(上)麼トイフハ 10820003-⑩242
破-壞せ不すとイフこと无し 10820003-⑩271
破-壞す可(から)不すとイフ 10820003-⑩275
曳(平)トイフハ 10820003-⑩282
費ヒトイフハ 10820003-⑩291
義(なるを)「モテイフナリ」 10820003-⑩297
伐底曳トイフハ 10820003-⑩305
自在を得たりとイフことを 10820003-⑩326
散-壞せ不すとイフこと无し 10820003-⑩381

イフ

惹トイフハ　10820003-⑩418
帝(上)チ也(上)トイフハ　10820003-⑩428
嚧迦トイフハ　10820003-⑩441
迦羅也トイフハ　10820003-⑩442
掲(上濁)帝「チ」(平)トイフハ　10820003-⑩446
何ソ速(かなら)不(らむ)とイハムトソ也　10820003-⑩466
努掲底トイフハ　10820003-⑩474
結界すとイハムトソ也　10820003-⑩475
淨「キヨムルナリトイハムトソ」也　10820003-⑩497
同なりとイハムトソ也　10820003-⑩500
[illegible]藍(去)トイフハ　10820003-⑩504
藍トイフハ　10820003-⑩504
躭(去)トイフハ　10820003-⑩508
離トイハ　10820003-⑩510
履トイフハ　10820003-⑩510, ⑩510, ⑩516

微(去)トイフハ　10820003-⑩512
枳トイフハ　10820003-⑩513
[illegible]履リトイハ　10820003-⑩514
弭-履トイフハ　10820003-⑩515, ⑩515, ⑩515
履トイハ　10820003-⑩516
[illegible]係(去)トイハ　10820003-⑩516
[illegible]係キトイハ　10820003-⑩516
[illegible]訶(上)トイフハ　10820003-⑩518, ⑩568
[illegible]難(平)トイフハ　10820003-⑩519, ⑩520
[illegible]娑(平)トイフハ　10820003-⑩519, ⑩520
[illegible]難ナントイハ　10820003-⑩520
[illegible]囉(上)トイフハ　10820003-⑩520
[illegible]囉アラトイハ　10820003-⑩520
[illegible]娑サトイハ　10820003-⑩520
滿(す)なり「トイフコトナリ」　10820003-⑩521
食(らは)むとイヒテ　10820003-⑩561

履リトイハ　10820003-⑩570
藥トイフハ　10820003-⑩570
觀とイ□(フ)ハ　10820003-⑩634
〻(佛)とイフハ　10820003-⑩656
生(す)「トイハム」耶「ヤトソ」　10820003-⑩670
了-知(せ)不すとイフこと　10820003-⑩700
月とイフハ　10820003-⑩706
成すとイヘリ　10820003-⑩709
得「トイフハ」　10820003-⑩731
義「ヲモテイハ、」　10820003-⑩735
(あら)不すとイフこと　10820003-⑩738
作護とイフハ　10820003-⑩752
作「レトイハ」　10820003-⑩752
理「ヲモテイハ、」　10820003-⑩756
望ムトイフテ　10860002-3オ3
莫シ不(イ)フコト博ヒロク渉ワタラ　10860002-34オ5

有「ルト云キ」 10870001-①70
何-等イカノコトキソ「ソトイヒキ」 10870001-①135
頗羅墮トイヒキ 10870001-①153
當入「ナムト言キ」 10870001-①182
三藐三佛陀トモイヒキ「とも」 10870001-①185
菩薩ト云シハ 10870001-①195
妙光菩薩ト云シハ 10870001-①195
說下「ムモノソトイヒテ」 10870001-①197
無量義處「ト云ニ」 10870001-①204
因緣「トイヒキ」とそ 10870001-①218
證知「イヒテ」 10870001-①220
入下ヘシト「タマ(「マ」存疑)ハムト(「ト」存疑)云コトヲ」 10870001-①225
度せむと「ム勿ソトイヒキ」 10870001-①228
妙光法師とイヒシハ 10870001-①240
所なりと「ナリト云ナラム」 10870001-①290
法なりとノタマフ「リト云ラム」 10870001-①294

當…解說「ムト云」 10870001-①330
說「ムト云」 10870001-①337
不すトイハムハ信 10870001-①382
作ことをナラムトイフ 10870001-①483
爲「(ナ)リトイヒキ」敎「ムか」 10870001-①484
祕要なり「リト云事」 10870001-①503
故なり「ト云」 10870001-③26
得ウルト「ルト云事ヲセルヲ以」 10870001-③39
諸法の空を「ト云ヲ」 10870001-③97
春と「トイハム」 10870001-③210
生タルト「タルトイヒキ」 10870001-③281
名をは救一切と「イヒキ」 10870001-③287
有ト云 10870001-③312
有「ト云」 10870001-③340
有ル「ラムト云キ」 10870001-③341
出下ヘルカ「タルトイヒキ」 10870001-③345
希有の「ト云」心 10870001-③369

有と「ムトイヒキ」 10870001-③370
出下ヘルカ「タルト云キ」 10870001-③374
道「(ナ)リト云ソ」 10870001-③404
滅『シヌト云事ヲ』ト云キ 10870001-③411
衆生「トイヒシハ」 10870001-③467
欲コト「フト云」 10870001-③484
得ツト「ムト云」 10870001-③491
爲ナラク…耳ノミトイハム 10870001-③495
應ヘシ當に知「トイヒキ」 10870001-③520
欲オモフト「フト云」 10870001-③541
可「ト云」 10870001-③545
當にヘシトイハムカ…至 10870001-③548
如クアラム「トイハム」我 10870001-④91
宣說「レ(「シ」の誤か)ト云」 10870001-④94
可ムカヘシトイハム…無カル 10870001-④108
爲(コ)レ「セリト云」 10870001-④114
默モクシテ「モノモイハテ」 10870001-④122

恣ホシマ、ニナヌト云ハムカ 10870001-④126, ④126
阿難「ト云」 10870001-④155
無上道「ト云」 10870001-④186
等ヒトシカラム「ト云」 10870001-④195
涅槃「ト云」 10870001-④200
寶塔「ト云」 10870001-④206
爲以也「に(セ)ムト云キ」聽むと「か」 10870001-④271
走使「ムト云キ」 10870001-⑤9
當に ヘシ…宣-說す「ムト云キ」 10870001-⑤11
當に爲作也ナラムト「云キ」 10870001-⑤17
當に ヘシ…說ク「ムト云キ」 10870001-⑤19
說ク「ト云」 10870001-⑤23
仙人とイフシハ 10870001-⑤24
王トイフシハ 10870001-⑤24
文殊師利「ト云」 10870001-⑤48
幾_何イクソハクソ「ト云」 10870001-⑤55

當に有ナム「ト云」 10870001-⑤56
菩提「ト云」 10870001-⑤64
宣-說シツト「云」 10870001-⑤65
至ル「ト云」 10870001-⑤74
不す「ト云」 10870001-⑤78
得に「ト云」 10870001-⑤91
疾トシ「ト云」 10870001-⑤94
一切衆生喜見「トイハム」 10870001-⑤127
分別「ストイハム」 10870001-⑤161
大師「なりと云」 10870001-⑤272
父「ナリト云」 10870001-⑤272
父「なりト云」想 10870001-⑤286
驚き佐アヤシヒナムトイハムカ 10870001-⑤312
聽クト「ムト云ト」 10870001-⑤361
護持「ト云事」して 10870001-⑤376
有…眷屬「ト言」 10870001-⑤378
令…入レ「令フト云」 10870001-⑤418

發「クト云」すことと(?) 10870001-⑤423
聽キケ「ト云」 10870001-⑤467
敎-化せり「ト云」 10870001-⑤488
令シメキト「テシソト云」向ムカハ 10870001-⑤509
所生「ナリトイハム」 10870001-⑤523
清淨「ムト云ツルソ」 10870001-⑦5
威-音王「ト云キ」 10870001-⑦7
常不輕ト云キ 10870001-⑦23
故「ト云キ」 10870001-⑦29
當に ヘシト云ソ 10870001-⑦31
恩「ト云」を 10870001-⑦49
供養上ラム「トイヒキ」 10870001-⑦90
故「ト云キ」なり 10870001-⑦100
供養上ル「ムト云キ」 10870001-⑦111
當に ヘシ般-涅-槃「セムト云キ」 10870001-⑦119
應ヘシ「ト云キ」起つ 10870001-⑦124
供-養上ラムト「云キ」 10870001-⑦134

不「ヌト云キ」具足下ハ すと　10870001-⑦141
喜見菩薩「トイヒシハ」は　10870001-⑦148
無しと「ト云ム」　10870001-⑦207
應へシ「ト云」…生ナマ　10870001-⑦222
一切衆生「ト云」　10870001-⑦227
淨光莊嚴「ト云」　10870001-⑦232
下劣「ト云」　10870001-⑦254
想「ト云」　10870001-⑦255
欲「(ス)ルソト云」なり　10870001-⑦267
現シ下「ヘシト云」　10870001-⑦274
種ウヘ(ツ)「ト云」　10870001-⑦298
饒-益すと「ト云」　10870001-⑦337
救スクフ「ムト云」　10870001-⑧16
得「ト云」へし　10870001-⑧17
如「クイハム」　10870001-⑧91
無けむ「ムト云ム」所　10870001-⑧91
成就ストイハ　10930009-⑪34ウ
念トイハ　10930009-⑮37ウ

耶トイフテ　10930009-⑱5ウ
奪(ハ)ムトイフテ　10930009-⑱27オ
世尊ともイハム　10970003-94-16
智者トイハ　11005002-2
令メヨトイハ、　11005003-③44
虚(平)亡(去)隱(上)士イフモノアリ　11005025-1オ2
泣トイハ　11005025-8オ2
三曜イハ　11005025-8ウ1
松(人名)イハ　11005025-9ウ7
可トイヒキ致　11005025-13オ6
見イフ　11005025-13ウ3
火「一」「ヒノ」燒「ヤク」／「ニ」於「イテイフ ニ」　11005080-上8オ3
苦に(あら)「ナラ」不といふこと／「トイフコ トハ」无し／「シ」　11005080-上32ウ6
无しと／「シトイフコトニ」　11005080-上34ウ1

難しといへり／「シト」　11005080-上38オ4
登るといへり／「ノホルトイヘリ」　11005080-上43ウ3
死(ぬる)ことをタモ／「トイハムニスラ」　11005080-上43ウ4
に／「ニ」在りといふことを／「リトイフコト ヲ」　11005080-上46ウ7
奇妙なら／「ナラ」不といふこと／「ストイフ コト」无し／「シ」　11005080-上48ウ6
照(ら)／「ラ」不といふこと／「トイフコトハ」 无し／「シ」　11005080-上52ウ4
佛法に／「ニ」(あら)不といふこと／「ストイ フコトハ」无し／「シ」　11005080-上53オ3
歡喜せ／「セ」不といふこと莫し／「シ」　11005080-上54オ2
嗟「サ」-歎せ不といふこと／「ストイフコト」 无し／「シ」　11005080-上70ウ6
獲「エ」不といふこと／「ストイフコト」无し

イフ

／「ケムトイヘリ」 11005080-上75オ6

名く／「トイヘリ」 11005080-上76オ5

證-成(し)たまつり／「ヘリトイヘリ」 11005080-上76ウ3

中道に／「二」非(す)といふこと／「トイフコト」无し／「シ」 11005080-上87ウ7

出さ／「セ」／「イタ」未す／「ルトキ(ニ)ヲイテ」／「サ、(ル)トキヲイフ」 11005080-上92オ6

皆-空ならは／「ナリトイヘハ」 11005080-上96ウ6

愍アハレフ可きを／「キヲ」以て／「テイヘハ」 11005080-上96ウ7

縁-事といふは／「トイハ」 11005080-上98ウ3, 上98ウ3

有(り)といはゝ「リトイハ」 11005080-上100オ6

是(の)如(し)と／「シトイヘリ」 11005080-上100ウ1

利せむは／「ヌルヲモテイハ、」 11005080-上103オ6

應せりといつり／「シ」 11005080-上104ウ1

消す(こと)／「トイフコトヲ(「ヲ」衍か)」 11005080-上104ウ2

況(や)…菩提心を／「ヲ」耶やといつり／「ヤト」 11005080-上104ウ4

有(り)といふことを／「トイフコトヲ」 11005080-上105オ1

无しといつり／「シ」 11005080-上105オ6

生するに／「セ」非す／「ストイヘリ」 11005080-上106オ5

少なし／「シトイフコト」 11005080-上106ウ3

當「二」…度す／「ス」[當]しと／「トイヘリ」 11005080-上107オ4

同(しく)すといつり／「シクスト」 11005080-上107オ5

發すといつり／「スト」 11005080-上108ウ2

大菩提心には／「ヲイフニ」 11005080-上109オ3

心の／「ヲイフニ」 11005080-上109オ3

欣ふ／「フ」心も／「ヲイフニモ」 11005080-上109オ3

依テイフ 11020002-①10

施羅「イハ」 11020007-①12

伐折羅「イハ」 11020007-①13

弭ヒとイフ 11020007-④21

怛多(平・去)トイハ 11020007-④52

梵音ニハ の 怛(去)多(平)トイハ 11020007-④52

嚴好ナルヲイフ なるに 11020007-⑤31

得(ト)イハ、 といふは 11020007-⑤32

穴(入)餅とイハ 11020007-⑦68

仁-者トイハ は 11020007-⑮1

利トイハ するに 11020007-⑮30

眷屬イハ は 11020007-⑯15
如大本ニイフカ 11020007-⑱17
持す(と)イハ謂く 11020007-⑱85
勝の中(入)トイハ 11020007-⑱89
於テイフは 11020007-⑱89
暖腸トイハ 11020007-⑳5
所持トイハ 11020007-⑳14
薄ハキ又(上)シヤ(叉)火トイハ 11020007-⑳16
増威トイハ は 11020007-⑳23
減除せよトイハ 11020007-⑳40
首のトイ(「イ」存疑)ハ 11020007-⑳42
〻(相)(ト)イハ は 11020007-⑳56
清淨(ト)イハ 11020007-⑳62
明淨(ト)イハ は 11020007-⑳64
非想トイハ 11020007-⑳65
罵(ト)イハ するに 11020007-⑳75
自-我-分-生イハ謂 11020007-⑳75

平等性トイフコトヲ 11020007-⑳76
分-別(ト)イハ 11020007-⑳76
攀縁(ト)イハ する 11020007-⑳79
本尊(ト)イハ 11020007-⑳87
主ナリトイテ 11020007-⑳117
修(行)者ニオイテイハ、 11020007-⑳118
有(ト)イフ りて 11020007-⑳121
云イヒ 11020007-⑳122
歡喜『すとイフカ』如(し) 11030006-②24オ
發起『とイフハ』 11030006-②26オ
得『トイフ』 11030006-②34ウ
瑜伽の行『(とい)フハ』 11030006-②34ウ
離(る)とイヒツルハ 11030006-③2ウ
具-依なりとイ□〈ヒ〉シ(は) 11030006-③4ウ
空と(い)フハ 11030006-③5オ
四諦をイフツルカ如し(といふ)者は 11030006-③5オ
有とイハ 11030006-③5オ

他作なりとイハ、 11030006-③9ウ
非(す)トイフか如し 11030006-③9ウ
哭フトイフか如(く) 11030006-③10オ
授くとイハ、 11030006-③10オ
得とイハ、 11030006-③10オ
共-生なりとイハ、 11030006-③10ウ
无(し)とイハ、 11030006-③10ウ
有(り)とイハ、 11030006-③10ウ
淨(なりと)爲すとイフカ如く 11030006-③15オ
不思議法界(とい)フハ 11030006-③20オ
方便道と(い)フハ 11030006-③20オ
盡(さ)不(と)イフこと无し 11030006-③22オ
大會と(い)フハ 11030006-③22ウ
耶と(い)フハ 11030006-③22ウ
開-發(せ)不(と)イフこと无し 11030006-③22ウ

折(入)セチ利(上)耶(上)とイフ　11030006-③23オ
此の行と(い)フハ　11030006-③23オ
〻〻〻(衆生界)と(い)フハ　11030006-③23ウ
故にとイフハ　11030006-③27オ
慈悲(とい)フハ　11030006-③28ウ
統スヘ不とイフこと无し　11030006-③30ウ
質(平輕)と(い)フハ　11030006-③31オ
通達せ不(と)イフこと无し　11030006-③32ウ
知(る)と(い)フハ　11030006-③32ウ
滅せ不サラ使シム[當]シトイフ　11030006-③34オ
調柔(なり)と(い)フハ　11030006-③35オ
所として爲ナサ不とイフこと无し　11030006-③35ウ
故にとイフカ如し　11030006-③39ウ

僧坊(とい)ふ　フハ　11030006-③46オ
毗訶羅とイフ　11030006-③46オ
處(なり)とイヘリ　11030006-③46オ
修(す)と(い)フハ　11030006-③46ウ
阿練若と(い)フハ　11030006-③46ウ
房(とい)フハ　11030006-③47オ
菀と(い)フハ　11030006-③47オ
樓閣(とい)フハ　11030006-③47オ
池と(い)フハ　11030006-③47オ
池(とい)フハ　11030006-③47ウ
性-故トイフイ　11130003-①13
可イフヘシ イフツ　11130003-①14, ①14
不「イハス」爾　11130003-①24
差別ソトイヘリ　11130003-①28
常とイフコトヲ　11130003-①49
別とイフヨリ　11130003-①55
等とイフニ　11130003-①55
以イハ、　11130003-①62

用すトコソイヘ　11130003-①69
見イハムトソ　11130003-①79
柳(上)リウ_儉(去)ケムトイフモノ　11130005-3ウ2
德玄トイフモノハ　11130005-5オ4
淤(平)ヨ珣(去)シキ シキン トイフモノ　11130005-7オ7
王(平)崇(平)スウ一トイフモノハ　11130005-8オ7
任(墨)(平)「(去、去濁)」シム環(平)クワイ(ママ)トイフモノ　11130005-9ウ2
王ノ昌(平輕)言(平)ケントイフモノ　11130005-10ウ2
王令(去)望(平輕)トイフモノ　11130005-11オ5
雀サイ文_簡トイフモノ　11130005-11ウ6
裴(平)ハイ宣-禮(上)トイフモノ　11130005-12ウ1

本不生なりとイハ、	11140007-⑦125
本不生(と)「イハ、」	11140007-⑦128
道トイフ字	11140007-⑦136
噉セムとイフニ	11140007-⑦141
授とイヒシヲ	11140007-⑦153
造らむとイフ	11140007-⑧12
示現(シタマ)ヘトイヘ	11140007-⑧26
令めよとイフハ	11140007-⑧34
火尊をイフツルカ	11140007-⑧40
納(シタマ)ヘトイヘ	11140007-⑧41
據てイハ、	11140007-⑧94
相應とイフハ	11140007-⑧94
興せりとイフカコトク	11140007-⑨3
若就てイハ、	11140007-⑨10
如く字輪をイフツルカ	11140007-⑨19
得ムトイハム	11140007-⑨22
勿れとイフ	11140007-⑨25
聚とイハ、	11140007-⑨34
起ツトイフ	11140007-⑨48
若_之_何イカニトイフコト	11140007-⑨50
意をイフ	11140007-⑨66
六度をイフツルカ	11140007-⑨71
諸佛をイフツルカ	11140007-⑨77
就てイハ、	11140007-⑨80
與(タマ)ヘトイフナリ	11140007-⑨82
十二因緣とイフツルカ	11140007-⑨84
等しとストイフナリ	11140007-⑨84
號せむとイフニ	11140007-⑨98
如くせよトイフ	11140007-⑨110
无所不とイフ了アキラカに	11140007-⑩10
長聲にイフ	11140007-⑩12
滿テムトイフシヲ もてなり	11140007-⑩20
然らむとイフソ	11140007-⑩24
不ぬトイフナリ	11140007-⑩27
勝たるヤトイフ	11140007-⑩44
主をイフソ	11140007-⑩48
當に食テムトイフ	11140007-⑩53
作すへしとイフ	11140007-⑩60
爲ウトイフカ成すること	11140007-⑩65
未トイフカ可通達也	11140007-⑩68
作るとイヘルソ	11140007-⑩73
成すとイハ、	11140007-⑪6
不しとイフナリ敢て有違こと	11140007-⑪8
妨すとイハ、	11140007-⑪18
如く…中をイフツルカ	11140007-⑪31
曰くとイフハ	11140007-⑪31
稱歎すとイフソ	11140007-⑪32
中にイフツルカ	11140007-⑪41
香花をイフツルカ	11140007-⑪41
得むとイフソ	11140007-⑪42
卽除しぬと等ライフソ	11140007-⑪47
生すとイハ、	11140007-⑪65
有とイフツ	11140007-⑪67

無等とイフソ也　11140007-⑪86
如くイフハ　11140007-⑪89
上にイフツル　11140007-⑫5
去ユキ至ルトイフハ　11140007-⑫17
如…入道とイフカ　11140007-⑫20
如…生-長しむトハイフカ　11140007-⑫26
爾ク云　11140007-⑫45
行者をイフツルカ　11140007-⑫47
當に　云ソ　11140007-⑫61
住せよとイフハ　11140007-⑬14
法界性なりとイフテ　11140007-⑬14
耳とイフ　11140007-⑬31
義をイフソ　11140007-⑬41
轉せしむとイフナリ　11140007-⑬49
不とイフソ せ(?)　11140007-⑬55
作むとイフソ　11140007-⑬55
衆多なるをイフツルカ　11140007-⑭5
大日如來をオケトイフシハ　11140007-⑭9

在とイフシハ　11140007-⑭11
置イフシハ　11140007-⑭11
令ムトイヒキ トノタマヒキ　11140007-⑭30
冷-想ナラムトイフを　11140007-⑭64
如きにイフトキ　11140007-⑭64
登むヤトイフカ　11140007-⑭67
當に とイハ　11140007-⑮3
等をモテカセムトイハ　11140007-⑮5
說ありとイフソ　11140007-⑮5, ⑮5
云-何イ(カニ)ソトイフナリ　11140007-⑮7
依イフソ　11140007-⑮46
自在をせよトイフハ　11140007-⑮53
等しとイフハ　11140007-⑮54
依てイハ、　11140007-⑮55
稱セラルトイフハ　11140007-⑮66
依てイヘハ　11140007-⑮73
花手トイフハ　11140007-⑮74
雨(フラシ)メヨトイフハ　11140007-⑮78

出とイフテキ いふ　11140007-⑮86
如く字をイフツルカ　11140007-⑮92
諸部をイフテヨリ　11140007-⑮96
佛部をイフツルカ　11140007-⑮99
說かむとイフコトソ　11140007-⑮102
者のそとイフシヲ　11140007-⑮105
仁者(平)とイフハ　11140007-⑮127
見たまつりとイフハ　11140007-⑮131
〻(淨) イハ るをは謂く　11140007-⑮137
有ウルナ(ラク)耳トイフカ　11140007-⑮159
也(ト)イフソ　11140007-⑯17
人とイフ　11140007-⑯36
對してイハム　11140007-⑯82
生ストイフコトヲ也　11140007-⑯93
令むとイフハ爲アラ　11140007-⑯95
度すとイハ、　11140007-⑯122
索哆とイフ　11140007-⑰28
住する(ママ)戒にトイフヲ　11140007-⑰30

通達そとイヘル是也 11140007-⑰32
等と云 11140007-⑰32, ⑱214
淺略(し)てイハ、 11140007-⑰35
經にイヘル 11140007-⑰41
說むと云コトソ 11140007-⑰56
韋(去)ヒ紐(平)チウ天なりと云ハ 11140007-⑰61
句と云ハ 11140007-⑰72
所なりとイフハ 11140007-⑰75
不しト云ソ得 11140007-⑰76
得つとイハシメヨ 11140007-⑰77
不ナヌト云カ入 11140007-⑰81
好ヨミセムトイフナリ 11140007-⑰104
如し律の中に云カ 11140007-⑰112
有ルト云こと 11140007-⑰113
取ラムト云 11140007-⑰117
有るやト云ヲ…耶 11140007-⑱2
害むト云て 11140007-⑱18

作レリト云 11140007-⑱35
无む(ト)云(ト)も益 11140007-⑱37
獲マシヤト云 11140007-⑱38
負つりト云 11140007-⑱43
況や生存せるハト云 11140007-⑱47
爲ナラムト云 11140007-⑱52
住するソト云 11140007-⑱55
住するソト云ハ 11140007-⑱56
歡喜すと云へキ也 11140007-⑱72
庇-衞せむと云キ 11140007-⑱77
勿れと云テ憂ること 11140007-⑱85
王と云シハ 11140007-⑱91
在と云 11140007-⑱92
非命なるカナト云耶 11140007-⑱93
加むと云ナリ 11140007-⑱94
見ラレナムト云酬 11140007-⑱95
不可なりと云 11140007-⑱96
无けむと云失 11140007-⑱97

有むと云 11140007-⑱100
使タラクノミト云我を 11140007-⑱101
王とせむ(ト)云 11140007-⑱104
反ナムトイヒキ 11140007-⑱105
不生せ害むと云(コトヲ) 11140007-⑱109
无と害むと云(コト) 11140007-⑱115
云何せむかト云 11140007-⑱121
可と云繫 11140007-⑱122
當に白むと云王に 11140007-⑱125
護すへしと云テ 11140007-⑱132
此の人ナラムト云也 11140007-⑱137
非と云我には 11140007-⑱137
奪むと云テ 11140007-⑱140
報(イ)むと云 11140007-⑱145
滿ぬと云テ 11140007-⑱148
到れと云 11140007-⑱152
欲求スルトイフ 11140007-⑱156
耳と云 11140007-⑱159, ⑱187

等コトヲイヘリ「ラ」 11200015-④175
覆タリトイハ「オホハセルト」 11200015-④178
可(シ)と「イフ」自ミ娯樂す 11200015-④188
非すとイフカ彼等 11200015-④190
住すとイフ 11200015-④195
瞿「ク」模「キ(存疑)イハ」「ホノ」 11200015-④211
我か身ソ(ト)「イハ」 11200015-④227
爲ストイフ況「タトヒト」 11200015-④232
放ツトイフハ「コトハ」 11200015-④233
攝受トイフヨリして 11200015-④264
令「ヨトイフニ」 11200015-④265
故にとイフニ 11200015-④265
已ヤマムカ「イヒシ」 11200015-④274
不す「シトイフコトヲ」犯 11200015-④275
勇健とイハ「コン」 11200015-④277
成辨「セシム」「セルヲイフソ」 11200015-④290
過テモスヘシ「テモセヨトイハ、」 11200015-④292

不すトイハ「レトノタマフ」 11200015-④298
祕密主と「イフヨリ」 11200015-④313
如來と「イハム」 11200015-④318
授ケムトイハムカ 11200015-④319
據「ヨリテイフカ」るか 11200015-④322
不「イフ」礙「サハ(ラ)」 11200015-④341
過「トイフツヘシ」 11200015-⑤13
宇とイハ 11200015-⑤47
樓觀とイハ 11200015-⑤48
幢とイハ 11200015-⑤51
莫「ソ」不イフこと從 11200015-⑤53
盖とイハ 11200015-⑤54
刀とイハ 11200015-⑤56
飲ミ「-」吮スフ(「フ」は「ス」の誤か)ス「ス、ラム」
ルトイフ」 11200015-⑤61
相違「セラムトイハ」して 11200015-⑤70
摩訶伽「キヤ」那「ナウ」レトイハ 11200015-⑤84
觀「スルソトイハ」るは 11200015-⑤103

應-字と(イ)フハ 11200015-⑤108
得とイハ、 11200015-⑤110
有「(ト)イハ」るは 11200015-⑤111
問(タテマ)ツルトイフヨリ 11200015-⑤121
分とイフハ 11200015-⑤122
作るそ「レトイフソ」 11200015-⑤133
上とイフハ 11200015-⑤135
下と「イハ」は 11200015-⑤135
向(ト)イヘリ 11200015-⑤145
勿れ「トイフ」 11200015-⑤157
向タリ「ヘヨトイフ」 11200015-⑤161
不「ト」イフ照 11200015-⑤171
得「エテムトイフ」 11200015-⑤174
緣「ロ反」トイフハ 11200015-⑤199
無所とイフ通トホサ 11200015-⑤203
月「-」黶「エム」尊と「イフ」 玉鳥簟里也 11200015-⑤205
无「トイフコトヲ」「ト」には 11200015-⑤218

為ニトイフ「ナリトイフ」 11200015-⑤226
光アリト「アラセヨ」「トイフ」 11200015-⑤233
著よとイフ「(シ)メヨ」「キル」 11200015-⑤257
成就セレトモ「イフコトヲ」「シタレトモ」 11200015-⑤269
嗷カム「クラフ」「イフ」 11200015-⑤271
鄖波「と」「イハ」 11200015-⑤275
髻設「シ」尼(と)は「イハ」 11200015-⑤275
竟スト「イフ」 11200015-⑤286
如是イヒテ 11200015-⑤290
無し所不トイフ通 11200015-⑤295
畫ヱ(セヨ)「トイフ」 11200015-⑤297
苾(上)ヒ𠻳(去)リヨウ吃キ喋リ知(平)とイハ 11200015-⑥35
當へキト以る「テカトイハ」 11200015-⑥54
約「テイフソ」「ヤクス」 11200015-⑥60
誌シルシハカル「トイフハ」 11200015-⑥70
齋等をストイフハ「セヨトイフコトヲ」 11200015-⑥87

上トイハは 11200015-⑥90
如くに「トイフ」 11200015-⑥91
剎とイハ「ヲハ」 11200015-⑥97
覺とイハ 11200015-⑥111
等「トライフ」なり 11200015-⑦18
无常とイフ 11200015-⑦25
无と所トイフ 11200015-⑦30
躄タフル、カ「タフレヌトイフカ」 11200015-⑦38
不可得なり「ナリトイフツ」 11200015-⑦42
有「カコトクトイフ」 11200015-⑦43
无常なり「トイフカ」 11200015-⑦47
相と「イフ」なり 11200015-⑦80
𡁠劫「キヤ」跛「ハトイフ」 11200015-⑦82
不すとイフ爲ナサ 11200015-⑦88
鈍とイハム耶 11200015-⑦92
如くは「ク」一字と一切の字とイフツルヲ 11200015-⑦94
阿提とイハ 11200015-⑦96

婆𡁠娜とイハ 11200015-⑦97
飲噉トオモフこと「セムトイフニ」 11200015-⑦106
無とイハ 11200015-⑦125
煮ニル「(ト)イハ」 11200015-⑦129
漫茶「タ」迦とイハ 11200015-⑦130
浄妙とイハ 11200015-⑦134
布(上)利(上)迦とイハ 11200015-⑦135
末(平)塗(上)ト失シ羅餅とイハ 11200015-⑦136
穴餅とイハ 11200015-⑦136
混(去濁)諾(上濁)タ迦餅とイハ 11200015-⑦139
無-憂とイハ 11200015-⑦140
中にイフカ 11200015-⑧12
瓶の「イフツル」者 11200015-⑧18
莫不イフこと歡喜 11200015-⑧124
有イフコトナリ 11200015-⑧147
興シキ「ヲコレリトイフコトノ／コトク」

如來(ト)イフヨリ　11270001-3
諸如來等トライフ　11270001-5
灌頂をイハム　11270006-③14
生ストイヒ　11280014-①12
作ストイフ　11280014-①14
滅ストイフ　11280014-①14
阿輸迦王トイフシ　11280014-①77
大乘(ト)イハ　11280014-①82
令トイフニ ルニ人易解　11280014-①96
小牀ヲ云　11280014-①127
非トイフ　11280014-①127
去(ル)コトヲ云　11280014-①128
赴(ク)コトヲ云　11280014-①129
隨フコトヲ云　11280014-①131
病(ム)コトヲ云　11280014-①132
體スルコトヲ云　11280014-①133
釋奠ストセヨトイフ　11280014-①190
至ヌトイハ　11280014-①358

不イフコト是正翻ニアラ　11280014-①362
等供トイハ　11280014-①362
隨-意トイフモ亦　11280014-①362
善ナリトイフハ　11280014-①471
匪トイフコトハ　11280014-②119
律師トイフモノ　11280014-②258
鄔波馱邪トイフ名　11280014-③83
在(ト)イハ、　11280014-③173
无不イフコト　11280014-③309
莫不イフコト　11280014-③391
益マストイフ　11280014-③408
无日トシテ不イフコト須ヰ　11280014-③467
不イフコト器　11280014-④37
白マウサムトイヒテ　11300001-⑧47
可イフヘシ　11340002-①34
著(ハ)ルトイヘリ　11340007-①3オ1
以(テ)ストイフコト　11340007-①3ウ3

著アラハセトイフ　11340007-①5オ1
來ルトイフ也　11340007-①8オ4
者ヲイフ　11340007-①12オ5
支-離-疏トイフ者ハ　11340007-①12ウ6
五常トイフハ　11340007-①13ウ3
乖ケリトイフコトナリ　11340007-①13ウ6
要(去)トイフハ　11340007-①19オ3
龜(平)毛(平)先(平)生(平)トイフモノ　11340007-①21ウ2
嫁「」聚「とイフハ」　11340007-①24ウ5
稱「とイフコトハ」　11340007-①25オ2
振_古トイフハ　11340007-①27ウ6
有檀(平)子トイフ者ノ　11340007-①36オ4
有盼(去)子トイフ者ノ　11340007-①36オ6
有種(平)首(上)トイフモノ者　11340007-①36オ7
直(惚)ホルトイフコト已ニ　11340007-①37ウ2

イフ

自通イフコトヲ　11340007-①37ウ5
大人トイフハ謂ク　11340007-①42ウ3
儒(孺)(平)子ト云者ノ　11340007-①43オ7
不トイフコト好　11340007-①45オ3
重シトイフコト　11340007-②4オ7
相トイフハ シヤウ　11340007-②6ウ7
何ヲカ知トイフ　11340007-②9オ6
志トイフハ謂ク　11340007-②12オ4
養由基トイフモノ者　11340007-②13ウ1
射イルトイフ　11340007-②13ウ2
羸脉(入)トイフモノ者　11340007-②14オ5
落テムトイフ　11340007-②14ウ5
有トイフ　11340007-②17オ7
及トイヘリ　11340007-②33ウ6
酒トイフ　11340007-②39ウ4
莫シ不云コト　11340007-②43オ6
穫イフコト　11340007-②43ウ5
虛(平)亡(平)ハウ隱(上)士(去)(ト)イフモ
ノアリ　11340007-③1オ2
吁(ト)イフハ　11340007-③2ウ3
非イフコト(ヲ)　11340007-③7オ2
也(ト)イヘリ　11340007-③7オ7
無シ不(イ)フコト　11340007-③10ウ2
不(トイ)フコト適カナハ　11340007-③10ウ3
待(テ)トイフ　11340007-③12オ2
可トイヒキ致　11340007-③15オ5
見ツトイフ(「フ」存疑)　11340007-③15ウ1
主トイフハ謂　11340007-③16ウ5
不ト云反　11340007-③26オ3
通セリトイヘリ　11340007-③26オ5
何人イフコトヲ　11340007-④1オ2
有假(平)名(平濁)乞(入)兒(平濁)(ト)イフ
モノ　11340007-④1オ2
不ト云コト及　11340007-④9ウ2
致ト云ハ　11340007-④10ウ4
脩オサムトイヘリ　11340007-④10ウ4
省(ミ)ルトイフハ　11340007-④13ウ2
不シト云テエ(「エ」存疑)…爭ソハ　11340007-④20ウ3
以(テ)ストイヘリ…也　11340007-④21ウ6
千里「イフコトヲ」　11340007-④39オ2
李夫人「とイヒシモノ」　11340007-④49オ3
者「云モノアリ」　11340007-④57オ7
幾億万里「とイフコトヲ」也　11340007-④61オ7
設たりと「イフコトヲ」　11340007-④62ウ3
如シトイフ　11350010-6-6
邑二百家云也　11360001-33オ2
裓或本ソテト云　11360001-34オ2
有想といふは　11380001-⑯3-4
生ストイフ　11380001-⑰55-5
莫し不とイフコト揚け　11380002-天22ウ
無し言として不とイフコト攝せ　11380002-天23オ

無し響として不とイフコト到ら 11380002-天23ｵ

无し不とイフコト…立 11380002-天29ｳ

无し不とイフコト象ら 11380002-天29ｳ

雙聲トイフコトヲ 11380002-東16ｵ

類とイハ 11380002-北3ｳ

卅六疾と云ハ者 11450001-㉑23ｳ6

十二癥ト云ハ者 11450001-㉑23ｳ7

九痛ト云ハ者 11450001-㉑24ｵ1

七害ト云ハ者 11450001-㉑24ｵ8

五邪傷ト云ハ者 11450001-㉑24ｵ9

明義トイヘリ 11500001-5

加トイフ 11505004-①4ｳ1

云イフハ 11505004-①23ｳ7

用(ヰ)ヨト云リ 11505004-①35ｵ3

宿セヨトイヘル 11505004-①37ｳ6

五上ト云者 11505004-①43ｵ4

如ト云 11505004-①43ｳ3, ①43ｳ4, ①43ｳ4, ①43ｳ5

一人ト云者 11505004-①44ｵ7

一升ト云者 11505004-①44ｳ4

一斤ト云は者 11505004-①45ｵ3

別相といは 11505044-18

明州トイハ 11505073-10ｵ

無如何と云 11505075-⑪10-5

田蟲別ワケト云ヒト 11505075-⑭106-8

薨(スト)イヘリ 11505075-⑰155-4

者イハ、 11505088-4

大聖ト云コト 11505100-409

相應といふは 11506101-12-1

不トといふは 11506101-13-1

之トといふは 11506101-24-6

大とトイフ 11510005-①66

如クアラハ一世界ニ云 11510005-①66

必傷ヤフリテムトイハムカ 11510005-③25

故トイフニ 11510005-④61

安置セヨトイハムトソ 11510005-⑤78

无因なるか故にス□トイハムカ 11510005-⑦257

何況…利益ヲヤトイハムカ 11510005-⑨236

住セヨトイフナリ 11510005-⑩210

故にイハムカ 11510005-⑩230

无不ト云事 11550003-16

得「ウ」ウト云リ 11550009-1ｳ6

有リ龜毛先生ト云モノ 11550009-3ｳ5

蛭牙(平)-公子ト云モノ 11550009-4ｵ7

不云ヘリ至ラ 11550009-11ｳ7

不スト云リ歌ウタウタハ 11550009-12ｵ2

子(上)-登(平)マト云カタチヒト 11550009-16ｳ1

歸カヘナムトイフ 11550009-17ｳ2

獲ウトイフハ 11550009-19ｵ1

虛亡(平濁)音無隱(上)-土(去)ト云モノ

凡(平)-人ヲヤト云乎　11550009-20オ3
何ナニ-人ト云コトヲ　11550009-24オ6
假-名乞-兒ニト云モノ　11550009-30オ3
犯ト云リ ヲカセリ　11550009-30オ3
資テシソト云　11550009-41オ3
勉(上濁)ツトメヨ ヘン 之ト云　11550009-49オ7
稱ヲイハ、　11630001-②18
及ムトイヒテ　11630001-②316
神變シナムトイフ　11630001-②337
面-談とイフ　11630001-④45
有世親菩薩トイフヒト　11630001-④303
禍トイフテ　11630001-⑤52
婆-尼トイフモノ　11630001-⑤53
請-辭セムトイフテ　11630001-⑤66
天(ト)イフコト　11630001-⑤345
羅枯羅トイフハ者　11630001-⑥419
慈-氏トイフ者の　11630001-⑦32

非イフ　11630001-⑦89
退トイフ　11630001-⑦92
却-比-他トイヒシ　11630001-⑦346
婚親セムトイフテ　11630001-⑧17
無憂王トイフモノ　11630001-⑧91
欲トイフ　11630001-⑧189
非トイフコト　11630001-⑧213
走トイフ　11670001
除ヲイテトイフ　11690001-8
如クトイフ　11690001-25
無イハ、　11690001-30
用ルトイフ　11690001-37
依テイフ　11750003
有とイヒツルカ　11850004-①24
知とイフトキニ　11850004-①79
可とイヘルカ　11850004-②22
如クイフ　11850004-②26
歡喜とイフか　11850004-②44

同く□(ス)トイフカ　11850004-②58
十二界とイフトキハ　11850004-②77
不可得なりとイフカ　11850004-②88
非と云カ　11850004-③23
釳(上)嘌(上)何(上)と云　11850004-④51
等コトクイつり　11850004-④65
无常とイフ　11850004-⑦18
義とイフモ　11850004-⑦35
引と云ヨリ　11850004-⑧8
供養せむとイヒシ　11850004-⑧28
何かひ(「ひ」は「せむ」の誤か)と云コト　11850004-⑨24
所成(ト)イハ　11850004-⑨36
者とイフモノ　11850004-⑨47
非とイハム　11850004-⑩7
憶念よとイフソ　11850004-⑩10
黄とイフモノ　11850004-⑩18
色をイハ、　11850004-⑩20

故なり(と)云カ　11850004-⑩22
前にイフツルカ　11850004-⑪9
妨とイハ、　11850004-⑪17
中にイフツルカ　11850004-⑪32, ⑰30
若就てイハ(、)　11850004-⑪33
生すとイハ、　11850004-⑪36
當(る)とイハ、　11850004-⑪39
摽欄とイフツル　11850004-⑪50
如上にイヒツルカ　11850004-⑫8
於てイハ、　11850004-⑫11
於てイフ　11850004-⑫13
故とイフカ　11850004-⑫31
爾イフか　11850004-⑫31
案してイフソ　11850004-⑫33
衆多けり(「けり」は「なり」の誤か)とイフツル
カ　11850004-⑭12
大日如來をヲケトイフ　11850004-⑭15
等をモテカセムトイフ　11850004-⑮6

前み(マヘニ)セヨトイフ　11850004-⑮14
生とイヒシハ　11850004-⑯12
相なりとイフカ　11850004-⑯18
毗盧遮那なりとイフコトヲ　11850004-⑯33
有(と)イハ、　11850004-⑰18
如香花をイフツルカ　11850004-⑰30
入たまふとイフコトヲ　11850004-⑰38
所なりとイフハ　11850004-⑰47
如は…經にイフツルカ　11850004-⑰48
七遍と云ニ　12005006-上16
智と云ハ　12005006-上22
遍と云ハ　12005006-上38
爲と云ハ　12005006-下12
金剛ト云ヨリ　12005006-下16
應ト云ニ　12005006-下17
應捧ト云ヨリ　12005006-下17
至ト云ニ　12005006-下17
至ト云ハ　12005006-下24

當ト云ヨリ　12005006-下27
大商主僧伽トイフ者の　12140002-⑪56
幾何トイフコトモ　12140002-⑪93
採-用(セ)不トイフ(コト)莫シ　12140002-⑪180
堅敵(アリ)トイフコトヲ(「ヲ」衍)　12140002-⑪197
備(へ)擧アケス(「ケス」は「ク」の誤か)トイフ
コト　12140002-⑪206
圖(ラ)不トイフコト莫(シ)　12140002-⑪252
垂(ル)トイフコトハ　12140002-⑫463
蟲チウトイウムシ　12230001-8オ
有ムト云　12360002-1オ2
在マシ〳〵ケリト云　12360002-3ウ4
避-去ナムト云　12360002-5ウ5
不と云　12360002-9ウ5
情ムヤト云　12360002-12オ3

爲ムト云　12360002-16ウ7
禪師ナリト云コトヲ　12360003-下1
驗德ナリト云コトヲ也　12360003-下1
忠仙トイフヒト　12360003-下33
自濕トイフ題　12505010-317
飛トイフ是也　12505010-319
徒トイハ　12505019-26ウ
无トイハ　12505019-28ウ
探(サク)ルトイハ　12505019-33ウ
及シキヌトイハ　12505019-37オ
虞人トイハ　12505019-51オ
者トイハ　12505019-52オ
困トイハ　12505019-54オ
者イハ　12505019-55ウ
工タクミナリト云フハ　12505028-11-9
月トイハ　12840003-①23ウ7
目草トイハ　12840003-①26オ1
張賞(ト)イウモノ　12840003-①36オ5
有惠遠法師ト云モノ　12840003-①37ウ2
者トイハ　12840003-②1ウ3
者(ト)イハ　12840003-②5オ4
叒トイハ謂ク　12840003-②5ウ3
諸史トイハ謂ク　12840003-②7オ6
〻(集)(ト)イハ謂(ク)　12840003-②7ウ1
幾千里トイフコトヲ　12840003-②8オ3
表トイハ謂ク　12840003-②11オ1
医方ト筮ト等者イハ　12840003-②17オ2
方トイハ　12840003-②17オ2
書トイハ謂ク　12840003-②17オ5
三謂トイハ　12840003-②19ウ1
社トイハ謂ク　12840003-②19ウ3
禝トイハ謂ク　12840003-②19ウ6
有牟子トイフモノ　12840003-③1オ5
汨トイハ　12840003-③9オ2
有狂人接トイウモノ　12840003-③13ウ6
北斗トイハ　12840003-③23オ5
非トイ、テ　13280001
金剛手トイハ　13940001
有馮心虛公子ト云モノ者　14270001-3

イブ(諱)→イム

〔諱〕35733
不可諱イフ　12005134-㉓5ウ

イフカシ(不審)

〔不審〕00019 07316
不-審イフカシ　10990002-⑦312
不審イフカシ　11340007-③6オ5
(此上「不」脱か)審イフカシ　11360001-47オ3
不審イフカシ　12840003-①19ウ5
不審イフカシ　13440001-36オ
〔未審〕14419 07316
未-審イフカシ　10990002-⑧302
未_審イフカシ　11340002-①52
未審イフカシ　12840003-①11ウ3

イフカル(訝)

〔訝〕35260
訝イフカル 11230001-③157
訝リ 11380002-東27オ

イブク(呼吸)
〔呼吸〕03471 03372
呼吸イフク 11505075-⑭62-7

イフココロハ(言)
〔云〕00254
云コ、ロハ 12505019-13オ
〔言〕35205
言(フコ、ロ)は 08305011-17-4
言イフコ、ロハ 08505019-51
言イフコ、ロハ 10505007-3-3
言イフコ、ロハ 10505069-①3
言(イフ)コ、ロは 10680005-2オ
言イフ□〈コ〉、ロハ 10705001-①4
言イフコ、ロハ 10705001-①5
言ふコ、ロは 10820003-③645, ⑤430,
⑥274, ⑥561, ⑦130, ⑦462, ⑦582, ⑦804,
⑧49, ⑧461, ⑨88, ⑨563, ⑨632, ⑩231,
⑩478
言イフコ、ロハ 11000001-14, 33, 38
言ロハ 11005002-4
言イフコ、ロハ 11020002-①4
言「イフコト(「ト」に消符)コロハ」 11020007-①4
言「イフコ、ロ(ハ)」 11020007-①15
言「イフコ、ロ」は 11020007-①17
言「フコ、ロハ」 11020007-①22
言イフコ、ロハ く 11020007-②76
言(イフ)コ、ロハ コ、ロハ 11020007-⑦59
言イハク (イフ)コ、ロハ 11020007-⑧30
言イフコ、ロハ 11020007-⑧40, ⑭21
言イフコ、ロハ を 11020007-⑩28
言(イフ)コ、ロハ 11020007-⑱92
言イフコ、ロハ 者は 11030006-③18オ
言イフコ、ロは 11050002-1ウ
言(フコ、)ロは 11140007-⑤97, ⑦55, ⑧46, ⑧47
言(フコ、)ロハ 11140007-⑥39, ⑥92,
⑨27, ⑨76, ⑨78, ⑬22, ⑬43, ⑬47, ⑭38
重て言(フコ、)ロハ 11140007-⑨53
言ふコ、ロハ 11140007-⑩15
言「イフ心ハ」く 11200015-⑤178
言ふコ、ロハ 11200015-⑧71
言イフコ、ロハ 11200015-⑩39
言(フコ、ロ)は 11230001-②245, ②266
言ロハ 11340007-①2ウ7, ④27ウ1
言(ロ)ハ 11340007-①28ウ4, ①34オ5,
①37オ5, ②33オ5, ③17オ2, ④6ウ6, ④10ウ5,
④24オ1
言(イフ)コ、ロニ(「ニ」は「ハ」の誤) 11340007-④21ウ7
言「イフコ、ロハ」 11340007-④39オ1

言「ロハ」 11340007-④44オ2
言イフコ、ロハ 11380002-東10オ, 西25オ, 南11ウ
言フコ、ロハ 11380002-西9オ
言イフコ、ロ(ハ) 11380002-南13オ
言イフコ、ロは 11505004-①15ウ7
言イフコ、ロハ 11630001-②8
言イフコ、ロは 11850004-①8
言コ、ロハ 11850004-①65, ⑭29
言ふ□〈コ〉、ロは 11850004-⑤63
言ロハ 11850004-⑥15
言心は 11850004-⑦33
言ふ心者は 11850004-⑨26
言コ、ロは 11850004-⑬33, ⑭24, ⑭34, ⑰33
言コ、ロ(は)…者 11850004-⑰51
言コ、ロハ 12410003-4-8
言イフコ、ロは 12410003-6-9
言コ(、)ロは 12410003-22-3
言イフコ、ロハ 12505019-10ウ, 31ウ, 33ウ, 34オ, 35オ, 46ウ
言コ、ロハ 12505019-11ウ, 14オ, 54オ
言(イフコ、)ロは 12505035-21ウ5
言イウコ(此下「、」脱か)ロハ 12840003-①9ウ3
言ロハ 12840003-①9ウ5, ①14ウ6, ①37オ3, ②22オ4, ②22ウ2
言ハ 12840003-②2オ5
言コロ(ハ) 12840003-③22オ5

イフコトシカリ(云爾)

〔爾〕19750
爾イフコトシカリ 11340002-①24

イフシク(言)

〔言〕35205
言イフシク 11130001-④16オ, ④22ウ

イフトモ(雖)→イヘドモ

〔雖〕42104
と雖(も) 08505020-9-12, 18-5, 25-2, 29-6, 40-9
(と)は(「は」存疑)雖も 08505020-14-18
と雖いふとも 08505020-29-8
と雖も 08505020-31-11, 41-14, 42-19
(と)雖も 08505020-40-15, 42-15
雖イフとも具せりと 10450001-61
雖イフトモ 10505024-6オ6
雖フトモ 10730001-⑨11オ10
雖フトモ後に欲すと 10730001-⑩25-8
雖フトモ有 10740001-④10
雖フトモ多と 10740003-①211
雖イフトモ…入イヌヘクト「ナムト」 10870001-③471
雖イフトモ說と 10870001-④290
雖イフトモ…如是と 10870001-④302
扣くと／「タ、クト」雖(も)／「フトモ」

加ふと雖「フトモ」 11005080-上38オ7
減すと／「スト」雖「フトモ」 11005080-上65オ7
薫すと／「リト」雖「フトモ」 11005080-上65オ7
處すと／「セリト」雖「フトモ」 11005080-上102オ3
雖(イ)フ(トモ) 11005080-上106オ5
雖イフとも 11380002-南36オ
雖(イ)フ(トモ) 12410003-33-8
雖イフトモ 12505020-㉝8
18400001-⑤3-30

イフナラク(言)

〔如〕06060
如イフ(ナラク) 10990002-③434
〔承〕11852
承イフナラク 13440001-18ウ
〔聞說〕29104 35556
聞-說イフナラク 10990002-②324
聞-說イフナラク之 10990002-④266
〔聞道〕29104 39010
聞道イフナラク 11130001-③11オ
〔言〕35205
言ふ 「イフ」(なら)く耳のみ 10820003-⑨23
言イフナラク 11650002
〔說導〕35556 04414
說導イフナラク 11970004-3ウ7, 5ウ2

イフマク(言)→イハク、イヘラク

〔言〕35205
言フマク 11200015-⑧91

イフモ(粒)→イヒボ

〔粒〕26884
粒イフモ(「フモ」は「ヒホ」の誤か)

イフラク(言)→イハク、イヘラク

11280014-③341
〔曰〕14278
曰イフラク 13140001
〔言〕35205
言イフラク…耳ノミ 10505024-44ウ3
言「イフラク」耳のみ 10820003-⑦74
〔謂〕35759
謂イフラク 10730001-⑨7オ9
謂イフラク 12550003
［補讀］
約おいてイフラク耳のみ 10820003-⑦349

イフル(制)

〔制〕01961
制イフルこと 13440001-32ウ

イヘ(家)→イヘゴト、イヘス、イヘト

ス、オノガイヘ、クニイヘ、フルイ

ヘ

〔宅〕07064
宅イ(ヘ) 11130001-④3ウ

イヘ

宅イヘ 11360001-33オ3
宅イ(へ) 11505075-⑭61-6, ⑭61-6
宅イヘ 11505075-⑭103-8
〔宗廟〕07106 09489
宗廟家也を 11505075-⑰151-1
宗廟イヘ 12005134-㉓6オ
〔室〕07136
室イヘに 11630001-③141
〔家〕07169
家イヘ 10505001
毎ニ家ヘ 10505007-7-1
家イヘノ 10505024-12オ4
家イヘヲ 10505024-19オ3
家イヘに 10505024-19オ4
家イ(へ)に 10505024-19オ6
家イヘニ 10505024-31オ6
家に／「ヘニ」 11005080-上44オ5
家イヘ 11130001-④15オ(別筆)

家イ(ヘ) 11130001-④20ウ
家(イ)ヘ 11280014-①447, ③197
家イヱ 11360001-21オ3
邑ニ百家云也 11360001-33オ2
家イヘ 11380002-東19ウ
家イヘ 11420003-⑫2オ, ㉑5ウ
於家集衆オノカイヘニイクサヲツトヘ 11420003-㉑5オ
岋チク ハナチアユル-家イヘニハ 11505004-①4ウ3
出テ家ヲ 11860003-196
家イヘ 12410003-33-5, 33-27
家(イ)ヘ 12505019-25ウ, 25ウ, 27ウ
家イヘ 12505035-5ウ4
家イヱ 12505072-15, 17
家イヘ 13440001-30オ
家イヱ 13860001-29-3
〔家舍〕07169 30278

家舍イヘ 11130001-④16ウ
家舍のイエ 13440001-2ウ
〔田〕21723
田イヱ 11360001-33オ3
田イエ 13860001-44-5
〔社稷〕24631 25207
社稷イヘに 11505075-⑪7-6
宋(宗)廟國也社稷家也 11505075-⑰124-4
〔舍〕30278
舍イヘヲ 10505024-9ウ5
舍(訓)イヘの 10790001-上14オ
舍イヱ 11220002
舍イヱ 11360001-1ウ2
舍イヘに 11505075-⑭60-6, ⑭60-7
菟(去)角ヵ舍イヘニ 11550009-38オ1
舍イヱ 12505019-3オ
舍イヱ 13440001-2ウ, 3ウ
舍イエ 13860001-2-5

〔貫〕36681
歸貫イヘニカヘル　08505007-①13-6
〔門下〕41208 00014
門下イヘ　11420003-⑫5オ

イヘ(筌)→ウヘ
〔筌〕25995
筌イヱ「此緣反」　11510005-⑦264(上欄外)

イヘイヘ(家)
〔家〕07169
家イヱ、、　11160007-⑥133
家イヘ、、　11630001-③493
家イヘくに　12410003-27-13, 27-16

イヘゴト(家)→イヘ
〔家〕07169
家イヘコトに　11630001-③34, ④169

イヘス(家)→イヘ
〔家〕07169
家イヘス　10705001-①58

家イヘセリ　12840003-①38ウ6
〔舍〕30278
舍イヘセリシヲ　11160007-③372

イヘツイモ(家芋)
〔芋〕30670
芋和名以ヘツ以毛　11505004-①77ウ2

イヘツクリス(結盧)
〔結盧〕27398 23050
結_盧イヘツクリシテ　11630001-⑤104

イヘデ(出家)→イヘデス
〔出家〕01811 07169
出家イヘテ之途　11420003-㉑7オ

イヘデス(出家)
〔出家〕01811 07169
出家イヘテシて　11420003-㉑6オ
出家イヘテス　11420003-㉑12ウ
〔度〕09313
度イヘテ(セル)之　10005008-㉒458

度イヘテ(セル)之　11005115-㉒458
度イヘテセル尼　11420003-㉑12ウ
度イヘテ(セシム)　11505075-⑳182-6
度家出セシム　11505075-⑳182-6

イヘトウジ(家刀自)→イヘトジ
〔主人母〕00100 00344 16723
主人母イヘトウシ　13530006-18-5

イヘトジ(家刀自)→イヘトウジ
〔主人母〕00100 00344 16723
主人母イヘトシ　13440001-12ウ
〔家室〕07169 07136
家室二合家刀自　08105015-中16

イヘトス(家)→イヘ
〔家〕07169
家トス　11340007-①12オ5

イヘドモ(雖)→イフトモ
〔云〕00254
云ヘトモ同リト　09505116-125

云トモ三法ト 09505116-1143

〔載〕38309

載□(?・)イヘトモ 12505010-312

〔雖〕42104

と雖(も) 08305011-31-8, 55-2, 71-1, 115-9, 117-1, 125-8, 171-5, 173-2, 177-3, 181-8, 183-1

雖勵はケマサムトいへトモ 08505014-74

雖へ(トモ) 09480002-7ウ1

雖「モ」小「シト」 09505020-103

雖モ久ト 09505020-121

雖モ末と 10165001-①239-5

雖常なりと 10200001-①3オ7

雖とも少なりと而も 10200001-①4ウ1

雖「イヘトモ」有 10350001-1ウ2

雖「イヘトモ」有と毎の色「イロ」乞衣 10350001-2オ2

雖モ不ハスト堪へ 10505007-2-6

雖モ相ヒ糺タ、スト而モ 10505007-27-6

雖イヘトモ帶セリト 10505007-32-6

雖イヘトモ送ヲクルト 10505007-38-1

雖トモ加ト 10505007-42-5

雖トモ討ウテリト 10505007-42-7

雖トモ非スト本意ニ 10505007-51-6

雖モ萠キサスト 10505007-52-8

雖モ下セリト 10505007-60-5

雖も有タモツと 10505019-㉑13

雖も…所吹き皷ウタ 10505019-㉛8

雖イヘトモ得タリト 10505024-16オ4

雖トモ持スト 10505024-18オ2

雖イヘトモ自カラ練セリト 10505024-18オ6

雖トモ未ス盡ツクサ 10505024-25ウ6

雖トモ…而モ 10505024-27ウ4

雖ヘトモ 10505024-31オ3

雖モ…ト 10505024-39オ7, 47ウ5, 64ウ5

雖モ説 10505024-48オ1

雖ヘトモ 10730001-⑩7-3

雖「ヘトモ」无 10740001-⑩40

嗽サスと雖も 10790001-下33オ

と雖も 10820003-②16, ②282, ②286, ②398, ②405, ②429, ②607

聞(か)未と雖も然も 10820003-②153

と雖も然も 10820003-②183, ②219, ②584, ②645, ②756

著せ不と雖も 10820003-②186

勤求すと雖も 10820003-②189

説くと雖も 10820003-②196

云(ふ)と雖も 10820003-②217

と雖も而も 10820003-②565, ②720, ②875

明顯なりと雖も然も 10820003-②590

と雖とも 10820003-②594

と雖も而(も) 10820003-②613, ②702, ②740, ②760, ②816

と雖(も)而も 10820003-②688

なりと雖も 10820003-②727
未と雖も然も 10820003-②742, ②747
云「フト」(ふと)雖(も)とイフハ 10820003-②759
雖イヘトモ不スト成ナラ 10950003-①69
雖とも云と 11005003-③42
雖トモ…士シナリト 11005025-24オ3
雖モ…ナリト 11005025-24オ5
雖モ…識(職)シヨクナリト 11005025-24オ5
と／「ト」雖(も)／「トモ」 11005080-上9オ5
住すと／「セリト」雖「トモ」
11005080-上24ウ5
施せりと／「セリト」雖(も)／「トモ」
11005080-上30ウ7
脣「ヒル」なりと雖「トモ」 11005080-上32オ1
存せりと雖「トモ」 11005080-上33オ2
と／「ト」雖「トモ」 11005080-上33オ6
感「セリト」雖「トモ」 11005080-上33オ6
なりと／「ナリト」雖「トモ」
11005080-上33ウ1

と雖「ヘトモ」 11005080-上35オ2
作すと／「スト」雖「モ」 11005080-上35ウ7
と／「ト」雖「モ」 11005080-上36オ5
盡(き)ぬと／「キヌト」雖「モ」 11005080-上38オ6
悅ふと／「ヨロコフト」雖「モ」 11005080-上38ウ7
樂著すと／「スト」雖「モ」 11005080-上39オ1
有(り)と／「ト」雖「モ」 11005080-上39オ3
少しと／「スクナシト」雖「モ」 11005080-上39オ4
と雖「モ」 11005080-上39ウ4
食す／「ス」應しと／「シト」雖「トモ」 11005080-上39ウ6
受くと雖「モ」 11005080-上40オ4
具セリト／「セリト」雖「モ」
11005080-上40オ5

なりと／「ト」雖「トモ」 11005080-上51オ3
なりと／「ト」雖「モ」 11005080-上51オ4
適「-」悅せ／「セ」令(訓)しむと／「シムト」
雖「トモ」 11005080-上56ウ2
春「ツ」クと雖「モ」 11005080-上59ウ3
有(り)と／「リト」雖「モ」 11005080-上71ウ1
斯(の)如しと／「シト」雖「モ」 11005080-上78ウ6
なりと／「ナリト」雖(も)
11005080-上92オ2, 上108ウ6
と／「ト」雖(も) 11005080-上93オ6, 上93ウ1,
上108ウ7, 上109オ7
滞シタ、リ／アマツヒ／「ミツタリノ」微(す
こしき)なりと／「スコシキナリト」雖「モ」
11005080-上95オ3
空なりと／「ナリト」雖(も)
11005080-上96ウ5
有なりと／「ナリト」雖(も)

11005080-上96ウ5

發-起すと／「スト」雖「トモ」

11005080-上101オ1

全(から)／「マタカ」不と／「スト」雖(も)

11005080-上102オ7

懈怠なりと／「ナリト」雖(も)

11005080-上102ウ1

縁「(ス)ルカ」如「クハ」不「アラスト」雖「モ」

11005080-上104オ1

の如(く)には(あら)不と雖(も)

11005080-上104オ1

滅すと／「スト」雖「ヘトモ」

11005080-上105ウ7

有(り)と／「ト」雖(も)

11005080-上106ウ2, 上109オ4

力ありと／「ラアリト」雖(も)

11005080-上108オ6

无(し)と雖とも 11030006-③35オ

雖ヘトモ不スト 11080001-13

雖ヘトモ未タスト 11080001-19

雖モ未タスト 11080001-26

雖ヘトモ死ヌト 11130001-③14ウ

雖とモ 11130003-①33

雖(イヘ)「トモ」…誦 11200015-⑤108

雖モ教 11340007-①27ウ3

雖イヘトモ…言イフト 11340007-②7ウ6

雖モ有ト 11340007-③1オ4

雖モ有 11340007-④9オ1

雖イヘトモ 11360001-22オ2

雖得たりと…然モ 11380001-⑯3-7

雖ヘ(トモ) 11380002-天3オ, 南9オ

雖モ云ト 11550009-1オ5

雖モ…有ト 11550009-2ウ5

雖モ…ト然モ 11550009-34オ5

雖トも然ト 11550009-36ウ3

雖モ…ナリト 11550009-37オ1

雖モ 11580001-65

雖(イヘト)モ 11630001-②26, ②275,

②385, ②478, ④169, ④258, ④271, ④352,

⑤404, ⑤447, ⑦69

雖も 11640001-②97

雖モ慚ハツト 11860003-7

雖トモ有リト 11860003-28

雖-不アラス本(ホ)ン望マウニ 11860003-29

雖似(タリト) 11860003-54

雖(モ)多(シト) 11860003-116

雖トモ微ヒ少セウナリト 11860003-122

雖モ未イマタ爲スト 11860003-147

雖(モ)嬾モノウシト 11860003-160

雖(モ)休ヤスムト 11860003-161

雖(モ)可(シト)畏ヲソル 11860003-184

雖トモ…言コトハナリト 11860003-191

雖モ無シト 11860003-222

雖トモ寝シン〻く興ケウ〻くナリト 11860003-230
雖トモ…牧モク宰サイナリト 11860003-237
雖(モ)然シカリト 11860003-238
雖(モ)思(フ)ト 11860003-247
雖(モ)吟ナケクト 11860003-248
雖(モ)…ナリト 11860003-249
ト雖トモ 12140002-⑪34
(ト)雖ト(モ) 12140002-⑪245
ト雖(モ) 12140002-⑪275, ⑪309, ⑪362, ⑪440, ⑫111, ⑫210, ⑫274, ⑫461
と雖(モ) 12140002-⑫249, ⑫472
ト雖モ 12140002-⑫465
雖トモ 12150002-3, 4, 5, 5, 5
雖(イヘ)トモ外 12360003-下序
雖ヘトモ 12410003-1-18, 32-15
雖ヘ(トモ) 12410003-29-12
雖トモ 12505010-217
雖トモ 12840003-①18オ4, ②14ウ4, ③12オ7, ③17ウ3
雖イヘトモ 12880003-20, 21, 45, 45
雖トモ 12880003-43
雖ヘ(トモ) 13505007-9
雖イエトモ 13860001-30-2

[補讀]
入レリトイヘトモ 10505007-4-7
致すとイヘトモ 11140007-⑮107
凍ヒヤカニストイヘトモ 11280014-③149
依とイヘトモ 11850004-⑪6
憂_居ウレヘマストイヘトモ 12360002-14ウ7

イヘニレ(家楡)

〔楡皮〕15153 22823
楡皮又以倍尓礼 11505004-①69オ2
〔菟葵〕31189 31458
菟葵和名以倍尓礼(平平上上)

イヘノイモ(芋) 11505004-①64オ1

〔芋〕30670
芋イヘノイモ 11860003-209

イヘノカミ(魅)

〔魅〕45811
魅イヌノカミ 11360001-39オ4
魅イエノカミ 13860001-53-1

イヘノキミ(家長)

〔主人公〕00100 00344 01452
主人公イエノキミ 13440001-12ウ
〔家長〕07169 41100
家長イへのキミ 11420003-⑮8ウ

イヘノトジ(家室)

〔家室〕07169 07136
家室二合伊□〈戸〉乃止□〈之〉 08105007-上2
家室二合伊戸乃止之 08105015-上2

イヘバト(鳩)

盧イホ 11420003-㉓3ウ
如盧イホの 11505075-⑪47-8
〔閭〕41334
閭イホ 11630001-②433

イホキ(五百城)(人名)
〔五百城〕00257 22679 05120
五百城イホキ入イル彦ヒコ皇子ミコ 11505075-⑪6-4
〔盧城〕09535 05120
盧イホ城キ部の 11505075-⑭70-2

イホキ(盧城)(地名)
〔盧城〕09535 05120
盧イホ城河に 11505075-⑭70-4
〔盧杵〕09535 14503
盧杵河邊イホキカハノホトリニ 11505075-⑪40-4

イボジリ(蜼螟)
〔蟭螟〕33623 33429
蟭(平)_螟ルイノイホシリノ 11550009-38オ7

イホツミスマル(五百都)
〔五百都御族〕00257 22679 39509 10157 13661
五百都御族イホ(ツミスマル)乃玉 10505150-14右

イホトセ(五百歳)
〔五百〕00257 22679
五百イホトセに(し)て 10005008-㉒147
五百イヲトセニシテ 11730001

イホリ(庵)→イホリス
〔堂舍〕05207 30278
堂舍のイホリ 13440001-2オ
〔庵〕09369
庵イヲリ 11360001-49オ4
庵イヲリ 13860001-66-3
〔盧〕09535
盧イホリ 10860002-38ウ1
盧ロノイヲリ 11130005-40オ
〔營〕19457
營イホリの外に 11505075-⑪45-1
〔菴〕31227
菴以保リ(平平平) 10790002-3ウ5
〔蘆〕32425
蘆イホリ／「アシヲ」 11005080-上43オ4

イホリス(庵)→イホリ
〔營〕19457
營イホリシ止ト、マリヌ 11505075-⑭85-5
營イホリ(ス) 11505075-⑳178-1
〔藺〕32324
藺イホリス 11050002-20オ

イホン(異本)
［補讀］
檻シ(此下「キ」脫か、存疑)ミ イ本 11360001-28ウ1
展イフ敟 イ本 11360001-43オ1
扠コフシアハセ イ本 11360001-57ウ3

今亦 11860003-30

習タツヌ今ヲ 11860003-35

今(ノ)夏冬 11860003-37

只今イマ 11860003-248

方マサニ今イマ 12505010-94, 196

今(イ)マ 12505019-9ウ, 10オ, 11オ, 19オ, 23オ, 24オ, 36ウ, 42オ, 44ウ, 44ウ, 45オ, 48オ

今イマ 12505019-54ウ

今イマノ之樂 12840003-②21ウ6

今イマ 13860001-16-4

〔今者〕00358 28853

今者イマ菩薩來-至シタマヘルコト於コ、ニ 10350002-5ウ3

今_者イマ 10870001-①61, ①287, ③264

今-「-」者「マ」 11005080-上22ウ2

今者イマ 11380002-東2オ

今者イマ 18400001-①2-21

〔今茲〕00358 30911

今茲(イ)マモ イマヨリ 而往ムカシモ ユクスヱノ 11630001-⑥226

〔任〕00416

任イマ 11360001-36ウ3

〔向來〕03301 00581

向來イマ 13440001-10ウ, 12ウ, 18オ, 31ウ, 31ウ, 32オ

〔垂〕05012

垂マ(「マ」衍か)イマ 11360001-26オ3

〔如〕06060

如今 08305001-⑧155-19

如マ(?) 09505007-13

如イマ 10450001-13

如「イマ」 10820003-②89, ②262, ②287, ③454, ③459, ⑤601, ⑦71, ⑦226, ⑦253

如「今」きは 10870001-①142

如イマは 10940001

如イマはき(「き」存疑) 10940001

如イマ 11130003-①48

如イマ 11140007-④36, ④42, ⑦11, ⑩16, ⑪17, ⑪45, ⑫24, ⑫35, ⑮60, ⑮68, ⑮126, ⑮140, ⑯21, ⑯61, ⑯98, ⑯110, ⑰14, ⑰53, ⑰105, ⑱21, ⑳18, ⑳105

如今也 11140007-⑦61

如モシ「イマ」「コトク」 11200015-④120

如「イマ」「キヲハ」…惠印「ヲハ」 11200015-④133

如「イマ」「モシ」 11200015-④283

如をは「イマ」 11200015-④338

如イマきは 11200015-⑩43

如今也 11280014-①32

如今也「キナラハ」有(らは)「(るか)」合-昏-木ネフノ(擦消)睡眠(擦消)「ネフル」「ノ」キナリ「ネフノキノ」 11300014-②21

如イマ 11340002-①35

如イマ 11360001-1オ4

11850004-①61, ③30, ⑦10, ⑮11, ⑰53

如今　11850004-⑦11, ⑦18, ⑩14, ⑩29,
⑯19, ⑯20

〔如今〕06060 00358

如今イマ　11130001-③13オ, ④16オ

如今イマ　13440001-6オ, 14ウ

〔於今〕13628 00358

於今イマ　18400001-②11-10

〔當〕21890

當イマノ時に　11505075-⑭80-2

〔而今〕28871 00358

而今イマ　11970004-8オ3

〔聊〕29049

聊イマ　13440001-34ウ

イマイマ（今々）

〔乘〕00154

乘（「垂」の誤か）「イマ、、」　11020007-①59

〔垂〕05012

垂イマ、、スレトモ　11020007-⑦6

垂イマ、、スルヲ　滿ナムト　11020007-⑧35

イマウヤス（長揖）

〔長揖〕41100 12351

長（ナカ）ク揖シイマウヤシテ　11630001-④290

イマキノアヤ（新漢）

〔新漢〕13572 18153

新イ（マキ）の漢　11005115-㉒313

新の漢イマキノアヤの　11505075-⑭62-2

新漢今木イマキのアヤの　11505075-⑭83-1

イマキノアヤヒト（新漢人）

〔新漢人〕13572 18153 00344

新イマキの漢人（アヤヒト）を　10005008-㉒240

イマキノテヒト（今來才伎）（人名）

〔今來才伎〕00358 00581 11769 00436

今來才伎イマキノテヒトを

イマサク（坐）→イマス　11505075-⑭81-6

［補讀］

比（ひ）ていまサク　08305001-⑩203-7

行いまサク　08305001-⑩203-7

山王の如（く）いまサク　08305001-⑩203-8

慈願いまサク　08305001-⑩203-9

無量にいまサク　08305001-⑩203-9

逾（江）ていまサク　08305001-⑩203-10

イマシ（方）

〔乃〕00113

乃（し）　08305011-117-8

乃し　08305011-173-9

乃（し）　08505020-8-1, 12-4, 29-15, 41-1

乃マシ　09505020-378

乃イ（マシ）　10005008-㉒147

乃イマシ　10200001-⑩1

乃し　10505003-①185

乃イマし 10505003-④1
乃イ(マシ) 10505003-⑥4
乃し 10505019-⑦3
乃イ(マシ) 10505024-20オ2
乃イマシ今 10505030-4
乃イマシ 10640005-①21ウ
乃イマシ 10640006-①5
乃「イマシ」 10740001-⑦65
乃し 10820003-②441, ④57, ④116, ④177, ④190, ④228
乃「チ」し 10820003-②710, ②728
乃「イ(ま)」シ 10820003-②876
乃「イマ(シ)」 10820003-③423
乃「シ」 10820003-③517, ⑤65, ⑦167
乃イマシ 10870001-①260, ①268
乃し 11005003-③12
乃(イマシ)ニ 11005025-8ウ6
乃ち／「イマシ」 11005080-上14ウ4, 上90ウ2

乃し 11005080-上72オ1
乃「シ」 11030006-③5オ
乃し 11030006-③5ウ
乃イマシ 11080011-③660
乃イマシ 11140007-⑯47
乃(し) 11260001-③12, ③71, ③301, ③347, ③368, ③372, ③389, ③472
爾ち乃(し) 11260001-③47
乃イマシ 11300001-⑧18
乃イマし 11360001-24ウ3
乃イマシ 11420003-⑬28オ
乃イマシ 11505073-16ウ
乃シ 11505073-22オ
乃イマシ スナハチ 11510005-④51
乃イマシ 11550009-21ウ6
方に乃(イマ)シ 11630001-⑥304
乃イ(マシ) 12410003-9-22, 9-27, 13-14, 14-2, 17-26, 20-23, 22-9, 24-3

乃イマシ 12505072-4
乃イ(マシ) 12505072-16
乃イマシ 12880003-52
乃イマシ 13505007-6
乃イマシ 13860001-33-6
乃イマシ 18400001-④4-9

〔今〕00358

今イマシ 18400001-④3-17

〔仍〕00361

仍イマシ 11505026

〔向來〕03301 00581

向來イマシ 13440001-3ウ, 5ウ, 16ウ, 25ウ, 28ウ

〔垂〕05012

垂ノソミ イマシ 11510005-③1
垂イマ□〈シ〉 11850004-①70
垂イマシ 11850004-③6

〔方〕13620

方シ 08505020-39-7

方イマシ　08830001-⑤6-5(213-4)
方イマシ　10020001
方イマシ　10080002-②707
方イマシに　10200001-①6ウ4
方イマシ　11130003-①61
方イマシ　11505073-6ウ

イマシ(汝)→イマシミコト

〔儞〕01244
儞イマシ□〈カ〉　11505075-⑰142-3
〔卿〕02879
卿イマシか所　10005008-㉔174
卿イマシを　10005008-㉔299
卿イマシ　11005115-㉔174, ㉔299
「卿イマシカ」　11505075-⑭65-8
〔吾子〕03379 06930
吾-子イマシの　11630001-④265
〔汝〕17138
汝イ(マシ)か祖父　10005008-㉒175
汝イ(マシ)　10005008-㉒490
汝イカ(「カ」は「マ」の誤)シ　11420003-⑫4ウ
汝イマシ　11420003-⑫7オ, ⑫7ウ, ⑫9ウ, ⑬18オ, ⑯27ウ, ㉑3ウ, ㉓1ウ, ㉓1ウ, ㉓9オ, ㉓9オ
汝イマ(シ)　11420003-㉓3ウ
汝イマシ　11505075-⑭59-2, ⑭88-1
汝イマシか　11505075-⑭68-3
汝(イ)マシ　11630001-③174
汝イマシ　12005134-㉓3ウ, ㉓4ウ, ㉓5ウ
汝イマシヤ乎　12360002-4ウ7
汝イマ(シ)　12360002-16ウ5
〔爾〕19750
爾イ(マシ)の　10005008-㉔151
爾イマシか　11505075-⑪32-2
爾イマシ　12005134-㉓1ウ, ㉓4オ
〔鄕〕39571
鄕-等イマシタチ　11420003-㉑4ウ
鄕イマシ等　11420003-㉑13オ

イマシミコト(汝)

〔汝〕17138
爲-汝イマシミコトノタメニ　12360002-9ウ8

イマシム(戒)→イマシムラク、イマシメ、イマシメタマハク

〔儆〕01187
儆イマシメタリ　11130001-③1ウ
〔制〕01961
制イマシム　11360001-26オ4
制イマシム　13860001-35-6
〔勸誡〕02486 35538
勸-誡イマシメテ　11200015-④187
〔嚴〕04589
嚴イマシム　13860001-17-6
〔懲〕11424
懲イマシメムトナリ　10860002-13オ5
懲イマシメ　11730001
〔戒〕11548

誡イマシむ 10700001-166
警ヲトロカシ誡イマシメテ 10700004-54
誡イマシメて 10730001-⑨8ウ8
誡シム 10730001-⑩17-2
誡「イマシメテ」て 10740001-③88, ⑭6
當ヘシて…誡ムせよ 10740001-④30
誡「イマシメテ」 10740001-⑦46
誡イマシムルか故に 10820003-②110
誡イマシム 10820003-②211
誡イマシメたまふ 10820003-③501
誡「イマシメテ」 10820003-④298
誡「イマシムルナリ」 10820003-⑧199
誡イマシメ 10860002-34ウ4
相誡イマシメテ 10860002-51オ6
誡イマシメつ／「イマシメテキ」 11005080-上43ウ7
誡「イマシメテ」 11020007-①40
警イマシメ誡メテして 11020007-②31

可アルヘケム不サル「ス」ハ戒イマシメ哉ヤ 11550009-9オ2
戒イマシムルヲモ 11850004-⑰17
戒イマシム 13860001-24-1

〔禁〕24743
禁イマシム 13860001-81-6

〔箴〕26214
箴イマシム 11340007-①18ウ6
箴イタ、ス イマシム 11550009-3オ7

〔訓〕35238
訓イマシム 13860001-82-4

〔試〕35415
爲試イマシメムカ 10505007-61-7

〔誡〕35538
誡メて 09505020-380
誡イマシムルことを 10165001-①272-1
誡イマシムルに 10240002-②7ウ3
卽誡イマシメ言 10505069-①61

戒イマシメ 08505020-20-12
戒しむ 09480002-22オ3
戒イマシメ 10505019-⑬3
戒イマ(シメ)よ 10820003-⑤70
戒イマシメ 11020007-⑩23
戒イマシムル 11020007-⑬11
戒イマシメタリ 11130001-③1オ
戒イ(マシメ)たり 11130001-③1オ, ③2ウ
戒イマシメ 11130001-③2オ
戒イマシムる 11140007-⑮108
戒イマシメて 11140007-⑯7
戒以セヨ「イマシム」 11200015-⑤37
相ヒ式(戒)イマシムルニ 11340007-④21ウ6
戒「イマシメ」 11340007-④38オ2
戒イマシメテ 11380001乙-⑯7-3
戒シメテ 11380002-西38ウ
戒シ□〈メ〉て 11505075-⑭81-8
戒イマ(シメ)て 11505075-⑭87-3

誡イマシムルなり　11020007-⑧17
誡イマシメ節セムに　11030006-②13ウ
誡イマ□□〈シメ〉て　11030006-③33ウ
誡イマシメむ　11130001-③3オ
誡イマシメ　11130001-③6オ, ④5ウ
誡イ(マシメ)タリ　11200015-④173
誡イマシメテ　11200015-④173
誡イマシムルナリ「シ(ム)ルソ」　11200015-⑧51
懲(上)チヨウ音_誡(去)イマシムルニ　11260001-⑨179
誡シム　11340007-②5オ4
誡「イマシム」　11340007-④68オ
誡イマシメたり　11380001-⑰14-1
誡イマシメテ　11550009-19オ3
誡(イマシ)メ　11550009-57オ3
誡イマシメ　11630001-②386
誡イマシメて　11630001-⑧146
誡イマシム　11850004-②7

誡シメテ　11850004-④68
誡イマシム　12005022-17オ4(19-1), 18ウ6(31-4), 48オ5(44-5)
誡イマシム　12505019-5ウ, 55オ
誡イマシメ　12510006-57-1
誡イマシム　12860001-①18ウ6(19-1), ①21オ1(31-4), ②24オ4(44-5), ③19オ2(51-6), ③31ウ1(55-4), ③37ウ2(56-9), ③47オ2(58-2)
誡シメ　13080001-1

〔諫〕35724
諫(去)イマシム しむ　11020007-⑱33
諫イマシメて め　11020007-⑱64

〔諷〕35741
諷イマシメタリ　11130001-④17オ

〔警〕36009
警イマシメ　09505020-169
警イマシムルを　10200001-③2オ4
警イマシメ　10450001-9
警イマシム　10640003-6
警イマシメテ　10990002-⑧213
警イマシメ誡して メテ　11020007-②31
警イマシム　11130001-③2オ
警イマシメタリ　11130001-③2オ
警イマシメむ　11130001-③16オ
不警シメ　11380002-北28ウ
警イマシム　11630001-①13
警イ(マシメ)　12140002-⑫177

〔驚〕45029
驚イマシメ　08505019-24
驚イマシム　11280014-③472

イマシムラク(戒)

〔誡〕35538
誡イマシムラク　11630001-⑧248

イマシメ(戒)→イマシム

〔式〕09663

式ノリ　イマシメ　11630001-②156
〔戒〕11548
戒イマシメ　11360001-17ウ1
〔誡〕35538
誡め／「イマシメ」　11005080-上76オ7
誡めと　11230001-②350
爲誡イマシメ　11340007-②11オ3
誡「イマシメ」(別筆)ヲ　11550009-10オ3
誡(イマ)シメヲ　11630001-⑧284
誡シメヲ　12505019-50オ
〔警〕36009
警イマシメ也　11340007-②44オ2
警ノイマシメ　11550009-38ウ1
〔警衞〕36009 34074
警(上)-衞(去)イマシメす　11630001-④104

イマシメタマハク(誡)

〔誡〕35538
誡イマシメタマハク　11140007-⑳72

イマス(在)→イマサク、ゴトクイマス、マス

〔住〕00505
常「(二)シテ」住「イマシテ」　11140001-61
〔佛〕00517
佛在イマシキ　10950003-①101
〔去〕03070
去イマシヌ(と)　11630001-⑦323
〔在〕04881
在イマス　08105023-49-17
在いましキ　08305001-②22-13
在います　08305001-②35-5
在いマサム者　08305001-③56-21
在いますトキには　08305001-⑤95-15
在いマサむトキには　08305001-⑤95-17
在います處　08305001-⑦133-23
在いまさむ　08305001-⑦135-21
在いますラむ　08305001-⑩193-2
在いますと　08305001-⑩194-2
何にか在います　08305001-⑩194-17, ⑩197-21
在いますを　08305001-⑩197-17
在いますヤ不ヤとまをす　08305001-⑩198-5
見て在いますを　08305001-⑩199-8
在坐テ　08305004-38
何の所にか在坐(存疑)(す)る　09505020-233
在坐す　09505020-322
在スカ　09505116-745
在スカ　09505116-945
佛在(イ)マシ、日　10165001-①266-4
在イマして　10450001-161
在イマす　10505003-③908
在います　10505003-⑩17
不ス在マサ　10505024-28オ2
在マシテ　10505024-62ウ5
不む在イマサ時　10740003-②595

在「イマシテ」 10820003-④247
在「イマスト」 10820003-⑤498
在「イマイシトキスラ」猶し 10820003-⑥247
在イマスを耶や 10820003-⑦125
在イマシテ 10820003-⑩381
在イマシて 10870001-①211
在イマス…に 10870001-③453
在イマシテ 10870001-④241, ④261, ④268, ⑦291
在イマシテモ「とも」 10870001-⑤152
在イマス『ヤ』 10870001-⑦109
在イマセト／や「ムト爪ルト白キ」 10870001-⑦117
在イマス(カ)如シ 10990002-⑧406
在イマシテ 10990002-⑨223
在イマス 10990002-⑨246
在ましますこと／「イマスココ(「ト」の誤か)」 11005080-上67オ2
本尊……在イマして 11030006-③32オ

自在イマスに 11140007-⑦4, ⑦47
在イマスに 11140007-⑦22
在(イマ)セハ 11140007-⑪57
佛在(イ)マす 11140007-⑯117
在イマスか 11200004-41
在セリ 11200004-42
世尊昔し在イ(マシ) 11200015-④148
在「イマス」と 11200015-⑤220
在ス 11210001-①55
佛在イマシ、日 11280014-①367
在イマシ 11280014-③157
在イマス 11340007-①18オ(上欄外)
在スト 11350010-47-1
在ス心ニ 11350010-48-7
在イマス 11360001-3オ1
在イマシキ 11505067
在イマシテ 11505073-3オ
在いますラム 11505087

如シ在イマスカ 11630001-②239
本尊在イマシ 11850004-③56
在イマス 11850004-⑯28
在イマスと 11850004-⑰28
在ス 12140002-⑫239, ⑫313
在イ(マス)所 12505019-47ウ
在イマス 13860001-4-3
在イ(マシ)テ 13900002
在イマシテモ 18400001-⑤4-32

〔坐〕04931
坐セハ父君シ 08305004-222
坐セハ母氏シ 08305004-224
坐セハ父公シ 08305004-224

〔如在〕06060 04881
如在イマス 11300002

〔安穏〕07072 25344
安穏イマセヨ 13440001-32オ

〔屈請〕07669 35640

イマス

有イマスに 11140007-⑨100
有イマセハ 11140007-⑭36
不有イマサ 11140007-⑯64
有イマスそ 11140007-⑯109
有(イ)マス 11160007-②148
有イマス 11200015-⑥116
有イマセハ 11200015-⑥120
有イマスヘシヤ「ト」 11200015-⑦23
有(イマ)「ス」ヘキて 11200015-⑦108
有イマシ 11200015-⑨51
有イマシ佛 11200015-⑨52
有ス 11340007-②22オ4
有(イ)マス 11340007-④12オ2
有イマス 11350010-24-5
有シテ 11350010-27-4
有イマス 11360001-2ウ3
有イマス(「マス」存疑) 11380002-南48オ
有イマシテ 11505073-3ウ
有(イマ)ス 11630001-⑧441, ⑧444, ⑧460
有イマスカナヤ 11850004-③36
有イマシ(「シ」は「ス」の誤か)と 11850004-⑮6
有イマス 11850004-⑯27, ⑰7
有イマすと 11850004-⑰27, ⑰28
有ス 12140002-⑪177
有イマシテ 18400001-③1-36
有イマシキ 18400001-⑦1-7

〔爲〕19686

爲イマイシ作也 10870001-⑤493
爲イマスカ「トナタマヒタルカ」王と 11200015-⑥44
爲イマす第一に 11850004-①65

〔相〕23151

相カマシマスい 11630001-⑤290

〔至〕30142

至イマシキイタ、タマフ 11630001-③174

〔行〕34029

行イマセ 11450006-14
行イマセ 11505075-⑭87-3

［補讀］

王ノコトクイマス經 08305001-①1-1
如クいませとも天の 08305001-⑦138-21
勝レてイ(ま)ス(ひと) 08305001-⑦139-11
慈悲にイマス力 08305001-⑩206-1
最勝最尊と「坐」は 08305004-83
行月ト坐 08305004-296
福田ト坐 08305004-296
金剛のことくイマス一切如來 10330002-①1
如イマスヲ青蓮 10400003-8
唯八十年とノミイマスラむ 10505003-①114
功德イマス 10505003-①138
唯八十年イマストオモヘ(リ) 10505003-①139

輕利にイマスヤ 10505003-①203
清淨とトイマス 10505003-③908
金剛のコトクイマス如來 10630004-①502
尊とイマス 10640005-①14オ
安樂にイマシタマフヤト 10740003-②627
希有(に)イマス世尊 10820003-③283
自在にイマス 10820003-⑤79
第一にイマス 10820003-⑤286
自在にイマシテ 10820003-⑦244
光イマス 10820003-⑧620
小劫イマシテ「アレトモ」 10870001-③262
聲イマシテ 10870001-③328
多オホケム「ト白キ」／『クイマセト』 10870001-③397
所歸「トイマス」 10870001-④135
安樂にイマスヤ「ヤ」 10870001-④244
如クイマスヲ入レルカ か 10870001-④253
諸佛イマシテ 10870001-⑤355
可ヘシト如クイマス「ヌト白」故の 10870001-⑦56

奇妙「ニ坐」にして 10870001-⑦115
輕利「ニ坐也」なりや 10870001-⑦287
堅利牙ケイマス 10950003-②
堅-利ノ牙ケイマス 10950003-③2
无上大恩德「イマス」 11005080-上83ウ2
五佛イマス 11020002-①11
毗盧遮那佛(イ)マス 11020002-②1
希有にイマスカナヤ 11030006-③19オ
奇_特にイマスト爲す 11030006-③19ウ
无クイマス限 11140007-④52
奇特にイマスト者 11140007-⑨56
尊とイマス 11140007-⑨102
中にイマス 11140007-⑩17
无上にイマス 11140007-⑪10
清淨にイマス 11140007-⑫14
无戲にイマス 11140007-⑭47
自在にイマスカ 11140007-⑱204
自在にイマス 11200015-⑦7

何況…自在にイマスヲ耶ヤ 11200015-⑦20
自在イマス 11200015-⑦36
奇特にイマスト 11200015-⑨71
希有(に)イマスニ 11200015-⑨116
一切之尊とイマス 11200015-⑨118
中にイマス 11200015-⑩44
佛像います 11260001-③379
前(サ)キの后(去)リ「イマシキ(「キ」存疑)」 11270012-3
奇特にイマスト 11850004-③37
自在にイマス耶 11850004-⑦14
光イマス 11850004-⑧40
奇特にイマス 11850004-⑨28
尊とイマス 11850004-⑨52
中にイマス 11850004-⑩9
無上にイマシテ 11850004-⑪10
如來イマス 11850004-⑯33

イマダ（未）

〔未〕14419

未た 08505014-5, 22, 56, 75, 96

未い(ま)た 08505014-48

未マタ　サラム成ナラ佛ニ 10350002-1ウ4

退シリソイテ未タ　サラム圓マトカナラ 10350002-7ウ5

未サルヲマタ除か 10400001-14

未タ停ト、メ／ヤマ 10505007-16-7

未タ／ニ舊フリサル 10505007-45-3

未タ／セスシテサル熟スク 10505024-32ウ1

未タサルハ悟「サトラ」 10505024-36オ5

未スタ能アタハ 10505024-39オ7

未タサル釋シヤクセ者ノハ 10505024-51オ2

未「タ」…未「(るに)」 10820003-②184

未タスシテ剃ラ 10860002-49ウ2

未「タ」宜シ(ク)…用「ツカフ」「宜」(カラ) 10990002-⑨143

[未]

未「タ」嘗「て」 10990002-⑨381

未タ 11005080-上1オ4

未タスト能アタハ見コト 11080001-19

未タスト發心セ 11080001-26

(此上「未」脫か)能イマタアタハス 11110001-15

未「タ」「シテ」到 11200015-④121

未タ落 11340007-②34オ1

未タ　ス集ラ 11340007-④19ウ4

未タ曽ニモ 11350010-26-4

未イマタ 11360001-10オ3

未已ヤマス 11380002-天15ウ

未タ 11380002-天20ウ, 東7ウ, 東7ウ

未還イマタカヘリマウコス 11505075-⑪9-4

未タ 11505084-1-12

未タ 11550003-2

未タ改アラタマリ-變カハラ 11550009-7ウ5

未タサルニ萠キサシマウ-兆キサテウ、 11550009-7ウ6

未タス有ラ 11550009-26オ1

未タルニ終ヲヘサ 11550009-28ウ4

未タサルニ決サクラ(平平上) 11550009-34ウ5

未タサルニ許ユルサ 11550009-34ウ6

未タス委ツハヒラカセ 11550009-37オ7

未タス可ヘ爲ス 11550009-40オ5

未タス聞 11550009-40オ6

未タス談セ 11550009-40ウ6

未タマシ必シモ 11550009-41ウ4

未タサルニ就ツカナサ 11550009-42オ3

未タス詳ナラ 11550009-43ウ5

未タ期セ 11550009-43ウ6, 43ウ6

未タスシ極て 11550009-55ウ7

未タス審カ 11580001-10

未(イマ)タ盡サ 11630001-①10

未(イマ)タ…す 11630001-②50

未(イマ)タ 11630001-②86, ②348, ②473, ③128, ④84

未(イマ)タ…ス 11630001-②175
未(イマ)タ…(る)に 11630001-③393
未イマタサルニ解トカ 11860003-8
未イマタ乾カハカサルニ 11860003-9
未イマタス霑ウルハ 11860003-23
未イマタス有ラ 11860003-30
未イマタ迫ヲヨハ 11860003-31
雖モ未イマタスト爲 11860003-147
未タマス罷ヤメ 11860003-162
未イマタ有ク(「ク」は「ラ」の誤) 11860003-174
未イマタス有 11860003-219
未ス明アキラカナラ 11860003-220
未タ 11970004-11オ10
未タ…ス 12150002-1
未タスシテ寫サ 12360003-下8
未イ(マタ)セ(サ)ル嘗ニモ 12410001-③18
未タ 12410003-0-12

未タ…ルニ 12505010-206
未タ及 12505021-3
未タ…ルニハ 12600001-9
未タ…ス 12840003-①1ウ5, ①31ウ6, ①37ウ4, ①38オ3, ②5オ1, ②18オ6, ③5ウ3, ③8オ6, ③22ウ5
未タ…ス捨 12840003-①15ウ3
未…ル盡 12840003-①24オ4
未タ嫁 12840003-①34オ1
未タ…ルニ 12840003-①38オ7, ②3オ1, ②20ウ3
未タ…ス附 12840003-②14オ4
未タ…スシテ 12880003-58
未イ(マタ)…ルニ 13440001-14オ, 29ウ
未イ(マタ)…ス 13440001-30オ, 33オ
未イマタ 13860001-14-4
未タ 15080001

イマダシ(未)

〔未〕14419
似尚未イマタシクアルヘラナリ 08505007-③11-3
ヤ…未タシヤ 10505024-28オ6
說クヤ…未マタシヤ 10505024-28オ7
未イマタシ 10505024-28オ7
未イマタシキコト 10740003-②592
未(シキ)に 11130005-95オ
未イマタシ 11340007-②3ウ5
未マタシ 11340007-④35オ2
未イマタシ 13860001-14-4

イマニ(今)

〔于今〕00252 00358
于今イマニ 10505024-28ウ5
于今「イマニ」 10870001-③463
于今に 12140002-⑫191
〔今〕00358
今ニ 10860002-19ウ6

今イマニ 11130001-③11ウ
今ニ 11550009-58ウ3
〔今者〕00358 28853
今-者「ニ」 11005080-上22ウ1
〔於今〕13628 00358
於今（イ）マニ 11505084-2-6

イマデ（今）
〔垂〕05012
垂伊万〻弖 08105015-中17
〔於〕13628
於イマ、テニ 11505075-⑪20-8, ⑪26-6
〔於今〕13628 00358
於今イマ、テ 11420003-㉓1ウ
於今イマ、テニ 11505075-⑪20-8, ⑪26-6
〔於是〕13628 13859
於是イマ、テニ 11420003-⑬13ウ

イマメカシ（今）
〔新〕13572
新イマメカシキことを 13440001-6オ

イマヤウ（今様）
〔今様〕00358 15457
今様ヤウノ歌ウタノ 11860003-86

イマヤウスガタ（今様姿）
〔時勢粧〕13890 02422 26945
時勢粧イマヤウスカタナレハ 11130001-③9ウ4

イミ（忌）→モノイミス
〔諱〕35733
諱イミ 12505019-6ウ
諱イミ 13440001-31ウ

イミゴト（供齋）
〔供齋〕00605 48565
供齋イミ（コト） 10505150-26右

イミナ（諱）
〔諱〕35733
諱イミナハは 10705001-①56
諱イミナ 12230001-38オ
諱イミナ 12505019-2オ, 10ウ, 33オ, 42ウ
諱イミナハ 12840003-①22ウ5
諱イミナ 13440001-31ウ
〔謚〕35823
謚イミナヲ 10505007-48-1
謚イミナ 10990001-18オ
謚イミナハ 12840003-①22ウ5, ②7ウ3

イム（忌）→イブ、イムコト、モノイム
〔供齋〕00605 48565
供齋イミ 10505150-25右
〔忌〕10310
無して忌チ（「チ」存疑）て忌イム□ 10505003-⑨18
忌イム之ヲ 10860002-33ウ4
忌イム 11130001-④23ウ
忌イム 11340007-④17オ3, ④17オ4
忌ムハ 11340007-④17オ4
忌イミ 11380002-南20オ

忌イム　11380002-南32ウ
都フット忌イ(ミ)て　11450001-②44ウ5
忌イメ　11450001-⑪27ウ8
忌イ(ム)　11450001-㉑20オ3
忌イメ　11505004-①24オ6
忌メ　11505004-①26オ1
所禁(平)イミキム忌(平濁)ニクムキスル　11550009-25オ7
忌イむ　12410003-34-10
忌むは　12410003-34-11
忌イムテ　12840003-①36オ7
〔戒〕11548
戒イミ愼て　11140007-⑬15
戒イムコト　11420003-㉑7オ
〔諱〕35733
諱イムこと　10730001-⑩30-2
不敢て諱マ　11130005-83オ
諱イムこと无シ　11230001-③417

諱イム　11280014-③347
諱イメリ　11280014-③404
不敢諱イマ　11300001-⑧25
諱イム　11450001-㉑27ウ8
諱イムこと　11630001-②170
〔齋〕48565
齋止　10505150-24左

イムカヒス(逆)→イムカフ

〔拒逆〕11957 38849
拒逆イムカヒス　08505008

イムカフ(逆)→イムカヒス

〔強禦〕09815 24820
有強禦之者イムカフモノアリ(平平平上平平平上)　12360002-8ウ1
〔逆〕38849
(不得)逆イムカフ　礼(「礼」衍か)ム加皮欠　(存疑)　08105009-下6
(不得)逆礼(「イ」の誤か)ム加皮欠

イムコト(忌)　08105015-下6

〔戒〕11548
戒イムコト　11360001-17ウ1

イムサキ(昔)

〔昔〕13816
昔イムサキ　12360002-8オ8
〔曾〕14299
曾イムサキより　10005008-㉔206
曾イムサキ　11005115-㉔206
曾イムサキに　11420003-⑮16オ, ㉓1ウ
曾イ(ムサキ)　11420003-⑮21ウ
曾イムサス(「ス」は「キ」の誤)ニ　11420003-⑯23ウ
曾イムサキ　11420003-⑯25オ
曾イムサキ　11505075-⑭62-3, ⑭63-5
曾ハ(「イ」の誤か)ムサ(キ)　11505075-⑭63-5

イムスキ（齋鉏）

〔齋鉏〕48565 40297

齋鉏イムスキ　10505150-13左

イムベ（忌部）

〔忌部〕10310 39460

忌「」部「イムヘ」　11340007-④45ウ2

イムヲノ（齋斧）

〔齋斧〕48565 13539

齋斧イムヲノ　10505150-13右

イメ（夢）→ミイメミタマハク

〔夢〕05802

夢ミイメミタマハク　11505075-⑪21-8

イメアハセ（夢合）

〔相夢〕23151 05802

隨相夢也イメアハセノマ、ニ　11505075-⑪37-2

イモ（妹）

〔伴〕00475

伴イモ（刊本「トモ」とあり、又は妹の意か）　13440001-34ウ

イモ（芋）→イヘツイモ、イヘノイモ、サトノイモ、ヤマツイモ、ヤマノイモ

〔芋〕30670

芋イモ　09090001

芋イモ　10320001-23オ7

芋イモ　11230001-③156

芋イヘノイモ　11860003-209

〔薯蕷〕32191 32054

使掘暑(薯)預(蕷)イモホラシム　11420003-⑫5ウ

暑(薯)_預(蕷)ヤマノイモ　11860003-209

〔參考〕

署預和名也末都以毛（平平上平平）　11505004-①59オ4

イモウト（妹）→イモト、オトイモウト

〔妹〕06138

妹イモウト　10790002-9ウ3

母姝(妹)イモ（ウトヲ）　11160007-④169

妹イモウト　11160007-⑤120

妹ウトニ　11160007-⑤254

姝(妹)イモウト　11360001-35ウ2

妹イモウト　12005022-18ウ2(31-3), 49オ4(44-10)

妹イモウト　12510006-26-15

妹イモウト　12860001-③9ウ3(48-9), ③21オ5(52-3)

〔姉〕06165

姉イモウト　11050002-39ウ

〔嫂〕06603

嫂イモウト　13440001-8ウ, 8ウ

イモコ（妹子）（人名）

〔妹子〕06138 06930

妹イモ子コ　10005008-㉒193

妹子イモコ 10005008-㉒195

イモシウトメ(姨)

〔姨〕06222

姨イモシウトメナリト 12780002-3

イモト(妹)→イモウト

〔妹〕06138

妹イモト 11420003-⑫4オ, ⑬26ウ

妹イモト(平平平) 12005022-2オ5(1-1)

妹イモト 12005022-21オ1(33-4),
23ウ3(34-2), 38オ2(41-1), 50ウ6(45-8)

妹イモト 12860001-①1オ6(1-1),
①20ウ3(31-3), ①23ウ2(33-4),
①26ウ6(34-2), ②12オ3(41-1),
②25ウ1(44-10), ②27ウ1(45-8),
③1オ6(46-1), ③19ウ6(51-9),
③32オ3(55-6), ③34ウ2(56-1),
③39ウ2(57-3), ③50オ4(58-6)

イモヒ(齋)→イモヒス

〔濟〕18498

濟イモキ 11360001-17オ4

〔齋〕48565

持つは齋イモ□〈ヒ〉を (上欄外)ウラナフ 10240002-②7ウ2

持つは齋イモ□〈ヒ〉を 10240002-②17

齋(平輕)イモキ-訖 11260001-⑦225

齋イモキ 11360001-66ウ1

齋イモヒニハ 11630001-⑦196

〔齋食〕48565 44014

齋食イモヒノ 11505075-⑳183-3

イモヒス(齋)

〔齋〕48565

齋「ヰ(シ)」訖「(リテ)」 10990002-⑦218

齋イモキす 11230001-③71

イヤカモ(動)

〔動〕02390

動伊ヤ可母　又云也ゝ母　又云曽ゝ土毛寸流

去土 08105015-中27, 中27

イヤシ(卑)→イヤシウス、イヤシクス

〔下〕00014

下イヤシ 11360001-11オ1

下人イヤシキ人ナリ 13440001-19オ

〔俚〕00699

俚イヤシ 11130001-③3オ

俚イヤシ 12005022-22ウ1(33-10)

俚イヤシ 12860001-①25オ6(33-10)

〔俾〕00740

俾「ヘイ反」「イヤ(シ)キ」 11300001-⑥2

〔偸〕00901

偸イヤシク 12550003-3

〔匹〕02673

匹夫イヤシキヒト 11420003-⑮15ウ

〔卑〕02738

卑イ(ヤシク)して 09480002-31オ6

身卑イヤシクして 10370001-90

イヤシ

不カラス卑ヤシ 10505007-61-3
卑オトシ「クタル」／「イヤシ」／「サケテ」 10740001-⑪59
卑「イヤシクシテ」 10820003-⑤471
不ス卑イヤシカラ 10990001-22ウ
卑ク平ラ(存疑)ニ ひ 11020007-⑳103
卑イヤシ 11130001-④5ウ
卑(イ)ヤシヤ(「ヤ」は「キ」の誤)ハ
11280014-③268
卑イヤシ 11360001-57オ2
卑イヤシクシテ 11450006-22
卑イヤシクき 11505044-14
卑(イヤ)シクシ 11630001-③480
卑イヤシク_劣カタナクシテ
11630001-⑦158
卑イヤシク 11630001-⑧253
卑シク黑クシテ 12140002-⑪12
卑イヤシク小クシテ 12140002-⑪154
卑イヤシき 12410003-16-23

卑シキも 12410003-17-8
卑イヤシウシテ 12505072-3
卑イヤシ 12840003-②3オ3
卑イヤシ 13860001-79-6
〔卑微〕02738 10203
卑微とイヤシ 13440001-2ウ, 9ウ
〔固〕04745
固イヤシ 13860001-23-2
〔婢〕06428
婢イヤシ 11360001-15オ3
婢イヤシ 12860001-③53ウ5(59-2)
〔寡薄〕07286 32083
寡薄イヤシキミ 12005134-㉓5ウ
〔小遣〕07473 39052
小遣イヤシキ 11630001-①43
〔庸〕09378
偏庸「ヨウ」「イヤシ」 11340007-④70オ6
〔弊〕09644

弊イヤシ服 12140002-⑪259
〔微〕10203
微イヤシキ「劣也」 10870001-①419
微者イヤシキヒトに 11505075-⑳165-3
微イヤシキ物 11550009-43ウ7
微イヤシキ 11630001-④78
微イヤシキ軀ミ 11630001-⑤38
微(平)イヤシキ 11630001-⑥319
〔斯下〕13563 00014
斯下二合賤 08105015-中11(存疑)
〔棗〕14937
棗イヤシキ 卑也 13440001-21オ
棗イヤシキに 13530006-30-4
〔猥〕20519
猥イヤシ
12005022-16ウ4(19-1), 47ウ5(44-5)
猥イヤシ 12860001-①18オ5(19-1),
②23ウ3(44-5), ③18ウ2(51-6)

〔疎陋〕22002 41616
疎陋イヤシウシテ　13440001-10オ
〔短〕23978
短イヤシキ　18400001-⑤7-2
〔寠〕25628
不寠イヤシ(カラ)　12505020-㉖4
〔細〕27344
細イヤシキ人　12505020-㉘10
〔苟〕30790
苟(シ)キ(「キ」存疑)也　11340007-③12オ
不苟イ(ヤシカラ)　11390003-4ウ
苟イヤシク　11630001-④47
不苟イヤシカラ　12505020-㉝7
〔蕞〕31977
蕞(去)イヤシ□□爾(上濁)　11340007-④1ウ
〔蕞爾〕31977 19750
蕞(去)セイ-爾(上濁)トイヤシ　11550009-30オ

〔鐲〕33873
鐲ノソク イヤシト　11280014-③353
〔譎詭〕35867 35434
譎(入)-詭(去)トタハイツハリ キ(「キ」は「イ」の誤)ヤシ　11630001-③9
〔賤〕36826
賤イヤシキ人　10505024-11オ
諸ノ賤イヤシキ畜生ニ　10510004-15
賤イヤシキ　11005025-24オ5
賤イヤ(しく)して　11230001-③374
賤イヤシ(キ)カ故　11340007-①19オ1(上欄外)
賤シキ者　11340007-②32オ2
賤イヤシ(キ)　11340007-③28オ7
賤イヤシ　11360001-42ウ3
賤シキ　11380002-地29オ
賤イヤシ　11380002-西47ウ
賤イヤシキモノハ　11505004-①2オ2

賤(イヤシ)キ　11630001-③345
賤(イヤシ)キ-種ヤカラナリト(イ)コト　11630001-③347
賤(シ)リ(「リ」は「キ」の誤か)(ト)无ク　12140002-⑪356
賤イヤシキか　12410003-9-6
賤シキ　12410003-9-7
賤イヤシき　12410003-16-23
賤イヤシキ　12410003-18-2
令シム賤イヤシカニ(「ニ」は「ラ」の誤)　12505019-44ウ
賤シキ-物　12505035-31ウ1
賤イヤシウシテ　12880003-37
賤(シ)キ　13440001-13オ
賤イ(ヤシキ)客マラウトなり タヒ、ト　13530006-19-4
賤イヤシ　13860001-57-4
〔賤陋〕36826 41616

賤陋とイヤシウシテ　13440001-2オ
賤陋とイヤシウシて　13530006-4-5
〔輕賤〕38346 36826
輕賤(イ)ヤシ　11420003-⑬27オ
〔邊鄙〕39216 39597
邊-鄙イヤシキコトヲ　11630001-③178
〔鄙〕39597
鄙倭語云止比(此下「止」脱か)奈留可那　又賤也　08105008-下34
鄙倭語都比(此下「止」脱)奈留又云賤也　08105009-下35
鄙倭語止比(此下「止」脱か)奈留　又云賤也　08105015-下35
鄙イヤシき　08505008
爲す鄙イヤシと　10165001-①237-5
鄙伊也之　10790002-7ウ5
鄙イヤシキ　11280014-③411
鄙イヤシキ也　11340007-③13ウ6

鄙イヤシ　11360001-48オ2
鄙イヤシキ人　11505075-⑭69-1
鄙イヤシ　12230001-53ウ
鄙イヤシ　13860001-64-5
〔鄙褻〕39597 34536
鄙-褻イヤシ　11630001-④13
〔野〕40133
野(上)ナリ イヤシ　11340007-②26オ7
野イヤシ　11360001-28ウ3
野イヤシキ_心　11550009-39ウ1
野(上)イヤシ　12140002-⑫543
野イヤシキ　12505019-49ウ
野イヤシ　12840003-①10オ1
〔陋〕41616
麁アラク陋(イ)ヤシ ヤシ　10505019-⑥2
陋イヤシキ疾ひを　10640006-①8
穢ク陋イヤシき之身　11260001-③28
陋イヤシ(キ)ロウ名ヲ　11340007-④12オ3

陋イヤシ　11360001-43ウ3
陋イヤシ　11380002-天20ウ
陋イヤシ　12230001-11ウ
踈カニ陋イヤシウシテ　13530006-14-10
陋イヤシ　13860001-58-6
陋イヤシク　18400001-②9-38
〔陃〕41671
陃イヤシ　12005022-13ウ2(11-2), 16ウ7(19-1), 21オ6(33-5), 45ウ1(43-7), 47ウ7(44-5)
陃イヤシ　12860001-①14ウ2(11-2), ①18ウ2(19-1), ①24オ1(33-5), ②21オ1(43-7), ②23ウ5(44-5), ②27ウ4(45-8), ③1ウ2(46-1), ③16ウ1(51-1), ③29ウ4(54-9)
〔隷〕41932
隷イヤシ　12005022-49オ2(44-10)
隷イヤシ　12860001-②25オ5(44-10),

③19ウ4(51-9), ③32オ1(55-6),
③43ウ4(57-9)

イヤシウス(卑)→イヤシクス

〔卑〕02738
卑イヤシウシテハ 12505019-39オ
〔寠〕07285
寠イヤシウスル 12505020-㉖3
〔賤〕36826
賤イヤシウす 11140007-⑦117
〔鄙〕39597
鄙ヤシウス 10990002-⑨31
鄙イヤシウシテ 10990002-⑨474
鄙イヤシウス 11630001-①25
鄙イヤシ(ウ)す 11630001-⑤357
〔陋〕41616
陋イヤシウシ名ヲ 11550009-33オ3

イヤシキカド(卑門)

〔蓬門〕31720 41208
蓬(平)ノ門(平)イシ(「シ」は「ヤ」の誤)シキカトニ 11550009-15オ5

イヤシクス(卑)→イヤシウス

〔卑〕02738
卑(い)ヤシ(くし)辞コトハを 09505020-379
卑イヤ(シ)クス 11380002-北14ウ
卑クタシ イ(ヤシクシ) 12140002-⑫383

イヤシクモ(苟)→イヤシクモス

〔苟〕30790
苟イヤシクモ 08305005-白點
苟ヤシクモ 10505007-24-5, 43-3, 54-1
苟モ 10505007-30-5
苟マコトニ／「モシ」イヤシクモ 10740001-④52
苟「イヤシクモ」 10740001-⑪50
苟「イヤシク(も)」(褐點) 10820003-⑦767
苟モ 10990001-12ウ, 20オ
苟イヤシクモ 10990002-⑧87, ⑧260
苟シヤク(「シヤク」は「イヤシクモ」の誤) 10990002-⑧109
苟シクモ 11005025-3オ6
苟クモ 11050002-34ウ
苟モ 11130001-③5ウ
苟イヤ(シク)も 11130001-③22オ
苟イヤシクモ マ□(コ)トニ 11140007-⑮17
苟イヤシクモ 11200015-④33
苟シクモ 11200015-⑤109
苟イヤシ(ク)モ 「マコトニ」 も 11200015-⑦112
苟(ク)も 11230001-②221
苟モ 11340007-②19ウ6, ②30オ6, ②40ウ4, ③4オ4, ④24オ1, ④31オ1
苟クモ 11340007-②21ウ4
苟クモ 11390003-18オ
苟イヤシクモ 11450006-11
苟イヤシクモ 11510005-④11
苟「モシ」イヤシくも 11510005-⑤28
苟モ 11550009-36ウ5

苟マコトニ イヤシクモ(誤つて次行に記す) 11630001-②375

苟(イヤシク)モ 11630001-⑧281

苟ヤシクモ 11860003-232

苟イヤシククモ 12150002-4

苟イヤシクも 12410003-34-2

苟イ(ヤシク)も 12505020-㉝10

苟シク(モ) 12550003-3

苟クモ 12840003-②8オ6

イヤシクモス(鄙)

〔鄙〕39597

鄙イヤシクモ(シ) 10990002-⑧269

イヤシヒト(卑人)

〔疋夫〕21994 05835

疋夫イヤシヒト 11505075-⑭61-5

イヤシブ(卑)(四段)→イヤシミ、イヤシム、イヤシムズ

〔薄〕32083

薄イヤシヒ濫ミタリ 08505008

〔賤〕36826

被ラル、悪ニクミ賤シヒ者は 08305001-①7-11

〔鄙〕39597

鄙(平)イヤシヒ恥(去)ハチシメ 11630001-②196

輕(ミ)_鄙イヤシムテム 12140002-⑪23

イヤシブ(卑)(上二段)→イヤシム

〔賤〕36826

所賤□〈イ〉ヤシフル也 11005025-26ウ2

賤イヤシフ 11200015-⑦90

イヤシミ(卑)

〔卑〕02738

卑イヤシ□□(ミヲ) 11280014-①144

イヤシミル(療)

〔療〕22500

療云イヤシミムト云 08505007-①8-7

イヤシム(賤)→イヤシブ、イヤシミ

〔卑〕02738

卑(平)イヤシマル「ヲ」 10165001-①232-2

卑(シ)ム之議 11280014-③236

〔薄濫〕32083 18521

薄濫イヤシミ 08505008

〔賤〕36826

賤イヤシむか如く 10820003-⑦588

賤イヤシむ 11510005-⑦254

賤シム 12840003-①32ウ2

賤イヤシム 12860001-③68オ6(貝62)

賤イヤシミ(「ミ」存疑。薄の訓か) 18400001-㉙9-25

〔鄙〕39597

鄙イヤシム 11260001-⑨33

輕(平)-鄙(上)イヤシム 11630001-②173

鄙カタナム イヤシム 11630001-③347

鄙(イヤ)シミテ 11630001-⑥185

鄙イヤシム　12860001-③61オ2(ß 3)

〔陋〕41616

陋(イ)ヤシム　10990002-⑧270

陋イヤシム(「ム」存疑)　11380002-西43ウ

イヤシムズ(賤)

〔卑〕02738

卑イヤシムス　11450006-26

〔賤〕36826

賤(シム)ス　11160007-⑤20

賤イヤシムシ　12110002-16

賤(シム)ス　12140002-⑪278

〔鄙〕39597

鄙「シムシ」　10990002-⑧269

鄙イヤシムし　11230001-③132

鄙イヤシムシテ宣(平)-遊(平)ヲ　11260001-⑨494

〔閔〕41341

閔イヤシムスルこと　11260001-⑨491

イヤス(療)→イヤシミル

〔差〕08732

爲に差イヤサムか毒を　10505019-㉒64

以音樂法著クルヒ魅のクルヘル者差イヤスユ　10590005-15

差イヤセ「イエム」　10650001-10

差イヤス　10790001-下33オ

治ヲサメ差イヤサ(し)め不　10790001-下38ウ

差七(「イ」の誤か)ヤ(ス)　11280014-③398

爲差イヤサム　11505521-下9-17ウ5

〔愈〕10904

愈イヤす　10820003-⑦834

愈イヤスノソク　11020007-⑦71

愈イヤス　11140007-⑦182

愈イヤシ足タルハカリス　11450001-②52オ8

愈イヤス　11630001-③92

愈イヤス　12505010-375

〔治〕17256

治イヤシテ　10990001-3ウ

〔痊〕22141

痊イヤ□〈ス〉イヤシ　11280014-③160

〔療〕22500

療イヤす　08305001-⑨177-13

療いヤスか…中の　08305001-⑨177-15

療イヤせり　08305004-86

療イヤスト　11000003-491

療イヤスニ　11280014-③169

療イヤス　11360001-44オ3

療イヤス　11630001-③86

療イヤス　11705071-48

〔輿〕38468

輿イヤシ情を　11340002-①22

イヤチコ(灼然)

〔灼然〕18878 19149

灼然イヤチコナリ　11420003-⑬13ウ

灼然イヤチコ也 11505075-⑳185-3

イヤハヤ（早）

〔早〕13742

早イヤハヤ（ナリ） 10240002-②19オ7

イヤマス（重增）

〔重增〕40132 05454

重增イヤマ□ 11630001-⑤166

イヤメヅラ（長令）

〔不朽〕00019 14439

不朽イヤメツラナリ クチ 11260001-⑦13

〔造鑿〕38898 40989

造鑿とイヤメツラナリ 13440001-23ウ

〔長令〕41100 00387

長令イヤメツラナリ 12540005-2オ

イユ（癒）

〔兪〕01437

無不といふ（こと）兪イエ 10005008-㉔294

無不（といふ）こと（「こと」朱別點）兪イエ 11005115-㉔294

〔可〕03245

可イユル 11280014-③397

〔噫〕04433-01

噫イユルス（「ス」衍か）トソ 10020001

〔定〕07109

定イユルコトヲ 10990002-⑨128

定イユル 11260001-⑨137

〔差〕08732

差イ江ム 08105005

差江 08105005

不ラむいは差い（江） 08305001-⑦132-8

差イ江ヌ〻し 09505020-124

不しては差（イ）エサラ 10505003-⑦8

不ル差イエ 10505009-墨點

差イエテ て 10505019-⑤17

所苦クルシフ除き差イエテ て 10505019-㉕20

差イエヌ 10505024-27オ6

差イヤセ「イエム」 10650001-10

不「ラム」差「イエ」 10780002-③11

差「イエヌ」 10780002-③11

差イエス 10790002-9オ5

不差イエ 10970003-132-14

差イエナハ 11160007-②128

不サラム差イエ 11210001-③11

不サラム差イエ 11270004-8

差イユルヲ 11280014-③343

未若イエ 差歟 11340007-②14ウ3

差「イユ」 11340007-④54オ1

差イユ 11360001-31オ1

差イエ 11390002

未差イエ 11420003-⑫8オ

差イエス（平上平） 11420003-⑬12オ

差イユルコト 11420003-⑬12オ

差イエヌ 11420003-⑬15オ

都フツト差イエて 11450001-③37オ3

自(ラ)差イユ 11450001-⑧6オ2
難シ差イエ 11450001-㉑2オ8
不シ差イエ 11450001-㉑5オ9
不差イエ 11450001-㉑6ウ1, ㉑19オ4, ㉒15-6
差イエヌ 11450001-㉑6ウ6, ㉒17-6
差イユ 11450001-㉑7オ2, ㉑14オ1, ㉒15-25
不ル差イエ 11450001-㉑7ウ3
差イユルを 11450001-㉑23オ7, ㉑28オ7
差イユルことを 11505004-①19オ3
差イ(エ)て 11505004-①19オ5
可差イユ者 11505004-①20オ3
差イユは(「は」存疑) 11505004-①23オ5
差イユルを 11505004-①23オ6
得差イユルこと 11505004-①32ウ5
差(エ)ナむ 11640001-②53, ②58
差イ(ユ)[當](シ)と 12140002-⑫131
差イユル 13860001-41-6
不差イエザランコトヲ 18400001-⑥2-39

〔平〕09167
平イユ 病也 11360001-27オ4
〔愈〕10904
愈伊由る己止 又云也須牟己止 08105007-上16
愈イエヌ 10165001-①254-8
愈「イエヌ」に 10740001-④81
愈イユ 10820003-⑤556
愈イエヌト 10990002-⑨201
愈イユ 11005025-16ウ5
愈イユ 11020007-⑤77
愈イ(ユ) 11130001-③4ウ
愈ユす(?) 11130005-76ウ
愈イユ 11280014-①291
愈イユ 11360001-60オ1
得ゥ瘳イエ愈イユルすることを 11380001-⑰31-7
愈イユル 11420003-⑬26ウ
愈イユ 11450001-㉑2ウ7, ㉑5オ8, ㉑5ウ6, ㉑6ウ4, ㉑8ウ6, ㉑14オ2, ㉑21オ2, ㉒10-10, ㉒13-21
愈イエヌ 11450001-㉑24ウ8
愈ユ 11450001-㉑28オ6
愈イユル 11450001-㉒15-12
不可愈イユ之 11505004-①2ウ6
愈イユ 11505004-①11オ2, ①16オ5
不愈イエ 11505004-①13オ4
未愈イ(エ) 11505075-⑳187-1
愈イエシム 11510005-⑦300
痊イエ愈ユルこと 11630001-②164
痊イエ愈(イ)ユルこと 11630001-②164
愈(イ)ユ 11630001-③307, ⑥218, ⑥295
愈イユ 12230001-31ウ
愈イユ 12860001-③65ウ4(人37)
愈イユ 13860001-81-1
〔損〕12459
損イエヌ 10990002-⑨134

〔疼〕22105
疼ェ除ぬ 11130005-11オ2
〔痊〕22141
痊イ江復タヒラク 08505007-①6-5
痊イ江愈ユル(「ユル」存疑)(ことを) 09505020-26, 26
痊イ江復(音)す(「す」存疑) 09505020-110
痊イ江(「江」存疑)復(音)シヌ 09505020-420
不痊イエ 10860002-26ウ5
痊イエヌ 10860002-27オ1
痊イエ復□(し)ヌぬ 11130005-52ウ
痊イユ(平上) 12005022-3ウ3(1-7)
痊イユ 12005022-39オ1(41-3)
痊イユ 12330003-55-7
痊イユ 12860001-①2ウ6(1-7), ②13オ4(41-3), ③10オ5(48-10)
〔瘳〕22453
瘳イ延ヌ 08505007-②4-1

當に瘳イ江ヌべし 09505020-118
瘳イエ癒イユルコトヲ 10990002-⑨137
瘳「イエ」除「(カル)コトヲ」 10990002-⑨148
瘳イエ除ノソカテ 10990002-⑨465
未す瘳イエ 11000003-211
瘳イエたり 11000003-230
未瘳ェ 11130005-53オ
得瘳イエ愈こと 11140007-⑰37
瘳イエ除ノソコリタリ 11160007-③266
瘳イユルこと 11230001-②33
瘳(平輕)差也チウ音除して 11260001-⑨485
瘳イユルコト 11340007-④19ウ6
得う瘳イエ愈イユルすることを 11380001-⑰31-7
不瘳イエ 11505100-344
瘳イエレウ反差セイ反することを 11630001-②318
瘳レウ愈イエることを 11850004-⑰19
瘳イユルコト 12140002-⑫116

瘳イユ[當](シ) 12140002-⑫124
當に瘳イ(ユ)[當]ヘシト 12140002-⑫125
〔瘳差〕22453 08732
瘳差イエナム 11130005-57オ
〔療〕22500
不シテ療イエ 11280014-③299
〔癒〕22545
瘳イエ癒イユルコトヲ 10990002-⑨137
癒る「イエヌ」「エタリ」 11200015-⑤248
都フット癒イエヌ也 11450001-⑳33オ5
〔知〕23935
知シルイユ 11450001-㉑15オ5
不知イエ 11450001-㉑24ウ7
知シヌイユ 11450001-㉑24ウ8
〔著〕31410
卽著イエヌ 10510004-8, 500
〔間〕41249
間イエヌ 11630005

〔除〕41669
除イエナム也　11020007-⑪21
不除ノソコラ　イエ　11450001-㉑6オ4
未は除イエ　11505004-①18ウ6
除イユル者　11505004-①19オ1
〔除差〕41669 08732
除差イユルコトヲ　11630001-⑧505

イヨイヨ（愈）

〔仍〕00361
仍（イヨイ）ヨ　12140002-⑫561
〔倍〕00760
倍イヨ〱　10160001-14
倍イマ（「マ」は「ヨ」の誤）〱　マス〱　12840003-①19ウ2
〔兪〕01437
兪イヨ〱　11360001-47オ1
兪イヨ〱　13860001-63-1
〔務〕02394
務イソキ　イヨ、、　11510005-②80
務イソク　イヨ、、　11510005-②81
「務イヨ〻〻　ワサトス」　11510005-②81（上欄外）
〔喩〕03979
喩イヨ、、　10780003
喩又イヨ〱　11360001-14オ3
〔彌〕09877
彌イヨ〱　09480002-29オ3
彌イヨイヨ　10505007-20-2
彌イヨ〱　10505007-24-6, 27-6, 29-3, 40-1
彌イヨ〱　10820003-②600, ⑤139, ⑤201
彌イヨ〱　10990002-⑦325
彌イヨ、、　11005080-上9オ5
彌イヨ〱　11005080-上17オ6
彌「イヨ〱」　11005080-上52ウ6
彌よ／「イヨ〱」　11005080-上59ウ5
彌イ（よいよ）　11030006-②38オ
彌イヨ（〱）　11200015-⑤76
彌よ「イヨ、、」　11200015-⑤94
彌イヨ、、　11210001-①23
彌イヨ、、　11260001-⑨21, ⑨282, ⑨387
彌ヨ　11340006-14
彌イヨ、、　11340007-①7オ4
彌「ヨ」　11340007-④53ウ1
彌ヨ　11350010-34-2, 34-3
彌イヨ〱　11360001-64ウ3
彌イヨ〱　11505075-⑭110-1
彌（イヨイ）ヨ　11630001-①183, ⑧362
彌（イ）ヨノ（「ノ」は「〱」の意）　11630001-②63
彌イヨノ（「ノ」は「〱」の意）　11630001-②203
彌（イ）ヨ、　11630001-②275, ③242
彌イヨ、、　11630001-②307, ②488, ⑥257
彌（イ）ヨ□（、、）　11630001-③234

彌イヨ〱 11850004-②86
彌ヨ 11850004-⑤32
彌イヨ〱 11860003-129
彌ヨ 12140002-⑫474
彌イヨ、、 12150006
彌イヨ〱 12410003-38-7
彌ヨ 12505019-6オ, 7オ, 54オ, 54オ
彌ヨ 12840003-①21ウ3
彌イヨ〱 13860001-6-3
〔愈〕10904
愈イヨ、、 11340007-④20ウ1
愈イヨ〱 11380002-南48ウ
愈イヨ〱 11450006-16
愈イヨ〱 12110002-20
愈イヨ〱 12505019-16オ
愈イ(ヨ〱) 12505020-㉛4, ㉛5
愈イヨ〱 13860001-81-1
〔滋〕18021
滋「イヨ〱」 10990002-⑦57
滋イヨ、、モク シケク 11260001-⑦57
〔熟〕19332
熟(イヨイ)ヨ 11280014-③383
〔益〕22972
益イヨ〱 11260001-⑨8
益イヨ、、 11340007-①18オ3(上欄外)
〔轉〕38507
轉ヨ 08580002-62, 67, 68, 71, 79
轉イヨ〱 09005007-7
轉イヨ、、(「イヨ、、」存疑) 10200001-②9オ8(古點)
轉イヨ、、 10230002-①175
轉イヨ、、 10240002-②8オ4
轉イヨ〱 10640006-①7
轉イヨ、、 10700004-25
轉ヨ 10790001-上16オ
轉ウタ、「イヨ、」 10820003-②438
轉イヨ〱 10820003-④645, ⑥250
轉イヨ、、「イヨ、」 10870001-③388
轉イヨ、、 10870001-⑤108
轉イヨ、、イヨ、、／た 11020007-②72
轉(イヨイ)ヨ 11020007-②73
轉イヨ、、 11030006-③11オ, ③11オ, ③23オ, ③40オ
轉イヨ〱 11030006-③17オ
轉イヨ(〱) 11140007-⑥35
轉イヨ〱 11140007-⑮86, ⑳35
轉ウタタ「イヨ、、」 11200015-④332
轉ウタタ「イヨ(、、)」 11200015-⑥43
轉よ 11260001-③56
轉イヨ、、 11260001-⑨483
轉イヨ〱 11360001-5オ4
轉イヨ〱 11420003-㉑5ウ
轉イヨ〱 11505075-⑪17-7
轉イヨ〻(「イヨ、」か) 11590002

轉イヨ、、 11850004-③45, ③70
轉イヨ〱 ウタ、 12840003-①17ウ4
轉イヨ〱 13440001-6オ, 21ウ
轉イヨ、、 13440001-25オ
轉イヨ〱 18400001-③10-28
〔轉增〕38507 05454
轉-增イヨ、、 して 09505007-13
〔轉妙〕38507 06090
轉妙イヨ、、は(「は」衍か) 11030006-②45ウ
〔轉甚〕38507 21648
轉甚イヨ〱 12520007
〔逾〕38977
逾ヨ 08580002-67
逾イ(ヨ、、) 10005008-㉒332
逾イヨ〱 10165001-④2ウ9
逾イヨ、、 10400004-17, 94
逾イヨ、、 10705001-①82, ①111
逾「イヨ〱」 10740001-③12, ⑤16
逾イヨ〱 10820003-③157, ③387, ⑥419
逾イヨ〱 10990002-⑧211, ⑨436, ⑨449, ⑩17, ⑩197
逾イヨ、、 10990002-⑨262
逾イヨ、、 11030006-③11オ, ③11オ, ③26オ, ③26オ
逾イヨ〱 11050002-34ウ
逾イヨ、、 11050002-53ウ
逾ヨ 11130005-1オ4
逾イヨ、、 11130005-12ウ, 49ウ
逾イヨ、、甚し 11130005-23オ
逾イヨ、、 11140007-⑥72
逾よ 11260001-③468
逾イヨ、、 11260001-⑨252, ⑨453
使シメム…逾イヨ、、明 11260001-⑨467
逾ヨ、、(イヨ、、)ク 11280014-④81
逾イヨ、、 11380002-南53オ
逾イヨ〱 11380002-北16オ
逾イヨ〱 11505100-421
逾イヨ(〱) 11505100-588
逾イヨ、、 11510005-③36
逾イヨ〱 11630001-①305
逾イヨ□(、、) 11630001-③364
逾イヨ、、 11630001-⑧234
逾イヨ、、 11850004-③49
逾イヨ〱 11850004-⑥27
逾イヨ、、 12140002-⑫473
逾イヨ〱 12505020-㉝17
逾イヨ〱 12840003-①37オ6
逾イヨ〱 13860001-63-1

イヨダツ(竪)→イコメリ

〔竪〕25790
竪イヨタチヌ 08105005
竪ヲ(「イヨ」の誤か)タチヌ 08105005
竪イヨタツ 08830001-④5-8(70-1)
竪チて 10230002-①170

身毛竪ヨタチ 10640006-①6
竪イ□〈ヨ〉タツ(こと)を 10790001-下5オ
竪イヨタテ(「テ」存疑) 11505084-3-4
豎(竪)タテリ イヨタチ 11550009-30オ7
竪イヨタツ 11590002
竪イヨタツ 12005022-12ウ5(10-10),
36オ3(40-8), 45オ2(43-7)
竪イヨタツ 12860001-①13ウ2(10-10),
②10オ1(40-8), ②20ウ1(43-7),
③15ウ6(50-10), ③29ウ1(54-9),
③58ウ1(60-9)

イヨヤカ(森然)→イヨヨカ

〔森然〕14974 19149
森(去)シム然なり／「草不盛」「アラシメヨ」／「セヨ」／イヨヤカナリ 11200015-⑤207

イヨヨ(愈)

〔彌〕09877
彌(い)ヨ、 09505020-138
彌イヨ、 09505020-468
〔轉〕38507
轉(い)ヨ、 10790001-下5オ, 下5オ, 下5ウ
轉(いよ)よ 10790001-下5ウ
轉イヨ、、「イヨ、」 10870001-③388
轉イヨ々(「イヨイヨ」か) 11590002
〔逾〕38977
逾イヨ、 08505007-③13-1
逾イヨ、 09505020-468
逾イヨ、 11200015-⑥88

イヨヨカ(竦)→イヨヤカ

〔儼〕01324
儼イックシク イヨ、(平平上)カ(上聲點存疑) 11260001-⑨231
〔嵯〕08363
嵯「イヨ、カニ」峨「サカナリ」「サカシ」 10630006-10
〔森〕14974
森イヨ、カニシテ 11230001-③53
〔森森〕14974 14974
森(平)-々トイヨ、カナル タル 11550009-14オ2
〔森槮〕14974 15370
森槮トイヨ、カナル 14270001-8
〔森然〕14974 19149
森然イヨヨカなり 10930009-⑤40オ
森-然イヨ、カニアラシメヨ 11140007-⑤108
森然イヨ、カ□□(ナル?)に 11510005-⑤59
〔森萃〕14974 31251
森(平)シム-萃(去)スイト イヨ、カナル 11550009-46ウ3
〔竦〕25776
竦イヨ、カニして 11230001-③562

イヨヨカニス(森然)

〔然〕19149
森(平)心然(平)〈イヨ、カニセム〉(イヨ、)

カ(なら)しめむ 10505069-⑤38

イラカ(甍)

〔甍〕21587

甍イラカ 11160007-③299

甍イラカ 11260001-③300

甍イラカを 11630001-④238

甍イラカ 12360002-13ウ2

〔蓋〕31652

屋蓋イラカ 12360002-15ウ1

〔蓬〕31720

蓬ヨモキノ茨(平)シイラカノ衡(平)カウ 11550009-30オ4

イラシモノ(息利)

〔息利〕10601 01932

息利伊良之毛乃那里 08105008-下25

イラス(息)

〔息〕10601

息イ良シ 08105015-中32

イラツコ(郎)

〔娘〕06304

藥君コノの娘イラカ(「カ」は「ツコ」の誤か) 11505075-⑳170-1

〔娘子〕06304 06930

娘子イラツコ 11420003-⑫5ウ

麻績(績)娘子ヲミノイラツコ 11505075-⑰128-1

〔郎〕39431

郎イラツコ 11420003-⑮18オ

朝日郎アサヒイラツコ 11505075-⑭105-7

郎イラツ(コ)を 11505075-⑭105-7

イラツヒメ(姫)

〔姫〕06230

栲幡姫タクハタのイラツヒメ皇女 11505075-⑭64-7

イラツメ(郎姫)→オホイラツメ

〔娘〕06304

圓ツフラ娘イラツ(メ)の 11505075-⑰129-1

〔娘子〕06304 06930

娘子イラツ(メ) 11505075-⑭66-3

大娘子イラツ(メ) 11505075-⑭66-3

〔媛〕06516

媛イラツ(メ) 11505075-⑭64-8

〔郎女〕39431 06036

郎女イラツメ 11420003-⑬17ウ

〔郎姫〕39431 06230

郎姫イラツメ 11420003-⑫9オ, ⑫9オ, ⑬21オ

〔郎媛〕39431 06516

郎媛イラツメ 11420003-㉓6オ, ㉓6オ

イラナシ(楚)

〔楚〕15141

楚イラナキ 08305004-257

イラハハラカラ(母弟)

〔母弟〕16723 09737

母弟也イラハ、ラカラナリ

イララ(刺)　11505075-⑭108-5

［補讀］

刺薊ハノウヘニ／イラ、ノ／オホカル／ナリ　11450001-⑤31ウ2

イララグサ(羊桃)

〔羊桃〕28425 14757

羊桃イラ、クサ　11505004-①46ウ3

羊桃和名以良々(平上上)久佐

イリコマル(偪仄)

〔偪仄〕01001-01 09231

偪仄イリコマル　10990001-4ウ

偪仄倭言伊利古万留也　10990001-4ウ

イリヒ(炮)

〔炮〕18954

熬イリ-炮イリヒ　11505004-①34オ2

イリヘ(炮)

〔炮〕18954

炮イリヘ　11505004-①40オ3

イリモチヒ(煎餅)

〔煎餅〕19184 44220

煎餅イリモチヒ　07370002-57-12

イリモノ(煎物)

〔煎物〕19184 19959

煎イリ-物　11860003-213

イル(煮)(四段)→イツケ、ニイル

〔炒〕18915

炒イレ　11505004-①35オ7

〔焦〕19119

集(焦)イル／□シ　10505007-60-7

焦イル　10990001-22オ

〔煎〕19184

煎イラレ　08305001-⑩199-13

煎ル時に　08505013-21

煎イラル(ル)こと　10505003-⑩20

乳の煎キ(「リ」の誤か)たる大麥の飯　10740003-①771

煎「イラレ」沸「く」　11340007-④54オ7

煎イリ迫メ　11550009-28オ6

煎イラレ　11550009-48オ2

炮(去)ヤキ-煎イルコトヲ　11550009-48オ7

〔煮〕19188

煮イルときに　08580002-73, 100

煮イル　10820003-⑦829

應…煮イルへ(シ)ニテ　11020007-⑦62

煮イル　11140007-⑦170, ⑦180

煮に「イレ」　11200015-⑦131

煮イル　11200015-⑦139

煮イル　11360001-36オ3

〔熬〕19352

熬イリて　11450001-㉑5ウ7, ㉑6ウ2, ㉑13ウ7,
㉑25オ9, ㉒21-1

熬イリ　11450001-㉑7ウ6, ㉒16-2, ㉒16-15

熬イレ　11450001-㉑9オ3, ㉑10ウ1
熬イレル　11450001-㉑9ウ5, ㉑10オ7
熬イて　11450001-㉒17-25
熬イリ_炮イリヒ　11505004-①34オ2
熬イリて　11505004-①39ウ6
熬ル之者　11505004-①41ウ4
熬イラル　12840003-②17ウ6
〔燋〕19410
燋イレル　10505019-⑨1
イル(入)(四段)→オチイル、カヘリイル、タエイル、トビイル、ナゲイル、ナゲル、マキイル、モテキル、キテイル
〔來〕00581
來イル　13440001-11ウ
〔促〕00664
促イリ之に　11140007-⑱88
〔入〕01415

難(く)して入リ　08305001-①12-5
難キをモチテ入リ　08305001-①12-9
入イリタマヘリ　08305001-③43-4
入りタマヒて　08305011-105-9
入(れ)るか　08305011-111-9
入る　08305011-115-9
入レりと　08305011-115-11
入りたまふこと　08505020-27-17
入りたまふ　08505020-28-1, 28-4, 28-8
入レリ　08505020-29-6, 29-8
入りて谷に　09505020-44
入(り)ヌ「(イ)ル」　09505020-55
入(イ)レは(「て」擦消)　09505020-139
入(イ)レリ　09505020-198
入(イ)レは　09505020-204
入(イ)レハ　09505020-225
入(イ)レル　09505020-226, 257
入ル宮に　09505020-385

入リ　09505020-485, 502
入レトモ　09505020-549
入ル…一乘に　09505116-540
入イラムものそ「ラムモノソ」　10165001-①244-3
故カレ入レハ「イル、コトヲ」此の大曼荼羅に　10490001-1
入リ　10505003-③85
入レリトイヘトモ　10505007-4-7
欲フ入ラ(ム)ト　10505007-28-4
入イレ　10505007-43-7
不サラムや陥オチ入ら　10505019-⑳1
入イ□〈ヌ〉　10505024-2オ6
入イテ　10505024-2ウ7, 23ウ6, 25ウ6, 38ウ1, 41ウ1, 43ウ2, 59オ7, 59ウ2, 60オ3
令シム入イ(ラ)　10505024-5オ1
入イラム　10505024-5ウ4
入ル　10505024-6オ6, 44オ5
入イルハ眞に　10505024-18ウ3

イル

入イルハ中に 10505024-18ウ4
入イルコトヲ 10505024-19ウ1
入イレハ 10505024-20ウ6
入ルト 10505024-22オ4
入ナム 10505024-26オ2
入イテ 10505024-26オ3
未ス得エ入イルコト 10505024-28ウ5
入イルト…に 10505024-34ウ1
入イルカ…に 10505024-34ウ7
入イル…に 10505024-35オ3, 47オ5
入ヌレハ 10505024-35オ5
入「イリテ」 10505024-35ウ2
入イル道に 10505024-36オ3, 36オ3
入ラムヲ 10505024-39ウ2
非ラス入イルニ 10505024-41オ2
入テ 10505024-42ウ4
入イラシムルヲ 10505024-42ウ7
入イルト 10505024-46オ7

入イル 10505024-47オ5
入ル…に 10505024-47オ5, 51オ1
入イレトモ 10505024-49ウ2
入レ 10505024-50ウ7
入イタマハ、滅に 10505024-51オ1
入イテ、(「、」衍か) 10505024-57オ4
入イルナリ…に 10505024-59オ2
入イ「リ」ヌ 10505024-62オ6
入リ 10505024-62オ7
不入ラ 10505030-273(後筆か)
金剛手菩薩入イタマヒヌ三摩地に
10570002-1オ
入イムヌ 10640005-①22ウ
不得入ラムコト 10730001-⑨11ウ3
入レル 10730001-⑨12オ4
入ル未央宮に 10730001-⑩8-1
入レリ 10730001-⑩9-7
入レルラム 10730001-⑩15-2, ⑩15-2

入イリ盗ヌスムテて 10730001-⑩22-2
入ル上郡に 10730001-⑩32-5
不…入ラ 10730001-⑩34-8
入イル 10730001-⑪5-13
入イル 10730001-⑪5-14
入ル 10730001-⑪6-9
入「ル」山中 10740001-⑬86
入る 10820003-②194, ②195
入る耳のみ 10820003-②258
入る法 10820003-②417
入る(ら)未者もの 10820003-②636
入る應(から)不す 10820003-②682
入る功徳 10820003-②766
入る耶「ヤ」や 10820003-②766
に入る 10820003-②775
入「ルトキニ」 10820003-③252
入「ラ」未すと雖も 10820003-③713
入「ル」[當]し 10820003-⑤47

入「ル」 10820003-⑦269
入「イルイハ」 10820003-⑨233
入「ルコト」 10820003-⑩143
入「レ」 10820003-⑩643
入ル…ニ 10860002-16オ3
入ル…夢 10860002-16ウ3
入リ列ナル 10860002-17ウ7
入レリ 10870001-①17, ⑤71
難入ルこと 10870001-①247
入ルこと 10870001-①453
入イナマシ 10870001-①478
得ゥ入ルこと 10870001-③32
雖イフトモ…入イヌヘクト「ナムト」 10870001-③471
入レリト 10870001-③475, ⑤359
入ラム 10870001-④200
如クイマスヲ入レルカか 10870001-④253
不『レ』…入ラ 10870001-⑤198

入イリニキ「サト(リ)き」 10870001-⑤417
入レル 10870001-⑧15
入ルトモ 10950003-③86, ③86
令か彼の人に入ら正法 11005003-③38
不シテ敢テ入ラ 11005025-13ウ1
入ら／「レ」令しむ／「シムルニ」 11005080-上4ウ4
入ら／「レ」令しむ／「ム」 11005080-上6オ4
入り／(リ)已るに／「ルニ」 11005080-上12ウ4
進「ス、ミ」-入す／「(イ)ル」 11005080-上12ウ5
入れり／「ル」 11005080-上16オ1
入り／「リ」 11005080-上17ウ2, 上97オ3
陷(平)オチ／「オチ」入(り)て／「インテ」 11005080-上21オ2
入り 11005080-上21オ3, 上42ウ5
入「リ」 11005080-上34オ2

入らむ／「ラム」之時「キ」 11005080-上38オ6
入る／「リヌ」 11005080-上40オ6
入「リ」て 11005080-上42オ1, 上63オ4
入れるか／「レルカ」如し／「クナリ」 11005080-上47ウ7
入れるか／「ルカ」如し 11005080-上48ウ3
入る／「ル」 11005080-上50オ1
入る／「ルテ(「テ」衍か)」 11005080-上69オ2
入(り)て／「ルコト」 11005080-上81ウ4
入る 11005080-上84ウ6
入ら／「ラ」令しめむと／「ムト」 11005080-上87オ4
流「レ」入して／「レリ」 11005080-上95ウ5
入れとも／「トモ」 11005080-上101オ6, 上101オ7
入レハに 11020007-②43
欲セムは入ラムト 11020007-⑤37
入ル時キ 11020007-⑳84

イル

入(イリ)タマフ 11505075-⑭68-4
入イルニト云 11505075-⑳176-4
入ナハ 11550009-2ウ6
入「ル」_道「タフ」ニ旨「ムネ」ヲ 11550009-3オ6(「」は後筆)
入リ 11550009-33オ5, 36オ5, 38オ4, 39オ3
入ル 11550009-59オ1
入レリ 11580001-87
入(イ)ラムト 11630001-①366
入(イ)リ 11630001-②171, ⑥350
入ラシム 11630001-④218
入(イ)ル 11630001-④257, ⑥213, ⑦72, ⑧182
未ス入(イ)ラ 11630001-⑥420
入(イ)レリ 11630001-⑧49
入ラム 11850004-②26
入テ手ニ 11860003-16
入テ境サカヒニ 11860003-34

欲ヲモフ入(ラム)ト 11860003-142
入イテ 11860003-163
入ル山ニ 11860003-196
入イル路ミケ(「ケ」は「チ」の誤)ヲ 11860003-229
入ル 12140002-⑪59, ⑪187, ⑫411
入ル之路 12140002-⑪400
入ル(「ル」は「リ」の誤) 12140002-⑫319
入リ行(ク)に 12140002-⑫447
入リ 12140002-⑫490
延_入ニテイリて 12360002-13オ2
入居焉イリマス 12360002-13ウ1
請入イリマサシム 12360002-16オ7
入(イリ)ヌ 12360003-下序
入(イ)レリ 12360003-下序
入(イ)ル 12360003-下18
入(イ)ルニ 12360003-下18
難入リ(存疑) 12505010-208

入イヌ 12505072-6, 7
入ルト 12510006-25オ9
入ル 12840003-①17オ4, ①19ウ5, ②6ウ5, ③5オ2
入ル天台ニ 12840003-①18オ7, ①19オ2
入ル随(隋) 12840003-①18ウ4
入テ 12840003-①39ウ4
入ル秦ニ 12840003-②11オ5
入リ貫 12840003-②11オ7
入レリ 12840003-②20オ1
入ル…ニ 12840003-②20ウ3
入レル 13440001-27ウ
令メハ_入ラ 13440001-28ウ
入ル 13440001-29オ, 30ウ
却キ_入イヌル 13530006-11-9
入イル 13860001-8-5

〔内〕01418
内イルトキ一の塵の中に 10505019-④9

イル

内イラシム　10730001-⑨11ウ4
内イラム　10730001-⑨11ウ4
内「イルト」　10820003-⑥377
内イルと　10820003-⑧11
内イリ　11140007-⑬4
内入也　11280014-②134
内イル　11360001-22ウ2, 46ウ2
〔墮〕05481
墮入也　(ら)不すと　10820003-⑨156
〔容〕07172
容ルヘシ　11030006-③24ウ
不容イラ　12505020-㉘7
〔投〕11887
投イル　る　入也　08505019-15
投入也　08505019-46
投入也　08705001-②7
投インぬ　11140007-⑱35
投(イ)ル(二)　11630001-⑤362

〔沒〕17204
涌キ沒入也　(い)りつゝ
08305001-⑩191-17
沒イリテ水ニ　11005025-11ウ2
如シ沒イルカ　11005025-24ウ2
沒しぬ／「インヌ」　11005080-上21オ2
沒(し)ぬ／「インヌ」　11005080-上33ウ4
沒したれは／「インヌレハ」
11005080-上56オ7
沒す／「インヌ」　11005080-上56オ7
沒イル　11130001-④8オ
沒イリナム　11130001-④20オ
沒イル　11140007-⑯88
沒イル　11360001-30ウ2
沒イル　11380001-⑯85-2
沒イリテ　11505075-⑪22-3
沒イル　11505075-⑳181-7
沒入ニキ　11505075-⑳181-7

如シ沒イルカ　11550009-28ウ3
沒イル　11550009-48オ6
沒イリナマシ　11550009-58オ3
覆ツカヘリ_沒イリナ(ム)トシナムト　11630001-③447
不沒イラ　11630001-⑤207
沒イリタマヘルこと　11630001-⑧366
沒イル　11850004-⑯40
沒イ(ラ)むと　12505047-46
〔淪〕17675
淪イリ　11550009-33オ2(上欄外)
〔湊〕17822
湊入也アツマル　10120001-4ウ
〔漸〕18179
漸イリテ入也　10990002-⑧21
流レ漸(リテ)入也　12140002-⑫479
漸イリ于海　12505072-13
〔納〕27264

納イラハ　11000001-53
〔絶〕27407
卽出て絶イラムマテ日の斷食　10630005-1
〔般〕30388
臨ノソマム般イラムトスルニなり　か(「か」存疑)無餘涅
槃に者ものは　10420001-6
〔處〕32697
處入也(リタマヒ)テ　11160007-③147
〔襲〕34717
襲イリ　11340002-①76
〔開〕41233
開イル　11360001-14オ3
〔集〕41974
集イル木の箭の中に　10505019-⑦6

イル(入)(下二段)→イルバカリ、イルバカリニス、オシイル、オトシイル、ナゲイル、ヌキル、ノミイル、ノミル、メシイル

〔入〕01415
入レツ　08305001-①8-2
入レたり　08305011-45-3
入れ　08505014-100
入レルか如ことし　08505020-28-3
入「レ」れ　10165001-①237-6
不「レ」れ入「レ」れ　10165001-①245-4
入る…に　10165001-①249-1
入れは羅フ、、(「、、」は「ルヒ」)に　10165001-①249-2
入レ　10165001-②19オ6
故カレ入レハ「イル、コトヲ」此の大曼荼
羅に　10490001-1
入ル、コトヲ　10505024-37ウ1
入レテ　10505024-50ウ4
入イレ　10730001-⑨3オ8
入レシム　10730001-⑨11ウ2
欲入イレムトスレトモ　10730001-⑨11ウ3

入ル、コト　10730001-⑨12オ4
入ルヘシ之に　10740003-①381
入ルヘシ之　10740003-①382
入ル、と　10820003-⑥292
入レヨ　10820003-⑧185
入「イレテ」而　10820003-⑩251
入ル、之義なり　10820003-⑩315
令て入レ　10870001-①107
入下ヒき入レ　10870001-①201
令…入レ　10870001-①349
令得入『ル、』　10870001-①399
令シム入レ　10870001-③441
令シム…入レ　10870001-③537
入レ下キ(「キ」存疑)「勿ソ」　10870001-③556
入レシメヨ　10870001-⑤253
令…入レ「令(メタマ)フト云」　10870001-⑤418
入レ　10970003-85-13, 156-11

入レムと 11005003-①47
入「レテ」 11005080-上3ウ1
入ら／「レ」令しむ／「シムル二」 11005080-上4ウ4
入ら／「レ」令しむ／「ム」 11005080-上6オ4
入(れ)て／「レテ」 11005080-上6オ6, 上8オ5
入る／「ル」 11005080-上9オ7, 上20オ2
入れ／「レ」 11005080-上11ウ7
入れて／「テ」 11005080-上19ウ4
入レテ 11020007-⑩29
延ヒキ入イレテ 11130005-59オ
入(レ)ヨ 11140001-25
入「ル、コト」れ 11140007-⑦6
入マキル「イレシム」 11140007-⑧25
入イレ 11240002-7ウ
入レムト 11280003-3
入レヨ 11280005-29
入レ 11280014-①180, ②175

入レヨ 11280014-①263
入レテ 11280014-②365
入レ口(二) 11280014-②377
入ル地ニ 11340007-②7ウ2
入レ 11340007-②23ウ4
入ル之ヲ紂ニ 11340007-④20オ6
入レ 11350010-35-3
入イレシメ (イ)リ 11360002-③14
入レヨ 11380001乙-⑯15-2
入れむトキニハ 11380001乙-⑯15-7
入イレ 11390003-6オ, 6オ
勿ス入イレ 11420003-㉑3オ
入レムこと 11450001-㉑13オ6
入イレテ 11450006-34, 35
入れヨ 11470003
入ル 11505004-①34オ5
入レ 11505004-①35オ2
入レヨ 11505004-①40ウ4

入イレヨ 11505004-①42ウ1
「入」レ(ル)こと 11505075-⑭106-4
入レテ庭ニ 11505100-490
入レムニ 11510005-②1
入ル、ニ 11510005-②69
所して入ル、 11510005-②76
入レ 11550009-57オ2
入ル、 11690001-28
入イレテ 11860003-48
磨スリ入イレ 11860003-81
如土ヲ入(イル)ルカ嚢フクロニ 12360003-下14

〔内〕01418

内イレ 10165001-①240-2
内イレて 10165001-①245-3, ②17オ3
内イレヨ 10165001-②16オ8
内イル刀を鞘の中に 10240002-⑬41ウ8(187)

想ヒ捻て其字内入也　と　10460001-12
内イレムト　10505019-⑭5
欲…内イレムト己か身の一の毛の孔の中
に　10505019-⑭513
内「イル」　10740001-③99
内「イレヨ」　10740001-⑤95
内「イレテ」　10740001-⑩28, ⑩44, ⑩49
内「イル、」　10740001-⑩42
内イレよ　10790001-上31オ
内イル、時には　10820003-④432
内イレて　10820003-⑨61
内レヨ　10950003-①37
内「イレシ」か　11020007-①58
内イル(、)ニ　11020007-④66
内イレむ　11140007-④183
内イレよ　11140007-⑧3
内イレ　11140007-⑬38
内入也火中に　11140007-⑳30

内入也(ル)　11160007-④26
内ルト於心　11180003-1
所内イレ　11180003-2
内イル字を之　11200002-1
内イレム「レム」　11200015-④225
内イレヨ　11200015-⑧12
内イレ　11200015-⑨26
内レ　11280014-①196
内入也　11280014-①228
内イレ齊ヘソの中に　11450001-⑪7ウ8
内イレヨ　11450001-㉑8ウ2, ㉑8ウ3, ㉑9オ4,
㉑9ウ8, ㉑10ウ3, ㉑11ウ9, ㉑12オ6, ㉑14ウ6,
㉒19-12
内イレテ　11450001-㉑12オ5, ㉑28ウ7
内イレ　11450001-㉑12ウ1, ㉑15オ8,
㉒10-24, ㉒12-7, ㉒12-12, ㉒12-18,
㉒15-2, ㉒16-3, ㉒16-12, ㉒16-21, ㉒17-5
内レヨ ル　11450001-㉑13オ6

内イル、こと　イレヨ　11450001-㉑14オ6
内イル　イレヨ　11450001-㉑15オ5
内ル　11450001-㉑15オ8
内イル　11450001-㉑17ウ7, ㉑25ウ1, ㉑27ウ2
内レヨ　11450001-㉑18オ3
内レて　11450001-㉑20ウ8
内イレて　11450001-㉑26ウ5, ㉒11-24
内イル、に　11450001-㉑27ウ2
内イ(レ)て　11450001-㉑29オ5
内イ(ル)　11450001-㉒13-17
内レ　11450001-㉒14-10
内イレ(ヨ)　11450001-㉒19-10
内イレ　11505004-①3ウ5
内イル…中に　11505004-①35オ1
内ル　11505004-①38ウ2
内イル　11505004-①38ウ6
内イレヨ　11505100-208
内イレむ　11510005-⑧202

イル

内イレて 11510005-⑨208
内イレ 11580025
内れ 11640001-②6
内イル 11640001-②108
内イレシときに 11850004-①69
内イレム 11850004-④80
内イル 12410003-37-24
内イル、 13860001-31-1
内イレ 18400001-②11-31
〔在〕04881
在(れ)て／「イ(れ)テ」 11005080-上19ウ4
〔孕〕06938
孕ハラミ ミテ イレ 11260001-⑨19
〔容〕07172
容イレ 09505003-10
容(ル)るい 受也 10200001-②20ウ7
容イル、こと 10730001-⑨6オ4
容イレ不ス 10990002-⑩6

容入也(レ)テ 11160007-②400
容入也 (ルヘ)シ可 11160007-⑤168
容イレ 11340007-①37ウ2
令メヨ容イレ 11340007-④33ウ1
容イル、トキハ イレテ 11550009-8ウ5
容イレ(上平) 11550009-51ウ3
容イる 11640001-②100
容ルヘシ 11850004-③47
不容イレラレス 12505019-42オ
容イれ 12505020-㉛4
容イレテ 12840003-①35オ3
容イルヘケンヤ 13440001-19オ
容イル 13860001-74-6
〔導〕07465
導イレヨ 11450001-㉑9ウ6
〔投〕11887
投イル、 08280001-22
投イル 10165001-①265-8

投イル、ときに之を於れか中に 10505019-㉖41
以の投入也を法界海の中の故に 10505069-⑤24
投イレテ 11000003-254
投オケル(に)／「イル」 11005080-上72オ4
投イルれは／「イルレハ」 11005080-上100ウ4
投イル 11140007-⑳29
投イル、ニ 11280014-③378
投イル、也 11340007-②39ウ4
投イレて 11505004-①38オ6
投入也 11505075-⑰151-8
〔沃〕17184
沃「イレテ」「音意」 10780002-③5
沃イレヨ オクセヨ 11550009-20ウ7
〔沒〕17204
沒イレて 「ホシテ」 10240002-②15オ8
沒入也(れ)て 10820003-②241

沒イレ　11505073-6オ
沒イレタリ　11630001-⑥216
沒イル山を　12360002-14オ6
沒イル樹を　12360002-14オ6
〔滲〕18081
滲イレテ　11280014-②362
〔灌〕18759
灌イレ　10470001-16
灌イレヨ　11480005
〔盛〕23005
盛入也　レ満て　08305001-①13-12
盛(い)レて　08305001-⑨180-9
盛る入也　(れ)ヨ　09505020-362
盛イル(、)　10005008-㉔279
移盛「イレテ」モレ　10350001-9ウ4
盛イレテ「イレテ」　10400001-9
盛イレて　10505003-⑨27
盛イルヘシ　10505019-③13, ③13
盛イレタルコト　10505024-3ウ6
盛イレテ　10505024-10オ6
盛イレ満ミテ、　10505024-22オ4
盛イレタリ　10505024-26オ5
盛イレ満ミテて　10640005-①13ウ
盛「イレテ」　10740001-⑪62
盛「イレテ」　10820003-⑧30
盛れて　11005003-③28
盛り／「イレ」満(て)て／「ミテ、」　11005080-上17ウ7
盛レルか／「イレタルカ」如く／「ク」　11005080-上45ウ7
盛(れ)て／「レテ」　11005080-上70オ7
盛イル、　11005115-㉔279
盛イレよ　11020007-④70
盛イレよ　11140007-④192
盛レテ水　11280014-①420
盛ク(「ク」は「イ」の誤)レ　11280014-③412
盛イル　11280014-④90
盛入也れるを白粳米等を　11300014-④21
盛イルる　11320006-5
盛イル　11340007-①7ウ6
所以ユヘ盛イル、　11340007-②25オ2
盛イル　11360001-18ウ1
盛イル、　11390003-25オ
盛モリ　イレ　11450001-㉑6ウ2
盛イレて　11450001-㉑27オ3
若盛イレはかこと□(?)　11505046-1
「盛入」　11505075-⑭62-1
盛イル、に　11630001-②148
盛イル、ニ　12140002-⑪175
盛イレヨよ　12410001-①4
〔穿〕25436
穿入也　11280014-②158
〔納〕27264
納入(れ)たり　08505014-99

イル

不得納イレマツルこと 10005008-㉒169
納イ(レ)て 10005008-㉔59
納イレよ「ヨ」 10165001-①244-5
不スハ納イレ 10505024-6ウ7
納イレテ 10505024-59ウ4
納イレ 10505030-167
納レ 10505030-319
納入也(ル) 10990002-⑧224
緭納イレテ而 10990002-⑧379
納イレ不ス 10990002-⑨45
納イル、ニ 10990002-⑩215
不スナリキ見れとも納イレ/られ（オサメ） 11020007-⑱33
納イ(ル) 11130001-③17ウ
納イル 11130001-④8ウ, ④14ウ
納イレ不 11160007-①325
納入也 (レ)不ス 11160007-⑤280
不納イレラ(レ) 11260001-⑨47

納イレ 11260001-⑨286
納イレタマヘリ 11260001-⑨296
不コト納レ 11280014-①29
不ス納イレ 11340007-②35オ2
納イレ 11340007-④14オ7
不トキハ納イレラ(レ) 11340007-④17オ1
納イレ 11380002-地40オ, 北31ウ
納イル、 11380002-南10ウ
納イル 11380002-南49ウ, 北24ウ
納イル 11390003-12オ, 24ウ, 26ウ
納イレヨト云 11390003-21ウ
納イレ 11420003-⑬16オ
納イル 11450006-34, 35
納イレて 11505075-⑪37-3
納イレ 11630001-①57
納イレテ 12140002-⑪99
不(ル)ときは納イれ 12410003-33-33
納イル 12505019-21ウ

納ル 12505028-24-11
納イル高潔を 12505035-4ウ1
納イレ 12505035-44オ1
納イレテ 12505072-7
納イル 12505072-7, 13
納イレテ 12840003-①36ウ1
納ル 12840003-②20ウ7
納イル 13860001-70-4

〔置〕28298

置イル(ル)か之一の瓶に 10505019-㊵32
置「イレテ」 11005080-上22オ4
置く/「イレ」 11005080-上22ウ3
置ケるに/「イレタルニ」 11005080-上40オ3

〔著〕31410

著イレ 08105023-49-19
著イ□(ル) 10080002-③62
著「イル」(角點) 10230002-③62
著「入也 て」(角點) 10230002-③82

逐ひ著イル 10505019-⑯1
著イル(ル)を驢の糞を 10530001-5
著イレて 10650001-30
應著入也 10740003-①631
著入也 10740003-③62, ③64
不著入也水を 10740003-③562
著よ　入也 11270006-②8
著入也 11280014-③379
著イレて 11450001-㉑8オ6, ㉑28ウ9
著イレヨ 11450001-㉑11ウ1, ㉒10-22
著イルレ(は) 11450001-㉑14ウ3
著ツク　イレ 11450001-㉑15オ4
著イル、 11450001-㉒10-23
著イレ 11450001-㉒15-28
〔藉〕32242
藉入也オクト 11280014-①352
〔衲〕34130
衲イル 13860001-70-4

〔貯〕36698
貯イレタル 08105023-49-17
貯イル、 10165001-①245-5
貯イレよ 10165001-①258-7
貯イレて 10165001-②6オ7, ②13ウ7
盛モリ貯イレヨ熟銅ノ器ノ中チニ 10350002-7オ7
貯「イル、に」る 10740001-③96
貯入也イル、 11280014-①230
貯入也レヨ 11280014-①316
貯ル　入也 11280014-①439
貯入也タクハフ 11280014-②279
貯入也 11280014-②397
貯イル、入也 11280014-③144
貯イレ(タリ) 11630001-②264
貯オサメイレ 11630001-②268
貯イル 12860001-③54ウ6(59-4)
〔釀〕40099

釀イレ滿ミテ 11340007-②39ウ3
〔鎔〕40704
不鎔イレ 11380002-南41ウ
〔離〕42140
離イル 09480002-1オ5
〔預〕43373
預イル 12005022-11オ3(6-4)
預イル 12860001-①11ウ1(6-4)

イル(射)(上一段)→イウ、ユミイル、
ユミヲイル
〔中〕00073
如くして被ラレたるラむか中イ 08305001-⑩194-9
〔射〕07434
如して射いラレたるか 08305001-⑩193-9
射イル 08505019-13
發ハナチ射イル 09480002-31ウ7
射イヨ 10100002-11

イル

射イテ　10505007-20-3
射イ取トル　10505007-22-7
所れて射イラレテ　10505019-⑤3
射イルトモ レトモ　10505019-⑤9
善こと射イル術を　10505019-㊳13
射イル　10505024-10オ6
射イル　11005025-17オ7
射「イル」　11005080-上5ウ7
射イル　11005080-上9オ4
射イル　11110001-7
射イル　11130001-③13ウ
可射イツ　11130001-④21ウ
射ルときに　11140007-⑰40
射イルる　11310004-6
射イツ　11340007-①38ウ4
射イル　11340007-①38ウ4
不射イ　11340007-①39ウ5
射イルトイフ　11340007-②13ウ2

射ユミイルコト　11340007-②13ウ3
射ル　11340007-②13ウ5
射イ　11340007-③19ウ4
射イ已レハ　11340007-③20ウ5
射「イルコト」　11340007-④38オ5
射イル　11360002-③25
如し射イルか　11380001-⑰34-1
射イ　11380002-北19オ, 北22オ, 北22オ
射イル　11390003-15オ
射イ　11420003-⑮6ウ
射イ殺コ（ロス）　11420003-⑮15オ
射ツカ　イルカ　11470005
射イ通トホルこと　11505075-⑪23-7
見レ射イ　11505075-⑪36-7
聘ハセ射イム　11505075-⑭63-1
逆マチ射イテ　11505075-⑭74-4
射ル　11505075-⑭90-8
射イ堕シツ　11505075-⑭91-1

射イ穿（ウカ）ツ　11505075-⑭106-4
射イル　11505075-⑭112-5
射イラレタラムカ　11505087-4
射イル（平平）　12005022-23ウ1(34-2)
射イル　12005022-25ウ5(35-6), 27ウ3(36-6)
射イル　12100002
使シム射イサ　12410003-5-25
射イルコトヲ　12505019-7ウ
射イル　12860001-①26ウ4(34-2),
①29ウ1(35-6), ③1ウ6(46-2),
③4ウ6(47-1), ③23オ3(52-7),
③24ウ4(53-2), ③34オ3(55-10),
③36オ4(56-4), ③39ウ5(57-3),
③49オ4(58-5), ③54オ5(59-3),
③56ウ2(60-2)
射イムトスルモノ　13440001-18ウ
射ル　13440001-28オ
射イ　13440001-28ウ

〔彈〕09865
彈イル 13860001-85-1
〔發〕22669
發イル箭 08280001-22
所發イハナツ 11505075-⑭106-1
〔躾〕23974
躾イ-殺シツ 11005025-11ウ6
躾イル 11005025-11ウ6
使シム躾イサ 11005025-16ウ1
躾イム 11340007-③14オ6

イル(沃)(上一段)→イウツス、イサシム

〔沃〕17184
沃イヨ 09505003-5
沃イル 10320001-26ウ5
沃「イ」瀝「シタテヨ」 10350001-9ウ5
須「スヘカラク」杓「ノ」端「ハシヨリ」沃「イルヘキナリ」之を 10350001-9ウ5
沃イル 11450001-㉒20-26
沃イて 11505004-①31ウ1
沃ソ、クニ イルニ 11550009-7ウ4
沃イルカ 11640001-⑧19
〔注〕17316
注イル孔(ノ)中に 11450001-⑤46オ4
注(イ)ヨ孔(ノ)中に 11450001-⑤46オ4
〔灌〕18759
灌(る)/「イル」 11005080-上15オ7
灌く/「イル」 11005080-上22ウ5
灌イハ 11505004-①5オ6
〔灑〕18774
灑イテて 10470001-15
灑レハ 11020002-②3
〔眺〕23314
眺イル 11230003-①4
眺ミメクラス イル 11230003-③17
〔般〕30388
般イル 11220003-2

イル(鑄)(上一段)

〔冶〕01621
冶イル 11360001-65ウ1
冶イル 13860001-89-5
〔鍜〕40626
鍜イル 12860001-③49オ5(58-5)
〔鎔〕40704
鎔イタリ 11630001-⑤210
〔鑄〕40972
鑄伊ル 08105015-中17
可キ鑄イルヘ 10505007-57-2
應當につし鑄イル「イテ」一の金銅の威怒王
像を 10530001-24
鑄イ成ナヌ 10790001-上10オ
鑄イル 10990001-21オ
鑄イレトモ 11000003-248
鑄イ像 11000003-296

鑄イル　11005025-9ウ6, 20ウ5
鑄イル　11130001-④1ウ, ④22ウ
鑄イル　11160007-⑤139
鑄イ　11180004-7
鑄る　11230001-③55
鑄イル壽反　11300001-⑧50
鑄イタル　11320002
鑄イル　11340007-②2ウ3
鑄イルコトヲ　11340007-②2ウ4
鑄「イ」　11340007-④40オ1
鑄イ　11390003-10オ
鑄ル　11580001-39
鑄(イ)タリ　11630001-⑤209
鑄イムに　11640001-②96
鑄イルタリ　12140002-⑪136
鑄イル　12410002
鑄イテ　12505019-13ウ, 13ウ, 21オ
鑄イ鏤チリハム　13460001

イル（所）（接尾語）→ユ
〔所謂〕11715 35759
所イハ謂イル　11860003-87
所-謂イハイル　11860003-205

イルカセ（忽）→イルカセズ、イルカセニス、ユルカセニス
〔忽〕10405
忽イルカセニ　11360001-40ウ3
忽イルカセ　13860001-55-1
〔忽諸〕10405 35743
忽-諸イルカセニナリナムトス　10990002-⑦286
〔急〕10475
急イルカセ　11360001-40ウ2
〔輕忽〕38346 10405
輕忽イルカセ　11080002

イルカセズ（忽）→イルカセニス
〔輕忽〕38346 10405
輕忽イルカセシテ至-言を　10700004-34

イルカセニス（忽）→イルカセ、イルカセズ
〔忽〕10405
不得ェシ得疎-忽イルカセ（ニスルコト）　10350001-1ウ3
忽イルカセにシて死を　10700001-179
不す敢て忽イルカセ（ニセ）　10730001-⑩7-4
棄テ、-忽イルカ（セ）ニシテ　11230001-②346
忽イルカセニシ　11505004-①13オ2
〔忽爾〕10405 19750
忽-爾イルカセニスルコト／「スレトモ」得え／「エ」不れ／「レ」　11005080-上42ウ7
〔忽諸〕10405 35743
不ス可ヲ忽-諸イルカセ（ニス）之を　10350001-6オ7

忽_諸イルカセニスル 10860002-25ウ2
忽-諸イルカセニシ 11260001-⑦302
イルバカリ（入）→イルバカリニス
〔容〕07172
容イルハカリ（なり） 11000003-127
容イルハカリなり 11050002-68ウ
容イルハカリを 11630001-③337
〔容足耳〕07172 37365 28999
容足耳イルハカリナラクノミ 12505020-㉖5
イルバカリニス（入）→イルバカリ
〔函〕01830
函イルハカリニス 11380002-天3オ
〔容〕07172
容イルハカリニセリ 10505024-3ウ1
イルヒコ（入彦）（人名）
〔入彦〕01415 09980
五百城イホキ入イル彦ヒコ皇子ミコ 11505075-⑪6-4

イロ（色）→イロイロ、イロドリ、イロニナル、ウツクシゲナルイロ、ネリイロ
〔丹青〕00099 42564
丹青のイロ 13440001-11オ
〔先色〕01349 30602
先色のイロ 13440001-6ウ
〔彩〕09992
彩色 09005007-10
彩イロ 10505010-32
「彩イロ」（墨消） 10790002-6ウ3
彩色也 10790002-6ウ4
彩（平）イロ帛（入）キヌ 10860002-8ウ6
彩イロヲ 10950003-①33
彩「ロヲ」 10990002-⑦16, ⑦283
彩イロ 10990002-⑦121, ⑧378
彩イロヲ 10990002-⑦203, ⑨47, ⑨298, ⑩232

彩イロ 11130001-④6ウ, ④9ウ3
彩イロを 11260001-⑦16
彩色也好也 11260001-⑦123
彩イロ 11380002-西17オ
彩（上）ヲイロ 11550009-8オ4
千（平）ノ彩（上）イロヲ 11550009-47オ7
彩イロ 12005022-38オ3(41-1)
彩イロ 12540005-8ウ
彩イロ 12860001-②12オ4(41-1), ③9ウ4(48-9), ③37オ4(56-8), ③54オ1(59-3)
〔綵〕27580
以て衆の雑マシへたる綵イロヲを 10505019-㉒35
綵サイをイロヲ 10640005-①20ウ
綵（上）イロアラシメテ 11020007-⑤35
用て綵イロを 11260001-⑦114
〔色〕30602

雖「イヘトモ」有と毎の色「イロ」之衣 10350001-2オ2
一衣色「イロ」 10350001-32オ4
色イロ 10505007-3-3
色イロハ 10505007-31-3
色(イ)ロ 10505024-3ウ6
色イロ白カタチ 10505024-17ウ5
色(イ)ロヲ 10505024-18オ3
香色イロ 10640001-②9
色ロ不カラシ黒ロ 10640006-①8
色「イロ」 10820003-⑦824
无瞋イカレル色イロ 10860002-34オ5
色イロ 11030006-②1ウ
色イロ 11140007-⑧80
分ッ色イロを 11200004-15
色「イロ」 11200015-⑧108
色ロ 11280014-①7
色イロナリト也 11340007-④30ウ3

色イロニ 11350010-26-1
色イロ 11360001-13オ3(別筆か)
色イロニナルトキ 11450001-㉑3オ8
嬾ウルワシキ色イロ 11505075-⑰120-5
色(イ)ロ 11630001-①212, ②260
色 11860003-48
花ノ色ロ 11860003-58
色ロ 11970004-6ウ1
色イロ 12110002-22
色イロ 12505010-178
色イロ 12505019-42オ
色イロ 13860001-18-3

〔采〕40116
采イロ 11360001-42オ1(上欄外)

〔鉛花〕40310 30734
鉛花弗御イロモツクロハス 11505075-⑭80-1

イロイロ(色)

〔綵〕27580
綵イロ〱に 11350004
綵イロ〱 13440001-29オ

〔色々〕30602 00097
色々イロ(イロ)ノ 11340007-①33オ5
色々 11860003-231

〔采〕40116
采イロ、、の種々物の 11210001-①101
采イロ、、の時の美物 11210001-①102

［補讀］
是を名て爲袈裟と (上欄外)或説墨色/者
但師説/綴物也/光/イロ〱アルヘキ□
〈也〉 10120001-28ウ

イロイロトトノホル(種々整)

〔羽儀〕28614 01172
羽儀「色々ト、ノホル」 10990002-⑦195(下欄外)

イロエ(夫人)

〔夫人〕05835 00344
夫人イロエ　11420003-㉑12ウ
イロカハ(色革)
〔色革〕30602 42710
色-革　11860003-249
イロキビシ(緻)
〔緻〕27700
緻イロキヒシ　11360001-65ウ3
イロクヅ(鱗)
〔甲〕21725
甲イロクツナリ　11360001-29ウ1
〔鱗〕46502
鱗イロクツ　10570001-17
鱗イロクツヲ　10990002-⑧291
鱗クツ　11005025-12オ4
鱗イロクツヨリモ　11550009-7オ7
鱗イロクツノ　11550009-52オ1
逆ケキ鱗リンナリイロクツ　11860003-247

鱗イロクツヲシテ　12505010-226
イロコ(鱗)
〔鱗〕46502
鱗イロケ(「ケ」は「コ」の誤)　11340007-②38ウ3
イロゴノミ(色好)→ヲトコイロゴノミ、ヲンナイロゴノミ
イロセ(兄)
〔兄〕01343
兄イロセノ王オホキミ　11420003-⑫9オ
兄イロセ　11420003-⑫9ウ
イロヅク(色)
〔色〕30602
光「リ」色「ツク」　10870001-③61
イロト(弟)→スメイロト
〔女弟〕06036 09737
女弟イロト　12360002-11ウ7
〔妹〕06138

妹イロトと　10005008-㉔50
妹イ(ロト)なり　10005008-㉔154
妹イロト　11005115-㉔50
妹イ(ロト)ナリ　11005115-㉔154
妹イロト　11420003-⑬22ウ, ⑬23オ, ⑬27オ, ⑬27ウ
〔弟〕09737
弟イロト(ノ)王ミコ　11420003-⑫4ウ, ⑫4ウ
弟イロト　11420003-⑫10オ, ⑫10ウ, ⑬11ウ, ⑬17ウ, ⑮7ウ
弟イロ(ト)　11420003-⑮8オ, ⑯28オ
弟イロトナリトイフ　11420003-⑮11オ
弟イ(ロト)　11420003-⑮11オ, ⑮14ウ
弟之イロトナリ　11505075-⑪7-2
弟イロトノ王ミコノ　11505075-⑪8-3
弟イロト　11505075-⑪9-3
弟イロトの　11505075-⑪14-3
イロトミコ(弟王)

〔弟王〕09737 20823
弟王イロトミコ 11420003-⑫4ウ

イロドリ（綵）
〔綵〕27580
綵イロトリ 12005022-14ウ6 (13-7),
39ウ2 (41-5), 46オ7 (43-10)
綵イロナ（「ナ」は「ト」の誤か）リ 12860001-①16オ2 (13-7)
綵イロトリ 12860001-②14オ1 (41-5),
②22オ2 (43-10), ③50ウ3 (58-8)

イロドル（彩）
〔文〕13450
文イロトル 13860001-9-4
〔綵〕27580
綵イロトル 11360001-29オ4
綵イロトル（平平上濁平） 12005022-4ウ3 (1-10)
綵イロトル 12860001-①4オ1 (1-10),
③17ウ2 (51-3), ③30ウ1 (55-1),
③55オ1 (59-4)
綵イロトル 13860001-39-6

イロニ（母）→イロハ
〔母〕16723
母イロニ イロハ 11420003-⑬14オ

イロニナル（色）
〔色〕30602
色イロニナルトキは 11450001-㉑3オ8

イロネ（同母兄姉）
〔兄〕01343
兄イロネノ王キミノ 11505075-⑪13-7
兄イ（ロネ） 11505075-⑭102-5
兄イロネノ公 11505075-⑰126-5
〔兄等〕01343 25992
「兄等（イロ）ネタチを」 11505075-⑭59-6
〔大兄〕05831 01343
大兄イヒ（「ヒ」は「ロ」の誤）ネ 11505075-⑪19-8
〔姉〕06165
姉イロネ（上平上） 11420003-⑬20オ

イロハ（母）→イロニ
〔妣〕06103
妣イロハ 11420003-㉑12ウ
〔母〕16723
母イロ（ハ） 11420003-⑫1ウ
母イロハ イロニ 11420003-⑬14オ
母イロハ
11420003-⑬18オ, ⑬28オ, ㉑1ウ, ㉑6オ
母イロハノ大夫ヤ（「ヤ」は「キ」の誤）サキ 11420003-⑮2オ
母イ（ロハ） 11420003-⑮6オ
母イロハを 11505075-⑪6-3, ⑭66-5
母イ（ロハ）を 11505075-⑳162-4
母イロハ 12005134-㉓1オ
父カソ母イロハ 12360002-10オ7

母イロハ　13860001-7-1

イロフ(亡)(四段)

〔亡〕00287

逃ニケ亡イロヒタリト　11420003-⑯27ウ

イロフ(綺)(下二段)→イロヘカザル

〔互〕00255

互イロフルにする　11020007-⑤71

〔彩〕09992

如…塡ミて彩イロフルか　10200001-⑤17ウ

彩イロヘ『イロヘ』畫カケ『カケ』

〔彩畫〕09992 21859　10690002-14

彩畫(畫)イロヘタリ　11860003-79

〔綵〕27580

綵イロヘ　10930009

綵イロヘ　11850004-⑯27

綵イロヘ互タカヘタリ　11850004-⑰6

〔綺〕27586

綺イロヘ　08305011-127-3, 151-9, 157-2

綺イロヘ　08505020-36-12

綺へ畫るに　08505020-37-9

綺イロヘ綃カサ(ル)　10505019-⑥8

綺イロヘ綃カサル　10505043

綺へ　11005013-2

綺(上)イロヘ疏(平)ヒラキ　11020007-⑤12

綺イロヘ錯マシヘ　11020007-⑤80

綺カムハタ(上上上濁平)イロヘタル　11260001-⑨122

綺イロフ　12230001-47ウ

〔縷〕27832

縷イロヘテツラヌイテ　11350010-7-7

〔釆〕40116

釆イロヘタリ　11630001-⑧445

〔鉸〕40346

鉸へ　09505069-4

〔間〕41249

間(イロ)へ飾レルこと　08305001-①6-20

間イロへ飾レルあり　08305001-⑩187-22

間イロへ　11005013-9

〔飾〕44111

飾イロフ(上上平)　11360001-15オ

イロベ(色部)(人名)

〔色〕30602

色イロ部　11505075-⑰127-4

イロヘカザル(綺)

〔綺〕27586

綺イロヘカサル　11505097

イロヘクサリ(彩鏁)

〔彩鏁〕09992 40435

彩イロヘ鏁クサリ(「クサリ」存疑)　11860003-38

イロメ(姉妹)

〔姉〕06165

同母姉オナシハラノイロメ　11505075-⑪14-8

イロリ（色利）
〔色利〕30602 01932
色-利　11860003-211
イワ（伊和）（人名）
〔伊和〕00432 03490
伊イワ和ノ員-經　10505007-55-1
イワク（喘）
〔喘〕03946
喘息イワケ　10005008-㉔183
喘息イワケ　11005115-㉔183
〔駭〕44725
駭イロ（「ロ」は「ワ」の誤）（ケ）惋アワテ、　11505075-⑭63-4
イヱ（餧）→ウヱ
〔餧〕44236
餧イ（「イ」は「ウ」の誤か）ヱ　12505019-53ウ
イヲ（魚）→ウヲ、シロイヲ、ハジカミ
イヲ
〔魚〕45956
魚イヲに　10005008-㉒357
魚イヲ　11005115-㉒357
魚イ（ヲ）　11130001-④21ウ
魚イヲノ之　11505075-⑪13-2
氷ヒ魚イヲ　11860003-54
魚イヲトモ　12360002-10ウ2
魚イヲ　13860001-87-5
〔鮏〕46124
鮏シロイヲ　11860003-53
イヲスキ（商陸）
〔商陸〕03803 41708
商陸和名以乎須支（上上〇平）
〔常陸〕08955 41708　11505004-①67ウ5
常陸イホスキノ花ハナ　10320001-42ウ3
常陸イホスキ　11450001-㉒17-4
イヲトリ（存疑）
〔葷腥〕31461 29678
葷腥セイヲ イヲトリ　10860002-48オ4
イヲトル（漁）
〔漁〕18101
漁魚取　08105015-下32
イヲトルヲトコ（魚取男）
〔漁夫〕18101 05835
漁夫魚取男　08105007-上11
イヲメ（水萍）
〔水萍〕17083 31266
水萍又以乎女（上上上）　11505004-①63ウ4
インジ（去）→イヌ
〔之〕00125
之インシ（上〇上濁）　11550009-46ウ2
〔去〕03070
去インシ年　11130001-④9オ
去イ（ンシ）年　11130001-④15ウ
去シ日　13440001-37オ

去インシ　13460001
去インシ　サリシ…年　13505008
〔往〕10073
往イン(「ン」存疑)シ年　12840003-③11ウ4
往インシ　13280001
往インジヲハ　14870001

訓點語彙集成　第一巻

平成十九年二月二十二日発行

編　者　築島　裕

発行者　石坂叡志

印　刷　株式会社栄光

発　行　汲古書院

〒102-0072　東京都千代田区飯田橋二－五－四
電　話　〇三（三二六五）九七六四
FAX　〇三（三二二二）一八四五

ISBN 978-4-7629-3550-3　C3381